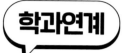
학과연계

독서탐구 바이블

CampusMentor
캠퍼스멘토

저자 소개

한승배 양평전자과학고등학교 진로진학상담교사 재직 중

집필 이력 · 2009 개정 교육과정, 2015 개정 교육과정 중학교, 고등학교 진로와 직업 교과서
· 학과 바이블, 학생부 바이블, 면접 바이블, 교과세특 탐구주제 바이블
· 10대를 위한 직업백과, 10대를 위한 유망 직업 사전, 나만의 진로 가이드북
· 특성화고 학생을 위한 진학 바이블, 취업 바이블

기타 이력 · 네이버 카페 '꿈샘 진로수업 나눔방' (https://cafe.naver.com/jinro77) 운영자

고재현 운중고등학교 3학년부 재직 중

집필 이력 · 면접 바이블
기타 이력 · 유튜브 '고재쌤' 운영 중

권오형 매원고등학교 진로진학상담교사 재직 중

집필 이력 · 2015 개정 교육과정 진로와 직업 교과서
· 대입 면접바이블
· 중학생·고등학생을 위한 고교학점제 워크북 등 다수

활동 이력 · 수원시 청소년 희망등대 진로진학상담지원단(2022)
기타 이력 · 경기도 GSEEK 온라인 콘텐츠 자료 개발(2022)

김강석 숭신여자고등학교 진로진학상담교사 재직 중

집필 이력 · 2009 개정 교육과정, 2015 개정 교육과정 교과서
· 학과 바이블, 나만의 진로 가이드북, 학생부 바이블, 교과세특 기재예시 바이블, 면접 바이블 등 다수

활동 이력 · 단국대학교 과학교육과 강사
· 경기진로진학상담교사협의회 부회장

기타 이력 · UN 모의환경총회 및 생물다양성 청소년 리더 심사위원
· 생태전환교육 및 지속가능발전 수업모델 개발

서수환 시화나래중학교 진로진학상담교사 재직 중

집필 이력 · 2009 개정 교육과정 기초수학 교과서
· 성공적인 대입을 위한 면접 바이블

활동 이력 · 대학자문위원 활동

안병선 경기도 광덕고등학교 진로진학상담교사 재직 중

집필 이력 · 성공적인 대입을 위한 면접 바이블

활동 이력 · 위더스 진로연구회 위원(진로수업자료 개발)
· 경기도 중등 진로연계 교과수업자료개발 연구회 위원

기타 이력 · 다수의 모의면접 컨설팅, 학교생활기록부 컨설팅, 자기소개서 컨설팅
· 진로연계 교과수업자료 개발
· 다수의 진로교육 실천사례 연구발표대회 심사위원

유홍규 충남 대산고등학교 진로진학상담교사 재직 중

집필 이력 · 성공적인 대입을 위한 면접 바이블

활동 이력 · 진로교육 교육부장관, 교육감 표창

이남설 수원외국어고등학교 진로진학상담교사 재직 중

집필 이력 · 직업 바이블, 면접 바이블, 학생부 바이블, 교과세특 탐구주제 바이블, 교과세특 기재예시 바이블,
진로 포트폴리오 하이라이트(고등학교) 등 다수

활동 이력 · 엑셀을 활용한 '학생부 전문가, 교과세특 전문가, 진로진학 수시상담, 1만시간의법칙 공부시간관리' 등
다수 프로그램 개발

허정욱 의정부여자고등학교 영어교사 재직 중

집필 이력 · 성공적인 대입을 위한 면접 바이블

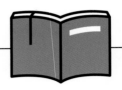

《학과연계 독서탐구 바이블》을 출간하며

《학과연계 독서탐구 바이블》은 기존에 출간된 독서 관련 책과 차별화된 전혀 새로운 관점에서 만든 책이다. 어떤 내용으로 구성해야 자신의 진로와 진학을 위해 노력하는 학생, 자녀가 원하는 꿈을 이루길 바라는 학부모님, 일선 교육 현장에서 학생들 지도에 여념이 없으신 선생님 모두에게 도움을 줄 수 있을까를 숙고하고 또 숙고하면서, 현직 중·고등학교 교사들이 힘을 모아서 6개월 넘는 시간을 공들여 노력한 결과물이다. 대학입시에서 독서활동은 분명 중요하지만 막상 어떻게 독서를 대입에 활용해야 할지 막막하게만 느껴진다.

여기에 답을 주는 책이 《학과연계 독서탐구 바이블》이다. 내 삶에 독서가 왜 중요한지, 왜 하필 지금 독서가 필요한지, 자신의 진로·진학에 맞추어 어떤 책을 읽어야 할지, 학교생활기록부에 독서활동을 어떻게 녹여내야 할지 등 독서와 관련한 궁금증과 해결 방법을 이 책에 모두 담았다.

이 책은 인문계열, 사회계열, 자연계열, 공학계열, 의약계열, 예체능계열, 교육계열의 총 147개 학과에서 읽으면 좋을 추천도서와 독서활용법을 자세히 수록하였다. 말 그대로 학과와 연계한 독서탐구활동 가이드북이다.

《학과연계 독서탐구 바이블》 활용안

1. 학생이 독서탐구활동을 하거나 학과별 연계 도서를 선택할 때 활용할 수 있다.
2. 교사가 독서탐구활동 기획 및 운영, 특기사항 입력 시 참고자료로 활용할 수 있다.
3. 학부모가 자녀 독서 지도 시 참고자료로 활용할 수 있다.

1. 학생이 독서탐구활동을 하거나 학과별 연계 도서를 선택할 때 활용할 수 있다.

'PART II. 계열별 진로 독서의 실제'에서는 각 계열의 학과마다 '학과인재상, 유사학과, 관련직업, 개설대학'에 대해 꼼꼼히 안내하고 있다. 또한 학과별 연계도서와 책의 주요내용을 알기 쉽게 정리하였다. 무엇보다 가장 중요한 학과별 '독서탐구활동 활용사례'를 수록하여 학생들이 학교생활기록부의 창의적 체험활동(자율활동 특기사항, 동아리활동 특기사항, 진로활동 특기사항), 교과 세부능력 및 특기사항, 행동특성 및 종합의견 등의 항목별 예시를 보고, 학생의 입장에서 학과별로 책을 어떻게 읽고 각 영역에 어떻게 활용할 수 있는지에 대한 방향성을 정립할 수 있도록 하였다.

2. 교사가 독서탐구활동 기획 및 운영, 특기사항 입력 시 참고자료로 활용할 수 있다.

현직 교사의 입장에서 독서를 활용한 수업이나 여러 활동을 하고 싶지만 수업을 어떻게 운영해야 할지, 학교생활기록부 각 영역에 어떻게 입력해야 할지 난감해할 수 있다. 이 책을 통해 학교생활기록부의 창의적 체험활동(자율활동 특기사항, 동아리활동 특기사항, 진로활동 특기사항), 교과 세부능력 및 특기사항, 행동특성 및 종합의견 등의 항목별 예시를 참고해서 독서활동 기록에 대한 고민을 해결할 수 있다.

3. 학부모가 자녀 독서 지도 시 참고자료로 활용할 수 있다.

누구나 독서가 중요한 것은 알고 있다. 하지만 무슨 일이든 우선순위라는 것이 있다. 대학입시를 준비해야 하는 수험생의 입장에서는 무작정 책을 읽으라고 하는 게 무책임하게 느껴질 수 있다. 학생의 입장에서 생각해 보면 내신성적 관리도 해야 하고, 수능시험 준비도 해야 한다. 수시 학생부 종합전형을 준비하는 학생이라면 다양한 비교과활동도 해야 하기에 책 읽을 시간이 부족하다고 생각할 수밖에 없다. 독서가 좋으니까 읽으라고 권하는 건 설득력이 약하다. 이 책에서는 왜 책을 읽어야 하는지 분명한 이유를 알려주고 있다. 게다가 학과별 연계도서를 수록하여 자녀의 독서 지도 시 활용할 수 있다. 그뿐만 아니라 대입을 준비하는 자녀를 둔 수험생 학부모에게 대입 준비 자료로 유용하게 활용될 수 있다.

PART I. 독서의 모든 것

PART II. 계열별 진로 독서의 실제

Chapter 1 　인문계열

Chapter 2 　사회계열

독서의
모든 것

1 지금 바로
독서가 필요한 이유

1) 독서를 통해 미래사회 변화에 대비해 자신만의 역량을 계발할 수 있다.

모든 것이 빠르게 연결되고, 수많은 지식과 기술이 합쳐져 새로운 가치를 창출하는 지금의 디지털 시대는 편리한 세상으로 계속해서 발전해 갈 것이다. 하지만 인공지능의 발달로 일자리가 줄어들지 않을까 하는 우려가 제기되기도 한다. 물론 단순하고 반복적인 일은 지능형 기계로 대체되겠지만, 인공지능이 대체할 수 없는 분야의 일자리는 늘어날 전망이다. 따라서 학생들은 독서를 통해 자신의 역량을 계발하여 인공지능이 대체할 수 없는 사람이 될 수 있도록 노력해야 한다.

2) 독서를 통해 사고력과 집중력을 키울 수 있다.

청소년들은 디지털 환경에 노출되어 있다. 스마트폰의 과도한 사용 등으로 인해 청소년들은 사고력과 집중력을 잃어가고 있다. 자신의 미래는 '내가 시간과 에너지를 집중하고 있는 그 일'이 축적되어 만들어진다. 다시 말하면 나의 미래는 '지금 내가 무엇을 보고 있느냐, 무엇을 듣느냐, 누구를 만나느냐, 무엇을 먹느냐, 어디에 집중하고 있느냐'에 따라 결정된다. 따라서 스마트폰에 한눈팔려 시간을 낭비하지 말고, 꾸준한 독서를 통해 사고력과 집중력을 키워야 한다.

3) 독서를 통해 통찰력을 기르고 미래사회의 변화를 읽을 수 있다.

우리는 미래사회의 변화에 대해 관심을 갖고 주시해야 한다. 지금 시대는 아무 생각 없이 '노력'만 한다고 해서 성공하고 잘살 수 있는 시대가 결코 아니다. 그렇기에 미래 사회의 변화를 읽을 수 있는 통찰력이 있어야 한다. 통찰력이란 인간의 마음, 현상과 사물의 본질을 꿰뚫어 볼 수 있는 능력을 말한다. 통찰력을 키우는 데 다양한 분야의 깊이 있는 독서가 도움이 된다. 작가의 생각과 주장을 그대로 수용하지 않고 내 생각과 비교하며 비판적으로 읽는다면 통찰력이 깊어질 것이다.

4) 독서를 통해 자신만의 고유한 능력을 발전시킬 수 있다.

우리의 현존 고등교육 시스템은 표준화된 교육과정에서의 수행력을 중심으로 학생들을 등급 매겨 분류시키려는 것이 그 명시적인 목적이었다. 다시 말하면 모든 학생들이 똑같이 배우되 더 뛰어나도록 강요하는 표준화된 교육시스템이란 뜻이다. 그러나 오늘날 역사의 큰 흐름은 '개개인성'의 시대로 나아가고 있다. 교육, 직업, 취미 등 모든 분야에서 내가 좋아하는 것을 선택해야 한다. 자기 분야에 몰입하고 실패를 두려워하지 않고 시도하는 힘이 빛을 발하는 시대가 도래한 것이다. 그리고 자신만의 고유함은 꾸준한 독서를 통해 만들어 갈 수 있다.

2 대입에 독서활동이 중요한 이유

1) 대입 평가 항목으로 활용되는 독서활동

대입 수시에서 학생부 종합전형을 준비하는 학생이라면 독서활동은 반드시 해야 하는 활동이다. 왜냐하면 대학에서 학생을 선발할 때 높게 평가하는 항목은 자기주도성, 적극성, 학업역량, 전공적합성, 인성인데, 이런 평가요소를 두루 갖춘 활동이 바로 독서활동이기 때문이다.

평가 항목	내용
① 자기주도성	독서 목적과 독서 수준 등을 고려해서 자신이 능동적으로 선택해야 한다.
② 적극성	책을 읽는 행위는 기본적으로 지적 호기심과 탐구심이 있어야 가능하다.
③ 학업역량	책을 많이 읽을수록 기본적인 어휘력과 문해력이 상승하고, 생각의 깊이도 달라지고 사고의 폭이 확장된다.
④ 전공적합성	진로가 정해졌다면 자신의 진로 또는 전공과 관련한 책을 읽으면서 진로 방향을 더욱 공고하게 정할 수 있다. 진로가 정해지지 않았다면 다양한 독서를 통해서 자신의 진로를 조금씩 찾아갈 수 있을 것이다.
⑤ 인성	책을 제대로 읽는다면 교양을 쌓을 수 있다. 또한 자신이 모르는 분야의 지식을 깨닫게 되면서 겸손함을 배운다.

2) 대입에 독서활동이 도움이 되는 이유

① 대학은 독서로 사고력을 키운 학생을 높이 평가한다.

서울대를 비롯한 주요 대학에서 독서는 중요한 평가요소이다. '학생부에 기록된 독서활동을 보면 학생의 고교생활이 보인다'는 것이 주요대학 입학사정관들의 공통된 의견이다.

② 독서는 진로 탐색 및 진로 결정에 도움을 줄 수 있다.

독서는 학생들에게 다양하면서도 효율적인 간접 체험의 장을 제공한다. 책을 많이 읽을수록 경험, 지식, 생각의 조각들이 쌓이면서 성장하고 발전하게 된다. 그 과정에서 진로·전공을 탐색하기도 하고, 진로 결정에 따르는 깊은 고민도 하게 된다.

③ 독서활동을 통해 학업역량, 전공적합성 등을 보여줄 수 있다.

학생부 종합전형의 중요한 평가요소는 학업역량과 전공적합성이다. 학생 스스로 지적 호기심에 이끌려 자기 주도적으로 본인의 수준에 맞는 책을 찾아 읽는다면 자연스럽게 전공에 대한 관심과 열정을 보여줄 수 있고, 덤으로 학업역량이 높아지는 결과를 가져오게 될 것이다.

④ 좋은 학교생활기록부를 만들 수 있는 최적의 방법이다.

독서는 심화학습, 수행평가, 동아리활동, 진로활동 등 다른 활동으로 연결하거나 확장하기가 쉽다. 독서와 연계된 다양한 활동으로 교과·비교과 활동은 더욱 풍성해질 수 있다. 그리고 독서를 창의적 체험활동과 연결시키게 되면 진부하고 획일화된 활동들이 차별화되고, 활동의 진정성을 드러내는 데에도 큰 도움이 된다.

⑤ 유용한 면접 대비방법이 될 수 있다.

면접이 있는 전형의 경우 면접에서 독서 관련 질문을 많이 한다. 평소에 독서를 많이 하는 사람은 일상생활에서 쓰는 어휘가 다르고, 사고의 전개도 논리적이고 상상력이 풍부하다. 독서를 통해서 길러진 내공은 면접 과정에서 그대로 드러나 높은 평가를 받게 된다.

3 2024학년도 대입과
독서활동의 현실적 위치

1) 학교생활기록부 기록 내용 비교

구분		2022~2023학년도 대입	2024~2027학년도 대입
교과학습 발달상황		과목당 500자 방과후학교 활동 미기재	과목당 500자(모든 교과 기재) 방과후학교 활동 미기재 영재, 발명교육 실적 대입 미반영
행동특성 종합의견		연간 500자	연간 500자
비교과 활동	자율활동	연간 500자	연간 500자
	동아리 활동	연간 500자 자율동아리 1개(30자) 소논문 기재 금지 청소년단체활동은 단체명만 기재 자격증 및 인증 취득 미반영	연간 500자 자율동아리 미반영 소논문 기재 금지 청소년단체활동 미기재 자격증 및 인증 취득 미반영
	봉사활동	교내외 봉사활동 실적 기재 특기사항 미기재	'개인' 봉사활동 실적 대입 미반영 (단 학교교육계획에 의해 교사가 지도한 실적은 대입 반영) 특기사항 미기재
	진로활동	연간 700자 진로희망분야 대입 미반영	연간 700자 진로희망분야 대입 미반영
	수상경력	교내수상 학기당 1건 (3년간 6건) 대입 반영	대입 미반영
	독서활동	도서명과 저자	대입 미반영

달라진 학교생활기록부 기재 요령의 핵심 요지는 학교생활기록부의 평가항목을 점진적으로 축소하고, 학교교육의 본질에 집중하겠다는 것이다. 학생과 교사의 부담을 줄이면서도 학교생활에 충실한 학생이 좋은 평가를 받을 수 있게 하겠다는 것이 교육부 발표의 결론이다.

2) 2024년 대입에 독서활동이 여전히 중요한 이유

독서활동이 중요하지 않다는 오해가 생긴 이유는 교육부가 발표했던 '대입 공정성 강화 방안'이 언론을 통해 기사화되면서 학생부의 '독서활동상황'이 대입에 미반영된다는 뉴스가 강조되어 보도된 탓이다.

학교생활기록부의 '독서활동상황'이 대입에 미반영되는 것은 사실이다. 하지만 학교생활기록의 나머지 영역(창의적 체험 활동의 자율 특기사항과 진로 특기사항, 교과세부능력 및 특기사항, 행동특성 및 종합의견 등)에 쓰인 '독서활동'의 내용을 대학에서는 중요하게 평가한다. 특히 상위권 대학일수록 독서활동은 지원전공과 독서이력을 통해 관심 분야에 대한 지적 정보력, 이해력, 사고력 등을 평가할 수 있어 중요하게 평가한다. 다시 말하면, 학생부의 '독서활동상황'은 대입에 미반영되기 때문에 다른 항목에 자연스럽게 녹아 들어간 독서활동이 중요해졌다. 즉 독서의 양이 아니라 진정성을 갖고 자기주도적으로 자신의 진로 탐색을 위해, 또는 지적 역량 강화를 위해 독서를 얼마나 깊이 있게 했느냐가 중요한 시대가 되었다.

4 학교에서의
독서활동 활용 방법

1) 독서로 역량을 드러내는 방법

① 책은 전공과 부합하든 부합하지 않든 마음껏 읽어라!
② 한 달에 한 권 정도만 읽어도 대학 합격에 지장 없다. 양보다는 질이 중요함을 기억하자!
③ 교과서와 연계한 독서를 통해서 호기심을 해결하라!
④ 책을 읽은 후 친구들과 공유할 수 있는 방법을 찾아라!
⑤ 보고서, 감상문, 소감문 쓰기를 빼먹지 말라!
⑥ 독서를 통해 알게 된 내용을 수업 시간에 발표하라!
⑦ 독서가 학교생활에서 연계-확장-심화될 수 있도록 다양한 시도를 하라!
⑧ 독서를 내 삶에 적용·응용하고 문제를 해결하기 위해 시도하라!

다양한 독서방법 예시

- **교과연계 독서**: 1학년 통합과학 시간에 우주의 탄생과 별의 생성에 대해서 배움. 이후 칼 세이건의 《코스모스》를 읽고 교과 지식에 대해서 더 깊이 알게 되었을 뿐만 아니라 진화생물학, 생명탄생의 신비, 외계생명체 탐사 등 지식의 확장을 가져옴.

- **심화 독서**: 인공지능에 관심 있는 학생의 경우, 《서쌤이 알려 주는 인공 지능과 미래 인재 이야기(서지원)》를 읽은 후 좀 더 깊이 있는 독서활동을 하기 위해 《마음의 탄생(레이 커즈와일)》을 읽음.

- **위계성을 갖는 독서**: 천문학에 관심이 많은 학생의 경우, 1학년 때는 가볍게 읽을 수 있는 《이명현의 과학책방(이명현)》을 읽고, 2학년 때는 《떨림과 울림(김상욱)》을, 3학년 때는 《웰컴 투 더 유니버스(닐 디그래스 타이슨)》를 읽으면서 점점 깊이 있는 독서활동으로 나아감.

- **비교·대조를 통한 독서**: 심리학과를 희망하는 학생의 경우, 전혀 반대되는 책이라 할 수 있는 《긍정심리학(마틴 셀리그만)》과 《긍정의 배신(바버라 에런라이크)》을 함께 읽음. 환경 관련 학과를 희망하는 학생이라면, 《2050 거주불능 지구(데이비드 월러스 웰즈)》와 《지구를 위한다는 착각(마이클 셸런버거)》을 함께 읽음.

- **전작주의 독서**: 전작주의 독서는 특별히 좋아하고 관심을 가진 한 작가의 작품을 모조리 읽는 독서를 말함. 예를 들어 천문학자 칼 세이건을 좋아한다면 그의 책 《코스모스》, 《창백한 푸른 점》, 《에덴의 용》, 《브로카의 뇌》, 《과학적 경험의 다양성》, 《콘택트》 등을 읽음.

- **기획 독서**: 빅히스토리, 인류문명의 발전사에 관심이 있는 학생이라면, 《사피엔스(유발 하라리)》, 《호모데우스(유발 하라리)》, 《총, 균, 쇠(제레드 다이아몬드)》를 함께 읽어 자신의 관심분야 또는 특정 주제에 대한 깊이 있는 이해를 추구함.

가) 창의적 체험활동 중 자율활동

① 자율활동: 학교교육계획(정규 교육과정 포함)에 의해 학교에서 주최하고 주관하는 활동이 기록되는 항목이다.

② 자율활동 TIP

- 대학에서 평가하고자 하는 것은 학교가 아니라 학생 개개인이다. 따라서 학교에서 계획한 행사에 참여하더라도 개인이 드러나는 활동을 통해 '나'를 보여줄 수 있어야 한다.
- 자율활동 후 주제를 관심분야 및 진로와 관련지어 심화탐구활동을 하거나 독서와 연계 후 보고서 제출 및 발표를 통해 담임교사와 소통하는 것이 좋다.

③ 독서를 활용한 프로그램 예시

• 독서캠프(독서토론캠프)	인문학독서캠프, 강연 시청 후 작가와의 대화의 시간, 대학과 연계한 전공 관련 강연, 1박2일 밤샘 독서캠프
• 독서아카데미	역사, 철학, 사회, 경제, 자연과학 등 각 분야 전문가의 특강을 듣고 질문과 대화의 시간을 갖는 프로그램
• 독서챌린지프로그램	각 분야별로 엄선한 책을 1년 동안 함께 읽고 토론하기, 독서일지기록, 작가초청강연, 독서캠프 등 독서교육 프로그램을 제공 및 운영하여 학생들이 일상에서 독서를 습관화하고 이를 통해 정신적·인격적 성숙을 이룸
• '같이 가치' 독서 프로젝트	책을 함께 읽고 서로의 생각을 공유하며, 생각의 힘을 키우는 독서 프로젝트
• 책 1,000권 읽기 프로젝트, 독서 서평 및 독서 감상화 전시회 등	

나) 창의적 체험활동 중 동아리활동

① 동아리활동: 학교교육계획(정규 교육과정 포함)에 의해 학교에서 주최하고 실시한 정규동아리 활동이 기록되는 항목이다.

② 동아리활동 TIP

- 미래 진로와 관련성이 있고, 전공 관련 심화탐구활동을 보여줄 수 있는 독서활동이 좋다.
- 만약 자신의 전공과 직접적인 관련이 없는 동아리라면, 그 안에서 전공과의 연계점을 찾고 탐색할 수 있는 독서활동을 해야 한다.

③ 독서를 활용한 활동 예시
- 진로관련 독서토론활동
- 관심분야 심화독서활동
- 진로 연계 추천 도서 소개하기 활동
- 1달 1권 완독 프로젝트 활동

다) 창의적 체험활동 중 진로활동

① 진로활동: 학교교육계획에 의해 학교에서 주최·주관하여 실시한 진로활동과 관련된 사항, 진로지도와 관련된 상담 및 권고 내용을 기록하는 항목이다.

② 진로활동 TIP

- 자신의 흥미·적성·가치관·미래사회의 변화에 대해 끊임없이 탐색하면서 나만의 스토리를 만들어야 한다.
- 자신의 진로나 전공과 관련된 활동을 하되, 심화탐구활동을 해야 좋은 평가를 받을 수 있다.
- 자신의 진로와 관련된 독서, 진로탐색을 위한 독서를 하고 배우고 느낀 점, 변화된 점을 기록한다.

③ 독서를 활용한 프로그램 예시

• 진로독서수업	진로독서수업이 학년별 위계성을 가지면 대학으로부터 더 좋은 평가를 받을 수 있다. (진로이해독서 - 진로심화독서 - 전공심화독서)

• 독서 활용 진로길찾기 프로그램	나의 이해와 발견, 직업 세계의 이해, 진로 탐색, 진로의사 결정 및 계획, 진로계획 및 준비 등의 프로그램 진행. 독서를 중심으로 진로교육을 실시해 학생들의 긍정적 자아이해를 돕고 창의적 사고력, 비판적 사고력을 기르게 함.
• 교과연계 진로독서 프로젝트	고교학점제를 위한 교과연계 진로독서, 진로독서 하브루타를 통한 토론과 발표 위주의 프로그램
• 진로독서캠프	진로 탐색과 진로 설계를 위한 캠프, 전공과 진로소개, 진로독서, 사람책, 진로독서포트폴리오 작성

라) 교과학습발달상황

① 교과학습발달상황: 공통과목, 일반선택과목, 진로선택과목 등으로 구분하여 교과학습발달상황을 기록하게 되어 있고, 각 과목별 세부능력 및 특기사항과 개인별 세부능력 및 특기사항을 기록하는 항목이다.

② 교과학습발달상황 TIP
- 교과 또는 진로와 관련된 심화독서활동 후 발표하여 자신의 심화학습 정도를 표현한다.
- 억지로 자신의 미래 전공과 연결시키는 독서활동은 지양한다. 국어 교과 시간이면 국어로 읽고, 쓰고, 말하는 역량을 보여주는 독서활동을 하면 될 일이지 굳이 자신의 전공과 연결시키는 독서활동은 오히려 입학사정관으로부터 좋지 않은 평가를 받을 수도 있다.

③ 독서를 활용한 활동 예시
- 교과관련 독서토론활동
- 교과관련 심화독서활동
- 진로연계 심화독서활동

마) 행동특성 및 종합의견

① 행동특성 및 종합의견: 학생의 학습, 행동 및 인성 등 학교생활에 대해 상시 관찰·평가한 누가기록을 바탕으로 다양한 분야에서의 구체적인 변화와 성장 등을 종합적으로 기록하는 항목이다. 2022학년도 입시부터 교사추천서가 폐지되었기 때문에 행동특성 및 종합의견은 교사추천서를 대신하는 역할을 하므로 전체적으로 평가에 큰 영향을 준다.

② 행동특성 및 종합의견 TIP
- 교과 및 비교과활동에 적극 참여하고 공동체 의식, 나눔, 배려, 사회성, 리더십 등과 같은 인성을 지닌 학생으로 성장하도록 학교생활에 충실해야 한다.
- 학생부 종합전형의 평가요소(학업역량, 전공적합성, 인성, 발전가능성)가 고르게 드러나도록 기록되는 것이 좋다. 평소 담임교사와의 소통을 통해 독서활동에 대한 노력이 반드시 학교생활기록부에 기록될 수 있도록 해야 한다.

③ 독서를 활용한 활동 예시
- 진로연계 심화독서활동
- 진로탐색 독서활동
- 리더십, 사회성 등 인성을 함양하기 위한 다양한 독서활동
- 추천도서 소개하기 활동
- 1인 1프로젝트 활동

열별

로 독서의 실제

Chapter 1 인문계열

1 ▸▸ 고고학과

1 학과 인재상

인본주의 정신을
내면화할 수 있는 학생

물질자료의 가치를
소중하게 여기는 학생

인류사의 흐름에
관심을 가지고 있는 학생

학제적, 비학제적
연구에 능동적으로
참여할 수 있는 학생

실증적이고 논리적·과학적인
역사 연구에 호기심을
지니고 있는 학생

2 유사학과

- 고고인류학과
- 고고문화인류학과

3 관련직업

- 교수
- 연구원
- 학예사(큐레이터)
- 학예연구사

4 개설대학

- 경북대학교
- 목포대학교
- 부산대학교
- 충남대학교

학과 연계도서

돌에 새긴 시대의 속내
김윤규 / 나루(2023)

선정비(善政碑)는 '백성을 어질게 다스린 벼슬아치를 표창하고 기리기 위해 세운 비석'으로 정의되며 일명 송덕비(頌德碑)라고도 한다. 벼슬아치가 백성을 위해서 한 일들이라는 것으로 미루어보아, 그것은 점층적으로는 국가가 백성들에게 했던 '선정'을 의미하는 것이고, 이러한 미시적인 내용들이 모여 하나의 역사가 된다는 점에서 이러한 비석은 고고학적 가치가 있을 것이다. 이 책은 세월의 지나도 좀처럼 지워지지 않는다는 점에서 고고학적 가치가 높은 '비석' 중 우리나라 곳곳에 남아 있는 선정비를 소개하고 그 역사적 의의를 서술하며 고고학적 가치를 도출해 내고 있다.

과거를 쫓는 탐정들
로라 스캔디피오(류지이 역) / 창비(2020)

고고학의 정수는 어떻게 보면 '발굴 현장'에 있다고 볼 수 있겠다. 이 책은 중세 시대의 '리처드 3세' 무덤이나 알프스에서 발견된 선사 시대 인간 '외치' 등의 발굴 사례를 보여 주면서, 고고학을 낯설게 느끼고 어려워하는 학생들에게 제목 그대로 '과거를 쫓는 것이 필요하다'라고 말하고 있다. 류지이 역자는 영국박물관에서 한국관 큐레이터로 활동하면서 많은 유물들을 접했다. 이 유물은 하나의 사물이지만, 이 사물의 발견 순간과 관련된 역사에 흥미로운 스토리텔링을 덧붙여서 독자의 즐거움을 돋우게 한다. 특히 2장에 해당하는 '가장 오래된 독'을 발견하고 탐구하는 과정은 단연 과학적이면서도 흥미진진하다고 볼 수 있다.

우리 품에 돌아온 문화재
국외소재문화재재단 / 눌와(2022)

세계 각지에 흩어져 있는 우리 문화재가 반환되는 과정은 외교적, 군사적, 행정적인 절차와 연관성이 있기 때문에 정부의 몫이라고 볼 수 있다. 하지만 국민 모금으로 되찾은 '김시민 선무공신교서'나 반환 후 새로운 역사 연구의 물꼬를 튼 '조선왕조 인장(대한제국 국새)'이나 '조선왕조실록 오대산사고 47책' 등은 시민, 역사 연구가 등의 노력이 반환 전후로 필요했음을 보여 준다. 이 책은 각고의 노력 끝에 우리 손으로 들어온 문화재 반환 사례를 19개로 나누어, 반환의 과정 또한 역사를 아로새기면서 역사를 탐구하는 과정일 수 있으며, 그 정신적 가치를 우리 모두가 내면화해야 한다고 그 필요성을 역설하고 있다.

고인돌, 역사가 되다
이영문 / 학연문화사(2021)

이 책은 우리나라 고고학 연구에 큰 소재가 되는 고인돌의 거의 모든 것을 정리해 놓은 책으로서, 선조의 유물의 의의를 탐색해 가는 과정을 통해 고고학에 대한 관심과 열정의 불을 지필 수 있게 한다. 제1장은 우리 삶과 가까웠던 고인돌에 대해, 제2장은 고인돌 사회의 삶과 죽음에 대해, 제3장은 고인돌의 세계유산으로서의 가치에 대해, 제4장은 고인돌 유적의 활용과 계승에 대해 설명하고 있다. 고인돌에 얽힌 전설이나 고인돌과 관련된 정신 세계 등 신이하면서 흥미로운 주제들도 많이 수록되어 있다.

고고학 이론 껍질 깨기
에이드리언 프랫첼리스(유용욱 역) / 사회평론 아카데미(2021)

이 책은 고고학이 지니는 딱딱하고 어려운 이미지에서 벗어나서 친근하고 생활 밀착적인 예시를 통해 고고학의 정수를 꿰뚫는다. 마르크스주의나 비판이론, 구조주의 등의 사회철학적 사상들의 시각에서 고고학이 어떠한 위치에 있냐를 서술하는 것은 물론이거니와, 페미니즘이나 퀴어이론 등의 최근 대두되는 이론까지 모두 고고학의 몫이 있다고 설명하고 있다. 특히 현상학이나 포스트모더니즘 이론에서 고고학을 설명한다는 것은 다소간 어울리지 않을 수 있는데, 이 책은 이러한 어울리지 않는 옷을 그럴싸하게 입음으로써 우리의 삶과 생활 속에 고고학의 정신이나 기법, 이론이 고스란히 스며들 수 있다는 것을 재치 있게 증명하고 있다. 인간 행동의 근거가 나름의 역사적 틀을 기반으로 하고 있다고 볼 때, 우리가 현재 생각하고 행동하는 것의 내재된 '근원적 동기'를 고고학이 찾을 수 있다는 재기발랄한 자신감도 곁들어 있다.

왜 호모 사피엔스만 살아남았을까?
이한용 / 채륜서(2020)

역사 책에 가장 먼저 실려 있는 석기 시대를 우리는 단순히 암기의 일환으로 여기고 외워 왔다. 그러나 흙 속에서 발견된 뼈나 치아를 보고 우리 인류가 왼손잡이가 많았을지, 아님 오른손잡이가 많았을지 추측하고 연구하는 학문이 바로 고고학이라면, 우리는 고고학의 즐거움보다는 그 즐거움의 결과를 건조하게 알아왔을 수도 있다. 전곡선사박물관장으로서 세계 구석기 심포지엄을 열고 주먹도끼를 직접 만드는 등의 연구를 하는 저자의 노력은 제1장 인류의 도구, 제2장 인류의 기원, 제3장 인류의 예술이라는 큰 카테고리 안에서 매우 흥미로운 스토리텔러로서 활약할 수 있는 기틀이 된다. 우리는 이 책을 읽음으로써 밋밋하게 외워 왔던 개념들의 연결고리를 더욱 흥미롭게 연결할 수 있을 것이다.

역사에 질문하는 뼈 한 조각
마들렌 뵈메 외 2인(나유신 역) / 글항아리 사이언스(2021)

사유와 행동, 그리고 그 행동에서 말미암은 새로운 사유와 새로운 행동이 치밀하게 교차 편집되어 제시되는 흥미로운 저서로서, 작가가 2016년에 독일 알고이 지방에서 곡괭이로 땅을 파다가 밝은 회색 점토에서 고동색 뼛조각을 발견한 사실을 토대로 이 뼛조각의 주인인 대형 유인원이 침팬지와 인간의 공통 조상일 가능성이 높다고 보고 이를 'UDO(우도)'라고 이름 붙인 후 탐구하는 과정에서부터 시작된다. 이후 이를 토대로 한 여러 가지의 학제, 비학제적인 탐구 과정이 흥미로우면서도 진중하게 설명되어 있으며, 어쩌면 인류의 요람이 아프리카가 아니고 다른 곳일 수도 있다는 의견을 제기하기도 한다. 또한 이 책을 읽으면서 우리 인류가 어떻게 진화하게 되었는지에 대한 기초적인 지식들도 함양할 수 있다는 것이 고무적이다. 끝으로 계통수의 문제 등에 대한 반성적 실마리를 남기면서 독자들에게 이 책을 읽은 후의 새로운 논의의 발전 가능성을 제시하고 있다.

테라 인코그니타
강인욱 / 창비(2021)

'테라(TERRA)'는 '땅', '인코그니타(INCOGNITA)'는 '미지의'를 뜻하는 말이다. 여기에서 땅은 말 그대로 물리적인 공간일 수도 있지만, 우리가 아직까지 알지 못하는 원시 문명이나 기록 이전의 문명일 수도 있다. 저자는 기록 이전의 역사가 전체 역사의 99.7%나 된다는 점을 역설하면서, 우리가 이들의 문명과 역사를 어떤 태도로 바라보아야 하는지에 대해 제시하면서 이분법적 사고를 벗어나 최대한 실증적이면서 미시적인 관점으로 파고들기를 안내하고 있다. 기자조선의 존재 여부, 겨울왕국의 위치, 인디애나 존스에서 나타나는 미국의 실크로드 약탈, 외계인으로 오해받은 편두머리 귀족 등의 흥미로운 주제가 우리의 이목을 이끌면서도, 신석기 시대 사람들이 전염병을 이겨낼 수 있었던 이유에 대해서도 제시하면서 현재 전염병과 싸우고 있는 우리들의 삶에 경종을 울리기도 한다. 우리는 결국, 미지의 땅에게서 배워야 할 것이다.

국보를 캐는 사람들
김상운 / 글항아리(2019)

발굴이 우리에게 주는 정서는 무릇 기대감과 긴장감, 그리고 쾌감과 놀라움 등이라고 볼 수 있을 것이다. 미디어 등의 영향, 혹은 어렸을 때 하는 보물 찾기 등의 놀이 문화와 맞물려서 으레 하나의 '유희'적 측면만 부각되었던 것이다. 그러나 발굴은 엄청난 노동을 필요로 하면서도, 때로는 생사의 갈림길에서 과감한 선택을 해야 하는 경우도 존재하기 마련이다. 2015년 경주의 월지 동편지구에서 발견된 우물에 있는 유물을 조사하기 위해서는 우물 아래로 직접 내려가야만 했는데, 폭이 좁다보니 체구가 작은 여성 조사원 혼자 내려갈 수밖에 없었다는 이야기를 이 책은 다루고 있다. 이러한 물리적, 신체적 고통뿐만 아니라 1970년대의 발굴 성과만 추구하는 국가 기관의 압박 속에서 생기는 심리적 고통도 존재하였다. 이 책은 그럼에도 불구하고 발굴 작업을 포기할 수 없는 학예연구사와 고고학자의 노고와 열정을 서술하고 있다. 고고학자가 되기 위해 부딪쳐야 하는 순간들을 잘 정리한 책이다.

지식의 고고학
미셸 푸코(이정우 역) / 민음사(2000)

대표적인 구조주의학파인 미셸 푸코는 그의 사상적 틀로 'archeology'를 제시한다. 이러한 개념은 일종의 방법론적 차원이자 거대한 하나의 비유 구조라고 볼 수 있는데, 특히 이 책의 1장에서는 역사 서술에 있어서 어떤 치밀한 논의들이 오갔는지에 대한 배경을 설명하면서, 2장에서 비로소 고고학이란 무엇인가에 대해 언급하기 시작한다. 이 과정에서 고고학은 지층의 특징을 연구하여 연대를 결정하는 것이라고 볼 수 있는데, 우리가 그 연대의 사상적 특이성을 발견하기 위해서는 '언어'라는 문화 지층적 특성을 살펴봐야 한다는 것을 의미하는 것이다. 특히 푸코가 그 가운데에서 말하는 '언표(言表)'는 그 자신이 결부되어 있는 영역 밖에서는 존재하지 않는다고 말하는데, 이것은 논리학의 명제나 불변하는 진리, 다회성을 지니는 지금까지의 전통 철학적 언표의 사용과는 결을 달리하는 것으로 볼 수 있다. 고고학이 지니는 실증적인 방법을 통해 우리의 역사를 새로이 볼 수 있는 것처럼, 이 책은 그 '고고학적 기술(記述)'이라는 것이 무엇인지를 여실히 드러내고 있다.

고고학과 독서탐구활동 활용사례

자율활동 특기사항

인권교육을 통해 평소 자신이 지니고 있는 인권과 관련된 생각을 친구들에게 설명함. 특히 모든 사람은 똑같은 가치를 지니고 있음에도 불구하고 타인, 외국인, 다른 인종, 다른 시대에 살고 있는 사람들에 대한 시선이 모두 다르다는 것에 착안하여 다음 학급 특색 활동 시간에 '타타타(他他他)' 설문조사를 실시함. 평소 다른 사람에 대해 어느 정도의 배타심을 지니고 있었는지 리커트 척도를 사용하여 평가하고, 시대별로 다른 시기에 살고 있는 사람을 주관식 문항으로 서술하게 함. 선사 시대에 살고 있는 사람들에 대한 주관식 서술을 3차원 벡터공간으로 두고 값을 산출했을 때, 지성과 인성은 낮고 야만성과 공격성이 높은 위치의 좌표로 산출됨을 확인함. 이후 **'테라 인코그니타(강인욱)'**를 읽고 이러한 야만성과 공격성에 대한 인식은 때로는 편견일 수 있다는 점에 착안하여 '선사시대에서 우리가 알지 못했던 것'이라는 주제로 미니 심포지엄을 개최하여 아이들의 인식 개선에 큰 도움을 줌.

동아리활동 특기사항

(트렌드리더)(34시간) 트렌드의 '가치'에 대해 이야기하는 활동에서 '파라독스' 카드를 꺼내 들어 '진정한 트렌드는 과거를 세밀하게 보는 것'이라고 주장함. 현재 트렌드는 지나치게 '숨이 찬' 상태라고 말하면서 현재적이라는 것은 과거적이라는 것과 유의하다는 점을 언급하여, 자신의 진로와 관련하여 '고고학'이 트렌드를 이끌 수 있는 실마리가 될 것이라고 설명함. 이후 '숨을 고르게 하는 고고학'이라는 소규모 팀을 만들어 위의 가치를 입증하는 활동을 함. 이 과정에서 **'지식의 고고학(미셸 푸코)'**을 읽고 '고고학적 기술(記述)'에 대해 큰 관심을 가지게 되어 영원불변하면서 장 독립적인 언표들에 대해 비판적인 시각으로 접근하여, 현재 우리 학생들이 평소에 쓰는 '일기'나 책상에 쓰는 '낙서' 등이 바로 장 의존적인 언표가 될 수 있고 이를 연구하는 방법론이 진정한 고고학적 기술이자 진정한 트렌드 중심 연구이며 가장 생활 중심적이기에 '숨을 고를 수 있는' 방법이라고 설명하여 친구들의 호응을 받음.

진로활동 특기사항

진로 콜로키움을 통해 '고고(考古)'와 '고현(考現)'의 가치에 대해 아이들과 논의하면서 '고고'에 대한 자신의 진로 연계성을 심화시킴. '고현'이 '소설가 구보씨의 일일(박태원)'의 관점으로 봤을 때 리얼리즘의 산물일 수 있다는 점을 말하고, 오히려 진정한 '고고'가 '고현'보다 더 리얼리즘에 가깝다는 점을 제시함. 그 과정에서 **'돌에 새긴 시대의 속내(김윤규)'**를 읽고 돌에 새겨진 내용은 하나의 무형이지만, 그 무형으로부터 유형의 이야기를 만들어 내는 논리적, 문학적, 사회학적 상상력이 고고학을 연구하는 기본적인 자세일 수 있음을 역설하고 그 구체적인 방법론을 친구들과 의논함. 나아가 '선정'이라는 것이 경우에 따라 다른 시각으로 해석될 수 있음을 인지하여, 시대적인 맥락과 텍스트와의 관계성을 간파하는 자세를 기르겠다는 포부를 밝힘. 콜로키움 이후 진로 인터뷰를 통해 눈에 보이지 않는 무언가를 알아가는 것의 즐거움이 바로 고고학의 정수라고 말하면서 앞으로 이 분야에 가기 위해 어떤 노력을 해야 할지에 대한 전반적인 로드맵을 수립함. 우리가 마주하는 모든 순간, 그리고 마주하는 모든 사물은 결국 역사와 유물이 된다는 점을 토대로 우리가 미처 알지 못하고 지나간 모든 것들이 어쩌면 세상의 문제를 해결할 수 있는 실마리가 될 수도 있다는 점을 깨닫고, 이와 관련된 고고학이 가장 철학적이면서 가장 실증적인 학문이 될 수 있다고 역설함.

교과 세부능력 및 특기사항

한국사

'고대 사회의 종교와 사상' 단원을 학습하면서 통일신라 시기에 유행한 '향가'를 확인하고 불교가 승려, 화랑에게 정서적 차원에서 도움을 주었다는 사실을 학습함. 이후 역사를 바라보는 관점 및 철학에 대해 의논하는 '히스토리 포럼' 시간에 이제는 거시사뿐만 아니라 미시사적 관점에서도 연구해야 한다는 방법론을 주장함. 통일신라 시대에 전해지는 승려 위주의 향가 이외에도 서민들이 불렀을 것이라고 추측되는 향가(서동요 등)의 성격을 탐구하기 위한 방법론을 마련하고 담당 교사 및 친구들과 공유함. 이 과정에서 **'국보를 캐는 사람들(김상운)'**을 읽고 유물 중 '문헌' 등이 이러한 미시사를 확인할 수 있는 하나의 대안이 될 수도 있겠다는 생각에 착안하여 이러한 문헌 연구를 할 때의 현실적인 어려움이나 자료 보존 및 해석 방법 등에는 어떤 것이 있는지에 대해 정리함. 이를 토대로 교내 '고고학 연구소'를 설립하여 유물 발굴 및 보존 계획에 대한 실무 및 행정적인 절차까지 상정하여 계획서를 만듦.

세계지리

'사하라 이남 아프리카'의 기후가 '사바나 기후'라는 점을 학습하고, 인간이 살기 어려운 환경인 아프리카에서 인류가 탄생했다고 여러 문헌에서 말하는 이유에 대해 호기심을 가짐. 이에 대해 세계 지리학적·인류학적 진술을 모아 나름의 논리를 확보하고 그 결과를 수업시간에 공유함. 이후 '아프리카에서 최초로 발견된 영장물의 두개골과 그 외 지역에서 발견된 영장물의 두개골은 어떤 차이가 있을까?'라는 고고학적 질문에 대한 답을 찾기 위해 여러 문헌을 찾는 노력을 보임. 이 과정에서 **'역사에 질문하는 뼈 한 조각(마들렌 뵈메 외)'**을 읽고 동부 유럽은 아프리카보다 훨씬 더 먼저 사바나 기후가 존재했다는 사실을 접하고 적도 저압대와 아열대 고압대가 동부 유럽에 영향을 주는 기후학적 양상에 깊은 호기심을 가졌다는 내용을 정리함. '인류의 발생과 이동'과 '사바나 기후'가 어떤 연관성이 있는지 더 알고 싶다는 내용을 정리·발표함으로써 친구들에게 인류의 기원에 대한 수많은 정보를 알려줌.

행동특성 및 종합의견

성격이 온순하고 명랑하며 웃어른에 대한 예의가 바름. 다른 사람을 대할 때 상대방의 입장에서 생각하고 말을 하는 배려심이 돋보임. 학력 향상에 대한 의지가 높으며 자기 주도 학습 능력이 뛰어나고, 수행평가나 과제 제출 시 성실함이 돋보임. 고고학에 대한 관심을 토대로 '과거'가 '현재'와 '미래' 못지않게 중요할 수 있다는 생각과 가치관으로 하루하루를 살아가기 위해 노력함. 플래너나 일기를 생활화할 줄 알면서도, 평소 과거의 자신 혹은 친구들의 삶을 반추하며 이야기하고 실마리를 찾아내는 것에 큰 흥미를 느낌. **'고고학 이론 껍질 깨기(에이드리언 프랫첼리스)'**를 읽고 고고학이 생각 외로 다양한 학문과 연계성이 있다는 사실을 깨닫고, 일상 생활이나 평소에 우리들이 흔히 가지고 있는 관념과도 접점이 존재한다는 것을 인지함. 그 통찰의 힘으로 말미암아 교과 공부에 대한 구체적인 계획을 마련할 수 있다고 설명할 정도로 학업에 대한 열정과 과제집착력이 뛰어나서 향후 행보의 귀추가 주목됨.

2 ▸▸ 국어국문학과

1 학과 인재상

연극, 영화, 미술, 광고 등 다양한 문화예술 장르에 흥미를 가진 학생

상상력과 창의력이 있고 글쓰기와 읽기에 흥미가 있는 학생

사회변화를 읽을 줄 아는 학생

언어와 문학에 관심과 소질이 있는 학생

한국어 문법과 음운 규칙 등 국어학에 대한 호기심과 분석력이 있는 학생

2 유사학과

- 한국어문학과
- 한국어학과
- 한문학과
- 미디어콘텐츠전공
- 스토리텔링학과
- 통상언어전공
- 한국어교원학과
- 한국어통번역전공

3 관련직업

- 공무원
- 광고 및 홍보전문가
- 교수
- 국어교사
- 방송기자
- 출판물기획자
- 미디어콘텐츠창작자

4 개설대학

- 가천대학교
- 가톨릭대학교
- 강남대학교
- 강릉원주대학교
- 강원대학교
- 건국대학교
- 건양대학교
- 경기대학교
- 경남대학교
- 경동대학교
- 경북대학교
- 경상국립대학교
- 경성대학교
- 경주대학교
- 경희대학교
- 계명대학교
- 고려대학교

- 고려대학교 세종캠퍼스
- 고신대학교
- 광신대학교
- 광운대학교
- 국민대학교
- 군산대학교
- 극동대학교
- 남부대학교
- 단국대학교
- 대구가톨릭대학교
- 대구대학교
- 대구한의대학교
- 대전대학교
- 대진대학교
- 덕성여자대학교
- 동국대학교

- 동덕여자대학교
- 동서대학교
- 동신대학교
- 동아대학교
- 동의대학교
- 명지대학교 인문캠퍼스
- 목원대학교
- 목포대학교
- 배재대학교
- 부경대학교
- 부산대학교
- 부산외국어대학교
- 상명대학교
- 상지대학교
- 서강대학교
- 서경대학교

- 서울대학교
- 서울시립대학교
- 서울여자대학교
- 서원대학교
- 선문대학교
- 성결대학교
- 성균관대학교
- 성신여자대학교
- 세명대학교
- 세종대학교
- 세한대학교
- 수원대학교
- 숙명여자대학교
- 순천향대학교
- 숭실대학교
- 신라대학교
- 아주대학교

- 안동대학교
- 안양대학교
- 연세대학교
- 연세대학교 미래캠퍼스
- 영남대학교
- 영산대학교
- 우석대학교
- 울산대학교
- 원광대학교
- 위덕대학교
- 유원대학교
- 이화여자대학교
- 인제대학교
- 인천대학교
- 인하대학교
- 전남대학교

- 전북대학교
- 전주대학교
- 제주대학교
- 조선대학교
- 중부대학교
- 중앙대학교 서울캠퍼스
- 중원대학교
- 창원대학교
- 청주대학교
- 충남대학교
- 충북대학교
- 평택대학교
- 한국교통대학교
- 한국외국어대학교
- 한남대학교
- 한라대학교

- 한림대학교
- 한성대학교
- 한신대학교
- 한양대학교
- 호남대학교
- 호서대학교
- 호원대학교
- 홍익대학교

국어사개설
이기문 / 태학사(2006)

국어 문법을 시작하는 데에 있어서 공시적인 관점에서 접근하는 것이 흥미로울 수 있다면, 근본적으로 국어 문법을 깊이 있게 이해하는 데에 있어서는 '통시적'인 관점에서 접근해야 할 필요성이 있을 것이다. 이 책은 국어 문법에 대한 통시적 접근을 시도하면서, 음운, 형태, 통사, 어휘적 측면에 있어서 우리가 고대 국어부터 현대 국어까지 알아야 할 점들을 자세하게 제시하고 있다. 문법과 관련된 현대적인 논의들은 끊임없이 이루어지고 있지만, 이 책은 고대 국어와 중세 국어, 근대 국어에 대한 연구가 시작되었던 시기부터 상당 부분의 수준까지 올라오게 된 논의를 집대성했다는 점에서 의의를 지니고 있다.

창의와 소통
송인화, 이승윤 / 한국문화사(2020)

글쓰기와 말하기는 언어 통합적인 차원에서 결국 하나라고 볼 수 있다. 정규 교육과정으로서의 국어는 듣기, 말하기, 읽기, 쓰기의 영역으로 나뉘지만 실은 이 모든 것들이 대개 텍스트에 의한 소통으로서 한꺼번에 이루어진다. 따라서 통합적 글쓰기와 통합적 말하기는 언어 사용 기능적인 측면에서 반드시 요구되는 사항이다. 이 책은 정보글 읽기, 분석하기, 논제와 쟁점 세우기, 논증 자료 준비하기, 토론하기, 글쓰기의 전체 과정을 살펴보는 식의 내용 서술을 통해 듣기, 말하기, 읽기, 쓰기의 언어 사용 기능의 통합을 유도하였다. 실제적 텍스트 운용 능력을 신장시킴에 따라 통합적 언어 구사력을 기를 수 있을 것이다.

사고와 표현
김중철 외 3인 / 한국문화사(2021)

국어를 사용하는 데에 있어서 가장 기본이 되는 것은 사고와 표현이다. 사고가 없는 표현은 허황된 것에 불과하고, 표현이 없는 사고는 진실된 소통을 방해한다. 이 책은 우리 인간이 문자적, 비문자적 의사소통을 할 때 기본적으로 갖출 수 있는 사고 과정을 다룬 책으로서, 주로 화법 교육과 작문 교육적 차원에서 이를 전개하고 있다. 화법 교육적 차원에서는 대화와 토론의 이론을 탐색하고 여러 가지의 전략을 제시하는 방식으로, 작문 교육적 차원에서는 인지주의적 작문 이론의 토대 아래에서 글을 쓰는 목적 설정, 내용 생성, 구조 작성, 고쳐쓰기의 단계를 하나하나 밟아가는 행보를 보이고 있다. 진정한 사고와 표현의 방법론을 배워가면서 우리는 보다 더 본질적인 의사소통의 장 속에 뛰어들 것이다.

쉽게 읽는 한국어학의 이해
홍종선 외 19인 / 한국문화사(2022)

기본적으로 국어 문법을 다룬 책들은 매우 많고 그것에 대한 논의도 정형적, 비정형적으로 다채롭고 역동적으로 전개되어 왔다. 그러나 이 책은 이러한 논의들을 쉬운 언어와 재치 있는 예시들을 토대로 가독성 있게 서술했다는 차원에서 의의를 지니고 있다. 또한 이 책은 현대 문법의 미래적 전개에 있어서 큰 두 가지의 실마리를 제시하고 있다. 첫째는 음운 교육적 차원에서 '언어 치료학'을 정립했다는 것이다. 의사소통 장애를 조음 음운, 언어, 음성, 유창성 등으로 나누어 전개하면서 음운론의 하나의 새로운 지평을 열고 있다. 둘째는 언어학과 컴퓨터과학을 엮어서 '국어정보학'이라는 개념을 도입하고, 그것에 대한 여러 논의들을 제시했다는 차원에서 의의를 지니고 있다.

1 인문계열 · 국어국문학과

2 사회계열

3 자연계열

4 공학계열

5 의약계열

6 예체능계열

7 교육계열

소설학사전
한용환 / 푸른사상(2016)

본디 사전이라 함은 꼭 우리가 색인을 토대로 그것을 활용해야 할 것 같고, 다소간 딱딱하고 경직되면서도, 정보의 습득을 위한 목적으로서 존재해야 할 것 같다는 생각을 가지게 마련이다. 그러나 이 책은 소설에 대한 논의를 매우 역동적으로 펼치고 있다는 점에서 고무적이다. 미시적으로는 가독성, 가해성, 기지, 유머, 누보로망, 리얼리즘, 아나토미, 자연주의 소설, 키 모멘트, 파노라마적 기법, 핍진성, 하드보일드 문체, 희화화 등의 여러 개념들을 다루면서도, 거시적으로는 소설에 대한 문제의식을 토대로 한 논의와 소설 장르의 본질을 규명하기 위한 치밀한 노력이 서술되어 있다는 점에서 소설사에 있어서 큰 중심으로 자리 잡을 수 있는 저서이다.

한글의 탄생
노마 히데키(김진아 외 2인 역) / 돌베개(2011)

도쿄외국어대학교 조선어학과에서 한글의 가치를 새로이 규명하고 공부한 저자 노마 히데키의 열정이 돋보이는 수작이다. 특히 이전까지 훈민정음이나 한글 창제의 원리 등을 한국인이 연구하는 것이 일반적이었지만, 일본인이 이토록 깊게 연구한 것은 흔치 않아서 더욱 주목할 만하다. 훈민정음 탄생의 배경이나 원리 등에 대해 형태음운론적으로 접근하는 시도로부터 시작하여, 이 저서는 롤랑 바르트의 '에크리튀르'의 관점에서 훈민정음을 해석한 결과를 서술하고 있다. 집단이 지니는 언어적 사용을 의미하는 에크리튀르의 입장에서 훈민정음은 변혁의 시작이며 에크리튀르의 창출이라고 볼 수 있다. 또한 정음의 모양과 형태를 게슈탈트의 관점에서 해석한 점도 흥미롭다. 한글에 대해 타국인이 재정의한 점을 살펴보면서 한글을 더욱 깊이 있게 이해할 수 있을 것이다.

신경림의 시인을 찾아서
신경림 / 우리교육(2013)

문학 작품을 바라보는 관점 중 '작가 표현론'적인 안목을 가장 잘 넓힐 수 있게 해 주는 책이다. 본디 표현론이란 작가를 중심으로 문학을 이야기하고자 하는 비평 태도를 일컫는데, 이 저서의 저자인 신경림 시인은 실제로 자신이 다른 시인들을 만나서 나눈 이야기나 그 시인이 겪은 삶을 전해주는 방식으로 우리에게 시인 자체를 또다시 만날 수 있게 해 준다. 시를 쓰는 데에 있어서 그 시에 얽힌 여러 가지의 사연들을 듣다 보면, 시를 감상하고 해석하는 폭이 넓어지기 마련이다. 또한 시를 토대로 소통하기 위한 문학적 플랫폼이 형성될 것이다.

길 위의 김수영
홍기원 / 삼인(2021)

이 책의 저자인 홍기원 위원장은 김수영문학관 운영위원장으로서 김수영이 살아온 행보를 심층적으로 취재하였다. 이 책이 나오기까지 시인 김수영에 대한 논의들은 매우 활발하게 전개되었고, 다른 학문이나 실제 생활, 사회, 정치적 차원에서도 운운하게 되었지만, 이러한 담론들이 형성되는 차원에서 여러 오류들이나 오개념, 잘못된 정보들이 오가기도 하였다. 작가는 이러한 양상을 바로잡는 것이 중요하다는 생각을 하게 되었고, 김수영 시인의 가족들의 증언을 생생하게 수록하는 등의 실증적 자료들을 제시하여 시인 김수영을 새로이 보고자 하였다.

문장강화
이태준 / 창비(2017)

작문 이론과 방법에 대한 저서는 매우 많다. 따라서 역설적으로 진정한 작문 이론과 방법에 대해 배우고자 한다면 그것에 대한 '고전'을 읽는 것이 하나의 방편일 수 있겠다. 한국 문학에 있어서 떼려야 뗄 수 없는 작가인 '이태준'이 쓴 문장에 관한 글이지만, 이 문장이라는 것은 비단 소설에만 그치는 것이 아니다. 일기, 서간문, 감상문, 서정문, 기사문부터 시작하여 추도문, 식사문 등의 사회적 상호작용을 위한 작문 유형까지 매우 다양한 하위 갈래에 종횡무진하여 접근하는 태도가 나타난다. 또한 제재, 서두, 결사, 명제, 묘사, 감각 등의 구조, 표현상의 특징에서부터 시작하여 '같이', '처럼' 등의 조사의 활용까지도 견해를 제시하는 치밀함을 엿볼 수 있다.

열하일기, 웃음과 역설의 유쾌한 시공간
고미숙 / 북드라망(2013)

연암 박지원을 단순히 '실학자'로 규정하고 이해하기에는 그가 지니는 자유분방함이 다 설명되지 못한다. 어쩌면 우리는 그의 '열하일기'를 다시금 읽어 가면서 '실학'으로 향하는 그의 여정과 정서, 가치관을 꼼꼼히 뜯어봐야 할 책무를 지니고 있다. 왜냐하면 관념이라고 하는 것은 '나' 자신을 온전히 설명하지 못하며, 더더욱 행복이라고 하는 것과는 요원할 수도 있기 때문이다. 이 책은 박지원을 '노마드(nomad, 유목민)'의 시각에서 바라보면서 인간과 자연이 교차하는 시공간 속에서 유일한 주인공은 '나'라고 규정하며 사유하는 통찰에 대해 매우 재치있게 서술하고 있다.

1
인문계열 · 국어국문학과

2
사회계열

3
자연계열

4
공학계열

5
의약계열

6
예체능계열

7
교육계열

국어국문학과 독서탐구활동 활용사례

자율활동 특기사항

학급 특색 활동을 하는 과정에서 '우리 반의 폭력 문제 해결하기' 특공대를 결성하여 활동함. 활동 중 교실 내에서 발생한 '별명 부르기' 사건에 대해 별명을 불리는 학생이 힘들어하고 있는 이야기를 듣고, 별명을 부르는 것이 폭력에 해당하는지에 대한 토론을 교실 내에서 진행함. 처음에는 토론의 논제가 지나치게 길거나 불명확하고, 사회자와 참여자의 역할이 애매하게 정의되어서 실제 토론이라기보다 단순한 만담에 그치게 되었으나, 토론에 대해 자세하게 설명이 된 책을 읽어 봤으면 좋겠다는 교사의 말을 듣고 **'창의와 소통(송인화, 이승윤)'**을 읽고 논제와 쟁점을 세우고 논증 자료를 준비하는 과정에서 실제적인 학습을 잘 해냄. 이후 '별명 부르기는 언어 폭력의 범주에 속한다'라는 쟁점을 만들어 토론을 이끌어 나감. 스스로 사회자를 맡아서 참여자의 토론 참여를 원활하게 유도하여 우리가 흔히 부르는 별명이 어쩌면 당사자에게는 폭력이 될 수도 있겠다는 인식을 심어 줌.

동아리활동 특기사항

(철학으로 세상 읽기)(34시간) 롤랑 바르트가 말하는 '에크리튀르'의 사회 철학적인 의미에 관심을 가져서, 이 개념을 토대로 청소년들의 언어 사용이 지니는 집단성에 대해 연구 활동을 함. 교내 친구들을 대상으로 '미디어에서 나타나는 청소년 언어, 유행어에 대한 인식'과 관련된 설문조사를 실시하고 '뇌절, 어쩔티비' 등이 단순한 청소년 언어를 넘어서서 새로운 청소년 문화의 성격을 규정한다는 결론을 내림. 이 과정에서 우리말과 에크리튀르의 연관성에 대한 관심이 생겨서 국어 선생님과 상담을 한 후 **'한글의 탄생(노마 히데키)'**을 읽고 한글이 15C 당시에 하나의 에크리튀르를 형성하는 역할을 했다는 사실을 인지함. 이후 우리말이 중국과 표기가 같았던 환경 속에서 한글이 했던 사회학적 역할과, 수많은 청소년 신조어들이 청소년 문화 형성 및 변화에 있어서 하는 역할을 비교하는 내용을 연구하여 많은 친구들의 호응을 얻음. 철학과 언어학, 국문학에 대한 특유의 감각으로 학문을 융합하고자 하는 행보가 뚜렷이 나타남.

진로활동 특기사항

진로 인터뷰에서 평소 컴퓨터 프로그래밍과 코딩을 모두 즐기고 있지만 언어적인 감각 또한 있다는 사실을 언급함. 원래는 문·이과적인 소양을 모두 지니고 있기에 자율전공학부에 진학하기를 희망했다고 말함. 그러나 진로와 관련된 기업 분석하기 시간에 AI가 인간의 언어를 정보처리하는 양상을 이해하는 과정을 통하여 '자연어 처리'에 관심을 가지게 되었다고 함. 이후 자연어 처리 과정에서 상당한 문법적인 지식을 요구한다는 사실을 깨닫고, **'쉽게 읽는 한국어학의 이해(홍종선 외)'**를 읽고 이 부분에서 '국어정보학'이라는 개념을 알게 되어 이 분야로 진출하는 것이 자신의 인생관과 가장 어울린다는 사실을 설명함. 국어정보학은 컴퓨터 프로그래밍과도 연관성이 있으면서 문헌정보학으로도 뻗어 나갈 수 있는 진로 영역이기 때문에 국어국문학 중 국어문법론을 세부적으로 전공하면서 그 문법적 요소들을 코드화하기 위한 진로 로드맵을 설정함. 특히 현재 활발하게 이루어지지 않고 있는 '방언'과 관련된 음운론적 정보들을 코드화하는 데에 관심이 많아서, 국어 문법과 관련된 교과 과목을 수강할 때에도 이러한 점을 더 깊이 있게 배우고 싶다는 동기를 밝힘. 초연결시대에 있어서 국어학이 지니는 역할에 대해 이해하고, 자신이 이 역할의 주역이 되고 싶다고 인터뷰 말미에 말하여 학우들의 지지를 얻음.

교과 세부능력 및 특기사항

국어

우리말의 역사적 변천 과정을 다루는 단원을 학습하면서, 자신이 평소 좋아하는 노래 가사나 유명한 책 문구, 소설의 구절 등을 노트에 정리하고 그 단어의 어원이나 통시적인 문법 현상들을 탐구하는 프로젝트를 진행함. 이 과정에서 **'국어사개설(이기문)'**을 읽고 모음조화 파괴, 단어의 어형 변화, 단일어화, 동화, 이화 등의 매우 다양한 문법 현상을 이해하고 그것을 토대로 우리말이 어떻게 변화하였는지를 정리하여 설명함. 이후 해당 학급 학생들을 위한 미니 '고어사전'을 만들어서 배포하고 싶다는 동기를 형성함. 쉽지 않은 책임에도 불구하고 국어 교사와 끊임없이 질문하고 소통하면서 우리가 흔히 쓰는 말들이 대부분 역사적 변천 과정을 겪었다는 것을 깨달으며 책을 매우 능동적으로 읽음. 이후 현대 국어 문법을 학습하는 과정에서도 특유의 언어 감각을 토대로 통시적·공시적인 문법 연구의 접근성을 보여주는 등의 노력을 보임.

문학

문학과 자아, 문학과 사회의 관계성을 탐색하는 학습 목표를 달성하는 과정에서 '문학 창작이 개인의 자아에 어떤 영향을 끼칠까?'라는 물음을 생성하고 이를 토대로 다양한 방식으로 상호텍스트적인 독서 활동을 함. 또한 문학의 갈래 단원을 학습하면서 연암 박지원의 '열하일기'가 지니는 서사문학적인 요소(묘사, 갈등, 인물 형성) 등에도 불구하고 박지원의 가치관과 개인 정서, 철학이 매우 뚜렷하게 나타나 있기 때문에 교술 갈래로 보아야 한다는 진단을 내리면서 갈래를 판별할 수 있는 안목을 보여 줌. 이후 문학 작품과 연관된 독서 활동을 하는 시간에 **열하일기, 웃음과 역설의 유쾌한 시공간(고미숙)**을 읽고 '유목민 (nomad)'으로서의 박지원의 삶을 이해하고, 이를 토대로 열하일기를 다시 읽으며 박지원이 지니는 자유분방함이 어쩌면 그의 실학 사상을 가장 잘 표현할 수 있는 토대일 수 있겠다는 생각을 독서기록장에 작성하여 제출함.

행동특성 및 종합의견

학업에 대한 성취 욕구가 강한 학생으로 꾸준히 노력하는 모습이 돋보임. 1학기 1차 지필평가 이후 공부 방법에 대해 조언을 듣고 자신의 학습 패턴을 바꾸어 1학기 기말에는 성적이 향상되었음. 이 예에서 엿볼 수 있는 것처럼 타인의 말을 귀담아들을 줄 알고 자신이 발전하기 위해 어떻게 행동을 바꾸면 되는지 잘 아는 학생임. 수줍은 듯한 성격이나 의사표현은 확실히 함. 국문학자가 되기를 희망하는 학생으로서 특히 시인이나 소설가의 창작 동기, 배경, 환경 등을 알아나가면서 작품을 깊이 있게 이해하는 데에 흥미를 느끼고 있고, 사람들에게 문학 작품에 대한 여러 이야기를 설명하면서 사람들로 하여금 문학을 더 쉽고 즐겁게 접할 수 있게 하는 것을 궁극적인 목표로 삼고 있음. 이러한 꿈을 구체화하기 위해 **'신경림의 시인을 찾아서(신경림)'**, **'길 위의 김수영(홍기원)'**을 읽고 한 작가를 알기 위해 어떠한 노력을 해야 하는지 참여관찰, 문헌 수집 등의 연구 방법론을 이해하고 내면화함.

3 ▶▶ 노어노문학과

1 학과 인재상

국제화 시대를 이끌어갈 러시아 전문 인력이 되고자 하는 학생

한국과 러시아의 학문적, 정서적, 경제적 교류를 이끌 열의가 있는 학생

러시아어에 대한 다양한 이론적 탐구 및 어학능력 향상에 열의가 있는 학생

러시아어와 문학, 문화, 지역학 분야의 전문지식을 습득하고자 하는 학생

푸시킨, 도스토예프스키, 톨스토이 등 러시아 작가들의 작품을 통해 러시아의 사회적 배경, 철학, 문화 등을 탐구하는 데에 관심이 있는 학생

2 유사학과

- 러시아어과
- 러시아어문학과
- 러시아어언어문화전공
- 러시아학과

3 관련직업

- 관광통역안내원
- 러시아어연구원
- 무역사무원
- 유학상담자
- 통역가
- 해외공보관
- 번역가
- 외교관
- 출입국심사관
- 외국어교사
- 자막제작자
- 호텔프론트사무원
- 국제협력사무원
- 여행사무원
- 외국어학원강사
- 항공기객실승무원

4 개설대학

- 경기대학교
- 경북대학교
- 경희대학교
- 계명대학교
- 고려대학교
- 단국대학교
- 대구가톨릭대학교
- 대구대학교
- 대전대학교
- 부산대학교
- 부산외국어대학교
- 상명대학교
- 서울대학교
- 선문대학교
- 성균관대학교
- 수원대학교
- 안양대학교
- 연세대학교
- 조선대학교
- 중앙대학교
- 중앙대학교 안성캠퍼스
- 청주대학교
- 충북대학교
- 한국외국어대학교

5 학과 연계도서

러시아 문학의 맛있는 코드
석영중 / 예담(2013)

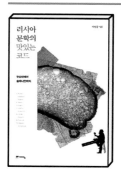

대개 하나의 테마로 한 시대, 한 국가의 문학 작품을 설명하기는 매우 어려운 방법론일 수 있는데, 더군다나 '음식'을 토대로 '러시아 문학'을 설명하려고 하는 시도는 제법 파격적일 수 있다. 러시아 사람들이 흔히 먹는 사워 크림을 체호프는 그의 '개를 데리고 다니는 부인' 등에서 '일상의 제시'로 표현한 한편, '카라마조프가의 형제'에서 도스토예프스키는 빵을 '그리스도의 몸'으로 인식하는 종교적인 접근을 보인다. 작가는 이 책을 통해 '미식', 즉, 음식을 '의미 있게 먹는 행위'가 중요한 것이며 그것이 문학적으로 형상화 되었을 때 의미가 더 돋보인다는 사실을 역설한다.

러시아 명화 속 문학을 말하다
김은희 / 이담북스(2023)

그림은 문학 작품 속의 한 장면을 반영하기 때문에 단순하게 '드러내는' 의미로 작용하는 것이라고 볼 수 있다. 흔히 문학 작품을 향유하는 이들에게 그림이라는 것은 그 작품의 압축 혹은 부연 설명으로 작용하는 경향이 있었기 때문이다. 그러나 명화와 문학은 서로 상호보완적인 관계를 맺음으로써 우리에게 상상력과 논리력 등을 발동하게 한다. 이 책은 러시아 명화에 대해 단편적인 설명을 배제하고, 서사성을 설명함으로써 문학 작품과의 상호텍스트성을 더하게 한다. 우리는 이 책을 읽으면서 러시아 명화, 러시아 문학과 관련된 우리의 기존 관념들을 버릴 수 있을 것이며, 예술 작품과 문학 작품 간의 관계성을 냉철하게 분석하는 눈을 가질 수 있을 것이다.

언어평등 러시아어 첫걸음
이정민 / 언어평등(2021)

키릴 문자라고 하는 러시아 문자는 영어를 최초의 외국어로 인식하는 우리들의 입장에서는 접근하기 어려운 문자 및 언어임에 분명하다. 이미 배운 것이 후에 배운 것을 방해하는 '간섭' 현상이 잘 일어나는 경우에 해당하기 때문이다. 그러나 이 책의 저자는 이러한 장벽 등을 슬기롭게 극복하면, 러시아어는 다른 언어를 배우는 것보다 짐이 덜할 것이라고 말한다. 러시아어 명사의 성별 표현은 독일어나 프랑스어보다 간단하고, 동사 시제는 영어보다 쉬우며, 중국어와 같은 성조도 없기 때문이라고 본다. 간단한 '인사'부터 시작하여 '축하'까지의 다양한 유형의 러시아어 표현과 문법, 문장 구조를 언급하는 과정을 통해 러시아어에 대한 표현적인 접근을 크게 유도할 수 있는 책이다.

러시아 문학의 넓이와 깊이
조주관 / 세창출판사(2023)

이 책은 18~20세기의 러시아 문학에 대한 통시적인 흐름을 짚는 것처럼 보이지만 각 세기에 대해, 특히 19세기에 대해서는 철저하게 '주제 중심'으로 작품을 조망하고 있다. 특히 '사랑과 문법', '환상과 현실', '욕망과 공포', '논쟁 문학', '인간 존재의 수수께끼', '아름다움과 구원의 문제', '삶과 죽음의 의미', '어떻게 살 것인가' 등의 주제는 단순히 문학적 접근이라기보다 철학, 사회학, 역사학, 심리학적인 접근이 이루어졌음을 방증하는 타이틀이라고 볼 수 있다. 우리는 이 책을 토대로 다양한 러시아 문학 작가와 그 작가의 작품에 대한 개괄적인 이해를 도모하면서도, 작품에서 말하고자 하는 메시지를 철학적으로 내면화하는 힘을 기를 수 있을 것이다.

어머니
막심 고리키(김현택 역) / 종합출판범우(2021)

이 작품의 '어머니' 역할을 담당하고 있는 닐로브나 블라소바는 그녀의 아들인 파벨 블라소프의 노동혁명운동에 대한 열망을 이해하여 그녀 스스로 혁명 운동에 뛰어들게 된다. 최초에는 아들 파벨에 대한 관심과 사랑으로 노동혁명 운동에 대한 동기가 마련되었지만, 이후에는 보다 더 혁명 운동에 대한 내재적 동기가 생기게 된다. 아들이 이 운동으로 감옥에 가게 되거나 시베리아 유형을 선고받게 될 때, 그녀는 모든 노동 운동의 '어머니'로 다시 존재하게 된다. 이 작품은 어떻게 보면 한국 사회에서의 노동 운동가 '전태일 열사'와 그의 어머니 '이소선 열사'와 비슷하다고 인식되기도 한다. 특히 자식에 대한 사랑이 시대 배경과 맞물려 하나의 시대 정신으로 고귀한 성장을 하는 것이 더 그러하다고 볼 수 있다. 이러한 유사함을 토대로 작품을 보면 더 고무적인 결과를 얻을 수 있을 것이다.

죄와 벌
표도르 도스토예프스키(김연경 역) / 민음사(2012)

이 작품의 주인공인 라스콜니코프는 가족에 대한 기대와는 달리 작은 골방에 갇혀 지낸다. 그는 전당포 노파가 고리대금업을 토대로 무자비한 횡포를 하고 있다고 판단하여, 그 노파를 '이[蝨]'로 규정하고 죽이고야 만다. 그리고 그 노파를 죽이는 자신을 '나폴레옹적'이라고 말하며 인간을 이분법화한다. 그러나 그는 노파를 죽이는 모습을 본 리자베타도 같이 죽이게 되고, '성스러운 매춘부' 소냐와 인간적인 관계를 맺게 되면서 자신의 삶과 행위에 대해 '이론'이 아닌 '실제적인' 성격으로서 재인식하게 된다. 라스콜니코프의 종교적 갱생을 막론하고서라도, 진정한 실존적 삶에 내던져진 그의 인식을 치밀한 문체를 통해 엿볼 수 있다는 것이 이 책을 읽는 가장 큰 기쁨이라고 볼 수 있다.

이반 일리치의 죽음
레프 톨스토이 / 창비(2012)

러시아의 대문호 톨스토이의 작품은 너무나 많지만, 현 시대를 살아가는 우리 인간들에게 가장 귀감이 될 만한 작품 중 하나를 꼽는다면 단연 이 작품이 될 것이다. 우리 인간에게 '죽음'이란 무엇인가? 우리는 죽음을 어떻게 받아들여야 하는가? 어쩌면 우리는 죽음을 지나치게 외면하고 생에 집착을 포기하지 못하여 도리어 인생이 지니는 비극적 불행함에서 벗어나지 못한 것일 수도 있다. 큰 부와 명예를 가졌던 이반 일리치가 사다리에서 떨어져 죽음을 마주하게 되는 과정을 톨스토이는 마치 정신과 의사처럼 구체적으로 서술하면서, 우리에게 죽음이라는 '마땅한, 필수적인, 그러면서도 존귀한 사건'을 우리가 어떻게 인식해야 할지에 대한 커다란 메시지를 던지고 있다.

외투
니콜라이 고골 / 민음사(2017)

중심 인물인 아까끼 아까끼예비치는 승진도 되지 않은 채 말단 공무원으로서 살아간다. 그는 그의 외투를 새로 사 입고, 그 외투를 입은 자신에게 만족하기 시작한다. 자신을 바라보는 주변 사람들의 시선이 달라졌기 때문이다. 그러나 곧 그 옷은 강도에게 빼앗기게 되고, 이에 의한 충격으로 아까끼는 죽게 된다. 이후 그 지역에 외투를 빼앗는 유령이 있다는 소문이 돌게 된다. 어쩌면 이 작품은 '아쿠타가와 류노스케'의 '라쇼몽'과 비슷하다. 서로 빼앗고 빼앗기는 세태의 비정함을 보여 주면서도 그것을 매우 비정하고 담담하게 서술하고 있기 때문이다. 이러한 점이 당시 러시아의 혼란스러운 상황을 꼬집고자 하는 힘을 더 크게 한다고 볼 수 있다.

삶이 그대를 속일지라도
알렉산드르 세르게예비치 푸쉬킨(박형규 역) / 써네스트(2020)

러시아의 가장 영향력 있는 시인이자 세계적으로도 우리에게 큰 깨달음을 주는 시인의 작품들을 모아 놓은 저서이다. 이 책의 제목과도 같은 작품인 '삶이 그대를 속일지라도'는 다양한 콘텐츠로 우리들에게 익숙하게 다가오기도 한다. 어떤 시인은 철저하게 자신의 내면을, 어떤 시인은 반대로 외적 세계를 형상화하기 위해 노력하지만, 푸쉬킨은 인간이 지니는 원초적이면서 근본적인 감정은 '사랑'을 토대로 자유, 민주, 유기적 통합을 말하는 방식으로의 시적 넘나듦이 역동적인 작가라고 할 수 있다. 이 책을 읽으면서 정서적으로는 푸쉬킨의 따뜻한 사랑의 온도를, 사회적으로는 시대의 어려움을 극복하고자 하는 영웅의 심리를 우리는 이해할 수 있을 것이다.

첫사랑
이반 투르게네프(이항재 역) / 민음사(2003)

'첫사랑 이야기'는 우리에게 낭만적이면서 씁쓸한, 그렇기 때문에 아련하고 제법 아름다운 그 무엇으로 남기 마련이다. 그러나 이 작품의 주인공인 블라디미르 페트로비치가 말하는 첫사랑은 그것과는 거리가 멀다. 다가가고 싶지만 쉽게 다가갈 수 없는 여인 지나이다의 사랑은 그에게 처음으로 사랑의 깊이를 알게끔 하지만, 결국 그 지나이다의 선택이 블라디미르 페트로비치의 아버지에게로 향한다는 사실을 알게 되었을 때는 꽤 강한 충격으로 다가오기도 한다. 신빙성 없는 플롯으로 다가오기도 하지만, 우리는 이 책을 읽으면서 투르게네프가 말하는 '보편 정서'의 세밀한 감정선 표현을 통해 타인에 대한 공감과 연민의 마음을 가지는 경험을 할 수 있을 것이라고 기대한다.

1
인문계열 · 노어노문학과

2
사회 계열

3
자연 계열

4
공학 계열

5
의약 계열

6
예체능 계열

7
교육 계열

노어노문학과 독서탐구활동 활용사례

자율활동 특기사항

학교폭력 예방교육을 통해 우리가 폭력이라고 생각하지 않았던 사례들을 폭력이라고 재정의하는 과정을 모둠원끼리 수행하고, 이를 통해 일상생활에서 자신이 타인에게 행한 행동들을 되돌아보는 계기를 가짐. 1인 1역할 활동에서 멀티미디어 기기 정리 및 에너지 절약 역할을 맡아 성실하게 수행하여 원활한 수업이 이루어질 수 있도록 도움. 노어노문학에 관심이 많은 학생으로서, 특히 친구들에게 러시아 문학에 대한 진입장벽을 낮추어 대중성을 확보하는 데에 열정이 있음. 이를 위해 학급 학급 특색 활동으로 식품영양학 및 제과제빵학을 전공하고자 하는 학생과 팀을 결성하여, **'러시아 문학의 맛있는 코드(석영중)'**을 읽고 러시아 문학 작품에 등장하는 다양한 요리 및 식재료를 '식품' 및 '문학'의 관점에서 각각 설명하고 그 의미를 도출하여 학생들의 많은 호응을 얻음. 나아가 우리가 만약 문학 작품을 쓰게 된다면 어떠한 음식을 이야기할지에 대해 설문조사를 하고 그 결과를 공유함.

동아리활동 특기사항

(문학탐방반)(34시간) 문학을 통해 '자아'를 발견하고, 그 자아가 어떤 개체들과 맺는 관계를 탐구하여 문학의 주제를 도출하는 '문학 해설 프로젝트' 활동을 함. 대주제로 '사랑'을 선택하여 김유정의 '떡', '금따는 콩밭'을 설명하면서, 어쩌면 '욕심'이나 '욕망'이 사회적 현실 속에서 궁핍하게 살아가는 개인에게는 '순수한 사랑'이라는 행위로 대변될 수도 있겠다는 결론을 내림. 나아가 **'첫사랑(이반 투르게네프)'**을 읽고 주인공인 '블라디미르 페트로비치'가 느끼는 감정을 '감정수업(강신주)'에서 찾아서 그 책의 논리대로 재해석하는 보고서를 작성함. 처음에 주인공이 여인 '지나이다'에게 '순수한 사랑'을 느꼈지만, 그녀가 주인공의 아버지를 좋아한다는 사실을 접한 후에는 '분노, 배신감' 등을 느꼈다는 점에서 어쩌면 이러한 사랑 모두 '순수성'에 기인했을 수 있겠다는 해석을 내림. 이러한 세밀한 감정이 결국 인간의 보편적인 정서가 될 수 있음을 토대로 문학 작품을 더 폭넓게 읽고자 하는 계기를 마련함.

진로활동 특기사항

종합진로직업 적성검사 결과 기초적성영역 중 대인관계, 언어 능력에 높은 적성을 보이는 것으로 나타났으며, 홀랜드 이론에 의한 여섯 가지 유형 중에서 탐구형, 사회형 관련 직업에 대한 흥미가 높은 편임. 학생부종합전형 준비 및 전략 특강을 듣고, 1학년 때부터 교과 및 비교과의 모든 영역에서 충실하게 학교생활을 해야겠다고 생각했다고 함. 찾아가는 진학 컨설팅을 통해 관심분야인 어학에 대한 정보를 습득하고 자신의 현 상태를 점검해 보았으며 시간 관리, 독서 관리 방법 등 평소 궁금했던 사항을 구체적으로 알아보며 많은 도움과 동기를 얻었고 앞으로 해야 할 일들을 정리하는 자기관리역량을 보임. 러시아어를 전공하여 국제기구 등에서 타국에 긍정적인 영향을 주고 싶어 하는 포부와 열정을 가지고 있으며, 러시아 연방 및 연방의 공식어인 러시아어에 대해 구체적으로 공부하고자 하는 계획을 마련함. 특히 진로 독서 및 발표 시간에 **'언어평등 러시아어 첫걸음(이정민)'**을 읽고 러시아어가 다른 언어보다 쉽다는 특징을 토대로 러시아어의 다양한 표현들을 익히고 러시아어 사용에 대한 자신감을 드러냄. 그러나 한 문자가 다른 문자보다 쉬우면 그만큼 과학적이지 않을 수도 있다는 태도를 보여, 다른 나라의 문자나 문법이 지니는 장점에 대해서도 균형 잡힌 시선으로 바라봐야 할 필요가 있다는 사실을 역설함.

교과 세부능력 및 특기사항

러시아어1

러시아어 33개의 철자 중에서 음가를 가진 30개의 발음을 듣고 말하는 과정에서 이 음가들이 우리말과 어떠한 유사점과 차이점이 있는지를 잘 설명함. 러시아어에서 강세가 중요한 이유에 대해 교사와 이야기를 나눈 뒤, 동일한 철자임에도 강세에 따라 의미가 달라지는 단어를 찾아보는 심화 학습을 함. 이 과정에서 강세가 앞에 오면 '성'이란 뜻이, 뒤에 오면 '자물쇠'라는 뜻이 되는 단어 등에 대해 정리함. 러시아 문학을 읽고 깨달은 점을 발표하는 시간을 통해, **'외투(니콜라이 고골)'**를 읽고 이 작품 속에서 나타나는 세계는 우리가 살고 있는 사회와 같다는 내용을 언급함. 특히 '외투'의 유무가 그 사람의 지위를 말하는 사회, 그리고 그 지위를 얻기 위해 분수에 맞지 않는 행동을 어쩔 수 없이 해야 하는 개인의 모습을 통해 우리가 흔히들 보는 단어인 '~푸어'라고 하는 행위가 올바른지에 대해서도 명확하게 진단함.

러시아어2

감사, 사과, 부탁 등의 사회적 상호작용을 위한 의사 표현들을 특정 분위기를 고려하여 사용하는 능력이 탁월함. 러시아어 텍스트를 읽고 중심 문장을 찾을 수 있으며, 논설문에서도 글쓴이의 주장을 자신의 언어로 소화하여 설명할 수 있음. 러시아의 생활, 전통, 예술에 관한 짧은 글을 읽고 러시아인들의 철학이나 사고방식 등을 평가하거나 이를 토대로 타인과 자유롭게 의사소통할 수 있음. 특히 **'러시아 문학의 넓이와 깊이(조주관)'**을 읽고 러시아인들이 삶을 마주하면서 직면하게 되는 철학적 주제들, 예컨대 삶과 죽음, 아름다움과 추함, 밝음과 어두움 등의 주제들에 대해 그것이 어떻게 문학적으로 형상화되어 있는지에 대해 살핀 후, 그것이 한국 문학이나 동양 문학의 표현상의 특징과 어떤 공통점과 차이점을 지니고 있는지에 대해 분석함. 나아가 러시아의 명화에 대해 새로운 시각을 가지고 분석하는 방법론을 '주제, 구성, 표현'이라는 틀로 재구성하여 타 교과 시간에도 활용하여 친구들의 찬사를 받음.

행동특성 및 종합의견

긍정적인 사고방식과 활달한 성격을 갖고 있어 주변에 친구들이 많음. 자신에게 주어진 모든 일에 적극적이고 스스로에 대한 만족감이 높아 당당한 모습을 보임. 독서와 다큐멘터리 시청을 즐겨 상식이 풍부하고 자신을 조금 더 발전시키기 위하여 항상 노력함. 수업 시간에도 항상 집중력 있는 태도로 학습에 참여하여 다른 친구들의 본보기가 됨. 어른에 대한 예의가 깍듯하며 부모님을 생각하는 마음이 남다름. 도전 정신이 뛰어나 앞으로 발전 가능성이 높음. 러시아어 및 러시아 문학에 관심이 많아서 평소 이와 관련된 독서 활동을 꾸준하게 함. **'죄와 벌(표도르 도스토예프스키)'**을 읽고 주인공인 라스콜리니코프가 알료나와 리자베타를 살해한 후, 알료나의 삶을 '이'와 같다고 규정하는 방식을 통해 합리화를 하는 것이 과연 옳은 것인지에 대해 의문을 제기함. 나아가 러시아의 문학 작품 속에서 나타나는 인간의 다양한 '선택'과 '결말'에 대해 흥미를 느껴 이런 분야의 책을 읽고 싶다는 포부를 드러냄.

1 인문계열·노어노문학과 2 사회계열 3 자연계열 4 공학계열 5 의약계열 6 예체능계열 7 교육계열

4 ▶▶ 독어독문학과

1 학과 인재상

독일어권 문화와 사회에 대한 식견과 더불어 인간과 세계에 대한 안목을 갖춘 학생

독일어의 특성에 대한 언어학적 연구와 독일어 구사에 관심이 있는 학생

유럽 속의 독일문화, 독일어권 문학의 이해, 독일문화사 등에 대해 관심이 있는 학생

독일어권 문학과 예술을 통해 스스로 문화 시민적 지성과 감성을 함양하고 새로운 문화콘텐츠를 창출하는 데에 관심이 있는 학생

독일 언어학을 바탕으로 체계적으로 독일어를 습득하고 독일어권의 문학, 문화를 이해할 수 있는 학생

2 유사학과

- 독어독문학과
- 독일언어문화학과
- 독일어과
- 독일어통번역과

3 관련직업

- 교수
- 관광통역안내원
- 리포터
- 여행안내원
- 유학상담자
- 항공기객실승무원
- 탑승수속사무원
- 외교관
- 기자
- 통역가
- 해외공보관
- 번역가
- 외국어교사
- 신문방송해외특파원
- 무역사무원
- 소설가

4 개설대학

- 가천대학교
- 강릉원주대학교
- 강원대학교
- 건국대학교
- 경기대학교
- 경북대학교
- 경상국립대학교
- 계명대학교
- 고려대학교
- 고려대학교 세종캠퍼스
- 공주대학교
- 군산대학교
- 단국대학교
- 대구대학교
- 덕성여자대학교
- 동국대학교
- 동덕여자대학교

- 동아대학교
- 동의대학교
- 목원대학교
- 목포대학교
- 배재대학교
- 부산대학교
- 부산외국어대학교
- 상명대학교
- 서강대학교
- 서울대학교
- 서울여자대학교
- 서원대학교
- 성균관대학교
- 성신여자대학교
- 숙명여자대학교
- 순천향대학교
- 숭실대학교

- 연세대학교
- 영남대학교
- 이화여자대학교
- 인천대학교
- 인하대학교
- 전남대학교
- 전북대학교
- 조선대학교
- 중앙대학교
- 중앙대학교 안성캠퍼스
- 창원대학교
- 청주대학교
- 충남대학교
- 충북대학교
- 한국외국어대학교
- 한남대학교
- 한신대학교

- 한양대학교
- 홍익대학교

5 학과 연계도서

내가 사랑한 독일 문학
김연정 / 제인 컴퍼니(2022)

요하네스 쿠텐베르크와 마르틴 루터, 괴테로부터 시작하는 독일 문학에 대해 재치 있는 성찰과 삶에 대한 방향성을 제시한 책이다. 특히 이 책이 지니고 있는 묘미는 독일 문학의 흐름을 시대별로 제시한 것뿐만 아니라, 칸트와 니체, 쇼펜하우어의 철학자에 대한 사상까지 언급하여 그 이해의 깊이와 폭을 확장시켰다는 데에 있다. 독일 문학은 그 원류가 일부 철학적인 사상에서부터 비롯되었다는 것을 알 수 있다는 점을 토대로 하여 괴테나 릴케, 헤르만 헤세에 대한 작품들에 대한 매우 감각적인 해석의 값을 내놓고 있다. 독일 문학과 독일 철학의 관계성에 대해 예상 독자들이 으레 경험할 수 있는 어렴풋한 인식에 대해 명쾌한 해석을 제시하는 책이라고 볼 수 있다.

독일시집
김정환 / 자음과모음(2019)

독일의 시인은 역사적으로 봤을 때 매우 상당수를 차지하고 있다. 괴테, 릴케, 게오르게, 니체, 슈타들러, 베르펠, 바인헤버, 실러, 리스트 등 나열하기도 어려울 정도이지만 그만큼 철학, 심리학, 음악, 인문학, 어학, 사회과학 등의 다양한 학문과 연계되어 있기도 하다. 이처럼 독일인들이 지니는 '융합'의 코드를 시문학에서 여실히 볼 수 있는 책이 이것이라고 말할 수 있다. 실러의 '애도'라는 작품에서 "아름다움도 죽어야 하다니!"라고 일컬은 부분은 그의 미학적 관심사를 명확하게 파악할 수 있는 구절 중 하나라고 볼 수 있다. 우리는 이 책을 읽으면서 독일의 시문학에 대한 형식적 특징과 더불어, 학문적 연계성까지의 이해를 도모할 수 있을 것이다.

변신
프란츠 카프카(이재황 역) / 문학동네(2005)

"어느 날 아침에 그가 깨어났을 때, 그레고르는 그가 벌레로 변해 있다는 사실을 발견했다." 해석의 차이가 있지만 이 서두는 세계의 명작 개념으로 봤을 때 가장 유명한 서두라고 볼 수 있다. 이 책은 인간이 지니는 소외 현상에 대한 가장 명확한 한 형태를 제공하는 소설로서, 겉으로는 인간이 벌레로 변한다는 동화적 알레고리를 말하는 것처럼 보이지만, 안으로는 우리가 모두 '쓸모없는 인간'이 되었을 때 경험하는 한 형태를 보여줌으로써 인간이 지니는 소외가 극단으로 행했을 때의 문제점을 지적하고 있다. 독일 문학의 명작으로 꼽히는 작품이며, 그레고르와 그의 가족에 대한 다양한 해석과 더불어 우리가 '인간'을 어떻게 보아야 하는가에 대한 화두를 던지는 작품이라고 볼 수 있다.

싯다르타
헤르만 헤세(박병덕 역) / 민음사(2002)

독일인 헤세의 입장에서 보는 싯다르타는 어떤 사람일지는 매우 흥미로운 주제 의식으로 다가온다. 진리를 얻기 위해 싯다르타는 '숲, 도시, 강'을 거치면서 진정한 불교적 깨달음에 다다르는 여정을 밟는다. 싯다르타의 삶을 보여주면서 헤세는 우리가 문헌이나 남에게 들은 바를 토대로 깨달음을 얻는 것이 아니라, 우리가 직접 감각적으로 경험하고 시련을 겪으며 사회 속에 내던져져야만 한다는 것을 말하고 있다. 우리는 어쩌면 머리로, 감정으로 깨달음을 얻는 것 같지만 결국 우리는 몸으로 진리를 깨달아야 한다는 것을 헤세는 이 작품을 통해 말하고 있다.

젊은 베르테르의 슬픔
요한 볼프강 폰 괴테(박찬기 역) / 민음사(1999)

'파우스트', '빌헬름 마이스터의 수업시대' 등을 남긴 대문호의 명작이다. 베르테르가 로테에 대해 가지는 사랑의 마음을 매우 구체적으로 추적해 가는 과정과, 그 추적 과정에서 더욱 심화되어 가는 절망감을 매력적으로 서술한 작품이라고 볼 수 있다. 이 책은 "약혼자 알베르트가 있음에도 불구하고 로테를 사랑할 수밖에 없는 베르테르를 우리는 어떻게 보아야 할까? 왜 괴테는 이를 서간문의 형식으로 서술하였는가? 사회심리학적인 현상인 '베르테르 효과'는 왜 생기게 되었는가?"에서부터 시작하여, "이별에 대해 우리는 어떻게 받아들여야 하는가? 이별 후의 행위는 어떠하여야 하는가?" 등에 대한 다양한 논의를 낳을 수 있는 작품으로서 현대 사회에서 큰 영향을 미치고 있다.

그림 형제 동화전집
그림 형제 / 현대지성(2015)

동화 전집임에도 불구하고 독어독문학을 전공하고자 하는 학생들이 읽어 볼 필요가 있는 이유는, 프랑스어나 스페인어에 비해 독일어가 전통 라틴어와 먼 성격을 지니고 있다는 사실에 대해 그림 형제가 언어학적으로 독일인에게 자존감을 형성케 했다는 점에 있다. 특히 이들이 만든 '독일어 사전'에 대해 독어독문학에 있어서 큰 기틀을 마련했다고 보는 견해도 있다. 그 외에도 라푼젤, 신데렐라, 헨젤과 그레텔, 늑대와 7마리 아기 염소, 잠자는 숲속의 공주, 백설공주 등의 명작이 모두 이 형제의 손에서 태어났다고 봤을 때, 독어독문학적 문화 콘텐츠가 나아가야 할 방향성에 대해 충분히 경험해 볼 당위성이 존재한다고 볼 수 있다.

양철북
귄터 그라스(장희창 역) / 민음사(1999)

세계 문학사에 있어서 명작으로 남을 만한 작품이라고 불리는 소설이다. 주인공인 '오스카'가 지니는 능력(양철북으로 유리를 깨뜨리는 것, 사람들을 흥겹게 하는 것)이 타당할 것인가에 대해 이 소설의 플롯은 그러한 논의를 무의미하게 만든다. 우리는 오스카가 이미 사다리에서 굴러떨어져서 신체적 성장을 멈추게 되는 '자발성'으로부터 그의 이야기에 몰입된다. 신체는 어린아이지만 깊이 있는 지적 통찰력과 그의 행위로 말미암은 사회학적인 변화들에 대한 묘사들이 우리들의 인식 구조에 큰 영향을 주는 작품이라고 볼 수 있다.

독일이 사랑한 천재들
조성관 / 열대림(2018)

천재는 타고나는 것일까? 아니면 만들어지는 것일까? 만약 타고나는 것이라면 어떠한 환경에서 타고나는 것이며, 만들어지는 것이라면 어떠한 양상에 의해 만들어지는 것일까? 그리고 우리는 천재에 대해 어떠한 인식을 가져야 하는 것일까? 이 책은 우리에게 독일이 사랑하는 다섯 천재의 삶에 대해 조명하면서 천재에 대한 인식의 패러다임에 큰 경종을 울린다. '괴테, 독일인의 정신', '니체, 광기의 철학자', '헤세, 자연과 사랑', '바그너, 오페라의 거장', '디트리히, 푸른 천사'의 다섯 챕터를 통해 우리는 우리나라가 아닌 다른 나라의 천재적 삶에 대한 간접 경험을 충분히 할 수 있을 것이다.

쉽게 배우는 독일어문법
허남영 외 2인 / 부산대학교출판부(2012)

독일어 문법에 대해 정리한 책이다. 독어학을 전공하고자 하는 사람들이 이러한 내용을 잘 내면화하기 위해 실제적인 콘텐츠와 엮어서 저술한 것이 이 책의 강점이라고 할 수 있다. 예컨대 독일어 속담, 독일어 노래, 독일어 동화라는 다양한 콘텐츠의 문구를 통해 책의 앞 부분에서 배우는 내용을 정리할 수 있게끔 한다. 고등학교에서 독일어를 배우는 학생들도 그 내용을 보완, 심화하기 위해서 읽을 만한 요소가 가득할 정도로 예시가 충분하게 제시된 저서이다.

독일 국민에게 고함
요한 G.피히테(황문수 역) / 종합출판범우(2019)

피히테가 지니는 주관적 관념론의 가치관은 프랑스에게 나폴레옹 전쟁에서 패배한 원인에 대해 교육의 부재라는 견해를 제시하여 계몽하는 방식으로 확장된다. 주관적 관념론은 '비아(非我)'에 대한 '자아(自我)'의 투쟁 의지를 지니게 하는 점에서 인간 개인의 역할을 중시하는데, 이를 통해 독일인 모두가 교육(언어 교육 등)을 통해 민족주의 의식을 가지게 되면 독일 민족이 처한 어려운 상황을 극복할 수 있을 것이라고 말한다. 이 연설문이 지니는 성격은 경우에 따라 독일이 세상에서 가장 우수한 민족이라는 견해를 제시하는 자문화중심주의적 사상을 지녔다고 해석할 수도 있지만, 외부 세력이라는 '비아'에 대해 독일 민족 개별자라는 '아'의 역할에 대한 가능성을 제시하는 그의 철학적 산물이라고 볼 수 있을 것이다.

1

인문계열 · 독어독문학과

2

사회계열

3

자연계열

4

공학계열

5

의약계열

6

예체계열

7

교육계열

독어독문학과 독서탐구활동 활용사례

자율활동 특기사항

감염병 대처교육을 통해 코로나19를 막을 수 있는 기본적인 방법들에 대해 배우고, 그것을 실천하고자 하는 의지를 보임. 미세먼지 대응교육을 통해 우리나라의 미세먼지가 왜 발생하는지에 대해 학습함. 학급자치회의 시간에 학급특색활동을 '아이들이 모르는 세계를 소개하는 것'에 중점을 두자고 정하고, 구체적인 방법들을 논의함. 민주시민교육을 통해 정치적 올바름을 지니고 투표를 하는 것이 왜 중요한지 학습한 후, 자신에게 참정권이 어떤 의미인지 친구들에게 설명함. 독어독문학을 전공하고자 하는 학생으로서, 학급특색활동을 통해 '아이들이 모르는 독일 문학의 세계'를 여러 작품들을 인용하여 소개하고자 하는 계획을 마련함. 이후 **'내가 사랑한 독일 문학(김연정)'**을 읽고, 우리들이 특히 많이 읽었던 '데미안(헤르만 헤세), 파우스트(괴테)' 등이 각각 철학적으로 보았을 때 어떤 의미가 있으며, 이것을 다시 읽을 때는 무엇을 중점으로 읽으면 좋은지에 대해 소개하여 아이들의 흥미를 유발함.

동아리활동 특기사항

(인문학으로 세상을 바라보기)(34시간) '시지프스 신화' 등의 이야기를 통해 '부조리'의 의미를 파악하고, 우리 사회에 나타나는 부조리를 찾아 분석하는 보고서를 작성함. 부조리는 '개인의 노력이 사회의 요구에 의해 무너지는 것'이라고 작게 정의하여, 이러한 양상이 우리 학교 사회에서 어떤 방식으로 이루어져 있는지 모둠원들과 함께 찾아봄. 다른 학생들이 심리학의 '학습된 무기력'이나 생명과학의 '변연계 약화' 등을 토대로 부조리의 의미를 설명하는 것과 융합하기 위하여, **'변신(프란츠 카프카)'**을 읽고 "'쓸모없는 인간 그레고르'는 우리 학교 사회에서 어디에 숨어 있을까? 그리고 왜 숨어 있을까?"라는 의문을 가지고 그것에 대한 답을 찾고자 함. 입시 지도가 끝나면 버림을 받는 교사들, 남에게 헌신하다가 결국 무시를 당한 학생들, 이익에 의해 만남과 헤어짐이 결정되는 이 사회 모두가 그레고르이자 무기력한 인간들이라고 정의함.

진로활동 특기사항

자신의 진로 구체화하기 시간을 통해, 자신이 예전에는 클래식 음악 즐겨 듣다가 독일어와 프랑스어, 이탈리아어를 배우고 싶다는 생각을 했었고, 이에 따라 음악과 문학이 자유롭게 특정 콘텐츠들 아래에서 융복합을 이루는 장을 마련하고 싶다는 자신의 포부를 밝힘. 특히 아름다움의 근원에 대해 관심을 많이 가지고 있으며, 문학에서의 '시'가 가장 음악적 아름다움을 지닐 수 있다는 사실을 통해 독일의 시문학을 본격적으로 공부하고자 하는 의지를 보임. '독일 시문학의 전통적 특성이나 음악적 미학 등을 종합적으로 이해할 수 있는 책이 있을까?'라는 의문을 가지고 **'독일시집(김정환)'**을 읽음. 그리고 괴테, 실러, 라이너 마리아 릴케, 니체 등의 문학가 및 철학가의 시를 읽어 보며 그 의미를 내면화함. 특히 괴테의 '마왕'이 슈베르트의 작품으로도 나왔다는 점에 기인하여, '셋잇단마디의 연속' 등이 '마왕'의 분위기를 어떻게 형상화하는지에 대해서도 흥미로운 의견을 제시함. 나아가 '마왕'이 주제적인 측면에서 봤을 때 한국 사회의 '어른-어린이' 사이에서 나타나는 부정적인 관계일 수 있음에 주목하고, 독일의 시를 철학, 사회학, 역사학, 예술학 등의 분야와 연계지어 공부하고자 하는 계획을 마련함.

교과 세부능력 및 특기사항

독일어1

자신의 감정이나 의견과 관련된 단어나 짧은 독일어 문장들을 읽고 쓸 줄 아는 능력이 탁월함. 날씨나 의식주, 사회 생활과 관련된 현실적인 단어들도 적절하게 사용하여 친구 및 교사와 기본적인 의사소통을 할 수 있음. 강세와 억양에 유의하여 적절한 발음을 구사하여 단어, 문장, 문단을 읽음. 독일어권의 사회 문화와 관련하여 특별히 생겨난 말이나 단어, 속담 등에 관심이 많음. 교과서에 나와 있는 단어나 문장에 한계를 느껴 **'쉽게 배우는 독일어 문법(허남영 외)'**을 읽고 독일어 속담, 독일어 노래, 독일어 동화 등의 다양한 콘텐츠를 읽고 말하는 과정을 통해 독일어의 문법뿐만 아니라 사회 문화적 특징 등을 잘 이해함. 특히 '그것은 내가 알 바가 아니다'라는 의미에 해당하는 '그건 내 맥주가 아니야'라는 속담을 보고 우리나라 속담 중 상당수가 농경 사회에 기반을 두고 있는 것처럼 독일은 맥주와 관련된 속담도 있을 수 있다는 사실을 알게 되고 흥미를 가지게 됨.

독일어2

인물이나 사물을 적절한 어휘를 사용하여 설명할 정도로 기본적인 표현을 잘 해냄. 찬성이나 반대의 의견을 제시하거나 정보를 문의하는 등의 표현도 익숙하게 하여 독일어1 시간에 한 의사소통의 영역을 더 넓힘. '라푼젤', '헨젤과 그레텔' 등의 동화에서 나타난 독일어 표현이나 문구들을 해석하는 과정에서 독일어 동화 문학에 관심을 가지게 되어, **'그림 형제 동화전집(그림 형제)'**을 읽음. 독일어 사전을 만든 그림 형제의 독일어에 대한 자부심을 이해하고, 라틴어와는 거리가 먼 독일어 단어들을 구체적으로 발견하여 그 단어의 형성법에 대해 탐구함. 독일어의 독립적 형성 과정에 대한 문법적인 관심과 독일어 아동 문학의 특수성에 대한 관심을 토대로 독어독문학과에 진학하여 독문법과 독문학을 균형 있게 연구하고 싶다는 계획을 세움. 나아가 '잠자는 숲 속의 공주', '백설공주' 등이 시대와 국가를 초월하여 어떻게 문학성과 상업성을 다 가져갈 수 있는지에 대해 근원적으로 탐구하려고 하는 의지를 다짐.

행동특성 및 종합의견

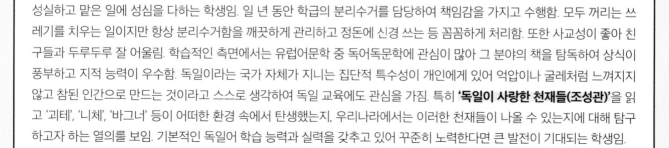

성실하고 맡은 일에 성심을 다하는 학생임. 일 년 동안 학급의 분리수거를 담당하여 책임감을 가지고 수행함. 모두 꺼리는 쓰레기를 치우는 일이지만 항상 분리수거함을 깨끗하게 관리하고 정돈에 신경 쓰는 등 꼼꼼하게 처리함. 또한 사교성이 좋아 친구들과 두루두루 잘 어울림. 학습적인 측면에서는 유럽어문학 중 독어독문학에 관심이 많아 그 분야의 책을 탐독하여 상식이 풍부하고 지적 능력이 우수함. 독일이라는 국가 자체가 지니는 집단적 특수성이 개인에게 있어 억압이나 굴레처럼 느껴지지 않고 참된 인간으로 만드는 것이라고 스스로 생각하여 독일 교육에도 관심을 가짐. 특히 **'독일이 사랑한 천재들(조성관)'**을 읽고 '괴테', '니체', '바그너' 등이 어떠한 환경 속에서 탄생했는지, 우리나라에서는 이러한 천재들이 나올 수 있는지에 대해 탐구하고자 하는 열의를 보임. 기본적인 독일어 학습 능력과 실력을 갖추고 있어 꾸준히 노력한다면 큰 발전이 기대되는 학생임.

5 ▶▶ 문예창작학과

1 학과 인재상

문학 작품의 실제적인 관찰과 분석을 하는 것에 흥미를 느끼는 학생

인문 정신을 바탕으로 하여 세상을 바라볼 수 있는 안목이 있는 학생

세계 문학과 문화의 흐름을 주도하고자 하는 진취적인 가치관을 지닌 학생

전통적인 문학예술 분야에 해당하는 시, 소설, 수필, 비평, 아동문학의 감상 및 창작에 관심이 있는 학생

공연, 영상, 만화, 지역 문화, 디지털 콘텐츠 등에서 활용되는 스토리텔링에 흥미를 가지고 있는 학생

2 유사학과

- 문예창작과
- 미디어문예창작학과

3 관련직업

- 게임시나리오작가
- 리포터
- 방송기자
- 시인
- 출판물기획자
- 키워드에디터
- 광고기획자
- 만화스토리작가
- 방송작가
- 신문기자
- 출판물편집자
- 웹툰기획자
- 논술지도자
- 아나운서
- 작사가
- 카피라이터
- 평론가
- 소설가
- 영화시나리오작가

4 개설대학

- 강원대학교
- 건국대학교
- 경기대학교
- 계명대학교
- 고려대학교 세종캠퍼스
- 광주대학교
- 단국대학교
- 대전대학교
- 대진대학교
- 동국대학교
- 동덕여자대학교
- 동아대학교
- 동의대학교
- 명지대학교 인문캠퍼스
- 서울과학기술대학교
- 서울여자대학교
- 순천대학교
- 우석대학교
- 원광대학교
- 조선대학교
- 중앙대학교 안성캠퍼스
- 추계예술대학교
- 한경대학교
- 한남대학교
- 한서대학교
- 한신대학교
- 협성대학교

문예창작강의
황송문 / 문학사계(2018)

전주대학교, 선문대학교 교수를 거쳐 현재 서울디지털대학교 문예창작과 교수로 있는 저자는 시인, 소설가, 교수로서 80권의 저서를 통해 문예 창작의 가치와 방법론을 전공자 및 대중들에게 가르쳤다. 이러한 학문적 열정의 산물로 만들어진 이 책은 대학에서 한 강의의 내용들을 모아 집대성하였기 때문에 더욱 역동적이다. '전쟁과 문명 비판의 시', '자연 관조의 시', '사색하게 하는 시' 등의 시의 주제 의식별로 분류하여 논의를 펼치는가 하면, '수필의 창작', '소설의 주제, 구성, 묘사' 등의 갈래 이론이나 갈래별 창작법에 대해 논하기도 한다. '동심, 농심, 시심'이라는 챕터에서는 인간이 지니는 근본적인 정서들이 문학에 어떻게 반영될 수 있는지에 대한 실제적인 논의를 펼친다. 우리는 이 책을 통해 문예 창작뿐만 아니라 문학 전반에 대한 이론적 기틀을 형성할 수 있을 것이다.

소설창작 강의
이미란 / 경진(2022)

소설 창작에 대한 강의 자료 및 책들은 많이 있지만, 이 책은 소설을 창작하는 '과정'에 집중하여 챕터를 편성했다는 점에서 고무적이다. 1강 '소설이란 무엇인가'에서는 소설에 대한 정의와 소설을 쓰는 이유를 언급하면서, 2강 '무엇을 쓸 것인가'부터 본격적인 소설의 '소재 찾기'부터 친절하게 창작자의 창작 과정을 돕는다. 이후 '아웃라인 작성하기', '소설의 주제 정하기', '아웃라인의 변형과 패턴 설정', '플롯 짜기', '장면 제시, 요약', '소설의 시작하기와 끝맺기', '독자로서 읽고 고쳐 쓰기'의 과정을 거쳐 한 편의 소설을 직접 쓸 수 있도록 안내한다. 이 책을 통해 소설의 이론적인 것들을 실제 창작 행위로 형상화할 수 있는 소중한 경험을 할 수 있을 것이다.

현대시작법
오규원 / 문학과지성사(2017)

저자 오규원은 파격적인 주제 의식과 표현 등으로 유명한 시인이다. 저자는 이 책과 관련한 한 대담에서 "학생들은 감각이 발달해 있지만 관조의 능력은 준비가 덜 된 상태입니다"라고 말했다. 우리의 삶이 감각적인 것에만 의존되어 있기 때문에 어떠한 가치에 대한 서술이나 깨달음에 대한 언급은 다소간 어렵다는 것이다. 이 책은 이론적으로는 추상어, 보편어, 묘사, 심리적 거리, 화자 등에 대해 분석하고 있지만, 궁극적으로는 '시적 진술'이라는 것이 어떠할 수 있는지에 대한 가능성을 보여 준다. 특히 '진술과 묘사의 어울림'이라는 챕터에서는 저자의 통찰력이 돋보이며, 꼭 시가 아니어도 문학이 지향해야 하는 바에 대해 관심이 있는 사람이라면 읽어 볼 만한 책이라고 할 수 있다.

시와 함께 배우는 시론
윤여탁 외 2인 / 태학사(2020)

시문학이 지니고 있는 기원적인 특성에 대한 역사적 분석에서 나아가, 지역적으로 한국 문학의 시문학이 지니고 있는 고유의 특성과 현대 사회에서의 시문학이 어떤 위상을 지니는지에 대해 자세하게 소개되어 있다. 우리가 시문학을 접할 때 으레 혼동될 수 있는 '비유, 상징, 운율, 심상, 반어, 역설' 등에 대해서도 서양의 명명법과 우리나라의 쓰임적 측면 등을 비교하면서 제시하여 우리들의 이해를 돕고 있다. 특정 시문학을 깊이 있게 해석하고, 다양한 맥락을 토대로 이해의 층위를 더하고자 함에 있어서 필수적으로 살펴야 할 책이다. 나아가 시문학 창작에 있어서도 가장 기본이 되는 책이라고 볼 수 있다.

1
인문계열 · 문예창작학과

2
사회계열

3
자연계열

4
공학계열

5
의약계열

6
예체능계열

7
교육계열

단편소설 창작 수업
윤수란 외 2인 / 휴머니스트(2023)

이 책은 국어 선생님들이 좀처럼 도전하기 힘든 분야인 '소설 창작 수업'에 대해 이론적 토대를 안내하고 풍부한 사례를 보여주는 책이다. 특히 '창작 준비, 이야기 구성, 초고 쓰기, 작품 공유'의 네 가지 단계를 순서대로 제시하면서, 그 과정에서 '상상력 놀이, 개연성 놀이, 픽사 피치' 등의 구체적인 수업 방법 등을 설명한다. 웹소설 쓰기 수업 등의 트렌디한 수업 모형도 안내하면서 소설 창작 수업 구성의 깊이를 더할 수 있도록 하고 있다. 학생들도 이 책을 토대로 창작에 대한 구체적인 방법론을 획득하여 적용함으로써, 소설 창작의 동기를 불러일으키면서 구체적인 창작 로드맵을 설계할 수 있을 것이다.

문학작가, 어떻게 되었을까?
김예솔 / 캠퍼스멘토(2022)

우리는 흔히 '문학 작가'를 시인과 소설가, 수필가의 범주에서만 인식하고 이해하는 경우가 많다. 이 책은 문학 작가들의 생생한 경험담을 재미있게 다루고 있는데, 시인이나 소설가는 물론이고 여행 작가, 인문학 작가, 독립 출판 작가 등에 대해서도 다루면서 문학 작가에 대한 우리들의 인식의 폭을 넓히고 있다. 문학 작가들의 다채로운 경험을 바탕으로 이 책을 읽는 학생들도 자신들의 꿈을 키워나갈 수 있을 것이다. 3장에 소개된 '예비 문학작가 아카데미'를 통해 문학의 갈래, 문학 사조, 출판의 종류 및 과정 등 문학에 대한 이론도 습득할 수 있을 것이다.

희곡 창작의 길잡이
이강백 / 평민사(2018)

'파수꾼', '결혼' 등이 교과서에 실릴 정도로 우리에게 널리 알려진 이유는 이 책의 작가인 이강백의 노력에 의한 것이다. 이 책은 특유의 극적 감각을 통해 실험적인 작품을 많이 만들어서 관객과 독자들에게 큰 충격과 깨달음을 준 그의 희곡 창작에 대한 생각들을 집대성한 것으로서, 희곡에서의 '세팅'에 대한 정의부터 시작하여 그것이 등장 인물에게 활용되는 양상을 언급한다. 이후 희곡의 언어와 구성, 갈등 등에 대해 여러 희곡 장면을 발췌하여 언급하면서, 단막 희곡과 장막 희곡을 어떻게 창작해야 하는지에 대해 이해를 돕는다. 작품 수록 부분에서는 '결혼', '휘파람새'를 제시하여 독자의 생각들이 통합되어 정리될 수 있도록 하였다.

융합적 사고와 표현
천유철 / 하움출판사(2022)

글쓰기와 말하기는 '표현', 읽기와 듣기는 '인식'이라는 점에서 공통점을 가지고 있다. 나아가 이 두 범주는 모두 '융합적 사고'에 의해서 그 능력이 향상된다고 볼 수 있는데, 이 책은 글쓰기와 말하기 교육, 읽기와 듣기 교육을 각각 하나의 챕터로 두어 이러한 표현과 인식의 과정을 자세하게 설명하고 있다. 나아가 설명, 논증, 묘사, 서사 등의 작문 기법과 토론, 설득, 대화 등의 담화 상황에서의 구체적인 말하기 원리 및 방법도 설명하고 있다. 글쓰기 실제에서는 보고서, 논문, 자기소개서, 이력서, 인터넷 글쓰기, 프레젠테이션, 이야기 쓰기, 시 쓰기 등의 다양한 작문 유형에 대해서 다루면서 글쓰기 자체에 대한 전반적인 능력을 향상시킬 수 있게 돕고 있다.

몰락의 에티카
신형철 / 문학동네(2008)

'소통'의 비평이라는 하나의 큰 패러다임의 전환을 유도했던 신형철 평론가의 문학 평론집이다. 비평에서의 소통은 여러 방법론을 낳았지만, 특히 저자의 소통은 바로 '재미있고, 친절하고, 쉬운 문체와 해설'이다. 이러한 변화는 기존의 평론가들에게는 낯설고 가벼워 보일 수 있었지만, 대중들에게는 오히려 평론에 대한 진입 장벽을 낮춘 케이스로 분류된다. "우리는 성스러운 언어를 추구하는 시인이 '짖어대는 개'들의 말 앞에서 느낀 피로를, 우리 시대가 무단 방류한 페어들의 저수지를 목도하고 있는 시인의 절망을 읽어야 한다"라고 말하는 부분에서는 시인의 고뇌, 그리고 그 고뇌를 우리가 어떻게 받아들여야 하는지에 대해서도 말하고 있다. 이 책을 읽고 작가, 독자, 평론가, 나아가 삶을 그냥 '살아가는' 인간으로서의 자세에 대해 진지한 고민을 할 수 있을 것이다.

읽고 쓰고 내가 됩니다
지혜 / 책폴(2023)

무언가를 쓴다는 것은 나 자신을 돌아보는 것이고, 나 자신과 온전히 만나게 되는 시간일 것이다. 책 제목처럼 '읽고 쓰면서' 비로소 내가 되는 과정을 이 책은 '내 안에 쌓아 두기', '작은 소리에 귀 기울이기', '바깥을 상상하기', '문을 열고 나아가기'의 단계로 설명한다. 각 단계에서 우리의 일상과 관련된 것들, 예컨대 취미, 공부, 장애, 상처 등에 대해 작가 특유의 따뜻하고 잔잔하지만 날카로운 문체로 자신의 생각을 말하고 있다. 글을 쓴다는 것은 주변의 사물이나 관념을 세심하게 보는 것이고, 그것을 나의 언어의 힘으로 올곧이 표현하는 것임을 이 책을 통해 깨달을 수 있을 것이며, 진실된 표현을 통해 본연의 나 자신을 마주할 수 있을 것이다.

문예창작학과 독서탐구활동 활용사례

자율활동 특기사항

전교 학생자치회장으로서 민주적인 절차를 통해 학생대의원회를 운영하고 활동하는 데에 주도적인 역할을 하였음. 무엇보다 학생들의 건의사항을 수렴하여 자율적이고 발전적인 방향으로 토론하며 의견을 나누는 학교 분위기를 조성하는 데 크게 기여함. 교복 선정 위원으로 참여하여 교복 규정 및 구매에 학생들의 대표로서 의견을 전달하는 역할을 충실히 수행함. 코로나19 시기에는 SNS를 활용하여 학생자치회의 활동을 적극적으로 펼침. 평소 글을 쓰고 친구들과 소통하는 것을 좋아하는 학생으로서, 학급 회의를 통해 1인 1역할을 정할 때 1주일에 1번 시를 써서 친구들에게 공감과 위로를 주는 '4반 시인'이 되기를 희망함. 이후 **'현대시작법(오규원)'**을 읽고 저자의 유명한 작품인 '프란츠 카프카'처럼 직관적이면서 함축적인 시를 쓰기 위해서는 '추상어, 보편어'를 잘 사용해야 한다는 사실을 깨달음. 이후 4반을 하나의 '돌'과 '모래'로 비유해서 특정한 매개가 없으면 가까워지기 어려운 현실을 시로 표현함.

동아리활동 특기사항

(학문융합작문반)(34시간) 문예창작학과 생명과학을 융합하여 작문을 실시함. 우리 인간의 뇌 구조, 시냅스의 역할, DNA의 구조, 순환계와 생식계의 구조, 면역 반응 등 다양한 생명과학적 지식을 토대로 여러 편의 시를 씀. 특히 DNA의 구조가 '이중나선구조'로 되어 있다는 사실에 착안하여 두 인물을 설정하고 '수소결합'을 두 인물의 '사랑의 감정 공유'로 표현하는 등의 창의적인 능력이 돋보임. 또한 **소설창작 강의(이미란)'**을 읽고 '면역 반응'과 관련된 소설을 창작함. 이 과정에서 책이 안내하는 '아웃라인 작성하기', '소설의 주제 정하기', '아웃라인의 변형과 패턴 설정' 등의 과정을 훌륭하게 잘 따라감. 이후 인간의 부조리한 운명과 연결지어 '우리는 모두 누군가의 공격을 받을 수밖에 없는 존재'로 설정하여, 외부의 침입(세균, 바이러스)이 있었을 때 유일한 문제 해결의 방법은 '연대(항체들의 연대)'라는 방법을 제시함. 인간과 운명, 인간과 사회의 갈등을 면역 반응으로 잘 풀어낸 점이 훌륭함.

진로활동 특기사항

나의 진로의사결정 유형 알아보기 시간에 직업 선택에 있어서 중요한 가치로 사회 기여, 도전 정신, 지적 활동 추구를 제시하고 직업에 대한 자신의 생각을 글로 작성함. 나에게 적합한 학과 비교하기 시간에 다양한 직업군을 탐색하고 작가, 교수, 시인, 소설가, 문예가 등의 진로를 설정함. 행복한 삶을 살기 위해 의미 있는 목표 가지기, '나는 반드시 해낼 수 있다'라는 자기실현적 예언하기, 시간을 효율적으로 사용하기를 목표로 설정하고 각각의 목표를 달성하기 위해 세부적인 하위 목표를 작성함. 온라인 대학생 전공멘토링에서 진로진학 계획수립을 위해 관심 있는 전공인 문예창작학과, 국어국문학과를 선택하여 대학생 멘토의 도움을 받음. 나의 진학설계 노트 작성 시간에 **'시와 함께 배우는 시론(윤여탁 외)'**을 읽고 시인으로서의 사회적 역할과 책임감에 대해 생각해 봄. 그리고 시인의 자질이 무엇인지 판단하여 자신에게도 그 자질이 있는지를 살펴보는 시간을 가짐. 특히 이 책에서 다루는 시 요소 중 '이미지, 은유, 비유, 상징, 역설' 등을 토대로 자신이 평소 쓰던 시가 이러한 요소를 갖추고 있는지에 대해 자가 진단을 함. 이후 이미지와 은유, 상징 등은 잘 활용했지만 '시적 화자'를 적절하게 설정하는 과정이 미흡함을 알게 됨. 이를 보완하기 위해 어떠한 작품을 더 감상해야 할지에 대한 학습 계획을 상정함.

교과 세부능력 및 특기사항

심화국어

창의적 글쓰기, 창의적 문예 활동하기 시간에 자신의 감정을 솔직하게 문학 작품으로 창작해 봄. 창의적이라는 것은 가장 자신에게 솔직한 것이라는 내용을 학습하고, 본인의 생각을 드러내면서도 나름의 형식을 갖추어 전달력 있게 표현할 수 있는 문학 갈래로 무엇이 있을지 생각함. 세상으로부터 인정받지 못하고 고립되어 지내는 자신의 모습을 드러내기 위해서는 '알레고리(allegory)'의 형식이 적합할 것 같다고 판단하여, 동화를 써 보기로 함. **'단편소설 창작 수업(윤수란 외)'**를 읽고 '창작 동기 유발하기' 부분을 참고하여 동화를 쓰는 것은 특정 제재에 자신의 삶을 투영하는 것이라는 점을 학습함. 이후 자신이 마치 '개구리'와 비슷하다고 생각하여, '여름에 겨울잠을 자는 개구리'라는 동화를 창작함. '주변 상황을 고려하여 용기를 가지자'라는 교훈뿐만 아니라 '개구리의 우울감과 소외된 감정'을 충분히 드러내서 주변 학생들에게 큰 호응과 위로를 받음.

문학

'문학과 자아', '문학과 사회' 단원을 배우면서 문학을 감상하거나 창작하는 행위가 자아를 형성하고 상처를 치유하는 방법이 될 수 있다는 내용을 학습함. '문학의 갈래' 단원에서 각 갈래의 특성을 파악하고, 인물의 직접적인 목소리가 독자들에게 전달되면서도 배경이나 소재 등에서 상징적인 요소를 많이 활용하는 희곡 갈래에 관심을 가짐. 희곡이 자신의 목소리를 생생하게 전달하고 스스로를 치유할 수 있다고 생각하여 가장 창작에 잘 어울린다는 결론을 내림. 이후 **'희곡 창작의 길잡이(이강백)'**을 읽고, 저자의 작품인 '알', '파수꾼', '결혼'에서 드러나는 소재의 상징성을 잘 파악함. 또한 '세팅'의 중요성을 깨닫고, 교우 관계를 어려워하는 자신의 모습과 그 모습을 지켜보는 많은 친구들의 모습을 극문학적 시각에서 어떻게 세팅해야 할지에 대해 고민하고 시나리오를 작성함. 스스로를 '유리'에 빗대어 쉽게 깨질 수 있는 인물로 형상화하고 친구들에 대한 복잡한 감정을 대사로 솔직하게 표현하였음.

행동특성 및 종합의견

자신이 해야 하는 일과 하고 싶은 일을 잘 절충하여 생활하는 현명한 학생임. 문예 창작에 재능이 많고 욕심도 갖고 있어 평소 다양한 갈래의 글을 작성하여 친구들과 소통하고, 글을 쓰는 것을 하나의 '자기형성'이라고 말하면서 이 과정에 최선을 다함. 끈기와 노력이 돋보이는 학생이며 창의적인 능력이 필요한 분야에서 두각을 나타냄. 자신이 잘하는 분야에 대해서 끈기와 승부욕도 보이고 있어 자존감이 높으며 진취적인 태도가 좋음. 창작을 하는 데에 있어서 가장 중요한 것은 자신의 이야기부터 오롯이 쓰는 것이라고 생각하여, **'융합적 사고와 표현(천유철)'**을 읽고 '자전적 글쓰기'가 어떤 것인지에 대해 구체적으로 파악함. 나아가 자신의 실제 이야기를 적절하게 허구화하는 과정에서 개연성을 갖추기 위해 책에 나타난 '사건 배열하기'의 방법을 적용함으로써 완성도 있는 단편소설을 창작하고 공유함. 전반적으로 진로에 대한 열정이 돋보이고, 자신을 늘 단련하려고 하는 의지를 지녀 타인들에게 귀감이 됨.

6 ▸▸ 문헌정보학과

1 학과 인재상

책이라는 텍스트를 토대로 다양한 사람들과 의사소통할 수 있는 학생

평상시 두루 책을 읽으면서 책의 가치에 대해 내면화할 수 있는 학생

책을 비롯한 문헌자료의 체계적 분류에 열정이 있는 학생

평소에 도서관에 다니는 것을 좋아하면서 도서관의 체계에 대해 관심을 가지는 학생

문헌정보의 정보처리, 정보네트워크, 자료전산화에 대한 감각을 지니고 있는 학생

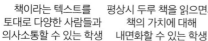

2 유사학과

- 아동문헌정보학과

3 관련직업

- 공무원
- 교수
- 기록물관리사
- 기자
- 데이터베이스개발자
- 데이터베이스관리자
- 도서관장
- 독서지도사
- 박물관장
- 사서
- 문헌기록물관리사
- 시스템운영관리자
- 정보시스템운영자
- 출판디자이너
- 출판물기획전문가
- 출판물편집자
- 독서치료사
- 정보검색사
- 영상기록물관리사

4 개설대학

- 강남대학교
- 건국대학교
- 경기대학교
- 경북대학교
- 경성대학교
- 경일대학교
- 계명대학교
- 광주대학교
- 나사렛대학교
- 대구가톨릭대학교
- 대구대학교
- 대진대학교
- 덕성여자대학교
- 동덕여자대학교
- 동의대학교
- 명지대학교 인문캠퍼스
- 부산대학교
- 상명대학교
- 서울여자대학교
- 성균관대학교
- 숙명여자대학교
- 신라대학교
- 연세대학교
- 이화여자대학교
- 인천대학교
- 전남대학교
- 전북대학교
- 전주대학교
- 중부대학교
- 중앙대학교 서울캠퍼스
- 청주대학교
- 충남대학교
- 한남대학교
- 한성대학교

학과 연계도서

모든 것은 도서관에서 시작되었다
윤송현 / 학교도서관저널(2022)

책이 우리의 인생을 변화하게 하는 양상은 매우 다양하면서 무궁무진할 것이다. 그것을 거꾸로 보면, 책을 다양하게 많이 읽는 국가의 사회, 문화적 양상을 우리는 긍정적으로 수용할 수 있어야 할 것이다. 이 책이 북유럽의 도서관 문화를 보여주는 것이 미시적 행보라면, 이 행보가 국가의 철학을 규정하거나 세계 시민들이 지니고 있는 가치관에 어떠한 영향을 미치는지에 대한 메시지를 전하고 있기 때문에 우리가 더욱 주목하여 읽어 봐야 할 가치가 있다. 제목 그대로 모든 것은 도서관에서 시작하기 때문에 우리는 타국인들이 어떤 책을 읽는지에 대해 호기심을 가져야 할 필요가 있을 것이다.

궁금하지만 물어보기엔 애매한 학교도서관 이야기
황왕용 외 3인 / 학교도서관저널(2022)

사서교사로서 실제로 학교 도서관을 운영하면서 경험한 이야기들을 기록한 책이다. 학교 사서교사가 해야 할 행정적인 업무를 비롯하여, 그들이 가지고 있는 고민이나 실제적인 어려움, 보람, 기쁨 등을 다양한 챕터로 나누어 표현하였다. 도서관학에 대한 아카데믹한 접근도 보이지만, 사서교사가 지니는 현실적인 고찰이 더 돋보인다. 예컨대 '선생님들이 문제 학생을 자꾸 도서관으로 보내요. 이런 학생들을 책으로 선도할 수 있을까요?'라고 물음을 던지고 이야기를 전개하는 7번째 챕터 등은 우리에게 사서교사의 삶에 더 본질적으로 접근하게 할 수 있는 기회를 제공한다.

나는 도서관 사서입니다
홍은자 / 푸른들녘(2021)

우리는 사서에 대해 '도서관에서 조용하게 책을 자유롭게 읽을 수 있는 직업'이라고 인식한다. 무언가를 '할 수 있는' 직업으로서 사서를 인식한다는 것은, 거꾸로 사서가 어떤 일을 해야 하는지에 대해서는 자세히 알지 못한다는 것이다. 이 책은 대학도서관과 전문도서관, 공공도서관 및 어린이도서관에서 실제로 활동을 한 사서가 직접 자신의 삶을 돌이켜 보는 방식으로 사서의 삶을 조망하고 있다. 특히 '북 큐레이션', '프로그램 기획', '홍보', '작가와의 만남' 등의 다양한 행사를 하는 과정을 실제적으로 말하고 있어서, 사서를 준비하는 학생에게는 많은 정보를 줄 수 있을 것이다.

사서 그리고 길
노경국 / 한국도서관협회(2021)

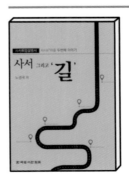

한국도서관협회를 비롯하여 전국의 문헌정보학 교수들의 의견을 모아 문헌정보학에 대한 반성적인 실마리와 나아가야 할 방향을 사서의 근원적인 논의를 토대로 전개하고 있다. 사서직을 준비하는 사람들은 무엇을 염두에 두고 준비를 시작해야 하는지, 사서직을 준비하는 사람이 가장 궁금해하는 것은 무엇인지에 대해서도 내용이 수록되어 있으며, 사서직의 채용 현황이나 사서직의 직업 전망, 스펙, 면접 방법 및 사서교사 임용시험 평가영역 및 평가내용 요소도 다루고 있다. 사서 및 사서 교사가 되기를 원하는 학생들에게 현실적인 도움을 줄 수 있을 것이다.

도서관 사서를 위한 저작권법
정경희, 이호신 / 한울아카데미(2020)

도서관은 다양한 사람들에게 자유롭게 정보과 지식, 문화를 전파해야 하는 의무를 가지고 있지만, 그것이 '도서'를 매개로 하기 때문에 그 도서에 관한 저작권에 대한 고민을 반드시 해야 할 것이다. 이 책은 도서관 사서로서 알아야 할 저작권의 대해 철학적 관점을 밝히는 바에서부터 논의를 시작하여, '저작물과 저작자', '저작권자의 권리', '저작권의 제한' 등의 거시적 논의를 살핀 후 '도서관에서의 복제', '도서관 자료의 대량디지털화와 저작권', '도서관의 장애인 서비스와 저작권', '국외 저작권법의 도서관 예외 규정' 등의 실제적인 도서관 중심 저작권에 대해서 논하는 방식으로 전개된다. 기본적으로 사서에게 필요한 저작권법이지만, 도서관을 이용하는 이용객 측면에서도 저작권에 대한 이해를 도모할 수 있는 저서라고 볼 수 있다.

몰입독서
스키마언어교육연구소 / 학교도서관저널(2022)

문헌정보학을 전공하는 데에 있어서 가장 메타적 차원에서 접근해 볼 수 있는 책으로서, 문헌정보학에서 다룰 수 있는 문제 중 하나인 '문해력 신장'에 대해 몰입독서라는 대안을 제시하고 있다. 이 책은 독서 행위와 그 행위에 수반되는 각종 사고를 전면적으로 다루고 있는데, 책을 마주하고 있어도 어떻게 읽을지 모르는 학생들, 기억력이 안 좋은 아이들, 제대로 읽으려 하지 않는 아이들 등의 실제적인 상황을 진단하여 그 해결책을 모색한다. 이러한 문제에 대해 몰입독서의 키워드를 '자유', '집중', '성취'로 보고, 각각의 과정에서 우리는 어떻게 책에 몰입하고 있는지에 대해 설명하고 있다. 우리는 이 책을 통해 책을 마주하기 어려운 아이들에게, 책을 단순하게 추천하고 손에 쥐어 주는 것이 아니라 책을 읽는 방법을 내면화하게 함으로써 몰입의 즐거움을 느끼게 할 수 있을 것이다.

사서 어떻게 되었을까?
캠퍼스멘토 / 캠퍼스멘토(2023)

이 책은 사서 6인의 이야기를 다루면서 사서의 삶에 대한 구체적인 이해를 돕고 있다. 컴퓨터 관련 학과를 전공하다가 문헌정보학과로 전향하거나 국어국문학과에서 문헌정보학을 복수전공한 이의 이야기들은 실제 사서 관련 진로와 학과를 고민하는 이들에게 좋은 정보가 될 것이다. 배를 타고 책을 구한 이의 이야기나 책을 통해 다양한 인연을 맺는 이의 이야기는 사서의 삶을 면밀하게 들여다볼 수 있는 기회를 마련할 것이다. 나아가 '예비 사서 아카데미'에서는 우리나라 사서의 역사, 세계의 유명한 도서관, 미래 도서관 등 다양한 정보를 안내하여 사서가 되고자 하는 학생들에게 큰 도움을 줄 것이다.

도서관이 나아갈 길
타케우치 사토루(오동근 역) / 태일사(2012)

랑가나단 박사의 도서관학을 정리한 책이다. 제1법칙 '책은 이용하기 위한 것이다', 제2법칙 '모든 사람에게 그 사람의 책을', 제3법칙 '모든 책에게 그 책의 독자를', 제4법칙 '독자의 시간을 절약하라', 제5법칙 '도서관은 성장하는 유기체이다'라는 5가지 법칙을 통해 성숙한 도서관의 모습을 그렸다. 이 5가지 법칙은 실용주의, 인본주의, 포스트모더니즘 등의 다양한 철학적 사조들의 실마리를 확인할 수 있을 만큼 탄탄한 법칙으로서, 현재에도 문헌정보학을 공부하고자 하는 학생들에게 '이상적인 도서관은 무엇인가'에 대한 해답을 제시하고 있다.

도서관 미래에 답하다
케네스 J.바넘(구정화 외 1인 역) / 파지트(2022)

현재 서울에 있는 한 도서관은 메타버스 형태로 운영을 하고 있다고 한다. 스마트폰에서 앱을 받고 실행하면 실제 도서관에 온 것 같은 체험을 할 수 있다. 이러한 운영 방식이 존재한다는 것은 도서관이 도래하는 미래 사회에 대응할 수 있는 실마리가 있다는 것이며, AR, 3D 모델링, 메타버스 플랫폼 등을 활용하여 더욱 도서관에 대한 접근 가능성을 높일 수 있다는 것이다. 이 책은 도서관에 대한 기존의 이미지에서 벗어나 '놀이, 교육, 연구'가 어우러지는 하나의 차세대 공간을 모색하고 있다. 특히 정보 기술 등에 대한 구체적인 설명을 토대로 놀이와 학습이 결합된 도서관을 만들고자 하는 도서관인들의 지적 호기심을 자극하고 있다.

도서관 환상들
아나소피 스프링어, 에티엔 튀르팽(김이재 역) / 만일(2021)

큐레이토리얼(curatorial)이라는 개념은 우리가 알고 있는 큐레이팅(curating)의 전통적인 담론들과 달리, 이미지, 오브제, 그것을 보는 관객, 분위기, 물리적 공간과 시간의 흐름 등이 하나로 연결되는 양상을 의미한다. 도서관도 변화하는 뉴미디어 사회 속에서 새로운 큐레이토리얼의 공간이 될 수 있는데, 이 책은 샌프란시스코 '프레링거 도서관'의 설립자의 인터뷰를 싣거나, 구글 본사의 책 스캔 부서를 가리키는 '스캔옵스'의 디지털화 공정을 보여주거나, 책이 지니는 윤리란 무엇인지에 대한 철학자의 견해를 제시하는 방식 등을 통해 책과 도서관, 독자의 초연결을 지향하는 방법을 모색한다. 우리는 이 책이 말하는 다양한 담론들을 살피는 과정을 통해 미래 도서관학이 지녀야 할 방향성에 대해 이해할 수 있을 것이다.

1
인문계열 · 문헌정보학과

2
사회계열

3
자연계열

4
공학계열

5
의약계열

6
예체계열

7
교육계열

문헌정보학과 독서탐구활동 활용사례

자율활동 특기사항

사이버·언어 폭력 예방교육을 통해 그 실태와 심각성을 느끼고 자신의 행동에 잘못된 부분이 있는지 되짚어봄. 학생인권 조례 및 공동사례집을 찾아 조사하면서 학생의 권리와 의무를 구분하여 발표함. 도서관 사서가 되고 싶은 학생으로서, 사서로서의 역할을 간접적으로 실천해 보고자 학급특색활동 시간에 '작은 도서관'을 만들어서 아이들에게 자신의 도서관 콘셉트를 설명하고자 함. 이 과정에서 **'모든 것은 도서관에서 시작되었다(윤송현)'**를 읽고 스웨덴의 '티오트레톤' 도서관이 청소년들에게 큰 영향을 준다는 사실을 알게 됨. 이를 계기로 친구들에게 무리하게 책을 추천하지 않고 스스로 책에 다가갈 때까지 '기다려 주는' 콘셉트의 도서관을 운영하기로 함. 교실 뒤편에 혼자 책을 읽을 수 있는 작은 공간을 마련하고, 책 100권을 두어 혼자 글을 읽게 한 후 관심이 있을 때 빌릴 수 있게 하는 독립 공간을 운영하여 아이들에게 큰 반응을 얻음.

동아리활동 특기사항

(그린나래북카페)(34시간) 사서 교사와 협조하여 도서관 리모델링을 시도하고, 이에 따른 학생들의 반응을 정리하여 사서 교사에게 전달함. 리모델링을 위한 초기 협의 과정에서 '무언가를 롤모델로 하여 도서관을 바꾸어 보자'라는 논의를 하였고, 스스로 롤모델이 될 만한 도서관을 찾기 위해 **'도서관 미래에 답하다(케네스 J. 바넘)'**를 읽음. 책을 통해 메타버스나 AR, 3D 모델링 등의 공학적 요소를 결합한 형태의 도서관이 있다는 사실을 깨닫고, 이를 학교에도 적용해 보자는 의견을 제시함. 현재 운용되는 메타버스 플랫폼을 이용해서 '학교 도서관' URL을 생성하고, 실제 리모델링을 실시하지 못하기 때문에 3D 프린트를 이용하여 가상의 학교 도서관 리모델링 구조를 만들어 도서관 안에 전시함. 메타버스 플랫폼을 활용하여 도서관에 가지 않고도 그 공간에 있는 것 같다는 피드백을 받았으며, 새로운 도서관의 형태가 책을 빌리는 것 외에도 '읽을 수 있는 환경'에 주목하여 긍정적인 반응을 얻음.

진로활동 특기사항

계열탐색활동을 통해 자신이 인문과학과 사회과학에 관심을 가지고 있다는 사실을 알게 되고, 이러한 계열에는 무엇보다 '인간의 행복'을 증진시킬 수 있는 자세가 필요하다는 사실을 깨달음. 대학생 전공멘토링(선배와의 만남)을 통해 자신이 관심을 가지고 있는 문헌정보학은 최근 들어 '데이터 사이언스'에 대한 지식과 코딩이나 인공지능 및 컴퓨터 운용 능력과 역량을 필요로 하기 때문에, 전통적인 도서관의 틀을 벗어던질 수 있는 사고의 전환이 필요하다는 이야기를 들음. 이를 계기로 자신의 진로를 구체화함. 이후 진로 독서 시간에 **'사서 그리고 길(노경국)'**을 읽고 사서가 되기 위해서는 현실적으로 어떤 노력을 해야 하며, 현대의 사서가 갖추어야 할 역량으로 무엇이 있는지에 대해 구체적인 정보를 얻음. 자신이 '수리 통계, 컴퓨터 운용' 능력이 부족하기 때문에 더욱 공부해야겠다는 계획을 세움. 진로 인터뷰를 통해 자신이 평소 다방면으로 책을 읽는 것을 좋아한다는 점과 인간이 삶의 벼랑에서 흔들리고 있을 때 책이 큰 도움을 줄 수 있다는 사실을 말하고, 사람들에게 책을 추천하고 그 책을 매개로 하여 여러 사람들과 소통하는 사서가 되고 싶다고 말함. 이후 '책을 추천하는 경험'을 교내 생활을 통해 해보기 위해 구체적인 계획과 방법을 마련함.

교과 세부능력 및 특기사항

국어

인문, 사회, 과학, 기술, 예술 등 분야에 따라 읽기 방법에 차이가 있다는 사실을 학습하고, 독서 심화 활동 시간에 각 분야마다 주로 어떠한 내용을 주로 다루는지에 대해 분석함. 인문과 사회 분야는 모두 인간의 삶을 다루지만, 그 범주가 철학과 사회학을 기점으로 나뉠 수 있다는 사실을 깨달음. 과학과 기술 분야는 인간의 삶을 윤택하게 하기 위한 방법론적인 차원에서 나뉜다는 사실을 알게 됨. 독서의 방법으로 통독, 발췌독 등을 학습하고 '정의란 무엇인가(마이클 센델)'를 어떻게 읽어야 할지 모둠원들과 논의함. 그러나 모둠원 대부분이 책을 읽는 것 자체에 큰 관심이 없다는 사실을 알게 됨. 도서관학을 전공하고자 하는 입장에서 이 문제를 해결해보고자 **'몰입독서(스키마언어교육연구소)'**를 읽음. 친구들에게는 독서의 '자유'와 '성취'가 결여되어 있다는 사실을 알게 됨. 이를 해결하기 위해 '짧은 글 읽기' 프로그램을 활용하자고 교사에게 건의하고, 실제로 도서관과 연계하여 프로그램을 진행함.

언어와 매체

의사소통의 목적과 형식에 따라 매체 자료를 적절하게 변형·운용하는 방법에 대해 학습하고, 특히 매체를 사용하는 데 있어 윤리 의식을 함양하는 것이 중요하다는 점을 배움. 수행평가에서 온라인 영상 플랫폼에 영상을 올릴 때 무엇보다 '저작권'에 신경 써야 한다는 내용이 본인에게 크게 와닿았다고 서술함. 문헌정보학을 전공하고 도서관을 운영하고자 하는 꿈을 가지고 있는 학생으로서, 책을 다룰 때 '저작권' 문제에 어떻게 접근해야 하는지 평소에 관심이 있었는데, 미디어 리터러시를 공부하면서 '도서관에서의 북 리터러시는 어떠해야 하는가?'에 대한 구체적인 질문을 생각하게 되었다고 함. 이를 해결하기 위해 **'도서관 사서를 위한 저작권법(정경희, 이호신)'**을 읽고 도서관에서 일어날 수 있는 여러 저작권 관련 문제와 저작권법에 대해 구체적으로 알아보고 이를 추가 수행평가지에 정리함. 특히 종이 자료를 복제하거나 파일로 생성하는 '2차 생성'에 대한 저작권법의 구체적인 적용 양상을 잘 파악함.

행동특성 및 종합의견

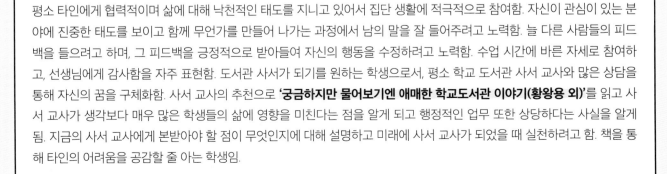

평소 타인에게 협력적이며 삶에 대해 낙천적인 태도를 지니고 있어서 집단 생활에 적극적으로 참여함. 자신이 관심이 있는 분야에 진중한 태도를 보이고 함께 무언가를 만들어 나가는 과정에서 남의 말을 잘 들어주려고 노력함. 늘 다른 사람들의 피드백을 들으려고 하며, 그 피드백을 긍정적으로 받아들여 자신의 행동을 수정하려고 노력함. 수업 시간에 바른 자세로 참여하고, 선생님에게 감사함을 자주 표현함. 도서관 사서가 되기를 원하는 학생으로서, 평소 학교 도서관 사서 교사와 많은 상담을 통해 자신의 꿈을 구체화함. 사서 교사의 추천으로 **'궁금하지만 물어보기엔 애매한 학교도서관 이야기(황왕용 외)'**를 읽고 사서 교사가 생각보다 매우 많은 학생들의 삶에 영향을 미친다는 점을 알게 되고 행정적인 업무 또한 상당하다는 사실을 알게 됨. 지금의 사서 교사에게 본받아야 할 점이 무엇인지에 대해 설명하고 미래에 사서 교사가 되었을 때 실천하려고 함. 책을 통해 타인의 어려움을 공감할 줄 아는 학생임.

7 ▸▸ 문화인류학과

1 학과 인재상

민속생활의 현장에 관한 민속학적 연구에 호기심이 많은 학생

문화 간 만남과 교류의 의의와 방법론에 대해 열의가 있는 학생

인류학과 인류의 생활방식인 문화에 대해 관심이 많은 학생

사람들의 삶의 방식을 민감하게 볼 수 있는 문화적 감수성이 있는 학생

문화의 의미를 탐구하는 인류학적 현장연구 및 고고학적 탐구에 관심이 있는 학생

인류 사회의 문화를 이해하는 다양한 관점과 설명방식에 호기심이 있는 학생

2 유사학과

- 미술사학과
- 문화재보존학과
- 고고미술사학과
- 문화콘텐츠학과
- 문화(학)과
- 문화유적학과
- 민속학과
- 인류학과
- 조형문화과

3 관련직업

- 교수
- 광고기획자
- 방송기자
- 방송작가
- 출판물기획전문가
- 콘텐츠 기획자
- 문화기획자
- 국제구호전문가
- 사회조사전문가
- 공정여행기획자
- 방송프로듀서
- 다문화 코디네이터
- 국제개발협력 전문가
- 국제NGO활동가
- 문화재보존가
- 학예사(큐레이터)
- 한국문화강사
- 민속민족문화구원
- 사회공헌전문가

4 개설대학

- 가톨릭대학교
- 강원대학교
- 건국대학교
- 경남대학교
- 경북대학교
- 경성대학교
- 경일대학교
- 경주대학교
- 계명대학교
- 고려대학교 세종캠퍼스
- 공주대학교
- 광운대학교
- 군산대학교
- 대구가톨릭대학교
- 대구한의대학교
- 대전대학교
- 대진대학교
- 덕성여자대학교
- 동국대학교
- 동명대학교
- 동아대학교
- 동양대학교
- 명지대학교 인문캠퍼스
- 목포대학교
- 상명대학교
- 상지대학교
- 서강대학교
- 서경대학교
- 서울과학기술대학교
- 서울대학교
- 서울여자대학교
- 선문대학교
- 성균관대학교
- 성신여자대학교
- 세명대학교
- 세한대학교
- 순천향대학교
- 아주대학교
- 안동대학교
- 연세대학교
- 영남대학교
- 영산대학교
- 예원예술대학교
- 용인대학교
- 원광대학교
- 이화여자대학교
- 인천가톨릭대학교
- 인하대학교
- 전남대학교
- 전북대학교
- 전주대학교
- 조선대학교
- 중앙대학교 서울캠퍼스
- 중앙승가대학교
- 창원대학교
- 청주대학교
- 충북대학교
- 칼빈대학교
- 한국전통문화대학교
- 한림대학교
- 한서대학교
- 한성대학교
- 한신대학교
- 한양대학교
- 호서대학교
- 홍익대학교

사피엔스
유발 하라리(조현욱 역) / 김영사(2015)

인류학 저서로 가장 먼저 손꼽히는 '사피엔스'는, '인간이란 무엇인가'에 대한 근원적인 탐구를 다양한 학문과의 연계를 통해 설명하고 있다. 호모 사피엔스는 지구상에 남아 있는 유일한 승자의 부류로 속하고, 그러한 사피엔스는 '신'을 상징하여 자신들의 삶을 영위하지만, 결국 이러한 사피엔스도 과학의 발전과 사회적 불평등의 불협화음을 피하지 못할 것이라고 진단하고 있다. 그러나 이러한 행보의 결말로 치닫는 우리의 역사에서 저자는 '행복'이라는 가치를 언급하여, 우리들이 진정으로 행복하기 위해서 어떠한 삶을 살아야 하는지에 대해 말하고 있다. 인류의 시작과 종말까지의 양상에 대해 날카로운 시각을 읽을 수 있는 저서이다.

호모데우스
유발 하라리(김명주 역) / 김영사(2017)

'사피엔스'에 이어 작가의 문화인류학적 관점을 엿볼 수 있는 저서로서, 앞선 책이 사피엔스의 과거와 현재를 보여주는 데에 주력했다면, 이 책은 사피엔스가 '신'이라고 불리는 'DEUS(데우스)'를 어떤 가치로 마주해야 하는가를 보여주고 있다. 특히 이 책에서 말하는 '데이터교'는 과학기술의 발전에 따라 중심에 서게 된 '데이터'를 우리가 마치 신처럼 받아들이는 양상에 대해 진단하면서, 상대적으로 우리가 하는 '관념적 사유'의 소멸을 보여주고 있다. '행복, 불멸, 신성'이라는 우리 인간 최후의 과제에 대해 면밀한 진단을 하고 있는 책으로서, 우리는 이 책을 읽으면서 인류의 미래에 대한 청사진을 확인할 수 있을 것이다.

인류학의 거장들
제리 무어(김우영 역) / 한길사(2016)

제목 그대로 인류학 연구에 큰 영향을 끼친 인물들과 그들의 사상에 대해 다루고 있는 저서이다. '에밀 뒤르켐'이나 '루스 베네딕트', '마빈 해리스', '클로드 레비-스트로스' 등의 유명한 인물들의 생각을 읽을 수도 있으면서, '창시자들', '문화의 성격', '사회의 성격', '진화론, 적응론, 유물론', '구조, 상징, 의미'라는 주제별 분류를 이해함으로써 문화인류학 이론들의 내면화도 꾀할 수 있다. 인류학적 이론들도 결국 인류학적 탐구 방법에 의해서 탄생한 바, 이 책은 어떠한 인류학적 견해가 나타나게 된 배경도 자세하게 서술함으로써 그 이해와 깊이를 더하고 있다. 우리는 이 책을 통해 문화인류학에 대한 전반적인 이론들을 이해하는 데 큰 도움을 받을 수 있을 것이다.

총, 균, 쇠
제레드 다이아몬드(김진준 역) / 문학사상(2013)

내용이 워낙 방대하고 어렵지만, 그만큼 우리 인류에 대해 상당히 많은 정보와 통찰들을 얻을 수 있는 책이다. 역사학, 지리학, 문화인류학을 자유자재로 넘나들며 인간에 대해 설명한 책으로서, 현재 사회적 현상으로 볼 수 있는 '인종 차별주의'에 대해 근원적으로 한계점이 존재함을 증명하고 있다. 보편 논쟁적인 관점에서 '개별성'의 가치를 중시하는 철학을 엿볼 수 있는 이 책을 통해, 우리는 인류 문명의 흐름을 주도하는 '총, 균, 쇠'에 대해 이해할 수 있을 것이다. 나아가 세계 곳곳에서 지리적 환경에 적응하기 위해 각자의 삶을 오롯이 살아가는 민족들에 대해 균형적인 시각을 형성할 수 있을 것이다.

1
인문계열·문화인류학과

2
사회계열

3
자연계열

4
공학계열

5
의약계열

6
예체능계열

7
교육계열

낯선 곳에서 나를 만나다
한국문화인류학회 / 일조각(2006)

문화인류학 입문서로 가장 먼저 손꼽히는 책으로서, 세계 각국의 문화에 대해 다채로운 삶의 양상을 재미있고 자세하게 풀어내고 있다. 우리가 익히 알고 있는 '부시맨'이나 '카리브인'에 대해서도 말하고 있으며 에스키모인이나 아프리카 사람들, 마다가스카르의 문화에 대해서도 소개하고 있다. 또한 주제적 차원에서 '불평등', '경제', '문화 변동' 등에 대해서도 자세한 학술적 논의를 펼치면서, '비만에 대한 인류학적 시각', '이스터 섬의 몰락' 등에서는 우리가 흔히 호기심을 가지고 있는 분야에 대해 자세히 설명을 하고 있다. 우리는 이 책을 통해 문화의 다양성에 대해 구체적인 사례를 통해 이해의 지평을 넓히는 데에 도움을 받을 수 있을 것이다.

고난과 웃음의 나라
정병호 / 창비(2020)

한양대학교 문화인류학과 교수인 정병호 교수가 실제로 북한에 10여 차례 다녀오면서 마주한 북한의 사회 문화적 현실을 문화인류학자의 시각와 방법론으로 풀어낸 책이다. 특히 북한 주민들이 그 나라의 체제를 어떻게 인식하고 있으며, 그러한 기틀은 어디에서 비롯되었는가에 대해 깊은 통찰을 엿볼 수 있다. 나아가 정치적인 시각 외에도 북한 주민들의 소소한 일상과 생활에서 볼 수 있는 문화적인 코드까지 끄집어내고 있다. 2장의 제목에서 볼 수 있듯이, 행복이라는 가치를 '교시'하는 북한의 체제의 특징을 볼 수도 있으며, 사회주의 국가인 북한에서 '차별'이라는 것은 어떠한 기제로서 작동하고 있는지도 확인할 수 있다. 한민족이지만 마주할 수 없는 북한인들을 간접적으로 만나게 할 수 있는 책이라고 할 수 있다.

호모 루덴스
요한 하위징아(이종인 역) / 연암서가(2018)

삶 자체가 '놀이'이며, 진정한 놀이가 인간을 인간으로서 존재할 수 있게 한다는 논의를 담고 있는 책이다. 놀이는 삶에 의미를 부여하는 행위이며, 굳이 어린아이가 아니라고 하더라도 놀이는 우리 인간 존재를 규명하는 것이라고 볼 수 있다. 그만큼 우리는 놀이에서 삶의 근원을 찾아야 하는데, 실제로는 놀이를 제한하고 있으며 업신여기고, 놀이와 반대되는 것만이 오히려 진리에 가깝다는 생각을 지니고 있다. 우리는 이 책을 읽으면서 인류 문화가 활짝 꽃피우게 되는 데에 인간의 '놀고 싶은 심리'가 깃들어 있다는 사실을 다양한 예시를 통해 이해할 수 있을 것이며, 우리가 의미 없다고 생각하는 '놀이'에 대해 새로운 관점을 정립할 수 있을 것이다.

인류는 어떻게 역사가 되었나
헤르만 파르칭거(나유신 역) / 글항아리(2020)

제목에서부터 알 수 있듯이, 이 책은 역사의 중심에 언제나 '인류'가 있다고 말하고 있다. 그러나 이 책은 인류학에 대해 우리가 알고 있는 생각들, 정념들, 이론들을 다시금 재정립하고 비판하는 과정을 통해 문화인류학의 새로운 지평을 열고 있다. 특히 이 책은 서남아시아, 유럽, 알프스 산맥, 발트해, 이집트, 사하라 사막, 캅카스 산맥, 오세아니아 군도, 북극 등의 지리적 위치를 기준으로 챕터로 꾸미고 있으며, 이러한 지리적 위치가 문명과 문화의 성립, 발전에 어떤 영향을 끼치는지를 중심으로 이야기를 전개하고 있다. 다양한 예시들이 소개되어 있어서 더욱 편한 이해를 도모할 수 있을 것이다.

어느 외계인의 인류학 보고서
이경덕 / 사계절(2013)

우리는 우리를 명확하게 이해하기 위해서는 '객관적'인 자세를 가져야 할 것이다. 마찬가지로 우리 인류의 문명과 문화의 의의에 대해 이해하려면 지구를 벗어난 시각이 필요할 것인데, 이 책은 '외계인들이 인류의 문화를 보고서로 작성한다'라는 기발한 상상에 의해 탄생한 책이라고 볼 수 있다. 이러한 기발한 상상은 우리가 '당연하거나 익숙하다'라고 생각하는 것에 대한 근원을 탐구하는 방식으로 서술되는데, 예컨대 '남성과 여성의 역할은 어떻게 정해지는가?', '어른이 된다는 것은 무엇인가?' 등에 대한 철학적, 사회학적 담론들을 포함하는 것이 그러하다. 우리는 이 책을 통해 문화인류학에 대한 나름의 객관적인 시각을 형성하는 데에 도움을 얻을 수 있을 것이다.

처음 만나는 문화인류학
한국문화인류학회 / 일조각(2010)

총 14명의 문화인류학, 인류학, 사회학 전공의 교수들의 논의를 총괄한 저서로서, 문화인류학의 연구 방법론, 본질, 시대 정신, 학문적 연계 가능성 등을 중심으로 다채로운 이야기들이 담겨 있다. 특히 '몸을 통해 문화를 본다', '아름다움에 대하여' 등에서 보다 흥미롭고 새로운 시각에서 문화인류학적 실마리를 도출하려는 시도가 보인다는 점이 고무적이다. 이러한 재미있고 흥미로운 주제들을 통해 결국 '문화 속에서 존재하는 나 자신'에 대한 근원적인 물음을 던지고 있으며, 우리는 이 책을 읽어 가면서 나와 타자, 나의 문화, 나와 세계의 관계성에 대해 내면화하는 소중한 계기를 마련할 수 있을 것이다.

문화인류학과 독서탐구활동 활용사례

자율활동 특기사항

장애이해교육을 통해 후천적 장애인이 훨씬 많음을 알게 되었으며, 장애인들을 도와주는 것보다는 그들이 스스로 사회생활을 할 수 있도록 적응 능력을 키울 교육기회를 제공하는 것이 더 중요하다는 점을 깨달음. 평소 타인을 행복하게 하는 것에 기쁨을 느껴 학급특색활동 시간에 '별처럼 각자 예쁘게 빛나는 우리 반'이라는 주제로 24명의 아이들의 장점을 자세하게 설명하여 아이들에게 큰 감동을 줌. 특히 이 과정에서 평소 친구들의 삶을 유심하게 관찰하고, 관찰한 것에서 존재의 실마리를 도출하여 메모하는 습관을 가짐. **'호모 루덴스(요한 하위징아)'**를 읽고, 무작정 수동적으로 공부만 하는 것보다 자신이 진정으로 하고 싶은 것을 하는 것이 중요하며, 나아가 '놀이'라는 것이 하나의 수단이 아니라 그 자체로 목적인, 건전한 인류의 욕구라는 것을 깨달음. 나아가 '쉬는 시간이나 점심 시간에 진정한 인간이 된다'라는 명제를 만들고 그 의미를 친구들에게 설명하여 큰 호응을 얻음.

동아리활동 특기사항

(사회문화시사탐구반)(34시간) 동아리 부회장으로 활동하며 자기 주도성과 책임감을 보임. 인문과학, 사회과학 분야에 대한 기본 지식과 간접 경험이 풍부하고 자신의 역량을 다른 사람들과 나누며 확장시키는 것을 즐겨함. 현재 이슈가 되는 시사 문제에 대해 자신의 견해를 말하고 이에 대한 보고서 작성을 하기 전에 인류학, 문화학과 관련된 이론적인 플랫폼을 마련하고자 **'인류학의 거장들(제리 무어)'**를 읽음. '루스 베네딕트', '클로드 레비-스트로스', '뒤르켐' 등의 사상가들의 연구 방법을 분석하고 공유함. 특히 우리가 사회 현상을 바라볼 때, 즉각적인 판단을 중지하고 '중층기술적'으로 접근하면서 최대한 문헌 연구나 참여 관찰 등을 해야겠다는 생각을 가져, '코로나19 백신을 맞지 않는 사람들'에 대한 간학문적이면서도 구체적인 사례를 담은 보고서를 작성하고 이를 친구들에게 공유함. 이후 보고서에 대한 피드백을 중심으로 연구 과정과 의의를 설명하는 심포지엄을 개최해 자신의 생각을 자세하게 드러냄.

진로활동 특기사항

찾아가는 진학 컨설팅을 통해 진로문제에 대한 조언과 정보를 획득하였으며 이를 바탕으로 현재 자신이 준비하고 길러야 할 역량이 무엇인지 생각해 보는 시간을 가짐. 대학 입시의 유형별(종합, 교과, 논술, 정시) 전형을 정리하고, 자신에게 가장 유리한 유형을 파악하여 모의 입시 전략을 세워봄. 대입 자기소개서 작성법 시간을 통해 공통 문항에 적합한 소재와 주제를 찾아 정리함. 진로 인터뷰를 통해 우리가 평소 하는 행위 대부분이 문화의 영향을 받은 것이라는 점에 흥미를 느껴, 자신의 습관이나 행동 양식은 어디에서부터 비롯된 것인지 인터뷰 진행자와 의논함. 특히 '젓가락질은 왜 하는 것일까?', '왜 선생님들은 선생님 책상에 자신의 가족사진을 붙여 놓을까?', '왜 우리말은 존댓말이 존재할까?', '우리나라의 주차난은 왜 심각하며, 다른 나라에는 이러한 양상이 없을까?', '왜 우리는 멋있는 풍경을 볼 때 그것을 눈에 담기보다 사진을 찍어 SNS에 올리려고 할까?' 등의 수많은 흥미로운 주제들에 대해 '문화'의 시각에서 논의함. 이를 토대로 문화인류학에 대한 관심이 생겨 진로 독서 시간에 **'처음 만나는 문화인류학(한국문화인류학회)'**을 읽음. 평소에 자신이 궁금해했던 흥미로운 주제를 다시 만나게 되었고, 문화인류학에 대한 간학문적 접근을 통해 학문적인 깊이를 더하는 것이 중요하다는 점을 깨달았다는 내용을 공유함.

교과 세부능력 및 특기사항

사회 문화

사회명목론과 사회실재론에 대해 학습하고, '우리가 생각하는 사회는 실재하는 것일까?'에 대한 버즈토의 시간을 가짐. '사회는 분명 실재하지만 그것이 마치 하나의 인간과 같다면, 그 인간이 탄생하게 되는 과정이 궁금하다'라는 독창적인 의견을 제시함. 나아가 사회실재론의 입장에서 말하는 '시너지 효과'에 대해 '사회는 분명 가상의 세계이지만 그것이 인간의 능력과 협력을 이끌어낼 수 있는 영향력이 있다'라며 자신의 의견을 덧붙임. 문화인류학에 관심이 많은 학생으로서, 문화인류학적 관점에서 '실재하는 사회의 어머니는 누구인가?'라는 물음을 생성하고, 이를 해결하고자 **'사피엔스(유발 하라리)'**를 읽음. 국가나 사회는 결국 우리의 상상, 즉 '인지 혁명'에 의해 이루어진 산물이라는 사실을 깨달음. 이를 통해 사회를 바라보는 관점 중 기능론을 학습하는 과정에서 '우리는 우리가 낳은 산물의 팔과 다리, 장기가 되어 작동하는 패러독스를 겪는 존재'라는 명쾌한 해석을 하여 친구들의 호응을 얻음.

사회문제탐구

'빅데이터 시대, 우리는 어떻게 살아야 할까?'라는 주제로 다차시의 심포지엄을 할 때, 적극적으로 자신의 의견을 개진하면서도 다른 친구들의 의견을 경청하고 종합하는 능동성을 보임. 특히 마지막 차시인 질의 응답 시간에 각 발표자에게 1개 이상의 질문을 날카롭게 하여 인문, 사회, 자연과학, 공학적인 통찰력 및 융합 능력을 보여 줌. 본인은 '빅데이터 시대에 있어서 우리는 누구를 숭배하는가? 신보다 강한 자는 누구인가?'라는 소주제를 상정하여 발표하고, 빅데이터를 수집·관리·운용하는 기업이나 기관 및 빅데이터 자체가 지니는 권력에 대해 경계해야 한다는 주장을 함. 이 과정에서 **'호모데우스(유발 하라리)'**를 읽고 '데이터교'의 통제 아래에서 움직일 수밖에 없는 인간의 '관념적 사유의 소멸'을 안타깝게 받아들이고, 모든 의사결정에서 '데이터에 의존하지 않고' 스스로의 본질적 사유를 통해 의사결정을 하는 것이 최소한 인본주의를 유지하는 길일 수 있다는 의견을 제시함.

행동특성 및 종합의견

정신적으로 성숙하고 늘 사유하는 모습을 보임. 봉사정신이 뛰어나 학급에서 다양한 역할을 완벽하게 수행함. 숙제 및 알림사항을 칠판에 게시하여 다른 친구들에게 도움을 주고 학업 계획을 잘 세워 실천하는 행동력도 갖추고 있음. 인사성이 좋고 어른에 대한 예의도 잘 지키는 학생임. 늘 '인간이란 무엇인가? 인문주의는 어떻게 실현되어야 하는가?' 등 철학적인 질문을 하고, 문화인류학과에 진학하여 인간의 계보를 탐구하고 새로운 인간상의 도래에 이바지하고 싶다는 목표를 지니고 있음. 이를 위해 **'낯선 곳에서 나를 만나다(한국문화인류학회)'**를 읽고 문화인류학의 시작은 결국 다른 문화를 진중하면서도 세밀하게, 그리고 편견을 가지지 않고 바라보는 것이라는 사실을 깨달음. 책에 서술된 다양한 문화에 대해 깊이 있게 이해하고, 특히 우리가 마주하는 '불평등' 문제가 결국 인류가 진화함에 따라 생기게 된 문제라는 점에 흥미를 느껴, 문화인류학에서 사회학적 실마리를 발견하고자 하는 데에 열의를 보임.

8 ▸▸ 미학과

1 학과 인재상

이성과 감성이
조화로운 학생

예술 작품을 능동적인 태도로
감상할 수 있는 학생

세계의 흐름을
민감한 눈으로
바라볼 수 있는 학생

자신이 알고 있는 것에 대해
늘 비판적, 반성적으로
생각할 수 있는 학생

아름다움이 무엇인지에 대해
고민하고 이야기를
나눌 수 있는 학생

2 유사학과

- 고고미술사학과
- 미술사학과
- 예술학과

3 관련직업

- 교수
- 연구원
- 평론가
- 비평가
- 칼럼니스트

4 개설대학

- 서울대학교
- 덕성여자대학교
- 홍익대학교

학과 연계도서

예술의 시대
김수용 외 19인 / 아카넷(2009)

예술이 어떻게 탄생하고 성장해 왔으며, 어떠한 점에서 종말을 할 것인지, 그리고 새로운 예술은 어떤 형태로 재탄생할 수 있는지에 대해 진단한 책이다. 총 20인의 집필진들이 각자의 전공을 토대로 예술을 다각도로 살펴 서술하고 있으며, 이에 따라 간학문적인 시각으로 예술의 탄생과 종말을 살펴볼 수 있다. 특히 미래의 예술의 한 형태로 '디지털 예술', '생태주의 예술', '새로운 노동개념의 설명으로서의 예술' 등을 제시하고 있는데, 이는 미국식 자본주의에 대한 대체적 성격을 지니면서, 우리에게 지나친 자본이나 권력에 의해 무분별하게 생산, 소비되었던 예술이 지니는 근원적 피로감을 해소할 만한 새로운 패러다임을 제시한다는 점에서 고무적이라고 볼 수 있다.

불온한 것들의 미학
이해완 / 21세기북스(2020)

서울대학교 미학과 교수인 이해완 교수의 미학 강의를 텍스트로 만날 수 있는 계기를 이 책은 마련하고 있다. 그러나 이 책은 미학에 대해 딱딱한 이론으로부터 출발하지도 않으며, 그 근원을 밝히는 철학적 논의로 전개되지도 않는다. 대신에 '위작', '유머', '공포영화' 등의 실제적이면서도 흥미로운 주제로 미학적 접근을 시도한다. 니체는 그의 '비극의 탄생'에서 '디오니소스적 예술'을 언급하는데, 저자는 이 디오니소스적 차원에서 미학을 '감성의 철학'으로 정의하며 인간이 본능적으로 마주할 수 있는 숨겨진 감정을 작품을 통해 세계 밖으로 끄집어내어, 가장 솔직하기 때문에 가장 미학적인 것일 수 있다는 그의 생각을 강화한다.

미학 오디세이
진중권 / 휴머니스트(2014)

총 3권의 시리즈로 이루어져 있는 책으로서, 다양한 학문과의 융합적 실마리를 제시하는 서술을 통해 미학이 가치론적인 학문일 수 있음을 역설한 책이다. 철학은 물론이거니와 심리학, 역사학, 기호학, 정신분석학 등과의 연계성을 드러내어 설명하면서, 그래픽 아티스트의 선구자인 '에셔'에 초점을 두어 자신의 논의를 전개한다. 2권에서는 '마그리트'에, 3권에서는 '파라네시'로 그 초점의 대상을 옮겨 가면서 그 깊이를 더하고 영역을 확장하고 있다. 딱딱한 문체에서 벗어나 미학에 대해 마치 대화를 하는 듯한 분위기로 서술하는 저자의 책에서, 우리는 미학이라는 어려운 학문에 대해 하나의 '콘텐츠적'인 접근을 시도할 수 있을 것이며, 이로 인해 보다 더 쉬우면서도 깊이 있는 이해를 도모할 수 있을 것이다.

멜랑콜리 미학
김동규 / 문학동네(2010)

독일과 헝가리의 합작 영화인 '글루미 선데이'와 그 영화의 OST는 그야말로 큰 화제가 되었다. '죽음은 단지 꿈이 아니라 죽음 속에서 나는 그대를 어루만지리. 나의 마지막 숨결로서 나는 그대를 축복하네'라는 대사에서, 죽음과 사랑은 어쩌면 가장 강렬하게 맞닿아 있다는 점을 발견할 수 있다. 이 책은 '글루미 선데이'에서 드러나는 '사랑과 죽음의 교차'를 '멜랑콜리'라는 심미적 감성으로 설명하고 있으며, 멜랑콜리 미학은 결국 사랑과 죽음이 만나는 예술이라는 장(場)에서 멜랑콜리가 존재하는 양상을 탐구한다. 나아가 어쩌면 이 멜랑콜리 미학은 서구 예술의 한 축이 될 수 있음을 보여주면서, 우리 인간이 어쩌면 숙명적으로 마주할 수밖에 없는 사랑과 죽음에 대해 다시금 생각해 볼 수 있는 계기를 마련한다.

서양 미술사
에른스트 H. 곰브리치(백승길 외 1인 역) / 예경(2017)

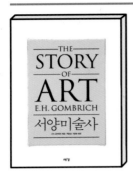

서양 미술에 대해 공부하기 위해 가장 먼저 접할 수 있는 책으로서, 400여 개가 넘는 컬러 도판을 실어 실제 미술관에서 큐레이터의 설명을 듣는 듯한 인상을 가지게 되는 책이다. 선사 시대의 동굴 벽화부터 시작하는 곰브리치의 예술사적 시각을 보면, 현재 우리가 미술 교과서에서 마주하는 여러 이론들의 흐름을 규정한 책이라고 봐도 과언이 아니다. 특히 '미술이라는 것은 존재하지 않는다. 다만 미술가들이 있을 뿐이다'라고 시작하는 첫 문장으로 보건대, 예술이 하나의 문학과 같은 양식이라면, 저자는 그것을 '작가표현론적' 입장에서 미술가 개인의 삶과 고뇌, 사회와의 관계, 미술 작품 속 대상에 대한 미술가의 생각 등을 밝히는 데에 주력했다. 선사시대부터 20세기 미술까지의 거의 모든 미술 작품에 대한 해설의 총집합이라고 볼 수 있는 이 책은, 미학에 대한 실제적 데이터를 제공한다는 점에서 의의를 지닌다고 할 수 있다.

조선과 그 예술
야나기 무네요시(이길진 역) / 신구문화사(2006)

조선의 미술, 조선의 도자기, 조선의 석공, 조선의 금공, 그리고 조선의 찻잔과 민화까지, 조선의 예술 작품에 대해 귀납적인 접근을 통해 조선의 예술을 '선(線)'의 예술이라고 명명하는 야나기 무네요시의 서술은 조선의 예술에 대한 깊은 통찰을 볼 수 있는 부분이라고 할 수 있다. 특히 일본의 예술을 '색(色)'으로 정의하는 부분에서 그 차이를 우리 대중들이 금방 인식할 수 있도록 돕는다. 일본의 미술학자로서 조선의 예술에 대한 각별한 애정을 쏟으면서, 조선의 학자들도 밝혀내기 어려운 미술 작품들의 가치를 발견하고 설명하고자 노력했던 그의 열정이 고스란히 드러나는 저서이다. 우리는 이 책을 통해 우리나라의 전통 예술이 지니는 미학적 가치와 그 가치에 대한 타국인의 인식 체계까지 잘 이해할 수 있을 것이다.

오주석의 한국의 미 특강
오주석 / 푸른역사(2017)

미술사학자인 오주석 교수가 전국을 다니면서 우리 미술의 가치에 대해 강의한 내용을 정리한 책이다. 강의 자료를 모은 것이기 때문에 서술이 친절하면서 흥미로운 부분이 많다. "한국의 전통 미술은 으레 여백을 강조하는데, 왜 탱화는 여백이 없이 꽉 채워져 있을까?"라는 부분이나 "왜 서양의 지도와 전통적인 지도의 방위 체계는 다를까?" 등에 대한 의견을 제시하면서 독자들의 흥미를 돋운다. 특히 부록에는 '그림으로 본 김홍도의 삶과 예술'이라는 부분을 다루면서 '씨름' 등의 유명한 그림 외에도 '황묘농접도', '소림명월도', '선동취적도', '시흥환어행렬도' 등의 그림을 '소재와 의미의 다양성', '이상적 진경산수', '흔들림 없는 주체성', '국가를 위한 봉사' 등의 주제로 설명하면서 김홍도 그림에 대한 작가의 남다른 사랑과 열정을 독자들이 이해하여 '내면의 울림'을 울릴 수 있도록 돕고 있다.

판단력비판
디터 타이헤르트(조상식 역) / 이학사(2003)

미학을 공부하는 데에 있어서 칸트의 '미' 이론은 반드시 접할 수밖에 없는데, 그에 비해 칸트의 '판단력 비판'은 다소간 읽기 어려운 책일 수 있다. 이 책은 칸트의 핵심 이론을 빠짐없이 다시 설명하면서 우리에게 칸트의 미 이론을 이해할 수 있도록 돕고 있다. 칸트 이론에 있어서 '미'와 '숭고'는 가장 핵심적인 개념인데, 이 책은 이 두 개념을 '미적 판단력'이라는 챕터에서 자세하게 다루고 있다. 특히 '미'는 '쾌감'과, '숭고'는 '불쾌감'과 연관성을 맺고 있다고 설명하여 우리가 수많은 예술 작품을 인식하고 내면화하는 과정에 도움을 줄 수 있을 것이다.

미학과 미술
박일호 / 미진사(2019)

예술의 흐름을 고대부터 현대까지 시대적으로 정리하여 미학 이론을 본격화한 책이다. '표현 충동에서 시작된 예술'로서 원시 미술을, '모방으로서 예술'로서 그리스 미술을, '표현으로서 예술'로서 낭만주의 미술을 운운한 점이 그러하다. 보기에는 미학 이론과 미술사의 발전을 통시적으로 정리한 저서 같지만, 서술된 내용 속에서 '예술과 아름다움이 필수적인가?', '아름다움은 무엇인가?' 등에 대한 철학적인 대답을 찾고자 하는 저자의 노력이 돋보인다. 특히 11장인 '구체적인 삶과 실존에 의한 예술'에서 나타나는 현상학이나 실존주의 철학의 미술적 실현에 대한 부분에서는, 인간이란 무엇인지에 대한 부분이나 우리 인간이 지각하는 것은 무엇인지에 대한 존재론, 인식론적인 탐색까지 심화하여 그 매력을 더하고 있다.

미의 역사
옴베르토 에코(이현경 역) / 열린책들(2005)

미학 이론이 말 그대로 '이론'으로서 하나의 현상과 개념을 설명하고 있다면, 이 책은 특별한 미학 이론을 설명하기 위해 노력하지 않는다. 대신 우리가 '예술'이라고 볼 수 있는 모든 것들에 대한 철학자, 예술가들의 관점을 넓게 펼쳐서 드러내고 있다. 따라서 '아름다움'이라고 하는 가치가 마치 변장하여 여러 형태로서 드러내는 것 같은 흥미로움을 느끼게끔 한다. 즉 우리는 이 책에서 제시하는 수많은 예술 작품들을 통해 예술이 하나의 완전무결한 무엇으로 존재하지 않고, 때로는 이성의 아래에서, 때로는 감성이나 사회적 현상 혹은 시대적 요구의 아래에서 다양한 형태로 드러나는 현상을 마주할 수 있다. 철학자이자 기호학자로도 유명한 명저자 움베르토 에코의 기발하면서도 재치 있는 기지가 돋보이는 책이라고 할 수 있다.

1

인문계열 · 미학과

2

사회계열

3

자연계열

4

공학계열

5

의약계열

6

예체능계열

7

교육계열

미학과 독서탐구활동 활용사례

자율활동 특기사항

학생자치회 리더십캠프에 참여하여 텐트를 직접 치고 자는 숙영 활동 및 리더십 프로그램을 통해 협력의 리더십을 배양함. 생명존중교육 시간에 정신 건강의 개념을 배우고 정신 건강에 편견이 영향을 미친다는 점을 알게 됨. 또한 자신의 진로와 관련하여 참된 '아름다움'을 인식하는 과정에서 '쾌'의 감정이 유발되기 때문에 예술 활동을 하는 것이 정신 건강에 도움이 될 것이라는 의견을 제시함. 나아가 **'멜랑콜리 미학(김동규)'**를 읽고 예술은 극단의 사랑과 그 반대에 있는 죽음이라는 두 개체가 역동적으로 뒤섞이는 장이라는 사실을 깨닫고, 삶과 죽음, 그리고 사랑을 깊이 경험할 수 있는 미학적 경험이 현재의 나를 가장 잘 돌아볼 수 있는 실마리임을 반 친구들에게 역설함. 학급특색활동 시간에 생명존중교육을 통해 드러내었던 '삶과 죽음'이라는 가치가 담겨 있는 미술, 음악 작품들을 선정하여 친구들에게 들려주고, 죽음을 어떻게 바라봐야 할지에 대한 미학, 철학적인 논의를 친구들과 자유롭게 함.

동아리활동 특기사항

(인문학산책)(34시간) 인문학의 세부 주제를 정하고 토론한 뒤 총서를 만드는 일련의 과정을 경험하면서, 능동적인 자세와 철학적인 사고를 토대로 토론 및 도서 제작의 분위기를 한껏 고조시킴. 기획단계부터 다른 친구들의 의견을 진지하게 경청하고 적극적으로 아이디어를 제시하는 모습을 통해 배려와 의사소통능력을 확인할 수 있음. 인문학의 세부 주제 중 '진정한 아름다움은 무엇인가?', '우리가 아름다움을 경험하는 것은 왜 중요한가?', '미와 추는 결국 같은 개념인가?' 등의 미학적 주제에 대해 다양한 예술 작품을 언급하면서 탐구함. 특히 뭉크의 '절규'를 아름다움으로 볼 수 있는지에 대한 논의, '빌렌도르프의 비너스'에 대한 생각, '프리스타일 랩'을 진정한 음악 갈래로 볼 수 있는지에 대한 토론 등을 구체적으로 다룸. 또한 **'예술의 시대(김수용 외)'**를 읽고 예술적 행위가 시대의 흐름에 따라 새로운 요구에 의해 변형될 수 있다는 사실을 인지하여 해당 논의들에 대한 더 깊이 있는 답을 제시함.

진로활동 특기사항

나의 SWOT 분석하기 활동 시간에 예술 활동에 관심이 많고 다큐멘터리 시청이나 전시회 관람 등의 경험이 풍부하다는 점을 강점으로 제시하고, 미술 작품을 평론하여 사람들과 소통하는 것을 즐기는 자신의 관심사를 토대로 직업을 선정해야겠다는 뜻을 밝힘. 나에게 적합한 학과 비교하기 활동 시간에 자신이 예술에 높은 흥미가 있다는 점을 파악하고, 특정 미술, 음악 작품을 창작하는 예체능 계열이 아니라 그것을 '비평'하는 인문학의 영역이 자신의 관심사에 어울린다는 것을 깨달음. 철학의 분과적 성격이라고 볼 수 있는 '미학'을 공부하여 평론 활동을 하는 것이 자신의 적성에 맞는다고 생각하고, '미학과'에 진학하고 싶다고 밝힘. 자신이 가고 싶은 학과 이해하기 시간에 '미학과는 무엇을 하는 학과일까?'라는 의문을 바탕으로 대학교 누리집을 찾아보고 학과의 성격을 전반적으로 이해함. 그러나 '아름다움'이 무엇인지에 대한 막연한 의문이 해결되지 않아, 진로 독서 시간에 **'미의 역사(움베르토 에코)'**를 읽고 다양한 예술 작품들 속에서 그 속성이 바뀌는 아름다움의 세부 가치들을 살펴봄. 가장 이성적인 것이 아름답다고 보는 견해나, 가장 인간의 원초적 욕망을 드러내는 것이 아름답다고 보는 견해 등의 여러 의견을 보면서 아름다움이라는 가치가 고정된 것이 아님을 깨닫고, 그 다양한 의견을 구체적으로 알아가려고 하는 진로 및 학업 계획을 마련함.

교과 세부능력 및 특기사항

미술

미술 작품이 시대와 지역의 배경을 반영하고, 시대적 변천을 겪을 수 있다는 사실을 '동굴 벽화', '날개가 펼쳐진 헨트 제단화', '최후의 만찬' 등을 통해 학습하고, 여러 미술 작품을 제시하여 어떤 시대인지를 탐구하는 활동에서 탁월한 분석 능력을 보임. 미술 교과서에 실린 작품들 이외에도 많은 작품을 비평하고자 미술 주제 발표 시간에 **'서양 미술사(에른스트 H. 곰브리치)'**를 읽고 선사시대부터 20세기까지 총망라된 미술 작품을 감상함. 그중 10가지를 선정하여 시대순으로 배열하고, 그 미술 작품이 자신의 삶에 어떤 영향을 주었는지 발표함. 특히 이 발표에서 피카소의 '게르니카'를 언급하여, 화가가 표현하고자 하는 대상과 그 표현된 무엇이 1대 1로 대응되지 않더라도 오히려 지나친 과장이나 삭제, 변형이 더 본질에 가까울 수 있다는 고찰을 한 점이 흥미로움. 아름다움은 대상을 그대로 드러내지 않더라도 발생할 수 있다는 점을 내면화하고, 이에 대한 비평을 더 하고자 하는 열의를 보임.

음악

다양한 시대의 음악을 듣고 역사, 문화적 배경과 관련지어 음악의 특징을 비교하여 설명하는 단원을 학습하면서, 비발디의 '사계', 슈베르트의 '숭어', 드보르자크의 '신세계로부터', 엘가의 '위풍당당 행진곡'에 담긴 시대적 정서와 향유층의 감정을 도출하여 토의하는 과정을 즐기고, 능동적으로 참여하여 학습 분위기를 띄움. 음악과 관련된 직업에 대해 조사하여 발표하는 '음악의 생활화' 시간을 통해, 음악을 비평하는 예술 미학 비평가가 각박한 현대 사회를 살아가는 사람들에게 예술적 치유를 할 수 있는 좋은 직업일 수 있다는 점을 제시하여 자신의 예술(음악) 미학 비평의 관점을 제시함. 특히 **'불온한 것들의 미학(이해완)'**을 읽고 우리가 음악이라고 하기 어려운 것들이 역설적으로 가장 미학적인 가치가 있을 수 있다는 점을 깨닫고, '내래이션 힙합, 인공지능 음악' 등이 새로운 음악의 대안일 수 있으며, 이런 것들에 대한 미학적 비평이 필요할 수 있다는 점을 설명함.

행동특성 및 종합의견

자신이 목표하는 바를 이루기 위해 항상 노력하는 학생임. 미술과 음악에 관심과 흥미가 많아 일찍부터 진로를 결정하였으며 자신의 실력을 향상시키기 위해 자투리 시간을 이용하여 미학 비평을 할 정도로 많은 열정을 쏟음. 또한 상식을 쌓기 위해 다양한 분야의 책을 읽기도 함. 한 학기 동안 대가를 바라지 않고 특별활동 구역의 청소를 성실하게 수행함. 조용하지만 자신의 의견을 조리 있고 당당하게 말할 줄 알며 주관이 뚜렷함. 한 국가의 예술을 하나로 정의하여 그 속성을 통합하는 통찰력이 미학 비평가의 핵심적인 능력일 수 있다는 생각을 함. **'조선과 그 예술(야나기 무네요시)'**을 읽고 '조선'과 '왜'의 예술을 '선'과 '색'으로 정의한 근거를 살피고, 비평가들의 '언어화' 능력을 연마하기 위해 자신이 어떤 공부를 더 해야 할지에 대해 고민함. 또한 통찰력을 키우기 위해 실제로 다양한 미술, 음악 작품을 접해야겠다고 생각하여, 미학과 관련된 세부 작품들을 접하기 위한 진로 계획을 마련함.

9 ▸▸ 불어불문학과

1 학과 인재상

외국어를 습득하는 데에 있어 성실하고 꾸준한 자세를 지닌 학생

프랑스를 비롯한 유럽권 국가에 대해 관심과 흥미가 있는 학생

통번역 활동을 토대로 학문 간, 사회 간 소통을 추구하고자 하는 학생

프랑스 문학 작품뿐만 아니라 영미문학, 유럽문학 등 다양한 외국 문학과 프랑스 영화, 예술에 대한 관심이 있는 학생

한국과 프랑스 간 문화 및 사상의 교류를 도모하고자 하는 의지를 지닌 학생

2 유사학과

- 불어불문학과
- 프랑스어과
- 프랑스어문학과
- 프랑스언어문화학과
- 프랑스학과

3 관련직업

- 공무원
- 공연기획자
- 광고 및 홍보전문가
- 교수
- 대학강사
- 무역사무원
- 방송연출가
- 번역가
- 법률사무원
- 신문기자
- 아나운서
- 영화시나리오작가
- 출판물기획자
- 통역가
- 평론가
- 홍보전문가
- 문화콘텐츠작가
- 문화기획자

4 개설대학

- 가천대학교
- 가톨릭대학교
- 강원대학교
- 건국대학교
- 경기대학교
- 경북대학교
- 경상국립대학교
- 경희대학교
- 고려대학교
- 공주대학교
- 단국대학교
- 대구대학교
- 덕성여자대학교
- 동덕여자대학교
- 동의대학교
- 배재대학교
- 부산대학교
- 부산외국어대학교
- 상명대학교
- 서울대학교
- 서울여자대학교
- 성균관대학교
- 성신여자대학교
- 수원대학교
- 숙명여자대학교
- 숭실대학교
- 아주대학교
- 연세대학교
- 영남대학교
- 울산대학교
- 이화여자대학교
- 인천대학교
- 인하대학교
- 전남대학교
- 전북대학교
- 조선대학교
- 중앙대학교
- 중앙대학교 안성캠퍼스
- 창원대학교
- 청주대학교
- 충남대학교
- 충북대학교
- 한국외국어대학교
- 한남대학교
- 한양대학교
- 홍익대학교

5 학과 연계도서

프랑스 언어학의 이해
김이정 외 2인 / 북치는소년(2020)

프랑스 언어학에 대한 총서의 성격을 지닌 책이다. 총 4부로 이루어져 있는 이 책은 첫 번째 챕터에서는 소쉬르의 견해로부터 비롯되는 구조주의 언어학에 대해 다루고 있으며, 두 번째와 세 번째 챕터는 우리가 흔히 마주할 수 있는 언어학의 세부 분류(음운론, 형태론, 통사론, 의미론, 어휘론, 화용론 등)에 대한 개론적인 진술과 다양한 예시를 싣고 있다. 이 책에서 우리가 눈여겨봐야 할 것은 네 번째 챕터인데, 이 챕터에서는 신경언어학과 사회언어학, 프랑스 언어 정책 등에 대한 내용을 다룬다. 우리는 이 부분에 주목하여 뇌의 기능적 측면이나 프랑스 사회의 언어적 발현, 프랑스 언어 정책에 내재된 행정학적 특질 등의 간학문적인 발견을 할 수 있을 것이다.

이방인
알베르 까뮈(김화영 역) / 민음사(2011)

삶이 지옥이며 자신이 소멸되는 공간이라면, 반대로 죽음은 비로소 자신을 인식할 수 있는 공간일 것이다. 작품의 주인공 뫼르소도 결국 관습과 통념을 벗어난 모습을 보이며 세상의 인식에 의해 '이방인'으로서 존재하지만, 사형 선고를 받아들이는 과정 속에서 비로소 살아 있는 자신을 발견하게 된다. 칼에 비치는 태양 빛이 너무 눈부셔서 아랍인을 살해했다는 진술이 결국 '프랑스인이 아랍인을 살해했을 때는 큰 처벌을 받지 않는다'라는 통념을 무마시키는 가장 결정적인 발언이었으며, 그것은 그야말로 거짓이 아닌 뫼르소 본연의 진실적 진술이었기 때문에 더 뫼르소의 실존성을 강화시키는 발언이라고 볼 수 있다. 우리는 이 작품을 통해 사회 속에서의 소외, 그리고 그 소외 속에서 발견하게 되는 실존성에 대해 간접적인 체험을 할 수 있을 것이다.

내가 사랑한 프랑스 문학
김연정 / 제인 컴퍼니(2021)

역대 프랑스 문학 고전들을 토대로 삶을 돌아보고, 자신의 삶을 재설계할 수 있게끔 가이드를 해 주는 저서이다. 루소의 '고백록'부터 시작하여 발자크, 알렉상드로 뒤마, 빅토르 위고, 모파상, 사르트르, 프랑수아즈 사강, 마그리트 뒤라스의 작품들과 그것에 대한 배경 설명이 자세하게 서술되어 있어서 작품 독서에 대한 동기를 불러일으키면서도 구체적인 이해를 돕는다. 프랑스 문학을 단 하나의 키워드로 설명할 수는 없겠지만 결국 '인간 본연의 삶'이 언제나 다양한 형태로 나타나는 바, 우리는 이 책을 통해 이러한 인간 본연의 삶과 자신의 삶을 비교하여 더욱 인문학적인 자신으로 거듭나는 계기를 마련할 수 있을 것이다.

노트르담 드 파리
빅토르 위고(박아르마 외 1인 역) / 구름서재(2022)

뮤지컬, 영화, 만화 등의 다양한 콘텐츠로도 이식된 빅토르 위고의 걸작이다. 노트르담 대성당의 종지기인 콰지모도와 집시인 에스메랄다의 비극적인 사랑을 주요 플롯으로 다루는데, 이러한 과정에서 여러 계층의 인물들이 개입하면서 결국 절대 이루어질 수 없는 사랑의 한 형태가 만들어진다. 그리스어로 '숙명'을 의미하는 'ANATKH'라는 단어를 보고 위고는 이 작품을 만들었다고 하는데, 어쩌면 콰지모도가 자신을 지금까지 길러주었지만 순수한 사랑의 대상이었던 에스메랄다를 죽인 신부 프롤로를 죽이고 자신도 결국 죽음으로 발길을 내딛는 비극성은 결국 ANATKH로 이어지게 되는 운명의 발걸음이라고 볼 수 있다.

적과 흑
스탕달(이동렬 역) / 민음사(2004)

1830년대의 프랑스 사회의 이모저모를 잘 보여주는 스탕달의 사실주의 장편 소설이다. 치밀한 묘사와 설명이 깃든 필치는 그야말로 걸작이라고 불릴 만하다. 주인공 쥘리앙 소렐은 노예 목수의 아들인 데다가 가족에게도 사랑을 받지 못한 비운의 인물이다. 이러한 인물이 어릴 적부터 배워서 제법 능통한 라틴어 실력을 토대로 시장인 레날의 부인의 가정교사 역할을 하게 되는데, 이로부터 시작되는 사랑의 쟁취와 그 사랑으로부터 말미암은 여러 비극들이 자세하게 서술되어 있다. 쥘리앙은 여성을 탐닉하는 데에 도취한 사람으로 비칠 수 있는데, 그것보다는 비천한 신분에서 자신의 출세를 위해 여성들을 탐하는 인물이라고 보아야 할 것이다. 쥘리앙에 대한 윤리적인 판단과 더불어, 이러한 인물형이 형성될 수 있는 시대적인 배경을 같이 본다면 이 작품을 더 깊이 있게 읽을 수 있을 것이다.

구토
장 폴 사르트르(임호경 역) / 문예출판사(2020)

이 작품의 주인공인 '로캉탱'의 '구토 체험'은 우리가 생각했을 때 매우 낯설게 다가온다. 타인을 보거나, 땅바닥에 떨어진 종이를 보거나, 손잡이를 잡거나 등의 일상적인 행위에서 느끼는 구토 체험을 로캉탱은 '바닷가에서 돌멩이를 잡았을 때의' 느낌과 같다고 말한다. 우리는 과연 로캉탱을 이상한 사람이라고 볼 수 있을까? 사실은 우리도 남들이 느끼지 못하는 미세한 감정의 떨림을 유지하고 있다. 다만 우리가 그것을 '구토'로 표현하지 않을 뿐, 우리의 정서는 '보편성'을 지향한다는 것 자체가 모순이다. 우리는 사실 하나의 세계를 살고 있는 것 같지만 결국 '우리에게 주어진 하나만의 세계'를 살고 있는지도 모른다. 이는 신, 과학 등이 일괄적으로 부여하는 세계에 대한 '나 자신으로서의' 극복 양상이라고도 볼 수 있다.

지금, 여기, 프랑스
김선미 / 미메시스(2019)

'프랑스답다는 것'에 대한 작가의 깊은 견해를 엿볼 수 있는 책이다. 우리가 흔히 프랑스, 파리지앵이라는 단어를 접하면 연상하게 되는 '낭만성'이 구체적으로 어떤 부분에서 비롯되고 발현되는지에 대해서도 알 수 있다. 파리의 나무, 조각 등에서 알 수 있는 창의성이나, 프랑스 럭셔리 브랜드에 대한 생각, 젊은 정치가 이루어지는 것에 대한 견해, 교육 속에 들어가 있는 '철학' 정신, 일상 속에서 발견할 수 있는 프랑스인들의 가치관을 자세한 사례를 통해서 우리들이 마주할 수 있게 안내하고 있다.

내게는 특별한 프랑스어 문법을 부탁해
전혜영 / 다락원(2020)

프랑스어 문법에 대해 불어불문학 전공자의 입장에서 쉽게 설명한 책이다. 불어불문학을 입문하는 사람들이 접하기에 좋은 책으로서, 특히 다양한 삽화를 넣어서 재미있고 쉽게 문법을 접할 수 있도록 하였다. 기본적으로 직설법 과거, 현재, 미래 및 각종 품사(동사, 형용사, 대명사)와 의문문, 부정문, 명령문 등의 문형 등 문법 정보들을 풍부하게 다루고 있으며, '신체 및 건강과 관련된 표현', '면접에서 자기소개하기', '날씨 묻고 답하기' 등의 상황별 표현도 다루어 실생활에 유용하게 쓰일 수 있는 문법 정보를 익힐 수 있도록 하고 있다.

고도를 기다리며
사무엘 베케트(오증자 역) / 민음사(2000)

베케트에게 있어서 '고도'는 어쩌면 전쟁의 종말이라고 볼 수 있다. 제2차 세계대전 때 프랑스의 레지스탕스 운동을 도와 주었기 때문에, 나치를 피해 프랑스의 남부 지역에서 숨어 지내면서 전쟁이 끝나기를 바라는 베케트의 마음은 이 작품의 인물들이 고도를 기다리는 마음과 같다. 그러나 아무리 기다려도 고도는 오지 않은 채로 이 작품이 끝나는데, 이러한 결말 구조는 오지 않는 고도를 끝까지 기다리면서 대화를 나누는 부랑자들의 삶의 형상화 양상과 더불어 이 작품을 부조리극의 정수로 올라올 수 있게끔 한다. 노벨 문학상 수상작인 이 작품은 시대를 초월하여서도 인간이 근본적으로 지니는 '허무함'과 '기대'라는 정서의 줄타기를 여실히 보여주는 작품이라고 할 수 있다. 우리는 모두 인생의 한 순간에서 무언가가 오기를 기대하고, 그것이 오지 않는 것에 대한 허무함을 경험해 봤을 것이기 때문에 이 작품은 더욱 보편적인 위로와 공감의 형태로 우리에게 묵직하게 다가올 것이다.

프랑스 문학과 오리엔탈리즘
김중현 / 아모르문디(2019)

'오리엔탈리즘'은 넓은 의미에서 '서양이 동양에 대한 인식과 반응의 총체'라고 볼 수 있다. 이러한 인식과 반응은 당연히 문학 작품에서도 나타날 수 있는데, 이 책은 그 중 19세기에서 20세기의 작품에서 나타난 반응들을 구체적으로 서술하였다. 발자크나 고티에, 고비노의 작품에 나타난 동양은 하나의 꿈과 환상의 나라, 르네상스의 발현으로서의 나라 등의 환상성, 신비성을 지닌 공간으로 인식된다. 또한 로티는 일본에 대해서는 환멸감과 혐오감을, 중국에 대해서는 안타까운 정서를 보이기도 한다. 문학 작품이야말로 가장 작가의 관점과 판단이 강력하게 담긴 산물이라고 봤을 때, 우리는 이 책을 읽으면서 서양인들이 지닌 동양인들에 대한 시각을 확보하는 데에 도움을 얻을 수 있을 것이다.

1

인문계열 · 불어불문학과

2

사회계열

3

자연계열

4

공학계열

5

의약계열

6

예체능계열

7

교육계열

불어불문학과 독서탐구활동 활용사례

자율활동 특기사항

학생인권교육을 통해 학교에서 무심코 간과하게 되는 인권 침해적인 요소들로 어떤 것들이 있는지를 살펴보고, 유럽 등의 다른 나라에서는 학생들의 인권이 어떠한 형태나 방법으로 존중받는지에 대해 알아보고자 하는 계획을 세움. 프랑스 문화와 철학에 대해 관심이 많은 학생으로서, **'지금, 여기, 프랑스(김선미)'**를 읽고 바칼로레아 시험과 수능 시험의 비교, 프랑스의 대학과 한국의 대학의 비교, 프랑스의 청소년 교육과 우리나라의 청소년 교육의 비교를 통해 프랑스 교육이 '자유, 평등'이라는 가치를 중요시하고 있다는 사실을 알게 됨. 이후 학급특색활동을 통해 '일일 학생 독립 선언문'을 작성하여 학교의 공부 시간과 쉬는 시간의 조정, 학생 쉼터 마련, 수업 과정에서의 학생들의 능동적 참여, 점심 시간 외출 등의 요구 사항을 '자유 정신'에 입각하여 작성하고, 그 내용을 학생들과 생활인권부 교사들과 공유함. 이후 이러한 자유 정신을 사회 통념 및 보편성과 어떻게 조율해야 할지에 대해 깨달음.

동아리활동 특기사항

(프랑스어문학탐구)(34시간) 동아리 부원들과 격의 없이 소통하면서도, 동아리 담당 선생님께 예의를 잘 지키며 시간과 약속을 준수함. 만약 동아리 활동에 참여하지 못하게 된 친구가 있으면 온라인 플랫폼을 이용하게 하여 문학 작품이나 문법적 사항에 대해 의견을 말할 수 있게 함. 친구들의 의견을 듣고 수렴, 종합하여 동아리 부원들과 원활하게 소통하고자 노력함. 평소 프랑스 문학에서 도출할 수 있는 인문, 사회적인 주제를 가지고 토론을 즐김. '사회적 복수로서의 방탕은 옳은가?'라는 주제로 부원들과 **적과 흑(스탕달)**을 읽음. 주인공인 '쥘리앵'이 어릴 적에 비천한 신분으로 매우 가난하게 살았고, 그 과정에서 사랑을 받지 못했기 때문에 여성들을 이용하여 자신의 신분을 높이려고 했다는 사실을 다양한 관점에서 판단함. 특히 이 작품이 1800년대 프랑스 사람들이 지닌 '여성의 도구화'가 극단적으로 나타난 사례임을 밝히면서, 이 작품이 지닌 계층의 복합성을 토대로 의견을 냄.

진로활동 특기사항

진로심리검사 결과 '예술형'이 높게 나왔다는 사실을 들음. 문학 작품을 읽으면서 인간의 삶을 재조명하고 새로이 설계하는 것에 관심이 많고, 이러한 설계 과정을 하나의 예술이라고 느꼈기에 이런 결과가 나온 것 같다고 교사와 이야기를 나눔. 이후 문학과 관련된 유무형의 콘텐츠를 제작하면서 사람들과 소통하고자 하는 진로 계획을 세움. 대입전략특강을 통해 수시모집 중 학생부 종합전형 및 논술전형이 자신이 생각하는 바를 글이나 말 등으로 표현할 수 있을 것이라고 생각하여, 이러한 전형을 준비하는 구체적인 방법에 대해 특강 강사에게 질의하고 적절한 답을 얻음. 자기소개서 자기 평가 시간을 통해 자기소개서에서 불어불문학과에 가고 싶고 다양한 불문학 도서를 읽고 싶다는 생각을 표현했지만, 왜 다른 문학이 아니라 불문학을 읽고 연구하고 싶은지에 대해서는 명확하게 밝히지 않았다고 생각함. 이후 **'내가 사랑한 프랑스 문학(김연정)'**을 읽고 프랑스 문학이 '인간 본연의 삶'이라는 가치를 지향하고 있다고 생각했고, 무엇보다 '인간이란 무엇인가'에 대한 대답들을 주고 있다고 깨달은 사실을 자기소개서에 추가함. 이후 자기소개서 동료 평가 시간에 불문학과 자신의 삶, 철학을 잘 연결하고 있다는 점에서 우수한 자기소개서로 추천받고, 자신도 철학적 깊이를 더할 수 있었다고 설명함.

교과 세부능력 및 특기사항

프랑스어1

발음과 철자를 배우는 과정에서 자음과 모음의 음가를 명확하게 이해하고 모음 생략 및 필수적 연음으로 인한 음의 변화를 다양한 사례를 통해 이해함. 프랑스어 발음이 지니는 특수성을 잘 이해하고, 시간 약속, 사물 묘사, 허락이나 금지 등의 의사표현을 깔끔하게 함. 특히 가족의 건강에 대해 말하는 부분에서 과거 표현을 쓰면서, 이러한 과거 표현에 다양한 종류가 있다는 것을 알게 되어 적절한 사용법에 대해 궁금해함. 이를 해결하고자 '내게는 특별한 프랑스어 문법을 부탁해(전혜영)'을 읽고 반과거, 복합과거, 대과거, 단순과거, 전과거, 근접과거의 시제 표현을 익히고 각각 어떻게 표현해야 하는지에 대해 명확하게 인지함. 우리 가족의 건강과 관련된 부분을 다양한 과거 시제 표현을 통해 청자가 잘 이해할 수 있게 설명함. 이외에도 간단한 게시글을 읽고 세부적인 정보를 파악하여 그 정보대로 의사결정을 하는 과정을 '프랑스 대학 게시판' 해석을 통해 보여줌.

프랑스어2

프랑스어권의 생활문화, 전통문화, 교육, 사회, 예술문화에 대해 간단한 프랑스어로 된 글을 읽고, 자신이 깨달은 바를 프랑스어로 발표하는 '프랑스어 및 프랑스 문화 포럼' 행사를 통해 '프랑스 문학에서 알 수 있는 진짜 인간의 삶'이라는 주제로 자신의 생각을 표현함. **구토(장 폴 사르트르), 이방인(알베르 카뮈), 고도를 기다리며(사무엘 베케트)**를 읽고 이는 모두 '실존 체험을 하는 주체로서의 인간, 부조리한 삶에 의해 사회로부터 소외된 인간, 막연한 기다림 속에서 방황하는 인간'임을 밝히고, 이러한 인간이 하는 일종의 선택에 대해 우리는 '윤리 의식'이라는 보편 개념으로 접근하지 말아야 한다는 사실을 역설함. 프랑스인들의 생활문화나 전통문화에서도 결국 '인간 중심'의 가치가 돋보이기 때문에, 프랑스를 이해하기 위해서는 인문주의적 접근이 반드시 필요할 것이라고 말하여 많은 호응을 얻음. 발표에서의 발음과 억양, 톤, 어조, 세기, 유창성 등이 매우 훌륭함.

행동특성 및 종합의견

자존감이 높으며 항상 당당한 태도로 학교 생활을 해 나감. 자유롭고 여유 있는 태도가 인상적이면서도 규칙이나 규율을 엄격하게 지키려고 노력함. 언어 능력이 우수하며 독서를 좋아하고 일찍부터 대학 진학을 위해 열심히 독서활동을 하고 있음. 말씨와 행동에 붙임성이 있어 교우관계가 원만하며 인맥이 넓음. 불어불문학과에 진학하여 프랑스 문학 및 철학을 연구하고, 이를 토대로 프랑스 문학에 담긴 철학적 실마리를 한국 사람들에게 알리고 교육하는 교수가 되고 싶다는 꿈과 포부를 밝힘. 특히 우리가 흔히 여러 콘텐츠를 통해 마주하는 프랑스 문학에 대한 해설을 덧붙여서 친구들에게 설명하는 활동을 학기 초부터 함. '노트르담 드 파리(빅토르 위고)'를 읽고 영화 '노틀담의 꼽추'와 뮤지컬 '노트르담 드 파리'의 형상화 양상에 주목하여 각 콘텐츠가 주인공인 콰지모도와 에스메랄다의 어떠한 인간적 측면을 부각시켰는지 자세하게 설명하여 아이들의 큰 호응을 얻음.

1

인문계열 · 불어불문학과

2

사회계열

3

자연계열

4

공학계열

5

의약계열

6

예체능계열

7

교육계열

10 ▸▸ 사학과

1 학과 인재상

건전한 민족의식과 보편적 인간애를 겸비한 학생

인류의 문화유산을 연구하고자 하는 열정을 지닌 학생

역사학적 통찰력과 창의적 사고력, 문제해결 능력을 갖춘 학생

우리나라 전통문화의 정체성을 확립하고자 노력할 수 있는 학생

한국사, 동아시아사, 서양사의 원전, 시대사, 분류사에 대한 관심을 가지고 있는 학생

2 유사학과

- 국사학과
- 역사문화학과
- 역사학과
- 한국사학과
- 사학전공
- 고고학과

3 관련직업

- 고고학발굴조사원
- 기록물관리사
- 문화재 수리 및 복원 연구원
- 문화재연구원
- 학예사(큐레이터)
- 공무원(문화직)
- 문화재감정평가사
- 문화해설사
- 해외문화 프로그램 방송작가
- 방송연출가
- 사회교사
- 문화재발굴조사 전문가
- 인류학 연구원
- 문화예술프로그램 기획자

4 개설대학

- 가톨릭관동대학교
- 가톨릭대학교
- 강릉원주대학교
- 강원대학교
- 건국대학교
- 경기대학교
- 경남대학교
- 경북대학교
- 경상국립대학교
- 경성대학교
- 경희대학교
- 계명대학교
- 고려대학교
- 공주대학교
- 국민대학교
- 군산대학교
- 단국대학교

- 대구한의대학교
- 대전대학교
- 덕성여자대학교
- 동국대학교
- 동덕여자대학교
- 동아대학교
- 동의대학교
- 명지대학교 인문캠퍼스
- 목원대학교
- 목포대학교
- 부경대학교
- 부산대학교
- 부산외국어대학교
- 상명대학교
- 서강대학교
- 서울대학교
- 서울시립대학교

- 서울여자대학교
- 선문대학교
- 성균관대학교
- 성신여자대학교
- 세종대학교
- 수원대학교
- 숙명여자대학교
- 순천대학교
- 숭실대학교
- 신라대학교
- 아주대학교
- 안동대학교
- 연세대학교
- 연세대학교 미래캠퍼스
- 영남대학교
- 울산대학교
- 원광대학교

- 이화여자대학교
- 인제대학교
- 인하대학교
- 전남대학교
- 전북대학교
- 전주대학교
- 제주대학교
- 조선대학교
- 중앙대학교 서울캠퍼스
- 창원대학교
- 청주대학교
- 충남대학교
- 충북대학교
- 한국외국어대학교
- 한국전통문화대학교
- 한남대학교
- 한림대학교

- 한성대학교
- 한신대학교
- 한양대학교

역사 산책 마음으로 걷는 시간 여행

문동일 / 지식과감성(2023)

정해진 길을 매뉴얼에 의해 걷는 것이 아니라, 다양하게 난 길을 그때의 감성과 느낌, 인식 구조에 따라 자유롭게 옮겨 다니는 산책을 할 수 있는, 그러나 그 산책이 단순한 지적 유희에 그치는 것이 아니라 제법 진중하고 깊은 역사적 사유가 동반된 산책임을 느낄 수 있는 책이다. 우리나라의 역사를 '침략', '갈등' 등의 키워드를 통해서 살피다가도, '민족, 국호, 영토, 언어, 종교, 의, 식, 주' 등의 관점에서 그 뿌리를 찾아 한민족의 특성을 살피는, 그야말로 종횡무진하는 지식의 횡단이 이루어진다. 역사학자가 아닌 이의 시각에서 보는 역사이기에 우리에게 더욱 친숙한 어법으로 다가오며, 이 책을 통해 우리는 우리나라 역사에 대해 통시적, 공시적으로 이해의 깊이를 더할 수 있을 것이다.

로마인 이야기

시오노 나나미(김석희 역) / 한길사(1995)

총 15권으로 이루어져 있는 방대한 역사 저술서이다. 1권 '로마는 하루아침에 이루어지지 않았다'부터 15권 '로마 세계의 종언'까지 로마 제국이 어떻게 흥망성쇠의 과정을 겪었는지 설명하고 있다. 작가인 시오노 나나미에게 로마는 단순한 국가가 아니라 하나의 '문명'으로서, 장대한 역사적 서술 속에서 로마 제국은 전 세계에 영향을 끼친 강력한 문명의 발현지로서 자리매김한다. 동양인이 바라본 서양 문명은 우리가 알고 있는 서양 문명에 대해 새로운 비판적 시각을 안겨줄 수 있다는 점에서 고무적이다. 따라서 이 책을 통해 우리가 알지 못한 미시적인 로마의 모습을 볼 수 있을 것이며, 이를 통해 로마인의 지혜와 결함을 수용, 비판하는 시각을 가지게 될 것이다.

내일을 위한 역사학 강의

김기봉 / 문학과지성사(2018)

역사에 대한 '감각 형성'에 가장 걸맞은 책이다. 총 3부로 이루어져 있는 이 책은 과거와 현재를 넘어 미래를 위한 역사학의 새로운 존재 방식을 규명한다. 특히 '현재와 과거의 끊임없는 대화'라고 말했던 'E. H. 카'의 담론을 '어제의 역사학'이라는 범주로 묶어서, 현재의 역사학은 이 담론에서 어떠한 발전을 해 왔는지에 대해 진단하는 부분이 뛰어나다. 이 과정에서 현재의 역사학이 '미시사적'인 실마리가 있다는 사실에 주목하여 '아래로부터 몸짓들을 불러내는' 역사학의 힘에 대해 역설하고 있다. 나아가 마지막 장에서는 인공지능 시대의 역사학이 '빅데이터'를 어떤 방식으로 관리, 해석, 운용해야 하는지에 대해서도 서술하고 있다.

역사란 무엇인가

E.H.카(김택현 역) / 까치(2015)

제목 자체가 역사에 대한 철학적이며 근원적인 물음에서부터 출발하는 이 책은 역사에 대해 관심이 있는 사람이라면 누구나 한 번쯤은 접해 본 명저이다. 이 책을 관통하는 키워드는 역사가의 '선택'과 역사의 '진보'일 것이다. 역사가는 과거의 역사를 현재의 눈으로 바라보며, 그 중 유의미한 것을 선택하여 서술한다. 이러한 역사가는 궁극적으로 과거와 현재의 대화를 통해 더 나은 방향으로 역사가 발전하고 진보할 것이라고 기대한다. 이러한 기대로부터 말미암은 역사 서술은 역사가로서의 이성이 '합리적'이라는 토대 아래에서 이루어지는데, 이에 따라 카의 역사관은 미래는 과거보다 더 진보되어 있을 것이라는 역사가의 인식에 의해 참된 대화가 이루어진다고 말하고 있다.

1
인문계열 · 사학과

2
사회계열

3
자연계열

4
공학계열

5
의약계열

6
예체능계열

7
교육계열

역사의 역사
유시민 / 돌베개(2018)

'역사란 무엇인가'라는 질문에 대해 저자인 유시민은 뚜렷하고 강한 하나의 코드를 내세우지는 않는다. 이 책이 가지고 있는 힘은 치밀한 자기 주장의 전개보다 '역사적인 역사서'에 대한 해석과 공감, 반성적 실마리의 제시 등으로 표현된다. 헤로도토스의 '역사'부터 시작하여 이븐 할둔, 랑케, 마르크스의 역사에 대한 인식 및 박은식의 '한국통사', 신채호의 '조선상고사' 등의 우리나라 역사서를 넘어서서 제레미 다이아몬드나 유발 하라리 등의 현대 역사학 저술들에 대해서도 자신의 견해를 밝히고 있다. 우리는 이 책에서 드러나는 작가의 친절한 가이드를 통해 유명한 역사서들을 간접적으로 접할 수 있을 것이며, 나아가 책 제목처럼 '역사의 역사'에 대한 관점을 정립하는 데에 도움을 받을 수 있을 것이다.

역사의 쓸모
최태성 / 다산초당(2019)

우리가 삶을 살면서 어떠한 문제에 부딪칠 때 으레 '멘토'를 찾고는 한다. 이때 멘토는 자신의 경험 등을 통해 조언을 할 것인데, 이 책은 삶에서 길을 잃고 방황할 때 '역사'를 하나의 멘토로 삼아 문제를 해결하려고 했던 작가의 생각이 담겨 있다. 즉 역사라는 멘토는 경험의 응집체이다. 특히 제2장인 '역사가 내게 가르쳐준 것들'이란 부분에서는 역사의 가르침을 명사화하여 표현하고 있는데, '혁신, 성찰, 창조, 협상, 공감, 합리, 소통'이라고 하는 넓은 범위의 철학적 코드에 대해 실마리를 제공하고 있다. 우리는 이 책을 통해 이 책의 작은 챕터 제목인 '숨겨진 보물을 찾아 떠나는 탐험'처럼 역사의 순간 순간들에서 '삶에 대한 통찰, 깨달음'이라는 보물을 찾을 수 있을 것이다.

조선 국왕의 일생
규장각한국학연구원 / 글항아리(2009)

국왕의 삶에 대해 매우 자세한 서술을 함으로써 우리가 지니는 왕에 대한 선입견에 대해 반성적인 실마리를 제시하는 책이다. '왕을 선명하게 그린다'라는 방법론을 상정하여, '왕이 태어나는 장소, 교육의 절차, 왕비의 간택, 업무의 실상, 왕이 갖춰야 할 교양의 종류, 국왕의 건강을 책임진 식치(食治), 왕의 죽음과 왕실의 사당 종묘' 등의 부분까지 왕의 일거수일투족을 상세하게 드러내고 있다. 우리는 이 책을 통해 역사의 흐름 속에 으레 등장할 수밖에 없는 왕의 업적이나 정치, 경제적 선택 등의 거시적 행보보다, 왕이라면 어쩔 수 없이 겪을 수밖에 없는 운명적인 미시적 행보에 주목함으로써 왕의 삶에 대한 새로운 시각을 가질 수 있을 것이다.

전쟁으로 읽는 한국사
김광일 / 은행나무(2012)

동아시아 국가 중 반도 국가로서 존재하는 우리나라는 그 지리학적 특성 때문에 외세의 침략을 운명적으로 받을 수밖에 없었다고 운운하는 이들이 많다. 한편 한국전쟁 같은 민족상잔의 비극이 이 한반도 내에서 이루어졌다고 본다면 전쟁의 과정 및 결과가 한반도에 끼친 영향이 크다고 볼 수 있겠다. 이 책은 '고조선과 한나라의 전쟁'부터 '당나라 신라 연합국 전쟁'을 넘어 '후삼국 전쟁', '고려와 몽골의 전쟁', '임진왜란', '병인양요', '갑오 농민 전쟁'과 '한국전쟁'까지 여러 전쟁의 국내외적 정세의 흐름을 중심으로 역사를 서술하고 있다. 특히 전투의 과정과 흐름을 알 수 있는 지도 등을 실어서 독자들의 이해를 돕고 있다.

식탁 위의 세계사
이영숙 / 창비(2012)

인간 행위의 동기를 매슬로우의 욕구 5단계설의 관점에서 본다면, 어쩌면 세상을 바꾸겠다는 거대한 욕구보다 식욕 등의 원초적인 욕구에서 비롯된 것일 수도 있다. 또한 이러한 욕구들이 세상을 뒤흔드는 사건을 일으키는 경우도 있다. 특히 우리가 먹는 음식, 즉 식욕의 결과로서의 그 무엇은 역사적 흐름이라는 레시피 속에 다양한 국가라는 양념이 뒤섞인 것일 수도 있다. 이 책은 '감자, 소금, 후추, 돼지고기, 빵, 옥수수, 차' 등의 음식 혹은 식재료와 관련된 다양한 역사적인 사실들을 소개하고 있다. 후추를 '대항해 시대를 연 원동력'으로, 차를 '아편 전쟁이라는 큰일을 낸 작은 잎'으로 소개하는 등 소재와 주제를 엮어서 소개하면서 독자들의 흥미를 더하고 있다.

조선, 그 마지막 10년의 기록
제임스 S. 게일(최재형 역) / 책비(2018)

1888년부터 1897년까지의 시간을 기록한 책으로서, '제임스 S. 게일'이 선교자 신분으로 조선에 들어와 그의 눈으로 바라본 조선의 모습을 생생하게 담은 'Korean Sketches'을 정식으로 번역한 책이다. 우리가 역사 시간에 들어왔던 '아관파천', '을미사변' 등에 대해 보다 더 생생한 시각을 엿볼 수 있으며, 외국인의 시야에 들어오는 조선 사회만의 특징 또한 색다른 관점에서 바라볼 수 있다. 특히 '정중하다, 존경하다, 아끼다'라는 말들은 있지만 '사랑'이라는 단어 자체가 존재하지 않았다고 말한 부분이나 '개고기'를 아무렇지 않게 먹는 문화에 대한 언급을 통해 현재의 관점에서도 생각해 볼 만한 우리 선조의 모습들을 생생하게 마주할 수 있을 것이다.

사학과 독서탐구활동 활용사례

자율활동 특기사항

전교 생활자치부원으로서 학교폭력 예방 활동을 하고, 약물중독 예방, 금연 등 각종 캠페인을 주도함. 또한 다양한 학교 행사에서 학생들의 안전을 위해 질서를 유지시키는 등 책임감을 보임. 또래학습멘토링에서 멘토로 활동하며 한국사에 나오는 개념을 잘 이해하도록 도와줌. 특히 답이 없는 문제들을 구해 와서 해결이 될 때까지 서로 논의하는 과정을 통해 고난도 문항을 해결하는 등 학업 성취도에서 큰 향상을 보임. 한국사 멘토링 과정에서 자신의 진로와 연관된 역사학적인 논의를 펼치기도 함. 학급특색활동을 통해 '역사가 밥 먹여준다!'를 발표하여 친구들이 역사에 대해 가지고 있는 인식을 스스로 점검할 수 있게 도움. 발표문을 작성하는 과정에서 **'역사 산책 마음으로 걷는 시간 여행(문동일)'**을 읽고 우리나라 역사에서 '여성'은 어떤 존재였는지 파악함. 여성과 관련된 국가의 제도 개선에 도움을 주는 아이디어를 역사에서 발견할 수 있다는 점을 친구들에게 설명하여 역사 인식의 중요성을 깨닫게 함.

동아리활동 특기사항

(규장각)(34시간) 역사학, 사회학 분야에 대한 관심과 기본 지식이 풍부하고 이를 다른 학생들과 나누면서 새로운 아이디어로 확장해 나가는 모습을 보임. 사회과학적, 역사학적 분석력과 탐구 능력, 의사소통 능력, 협업 능력이 뛰어남. '사회란 무엇인가?', '역사란 무엇인가?', '우리는 사회의 일원으로서 어떠한 자세를 가지고 살아야 하는가?', '자본의 미래는 어떠한가?', '언론은 종속적인 것인가, 독립적인 것인가?' 등의 다양한 인문학적, 사회과학적, 역사학적 논의를 '심포지엄' 방식으로 하여 각 주제마다 요약집을 만들어서 학교 도서관에 게재함. 사회과학이나 역사학적 논의를 할 때 가장 중요한 것이 '역사에 대한 감각 형성'이라고 생각하여, **'내일을 위한 역사학 강의(김기봉)'**를 동아리 부원들과 함께 읽음. 역사적 감각을 키우기 위해서는 주변을 유심히 관찰하는 것이 중요하다는 결론을 내리고, 심포지엄의 발제문이 이를 갖추었는지 스스로 확인할 수 있는 리스트를 작성함.

진로활동 특기사항

역사에 대한 지속적인 관심을 바탕으로 다양한 역사학 행사에 참여하며 관련 분야에 대한 정보와 지식을 확장하는 적극성을 보임. 기회가 될 때마다 역사학 분야와 관련된 방송을 보거나 책을 읽으면서 고등학생 때 키워야 할 자질과 구체적으로 심화해야 할 학문분야에 대해 정보를 얻고 이를 바탕으로 계획을 세워 실천하는 등 진로 준비에 계획성과 실행력이 돋보임. 나의 적성과 흥미를 찾기 위한 미디어진로탐색활동에서 스스로의 흥미를 찾기 위한 구체적인 방법에 대해 생각해 보고 독서와 새로운 경험에 도전하기, 관련 강의 듣기 등 자기주도적인 실천방안에 대해 작성함. 코로나19와 직업윤리수업에서 치료와 방역을 위해 일하는 직업인의 자부심과 희생, 책임감에 대해 깊은 인상을 받고 이런 직업인의 태도를 기를 수 있도록 노력하겠다고 생각함. 진로 인터뷰를 통해 역사학자가 되기를 희망하는 가운데, 한 국가에 대해 그 시작부터 현재까지 통시적으로 묵직하게 서술되는 역사의 흐름을 파악하는 것이 역사학자의 자세 중 하나라고 밝힘. 이러한 자세를 갖추기 위해 **'로마인 이야기(시오노 나나미)'**를 읽고 저자가 타국의 역사를 시작부터 종말까지 자세하게 서술했다는 측면에서 본받고 싶다고 밝힘. 또한 평소 다른 나라들의 역사적 흐름에 관심을 가지는 자세가 그 국가의 역사를 객관적으로 조망할 수 있는 방법이라는 사실을 깨달음.

교과 세부능력 및 특기사항

한국사

매시간 교사의 설명과 친구들의 학습 내용을 경청하여 스스로 필요한 부분을 정리하는 등 자기주도학습 습관이 잘 갖추어져 있는 학생임. 통시적으로 전개되는 한국사 교과서를 해체하여 테마 중심으로 재구성하는 '한국사 교과서 쪼개기' 시간을 통해, '전쟁'을 중심으로 교과서의 내용을 시간의 흐름에 따라 재구성함. 이 과정에서 **'전쟁으로 읽는 한국사(김광일)'**를 읽고 '고조선과 한나라의 전쟁'부터 '한국전쟁'까지의 원인, 과정, 결과 등을 전반적으로 파악하고, 전투 과정을 수록한 지도를 인용하여 아이들에게 보여주면서 흥미를 돋움. 전쟁을 '승패'의 이분법적인 잣대로만 보면 큰 폐단을 낳는다는 사실을 언급하면서 전쟁을 흥미 위주로 접근하는 태도에 대해 비판적인 자세를 견지함. 이후 세계사 또한 전쟁을 중심으로 재구성하면 국가의 흥망성쇠를 더욱 면밀하게 파악할 수 있겠다고 생각하며 세계사 탐구에 대한 의지를 보임.

세계사

유럽, 아메리카 지역의 역사에서 '시민 혁명과 산업 혁명' 단원을 학습하면서, 영국이 인도를 식민지로 삼았을 때 일어난 '세포이의 항쟁'의 원인과 결과 등을 이해함. 우리나라도 식민지 시기를 거쳐왔고, 식민지 사회에서 조선인들이 어떠한 삶을 살았는지에 대해 알고 있다는 점에 착안하여 '당시 인도인들은 어떤 삶을 살았으며, 어떠한 감정을 지니고 있었을까?'라는 질문을 생성함. 이후 미시적인 사물이나 사건 등으로 세계사를 이해해 보기 위해 **'식탁 위의 세계사(이영숙)'**를 읽음. 그 중 '소금'과 관련된 간디의 일화를 확인하고 영국의 식민 통치 아래 있었던 인도인들의 궁핍한 삶에 대해 알게 됨. 역사 독서 발표 시간을 통해 인도 사람들의 비참한 삶과 간디가 영국의 소금전매법이나 소금과 관련된 세금을 걷는 제도에 반대하여 소금 행진을 했다는 점을 발표하고, 이러한 비폭력운동이 세계사의 흐름 속에서 어떤 의미를 가지게 되었는지를 밝힘.

행동특성 및 종합의견

성격이 꼼꼼하고 자신이 맡은 일은 책임감과 사명감을 가지고 행함. 1학기에 급식실에서 배식도우미로 활동했으며 학급의 멀티부장, 총무 등의 역할을 맡아서 성실하게 담임 교사의 업무를 도움. 희생정신과 봉사정신이 강하여 스스로의 성격에 대해 부담감을 느끼기도 하나 학급에 어려운 일이 생기면 사익보다 공익을 우선하기 때문에 적극적으로 일을 도움. 진로 독서를 통한 자신의 참모습 바라보기 시간을 통해 **역사의 쓸모(최태성)**를 읽음. 역사가 자신에게 '성찰, 공감, 소통'이라는 철학적 태도를 가르쳐 주었다고 설명하고, 남에게 관심을 가지는 것이 진정한 역사의 시작일 수 있는 명제를 내면화함. 역사학에 관심이 많고 역사적 사실을 암기한 것을 다른 사람들에게 이야기 구조로 설명하는 것에 큰 흥미를 느끼는 학생임. 이러한 자신의 능력을 토대로 '이야기 중심의 역사 서술'과 관련된 콘텐츠(영화, 책, 방송 등)를 제작하고자 하는 진로 계획을 가지고 있음.

11 ▶▶ 서어서문학과

1 학과 인재상

언어의 통시적, 공시적인 성격에 대한 감각을 지니고 있는 학생

한국과 스페인의 능동적인 상호 교류에 이바지하고자 하는 학생

중남미, 라틴 아메리카의 문학과 지역학에 대해 관심이 있는 학생

스페인어 기초문법, 기초회화 등과 스페인에 대한 흥미를 지니고 있는 학생

스페인 언어와 문학뿐 아니라 역사, 정치, 경제 등에 대해 알고자 하는 학생

2 유사학과

- 스페인어과
- 스페인·중남미학과
- 서어서문학과

3 관련직업

- 관광통역안내원
- 스페인어연구원
- 외교관
- 자막제작자
- 칼럼니스트
- 해외영업원
- 여행사무원
- 외국어교사
- 평론가
- 호텔프론트사무원
- 국제협력사무원
- 무역사무원
- 번역가
- 여행상품개발자
- 외국어학원강사
- 항공기객실승무원
- 리포터
- 통역가
- 해외공보관

4 개설대학

- 경희대학교
- 계명대학교
- 고려대학교
- 단국대학교
- 대구가톨릭대학교
- 덕성여자대학교
- 배재대학교
- 부산외국어대학교
- 서울대학교
- 선문대학교
- 울산대학교
- 전북대학교
- 조선대학교
- 한국외국어대학교

1

인문계열 · 서어서문학과

2

사회계열

3

자연계열

4

공학계열

5

의약계열

6

예체능계열

7

교육계열

5 학과 연계도서

로만세, 스페인 발라드

메르세데스 디아스로이그(안영옥 역) / 고려대학교출판문화원(2023)

로만세는 한 행을 8음절로 배치하는 규칙성이나 노래를 하는 방식으로 향유되었다는 점 등으로 미루어 보아 우리나라의 시조와 제법 유사하다. 조선 시대의 시조는 평시조와 사설시조가 각각 양반층과 평민층으로 향유층이 나뉘어 향유되었던 것, 그리고 그에 따른 주제 의식의 차이가 있었다는 것과 달리 로만세는 민중들의 에너지가 작품에 주로 스며들었기에 우리나라의 민요적 특성과 공통분모를 형성한다고도 볼 수 있다. 이 책은 상당히 많은 로만세 작품을 수록하여 로만세의 특징을 잘 느낄 수 있도록 하고 있으며, 나아가 이를 '소설 로만세', '기사도 로만세' 등으로 세부적으로 분류하여 작품을 범주화하는 데에 있어서 이해를 돕고 있다.

스페인 문화 순례

김창민 / 서울대학교출판문화원(2013)

스페인의 언어와 문화에 대해 우리가 아로새겨야 할 두 가지 사실이 있다. 하나는 스페인의 언어는 세계 2위의 사용인구라는 것이다. 또한 다른 하나는 스페인의 문화와 관광 산업, 자연 경관 등은 스페인 경제에 가장 큰 영향을 미치는 요인이라는 것이다. 그러나 이러한 두 가지 사실이 지니는 성격과는 다르게 스페인 언어에 대한 연구와 스페인 문화에 대한 관심이 그리 많지 않은 것이 사실이다. 이 책은 스페인 근현대미술, 건축, 플라멩코와 투우, 관광 산업, 음식 문화 등에 대해 재미있는 설명을 곁들여 스페인 사람들의 삶을 재조명한다. '여유와 느림의 미학'을 가지고 있으면서 '호모 루덴스(유희하는 인간)'로서의 삶을 살아가고 있는 스페인인들의 자유분방함을 우리는 이 책을 토대로 이해할 수 있을 것이다.

스페인 중세문학 속의 동양설화

백승욱 / 월인(2019)

설화가 대부분 '구전'의 형태를 지니고 있다면, 그 구전의 경로를 추적하여 모티프를 공유하는 방식을 연구하면 문학과 역사, 인류학에 대한 총괄적인 이해를 도모할 수 있을 것이다. 이 책은 동양 지역에서 집대성된 설화집 '칼릴라와 딤나', '바를람과 조사팟', '센데바르' 등에 대한 분석을 시도한다. 동양에서 생성된 설화집들이 스페인으로 전파되는 과정과, 이 과정에서 변이되는 양상에 대한 비교 분석적인 과정을 세밀하게 보여 준다. 궁극적으로 스페인의 중세 설화문학은 동양과 서양의 교류의 흔적이 남아 있다고 볼 수 있으며, 이러한 흔적들을 설화와 권력, 보편적 사회윤리성 등의 관점에서 진단하는 작가의 맺음말을 통해 폭넓은 간학문적 실마리가 내포한다는 사실을 알 수 있을 것이다.

태양의 언어를 만나다

그라나다 / 북스토리(2022)

언어학 총서처럼 보이지만 스페인 사람들에 대한 이야기가 풍부하게 들어가 있고, 스페인 문화 개론서라고 보기에는 언어적인 설명과 진단이 많이 들어가 있는 책이다. '따스한 태양의 언어'라고 하는 스페인어 및 그 문화권에 대한 작가의 생각들을 나열하는 방식으로 이 책이 구성되어 있는데, '너와 당신, 그리고 꼰대', '중국인 그리고 흑형' 등의 챕터에서는 현대적인 작가의 시선을 알 수 있다. 또한 'i¿특수기호의 용도?! _ i¿Uso de caracteres especiales?!' 라는 챕터 등에서는 우리가 스페인어에 대해 막연하게 궁금해했던 부분에 대한 유쾌한 이해를 도모할 수 있다. 스페인에 대해 쉽게 이해할 수 있는 책이라고 볼 수 있다.

스페인의 맛
권혜림 / 버튼북스(2022)

'요리로 떠나는 스페인 미식 로드'라는 부제를 가지고 있는 이 책은 스페인 음식에 대한 모든 것들을 담고 있다. 인간이 살아가기 위해 반드시 경험해야 하는 '식생활'에는 그 국가와 민족의 문화, 지역적 특색 등이 매우 강하게 깃들어 있다. 따라서 서어서문학을 전공하는 이들에게 있어 그 '요리'를 경험한다는 것은 그 무엇보다 중요한 것이라고 할 수 있다. 이 책은 핀초, 마르미타코, 타르타 데 산티아고, 시드라, 아로스 콘 레체 등 우리에게 제법 생소한 음식부터 시작하여, 파에야, 감자 오믈렛, 추로스, 상그리아, 하몬 등에 대해서도 소개하고 있다. 스페인을 북서부, 북동부, 중부, 남부로 나누어 요리에 담긴 지역적 특성을 밝히려는 시도도 신선하다.

세계사를 뒤흔든 스페인의 다섯 가지 힘
김훈 / 유노북스(2020)

'스페인어, 활력, 유산, 제국주의, 욕망'을 이 다섯 가지의 힘으로 보고 있는 작가는, '스페인 파워'가 지니는 힘을 체험하기 위해 회사를 그만두고 스페인 및 그 문화권 국가들을 두루 여행하였다. 이를 통해 몸으로 경험하고 배운 바, 세계사의 크고 작은 순간들 가운데 언제나 스페인이 있었다는 사실을 깨닫고, 그것을 알리고자 이 책을 만들었다. 스페인어에 대한 우리의 오해와 진실, 스페인을 움직이는 스페인 사람들의 '열정과 안정 사이의 정도', 스페인이 관광 대국이 될 수밖에 없는 것에 대한 이유, 스페인 역사에서 나타나는 '제국주의', 마지막으로 세계사에서 등장하는 인물들이 지니는 근원적인 '욕망'을 매우 다양한 사례를 통해 우리에게 소개하고 있다. 스페인의 이 다섯 가지 힘은 지금도 여전히 전 세계에 영향을 주고 있기 때문에, 우리는 지금 이 순간 이 힘에 주목해야 할 필요가 있다.

유럽의 첫 번째 태양, 스페인
서희석, 호세 안토니오 팔마 / 을유문화사(2015)

스페인의 역사에 대해 자세하게 알 수 있게 정리한 책이다. '타르테소스 왕국'에서부터 시작되는 스페인 역사에 대한 스토리텔링은, '서고트 왕국'을 지나 이슬람 시대를 거쳐 카스티야 내전을 겪게 되고, 이후 '스페인의 통일과 대항해 시대'를 여는 과정으로 전개되고 있다. 이 과정에서 '헤라클레스', '카이사르', '콜럼버스', '세르반테스' 등의 친숙한 인물에 대한 이야기도 나오며, 오페라 '라 파보리타'나 희곡 '오셀로'에 얽힌 이야기들도 소개하면서 우리에게 큰 흥미를 불러일으키며, 스페인 역사에 대한 깊은 이해를 도모할 것이다.

한국인의 눈으로 본 스페인
임호준 / 한국학술정보(2021)

'한국과 스페인의 비교 연구'라는 다소간 낯선 시도를 이 책에서 확인할 수 있다. 그러나 이 낯섦을 작가는 매우 세밀하면서도 직관적인 능력으로 극복하는데, 특히 '유교 문화', '독재 정권', '비슷한 인구와 경제력', '비슷한 현대 사회 문제' 등으로 묶어서 정리한 점이 흥미롭다. 나아가 '코로나19 방역 조치에 대한 사회적 시각의 차이' 등의 현대적인 논의도 수록되어 있으면서도, '산티아고 순례 길과 한국인', '스페인 프로 축구와 한국 프로 스포츠', '스페인의 바와 한국의 길거리 식당' 등 스페인과 우리나라의 일상적인 모습도 자세하게 비교의 대상으로 삼아 신선함을 더한다. 제목 그대로 한국인의 눈으로 보았을 때, 스페인은 어떤 나라로서 존재하는지에 대해 흥미로운 접근을 시도할 수 있는 책이라고 할 수 있다.

돈키호테

미겔 더 세르반테스(안영옥 역) / 열린책들(2014)

세계에 알려진 지 400년이 지난 지금에도 인류 역사상 가장 중요하면서도 위대한 픽션 중 하나라고 불리는 세르반테스의 대 명작이다. 누군가 가지고 있는 꿈을 허무맹랑하다고 말할 때, 우리는 그를 어떻게 보아야 할 것인가? 둘시네아를 짝사랑하는 돈키호테와 그의 광기를 유희의 대상으로 보거나 무조건적으로 비판하려고 하는 이들은 어쩌면 돈키호테의 낭만성을 하찮은 현실성으로 제어하려고 한 시도에 불과할지도 모른다. 풍차를 보고 거인이라고 하여 달려드는 돈키호테의 모습은 이 소설에서 가장 유명한 부분이다. 특히 돈키호테는 그 부분에서 매우 '진지한 모습'을 보이는데, 이러한 점이 바로 돈키호테의 '살아 있음'을 보여주는 대목이라고 할 수 있다. 이 작품이 지니는 의의는 무수하지만, 다양성이 존중되는 현대 사회에서 우리가 '타인'을 어떻게 바라봐야 하는지에 대해 이 답은 일부 해결책을 제시하고 있다고 할 수 있다.

스페인 예술로 걷다

강필 / 지식서재(2019)

디에고 벨라스케스, 엘 그레코, 호안 미로, 살바도르 달리, 파블로 피카소, 프란시스코 고야, 안토니오 가우디 등은 우리가 한 번쯤은 들어본 스페인의 예술인 혹은 건축인이다. 스페인의 긴 역사의 흐름 속에서 예술 또한 각자의 철학을 지키며 성장해 왔는데, 여러 왕국이 통일된 국가인 만큼 그 철학도 각양각색이다. 이 책은 스페인의 미술관(프라도, 티센보르네미사, 소피아, 엘 그레코, 달리 극장미술관, 구겐하임), 궁전(알함브라, 나스르, 카를로스 5세), 가우디의 건축물 등을 직접 둘러보고 느낀 점을 다양한 테마로 구성하여 설명하고 있다. 미술교육과 미학을 전공한 저자의 예술적 감각과, 도시마다 다른 매력을 지니는 스페인의 역동적인 예술혼이 잘 어우러져서 우리에게 스페인 예술을 내면화하는 데에 큰 도움을 줄 것이다.

서어서문학과 독서탐구활동 활용사례

자율활동 특기사항

학생자치회 인턴으로서 학급의 단결을 위해 학급경연활동, 체육대제전 학생자치회 부스 활동 등을 진행하며 학생자치문화 조성에 크게 이바지함. 또래학습멘토링에서 멘티로서 예습·복습 위주로 스페인어를 학습했고, 멘토가 문제에 접근하는 방법을 보고 배우며 성적이 크게 향상되었음. 스페인의 복합적인 문화 양식에 관심을 가지고 있어 다문화교육 시간에 스페인이나 라틴아메리카계 학생을 마주했을 때의 문화적 교류의 방법론에 대해 생각하여 발표함. 가상의 친구를 설정하여 우리나라를 소개하거나 함께 탐방하는 방식의 스크립트를 만들고, 스페인어 교사에게 확인을 받는 등 능동적인 자세를 보임. 나아가 자신의 진로와 관련된 주제를 선정하고 발표하는 학급특색활동에서 **'로만세, 스페인 발라드(메르세데스 디아스로이그)'**를 읽고 우리 반에서 일어나는 소소한 이야기들을 각운을 맞추는 등 로만세의 형식으로 만들어 보자고 제안함. 이후 후속 활동을 통해 '급식 이야기', '졸업앨범 촬영' 등의 노래를 친구들과 함께 만듦.

동아리활동 특기사항

(문화추적단)(34시간) 동아리 회장으로서 리더십을 발휘하여 '한국과 스페인, 아름다운 만남' 활동을 기획함. 대면 활동이 이루어지기 힘든 상황에서도 온라인 플랫폼을 활용하여 부원들과 끊임없이 의논하여 동아리 활동이 원활하게 이루어질 수 있도록 함. 동아리발표 시간에 한국과 스페인의 문화가 융합된 실마리를 도출하여 부스를 방문하는 사람들에게 홍보하는 프로젝트를 준비함. 특히 내용을 생성하고 의견을 모으는 시간에 부원들의 아이디어들을 묵살하거나 폐기하지 않고 슬기롭게 조합하고자 하는 부드러운 리더십을 보임. 우리나라와 스페인의 문화적 융합을 보여줄 수 있는 가장 좋은 콘텐츠로 '음식'을 선정하여, 동아리원들과 함께 **'스페인의 맛(권혜림)'**을 읽음. 파에야의 요리법과 문화적 특성(쌀을 사용하는 것, 프라이팬을 사용하는 것)을 반영하여 '김치 파에야'를 개발하여 실제로 조리함. 이외에도 '하몬 비빔밥', '청양고추 추로스' 등을 개발하여 부스를 방문하는 손님들에게 큰 호응을 얻음.

진로활동 특기사항

직업인과의 만남 시간에 평소 관심이 있었던 작가, 칼럼니스트, 온라인 플랫폼 콘텐츠 제작자를 선택하고 강의를 들음. 다양한 온라인 콘텐츠들의 개념과 관련 직업의 특성을 이해하고 인문학적 통찰력, 예상 독자에 대한 공감 능력, 문장 표현 능력 등 작가가 갖추어야 할 소양을 배움. 자신의 꿈을 이루기 위해 전문성을 더 다지고 노력할 것을 다짐함. 특히 지리적으로 먼 스페인의 강렬한 문화를 알리기 위해 어떠한 온라인 플랫폼 콘텐츠를 만들면 좋을지 강사에게 질문하고, 지리적인 환경을 시각적으로 드러내면서 음악을 많이 소개하는 콘텐츠가 괜찮을 것 같다는 답변을 얻음. 또한 스페인의 문화와 관련된 책을 읽고 그 문화에 대한 자신의 생각을 정리하면 좋을 것 같다는 추가적인 답변도 얻어 **'스페인 문화 순례(김창민)'**를 읽음. 스페인어를 사용하는 나라가 비단 스페인뿐만이 아니라는 사실을 통해 스페인과 라틴 아메리카 나라의 언어적, 문화적 공통점과 차이점을 비교하고자 하는 계획을 세움. 나아가 플라멩코와 근현대미술의 예술적인 가치를 대중들이 이해할 수 있게 하기 위해 SNS 매체를 이용하여 소통할 수 있도록 짤막한 인포그래픽 화면과 1분 동영상을 만들어서 친구들이 볼 수 있도록 게재하여 호응을 얻음.

교과 세부능력 및 특기사항

스페인어1

음식점에 가서 요리를 주문하거나, 길거리에서 아는 사람을 만났을 때 가볍게 인사하는 등의 의사소통을 원활하게 함. 낱말이나 간단한 문장, 표현을 듣고 발음과 강세 및 억양을 구별하는 활동에서는 모음이나 n, s로 끝나는 단어와 그 외의 단어의 강세 규칙이 다르다는 사실을 도출하여 실제로 '말하다' 등의 단어를 표현해 봄. 콜롬비아, 멕시코, 베네수엘라, 아르헨티나 등의 억양이 조금씩 다르다는 특성을 알게 되어 온라인 콘텐츠를 통해 구체적으로 어떤 부분이 다른지에 대해 학습함. 스페인어로 된 자료나 정보, 안내 문구 등을 아는 데에 있어서 교과서가 지닌 한계를 극복하고자 추가적으로 **'태양의 언어를 만나다(그라나다)'**를 읽음. 책을 통해 특수기호를 사용하는 경우, 세부적으로 알아야 할 문법 지식, 스페인 사람들과 회화를 할 때 유념해야 할 것들을 배움. 이를 토대로 다른 친구들과 가상의 상황을 설정하여 실제로 대화를 하고 교사가 임의로 제작한 스페인 자료들을 올바르게 독해함.

스페인어2

스페인어1 시간에 배운 문법적인 내용에 '직설법 과거완료'와 '접속법 현재'의 내용을 추가해서 학습할 때, 이미 배운 문법적 사항과 새롭게 배우는 사항의 관련성을 잘 설명함. 사람이나 장소, 현재 상황, 시점 등을 적절한 어휘와 문법 요소를 활용하여 잘 묘사함. 모둠별로 심화 회화 도전해보기 시간을 통해, '스페인에서 스페인 친구와 미술관에 가서 고대 벽화를 보고 보이는 반응'이라는 매우 구체적인 상황을 설정하여 감탄문이나 의문문을 활용하여 적절하게 소통함. 스페인 문학 독서 시간에 **'돈키호테(미겔 더 세르반테스)'**를 읽고 스페인 문학의 정수라고 볼 수 있는 이 작품의 의의와 현대적 시사점을 명쾌하게 도출하여 친구들에게 설명함. 특히 '한국 교육사회에서의 돈키호테'라는 독특한 주제를 설정하여, 비록 성적은 낮지만 꿈을 향해 도전하는 아이들을 우리 기성세대들은 어떠한 눈으로 바라보는지에 대해 진단함. 풍차를 향해 달려드는 돈키호테를 더 이상 조롱이나 비판의 대상으로 보면 안 된다고 하는 의견을 제시하여 친구들의 박수를 받음.

행동특성 및 종합의견

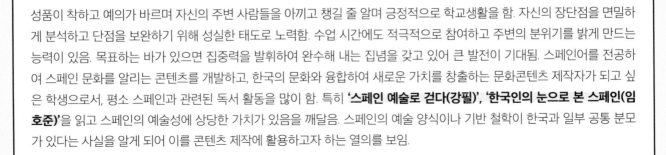

성품이 착하고 예의가 바르며 자신의 주변 사람들을 아끼고 챙길 줄 알며 긍정적으로 학교생활을 함. 자신의 장단점을 면밀하게 분석하고 단점을 보완하기 위해 성실한 태도로 노력함. 수업 시간에도 적극적으로 참여하고 주변의 분위기를 밝게 만드는 능력이 있음. 목표하는 바가 있으면 집중력을 발휘하여 완수해 내는 집념을 갖고 있어 큰 발전이 기대됨. 스페인어를 전공하여 스페인 문화를 알리는 콘텐츠를 개발하고, 한국의 문화와 융합하여 새로운 가치를 창출하는 문화콘텐츠 제작자가 되고 싶은 학생으로서, 평소 스페인과 관련된 독서 활동을 많이 함. 특히 **'스페인 예술로 걷다(강필)'**, **'한국인의 눈으로 본 스페인(임호준)'**을 읽고 스페인의 예술성에 상당한 가치가 있음을 깨달음. 스페인의 예술 양식이나 기반 철학이 한국과 일부 공통 분모가 있다는 사실을 알게 되어 이를 콘텐츠 제작에 활용하고자 하는 열의를 보임.

1
인문계열 · 서어서문학과

2
사회계열

3
자연계열

4
공학계열

5
의약계열

6
예체능계열

7
교육계열

12 ▶▶ 언어학과

1 학과 인재상

언어의 본질과 기능, 쓰임에 대해 내면화할 수 있는 학생

분석적이고 논리적으로 자신의 사고 과정을 설명할 수 있는 학생

언어에 대한 사랑을 토대로 올바른 언어 생활을 할 수 있는 학생

언어에 대한 창의적이고 통찰력 있는 견해를 지닌 학생

언어와 세계에 관계성에 대해 탐구하는 학생

2 유사학과

- 언어학과
- 국제어문학부
- 스토리텔링융복합전공
- 언어인지과학과
- 한국어교육학과

3 관련직업

- 광고 및 홍보전문가
- 언어치료사
- 언어학연구원
- 음성처리전문가
- 인문과학연구원
- 출판물기획전문가
- 한국어강사

4 개설대학

- 고려대학교
- 부산대학교
- 서울대학교
- 신한대학교
- 충남대학교
- 한국외국어대학교

5 학과 연계도서

인문학은 언어에서 태어났다
강준만 / 인물과사상사(2014)

언어는 하나의 맥락이다. 의미하는 바 하나가 단어 하나에 일 대 일로 대응될 수 없다는 것은 언어가 지니고 있는 전방위적인 스펙트럼의 힘이 분명히 있다는 것을 의미한다고 볼 수 있다. 따라서 언어를 언어 자체로서 파고드는 것보다, 우리를 둘러싼 다채로운 삶의 편린(片鱗)들을 언어적으로 살펴보고자 하는 것이 참된 인문학의 시작이라고 볼 수 있다. 이 책은 우리가 삶에서 마주할 수 있는 자연스러우면서도 호기심 넘치는 질문들을 어원 분석 등의 언어학적 방법론으로 풀어낸 저서이다. 각 질문에 대한 답을 구하면서, 언어와 관련된 역사적 사실이나 사회적 배경을 맥락적으로 이해할 수 있다는 것이 고무적이다.

삶으로서의 은유
조지 레이코프(노양진 역) / 박이정출판사(2006)

우리는 흔히 '은유'는 수사법(rhetoric)의 일환으로서 방법론적 차원에서 다루어 왔다. 전통적인 은유에 대한 연구도 결국 은유화된 무엇을 분석적으로 밝혀 내어 그 의미를 곱씹어 보는 흐름으로서 존재했다. 그러나 저자는 이러한 언어적 객관주의에 대한 회의로서 은유의 새로운 지평을 제시한다. 그것은 우리가 단순히 삶 자체에서 은유를 많이 사용하고 있다는 '빈도'의 문제가 아니라, 우리가 인식하는 삶 자체가 완전무결하고 객관적이지 않다는 점에서 '은유된 무엇'을 바라보는 것일지도 모른다는 철학적 차원에서의 접근이다. 저자는 우리가 세상을 바라보는 결과는 결국 언어적으로 사고되거나 기술된다고 볼 때, 그 언어는 어쩌면 '은유적으로 바라보는' 것의 결과물로서의 하나의 은유일 수 있다고 역설한다.

말들의 풍경
고종석 / 개마고원(2012)

'마음씨, 바람씨, 발씨'에 들어가는 '-씨'는 모두 태도 또는 모양을 뜻하는 순 우리말 접미사이다. 이 '-씨'가 들어가는 파생어 중 단연 아름다운 말은 '말씨'일 것이다. 말은 그만의 모양과 태도를 갖추고 있다. 말을 들으면 풍경이 보이고, 말을 하는 것은 풍경을 도화지에 그려내는 것이다. 이 책에서 저자는 우리말이 자아내는 하나의 수채화 같은 풍경을 담담한 어조로 표현하고 있으면서도, 우리말에 담겨 있는 우리 문화와 역사를 냉철하면서도 유려한 언어로 풀어내고 있다. 우리말의 아름다움을 통해 우리나라의 가치를 다시한번 내면화할 수 있는 책이라고 볼 수 있다.

공공언어의 이해와 소통
정희창 외 4명 / 박문사(2023)

공공언어는 공공기관에서 국민을 대상으로 사용하는 언어이며, 나아가 국민을 대상으로 하는 모든 언어로 정의된다. 공공언어를 올바르게 사용한다는 것은 가장 객관적이면서 보편적인 언어 감각을 지녔다는 것을 의미할 것이다. 특히 '언어 감수성'의 입장에서 최근의 공공언어가 지니는 문제점들을 발견할 수 있는데, 이 책은 공공언어의 개념과 요건을 먼저 제시하고 언어 감수성을 고려하여 차별을 배제하고 공감하는 말을 사용하는 방법에 대해 안내하고 있다. 우리는 이 책을 통해 공고문, 보도 자료, 보고서 등에서는 바르고 정확하게 쓰기 위한 언어 사용을, 안내문, SNS 등에서는 쉬운 말로 소통하기 위한 공공언어 사용의 구체적인 방법을 익힐 수 있을 것이다.

인간 컴퓨터 언어
시정곤 외 2인 / 역락(2006)

우리가 요즘 흔히 마주하는 'AI'는 음성인식 가상비서(voice assistant) 기능이 탑재되어 있다. 이는 인간의 언어와 컴퓨터의 언어가 마주할 수 있다는 가능성을 담은 고안물이다. 이러한 것들이 태어나기 위해서는 우리 인간의 언어를 컴퓨터가 인식하여 정보처리하고, 그것을 다시 인간의 언어로 만들기 위한 일종의 '자연어 처리' 기술이 필요하기 마련이다. 자연어 처리를 위해서는 인간의 언어와 컴퓨터의 언어가 근본적으로 어떤 부분에서 공통점과 차이점을 지니고 있는지에 대한 탐색이 필요할 것이다. 이 책은 이 두 언어적 특성을 언어학(국어, 영어) 전공자와 컴퓨터공학 전공자의 목소리로서 풀어내면서, 융합적인 대안으로서의 '자연어 처리' 기술이 지니는 의의가 무엇인지에 대해 설명하고 있다.

호모 로퀜스 정체 밝히기
김형민 외 4인 / 역락(2022)

호모 로퀜스는 '말하는 인간'이라는 뜻이다. 인간이 말을 할 수 있다는 것은 여타의 동물과 다르게 근본지어질 수 있다는 점을 시사한다. 때문에 언어학자들은 인간이 어떻게 언어를 사용할 수 있는가에 대해 연구한다. 이 연구에 있어서는 음운학, 음성학적인 연구와 더불어 한국어의 관계절 등의 통사론적인 탐색 및 신경화용론 연구까지 다양한 측면에서 인간의 언어 사용에 대해 고찰하고 있다. 특히 신경화용론적 논의에서는 화용적 담론이 이루어질 때의 뇌영역 및 기관의 양상을 분석하는 방식을 통해 신경과학과 언어 사용 간의 연관성을 제시하고 있다.

구술문화와 문자문화
월터 J. 옹(임명진 역) / 문예출판사(2018)

구술문화, 문자문화의 시기적 특성을 '언어와 사고의 관계, 언어와 문화의 관계' 등의 관계적 특성을 토대로 치밀하게 분석해 낸 저서이다. 구술문화는 다른 것보다 '기억'에 의존해야 하기 때문에 상투적인 표현이나 상징, 수사학적 표현이 두드러졌었다. 또한 왜곡의 현상도 두드러지게 나타나기 마련이었다. 그러나 문자문화, 즉 인쇄술이 발달하면서 '쓰기'라는 행위가 의식을 재구조화하기 시작하는데, 그 양상을 다양한 차원으로 드러내고 있다. 구술문화에서 문자문화로의 이양에서 발견할 수 있는 '시각 우위'를 저자는 제시하면서, 이 시각 우위가 인간 존재에 어떤 영향을 끼치는지에 대해서도 내밀하게 설명하고 있다.

언어의 역사
데이비드 크리스탈(서순승 역) / 소소의책(2020)

이 책의 가장 첫 파트인 '베이비 토크'에서부터 마지막 파트인 '여러분의 언어 세계'까지, 저자는 인간이 영위하는 모든 언어 세계를 면밀하게 분석한다. 단순한 말하기, 듣기, 쓰기, 읽기의 언어 사용 기능뿐만 아니라 철자법, 문법 규칙, 악센트, 방언 등에 대한 관점도 제시하고 있다. 나아가 언어가 지니는 정치적인 공정성에 대하여 탐색하는 사회과학적인 행보를 펼치다가도, 스타일 개발과 같은 실용적인 부분까지 제시하면서 재치과 센스가 넘치는 언어의 스펙트럼을 보여 주고 있다. 인류의 언어, 보편적 언어에서부터 출발하여 결국 '나'의 언어로 수렴하는 전 과정을 경험하다 보면 언어와 삶이 불가분의 관계에 놓여 있다는 투박한 명제를 '몸'이 참으로 여길 것이다. 내가 쓰는 언어와 내가 살고 있는 삶에 따라 이 책은 매우 다변하게 인식될 것이 분명하다.

언어 풀어쓴 언어학 개론
강범모 / 한국문화사(2020)

대학의 교양 강의로서 접하는 언어학에 대한 내용을 개괄한 책으로서, 언어학에 대한 전반적인 내용을 수록하고 있다. 제1장 언어의 연구에서는 언어와 언어학, 언어학자에 대한 정의에서부터 언어학의 역사학적 변천 과정을 다룬다. 제2장 언어의 본질에서는 언어가 지니는 기본적인 성질에 대해 다양한 예시를 들어 소개하고 있다. 제3장 언어의 소리(음성학)부터 제8장 언어의 맥락 의미(화용론)까지는 우리가 통상적으로 알고 있는 '언어 문법'에 대해 보다 더 깊이 있는 견해들을 제시하면서 언어학에 대한 환기를 일으킨다. 나아가 제9장 언어와 문자부터 제15장 언어와 생활까지는 언어를 둘러싼 다양한 인접 학문들의 융합적 실마리를 밝혀 내거나, 간학문적인 접근을 통해 현대 사회에서 재개념화해야 할 가치들에 대해 자신의 견해를 밝히고 있다. 이 책들의 내용을 훑어 나가면서 독자는 언어학에 대한 기본적인 내용에 대한 이해를 도모할 수 있을 것이다.

언어의 아이들
조지은, 송지은 / 사이언스북스(2019)

아이들이 습득, 사용하는 언어에 대해 집중적으로 다룬 이 책은 우리에게 '아이들의 언어'를 어떻게 바라봐야 할지에 대한 실마리를 제공한다. "언어는 배우는 것일까? 타고나는 것일까?"라고 물음으로써 논의를 펼치면서 저자는 아이들이 태어나면서 듣게 되는 소리로부터 어떠한 소리를 발화하기까지의 일련의 과정을 다양한 예시를 통해 설명하고 있으며, 우리가 비문법적이라고 인식하는 아이들의 언어에도 나름의 문법이 존재할 수 있음을 말하면서 신선한 인지적 부조화를 일으키기도 한다. 마지막으로 이 책은 '이중언어'에 대한 다양한 논의와 견해, 자료를 제시하면서 이중언어 아동의 다른 언어 생활, 사회 생활, 인지 체계 및 삶에 대한 태도에 대해서도 확장하여 설명한다.

언어학과 독서탐구활동 활용사례

자율활동 특기사항

학급 특색 활동 중 '교실 속 인문학' 팀으로 활동하여 학생들의 삶 속에서 인문학적인 실마리를 발견하기 위한 전반적인 로드맵을 수립함. 이 과정에서 **'언어의 아이들(조지은, 송지은)'**을 읽고 아이들의 비문법적 문장 전개 방식이 그들의 세계 속에서는 논리적인 면일 수도 있다는 점을 깨달음. 이에 착안해 '우리들이 쓰는 말, 문장에는 어떠한 세계관이나 논리가 숨어 있을까?'라는 질문을 프로젝트 초반에 생성함. 이후 반 아이들을 대상으로 생명과학 등의 어려운 지문을 제시하여 그들의 언어로 쉽게 설명하게끔 유도하고 이 과정을 녹음함. 스크립트 분석을 통해 친구들이 쓰는 말들 속에서 '명료화'와 '선 결론형 구조'가 뚜렷이 보이고, 문어적인 부분을 구어적으로 표현한다는 것과 감탄사를 많이 활용하는 특성이 나타난다는 것을 확인함. 이러한 일련의 과정을 통해 청소년들의 어떠한 문화적 특성이나 인지 구조가 이러한 언어 표현 및 구조를 생성하였을지에 대해 궁극적 의문을 가지게 됨.

동아리활동 특기사항

(학문융합작문반)(34시간) '언어학'과 '사회학'을 융합한 글쓰기 워크숍 계획을 마련함. 의견 수렴 과정에서 국어시간에 배운 언어는 사회성을 지니고 있다는 내용을 바탕으로 언어학과 관련된 글쓰기를 하기로 친구들과 의논하여 결정함. 사회 문화 시간에 배우는 관료제의 특성과 관련하여 '관료제가 지니는 업무의 안정성, 예측 가능성을 높이면서도 인간소외 현상을 막거나 자율성을 무시하지 않는 공공언어는 어떤 방향으로 나아가야 할까?'라는 의문을 가짐. 이를 해결하기 위해 **'공공언어의 이해와 소통(정희창 외)'**을 읽고 '언어 감수성'이 내재된 공공언어의 성격에 대해 이해함. 이후 '보도자료에 여교사, 여대생 등의 차별적인 단어를 사용하는 이유와 이를 바꾸었을 때 사람들에게 미치는 영향'을 살펴보기 위해 두 개의 보도자료를 만들어 반 친구들을 대상으로 설문조사를 진행함. 나아가 차별적 표현이 있는 다른 기사문들을 스크랩하여 언어 감수성이 탑재된 공공언어로 다듬는 작업을 하여 동아리 발표회 시간에 공유함.

진로활동 특기사항

진로 인터뷰를 통해 평소에 말이 주는 힘에 대해 깊은 관심을 가진 것이 지금의 자신의 진로에 큰 영향을 끼쳤다고 표현함. 특히 특정 형태소가 달라짐에 따라, 심지어 운소가 달라짐에 따라 그 발화를 듣는 사람의 정서는 물론이거니와 신념까지도 변화할 수 있을 정도로 언어가 큰 힘을 지녔다는 것에 매력을 느꼈다고 표현함. 그리고 이러한 매력을 일으키는 요인을 연구하는 언어학 연구원으로 자신의 진로를 구체화함. 때로는 말이 지니는 큰 힘에 의해 용기를 얻고, 때로는 씻을 수 없는 상처를 입지만, 용기와 상처도 결국 언어가 지칭하는 대상(현실, 혹은 자아)의 특성보다는 언어 그 자체에서 생겼을 수도 있다는 점을 토대로 자신을 점검하는 방식으로 반성적 실마리를 찾아 나가는 열정이 돋보임. 인터뷰 이후 프롤로그 과제로 자신의 삶과 꿈, 신념 등을 언어로 드러내는 것에 대한 민감성을 슬기롭게 다스릴 수 있는 방법에 대해 생각하다가 **'삶으로서의 은유(조지 레이코프)'**를 스스로 찾아서 읽음. 어쩌면 내가 표현하는 나 스스로도 나의 본질이라기보다는 하나의 은유화된 무엇일 수 있다고 말하고, 애써 포장하는 것이 아니라 나를 더 빛나게 하고 가치 있게 하기 위한 시각을 지니게 한다는 점에서 은유는 자신의 삶을 고양시키는 가장 언어적인 도구일 수 있다는 진솔한 답변을 제출함.

교과 세부능력 및 특기사항

언어와 매체

언어와 관련된 학습 내용에 대해 늘 심화된 질문을 던지는 방식으로 교사와 소통할 줄 아는 학생임. 음운 변동 현상을 공부하면서 각 조음 위치와 방법을 오실로스코프로 표현하면 어떻게 되는지와, 우리말의 절 구조를 분석하면서 '안긴 문장'의 생성이 어디에서부터 비롯되었는지에 대한 통시론적인 탐색이 특히 돋보임. 중세 국어와 현대 국어의 차이점에 대해 큰 관심을 지니고 있으며, 이를 다시 음운, 형태, 의미, 통사로 나누어서 정리하고 그 흐름에 대해 분절적으로 보지 않고 최대한 문헌을 찾아서 역사적 '흐름'을 읽으려고 하는 노력과 질문이 돋보임. 교과서 외의 내용에 대해 알아보기 위해 **'호모 로퀜스 정체 밝히기 (김형민 외)'**를 읽음. 한국어의 관계절에 대한 부분에서 화용적인 제약이 구체적으로 어떻게 일어나며 그 이유는 무엇인지를 탐구하고, 이 탐구한 내용을 토대로 교과서에서 화용적 제약에 해당하는 부분을 찾아 수업시간에 설명하여 큰 호응을 얻음.

프로그래밍

단원 중 '행렬과 프로그래밍'에 큰 관심을 가지고, 실제로 행렬의 계산은 물론이거니와 실제 프로그래밍에서 어떻게 응용되는지에 대한 연습 문제도 잘 해결함. 이후 모둠별 프로그래밍 계획서 작성 시간에 언어 및 문장 구조에 큰 관심을 지니고 있어서 '나는 사과를 좋아한다'라는 문장에서 '를'의 품사를 밝혀 내는 과정을 프로그래밍하는 판별기를 만드는 제작 계획을 수립함. 이 과정에서 행렬의 각 품사에 일종의 코드를 부여하고, 품사와 문장 성분을 행과 열로 한 행렬로 만들어, 행렬의 덧셈이 이루어졌을 때의 결괏값을 분석하는 과정을 통해 품사를 판별할 수 있다는 계획을 논리적으로 설명함. **'인간 컴퓨터 언어(시정곤 외)'**을 읽고 어떠한 문장에서 품사나 문장 구조를 판별하는 것이 어쩌면 인간과 컴퓨터의 의사소통을 일으키게 하는 '자연어 처리'의 가장 기초적인 단계 중 하나일 수 있겠다고 생각하여 흥미를 느꼈다는 내용도 설명함.

행동특성 및 종합의견

사람을 사랑하고, 사람 속에서 살아가며, 사람과 함께 나아가고자 하는 학생임. 1학기 학급자치회 회장에 역임하여 힘들어하는 고등학교 3학년의 생활 속에서도 매일 따뜻한 위로의 한마디를 칠판에 적어 친구들에게 용기를 주면서도 스스로 삶의 주인공이자 리더임을 깨닫게 하는 '초우량 리더십'을 아낌없이 발휘함. '대화'를 늘 소중하게 여기는 학생으로 대화가 현재 일어나는 문제를 해결할 수 있는 방법이 될 거라고 믿고, 그 믿음을 실현화하고자 다각도로 노력함. **'언어의 역사(데이비드 크리스탈)'**를 읽고 자신이 실제로 사용하고 있는 언어의 힘에 대해 내면화하여 더 정교하면서도 따뜻한 언어를 사용하고자 하는 의지를 다짐. 자신의 생각이나 정서를 언어로 담으면서도, 언어화된 것을 행동으로 옮기기 위해서 최선을 다하는 학생임. 마치 화자와 청자가 존재하는 '대화'처럼 인간관계도 행위자와 수혜자가 존재하기 때문에 늘 봉사하면서 살아야 된다는 점을 피력할 정도로 훌륭한 학생임.

1 인문계열·언어학과

2 사회계열

3 자연계열

4 공학계열

5 의약계열

6 예체능계열

7 교육계열

13 ▸▸ 영어영문학과

1 학과 인재상

영어를 사용하여 다양한
방식으로 정보처리 및
의사소통을 할 수 있는 학생

영어를 사용하는
다양한 국가의
사회 문화적 특성에
관심이 있는 학생

문학 작품의
시대적·문화적 배경에
관심이 큰 학생

영어 관련 서적, 영미문학 및
영화 등에 흥미가 있는 학생

서구권 사람들의 역사와 전통,
의식에 대한 심도 있는
이해를 할 수 있는 학생

2 유사학과

- 영어영문학과
- 영어학과
- 영어과
- 관광영어과
- 실용영어학과
- 영어통번역전공

3 관련직업

- 교수
- 관광통역안내원
- 외국어학원강사
- 탑승수속사무원
- 항공기객실승무원
- 번역가
- 아나운서
- 영어학연구원
- 유학상담자
- 통역가
- 해외영업원
- 국제협력사무원
- 외교관
- 출입국심사관
- 호텔프론트사무원
- 외국어교사 ●●●
- 자막제작자

4 개설대학

- 가천대학교
- 가톨릭관동대학교
- 가톨릭대학교
- 강남대학교
- 강릉원주대학교
- 강원대학교
- 건국대학교
- 건양대학교
- 경기대학교
- 경남대학교
- 경북대학교
- 경상국립대학교
- 경성대학교
- 경일대학교
- 경희대학교
- 계명대학교
- 고려대학교
- 고려대학교
  세종캠퍼스
- 고신대학교

- 공주대학교
- 광운대학교
- 광주대학교
- 국민대학교
- 군산대학교
- 극동대학교
- 금강대학교
- 김천대학교
- 나사렛대학교
- 남서울대학교
- 단국대학교
- 대구가톨릭대학교
- 대구대학교
- 대구한의대학교
- 대신대학교
- 대전대학교
- 대진대학교
- 덕성여자대학교
- 동국대학교
- 동덕여자대학교

- 동서대학교
- 동아대학교
- 동양대학교
- 동의대학교
- 명지대학교
  인문캠퍼스
- 목원대학교
- 목표대학교
- 배재대학교
- 부경대학교
- 부산대학교
- 부산외국어대학교
- 삼육대학교
- 상명대학교
- 상지대학교
- 서강대학교
- 서경대학교
- 서울과학기술대학교
- 서울대학교
- 서울시립대학교

- 서울신학대학교
- 서울여자대학교
- 서울한영대학교
- 서원대학교
- 선문대학교
- 성결대학교
- 성공회대학교
- 성균관대학교
- 성신여자대학교
- 세명대학교
- 세종대학교
- 세한대학교
- 수원대학교
- 숙명여자대학교
- 순천향대학교
- 숭실대학교
- 신라대학교
- 아세아연합신학
  대학교
- 아주대학교

- 안양대학교
- 연세대학교
- 연세대학교
  미래캠퍼스
- 영남대학교
- 영산대학교
- 용인대학교
- 우석대학교
- 울산대학교
- 원광대학교
- 위덕대학교
- 이화여자대학교
- 인제대학교
- 인천대학교
- 인하대학교
- 전남대학교
- 전북대학교
- 전주대학교
- 제주국제대학교
- 제주대학교

- 조선대학교
- 중부대학교
- 중앙대학교
  서울캠퍼스
- 중앙대학교
  안성캠퍼스
- 중원대학교
- 창원대학교
- 청운대학교
- 청주대학교
- 초당대학교
- 충남대학교
- 충북대학교
- 침례신학대학교
- 케이씨대학교
- 한경대학교
- 한국교통대학교
- 한국외국어대학교
- 한국항공대학교
- 한국해양대학교

- 한남대학교
- 한림대학교
- 한밭대학교
- 한북대학교
- 한서대학교
- 한성대학교
- 한세대학교
- 한신대학교
- 한양대학교
- 협성대학교
- 호남대학교
- 호서대학교
- 호원대학교
- 홍익대학교

1

인문계열 · 영어영문학과

2

사회계열

3

자연계열

4

공학계열

5

의약계열

6

예체능계열

7

교육계열

5 학과 연계도서

근대 영문학의 흐름

여홍상 / 고려대학교출판부(2001)

정전화되었다는 것은 학문, 학술적인 차원에서 '반드시 살펴보아야 하는 것'이라고 볼 수 있다. 그러나 반드시 살펴보아야 할 것이 있다는 것은 그 정전화된 것에 가려진 '무언가'가 존재할 수도 있다는 것을 의미한다. 위즈워스나 와일드, 엘리엇, 조이스 등의 작가들은 우리가 반드시 봐야 할 무엇이라면 그들에 의해 좀처럼 다루어지지 않았던 여성 작가들이나 대중 작가들의 행보에 대해서도 이 책은 서술하고 있다. 낭만주의 시대부터 포스트모더니즘 시기까지 근대 영문학사에 대한 다양한 논의들을 살피면서 영문학에 대한 깊이 있는 이해를 도모할 수 있을 것이다.

영어와 세계

최은영, 이선우 / 북코리아(2022)

영어라는 언어에 대해 상당히 방대한 정보들을 담고 있는 책이며, 영어를 역사, 언어관, 언어 지식, 문학, 예술, 문화 등과 관련지어 그 특성을 매우 자세하게 설명해 놓은 정보의 보고이다. 언어의 의미를 다루는 4장에서는 강세, 성조, 의성어, 다의어, 동음이의어, 그라이스의 대화 격률 등의 문법, 화법적인 내용을 담고 있기에 자칫 개론서처럼 보일 수 있지만, 10장에서는 영어 속담에서 알 수 있는 영미 문화를 재미있게 풀어내고 있거나, 1장에서는 소리, 단어, 문장 구조 등에 대한 인간의 언어 지식을 다루면서 구체적인 예시를 잘 들어서 설명하고 있기에 흥미롭게 읽으면서 영어학에 대한 깊이를 더해갈 수 있을 것이다.

영문학 인사이트

박종성 / 렛츠북(2021)

이 책은 하나의 '영국 여행'이다. 작가의 글을 따라 템스 강변을 지나 남쪽의 사우스뱅크에서 스펜서, T.S. 엘리엇을 만나고, 블룸스베리에서 버지니아 울프와 디킨스를, 함스테드 히스, 하이게이트 묘역에서 윌리엄 블레이크를, 그리니치에서 제프리 초서의 캔터베리 이야기를 만난다. 동서남북으로 뻗어 나가는 문학과 문화 여행은 하이드 파크, 영국박물관, 웨스트민터스 사원 등의 장소에 머무르면서 크리스탈 팰리스 등의 건축물을 만나기도 하고, '바람 속에 촛불'을 듣기도 한다. 옥스퍼드 대학생들의 삶이나 리버풀에서의 축구 열기를 마주하기도 하는 이 책은 영국의 지리와 영문학의 관련성을 충분하게 내면화할 수 있도록 안내하여 문학을 바라보는 반영론, 표현론적 시각을 확장하는 데 큰 도움을 줄 것이다.

번역, 그까짓 것?

송영규 / 좋은땅(2020)

소설, 즉 이야기 방식으로 전개되는 이 책은 '백만 년 사장', '경인선 상무', '반도체 씨'처럼 재미있는 인물로 구성되어 있지만 실은 '번역 과정에서의 고뇌, 윤리, 갈등, 구체적인 방법들' 등에 대해 매우 깊이 있게 다루고 있는 작품이다. 번역과 반역은 모음 하나 차이지만, 번역은 번역자의 의도 및 가치 체계, 신념 등에 따라 반역이 될 수도 있는 중한 작업이다. 영어영문학을 전공하는 데에 있어서 우리말과 영어가 가지는 언어의 미묘한 차이를 번역이라는 행위를 통해 느끼는 것은 매우 중요한데, 이 책은 그런 번역 행위를 둘러싼 여러 가지의 생각할 실마리를 제공할 것이다.

캔터베리 이야기
제프리 초서(송병선 역) / 현대지성(2017)

'영문학의 아버지'라고 불리는 제프리 초서의 대표작인 '캔터베리 이야기'는 매우 치밀한 서술로 중세 영국인들의 삶, 문화, 예술 등을 조망하고 있다. 캔터베리 대성당에 이르는 순례 여행길이 지루하지 않도록 이야기 내기를 하는 가운데, 기사의 이야기와 방앗간 주인의 이야기부터 시작하여, 변호사, 타발 수사, 옥스포드 서생, 상인, 의사, 선장, 수녀원장, 본당 신부까지 매우 다양한 계층에 속한 사람들에 관한 이야기가 전개되어 있다. 주제 의식적 측면에 있어서도 인간의 근본적인 욕망, 욕구, 희로애락이 여실히 담겨 있으면서도 도덕률과 사회적 통념, 종교적 신념 등에 대해서도 깊이 있게 서술되어 있다. 이 작품은 영어학에 대한 통시적 변화를 살필 수 있는 좋은 사료로도 가치가 있어서, 영문학을 전공하는 자라면 꼭 읽어 보아야 할 책이라고 볼 수 있다.

셰익스피어 독백과 대사
송옥 / 동인(2022)

이 책은 셰익스피어의 17개의 극작품을 그대로 가지고 온 것이 아니라 작품의 주제 의식, 역자의 의도 등을 토대로 유의미하다고 생각하는 40여 개의 장면에서 독백, 대사를 주석과 함께 배치하였다. 통시적, 공시적인 관점에서 일단 대중들에게 다소 낯설게 인식될 수 있는 대사와 독백도 주석을 잘 따라가면서 읽다 보면 충분히 작품을 잘 감상할 수 있게끔 되어 있다. '한여름 밤의 꿈', '베니스의 상인', '로미오와 줄리엣', '햄릿', '오셀로', '리어왕', '맥베스' 등의 유명한 작품은 물론이거니와 '줄리어스 시저', '헨리 8세' 등의 실존 인물의 삶을 다룬 극문학의 대사들도 엿보면서, 셰익스피어의 문학 세계를 즐겁게 탐색할 수 있을 것이다.

미국영어
김인숙 / 한국문화사(2000)

제목에서 알 수 있다시피 미국 영어에 대한 '총서(叢書)'의 성격을 지니고 있다. 독립전쟁, 남북전쟁 등의 역사적인 흐름에서 영어가 어떻게 변화하였는지에 대한 통시적이면서 사적(史的)인 차원에서의 내용 전개부터 시작하여, 어휘, 발음, 철자, 문법 등의 어학적 요소를 분석하는 방식의 논의 및 미국 방언, 흑인 영어, 미국 속어, 미국의 고유명(인명, 지명 등)에 대한 것까지 매우 자세하게 실제 사례 중심으로 서술되어 있다. 미국의 영어를 놓고 보았을 때, 내적인 구조부터 시작하여 외적인 사회, 문화, 역사, 철학적인 배경까지 총망라한 책으로서 영어에 대한 전반적인 이해를 도모하는 데에 큰 도움을 줄 것이 분명하다.

제인 에어
샬롯 브론테 / 소담출판사(2001)

샬롯 브론테의 1847년 작품이다. 자칫 보면 로맨스 소설처럼 느껴질 수 있겠지만, 소설 전반으로 보았을 때는 성장 소설에 더 가깝다고 봐야 할 것이다. 가난하지만 야무지고 똑똑한 고아 제인 에어가 외숙모 집, 로우드 자선학교에서 열악한 삶을 살면서도, 성실하게 공부하여 명문가의 가정교사로 들어가서 로체스터를 사랑하기까지의 이야기는 제인 에어의 주체성을 잘 드러내기에 적절한 플롯이다. 제인 에어의 당당함에서 우리는 당시 영국 사회에서 여성을 바라보는 시각과 그 시각을 이겨내는 여성의 삶에 대해 다시 한 번 생각해 볼 수 있는 가능성을 발견할 수 있을 것이다.

허클베리 핀의 모험
마크 트웨인(김욱동 역) / 민음사(1998)

미국 소설가 마크 트웨인의 1885년 출판작이다. 윌리엄 포크너, 헤밍웨이 등과 어깨를 나란히 할 수 있을 정도로 국민 작가로 불리는 마크 트웨인의 작품은 어린아이뿐만 아니라 성인에게도 귀감이 되는 작품이다. 허클베리가 흑인 노예 짐과 함께 뗏목을 타고 미시시피강을 따라 떠나는 이야기 속에서 펼쳐지는 순간들은, 허클베리 핀과 톰 소여의 상황 대처 능력을 보여 주기에 최적화된 실제적 서술로 점철되어 있으면서도 어린 아이들의 깊은 우정을 확인할 수 있는 내용으로 구성되어 있다. 가장 미국다운, 가장 자유주의다운 인물 설정 및 플롯 구성이 이루어져 있다는 점에서 이 작품은 수작에 꼽힌다고 볼 수 있다.

1984
조지 오웰(정회성 역) / 민음사(2003)

영국의 작가 조지 오웰의 1949년 작이다. 20세기를 넘어 21세기에 이르러 이 작품의 중요성은 더 커지고 있음에 틀림없다. '텔레스크린'에 의해 감시당하고 이러한 내용들은 모두 '빅 브라더'에게 전송되어 통치의 수단으로 활용되는 양상은, 전체주의 속에서 무력해지는 개인의 모습을 드러내기 좋은 플롯이면서도, '빅 데이터'가 과연 우리에게 어떤 영향을 궁극적으로 주는지에 대해 비판적으로 생각할 수 있는 실마리를 주기도 한다. 특히 이 작품에서 나오는 '신어(Newspeak)'는 어휘 의미론적인 관점에서 매우 깊이 있게 분석·논의할 수 있는 내용으로서, 예비 영어영문학도로서의 감각을 키울 수 있는 좋은 교재로도 활용될 수 있을 것이다.

자율활동 특기사항

학급특색활동 시간에 '학급 일기' 쓰기 활동을 계획하고 실행함. 워크숍에서 일기를 실명으로 쓸지 익명으로 쓸지에 대해 논의함. '자신의 이야기를 오롯이 쓰고, 그것을 토대로 소통하며, 삶을 나누는 것이 진정한 글쓰기의 목적'이라고 자신의 신념을 설명하여 실명으로 쓰기로 결정함. 학급 일기의 콘셉트를 논의하는 과정에서 **'캔터베리 이야기(제프리 초서)'**를 읽고 '전체적인 균형이나 논리가 깨지더라도 우리들의 다채로운 삶을 보여 주는 데에 주목하는 것이 중요하다'라는 사실을 깨닫고 이 점을 친구들에게 공유함. 친구에 대한 서운함, 선생님에 대한 감사함, 부모님에 대한 복잡한 심정 등 다양한 이야기들이 펼쳐지는 일기를 서로 돌려보는 워크숍 마지막 단계를 통해 진정한 위로와 소통을 할 수 있는 계기를 마련함. 이를 통해 중세 영국인들의 삶이 나타난 캔터베리 이야기를 '위로와 공감'의 코드로 읽는다면 자신은 어떤 말을 할 수 있을까에 대한 후일담을 아이들과 공유하여 찬사를 받음.

동아리활동 특기사항

(세계속으로뛰어들다)(34시간) '모험'에 대해 이야기 나누고 그 모험을 찾아 떠나는 계획을 세우는 일련의 과정을 충실하게 경험함. 이때 자신이 생각하는 모험은 꼭 새로운 곳을 '탐방'해야 하는 것이 아니라, 책이나 문헌, 다른 사람과의 이야기를 통해서도 할 수 있고 나아가 이 세상 자체를 살아가는 것 자체가 하나의 모험일 수 있다는 의견을 제시함. '학교로 떠나는 모험 프로젝트' 계획을 수립하여 학교 생활에서 마주하는 모험 요소를 공유하여 큰 호응을 얻음. 특히 문학에서 말하는 '낯설게 하기'의 관점을 토대로 우리 삶 자체를 낯설게 보아 모든 경험 하나하나에서 작은 의미를 발견하고자 하는 태도를 형성함. 이러한 생각을 형성하는 데에 있어서 **'허클베리 핀의 모험(마크 트웨인)'**을 읽고 이 책이 '삶은 모험이다'라는 인식을 심어주는 가장 큰 역할을 했다는 사실을 밝히고, 우리가 삶이라는 모험을 경험하는 과정에서 다양한 사회, 문화적인 코드들을 많이 발견할 수도 있다는 사실을 설명함.

진로활동 특기사항

평소 미국인들의 삶을 다룬 매체(드라마, 잡지, 인터넷 콘텐츠) 등을 접하면서 미국 사회가 하나의 일관된 논리로 흘러가기보다, 매우 많은 언어와 사고, 가치관, 행동 양식, 문화 등이 섞여 있는 듯한 느낌을 받았고 그러한 양상에 큰 흥미를 느꼈다고 함. 그러나 이러한 양상들이 비단 느낌으로만 머무르는 것에 대해 반성하고, 이 양상에 대한 지식적인 내용을 알고자 **'미국영어(김인숙)'**를 읽고 미국의 인종, 언어, 정치, 경제, 사회, 문화, 역사, 철학, 예술 등을 깊이 있게 이해함. 특히 한국의 방언보다 더 다양하고 복잡한 형태로 미국의 방언이 존재한다는 사실을 깨달음. 한국의 방언이 일부 역사성을 띤다는 사실에 착안하여 미국의 방언에 대해 통시적 관점으로 접근하려고 하는 자신의 세부 학업 계획도 마련함. '자신의 삶에서 진로 찾기' 시간을 통해 통번역을 토대로 그 나라의 문화와 언어 감각을 이해하는 자신의 삶이 진정 자신의 실존을 드러낼 수 있는 삶이라고 말하여 큰 호응을 얻음. '미국영어'는 언어라는 도구를 통해 미국을 바라보았다면, 이후에는 이러한 코드가 아닌 다른 방법론으로서 미국 사회를 알아가고자 하는 계획을 마련함. 특히 흑인 음악을 좋아하는 관점에서 미국의 음악을 토대로 미국 사회를 새로이 발견하고자 하는 것에 큰 흥미를 지니고 있음.

교과 세부능력 및 특기사항

영어

단어의 형태소 분석에 관심이 있어서 '나만의 영어 학습, 우리만의 영어 학습' 시간에 교과서에 있는 단어들을 쪼개어 그 속성을 분석하는 과정을 거침. 'incredible'을 'in'과 'credible'로 쪼개어 'in'이 부정의 의미를 지니고 있다는 사실을 착안하여, 기존의 단어들에 'in'이나 'un'을 붙여 그 의미의 어감이 어떤지 친구들과 이야기 나눔. 그리고 SNS을 통해 미국인들과 소통하는 과정에서 이러한 단어들을 사용하여 그 적절성을 평가함. 이 과정에서 **'1984(조지 오웰)'**을 읽고 'newspeak(신어)'의 존재에 대해 인지하고, 어쩌면 접두사를 붙여서 만드는 신조어가 오히려 언어 감각을 떨어뜨릴 수 있다는 사실을 알게 됨. 그리고 접두사, 접미사에 의한 파생 개념이 아닌 '라틴어, 게르만어 번역' 등에 해당하는 신조어를 만드는 것이 적절할 수 있겠다는 결론을 발표함. 이후 각 영어 단어의 어원이 어디에서 비롯되었는지 학습하겠다고 계획하여 친구들의 호응을 받음.

실용영어

자신이 좋아하는 문학 작품을 영어로 번역하는 활동을 통해 서정주 시인의 '신부'를 번역하기 위한 쓰기 워크숍 과정을 가짐. 이 시에서 나타나는 '초록 저고리'를 어떻게 번역할까에 대해 고민하다가 'green upper garment of Korean traditional clothes'로 번역하는 것이 미국 사람들의 정서에 어울리면서도 시적 정조를 살릴 수 있는지 의견을 나눔. 이러한 방식의 번역은 시의 본질을 다소간 흐릴 수 있다고 깨닫고 **'번역, 그까짓 것(송영규)'**을 읽고 번역의 정신과 다양한 방법론을 습득함. 이후 다시 워크숍을 하여 'Jeogori'라고 표현하는 것이 가장 좋은 방법일 수 있다고 의견을 나누고, 역으로 영국과 미국의 전통적인 성격을 지니는 사물에 대해서도 우리가 어떠한 영어 감각으로 접근해야 할지에 대한 깨달음을 얻음. 영어영문학과를 진학하고자 하는 학생으로서 영어 번역에 대한 깊은 고민을 수업 시간을 통해 교사 및 친구들과 소통함.

행동특성 및 종합의견

성격이 밝고 명랑하며 주변의 친구들에게 관심이 많고 새로운 환경에 대한 적응력이 뛰어남. 학력 향상을 위해 꾸준히 노력하며, 미래에 대한 계획이 뚜렷하고 이를 이루기 위해 노력하는 모습이 돋보임. 영문학에 관심이 많은 학생으로서, 평소 국문학을 영문학으로 번역하는 활동을 하거나, 짧은 시와 소설을 영어로 작성하여 SNS를 통해 세계인들과 소통하고 있음. 특히 **'영문학 인사이트(박종성)'**를 읽고 영국의 여러 지리적 명소를 여행하는 것이 문학적 사유를 확장하는 데에 도움이 될 수도 있다는 점에 착안하여, 영국인들에게 문학적 명소를 추천받아 자신의 문학 여행과 관련된 로드맵을 설정하는 데에 적극성을 보임. 학교 내에서도 자신이 창작한 문학에 대해 학생들과 선생님들에게 많은 피드백을 받으려고 하고 있으며, 하이퍼텍스트 픽션을 중심으로 한 온라인 문학 콘텐츠를 만들면 더 많은 이들에게 피드백을 받을 수 있을 것이라고 생각하여 프로그래밍, 코딩 등의 기초적인 연습을 할 계획도 마련함.

14 ▸▸ 인문학부

1 학과 인재상

정보화 시대를
선도해 나갈 수 있는
창의적 사고를 지닌 학생

인간 존엄성의
함양을 추구하고자
하는 학생

인간과 세계의
관계에 대한 철학적
사고를 할 수 있는 학생

언어, 문학, 역사, 철학 등과
관련된 인문학에
관심이 있는 학생

인문학을 토대로 다양한
학문과 융합할 수 있는
실마리를 도출할 수 있는 학생

2 유사학과

- 자율전공 인문학부
- 불교인문학부
- 크리에이티브인문학부
- 인문과학대학
- 인문공합공공인재학부
- 인문문화학부
- 인문사회과학대학

3 관련직업

- 교수
- 기자
- 번역가
- 상담전문가(심리상담사)
- 소설가
- 언어학연구원
- 작가
- 예술치료사
- 학예사
- 문화콘텐츠 전문가
- 정보보호전문가
- 논술지도사

4 개설대학

- 금강대학교
- 강원대학교
- 경성대학교
- 계명대학교
- 명지대학교
- 목포대학교
- 서강대학교
- 서울대학교
- 성균관대학교
- 수원대학교
- 안동대학교
- 이화여자대학교
- 청주대학교
- 충남대학교

- 한경대학교
- 한국외국어대학교
- 한국해양대학교
- 한림대학교
- 한성대학교

5 학과 연계도서

담론
신영복 / 돌베개(2015)

성공회대학교에서 강의한 내용을 담은 신영복 교수의 역작이다. "산다는 것은 사람과의 만남입니다. 사람들과의 만남이 연대입니다. 관계론의 실천적 버전이 연대입니다"라고 말하는 교수의 가치관은 우리가 타자를 어떻게 인식해야 하는지에 대한 해답일 수 있으며, 현대 사회에서 발생하는 많은 문제들에 대한 성찰적 실마리일 수 있다. 1부 '고전에서 읽는 세계 인식'에서는 '시경', '주역', '논어' 등의 고전을 통해 우리 인간의 삶을 조망하고 있으며, 2부 '인간 이해와 자기 성찰'에서는 근본적으로 '어떻게 살아야 하는가'에 대한 저자의 생각을 드러내고 있다. '석과불식(碩果不食)'이라는 성어로 글을 마무리하는 부분을 통해, 우리의 욕심을 줄이고 훗날 세대의 번영을 도모하는 인간이야말로 진정한 인문주의의 발현임을 알 수 있을 것이다.

나의 한국현대사 1959-2020
유시민 / 돌베개(2021)

1959년부터 2020년까지의 대한민국 현대사를 꿰뚫는 유시민 작가의 통찰력을 엿볼 수 있는 책이다. 4.19 혁명과 5.16 군사정변을 각각 '민주화'와 '산업화'로 보아 이 두 가치가 변화하는 한국 역사에서 어떻게 균형과 긴장을 유지하는지에 대해 서술한 점이 독특하다. 이외에도 박정희의 유신 정권과 그 말로인 10.26 사태, 6.10 민주항쟁을 넘어 미투 운동, 장애인 운동과 코로나19 사태까지의 최근의 현대사에 대한 논의도 담고 있다. 남북간의 갈등, 좌익과 우익, 지역 감정 등 우리나라의 특수성이 담긴 인간사에 대한 철학적 담론을 읽으면서 우리는 '대한민국'에 대한 인문학적 접근을 시도할 수 있을 것이다.

내가 사는 세상 내가 하는 인문학
문성준 / 새잎(2015)

이 책은 만화책이다. 그러나 단순히 유희를 위한 것도 아니며 신변잡기적인 이야기만 모아 놓은 것도 아니다. 오히려 인문학을 가장 쉽고 재미있게 접할 수 있는 유일한 방법일 수도 있다. 우리는 플라톤이나 니체의 사상가나, 알베르 카뮈 등의 작가, 라캉 등의 학자의 생각을 담은 책들을 읽는 것을 어려워한다. 그러나 이 책은 이러한 담론에 대해 두 가지 변혁을 시도하는데, 하나는 앞에서 말한 대로 철학자들의 생각을 만화로 표현하고 실제 사례를 제시하여 가독성을 높였다는 점이며, 두 번째는 모토를 '타인의 인문학이 아닌 내가 직접 하는 인문학'으로 삼고 나 자신이 이 세상 속에서 추구하고자 하는 가치가 무엇인지를 알 수 있는 힘을 부여한다는 것이다. 이 두 변혁을 통해 우리는 인문학을 '아는' 것을 넘어서서 비로소 '할' 수 있을 것이다.

책은 도끼다
박웅현 / 북하우스(2021)

광고는 가장 실용적인 행위로서의 산물 같지만, 저자인 박웅현의 광고 속에는 늘 '사람'이 있었기 때문에 본질적이다. '진심이 짓는다', '나이는 숫자에 불과하다' 등의 가치 지향적 광고를 만든 저자의 인문학적 통찰력이 담긴 이 책은 최인훈, 김훈, 알랭 드 보통, 오스카 와일드, 밀란 쿤데라, 레프 톨스토이, 법정 스님 등의 작품들에서 '인문학적 가치'를 도출하고, 그 가치를 토대로 우리 인간의 삶의 지향점을 제시한다. 따뜻하면서도 정교한 언어로 우리에게 '인간 중심의 삶'을 역설하는 그의 열정을 엿볼 수 있을 것이며, 우리의 삶의 속도에 대한 성찰도 할 수 있을 것이다.

2

사회계열

3

자연계열

4

공학계열

5

의약계열

6

예체능계열

7

교육계열

원전으로 읽는 그리스 신화
아폴로도로스(천병희 역) / 숲(2004)

우리는 그리스 신화를 다양한 콘텐츠를 통해 접하지만, 그것은 모두 '문학, 문화'라는 틀 아래의 콘텐츠일 것이다. 그러다 보니 창작자나 전달자의 '신화적 상상력'에 의해 원전의 가치가 왜곡되는 경우가 있을 수 있으며, 이야기가 삭제되거나 과도하게 첨가되는 경우도 있을 수 있다. 이 책은 그러한 신화적 상상력을 과감하게 걷어 내고, 우주와 신들의 탄생에서 트로이아 전쟁까지의 사건들을 가감 없이 드러내려고 한다. 나아가 신화라는 장르적 특성상 지니는 풍부한 이설(異說)에 대해서도 최대한 수록하고 있다. 우리는 이 책을 통해 우리가 좀처럼 접하기 어려웠던 이설들을 충분히 살필 수 있을 것이며, 그리스 신화가 지니는 인문학적 가치를 더욱 깊이 있게 내면화할 수 있을 것이다.

슬픈 열대
레비스트로스(박옥줄 역) / 한길사(1998)

이 책은 저자가 직접 브라질에 있으면서 카두베오, 보로로, 남비콰라, 투비 카와이브족을 참여관찰의 방식으로 조사한 결과를 담고 있다. 해당 지역의 지리적, 인문학적 환경에 대해 상세히 서술되어 있으며, 원주민 사회의 특성과 그들의 생각, 특히 '산다는 것과 죽는다는 것은 무엇인가'에 대한 철학을 엿볼 수 있다. 저자는 원주민들의 삶을 최대한 치밀하게 드러내려고 하는데, 그 태도는 '문명과 야만'이라는 것이 이분법적으로 나뉘는 것을 경계하는 자세에 기반해 있다. 우리는 문명이라는 이유로 그들의 삶을 지나치게 '단순하게' 바라보려고 하고 있으며, 너무나 쉽게 언어화한다. 그것은 결국 패권주의일 것이며, 반대로 우리가 이 책을 통해 우리가 지녔던, 쉽게 언어화한 그 편견들을 해소하는 과정을 통해 우리가 지니고 있는 패권의식을 제거할 수 있을 것이다.

예루살렘의 아이히만
한나 아렌트(김선욱 역) / 한길사(2006)

이 책은 제목보다 부제가 더 우리에게 잘 알려져 있다. 부제의 역설에서 기인하는 충격이 제법 크기 때문이다. '악의 평범성에 대한 보고서'라는 부제는 나치의 전범인 아돌프 아이히만이 실은 평범했다는 것을 의미한다. 평범한 사람이 어떻게 이런 어마어마한 학살을 할 수 있는지에 대해, 저자는 '타인에 대한 이해'가 부재했다고 말하고 있다. 때문에 그는 악랄한 악마라기보다 '사유의 불능성'을 지닌 사람이라는 것이다. 나아가 저자는 이 책을 통해 우리에게 '우리 모두가 아이히만일 수 있다'라고 간접적으로 경고하며, 누군가에 지시를 무비판적으로 받아들여 의무적으로 행하는 것들이 과연 타인에게 어떤 영향을 주는지에 대한 균형적인 감각을 지녀야 한다고 말한다.

너 누구니
이어령 / 파람북(2022)

'젓가락은 가락을 맞추는 생명의 리듬이다.', '젓가락은 짝을 이루는 조화의 문화다.', '젓가락은 천원지방의 디자인 원형이다.', '젓가락은 음식과 인간의 인터페이스다.', '젓가락은 하드웨어, 젓가락질은 소프트웨어.' 이 다섯 개의 문장은 이 책을 관통하는 하나의 거대한 결론일 것이다. '한국인 이야기'는 이어령 교수의 유작 중 첫 번째이며, '나, 너, 우리는 누구인가'라는 물음에 대해 '젓가락을 사용하는 민족'이라고 답하며 그 문화에 담겨 있는 한민족의 기질과 특성을 담담하게 서술한다. 정치, 경제, 역사, 철학 등의 학문이 그의 논의 아래에서 우리의 정체성을 드러내기 위하여 자유롭게 서로 넘나듦을 한다. '호모 젓가락'이 바로 우리 한국인을 대변하는 인문학적 코드가 될 것이다.

공부 중독
엄기호, 하지현 / 위고(2015)

공부는 철저히 '486 세대의 판타지 게임'이다! 사회학자 엄기호와 정신과 전문의 하지현이 공부를 진단한 결과이다. 문제는 이 게임은 거액의 판돈을 요구하기 때문에 결국 중산층은 이 게임을 시작조차 할 수 없다는 점이다. 어른들이 펼쳐 놓은 게임 속에서 결국 아이들이 싸우기 때문에 이는 마치 '투견'과 같을 것이다. 상처도 아이들이 받게 되며, 그 싸움에 중독되는 것도 결국 아이들이다. 그리고 이 투견 게임에 참가조차 못 하는 청소년들은 우울감과 자괴감에 빠지게 될 것이다. 우리는 분명 이 '독'을 해소할 필요가 있는데, 이 책은 공부라는 행위를 일종의 독으로 간주하여, 진정한 공부의 의미를 되새기는 방식의 '해독' 방식을 제안하고 있다. 공부와 관련된 우리나라의 특수한 접근 방식을 살피는 과정을 통해 진정한 인간이란 무엇인지에 대해 성찰하는 계기를 마련할 수 있을 것이다.

희망의 인문학
얼 쇼리스(고병헌 외 2인 역) / 이매진(2006)

'클레멘트 코스, 기적을 만들다'라는 부제를 가지고 있는 이 책은 노숙자, 빈민, 죄수 등 최하층 빈민들에게 인문학을 가르치는 클레멘트 코스의 가치에 대해 말하고 있다. 이는 자유교육이 귀족들에게만 향유되었던 전통적 질서를 파괴하고, 삶의 구석구석까지 파고드는 인문학의 저력을 현실화하기 위한 행보일 것이다. '빈곤이라는 것은 무엇인가? 시민의식은 무엇인가? 문화는 무엇인가? 우리는 노동을 어떻게 바라봐야 하는가?' 등은 어떻게 보면 평범한 논의일 수 있지만 노숙자나 빈민, 죄수들에게는 매우 중요한 깨달음을 줄 수 있는 화두이다. 나아가 세상을 의미 없이 살아가는 우리들에게도 역시 중요한 화두일 수 있기 때문에, 우리는 이 책을 통해 계층과 지위, 직업, 재산 수준 등을 초월하여 '참된 인간'을 규정하는 인문학의 힘을 느낄 수 있을 것이다.

1 인문계열 · 인문학부

2 사회계열

3 자연계열

4 공학계열

5 의약계열

6 예체능계열

7 교육계열

인문학부 독서탐구활동 활용사례

자율활동 특기사항

학교폭력 예방교육을 통해 신체적·물리적 폭력과 언어적 폭력의 차이점을 인지하고, 사회적으로 문제가 되고 있는 SNS 폭력이 일어나고 있는 심리 사회학적 원인을 토의함. 나아가 '다이아몬드 더스트 SNS 공개검증센터' 활동을 통해 실제 SNS상에 존재하는 폭력을 살펴봄. 이 과정에서 폭력의 척도가 사람마다 다를 수도 있다는 점에 기인하여 '인권 감수성'의 의미를 내면화함. 학급회의를 통해 우리 학급의 콘셉트를 정하는 가운데, 개성 있는 아이들이 많아지고 있다는 점에 기인하여 '개개인이 교실의 주인인 학급'이 좋겠다는 의견을 제시. 이에 따라 학급특색활동을 할 때 '인본주의'를 주제로 한 방송 콘텐츠를 제작함. 콘텐츠를 제작하는 과정에서 **'책은 도끼다(박웅현)'**를 읽고 사람이라는 개체를 하나의 오케스트라처럼 역동성을 지닌 존재로 바라보는 작가의 가치관과 표현들을 내면화함. 자신도 인문학을 전공하면서 늘 사람이 미래 가치임을 드러내는 콘텐츠를 제작하겠다는 열정을 드러냄.

동아리활동 특기사항

(인문학으로세상읽기)(34시간) 부동산, 가상화폐·주식 투자 등의 불로소득을 노리는 20·30대가 늘어나고 있다는 기사를 접하고, 이 기사를 '인문학'의 관점에서 의의를 밝혀 결과물을 만드는 활동을 함. 처음에는 불로소득을 '악'으로 규정하여 그 속에서 인간의 개인적인 삶이 얼마나 무너지는가에만 집중함. 하지만 이는 실제로 '투자를 하는 사람의 입장에 서 보지 않고 감정으로만 판단한 것'이라는 회의 결과에 따라 연구의 방향을 바꾸고자 하였음. 방향성을 찾지 못한 가운데 **'슬픈 열대(레비스트로스)'**를 읽고 서양인이 원주민들의 삶을 야만적으로 보듯이, 우리가 투자자들의 삶을 지나치게 단순하게 바라본 것은 아닌지 반성함. 이를 계기로 '투자자 인터뷰, 문헌 분석, 설문 조사' 등의 다양한 활동을 통하여 투자자들의 개인적인 목소리를 들음. 그 결과 '소비 패턴의 변화, 상속에 대한 기대, 가족 해체 및 1인 가구로서의 삶, 죽음에 대한 인식' 등의 수많은 다양한 인문학적 반응들을 얻게 되어 이를 토대로 결과물을 작성함.

진로활동 특기사항

전공 및 학과탐색의 날에 인문학부, 인문과학대학 대학생 선배의 특강과 멘토링에 참여해 희망 전공 및 학과에 대한 구체적인 정보를 듣고 진로 목표를 명확하게 하는 계기를 가졌으며, 현재 자신의 위치를 점검하고 진로 목표 달성을 위해 준비해야 할 사항이 무엇인지 구체적으로 인식하여 세부 실천 계획을 세우고 꾸준히 노력하는 등 진로 설계 능력을 향상시킴. 진로 인터뷰를 통해 '더불어 사는 세상에서 나는 무엇을 할 수 있는가?', '살아간다는 건 무엇인가?' 등의 인문학적 질문들을 늘 스스로에게 던지고, 이를 알아내고자 다양한 책이나 콘텐츠 등을 접하여 의문을 해결해 나간다는 사실을 언급함. 진로 모둠 독서 계획 세우기 시간에 모둠원과 '인간이란 무엇인가?'에 대해 논의하면서, 인간을 한국인으로 범위를 축소하여 생각의 깊이를 더하자는 의견을 수렴함. 이에 **'나의 한국현대사 1959-2020(유시민)'**을 읽고 역사 속에 존재하는 한국인은 어떤 사람인지에 대해 이야기를 나눔. 특히 '민주화'와 '산업화' 속에서 평등과 성장이라는 거대한 가치가 현대 큰 이념의 중심으로 자리 잡게 되었고, 결국 우리 인간은 투쟁과 갈등 속에서 괴롭게 버티며 살아가는 존재임을 드러낸 점이 인상 깊음. 이에 따라 인문학을 전공하면서 이러한 '역사 속에서의 인간'이라는 콘셉트를 중심으로 다양한 학문을 융합하여 연구하고자 하는 진로 로드맵을 기획함.

교과 세부능력 및 특기사항

통합사회

인간과 공동체 단원에서 '인권, 시장, 정의'와 관련된 내용을 다루면서 '한국의 교육 속에 인간은 존재하는가?'와 관련된 인문학, 교육학적 주제에 대해 토의함. 세미나 식으로 이루어진 토의에서 '우리는 부모의 욕망이 투영된 피사체에 불과하다'라는 주장을 하고 적절한 근거를 통해 뒷받침함. 근거를 마련하는 이전 차시의 과정에서 **공부 중독(엄기호, 하지현)**을 읽고 공부를 하여 더 상위 계층으로 올라가는 것이 마치 '투견'과 같다는 글쓴이의 의견을 토대로 '우리는 공부에 대한 내재적 동기를 마련하지 못한 채 대리인으로 살고 있다는 점에서 인문주의의 철저한 붕괴'라고 진단함. 인문학 계열에 진학하고자 하는 학생으로서, 사회 속에서 존재하는 인간이 하나의 거대한 구조에 의해 소외당하지 않고 참된 '나'를 인식하기 위해 무엇을 알아야 할지에 대해 고민을 자주 함. 앞선 단원인 '행복', '자연 환경', '생활 공간' 등에서도 '휴머니즘적'인 요소를 찾고 그것을 정리하는 습관을 가짐.

정치와 법

정치 및 법 모두 다 원초적인 개념에서는 인간의 상상에 의한 산물이기 때문에, 정치와 법이 과연 인간의 삶을 보호하고 있는지 그 양상에 대해 큰 관심을 가지고 있음. 정치적·법적 현상을 마주하면서 뛰어난 비판적 사고력과 분석력, 문제 해결력을 각 사례에 걸맞게 제시하여 타 학생들의 귀감이 됨. 사회생활과 법 단원을 공부하며 '형법의 의의, 범죄의 성립' 파트와 관련된 진로 관련 주제 발표에서 **예루살렘의 아이히만(한나 아렌트)**을 읽고 위에서 시키는 대로 행정적인 절차를 착실하게 밟는 차원에서 학살을 저지른 아돌프 아이히만에게 법은 어떤 잣대를 대는지에 대해 연구하여 발표함. 누군가의 지시를 따라 의무적으로 행했다고 하는 결과적 측면보다, 그 결과가 타인의 생명이나 재산을 빼앗을 수 있다는 것에 대한 인식적 측면을 법은 더 중히 여긴다는 사실을 말하고, 법이 결국 '타인에 대한 이해'와 불가분의 관계를 맺고 있다는 점을 역설함.

행동특성 및 종합의견

매사에 밝고 말을 재치있게 하여 즐겁고 행복한 반 분위기를 조성함. 학급자치회 부회장으로서, '행복한 학급'이라는 회장의 공약을 구체화하기 위해서 '학급 일기', '학급 고민 상담소' 프로그램을 기획함. 미래에 대한 계획이 뚜렷하고 사람을 사랑하는 본인의 자아상을 실현하기 위해 언제나 사람과의 관계를 소중히 여김. **희망의 인문학(얼 쇼리스)**을 읽고 '클레멘트 코스'가 노숙자나 빈민, 죄수 등을 대상으로 하는 인문학 코스라는 점을 알게 됨. 이 책을 통해 모든 학생들을 편견 없이 대해야 한다는 점을 깨달음. 특히 가정 형편이나 개인 사정으로 학교에 잘 안 나오는 친구에게 직접 연락하여 학습 과제 등을 알려주면서 학업에 대한 동기를 부여하는 등 꾸준히 노력함. 언어 능력이 뛰어나 자신이 보는 세상을 일기나 수필 등으로 기록하는 습관을 지니고 있으며, 인문학과에 진학하여 자신의 언어 능력을 토대로 인간의 삶을 돌아보고 그 가치를 칼럼 등을 통해 알리고자 하는 진로 진학 계획이 뚜렷함.

15 ▸▸ 일어일문학과

1 학과 인재상

일본어와 일본의 문화,
정치, 경제 등에 흥미와
관심이 있는 학생

일본의 문화와 사회에
대하여 객관적으로
파악할 수 있는 학생

한자에 대한
기본적인 소양을
가지고 있는 학생

한일관계를 선도하고
국제사회에 기여할 수 있는
글로벌 가치관을 가진 학생

양국 문화를 깊이 이해하고
비교·종합할 수 있는
능력과 소질이 있는 학생

2 유사학과

- 일어일문학과
- 일본학과
- 일본어과
- 관광일어과
- 일본비즈니스학과

3 관련직업

- 교수
- 대학강사
- 번역가
- 중등교사
- 학원강사
- 헤드헌터
- 호텔관리자
- 여행기획자
- 통역가
- 무역사무원
- 외교관
- 칼럼니스트

4 개설대학

- 가천대학교
- 가톨릭관동대학교
- 가톨릭대학교
- 강원대학교
- 건양대학교
- 경기대학교
- 경북대학교
- 경성대학교
- 경주대학교
- 경희대학교
- 계명대학교
- 고려대학교
- 광주대학교
- 군산대학교
- 극동대학교
- 금강대학교
- 남서울대학교
- 단국대학교
- 대구가톨릭대학교
- 대구대학교
- 대구예술대학교
- 대구한의대학교
- 대전대학교
- 덕성여자대학교
- 동국대학교
- 동덕여자대학교
- 동서대학교
- 동신대학교
- 동아대학교
- 동의대학교
- 명지대학교 인문캠퍼스
- 목포대학교
- 부경대학교
- 부산대학교
- 부산외국어대학교
- 삼육대학교
- 상명대학교
- 서경대학교
- 서울신학대학교
- 서울여자대학교
- 선문대학교
- 성결대학교
- 성공회대학교
- 성신여자대학교
- 세명대학교
- 세종대학교
- 세한대학교
- 수원대학교
- 순천대학교
- 숭실대학교
- 신라대학교
- 영남대학교
- 영산대학교
- 우석대학교
- 울산대학교
- 위덕대학교
- 유원대학교
- 인제대학교
- 인천대학교
- 인하대학교
- 전남대학교
- 전북대학교
- 전주대학교
- 제주국제대학교
- 제주대학교
- 조선대학교
- 중앙대학교 안성캠퍼스
- 중원대학교
- 창원대학교
- 청주대학교
- 충남대학교
- 한국국제대학교
- 한국외국어대학교
- 한남대학교
- 한밭대학교
- 한양대학교
- 호남대학교

5 학과 연계도서

라쇼몽

아쿠타가와 류노스케(김영식 역) / 문예출판사(2008)

일본 문학의 거장인 '아쿠타가와 류노스케'의 1915년 작품이다. 작품을 읽자마자 그 분위기에 압도되는 작품 중 하나로서, 헤이안 시대에 있었던 전염병, 대기근의 음울함을 '인물형 형성'으로 잘 보여주었다. 대기근으로 인해 자신의 직업마저 잃은 한 남자가 라쇼몽의 지붕 다락에서 여자 시체의 머리카락을 뽑는 노인을 만나게 되고, 그 노인은 시체의 주인공인 여자 또한 사기를 저질렀기 때문에 자신이 머리카락을 뽑은 행위도 정당화될 수 있다고 말한다. 이후 그 남자도 노파의 옷을 뺏으면서 자신이 굶어 죽지 않기 위해 옷을 뺏은 것이니 정당하다고 말한다. 오로지 죽지 않기 위해 서로 인간성을 포기하면서 빼앗을 수밖에 없는 현실을 매우 치밀하게 잘 그리고 있는 명작이다.

나는 고양이로소이다

나쓰메 소세키(송태욱 역) / 현암사(2013)

"나는 고양이다. 이름은 아직 없다."라는 문장으로 시작하는 이 소설은 고양이의 눈으로 바라본 인간의 군상을 표현하고 있다. 서술자의 시각을 달리하여 인간의 모습을 풍자하는 소설은 많으나, 일어일문학에 관심을 가지고 있는 학생들이 이 소설을 읽을 때 '재치 있는 표현'을 우리말과 원어를 비교하는 방식으로 읽는다면 그 재미가 배가될 것이다. 특히 고양이의 주인인 '구샤미'의 친구 '메이테이'가 늘어 놓는 궤변을 '나(고양이)'가 비꼬고 풍자하는 표현들은 주제 의식뿐만 아니라 표현 양상에서도 흥미롭게 감상할 점이 많다. 일본의 중요 작가인 '나쓰메 소세키'의 첫 작품이기 때문에 일본 문학사적으로도 의의가 있는 작품이다.

국화와 칼

루스 베네딕트(김윤식 외 1인 역) / 을유문화사(2019)

일본 문화를 가장 잘 파악할 수 있는 당대의 고전이다. 제목에서 알 수 있듯이 '국화'와 '칼'을 일본인이 모두 지녔다는 것은 그만큼 모순성과 이중성이 일본인에게서 보인다는 것을 의미한다. 이러한 점을 강렬한 언어로 서술하기 위해서 저자인 루스 베네딕트는 역설적으로 한 번도 일본에 방문하지 않고 문헌 연구나 미국에 있는 일본인을 조사했다. 제7장 '기리처럼 쓰라린 것은 없다', 제8장 '오명을 씻는다', 제11장 '자기 수양', 제12장 '어린아이는 배운다' 부분은 일본인들이 지니는 가치관이 어디에서 비롯되고 어떻게 표현되는지를 잘 알 수 있게 서술되어 있어서 주목할 만하다. 일본인에 대해 이해하려고 할 때 가장 먼저 집어들 수 있는 책이며, 반대로 일본을 다룬 다른 도서를 읽고 이 책의 내용을 비판적으로도 볼 수 있을 것이다.

일본어 문법사전

송수영 / 넥서스(2018)

일본어 문법은 교착어라는 점에서 우리말과 유사하기 때문에 체언과 조사 등의 감각을 한국어, 일본어 모두 동일하게 놓고 접근 가능하다. 따라서 일본어 문법에 대한 접근성은 다른 언어에 비해 용이할 수 있지만 분명 다른 양상들도 많다. 이 책은 명사, 대명사부터 시작하여 수사, 조수사 등의 '체언' 부분을 우선 다루며, い형용사와 な형용사의 종류와 활용 양상을 전개하며, 마찬가지로 동사의 た형, 동사의 ない형에 대해서도 소개한다. 이후 수수 표현, 가능 표현, 의지 표현, 희망 요구의 표현, 명령, 의무의 표현 등의 양태적인 부분이나 조사, 부사, 접두어, 접미어 등의 형태론적인 부분까지 다루면서 일본어 문법에 대한 접근을 돕고 있다.

인간 실격
다자이 오사무(김춘미 역) / 민음사(2004)

퇴폐주의라고 불리는 데카당스 문학가로 불리는 다자이 오사무의 걸작이다. 비관주의로 일관된 그의 작품은 다자이의 우울한 학창시절의 산물이라고 보기도 한다. 또한 정신 병동에서의 체험으로 알게 된 삶에 대한 묵직한 환멸감에 의해 탄생한 작품일 수도 있다. "인간을 극도로 두려워하면서도, 아무래도 인간을 단념할 수 없었던 것 같습니다"라고 말하는 주인공 '요조'의 모순성은 결국 사회에서 어울리지 못하고 혼자 고독하게 살아가는 삶에서 파생된 결과일 수 있다. 일본 문학에서 '인생'에 대해 허무주의적 관점에서 담담하게 서술된 작품 중 가장 압권이라고 불리는 작품이다. 우리는 이 작품을 통해 삶에서 나타나는 '인간의 나약함'을 목도하여 더 자기 반성에 몰두해야 할 것이다.

축소지향의 일본인
이어령 / 문학사상(2008)

루스 베네딕트의 '국화와 칼'이 일본 정신과 문화에 대한 개괄적 표현이었다면, 이 책은 그 언급들의 한 부분인 '축소'라는 관점에서 일본인을 해석한 결과이다. 축소라는 것을 지향하는 일본인은, 미시적으로는 도시락에서, 거시적으로는 경영학에서 그 양상을 엿볼 수 있다. 일본인의 생활에 대해 유쾌하면서도 진중하게 풀어낸 이어령 교수의 통찰은 오늘날 우리에게 '진정한 세계화'를 어떤 시각에서 지향해야 하는지에 대해 가르침을 주기도 한다. 또한 이 책의 마지막 장은 '확대지향의 문화'를 말하는데, 이 관점에서 일본이 어떤 입장을 갖춰야 하는지에 대한 진단은 매우 유의미하게 다가온다. 이 책은 전반적으로 일본인에 대해 더욱 자세하게 이해하고 파악할 수 있는 책이다.

일본 전통극의 이해
김충영 / 지만지드라마(2019)

극문학은 인간의 가장 본능적인 욕구가 반영된 갈래라고 할 수 있다. 어쩌면 극(劇)은 구두 언어에 의한 미디어로서 가장 원시적인 문학의 한 형태일 수도 있다. 그것은 한국과 일본 모두가 매한가지일 것이다. 이 책은 일본 전통극이 어디에서부터 기원하는지에 대해 서술하고 있는데, 고대 일본인들의 신앙이나 '하늘, 바위, 문 신화' 등에 대한 모티프는 우리나라의 설화와 제법 닮아 있다. 이러한 언급 이후 일본 전통극의 발달을 '노, 분라쿠, 가부키'의 양상에서 매우 구체적이고 작품 중심적으로 서술하고 있다는 점에서 일어일문학을 전공하고자 하는 학생들이 읽어 볼 만한 책이라고 할 수 있다. 특히 우리나라의 극문학과 비교하여 읽어 본다면 더욱 깊이 있는 이해를 도모할 수 있을 것이다.

일본은 지금 무엇을 생각하는가?
문정인, 서승원 / 삼성경제연구소(2013)

일본에 대한 현실적인 행보를 잘 파악할 수 있게 하는 책이다. 일본의 전략 구상, 일본의 주요국 외교전략, 일본과 한반도, 일본의 총합 안전 보장과 미래 질서 구상으로 총 4부로 이루어져 있는 이 책은 '일본과 한국의 진정한 화해는 가능한가?', '일본이 보는 국제 경제질서의 미래' 등의 주제에 대해 다양한 논의를 펼치고 있다. 인터뷰 형식으로 전개되는 이 책은 일본인 전문가들이 지니고 있는 생각을 생생하게 드러내고 있으면서, 동북아시아의 행보에 대해 정치, 경제, 외교적인 관점에서의 감각을 지니게 하는 데에도 고무적인 영향을 끼칠 것이라고 본다.

한국인을 위한 일본문학 개설
김순전 외 2인 / 제이앤씨(2019)

일본 문학이 지니는 특수성을 대학에서 본격적으로 배운다고 하면, 일본 문학의 '전개'는 일어일문학에 관심을 두고 있는 학생이라면 한번 훑어볼 수 있는 요소가 있다고 본다. 이 책은 제법 흥미로운 방법론으로 일본 문학의 전개를 유도하는데, '개괄, 개관, 개설'이 그것이다. 개괄이 일본 문학이라는 좌표평면 전체를 펼치는 장을 마련한다면, 개관은 통시적인 관점에서 'x축'의 흐름으로, 개관은 공시적인 관점에서 'y축'의 흐름으로 논의를 전개한다. 개관이 역사적 변천이라면 개설은 갈래적 다양성이다. 이러한 종횡무진의 문학론 전개를 접하면서 일본 문학에 대한 전체적인 감각을 형성할 수 있을 것이다.

일본어학의 이해
천호재 / 어문학사(2019)

이 책에서 제일 흥미로운 점은 일본어 문법에 대해 개론서 수준으로 전개된 1~7장보다, 8장과 9장에 해당되는 실생활으로서의 일본어 문법이다. 일본어의 특질을 언급하는 1장에서부터 출발하여 일본어의 음성과 음운, 문자와 표기, 어휘, 문법, 문장과 문체에 해당하는 문법론을 분석하여 파헤치는 것과는 상반되게, 8장 언어생활에서는 사회방언에 대해 연령, 성별, 집단, 시기라는 기준으로 매우 세부적으로 나누는 모습을 보인다. 또한 9장인 일본 사정의 이해에서는 '슈퍼마켓 전단지'에 명시된 상품 내역(가격, 단위, 표기 자종, 광고 문구, 원산지, 문화 정보)에 대해 매우 자세하게 분석하여 독자들의 흥미를 유발한다. 특히 일본과 한국의 슈퍼마켓 전단지를 비교하는 부분에서는 문자와 디자인으로 파악할 수 있는 문화의 차이까지 엿볼 수 있다는 점이 고무적이다.

1

인문계열 · 일어일문학과

2

사회
계열

3

자연
계열

4

공학
계열

5

의약
계열

6

예체능
계열

7

교육
계열

일어일문학과 독서탐구활동 활용사례

자율활동 특기사항

학급특색활동 시간을 통해 '우리 반, 우리 학교를 객관적으로 알아보기'라는 테마를 정해 우리 반 아이들의 교육적, 사회학적 실마리를 도출하려고 노력함. 객관적으로 알아보기 위한 방법적인 차원으로 '서술자의 시각을 전환시키는 방법'이 타당할 수 있다는 사실을 논의함. 일문학에 관심이 많아 일어일문학과에 진학하고자 읽는 중이었던 **'나는 고양이로소이다(나쓰메 소세키)'**를 통해 고양이의 시각에서 인간들의 사회와 문화를 본 '낯설게 하기'의 방법을 적용해 보기로 제안함. 이후 '외계인의 눈으로 보는 우리 반'이라는 보고서를 한 학기 동안 만들기 시작함. 특히 소설의 기법처럼, 객관적인 아이들의 행동을 중층 기술적인 기법으로 자세하게 정리하였음. 보고서의 내용을 작성하고 발표하는 과정을 통해 해당 학급은 생각보다 불필요하거나 작은 일로 다투고, 그 다툼에 따라 소집단으로 나뉘어 전반적인 통합이 이루어지기 어렵다는 사실을 알게 됨. 이를 해결하기 위해 친구들과 논의하는 등 진취적인 모습을 보임.

동아리활동 특기사항

(성찰의시간)(34시간) 자신이 가장 좋아하는 콘텐츠를 통해 성찰한 결과를 논의하는 '리플렉티브 콜로키엄' 시간에서 **'인간 실격(다자이 오사무)'**를 읽고 자신의 삶은 늘 우울감과 환멸감의 연속이었다고 밝힘. 특히 주인공인 요조의 삶과 자신의 삶이 '사람을 좋아하면서 경계한다는 점'에서 매우 유사하다고 말하면서, 이러한 삶이 건전성과 안정성을 확보하기 위해 본인이 어떤 노력을 기울여야 할지에 대해 서로 논의함. 나아가 요조라는 인물이 나올 수밖에 없는 이유를 당시의 일본 사회적 특성과 결부하여 생각하고, 이를 한국 사회와 대응시킬 때 개인의 자아가 어떻게 변할지 진단함. 일본 문학에 관심이 많으며, 이를 통해 일본의 사회상을 자세하게 관찰하고자 하는 열의가 돋보임. 또한 '인간 실격'이 작가의 개인적 삶이 투영된 것이라는 사실을 알게 되어, 작가의 다른 작품을 탐색하여 어떤 경향을 지니고 있는지 알아보고 성찰의 도구로 삼고자 하는 계획을 친구들과 논의함.

진로활동 특기사항

진학안내 시간을 통해 대학이 여러 계열로 나뉘어 있고, 그중 인문계열이 자신의 언어, 문화와의 관계성을 잘 드러낼 수 있기 때문에 적합하다는 사실을 알게 됨. 진로 및 직업 탐색 계획 수립 시간에 칼럼니스트가 갖추어야 할 역량이나 자세로 무엇이 있을지 생각해 봄. 특히 일본어 및 일본 문화에 대한 관심이 크기 때문에 칼럼니스트로서 어떠한 거시적 주제의식을 가지고 일본어와 일본 문화에 접근해야 할지에 대해 고민하는 시간을 가짐. 진로심리검사를 통해 자신이 사회성이 높고 연구를 좋아하는 성격임을 알게 되어, 자신이 스스로 알아본 바를 다른 사람들과 공유하고 토의, 토론하는 직업을 가지면 좋겠다는 생각을 가짐. 진로 인터뷰 시간에 자신이 평소 일본 문화 콘텐츠(만화, 게임 등)를 다양하게 접하고 경험하면서 일본인들의 장인 정신과 아기자기한 매력에 빠지게 되었으나, 반일 감정이나 역사적 관점에서 일본을 다시금 어떻게 바라봐야 할지에 대해 혼란스러운 마음을 가지고 있었다는 사실을 설명함. 이와 관련하여 책을 통해 자신의 생각을 정립하고자 **'축소지향의 일본인(이어령)'**을 읽음. 일본인들이 가진 '축소지향성'에 대해 깨달으면서도, 이러한 명명보다 일본 문화를 더 명확하게 설명하고 자신의 일본 문화 칼럼을 쓰는 데 도움이 될 만한 다른 관점의 책을 읽어봐야겠다는 독서 계획을 세움.

교과 세부능력 및 특기사항

일본어1

일본어로 의사소통을 잘하고 특히 '억양'에서 뛰어난 역량을 보임. 일본어로 자기 소개, 물건 사기, 친교 및 정서 표현하기 등을 할 수 있으며, 자신의 의사를 표현할 수도 있음. '교과서 뛰어넘기' 시간에 일본어와 한국어의 용언이 '어간+어미'로 구성되어 있는 교착어적 특성을 지니고 있다는 사실을 **'일본어학의 이해(천호재)'**를 읽고 알게 되어, 일본어의 용언 어간에 다양한 어미를 결합하여 활용하는 양상을 노트로 정리하여 발표함. '먹다'라는 뜻을 지닌 일본 단어(타베루)를 '먹고 싶다, 먹지 마라, 먹읍시다, 먹었습니다' 등으로 변환하면서 어미의 의미를 폭넓게 이해할 수 있었다는 사실을 언급함. 나아가 '밥을 먹다'라는 문장에서 '먹다'가 타동사임을 알게 되어 앞에 해당하는 어절이 '체언+조사'로 이루어지기 때문에 각 체언과 조사가 어떤 의미인지를 알 수 있게 되는 일련의 탐구 과정을 발표함. 한국어와 비슷한 일본어의 문장 구성을 내면화하여 문장의 의미를 파악하는 능력이 뛰어남.

일본어2

일본의 전통문화와 관련된 글을 읽고 바르게 이해 및 표현하는 단원을 학습하면서, 일본의 '전통극'에 대한 관심이 생겨서 이를 자세하게 공부하여 주제 발표 시간에 발표함. 이 과정에서 **'일본 전통극의 이해(김충영)'**를 읽고, '노, 분라쿠, 가부키' 등의 전통극이 서로 어떤 차이가 있는지를 알게 됨. 특히 유네스코 지정 인류무형문화유산으로 등록된 가부키가 우리나라의 전통극인 '봉산 탈춤'과 문학적으로 어떻게 다른지 본인의 의견을 밝힘. '쿠마도리'라고 하는 화장법에 대해서도 친구들에게 자세하게 소개하여 친구들이 가지고 있는 가부키 화장에 대한 생각을 재정립할 수 있게 도와줌. 일문학을 공부하면서 일본의 전통문학이 우리나라 고전 문학과 어떠한 연계성을 지니고 있을지에 대해 역사적 교류 및 사건 등을 토대로 연구하고자 하는 의지를 보임. 기본적으로 일본어 의사소통적인 측면에 있어서 기본을 넘어선 복잡한 감정, 사고 등의 표현까지 **훌륭하게** 해내어 다른 학생들에게 큰 영향을 줌.

행동특성 및 종합의견

항상 밝은 얼굴로 사람들을 대하여 호감을 주는 학생임. 성품이 착하여 친구들이 어려운 일을 당하면 자신의 일처럼 생각함. 학급에서 특별구역 청소 담당으로 환경 정리에 많은 도움을 주었으며, 작고 사소한 일에도 최선을 다하여 자신의 역할에 임함. 학습 습관도 바르게 형성되어 있어 모든 수업 시간에 집중하며 정리를 잘 함. 자신의 부족한 점을 잘 알고 있어 이에 좌절하지 않고 더욱 노력하여 극복하는 점이 인상적임. 일어일문학을 전공하고자 하는 학생으로서, 우리가 일본에 대해 가지고 있는 편견을 깨고 일본을 '직면'할 수 있기 위해 노력하는 칼럼니스트나 문화 콘텐츠 제작자가 되고 싶어 함. **'국화와 칼(루스 베네딕트)'**을 읽고 일본에 한 번도 가지 않았음에도 불구하고 일본을 '직면'하여 서술한 루스 베네딕트의 비교문화학적, 사회학적 자세에 큰 감명을 받아, 자신도 이러한 '객관적이면서 중층적인' 자세로 일문학과 일본 문화에 다가가야겠다는 다짐을 함.

16 ▸▸ 자유전공학과

1 학과 인재상

글로벌 커뮤니케이션 능력을 겸비하여 세계 무대에서 역량을 발휘할 수 있는 학생

학문과 학문 간에 존재하는 관계성에 대해 탐구할 수 있는 학생

계열 간 벽을 허물어 융복합적인 실마리를 도출할 줄 아는 학생

4차 산업혁명이 지향하는 가치를 실현하고자 하는 의지를 지닌 학생

다양한 학문을 폭넓게 탐색하는 과정을 즐길 줄 아는 학생

2 유사학과

- 자율전공학부
- 융합특성화자유전공학부
- 글로벌자유전공학과
- 자율융합계열

3 관련직업

- 경영컨설턴트
- 교사
- 변리사
- 변호사
- 세무사
- 언론인
- 외교관
- 은행원
- 회계사
- 기자
- 번역가
- 사회과학연구원 등 특정 학과를 후에 전공하게 되었을 때의 모든 직업

4 개설대학

- 가천대학교
- 가톨릭대학교
- 강원대학교 도계캠퍼스
- 강원대학교 춘천캠퍼스
- 경남대학교
- 경희대학교
- 고려대학교
- 고려대학교 세종캠퍼스
- 대구가톨릭대학교
- 대구대학교
- 동국대학교 경주캠퍼스
- 명지대학교
- 상지대학교
- 서울대학교
- 서울시립대학교
- 서울여자대학교
- 수원대학교
- 순천대학교
- 순천향대학교
- 숭실대학교
- 연세대학교 원주캠퍼스
- 영산대학교
- 전남대학교
- 조선대학교
- 충북대학교
- 한국교통대학교
- 한국항공대학교
- 한남대학교
- 홍익대학교
- 홍익대학교 세종캠퍼스

5

학과 연계도서

1

인문계열 · 자유전공학과

2

사회 계열

3

자연 계열

4

공학 계열

5

의약 계열

6

예체능 계열

7

교육 계열

통섭
에드워드 윌슨(최재천 외 1인 역) / 사이언스북스(2005)

문과와 이과를 나누는 명시적, 혹은 암묵적 교육시스템이 존재하는 나라는 우리나라밖에 없다고 한다. 최근 '문송합니다'라는 말이 존재할 정도로 우리는 지나치게 이공계 인재를 육성하는 데 주력해 왔다. 그러나 이공계 인재들이 대학 혹은 대학원에서 공부하는 것에 대한 목적도 결국 궁극적으로는 '인간과 자연'에 관련된 것이며, 그 인간과 자연을 규정하고 관계성을 탐구하는 것은 인문학일 것이다. 따라서 우리는 테크놀로지를 만들어낼 때 늘 그 목적을 따라가야 하며, 그 목적을 수립하는 인문학에서 목적성에 대한 답을 찾아야 한다. 인문학도 마찬가지로 현실적 대안에 대해 테크놀로지의 문에 노크를 해야 할 것이다. 이 책은 인문, 사회과학과 자연과학의 융합적 실마리를 보여줌으로써 우리에게 학문적 연관성에 대한 감각을 일깨워 줄 것이다.

도대체 전공이 뭐길래!
서울대학교 자유전공학부 / 일조각(2017)

전공은 '선택하는' 것이 아니라 자신에게 어울리는 것을 '찾아내는' 것이라고 말하는 서울대학교 자유전공학부 1학년 학생들의 목소리가 담긴 책이다. 자유전공학부는 진로가 아직 명확하게 정해지지 않은 것처럼 보이지만, 정해지지 않았다는 것은 어쩌면 자신을 더 돌아볼 수 있는 기회와 시간이 더 많이 주어진다는 것을 의미할지도 모른다. 이 책은 자유전공학부 학생들이 1년간 경험하거나 사유하는 것들을 다채롭게 풀어내는 과정을 통해, 자유전공학부를 희망하는 학생들이나 진로를 아직 결정하지 못한 학생 및 학부모들에게 '행복한 유예'의 가능성을 보여 준다. 우리는 이 책을 통해 자유전공학부가 다른 과보다 '더 많고 깊은 고민'을 가진 사람들의 모임임을 이해할 수 있을 것이며, 자유전공학부를 지원하고자 하는 동기를 더욱 강화할 수 있을 것이다.

통섭의 식탁
최재천 / 움직이는 서재(2015)

본격적으로 '기획 독서'의 가치에 대해 설명한 책으로서, 에드워드 윌슨의 '통섭'에 대해 실제적인 도서를 추천하고 내용을 해제하는 방식을 통해 독자들의 구체적인 이해를 도모한 점이 돋보인다. 기획 독서라는 것은 취미로 읽는 독서가 아닌, 자신의 관심 분야나 전공과는 상관이 없는 책들을 읽으면서 연계적 실마리를 밝히는 독서를 말하는데, 이 책은 인문, 사회, 자연과학과 관련된 다양한 책과 이야기들을 56가지의 음식이 깔리는 '정찬'의 과정으로 설명하고 있다. 우리는 이 책을 통해 일종의 기획 독서로 자신의 입맛에 맞게 학문을 융합하는 경험을 하게 될 것이다.

왜 세계의 절반은 굶주리는가?
장 지글러 (유영미 역) / 갈라파고스(2016)

우리는 우리가 마주한 국제적인, 그리고 보편적인 문제에 대해 다양한 학문적인 접근을 해야 할 의무를 지니고 있다. 이러한 차원에서 가장 흔하면서도 심각하게 접근할 수 있는 세계적 문제는 바로 '기아'이다. 이 기아 문제와 관련해서는 정치, 경제, 사회, 과학 등의 다양한 학문적인 코드로 접근이 가능한데, 이 책은 기아의 원인을 규명하고 실태를 드러내며, 이와 관련된 여러 관련 요인들의 영향 관계를 밝히고 해결 방안을 모색하는 식으로 논의를 전개한다. 중고교 추천 도서로서 가장 많은 인기를 얻고 있는 책 중 하나로서, 우리는 이 책을 통해 결론적으로는 기아라는 국제사회적 문제에 대한 해결책으로 '나 스스로가 실천할 수 있는 것에 대한 가치'라는 인문학적인 해결책을 상정할 수 있는 계기를 마련할 것이다.

원효의 화쟁철학
박태원 / 세창출판사(2020)

대한민국학술원 인문학분야 우수학술도서로 선정된 이 책은 '배타적 말다툼'이라고 하는 '쟁론(諍論)'에 대한 대안으로 '화쟁', 즉 '문(門) 구분의 사유방식'을 제시한다. 원효의 화쟁철학은 이 책에서는 '차이의 합리적 조정을 위한 철학'이라고 말하고 있는데, 이는 오늘날 존재하는 '반사적 반발, 갈등'에 대한 중요한 실마리로 기능할 수 있을 것이다. 여기에서 말하는 '차이'는 당연히 대상에 대한 고유성을 인정한다는 전제를 가지고 있는데, 이러한 철학적 자세가 오늘날의 '통섭(統攝)'과 유사성을 가지고 있기 때문에, 자유전공을 희망하는 학생들에게 학문통합적인 자세를 추구하고자 하는 동기를 불러일으킬 수 있을 것이다.

예술과 경영의 융합
한은수 외 3인 / 비즈프레스(2021)

'예술경영학', '경영미학'은 우리 모두에게 다소 생경하게 다가오는 개념이다. 예술경영학은 예술에 경영학적 기법을 적용하는 것으로서, 예컨대 공연장이나 전시장, 예술인조합이나 예술 관련 기업을 운영하여 예술로부터 얻을 수 있는 행복을 많은 사람들에게 전달하기 위한 경영 행위이다. 또한 경영미학은 경영학에 예술적 기법을 적용하는 것으로서, 조직을 운영하는 데에 있어서 해당 개개인의 가치를 인정하고 조화롭게 운영하는 방식으로서의 오케스트라 리더십 등이 그러하다. 이 책은 예술경영학과 경영미학에 대해 전반적으로 소개함으로써, 넓게는 사회과학과 예술학, 미학 간의 충분한 연계적 실마리가 존재함을 증명한다. 나아가 현대 사회에서의 경영은 독자적인 것이 아니라 학문 융합적인 가치지향성을 지니는 행위임을 보여주고 있다.

생명
장대익 외 2인 / 서울대학교출판부(2014)

이 책은 서울대학교 자유전공학부 학생들을 대상으로 '생명'이라는 주제에 대해 팀 티칭을 한 강의 내용을 요약한 것이다. 이 책의 저자이자 자유전공학부 강의를 한 교수인 장대익, 우희종, 김형숙 교수는 각각 과학철학, 면역학, 미술교육의 대가로서 생명과 삶, 인간의 가치를 다양한 방식으로 규명하고 있다. 근대 과학에서 보는 생명은 무엇인지에 대한 부분이나, 현대 진화론과 관련된 논쟁들, 그리고 진화는 진보인지에 대한 생각, 나아가 미술관에 전시된 그림들 속에서 엿볼 수 있는 생명에 대한 관점의 역사학적 전개와 다양성 등이 이 책에 담겨져 있다. 우리는 이 책을 통해 우리의 삶과 가장 밀접하게 맞닿아 있는 '생명'이라는 주제를 보다 더 다양한 시각으로 바라볼 수 있는 눈을 갖출 수 있을 것이다.

필로소피 유니버스
수키 핀(전혜란 역) / 알에이치코리아(2022)

이 책은 철학 사상에 대해 통시적으로서 서술하거나 전개하는 방식과는 다른 서술 방식을 택하고 있다. 일단 이 책은 '우리 모두의 목소리에 주목하자!'라고 외치고 있는데, 이에 따라 이 책은 우리 사회에서 본질적으로 제기될 수 있는 '목소리와 물음들'을 다루고 있다. 예컨대 '여자란 누구인가?', '우리는 과거에 잘못을 한 사람을 현재의 눈으로 어떻게 바라봐야 할까?', '스스로 객관적이라고 믿을 때 어떤 일들이 벌어지는가?', '물리적 폭력이나 비용 없이 공격하는 방법은 무엇인가?' 등이 그러하다. 진지한 물음과 외침에 대한 학자들의 의견을 나열하는 방식을 접하면서, 우리는 현실의 문제를 다양한 학문적 탐색으로 해결하는 과정을 경험할 수 있을 것이다.

불안과 괴로움
권순홍 / 길(2022)

우리가 지니는 불안과 괴로움, 그리고 삶과 죽음에 대한 학문 융합적인 넘나듦을 보여주는 저서이다. 이 책은 니체와 하이데거, 그리고 불교의 '4성제'를 통해 화가 폴 고갱이 그린 '우리는 어디에서 왔는가, 우리는 무엇인가, 우리는 어디로 가는가'에 대한 일부의 해답을 제시하고 있다. 여기에서 '귀향자'라는 개념이 나오는데, 이 책은 니체는 아무리 '초인'이라는 자를 토대로 삶을 절대화해도 귀향자에 미치지 못하고, 하이데거는 '현존재'를 통해 죽음을 절대화해도 역시 귀향자에 미치지 못한다고 말한다. 그러나 불교의 4성제에서 나오는 '12연기설'은 귀향자의 '능동성'을 말하고 있는데, 이는 비로소 삶과 죽음의 경계에서 자유로움을 지닌 존재로 인간이 거듭날 수 있는 가능성을 보여준다. 삶과 죽음의 문제는 우리 모두가 직면하는 가장 큰 문제이기 때문에, 전공을 막론하고 우리가 다양한 방식과 콘셉트를 통해 들여다볼 의무가 있는 주제이다.

월든
헨리 데이비드 소로우(정회성 역) / 민음사(2021)

이 책의 저자인 '헨리 데이비드 소로우'가 '시인', '문필가', '철학자', '생태학자', '자연과학자' 등의 여러 가지의 명칭으로 불리듯, 소로우의 역작인 이 책은 보는 시각에 따라 다양한 학문적인 이야깃거리를 도출할 수 있는 책이다. 1845년 월든 호숫가의 숲속에서 통나무집을 짓고 살아가는 과정에서의 경험과 사색을 에세이 형식으로 담은 이 책은 '문명'이라는 그늘에서 벗어나서 자연의 따사로운 햇빛을 직면하여 받는 것이 우리 인간과 자연에게 각각 어떤 의미가 있는지를 설명하고 있다. 우리는 이 책을 인문학, 사회과학, 자연과학의 시각으로 각각 바라보면서, '자연'이라는 대주제에 대해 어떠한 해석을 내릴 수 있는지를 확인할 수 있을 것이며, 자유전공을 준비하는 과정에서 자신이 어떠한 삶을 살 수 있을지에 대한 철학적 해결책도 얻게 될 것이다.

자유전공학과 독서탐구활동 활용사례

자율활동 특기사항

아동학대예방교육을 통해 '정서적 학대'가 사회적으로 심각한 현상임을 인지하고, 사례 분석을 통해 학급 내에서 이루어지는 미시적 행위가 지니는 학대의 경중 정도를 측정하고 통계화함. 1일형 주제별 체험학습을 통해 '예술과 과학의 융합'이라는 주제로 미술 작품의 원근법을 '기하학'의 관점에서 분석하고, 미술 작품에 나타난 절기 혹은 시간대를 대기의 관점에서 추측하는 '아테나 골든벨 프로그램'을 개최함. 학급독서활동을 통해 자신의 진로인 '자유전공학' 등과 관련된 질문을 제기하고, 그 질문들을 해결할 수 있는 도서를 추천하는 방식의 학급 회의를 진행함. 특히 **'통섭의 식탁(최재천)'**을 읽고 하나의 전공에 대해서만 깊게 파는 독서뿐만 아니라, 차려진 음식들을 자신의 입맛에 맞게 먹는 것과 같은 '기획 독서'도 좋은 대안일 수 있다는 사실을 학습함. 이러한 과정이 '문제해결식 독서'와 유사하다는 사실을 친구들과 공유한 후, 새로 알게 된 내용을 기록장에 기록하는 KWL 활동을 함.

동아리활동 특기사항

(학문융합콘텐츠제작반)(34시간) 예술학과 경영학, 건축학을 융합하여 '가상의 미술관 설계도 제작 및 홍보 전략 기획안'을 작성함. 우선 관련 자료를 찾기 위해 **'예술과 경영의 융합(한은수 외 3인)'**을 읽고 '예술경영학'이라는 개념을 이해함. 전시장, 미술관 등의 경영에 있어서 독특한 예술적 감각이 대중성과 경제성을 확보해야 한다는 것을 알게 됨. 독특한 절차를 거쳐야 한다는 사실을 토대로, 아기로 태어난 인간이 노인이 되어 죽지만 결국 다시 태어나서 순환한다는 인간의 삶을 파노라마 형식으로 보여 주기로 함. 미술관을 원형으로 설계하기로 하고 3D 프로그램으로 디자인함. 또한 건축 과정에서 필요로 하는 예산을 '자재비, 인건비, 부대비용'으로 나누어 예상 금액을 산출함. 이후 이러한 과정을 홍보하기 위해 '요람에서 무덤, 다시 요람으로'라는 제목의 포스터를 만들고, 포스터와 3D 프로그램 설계도 및 예상 금액이 담긴 미술관 건축 포트폴리오를 동아리 발표 시간에 발표하여 많은 사람들의 호응을 얻음.

진로활동 특기사항

학교생활기록부의 이해 및 활용 시간을 통해 자신의 교내 활동을 점검해 보고, 자기소개서를 쓰기 위한 개요를 작성해 봄. 교내 진로의 날 행사에서 '공학의 기초, 아두이노 실험' 강연을 한 공학 계열 선배님과 '생활 속의 경제학, 너의 지갑은 안전하니?' 강연을 한 경제학 계열 선배님의 강연을 모두 듣고 공학의 실제적인 결괏값 산출과 경제학의 이론적 탐색이 모두 자신의 적성과 맞기 때문에 이를 융합하고자 하는 진로 계획을 세우고 싶다는 감상문을 작성함. 가드너의 다중지능검사 결과 논리수학지능, 공간지능, 인간친화지능이 고루 분포되어 나옴. 이 결과를 가지고 진행한 진로 인터뷰에서 '인간의 삶에 대한 면밀한 관찰과, 관찰 결과 나타난 삶을 개선하고자 하는 과학적 연구'가 자신에게 적합한 삶의 테제라고 말함. 사회과학과 자연과학에 대한 관심을 모두 가지고 있기 때문에 더욱 진로를 정하기 어려울 수 있었으나, **'통섭(에드워드 윌슨)'**을 읽고 자신이 오히려 인문학이라는 목적성을 지닌 채 테크놀로지, 기술과학이라는 방법론을 탐색하는 융합의 자세를 지닐 가능성이 있다는 사실을 알게 되어 이러한 융합적 가치를 실현하기 위해서는 '자유전공학과, 자유전공학부' 등에 진학할 필요가 있다는 사실을 깨달음. 이후 스스로 자유전공학과의 설립 목적이나 커리큘럼 등을 자세하게 살펴 봄.

교과 세부능력 및 특기사항

독서

주제통합적 읽기의 중요성에 대해 학습하면서 한 권의 책에 대해 다양한 학문적 관점에서 이해, 비판하고 창의적 대안을 제시할 수 있다는 점을 알게 됨. 교과서에 제시된 '사랑을 바라보는 세 가지 시선' 중 '사랑에 대한 오해'에 대해 신경과학이 아닌 인문학, 사회학, 미학의 관점에서 '인간의 오성'이 결국 사회적으로 진화하여 나타난 감정이 '사랑'이라는 창의적인 대안을 제시함. 이 방법을 바탕으로 **'왜 세계의 절반은 굶주리는가?(장 지글러)'**를 읽고 기아 문제에 대해 다양한 학문을 융합하여 이해하거나 비판하는 학습 활동을 훌륭하게 수행함. 기아 문제는 과학적인 원인으로 보았을 때 식품 가공이나 조리, 2차 생산 등의 식품생명과학적 기술들이 미비하기 때문이며, 경제적인 관점으로 보았을 때 국제적인 부의 분배가 원활하지 않기 때문이라는 점을 언급함. 독서 지문 하나를 보더라도 자신의 희망 전공에 걸맞게 융합적인 시선으로 보려고 하는 자세가 돋보임.

논술

상대를 설득하기 위한 논술의 방법으로 논거의 제시가 중요하다는 점을 학습한 후, 전체 논지를 흐리지 않는 선에서 다양한 논거를 풍부하게 제시하는 방법이 진정한 설득을 이끌어 낸다고 서술함. 그 예로 **'원효의 화쟁철학(박태원)'**을 읽고 화쟁 사상에 대해 이해한 다음, '화쟁이 현대 사회에서 발생하는 문제에 대한 가장 근본적인 대안으로서, 우리는 이를 반드시 갖추어야 한다'라는 논제에 대한 근거 여러 가지를 제시함. 우리가 가지고 있는 '배타성'이 어디에서 기원했는지에 대한 역사적, 인류학적 탐색 결과, 상대방을 인정하고 화합하는 과정에서 생기는 몸의 변화에 대한 생명과학적인 정보, 화쟁의 구체적인 방법론을 언어학, 사회학적으로 풀어낸 결과 등을 제시함. 다양한 배경 지식을 동원하여 자신의 입장을 견지하는 데에 뛰어난 능력을 지니고 있으며, 학문의 경계와 연계적 실마리를 명확하게 인지하고 그것을 탁월하게 글로 드러냄.

행동특성 및 종합의견

항상 웃는 얼굴로 타인을 대하며, 밝고 건강한 에너지로 모두에게 힘을 주는 존재임. 남을 위해 봉사하고 교실 및 교무실 쓰레기 분리수거를 1년 동안 한 번도 빠지고 않고 하는 성실함을 지님. 학급 임원이 아님에도 학급 자치회 회장과 학급 자치회 부회장을 도와 학급의 모든 일에 적극적으로 참여하고, 교사를 잘 도와주는 따뜻한 마음을 지녔음. 사회에 대해 탐구하는 문과 성향과 과학적 사고력과 문제해결력으로 기술적 대안을 제시하는 이과 성향을 모두 지니고 있는 학생으로서, 이러한 성향이 **'월든(헨리 데이비드 소로우)'**을 읽고 '자연 속에서 존재하는 인간'에 대해 탐구하면서 결국 자연과 인간은 불가분의 관계 속에서 가치를 공유하며 사는 것이라는 사실을 깨달았기 때문에 파생된 성향이라고 말할 정도로 깊은 사고력을 지님. 이외에도 독서 활동을 꾸준히 하면서, 책에서 다양한 학문적인 실마리를 도출하려고 시도하며 훗날 자유전공학부를 전공하면서 이를 더 견고하게 하고 싶다는 진로 철학을 상정함.

17 ▶▶ 종교학과

1 학과 인재상

해당 종교가 요구하는 원전과 관련된 언어적 감각이 있는 학생

종교의 기능, 철학 등에 지적 관심이 있는 학생

종교에 대한 규범적인 판단을 중지할 줄 알고, 특정 종교적 편향이 없는 학생

종교를 둘러싼 역사, 경제, 예술 등의 다양한 분야에 관심을 가지고 있는 학생

서로 다른 문화와 종교를 존중하고 이해할 줄 아는 열린 마음을 가지고 있는 학생

2 유사학과

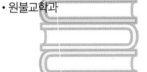

- 신학과
- 기독교학과
- 불교학과
- 종교문화학과
- 종교학과
- 원불교학과

3 관련직업

- 목사
- 수녀
- 승려
- 전도사
- 신부
- 연구원

4 개설대학

- 가톨릭관동대학교
- 가톨릭대학교
- 감리교신학대학교
- 강남대학교
- 건국대학교
- 경성대학교
- 계명대학교
- 고신대학교
- 광신대학교
- 광주가톨릭대학교
- 금강대학교
- 김천대학교
- 나사렛대학교
- 대구가톨릭대학교
- 대신대학교
- 대전가톨릭대학교
- 대전신학대학교

- 대진대학교
- 동국대학교
- 동명대학교
- 루터대학교
- 목원대학교
- 배재대학교
- 백석대학교
- 부산가톨릭대학교
- 부산장신대학교
- 삼육대학교
- 서강대학교
- 서울기독대학교
- 서울대학교
- 서울신학대학교
- 서울여자대학교
- 서울장신대학교
- 서울한영대학교

- 선문대학교
- 성결대학교
- 성공회대학교
- 수원가톨릭대학교
- 숭실대학교
- 아세아연합신학대학교
- 안양대학교
- 연세대학교
- 영남신학대학교
- 영산선학대학교
- 원광대학교
- 위덕대학교
- 이화여자대학교
- 인천가톨릭대학교
- 장로회신학대학교
- 전주대학교
- 중앙승가대학교

- 중원대학교
- 총신대학교
- 침례신학대학교
- 칼빈대학교
- 케이씨대학교
- 평택대학교
- 한국성서대학교
- 한남대학교
- 한세대학교
- 한신대학교
- 한일장신대학교
- 협성대학교
- 호남신학대학교
- 호서대학교

지성적 공간 안에서의 종교
정진홍 / 세창출판사(2015)

종교야말로 다양한 가치 체계가 융합된 복합체인데, 우리는 이런 종교를 단순한 감정의 영역으로 치부하여 거리를 두곤 한다. 어쩌면 우리는 이러한 난제를 넘기 위해 종교도 하나의 '타인'으로 보고, 그 타인도 하나의 유기체적 관점에서 자세히 들여다볼 필요가 있을 것이다. 이 책은 종교와 실존, 종교와 공동체, 종교와 문화 등에 대해 깊이 있는 통찰에 이르는 과정을 보여 주면서, 당대 종교 문화가 지니는 문제점을 해결하여 새로운 종교적 지평을 펼치고자 하는 열의를 드러낸다. 종교는 하나의 사실만을 말하는 것이 아니며, 그것을 뛰어넘는 '다른 삶'일 수 있기 때문에, 우리는 종교를 마주하면서 하나의 거대한 삶과 삶의 교차점을 경험하게 될 것이다.

프로테스탄티즘의 윤리와 자본주의 정신
막스 베버(박성수 역) / 문예출판사(2021)

우리는 이 책에서 '프로테스탄티즘이 지니는 금욕주의가 자본주의를 성장시켰다'라는 명제를 확인할 수 있다. 저자인 막스 베버는 종교 개혁이 표면적으로는 해방적 성격을 지니는 것 같지만, 오히려 '종교적 원칙'에 의해 개인의 삶에 대한 억압이 매우 엄격하게 이루어졌다고 밝힌다. 특히 칼뱅파의 '예정설'은 욕망을 억제하고 신만을 숭상하는 자들에게 '선택과 구원'이 이루어진다는 것을 보여 주는데, 이는 금욕적인 삶을 부르게 되어 결국 부가 축적되게 되어 자본주의가 나타난다. 막스 베버는 이를 인간적인 관점에서는 '비합리적'이라고 보고 있다. 우리는 이 책을 통해 '종교가 만들 수 있는 것'의 한 형태를 목격할 수 있으며, 나아가 기독교나 가톨릭, 불교 등의 종교가 어떤 사회적인 삶을 만들어야 바람직한지에 대한 청사진을 그려볼 수 있을 것이다.

한국의 종교교단과 콘텍스트
윤용복 / 박문사(2022)

흔히 종교를 떠올리면 '개신교, 천주교, 불교'만을 생각하는 경우가 많다. 그러나 개신교나 불교에도 다양한 분파가 있고, 그에 따라 교리나 운영 방식이 다르기도 하다. 나아가 한국의 역사적, 사회적, 문화적 맥락과 결부되어 새로 생겨나거나 소멸되는 종교들도 있다. 이 과정에서 소수의 종교 혹은 분파에 대해서는 언급되거나 연구되지 않은 경우가 있는데, 이 책은 대순진리회, 갱정유도, 대한불교천태종, 대한성공회, 한국 이슬람교 등의 다양한 종교의 역사적, 사회학적 실마리를 제시하여 한국 사회와 종교들의 콘텍스트적인 이해를 돕고 있다. 나아가 종교에 대한 균형잡힌 인식을 가지게 하는 역할을 하고 있다.

축의 시대
카렌 암스트롱(정영목 역) / 교양인(2010)

종교 역사를 가장 전면적으로 다룬 책으로서, 기원전 900년부터 기원전 200년까지의 주요 종교의 탄생을 다루었다. 1장에서는 '조로아스터교'나 '아리아인' 및 '야훼'에 대해 다루며, 2장에서는 인도 철학의 중요한 개념인 '아트만' 등에 대해 다룬다. 이후 3장에서는 중국의 춘추전국시대를, 4장은 유대교의 탄생을 말한다. 이후 공자, 소크라테스, 헬레니즘 문명, 불교의 보디사트바(보살)에 대해서도 다룬다. 그리스 로마 철학과 이스라엘의 유일신교, 중국의 유교, 인도의 힌두교와 불교 등의 탄생에 대해 자세하면서도 흥미롭게 풀어낸 이 책을 통해, 각각의 종교의 기원에 대한 본질적인 이해를 더할 수 있을 것이다.

종교적 경험의 다양성
윌리엄 제임스(김재영 역) / 한길사(2000)

종교적 체험을 한다는 것을 단순히 '사랑에 빠진다'라고만 말할 수 없지만, 상당 부분 깊숙한 사랑의 본질에 놓여 있는 듯한 감정을 가져다 준다. 사랑에 빠지면 예술보다 더 고고한 감정을 주면서도 대상에 대한 절대적인 믿음을 가지며 자신의 삶을 윤리적인 입장에서 돌아보게 만들기도 하기 때문이다. 이 책의 작가인 윌리엄 제임스는 종교학자, 철학자이면서도 심리학자이기도 한데, 특히 심리학적인 관점에서 '믿는다는 것'이 어떤 프로세스에 의해 작동되는지와, 그것의 본질이 무엇인지를 밝혀내고자 노력하고 있다. 나아가 그는 이 책을 통해 의식적이고 현실적인 자아와 무의식적이고 이상적인 자아가 통합하는 것을 종교적 경험의 목적으로 보는데, 우리는 이를 통해 종교적 경험의 속성을 파악하는 것에서 나아가 나 스스로의 본질과 목적에 대해서도 생각할 계기를 마련할 수 있을 것이다.

종교의 미래
이태하 / 아카넷(2015)

역설(逆說)적 표현에 내재된 가치를 규명하는 방식으로서 종교의 미래를 설명하기 위한 작가의 노력이 돋보이는 저서이다. 작가는 우리에게 "오늘날 종교인 가운데는 적지 않은 무신론자가 있으며, 종교를 배척하는 반종교인 가운데는 상당수의 유신론자가 있다"라고 말한다. 예컨대 우리는 종교를 실용주의 철학이라는 껍데기를 씌워 단순한 도구로 이용하는 경향이 있을 수 있는데, 이는 종교인이지만 무신론자인 경우이다. 또한 특정 교리나 의식이 결여된 경우도 존재하는데, 이러한 일종의 '시민 종교'의 형태는 반종교인 가운데의 유신론자라고 볼 수 있다. 결국 유신론과 무신론이 서로 자신의 의견이 옳다고 다투는 가운데 우리는 이들이 사회 속에서 어떠한 종교적 카테고리를 형성하는지를 알지 못하게 되는데, 이 책은 이러한 점을 꼬집으면서, 갈등 속에서 종교가 나아가야 할 지향점을 찾고 있다.

이성의 한계 안에서의 종교
임마누엘 칸트(신옥희 역) / 이화여자대학교출판문화원(2001)

'순수이성비판', '실천이성비판', '판단력비판'이 각각 '진', '선', '미'의 가치가 무엇인지에 대해 규명한 저서라면, 이 책은 이 3대 비판을 이어 '성(聖)'이란 무엇인지를 규명한 책이라고 볼 수 있다. 특히 두 번째 비판서의 핵심적 개념인 '실천이성'을 토대로 세 번째 비판서의 말미에 제시되는 "나는 무엇을 희망해도 좋은가?"에 대한 답으로서 종교의 성격을 밝히고 있으며, 신의 백성으로서 '윤리적 공동체'가 존재하는 양상에 대해서도 이해를 돕고 있다. 칸트의 3대 비판서에 이어 그의 종교적 관점을 파악하기에 적절한 저서이다.

신앙과 이성 사이에서
길희성 / 세창출판사(2015)

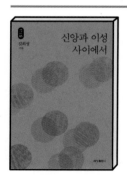

그리스도교 신앙을 중심으로 하여 다른 신앙들과의 비교 종교학적인 실마리를 풀어낸 책이다. 제목에서부터 알 수 있듯이, 이 책의 핵심 챕터인 2부에서는 신앙과 이성의 종합과 균열을 전면적으로 다루는데, 이 과정에서 윌리엄 오브 오컴, 스피노자, 칸트 등의 사상가들의 종교적 견해와 그것이 지니는 의의를 설명한다. 나아가 3부에서는 '신앙과 이성의 화해를 향하여' 나아가야 하는 노력을 설명하는데, 동서양의 오랜 종교적 흔적들을 다시금 밟아나가는 과정을 통해 새로운 화해의 요소들을 찾고자 하고 있다. 우리는 이 책에서 이성 중심의 인간들이 신앙을 어떤 자세로 보아야 할지에 대한 이해를 도모할 수 있을 것이다.

종교의 본질에 대하여
루트비히 포이어바흐(강대석 역) / 한길사(2006)

제목 그대로 '종교의 본질'에 대해 종교비판적 입장을 담은 책이다. 작가인 포이어바흐는 이 책을 통해 종교 대한 비판은 결국 과학적 인식에 의해서 이루어진다고 보는데, 이에 따라 종교를 관념론적 관점에서 보려고 하는 경향성에 대항하여 유물론의 입장에서 '신을 규명하고자 하는 인간'에 주목한다. 예컨대 전반부에서는 '자연'은 하나의 물질로서 먼저 존재하여 인간이 그 안에서 삶을 영위했고, 그러한 인간의 고차원적 사고가 결국 신을 부른 것이라고 본다. 나아가 후반부에서는 인간은 신의 이름을 빌려 자신의 행복을 추구하거나 소원을 이루려 한다는 내용을 담고 있기도 하다. 우리는 이 책을 통해 종교를 바라보는 하나의 거대한 철학적 시선을 마주할 수 있을 것이고, 이를 통해 종교에 대한 균형 잡힌 시각을 형성할 수 있을 것이다. 종교학을 전공하는 데에 있어서 그 종교에 대한 비판적 시각을 내면화하는 것도, 어쩌면 변증법적 차원에서 우리의 종교철학적 자세를 단련하는 것이라고 볼 수 있다.

만들어진 신
리처드 도킨스(이한음 역) / 김영사(2007)

인간이 지니는 이성을 신의 영역 뒤에 머무르게 함으로써 인간의 가능성을 감췄던 패러다임을 전환시키고자 노력한 이 책은, 철학적으로는 인간 이성 중심의 영역이 중요함을 드러냈던 근대 철학으로의 전환적인 성격과 맞닿아 있다. 이 책의 4장인 '신이 없는 것이 거의 확실한 이유'라는 부분에서 '신은 존재하는가? 신이 우주를 창조했는가?'에 대한 답을 하면서 그것은 과학적으로 검증되지 않은 것이라고 말한다. 나아가 인간은 신이 사라져야 비로소 인간의 본연의 가치를 스스로 찾고자 노력할 것이라고 본다. 신이 없는 가운데 스스로 희망을 찾아가는 열정의 가능성을 보여준 책이다. 종교학의 입장에서 이 책을 보았을 때, '종교란 왜 존재하는가? 종교가 지니는 심리학적, 사회학적 실마리는 무엇인가?'에 대해 생각해 볼 수 있게 할 것이며 종교학의 발전 가능성을 점검해 볼 수 있을 것이다.

1
인문계열 · 종교학과

2
사회계열

3
자연계열

4
공학계열

5
의약계열

6
예체능계열

7
교육계열

종교학과 독서탐구활동 활용사례

자율활동 특기사항

생명존중교육을 통해 '생명'을 재개념화하여 '성별', '세대', '인종'의 관점에서 우리가 지녀야 할 도덕적 신념이 무엇인지를 기사문 분석을 통해 도출함. 이 과정에서 '퀴어 축제', '노키즈존' 등과 관련된 기사문들을 살펴보고 사회적 의의를 토의함. 또래 학습멘토링을 통해 생활과 윤리, 윤리와 사상 과목 멘토로서 멘티 학생에게 구체적인 사례를 들어 개념을 설명하고, 특히 철학적 쟁점이 담긴 부분에서는 각 철학자들의 의견을 세밀하게 정리하여 멘티의 이해를 도움. 종교학을 전공하고자 하는 학생으로서 학급특색활동으로 '신을 마주한다는 것은 어떤 것을 의미하는가?'에 대한 자신의 견해를 밝힘. 이 과정에서 **'종교의 본질에 대하여(루트비히 포이어바흐)'**를 읽고 결국 신도 '인간의 사고'에서 파생된 존재일 수 있으며, 우리의 언어가 발달하지 않았으면 신도 존재하지 않았을 것이라는 의견을 제시함. 종교의 탄생과 존재에 대해 균형 잡힌 시각을 제시함으로써 친구들에게 큰 호응을 얻음.

동아리활동 특기사항

(C.C.C.)(34시간) 동아리 회장으로서 매주 모임이 원활하게 진행될 수 있도록 대관 신청, 역할 배분, 도구 준비 및 정리 등을 완벽하게 함. 성경 공부를 통해 현재 우리들이 살고 있는 삶을 이겨낼 수 있는 힘이 담긴 구절을 서로 공유하기도 하고, 신의 말씀을 인용하여 우리의 삶을 성찰하는 방법을 도출해 이야기를 나눠보기도 함. 성경으로써 신을 만나는 것이 종교 자체를 객관적으로 바라보는 방법은 아니라는 생각이 들어, '종교의 역사'에 대해 본격적으로 논의하는 주간을 가지도록 친구들을 독려함. 이후 **축의 시대(카렌 암스트롱)**를 읽고 조로아스터교, 유대교, 힌두교, 불교 등의 특성들을 파악하고 그것이 기독교와 어떤 부분에서 공통점과 차이점을 가지고 있는지 자신의 종교를 객관적으로 보려고 노력함. 이후 전통 기독교와 개신교는 어떤 차이가 있는지에 대해서도 자료를 조사하여 논의하면서, 평소 동아리 시간에 하는 기도나 성경 공부의 타당성을 강화시킴.

진로활동 특기사항

진로와 관련된 질문하기 시간을 통해 본인은 비종교인이지만 '종교를 믿는다는 것은 심리학적으로 어떤 의미가 있을까?', '왜 사람들은 종교를 하나의 국가처럼 인식할까?', '종교와 관련된 가치관은 DNA를 통해 유전되는 것일까?' 등의 질문을 하고, 이를 종교인 친구와 이야기해 보거나 인터넷 누리집 등을 통해 정보를 습득함. 진로 관련 NIE 활동 시간에 정치적 행위나 특정 사건에 대한 종교인들의 반응이 담긴 기사들을 목록화하고, 각 종교가 특정 정치적 행위에 대해 어떠한 입장들을 가지는지를 세부적으로 나누어 경향성을 파악함. 비종교인으로서 종교학을 '학문적 개념'으로 접근하여 배우고 싶은 열의가 있는 학생으로서, 진로 인터뷰를 통해 '현대의 종교는 분명히 종교 이외의 가치 개입적인 성격을 지니고 있다'라는 가설 명제를 제시하고, 이러한 명제가 참인지 아닌지를 알아보고자 종교학과 사회학, 심리학을 융합하여 공부하고자 하는 진로 계획을 말함. 특히 **'종교의 미래(이태하)'**를 읽고 우리의 현재 종교는 일종의 종교라는 '외연'에만 갇혀 신이라는 '본질'을 보지 못하고 있다는 사실을 깨닫고, 이러한 순수성의 붕괴에 대한 원인을 탐구하고자 하는 진로 로드맵을 만듦. 종교적 행위를 하는 것보다 종교적 행위의 본질을 규명하는 데에 큰 관심을 가지고 있음.

1

인문계열 · 종교학과

2

사회계열

3

자연계열

4

공학계열

5

의약계열

6

예체능계열

7

교육계열

교과 세부능력 및 특기사항

종교학

현대 사회와 종교 단원 중 '종교 간 갈등을 해소하기 위한 종교 간 대화의 중요성', '종교적 차이나 태도에 대한 설명의 필요성'을 학습하면서 '현대 종교가 나아가야 할 길'이라는 심포지엄을 교과 시간에 개최함. 이 과정에서 **'한국의 종교교단과 콘텍스트(윤용복)'**를 읽고 "한국에서의 이슬람교는 어떤 성격을 지니고 있으며, 그 역사적, 사회학적 기원은 무엇인가?"라는 질문에 대해 답을 얻고, 최근 한국 내의 이슬람 사원 앞에서 있었던 돼지고기 취식 사건과 관련지어 우리들이 지녀야 할 자세를 제시함. 특정 종교에 대해 혐오적 관점에서 접근하는 자세를 지양하고, 언어적 감수성과 성인지 감수성과 더불어 종교적 감수성을 지니는 것이 한국 사회에서 모두가 성장하는 방법일 수 있다는 점을 근거로 들어 설명함. 이후에는 이슬람교의 교리가 다른 종교의 교리와 어떤 공통점을 지니는지를 탐색하고, 이슬람교에 대한 타 종교의 인식을 어떻게 개선할 수 있을지에 대해 연구하고 싶다는 의지를 밝힘.

철학

철학적, 사회학적 개념을 토대로 종교의 성격을 규명하는 데에 큰 관심을 가지고 있어서, 존재론에 대해 학습할 때 '토마스 아퀴나스'와 '윌리엄 오브 오컴'의 '보편 논쟁'을 종교의 개념과 연관 지어 설명하는 부분을 인상 깊게 듣고 이를 중세 시대의 '철학의 부재' 및 르네상스의 '인문주의'까지의 통시적인 흐름으로 설명하려고 시도함. 보편자가 존재한다는 토마스 아퀴나스의 사상은 신의 존재를 전제하는 것이고, 이 논의는 결국 중세의 암흑기로 이어져서 종교가 모든 것을 지배했다는 논의로 확대시키며, 이윽고 르네상스 시기에 이르러 신을 바라보는 '인간'이라는 개별자에 주목하는 방식으로 철학이 전개되었다고 설명함. **'만들어진 신(리처드 도킨스)'**을 읽고 이러한 보편 논쟁을 '신과 인간의 힘겨루기'라는 새로운 시각으로 바라보고, 신이라는 보편자가 존재하는 한 인간은 인간만의 가치를 발현하기 어려울 것이라고 보아 종교학이 나아가야 할 새로운 방향성이 필요하다고 역설함.

행동특성 및 종합의견

독서를 좋아하여 다양한 분야의 책을 감상하는 능력이 뛰어남. 자기 자신보다는 타인에게 관심이 많아 힘들거나 어려운 일을 당하고 있는 친구를 보면 그냥 지나치지 못하는 따뜻한 성품을 지니고 있음. 학업적인 측면에서도 자신이 계획한 대로 밀고 나가는 추진력이 있어 지속적인 성장이 기대됨. 신학, 불교학, 종교철학 등을 포함한 종교학 전반에 관심을 가지고 있는 학생으로서, 종교와 사회의 연관성을 탐구하는 세부적인 진로를 설정하여 연구 방법을 탐구함. 특히 우리가 '-ism'이라고 부르는 사상이 종교에서 생겨나는 과정에 흥미를 느껴, **프로테스탄티즘의 윤리와 자본주의(막스 베버)**를 읽고 종교의 교리나 철학이 개인인의 행동을 규제하고 그 규제가 보편성과 지나치게 거리를 둘 때, '미셸 푸코'의 '자발적 통제' 개념처럼 무서운 존재가 될 수 있다고 결론을 내림. 한 책을 읽을 때 다른 영역의 책을 융합하여 읽으려고 하는 '상호맥락적 독서'를 훌륭하게 할 줄 아는 학생임.

18 ▶▶ 중어중문학과

1 학과 인재상

한자를 좋아하고 능동적으로 공부할 자세가 되어 있는 학생

우리나라, 일본, 중국 등 동양 문화에 관심이 있는 학생

중국어와 중국 문학 전반에 걸친 폭넓은 관심을 지니고 있는 학생

중국어와 통사적 유사성을 가지는 언어(영어 등)에 관심이 있는 학생

중국의 역사와 급변하는 중국의 현실에 대한 애정과 호기심이 있는 학생

2 유사학과

- 중어중문학과
- 중국학과
- 중국어학과
- 중국언어문화전공
- 관광중국어과
- 중국비즈니스전공
- 중국어서비스전공
- 한중통번역전공

3 관련직업

- 교수
- 게임번역가
- 국제협력사무원
- 무역사무원
- 번역가
- 여행상품개발자
- 외국어학원강사
- 관광통역안내원
- 중국어연구원
- 한국문화강사
- 외교관
- 의료관광코디네이터
- 통역가
- 외국어교사
- 자막제작자
- 여행사무원 ...

4 개설대학

- 가천대학교
- 가톨릭대학교
- 강남대학교
- 강릉원주대학교
- 강원대학교
- 건국대학교
- 건양대학교
- 경기대학교
- 경북대학교
- 경상국립대학교
- 경성대학교
- 경주대학교
- 경희대학교
- 계명대학교
- 고려대학교
- 공주대학교
- 광주대학교

- 국민대학교
- 군산대학교
- 극동대학교
- 금강대학교
- 남서울대학교
- 단국대학교
- 대구가톨릭대학교
- 대구대학교
- 대구한의대학교
- 대전대학교
- 덕성여자대학교
- 동국대학교
- 동덕여자대학교
- 동서대학교
- 동신대학교
- 동아대학교
- 동의대학교

- 명지대학교 인문캠퍼스
- 목포대학교
- 배재대학교
- 부산대학교
- 부산외국어대학교
- 삼육대학교
- 상명대학교
- 서경대학교
- 서울대학교
- 서울시립대학교
- 서울신학대학교
- 서울여자대학교
- 서원대학교
- 선문대학교
- 성결대학교
- 성공회대학교

- 성균관대학교
- 성신여자대학교
- 세명대학교
- 세한대학교
- 수원대학교
- 숙명여자대학교
- 순천대학교
- 순천향대학교
- 숭실대학교
- 신라대학교
- 아세아연합신학 대학교
- 안동대학교
- 안양대학교
- 연세대학교
- 영남대학교
- 영산대학교

- 우석대학교
- 우송대학교
- 울산대학교
- 원광대학교
- 유원대학교
- 이화여자대학교
- 인천대학교
- 전남대학교
- 전북대학교
- 전주대학교
- 제주국제대학교
- 제주대학교
- 조선대학교
- 중앙대학교
- 중원대학교
- 청주대학교
- 충남대학교

- 충북대학교
- 케이씨대학교
- 한국교통대학교
- 한국외국어대학교
- 한림대학교
- 한밭대학교
- 한북대학교
- 한세대학교
- 한신대학교
- 한양대학교
- 협성대학교
- 호남대학교
- 호서대학교

5 학과 연계도서

1
인문계열 · 중어중문학과

2
사회계열

3
자연계열

4
공학계열

5
의약계열

6
예체능계열

7
교육계열

당나라 뒷골목을 읊다

마오샤오원(김준연 외 1인 역) / 글항아리(2018)

문학은 당시의 삶의 모습을 여실히 반영하게 마련이다. 따라서 다른 사람의 삶을 면밀하게 보기 위해서 제일 우선적으로 접근할 수 있는 영역이 문학이며, 그 중 '시'는 작가 표현론적 관점에서 매우 유의미하게 살펴볼 수 있는 실마리가 있다. 이 책은 당나라의 시 300수에 담겨 있는 삶을 '입신양명', '꽃', '꿈', '화장', '기녀', '옷', '음식', '싸움' 등으로 분류하여 드러내고자 노력하고 있다. 이러한 분류 체계가 무겁게 다가오지 않기 때문에 우리는 이 책을 토대로 당나라 사람들의 생활을 흥미로우면서도 자세하게 관찰할 수 있을 것이며, 표현 양식이나 갈래 분석 등을 통하여 중국 문학의 원류에 대해서도 탐색할 수 있을 것이다.

문화를 잇다 중국을 짓다

홍윤기 외 2인 / 뿌리와이파리(2019)

중국의 역사, 문학, 예술 등은 모두 콘텐츠화가 되어 우리의 삶에 밀접한 관련을 맺고 있다. 같은 동아시아 역사를 공유하는 차원에서 우리는 이러한 중국의 콘텐츠를 진중하게 살펴봐야 할 당위성을 지니고 있다. 이러한 점에서 혜능, 선종 등의 불교 사상이 우리나라 불교에 미치는 영향, 공자, 노자, 장자의 사상이 우리나라 통치 체제에 미치는 영향, 삼국지의 인물들에 대한 우리의 인식, 신해혁명과 동아시아 역사의 관련성, 육우, 차 등의 식문화에 담긴 중국인들의 인문학적 코드에 대한 우리의 인식 등을 다룬 이 책을 토대로 우리는 중국에 대한 폭넓은 인식 체계를 형성할 수 있을 것이다.

한자 속의 중국 신화와 역사 이야기

양동숙 / 주류성(2017)

우리는 흔히 '요(堯), 순(舜) 임금' 등을 언급하기도 하며, 삼국지를 본 사람이라면 그 작품의 등장인물들이 다양한 중국 고사를 언급하는 경우를 봤을 것이다. 또한 우리나라의 고전 문학에서도 작가가 다양한 중국 고사를 인용하여 자신의 생각을 드러내는 경우도 흔하게 볼 수 있다. 이 책은 그러한 중국의 '삼황오제(三皇五帝)'와 관련된 신화와 역사 이야기를 '갑골문(甲骨文)' 분석을 토대로 재미있게 전개하고 있다. 특히 한자를 어려워하거나 흥미를 느끼지 못하는 이들도 이 한자가 드러내고자 했던 당대인들의 욕망과 의지, 다양한 스토리들을 이해하는 데에 있어서 어려움이 없는 책이라고 할 수 있다.

송대 시학

이치수 / 역락(2020)

흔히 송대의 문학은 중국의 고전문학에 있어서 황금기라고 일컫는다. 따라서 중국 문학을 공부하는 데에 있어서 반드시 미리 살펴봐야 할 시기이기 때문에, 당대인들의 사고방식이나 가치관, 인식 체계를 살피는 것은 좋은 공부가 된다. 이 책의 1부는 송대에 대한 시론을 다양한 각도에서 다루었다. 당송시 우열논쟁, 시법, 배경, 자연관 등의 다양한 논의를 개괄하여 송나라 시대의 사람들이 생각하는 바를 잘 분석하고자 하였다. 2부는 시화(詩話)에 대한 분석으로서, 주로 작가에 대한 논의가 주를 이룬다. 이 책을 읽는 데에 있어서 1부는 통독을, 2부는 필요나 호기심에 의한 발췌독을 하다 보면 송대 시학에 대한 기본적인 이해를 도모할 수 있을 것이다.

중국현대문학사
홍석표 / 이화여자대학교출판문화원(2015)

중국의 현대 문학은 매우 다양한 요소가 얽히고설킨 구조에 의해 전개되었다고 볼 수 있다. 따라서 작품을 통해 중국 현대 문학을 이해할 수도 있겠지만, 중어중문학을 전공하고자 하는 학생이라면 현대 문학을 이론적으로도 탐색하여 그 깊이를 깊게 할 필요가 있다. 이 책은 기본적으로 중국 현대문학사의 범주를 설정하는 부분부터 시작하여 중국 현대 문학에 끼친 여러 가지의 요인들에 의해 생긴 파생물들을 폭넓게 개관한다. 특히 문학 개혁에 의한 현대 문학의 전개, 서양 현대문학의 수용 양상, 사회주의 이념의 문학적 구현, 혁명문학의 제창을 다룬 부분은 중국 현대 문학사에서 중요한 기능을 하기 때문에 반드시 읽어봐야 할 부분이라고 볼 수 있다.

55문장으로 끝내는 중국어 문법 노트
강병규 외 3인 / 시사중국어사(2021)

이 책은 중국인들이 실제로 사용하는 문장 표현들을 가지고 와서 문법적으로 탐색한 결과물을 제시한다. 특히 회화 위주가 아니라 문법적인 이론을 깊숙하게 다룬다는 점에서 고무적이다. 문장의 형성적 차원에서 다양한 문형의 기분 문장 만들기부터 시작하여, 부정, 시제, 수식어, 보어, 비교문, 피동문, 특수 구문의 형성에 대해 자세하게 다루고 있다. 이합동사나 존현문처럼 우리 현대 국어 문법 체계에서는 다루지 않는 특수한 것들에 대해서도 예시를 소개하고 있고, 다양한 문제도 수록하고 있어서 중국어 문법에 대한 전반적인 워크북 형태로 활용 가능한 책이다.

중국문자학
당란(오만종 외 2인 역) / 전남대학교출판문화원(2017)

언어학적인 관점에서 중국의 문자가 지니는 위상과 성격을 확인하기 좋은 책이다. 중국 원시 언어에 대한 추측이나 중국 문자에 대한 기원 탐색부터 시작하여, 저자가 근본적으로 제시하고자 하는 '삼서설(상형, 상의, 형성)'의 핵심적인 내용을 서술하고 있다. 이를 통해 중국 문자에 대해 전통적으로 제기되어 왔던 '육서설'을 비판하는 논의를 전개하고 있는 것이 이 책의 핵심 논제이다. 나아가 문자의 변혁을 다루는 장에서는 앞서 설명하였던 중국 문자가 원시적 형태에서 어떻게 변해왔는지를 다루고 있다. 중국어를 배우는 차원에서 그 원류(原流)에 대해 전반적인 이해를 도모할 수 있는 책이다.

중국문학의 즐거움
고려대 중국학연구소 / 차이나하우스(2009)

시(詩), 사(詞), 곡(曲), 산문(散文), 소설(小說)이라는 갈래는 우리나라의 고전 문학 갈래와 일부 성격을 같이 하고 있다. 그러나 중국 문학에 있어서 '곡'은 '희곡'의 성격과 가깝다는 점에서 일부 차이점도 있는데, 이러한 갈래론적인 감각을 키우기 위해 읽어 볼 만한 책이다. 이 책은 중국 문학을 쉽게 접할 수 있도록 다양한 배경, 사진, 지도 등을 제시하여 친숙성을 높였다. 또한 이론을 깊게 파헤치는 방식으로의 서술 방식을 탈피하고, 내러티브 방식으로 중국 문학의 갈래에 대한 매우 깊이 있는 분석 결과를 제시하여 중국 문학을 잘 모르는 사람들도 그 이해를 더할 수 있게 한다.

아Q정전
루쉰(조관희 역) / 마리북스(2018)

중국 문학을 접하는 데에 있어서 반드시 읽어 봐야 할 책이면서, 우리나라 문학과도 비교 연구를 할 만한 실마리를 많이 지니고 있는 중국의 대표 소설이다. 중심 인물인 '아Q'는 실제로는 날품을 팔아 생계를 연명하고 보잘것없는 삶을 살고 있지만, 일종의 '정신 승리법'에 의해 자신의 삶을 정당화한다. 자신보다 힘이 센 사람에게 폭력을 당할 때에도, 과부에게 실수를 하여 생계에 위협을 받았을 때에도, 나중에는 절도죄로 몰려 감옥에 갔을 때에도 이 정신 승리법은 계속 이어진다. 결국에는 형장의 이슬로 사라짐에도 불구하고 아무도 그의 삶에 관심이 없는 쓸쓸한 모습을 자아내게 된다. 이러한 정신 승리법에 도취한 아Q는 결국 전통적이고 민족적인 의식에만 취해 있는 청나라 정부를 꼬집기 위해 형성한 인물형이며, 이러한 인물형의 제시는 당시 중국인뿐만 아니라 시대와 지역을 넘어서 우리들에게도 강력한 사회윤리적 메시지를 줄 것이다.

뿌리한자
하영삼 / 도서출판3(2019)

우리가 쓰는 언어의 70%는 한자어라는 말들이 있다. 그렇다면 우리는 이러한 언어를 과연 적절하게, 잘 사용하고 있을까? 혹은 어쩌면 우리는 이 언어의 의미를 피상적으로 이해하는 것은 아닐까? 이 책은 민족과 국가, 정치, 보건과 복지, 경제, 군사, 윤리와 관습, 문화 코드, 음식, 주거, 생태 환경, 오락, 예술 문화에 해당하는 150개의 한자어를 소개하고 각 단어의 진정한 의미를 덧붙여 한자어 개념에 대한 이해를 도모한다. '여유(旅遊)'라는 한자어를 '깃발 따라 물길 따라', '차이(差異)'를 '들쭉날쭉하여 구별됨' 등으로 풀어내는 방식 등을 토대로 우리는 각 한자에 대해서도 이해할 수 있을 뿐만 아니라 한자어의 놀라운 구성 방식과 의미 형성의 논리에 대해 감복할 수 있을 것으로 기대한다. 나아가 중국어도 결국 한자에 근원을 두고 있기 때문에, 예비 중문과 학생으로서 어학에 대한 자신감을 마련할 수 있을 것이다.

중어중문학과 독서탐구활동 활용사례

자율활동 특기사항

학급자치회의 및 1인 1역할 정하기 시간에 1인 1역할을 정하는 기준으로 '진로 지향성'이 될 수 있다는 사실을 논의를 통해 알게 됨. 자신이 한문과 문학을 좋아한다는 사실에 기인하여 반 아이들에게 매일 좋은 시문학 작품을 소개하는 '매일 힐링 한 잔' 역할을 맡게 됨. 한문문학에 대한 자신의 관심을 드러내면서도 친구들에게 접근 가능성을 높일 수 있는 갈래로 '한시'가 가장 적합하다고 생각하여, **'당나라 뒷골목을 읊다(마오샤 오원), 송대 시학(이치수)'**을 읽음. 책들을 통해 수많은 한시를 접하고 여러 한시를 인용하여 매일 학급 뒤편에 게재함. 시련이 있어도 포기하지 않고 자신의 꿈을 좇으면 반드시 성공하게 될 것이라는 내용과, 봄에 꽃이 피고 가을에 열매가 맺는 것처럼 우리도 대학수학능력시험에서 큰 성과라는 열매를 가을에 맺기 위해 열심히 노력하자는 내용 등을 친구들에게 전달함. 1인 1역할 돌아보기 시간을 통해 아이들에게 위로와 공감을 주었다는 피드백을 받음.

동아리활동 특기사항

(니하오)(34시간) 중국어를 공부하는 데에 가장 중요한 것이 '한자에 대한 이해'라고 생각하여 '중국어와 친해지기' 시간에 **'뿌리 한자(하영삼)'**를 읽고 한자어 이해에 대한 자신감을 얻음. 이후 동아리 부원들과 함께 '중국어 일일 스터디' 활동을 하면서 '한국어와 중국어가 발음이 같거나 비슷한 예시'를 소개하는 시간을 가짐. '정리, 도서관, 낭만' 등이 이 사례에 해당하며, 이를 중국어로 발음할 때에는 성조를 어떻게 달리해야 하는지에 대해 설명함. 중국어를 통해 친구들과 의사소통하는 것을 좋아하며, 중국 영화를 보거나 중국 노래를 들으면서 동아리 시간에 배운 문법이나 발음, 성조 변화 등을 메모하고 연습하여 친구들과 공유함. 동아리 발표 행사에서 '중국 음식' 부스를 운영하여 학생들이 좋아하는 음식인 '마라탕'을 만들어 나누어 줌. 그리고 부스를 찾아온 손님들에게 '마라'가 어떤 뜻인지 소개하고 음식과 관련된 매우 다양한 중국어 단어들 및 중국의 독특한 음식 문화 등을 소개하여 좋은 호응을 얻음.

진로활동 특기사항

진로 독서 프로젝트를 통해 **'아Q정전(루쉰)'**을 읽고 주인공인 '아Q'와 자신의 삶을 비교하여 '중문학을 읽는 의의'를 도출하여 발표함. 자신은 자의식이 강한 사람임을 밝히며, '자의식이 강하다는 것'이 무엇을 의미하는지에 대해 생각함. 그리고 그것은 어쩌면 시련이나 갈등, 부정적 에너지에 대한 '과잉 소화'일 수 있다는 점을 발견함. 소설 속 주인공처럼 자신도 결국 '정신 승리'라는 행위를 통해 나를 다스린 것은 아닐까 하는 성찰을 하며, 신해혁명 이후 중국 사람들이 지니는 이러한 감정이 어떤 시대적인 배경 속에서 형성된 것인지에 대해 역사, 문화, 철학적 관점에서 살펴보고자 하는 의지를 표명함. 나아가 중문학을 읽는 목적과 의의는 결국 같은 동아시아 문화권 내에 있는 국가로서 우리가 국문학뿐만 아니라 중문학을 통해서도 나 자신을 돌아보는 계기를 마련할 수 있는 것과 관련이 있다는 점을 설명함. 자기소개서 쓰기 시간을 통해 자신이 중어중문학에 관심이 있고, 중국의 현대 문학이 한국의 현대 문학과 '시대 정신' 차원에서 상당한 차이를 보이고 있다는 점을 토대로 문학에서 발견할 수 있는 각국의 문화적 특수성을 연구함. 나아가 서로의 문화를 이해하고 공유할 수 있는 문학 콘텐츠를 개발하는 데에 관심이 있다는 점을 중어중문학과 지원 동기라고 설명함.

교과 세부능력 및 특기사항

중국어1

한국어와 중국어를 비교하여 공부하는 데에 큰 관심을 지니고 있는 학생으로서, 가벼운 인사말을 배우고 의사소통하는 첫 번째 단원을 공부하면서도 중국어의 어순이 한국어의 어순과 다르다는 사실과 관련된 질문을 함. 같은 동아시아권의 문화를 가지고 있는데 왜 언어적인 부분에서는 중국어가 영어와 같은 통사 구조를 이루고 있는지에 대해 큰 궁금증을 가지고 이에 대해 앞으로 공부하고자 하는 의지를 보임. 특히 **'55문장으로 끝내는 중국어 문법 노트(강병규 외)'**를 읽고 교과서에 자세히 나오지 않는 문법 사항들도 꼼꼼하게 정리하여 우리말로 번역해 보고, 이 과정에서 목적어와 서술어의 위치 변화가 어떻게 이루어지는지도 공부하여 '중국, 더 가까워지기' 프로젝트 활동 때 이에 대해 발표함. 중국어 발음을 하는 데에 있어서 성조에 대해 특히 궁금증을 많이 가지고, 수업 시간에도 적극적으로 교사의 발음을 따라 말하는 등의 자신감을 보여서 수업 분위기를 주도함.

중국어2

교과서에 실린 한시와 중국 소설 등에 관심을 많이 가지고 있으며, 문학 작품 속에 담긴 사회적 특성을 현실 반영론적으로 감상하려고 하는 자세를 지니고 있는 학생임. 특히 '사회주의'라고 하는 이념이 문학의 내용, 구조, 형식, 표현에 어떤 영향을 주는지에 대해 큰 호기심을 가지고 있음. 또한 중국의 '문화대혁명'이 문학 작품의 소통 구조를 어떻게 변하게 했는지에 대해 관심이 많아, 중국어 독서 시간에 **'중국현대문학사(홍석표)'**를 읽고 자신의 의문을 일부 해결하는 등 능동적인 태도를 보임. 이후 '문학을 통해 중국인들의 의식 구조를 바꾸는 등의 계몽성 추구가 현재는 가능할까?'라는 질문을 생성하고 이에 대한 자신의 생각을 정리하여 학기 말 주제 토의 시간에 발표함. 중국 사회와 문화가 역사적 변천 과정 속에서 어떤 미묘한 변화를 일으키는지를 알고자 하는 열의를 지니고 있으며, 중어중문학과에 진학하여 이러한 내용을 공부하고자 하는 의지를 보임.

행동특성 및 종합의견

책임감이 강하여 자신이 맡은 역할은 잊지 않고 수행함. 학급에서는 후반기 특별구역 청소 담당자로서 성실히 노력하였으며 교과 시간에도 근현대사, 문학 부장 등으로 활동하여 수업이 원활하게 이루어질 수 있도록 도움. 자신의 능력과 한계에 대해서도 스스로가 잘 알고 있어 자신이 원하는 목표에 도달하기 위해 부단히 노력해야 한다고 생각하고 꾸준히 노력함. 일찍부터 자신의 진로를 설정하여 미리 자신이 가고 싶은 대학과 학과를 정하는 등의 준비성이 돋보임. 중국학과에 진학하여 중국의 문화와 한국의 문화를 융합하는 '범아시아권 문화 창조'라는 큰 꿈을 가지고 있는 학생으로서, **'문화를 잇다 중국을 짓다(홍윤기 외)'**를 읽고 중국의 불교와 우리나라의 불교가 어떤 차이를 지니고 있는지, 건축물들에는 중국인들의 어떤 가치관이 담겨 있는지 파악하고 정리하여 교과 담당 선생님과 자주 상담을 함. 비교 연구에 대한 감각과 의지가 뛰어난 학생임.

19 ▶▶ 철학과

1 학과 인재상

현실에 대한
치밀하고 날카로운
분석력을 지닌 학생

기본적인 인간됨을
사랑하고 인간을
생각할 수 있는 학생

학문들 간의 이론적,
실제적 관련성을
탐구하고자 하는 학생

자신의 삶을 의미 있게
영위하면서 사회적으로 새로운
가치를 창조할 수 있는 학생

근본적인 원리의 차원에서
인간과 세계를 폭넓고
깊이 있게 이해할 수 있는 학생

2 유사학과

- 철학전공
- 역사철학부
- 윤리문화학전공
- 철학윤리학과

3 관련직업

- 교수
- 소설가
- 교사
- 철학연구원
- 시인
- 방송작가
- 기록물관리사
- 논술지도사
- 기자

4 개설대학

- 가톨릭대학교
- 감리교신학대학교
- 강남대학교
- 강릉원주대학교
- 강원대학교
- 건국대학교
- 경남대학교
- 경북대학교
- 경상국립대학교
- 경성대학교
- 경희대학교
- 계명대학교
- 고려대학교
- 군산대학교
- 단국대학교
- 대구가톨릭대학교
- 대구한의대학교

- 대전대학교
- 덕성여자대학교
- 동국대학교
- 동아대학교
- 명지대학교 인문캠퍼스
- 부산대학교
- 서강대학교
- 서경대학교
- 서울대학교
- 서울시립대학교
- 성균관대학교
- 순천대학교
- 숭실대학교
- 신라대학교
- 안동대학교
- 연세대학교
- 연세대학교 미래캠퍼스

- 영남대학교
- 울산대학교
- 원광대학교
- 이화여자대학교
- 인제대학교
- 인천대학교
- 인하대학교
- 전남대학교
- 전북대학교
- 제주대학교
- 조선대학교
- 중앙대학교 서울캠퍼스
- 중앙승가대학교
- 창원대학교
- 청주대학교
- 충남대학교
- 충북대학교

- 한국외국어대학교
- 한남대학교
- 한림대학교
- 한신대학교
- 한양대학교

5 학과 연계도서

차라투스트라는 이렇게 말했다
프리드리히 니체(이진우 역) / 휴머니스트(2020)

이 책에서 니체는 등장인물인 차라투스트라를 사용하여, 인간이 궁극적으로 도달해야 할 목표로서 위버멘쉬(Übermensch, 초인)라는 개념을 제시한다. 위버멘쉬는 무언가를 넘어선 사람이라는 뜻으로, 자신만의 가치를 늘 새롭게 생성하는 사람을 의미한다. 가치를 만든다는 것은, 절대적인 가치를 수용하는 수동적인 태도와는 대척점에 있다. 이것이 니체가 '신은 죽었다'라는 명언을 하여 인간의 이성을 중시했던 것과 연관이 있으며, 여기에서 니체는 초인이 마치 '어린이'와 같다고 말하면서, 인생을 마치 노는 것처럼 즐기면서 스스로 놀 거리를 찾는 것이 중요하다고 말한다. 소설 형태로 되어 있는 철학 서적으로서 문장 하나하나가 우리의 삶을 돌아볼 수 있게 하는 명언들로 구성되어 있다.

철학은 어떻게 삶의 무기가 되는가
야마구치 슈(김윤경 역) / 다산초당(2019)

철학은 하나의 격언일까? 아니면 삶의 지침일까? 인생에서 큰 시련을 맞닥뜨렸을 때 철학은 그 시련을 이길 수 있는 무기가 될까? 우리는 철학을 마치 삶 자체를 들어올리는 거대한 중기계로 생각할 수 있지만, 이 책은 '철학적 사고력'이라는 힘이 삶의 미시적인 사고나 갈등들을 슬기롭게 해결할 수 있는 작은 도구라고 말하고 있다. 따라서 어쩌면 철학은 실용적 차원의 학문이 될 수도 있다. '왜 이 조직은 바뀌지 않는가?', '왜 이 사람은 이렇게 행동할까?'라는 생각들은 우리가 흔히 하는 생각인데, 이에 대해 니체, 아리스토텔레스, 사르트르, 마키아벨리, 막스 베버 등의 철학자 내지 사회학자들의 생각을 토대로 우리에게 큰 인식의 전환점을 보여주고 있다. 딱딱하지 않은 말로 철학과 인생의 접점을 아주 잘 보여주고 있는 책이다.

지각의 현상학
모리스 메를로 퐁티(류의근 역) / 문학과지성사(2002)

전쟁 후 몇몇 상이 군인들에게 나타나는 '허체 현상'은 현재 신경과학과 의학에 의해 어느 정도 해명이 되었지만, 저자인 메를로 퐁티는 철학에 있어서 '신체'를 전면에 등장시키면서 이를 새롭게 풀어내고 있다. 상이 군인에게 있어서 잘린 팔이 아픈 것은 그 사람이 직접 경험하는 것이며, 그것이 바로 '있는 그대로의 것'이라는 것이다. 현상학은 이처럼 '있는 그대로의 것'을 설명하고자 주력하는데, 메를로 퐁티는 이것을 '선객관적'이라고 말하면서 전통 철학의 한계를 지적한다. 우리는 퐁티의 저술을 통해, 우리는 세계를 전면적으로 받아들이고 있는 자신의 '몸'에 대한 새로운 지각을 형성할 수 있을 것이다.

순수이성비판 강의
이수영 / 북튜브(2021)

칸트의 인식론을 가장 잘 설명하고 있는 '순수이성비판'을 읽기 쉽게 해설해 놓은 책이다. 칸트 철학에서 발견할 수 있는 '선험적 형식'과, 감성적 지각과 오성의 사고를 종합하는 '이성'에 대해 구체적이고 세밀하게 서술하고 있다. 철학은 이제 더 이상 신학의 부산물이 아니며, 그렇다고 수학적 이성만으로도 설명할 수 없다는 점을 칸트는 순수이성비판을 통해 밝히고 있다. 우리는 이 책을 통해 왜 칸트가 근대철학을 집대성했다고 했는지에 대해 이해할 수 있을 것이며, 칸트의 이론이 제기되기까지의 오랜 철학적 계보를 다시금 살펴 인식론에 대한 제반 개념을 정리할 수 있을 것이다.

비폭력의 힘
주디스 버틀러(김정아 역) / 문학동네(2021)

미국의 페미니스트 철학자이자 젠더이론가인 주디스 버틀러가 '비폭력'에 대해 지니는 생각을 풀어낸 역작이다. 이 책에서 작가는 비폭력과 마주하는 우리의 자세를 전쟁 중에 '적군을 치료하는 의무병'과 같이 하라고 하는데, 이는 우리가 자신을 보호하기 위한 행위의 과정에서 또 다른 폭력이 행사될 수 있음을 경계하여 표현한 것이다. 이는 우리가 나약한 존재이기 때문에 늘 타인과 관계를 맺고 살아야 하고, 그렇기 때문에 개인주의를 위하여, 즉 내가 살기 위하여 행하는 것 중 폭력이 있을 수 있다는 점을 꼬집는 것이다. 심지어 국가나 세계의 폭력에 맞서 싸우는 행위 자체도 폭력일 수 있다고 말하면서, 우리 모두가 비폭력의 의무병이 되어야 한다고 역설한다. 다소간 낭만적일 수 있는 그의 견해 속에서도, 우리는 이 논리와 맞닿아 있는 수많은 정치철학과 윤리학의 문제들을 마주할 수 있을 것이고, 자신이 행동하는 '나를 위한 행위'가 지니는 폭력성을 자가 점검할 수 있는 계기를 마련할 것이다.

철학VS철학
강신주 / 오월의봄(2016)

영국의 철학자 화이트헤드는 '서양철학은 플라톤 철학의 각주에 불과하다'라는 말을 한 것으로 유명하다. 플라톤 철학에 대립항에 있는 철학자인 아리스토텔레스는 플라톤과의 '보편 논쟁'의 씨앗을 심기 시작하는데, 이 보편 논쟁은 아퀴나스와 오컴의 학문적 대립을 거쳐 현재까지도 이어오고 있을지 모른다. 즉 모든 철학에서의 대립은 모두 플라톤과 아리스토텔레스의 각주에 불과할 수도 있다. 이 책은 서양 철학에서 나타나는 쟁점들에 대한 비교철학적 관점을 다루고 있다. 개정판에서는 이어령, 김수영 등의 한국 비평가나 문인들을 다루기도 하며, 청년 신채호와 장년 신채호를 비교하는 방식의 통시적 쟁점을 다루기도 한다. 철학을 꼭 쟁점적으로 볼 필요는 없겠지만, 철학자들이 지니는 생각에 대한 맥락적인 접근을 통해 우리는 그들의 사상을 깊이 있게 이해할 수 있을 것이다.

플라톤, 영화관에 가다
조광제 / 탐(2013)

인문학을 처음 시작하는 청소년을 위한 철학 소설 시리즈 중 6번째 책이다. 나골 선생이 만든 '나골리스'라는 가상 세계로 들어간 주인공 성헌이가 철학자들과 만나 다양한 이야기를 나누고 시공간을 넘나들며 떠나는 환상 여행을 테마로 다루고 있다. 이 책을 통해서 우리는 플라톤의 사상 중 이데아, 이성주의, 윤리설 등에 대해서도 이해할 수 있을 것이며, 플라톤으로부터 시작되는 철학의 계보에 대해서도 전체적인 이해의 윤곽을 형성할 수 있을 것이다. 철학을 어려워하는 청소년들이 읽어 볼 만한 책이다.

포스트모더니즘, 혹은 후기자본주의 문화 논리
프레드릭 제임슨(임경규 역) / 문학과 지성사(2022)

미국의 마르크스주의 철학자이면서 문화이론가인 프레드릭 제임슨이 말하는 '포스트모더니즘' 철학에 대한 내용을 다룬 책이다. 대서사의 붕괴로부터 시작하는 포스트모더니즘은 붕괴 이후 새롭게 생성되는 개별의 목소리에 주목한다. 이러한 개별의 목소리는 정치, 경제, 사회, 문화, 예술 저변에서 나올 수 있는데, 이 책은 문화뿐만 아니라 건축, 문장, 공간, 영화 등에서 나타나는 포스트모더니즘의 흔적을 찾아내는 저자의 깊은 내공을 보여주고 있다. 포스트모더니즘 철학이 지니는 진정한 의의를 독자들이 이해할 수 있게끔 대중문화로 깊게 침범한 작가의 노력이 돋보이는 책이다.

소피의 세계
요슈타인 가아더(장영은 역) / 현암사(2015)

소크라테스부터 시작하여 플라톤, 아리스토텔레스를 지나 데카르트, 스피노자, 칸트, 마르크스 등으로 이어지는 철학의 거대한 흐름을 '이론'으로만 배우기에는 다소 딱딱하고 어려울 것이다. 어쩌면 이러한 이론 중심의 통시적 접근법이 우리로 하여금 철학을 어렵게 느끼게 했던 가장 큰 요인이 아닐까 싶다. 이 책은 청소년들로 하여금 철학을 가장 흥미롭게 접하게 할 수 있는 책으로서, 노르웨이에 살고 있는 열네 살 소녀인 '소피'의 환상적인 경험을 토대로 이야기를 전개하고 있다. 그러나 이 책은 단지 흥미 위주로서 철학을 가볍게 풀어내고 있다기보다는 철학자들이 가지고 있는 생각을 이야기 구조 속에서 하나의 '커다란 물음'으로 변환하여 독자들에게 던지고 있다. 철학자들의 사상을 이해했음에도 다시금 볼 만한 책이다.

매달린 절벽에서 손을 뗄 수 있는가?
강신주 / 동녘(2014)

이 책의 에필로그는 '사자와 같은 위엄과 아이와 같은 자유를 꿈꾸며'라는 부제를 가지고 있다. 이 부제가 이 책을 가장 강하게 설명하는 제목일 수 있다. 우리는 절벽에 매달려 있는 상태인데, 이때 당당하게 손을 떼어야 다른 곳을 잡을 수 있다. 우리는 이제는 매달려 있는 것에서부터 벗어나서, 어린아이와 같은 마음으로 자유롭게 거닐 수 있어야 한다. 그것이 자신의 삶을 '주인'으로서 살 수 있는 자세이다. 여기에는 엄청난 용기가 필요한데, 이 용기는 자신을 영웅으로 만들어 줄 것이다. 이 책은 '무문관'이라는 화두 모음집에 제시되어 있는 48개의 화두들에 대해 저자의 생각을 말하고 있다. 놓으면 죽을 것 같은 절벽에서 손을 뗄 수 있는 용기, 우리는 이 용기를 이 책을 통해서 배울 수 있을 것이고, 나아가 철학이라는 것은 일종의 '자유'임을 깨달을 수 있을 것이다.

1 인문계열 · 철학과

2 사회계열

3 자연계열

4 공학계열

5 의약계열

6 예체능계열

7 교육계열

철학과 독서탐구활동 활용사례

자율활동 특기사항

사이버폭력 예방교육을 통해 사이버상의 언어는 말의 어조, 톤, 세기, 강약 등이 모두 거세된 형태로 전달되기 때문에, 경우에 따라 텍스트를 적은 사람의 의도와 관계없이 읽는 사람에게는 충분히 폭력이 될 수 있다는 점을 역설함. 따라서 말을 지나치게 짧거나 길게 하지 않는 것, 나아가 이모티콘을 적절하게 사용하는 것 등도 사이버상의 예절에서 필요한 것임을 설명함. 장애인 이해교육 및 인권교육을 통해 장애인이 겪는 삶의 어려움을 '자신의 몸'으로 직접 체험하는 것이 중요하다고 생각해서 그에 대한 방법론들을 고민해 봄. 현재 우리가 타인을 이해할 때에는 늘 '인지적', '정서적'으로만 이해를 하는데, 그것이 지닌 철학적, 혹은 사회학적 한계가 무엇일까를 고민하여 **'지각의 현상학(모리스 메를로 퐁티)'**을 읽고 선객관적인 몸의 경험이 중요하다는 사실을 이해함. 이후 '시각장애인 안경 및 지팡이' 등을 사회복지사의 지도 아래 실제로 사용해 봄으로써 장애인들이 겪는 어려움을 간접적으로 체험함.

동아리활동 특기사항

(철학탐구반)(34시간) '철학적 하나의 행위'를 최종 목적으로 두어 총 5번의 만남을 통해 회의, 자료 조사, 보고서 작성, 담당 교사 면담 등을 진행함. 회의 과정에서 우리가 각자 어떠한 하나의 행위를 하기 위해서는 그 행위에 깃들어 있는 다양한 사상을 이해해야 한다는 결론을 내림. 따라서 동아리 회장으로서 부원들에게 철학적 사상을 이해하게 하고자 **'소피의 세계(요슈타인 가아더)'**를 함께 읽음. 책에서 나오는 다양한 사상가들의 진술을 현실 세계를 살고 있는 우리들의 삶에 대입하여 이해함. 자신에게 있어서는 '존 로크'의 '타불라 라자' 개념이 가장 유의미하게 다가왔고, 이 책에 나온 대로 모든 감각 기관을 동원하여 폭넓은 경험을 하는 것이 결국 가장 철학적일 수 있겠다는 점을 깨달음. 따라서 책만 보고 세계를 이해하는 것에서 벗어나 '사진 찍기, 자전거 타기, 식물 채집하기' 등의 다양한 활동을 하여 이것들이 각각 어떠한 철학적 의미가 있는지를 '경험론' 개념으로 최종 발표 시간에 설명함.

진로활동 특기사항

SDS전공탐색검사 결과 사람들을 대하는 능력이 탁월하며 타인의 감정과 생각에 대한 이해력이 풍부한 사회형(S), 조직 공동의 목표를 바탕으로 타인을 이끌고 설득하는 데에 탁월한 능력을 보이는 진취형(E)이 우세한 것으로 나옴. 이에 대해 자신이 사회성이 높은 이유를 '나 스스로를 미분하면 수많은 영향들로 환원되며, 그 영향들을 적분하면 나 스스로가 되는 것이기 때문에, 나는 사회와 불가분의 관계를 맺고 있다'라고 설명하며 창의적이면서도 수학 철학적인 의견을 제시함. 또한 진취형이 우세한 이유로는 '나를 나아가게 했던 것은 언제나 나 스스로에 대한 열등감이기 때문에 나는 반성하는 과정에서 나 스스로를 발견한다'라고 말하며 본인 스스로를 성찰하려고 하는 강한 동기를 언어화함. 진로 인터뷰를 하는 과정에서 철학을 전공하고자 하는 바를 밝히고, 그 이유를 '흔들리는 것을 좋아하지만, 궁극적으로는 흔들리지 않게 하기 위한 과목은 철학이다'라고 설명함. 특히 **'차라투스트라는 이렇게 말했다(프리드리히 니체)'**를 읽고 어린아이야말로 초인에 가깝다고 한 부분이 인상 깊다고 말함. 철학을 전공하여 많은 사상가들을 통해 생각하는 힘을 기르고, 그 힘을 토대로 자신의 생각을 지워나가면서 결국 어린아이가 되는 것이 꿈이라고 생각한다는 점을 표현함.

1

인문계열 · 철학과

2

사회계열

3

자연계열

4

공학계열

5

의약계열

6

예체능계열

7

교육계열

교과 세부능력 및 특기사항

철학

'철학하는 삶'을 학습하는 과정에서 '철학은 자유와 어떤 관계에 있는가? 자유로운 행동은 어떤 행동인가? 삶의 한계상황이란 무엇인가?' 중 하나의 질문을 골라 자신의 삶과 연계지어 말하는 활동을 함. 세 가지 질문에 모두 답하며 '나는 지금 학교를 그 만둘까?'라는 짤막한 물음에서부터 시작하여 논리적으로 전개한 점이 특히 돋보임. 이 논의를 하는 과정에서 **매달린 절벽에서 손을 뗄 수 있는가?(강신주)**를 읽고 '주인'으로서 사는 삶에 대해 큰 감명을 받았다는 점을 언급함. 결론적으로 자신은 분명히 학교를 그만두고 싶은 '한계상황'에 있으며, 이 한계상황이라는 절벽에서 손을 놓는 '자유로운 행동'을 통해 주인이 되며, 이러한 주인이 되는 '자유'의 삶이 비로소 철학을 하는 삶이라는 견해를 말함. 그러나 이 모든 것들이 현실적으로는 어렵다는 것을 토대로 삶은 비극과 부조리의 연속일 수 있다는 결론도 제시하여 학생들의 큰 호응을 얻음.

생활과 윤리

국가와 시민의 윤리 단원 및 갈등 해결과 소통의 윤리 단원을 통합 학습하면서, 민주 시민의 참여와 시민 불복종 및 사회 갈등과 사회 통합 과정에서 대두될 수 있는 가장 큰 화두인 '타인의 반론에 대해 우리는 어떠한 입장을 가져야 할까? 반론의 자유를 우리는 인정하고 있는가?'에 대해 모둠원들과 집단 토의를 함. 자신의 입장을 대변하는 사상가를 찾고자 관련된 책을 찾아봄. **철학은 어떻게 삶의 무기가 되는가(야마구치 슈)**를 읽으며 '존 스튜어트 밀'의 '자유론'에 대한 내용을 확인함. '다른 사람에게 반증할 자유를 주는 것이 자신의 의견이 옳다고 말할 수 있는 유일한 방법'이라는 사실을 토대로 '우리는 반론의 자유를 완전히 인정해야만 자신의 견해가 정립되며, 사회 갈등과 통합 과정에서 상대방에게 충분한 반론의 자유를 주는 것이 중요하다'라는 의견을 상정함. 이후 '자유론'을 요약본이 아닌 원문으로 읽어서 '밀'의 사상을 더 깊이 있게 알고 싶다는 미래의 계획까지 설명함.

행동특성 및 종합의견

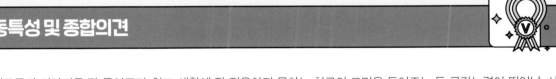

주변 친구들의 이야기를 잘 들어주며, 학교 생활에 잘 적응하지 못하는 친구의 고민을 들어주는 등 공감능력이 뛰어남. 사회, 과학, 예체능 과목이 우수하며, 교과서에서 배우는 것보다 실제 문헌이나 실험, 몸으로 부딪치며 배우는 것을 더 좋아함. 매일 학급 일기를 쓰는 것을 게을리하지 않으며, 학급 일기를 통해 다른 친구들과 소통하는 것을 즐겨 함. 항상 '왜?'라는 물음을 가지고 다니는 학생으로서, 특히 철학을 좋아하여 철학과에 진학한 후 다양한 의문들에 대해 답을 찾고 싶다고 말할 정도로 열의가 강함. **철학VS철학(강신주)**을 읽고 이 책에 나오는 다양한 사상가의 말을 수업시간 및 그 외에도 자주 인용함. '학교는 필요한가?', '공부란 무엇인가?', '나는 부모로부터 자유로울 수 있는가?' 등의 자신만의 철학적 범주를 설정하여 사상가들을 재배치하고 싶다는 의지를 보임. 철학자들의 사상을 진심으로 사랑할 줄 아는 학구적인 학생임.

20 ▸▸ 한문학과

1 학과 인재상

한자, 한문에 대한 기초적인 지식을 지닌 학생

한문을 여러 학문 분야와 융합하고자 하는 주체적인 마음을 지닌 학생

한문을 비롯한 여러 언어에 대해 감각을 지닌 학생

한문 전반에 대한 인문학적 소양을 갖춘 학생

한문을 창의적인 영역에서 접근해 변화하는 시대에 능동적으로 대응하고자 하는 학생

2 유사학과

- 한문학
- 한문교육과

3 관련직업

- 교수
- 교육행정사무원
- 고전번역가
- 한문학연구원
- 교사

4 개설대학

- 경북대학교
- 경상국립대학교
- 고려대학교
- 부산대학교
- 성균관대학교
- 안동대학교
- 충남대학교

학과 연계도서

삶의 지혜 한문 공부
한원식 / 해드림출판사(2022)

한자, 한문 공부를 처음 시작하는 사람들에게 친절하고 따뜻하게 한자와 한문을 알려주는 책이다. 특히 한문 문법은 암기식에서 벗어나 구체적인 사례와 친절한 설명을 통해 쉽게 이해할 수 있도록 도왔다. 제1부 한자의 기원과 구조에서는 한자의 기원과 형태, 한자의 구조에 대해 다루었고, 특히 우리가 잘 헷갈리는 '부수'에 대해서도 설명하고 있다. 이후 제2부 한문 단어와 사자성어에서는 우리 일상 생활에서 많이 쓰이는 실용 한자와 사자성어에 대해서 다루고 있다. 제3부 한문 문법 개요에서는 한문의 품사, 문장의 형식과 구조, 한문의 문형 등을 다루고, 마지막 제4부 고전 독해에서는 '삼국유사', '삼국사기', '격몽요결', '명심보감', '대학', '논어'를 독해하여 여기에서 나오는 삶의 지혜들을 독자들이 깨달을 수 있도록 하였다.

한번은 한문 공부
정춘수 / 부키(2018)

한문을 왜 공부해야 할까? 한자는 어려운데 꼭 알아야 할까? 우리는 한자와 한문을 어렵고 부담스러운 것들로 인식한다. 또한 천자문으로 한문을 배우는 등의 모습을 보면 한자 공부의 방법론은 늘 암기 위주인 것처럼 보이기도 한다. 이렇게 한자와 한문에 대해 우리가 느끼는 피로감은 사실 지금껏 한문 교육이 지닌 난제이기도 한데, 이 책은 한문 문장의 유형이나 구조에 대해서 분석하고 안내하는 형식적 방식과, 문장 속에서 우리 인간의 삶을 돌이켜 보는 철학적 자세를 지니게끔 하는 화두를 던지는 실질적 방식을 조화롭게 응용하여 우리가 한문을 공부해야 하는 이유에 답을 할 수 있는 힘을 부여하고 있다. 우리는 이 책을 읽으면서 제목 그대로 '한번은 한문 공부'를 해 볼 만하다고 생각할 수 있을 것이다.

박지원의 한문소설
김수업 / 휴머니스트(2013)

조선 후기 실학자인 박지원의 한문 소설들을 묶은 책이다. 박지원은 양반이나 왕 등의 높은 계층이나 지위의 사람을 이야기하기보다는 평범한 농사꾼이나 거지, 떠돌이 등의 삶을 주로 다루었다. 이 책은 '광문자전', '예덕선생전', '민옹전', '양반전', '김신선전', '호질', '옥갑야화', '열녀함양박씨전'의 총 8편을 다루는데, 특히 '광문자전', '예덕선생전'에서는 평범한 사람이 지니는 가치에 대해서 말하고 있다. 번역 텍스트의 난도가 높지 않기 때문에, 이 책을 읽고 한문으로 된 원문과 비교하여 읽는 과정 속에서 한문 문장 구조 및 이야기 서술 방식에 대해 쉽게 이해할 수 있을 것이다.

한문 독해 기본 패턴
동양고전정보화연구소 고전교육연구실 / 전통문화연구회(2018)

한문을 독해하기 위한 가장 기본적인 과정을 안내하는 책이다. 한문 패턴의 기초에서는 글자 결합 패턴, 한문 문장의 구조를 안내하고, 이후 三字~八字 풀이 패턴에서는 각 글자의 풀이가 어떤 과정에 의해 이루어지는지 밝힌다. 이후 공통 기본 패턴에서는 서술, 접속, 어조사 '之', '以', '以爲', '所', '所以', '謂, 曰, 云', 시간, 범위 이동, 도치의 패턴을 다룬다. 나아가 문장 유형별 패턴에서는 가능, 부정, 금지, 의문, 반어, 비교, 선택, 피동, 사동, 가정, 조건, 한정, 감탄의 패턴을 다루는 식으로 마무리된다. 우리는 이 책을 통해 한문학의 기초인 문장 해석의 기본적인 패턴을 내면화할 수 있을 것이며, 나아가 한문 해석에 대한 자신감을 얻을 수 있을 것이다.

이이화의 한문공부
이이화 / 역사비평사(2009)

한문 공부를 하루에 조금씩 할 수 있게끔 이론과 원리, 문제로 묶여 있는 책이다. 한자의 기본 지식을 다루는 입문을 지나, 한문의 이해를 다루는 기초, 품사와 문형을 다루는 문법 파트를 거쳐 고전을 읽는 응용과 실제의 파트에 이르게 되는 구성을 지니고 있다. 특히 고전 읽기에서는 소설, 시가, 야담, 기화 등의 문학 갈래 해석을 다루고 있다는 점이 흥미로우며, 오언절구나 칠언절구 등의 한시 개념도 제시하고 있어서 한문 문학에 대한 이해를 돕기도 한다. 해석 연습과 자의(字義) 풀이, 연습 문제가 균형적으로 제시되어 있어서 한문 해석의 원리를 쉽게 이해할 수 있게끔 하고 있다.

생활과 한문
남기택 외 3인 / 북스힐(2023)

한문과 우리의 삶의 연관성을 밝힌 책이다. 실제로 우리가 쓰는 어휘 중 70% 이상이 한자어이거나 한자와 고유어가 혼합된 말이라는 점에서, 우리 생활 속에 한자와 한문이 크게 자리 잡고 있다는 것을 알 수 있다. 이 책은 우리의 삶 속에서 존재하는 한자를 '한자와 대중사회' 파트에서 다루면서, 한자의 다양한 쓰임에 대해 소개하고 있다. 또한 '선인과의 대화' 파트에서는 효와 행실, 수양과 교육, 인성 본연의 삶, 논어에 나타난 공자의 이모저모라는 구성 아래 한자와 한문을 매개로 옛 선인과 인생에 대해 논하는 양상을 보여주고 있다. 우리는 이 책을 통해 한자와 한문이 우리 삶 속에서 어떤 형태로 존재하고 있는지, 그리고 우리는 한자와 한문 속에 담긴 선조들의 삶의 지혜가 어떠한지를 이해할 수 있을 것이다.

한문 해석 사전
김원중 / 휴머니스트(2020)

허사(虛辭)는 혼자 그 스스로의 의미를 지니지 못하는, 일종의 형식 형태소를 일컫는 말이다. 반드시 실질 형태소와 결합하여 문법적인 관계를 나타내야 한다. 따라서 실질 형태소인 명사, 동사 등의 품사보다 그 존재감이 덜한 것처럼 인식되어 왔다. 이 책은 사서삼경과 25사, 명심보감, 삼국유사, 제자백가서 등의 다양한 동양 고전에서 900여 개의 허사를 추려 내어 사전처럼 가나다순으로 정렬해 의미를 밝히고 해석의 방법을 알려주고 있다. 이러한 과정을 통해 한문 해석의 과학화를 이끌고 있으면서도, 한문에 있어서 실질 형태소만이 중요한 것이 아니라는 점을 역설하면서 우리에게 한문이 지니는 허사와 실사(實辭)의 유기성을 체험할 수 있게 돕고 있다.

나의 첫 한문 공부
공원국 / 민음사(2017)

우리는 어떤 고전을 읽으면서 한문 공부를 시작해야 할까? 한문의 이치를 알기 위해서 읽어야 할 고전은 무엇일까? 사실상 한문을 처음 배우는 사람들은 '격몽요결', '사자소학' 등으로 학습을 하는 경우에 많은데, 이러한 저서들은 대개 성리학적 질서를 기반으로 하고 있기 때문에 현실적인 우리의 삶과는 거리가 있을 수 있다. 또한 한문은 본래 규범을 논하려고 탄생한 학문이 아닌 만큼, 이 책은 '어떻게 하여야 한다'라는 당위성을 배제하고 다양한 주제에 대해 스스로 생각할 수 있는 힘을 기르기 위해 쓰였다. 이 책은 '사랑, 개성, 선행, 배움, 사회적 덕성'이라는 다섯 가지의 주제로 이루어져 있는데, 가장 마지막 장인 '사회적 덕성'의 부제로 '뜻을 펼치고 더불어 행복하기'를 말하고 있어 이 책의 궁극적 의도를 강화하는 점이 흥미롭다.

한문을 바로 알자
천명일 / 지혜의나무(2021)

미시적으로는 불교 경전에 나오는 한자에 대한 해석과 의미 파악에 주력하지만, 거시적으로는 불교의 이치에 대해 다가가기 위한 마음가짐에 대해 안내하고 있다. '번뇌망상(煩惱妄想)의 묘약(妙藥)은 명상(冥想)' 챕터에서는 마음(摩陰)의 생원설을 소개하여 우리가 지니는 마음이 어떤 속성을 지니는지 설명하는 부분이 흥미롭다. 또한 '청와대(靑瓦臺)를 청와관(靑瓦館)'의 챕터에서는 '대'와 '관'의 차이를 보여 주면서 우리 생활 속의 한자의 쓰임에 대해서도 소개하고 있다. 이외에 '다도(茶道) 이야기'에서는 불교에서의 '차(茶)'는 어떤 의미를 지니는지 말하면서 일상 생활 속에서 차를 마시는 행위와 비교한다. 이러한 불교 경전 속에서 나오는 한자를 일상 생활의 범위로 끌어오면서, 우리들이 한자와 한문을 더욱 친숙하면서도 바로 알 수 있도록 안내하고 있다.

고전으로 읽는 고사성어 인문학
최정준 / 비움과소통(2014)

옛사람의 삶의 지혜가 담긴 고전을 현대인들이 읽으면서 옛사람과의 소통을 꾀한다면 단연 '고사성어'가 가장 좋은 매개가 될 것이다. 어렸을 때 한자와 한문을 싫어해도 고사성어와 그에 얽힌 이야기를 읽어 가면서 중국의 역사를 귀납적으로 이해한 사람들이 많았었기 때문이다. 이 책은 우리가 흔히 알고 있는 고사성어, 예컨대 우공이산(愚公移山), 타산지석(他山之石), 순망치한(脣亡齒寒), 오비이락(烏飛梨落), 오리무중(五里霧中) 등의 고사성어에 대한 이야기를 재미있게 풀어내면서, 한래서왕(寒來暑往), 화복상전(禍福相轉) 등의 세상의 이치에 대해서도 깨닫게 하고 있다. 고사성어를 '한자의 풀이', '맥락의 풀이'라는 두 개의 큰 방법론으로 접근하고 있어서 우리들로 하여금 고사성어에 더 친숙하게 다가갈 수 있게끔 하고 있다.

1
인문계열 · 한문학과

2
사회계열

3
자연계열

4
공학계열

5
의약계열

6
예체능계열

7
교육계열

한문학과 독서탐구활동 활용사례

자율활동 특기사항

정보통신 윤리교육을 통해 '매크로'가 지니는 윤리적 위험성을 '공동체주의'의 철학에서 분석하고, 이를 방지하기 위해 '정치적 일환으로서의 SNS 문제'에 관한 심포지엄을 개최함. 심폐소생술을 통해 'AED(심장제세동기)'의 원리를 인지하는 과정에서 물리학과 생명과학적 실마리를 학습 내용과 관련하여 도출하고, 실제로 AED를 사용하여 올바른 사용법을 이해함. 한문학을 비롯한 동아시아 언어학 분야에 관심이 많은 학생으로서, 1인 1역할로 '고사성어 알리미'에 자원함. 이 과정에서 **'고전으로 읽는 고사성어 인문학(최정준)'**을 읽고, '예필유수', '민심무상', '각지소지', '난사이열', '붕래무구', '완물상지' 등의 낯선 고사성어를 친구들에게 소개하여 고사성어에도 삶의 깊은 지혜가 담겨 있다는 사실을 깨닫게 함. 이후 학급특색활동을 통해 '붕래무구'를 다시 언급하여 힘든 고3 시기라도 친구 관계를 놓지 말자는 발표를 하여 친구들에게 큰 감동을 줌.

동아리활동 특기사항

(고전을통해역사를보다)(34시간) 고전의 원문과 번역본을 번갈아 읽으면서 고전의 가치를 학생들에게 알리는 과정을 경험함. '삼국유사', '삼국사기' 등의 어려운 고전을 독해하기 위해 한문의 품사, 문장 구조 등을 파악하고자 **'삶의 지혜 한문 공부(한원식)'**를 읽고 매 동아리 모임마다 해당 고전의 어려운 문장 구조를 파악하여 지도 교사의 확인을 받음. 특히 4부의 고전 독해를 하는 과정을 충실하게 이행하여, '김현감호'의 '여기사어등한인지수 갈약복어랑군인하 이보지덕호' 등을 올바르게 해석하고, 이 문구에서 여인의 정서를 올바르게 파악함. 또한 '연오랑 세오녀', '만파식적', '손순의 효심' 등 다양한 삼국유사의 이야기들을 잘 해석하여 작품에 담긴 설화적, 역사적 배경, 문학적 의의를 정리하여 동아리 발표 시간에 부스를 운영하여 제시함. 김현감호에는 불교적 가치관이 담겨 있지만, 죽어서라도 사랑하는 사람이 행복했으면 좋겠다는 정서는 시대를 막론하고도 마주할 수 있는 감정이라고 말하는 등 현대적인 해석을 보여 줌.

진로활동 특기사항

샐리그만의 성격 강점 검사를 통해 사랑, 팀워크, 사회적 지능, 열정이 자신의 대표 강점임을 파악함. 흥미 발견 프로그램을 통해 국제적 흥미와 사회적 흥미 분야가 우세함을 파악함. 자신의 자아존중감 정도를 점검하고 건강한 자존감을 형성 및 유지할 수 있는 다양한 방법에 대해 생각해 봄. 가드너의 다중지능검사를 통해 인간 친화 지능, 자기 성찰 지능, 언어 지능이 우세함을 파악함. 위의 세 가지 지능을 적절하게 융합할 수 있는 직업으로서 본인은 '한문학연구원'이 가장 어울린다고 생각함. 우리나라의 언어가 대부분 한자에 기반을 두고 있음에도 불구하고 사람들이 한자에 큰 관심이 없어서 우리나라 사람들에게 한자의 가치를 재미있게 알리는 것이 가장 궁극적인 목적이라고 설명함. 이와 관련하여 진로 독서 시간에 **'생활과 한문(남기택 외)'**을 읽고 우리 생활 속에 우리도 모르게 쓰이는 한자가 매우 많다는 사실을 깨닫고 이를 친구들에게 간단한 영상이나 문구를 만들어서 소개하고자 하는 계획을 세움. 또한 자신의 진로 소개하기 시간에 '양말, 사자, 사과, 귤, 어차피, 포도, 하마' 등이 모두 한자라는 사실 등을 토대로 이러한 한자를 사용하는 우리들의 자세는 어떠해야 할지에 대해서 생각한 바를 설명하여 좋은 반응을 얻음.

1

인문계열 · 한문학과

2

사회 계열

3

자연 계열

4

공학 계열

5

의약 계열

6

예체능 계열

7

교육 계열

교과 세부능력 및 특기사항

한문1

한문 산문의 다양한 서술 방식을 통해 글의 내용을 이해하고 감상하는 단원을 학습하면서, '닭을 빌려 타고 돌아가다(차계기환)'은 '서사'로서의 서술 방식으로, 인물의 대화 및 상황에 대한 묘사를 통해 이야기가 진행된다는 사실을 잘 설명함. 이후 이러한 서사 구조를 올바르게 감상하기 위해서는 '인물의 의도'를 잘 파악해야 한다는 점을 배움. 이 작품에서는 '대장부불석천금 당참오마 좌주'에서 '김선생'이 기지를 발휘해서 실제로 그러지 못할 일을 가상으로 설정하여 말한 것이고, 그러한 의도는 결국 '주인'인 친구가 키우는 닭에 주목하기 위한 것이라고 본다며 인물의 의도를 파악한 바를 훌륭하게 설명함. 이후 이러한 재미있는 한문 서사에 관심이 생겨 한문 독서 시간에 **'박지원의 한문소설(김수업)'**을 읽고, 이를 원문과 비교함. '호질'에서 양반이 호랑이에게 혼난 후 다음 날 농부에게 하는 말이 어떤 의미가 있는지를 파악하여 설명함. 원문과 번역본을 충실하게 비교하는 성실함이 돋보이는 학생임.

한문2

한문의 품사 단원을 공부하면서 단독으로 어휘적 의미를 가지는 '실사'와 문법적 의미만을 나타내는 '허사'가 있다는 사실을 학습하고, '논어'에 나오는 '학이시습지 불역열호', '기소불욕 물시어인' 등의 문장을 실사와 허사로 분리하여 이해하는 수행평가를 잘 해냄. 이후 '어조사'에 해당하는 단어들이 국어의 '조사, 어미'와 어떤 차이가 있는지에 대해 교사에게 질문하고, 특히 국어의 격조사에 해당하는 한자들이 많다는 사실을 알게 됨. 이러한 허사들을 목록화한 내용에 대해 구체적으로 알아보고자 한문과 관련된 독서 활동 시간에 **'한문 해석 사전(김원중)'**을 읽음. '아들 자, 있을 유, 쉴 휴, 알 지, 몸 기, 갈 지' 등 실사로 인식되는 것들도 허사인 경우가 있으며, '갈 지' 같은 경우 주격, 목적격, 관형격 등의 다양한 격조사로도 쓰인다는 사실을 알게 되어 이를 토대로 문장을 '문맥'을 고려하여 해석하는 것이 중요하다는 내용을 정리하여 독후 활동 시간에 발표함.

행동특성 및 종합의견

친구들에게는 한없이 너그럽고 다정다감하지만, 자신과 관련된 계획을 세우거나 스스로를 평가하는 데에 있어서는 엄격한 학생임. 자신이 한 일에 대해 자랑스러워하지 않고, 늘 반성적 실마리를 찾아서 고쳐나가려고 하는 겸손함과 성찰의 힘을 지녔음. 남의 눈치를 보려고 하지 않으며 늘 자신감 있게 자신이 말하고자 하는 바를 드러냄. 한문학을 배워 한문학과 국문학의 관련성 및 한문학의 가치를 친구들에게 알리고자 노력하는 학생으로서, **'나의 첫 한문 공부(공원국)'**를 읽고 한문을 배우는 것은 단순히 글자나 문장을 배우는 것이 아니라, 인간에 대한 사랑이나 사회 속에서의 나의 역할, 남에게 베푸는 선행, 나 자신을 온전하게 이루기 위한 개성 등을 배우는 인문학의 현장임을 알게 됨. 이를 통해 한문학 공부에 대한 강한 동기와 자신감을 드러낼 정도로 학구열이 넘침. 아는 것과 행하는 것이 일치되어야 한다고 하면서, 고전을 통해 배운 삶의 지혜를 늘 실천하려고 하는 행동력이 강함.

계열별
진로 독서의 실제

Chapter 2 사회계열

1 ▸▸ 경영학과

1 학과 인재상

변화를 추구하고
창의적인 활동을
좋아하는 학생

평소 경제나 통계 등
세상이 어떻게 움직이는지
관심이 많은 학생

공동체의 목표를
달성하기 위해
리더십을 갖춘 인재

발표하는 것을 좋아하고
다른 사람과 어울려 활동하는
것을 좋아하는 학생

주변의 문제에 관심을 가지고
창의적으로 문제를 해결하는
기업가 정신을 갖춘 인재

2 유사학과

- 경영정보학과
- 국제경영학과
- 글로벌경영학과
- 융합경영학과
- 의료경영학과

3 관련직업

- 경영컨설턴트
- 공공기관 근무자
- 금융자산운용가
- 노무사
- 세무사
- 투자분석가
- 회계사

4 개설대학

- 강남대학교
- 강원대학교
- 건국대학교
- 경기대학교
- 경북대학교
- 경희대학교
- 계명대학교
- 고려대학교
- 단국대학교
- 대전대학교
- 부경대학교
- 부산대학교
- 상지대학교
- 울산대학교
- 인천대학교
- 조선대학교
- 충남대학교
- 충북대학교
- 한국과학기술원
- 호남대학교 등

THE GOAL 당신의 목표는 무엇인가?

엘리 골드렛(강승덕 외 2인 역) / 동양북스(2019)

이 책은 출간 이후 30년 동안 35개국에서 1,000만 부 이상 판매되었고, 수많은 기업의 패러다임을 바꾼 역사상 유례를 찾기 힘든 경이적인 기록을 가진 경제경영 분야의 베스트셀러이다. 이 책은 출간 이후 17년 동안 일본과 한국에서 출간되지 못했다. 1980년대 당시 미국의 기업들은 경기 불황 속에서 고군분투하고 있었던 반면에 아시아권 나라의 경제는 큰 폭으로 상승세를 기록하는 중이었다. 이런 상황에서 자신의 이론을 기업경영에 도입한다면 성장에 가속도가 붙을 것을 우려하여 출간을 허락하지 않은 것이다. 추리소설 같은 흡입력으로 경영의 메커니즘을 이해할 수 있는 책이다.

좋은 기업을 넘어 위대한 기업으로

짐 콜린스(이무열 역) / 김영사(2021)

좋은 기업은 많지만, 위대한 기업은 많지 않다. 위대한 기업의 성공 비결은 무엇일까? 짐 콜린스 이전에 이 문제에 관해서 수많은 추측이 난무했다. 콜린스와 그의 연구팀은 5년간의 철저한 조사를 통해 사람들의 미처 몰랐던, 잘못 알고 있던 사실을 낱낱이 해부했다. 레벨5의 리더, 적합한 사람 버스에 태우기, 냉혹한 현실 직시하기, 고슴도치 콘셉트, 규율 있는 사람들의 규율 있는 행동, 기술 가속 페달 등은 불확실한 시대의 닻이 될 불변의 경영 원칙이 되어왔다. 초인이 아닌 보통 사람도 명확한 원칙만 지키면 크기와 업종에 상관없이 자신의 조직을 위대한 조직으로 전환할 수 있다고 말한다.

경영학 콘서트

장영재 / 비즈니스북스(2010)

경제학이 이미 일어난 현상에 대한 해석이라면, 경영학은 직면한 문제에 대한 해결 방법을 구체적이고 현실적으로 제시하는 학문이다. 아쉽게도 이러한 경영에 관한 일반인들의 상식은 현실과 다소 거리가 있다. 일반인들을 위한 경영학책들 대부분은 '조직력과 강력한 리더십으로 새로운 시장을 창조하자'와 같은 다소 피상적 측면에만 집중하고 있다. 하지만 이 책에서는 가격 책정, 마케팅 등 경영학이 다루는 다양한 주제를 개인이 현실에서 직접 접할 수 있는 문제에서 시작해서 기업의 효과적인 운영에 이르기까지 다양한 사례로 알기 쉽게 설명한다.

회계 천재가 된 홍대리

손봉석 / 다산북스(2018)

비즈니스 언어인 '회계'야말로 경영의 기본이다. 회계가 점점 중요해지고 있음에도 사람들이 회계 공부를 멀리하는 이유는 간단하다. 바로 '회계는 딱딱하고 어렵다'라는 편견 때문이다. 『회계 천재가 된 홍 대리』 시리즈는 국내 최초의 '소설로 읽는 회계 책'으로, 탄탄한 구성의 재미있는 소설을 읽다 보면 어느새 회계의 본질을 깨닫고 회계마인드를 갖게 된다. 비즈니스 공용어라고 할 수 있는 회계마인드를 가지고 업무에 접근할 때 얼마나 효율적으로 일할 수 있는지를 깨닫게 해준다.

상도
최인호 / 여백(2020)

2백여 년 전에 실재하였던 의주 상인 '임상옥'은 우리나라가 낳은 최대의 무역 왕이자 거상이며 죽기 직전 자신의 재산을 모두 사회에 환원한 인물이다. 이런 역사적 상인을 소재로 인간의 길, 상업의 길을 소설 속에서 펼쳐낸다. 저자는 '진정한 상인 정신이란 무엇인가?, 부에 대한 관념과 가치는 무엇인가?'를 질문한다. 『상도』는 이런 물음들에 대해 고민이 필요한 경영자들에게 임상옥이라는 조선 후기의 무역상의 이야기를 통해 답을 제시해 주고 있다.

제로 투 원
피터 틸, 블레이크 매스터스(이지연 역) / 한국경제신문(2021)

『제로 투 원』은 미래의 흐름을 읽어 성공하는 법에 관해 말하는 책이다. 0에서 1이 되는 것은 '새로운 것을 창조하는 것'을 말한다. 뭔가 새로운 것을 만들면 세상은 0에서 1이 되며, 새로운 것을 창조하는 회사를 만들어야 성공할 수 있다. 앞으로 그 누구도 검색엔진을 만들어서 제2의 래리 페이지나 세르게이 브린(구글 창업자들)이 될 수도 없으며, 또다시 소셜 네트워크를 만들어 제2의 마크 저커버그(페이스북 창업자)가 될 수도 없다. 이들을 그대로 베끼려는 사람이 있다면 정작 이들로부터 아무것도 배우지 못한 것이다.

육일약국 갑시다
김성오 / 21세기북스(2021)

"기사님, 육일약국 좀 가주이소.", "야? 육일약국요? 거가 어딘데예?" 3년 후, 마산과 창원에서 육일약국을 모르는 택시 기사는 간첩이라 불릴 정도로 유명해졌다. 사람을 중요하게 생각하고 사람의 마음을 얻으려고 노력하는 섬김의 경영 전략이 이룬 쾌거였다. '이윤보다 사람을 남기는 장사를 해라'는 신념이 열매를 맺은 것이다. 이후 교육 사업에 뛰어들어 온라인 중등교육 1위 기업으로 만든 그는 큰 도전이 두렵다면 작은 것부터 시작하라고 권한다. 한두 번 실패했다고 해서 절망할 것은 없다. 그것은 실패가 아니라 경험이자 성공의 밑거름이기 때문이다.

인문의 숲에서 경영을 만나다
정진홍 / 21세기북스(2007)

비즈니스 현장은 '전쟁'이란 말로 표현 가능할 만큼 치열하다. 또한 날로 그 강도는 더 세지고 있다. 이에 각 기업의 경영자들은 경제 경영서를 넘어 인문학에서 통찰의 힘을 구하고 있다. 이 책은 불확실한 현대 비즈니스 사회에서 분명한 비전의 새 길로 나아가기 위한 통찰의 힘을 인문학에서 찾는다. 본문은 역사와 심리학, 그리고 사람의 이야기를 바탕으로 역사, 창의성, 디지털, 스토리, 욕망, 유혹, 매너, 전쟁, 모험, 역사 등 10가지 주제에 대해 깊이 있는 통찰을 이끌어내고 있다.

만약 고교야구 여자 매니저가 피터 드러커를 읽는다면
이와사키 나쓰미(김윤경 역) / 동아일보사(2016)

오랫동안 활동 중지 상태였던 야구부를 재건하고 꿈의 무대인 고시엔 대회에 진출한다는 원대한 목표를 세운 아사가와 고교 야구부 매니저들, 그러나 이들 중 야구를 제대로 아는 이는 단 한 명도 없다. 이들은 피터 드러커의 『이노베이션과 기업가정신』에서 "기업가는 이미 하는 일을 더 훌륭히 하기보다는, 완전히 새로운 일을 하는 데서 가치를 찾아낸다"라는 정의에 착안하여 불가능한 도전을 감행한다. 이 책은 일선 경영자와 기업가는 물론, 자신의 꿈을 이루기 위해 한 걸음씩 나가는 사람에게 필요한 책이다.

사업을 한다는 것
레이 크록(이영래 역) / 센시오(2019)

이 책은 전 세계 120개국에 걸쳐 3만 5,000여 매장에서 1,800만 명의 직원을 고용하고 있으며 매일 6,900만 명의 손님이 찾는 글로벌 기업인 맥도날드를 창업한 레이 크록의 이야기를 다뤘다. '전능의 힘'은 끈기와 투지뿐이다. 50살이 넘은 나이에 인생을 뒤흔들 모험에 뛰어들었고, 사업가로서 품을 수 있는 최고의 꿈을 품었으며, 사업으로 이룰 수 있는 모든 것을 이뤄냈다. 사업의 근본과 핵심에 대해 배우고자 하는 사람들, 자기 사업을 일구려 꿈꾸는 모든 사람에게 소중한 책이 될 것이다.

삼국지 경영학
최우석 / 을유문화사(2007)

『삼국지 경영학』은 1,800여 년 전 후한 말, 치열한 투쟁 속에서 삼국의 지도자들이 어떻게 나라를 건설하였고, 어떤 방식으로 나라를 키워나갔는지를 살펴본다. 조조는 냉철한 판단력을 지닌 위대한 CEO로, 유비는 인정과 의리로 인재를 포용한 큰 그릇의 CEO로, 손권은 수성(守成)의 명 CEO로 표현한다. 저자는 자신만의 프리즘으로 삼국지를 현대에 맞게 재해석하며 인재를 어떻게 기용하고, 조직을 어떻게 발전시키며, 위기에는 어떻게 대처하는지 등을 쉽게 이야기한다.

나는 장사의 신이다
은현장 / 떠오름(2021)

초고령화 사회로 접어들면서 직장인들의 은퇴가 빨라지는 요즘, 창업을 준비하거나 이미 장사를 하는 사람들이 늘어나고 있다. 그러나 무엇부터 준비하고 시작할지 모르거나 제대로 준비하지 못한 상태에서 장사를 시작하는 사람들이 많다. 이 책에는 저자가 성공에 이르기까지 갖고 있던 소신과 장사 철학을 '장사의 신의 뼈때리는 한마디', '뭥 말인지 알지?'로 구성해 재미있게 담아냈다. 장사에 대한 명료하고 직관적인 그의 메시지는, 실패로 지친 이들에게 따끔한 충고를 전함과 동시에 따뜻한 위로를 준다.

1 인문계열

2 사회계열·경영학과

3 자연계열

4 공학계열

5 의약계열

6 예체능계열

7 교육계열

경영학과 독서탐구활동 활용사례

자율활동 특기사항

'학급 독서 사랑 활동'에서 자신의 관심 분야인 경영 분야를 알아보기 위해 중국의 역사적 인물인 위·촉·오 삼국의 지도자들이 어떻게 나라를 건설하였고 어떤 방식으로 나라를 키워나갔는지를 다룬 **'삼국지 경영학(최우석)'**을 읽고 비교하여 소개함. 평소 관심 있는 경영을 많은 사람이 즐겨 읽는 삼국지와 연계하여 기업경영의 원칙을 설명함으로써 친구들이 흥미를 갖게 설명함. 학교폭력예방교육 시간을 통해 감정이 실린 언어는 상대방의 마음에 화상을 입힌다는 기사를 읽은 후 자신의 경험을 나누는 시간을 가짐. 체험학습 시 안전하고 질서 정연한 태도로 공동체 활동에 임함은 물론 한국의 민속 문화를 재현한 공간을 관람하는 동안 전통과 자연의 향연 앞에 연신 감탄하였고, 선조들의 발자취를 아련하게 거슬러 올라가며 과거와 현재를 경험하는 등 체험학습의 의의를 공고히 다지는 모습이 대견함. 체험활동 후 물리적 공간을 뛰어넘은 시간적 연결의 의미를 생각하는 계기가 되었다는 소감을 작성함.

동아리활동 특기사항

(창업경영반)(34시간) 사회적 문제에 대해 지속 가능한 해결책을 찾고자 하는 동아리로, 교내 휴대전화 사용 금지에 대해 국가인권위의 기본권 침해 의견을 토대로 우리 학교에서 교사와 학생들이 교내 휴대전화 사용 제한을 어떻게 바라보는지 인식 조사를 함. 입장에 따라 의견이 어떻게 다른지 정리하여 도식화하고, 이를 근거로 학교에 청원 계획과 더불어 휴대전화기 사용에 따른 수업 방해 등의 우려에 대한 해결방안을 수립하는 데 주도적인 역할을 함. 모둠독서활동으로 **'제로 투 원(피터 틸 외)'**을 읽고 일류기업으로 성장한 기업들의 성공 아이템과 전략을 정리하여 활동 보고서를 작성함. 2000년대 초반 인터넷 검색 분야에서 세계적인 기업으로 성장한 기업을 선정하여 어떻게 경쟁하지 않는 기업으로 지금까지 살아남았는지를 분석하여 발표함. 경쟁의 세계에서 경쟁하지 않고 살아남는 법을 논리정연하게 자신만의 생각으로 차분히 발표하는 모습이 인상적임.

진로활동 특기사항

미래사회와 기업가 정신을 주제로 진행한 진로캠프를 통해 환경이나 처지가 열악하더라도 꿈과 용기를 가지고 포기하지 않는 도전정신과 창의성, 끊임없는 연구와 노력을 가지는 것의 중요성을 배움. 기업경영에 기업가 정신이 어떻게 적용되는지 구체적으로 탐구하는 활동을 통해 혁신과 창조를 거듭하는 기업의 성장 비결은 기업가 정신에 답이 있다는 것을 깨달음. **'좋은 기업을 넘어 위대한 기업으로(짐 콜린스)'**를 읽고 '위대한 기업의 목록은 바뀌어도 위대한 기업의 원칙은 바뀌지 않는다'를 가장 인상 깊은 문장으로 선정함. 불확실성의 시대에 위대한 기업으로 성장한 기업은 뚜렷한 경영 원칙이 있다는 사실에 깊이 공감하였다고 밝히며 자신도 미래 경영학도로 성장하기 위해 '고슴도치 콘셉트'와 '규율 있는 사람들의 규율 있는 행동' 원칙을 세워 지키겠다는 다짐을 함. Dream Up 진로캠프에 참여하여 자기주도학습전략과 학습 기술, 공부 습관 형성 비법을 통해 학습 동기 형성에 도움을 받음. 현재 자신의 학습 상황을 분석하여 학습계획 설계를 함. 캠프 강사와의 대화를 통해 자신의 진로 목표를 달성하기 위해서 학업 목표를 어떻게 계획하고 실천해야 하는지 지도를 받고 큰 용기를 얻었다는 소감을 발표함.

교과 세부능력 및 특기사항

경제

생활 속 경제 이야기 활동에서 코로나19 대유행으로 급격히 성장하게 된 긱 경제(Gig Economy)를 주제로 긱 경제의 의미와 특징과 한계를 기업과 개인의 측면에서 분석하여 발표함. 특히 고용에 있어서 유연성이 지니는 의미를 고용주와 노동자의 입장에서 균형 있게 제시하여 학생들의 인식개선에 도움을 줌. 관련 활동에서 **'인문의 숲에서 경영을 만나다(정진홍)'**를 읽고 불확실성의 시대에 비전의 새 길로 나아가기 위해서는 인문학 중심의 통찰적 사고가 중요하다고 생각함. 아울러 기업경영과 국가경영 등 모든 경영의 중심은 사람이어야 한다는 자기 생각을 피력함. 포스트 코로나 시대 속 경기 불황과 물가상승 우려에 착안하여 '스태그플레이션과 실업 문제'를 주제로 주요 선진국 사례를 제시하여 시사점을 우리나라 상황에 적용하여 충격에 대비해야 한다고 주장함. 경제에 대한 이해가 빠르고, 이해한 개념을 토대로 세계 경제의 상호 연관성과 현실 경제의 파급을 냉철하게 분석하는 능력이 뛰어남.

미적분

경영·경제 분야에 관심이 많아 수업 참여에 열의가 높으며 특히 실생활 속 수학의 활용에 많은 관심을 드러냄. 수학신문 만들기에서 생활 속 삼각함수를 조사함. 용량이 큰 그림이나 사진 파일의 용량을 줄여 파일 저장이나 인터넷 전송을 쉽게 하는 압축 방식에 DCT라는 수학 변환 공식을 사용하는데, 이 과정에 삼각함수가 활용된다는 사실을 도표를 사용하여 시각적으로 이해하기 쉽게 설명함. 이외에 텔레비전, 세탁기 등에도 미분의 원리가 어떻게 적용되었는지 명확히 이해하여 제시함. 진로 연계 독서 활동에서 **'경영학 콘서트(장영재)'**를 읽고 우리 생활 속 다양한 분야에서 과학적이고 수학적인 방법으로 적용하고 있는 기업경영 원리를 이해하게 되어 수학적 흥미를 더욱 높이는 계기가 됨. 수학적 개념이 실생활에서 어떻게 적용되는지 관심이 많은 학생으로 심화 문제 풀이에서 여러 가지 개념을 응용시켜보며 다양한 측면을 고려하는 등 뛰어난 수학적 문제해결력을 보임.

행동특성 및 종합의견

풍부한 독서로 다방면에 지식이 풍부하면서도 겸손함을 갖춰 급우의 신망이 두터움. 효율적인 학습 시간 관리를 위해 계획을 세우고 지키고자 노력하여 뛰어난 학업 성취를 보임. 학급의 재활용품 분리수거 담당자로 성실히 임하였으며, 함께 분리수거를 담당했던 친구가 개인 사정으로 참여를 하지 못한 상황에서도 자신이 하겠다고 하며 친구의 부담을 덜어주는 모습을 보임. 이를 통해 친구를 위하는 마음과 투철한 책임감을 확인할 수 있었음. 경영분야에 관심이 많아 관심 분야가 같은 학생들을 위해 꾸준히 학습자료와 대입자료를 공유하여 더불어 공부하는 학급 분위기를 만드는 데 일조함. 학급독서 활동으로 경영 분야의 책을 꾸준히 읽고 독서 기록장을 작성함. **'사업을 한다는 것(레이 크록)'**과 **'나는 장사의 신이다(은현장)'**를 통해 자신도 창업을 꿈꾸고 있지만, 준비가 안 돼 실패하는 자영업자가 많다는 기사를 접해 사업이란 규모가 크든 작든 자신만의 철학과 끈기와 투지가 중요하다는 사실을 배움.

2 ▸▸ 경제학과

1 학과 인재상

합리적이면서
논리적으로 분석하는 데
흥미가 있는 학생

평소 경제 현상에
관심이 많은 학생

경제적 현상을 이해하고
분석·해결하려는
자세를 지닌 학생

논리적인 방법으로
인간 행동을 분석하는 법을
배우고 싶은 학생

그래프, 수식 및 통계 등
수학적인 도구를 활용하는 데
흥미가 있는 학생

2 유사학과

- 경제금융학과
- 글로벌경제학과
- 농업경제학과
- 소비자경제학과

3 관련직업

- 감정평가사
- 경제학연구원
- 금융상품개발자
- 기자
- 세무사
- 핀테크전문가
- 회계사

4 개설대학

- 강원대학교
- 건국대학교
- 경남대학교
- 고려대학교
- 단국대학교
- 대전대학교
- 동국대학교
- 부경대학교
- 부산대학교
- 서울대학교
- 수원대학교
- 인천대학교
- 인하대학교
- 전남대학교
- 전북대학교
- 제주대학교
- 조선대학교
- 충남대학교
- 충북대학교 등

돈으로 살 수 없는 것들
마이클 샌델(안기순 역) / 와이즈베리(2012)

시장가치가 교육·환경·가족·건강·정치 등 예전에는 속하지 않았던 삶의 모든 영역 속으로 확대되어 돈만 있으면 거의 모든 것을 살 수 있는 이때, 마이클 샌델은 이 시대의 가장 큰 윤리적 물음을 던진다. 과연 시장은 언제나 옳은가? 『돈으로 살 수 없는 것들』은 시장의 자율규제와 정부의 감독이 제대로 이루어진다고 해도, 시장 거래가 삶의 방식과 사고방식, 그리고 도덕적 가치와 공동체적 가치를 훼손하고 변질시킨다면 효율성이란 이름 아래 이를 허용해서는 안 된다고 주장한다. 결국 '우리가 어떻게 함께 살아갈 것인가'에 관한 것이다.

인플레이션 부의 탄생, 부의 현재, 부의 미래
하노 벡 외 2인(강영옥 역) / 다산북스(2021)

인플레이션이 오고 있다. 코로나19 이후 세계 경제는 극심한 혼란 상태에 빠졌다. 각국의 중앙은행은 대규모 재정지출과 유동성 확대 전략을 펼치고 있다. 세계 경제를 움직이는 인플레이션의 시작은 어디이며 누가, 왜 인플레이션을 만들고 이용하는 걸까? 인플레이션은 근래의 발명품이 아니다. 2000년 전 화폐의 탄생과 함께 시작되어 오늘날에 이르기까지 모든 시대, 모든 나라에서 발생하며 세계 경제와 부의 움직임을 좌우해 왔다. 이 책은 인플레이션으로 인해 우리의 일상에 어떤 일이 벌어질 수 있고, 그러한 상황이 닥쳤을 때 어떻게 대비해야 하는지 알려준다.

플랫폼 경제 무엇이 문제일까?
한세희 / 동아엠앤비(2021)

2007년 아이폰 출시는 손안에 새로운 세상의 출현을 알렸다. 사람들은 집이나 공간을 대여하거나 자신의 차를 이용해 운송 및 배송하며 수익을 창출한다. 자신의 지식이나 관심 분야를 콘텐츠화해 1인 방송을 하며 구독자 수를 늘린다. 코로나19로 경제 및 사회 활동이 위축된 상황에서도 플랫폼 기업의 매출은 오히려 전성기를 맞았다. 온라인에서 기업과 소비자가 만나면서 제품이나 서비스가 공급되는 공간인 플랫폼은 경제의 중심축으로 성장했다. 그러나 그 이면에서는 플랫폼 노동자 처우 문제가 끊이지 않는다. 플랫폼 경제가 가져온 변화와 현상에 대해 어떻게 균형을 잡아야 하는지 청소년들이 고민하게 하는 책이다.

세상을 바꾸는 행동경제학
마이클 샌더스, 수잔나 휼(안세라 역) / 비즈니스랩(2021)

전통적인 경제학과 달리 행동경제학이 말하는 '우리'는 비합리적인 동시에 더욱더 사회적이다. 우리는 사회적 인간으로서 스스로가 미처 인지하지 못하는 방식으로 타인과 영향을 주고받기 때문이다. 행동경제학은 아주 적은 비용과 노력으로 사람들의 사회적 규범에 대한 인식을 자극하여 유의미한 결과를 끌어낼 수 있다. 이 책은 오류를 피하고 효과적으로 문제를 해결할 수 있는 행동경제학의 원리를 소개한다. 독자는 어떻게 사람의 심리를 자극해야 사회적 행동을 바꿀 수 있을지 사례로 이해할 수 있을 것이다.

사회적 경제는 좌우를 넘는다
우석훈 / 문예출판사(2017)

평범한 삶을 살아가던 한 개인이 실직하거나 사고로 인해 갑자기 경제적 어려움에 부닥치게 되는 경우를 주위에서 많이 접할 수 있다. 그 누구보다 열심히 살아왔지만, 점점 더 깊어지는 불황의 늪으로 인해, 혹은 취약한 사회적 안전망으로 인해 삶의 벼랑 끝으로 내몰린 것이다. 저자는 한국 경제가 정글 자본주의화 되는 이 시점에 사회적 경제에 대한 고민이 필요하다고 말하며 가난한 사람이 더 가난해지고, 어려운 지역이 더 어려워지기 전에 사회적 경제를 통해 부드럽고 은근하게 보호 장치를 만들어야 한다고 주장한다.

살면서 한번은 경제학 공부
김두얼 / 21세기북스(2021)

인생에는 답안지가 없고, 어른들에게는 학교도 스승도 없다. 사는 게 힘들고 앞날이 막막할 때 우리는 어디에서 길을 찾아야 할까? '인생명강'은 오늘을 살아갈 지혜와 내일을 꿰뚫어 보는 통찰을 제공한다. 경제는 늘 곁에 있다. 우리는 일하고 소비하며 살아가고, 투자와 저축 중 어떤 게 생활에 도움이 될지, 마트에서 장을 볼지 시장에서 장을 볼지 고민하기도 한다. 일상 속 활동은 우리가 무의식적으로 경제적인 이익을 따지는 행동의 결과이기도 하다. 이 책과 함께 경제학의 용어, 그래프에 익숙해지고 경제적 사고력으로 일상 속 문제를 해석하는 훈련을 하다 보면 경제학이 실제로 내 삶에 어떤 쓸모가 있는지 발견할 수 있게 된다.

그들이 말하지 않는 23가지
장하준 / 부키(2010)

저자는 자본주의가 수많은 문제점과 제약에도 불구하고 인류가 만들어 낸 가장 좋은 경제 체제라고 말한다. 다만 문제는 지난 30여 년간 세계를 지배해 온 특정 자본주의 시스템, 즉 자유 시장 자본주의다. 이 책은 자본주의가 실제로 어떻게 돌아가고, 어떻게 하면 더 잘 돌아가게 할 수 있는지를 이해하도록 돕는다. 우리가 무심코 불가피한 것으로 받아들이곤 하는 경제 문제 23가지에 대해 역사적 사실(史實)과 주변 사례(事例)를 가지고 그 이면을 짚어 준다.

원숭이도 이해하는 자본론
임승수 / 시대의창(2016)

21세기 초인 2005년, 영국 BBC에서 설문조사를 했다. 세계에서 가장 유명하고 영향력 있는 사상가를 뽑아 달라는 내용이었다. 이 설문에서 1위를 차지한 사상가는 바로 마르크스였다. 마르크스는 19세기 인물이지만, 그가 파헤친 자본주의는 19세기에만 머물러 있지 않다. 자본주의는 부침을 거듭하며 21세기 들어 더욱 고도화되었다. 이러한 시기에 『자본론』을 공부한다는 것은 너무나 당연하다. 이 책은 마르크스의 『자본론』의 문을 쉽게 열어 독자에게 자본주의 구조의 비밀과 한계에 대해 알려줄 것이다.

앞으로 10년 부의 거대 물결이 온다
에릭 레드먼드(정성재 역) / 유노북스(2021)

2020년대는 역사상 가장 변혁적인 시기로 기록될 것이다. 전 세계의 모든 자본과 힘이 '인공지능, 확장 현실, 블록체인, 사물 인터넷, 자율 주행, 3D 프린팅, 양자 컴퓨터' 이 7가지 딥테크 비즈니스에 집중된다. 이 책은 현재 진행 중인 최첨단 기술들이 범용 기술로 상용화되고, 끊임없이 서로 융합하면서 어떤 비즈니스 모델을 새롭게 만들어 내는지, 거기에서 부와 기회가 얼마나 창출되는지, 이로써 우리 생활이 어떻게 변화할지를 보여준다.

죽은 경제학자의 살아 있는 아이디어
토드 부크홀츠(류현 역) / 김영사(2009)

이 책은 '경제학은 왜 이렇게 난해하고 복잡할까?'라는 물음을 위대한 경제학자들의 생생한 목소리를 통해 해결한다. 경제학의 역사를 이끈 위대한 경제학자들의 깊이 있는 철학과 반짝이는 지혜를 저자 특유의 재치로 담아내고 있다. 애덤 스미스의 국부론부터 토머스 로버트 맬서스의 인구론, 앨프리드 마셜의 수요공급 곡선, 로버트 루커스의 합리적 기대이론, 대니얼 카너먼의 행동경제학까지 경제학의 전체 흐름을 꿰뚫는다. 많은 경제학도가 이 책을 보고 경제학이라는 거대한 바다에서 자신만의 이해의 틀을 세웠고 교양서 독자들은 어렵게만 느낀 경제학이라는 분야에 한 걸음 가깝게 다가서며 이 책을 경제학의 바이블로 삼았다.

혼돈의 시대, 경제의 미래
곽수종 / 메이트북스(2021)

코로나19 팬데믹은 정말 많은 것들을 바꿔 놓았다. 코로나19 팬데믹 이후 국가도 무한경쟁 시대를 맞이하게 되었다고 말한다. 시대의 역동성을 자연스러운 성장과 발전과정으로 이해하고 반응하는 법을 익히지 않으면 안 되는 시대를 살게 되었다. 이 책은 코로나19 이후 대한민국이 나아갈 길을 경제·인문학적으로 분석한다. PART 1에서는 코로나19 이후 마주하게 될 위기와 기회를 알아보며 PART 2에서는 각 시대적 변화와 국가별 변화에 대해 인문학적인 접근을 통해 각 변화를 추동했던 원동력에 대해 알아본다.

경제학과 독서탐구활동 활용사례

자율활동 특기사항

교육과정 박람회에 사회계열 과목 선배 멘토로 참가하여 학교에 개설된 과목의 특징을 설명하고 학생들의 질문에 친절히 답변함. 자신의 경험을 후배에게 나누며 과목 선택에 도움을 주고자 노력함. 1학기 학급자치 회장으로 학급자치회 진행에 앞서 학생들의 안건을 모으기 위해 사전에 의견을 조사함. 회의 진행 시 민주적 의사 진행 과정을 중요시하며 소수의 의견도 청취하고 안건으로 상정하여 의견을 나누고자 노력함. 이러한 노력으로 학급 회의에서 결정된 사항은 급우들의 지지와 협조를 얻어 학급 활동에 학생 만족도가 높음. 학급 특색활동으로 매달 발행한 학급 신문에 관심 분야의 책을 소개함. **'돈으로 살 수 없는 것들(마이클 샌델)'**의 내용 소개와 함께 시장가치는 만능이 아니며 시간 가치에 종속되어 자칫 훼손될 수 있는 도덕적 가치와 공동체적 가치가 존재함을 말하며 함께 살아갈 방향을 제시하는 경제학자가 되고 싶다는 포부를 밝힘.

동아리활동 특기사항

(사회적경제반)(34시간) 경제활동의 공익적 가치에 관심이 있어 사회적 기업의 다양한 사례를 조사하여 발표함. 생활 주변의 문제를 탐색하여 비즈니스 아이디어로 구체화하는 활동에서 다양한 가정환경으로 정서적인 소외 위험이 큰 아이들을 위한 '마음 동행' 서비스 앱을 고안함. 코로나19 장기화로 인해 가정폭력과 정서적 방임 증가 등이 문제가 되는 시점에 꼭 필요한 아이디어를 발표하여 학생들의 큰 호응을 얻음. 평소 자본주의 시장경제 체제에서 소외와 불평등에 관심이 있어 **'사회적 경제는 좌우를 넘는다(우석훈)'**를 읽고 독서 일지를 작성함. 독후 활동으로 '친구에게 책 소개하기'에서 자율 시장경제 체제에서 야기된 소득의 양극화, 교육 격차의 대물림 등의 문제를 사례로 소개하고 그 대안으로 사회적 경제 활성화의 필요성을 발표함. 관심 분야에 대해 비판적 문제의식을 느끼고 다양한 사례를 참고하여 자료를 준비했으며, 사회적 가치 실현을 위한 대안까지 제시하여 수준 높은 발표를 진행함.

진로활동 특기사항

직업 가치관 검사 결과 '자기계발'과 '사회적 기여'에 대한 직업가치를 높게 인식하고 있음. 직업흥미 검사 결과 탐구형과 진취형에 높은 흥미를 보임. '나의 꿈 나의 진로로드맵 작성하기' 활동에서 진로 심리검사를 토대로 진로와 학업 계획을 수립하여 진로 미니북을 제작하여 전시함. 관심 분야에 대한 탐색이 충분히 이루어졌으며 학업 계획을 구체적으로 작성함. 진로성숙도 검사를 토대로 자신의 진로 준비 상황을 점검하고 경제 분야를 전공하는 데 필요한 자질과 역량에 대해 탐색한 자료를 시각적으로 완성도 있게 만듦. 독서 카드 뉴스 활동에서 **'플랫폼 경제 무엇이 문제일까?(한세희)'**를 읽고 플랫폼 경제와 플랫폼 경제의 활성화로 변화된 사회상을 8컷의 카드 뉴스로 제작함. 다양한 플랫폼 기업과 생태계를 제시했으며 새로운 산업으로 성장했지만, 그 이면에 노동자의 처우 문제나 소상공인과의 상생 문제 등이 있어 이를 해결해야 할 문제로 제시함. 경영·경제 분양 전문가 초청 특강에 참가하여 강연을 듣고 소감문을 작성함. 자국의 이익을 위해 첨예하게 작동하는 국제관계의 이야기 속에서 열강에 둘러싸인 우리나라가 나아갈 길은 무엇인지에 대해 진지하게 고민하는 계기를 가짐.

교과 세부능력 및 특기사항

경제

경제에 관심이 많고 희망 진로 분야가 금융자산 운용에 있어 관련 도서나 뉴스를 즐겨보고, 교과 내용과 연계하여 실물 경제를 이해하는 능력이 탁월함. 시장과 경제활동에 관한 학습에서 시장 가격의 결정과 변동 원리를 이해하고 생활 물품의 물가 변동 뉴스를 찾아 물가 변동의 원인을 분석하고 물가 안정을 위한 정책적 대안을 탐색하여 발표함. 생활 물품의 변동 상황을 시각적 자료를 잘 활용하여 이해하기 쉽게 설명하였으며, 정책적 대안은 전문가 자료를 참고하여 내용의 타당성을 높인 점이 인상적임. '**앞으로 10년 부의 거대 물결이 온다(에릭 레드먼드)**'를 읽고 최첨단 기술로 촉발된 산업의 변화 속에서 자본의 이동이 어떻게 새로운 부를 창출하는지 비즈니스 모델을 중심으로 내용을 정리함. 특히 인공지능이 가져올 파괴력에 관심을 두고 인공지능이 금융자산 운용에 적용될 때 예상되는 직업의 긍정적 미래와 부정적 미래를 자료에 근거하여 논리적으로 제시함.

경제 수학

다양한 경제지표를 나타내는 단위인 퍼센트와 퍼센트포인트의 의미를 조사하여 발표함. 국민 경제지표는 생산율, 고용률, 물가 수준 등의 지표를 총량화한 수치로 국민 경제의 상태를 파악할 수 있다는 사실을 실제 도표를 활용하여 알기 쉽게 설명함. 생활 속 통계 자료를 활용하여 경제지표의 의미를 이해하는 활동에서 진학률, 취업률, 생활물가지수 등 학생들의 생활과 밀접한 내용 중 최신 통계 자료를 정리하여 이해하기 쉽게 설명함. 진로연계 독서 활동으로 '**살면서 한번은 경제학 공부(김두얼)**'를 읽고 독후 활동으로 서평을 작성함. 인간의 생활 자체가 경제활동이라는 것을 자신의 일상생활 속에서 사례를 찾아 적으며 적용하는 글쓰기를 함. 그리고 이 책을 통해 일상을 경제적 관점과 사고력으로 살피는 습관이 형성되었으며 경제가 자신의 삶과 얼마나 밀접한 관계가 있는지 깨닫는 계기가 되었다는 소감을 작성함. 금융 분야에 관심이 많아 수업 참여 자세가 적극적이고 능동적임.

행동특성 및 종합의견

1학기 학급자치회장으로 어색하고 낯선 학급 분위기를 개선하고자 마니토 행사를 제안하여 급우들이 빨리 친해지고 유대감을 갖도록 이끎. 학급자치회장 선거 시 제시한 공약을 실천하기 위해 과목별 과제와 수행평가 내용을 매번 정리하여 학급 정보망에 공유하고 급우들의 질문에도 친절하게 안내함. 평소 경제의 작동 원리와 공정성에 관심이 많아 관련 독서를 꾸준히 함. '**돈으로 살 수 없는 것들(마이클 샌델)**', '**세상을 바꾸는 행동경제학(마이클 샌더스 외)**', '**사회적 경제는 좌우를 넘는다(우석훈)**', '**그들이 말하지 않는 23가지(장하준)**' 등 경제·금융 분야에서 진로를 찾기 위해 폭넓은 독서를 해 옴. 진로를 단순히 직업으로 한정해서 보지 않고 직업을 통해 공공의 가치를 실현하고자 하는 데 진로 목표가 있다고 명확히 밝히는 학생으로 진로 가치관과 목표가 뚜렷하여 앞으로 성장 가능성이 클 것으로 기대됨. 자기관리능력이 뛰어나 스스로 목표를 세우고 시간을 계획하며 실천하는 추진력이 있어 학업에서도 높은 성취도를 보임.

3 ▸▸ 경찰행정학과

1 학과 인재상

사람을 존중할 줄 아는 마음을 지닌 학생

배움을 실천하려는 의지를 지닌 학생

상황 변화에 능동적인 대처 능력을 지닌 학생

책임감, 사명감, 봉사 정신과 인내심을 가진 학생

탐구적 사고와 체계적인 일에 흥미와 적성을 지닌 학생

2 유사학과

- 경찰학과
- 경찰행정학전공
- 국방경찰학과
- 사이버보안경찰학과
- 해양경찰학과

3 관련직업

- 검찰수사관
- 경비 및 보안 업체 종사자
- 경찰
- 교정직 공무원
- 해양경찰관

4 개설대학

- 가천대학교
- 가톨릭관동대학교
- 건양대학교
- 경남대학교
- 경동대학교
- 경주대학교
- 광주대학교
- 대전대학교
- 동국대학교
- 부경대학교
- 부산외국어대학교
- 서원대학교
- 세명대학교
- 순천향대학교
- 원광대학교
- 전주대학교
- 한남대학교
- 한세대학교
- 호남대학교 등

거짓말하는 착한 사람들
댄 애리얼리(이경식 역) / 청림출판(2012)

오늘날 사람들은 상대적으로 자신이 근본적으로 착하다고 믿는 성향이 강하다. 이런 '착한 사람' 개념에 의지해 살아가는 사람들은 자신의 도덕적인 이미지와 이기적인 욕망 사이에 적절한 균형을 유지하려 애쓴다. 이 책은 우리의 정직하지 못한 비윤리적인 행동이 인간관계에서, 비즈니스에서, 정치에서 어떻게 나타나며, 이것이 스스로는 높은 도덕성을 갖고 있다고 생각하는 우리 모두에게 어떤 영향을 미치는지 살핀다. 저자는 부정행위에 대해 사람들이 가진 편견을 낱낱이 파헤친 뒤 우리 모두에게 자신을 스스로 정직하게 돌아보자고 제안한다.

공정하다는 착각
마이클 샌델(함규진 역) / 와이즈베리(2020)

갈수록 계층이동은 어려워지고, 불평등은 더욱 확고해지고 있다. 개개인의 능력을 불가침 가치로 둔 채 공정을 추구하지만, 상황이 더욱 악화하고 있는 이유는 무엇인가? '능력주의의 폭정: 과연 무엇이 공동선을 만드나?'는 이 책의 원제다. 저자는 이 책을 통해 "우리가 '노력하면 성공할 수 있다'고 너무나도 당연히 생각해 왔던, 개인의 능력을 우선시하고 보상해주는 능력주의 이상이 근본적으로 크게 잘못되어 있다"라고 주장한다. 이러한 능력주의가 제대로 공정하게 작동하고 있는지, '공정함=정의'란 공식은 정말 맞는 건지 진지하게 되짚어본다.

경찰의 민낯
장신중 / 좋은땅(2015)

『경찰의 민낯』은 경찰의 활동에 대한 자화자찬이 아니라, 현란한 포장 뒤에 감추어진 경찰 조직의 그릇된 문화와 관행을 적나라하게 드러내는 최초의 책이라 할 수 있다. 제목 그대로 이 책은 그동안 일반 시민이 알지 못했던 경찰의 부끄러운 면면을 드러내고 있다. 총 3부로 나뉘어 있으며 1부는 경찰 조직 수뇌부의 비민주적인 행태를 고발하고, 2부는 현장의 경찰들이 이러한 행태에 맞서 어떻게 개혁의 성과를 이루었는지 기록한다. 마지막 3부에서는 경찰 조직을 개혁하기 위한 방안을 제시한다.

나는 대한민국 경찰 공무원이다
나상미 / 함께북스(2018)

『나는 대한민국 경찰공무원이다』에서 저자는 현직 경찰관이다. 그러나 그에게 경찰관은 처음부터 되고 싶었던 가슴 뛰는 꿈이 아니었다. 갑자기 어려워진 집안 형편으로 대학교수라는 꿈을 포기하였고, 우연한 기회에 새롭게 저자 앞에 나타난 꿈이 경찰관이었다. 경찰관이라는 꿈, 경찰이 되기 위한 눈물겨운 노력, 경찰관이 되어 겪었던 좌충우돌 경찰 생활, 그리고 경찰이 주는 기회를 붙잡아 새로운 것에 도전하고 있는 나를, 여러 청춘에게 알리고 그들의 꿈에 희망을 주고 싶다는 생각으로 이 책을 집필하였다.

1 인문계열

2 사회계열 · 경찰행정학과

3 자연계열

4 공학계열

5 의약계열

6 예체능계열

7 교육계열

혼자를 지키는 삶
김승혜 / 카멜북스(2019)

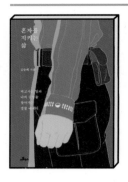

저자는 책을 통해 경찰이라는 직업과 나라는 개인 사이에서 균형을 맞추며 살아야 한다고 말한다. 들큼한 시체 썩는 냄새를 맡으며 사건을 추적하거나, 취객이 쏟아 놓은 토사물을 치우는가 하면, 현장에서 다친 동료의 머리맡에서나 영결식에서 함부로 흐느낄 수 없어 눈물을 꾹 삼켜야 하는 등 경찰이라는 직업을 가진 30대 한국 여성이 지켜 온 세상과 사람, 자기 성찰에 관한 이야기를 담고 있다. 이 책을 통해 자신의 직업에서 홀로서기를 해내는 세상의 모든 '혼자'들이 자신을 스스로 기르고, 지키는 법을 배워나갈 수 있게 될 것이다.

90년대생 경찰 일기
늘새벽 / 원앤원북스(2021)

저자는 서울 출생에 대학교를 졸업할 때까지만 해도 딱히 꿈도 없었고, 하고 싶은 일도 없었다. 그렇기에 안정적이고, 보람도 있을 것 같고, 남들이 다 좋다고 하는 경찰 공무원을 선택했다. 3년간 고군분투한 끝에 합격했지만 생각했던 것만큼 행복하지는 않았다. 저자는 '왜 그토록 바라던 공무원에 합격했음에도 행복하지 않을까?'에 대한 답을 얻기 위해 이 책을 집필하게 되었다. 경시 준비부터 중앙경찰학교 생활, 파출소 실습, 신임 경찰의 고충까지 청년 경찰에게 듣는 경찰 공무원의 기쁨과 슬픔, '경찰관'과 '나' 사이에서 균형을 유지하는 법을 엿볼 수 있다.

프로파일링 케이스 스터디
권일용 / EBS BOOKS(2021)

저자는 1989년 형사기동대 순경 공채로 경찰에 입문한 후 형사와 현장 감식 요원을 거쳐, 2000년부터 프로파일러로 활동을 시작했다. 서울지방경찰청 과학수사계(CSI) 범죄분석관, 경찰청 범죄행동분석팀장, 경찰수사연수원 교수(프로파일링, 강력수사 담당)를 역임하며 30여 년간 약 1,500건의 강력 사건 범죄 현장에 투입되었으며, 1천여 명에 달하는 범죄자를 대면했다. 독자는 이 책을 통해 지나온 범죄의 흐름을 이해하고 현재와 미래에 어떤 범죄가 일어날 것인지 파악하고 무엇을 준비할 것인지 알아낼 수 있을 것이다.

과학수사로 보는 범죄의 흔적
유영규 / 알마(2016)

이 책은 우리나라 과학수사의 현실을 되짚어보고 더 나은 과학수사의 미래를 함께 고민해 보기 위해 36개의 사례를 법의학 전문가와 일선 형사들의 자문, 치밀한 수사기록 분석을 바탕으로 제시한다. 이 책은 미꾸라지처럼 빠져나가는 범인들을 잡으려면 수사 전문가는 물론 사법부, 일반인까지도 과학수사에 대한 이해와 관심을 높여야 한다고 본다. 과거를 성찰해 교훈을 얻듯 우리 사회에서 일어난 범죄에 대한 이해를 넓혀 억울한 사람도, 안타깝게 은폐될 수 있는 죽음도 없애자는 취지에서 저술했다.

FBI 행동의 심리학
조 내버로, 마빈 칼린스(박정길 역) / 리더스북(2022)

상대의 진심은 과연 얼굴에 나타날까? 문명화된 인간은 이제 표정을 숨기는 데 매우 능숙해졌다. 진심을 파헤칠 때 FBI는 얼굴보다 다리 움직임에 주목한다. 다리는 우리의 몸 중에서 가장 감정을 숨기지 못하는 곳이기 때문이다. 좋은 관계는 상대방의 마음을 읽고 감정의 대립을 미리 방지하는 노력을 통해 이뤄질 수 있다. 저자는 미국연방수사국(FBI)에서 25년간 대적 첩보 특별수사관으로 활동했고, 고도로 훈련된 스파이와 지능범죄자를 상대하며 포커페이스에 가려진 진심을 꿰뚫는 능력으로 FBI 내에서 인간 거짓말탐지기로 불렸다. 저자의 FBI 경험과 과학을 토대로 사람의 비언어적 행동을 통해 마음을 읽는 기술을 공개하고 있다.

경찰을 말하다
박상융 / 행복에너지(2020)

법은 사람이 만들었는데, 정작 법을 집행하는 사람들은 사람 냄새가 나지 않는다고 한다. 사람 위주가 아닌 법조문과 행정 편의 위주로 법이 집행되는 모습이 언론에 고발될 때, 많은 이들이 탄식하는 말이기도 하다. 저자는 사법고시 합격 후 경찰로 20여 년이라는 세월 동안 누구보다 많이 앞장서서 일선에서 최선을 다하였다. 이러한 경험을 통해 우리가 미처 몰랐던 경찰 세계에 대한 방향을 제시해 주는 동시에 한때 경찰이었고 지금은 변호사인 저자가 통렬하게 느끼는 자기반성의 단면을 우리에게 보여주는 책이 될 것이다.

경찰행정학과 독서탐구활동 활용사례

자율활동 특기사항

2학기 학급자치 부회장으로서 배려심을 가지고 학급원에게 필요한 것을 잘 챙겨 주었으며 학급자치 회장을 도와 학급 전체가 화합하는 데 크게 이바지함. 2학기 동안 학생자치회 주관의 안전한 등굣길 만들기 행사에 참여하여 교통안전 지도를 성실히 이행하며 책임감 있는 모습을 보여줌. 자신이 읽은 책을 학급원에게 소개하는 활동인 '나만의 서재'에서 **'나는 대한민국 경찰 공무원이다(나상미)'** 를 소개함. 경찰 공무원을 진로 목표로 정하는 데 결정적 계기가 된 책이라고 밝힘. '학급 내 휴대전화 소지 자율화'를 주제로 한 학급토론회에서 자유민주주의의 가치는 개인의 자율과 책임에 있음을 말하며 학생들도 그러한 가치를 지금부터 배울 필요가 있다고 주장함. 휴대전화 소지 금지는 학생을 기본적으로 지도의 대상으로 본 어른의 시각이며, 자율과 책임이라는 중요한 교육의 기회를 놓치게 된다고 설득력 있게 표현함. 실제로 학급 활동이나 학교 활동에서 맡은 임무에 성실하며 자율적으로 책임을 다하는 학생임.

동아리활동 특기사항

(시사토론반)(34시간) 평소 시사 문제에 관심이 많아 관련 자료를 스크랩하고 있으며 쟁점이 되는 사안에 질문을 많이 하는 학생임. 동아리 부장으로 토론 주제를 협의하는 데 구성원의 의견을 경청하고 조율하는 리더십을 보였으며, 이후 토론을 꼼꼼하게 진행하는 등 원활한 토론이 이루어지도록 힘씀. '인터넷 댓글 실명제'로 진행한 토론에서는 쟁점 사안을 찬성과 반대 입장에서 정리하고, 악성 댓글로 고통받는 사람들의 피해사례를 근거로 인터넷 댓글 실명제 도입에 찬성 입장을 밝힘. **'공정하다는 착각(마이클 샌델)'** 을 읽고 진행한 독서 토론에서 '기회의 균등은 정말 공정한가?'를 주제로 사회적 환경이나 가정환경 등으로 출발선 자체가 다르다면 기회만 균등하게 주어진다고 해서 공정한 것이 아니라는 뜻을 밝힘. 국가의 역할은 이러한 차이를 줄여 동등한 출발선에서 서도록 하는 것이라고 명료하게 발표함. 자신의 주장에 대한 근거를 명확히 제시하였으며 공공의 역할에 대해서도 자신만의 철학이 뚜렷함.

진로활동 특기사항

전공 체험의 날 '경찰행정학과' 체험 행사에 참여함. 경찰행정학과에 진학하여 디지털포렌식 수사관이 되고 싶어 강연 수강을 신청함. 강연을 통해 경찰행정학과의 교육과정과 진출 분야 등을 알 수 있었고 진로에 더 관심이 두는 계기가 됨. 진로독서 활동 시간에 **과학수사로 보는 범죄의 흔적(유영규)**, **'프로파일링 케이스 스터디(권일용)'** 를 읽고 독후 활동에 성실히 참여함. 우리나라 과학수사의 역사와 다양한 사례를 정리하였으며, 범죄자의 심리에 대한 자신의 의견을 덧붙이는 등 적극적인 글 읽기를 함. 온라인 직업 탐색 활동에서 직업인으로서 갖춰야 할 마음가짐을 다시 새기는 계기가 되었다는 소감을 작성함. 직업 롤모델 탐구 활동에서 선정한 인물의 성장 과정, 성공과정과 이유 분석, 자신에게 본보기가 되는 점 등을 정리하여 발표함. 미래사회의 변화와 산업의 변화 시간에 기술의 변화로 인해 산업의 변화로 이어지며, 다양한 사회 변화에 영향을 끼친다는 사실을 알게 됨. 20년 후 자신의 일과를 상상하여 일기를 적어보는 활동을 통해 사회의 변화와 자신의 진로에 대해 고민하며 진로탐색에도 융통성을 갖고 변화에 적극적으로 대응하겠다는 자세를 갖게 됨.

교과 세부능력 및 특기사항

정치와 법

평소 사회문제와 정치, 법에 관심이 많은 학생으로 사회적 쟁점을 다루는 주제에 더 적극적인 모습을 보이며 뚜렷한 주관을 가지고 토론에 참여함. 우리나라 헌법이 보장하는 기본권의 내용을 배우고 기본권 제한의 요건과 한계를 주제로 한 발표에서 코로나19 자가 격리자에 대해 위치추적이 가능하게 한 조치에 대해 인신을 구속하거나 심각한 인권을 침해하는 상태가 아닌 정도에서는 다수 국민의 안전과 의료시스템의 안정적 운영이 더 중요하고 주장함. 자신의 주장에 확고하면서도 다른 학생의 의견에 공감하며 듣는 모습이 인상적임. 진로 독서 활동으로 **'경찰의 민낯(장신중)'**을 읽고 진행한 '감상 나누기 활동'에서 책을 읽으며 기억하고 싶은 부분, 공감하는 부분, 의문이 생기는 부분, 새롭게 알게 된 부분 등을 정리하여 한 편의 서평을 작성함. 특히 경찰 내부에서 발생하는 비민주적인 행태를 지적하고, 현장의 경찰들이 이루어 낸 개혁의 성과를 보고 자신도 타협하지 않는 경찰관이 되겠다는 포부를 밝힘.

생활과 윤리

평화와 공존의 삶을 살기 위한 도덕적 탐구와 윤리적 성찰을 일상의 윤리 문제와 연계하여 탐구하는 활동에서 다문화 자녀와 성 소수자 문제를 주제로 선정하여 개념 정의와 차별 사례를 수집하여 인권의 중요성을 강조하며 차별금지정책 수립의 당위성을 설득력 있게 발표함. 외국인의 국내 거주 비율이 해마다 증가하고 있는 상황에서 다문화 수용도가 인원 증가 폭을 포용하지 못하고 있는 실태를 구체적인 수치로 제시하여 논거를 강화함. 한 학기 한 권 읽기 진로 독서 활동으로 **'거짓말하는 착한 사람들(댄 애리얼리)'**을 읽고 독서 일지를 작성함. 새롭게 알게 된 부분, 의문이 생긴 부분, 세상과 연결하여 떠올리기 등을 작성하며 깊이 있는 독서를 함. 급우들과 의견을 나누며 학생들이 많이 저지르는 비윤리적인 행동은 무엇인지, 그러한 부정행위를 어떻게 생각하고 있는지 분석적이면서도 비판적으로 발표함. 인간의 행동 이면에 숨겨진 사회적 작동 원리와 개인의 심리에 관심이 많으며 적극적으로 탐색하는 학생임.

행동특성 및 종합의견

자기관리가 철저하고 목표가 뚜렷하며 쉬는 시간에도 책을 손에서 놓지 않을 정도로 학업에 열의가 높음. 자신이 맡은 일에 대한 책임을 다하는 학생으로 학급의 각종 서식이나 알림난 관리를 도맡아 함. 선후배가 함께 만들어 가는 멘토링 활동에 자원하여 후배에게 일주일에 2번씩 영어와 수학을 가르치는 활동을 1학기 동안 진행함. 친절하고 성의있게 지도하는 모습이 인상적임. 비록 시간을 내어주긴 했지만 가르치면서 자신도 성장했고, 무엇보다 책임을 다했다는 것에 뿌듯함을 느낀다는 소감을 작성. 경찰 분야에 진로 목표를 두고 있어 1년간 관련 책을 꾸준히 읽으며 경찰관으로 지녀야 할 자세와 마음가짐을 기름. 이 중 **'90년대생 경찰 일기(늘새벽)', '혼자를 지키는 삶(김승혜)'**을 통해 경찰관이라는 직업이 단순히 안정적인 직업이라는 의미를 넘는다는 것을 깨닫고, 직업인으로서 어떤 삶을 살아가야 하는지 고민하는 계기가 되었으며, 직업과 일상의 조화도 중요한 삶의 가치라는 것을 깨달음.

4 ▸▸ 광고홍보학과

1 학과 인재상

설득력과
의사소통능력이
좋은 학생

다양한 문화콘텐츠에
관심이 많은 학생

인문 서적 읽기와
글쓰기에 관심이 많은 학생

사물과 사회, 문화 현상을
창의적 아이디어로 표현하는
것을 좋아하는 학생

사람의 심리를 파악하고
분석하는 것을 좋아하는 학생

2 유사학과

- 광고·PR·브랜딩전공
- 광고미디어학과
- 광고학전공
- 광고홍보학부
- 언론홍보학전공

3 관련직업

- 마케팅·광고·홍보 관리자 및 사무원
- 여론조사전문가
- 출판물기획자
- 행사기획자

4 개설대학

- 가톨릭관동대학교
- 건국대학교
- 경기대학교
- 계명대학교
- 국민대학교
- 남서울대학교
- 단국대학교
- 대구가톨릭대학교
- 대전대학교
- 동국대학교
- 동의대학교
- 목원대학교
- 상지대학교
- 서울여자대학교
- 서원대학교
- 용인대학교
- 우석대학교
- 이화여자대학교
- 중앙대학교 서울캠퍼스
- 한림대학교
- 한양대학교
- 홍익대학교 세종캠퍼스 등

5 학과 연계도서

무조건 팔리는 카피 단어장
간다 마사노리 외(이주희 역) / 동양북스(2021)

세계적으로 가장 영향력 있는 경제지 중 하나인 <월스트리트 저널>에 누적 1조 원 이상의 수익을 가져온 것은 구독 광고 편지 한 장이었다. 마케팅 부문에서 세계적인 권위를 가진 ECHO상 국제 심사 위원인 저자는 성공한 광고 문구에는 일정한 법칙이 있음을 간파하여 이를 체계화한 PASONA법칙을 제시하였다. PASONA법칙은 '고객이 안고 있는 고통(Problem)을 친근(Affinity)한 언어로 해결(Solution)하기 위해 좋은 조건을 제안(Offer)하고, 딱 맞는 바로 그 고객(Narrow)이 지금 당장 구입하게(Action) 만드는 것'으로 인간의 본성을 어떻게 공략하는지 다양한 사례와 함께 제시하고 있다.

인문학으로 광고하다
박웅현, 강창래 / 알마(2009)

이 책은 광고를 말하지 않는다. 다만 잘 만들어진 광고의 힘은 어디에서 오는지 생각하게 한다. 저자는 우리나라의 대표적인 크리에이티브 디렉터인 박웅현과의 인터뷰를 통해 그가 만든 광고의 창의성과 소통의 기술은 인문학적 소양에 있다고 밝힌다. 광고는 미디어를 통해 사람들과 소통하는 것이다. 박웅현은 광고에 대해 "광고는 잘 말해진 진실이다"라는 말로 소통과 맥락의 중요성을 이야기한다. 광고는 우리가 살아가고 있는 이 시대의 시대정신과 사람을 읽어야 한다고 말한다. 이를 가능하게 하는 것이 바로 인문학적 소양인 것이다.

우리는 마요네즈가 아니에요
이마이 마사코(윤수정 역) / 탐(2017)

이 책은 고등학생인 마코가 광고대행사의 카피라이터 선발대회에 응시했다가 고교생 브레인으로 선발되어 어른과 함께 일을 하면서 미래를 꿈꾸어 가는 내용을 그린 소설이다. 함께 뽑힌 두 명의 친구들과 어른과 똑같은 위치에서 캔 홍차 경품 프로모션 기획, 치킨 프랜차이즈의 고객 끌어들이기 작전, 신제품 초콜릿의 판매 폭발 작전 등 프로젝트를 하나씩 완수해 간다. 재기발랄한 십 대의 사회생활 도전기를 통해 광고 홍보의 세계를 엿볼 수 있으며, 진로를 고민하는 십 대를 응원하는 작품이다.

벌거벗은 광고인
이구익 / 이담북스(2016)

크리에이티브 디렉터로 활동 중인 저자가 광고 홍보 분야를 진로 목표로 삼고 있는 사람을 위해 쓴 책이다. 광고가 지닌 매력에 끌려 광고인을 꿈꾸는 이들을 위해 광고인이 되는 데 필요한 준비와 보이지 않는 노력에 대해 알려주면서도 광고인과 광고회사의 실재를 있는 그대로 보여줘 광고에 대한 환상도 걷어 낸다. 광고인만 아는 진짜 광고인의 모습과 광고회사에 대한 오해와 진실 등을 통해 그동안 알지 못했던 광고의 모습을 가감 없이 드러내서 광고에 한발 다가설 수 있다.

광고가 예술을 만났을 때 아트버타이징
김병희 / 학지사(2021)

예술 작품을 브랜드 마케팅 활동에 활용하는 사례가 많아지고 있다. 이를 예술 주입이라 하는데 제품이나 브랜드에 예술적 요인을 접목한 광고를 보았을 때 소비자는 그렇지 않았을 때보다 고급스러움과 차별성에서 다름을 느끼며 아트버타이징(Artvertising)의 가치를 평가한다. 이 책에서는 광고에서의 과학과 예술 논쟁에 대해 다루고, 예술을 시간 예술(음악, 시, 소설, 동화), 공간 예술(회화, 조소, 사진, 건축, 공예), 시공간 예술(연극, 영화, 드라마, 무용, 만화)로 구분해서 광고가 예술 장르와 어떻게 만나고 있는지 분석했다.

못 파는 광고는 쓰레기다
클로드 C. 홉킨스(심범섭 역) / 인포머셜마케팅연구소(2014)

이 책은 전설적 카피라이터이자 마케터인 홉킨스의 광고 인생과 광고 철학이 고스란히 담겨 있으며, 오늘의 관점에서 활용할 수 있도록 편역된 책이다. 홉킨스는 우편이나 카탈로그 제품 판매를 하던 시절에도 소비자 분석과 시장조사기법 등의 체계화로 광고의 현대화와 과학화를 선도했으며, 그의 광고 원칙과 실천은 20세기 광고 크리에이티브의 발전에 이정표를 제시했다. 광고계의 거장 데이비드 오길비(David Ogilvy)가 인생의 진로가 바뀌었다고 말할 정도로 이 책에 실린 과학적 광고 철학은 광고인에게 필수적이라고 할 수 있다.

광고 불변의 법칙
데이비드 오길비(최경남 역) / 거름(2004)

저자는 세계적인 카피라이터이자, 세계에서 10번째로 큰 광고대행사인 오길비 앤 매더(Ogilvy & Matyer)의 창립자, 1920년대 이후 광고계의 번영을 이끈 '현대 광고의 아버지'로 불린다. 『광고 불변의 법칙』은 자신이 20년 동안 경험한 광고의 기본 법칙을 체계적으로 정리한 책이다. 그리고 광고계에서 무슨 일을 할 수 있는지, 광고대행사를 운영하는 법과 광고주를 유치하는 법 등의 실무를 소개한다. 오늘날의 인터넷이나 휴대전화를 매체로 한 광고는 소개하고 있지 않지만, 원칙에 충실하라는 그의 광고 철학은 지금도 유효하다.

광고인이 말하는 광고인
국정애 / 부키(2008)

이 책은 흔히 '자본주의의 꽃', '15초의 예술'이라고 불리는 광고를 만드는 사람에 관한 이야기다. 독자는 이 책을 통해 화려함 뒤에 녹아 있는 광고인의 다양한 세계를 엿볼 수 있다. 광고인은 일반인이 생각하는 것보다 훨씬 다양하다. 광고 기획자, 카피라이터, 어카운트 플래너, 아트 디렉터, 광고 프로듀서, 크리에이티브 디렉터, CF감독, 글로벌 광고기획자, 온라인 광고 기획자 등 무슨 일을 하는 직종인지 쉽게 짐작하기 어려운 것들도 많다. 책에서는 각 직종이 어떤 일을 하는지, 다른 직종과는 어떻게 연결되어 있는지 현장에서 뛰는 광고인의 생생한 목소리로 들려준다.

생각의 탄생
로버트 루트번스타인, 미셸 루트번스타인(박종성 역) / 에코의 서재(2007)

지식정보화 사회인 오늘날에는 상당한 불확실성과 복잡성이 존재하며, 한 치 앞의 미래를 내다볼 수 없는 예측 불가능성이 증가한다. 예측 불가능성은 위협 요인이기도 하지만 다른 시각에서 보면 그 안에는 새로이 펼쳐지는 세계에 대한 '기회'가 있다는 의미이기도 하다. 이런 기회를 잡기 위해서는 일상적인 사고방식 이상의 것이 필요하다. 『생각의 탄생』은 분야를 넘나들며 창조성을 빛낸 사람들의 발상법을 관찰, 형상화, 추상, 패턴인식, 유추, 몸으로 생각하기, 감정이입 등 13가지로 나누어 단계별로 제시한다. 창조성이 소수 천재만의 전유물이 아니라는 저자의 말이 와닿는다.

광고·홍보 실무 특강
조용석, 오창일 / 커뮤니케이션북스(2007)

이 책은 제일기획 출신 교수 15명이 함께 쓴 '실무에 바로 활용할 수 있는 광고 실무론', 광고에서 홍보에 이르기까지 각 분야에 10~20년 쌓은 경험을 녹여낸 실무 지침서이다. 광고 전략, 커뮤니케이션 전략, 크리에이티브 전략, 아이디어 발상, 카피라이팅, 매체 전략과 집행, 홍보기획 및 실행과 평가, 판촉과 이벤트, 국제광고 등 광고 홍보 업무의 모든 분야를 총망라하고 있다. 따라서 이 책은 광고 홍보 분야를 꿈꾸는 학생뿐만 아니라 신입사원이 전체 업무 과정을 이해하고 현장 실무에 적응하는 데 도움이 되는 책이다.

오길비, 광고가 과학이라고?
김병희 / 탐(2015)

우리나라뿐만 아니라 광고를 하는 사람치고 오길비의 책 한 권 안 읽어 본 사람이 없을 것이다. 그만큼 광고인에게 오길비는 꿈의 대상이다. 이 책은 '현대 광고의 아버지'로 불리는 오길비의 성공 이야기를 담았다. 요리사, 방문 판매원, 갤럽 조사원, 농부 등 다양한 직업을 전전한 끝에 광고계에 입문한 오길비가 어떤 과정을 거쳐 성공했는지 알려준다. 오길비는 감각적이고 재능 있는 사람만이 광고인으로 성공할 수 있다는 편견을 깨고, 과학적인 조사를 통해 객관적인 법칙을 만들어 그 법칙에 따라 사람의 마음을 움직이는 카피를 써 광고계의 아버지가 되었다. 그의 이야기를 통해 내면의 잠재력에 희망을 품게 될 것이다.

광고홍보학과 독서탐구활동 활용사례

자율활동 특기사항

멘토·멘티 활동을 통해 같은 진로를 계획하고 있는 선배와 진로를 함께 탐색하고 입시 및 학교생활 정보를 공유함. 같은 반 친구와 팀을 구성해 전 과목을 함께 공부하는 협력학습을 통해 더불어 배우는 즐거움을 느끼는 배우는 계기가 됨. 아침 독서캠프에 참여하여 관심 분야에 대해 독서를 하고 독후 활동을 함. **'무조건 팔리는 카피 단어장(간다 마사노리 외)'** 을 읽고 효과적인 광고 편지 한 장이 기업에 엄청난 수익을 가져올 수 있다는 사실에서 문장이 가진 힘을 느끼게 되었다고 발표함. 저자가 체계화한 광고의 법칙에 따라 문제를 제기하는 카피, 공감하는 카피, 해결책을 제시하는 카피, 조건을 제시하는 카피, 특정한 고객을 대상으로 삼은 카피, 행동을 촉구하는 카피를 직접 써보고 친구들 앞에서 발표하여 호응을 얻음. 발표 후 사람의 마음을 움직이는 카피에도 일정한 법칙이 있다는 사실을 알게 되어 소중한 활동이었다는 소감을 작성함.

동아리활동 특기사항

(광고쟁이반)(27시간) 동아리 학년 대표로서 동아리 활동을 기획하고 실천하는 데 주도적 역할을 함. 광고와 홍보를 주제로 한 토론에서 광고와 홍보의 본질은 사람의 마음을 움직이는 것이라면서도 최근 드라마 등에서 중간광고나 간접광고는 지나치면 오히려 소비자의 반감을 살 수도 있다는 주장에 친구들의 큰 호응을 얻음. 학교 동아리 축제에서 다른 동아리의 홍보 포스터 제작 지원을 주도하여 실전 경험을 쌓으며 소통과 협력의 리더십을 발휘함. 주제 독서 토론 시간에는 **'광고가 예술을 만났을 때 아트버타이징(김병희)'** 을 읽고 예술 작품을 브랜드 마케팅에 활용하는 사례가 해를 거듭할수록 많아지고 있음을 예시 자료를 들어 설명함. 또한 광고가 과학이라는 오길비의 믿음에 반대한다는 저자의 입장에 공감한다고 자기 생각을 밝히고, 과학적 접근 방법이 아닌 예술적 직관을 토대로 광고·홍보물을 제작해보자고 제안함. 실제 동료 부원들이 이 제안을 받아들여 차시 활동 주제로 진행함.

진로활동 특기사항

선배와 함께하는 진로 멘토링에 참여하여 광고홍보학과에 진학한 선배로부터 고등학교 생활 계획과 활동 그리고 학과에 대한 조언을 얻음. 선배가 알려주는 방법을 수행하면서 자신이 희망하는 진로에 대해 탐색하고, 교내 활동 및 학업 계획을 세움. 대학전공 탐색의 날 행사에서 관심 분야인 광고홍보학 전공 탐색에 참여하여 학과 교육과정과 졸업 후 진출 분야 등의 자료를 수집하여 진로·진학 로드맵을 작성함. 드림하이 진로 캠프 자기 주도 프로그램에 참여하여 자기 주도적인 학습 전략과 학습 기술, 공부 습관 형성 비법을 통해 학습 동기를 부여받았으며, 자기 분석한 내용을 토대로 2학기 학습 프로젝트를 설계하여 발표함. 진로찾기 독서활동에서 **'벌거벗은 광고인(이구익)'** 을 읽고, 독서일지를 작성하여 자신의 관심 분야를 소개하는 발표를 함. 잘 만들어진 광고 한 편이 새로운 유행이나 유행어를 만들어 내기도 하고, 유명해진 제품으로 인해 매출 신화를 이루어 내기도 한다는 것에서 광고의 엄청난 영향력을 느꼈으며 자신 또한 그러한 자질을 갖춰야겠다는 소감을 발표함. 발표 중에 광고의 화려함 이면에 있는 현실적인 힘든 점도 거론하며 그럼에도 자신의 길을 걷고 싶다고 말한 장면이 인상적임.

교과 세부능력 및 특기사항

사회·문화

'1인 가구 증가에 따른 생활 환경의 변화'라는 주제 탐구 활동에서 1인 가구 증가의 사회적 배경과 원인을 관련 기사를 다양하게 탐색하여 분석적으로 제시함. 이를 자신의 관심 진로 분야와 연계하여 1인 가구 증가로 인해 영향을 받는 산업군을 제시하고, 식품 회사의 광고 제작을 가정하여 문구를 만들어 발표함. 사회·경제적인 변화를 정확히 이해하고 있으며 자신의 관심 진로 분야에 어떤 영향이 있는지 분석적으로 이해하고 적용하는 능력이 뛰어남. 연계 활동으로 **'생각의 탄생(미셸 루트번스타인 외)'**을 읽고 독서 나눔을 함. 광고·홍보 분야는 특히 창조성과 혁신으로 무장하지 않으면 경쟁에서 살아남기 어렵다고 말하며 한 분야에서 창조적인 사고를 할 수 있는 사람만이 분야를 넘나들며 변화하는 사회의 주역이 될 수 있다는 것을 강조하여 제시함. 광고·홍보가 현실 세계에 기반하여 이루어지므로 세계를 자세히 관찰하여 패턴을 인식하고 그 패턴으로부터 창의적 결과물을 만들고 싶다는 적용 방안까지 제시함.

화법과 작문

바람직한 의사소통 파악하기 활동에서 닮고 싶은 소통의 인물을 조사하여 본받을 점을 정리한 후, 언어문화수칙을 만들어 발표함. 사회적 문제에 관한 글쓰기 활동에서 '장애인의 이동권 보장을 위한 출근길 시위 논란'을 주제로 관련 기사문을 읽고 장애인 단체의 주장을 지원하는 기사와 비판하는 기사를 비교 분석하여 양쪽의 입장을 비교하여 밝힘. 사회적 논쟁이 되는 사안에 관심을 가지고 비판적으로 바라보는 시각이 발달하였으며 자신의 견해를 가지려고 노력하는 학생임. 독서를 통한 자기 성장 활동에서 **'광고·홍보 실무 특강(조용석, 오창일)'**을 읽고 국내 대표기업의 브랜드전략을 탐구하여 아이디어 발상 과정에 접목하여 보고서를 작성함. 책을 읽기 전에는 광고·홍보 전문가가 되겠다는 막연한 생각을 하였으나 책을 통해 업무가 진행되는 전체 과정을 이해하게 되었으며, 꿈을 보다 현실적이면서 구체적으로 그려보는 계기가 되었다는 소감을 발표함.

행동특성 및 종합의견

포용력 있는 자세로 친구들을 챙기고 야무지게 일 처리를 하는 학생임. 1학기 학급자치회장으로 공정하게 학급 활동을 이끌었으며, 시험을 앞두고서는 학급 회의 시간에 친구들을 독려하며 시험 준비를 잘 할 수 있도록 자신이 나서서 시험 범위 알려주기, 유인물 챙기기 등의 수고를 하겠다고 약속하여 급우들의 신뢰를 받음. 꾸준한 독서 활동으로 자신이 관심이 있는 분야의 호기심을 해결하고자 노력하며 그 과정을 독서 기록장에 작성함. 가장 존경하는 인물로 광고계의 아버지라 불리는 '오길비'를 선정하였으며, **'오길비 광고가 과학이라고?(김병희)'**를 통해 예비 광고인으로 가져야 할 자세를 배웠다고 얘기함. 같은 직업을 가지고 있더라도 어떤 철학을 가지고 있느냐에 따라 결과는 다를 것이라는 생각을 말할 정도로 직업을 준비하는 자세가 진지함. 학습관리와 태도 면에서 1년간 많은 발전이 있었으며 지금과 같은 노력을 한다면 학업과 진로 목표에 있어서 더욱 빛을 발하는 학생이 될 것으로 기대됨.

5 ▸▸ 무역학과

1 학과 인재상

적극적이고
도전적인 성격 및
개척 정신이 있는 학생

컴퓨터와 인터넷을
활용할 능력이
있는 학생

경영, 경제, 법, 보험 등
인접 학문에
관심이 많은 학생

영어 등 외국어에
소질이 있는 학생

세계를 무대로
다양한 사업을 펼쳐보고 싶은
생각이 있는 학생

2 유사학과

- 국제무역학과
- 국제물류학과
- 국제통상학과
- 글로벌무역학과
- 물류무역학과
- 유통경영학과

3 관련직업

- 국제머천다이저
- 국제통상전문가
- 관세사
- 물류관리사
- 수출입업무사무원
- 해외무역관
- 회계사

4 개설대학

- 강원대학교
- 건국대학교
- 경기대학교
- 경남대학교
- 경희대학교
- 계명대학교
- 단국대학교
- 부경대학교
- 부산대학교
- 상지대학교
- 안동대학교
- 인천대학교
- 전북대학교
- 청주대학교

- 충남대학교
- 충북대학교
- 한국해양대학교
- 한남대학교 등

학과 연계도서

세계사를 바꾼 15번의 무역전쟁
자오타오, 류후이(박찬철 역) / 위즈덤하우스(2020)

이 책은 국가 간 경제적 충돌이 날로 심해지는 오늘날, 무역전쟁의 역사에서 강대국 사이에 어떤 선택을 하는 것이 우리나라의 발전에 도움이 되는지 생각하게 한다. 현재 진행 중인 미·중 무역전쟁은 전방위적으로 모든 분야에서 진행되는 전면전 양상이다. 말 그대로 총성 없는 전쟁터나 다름없다. 이에 세계는 다시 한번 역사적인 전환점에 서 있다. 위기를 넘기고 진정한 자유무역을 회복할 것인지, 아니면 보호무역이 새로운 시대의 '뉴노멀(New normal)'이 될지 역사적 기록을 통해 예측해 본다.

무역의 세계사
윌리엄 번스타인(박홍경 역) / 라이팅하우스(2019)

이 책은 기원전 3000년 메소포타미아부터 오늘날 세계화를 둘러싼 강대국의 무역 갈등에 이르기까지 광범위한 세계 무역의 역사를 다룬 책이다. 호모 사피엔스만이 장거리 교역을 했던 이유는 무엇인가? 무역전쟁의 끝은 필연적으로 국가 간 전쟁으로 귀결될 것인가? 무역을 둘러싼 흥미로운 질문으로 실크로드 교역, 향료무역, 노예무역, 자유주의와 보호주의의 갈등, 오늘날의 세계를 만든 GATT(관세 및 무역에 관한 일반 협정)까지, 자유무역을 둘러싼 사건을 생생하게 그려내며 현재를 읽고 미래를 대비하는 통찰력을 제시한다.

무역왕 김창호
이기찬 / 중앙경제평론사(2020)

종합상사에서 무역에 입문하여 세계 각국의 업체들을 상대로 다양한 무역 경험을 쌓은 저자가 무역 현장에서 꼭 필요한 실무지식을 소설로 풀어냈다. 주인공들이 설명하고 묻고 답하는 과정을 따라가다 보면 무역을 처음 공부하는 사람도 현장 무역실무를 익힐 수 있다. 무역 현장에서 일할 때 필요한 지식을 습득하려면 먼저 어떻게 해외거래처를 알아내서 어떤 조건들을 협의하고 합의해 계약을 성사시키느냐를 먼저 배우면 된다. 책에서는 불필요한 내용은 빼고 이렇게 직접적인 내용을 제시하여 단시간에 무역 실무를 익힐 수 있도록 한다.

반도체 투자 전쟁
김영우 / 페이지2북스(2021)

이 책은 반도체에서 빅데이터, 인공지능에 이르기까지 글로벌 패권 경쟁이 가져올 변화와 기회를 세밀하고 친절하게 전해준다. 미국은 패권을 지키기 위해서, 중국은 패권을 차지하기 위해서 한 치의 양보 없는 경쟁이 진행 중이다. 이 가운데에서 한국의 반도체 산업은 커다란 도전에 직면하게 됐다. 위기는 또 다른 기회라고 했다. 반도체 산업에서 미국과 중국의 경쟁이 왜 격화되었는지, 중국의 미래전략과 미국의 대응을 살펴보면서 우리가 무엇에 집중하고 주목해야 하는지 생각할 수 있다.

2022 한국이 열광할 세계 트렌드
KOTRA / 알키(2021)

대한무역투자진흥공사(KOTRA)는 우리나라 중소·중견기업의 무역 진흥을 위해 지난 50여 년간 우리 기업들의 해외시장 진출을 지원해왔다. 이 책은 전 세계 84개국, 127개 무역관 직원들이 찾아낸 뜨거운 시장, 상품, 서비스를 담아냈다. '치유 사회', '새로운 놀이', '미래의 일상', '공존 사회'를 주제로 고령화 시대에 맞춘 반려동물 복제사업, VR(가상현실)로 콘서트를 여는 디트로이트, 바르샤바의 웨어러블 헬스케어 디바이스, 작지만 똑똑한 인공지능 바다청소부 등 다양한 비즈니스 사례를 읽다 보면 산업의 변화를 이해하고 국내 시장을 선점할 아이디어를 얻을 수도 있다.

리카도가 들려주는 자유 무역 이야기
허균 / 자음과모음(2011)

'자유무역과 보호무역', '지대와 이윤의 분배', '곡물법 논쟁', '절대 우위론과 비교 우위론' 등 경제를 처음 접하는 사람에게는 용어부터가 굉장히 어렵게 느껴진다. 이 책은 현장에서 학생을 가르치는 현직 교수와 교사가 교육과정의 핵심적인 내용을 짚어 이야기하듯이 전달하여 어려운 경제가 쉽게 들린다. 책 속에서 리카도의 비교 우위론은 비교 우위에 있는 재화의 교환으로 선진국과 후진국 간의 무역이 가능함을 보여 준다. 딱딱한 경제를 역사와 문화 속 이야기로 읽어 가며 세계화를 바라보는 경제의 눈을 키울 수 있다.

자본주의는 당연하지 않다
데이비드 하비 지음(강윤혜 역) / 선순환(2021)

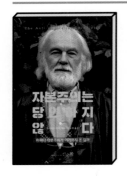

자본가는 노동자의 불만을 잠재우기 위해 끊임없이 상품을 개발하고 제공한다. 민중은 그 상품을 누리면서 행복을 누린다고 착각한다. 노동자는 상품을 구입하기 위해 '끊임없이' 노동해야 한다. 자본가는 편히 앉아서 가속 페달을 밟는다. 자본주의 체제에서 인간 소외는 필연이며 인간은 노동과 상품과 돈으로부터 소외되고 결국 자연으로부터 소외될 것이라고 경고한다. 이 책에서는 '자본주의는 당연한가?'라는 질문에 불평등, 신자유주의, 소외, 환경 파괴, 우파의 자유와 좌파의 자유, 코로나와 자본주의 등의 키워드를 제시한다.

돈이 된다! 해외소싱 대박템
물주하사장 / 진서원(2021)

한국에서 도매로 1만 원에 판매되는 제품이 중국에서 직접 소싱할 때 1천 원 이하밖에 안 된다면? 저자는 해외소싱을 알면 위탁판매를 하는 구매대행으로 팔든 수익이 날 수밖에 없는 구조라고 말한다. 첫째 마당은 대박상품을 찾는 방법을 소개하고, 둘째 마당은 좋은 소싱처를 찾는 기준과 소싱처와 소통하는 방법을 소개한다. 셋째 마당은 특허, 인증, 통관의 주의사항을 세세하게 설명하여 초보자에게 알짜 정보를 줄 것이다. 이 책은 소싱 전 과정을 따라 할 수 있도록 했다. 치열한 온라인 시장에서 살아남는 것을 넘어 성공의 길을 제시한다.

혼창통
이지훈 / 쌤앤파커스(2010)

초일류기업의 CEO, 경제경영 석학들의 성공과 성취의 비결은 무엇일까? 저자는 이에 대해 혼(魂), 창(創), 통(通)의 키워드로 풀어낸다. 혼(魂)은 듣는 이의 가슴을 벅차게 하는 비전이며, 창(創)은 남들이 가지 않는 새롭고 어려운 길을 가는 도전정신이다. 그리고 통(通)은 조직 내외부를 비롯해 모든 사람과의 소통이다. 책에서는 스티브 잡스 애플 CEO, 필립 코틀러 켈로그경영대학원 교수, 하워드 가드너 하버드대 교수 등 많은 대가의 메시지와 사례에서 성공 키워드를 추출하여 조직의 리더나 마케터에게 깊이 있는 통찰을 제시한다.

미래인재 기업가정신에 답이 있다
김미란 외 2인 / 미디어숲(2018)

G20 국가들은 해마다 청년 기업가정신 정상회의를 개최하고 130개 이상의 국가가 세계 기업가정신 주간을 기념한다. 기업가정신에 전 세계가 주목하는 이유는 뭘까? 인공지능, 로봇, 빅데이터 등의 기술로 대표되는 4차 산업혁명은 사회와 산업에 큰 변화를 가져오고 있다. 많은 일자리의 소멸을 예측하며 불안을 증폭하고 있다. 기업가정신은 현재와 미래를 관찰하고 통찰하여 변화를 읽어낸다. 변화 속에서 기회를 포착하여 상황을 자신에게 유리하도록 이끌 수 있다. 어떻게 미래 변화를 통찰할 수 있을지, 그 속에서 내가 하고 싶은 분야를 어떻게 찾을 수 있는지 짚어 준다.

세계화, 무엇이 문제일까?
최배근 / 동아엠앤비(2017)

세계화의 초반에는 자본과 기술이 쉽게 이동하고 국가 간 무역이 늘며 저소득 국가의 경제 성장을 촉진하며 사람들의 삶이 나아질 것이라고 기대했다. 그러나 실상은 세계화와 신자유주의는 국가 간·개인 간 빈부 격차를 심화시키고, 고용 불안과 실업률 증가를 막지 못했다. 이 책은 세계화의 역사는 물론 세계화를 둘러싼 선진국과 신흥개발국 사이의 힘의 논리, 반세계화 운동 등을 다루고 있다. '세계화 시대 우리는 어떻게 대처해야 할까?'에 대한 대안으로 공유와 협력 경제 모델을 제시한다. 또한 책의 주제와 관련된 문제들을 제시해 청소년들이 생각을 정리하고 토론해 볼 수 있는 기회도 제공한다.

1
인문계열

2
사회계열 · 무역학과

3
자연계열

4
공학계열

5
의약계열

6
예체능계열

7
교육계열

무역학과 독서탐구활동 활용사례

자율활동 특기사항

제13회 학생자치회 회장으로 스승의 날을 맞이하여 '어떤 선생님일까?' 선생님 찾기 행사를 기획함. 행사 진행을 위해 선생님을 만나 행사의 취지를 설명하고 어린 시절 사진을 받는 등 적극적으로 나서 학생들에게 큰 호응을 얻음. 한 학기 한 권 읽기 독서활동으로 **'무역의 세계사(윌리엄 번스타인)'**를 읽고 메소포타미아 초기 무역의 형태부터 세계화를 둘러싼 자유무역과 보호무역의 갈등까지 무역의 역사를 마인드맵으로 일목요연하게 작성함. 각 장의 주요 내용을 빠짐없이 포괄하였으며 한눈에 알아보기 쉽게 마인드맵을 작성함. 학교폭력 예방교육에서 강의를 듣고 학교 폭력의 유형에는 신체적폭력, 언어폭력, 성폭력, 금품갈취, 사소한 괴롭힘 장난, 따돌림, 사이버폭력, 강요 8가지 유형이 있음을 알았고, 평소 무심코 행했던 말과 행동을 살펴보는 계기가 되었으며 주변에서 폭력을 당하면 모른 척 외면하지 않고 적극적으로 나서 도움을 주겠다는 다짐을 함.

동아리활동 특기사항

(무역왕반)(34시간) 평소 경제 현상과 경영 등에 관심이 많은 학생으로 틈틈이 경제 뉴스나 전문가 방송을 시청하며 상식을 쌓아 옴. 동아리 부장으로 동아리 활동 계획을 수립하거나 토론 주제를 정할 때 의견을 먼저 제시하며 학생들이 참여하도록 이끌어 리더십을 발휘함. 공정무역을 주제로 한 모둠별 활동에서는 우리가 소비하는 물건의 상당 부분이 제3세계 국가 어린이의 노동력에 의해 만들어진 것임을 사례로 밝히고, 정당한 대가가 생산자에게 돌아가도록 하는 공정무역이 중요하다고 발표하여 좋은 평가를 받음. 이후 공정무역을 주제로 실태 자료와 함께 홍보 자료를 만들어 캠페인 활동을 수행함. 모둠별 독서활동으로 **'미래인재 기업가정신에 답이 있다(김미란 외)'**를 읽고 '왜 기업가정신이 필요한가?'를 주제로 토론을 함. 4차 산업혁명으로 큰 변화를 맞이하는 시대에 정형화된 가치관을 가지고 대응할 수 없다는 논리를 강조하며, 변화에 능동적으로 적응하기 위해서는 기업가정신을 기르는 것이 중요하다고 주장함.

진로활동 특기사항

'나의 꿈 나의 미래 발표하기' 활동에서 세계화 시대에 외국의 무역 현장에서 무역 경험을 쌓고 싶다는 희망을 발표함. 무역에 대한 진로를 구체화하기 위해 다양한 책을 읽었는데 그 중 **무역왕 김창호(이기찬)**와 **2022 한국이 열광할 세계 트렌트(KOTRA)**를 기억에 남는 책으로 소개함. 학생이기 때문에 경험해 보지 못한 무역 실무 경험을 간접적으로 배우고, 산업의 변화로 무역 세계도 크게 변하는데 앞으로 우리나라에서 시장을 선점할 아이디어를 생각하는 계기가 되었기 때문이라고 선정이유를 밝힘. 진로 목표를 향한 노력이 진지하면서도 한 단계씩 쌓아가는 모습이 보이는 학생임. 인문학과 진로탐색을 주제로 한 진로특강을 통해 4차 산업 혁명이 산업과 사회의 변화를 촉발했지만, 그 변화의 중심에 인간에 대한 본질적 탐구가 있어야 하며 인문학이 다른 학문과의 융합에 있어 중심 학문이 되어야 한다는 강사의 말에 깊이 공감함. 또한 한 분야에만 집중하는 생각에서 벗어나 다양한 관점으로 사회와 현상을 바라보겠다는 다짐을 함. 진로심리검사(직업흥미, 직업가치관) 결과와 자신의 관심 분야와의 연결 고리에서 합리적 결론을 찾아 진로 목표를 명확히 수립하는 계기가 되었으며 이를 바탕으로 학교생활 계획을 교과와 비교과 활동 중심으로 구체적으로 수립함.

교과 세부능력 및 특기사항

경제

경제에 대한 이해가 빠르고, 현재 우리나라의 경제 상황이나 국제 관계에서의 경제적 역학관계를 파악하는 능력이 뛰어남. 다양한 사례를 통해 비용과 편익을 고려한 의사 선택을 해 보는 활동을 진행함. '대학은 꼭 가야 하나?'를 주제로 한 토론에서 대학 진학의 비용과 편익을 통계를 활용하여 제시하고 대학 진학은 반드시 해야 하는 것이 아님을 주장함. 시장경제의 기본 원리를 잘 이해하고 있으며, 관련 활동으로 진행한 세포마켓 이해하기 모둠활동에서 유통시장의 변화가 경제에 미치는 영향을 다각도로 분석하여 발표함. 진로독서활동으로 **'리카도가 들려주는 자유무역 이야기(허균)'**를 읽고 독서감상문을 작성함. 본문 중 '자유 무역 정책과 보호 무역 정책'에 대한 내용을 토대로 미국이 자국의 산업을 보호하기 위해 보호 무역 정책으로 선회한 것을 두고, 국제 무역 관계에서 우리나라는 열강의 이해충돌 사이에 있어서 어느 한쪽의 입장에 선 정책을 펼치기 어려워 정교한 외교 정책이 동반되어야 한다고 주장함.

영어권 문화

영어권 문화의 생활양식, 풍습, 사고방식 등을 파악하는 활동에서 미국과 캐나다의 문화적 차이를 조사하여 발표함. 미국과 캐나다는 같은 영어권이지만 미국의 멜팅팟 개념과 캐나다의 모자이크형 문화 비교로 두 나라의 문화적 차이를 효과적으로 드러냄. '언어권에 따른 문화적 특징'을 주제로 한 탐구 활동에서 영어권과 비영어권 나라의 문화적 특징이 의사소통 방식에서 어떤 차이점이 있는지 분석함. 문화적 차이가 의사소통 방식에서의 차이로도 나타난다는 사실에 각국의 문화적 존중이 더욱 필요함을 깨달음. 세계화를 주제로 한 독서활동에서 **'세계화, 무엇이 문제일까?(최배근)'**를 읽고 독서 일지를 작성하고 서평을 씀. 세계화가 가져온 부의 편중 현상과 국가 간 빈부 격차에 주목해 국가 간 자본과 기술의 이동이 피할 수 없는 현실이라면 국가의 사회복지 기능 강화와 함께 내부적으로 시민이 연대한 사회시스템의 강화로 피해를 줄여야 한다고 주장함.

행동특성 및 종합의견

다정다감한 성품으로 학기 초 거리가 먼 학교에서 배정돼 친구가 없던 급우에게 스스럼없이 먼저 다가가 먼저 말을 걸어주는 등 학교생활 적응에 많은 도움을 줌. 학급 1인 1역할 행사 부장으로 체육대회를 준비하며 선수 선발과 단체복 선정에서 급우들의 의견을 조율하는 모습이 돋보였으며, 체육대회 당일 응원 도구를 직접 준비해서 학급 단합에 큰 도움을 줌. 진로 탐색을 구체화하기 위해 독서를 꾸준히 하고 있으며, 특히 **'혼 창 통(이지훈)'**을 통해 일류기업에는 공통적인 성공의 법칙이 있음을 알게 됨. 자신은 아직 학생이지만 미래 진로 비전을 세우고 도전해 보겠다는 적극적인 태도를 보임. 학년말 전환기 활동으로 진행한 학급 아나바다 시간에 학생들이 가져올 물품을 사전에 조사하고 가지고 온 물품을 정리함. 물품이 원활하게 교환되도록 돕고 행사를 성공적으로 마무리함. 행사를 계획하고 진행하면서 힘든 점이 많았음에도 웃음을 잃지 않고 긍정적인 자세로 완수하는 책임감이 투철한 학생임.

6 ▸▸ 문화콘텐츠학과

1 학과 인재상

 인문학과 사회 현상에 호기심과 관심이 많은 학생

 언어 능력 및 글쓰기 능력이 뛰어난 학생

 주변의 다양한 주제를 콘텐츠로 기획하는 것을 좋아하는 학생

 다양한 문화권의 역사, 생활양식, 예술 등 문화 전반에 관심이 많은 학생

 섬세하고 주의 깊게 탐구하는 자세를 갖춘 학생

2 유사학과

- 글로벌문화콘텐츠학과
- 문화예술경영학과
- 문화예술학과
- 컬처앤테크놀로지융합전공

3 관련직업

- 국제개발협력원
- 디지털콘텐츠미디어종사자
- 문화콘텐츠기획자
- 언론인(PD, 기자 등)

4 개설대학

- 건국대학교
- 경남대학교
- 대구가톨릭대학교
- 대전대학교
- 상지대학교
- 순천향대학교
- 아주대학교
- 인하대학교
- 전남대학교
- 전주대학교
- 조선대학교
- 한신대학교
- 한양대학교 ERICA캠퍼스 등

5 학과 연계도서

대중문화의 이해
김창남 / 한울아카데미(2022)

한 나라의 사회 변화를 이해하는 데 대중문화를 이해하는 것만큼 유용한 것이 없다. 1990년대 이후 지금까지 기성 사회의 문화와 가치는 X세대, Z세대, MZ세대로 불리는 세대의 등장으로 곳곳에서 파열음이 났으며, 기술 발전은 이전과는 전혀 다른 문화적 컨텍스트를 형성하고 있다. 이는 세계화와 맞물려 문화지형도를 바꾸는 지점까지 왔다. 대중문화는 마치 공기와 같아서 평소에는 인지하지 못하는 경우가 많다. 이 책은 익숙한 나머지 그냥 지나치는 대중문화를 낯설게 바라보도록 하여 그 속에 숨은 의미를 독자가 깨달을 수 있도록 이끈다. 그러한 가운데 나와 사회 속에서 온전한 삶의 주체로 서 있길 바라는 마음을 책 속에 담고 있다.

문화의 수수께끼
마빈 해리스(박종렬 역) / 한길사(2017)

저자는 문화의 발전과정을 '생식압력→생산증강과정→생태환경의 파괴·고갈→새로운 생산양식의 출현'이라는 도식으로 제시한다. 이러한 생태학적 적응양식을 통해 가족제도와 정치·경제적 제도, 종교 등의 발전 원리를 이해할 수 있다고 말한다. 책에서는 암소숭배, 돼지고기 혐오, 마녀사냥 등의 독특한 생활양식을 사회·경제적으로 분석한다. 저자만의 분석 방법을 따라가다 보면 어느덧 문화 현상의 본질을 파악할 수 있게 된다. 이 책은 수필 형식으로 인류학을 쉽고 흥미롭게 이해하면서도 저자의 문화이론 정수를 잘 담고 있는 책이다.

여행자를 위한 나의 문화유산 답사기
유홍준 / 창비(2016)

이 책은 기존 '답사기' 국내편의 내용을 중부권, 전라·제주권, 경상권으로 재구성했다. 1권 중부권에서는 경기·충청·강원도 지역의 문화유산을 담았다. 2권 전라·제주권에는 '남도답사 일번지' 기행과 제주의 문화유산을 재조명한 전문이 실려 있다. 3권 경상권에서는 무수한 문화유산의 전시관인 경주 기행, 경상도의 사찰 기행이 그 맛을 살려 그대로 옮겨져 있다. 이 책은 독자에게 여행안내서이자 인간·역사·문화가 살아 숨 쉬는 우리 것을 깨닫게 하는 인문 교양서가 될 것이다.

총 균 쇠
재레드 다이아몬드(김진준 역) / 문학사상사(2013)

이 책은 인류문명의 불균형이 총, 균, 쇠에 있다고 말한다. '왜 원주민들은 유라시아인들에 의해 도태되었는가?', '왜 각 대륙 문명의 발달 속도가 달라졌는가?', '왜 어떤 민족은 다른 민족의 정복과 지배의 대상이 되었는가?'에 대해 환경적 요인을 밝혀 인종주의적 이론의 허구를 증명한다. 대륙 간 환경의 차이에서 시작한 발달 속도의 차이는 민족 간 차이로 이어졌고, 앞선 민족은 무기와 질병으로 타민족을 지배하게 되었다고 말한다. 이 책은 인류문명이 싹트는 시점부터 현대에 이르기까지 문명의 갈림길에서 무엇이 결정적 변인이었는지 명쾌하게 밝힌다.

1 인문계열

2 사회계열 · 문화콘텐츠학과

3 자연계열

4 공학계열

5 의약계열

6 예체능계열

7 교육계열

젊은 독자를 위한 서브컬처론 강의록
우노 츠네히로(주재명 외 1인 역) / 워크라이프(2018)

주류문화나 대중문화와 비견되는 의미로 사용되는 서브컬처는 일본에서 1970년대 말부터 1980년대 초 소비문화가 확장되던 시기에 만화, 애니메이션, 게임, SF영화 등에 단순한 취미를 넘어 전문가를 말하는 '오타쿠'와 연관이 깊다. 책을 통해 서브컬처가 등장하게 된 배경을 이해하고 만화, 로봇 애니메이션, 오컬트에 이르기까지 서브컬처의 도래와 쇠락을 한눈에 살펴볼 수 있다. 서브컬처의 흐름을 이해하고 과거와 현재에 새로운 아이디어를 적용하고자 고민하는 독자라면 충분한 영감을 받을 수 있을 것이다. 출판사에서 제공하는 강의 동영상을 참고한다면 책을 더욱 흥미롭게 읽을 수 있다.

문화콘텐츠 그 경쾌한 상상력
송원찬 외 3인 / 북코리아(2010)

최근 한국 음악, 한국 영화, 한국 드라마, 한국 음식 등의 세계화로 한국의 국가경쟁력이 어느 때보다 높아졌다. 문화콘텐츠는 21세기에 가장 핵심적인 산업 분야로 여겨진다. 이 책은 문화콘텐츠 안에서는 영화, 애니메이션, 게임, 출판 등이 독립된 산업이 아닌 스토리텔링, 문화원형, 과학기술 등이 하나로 뒤섞여 유기적인 생태계 안에서 움직인다고 말한다. 네 명의 학자가 자신만의 철학으로 문화콘텐츠를 해석하여 그들의 주장을 따라가다 보면 문화콘텐츠 전반에 대해 이해할 수 있다. 또한 각 장의 끝에는 주제를 심화·확장할 수 있도록 관련 도서를 소개하여 연계독서가 가능하게 하였다.

ALL ABOUT 문화콘텐츠
이승미 외 22인 / 나무자전거(2021)

K-콘텐츠가 세계시장을 뒤흔드는 그 경쟁력은 어디에서 오는가? 이 책에서는 미술, 음악, 여행, 공연, 요리, 문학, 방송 등 현재 대한민국 콘텐츠의 트렌드를 이끄는 이들의 생생한 목소리를 들을 수 있다. 문화콘텐츠는 하나의 영역으로 제한할 수 없다. 문화콘텐츠의 정의부터 시대 흐름에 따라 달라지는 좋은 콘텐츠의 조건, 스토리텔링의 이해, 문화예술 콘텐츠의 트렌드 전망, 여행문화 콘텐츠, 축제, 아이디어 발상, 공연기획, 디지털 자산의 이용 등 책의 각 구성을 따라가면 관심 분야가 어디든 실무적 도움을 받을 수 있고, 다른 영역과의 콜라보도 상상하게 된다.

문화콘텐츠, 스토리텔링을 만나다
최혜실 / 삼성경제연구소(2006)

사람은 이야기를 좋아한다. 어릴 때 부모님 품에서 또는 할머니를 통해서 구연동화를 들으면 그 세계에 그만 푹 빠져들었던 기억이 있을 것이다. '이야기'는 사람을 모으는 힘이 있다. 이 책은 문화예술과 산업이 기술과 융합하여 '스토리텔링'의 확산이라는 측면에서 디자인·광고·텔레비전·만화·테마파크 등 다양한 문화콘텐츠 산업 영역의 창조적 발전 가능성을 탐색하고 있다. 저자는 스토리텔링을 문화산업 전반의 미학적 가치를 높이는 요인으로 보고 그 가능성을 넓게 모색해야 한다고 말한다.

젊음의 탄생
이어령 / 마로니에북스(2013)

시대의 지성이 9개의 창조 아이콘으로 청년들에게 따뜻한 삶의 조언을 전한다. 한국 역사의 치열한 현장에서 누구보다 열정적인 삶을 살아온 저자는 9개의 창조 아이콘을 제시하고 그것을 해체하고 재구성하면서 가장 바람직한 삶의 태도란 무엇인지 생각하게 한다. 젊음이란 나이로 정의되는 것이 아니라 '끝없는 열정', '지지치 않는 탐색', '미지에 대한 호기심', '희망', '아름다움' 등으로 결정지어진다. 저자는 새로운 눈으로 세상을 바라볼 것을 권한다. 이분법적 사고를 버리고 열린 가능성이 있는 생각을 하라는 것이다. 저자의 따뜻한 시선과 아름다운 문장, 변증법적 구성은 논리를 탄탄하게 뒷받침하며 이야기에 빠져들게 한다.

작은 문화콘텐츠 만들기
류웅재 외 2인 / 한울아카데미(2011)

기존에 나온 문화콘텐츠 관련 서적은 주로 산업적 측면에서 다루고 있다. 즉 엔터테인먼트 산업의 활성화 방법이나 영상산업을 기반으로 게임, 애니메이션, 모바일 콘텐츠 등으로 확대·재생산하기 위한 논의 및 제작과 유통에 관한 내용이 주를 이루고 있다. 이 책은 이러한 산업적 측면도 고려하면서 현황과 문제점을 분석하고 거시적인 문화정책과 문화산업이 문화 향유자의 삶을 어떻게 변화시킬 수 있는지에 대해 성찰적 질문과 해답을 모색하고자 한다. 그리고 그 가능성을 일회성·이벤트성 행사에서 지역을 기반으로 한 산업과 일상, 정책과 삶이 소통하는 지속 가능한 작은 문화콘텐츠에서 찾고 있다.

인간의 마음을 사로잡는 스무 가지 플롯
로널드 B. 토비아스(김석만 역) / 풀빛(2007)

개인이 지닌 경험의 한계로 인간이 만들어 낸 새로운 세계의 탐험은 언제나 흥미롭다. 그래서 인간은 언제나 새로운 이야기를 찾고 갈망한다. 작가는 플롯이라는 나침반 위에서 이야기의 방향을 잡아 나간다. 저자는 '명작과 졸작', '재미있는 작품과 재미 없는 작품'의 차이는 '플롯'에서 비롯된다고 말한다. 이 책은 추구, 모험, 추적, 구출, 탈출, 복수, 수수께끼, 라이벌, 희생자, 유혹, 변신, 변모, 성숙, 사랑, 금지된 사랑, 희생, 발견, 지독한 행위, 상승과 몰락의 플롯을 패턴으로 작품을 해석한다. 이 플롯을 토대로 소설, 희곡, 시나리오, 드라마 등의 스토리를 짠다면 구체적이면서도 실체적인 지침이 될 것이다.

1 인문계열

2 사회계열 · 문화콘텐츠학과

3 자연계열

4 공학계열

5 의약계열

6 예체능계열

7 교육계열

문화콘텐츠학과 독서탐구활동 활용사례

자율활동 특기사항

학급 또래멘토링 프로그램에서 수학 과목 멘토를 맡아 친구의 학업 향상을 위해 성심성의껏 돕고 그 과정에서 뿌듯함을 느낌. 1학기 학급 자치회 회장으로 학급 회의 시간에 '마스크 착용'을 주제로 실내에서 마스크를 항시 착용하지 않는 문제를 토의하는 등 학급 문화를 학생 스스로 만드는 데 앞장섬. 회의 진행 시 마스크 착용을 잘 하지 않는 학생이 이해할 수 있도록 논리적이면서도 합리적으로 의견을 발표함. 'Happy birthday' 행사를 기획해 매월 학급 친구의 생일을 기념함. 끝까지 행사를 진행해 책임감 있는 모습을 보였으며, 행사를 통해 학급원이 소속감을 느끼고 학교생활에 만족도가 높아졌다는 평가를 받음. 학급 독서활동으로 **'인간의 마음을 사로잡는 스무 가지 플롯(로널드 B. 토비아스)'**을 통해 사람들의 마음을 사로잡는 작품에는 언제나 좋은 플롯이 있음을 알게 되었으며 콘텐츠 기획자의 꿈을 키우는 데 지침이 되었다는 소감문을 작성함.

동아리활동 특기사항

(방송반)(34시간) 학교 방송반에서 촬영과 기획 담당으로 맡은 일에 성실하며 같은 일도 창의적으로 시도하고자 노력함. 동아리 축제에 홍보 영상을 만들고자 동아리별 담당 선생님과 부장 학생을 찾아다니며 부탁을 해서 홍보 영상을 차질 없이 제작하여 방송함. 영상에서 동아리별 활동 특징이 잘 드러나 방송을 본 학생들의 호응이 컸음. 맡은 일을 허투루 하지 않으려 노력해 온 학생의 모습을 제대로 볼 수 있었던 사례임. 콘텐츠에 대한 관심이 많아 관련 서적을 중심으로 진로 탐색을 꾸준히 함. 독서나눔활동으로 **'젊은 독자를 위한 서브컬처론 강의록(우노 츠네히로)'**를 읽고 우리나라에도 많이 소개된 만화와 애니메이션 등 서브컬처의 계보를 체계적으로 정리하여 그 의미와 변화에 대해 부원에게 소개함. 일본의 서브컬처가 우리나라에서 어떤 현상으로 나타나며 소비되고 있는지 '오타쿠', '오덕후', '덕후' 현상으로 설명하며 콘텐츠 분야에서 문화적 영향과 변화를 깊이 있게 탐색하려는 모습이 돋보임.

진로활동 특기사항

직업정보 탐색 활동에서 '문화예술프로그램 기획자'를 선택해 '하는 일', '흥미와 적성', '준비 방법', '진출 분야' 등을 탐색함. 대학전공 탐색 결과 경영·경제, 인문과학, 사회과학 순으로 나온 결과를 바탕으로 관심 분야를 확인하고, 이 결과를 참고하여 상급 학년의 과목 선택을 위해 학교 교육 과정을 분석하여 학업계획서를 작성함. 전공 탐색의 날에는 '문화콘텐츠전문가'의 강의를 듣고 직업인으로서 가져야 할 자세와 태도를 배움. 콘텐츠 전문가의 진출 분야가 자신이 생각했던 것보다 훨씬 많다는 것을 알게 되었으며, 좀 더 다양한 분야를 염두에 두고 진로를 탐색해야겠다고 생각하게 됨. 독서로 탐색하는 '진로 고고' 시간에 **'문화콘텐츠 그 경쾌한 상상력(송원찬 외)'**을 통해 전공 탐색의 날에 이어 다시 한번 문화콘텐츠의 영역이 넓고 가능성이 무궁무진하다고 생각함. 또한 좋은 콘텐츠를 만들려면 자신만의 철학이 중요하다는 것을 깨닫고 다양한 기획을 시도하고 독서를 하겠다는 다짐을 함. 4차 산업혁명과 미래 변화를 주제로 한 진로 특강을 듣고 진로 선택을 할 때 자신의 흥미와 적성을 고려해야 하지만, 미래사회의 변화가 자신의 진로에 어떤 영향을 미치는지도 함께 고려해야 함을 알게 되어 진로 탐색을 좀 더 유연하게 해야겠다고 생각함.

교과 세부능력 및 특기사항

사회·문화

대중문화의 비판적 수용을 주제로 한 모둠활동에서 대중문화의 특징을 1인 미디어와의 관계 속에서 분석하고 구체적인 사례를 제시하여 발표함. 1인 미디어의 확산 과정에서 조회 수를 높이고자 과격하고 자극적인 소재나 언행을 일삼는 1인 방송인의 문제점을 지적함. 또한 사실이 아닌 내용을 제작하여 방송할 때 세대 간·지역 간 사회적 갈등의 원인이 되기도 한다는 우려를 표명함. 1인 미디어의 순기능과 함께 역기능을 제시하고 결론에 발전적 방향을 제시하여 완성도 높은 발표를 함. 교과 독서활동에서 **'문화의 수수께끼(마빈 해리스)'**를 읽고 문화의 발전과정을 깊이 이해함. 책을 통해 인류의 문화 형성 과정을 이해하는 데 인류학적 상상력을 발휘하는 것이 필요하다는 것을 알고, 어떤 현상을 바라볼 때 보이는 대로만 해석하지 않고 과정에 대한 상상력을 동원하여 이해하려고 시도하겠다는 계획을 작성함. 생활 주변에 호기심이 많으며 다양한 관점에서 살펴보려는 노력을 기울이는 학생임.

고전읽기

인문, 사회 등 다양한 분야의 발전은 고전과 끊임없는 소통에 있다는 것을 인식하고 다양한 분야의 책을 탐독하면서 자신만의 관심 분야를 찾아가는 학생임. 고전문학을 읽고 현대 사회의 맥락에서 재해석하는 활동에서 '주홍글씨(나다니엘 호손)'를 읽고 인터넷에서 이루어지는 디지털 낙인의 개념과 피해사례를 조사하여 문제점을 지적하였고 개인의 잊혀질 권리를 스스로 지키기 위해 어떻게 정보관리를 해야 하는지 대처방안까지 소개하여 학생들의 박수를 받음. 관심 분야의 독서탐색 활동시간에 **'총 균 쇠(재레드 다이아몬드)'**를 읽고 서평을 씀. 대륙·지역·민족에 따라 문명의 발달이 왜 차이가 나는지 알게 되었으며, 문화적 다양성을 이전보다 폭넓게 인정해야겠다는 다짐의 글을 작성함. 책의 내용을 이해하고 해석하는 능력이 탁월하며 책에 대한 자기 생각도 논리적으로 잘 표현함. 글이 간결하면서도 설득력 있음.

행동특성 및 종합의견

아이디어가 좋고 실행력이 뛰어나 학급 행사에 적극적으로 아이디어를 제시하며 학급자치 회장과 부회장을 도와 열정적으로 참여하여 급우들의 신망이 두터움. 학급 정보도우미를 맡아 1년 동안 멀티기자재 준비 및 정리를 성실하게 수행함. 자신의 진로를 탐색하기 위해 방학 동안 **'여행자를 위한 나의 문화유산 답사기(유홍준)', '대중문화의 이해(김창남)', 'ALL ABOUT 문화콘텐츠(이승미 외)'**를 읽고 독서 일지를 작성함. 문화적 상상력을 기르기 위해 우리나라 문화와 역사에 대해 더 많이 경험해야겠다고 생각하고 있으며, 지적 호기심을 독서를 통해 해결하려는 모습이 인상적임. 한국 콘텐츠가 세계시장을 뒤흔드는 경쟁력은 우리나라가 가진 강력한 문화콘텐츠에 있다는 것을 깨달음. 아직 진로를 확실히 정하지 않았지만, 진로를 정하기 위해서는 게임, 음악, 영화, 여행 등 다양한 분야에 관한 공부를 게을리하지 않겠다는 의지를 보임. 스스로 자신의 꿈을 구체화하기 위해 노력하는 모습이 돋보이는 학생임.

7 ▸▸ 미디어커뮤니케이션학과

1 학과 인재상

사회에 비판적
사고를 하고 자신의
의견을 피력하기 위해
노력하는 학생

소통의 도구로서의
말과 글의 효용을 알고,
말하기 및 글짓기
능력을 갖춘 학생

사회 현상에 대해
다각적 측면에서
이해하려고 노력하는 학생

인간과 사회에
관심과 통찰력을 가진 학생

신문이나 방송을 통해
사회의 흐름을 파악하는 데
흥미가 있는 학생

2 유사학과

- 글로벌미디어학부
- 멀티미디어공학과
- 미디어학부
- 언론홍보영상학부
- 신문방송학과

3 관련직업

- 공연기획자
- 광고감독
- 기자
- 리서치전문가
- 마케팅전문가
- 아나운서
- PD

4 개설대학

- 강원대학교
- 경북대학교
- 경희대학교
- 계명대학교
- 고려대학교
- 부경대학교
- 부산대학교
- 상지대학교
- 서원대학교
- 성균관대학교
- 수원대학교
- 영남대학교
- 우석대학교
- 인제대학교
- 인천대학교
- 전남대학교
- 전북대학교
- 조선대학교
- 청주대학교
- 충남대학교 등

학과 연계도서

1

인문계열

2

사회계열·미디어커뮤니케이션학과

3

자연계열

4

공학계열

5

의약계열

6

예체능계열

7

교육계열

미디어의 이해

마셜 매클루언(김상호 역) / 커뮤니케이션북스(2011)

저자는 커뮤니케이션과 미디어 연구의 선구자로 평가받는다. 그의 미디어를 바라보는 시각은 이전의 시각과는 매우 다르기 때문에 평가도 엇갈린다. 그런데도 그의 뛰어난 직관과 통찰력은 미디어에 관련된 분야의 사람들에게 큰 영감을 주었다. 이 책은 책이 가진 명성에 비해 독자가 내용에 접근하기 쉽지 않다. 이유는 어떤 대상에 대해 직접적인 방식으로 설명하는 것이 아니라 현상 자체의 탐색과 탐험 자체를 보여 주려 하는 방식으로 글을 쓰고 다양한 분야의 인용이 등장하기 때문이다. 역자는 이러한 점 때문에 무려 470개에 달하는 해설을 달아 독자의 이해를 돕는다. 읽으면 읽을수록 가치를 더하는 책이기에 새로운 미디어를 이해하기 위한 길잡이가 되어주기에 충분하다.

뉴스의 시대

알랭 드 보통(최민우 역) / 문학동네(2014)

'뉴스에 탐닉하는 시대', 우리는 스마트폰 중독을 넘어 수시로 뉴스를 검색하지 않으면 초조해질 정도로 뉴스 검색에 열중이다. 뉴스가 가지는 영향력에 비해 '뉴스를 어떻게 소비해야 하는가?'에 대한 교육은 좀처럼 접하기 어렵다. 저자는 뉴스가 대중에 끼치는 영향력을 간파하여 "한 나라의 정신을 변화시키고 싶다면 미술관, 교육부, 혹은 저명한 소설가의 집으로 향하는 대신, 정치체의 신경중추인 뉴스 본부로 곧장 탱크를 몰고 가"라고 말한다. 이 책은 정치·해외·경제·셀레브리티·재난·소비자 정보 뉴스로 구분해 뉴스의 역할에 대해 조명하고, 현대 사회에서 언론의 역할과 뉴스 소비자의 자세는 어떠해야 하는지 진지하게 묻고 있다.

클래스가 다른 공연기획

전성환 / 예영커뮤니케이션(2014)

이 책은 저자가 20여 년간 800여 회의 공연기획 현장에서 몸담으며 얻어낸 통찰의 기록이다. 공연기획에 대한 실무지침을 넘어 공연을 대하는 태도, 자세, 방향에 관한 이야기다. "공연을 만드는 사람들은 관객들에게 많은 걸 한 번에 보여주려는 맹목적 DNA를 지닌 듯하다. 너무 많은 것을 보여주려는 의도는 곧 산만함으로 이어지고 산만함은 욕심으로 화를 부르게 된다. 드라마든, 영화든 실패한 작품들의 원인 분석에서 빠지지 않는 말이 바로 '너무 많은 것을 보여주려는 시도'라는 것이다"라는 말처럼 책에서는 '자존', '본질', '창의', '협업', '핵심', '혁신', '균형', '디테일', '사람'의 핵심 키워드로 저자의 경험과 현장 노하우를 담아내고 있다.

기자와 살인자

재닛 맬컴(권예리 역) / 이숲(2015)

이 책은 저널리즘의 고전이라는 점에서 '기자의 글쓰기'란 어떤 것이어야 하는지 생각하게 한다. 독자는 기자의 글이 '사실'을 그대로 옮겼다고 믿으며 읽지만, 인터뷰 대상이나 사건을 문어로 옮기는 과정에서 기자의 머릿속에는 이미 '편집'의 과정을 거치고 있다. 이 책은 사건과 관련된 양쪽의 인물을 인터뷰하여 사건에 대해 입체적으로 보여주며, 저자 스스로 선입견과 편견을 벗어나려는 성찰적 반성을 끊임없이 보였다는 점에서 저널리즘 글쓰기의 본보기가 된다. '진실을 알린다'라는 기사는 누구의 진실을 말하는가? 저널리즘을 심판대에 세우고 예리한 질문을 던진다.

커뮤니케이션을 공부하는 당신을 위하여
임영호 외 6명 / 커뮤니케이션북스(2012)

미디어커뮤니케이션학과의 대입 경쟁률은 수백 대 일에 이를 정도로 학생들이 진학하고 싶어 하는 학과이다. 그러나 정작 학생들은 미디어커뮤니케이션학과를 PD나 기자가 되기 위한 길 정도로만 알고 있는 경우가 많다. 이 책은 커뮤니케이션학을 공부하고 싶은 학생에게 이 학문의 특징이나 진로에 대한 정보를 제공한다. 책의 저자들은 앞서 커뮤니케이션을 공부한 경험을 기꺼이 나누고자 한다. 대학에 입학하여 배우게 될 과목을 소개하여 앞으로의 진로와 연계할 수 있도록 하였다. 이를 통해 독자는 학업 과정의 전체 지도를 그려 볼 수 있다. 그리고 대륙마다 주제별로 대표 대학과 연구소를 소개하여 시선을 세계로 확장하려 한 점도 눈에 띈다. 200개의 커뮤니케이션 직업을 수록하여 커뮤니케이션 환경 변화에 따른 새로운 직장의 장을 열어준다.

기자는 무엇으로 사는가
한국기자협회 / 포데로사(2016)

기자라는 직업이 가지는 무게는 어느 정도일까? 기자는 소설가나 시인처럼 글로 이야기를 전달한다. 그러나 차이가 있다면 그것은 '사실'일 것이다. 기자는 사실에 근거해서 기사를 작성한다. 기자는 무엇을 전달하기 위해 글을 쓰는가? 이 책에는 130여 명의 현장 기자의 고민과 열정이 담겨 있다. '기자'와 '직장인' 사이에서 현실적인 분투기를 담아내기 위해 6개월간을 쫓아 그들의 모습을 담아내려 노력했다. 1부에서는 수습기자에서 선임기자에 이르기까지 기자의 일상을 담았다. 2부에서는 기자들이 겪고 있는 다양한 문제를 다루었다. 3부에서는 기자정신을 가지고 소명을 지켜나가려는 기자의 모습을 담아냈다.

세상을 바꾼 미디어
김경화 / 다른(2013)

사람들은 온종일 미디어에 둘러싸여 있다고 해도 과언이 아니다. 미디어는 세상과의 소통이다. 책, 라디오, 텔레비전, 영화의 고전적인 미디어부터 틱톡, 유튜브, SNS 등의 뉴미디어에 이르기까지 미디어는 사람의 삶에 영향을 미치기도 하고, 사용자에 의해 변화되기도 한다. 이 책은 단순히 미디어의 변화 과정을 역사적으로 나열하는 것이 아니라 과학기술의 발전과 사회의 변화 그리고 사용자와의 상호작용 속에서 미디어가 어떻게 세상을 바꾸고, 세상이 어떻게 미디어를 바꾸어 왔는지를 이야기한다. 독자는 이 가운데 사용자로서 미디어를 어떻게 바라볼 것인지 생각하게 된다.

미디어 리터러시 쫌 아는 10대
금준경 / 풀빛(2020)

전통적 미디어인 텔레비전, 라디오, 광고에 더해 유튜브, 페이스북, 카카오톡, 틱톡, 포털사이트 등의 뉴미디어에 이르기까지 깨어있는 내내 미디어에 노출되어 있다고 해도 과언이 아니다. 우리는 미디어를 통해 세상과 만난다. 미디어의 종류가 다양해질수록 세상과 만나는 창이 많아진다. 그러나 '창' 자체가 왜곡되어 있다면 그것을 통해 들여다보는 세상도 어그러져 보이기 마련이다. 이 책은 정보가 범람하는 시대에 정보를 똑똑하게 읽어내는 능력, 즉 미디어를 이해하는 능력을 기르도록 방법을 제시한다. 가짜 뉴스와 나쁜 뉴스는 어떻게 골라낼 수 있을까? 미디어 속에 감춰진 편견과 차별의식, 혐오 표현에 민감성 기르기 등을 생각하다 보면 어느덧 한 단계 성숙한 미디어 사용자가 될 것이다.

콘텐츠가 전부다
노가영 외 3인 / 미래의 창(2021)

코로나19 팬데믹 상황에서도 미디어 콘텐츠 분야만큼은 불황을 비껴가고 있는 듯하다. OTT 및 SNS 이용 시간의 증가는 이를 증명한다. 이 책은 콘텐츠 산업 전문가뿐만 아니라 미디어·엔터테인먼트 전문 애널리스트, 글로벌 틱톡커까지 저자로 합류해 더욱 심층적인 분석과 통찰력을 보여준다. 책에서는 국내 시장에서 펼쳐지는 거대 자본을 앞세운 글로벌 OTT 전쟁, SNS에서 수익을 창출하는 방법, 플랫폼 수익에만 의존하지 않는 '크리에이터 이코노미', 블록체인 기술에 기반한 콘텐츠 산업의 변화, 수백만 명이 모이는 방구석 콘서트 등을 소개하며, 결국 콘텐츠가 답이라고 말한다.

장면들
손석희 / 창비(2021)

이 책은 한국의 대표적인 언론인인 저자가 한국 사회를 뒤흔든 사건의 중심을 거치면서 가졌던 생각을 풀어낸다. 1부에서는 '어젠다 키핑'을 언론의 기능으로 확장하며 '세월호 참사 보도', '국정농단 사건', '미투 보도', '남·북·미 대화 국면의 보도' 등 저널리즘 정신을 실천하기 위해 노력하는 과정을 회고한다. 2부에서는 레거시 미디어 시대에서 디지털 시대의 변화 과정에서 새로운 저널리즘에 대한 고민과 철학을 구체적으로 드러낸다. 공영방송, 레거시 미디어와 디지털, '단독' 경쟁, '기레기', 언론과 정치 등 현재 한국의 미디어 환경의 지형을 자신의 경험으로 녹여내며 오늘날 언론이 향해야 할 방향이 무엇인지 고민하게 한다.

1
인문계열

2
사회계열·미디어커뮤니케이션학과

3
자연계열

4
공학계열

5
의약계열

6
예체능계열

7
교육계열

미디어커뮤니케이션학과 독서탐구활동 활용사례

자율활동 특기사항

장애인권교육을 듣고 다양한 매체 속에 녹아 있는 차별적 표현을 알게 되었으며, 일반 사람들이 많이 접하는 매체를 통해 무의식중에 장애에 대한 편견과 오해를 가질 수 있다는 사실에 경각심을 가져야겠다고 소감문을 작성함. 이후 학생들이 많이 사용하는 일상적 용어나 제스처에서도 장애를 비하하는 표현을 조사하여 학급 자치회의 시간에 의견을 제시하여 학생들의 호응을 얻음. 학급 프로젝트 활동에서 미디어 리터러시를 주제로 '**미디어 리터러시 쫌 아는 10대(금준경)**'를 읽고 수많은 미디어 환경에 둘러싸여 살아가는 현실을 학생의 일상을 예시로 설명하고 미디어를 통해 세상을 접하는 학생들이 세상을 편견 없이 바로 보려면 좋은 뉴스와 나쁜 뉴스를 가려낼 수 있는 리터러시 능력을 길러야 한다고 주장함. 리터러시 개념과 미디어 리터러시의 의미와 사례 등을 동급생의 시선에 맞게 준비하여 학생들이 공감하는 발표를 함. 사회 현상을 비판적으로 바라보고 자기 의견을 논리적으로 표현하는 능력이 뛰어남.

동아리활동 특기사항

(교지편집반)(34시간) 방송언론분야에 관심이 있어 동아리 활동에 누구보다 적극적이고 열정을 갖고 활동함. 교지편집반 부장으로 담당 교사와 교지 발행에 대해 논의할 정도로 리더십을 발휘하였으며 학생주도의 교지를 발행하는 데 크게 이바지함. 학교 축제를 생생하게 교지에 담기 위해 행사 당일 곳곳을 다니며 사진 촬영을 하고, 크고 작은 학교 행사를 놓치지 않고 취재하는 열의를 보임. 단기 근로를 하는 학생의 권리 증진을 위해 학생 노동인권을 다루거나 변화된 투표 나이에 맞춰 학생 참정권을 기사로 작성하는 등 학생의 사회적 권리에도 관심이 많음. 진로심화활동으로 '**기자와 살인자(재닛 맬컴)**'를 읽고 독후활동을 함. 책에서 '기자의 진실은 누구의 진실인가?'에 대한 질문을 마음에 새기고 편견을 가진 건 아닌지 항시 점검해야겠다고 생각함. 기자가 작성하는 글의 무게감을 알고 있으며 사회적 약자를 위하는 기사와 잘못된 것을 바로잡는 기사를 쓰겠다는 다짐을 함.

진로활동 특기사항

진로진학준비도검사를 통해 진로 탐색 시 직업가치를 가장 중요한 선택 요인으로 생각하고 있음을 알게 됨. 자신의 진로 특성을 토대로 직업을 선택하는 것을 어렵지 않게 생각하고 있으며 자신을 잘 이해하고 있음. 전공계열탐색검사를 통해 대학전공을 선택하는 데 자신이 중요하게 생각하는 가치를 파악하고, 사회계열에 전공 흥미도가 높음을 알게 됨. 진로 탐색을 하기 위해 '**기자는 무엇으로 사는가(한국기자협회)**'를 읽고 기자가 지녀야 할 직업정신과 기자의 어려움 등을 알게 됨. 이를 통해 기자는 단순히 글을 쓰는 직업이 아니라 사실에 근거해서 기사를 작성해야 하며 무엇을 전달하고자 하는지도 끊임없이 고민해야 한다는 것을 깨달음. 직업인과의 만남에서 공연기획자의 강연을 듣고 직업인이 되기 위해 무엇을 준비해야 하는지, 하는 일은 무엇인지, 힘든 점과 보람이 있는 점은 무엇인지 등을 알게 되어 자신의 진로 탐색을 좀 더 구체화하고 계획하는 계기가 됨. 자유 주제 발표 활동을 통해 '기자는 무엇을 사는가?'라는 주제로 자신의 관심분야에 대해 발표함. 기자에 대해 부정적 인식이 높아진 상황을 기자의 직업윤리 차원에서 접근하여 기자 본연의 직업정신으로 돌아갈 때 신뢰를 되찾을 것이라는 발표를 함.

교과 세부능력 및 특기사항

언어와 매체

수업시간마다 잘 경청하고 수업 내용을 꼼꼼하게 정리하는 습관이 있어 학업성취도가 높음. 중세 국어와 근대 국어의 어휘 및 음운의 변천 과정을 탐색하여 현대 언어생활에 어떻게 나타나고 있는지 사례를 찾아 분석하는 활동을 함. 활동 과정에 주도적으로 참여하였으며 발표자로 나서 또렷하고 정확하게 내용을 발표함. 관심 분야를 매체를 활용하여 소개하는 활동에서 '미디어 환경의 변화'를 주제로 디지털의 가속화가 기존의 언론 환경을 어떻게 변화시켰는지, 디지털 미디어는 무엇이며 어떻게 소비되는지 PPT를 만들어 발표함. 학생들에게 자신의 발표 내용을 요약한 자료를 나눠주며 우리는 일상에서 늘 다양한 매체와 만난다고 얘기함. 발표에 재치가 있고 전달력이 뛰어나 학생들도 몰입하여 들음. 진로탐구활동으로 **'세상을 바꾼 미디어(김경화)'**를 읽고 미디어의 변화 과정을 알게 되었으며, 생산자와 사용자로서 미디어를 어떻게 바라볼 것인지 생각하는 계기가 되었다고 소감을 작성함.

사회문제 탐구

평소 방송이나 인터넷으로 사회 현상을 주의 깊게 살피는 학생으로 상황에 대한 이해력과 비판적 사고력이 발달한 학생임. 사회문제탐구 과정에서 발생할 수 있는 윤리적 쟁점을 파악하는 활동에서 '인공지능 의료 기술로 인한 의료 사고 발생 시 사고 책임 문제'를 주제로 인공지능 의료 기술의 적용 사례와 제기되는 윤리적 쟁점을 보고서로 작성함. 이미 로봇이 의료 현장에 많은 역할을 하는 상황에서 의료 사고 시 책임 소재의 문제는 사회적 논의를 거쳐야 할 문제라고 지적함. 객관적 통계 자료를 근거로 제시하여 논거의 신뢰성을 높였고, 논리정연하게 자신의 의견을 전달하는 능력이 탁월함. 교과연계 독서활동으로 **'장면들(손석희)'**을 읽고 한국사회의 대전환기에서 언론의 역할이 얼마나 중요한지 알 수 있는 계기가 되었다는 소감을 작성함. 방송·언론계 종사를 희망하며 빠르게 변하는 미디어 환경을 이해하기 위해 진로 탐색을 열심히 하며 진지한 태도로 탐구하는 학생임.

행동특성 및 종합의견

밝고 긍정적인 학생으로 주변에 친구가 많고 주도적인 역할을 함. 학업능력이 우수하며 교양과 지식이 풍부함. 자신이 정한 목표를 달성하고자 계획하고 실천하는 것이 몸에 밴 학생임. 수업 시간에 발표뿐만 아니라 모둠활동을 자발적으로 역할을 맡아 다른 학생의 모범이 됨. 사회 현상에 대해 관심이 많아 방송이나 도서를 통해 지식을 확장하고자 노력함. 진로 탐색에 도움을 준 도서 **'클래스가 다른 공연기획(전성환)'**을 통해 공연기획자가 무엇을 하는지 생각하게 되었으며, 공연을 대하는 자세와 태도 등의 가치관을 배울 수 있었다고 함. 그리고 **'콘텐츠가 전부다(노가영 외)'**를 통해서는 콘텐츠 자체가 가진 힘을 알게 되어 창의성과 상상력을 기르는 것이 중요함을 배웠다고 함. 진로 탐색에 진지하며 열의가 있는 학생으로 생각 노트를 만들어 틈틈이 아이디어를 기록해 놓는 습관을 갖고 있음. 생각 노트에 있는 아이디어를 콘텐츠로 만들어 우리나라를 대표하는 공연을 열겠다는 다부진 꿈을 키우고 있는 학생임.

8 ▶▶ 법학과

1 학과 인재상

주어진 상황을 논리적으로 분석하여 판단할 수 있는 능력이 있는 학생

언어적 감각이 있으며 논리적 글쓰기를 잘하는 학생

공익을 우선시하며 규칙을 준수하는 학생

정치, 경제, 사회문제에 관심이 많은 학생

맡은 일에 책임을 다하며 성실히 임하는 학생

2 유사학과

- 공법학전공
- 공공인재법학과
- 법학과
- 지식재산학과
- 법률행정학과

3 관련직업

- 감사사무원
- 검사
- 검찰수사관
- 관세사
- 교도관
- 노무사
- 법무사
- 변호사
- 세무사
- 판사

4 개설대학

- 가톨릭대학교
- 강원대학교
- 계명대학교
- 고려대학교
- 단국대학교
- 대구대학교
- 동국대학교
- 부산대학교
- 아주대학교
- 원광대학교
- 인천대학교
- 전북대학교
- 제주대학교
- 조선대학교
- 충남대학교
- 충북대학교 등

학과 연계도서

법과 권리
로널드 드워킨 (염수균 역) / 한길사(2010)

저자는 미국의 저명한 법철학자이자 정치철학자이다. 도덕철학 속에서 법철학의 기초를 찾고자 하는 그의 철학은 영미 법철학에 지대한 영향을 끼쳤다. 이 책에서는 개인의 권리가 다수나 국가라는 이름으로 무시될 수 없다고 말한다. 오히려 전체적 이익이 희생되더라도 개인의 권리는 보호받아야 한다고 해석한다. 법 제정은 국가 전체 이익의 틀에서 이루어져야 하지만 법의 집행은 전적으로 개인의 권리의 관점에서 판결해야 하며, 이는 법관의 재량에 따라 다르지 않다고 주장한다. 법실증주의에 대한 비판은 수십 년간 이어진 '하트-드워킨 논쟁'의 시발점이었기에 현대 법철학을 이해하기 위한 필독서이다.

10대와 통하는 법과 재판 이야기
이지현 / 철수와영희(2021)

이 책은 청소년들이 어렵게만 느꼈던 법에 대해 법의 목적과 종류, 재판의 종류와 절차, 헌법의 의미와 기본 원리 등 다양한 사례로 제시한다. 셰익스피어의 『베니스의 상인』, 『선녀와 나무꾼』 등에 담긴 법 이야기와 대학살의 책임을 물은 '나치 전범 아이히만 재판', 여성 참정원 쟁취의 불꽃이 된 '수잔 앤서니 재판' 등 역사적 재판을 살펴보며 올바른 재판이 우리의 삶을 어떻게 변화시키는지, 법의 역할은 무엇인지, 우리는 법을 왜 지켜야 하는지 알려준다. 부록으로 대한민국 헌법 제1조와 함께 세계 각국의 헌법 제1조의 주요 내용과 해설을 실었다.

왜 세계의 절반은 굶주리는가?
장 지글러 (유영미 역) / 갈라파고스(2016)

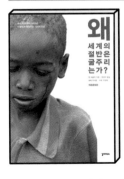

'기아의 고통 앞에서 무심해지지 않기를', '우리가 하지 않으면 아무도 하지 않을 것이다.', '희망은 어디에 있는가?' 저자는 빈곤과 기아 문제의 저명한 연구자이자 유엔 인권위원회 식량 특별조사관으로 지냈다. 이 책은 식량이 남아도는데도 왜 세계의 절반이 굶주리는지 아들과의 대화 형식으로 설명한다. 전쟁과 정치적 무질서로 구호 조치가 무색해지는 현실, 소는 배불리 먹이면서 사람은 굶고 있는 모순된 상황 등을 설명한다. 독자는 책을 통해 기아의 현장에서 어떤 사람들이 부당한 이득을 보고 있고, 그런 이득이 어떻게 재생산되며 기아가 반복되는지 정치·사회·경제적으로 상세하게 알 수 있다.

선량한 차별주의자
김지혜 / 창비(2019)

저자는 이주민, 성 소수자, 아동, 청소년, 노숙자 등의 다양한 소수자 관련 연구를 하며 구체적 변화를 시도한다. 이 책은 자신의 경험을 녹여낸 통합적인 시각을 바탕으로 우리가 놓치고 있던 일상 속에서 차별과 혐오의 순간을 날카롭게 담아내고 있다. 1부에서는 차별을 보지 못하는, 왜 선량한 차별주의자가 되는지 그 이유를 다룬다. 2부에서는 어떤 작동 원리로 차별이 숨겨지거나 '공정'으로 둔갑 되는지 살핀다. 3부에서는 우리가 차별과 혐오에 대응하여 나아가야 할 방향을 제시한다. 불평등한 세상에서 '선량한 차별주의자'가 되지 않기 위해, 익숙한 질서 너머의 불편한 진실을 마주해야 한다고 메시지를 전한다.

정의란 무엇인가
마이클 샌델 (김명철 역) / 와이즈베리(2014)

이 책은 27세에 최연소 하버드대학교 교수가 되었고, 29세에 존 롤스의 정의론을 비판한 『자유주의와 정의의 한계』를 발표하면서 세계적 학자로 명성을 얻은 마이클 샌델의 대표작이다. 최근 한국 사회를 위협하고 있는 공정과 정의의 가치 상실에 올바른 대안을 살펴본다는 차원에서 국내 지식인과 오피니언 리더들에게 대한민국의 정의에 대해 다시 생각해 보는 계기를 마련했다. 책에서는 다양한 주제의 현실 문제를 비롯하여 위대한 사상가들의 '정의'에 대한 생각을 비판적으로 살피면서도 '정의'에 대한 저자의 정답을 제시하지 않는다. 따라서 독자에게 책을 읽으면서 '정의'에 대한 자신만의 깨달음을 얻는 기회를 제공한다.

죄와 벌
도스토예프스키(김연경 역) / 민음사(2012)

이 책은 러시아의 대문호 도스토예프스키가 사형선고에 이은 8년간의 형 생활 후 발표한 작품으로 인간의 가장 깊은 곳에 숨겨진 심리를 파헤치며 죄와 속죄에 대한 내면의 심리가 세밀하면서도 치밀하게 전개된다. 저자 스스로 책에 대해 '범죄에 대한 심리학적 보고서'라고 밝혔을 정도로 인물의 심리적 동선이 세밀하다. 이는 세상을 향한 고뇌와 갈등의 상징적 인물인 '라스콜니코프'로 구현되며, 그가 매춘부 소냐를 만나 역동적인 변화를 겪게 되는 과정을 보여준다. 헤밍웨이, 고리키, 버지니아 울프, 토마스 만 등 위대한 작가에게 큰 영감을 주었을 정도로 작가로서의 성숙한 참모습을 볼 수 있다.

처음 읽는 헌법
조유진 / 이학사(2017)

헌법은 한 나라의 사회를 이끌어나가는 중요한 규범이자 국민 기본권 보장이라는 사명을 담고 있다. 그런데도 우리나라 학교 교육에서는 제대로 된 헌법 교육을 배울 기회가 거의 없었다. 다행히 최근 변화의 조짐이 곳곳에서 감지되고 있다. 그 가운데 청소년부터 일반 시민까지 읽을 수 있는 헌법 교양서적이 출간되어 많은 호응을 받고 있다. 이 책은 헌법의 탄생부터 우리 헌법이 겪어온 길, 우리 헌법의 기본 원리, 헌법에서 보장하는 기본권 등 법을 모르는 독자들도 우리 헌법을 충분히 이해하며 읽을 수 있도록 길잡이가 되어준다. 또한 헌법재판 사례를 통해 헌법이 우리 사회를 어떻게 바꿀 수 있는지도 생생히 보여준다.

법의 균형
최승필 / 헤이북스(2021)

'법은 과연 정의로운가?' 최근 우리 사회에서는 '정의와 공정'이 화두다. 사회 질서의 제도적 기반인 '법'에 대한 불신도 어느 때보다 크게 자리 잡고 있다. 이 책은 '법은 과연 정의로운가?', '왜 법은 완벽하고 완전하지 못하는가?'에 대한 해답을 찾기 위해 다양한 사회 현상을 냉철하게 분석하여 균형 잡힌 법의 역할을 제시하고 있다. 1부는 '이익과 이해', '혁신과 규제', '위기와 위험' 사이에서 '법의 균형'을 찾으려는 법의 노력을 다루고 있다. 2부는 법이 균형을 이루지 못하면 다양한 갈등의 원인이 되며 균형 잡힌 좋은 법은 '시민의 법'으로 다가서야 한다고 말한다. 시민 스스로 자신의 권리를 제한하고 의무를 부과하는 규칙을 결정할 수 있는 '시민의 법'이어야 한다고 주장한다.

슬기로운 검사생활
뚝검 / 처음북스(2022)

이 책은 뚝심 있는 검사가 되겠다며 검사 초년부터 지금까지 만나온 사연에 관한 이야기이다. 일반인에게 검사는 영화나 드라마에서 거악을 척결하거나 음모를 파헤치는 역할로 보이지만 책에서는 일반 직장인의 생활과 다름없음을 보여준다. 1부에서는 사건을 통해 좌충우돌 성장하는 초보 검사의 모습을 보여주고, 2부에서는 다양한 수사 사례를 통해 사연에 공감하며 법 집행을 통해 정의를 구현하고자 하는 고뇌를 엿볼 수 있다. 3부에서는 진실과 거짓 사이에서 진실을 밝히고자 싸우는 검사의 노력이 담겨 있으며, 4부에서는 지금의 자신이 있게 한 사건들을 떠올리며 저자가 생각하는 이상적인 검사의 모습을 소개한다.

10대와 통하는 일하는 청소년의 권리 이야기
이수정 / 철수와영희(2015)

이 책은 일하는 청소년 노동자를 위한 노동인권 실무가이드이다. 일하는 청소년을 바라보는 시선은 아직도 '학교에 안 다니는 애들이나 아르바이트 한다'는 식이다. 사회 전반의 인식이 아직 청소년 노동에 대한 인권 감수성이 부족한 상황이다. 이 책은 학업과 아르바이트를 병행하거나 주업으로 하는 청소년이 노동자로서 자신의 권리를 지키기 위해 알아야 할 노동법을 알려준다. 또한 노동법과 사회 현실의 차이를 사례로 살펴보고 무엇보다 청소년 노동에서 인권 감수성이 향상되어야 한다고 말한다. 책의 구성은 근로계약서, 최저 임금, 임금과 수당, 노동 시간, 감정 노동, 직장 내 성희롱, 노동 재해, 현장 실습, 비정규 노동, 노동조합 등 청소년이 꼭 알아야 할 10가지 주제를 담고 있다.

법학과 독서탐구활동 활용사례

자율활동 특기사항

학급자치회 회장으로 학년 초 학급 자치 규정을 제정하고 규칙이 자율적으로 지켜질 수 있도록 자치법정을 기획하여 운영함. 자치법정에 상정할 수 있는 안건을 정하기 위해 학생들의 의견을 수렴하여 공개적으로 선정함. 학급자치 규정으로 정해진 규칙이 잘 지켜질 수 있도록 우리 학급 규칙준수 매뉴얼을 제작해 학급 게시판에 게시하고 학생들의 자발적인 참여를 유도함. 의사결정 과정에 절차적 민주성을 중요하게 생각하여 급우들의 신뢰가 두터움. 노동인권교육을 통해 청소년 노동 현실을 심각하게 받아들이게 되었으며 법을 지키지 않는 어른들이 문제지만 청소년도 자신의 권리를 지키기 위해 법을 알고 목소리를 내어야 한다는 의견을 작성함. 이후 청소년의 노동인권을 다룬 **'10대와 통하는 일하는 청소년의 권리 이야기(이수정)'**를 읽고 소감문을 제출함. 또한 책의 내용 중 청소년이 노동자로서 알아야 할 노동법을 정리하여 학급 게시판에 게시함.

동아리활동 특기사항

(모의법정반)(34시간) 모의법정반에서 주관한 사이버폭력을 주제로 판사 역할을 맡아 검사와 변호사 양측의 주장을 듣고 판결한 내용에 대해 다수의 학생이 공정한 판결이었다고 평가함. 교내 핸드폰 사용을 주제로 한 토론에서는 휴대전화기 사용을 금지하고 있는 나라와 사례를 조사하여 휴대전화기 사용의 적절한 규제도 필요하다고 주장함. 또한 수업 중 휴대전화기 사용으로 인한 불편 사례를 설문으로 조사하여 근거 자료로 사용하여 주장의 근거를 강화함. 평소 글쓰기를 좋아하여 교내 글쓰기 대회에 다수 참가하고 있으며 교내 신문부에 원고를 보내 교지에 실리기도 함. **'법과 권리(로널드 드워킨)'**를 읽고 '다수의 권리는 개인의 권리에 앞서는가?'로 진행한 토론에서 법의 적용은 개인의 권리 보장에 초점을 맞춰야 하며, 다수의 권리가 희생되더라도 개인의 권리는 보장되어야 한다고 주장함. 자신의 의견을 설득력 있게 제시하면서도 상대방의 의견을 존중하려 노력하는 모습을 보임.

진로활동 특기사항

홀랜드 직업흥미검사 결과 리더십, 설득하기, 목표 지향성 등의 특징을 나타내는 진취형이 높게 나옴. 평소 법학 계열에 관심이 많아 직업정보 탐색활동에서 '판사'와 '검사'를 선택하여서 하는 일, 흥미와 적성, 필요한 지식, 준비 방법 등의 직업 정보를 조사하여 발표함. 학교특색활동으로 진행한 '꿈 찾아 고고'에서 지방법원을 방문하여 법정을 방청하고 법무 절차에 대해 견학한 내용을 보고서로 작성함. 찾아가는 전공탐색 프로그램에서 '법학과'를 선택하여 법학전공을 하는 대학생으로부터 학과소개, 교육과정, 진출 분야, 법학전문대학원 입학 방법 등을 듣고 소감문을 작성함. 관심 주제를 3분간 발표하는 '나도 전문가' 시간에 **'10대와 통하는 법과 재판 이야기(이지현)'**의 내용을 토대로 청소년이 알아야 할 법과 법이 사람들에게 어떤 영향을 주는지 사례를 발표하여 친구들로부터 좋은 정보였다고 큰 호응을 받음. 설득력 있으면서도 쉽게 전달하는 능력이 탁월함. 법과 정의에 관심이 많아 학교 신문부에도 지원해서 '법은 정의의 편인가?', '청소년 노동인권 우리가 지킨다'라는 주제의 기사를 작성하여 자신의 관심분야에 대해 소개하며 학생의 권리를 지키기 위해 노력하는 모습을 보임. 자신의 이익을 앞세우기보다 함께 도움이 되는 방안을 고민하여 실천하는 학생으로 앞으로 관련 분야에 진출한다면 역량 발휘가 기대됨.

교과 세부능력 및 특기사항

생활과 윤리

삶과 죽음에 대한 다양한 윤리적 쟁점을 비교·분석하는 활동에서 '안락사와 존엄사'를 주제로 선택하여 보고서를 작성함. 존엄사를 인정하고 있는 나라의 사례를 들어 연명 치료의 문제점을 지적하며 자기결정권을 존중해야 한다고 주장함. 관련 기사와 자료를 자신의 논리에 맞게 정리하고 발표하는 과정에 논리적인 사고력이 돋보임. 사회에서 일어나는 다양한 갈등의 양상을 제시하고 사회 통합을 위한 방안을 찾는 활동에서 '포괄적 차별금지법'에 대해 조사하여 발표함. '포괄적 차별금지법'이 무엇인지 개념을 정리하고 법 제정을 찬성하는 측과 반대하는 측의 양쪽 주장을 제시함. 법 제정의 논란을 떠나 소수자라도 권리 보호라는 측면에서 어떠한 이유로도 자기결정권과 인격이 침해되는 것은 잘못된 것이라는 주장을 펼침. 추후 활동으로 **'법과 권리(로널드 드워킨)'**, **'정의란 무엇인가(마이클 샌델)'**를 읽고 우리 사회에 숨겨진 차별과 혐오에 대해 법 정의의 관점에서 해석하는 보고서를 작성함.

정치와 법

대의제에서 선거의 의미와 우리나라 선거제도의 특징을 이해한 후 진행한 모둠활동에서 '청소년의 정치활동 참여'를 주제로 토의를 진행함. 토의에서 우리나라도 만 18세부터 국민투표권을 행사할 수 있으며, 또한 피선거권이 법적으로 부여된 상황에서 학생들의 정치활동 참여를 막을 근거가 없다는 논리로 더욱 활발히 참여하도록 길을 열어주어야 한다고 주장함. 한 학기한 권 읽기 독서활동으로 **'처음 읽는 헌법(조유진)'**을 읽고 독서 나눔 시간을 가짐. 자신이 읽은 책의 내용을 마인드맵으로 요약하여 학생들이 쉽게 이해하도록 제시함. 책 나눔을 통해 우리 사회 법치의 바탕을 이루는 헌법을 급우와 함께 공유할 수 있어서 보람이 있었다는 소감을 발표함. 평소 정치와 법 제도에 관심이 많아 관련 수업을 진행할 때 적극적으로 자신의 의견을 표현하며, 다양한 관점에서 현상을 이해하고자 하는 노력이 엿보임. 자신의 주장이 분명하면서도 균형 잡힌 시각을 지닌 학생으로 앞으로의 발전이 기대됨.

행동특성 및 종합의견

평소 규칙을 잘 지키고 맡은 바 임무에 성실히 임하는 학생임. 통합반 도우미로 지원해 학교생활이 불편한 급우를 위해 수업 준비물 챙기기, 이동 수업 돕기 등을 성실하게 수행함. 자기주도학습이 매우 뛰어난 학생으로 매일 학업계획서를 작성하며 실천함. '정치와 법'에 관심이 많아 학교 교칙 개정 작업에 학생 대표로 참여하여 학생의 시각에서 권리를 침해받을 수 있는 규칙은 개정되어야 한다고 주장하여 두발 규정 완화와 교복의 탄력적 착용 등의 성과를 끌어냄. **왜 세계의 절반은 굶주리는가?(장 지글러)'**, **'정의란 무엇인가(마이클 샌델)'**를 통해 우리 사회에 존재하는 정치·경제·사회적 불평등에 대해 고민하고, **'법의 균형(최승필)'**을 통해 균형 잡힌 법의 집행의 중요성에 대해 생각함. 스스로 법에 관한 주제를 정하여 탐구하는 등 자신의 꿈을 성장시키기 위해 노력하는 모습이 돋보임. 또한 타인의 권리도 존중되어야 자신의 권리도 존중될 수 있다고 생각하며 늘 예의 바르게 행동하여 타의 모범이 됨.

1 인문 계열

2 사회계열·법학과

3 자연 계열

4 공학 계열

5 의약 계열

6 예체능 계열

7 교육 계열

9 ▸▸ 보건행정학과

1 학과 인재상

논리적 사고로
데이터를 이해할 수 있는
능력을 갖춘 학생

국민건강과 복지에
관심이 많은 학생

폭넓은 독서로
인문학적 소양을
갖춘 학생

다른 사람을 먼저 생각하는
이타심과 봉사 정신을
갖춘 학생

창의적으로 문제의
원인을 파악하고
해결하는 능력을 갖춘 학생

2 유사학과

- 병원관리학과
- 보건복지행정학과
- 보건행정·헬스케어학부
- 의료보건행정학과

3 관련직업

- 병원경영전문가
- 병원행정사
- 보건 및 일반행정직 공무원
- 손해사정사

4 개설대학

- 건양대학교
- 고신대학교
- 남서울대학교
- 단국대학교
- 순천향대학교
- 신라대학교
- 연세대학교 원주캠퍼스
- 인제대학교
- 중부대학교
- 차의과대학교
- 청주대학교
- 초당대학교 등

5 학과 연계도서

2030 축의 전환
마우로 기옌(우진하 역) / 리더스북(2020)

저자는 인구와 경제의 변화가 기술의 발달에 어떤 영향을 미치며 그 반대의 경우는 어떤지에 관한 연구에서 가장 두각을 나타내고 있는 학자 중 한 명이다. 이 책은 앞으로 10년 후를 현재 진행되고 있는 변화의 물결이 응집해 폭발할 것으로 예측되는 시점으로 본다. 2030년에 세계가 결정적 임계점을 지날 것으로 예상하는 것이다. '출생률 감소와 인구 고령화는 앞으로 어떤 양상으로 진행될까?, 코로나19는 이 변화에 어떤 영향을 주었을까?, 디지털 시대에 태어난 MZ세대와 소비 집단인 실버 세대에는 어떤 기회가 숨어 있을까?' 등 인구, 사회, 경제, 기술 영역에서 새로운 부와 힘을 탄생시킬 8개의 커다란 변화의 물결은 지금과는 완전히 다른 세상을 펼쳐낼 것으로 전망하며 불확실한 미래를 헤쳐나갈 전략을 제시한다.

완벽한 보건의료제도를 찾아서
마크 브릿넬 (류정 역) / 청년의사(2016)

이 책은 보건의료 전문가이자 암 환자로서 자신이 경험하고 연구한 것을 토대로 세계 여러 국가의 보건의료 제도의 운용 현황과 세계 보건 의료계를 움직이는 구조적인 힘에 대해 통찰을 제시한다. 대륙별로 선정한 25개국은 전 세계 부의 80%를 차지하고, 전 세계 인구의 60%를 포함한다. 세계에서 차지하는 영향력이 절대적인 이 나라들의 보건의료 제도에 대해 살펴보는 것은 보건의료 정책에 관심 있는 의사들과 더 나은 보건의료를 지원하기를 원하는 보건 행정가들, 그리고 보건의료를 공부하는 학생들에게 큰 의미가 있다. 저자는 세계 어느 나라에도 완벽한 보건의료 제도는 존재하지 않기 때문에 어느 한 국가의 보건의료 제도를 그대로 가져올 수 없지만, 서로 배울 수 있다고 조언한다.

상자 밖에 있는 사람
아빈저연구소(서상태 역) / 위즈덤아카데미(2016)

이 책은 우리가 상자 밖으로 나올 때 진정한 소통이 이루어진다고 말한다. 친구, 가족, 직장 동료와의 관계는 만족감과 행복감을 주기도 하지만 고민과 좌절, 마음의 아픔, 절망의 감정을 가져다주기도 한다. 우리는 왜 관계를 진전시키는 데 방해되는 부정적인 감정과 생각에서 헤어나지 못하는 것일까? 이 책은 가족 관계, 동료 관계, 상사와 부하 관계, 고객과의 관계 그리고 노사관계 등 모든 문제의 근원은 사람에게 있다는 전제하에 그 해결책 역시 사람에게 있다는 철학으로 문제에 대한 근본적인 해결책을 제시한다. 책을 통해 리더십, 팀빌딩, 코칭, 조직문화 개발에 중요한 통찰을 기를 수 있으며 한국 사회 곳곳에서 대립을 넘어 소통하는 길을 제시한다.

병원 사람들을 위한 행복한 경영 이야기
김종혁 외 5인 / 김영사(2019)

국내 대형 병원은 수십 년간 양적 성장에 치중해 규모와 의료의 질적 수준에서는 세계적이다. 그러나 공급자 중심의 병원 진료 시스템에서 환자의 만족도는 여전히 낮다. 이 책은 대형 병원의 의사이자 보직자, 혁신 책임자, 병원 컨설턴트로서의 경험과 지식을 바탕으로 병원의 조직 운영, 전략 기획, 인사 업무, 성과 관리, 병원 문화에 이르기까지 병원의 전체적인 문제와 원인을 짚으며, 결국 병원의 미래는 사람에 있다는 결론에 이른다. 스스로 '왜 병원에서 일하는가?', '어떻게 하면 행복하게 일할 수 있을까?'를 질문하며 직업 정체성을 확립해야 한다고 말하며 의사와 직원 모두 헬스케어 산업의 주역이라는 자부심을 갖춰야 한다고 말한다.

1 인문계열

2 사회계열 · 보건행정학과

3 자연계열

4 공학계열

5 의약계열

6 예체능계열

7 교육계열

우리도 행복할 수 있을까
오현호 / 오마이북(2014)

'출근길 발걸음이 가볍습니까?', '1분 안에 떠오르는 걱정거리가 있습니까?', '학교에서 인생을 설계했습니까?' 이 질문에 우리는 무엇이라 답할 수 있을까? 이 책은 UN의 행복 지수 조사 1위 국가인 덴마크에서 행복 사회란 어떤 모습이고, 행복 사회는 무엇인지, 어떻게 해야 그런 사회를 만들 수 있는지 찾아본다. 저자는 단순히 훌륭한 복지제도가 해답이라고 생각하지 않았고, 자유·안정·평등·신뢰·이웃·환경을 행복한 교실과 일터, 사회를 만드는 중요한 6개의 가치로 제시하고 한국 사회가 나아갈 방향을 제시한다. 또한 이 책은 "다시 시작할 수 있다! 또 다른 길은 있다! 나의 변화로 출발하자! 자존감과 연대 의식으로 잃어버린 신뢰를 되찾을 때 행복 사회로 한 걸음 다가갈 수 있다!"라고 독자에게 전한다.

의료개혁, 누가 어떻게 할 것인가
건강복지정책연구원 / 청년의사(2017)

우리나라의 보건·의료체계는 여러 번 개정을 거쳐 국민의 건강관리에 큰 변화를 가져왔다. 그러나 1977년 도입된 사회의료보험제도의 큰 틀은 아직 유지되고 있다. 앞으로 우리나라의 보건·의료체계는 고령화라는 커다란 벽을 넘어서야 한다. 그렇기에 지금까지와는 다른 방향 설정이 필요하다. 이 책에서는 보장성 확대 정책이 우리나라의 의료공급체계와 건강보험제도, 요양 보험제도를 자칫 재정난의 위험에 빠뜨릴 수 있다고 경고한다. 공중보건사업의 개혁, 의료공급체의 개혁, 건강보험의 급여 확대와 재정관리, 공공병원의 정체성 확립 등 저자가 초안을 작성하면 두 명의 전문가가 비평하고, 이것을 반영하여 최종 원고를 작성하였다.

영원한 젊음
리카르도 콜레르(최유정 역) / 삼인(2015)

2021년 보건복지부 발표에 따르면 우리나라 국민의 기대 수명은 83.3년으로 경제협력개발기구(OECD) 국가 평균보다 2년 이상 긴 것으로 나타났다. 이는 10년 전보다 약 10년이 늘어난 수치다. 그러나 약 10년을 질병이나 부상으로 힘든 삶 산다는 것을 생각하면 기대 수명 증가가 꼭 행복한 것은 아니다. 그러나 에콰도르의 한 마을 빌카밤바의 노인들은 120세까지 스스로 자신의 삶에 책임을 지며 살아간다. 심지어 죽음을 맞이하는 순간까지도 그렇다. 이 책은 의사이자 병든 아버지를 보살피는 아들로서, 그리고 자신 또한 늙어가는 한 사람으로서, 유쾌하지만 가볍지만은 않은 시선으로 빌카밤바 사람들의 삶의 모습을 그려낸다.

아픔이 길이 되려면
김승섭 / 동아시아(2017)

저자는 사회역학자로서 차별 경험과 고용 불안과 같은 사회적 요인이 비정규직 노동자나 성 소수자와 같은 사회적 약자의 건강을 어떻게 해치는지 주로 연구한다. 저자는 '남아프리카공화국 콰줄라나탈 지역의 HIV 치료 약 무상 제공의 의미', 'IMF 구제 금융을 받지 않은 슬로베니아의 결핵 사망률 감소의 비밀', '2009년 쌍용차 해고노동자', '세월호 생존 학생 건강 연구' 등의 수많은 연구를 기반으로 "개인의 건강은 사회적 환경과 관계없이 진행되지 않는다"라고 하면서 "사회적 원인을 가진 질병은 사회적 해결책이 필요하다"라고 말한다. 그리고 우리 사회가 다 함께 건강하기 위해 무엇을 고민해야 하는지 방향에 대해 질문을 던진다.

질서 너머
조던 피터슨 (김한영 역) / 웅진지식하우스(2021)

이 책은 지나친 혼돈을 바로잡는 데 규칙이 중요하다는 점을 강조한 전작에서 한 걸음 더 나아가 과거의 틀을 벗어나 경직된 질서와 통제의 위험을 넘어설 때 우리 안에 내재한 변화의 힘과 창조의 가능성을 펼쳐낼 수 있다고 말한다. 이 책은 신경안정제 의존증에 걸렸던 저자가 극심한 고통 속에서도 절망하거나 포기하는 대신 희망을 품고 이겨내는 과정에서 완성했다. 그렇기에 그가 이야기하는 '12가지 인생의 법칙'은 더 진실하게 와 닿는다. 독자는 12가지 인생의 법칙을 읽어 가며 자신과 사회에 대한 두려움과 한계, 냉소를 깨고 자신의 가능성에 긍정의 시그널을 찾는 계기가 될 것이다.

빅데이터는 어떻게 마케팅의 무기가 되는가
윤미정 / 클라우드나인(2020)

가히 21세기는 데이터의 시대라고 할 수 있다. "데이터가 의미하는 본질은 고객의 마음과 변화. 빅데이터는 고객이 남긴 흔적이다." 4차 산업혁명 시대와 코로나19 팬데믹을 거치면서 빅데이터의 중요성은 날로 커지고 있다. 이 책은 삼성, 홈플러스, CJ 등 대기업에서 고객 중심의 마케팅을 펼쳐온 저자가 세계적 기업보다 빅데이터 활용을 제대로 하지 못하고 있는 우리나라 기업의 현실을 반영하여 어떻게 빅데이터를 활용하면 좋을지에 대한 경험과 노하우를 담고 있다. 1장은 성공적인 고객 경험이 지속적으로 성장 가능한 기업을 만드는 이유를 설명한다. 2장은 빅데이터에서 어떻게 고객의 행동과 관심사를 이해하고 활용하는지 설명한다. 3장은 빅데이터를 활용한 마케팅 전략을 소개하고, 4장에서는 성공적인 고객 경험을 만들어 내기 위한 실행 전략을 소개하며 독자의 실전 의지를 다진다.

자율활동 특기사항

학급 1인 1프로젝트 활동에서 '365일 건강 지킴이 프로젝트'를 주제로 정해 줄넘기하기, 규칙적으로 식사하기, 규칙적으로 잠자기, 휴대전화기 사용 시간 정해놓기 등의 계획을 세워 1년 동안 진행함. 프로젝트를 끝까지 진행했다는 것에 보람을 느꼈고 실제 건강해진 몸에 자부심을 느끼게 되었다는 소감을 발표함. 학급 릴레이 독서활동으로 **'질서 너머(조던 피터슨)'**를 읽고 경직된 틀을 깨는 방법은 '자신 안에 내재한 힘을 믿고 창조의 가능성을 믿는 것'이라고 소감을 발표함. 이후 '체인지 메이커 아이디어 제안'에서 학교 건물 곳곳에 조명이 꺼진 곳을 발견하고 안전사고 방지와 학교폭력 예방을 위해 조명 설치 및 조명 교체에 대한 아이디어를 제안함. 학교 공간에 개선이 필요한 것을 찾기 위해 직접 곳곳을 다니며 사진 촬영을 하고, 행정실 담당 직원에게 관련한 질문를 하는 등 적극적인 모습을 보임. 이 제안이 학교 공간 개선 사업으로 진행되어 큰 보람과 내적 성장의 계기가 됨.

동아리활동 특기사항

(공공행정연구반)(34시간) 동아리 부회장을 맡아 부장과 함께 동아리 발표회를 비롯하여 여러 활동을 기획하고 운영하는 데 열성적으로 참여함. 동아리 발표회를 진행하면서 방과 후에 전시 자료를 만들기로 했는데 한 학생이 갑자기 빠지게 되었지만, 불평 없이 자신이 맡아서 하겠다고 하는 등 솔선수범하는 모습을 보임. 공공기관 행정조직 탐구활동에서 교육행정 직제 분야를 맡아 학교 행정실을 방문하여 실장님과 면담하는 등 탐구활동에 적극성을 보임. 학교 행정구조와 교육청의 행정구조를 마인드맵으로 구현하여서 한눈에 볼 수 있도록 만들어 발표함. 학교는 학생을 중심으로 교육이 이루어지는 곳이지만 행정이 있어야 원활하게 진행될 수 있다면서, 행정은 '교육의 윤활유와 같은 존재'라며 그 중요성을 강조함. 관심분야 진로탐색을 진행한 독서활동에서 **'우리도 행복할 수 있을까(오현호)'**를 읽고 행복의 의미를 되새기는 계기가 되었으며, '행정'을 통해 행복한 복지사회에 기여하고 싶다는 다짐을 발표함.

진로활동 특기사항

나의 꿈 나의 이야기 발표하기에서 자신의 꿈 변천 과정을 진로성숙도의 요소별로 분석하여 발표함. 보건·의료 행정 분야에 관심이 있어 보건행정학과를 선택하여 학과 특성과 흥미와 적성, 교육과정, 개설대학 등을 알아보고, 고등학교 2학년과 3학년에서 어떤 과목을 듣는 것이 진학에 도움이 되는지 정리하여 발표함. 활동을 통해 보건행정학과를 졸업한 후 진출 분야를 알게 되었고, 학과 공부를 하는 데 논리적 사고력과 데이터 분석력도 필요하다는 사실을 배워 앞으로 진로를 준비하는 데 큰 도움이 되었다는 소감을 발표함. 진로연계 독서활동에서 **'병원 사람들을 위한 행복한 경영 이야기(김종혁 외)'**를 읽고 독서감상문을 작성함. 의료와 보건 행정의 궁극적인 목표는 환자의 의료 서비스 만족에 있다는 소감을 작성하고, '어떤 보건 행정가가 될 것인가?'에 대한 물음에 자신 있게 "환자의 복지가 최우선이다"라고 대답할 수 있는 사람이 되겠다는 다짐의 글을 작성함. 꿈 액자 만들기 활동에서 20년 후 대학병원 원무과에서 일하고 있는 모습을 상상하여 표현함. '사람을 먼저 생각하고 서비스 정신이 투철한 ○○○'라는 명함 문구도 만들어 직업의식을 고취함. 학습코칭 진로캠프에 참여하여 진로 목표에 따른 과목 선택 방법과 성격에 따른 공부 방법, 교과별 공부 방법을 배우고 메타 구조화에 대한 정보를 꼼꼼하게 기록하며 진로와 학업 목표 달성을 위한 의지를 다짐.

교과 세부능력 및 특기사항

확률과 통계

생활 속 확률과 통계 찾기 활동에서 '벤포드의 법칙' 적용 사례를 찾아 발표함. 전기요금 고지서, 도로명 주소, 주식 가격, 주택 가격, 인구수, 사망률, 강의 길이, 물리 상수 등 다양한 데이터에 등장하는 수들이 벤포드의 법칙을 따른다는 사실을 알게 됨. 특히 벤포드의 법칙이 회계 감사 등에 활용된다는 것을 알고 수치 해석의 숨은 의미 발견의 즐거움을 알게 되었다는 소감을 발표함. 교과연계 독서활동으로 **'빅데이터는 어떻게 마케팅의 무기가 되는가(윤미정)'**를 읽고 소감을 발표함. 미래 자원인 빅데이터를 어떻게 고객 마케팅을 위해 활용하는지 세계적인 기업을 통해 알게 되었으며, 통계 분야에 관심과 흥미를 더 갖게 된 계기가 됨. 주제 발표 시간에는 디지털 데이터 산업이 커지면서 자신도 모르는 사이에 개인 정보가 팔려나가는 현실을 사례로 조사하였으며, 이에 대한 문제가 큰 만큼 개인 정보 보호 정책이 지금보다 촘촘하게 정비되어야 한다고 주장함.

생명과학 I

백신의 작용 원리를 항원 항체 반응과 관련하여 이해하고 모둠활동으로 백신 적용 사례를 조사하여 발표함. 'COVID-19 백신 작용 원리'를 주제로 미국에서 사용이 승인 또는 허가되었거나 대규모(3상) 임상 시험을 진행 중인 백신으로 mRNA 백신, 단백질 서브 유닛 백신, 벡터 백신 3가지의 작용 원리를 정리하여 발표함. 백신의 작용 원리와 함께 백신 부작용에 대한 가짜 뉴스를 정리하여 백신 효과와 관련한 통계 자료를 근거로 COVID-19 백신을 접종하는 것이 감염을 예방하고 주변 사람을 보호하는 데 도움이 된다는 보고서를 논리적으로 작성함. 관심분야 발표활동에서 **'완벽한 보건의료 제도를 찾아서(마크 브릿넬)'**를 읽고 '아시아 한·중·일 3국의 보건의료 제도 비교 분석'이라는 제목으로 보고서를 작성함. 책 속에 제시된 한·중·일 3국의 보건의료 제도를 도식화하여 비교 분석하고 더 나은 보건의료 시스템 구축을 위해서 각국의 제도를 살펴보는 것이 중요함을 배움.

행동특성 및 종합의견

평소 차분한 성격으로 묵묵히 맡은 일에 책임을 다하는 학생임. 1인 1역할에서 오전 수업 전과 급식 전 코로나19 발열 체크 담당을 맡아 한 번도 빠지지 않고 성실히 수행함. 보건·의료 분야 진로에 관심이 많아 보건동아리 활동에 참여하여 코로나19 감염 예방을 위한 캠페인 활동을 주기적으로 하며, 보건소식지 관리를 담당하여 관련 자료에 형광펜으로 표시하여 학급 게시판에 게시할 정도로 꼼꼼함. 꾸준히 독서활동을 하고 있으며 특히 **'상자 밖에 있는 사람(아빈저연구소)'**, **'영원한 젊음(리카르도 콜레르)'**, **'아픔이 길이 되려면(김승섭)'** 등 인간관계, 리더십, 행복, 삶의 의미, 차별과 편견을 다룬 다양한 분야의 독서를 통해 인문학적 소양을 갖추기 위해 노력하는 학생임. 학교체육한마당에서 단체줄넘기, 파도타기 등 학급 전체가 참여하는 경기에 적극적으로 참여하고 협동심을 보임. 어려움이 있어도 쉽게 포기하지 않는 끈기가 있어 앞으로 큰 성장이 기대되는 학생임.

10 ▶▶ 부동산학과

1 학과 인재상

국토의 지속 가능한
균형 발전에
관심이 많은 학생

도시의 성장과
균형 발전에
관심이 많은 학생

적극적이고 활동적인
리더십을 갖춘 학생

부동산에 관심이 많고
학문적으로 탐구하고 싶은 학생

사회문제에 관심이 많고
종합적으로 사고하고 판단하는
능력이 있는 학생

2 유사학과

- 국제도시부동산학과
- 금융부동산학과
- 도시계획·부동산학과
- 회계세무부동산학과

3 관련직업

- 감정평가사
- 도시계획가
- 부동산자산관리사
- 부동산중개인
- 부동산컨설턴트

4 개설대학

- 강원대학교
- 건국대학교
- 공주대학교
- 대구가톨릭대학교
- 명지대학교
- 상지대학교
- 세명대학교
- 영산대학교
- 중앙대학교
- 평택대학교
- 한밭대학교 등

토지의 경제학
전강수 / 돌베개(2012)

소신 있는 부동산 전문가이자 토지경제학자인 저자가 우리의 부동산 문제를 고찰하고 역대 잘못된 부동산 정책들을 비판하여 향후 해법을 제시하는 책이다. 그는 지금까지 전 세계의 경제학의 도서들이 토지를 소홀히 다룬 점을 비판하면서 부동산 문제를 토지의 중요성과 특수성을 토대로 생각하고 있다. 헨리 조지의 토지공개념 사상에서 발전한 시장친화적 토지공개념을 주장한다. 토지공개념이란 애초 아무도 만들지 않았고 비용이 지불되지 않은 토지에 대해 모든 사람은 평등한 권리를 누리도록 해야 한다는 것이다. 이 책은 부동산 문제를 일반인들의 의식과 고통을 현실적으로 그려냄으로써 경제학이 우리 실생활과 밀접하다는 것을 보여준다.

부동산 쫌 아는 10대
오승현 / 풀빛(2021)

영끌, 빚투, 부동산 거품, 젠트리피케이션의 해결책은? 지옥고(반지하+옥탑방+고시원), 주거 빈곤은 뭐지? 토지는 개인의 것인가? 아니면 공공의 것인가? 언론을 통해 대한민국에 부는 부동산 광풍을 접하긴 하였지만, 청소년에게 여간 어려운 문제가 아니다. 이 책은 청소년의 눈높이에 맞춰 부동산의 개념과 인간에게 땅과 집이 어떤 의미가 있는지, 재산으로 축적될 때 어떻게 인권의 문제와 연결되는지 등을 친절하게 설명한다. 책의 내용을 따라가다 보면 어느덧 부동산을 어떤 관점으로 볼 것인가를 고민하는 자신을 발견하게 된다. 이 책을 통해 독서와 사회적 문제를 주제로 토론할 수 있을 것이다.

앞으로 10년, 대한민국 부동산
김장섭 / 트러스트북스(2019)

이 책은 2019~2029년 부동산에 불어 닥칠 최악의 시나리오를 생각해 보게 한다. 궁금해하는 예상 질문과 대답 형식으로 제시되어 있다. '3기 신도시는 서울의 수요를 대체할 수 있을까?', '재개발, 리모델링이 가능한 곳과 불가능한 곳은?', '나이 80세에 집값이 내려가 담보가치가 하락한 만큼 은행에서 원금상환을 하라고 한다면 어떻게 할 것인가?', 25층 아파트가 재건축되지 않으면 어떻게 되나?', '대한민국에 불어닥친 인구 고령화는 부동산에 어떤 변수로 작용할 것인가?', '최악과 최상의 시나리오에서 모두 살아남을 바로 그곳은 어디인가?' 등의 내용을 확인할 수 있다.

부동산, 설계된 절망
리처드 로드스타인 (김병순 역) / 갈라파고스(2022)

저자는 미 경제정책연구소 연구원이자 정책 전문가로 미국 사회의 분열 이유의 핵심을 부동산이라고 말한다. 주거지와 주택 소유 여부에 따라 일자리, 세금과 소득 공제, 대출 승인 여부, 학군과 교육, 고속도로와 대중교통 노선까지 의도적이고 차별적인 정책이 있다. 우리나라는 다를까? 이 책은 부동산 선거로 불리는 대통령 선거부터 개발 구역 선정과 개발 지원금, 도로와 공공서비스 확충, 주택담보대출 보증과 세액공제에 이르기까지 국민 개개인의 욕망 추구라는 환상 뒤에 숨어 온 '국가' 즉, '중립적인 체하는 정부'가 어떻게 차별적 주거 시장을 만들어 왔으며 불공정과 불평등을 강화해 왔는지 말하고자 한다.

1 인문계열

2 사회계열 · 부동산학과

3 자연계열

4 공학계열

5 의약계열

6 예체능계열

7 교육계열

부유한 노예
로버트 라이시 (오성호 역) / 김영사(2001)

이 책의 저자인 로버트 라이시는 클린턴 행정부 노동부 장관을 역임하고 오바마 대통령 경제자문위원이었다. 그는 미국의 신경제를 주도한 인물이다. 신경제란 미국 경제가 수년에 걸쳐 지속적 호황 국면을 맞이하면서 생겨난 개념이다. 이러한 경제 구조변화는 기술 혁신으로 인터넷 주도 시장이 오면서 각 구매자의 요구에 맞게 유리한 조건과 기회를 제공하게 되었다. 그러나 우리는 구매자이기만 하지 않고 판매자, 생산자이기도 하다는 문제가 있다. 생계를 위해 더 좋고 더 좋은 서비스를 위해 더 많은 시간을 일한다. 이러한 신경제가 모두에게 만족스러운 삶이 될 수 있는가? 라이시는 우리가 진정 원하는 것이 무엇인지 다시 한번 생각해 보아야 한다고 말하고 있다.

감정평가사 어떻게 되었을까?
캠퍼스멘토 / 캠퍼스멘토(2022)

이 책은 감정평가사의 전반적인 직업 특성과 현황에 대한 설명과 현직 전문가 6인의 인터뷰로 구성되어있다. 감정평가사 6인의 이야기는 각기 다른 진로 여정에서 어떻게 감정평가사를 하게 되었는지 생생하게 기록하고 있다. 통찰력, 전문성, 균형, 공감 능력, 사람 간의 신뢰를 신조로 각자의 자리에서 업무를 수행하는 감정평가사들의 이야기를 통해 이 직업을 준비하는 사람에게 동기를 부여하고 목표 의식을 심어줄 것이다.

대한민국 부동산 부의 역사
이상우, 유성운 / 포레스트북스(2022)

'과거에도 한양에 집을 사기 힘들었을까?', '한양은 왜 조선의 8학군으로 자리 잡았을까?' 이 책은 과거와 현재를 오가며 부동산의 가치를 결정짓는 불변의 요인을 역사적 사실을 근거로 현재의 이야기로 풀어낸다. 이것이 가능한 까닭은 입지 전문가와 역사 서술가의 뜻밖의 만남에 있다. 교육 환경, 직주근접, 교통 호재, 자연환경, 도시계획의 다섯 가지 입지 키워드를 중심으로 과거와 현재를 오가며 마치 장단을 맞추듯 주고받는다. 책을 읽다 보면 사람 사는 것이 예나 지금이나 크게 다르지 않다는 것을 생각하게 된다. 돈과 사람이 몰리는 최고의 입지, 부의 거점을 알아보는 안목을 키우는 계기를 제공해준다.

리씽킹 서울
김경민, 박재민 / 서해문집(2013)

대규모 철거 후 재개발로 아파트 공화국이 되어버린 서울은 그동안의 역사와 문화는 모두 사라지고 여러 도시개발의 문제점을 남기고 있다. 저자는 용산국제업무지구 개발의 실패를 예측했던 서울대학교 환경대학원 교수로 대규모 철거 후 재개발이 아닌 작은 개발, 착한 개발, 공정한 개발을 꿈꾼다. 저소득층 밀집 지역에서 개발과 보존의 균형을 이뤄 발전한 상하이시의 티엔즈팡, 도살장 밀집 지역에서 뉴욕의 패션 중심지로 변신한 미트패킹 지구처럼 외국의 성공적인 사례를 제시하고 있다. 저자는 서울의 가장 오래된 한옥 밀집 지역인 익선동, 가리봉동 구로공단 쪽방촌, 창신동 봉제공장의 보존과 개발의 가능성에 집중해야 한다고 말하고 있다.

부동산 상식 사전
백영록 / 길벗(2022)

우리는 살면서 집을 마련하거나 투자를 위한 수단으로 부동산 거래를 하게 된다. 전 재산이 될 수도 있을 만큼 부동산 거래는 큰돈이 오고 간다. 그러나 부동산에서 계약서를 쓰고 나오면 어려운 용어부터 뭔가 찝찝함을 느낀다. 이 책은 전·월세 및 매매 그리고 경매까지 모든 부동산 거래에 대한 정보를 제공한다. 각 거래별 예시를 통해 쉽게 이해할 수 있도록 설명하고 부족한 부분은 QR코드를 삽입하여 보충하고 있다. 2022년 부동산 정책과 개정 세법 등 최신 정보로 개정된 이 책은 부동산 정책, 법령, 세법, 시장 분위기를 모두 포함한다. 이 책을 통해 부동산에 대한 정확한 지식과 이해로 소중한 재산을 지킬 수 있을 것이다.

부동산 디벨로퍼의 사고법
피터 헨디 브라운(김인아 역) / 차밍시티(2021)

부동산 디벨로퍼란 단순히 건물을 짓는 사람이 아니라 기업가 정신을 갖고 우리가 사는 도시를 만들어 가는 사람들이다. 그로 인해 우리가 사는 도시가 지역을 개선하고 그곳의 사람들에게 이로운 가치를 만들어 낼 수도 있고, 오직 수익만을 추구해서 도시 경관을 망칠 수도 있다. 저자는 30년 이상의 디벨로퍼 경력을 지닌 피터 헨티 브라운으로 부동산 개발사업에 종사하는 전문가 100명 이상과 인터뷰하여 우리가 사는 도시가 어떻게 만들어지는지 알려준다. 도시에 사는 모든 사람이 디벨로퍼를 온전히 이해하고 소통한다면 우리가 사는 지역이 더욱 좋아질 수 있고, 일상은 더욱 풍요로워질 수 있다고 말한다.

부동산학과 독서탐구활동 활용사례

자율활동 특기사항

학급 특색 프로그램 '지식 나눔 – 나누면 배가 된다'에서 1학기에는 자신의 관심 분야인 부동산 관련 이슈를 정리하여 학급에 게시함. 부동산 계약, 전세·월세, 최근 부동산 정책을 질문과 답변 형식으로 제작하여 학생들이 이해하기 쉽게 제작함. 2학기에는 부동산 문제에 관심을 두고 **'부동산, 설계된 절망(리처드 로드스타인)'**에서 다룬 부동산을 둘러싼 미국 사회의 분열상을 우리나라의 현실과 함께 비교하여 마인드맵으로 표현함. 부동산으로 인해 생기는 사회적 불평등과 갈등을 도서와 뉴스 자료를 스크랩하여 제시하였으며, 부동산의 공공성 강화를 위한 정부의 일관된 정책 시행이 필요하다고 주장함. 예술 누림 콘서트에 참여하여 평소 갈고닦았던 노래 실력을 유감없이 발휘함. 방과 후 교실에 남아 콘서트를 준비하였으며 총연습 때에는 다른 학생이 발표하는 차례에도 함께 호응하며 즐기는 모습이 돋보임. 학급 활동에도 활동적이고 적극적인 성격으로 매사에 협조적인 모습을 보임.

동아리활동 특기사항

(미래도시계획탐구반)(34시간) 초대 동아리 부장으로 도시 공학과 부동산 분야에 관심이 있는 학생을 모아 동아리를 조직하는 데 크게 이바지함. 동아리 활동에 도움을 줄 수 있는 선배가 없어 활동 계획을 작성하거나 동아리 발표 대회에 자료 제작을 하는 데 많은 어려움이 있었지만, 지도교사에게 도움을 요청하거나 주변에 자문하는 등 열성적으로 노력하여 1년 동안 조직을 안정적으로 이끌어 옴. 우리나라 도시의 발달을 주제로 독서활동을 기획하여 진행함. **'리씽킹 서울(김경민, 박재민)'**을 선정하여 모둠에서 한 단원씩 같이 읽으며 읽은 내용에 관한 생각을 공유하고 활동지를 작성함. 모둠별로 읽은 책의 내용과 소감을 정리하여 부원 전체가 공유하는 시간을 가짐. 책을 읽고 공유하는 시간을 통해 도시개발의 방향성에 대해 생각하는 계기가 되었으며, 무분별한 개발은 도시의 미관을 해칠 뿐만 아니라 역사를 잃게 할 수도 있다고 자신의 생각을 발표함.

진로활동 특기사항

'나 광고' 만들기 활동에서 자신을 홍보하는 광고를 만들어 발표함. 신도시 계획 지도를 앞에 두고 설명하는 모습으로 부동산 컨설팅을 하는 자신의 모습을 상상하여 나타냄. 앞으로 부동산 관련 분야에서 자신의 꿈을 펼치고 싶다는 포부를 담아 발표함. 자신의 강점과 약점을 파악하고 보완점 찾기에서 끈기가 부족한 점을 가장 큰 약점으로 선정하여 작은 것부터 끝까지 완수해 보겠다는 다짐을 작성함. 자신에 대해 잘 파악하고 있으며 약점을 바라보는 관점도 노력하면 바뀔 수 있다는 긍정적인 사고를 하고 있음. 자신의 관심 분야에 대한 주제 탐구활동에서 '자신이 거주하는 지역의 30년 전과 오늘'을 주제로 도시의 변화된 모습을 사진으로 제시하였으며, 인구의 변화와 주거의 변화를 비교하여 나타냄. 도시화로 인한 변화를 도시화 전후로 비교하여 나타냄으로 비교 효과를 높였음. 또한 자료를 준비하기 위해 시청 홈페이지에서 지역 변천 상황을 조사하는 등 적극적인 노력을 보임. 진로탐색 독서활동으로 **'앞으로 10년, 대한민국 부동산(김장섭)'**을 읽고 감상문을 작성함. 책을 통해 우리나라 부동산 시장의 미래를 합리적으로 예측하는 요소가 무엇인지 알게 되었으며 부동산을 어떻게 바라봐야 하는지 자신만의 생각을 다듬는 계기가 됨.

교과 세부능력 및 특기사항

한국지리

평소 사회문제에 관심이 많고 관련 활동에 적극적이며 주제에 관한 자기 생각을 잘 발표하는 학생임. 우리나라의 위치와 영역의 특성을 주제로 한 주제 탐구활동에서 독도 주권 및 동해 표기가 갖는 의미와 중요성을 정리하여 발표함. 일본이 독도에 대한 도발을 지속해서 하는 이유로 일본 내의 정치적 목적에 있음을 지적하고, 일본이 주장하는 독도 영유의 근거에 대해 반박하는 자료를 수집하여 보고서로 작성함. 관심 분야에 대한 독서 토론 활동에서 **'토지의 경제학(전강수)'**을 읽고 토지의 공적 가치에 대한 자기 생각을 논리적으로 주장함. 우리나라에서 지속되어 온 부동산 문제를 지적하고 저자의 토지공개념의 논의 필요성에 대해 찬성한다는 의견을 피력하며 자신의 소신을 밝힘. 부동산 전문가가 되기 위해 노력을 게을리하지 않는 학생으로 부동산의 공공성에 관심을 두고 해당 분야에서 일하고 싶다는 소망을 얘기함.

사회문제탐구

사회의 작동 원리와 구조에 관심이 많으며 관련 분야 독서와 시사 뉴스 시청을 즐겨 사회적 인식이 높은 학생임. 일상생활에서 경험하는 사회문제를 탐구 주제로 선정하여 해결방안을 도출하는 모둠활동에서 '정부의 부동산 정책이 부동산 시장에 주는 시그널 연구'라는 주제로 활동을 진행함. 탐구 주제 진행을 위해 현 정부에서 발표한 부동산 정책과 정책에 대한 부동산 시장 가격의 변화를 스크랩하여 비교 분석하는 자료를 제출함. 부동산 정책과 부동산 시장 가격의 변동 추이를 연계하여 해석하는 과정이 쉽지 않았음에도 국토교통부 가격 거래 정보와 뉴스를 스크랩하는 등 최선의 노력을 기울인 열의가 돋보임. 진로관련 독서활동으로 **'부동산 디벨로퍼의 사고법(피터 헨디 브라운)'**을 읽고 자신도 도시 생태계를 만드는 주역이 될 수 있다는 사실에 자극을 받고 앞으로 도시개발이 부정적 인식에서 탈피할 수 있도록 노력하는 사람이 되고 싶다는 소감을 발표함.

행동특성 및 종합의견

사회문제에 관심이 많아서 사회계열 과목에 뚜렷한 학업적 성과를 보이며 관련 교과 선생님께도 좋은 평가를 받는 학생임. 부동산 분야에서 자신의 꿈을 찾고 있는 학생으로 아직 명확한 꿈을 정하지 못했지만, 독서탐구활동이나 과제연구활동에서 꾸준히 관심 분야 탐구를 하고 있어 해당 분야 전문가로 우뚝 설 모습이 기대됨. 부동산의 공공적 가치와 활용에 관심이 많은 학생으로 **'토지의 경제학(전강수)'**, **'리씽킹 서울(김경민, 박재민)'**을 읽고 부동산에 대한 자신만의 가치관을 형성하게 되었다고 함. 또한 **'부동산 쫌 아는 10대(오승현)'**, **'부동산 상식 사전(백영록)'**을 읽으며 부동산 분야에 대한 진로와 지식을 확인하는 계기가 되었다고 함. 학급 1인 1역할에 분리수거 담당자로 참여하여 성실하게 수행하는 모습을 보임. '스포츠클럽 데이'에 축구 선수로 출전하면서 팀 구성에 어려움이 있었지만, 적극적으로 나서서 친구들을 설득하고 늦은 시간까지 남아 응원 도구를 제작하는 등 성실한 모습을 보임.

11 ▶▶ 사회복지학과

1 학과 인재상

사회·심리·가족 등에 관심이 많고 공공의 가치를 실천하고 싶은 학생

이타심을 가지고 사회에 봉사 및 실천 의지가 있는 학생

공동체 발전과 사회적 연대를 중요하게 생각하는 학생

사회문제에 관심이 많고 평등한 사회 구현을 위해 진취적인 사고를 하는 학생

도움이 필요한 사람을 돕는 일을 좋아하고 봉사 활동 경험이 많은 학생

2 유사학과

- 가족복지학과
- 복지경영학과
- 사회복지상담학과
- 사회복지행정학과
- 임상사회복지전공

3 관련직업

- 복지행정가
- 사회단체활동가
- 사회복지사
- 상담전문가
- 주거복지사

4 개설대학

- 가톨릭대학교
- 강남대학교
- 강릉원주대학교
- 경북대학교
- 광주여자대학교
- 대전대학교
- 덕성여자대학교
- 동명대학교
- 동의대학교
- 루터대학교
- 부산대학교
- 삼육대학교
- 서원대학교
- 성결대학교
- 성균관대학교
- 울산대학교
- 인천대학교
- 인하대학교
- 조선대학교
- 충남대학교
- 한림대학교 등

사회복지사를 꿈꾸는 그대에게
이홍직 / 신정(2013)

이 책은 사회복지를 현장에서 실천하고 있는 담당자 31인의 이야기이다. 분야별로 자신의 담당 업무와 역할을 소개하고, 사회복지 전반과 직무와 관련된 자신의 경력과 업무에 도움이 된 교육과정 등을 안내한다. 그리고 실무자로 일하면서 느끼게 된 바람직한 사회복지 상을 말하며 사회복지사를 준비하는 사람들에게 어떤 준비를 해야 할지 도움을 준다. 이 책은 '청소년복지', '학교사회사업', '노인복지', '장애인복지', '정신보건사회복지', '산업복지', '여성복지', '교정복지', '가족복지', '종합복지관', '재단', '이익단체·공공부문', '문화복지' 13개의 사회복지 분야로 구분하여 제시한다. 사회복지사의 다양한 활동 영역을 제시하여 진로를 탐색하거나 전공 선택을 하는 데 필요한 정보와 방향을 제시한다.

사회복지사가 말하는 사회복지사
김세진 외 21인 / 부키(2013)

진보와 보수를 막론하고 복지가 시대의 화두로 자리 잡아 정부의 복지에 대한 지출은 급증했고, 더불어 '사회복지사'에 대한 직업적 관심도 증가했다. 그러나 연이은 사회복지사의 자살 뉴스는 사회복지사를 준비하는 사람뿐만 아니라 일반 국민에게도 충격으로 다가온다. 대학교에는 사회복지 관련 학과가 계속 생겨나고 '사회복지사' 자격증 취득 광고도 넘쳐나고 있는데, 과연 '사회복지사'의 장래는 밝기만 할까? 이 책은 좌충우돌하는 신임 사회복지사부터 주민센터, 종합사회복지관, 지역아동센터, 복지재단 등 다양한 분야에서 활동하는 사회복지사들의 현장 체험기이다. 사회복지사의 열정과 기쁨, 어려움 등을 통해 현장의 솔직한 이야기를 들을 수 있다.

사회를 보는 새로운 눈
강명숙 외 14인 / 한울(2021)

교육 문제, 경제 양극화 문제, 사회 불평등 문제 등 사회의 다양한 문제는 직·간접적으로 연결되어 있다. 또한 지식과 정보의 속도는 빠르고 양이 많아서 조금만 지나도 낡은 지식이 된다. 이 책은 '변화 속에서도 변하지 않는 핵심은 없을까?', '기득권과 자본이 가진 문제와 모순에 의문의 돌을 던져야 하지 않을까?'의 문제의식으로 15명의 저자가 각자의 전문 분야에 대해 날카롭게 서술한다. 저자는 독자를 대학위기, 국가위기, 사회위기, 기후위기 등 다양한 문제 상황에 올려놓는다. 독자 스스로 의문을 품고 어떤 방향으로 나아가야 할지 필요한 길을 찾아보도록 제안한다.

송곳
최규석 / 창비(2017)

이 책은 한국사회의 가장 큰 문제 중 하나인 노동인권 문제를 전면에 내세워 날카로운 시선으로 그려냈을 뿐만 아니라 대중적인 재미를 끌어낸 작품이다. 이 책은 대형할인점을 배경으로 부당해고 지시를 받은 주인공 이수인과 노동운동가 구고신이 평범하고 성실히 일하는 직원들이 자신의 권리를 깨닫게 일깨우고, 부당함에 맞서 함께 투쟁하는 과정을 현실적으로 그려낸다. 현실성에 기반한 스토리텔링은 노동 문제뿐만 아니라 인권 문제를 생각하는 깊은 울림을 준다.

사회복지사 어떻게 되었을까?
캠퍼스멘토 / 캠퍼스멘토(2022)

직업에 대한 정보와 함께 그 분야에 종사하는 사람들의 생생한 이야기를 들을 수 있다면 그보다 더 좋은 진로 탐색이 없다. 이 책은 직업에 관한 정보와 소개로 이루어진 '직업 스토리', 6인의 현직 사회복지사의 다양한 커리어패스를 바탕으로 꿈을 가지게 된 계기부터 이루게 되는 과정을 담은 '직업인 인터뷰', 직업에 한발 다가서도록 징검다리가 되는 '직업 콘텐츠'로 구성되어 있다. 이 책은 진로를 탐색하는 청소년에게 직업에 대한 정보를 제공하는 친절한 안내서이다. 실제 직업인의 생생한 직업 이야기와 인생 이야기를 읽으며 어떤 사회복지사가 되고 싶은지 마음에 그려보는 계기를 가질 수 있다.

도덕적 인간과 비도덕적 사회
라인홀드 니버(이한우 역) / 문예출판사(2000)

인간이 합리성을 갖추면 집단적 이기심을 절제할 수 있을까? 인간의 양심에 호소하면 사회적 모순을 해결할 수 있을까? 한 개인으로서 인간은 자신의 희생을 감수하면서 타인의 이익을 고려할 수 있다는 점에서 도덕적이다. 그러나 개인을 넘어 사회적 집단 간의 문제로 확장하면 힘의 역학관계에 따라 집단적 이기주의자로 변모한다. 개인과 집단의 행동 양태를 분석한 이러한 주장은 이성적으로 역사를 발전시킬 수 있다는 당시 미국 지식인들의 의식에 큰 영향을 끼쳤다. 저자는 특권계급의 사회적 부정의는 조정이나 타협이 어려우며, 이를 조정하기 위해 강력을 동원하면 부정적 악순환이 반복된다고 말한다. 따라서 개인의 도덕과 사회-정치적 정의가 양립하는 방향에서 해결 방안이 모색되어야 한다고 방향을 제시한다.

불평등 한국, 복지국가를 꿈꾸다
이정우 외 / 후마니타스(2015)

우리나라의 원룸, 다세대 주택 등에서 임대 형태가 전세에서 빠르게 월세로 전환되고 있다. 마이너스 금리 시대에 가난으로 인해 고금리를 물어야만 한다. 생산성의 향상으로 기업의 이익은 증대되어도 고용 없는 성장이 지속되고 있다. 이른바 낙수효과를 기대하기 어려운 실정이다. 이 책은 우리 사회가 점점 더 불평등해지는 이유를 사회 구조적인 관점에서 메커니즘의 작동 효과에 의한 것은 아닌지 의구심을 표한다. 책의 구성은 3부로 되어 있다. 1부는 한국 사회의 불평등 문제를 진단한다. 2부에서는 불평등을 해소할 방안을 제안한다. 3부에서는 이정우 교수와의 대담을 통해 불평등 문제를 심도 있게 살펴본다.

왜 우리는 불평등한가-쉽게 읽는 피케티 경제학
이정우 / EBS BOOKS(2021)

저자는 공정과 평등한 사회를 구현하기 위해 경제를 공부하는 대표적인 경제학자이다. 이 책은 '한국 사회의 불평등은 불가피한 것일까?'에 대해 '그렇지 않다'라는 답변을 피케티에게서 찾는다. 피케티가 전하는 불평등의 역사와 전 세계적 불평등과 불평등을 극복하는 방안에 대해 상세히 설명하고 있다. 저자는 여기에 그치지 않고 우리나라의 불평등과 불공정을 정면으로 마주하고, 정의로운 사회로의 전환은 가능하다고 말하며 해결방안을 제시한다. 특히 부동산으로 인한 자산 불평등의 심각성을 지적하며 부동산 불로소득을 막고, 대기업의 불공정 행위 근절, 복지 강화, 비정규직 차별 해소를 위해 적극적으로 나설 때 지속 가능한 성장을 이룩할 수 있다고 주장한다.

복지국가의 철학
신정완 / 인간과복지(2014)

복지 정책을 펼치는 데 있어 대두되는 문제가 있다. '보편적 복지인가, 선별적 복지인가?', '누가 우선 지원 대상자인가?' 등은 지원도 하기 전에 논쟁을 넘어 사회적 갈등을 유발하는 요인이 되기도 한다. 이 책은 왜 복지국가인가에 대한 가치를 담고 있다. 복지국가 문제를 철학적 차원에서 논의한다는 점에서 우리 사회의 복지국가 담론을 탄탄히 채워 준다. 복지국가의 가장 핵심적 가치를 '분배적 정의'로 보고 이 관점에서 다양한 철학 사조를 탐색하여 복지에 대한 철학적 인식의 부족을 채운다. 그리고 정의, 자유, 평등, 연대, 복지 등 주요 사회적 가치와 복지국가가 어떤 관계에 있는지 확인할 수 있다.

휠체어 탄 소녀를 위한 동화는 없다
어맨다 레덕(김소정 역) / 을유문화사(2021)

어릴 때 접한 세계는 개인의 자아뿐만 아니라 집단의 의식 형성에 큰 영향을 준다. 이 책에서는 고전 동화나 디즈니 만화 영화와 최신 드라마까지 그 안에 담긴 장애에 대한 편견을 예리한 시선으로 파고든다. 동화 속 공주는 우아하고 아름다우며, 설령 장애가 있다고 해도 그것은 극복의 대상이며 극적 결말로 치유가 된다. 우리가 몰랐던 많은 이야기에서 장애에 대한 편견이 쌓이고 누군가를 소외시키는 결과를 초래하지 않았는지 되돌아보게 한다. 책 속에는 뇌성마비 장애인으로 살아온 저자의 이야기가 동화의 이야기와 함께 대비되며 펼쳐져 있다. 무의식 속에 자리 잡았던 차별과 소외의 고리를 끊고 우리 사회가 함께 만들어야 할 세상이 무엇인지 질문을 던진다.

사회복지학과 독서탐구활동 활용사례

자율활동 특기사항

학생자치회 학생복지부 부장으로 학생의 복지 문제에 관심을 두고 다양한 활동을 진행함. 전교 학생을 대상으로 학생 복지 설문조사를 하여 '쉴 수 있는 공간 확충'과 '화장실 휴지 비치'를 우선 복지 향상 문제로 정하고 학생자치 회의를 통해 공식적으로 건의를 함. 학생들의 관점에서 문제점을 찾거나 의사결정과정에 공식적 절차를 따르는 등 민주적 의사결정과정을 몸소 체험함. 학급 창의 주제 활동으로 친구의 수호천사가 되어 주는 '마니토'를 주관하여 한 학기 동안 모든 학생이 활동에서 소외되지 않도록 하였으며 덕분에 친구 간 우애가 돈독해지는 계기가 됨. 내 인생의 책 나눔 활동에서 **'사회를 보는 새로운 눈(강명숙 외)'**을 선정하여 발표함. 책을 통해 사회를 이해하는 새로운 시각을 갖게 되었으며, 우리 사회는 다양한 상황에 놓여 있는 사람이 함께 살고 있으며 서로의 관점도 다양하다는 것을 깨달음. 이러한 문제를 풀기 위해서 어떤 일을 할 수 있는지 고민하는 계기가 되었다는 발표를 함.

동아리활동 특기사항

(인문사회독서연구반)(34시간) 동아리 부장으로 동아리 연간 활동 계획을 미리 작성해서 지도교사와 운영 계획을 상의할 정도로 계획성과 준비성이 철저함. 실제 동아리 활동에서는 부원의 관심사가 반영될 수 있도록 융통성을 발휘하여 운영하는 모습을 보임. '한국 사회의 불평등 구조 분석'을 주제로 **'불평등 한국, 복지국가를 꿈꾸다(이정우 외)'**와 **'왜 우리는 불평등한가-쉽게 읽는 피케티 경제학(이정우)'**을 읽고 내용을 분석함. 한국 사회의 다양한 불평등 구조의 원인을 알게 되었으며, 사회복지와 경제적 관점에서 해결방안을 알 수 있는 계기가 되었다고 발표함. **'도덕적 인간과 비도덕적 사회(라인홀드 니버)'**를 읽고 '도덕적 인간이 언제 집단적 이기주의자가 되는가?'를 주제로 발표함. 사회적 논쟁이 되었던 뉴스나 우리 생활 주변에서 있었던 사례를 조사하여 정리하고, 다양한 사례를 이해하기 쉽게 시각적 자료로 제작함. 사례 발표를 통해 인간의 행동적 특성을 더 이해하는 계기가 되었다고 발표함.

진로활동 특기사항

사회복지 분야에 관심이 많아 학급에 도움이 필요한 학생에게 먼저 손을 내밀어 주는 마음 따뜻한 학생임. 우연히 접한 텔레비전 프로그램에서 아픈 사람을 위해 의술을 펼치는 신부님 이야기에 감명받아 누군가에게 도움을 주는 일을 하고 싶다는 꿈을 가지게 됨. 사회적 역량개발 활동에서 가족, 친구, 동료와의 관계에서 의사소통이 매우 중요함을 알게 되었으며, 경청의 5가지 핵심 요소를 의사소통하는 상황에 적용하여 적절한 예시를 들어 작성함. '나의 진로 로드맵 만들기' 활동 과정에서 진로 심리검사를 토대로 직업정보와 학과정보를 탐색하여 발표함. 사회복지 분야 관련 직업 중 사회복지사와 상담전문가를 관심 직업으로 선정하여 직업정보를 살펴봄. 활동을 통해 직업에 대해 더 진지한 마음을 갖게 되었으며 관련 분야의 책을 찾아보게 되었다는 소감을 발표함. 진로연계 독서활동에서 **'사회복지사를 꿈꾸는 그대에게(이홍직)'**를 읽고 매시간 독서 일지를 작성하고 서평을 씀. 책을 통해 다양한 사회복지 분야가 있음을 알게 되었고, 앞으로 아동복지와 청소년복지 분야를 전공하고 싶다는 희망을 발표함. 미래의 자신에게 편지 쓰는 활동에서 청소년복지센터에서 일하고 있는 자신의 모습을 밝고 긍정적으로 상상하여 작성함.

교과 세부능력 및 특기사항

사회문화

사회문제에 관심이 많은 학생으로 자신의 주관을 갖고 얘기를 함. 사회·문화 현상을 탐구하는 활동에서 우리나라의 '양극화' 현상을 '경제적 양극화'와 '사회적 양극화'의 관점에서 사례를 조사하여 비교·발표함. 주로 경제적 양극화의 관점에서 양극화의 원인을 찾고 이를 해결하기 위한 노력이 필요하다는 주장을 논리적으로 전개함. 진로 관련 주제 탐구 활동에서 사회적 불평등 양상의 사례를 분석하고 해결방안을 조사하여 발표함. 우리나라의 사회적 불평등을 '경제적 불평등', '교육 불평등', '성 불평등' 차원에서 분석하였으며 사회복지의 강화를 통해 해결할 수 있음을 강조함. 진로독서활동으로 **'사회복지사 어떻게 되었을까?(캠퍼스멘토)'**를 읽고 소감문을 작성함. 책을 통해 사회복지사의 직업적 준비 과정을 알게 되었을 뿐만 아니라, 다양한 분야에 종사하는 사회복지사의 인터뷰를 통해 그들 모두 일하는 환경은 다르지만 공통적으로 사람에 대한 믿음이 있다는 것을 깨닫게 되었다는 소감을 작성함.

심리학

평소 상담에 흥미가 있어 고민이 있는 학생의 말을 들어주고 도움을 주는 것을 좋아하는 학생임. 심리학의 주요 개념을 잘 이해하고 있으며 궁금한 점은 교사에게 질문하여 반드시 알고 넘어가는 학생임. 교과 주제 탐구 활동에서 현대인의 일상생활에서 발생하는 부적응 사례를 조사하여 발표함. 적응과 부적응의 개념을 명확히 이해하여 사용하였으며, 일상의 다양한 부적응 사례를 구체적으로 설명함. 사회복지상담을 전공하기 위해 우리나라의 다양한 사회문제와 갈등 양상을 다룬 도서와 뉴스를 챙겨보며 꿈을 키우고 있음. 진로심화 독서활동으로 **'송곳(최규석)'**을 읽고 독서 비평을 함. 책을 통해 노동자가 처한 현실에 더 관심을 두게 되었으며, 그들의 사회복지와 상담을 위해 일하는 사람이 되고 싶다는 포부를 발표함. 사회에 대해 비판적 분석 능력을 갖추었으며, 타인에 대한 공감적 이해와 포용력을 겸비한 인재로 훌륭히 제 역할을 할 것으로 기대함.

행동특성 및 종합의견

평소 상담에 흥미가 있어 학급 멘토-멘토 활동과 또래 상담 동아리 활동에 열심히 참여하여 상담자로서의 자질을 키우고 있는 학생임. 도움이 필요한 학생에게 먼저 다가가서 말을 건네는 등 따뜻한 마음을 지니고 있음. 학습플래너를 하루도 빠짐없이 작성하며 규칙적으로 생활하여 학업 성적이 지속해서 상승함. 특히 사회 분야를 진로 목표로 삼고 있어서 관련 분야를 주제로 한 탐구 활동이 많으며 다양한 독서활동으로 진로 준비를 착실히 하고 있음. **'사회복지사가 말하는 사회복지사(김세진 외)'**를 읽고 직업인으로서 사회복지사의 다양한 활동을 상상해 볼 수 있었으며, 사회복지사가 가져야 할 마음가짐과 태도를 배울 수 있었다고 함. 또한 **'복지국가의 철학(신정완)'**을 읽고 복지 정책을 찬성하는 쪽만 있는 게 아니라 반대하는 입장도 있음을 알게 되는 계기가 되었다고 함. 이처럼 독서를 통해 다양한 목소리를 듣고 포용력을 길러 미래 사회복지 분야에서 훌륭하게 자기 역할을 할 것으로 기대되는 학생임.

12 ▶▶ 사회학과

1 학과 인재상

공동체 의식이 있는 학생

뉴스와 신문 등
사회 현상에
관심이 많은 학생

다양한 분야의 독서를
즐겨 하며 종합적인
사고력이 있는 학생

사회문제에 관심이 많고
논리적 사고력을 갖춘 학생

사회 구조와 사회의
작동 원리를 과학적으로
분석하고 싶은 학생

2 유사학과

- 공공사회학과
- 도시사회학과
- 정보사회학과

3 관련직업

- 기자
- 빅데이터전문가
- 사회단체활동가
- 사회조사전문가
- 사회학연구원
- PD

4 개설대학

- 강원대학교
- 경남대학교
- 경북대학교
- 경상국립대학교
- 경희대학교
- 고려대학교
- 국민대학교
- 대구가톨릭대학교
- 동아대학교
- 부산대학교
- 아주대학교
- 영남대학교
- 전남대학교
- 전북대학교
- 제주대학교
- 충남대학교
- 충북대학교
- 한림대학교
- 한양대학교 등

21세기 자본
토마 피케티(장경덕 역) / 글항아리(2014)

저자는 자본 소득이 노동 소득보다 항상 우위에 있는 것을 지적하며 경제적 불평등을 배태하는 자본주의의 작동 원리를 명료하게 설명한다. 3세기에 걸친 20개국 이상의 역사적 데이터를 토대로 기존의 경제학 저서가 가진 수학적·이론적 고찰의 한계에서 벗어나 치밀한 실증연구를 바탕으로 하고 있다. 또한, 글로벌 자본세라는 파격적이고 이상적이기도 한 대안을 제시함으로써 전 세계에 피케티 열풍을 불러일으키기도 했다. 18세기 이후 부와 소득이 어떻게 변해왔는지, 그로 인해 21세기에 어떤 교훈을 얻을 수 있는지에 대한 해답을 생각해 볼 수 있는 책이다.

시골빵집에서 자본론을 굽다
와타나베 이타루, 와타나베 마리코(정문주 역) / 더숲(2014)

일본 한 변방의 작은 마을에서 일어난 한 빵집 주인의 소리 없는 경제혁명을 담은 책이다. 저자는 자본 논리에 따라 부정이 판치는 세상이 싫어 삶의 균형을 찾고자 빵집 '다루마리'를 탄생시킨다. 하지만 이러한 빵집도 경제 시스템의 한가운데에 놓여 있다는 사실을 곧 깨닫게 된다. 이에 '마르크스'와 '천연균-발효'라는 두 영역을 조화롭게 접목해 '부패하여 순환하는 경제'를 찾아낸다. 기존 사회에서 벗어나지 않으면서 자신의 생활도 지켜나가며 삶의 균형을 찾아가는 그의 모습은 불안정하고 모순 가득한 현실을 애써 피하며 살아가고 있는 많은 현대인과 청소년들에게 진정한 삶의 가치와 노동의 의미를 다시금 생각해 보게 하는 좋은 기회가 될 것이다.

스무 살의 사회학
랄프 페브르, 앵거스 밴크로프트(이가람 역) / 민음사(2013)

이 책은 사회학을 전공하는 새내기 '밀라'의 이야기로 사회학의 모든 것을 한 편의 소설로 쉽게 접근할 수 있는 책이다. 사회학의 창시자 콩트부터 뒤르켐, 베버, 마르크스, 푸코까지, 근대성·상호작용론·자본주의부터 페미니즘·탈식민주의에 이르기까지 사회학의 모든 것을 고스란히 담아내고 있다. '밀라'는 강의와 교재로만 배우는 사회학에서 그치는 것이 아니라 이를 일상 속 문제들에 적용해 보고 살펴보는 과정을 통해 주체적으로 공부하는 법을 터득해 나간다. 또한, 사회 속 개인으로 성장해나가는 밀라의 모습을 통해 사회학을 공부하려는 학생들에게 큰 울림을 줄 수 있는 책이다.

노명우의 한 줄 사회학
노명우 / EBS BOOKS(2021)

사회학자인 저자는 사회학이 사회를 다루는 학문이지만 사회 전체를 다룰 수 없다는 근본적 한계를 지적한다. 자신이 속한 사회를 낱낱이 들여다보고자 한다면 그 사회에 속한 사람들의 토박이 언어를 알아야 한다. 바로 그러한 토박이 언어가 속담이다. 저자는 속담에 담긴 삶의 지혜를 사회학과 연결 지어 현대 사회에 호출하고 오늘의 언어로 해석하고 있다. 또한, 속담이 묘사한 사회의 풍경과는 이질적인 풍경이 펼쳐지고 있는 지금의 세상에 대해 일침을 가하기도 한다. 예를 들어 '개천에서 용 난다'라는 속담이 계층 간 소득 불평등이 심화하고, 자녀 세대의 계층 이동 가능성이 줄어드는 현대 사회에서는 점점 실현 불가능해지는 세태를 꼬집는다.

1 인문계열

2 사회계열 · 사회학과

3 자연계열

4 공학계열

5 의약계열

6 예체능계열

7 교육계열

동물농장
조지 오웰(임병윤 역) / 소담출판사(2022)

1945년에 출간되어 당시 엄청난 반향을 불러일으켰던 작품으로 우화의 형식을 띠면서 동시에 신랄하고 첨예하게 정치를 풍자하여 구소련의 몰락을 그려내고 무자비한 독재 체제를 비판하고 있다. 20세기 영미 문학의 주요 작가 조지 오웰의 대표작으로 인간들을 내쫓고 농장을 점령한 동물들의 반란을 통해 러시아 혁명의 역사적·정치적 배경, 독재와 전체주의, 혁명의 타락 등의 의미를 재조명할 수 있을 것이다. 또한, 이 책에는 레셀 베이커의 서문과 우드하우스의 해설을 함께 실어 작품을 더욱 깊이 있게 이해할 수 있도록 돕고 있다. 사회학에 관심이 많은 학생이라면 조지 오웰의 또 다른 작품 『1984』와 함께 읽으면 타락하고 파멸해 가는 인간의 사회 통제 체제의 모습을 더욱 깊이 있게 이해할 수 있을 것이다.

사회학 비판적 시선
비판사회학회 / 한울아카데미(2023)

이 책은 비판적 담론의 틀을 유연하고 개방적으로 넓히겠다는 의미로, 기존 『사회학』을 계승하면서도 변화한 사회 현실을 적실성 있게 반영하고 있다. 기존 사회학 개론서의 추상적 서술이 아닌 '대중적 교양서'로서 누구나 쉽고 흥미롭게 읽을 수 있도록 정리한 책이다. 일상에서 접하는 현실 사례를 풍부하게 들고, 통계자료·도표·그림을 통해 사회학적 이론과 개념을 설명함으로써, 사회학과 사회 현실에 관심을 둔 학생들이 개인적인 차원에서는 이해하기 어려운 구체적인 사회 현실과 주변의 삶을 체계적·구조적으로 이해하는 데 도움이 될 것이다.

빌려온 시간을 살아가기
지그문트 바우만 (조형준 역) / 새물결(2014)

이 책은 세계적으로 저명한 사회학자 지그문트 바우만과 멕시코 출신의 여성 사회학자 시트랄리 로비로사 마드라조의 대담을 엮은 것이다. 2008년의 미국발 금융 위기를 계기로 8장으로 나누어진 이 대담에서 시트랄리의 날카로운 질문, 바우만의 냉철한 대답을 통해 지금까지의 관점과 개념을 포괄적으로 재점검하고 우리 시대가 부딪힌 도전과 고민을 새로운 시각으로 진단하고 있다. 19세기 자본주의와 현대 자본주의의 달라진 점, '여성'과 '제3세계'의 관점에서 바우만 이론의 타당성 검토, 슈미트와 벤야민 등 현재 한국에서도 유행하는 이론의 현실적 타당성과 과잉 해석의 위험성에 대한 경고, '정치와 죽음', '노동의 종말' 등에 대해서 전혀 새로운 관점을 제시함으로써 현대 사회 문제들을 바라보는 새로운 시각을 가지게 한다.

사회계약론
장 자크 루소 (김중현 역) / 펭귄클래식코리아(2015)

이 책은 프랑스의 철학자 루소의 가장 대표적인 정치사상 저작인 『사회계약론』을 우리말로 새롭게 옮긴 책이다. 루소는 '사회계약론'의 근본 전제로부터 자유와 법, 정의의 문제를 함께 고찰함으로써, 전체주의의 청사진으로도 민주주의 원칙의 선언으로도 읽을 수 있는 새로운 정치사회학적 관점을 최초로 제시하여, 근대 사회과학의 창시자가 되었다. 1762년 출간된 이래 격렬한 논쟁을 끊임없이 불러일으키며, 몇몇 개념이나 표현들은 시대적인 차이나 개념의 변천으로 인해 현대 독자들에게 오독을 일으키곤 했다. 이런 일들을 방지하기 위해 18세기 『아카데미 프랑세즈 사전』 디드로와 달랑베르의 『백과사전』 등을 풍부하게 인용하여 『사회계약론』의 내용을 더욱 쉽게 이해하게 하고, 오해를 일으킬 만한 표현의 정확한 의미를 전달하고 있다.

현대사회학

앤서니 기든스, 필립 W. 서튼(김용학 역) / 을유문화사(2018)

한국을 비롯한 수십 개국의 대학 교재로 채택된 기본서로 사회학을 전공하고자 하는 학생이라면 꼭 읽어보길 추천하는 책이다. 저자는 독일의 '위르겐 하버마스'와 함께 유럽 지성의 쌍벽을 이루며 '영국의 자존심'으로 불릴 만큼 대중적 지지와 학문적 권위를 인정받는 거장이다. 이 책에서는 미디어, 교육, 사회학 이론, 지구적 불평등, 정치와 정부 등에 대한 새로운 접근 방법을 다루었으며, 전쟁과 테러리즘을 깊이 논의하기 위한 장을 새로이 추가했다. 특히 현재의 주요 화두인 환경, 도시 문제, 빈곤과 사회적 배제, 장애와 고령화, 네트워크 사회까지 포함해 급변하는 현대 사회의 중요한 문제들을 이해하는 데 사회학적 연구가 지닌 유용성을 명쾌하게 보여준다. 사회학의 추상적인 개념과 이론을 다양한 사례를 통해 명쾌하고 생생하게 설명하고 있어 배경지식이 부족한 학생과 일반인들도 자기 경험에 비추어 쉽게 이해할 수 있도록 도와주고 있다.

사회학 아는 척하기

존 네이글(양영철 역) / 팬덤북스(2021)

이 책은 사회학이라는 학문이 어렵고 복잡하고 교과서처럼 딱딱하고 재미없다는 편견과 고정관념을 무너뜨려, 사회학에 관심이 있는 학생뿐만 아니라 처음 접하는 일반인들이 사회학이란 낯선 학문에 한 발짝 다가갈 수 있도록 도와주는 책이다. '사회학이란 무엇인가?', '사회학적 상상력', '사회학의 탄생과 기원', '명칭을 갖게 된 사회학', '혁명과 투쟁의 사회학', '상징적 상호작용주의' 등을 수록하여 사회학의 정의와 개념부터 주요 사회학 개념과 사회학 사상, 주요 사회학자들까지 사회학을 전공하고자 하는 학생들이 쉽게 이해할 수 있도록 구성하였다. 게다가 주요 사회학자들의 연구 결과와 같은 이론적 개념들을 페이지마다 1컷 이상의 그림과 함께 배치하여 학생들에게 앞으로 어떤 사회와 세상에 살고 싶은지 생각하고 고민할 기회를 제공하는 책이다.

1 인문계열

2 사회계열 · 사회학과

3 자연계열

4 공학계열

5 의약계열

6 예체능계열

7 교육계열

자율활동 특기사항

학급 휴대전화기 관리 담당을 맡아 조회 시간에 휴대전화기를 걷고 종례 시간에 휴대전화기를 나눠 주는 역할을 1년간 빠짐없이 성실히 수행함. 사회문제에 관심이 많아 학급 게시판 '뉴스 따라잡기' 시사 코너 관리 학생으로 자원하여 사회 현안이나 국제 뉴스를 스크랩하여 정기적으로 게시함. 담당 학생들의 노력으로 시사에 관심이 없던 학생도 쉬는 시간에 읽어보는 등 변화를 가져옴. 학교 독서 프로그램 '책으로 소통하는 세상'에 참여하여 **'21세기 자본(코마 피케티)', '사회학 아는 척하기(존 네이글)', '동물농장(조지 오웰)', '사람에게는 얼마나 많은 땅이 필요할까(레이 톨스토이)'**를 읽고 독서 일지와 독서 토론 보고서를 작성함. 사회 분야에 관심이 많은 학생으로 모임을 구성하였으며 '자본주의 사회에서 경제적 불평등의 원인과 우리나라 사례 비교', '인간의 탐욕의 끝은 어디까지인가?' 등을 주제로 다양한 사회갈등의 원인과 해결 방법, 진정한 삶의 가치 등을 고민하고 성장하는 계기가 됨.

동아리활동 특기사항

(사회문제탐구)(34시간) 시사 이슈를 소개는 활동인 '뉴스 따라잡기'에서 '데이트 폭력'을 주제로 데이트 폭력의 실태와 유형, 사례 등을 조사하여 발표함. 데이트 폭력의 대처 방법을 설명하면서 데이트 폭력의 위법성을 강조하고 더불어 상대방에 대한 인격적 존중과 배려의 마음을 가져야 한다고 주장함. '코로나19 팩트 체크' 모둠 활동에서 코로나19와 관련한 가짜 뉴스를 찾아 팩트 체크를 함. 코로나19와 관련한 다양한 거짓 뉴스 사례에 대해 질병관리청에서 자료를 조사하여 논리적으로 제시함. 국가적 재난 위기가 닥쳤을 때 정부의 신속하고 정확한 정보 전달과 함께 문제에 함께 대처해 해결하는 공동체의 협력 의지도 중요함을 발표함. 질문하며 책 읽기 활동으로 **'사회계약론(장 자크 루소)'**을 읽고 모둠 내에서 질문을 공유하고 자신의 생각을 밝힘. 책 읽기 활동에 그치지 않고 생각을 공유하면서 다른 친구들의 생각도 알게 되었으며 책의 내용을 더욱 깊이 이해하게 되었다는 소감을 작성함.

진로활동 특기사항

사회문제와 구조에 대해 '왜 그럴까?'를 고민하며 해결 방법을 적극적으로 탐색하는 학생으로 사회학을 연구하는 활동가를 진로 목표로 하고 있음. 신문 활용 진로 탐색 활동에서 정치·사회면 뉴스를 스크랩하여 내용을 요약하고 이에 대한 자신의 생각을 정리하여 발표함. 해당 뉴스에 대해 정확히 정보를 이해하고 있으며 자신의 견해도 명확히 밝힘. 직업정보를 탐색하는 활동에서 '사회학연구원'이 하는 일, 준비 방법, 업무수행능력, 직업 환경 등의 정보를 탐색하며 직업의식을 고취함. 진로와 연계한 학과정보를 탐색하는 활동에서 학과의 기본 특성과 교육과정 진출 분야, 관련 대학 정보를 탐색함. 활동을 통해 진로와 진학의 연계성에서 고등학교 생활 계획을 수립하는 것의 중요함을 깨닫고 앞으로의 학교생활 계획을 보다 구체적으로 수립하는 계기가 됨. 진로연계 독서활동에서 **'빌려온 시간을 살아가기(지그문트 바우만)'**를 읽고 우리 사회가 맞이하고 있는 도전과 고민을 생각하는 계기가 되었다는 소감을 작성하였으며, 이를 통해 아직 학생이지만 학생의 관점에서 세상을 새롭게 바라보는 것도 의미가 있다는 주장과 함께 관련 독서를 더 많이 하면서 자신만의 가치관을 정립해 나가겠다는 다짐을 함. 진로 탐색에 있어 진지하며 소신이 명확하여 성장이 기대되는 학생임.

교과 세부능력 및 특기사항

정치와 법

우리나라의 헌법이 보장하는 기본권의 범위를 구분하여 설명할 수 있으며, 기본권 제한의 한계 사례를 조사하여 발표함. 노동법으로 보장되는 근로자의 권리에 대한 이해를 바탕으로 청소년 노동 피해사례를 조사하여 근절하는 방안을 발표함. 청소년노동권의 의미를 알기 쉽게 제시하였으며 청소년 아르바이트 십계명을 함께 읽으며 기억하자고 제안함. 평소에도 청소년의권리와 사회 참여에 관심이 많아 관련 내용의 수업에는 더 집중하고 질문하여 궁금증을 해소하려는 노력이 돋보임. 진로독서활동으로 **'현대사회학(앤서니 기든스)'**을 읽고 서평을 발표함. 미디어, 교육, 불평등, 정치와 정부, 환경, 도시 문제 등 복잡하면서도 다양한 현대 사회의 단면을 이해하는 계기가 되었으며, 앞으로 진로 계획을 수립하는 데 방향성을 설정하는 길잡이가 되었다고 소감을 발표함.

사회·문화

항상 적극적인 자세와 태도로 수업에 참여하며 수업의 내용을 이해하기 위해 교사의 발문에 활발히 응답함. 또한 사회문제에관심이 많아 현안에 대해 궁금한 점은 수시로 질문하여 해소하는 학생임. 관심 주제 활동으로 다양한 사회적 불평등 양상을조사하고 차별을 개선하는 방향을 조사하여 발표함. 사회적 불평등에는 집단적 이기주의의 시선이 있음을 지적하고 다차원적 가치 지향의 존중과 다양성 인정의 관점에서 해결방안을 제시함. 사회 불평등 양상의 다양한 사례를 제시하여 다른 학생들도 무의식중에 가졌던 편견이나 오해를 점검하는 기회가 됨. 사회학에 관심이 많은 학생으로 관심분야 독서활동에서 **'스무 살의 사회학(랠프페브르, 앵거스 밴크로프트)'**을 읽고 소감을 발표함. 책을 통해 복잡한 사회학 이론을 일상생활과 연계하여 더쉽게 이해할 수 있게 되었으며 앞으로 사회 현상을 분석할 때 이 책을 참고하여 사회학 이론을 적용해 볼 것을 다짐함.

행동특성 및 종합의견

평소 규칙적인 생활이 몸에 배어 있는 학생으로 수업 시작 30분 전에 등교하여 일과를 미리 준비하며 수업 시간에도 열의를갖고 참여하는 모범적인 모습을 보임. 맡은 역할에 최선을 다하는 학생으로 학급 문단속과 소등 담당 역할을 맡아 1년 동안 성실히 이행함. 사회문제에 관심이 많아 시사 이슈를 주제로 꾸준히 신문 스크랩을 하여 학급 게시판에 게시함. 특히 독도의 날에는 독도의 지리학적·역사적 정보와 함께 일본의 주장을 반박하는 내용을 게시하는 등 실천적 모습이 돋보임. 신문 기자인진로 목표를 이루기 위해 시사 연구동아리 활동에도 적극적으로 참여하였으며, 꾸준히 관련 독서활동을 하며 역량을 기르고있는 학생임. 자신의 가치관 형성에 영향을 준 책으로 **'21세기 자본(토마 피케티)'**을 소개하며 경제적 불평등과 국가의 역할,정의에 대해 고민하는 계기가 되었다고 함. 사회문제에 관심을 두고 실천하는 역량을 갖추기 위해 자신에게 철저하며 다른 학생을 돕는 인정 많은 학생임.

13 ▸▸ 소비자학과

1 학과 인재상

데이터를 추출하고
분석할 수 있는 수리·논리적
역량이 있는 학생

소비자와 시장에 대한
상호작용에
관심이 있는 학생

인간에 관한
관심과 배려,
봉사 정신이 있는 학생

사회과학 분야의 다양한 독서를
통해 인문학 소양과 비판적
사고 능력을 갖춘 학생

인간의 주거환경과 문화,
행동 등에 관심이 있는 학생

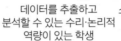

2 유사학과

- 가정관리학과
- 생활복지주거학과
- 소비자아동학과
- 아동가족학과

3 관련직업

- 보육교사
- 사회복지사
- 사회조사분석가
- 소비자트렌드분석가
- 주거복지사

4 개설대학

- 건국대학교
- 경북대학교
- 경희대학교
- 부산대학교
- 상명대학교
- 성균관대학교
- 이화여자대학교
- 인천대학교
- 인하대학교
- 제주대학교
- 충남대학교
- 충북대학교 등

학과 연계도서

소비의 사회
장 보드리야르 (이상률 역) / 문예출판사(1992)

이 책은 20세기 프랑스를 대표하는 철학자이자 사회 이론가로 이름을 떨친 장 보드리야르의 대표작으로, 데이비드 리스먼의 『고독한 군중』 이후 최고의 걸작으로 높이 평가받고 있는 책이다. 저자는 상품의 소비를 사용가치의 소비보다 행복, 안락함, 사회적 권위, 현대성 등의 소비로 규정한다. 이를 통해 그는 사물을 기호로 파악하고, 사회를 언어의 체계로 해석하고, 이런 해석 방식을 기초로 '사회적 차이화의 이론'을 만들어 낸다. 이 같은 혁신적인 이론을 통해 현대 사회의 본질을 분석하고 현대 대중사회를 예리하게 분석하고 있어 소비를 바라보는 새로운 관점을 만나볼 수 있는 책이다.

소비의 심리학
로버트 B. 세틀, 패멀라 L. 알렉(대홍기획마케팅컨설팅그룹 역) / 세종서적(2021)

'당신은 왜 새 차가 필요한가요?' 이 질문의 대답 안에는 수많은 소비자의 요구가 있다. 소비자들의 구매 결정이라는 것이 항상 이성적이고 합리적이진 않지만, 그 이면에는 항상 의미가 담겨 있다. 즉, 소비자의 선택이 합리적으로 설명될 수 없더라도 소비자는 합리적이다. 이 책은 소비자 심리학의 고전으로 소비자의 코드를 읽는 15가지 키워드를 통해 소비자의 감추어진 진짜 동기와 그들의 의사표현법에 대한 이해를 높여준다. 특히 소비자 마케팅 분야의 베테랑인 두 저자가 200여 개의 구체적인 마케팅 사례를 통해 각종 소비자 정보가 어떻게 전략적으로 활용될 수 있는지를 보여줌으로써 소비자 구매 행위에 대한 통찰력을 키워 줄 수 있는 책이다.

진정성의 힘
제임스 H 길모어, 조지프 파인 (윤영호 역) / 21세기북스

이 책에서는 오늘날의 소비자는 상품의 진실성과 가식성에 큰 비중을 두고 구매 결정을 하며, 상품이 자신의 이미지와 잘 부합할수록 더 진실한 것으로 여긴다는 문제의식에서 시작한다. 저자 제임스와 길모어는 디즈니와 스타벅스의 성공 사례를 통해 기업들이 진정성을 강조하고 소비자에게 접근하는 방식이 어떻게 다른지 보여준다. 앞으로 중요한 가치가 될 진정성을 '자연성, 독창성, 특별함, 연관성, 영향력의 진정성'으로 분류하고, 소비자는 자신과 잘 부합하는 상품과 서비스에만 진정성을 인식하고 지갑을 열기 때문에 진정성에 호소해야 소비자에게 효과적으로 다가갈 수 있다고 말한다.

트렌드 코리아 2023
김난도 외 9인 / 미래의 창(2022)

세계화의 종말, 갈등과 분열, 그리고 전쟁. 수십 년간 이어져 온 평화와 공존의 시대는 막을 내리고 엄청난 위기감 속에서 사람들은 다가올 미래를 두려워한다. 자산시장 및 증시의 버블붕괴는 마치 2008년 글로벌 경제위기의 데자뷔를 보는 듯하다. 이러한 상황 속에서 서울대 소비트렌드분석센터는 2023년의 10개 키워드를 '평균 실종, 오피스 빅뱅, 체리슈머, 인덱스 관계, 뉴디맨드 전략, 디깅모멘텀, 알파세대, 선제적 대응기술, 공간력, 네버랜드 신드롬'으로 뽑았다. 이 책을 통해 자신의 삶을 돌아보며 현재의 트렌드에 대한 이해뿐만 아니라 미래의 트렌드까지 예측해 볼 수 있을 것이다.

1 인문계열

2 사회계열 · 소비자학과

3 자연계열

4 공학계열

5 의약계열

6 예체능계열

7 교육계열

소비의 역사
설혜심 / 휴머니스트(2017)

저자는 수많은 인간의 행위 가운데 '소비'에 주목하여 역사학의 한 주제로서 '소비'를 다루고 있다. 근대 이후 현대 사회에 이르기까지, 인간의 기본적인 삶을 더욱 풍성하게 만들어준 발명품에서부터 옷과 화장품 같은 패션용품, 책과 같은 인쇄매체, 유럽 상류층의 사치품 등에 이르기까지 문화적 삶을 이끌어온 각종 상품의 역사를 살피며, 자세한 사례를 통해 근대 소비혁명과 소비자의 탄생, 사치 논쟁, 과시적 소비 등 소비를 둘러싼 개념과 논의를 소개한다. 또한, 약장수와 방문판매부터 백화점과 쇼핑몰 같은 근대적 판매방식, 공간의 역사까지 소비가 포괄하는 다양한 요소와 함께 인간의 역사를 살펴본다.

수학, 인문으로 수를 읽다
이광연 / 한국문학가(2014)

일상의 다양한 분야에 숨어 있는 수학은 교과서에서 배운 내용만으로는 설명할 수 없는 게 대부분이다. 또한 입시 위주의 획일적인 학습법으로 수학에 반감이 있는 사람도 많다. 수학을 전공하는 사람들조차 수학이 얼마나 다양한 분야에서, 어떤 방식으로 활용되고 있는지 모두 알지는 못한다. 이 책은 실생활과 연계되어 있거나 다른 분야와 융합된 흥미로운 수학 원리를 일반인도 쉽게 이해할 수 있는 스토리텔링 방식으로 설명하고 있다. 저자는 우리의 실생활과 음악, 경제, 영화, 건축, 동양고전, 역사 속에 작용하는 수학적 원리를 상당한 분량의 사진, 그림, 표, 그래프 등의 자료를 통해 이해하기 쉽게 전달하고 있다.

수학을 배워서 어디에 쓰지?
이규영 / 이지북(2021)

많은 사람이 수학을 어려워하고, 배워도 쓸모없는 학문이라고 생각한다. 다른 학문보다 유난히 수학을 어려워하는 이유는 무엇일까? 왜 수학은 쓸모없다고 생각하는 것일까? 이런 편견 속에서 저자는 수의 개념을 명확히 한다면 수학은 절대 어렵지 않다는 점에 집중한다. 이 책에서는 수학의 기본 단위인 수의 개념을 명확히 알기 위해 수의 역사를 살펴보고, 수의 탄생과 진화, 현재의 쓰임을 설명하며 수가 갖는 의미를 명확히 보여주고 있다. 일상에서 접하는 다양한 문제들을 해결하는 것에 그 근본을 두고 수학은 일상의 수를 더 잘 활용하기 위해 만든 학문일 뿐이다. 수학에 관심이 있는 학생들의 교양서이자 입문서의 역할을 해줄 수 있는 책이다.

AI도 모르는 소비자 마음
박소윤 / 레모네이드앤코(2020)

우리는 지금 4차 산업혁명, 빅데이터, 인공지능으로 통하는 시대에 살고 있다. 그러나 AI가 아직 하지 못한 것, 그 한 가지는 바로 이해하는 능력이라고 할 수 있다. 이는 인간만이 할 수 있는 절대적인 영역이다. 이 책은 소비자 이해의 출발점을 'Pain Point'로 시작할 것을 제안하고 있다. Pain Point는 원어 그대로는 '통증점', '아파하는 부분' 정도이지만, 마케팅 분야에서는 '소비자들의 미충족 욕구', '소비자의 불만', '불편한 것' 정도로 이해하면 될 것이다. 그래서 이 책에서는 소비자의 Pain Point를 발굴하는 방법에 대한 구체적인 방법론을 크게 3가지 챕터로 나누어 마치 탐험가의 여정으로 비유하여 설명하고 있다.

빅데이터와 소비자만족
김시월, 조향숙 / 쿠북(2017)

이 책은 '왜 빅데이터와 소비자의 관계가 중요한가?'에 대한 응답을 기본으로 하고 있다. 소비자는 소비를 통하여 생활하면서 그 과정 중에서 빚어지는 수많은 상품과 서비스, 그리고 환경과 끊임없이 대화하고 흔적을 남긴다. 이러한 흔적은 과거에는 단순한 경험에 불과했지만, 근간에는 중요한 발자취의 데이터로 정리된다. 시장에서 소비자의 소비생활을 통한 구매계획, 구매, 사용, 처분 등은 일련의 소비자 행동뿐만 아니라 소비자 가치, 소비자 심리 등을 파악할 수 있는 중요한 근거가 되기 때문이다. 이러한 모든 것이 빅데이터로 발전하여 미래 사회의 소비트렌드를 예측하고, 새로운 상품 및 서비스를 위한 개발의 근거, 그리고 결함을 발견하고 해결하는 일련의 자료가 된다고 말하고 있다.

윤리적 소비에서 공정무역마을운동으로
김선화, 신효진 / 쿨드림(2021)

시대가 변함에 따라 재화의 품질이나 가격보다는 이를 생산하는 노동자들이 정당한 대가를 받았는지, 재화 생산 과정에서 환경이 파괴되지는 않았는지를 구매의 조건으로 여기는 소비자들이 점점 늘어나기 시작했다. 소비가 개인과 개인, 개인과 사회, 사회와 사회의 '연결'임을 깨닫고 전통적인 소비 행동이 아닌 사회가 직면한 문제를 해결하기 위한 소비를 '윤리적 소비'라고 한다. 이 책은 아이쿱생협이 이끌어온 공정무역 사업의 시작과 성장을 풍부한 자료를 통해 돌아보고 앞으로의 방향을 조망해 볼 수 있는 책이다. 이를 통해 우리가 할 수 있는 일이 어떤 것인지에 관해 물음을 던지고 있다.

소비자학과 독서탐구활동 활용사례

자율활동 특기사항

학급 특색프로그램인 1인 1 프로젝트 활동에서 '대인관계와 의사소통'을 주제로 현대 사회에서 의사소통으로 인한 문제와 해결 방법을 정리하여 발표함. 문제 상황에서 공감을 통해 문제를 해결하는 방법을 소개하고 공감의 중요성을 강조함. 학급 자치회 행사 부장으로 생일 이벤트 준비를 위해 롤링페이퍼 작성하기, 생일 축하 노래 부르기를 기획하여 운영하였으며, '내 친구를 칭찬합니다' 행사를 통해서 친구 간에 우애가 더 돈독해지는 계기를 마련함. 행사를 진행하기 전 학생들과 상의를 하여 의견을 취합하고 조율하는 과정을 일일이 진행하여 학생들의 만족도가 높은 행사가 진행됨. 학급 게시판 읽은 책 소개하기 코너에 **'트렌드 코리아 2023(김난도 외 9인)'**를 읽고 '평균 실종, 오피스 빅뱅, 체리슈머, 인덱스 관계, 뉴디맨드 전략, 디깅모멘텀, 알파세대, 선제적 대응기술, 공간력, 네버랜드 신드롬'을 주제로 우리나라를 이끌어갈 10대 소비트렌드를 마인드맵으로 시각화하여 제시하여 친구들의 호응을 얻음.

동아리활동 특기사항

(소비문화탐구반)(34시간) 소비자학과에 진학을 희망하며 소비자트렌드 전문가를 장래 희망으로 정하고 동아리 활동에 적극적으로 참여함. 학생들의 올바른 소비문화 증진을 위해 동아리 축제에 '영수증 부스'를 만들어 상담을 진행함. 학생들이 편안한 마음으로 방문하여 상담할 수 있도록 적극적으로 홍보를 함. 동아리 부원에게 다음 동아리 활동 전까지 친환경 소비를 하자고 제안하여 실천 결과를 공유하는 시간을 가짐. 친환경 소비는 지구에 부담을 덜 주기 위한 취지이므로 소비의 절대적인 양을 줄이기부터 시작했으며, 가까운 거리 걷기, 텀블러 가지고 다니기, 쇼핑백 사용하기 등을 실천하며 실천한 내용을 기록하여 친구들과 공유함. 막상 실천하니 생각보다 어려웠다는 솔직한 심정을 얘기하고, 힘들었지만 의미 있는 경험이었고 지속해서 이어가겠다는 다짐을 함. 연계 독서활동으로 **'윤리적 소비에서 공정무역 마을 운동으로(김선화, 신효진)'**를 읽고 윤리적 소비의 의미와 소비자의 역할과 착한 소비에 대해 고민하는 계기가 됨.

진로활동 특기사항

경제 관련 수업을 듣고 소비자의 역할과 권리에 관심이 생겨 소비자 전문가를 진로 목표로 삼고 있음. 올바른 소비활동을 촉진하기 위해 '충동구매 방지 방법', '현명한 소비자 되기' 등의 자료를 찾아 학급에 게시하여 학생들에게 좋은 반응을 얻음. 교육과정 박람회에 홍보 요원으로 참여하여 사회계열 분야의 교과목 안내와 과목 선택에 대해 조언을 함. 직업인 탐구 활동에서 유명 운동선수의 진로 장벽 해결 노력을 자신에게 적용하여 발표함. 누구나 완벽할 수 없으며 자신의 부족한 점을 인정하는 것부터 시작해야 성장할 수 있다는 것을 깨달음. 구체적인 목표 수립의 중요함을 알게 되어 실천할 수 있을 정도의 작은 계획부터 수립해보는 활동을 함. 배운 것을 자신에게 적용하여 개선하려는 노력이 엿보이는 학생으로 성실한 자세로 꾸준히 임한다면 일취월장할 것으로 기대됨. 재미있게 읽은 책을 소개하는 '책 나눔' 활동에서 **수학, 인문으로 수를 읽다(이광연)'**를 소개함. 수학을 어렵게 느끼는 것은 수학을 바라보는 관점의 차이에서 오는 것이라고 얘기하며, 실생활과 연관 지어 수학이 어떻게 활용되는지 설명함. 책의 핵심 내용을 재미있고 쉽게 설명하여 친구들의 반응이 매우 뜨거웠음.

교과 세부능력 및 특기사항

기술·가정

인문학적 소양이 풍부한 학생으로 평소 인문·사회 분야의 책을 많이 읽음. 비판적 사고력이 우수하며 기술의 발달(플라스틱, 자동차, 항생제, 스마트폰, 등)로 인해 발행하는 부정적인 영향을 논리적으로 발표를 잘함. 자신의 생각을 구조화하여 표현하는 능력이 우수한 학생으로 '캥거루족', '니트족' 세대 등장의 원인과 해결방안을 사회·경제적 측면에서 분석하였으며, 청년층의 경제적 자립을 지원하기 위해 정부의 적극적인 지원책이 필요함을 강조함. 개인과 가족의 소비가 사회 및 환경에 미치는 영향을 분석하고 지속가능한 소비생활을 위한 실천 방법을 조사하여 발표함. 연계 독서활동으로 **'소비의 역사(설혜심)'**를 읽고 '소비'를 중심으로 인간의 행위와 동기를 통해 인간의 역사를 살펴본다는 측면에서 역사를 새롭게 읽는 신선한 경험이었다고 소감을 발표함. 사람의 소비 행위와 심리에 관심을 두고 있는 학생으로 활동의 이해나 결과의 수준이 높음.

심리학

사회과학 분야에 관심이 많고 마케팅 전공을 희망하고 있음. 수업 시간에 매우 적극적이고 교사와 상호작용이 활발하며 학업 능력이 우수함. 심리학의 정의와 적용 분야를 발표하는 시간에 누구보다 먼저 손을 들어 발표함. 심리학의 개념을 자신의 언어로 정확히 설명하였으며, 적용되는 분야를 비교적 다양하게 설명함. 특히 마케팅 분야에서 심리학이 어떻게 활용되는지 구체적 사례를 들어 설명하는 부분이 인상적임. 마케팅 분야에 관심이 있어서 관련 독서 활동을 꾸준히 하여 배경지식이 풍부한 학생임. 진로연계 독서활동으로 **'AI도 모르는 소비자 마음(박소윤)'**를 통해 마케터가 지녀야 할 마음가짐과 자질을 깨닫게 되었다는 소감문을 작성함. MBTI 성격 유형 검사 결과 자료를 참고하여 자신의 특성을 정확히 이해하고 설명함. 성격 유형을 중심으로 다양한 활동을 진행하며 자신을 보다 객관적으로 바라보게 되었고, 다양성을 자연스럽게 받아들이는 계기가 되었다는 소감을 발표함.

행동특성 및 종합의견

학급 행사에 적극적으로 협조하며 주변을 잘 챙겨 친구들로부터 신망이 두터움. 맡은 일에 책임감이 강하고 근면 성실함이 두드러진 학생임. 꾸준히 급식 봉사 활동을 하고 있으며, 몸은 힘들어도 맛있게 먹는 친구들을 보면 보람이 든다고 자랑스럽게 얘기함. 사람의 다양한 생활 양상에 관심이 있으며 특히 소비문화에 관심을 두고 진로 탐색에 매진하고 있음. 코로나19로 변화된 소비 경향을 주제로 진행한 탐구 활동에서 소비의 변화를 통계적 측면에서 분석하여 보고서로 작성하여 수리·논리적 역량을 발휘함. 진로 역량을 기르기 위해 다양한 진로 독서를 진행하였는데, **'소비의 사회(장 보드리야르)'**를 읽고 소비의 의미를 문화적 측면에서 이해하는 계기를 가짐. **'빅데이터와 소비자만족(김시월, 조향숙)'**을 통해 빅데이터가 시장환경 분석과 소비에 어떤 변화를 일으키는지 이해하게 되었으며, 시대적 변화에 따라 데이터 분석과 해석이 중요한 자질이 될 것이며 이를 갖추기 위해 노력해야겠다는 다짐을 함.

14 ▸▸ 심리학과

1 학과 인재상

 사람의 마음과 행동에 관심이 있는 학생

 타인의 이야기에 공감적 이해를 잘하는 학생

 문제를 해결하기 위해 논리적 사고를 즐기는 학생

 인간의 문제를 과학적 사고방식을 이용하여 분석적으로 이해하고자 하는 학생

 인간 자체에 관해 깊이 연구하고자 하는 학생

2 유사학과

- 교육심리학과
- 뇌인지과학전공
- 상담심리학과
- 심리치료학과

3 관련직업

- 광고홍보전문가
- 기자
- 범죄심리전문가
- 사회조사전문가
- 상담전문가
- 심리학연구원

4 개설대학

- 가천대학교
- 강원대학교
- 경남대학교
- 경북대학교
- 고려대학교
- 광운대학교
- 단국대학교
- 대구대학교
- 배제대학교
- 부산대학교
- 서강대학교
- 서울대학교
- 성균관대학교
- 아주대학교

- 영남대학교
- 전남대학교
- 전북대학교
- 충남대학교
- 충북대학교
- 한신대학교 등

성격의 발견

제롬 케이건 (김병화 역) / 시공사(2011)

'세 살 버릇 여든까지 간다'라는 말처럼 사람들은 어떤 특정한 감정이나 습관을 지니고 태어나며 이것은 절대 변하지 않는 것일까? 본래 경험이 성격 발달을 좌우한다고 믿었던 저자 제롬 케이건은 약 20년에 걸친 아동 발달 연구를 통해 경험만으로 아이들의 성격 프로파일을 설명할 수 없다는 것을 밝혀냈다. 세상에 완벽하게 같은 성격이 없는 이유는 각자 선천적으로 타고난 기질과 삶의 경험이 다르기 때문이다. 이 책은 아이의 기질을 파악하고 성격을 형성하는 데 필요한 것이 무엇인지, 부모의 노력이 아이를 어떤 어른으로 자라나게 할지 파악할 수 있도록 다양한 실험 결과와 사례를 들어 조언하고 있다.

감정은 어떻게 만들어지는가

리사 펠드먼 배럿(최호영 역) / 생각연구소(2017)

저자는 '지금껏 감정에 관해 알려진 사실은 대부분 틀렸다'라고 말하며 30년간의 연구와 900여 편에 달하는 학술자료를 분석하여 감정에 대한 새로운 이론, 즉 '구성된 감정 이론'을 제시하고 있다. 과거의 경험을 바탕으로 끊임없이 예측하고 검증하는 뇌의 메커니즘을 탐구함으로써 뇌가 인간의 자유 의지를 어떻게 착각하는지, 인간의 심리를 추론하면서 어떤 오류를 범하는지 등을 밝힌다. 또한 의학, 법률 제도, 자녀 양육, 명상, 심지어 공항 보안 분야에까지 막대한 영향을 끼치고 있는 감정과 마음과 뇌에 관한 새로운 과학이 밝혀낸 연구 성과와 함께 감정의 진정한 주인으로 거듭나는 방법을 제시하고 있다.

심리학의 오해

키이스 스타노비치(신현정 역) / 혜안(2013)

심리학에 대한 대중들의 관심이 높아지면서, 대중매체 등의 다양한 방법을 통해 많은 사람이 학문적으로 전혀 검증되지 않은 사실들을 진실이라 생각한다. 이 책은 12장에 걸쳐 심리학에 대한 오해와 편견들을 각각 찾아내고, '과학적 심리학'에 의거한 진실들을 알려주고자 한다. 응용심리학자이자 토론토 대학 교수인 저자는 오랜 세월 동안 의심 없이 받아들여진 '상식'들을 의심하는 데서 심리학이 출발한다고 말한다. 곧 심리학은 인간이 생각하고 저지르는 모든 행동과 일상적 생활을 이해하고 일어날 부분들을 예언해주는 '과학'이라고 말한다. 독자는 이 책을 통해 지금까지의 생각과 편견을 버리고 과학을 새롭게 배우듯 '인간의 문제'에 대한 새로운 관점으로 심리학에 접근할 수 있을 것이다.

아내를 모자로 착각한 남자

올리버 색스(조석현 역) / 알마(2016)

유명한 신경학자 올리버 색스의 작품으로 일상생활에 불편을 겪는 경증 환자부터 현실과 완전히 격리될 정도의 중증 정신질환자까지 다양한 신경질환 환자들의 임상 기록을 이야기를 들려주듯 기록하고 있는 책이다. 총 4부 24편의 이야기로 구성되어 있다. 1부와 2부에서는 주로 뇌 기능의 결핍과 과잉에 초점을 맞추었으며, 3부와 4부에서는 지적장애를 지닌 이들에게서 발견되는 발작적 회상, 변형된 지각, 비범한 정신적 자질 등 현상적인 징후들과 관련한 이야기를 들려준다. 극도의 혼란 속에서도 성장과 적응을 모색하며 자신의 감추어진 능력을 일깨워나가는 환자들과 그들의 모습을 애정과 신뢰 가득한 시선으로 담아내고 있어, 현대인들에게 위안과 감동을 줄 수 있을 것이다.

세상에서 가장 재미있는 63가지 심리실험 뇌과학 편
이케가야 유지 (서수지 역) / 사람과나무사이(2018)

도쿄대 약학대학 교수이자 뇌과학자인 이케가야 유지가 정리하고 집필한 책으로 정신의학, 뇌과학, 사회심리학, 행동경제학 등 다양한 분야의 세계 최고 석학들과 연구팀들의 흥미롭고 도전적인 63가지 심리실험 이야기가 담겨 있다. '고양이가 문 여는 법은 배워도 문 닫는 법은 배우지 못하는 이유', '제비뽑기 돈 벌기 게임에서 인간이 쥐에게 백전백패한다고?', '쥐도 자기 선택과 행동을 후회한다는데?' 등의 흥미롭고 다양한 실험을 통해 뇌는 과연 무엇이며, 무엇을 위해 존재하는지 확인해 보고, 인간의 뇌와 심리, 감정과 무의식, 관계와 소통 메커니즘을 둘러싼 비밀과 궁금증을 흥미롭게 풀어내고 있다.

남자와 여자의 뇌는 같을까?
카트린 비달 (김성희 역) / 민음인(2021)

이 책은 생물학으로 밝혀낸 뇌의 성차와 그 진실에 관한 내용을 담고 있다. 실생활에서 발견할 수 있는 남성과 여성의 차이의 근원이 실은 뇌에 있음을 밝혀 뇌 연구가 갖는 사회적인 가치를 보여주고 있는 책이다. 남자와 여자의 뇌는 같은지를 시작으로, 과연 여자는 남자보다 말을 잘하고 남자는 여자보다 길을 잘 찾는지, 환경은 뇌 기능에 어떤 영향을 미치는지, 사람들은 왜 뇌에 성차가 있다고 믿는지 등을 이야기한다. 또한 성차별을 막기 위해 우리는 어떻게 해야 할지도 살펴본다.

만만한 심리학개론
임현규 / 사회평론아카데미(2022)

심리학에 관한 단편적인 지식을 넘어 전공 학술서에서 만날 수 있는 심리학 개론을 만화 형식을 빌려 쉽고 친절하게 소개하고 있어, 심리학을 전공하고자 하는 학생들에게 매우 유용한 책이다. 심리학의 역사와 연구방법론부터 심리학의 생물학적 기반과 지각심리학, 학습심리학, 인지심리학, 발달심리학, 성격심리학, 이상심리학, 임상심리학, 상담심리학, 사회심리학에 이르는 내용뿐 아니라 최신 뇌영상기법부터 심리검사까지, 심리학에 관한 모든 것을 충실히 담고 있으며, 친절하고 쉽게 설명하고 있어 더욱 쉽게 심리학에 접근할 수 있도록 도와준다.

더 알고 싶은 심리학
한국심리학회 / 학지사(2018)

이 책은 대한민국 심리학자들의 대표 학술단체인 한국심리학회가 기획한 최초의 대중 교양서이다. 전공 서적이 아닌 만큼 심리학에 관심이 있는 학생이라면 기초지식이 없더라도 누구나 편하게 읽을 수 있는 책이다. 김경일 교수, 이수정 교수, 최인철 교수 등 유명 심리학자 16명이 모여 지각심리, 인지심리, 범죄심리, 광고 심리, 소비자 심리 등 기초부터 응용까지 심리학 전반의 내용이 알기 쉽게 쓰여 있어 심리학에 좀 더 편하고 재미있게 접근할 수 있을 것이다. 특히 저자들은 이 책을 통해 '내가 어떤 사람인가?'를 생각하며 자신에 대한 명확한 이해를 바탕으로 앞으로의 진로를 정하는 데 도움이 되길 바라고 있다.

스키너의 심리상자 열기
로렌 슬레이터(조증열 역) / 에코의서재(2005)

이 책은 20세기 천재적인 심리학자와 정신 의학자들의 위대한 심리실험 10가지를 흥미롭게 소개하고 있다. 특히 실험자와의 인터뷰와 개인적인 체험을 바탕으로 한 생생한 서술방식을 통하여 독자들에게 실험의 탄생 배경과 맥락, 함축적 의미까지 다양하게 소개하고 있다. 그뿐만 아니라 이 연구 자료들이 심리학자들의 과거와 미래에 어떤 자극을 제공했고, 그들이 그것을 어떻게 활용하고 또 활용에 실패했는가를 살펴봄으로써 미래를 생각하게 하는 기회를 동시에 제공해주고 있다.

상처 받지 않는 영혼
마이클 A 싱어(이균형 역) / 라이팅하우스(2014)

요즘 현대인들은 외부의 조건만 바뀌면 자신은 행복해질 것이라고 말하며 외부의 조건에서 행복을 찾으려 늘 노심초사한다. 저자는 이 문제의 해법으로 '그냥 내버려 두기'를 권하며, 사람들의 시선을 내면으로 돌리며 마음의 상처를 치유하는 방법을 소개하고 있다. 프로이트의 이드와 에고, 슈퍼에고로부터 시작된 이야기는 인도철학, 노자의 도덕경, 부처와 예수 등의 도움을 받아 흥미진진하게 펼쳐진다. 이처럼 삶을 놓고 벌이는 마음의 온갖 소동들을 적절한 비유를 통해 생생하게 보여주며, 그 곤경에서 빠져나오려는 방법을 일상의 언어로 친절하게 설명하고 있다.

심리학과 독서탐구활동 활용사례

자율활동 특기사항

다문화 이해 교육을 받고 우리 민족의 의미를 새롭게 생각하는 계기가 됨. 무의식중에 사용한 '한민족'이 누군가에겐 소외의 표현이 될 수 있으며 더는 우리나라가 단일민족이라는 말로 대표되는 국가가 아님을 인지하여 인종과 문화, 종교 등 다양성을 인정하는 국가가 되어야 한다고 주장함. 심리상담 전문가를 장래 희망으로 생각하고 있으며 또래 상담 활동을 통해 상담가의 자질을 함양하고 있음. 학급 신문에 관심 분야인 심리상담 전문가가 하는 일과 되는 방법 등의 직업 소개와 전공 안내, 개설 대학교 등을 소개함. 학생자치회 학생복지부 부장으로서 학생이 쉴 수 있도록 소파 설치를 건의하여 학생들이 쉴 수 있는 공간을 확보하는 데 이바지함. 한 달에 한 권 책 읽기 활동으로 **'만만한 심리학 개론(임현규)'**을 읽고 독서활동을 공유함. 이 책을 통해 심리학의 개념과 줄기를 잡을 수 있었으며 자신은 인지심리학에 관심이 더 있다는 것을 깨닫는 계기가 되었다고 소감을 작성함.

동아리활동 특기사항

(또래상담반)(34시간) 동아리 부장으로 부원 모집부터 선발까지 꼼꼼히 챙겨 상담가 자질이 있는 학생을 선발하기 위해 노력함. 한 달에 한 번씩 '친구야 이야기하자' 활동을 기획하여 많은 학생이 참여하도록 각 학년의 교무실 앞에 안내 포스터와 신청함을 비치해 두기도 함. 또래 상담자로서의 자질을 갖추기 위해 학교 또래 상담자 교육에 누구보다 열성적으로 참여하였으며, 배우는 자세가 매우 진지함. 풍부한 독서로 또래답지 않은 내적인 성숙함이 있으며 그러한 가운데에도 친구들의 마음을 이해하고 다독여주는 따뜻한 마음을 소유하고 있음. 인간 내면에서의 성격 형성과 감정의 작동 원리에 관심이 많아 **'성격의 발견(제롬 케이건)', '감정은 어떻게 만들어지는가(리사 펠드먼 배럿)'** 등의 책을 읽으며 지적호기심을 채워 나감. 동아리 부원들의 상담 역량을 신장시키기 위해 정기적으로 상담 사례 발표를 진행하는 등 부단히 노력을 기울여 성장하는 모습이 인상적인 학생임.

진로활동 특기사항

마음의 상처로 고민할 때 상담 선생님의 도움을 받고 자신도 누군가에게 도움이 되는 사람이 되고 싶다는 생각으로 심리학에 관심을 두게 됨. 독서를 통해 진로를 탐색하는 학생으로 **'스키너의 심리 상자 열기(로렌 슬레이터)'**를 읽고 심리학자의 자세를 배웠으며 하나의 심리학 연구가 우리 삶을 변화시키기도 할 정도로 중요한 의미가 있다는 것을 깨닫고 진지한 태도로 심리학을 연구하겠다는 다짐을 함. 고교-대학 연계 전공 탐색 활동에서 심리학과 강의를 듣고 심리학의 분야는 크게 기초심리학과 응용심리학이 있다는 것을 알게 됨. 자신은 응용심리학 분야에서 사람의 정신이나 행동장애를 공부하는 상담심리학에 더 관심이 있다고 생각하는 계기가 됨. 진로활동 시간에 자신의 관심 분야를 소개하는 활동에서 심리학과 상담심리학에 대한 자료를 정리하여 발표함. 진로연계 진학정보 탐색활동에서 자신이 목표로 하는 대학교의 입학전형을 찾아 모집 시기별로 심리학과의 전형 요소와 전형 방법을 정리함. 진로와 진학 정보를 바탕으로 고등학교 학업계획서를 교과와 비교과 활동을 나눠 구체적으로 작성함. 진로 탐색에 동기와 목표가 명확하여 흔들림 없이 정진하고 있는 학생으로 꾸준히 실천하면 좋은 성과가 나올 것으로 기대됨.

교과 세부능력 및 특기사항

윤리와 사상

행복한 삶을 쾌락과 금욕의 관점에서 나누어 설명하였으며, 윤리적 측면에서 쾌락을 추구하는 삶과 금욕적 삶의 특징을 공통점과 차이점으로 구분하여 제시함. 타인과의 관계를 주제로 일주일 동안 베푸는 삶을 실천하여 소감을 나누는 활동에서 처음이라 낯설었던 상황과 용기를 내어 주변에 도움을 주고자 했던 노력, 그리고 자신의 도움으로 기뻐했던 상대방의 웃음 등을 담백하게 얘기함. 대가를 바라지 않고 베풀었을 때 오히려 뿌듯함을 느꼈으며 앞으로도 이렇게 살아가야겠다는 다짐을 함. 진로연계 독서활동으로 **'남자와 여자의 뇌는 같을까?(카트린 비달)'**를 읽고 뇌인지과학에 관심을 가지게 되었으며, '우울할 땐 뇌과학(알렉스 코브)'을 통해 뇌 과학으로 우울증의 발병 원인과 증상을 밝히고 회복의 길은 무엇인지 알게 되었다는 소감을 작성함. 인간의 신경·정신적 문제를 과학적 방법으로 접근하는 뇌인지과학에 흥미와 적성이 있는 학생으로 과학적 사고력과 논리적 분석력을 갖춘 학생임.

심리학

인간의 행동과 심리에 관심이 많은 학생으로 장래 청소년 상담을 하고 싶다는 포부를 밝힘. 또래 상담이나 진로 특강, 독서 등을 통해 이미 상담에 관해 상당한 배경지식을 갖추고 있어 훌륭한 청소년 상담가로 성장할 가능성이 충분함. 왕따 문제를 주제로 한 심리 역할극에서 가해 학생과 피해 학생의 역할을 모두 수행한 후 모둠 내 토의를 진행함. 가해자의 입장일 때와 피해자의 입장일 때의 감정 변화를 상세히 나눠 학교 폭력 문제를 우리의 문제라고 인식하게 됨. **'상처받지 않는 영혼(마이클 A 싱어)'**을 읽고 자신의 내면을 살펴 상처를 받은 경험을 있는 그대로 표현하고 긍정의 언어로 기록해 보는 활동을 함. 자기 성찰이 잘 이루어지고 있는 학생으로 자신을 긍정적으로 인식하고 있음. 모둠활동에서도 활동 주제에 따라 역할을 정할 때 친구의 성향이나 성격을 고려하여 관계 정리를 잘 이끌어 매끄럽게 진행되도록 함.

행동특성 및 종합의견

공감 능력과 배려심이 뛰어나 도움이 필요한 사람을 그냥 지나치지 못하는 성격임. 학급자치회 회장으로서 공적인 일을 우선시하여 학생들의 신망을 얻음. 관심 분야에 탐구심이 강해 깊이 파고들어 원리를 깨우치고자 노력하며 논리적 인과관계를 중요하게 생각하는 학생임. 인간의 심리와 행동에 관심이 많아 관련 독서를 많이 하고 있으며 최근에는 인지심리학에 관심을 두고 **'세상에서 가장 재미있는 63가지 심리실험 뇌 과학 편(이케가야 유지)'**, '인지심리학은 처음이지?(김경일 외)'를 읽음. 인간의 뇌와 심리, 뇌의 정보 처리 등을 이해하게 되었으며 관련 자료를 탐색하여 포트폴리오로 만듦. 그동안 학습한 내용을 바탕으로 인지심리학적 관점에서 공부 방법을 정리하여 학급에 게시하고 본인이 알게 된 것을 다른 학생에게 전달해주는 등 배려심이 깊은 학생임. 수업 시간에 상호작용이 활발하고 효율적으로 필기를 하는 등 인지적 관점에서 공부의 원리를 이해하고 있으며 학업성취도가 매우 높은 학생임.

15 ▸▸ 정치외교학과

1 학과 인재상

정치·사회·경제 문제에
관심이 많은 학생

외국어에 대한
소양이 풍부한 학생

인문·사회과학 분야에
다양한 독서 활동으로
소양을 갖춘 학생

논리적으로 사고하고
합리적으로 소통할 수 있는
능력을 지닌 학생

국내·외 정세 변화를
정확히 분석하기 위해
논리적 분석력과
통찰력을 갖춘 학생

2 유사학과

- 안보학과
- 외교학과
- 정치학과
- 정치행정학과
- 통일학부

3 관련직업

- 공무원
- 국제기구종사자
- 기자
- 외교관
- 정치평론가

4 개설대학

- 강원대학교
- 건국대학교
- 고려대학교
- 단국대학교
- 대전대학교
- 부경대학교
- 부산대학교
- 서울대학교
- 아주대학교
- 연세대학교
- 영남대학교
- 인제대학교
- 인천대학교
- 인하대학교

- 전북대학교
- 제주대학교
- 충남대학교
- 충북대학교 등

학과 연계도서

군주론

마키아벨리 (김운찬 역) / 현대지성 (2021)

마키아벨리는 이 책에서 통치자는 권력을 장악하고 유지하기 위해 수단과 방법을 가리지 않아도 된다고 서술한다. 출간 후 '마키아벨리즘'이라는 용어를 낳은 이 사상으로 당시에는 금서 목록에 올라 대중들로부터 배척당했지만, 오늘날에는 현실정치의 개념을 제시함으로써 근대 정치학의 토대를 다진 책으로 평가받고 있다. 냉엄한 현실에서 리더가 갖춰야 할 역량을 담고 있다고 재평가받으며 하버드대, MIT, 서울대 등 유명 대학의 필독서로 선정되기도 한 책이다. 강력한 군주가 등장해 이탈리아를 통일하고 외세의 지배에서 해방하기를 바라는 마키아벨리의 열망도 볼 수 있다. 이 책을 읽다 보면 당시 유럽의 정세와 사회상을 세밀히 파악할 수 있고, 권력의 속성뿐 아니라 역사와 인간의 심리, 처세술, 리더십 등에 대한 통찰력을 갖게 될 것이다.

1984

조지 오웰(정회성 역) / 민음사(2003)

이 책은 조지 오웰이 1949년 발표한 근미래 소설로, 올더스 헉슬리의 『멋진 신세계』, 자먀틴의 『우리들』과 더불어 세계 3대 디스토피아 소설로 알려졌다. 소설의 무대는 가상의 초대 국가이자 극한의 전체주의 나라 오세아니아이다. 이 나라의 정치 통제 기구인 당은 '빅 브라더'를 내세워 독재 권력의 극대화를 꾀하는 한편, 정치 체제를 유지하기 위해 사상경찰, 마이크로폰, 헬리콥터 등을 이용하여 당원들의 사생활을 철저하게 감시한다. 인간의 기본적인 욕구까지 통제하려는 거대한 지배 시스템 앞에 놓인 한 개인이 인간 정신을 지키기 위해 어떻게 저항하고 파멸해 가는지, 그 과정과 양상, 배후를 적나라하게 보여준다. 정치와 사회 일반에도 중요한 의미를 가진 텍스트로서 현대 정치에 영향을 미친 책으로 꼽히기도 한다.

직업으로서의 정치

막스 베버(이상률 역) / 문예출판사(2017)

이 책은 근대의 마지막 대가 막스 베버의 정치적 유언장으로 평가된다. 이 책은 정치의 본질과 소명, 그 배반에 대한 현대의 모든 지적 상상력과 논의를 원천으로 간주한다. 정치의 의미와 정치가의 역할을 이해하기 위해 꼭 읽어야 하는 사회학의 고전이기도 하다. 이 책에서는 '지배의 정당성'에 대한 논의를 비롯하여 직업 정치가의 출현, 그 형태와 자질, 그리고 그 윤리를 다루고 있는데, 특히나 정치의 소명과 그 배반에 대한 통렬한 지적이 두드러진다. 정치가 풀어야 할 과제는 늘어났지만, 정치의 능력은 현저히 떨어진 오늘날, 이 위태로운 시기에 정치의 소명과 정치인의 자질에 대한 근본적인 성찰을 위한 길잡이가 될 수 있는 책이다.

민주주의 공부

얀-베르너 뮐러(권채령 역) / 월북(2022)

이 책은 전 세계의 정치 상황을 진단하며 '민주주의 현주소'를 돌아보는 책이다. 저자인 얀-베르너 뮐러 교수는 20세기 후반 새롭게 대두된 '포퓰리즘' 및 '포퓰리스트'를 정확하게 정의하고, 이를 판별할 수 있는 유용한 방법을 내놓아 반향을 일으킨 바 있는 정치 사상 연구자이다. 그는 이 책에서 민주주의가 어떤 체제이고 또 무엇이 될 수 있는지, '국민', '대의제', '정당', '언론' 등 기본 개념을 하나하나 되짚으며 제시하고 있다. 또한 민주주의가 어떻게 오용되고 강화될 수 있는지, 우리가 앞으로 어떻게 나아가야 할지 등 모든 측면에서 핵심을 파고들며, 사람들에게 깊은 통찰을 주는 내용을 소개한다.

세계는 왜 싸우는가
김영미 / 김영사(2019)

이 책은 오랫동안 세계 분쟁 지역을 취재해 온 국제분쟁전문PD가 아이들에게 들려주는 전쟁과 평화의 연대기이다. 모든 분쟁 지역은 각각 갈등의 역사가 있다. 그리고 그 근원을 추적해보면 정치와 권력, 경제와 종교, 민족과 영토라는 요소들이 얽히고설킨 채 좀처럼 해결하기 어려운 다양한 분쟁을 만들어 왔다. 이 책은 끊임없이 분쟁이 일어나며 많은 사람이 희생되고 있는 나라들의 분쟁 역사, 원인과 상황 등을 쉽고 간결한 문장으로 풀어내고 있다. 전쟁의 시대를 넘어 우리가 살아갈 미래를 위해 반드시 알아야 할 분쟁의 참상과 진실, 그리고 사람들의 삶을 생생하게 담아냈으며, 세계의 분쟁이 남의 일이 아니라 우리의 일임을 깨닫게 해준다.

국제 분쟁, 무엇이 문제일까?
김미조 / 동아엠앤비(2021)

인류의 역사를 '분쟁의 역사' 혹은 '전쟁의 역사'라 한다. 아시아, 유럽, 아프리카, 아메리카 대륙 어디서든 전쟁이 일어나지 않은 지역이 없고, 고대부터 지금까지 분쟁이 없었던 시기를 찾기가 어렵다. 이 책은 국제 분쟁이 생기는 이유부터, 팔레스타인과 미얀마, 이라크 전쟁까지 세계에서 일어난 국제 분쟁을 다루고 있다. 이를 통해 세계 각국의 분쟁 상황에 대한 나라별 역사적 배경을 이해하고 분쟁의 해결 방안을 찾아보는 데 도움을 준다. 우리가 역사를 배우는 이유는 과거의 잘못을 되새기며 현재 상황을 이해하고 앞으로 똑같은 실수를 저지르지 않기 위해서이다. 이 책을 읽으며 전 세계적으로 분쟁이 발생하고 있는 지역의 역사적, 정치적 배경을 알아보고, 인류가 평화를 위해 이러한 갈등을 어떻게 해결해야 할지 고민해 볼 수 있을 것이다.

코끼리는 생각하지 마
조지 레이코프(유나영 역) / 와이즈베리(2015)

정치는 프레임의 싸움이라 해도 과언이 아니다. 이 책은 '사람들은 왜 자신의 이익에 반하는 정당에 투표하는가?'에 대해 답하며, 현실정치에서 계몽주의가 통하지 않는지 이유를 명쾌하게 분석한다. 프레임이란 우리가 세상을 바라보는 인식의 틀이다. "코끼리는 생각하지 마!"라고 말하면 사람들은 코끼리를 생각하게 되며, 이것이 반복될수록 머릿속에서는 더욱 이미지가 활성화된다. 이러한 인지적 과정을 정치적 도구로 활용하는 것이 현대 정치다. 저자는 프레임을 활용한 사례를 통해 프레임이 어떻게 작동하였는지를 밝히며, 쟁점이 되는 사안을 프레임으로 재구성하는 것이 사회 변화의 길이라고 말한다. 이 책을 통해 독자는 정치인이 만들어 내는 프레임을 객관적으로 바라볼 수 있는 눈을 기르게 될 것이다.

정치외교학과 진로개발
이태동 외 2인 / 연세대학교(2019)

이 책은 정치외교학과 및 유사 학과에 재학 중인 대학(원)생 또는 진학을 희망하는 학생들에게 정치외교학과의 진로를 소개하기 위한 목적으로 기획되었다. 정치외교학은 세상의 변화와 더불어 누가, 무엇을, 어떻게, 왜 얻는가를 깊이 있게 연구하는 학문이다. 정치외교학을 전공한 사람은 정치인, 외교관뿐 아니라 기업, 언론, 시민사회 등 다양한 분야에 진출할 수 있다. 이 책에서는 정치외교학 분야의 진로 탐색 방법에서 시작하여 학계, 연구원, 국회 정치, 지방정치, 외교, 법조, 행정 공무, 공기업, 사기업, 언론, 시민사회 분야의 총 11가지의 진로를 담고 있다. 자신의 진로를 고민하는 대학원생들의 고민과 노력이 담겨 있어 독자들에게 더욱 생생한 내용을 전달한다.

정치와 도덕을 말하다
마이클 샌델(김선욱 역) / 와이즈베리(2016)

이 책은 저자 마이클 샌델이 그동안 공공 생활을 움직이는 도덕적 딜레마와 정치적 딜레마를 탐구한 평론 30여 편을 모은 책이다. 3부로 이루어져 있는 이 책에서, 저자는 현대 공생활 속에서 '좋은 삶'과 '우리'는 무엇인지 재조명하고 우리가 이런 주제들에 대해서 치열하게 고민해 볼 것을 권한다. 1부 '미국의 시민생활'에서는 미국 정치의 역사를 전반적으로 되짚어보는 논평들을 통해, 이 시대의 미국 국민이 시민의식에 둔감해져 있는 현실의 근원을 찾아볼 수 있다. 2부 '논쟁들'에서는 소수집단 우대정책, 배아줄기세포 연구 지원 등 치열하게 논의되어 왔던 여러 도덕적, 정치적 문제들에 대해 살펴본다. 3부 '공동체와 좋은 삶'에서는 오늘날 권리 중심의 자유주의 철학의 이론적 토대와 자유주의의 다양한 이형들을 살펴보고, 이에 맞서 다원주의적, 시민적 공화주의의 공공철학이 가지는 의미에 관해서 설명했다.

외교는 감동이다
유복근 / 하다(2020)

이 책의 저자는 20년이 넘도록 세계 곳곳을 누비고 있는 국제외교관이다. 외교관으로서 오래도록 국민의 안전과 국익을 위해 많은 임무를 수행하며, 그는 진정한 외교관이란 무엇인지 성찰해 왔다. 외교관을 지망하는 사람은 많으나, 실제로 대중들에게는 외교관이 하는 일이 무엇인지, 어떠한 과정을 거쳐 선발되고 어떻게 육성되는지 설명해 주는 창구가 부족했다. 저자는 일반적으로 알려진 외교관의 모습 너머, 대중들이 알 수 없었던 외교관 준비 과정과 실제 임무 수행, 시행착오 등 보다 구체적이고 생생한 대한민국 외교관의 이야기를 누구보다 풍부하게 전해준다.

정치외교학과 독서탐구활동 활용사례

자율활동 특기사항

학급 자치회장으로 학급 내 주제 토의를 할 때 다양한 의견이 나올 수 있도록 안건을 미리 공지하였으며 충분한 논의가 진행될 수 있도록 안건에 대해 모둠별, 찬반 토론 등의 형식을 활용함. 이러한 노력으로 단합이 잘 되는 반으로 칭찬을 받음. 자신의 관심 분야를 소개하는 '지식 나눔' 활동에서 정치 외교 분야의 이슈에 관한 기사를 소개하고, '논쟁거리'나 '시사점'으로 주제를 주고 답하는 형식으로 친구들이 시사 이슈를 챙길 기회를 마련함. 진로에 영향을 준 책을 소개하는 활동에서 **'세계는 왜 싸우는가(김영미)'**를 소개함. 뉴스로만 접했던 세계 여러 나라의 분쟁 원인과 상황을 역사적 측면에서 학생들에게 설명하고, 이러한 분쟁의 고리를 끊을 수 있는 것이 정치와 외교라는 생각을 하게 되어 이 분야에 진로를 정하게 되었다고 이유를 설명함. 학생자치회 위원으로 활동하며 학생의 권리 증진을 위해 학교 규정 개정에 적극적인 의견을 제시하여 인권 침해적인 규정 개정에 크게 이바지하였음.

동아리활동 특기사항

(사회문제탐구반)(34시간) 다양한 사회문제를 선정하여 학생 수준에서 문제의 원인과 해결 방안을 모색하고자 뜻을 같이하는 학생들이 모여 동아리를 조직함. 환경 문제를 주제로 환경 문제의 원인과 해결책을 조사하기 위해 국내외적으로 발생하는 환경 문제의 다양한 사례를 수집하여 모둠별로 발표를 진행함. 환경 오염을 줄이기 위해 개인 차원에서 접근할 수 있는 실천 방안을 토의하여 공동 약속으로 제정함. 사회적 불평등을 주제로 최근 쟁점이 되는 정규직과 비정규직, 유주택자와 무주택자, 소수자 문제, 경제적 양극화에 대해 모둠별로 조사하고 사례를 나눔. 문제의 원인과 쟁점을 토론하며 사회 구조의 복잡성을 알게 되었으며, 그럼에도 공공복지와 다양성 인정이라는 큰 원칙을 지켜나가는 사회가 되었으면 한다는 바람을 소감으로 발표함. 독서 토론 활동으로 **'민주주의 공부(얀-베르너 뮐러)'**를 읽고 모둠별 토론을 함. 우리나라의 민주주의를 진단하며 자기 생각을 논리적으로 전달하는 능력이 탁월함.

진로활동 특기사항

평소 정치·사회·경제 문제에 관심이 많아 언론 기사를 챙겨보기도 하고 유명 방송인의 1인 방송 채널을 구독하며 시사 감각을 키우고 있는 학생임. 진로를 탐색하기 위해 정치와 경제, 사회문제 탐구 과목을 선택해 수강하며 진로를 구체화하고 있음. 특히 방송언론계 종사를 희망하고 있어 관련 주제 탐구 활동에 적극적으로 참여함. 고교-대학 연계 전공 멘토링 활동에서 '정치외교학과'를 희망하여 대학전공 과정과 진출 분야 등에 대한 정보를 얻고, 고등학교에서 어떻게 생활했는지 등을 질문하여 자신의 진로 계획 수립에 도움을 받았다는 소감을 작성함. 진로 수업 시간에 진행한 진로 비전 선포식에서 '기자'를 관심 직업으로 하여, 어떤 직업인이 될 것인지 포부를 밝히고 자질을 갖추기 위해 어떻게 준비할 것인지 계획을 수립하여 발표함. 발표에서 기자정신을 잃은 기자를 비난하는 표현을 거론하며 자신은 기자윤리와 기자정신을 잃지 않고 정의와 약자 편에서 목소리를 대변하는 사람이 되겠다는 포부를 밝힘. 한 학기 한 권 진로독서활동으로 **'코끼리는 생각하지 마(조지 레이코프)'**를 읽음. 책을 통해 누가 프레임을 유리하게 만드는가에 따라 유불리가 달라지는 정치공학의 단면을 알게 되었으며 현실정치를 이해하는 계기가 되었다는 소감을 발표함.

교과 세부능력 및 특기사항

한국사

한국의 역사에 매우 흥미가 높고 사건의 인과관계를 종합적으로 판단하는 능력이 뛰어남. 한국사를 주변국과의 관계 속에서 이해하려는 노력을 통해 학생의 잠재력을 짐작할 수 있었음. 수업 내용을 자신이 공부하며 이해한 것으로 구조화하여 정리하는 능력이 뛰어나 문제의 맥락 파악이 정확하고 빠름. 탐구주제 활동으로 '6월 민주 항쟁의 의의'를 정하여 6월 민주 항쟁의 발생 원인과 전개 과정, 성과를 조사하여 마인드맵으로 도식화하여 발표함. 탐구 활동을 통해 민주주의 성취 과정에 수많은 사람의 희생이 있었으며, 그 결과 자신이 자유를 누릴 수 있다는 것에 감사한 마음을 갖게 되었다는 소감을 발표함. 관심 분야 독서활동으로 **'정치와 도덕을 말하다(마이클 샌델)'**를 읽고 서평을 작성함. 책을 통해 현실정치 속에서 '공동체의 규범'이나 '도덕적 가치'를 왜 잊어서는 안 되는지 고민하는 계기가 되었다고 소감을 표현함.

세계지리

평소 사회적 문제를 여러모로 살펴보기 좋아하며 국내외 정세 변화에 호기심을 갖고 탐구하는 학생임. 일상생활 속에서 경험할 수 있는 세계화와 지역화 현상에 관해 사례를 들어 정확히 설명할 수 있으며, 세계화가 지역의 정체성 형성에 미치는 변화를 조사하여 발표함. 세계의 주요 인구 이주 사례들에서 보이는 이주의 주요 유형을 파악한 후 적용하는 활동을 함. 탐구주제로 '우리나라로 이주하는 인구 이동의 유형과 인구 이동에 따른 사회적 영향'에 대해 자료를 조사하여 발표함. 외국인 노동자의 인구 비율이 높은 지역의 모습을 사진으로 첨부하여 인구 이동과 지역사회의 변화를 적합하게 제시함. 외국인 노동자의 유입이 가져오는 경제적 효용성과 부작용을 다룬 기사를 스크랩하여 사실관계의 이해를 도움. 진로독서활동으로 **'직업으로서의 정치(막스 베버)'**를 읽고 독서 일지를 작성함. 세상과 연결하여 책 읽기 활동에서 현실 정치인에 비교한 냉철한 분석이 인상적임.

행동특성 및 종합의견

겸손하고 매사에 솔선수범하며 교우관계도 원만함. 스포츠클럽 선수 지원, 학교 체육대회 선수 지원, 융합과학 프로젝트 활동, 사회문제 해결 프로젝트 활동, 급식 도우미 활동, 방학 중 독서캠프 참여 등 다양한 학교 활동에 열성적으로 참여하며 협동 정신, 봉사 정신을 함양하고 진로 탐색도 구체화하고 있는 종합형 인재임. 전 과목에 걸쳐 아주 우수한 학업 성취를 보이고 있으며 또래 멘토링 활동에서 수학학습이 부진한 친구들의 멘토로서 친절하면서도 이해하기 쉽게 설명하여 친구들이 수학 과목에서 눈에 띄게 성적이 향상됨. 폭넓은 독서활동으로 시사상식이 풍부하고 특히 외교 분야에 관한 관심으로 **'정치외교학과 진로개발(이태동 외)'**을 읽고 다양한 진출 분야를 탐색하여 외무공무원에 대한 꿈을 갖게 되었으며, **'외교는 감동이다(유복근)'**를 통해 외무공무원이 지녀야 할 자세와 태도를 고민함. 외국어 능력이 우수하고 풍부한 소양 능력을 갖춰 장차 외교 분야에서 우수한 자질을 드러낼 것으로 기대됨.

16 ▶▶ 지리학과

1 학과 인재상

우리 국토의 아름다움과
소중함을 몸으로
느껴보고 싶은 학생

컴퓨터 활용 능력
및 수리적 능력이
있는 학생

과학적 사고를 바탕으로
주변 환경에 대한
관찰력이 있는 학생

자연현상과 인문 현상을
통합적으로 이해하고 싶은 학생

여행을 좋아하고 모험심과
도전정신이 있는 학생

2 유사학과

- 토지정보관리과
- 토지행정학과

3 관련직업

- 감정평가사
- 국토연구원
- 지도제작 및 GIS전문가
- 해양연구원

4 개설대학

- 건국대학교
- 경북대학교
- 경희대학교
- 공주대학교
- 상명대학교
- 서울대학교
- 성신여자대학교
- 신라대학교
- 전남대학교 등

왜 지금 지리학인가

하름 데 블레이 (유나영 역) / 사회평론(2015)

세계는 밀접하게 연결되어 긴밀하게 상호작용하고 있다. 이슬람 무장 단체 IS에 가입하기 위해 시리아로 가는 다른 나라 아이들 이야기, 지구 반대편 서남아시아에서 발생한 메르스라는 낯선 질병, 이제는 다른 나라에서 일어나는 남의 이야기가 아니다. 지구의 모든 나라들이 연결되어 상호작용하고 있는 현재, 저자는 다른 나라에 대한 지리학적, 문화적 이해 없이는 갈수록 복잡해지는 21세기의 국제 관제를 이해하며 살아갈 수 없다고 말한다. 지구의 역사부터 인류가 겪은 사건들과 각 대륙이 위치한 장소와 그 안의 사람들이 처한 상황을 체계적으로 살펴보고 있다. 앞으로 다가올 세계적 위기를 대처하기 위해 지리학적으로 설명하고 있다.

지리의 힘

팀 마샬 (김미선 역) / 사이(2016)

우리의 삶은 언제나 땅에 의해 형성되어 왔다. 30년간 언론인으로 활동한 외교 전문가이자 국제 문제 전문 저널리스트 팀 마샬은 정치, 경제, 전쟁, 권력, 사회적 발전 등을 지리적 특성에 따라 살펴보고자 한다. '중국은 왜 그렇게 영유권 분쟁을 일으키면서까지 바다에 집착하는지, 러시아는 어떤 지리적 아킬레스건을 가졌기에 초강대국이 될 수 없는지, 미국은 어째서 초강대국이 될 수밖에 없었는지, 한국에는 왜 사드가 배치되는지, 파키스탄보다 인도가 더 빨리 성장하는 이유는 무엇인지, 왜 세계는 남극이 아닌 북극으로 향하는지' 등의 문제들을 지리라는 렌즈를 통해 살펴보고 있다.

이야기 한국지리

최재희 / 살림FRIENDS(2016)

이 책은 청소년들에게 어렵게 느껴지는 '한국지리'라는 과목을 이야기 형태로 다가가 흥미를 느낄 수 있도록 해준다. 청소년들이 직접 돌아보기 힘든 우리나라 구석구석을 간접 체험할 수 있도록 소개한다. 1부에서는 자연지리로 남해안의 형성과정, 석호의 형성과정 등을 다루며 리아스식 해안, 경포호, 주상절리대, 기온 역전 현상, 사구 등과 같은 수업 시간에 다루는 내용을 포함하고 있어 친숙하게 느끼게 된다. 2부에서는 인문지리로 행정 수도인 세종시의 지리적 특성, 안동과 고등어의 비밀 등 사회적 이슈가 되었던 내용도 소개되며 사람에 대한 이해를 바탕으로 한국지리를 접할 수 있도록 한다.

처음 지리학

공우석 / 봄마중(2022)

저자는 지리는 세상을 보는 눈을 가질 수 있게 하고 이를 통해 앞으로 어떻게 세상을 살아야 할지 해답을 찾을 수 있게 한다고 말하고 있다. 또한 자연과학, 사회과학, 인문학 등 거의 모든 학문과 연관되어 있어 통합적 사고 능력과 폭넓은 세계관을 기르는 데도 필수적이며, 21세기에는 그 중요성이 더욱 커지고 있다고 말한다. 지리학의 역사와 분야, 답사의 의미, 지도에 얽힌 다양한 이야기, 지명의 중요성, 지리학을 공부하고 나서 가질 수 있는 직업, 지리학이 가진 현재의 고민 등의 내용을 담고 있다.

1 인문계열

2 사회계열 · 지리학과

3 자연계열

4 공학계열

5 의약계열

6 예체능계열

7 교육계열

지리의 쓸모
전국지리교사모임 / 한빛라이프(2021)

이 책은 현·전직 지리 교사들이 지리에 관한 다양한 정보를 재미있게 꾸며 독자에게 지리에 대한 흥미를 느낄 수 있도록 해준다. 교과서에서 만날 수 없었던 100여 장의 다채로운 지도 이미지와 교과서에서는 간단히 언급했던 문제들을 깊이 있게 다루고 있다. '왜 대구가 우리나라에서 가장 남쪽에 있는 도시 제주보다 훨씬 더울까?, 왜 전체 인구의 절반이 수도 서울과 서울의 주변 경기도에 모여 살게 되었을까?, 왜 냉면은 함흥냉면과 평양냉면으로 나뉘었을까?' 등 평소에 궁금해했던 내용을 포함하여 우리나라의 최신 이슈를 주제로 지리라는 렌즈를 통해 탐구한다.

도시의 승리
에드워드 L. 글레이저 (이진원 역) / 해냄출판사(2021)

도시경제학 분야의 세계적인 권위자인 하버드 대학 경제학과 에드워드 글레이저 교수의 저서이다. 그는 도시란 인재와 기술, 아이디어와 같은 인적자원을 한곳에 끌어들여 혁신의 중심지가 되며, 도시에서의 소득은 한 나라 전체의 소득의 절반 이상으로 도시는 건강과 부의 기회를 제공한다고 말하고 '인류 최고의 발명품은 도시'라고 주장하고 있다. 이 책은 총 10장으로 뉴욕에서 인도 뭄바이까지 전 세계 도시의 흥망성쇠와 주요 이슈들을 흥미롭게 제시하고 있다. 인구의 절반 이상이 도시에 사는 오늘날 도시과밀화, 도시 주택정책의 혼선, 대규모 행정도시 건설 등의 문제점들에 대한 올바른 비전과 정책 방향을 제시하여 가장 살기 좋은 곳이 바로 도시임을 증명하며 도시를 둘러싼 다양한 쟁점들을 자세히 다룬다.

빈곤의 연대기
박선미, 김희순 / 갈라파고스(2015)

이 책은 세계 여러 가난한 나라가 처한 빈곤을 다양한 사례를 통해 살펴보고 있다. 우리가 일상적으로 소비하는 신선한 바나나, 향긋한 커피, 달콤한 초콜릿, 맛있는 새우는 세계 여러 나라에서 많은 양이 소비되고 있다. 그러나 자원이 풍부한 생산국들은 빈곤에서 벗어나지 못하고 계속해서 가난할 수밖에 없다. 저자는 세계 경제 체제의 불공정하고 불균형적인 단면을 파헤치고자 한다. 콩고민주공화국, 르완다, 짐바브웨, 소말리아, 과테말라, 방글라데시, 볼리비아 등 빈곤 국가들의 사례를 통해 제국주의와 신자유주의 정책이 어떻게 빈곤을 생산하고 확대하고 고착화하는지를 살펴보고 빈곤에서 벗어날 수 있는 대안을 찾고자 한다.

완역 정본 택리지
이중환(안대회 역) / 휴머니스트(2018)

우리나라 최초의 인문 지리서로 평가받는 택리지는 조선 실사구시 학풍의 실학자 이중환이 전국을 다니면서 지리, 사회, 경제를 연구하여 현실에 대한 깊은 통찰력과 함께 민담, 풍속, 역사 등을 담은 책이다. 이중환은 "무릇 살 터를 잡는 데는 첫째, 지리가 좋아야 하고, 다음 생리(돈벌이)가 좋아야 하며, 다음으로 인심이 좋아야 하고, 또 다음은 아름다운 산과 물이 있어야 한다. 이 네 가지에서 하나라도 모자라면 살기 좋은 땅이 아니다."라며 18세기 중엽 조선의 생활권을 중심으로 '살 만한 땅이 어디인가?'에 대한 답을 찾아간다.

문학 속의 지리 이야기
조지욱 / 사계절(2014)

고등학교 지리 교사인 저자는 '어떻게 하면 학생들이 지리의 재미와 가치를 느낄 수 있을까?'라는 고민을 시작으로 우리에게 친숙한 20여 가지 문학 작품을 지리적 시각으로 펼쳐냈다. 이 책은 지리학을 문학 속의 공간적인 배경이 아닌 작품 속 인물의 한계, 공간의 한계를 상상하고 그것을 넘어서 작품을 이해하는 데 필요한 부분으로 보고, 지리학의 관점에서 색다르게 해석하여 흥미를 자극한다. 세계적 거짓말쟁이가 탄생한 배경으로 '양치기 소년과 늑대'를, 허 생원이 장을 떠돌며 산 이유로 '메밀꽃 필 무렵'을, 네로가 하루도 쉬지 못한 이유로 '플랜더스의 개'를 연관 지어 설명하는 등 유명한 문학 작품을 통해 지리를 배울 수 있는 책이다.

공간과 장소
이 푸 투안 (윤영호 외 1인 역) / 사이(2020)

이 책은 세계적 인문지리학의 대가인 이 푸 투안의 대표작으로 공간과 장소의 관계에 대해 말하고 있다. 어떻게 장소는 정체성과 아우라를 갖는가? 그에 대한 답을 찾기 위해 이 책은 인간이 세계를 어떻게 경험하고 이해하는가에 초점을 둔다. 공간은 움직임이 일어나는 곳으로 자유를 상징하며, 장소는 정지가 일어나는 곳으로 안전을 상징한다. 장소에 애착을 갖지만 동시에 공간을 갈망하며 처음에는 별 특징이 없던 공간은 우리가 그곳을 더 잘 알게 되고 그곳에 가치를 부여할 때 그것은 장소가 된다. 저자는 공간과 장소에서의 인간의 경험, 감정을 강조하며 '장소 애'라는 개념으로 우리의 경험들이 공간과 장소에 의미를 불어넣는다고 말하고 있다.

자율활동 특기사항

학급 학습부장으로 교내 대회, 수행평가 자료 등을 잘 취합하여 학급 온라인망에 게시하여 학생들에게 큰 도움을 줌. 주제가 있는 여행을 좋아해서 여행을 다녀온 후에는 꼭 자신의 블로그에 여행기를 남기는데, 여행지에 대한 상세한 안내와 사진 자료를 첨부하는 등 관찰력이 뛰어나고 꼼꼼해서 여행안내서로도 훌륭함. 도시계획과 도시재생 분야에 관심이 있는 학생으로 자유 주제 발표 활동에서 '우리 지역에 얽힌 역사 이야기'를 발표함. 지역에 관한 역사적 사실을 언급하고 1900년대 초반과 6.25 전쟁 후, 1980년대와 현재의 사진을 첨부하며 시대적 상황과 변화상을 흡인력 있게 설명함. 지식이 풍부하며 언어적 전달력이 우수해 학생들의 호응이 높았음. 학급 독서활동으로 **'지리의 힘(팀 마샬)'**을 읽고 서평을 작성하여 제출함. 책을 읽고 우리나라에서나 세계에서 일어나는 정치·경제·전쟁·권력·사회적 발전 등을 지리적 관점으로 바라보게 되었고, 지리학에 더 흥미를 갖게 되었다는 소감을 작성함.

동아리활동 특기사항

(지리신문제작반)(34시간) 자신이 사는 지역의 역사, 문화에 관심이 많은 학생으로 사회 과목과 역사 과목에 흥미가 있음. 한국 지리 시간에 지역과 문화, 생태 등에 관한 수업을 듣고 지리학에 관심을 두게 되어 뜻이 맞는 학생들과 동아리를 조직하여 활동을 시작함. 활동 계획 수립부터 운영까지 어려움이 많았지만 상호 간 신뢰와 협의로 의사결정을 하는 모습이 성숙함. **'이야기 한국 지리(최재희)'**를 읽고 우리나라를 인문 지리로 살펴보는 활동을 함. 주제 탐구 활동에서 각종 선거가 끝난 후 TV 방송에서 지역별 당선 현황을 우리나라 지도에 색깔로 표시한 것을 참고하여 '색으로 보는 우리나라 지역 구도'를 제시하며 선거에서 반복되는 지역주의의 문제를 지적함. 그리고 우리나라에 등록된 외국인 근로자의 지역별 통계자료를 조사하여 지역 특성에 따른 인구 구조를 분석하는 활동을 함. 지리학의 융합적 성격을 잘 이해하고 적용하는 능력이 탁월하여 지적탐구심을 길러간다면 큰 성장이 기대됨.

진로활동 특기사항

현재 직업이나 전공을 뚜렷하게 정하지 않았지만, 부모님과 여행을 많이 다녀 본 경험으로 우리나라 지리를 더 알아보고 싶다고 생각하고 있으며, 관련 직업을 탐색할 계획을 하고 있음. 고교-대학 연계 전공 체험활동에서 '지리학과' 강연에 참여함. 강연을 통해 대학교에서 배우는 교육과정과 진출 직업을 구체적으로 알 수 있었으며, 대학 진학을 위해 준비할 사항을 알게 되어 유익한 시간을 보냄. 지리학과에 재학 중인 대학생의 학교생활 이야기를 듣고 지리학에 더 관심이 생겼다는 소감을 작성함. 진로연계 독서활동 시간에 **'이야기 한국 지리(최재희)'**를 읽고 독후감을 작성함. 책을 통해 자신이 그동안 생각해 왔던 지리학의 개념이 자연지리에 머물러 있었음을 깨닫고, 지리학의 영역이 매우 넓다는 점과 인문 사회를 아우르는 식견이 있어야 한다는 점을 깨달음. 관심 주제 탐구 발표 시간에 우리 지역을 대표하는 독립운동가를 소개하고 생가와 독립운동 활동 장소 등을 답사하는 경로로 지역 관광 상품 개발 아이디어를 냄. 안내 자료에 지역의 역사와 문화, 지리적 특성을 지도와 사진으로 첨부하여 짜임새 있게 구성하였으며 완성도가 높음. 자신이 사는 지역의 역사·문화적 특징을 잘 알고 있으며 지리에 관심이 많은 학생답게 지리적 특징도 자료에 근거해 정확하게 제시하여 해당 분야 발전 가능성이 기대되는 학생임.

교과 세부능력 및 특기사항

한국지리 ▷

교과 내용에 관한 복습을 철저히 하여 본 차시 수업에 집중하려는 의지가 돋보이고 궁금한 점은 항시 수업이 끝나고 질문을 함. 수업에 지장을 주지 않으려는 태도가 엿보이는 사례로 예의가 바른 학생임. 세계 속에서 우리나라의 위치와 영역이 갖는 특성을 바탕으로 독도를 둘러싼 일본의 독도 영유권 주장의 근거를 탐색하고 역사적 사료를 근거로 이에 대한 반박 자료를 제작함. 자신이 거주하고 있는 지역의 생태관광코스 계획하기 활동에서 지역 자료를 조사하고 환경 영향을 고려한 '건강 지키기 관광 코스'를 소개하는 안내 자료를 만들어 발표함. 현장 답사를 하여 해당 지역의 사진 자료를 여행 코스별로 삽입해 수준 높은 결과물을 만들어 냄. 진로 연계 독서로 **'문학 속의 지리 이야기(조지욱)'**를 읽고 익히 알고 있던 문학 작품 속에서 이야기의 흐름이 지리학이라는 관점에서 어떻게 해석이 되는지 새로운 시각으로 이해하게 되었다고 소감을 발표함.

세계지리 ▷

자연현상이나 사회·문화 현상을 지리학적인 관점에서 공부하고 싶은 학생으로 여행, 역사, 지리 등에 배경지식이 풍부함. 동·서양의 고지도에 나타난 세계관을 오늘날의 세계지도와 비교하여 발표하는 활동에서 지리 정보의 특징을 구체적으로 표현함. 자유 주제 활동으로 '생활 속 이산화탄소 줄이기'를 정해 한 달간 실천한 내용을 도표로 작성하여 발표함. 물건 사러 갈 때 장바구니 가져가기, 양치컵 사용하기, 엘리베이터 대신 계단 오르기, 쓰레기 분리 배출하기를 실천 항목으로 정해 실시한 날을 꼼꼼히 표시하여 탄소발자국 지도를 그림. 처음에는 익숙하지 않아 힘이 들었지만 작은 행동이 모이면 큰 변화를 가져올 수 있다는 생각으로 지속했다는 소감을 발표함. 진로독서활동으로 **'처음 지리학(공우석)'**을 읽고 서평을 작성. 책을 통해 공간을 중심으로 다양한 학문을 종합하는 지리학에 매력을 느꼈으며, 정치문제나 사회문제, 지역문제를 보는 관점이 이전과는 달라졌다는 소감을 작성하여 제출함.

행동특성 및 종합의견

호기심이 많고 탐구 정신이 뛰어나며 설정한 목표를 이루기 위해 단기계획과 장기계획을 세워 구체적인 실천 방안으로 달성해가는 학생으로 실행력이 매우 뛰어남. 다른 학생과의 관계에서는 수용적이고 도움이 필요한 학생에게 먼저 다가가 손을 내미는 마음이 따뜻한 학생임. 평소 사회문제에 관심이 많은 학생으로 관련 도서와 시사 뉴스를 챙겨보며 세상을 보는 눈을 기르고 있음. 어떤 현상을 다양한 측면에서 생각해보려는 노력을 많이 하여 학습 결과물이 단편적이지 않고 수준이 높음. 지리 분야에 관심이 많아 '독서 문학 기행', '지역 문화 탐사'에 참가하였으며, 일본의 독도 영유권 주장에 대한 고증 자료를 정리하여 포스터로 제작하는 등 실천적인 활동을 하며 진로 탐색을 구체화하고 있음. 진로 탐색 과정에서 읽은 **'왜 지금 지리학인가(하름 데 블레이)'**와 **'공간과 장소(이 푸 투안)'**를 통해 국제 관계를 이해하는 눈이 날카로워졌으며, 인문학적인 측면에서 지리학을 바라볼 수 있는 역량도 기름.

17 ▸▸ 항공서비스학과

1 학과 인재상

세련된 매너와
봉사 정신을 갖춘 학생

외국어 능력이
우수한 학생

건강한 체력과
위급한 상황에 침착히
대처할 능력을 갖춘 학생

국제적 문화 감각과
의사소통 능력을 겸비한 학생

기내 및 공항운송 서비스에
필요한 보안 및
안전 전문지식을 갖춘 인재

2 유사학과

- 항공경영과
- 항공비서과
- 항공서비스경영학과
- 항공운항학과

3 관련직업

- 크루즈승무원
- 항공기객실승무원
- 항공사지상직근무요원
- 호텔컨시어지

4 개설대학

- 가톨릭관동대학교
- 경남대학교
- 광주대학교
- 대림대학교
- 동양대학교
- 두원공과대학교
- 배재대학교
- 백석예술대학교
- 부산외국어대학교
- 세명대학교
- 영산대학교
- 용인송담대학교
- 우석대학교
- 청주대학교
- 한국교통대학교
- 한국항공대학교 등

5

학과 연계도서

1
인문계열

2
사회계열 · 항공서비스학과

3
자연계열

4
공학계열

5
의약계열

6
예체능계열

7
교육계열

어쩌다, 승무원
김연실 / 언제나북스(2022)

저자는 약 5년간의 비행을 마치고 지금은 학생들의 취업 멘토링을 하며, 글도 쓰고 그림도 그리는 'N잡러'이다. 저자는 친절한 미소 뒤에 숨겨진 승무원들만의 비밀스러운 뒷이야기, 겪어보지 않으면 알 수 없는 값진 경험을 책 속에 담아냈다. 승무원에 대한 궁금증과 여행 시 팁이 될 만한 정보도 함께 넣어 두었다. '똘끼' 충만한 전직 승무원이 들려주는 생생하고 솔직한 비행 스토리를 통해 승무원이라는 직업의 화려한 겉모습 이면에 자리한 따뜻하고 친근한 모습을 함께 바라볼 수 있는 책이다.

당신은 승무원의 자질이 있습니까?
주지환 / 백산출판사(2020)

이 책은 승무원 준비를 고민하거나, 승무원 준비를 하고 있거나, 혹은 준비를 포기하려는 단계에 와 있는 학생들을 위한 참고서 같은 책이다. 이 책은 승무원이라는 직업에 대해 현실적인 시선으로 접근한다. 승무원 준비를 고민하는 단계의 학생이라면 이 책을 통해 승무원의 자질과 조건, 준비 방법 등 각자 가지고 있는 질문에 대한 솔직한 답변을 얻을 수 있다. 그리고 승무원을 준비해 나가고 있는 학생들에게는 자소서, 면접 준비 방법 등 실질적으로 도움이 될 수 있는 여러 자료를 제공한다.

합격하는 승무원은 따로 있습니다
곽원경 / 라온북(2020)

저자는 비행 경력 17년의 승무원이다. 일등석의 탑 시니어로 근무하고, 대통령 전용기에 탑승하는 등 풍부한 경험을 갖추기도 했다. 저자는 다양한 경험을 바탕으로, 실제 항공사에서 선호하는 승무원의 자질과 태도에 대해 알려준다. 특히 이 책에서는 승무원이 되기 위해 어떤 역량과 능력, 인성을 먼저 준비해야 하는지 알려주어, 기존의 획일화된 승무원 지침서가 담지 않은 내용을 알려준다. 승무원은 화려하기만 하거나 힘들기만 한 직업이 아니다. 서비스 전문직으로서의 자긍심을 가진 진정한 프로 승무원이 되고자 하는 사람들에게 도움이 될 수 있는 책이다.

파일럿의 진로탐색비행
최재승 / 누벨끌레(2019)

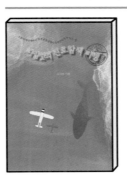

이 책의 저자인 최재성 기장은 공군사관학교를 졸업하고 군에서 전투기 조종사로 근무했고, 아시아나항공에서 비행시간 1만 6천 시간을 넘은 베테랑 조종사다. 저자는 민과 군의 경계를 넘나들며 현장에서 직접 경험한 것을 바탕으로 방대한 자료를 정리했다. 현장에서 직접 경험한 것을 바탕으로, 조종사, 항공정비사, 항공교통관제사, 운항관리사 등 항공분야에 대한 진로 정보를 세세히 알려준다. 현실적인 입시 문제와 민항사 입사 문제 등 청소년들이 정보를 수집하기 힘든 분야까지도 아우르고 있어, 항공 분야에 관심이 있는 누구에게나 좋은 진로 지침서가 될 것이다.

글로벌 코드로 일하라
곽정섭 / 라온북(2017)

지금은 전 세계가 네트워크망으로 연결되고 실시간으로 소통하며, 개인, 국가, 기업이 국경을 넘어 경쟁하는 '글로벌 4.0시대'라고 불린다. 우리나라는 그간 작은 영토와 반도 국가라는 지리적 한계, 자원 부족 등의 한계가 있었지만, 글로벌 4.0시대에 이러한 조건은 이제는 한계로 작용하지 않는다. 이 책에는 30여 년간 동남아·인도·유럽 등 세계 곳곳을 누비며 세계 시장을 개척한 저자의 이야기가 담겨 있다. 저자는 글로벌 진출에 대한 도전정신, 통찰력 있는 글로벌 마인드 등에 대해 역설하며, 세계 시장에서 환영받는 인재가 갖춰야 할 글로벌 비즈니스 마인드를 알려준다. 대한민국의 청년들이 주인공으로, 세계무대에 설 기회를 놓치지 않도록 큰 세계 시장에서 가능성을 펼칠 수 있는 구체적인 방안을 제시해 준다.

호모 루덴스, 놀이하는 인간을 꿈꾸다
노명우 / 사계절(2011)

이 책은 그동안 읽기 어려웠던 『호모 루덴스』를 흥미로운 사례들로 재구성하여 내용을 인상적으로 전한다. 근대로 접어들면서 놀이 정신은 쇠퇴한다. 『호모 루덴스』에서 하위징아는 이를 통해 놀이 문화가 야만으로 돌아갔음을 분석했지만, 근대인이 어떻게 놀이 정신을 회복할 수 있는지 방법을 제시하지는 못했다. 『호모 루덴스, 놀이하는 인간을 꿈꾸다』는 놀이 문화를 회복하기 위해 궁극적으로 어떤 것을 바꿔야 하는지 제시한다. 귀족적 시각에 대한 비판을 바탕으로 하위징아가 제시한 문제의식을 계승한 이 책은 상호 협력으로 이뤄지는 새로운 세계의 가능성을 볼 수 있는 도서이다.

여행의 기술
알랭 드 보통 (정영목 역) / 청미래(2011)

독창적인 시각으로 사랑, 건축, 철학, 종교 등 다양한 주제에 대해 글을 써온 저자는 '일상성의 발명가'로도 불린다. 이 책에는 그의 번뜩이는 지성과 무심한 듯한 매력이 담겨 있다. '출발, 동기, 풍경, 예술, 귀환'의 다섯 장으로 나누어지는 이 책에는 아홉 개의 지역과 여러 곳의 장소, 여러 명의 안내자가 등장한다. 암스테르담에서의 이국적인 것에 대한 고찰, 시나이 사막에서의 숭고함 등 여행을 통해 만나는 모든 것들로부터 느낄 수 있는 다양한 가치를 담고 있다. 그리고 이러한 가치를 독자들이 곰곰이 생각해 보게 한다. 여행을 떠나려는 사람들에게 여행지뿐만 아니라 여행을 어떻게 가야 하고, 왜 가야 하는지를 알려주는 책이다.

항공기 조종사
박지청 / 푸른들녘(2017)

이 책은 조종사의 세계를 알려주는 도서이다. '항공기 조종사'라는 꿈을 실현하는 데 필요한 정보를 구하는 사람, 조종사들의 진짜 세계를 알고 싶어하는 사람들을 위해 기획되었다. 1장 프롤로그부터 8장 에필로그까지, 조종사의 전망과 민, 군 조종사가 되는 방법, 자질과 합격 노하우 등 항공기 조종사에 대한 다양한 정보를 전달한다. 기종별 조종사의 길을 보여주고, 항공기 조종사가 되는 데 꼭 필요한 자격 및 조건들을 한눈에 파악하게 해주는 친절하고 완벽한 가이드북이다.

나의 직업 스튜어디스, 스튜어드
꿈디자인LAB / 동천출판(2018)

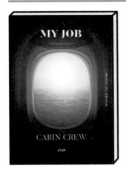

이 책은 객실 승무원을 꿈꾸는 사람을 위한 직업정보 도서이다. 객실 승무원은 여행과 일, 두 마리 토끼를 동시에 잡을 수 있어서 남녀 모두 선호하는 직업 중 하나로 손꼽히기도 한다. 하지만 승객의 안전을 지키고 여행의 시작과 끝을 함께 해야 하는 사명을 지니고 있기도 하다. 무거운 짐을 날라야 하고, 언제나 뛰어다니며 힘들어도 웃어야 하는 고충도 있다. 이 책에서는 객실 승무원이 어떤 일을 하는지, 장단점은 무엇인지, 객실 승무원이 되는 방법에는 어떠한 것들이 있는지 등을 상세히 다루고 있다. 직업으로서의 객실 승무원을 궁금해하는 사람들에게 유익한 정보는 물론 흥미를 불러일으킬 만한 이야기를 제공한다. 이를 통해 정보와 재미 두 가지를 모두 충족시키며, 읽는 이들에게 다양한 볼거리를 제공해줄 것이다.

구름 위의 지휘관, 파일럿
한고희 / 라임(2016)

이 책은 파일럿이 어떤 일을 하는 사람인지, 저자는 어떻게 파일럿이 되었는지, 파일럿은 주로 어떤 일을 겪게 되는지 등 파일럿에 대한 모든 비밀을 속속들이 알려준다. 저자는 공군사관학교를 졸업하고 1만 시간이 넘는 비행시간과 그에 걸맞은 풍부한 경험을 가진 파일럿이다. 이 책에서는 30년이 넘는 풍부한 경험을 가진 현직 파일럿이 청소년들이 가진 파일럿에 대한 모든 궁금증을 속 시원하게 풀어준다. 단순히 직업에 대한 궁금증만 해결해주는 것이 아니라, 저자의 솔직담백한 경험담을 통해 파일럿이라는 직업이 얼마나 매력적인지, 동시에 얼마나 힘든 직업인지까지 생생하게 느낄 수 있다.

1
인문계열

2
사회계열 · 항공서비스학과

3
자연계열

4
공학계열

5
의약계열

6
예체능계열

7
교육계열

항공서비스학과 독서탐구활동 활용사례

자율활동 특기사항

1학기 학급자치 회장으로 학기 초 학생들 간에 서먹한 분위기를 풀기 위해 적극적으로 소통하며 노력하는 모습을 보임. 학생들의 어려움이나 요청 사항이 있을 때 자신이 나서서 해결하기도 하고, 해결에 어려움이 있을 때 수시로 담임 교사와 상의를 해서 도움을 주고자 함. 이러한 노력으로 상호 간 신뢰가 있고 관계가 원만한 학급 분위기를 조성함. 학급 활동인 '지식 나눔'에 글로벌 에티켓을 주제로 해외여행 시 알아두어야 할 점을 사례로 제시하여 학생들의 호응을 끌어냄. 학급 특색 활동으로 진행한 아침 독서 시간에 **'구름 위의 지휘관, 파일럿(한고희)'**을 읽고 항공기 조종사 되는 방법과 하는 일 등을 소개하고, 비행 전 스스로 다잡는 마음가짐, 위험한 순간에서의 대처법, 자기관리 방법 등 직업인으로서 지녀야 할 자세를 배워 자신도 저자처럼 실력과 인성을 겸비한 조종사가 되고 싶다는 포부를 밝힘.

동아리활동 특기사항

(항공기조종사진로탐색반)(34시간) 항공기 조종사를 진로 목표로 하는 학생으로 동아리 활동에 매사 진지하고 성실함. 항공기의 비행 역학을 탐구하는 활동에서 주도적으로 활동을 이끄는 모습이 인상적이었으며 비행의 과학적 원리를 정확히 설명함. 동아리 축제에서 '종이비행기 멀리 던지기'를 제안하여 행사를 기획하고 진행함. 행사 진행 시 학생들이 너무 많이 몰려 혼선이 있었지만, 차분히 순서를 정해주고 안내를 진행하여 성황리에 행사를 마무리함. 자기의 설명을 듣고 친구들이 비행기의 원리를 이해하고, 그 원리를 적용하여 비행기를 만드는 모습을 보고 뿌듯함을 느꼈다는 소감을 작성함. 진로탐색 독서활동에서 **'항공기 조종사(박지청)'**를 읽고 조종사가 될 수 있는 다양한 길을 탐색함. 사관학교에 진학하여 조종사의 꿈을 키울 계획을 수립하고, 입학전형 방법을 탐색함. 조종사의 중요한 자질로 열정과 겸손함, 꼼꼼한 성격이 필요하다는 것을 배워 반드시 실천하겠다는 다짐을 작성함.

진로활동 특기사항

중학교 때 직업인 초청 특강으로 현직 항공기 조종사 강연을 듣고 조종사가 하는 일에 매력을 느껴 지금까지 꿈을 키워 오고 있음. 목표로 하는 대학교 진학을 위해 매일 아침 30분 일찍 등교해 자습할 정도로 학업에 매진하는 학생으로 성실함과 꾸준함이 돋보임. 직업가치관검사를 통해 자신은 직업으로 '즐거움'을 찾고 '자기계발'을 하고 싶어 한다는 진로 특성을 파악하고, '항공기 조종사'가 되어 이러한 직업가치관을 이루고 싶다는 포부를 작성함. '나의 꿈 발표하기'에서 자신의 장래 진로 목표인 '항공기 조종사가 되어'를 주제로 꿈을 갖게 된 계기와 노력, 진학 계획을 구체적으로 작성하였으며, 미국 허드슨강에서 승객 전원을 살린 조종사처럼 자신도 위기 상황에 빛나는 조종사가 되고 싶다는 다짐을 발표함. 진로 탐색을 위한 진로독서활동에서 **'글로벌 코드로 일하라(곽정섭)'**를 읽고 자신이 하는 일이 대한민국을 넘어 세계 어디에서든 할 수 있겠다는 생각이 들어 앞으로 도전적으로 세계무대에 부딪혀야겠다는 다짐을 작성함. '30년 후, 미래 자신에게 편지쓰기' 활동에서 40대가 되어 태평양 하늘에서 300명의 승객을 태운 비행기를 조종하고 있는 모습을 상상하며 꿈을 이루기 위해 부단히 노력하겠다는 각오를 밝힘. 진로 목표가 명확하고 진로 로드맵을 구체적으로 수립하여 실행하는 학생으로 성취 가능성이 매우 기대됨.

교과 세부능력 및 특기사항

영어

수업에 참여하는 자세가 매우 바른 학생으로 수업을 놓치지 않기 위해 교사의 질문에 항상 대답하며 수업내용을 꼼꼼히 기록하고 정리함. 어휘력이 풍부하여 영어독해 및 문법에 대한 이해력이 높음. 자신의 꿈인 항공기 승무원을 주제로 발표 자료를 수준 높게 제작하였으며, 꿈을 갖게 된 계기와 승무원이 하는 일, 취업하고 싶은 항공사 등을 3분간 자연스럽게 영어로 소개함. 자신이 사는 지역의 관광지를 선정해 영문 안내 자료 만들기 활동에서 홈페이지 안내 사항을 참고하고, 근처의 맛집과 볼거리 등의 여행 정보를 사진과 함께 넣어 영문으로 제작함. 발표에서는 자신 있는 모습으로 또박또박 발표했으며 모둠장으로 활동을 끝까지 잘 이끄는 모습이 인상적임. 자신이 읽은 책 소개하기 활동에서 **'어쩌다, 승무원(김연실)'**을 읽고 소감문을 영어로 작성하여 친구들 앞에서 발표함. 승무원에 대한 꿈을 갖고 노력하는 모습이 진지한 학생으로 수업 태도가 바르며 모둠 활동에서도 배려하는 마음으로 참여하는 자세가 훌륭함.

여행지리

밝고 긍정적인 학생으로 수업 활동에 적극적이고 교사의 진행에 호응이 매우 높은 학생임. 모둠 활동에서도 주도적이면서도 구성원이 모두 참여하도록 독려하는 리더십을 발휘함. 세계 각국에서 벌어지는 축제 소개하기 모둠 활동에서 세계 3대 축제인 독일의 옥토버페스트, 일본의 삿포로 눈꽃 축제, 브라질의 리우 카니발을 선정하여 축제의 성격, 내용과 역사, 성공 배경에 대한 자료를 정리하여 발표 자료를 제작함. 축제를 담은 사진과 영상 자료를 첨부하여 생생한 느낌을 전달하였으며 축제의 성격뿐만 아니라 시사점도 제시해 완성도 높은 활동을 함. 관심분야 독서활동에서 **'여행의 기술(알랭 드 보통)'**을 읽고 여행이 주는 의미와 감동을 생각하는 계기가 되었다고 소감문을 작성함. 봉사 여행을 주제로 세계 각국을 여행한 사람의 이야기를 동영상으로 시청하고, 여행의 의미를 새로운 측면에서 바라보는 계기가 됨. 이후 공정 여행을 주제로 지역사회에 도움이 되는 여행계획을 세워 보고서로 작성함.

행동특성 및 종합의견

학급 안전 도우미로서 급식실 이동 시 친구들이 안전하게 이동할 수 있도록 질서 지도를 하였으며, 이동 수업 시간에 교실 전원 끄기 및 교실 문 잠그기를 1년간 매우 성실하게 수행함. 학급 체육부장으로 스포츠클럽 학급별 축구 대항전을 앞두고 선수를 구성하여 포지션을 정할 때 학생들의 특징을 잘 파악하여 원만히 선수단을 구성함. 비록 우승하지 못했지만, 친구들을 다독이며 전술 협의를 이끄는 리더십과 소통 능력을 발휘함. 매일 학업 계획을 세워 실천하며 그 결과 전 과목에서 성적이 우수함. 특히 수학과 과학 과목에서 특강이 있을 때 한 번도 빠지지 않고 신청할 정도로 열의를 갖고 임함. 진로를 구체화하기 위해 동아리 활동과 진로 특강, 진로 독서 등 꾸준히 노력을 기울여 옴. **'파일럿의 진로탐색 비행(최재승)', '구름 위의 지휘관, 파일럿(한고희)'**을 읽고 진로 로드맵을 구체적으로 수립하였으며, 훌륭한 조종사가 되는 데 필요한 자질도 열심히 기르고 있는 학생임.

18 ▸▸ 행정학과

1

1 학과 인재상

합리적 의사소통 능력과
창의적 문제해결
능력을 갖춘 학생

공익에 관심이 많고
가치가 있는 일을
하고 싶은 학생

정부의 역할 및 기능에
관심이 많으며
공직에 꿈이 있는 학생

정치·경제·사회·문화 등에
시사적 관심을 가지고 비판적
사고력을 갖춘 학생

공공 분야의 다양한 문제에
대한 분석력과 판단력을
갖춘 학생

2 유사학과

- 공공인재학부
- 공공행정학과
- 도시행정학과
- 자치행정학과

3 관련직업

- 공무원
- 노무사
- 법무사
- 행정사무원
- 행정학연구원

4 개설대학

- 가천대학교
- 강남대학교
- 강원대학교
- 경북대학교
- 계명대학교
- 광운대학교
- 동국대학교
- 명지대학교
- 목원대학교
- 부산대학교
- 수원대학교
- 순천향대학교
- 울산대학교
- 인제대학교

- 조선대학교
- 충남대학교
- 평택대학교
- 한국교통대학교
- 한국해양대학교 등

정선 목민심서
정약용(다산연구회 역) / 창비(2019)

이 책은 다산 정약용의 대표작 『목민심서』를 엄정하게 가려 뽑아 한 권에 담은 책이다. 『목민심서』는 다산이 강진의 유배지에서 집필한 책으로, 지방 수령이 백성을 다스리기 위해 반드시 알아야 할 원칙 및 지침, 세부 사항을 담고 있다. 풍부한 사실과 논리를 바탕으로 당시의 실상과 관행을 속속들이 파고들어 병폐의 원인을 찾고 치유책을 고안하는 실학자의 면모를 여실히 보여준다. 백성을 중심에 두고 정치제도의 개혁과 지방행정의 개선을 도모한 정약용의 혜안을 엿볼 수 있다. 이 책은 방대한 분량과 어려운 내용으로 본편에 쉽게 접근하기 어려웠던 독자들에게, 현대적 문체와 새로운 번역으로 쉽게 다가갈 수 있게 해준다.

공리주의
존 스튜어트 밀(이종인 역) / 현대지성(2020)

이 책의 저자 존 스튜어트 밀은 플라톤, 아리스토텔레스, 칸트와 더불어 가장 위대한 서양 윤리사상가로 그의 공리주의 철학은 후대 법학·정치학·경제학·사회학의 발전에 지대한 영향을 끼쳤다. '최대 다수의 최대 행복'을 추구하는 공리주의는 제러미 벤담의 '양적 공리주의'를 수정하여 쾌락의 질적 차이를 인정하는 '질적 공리주의'를 주창했다. 그래서 "만족한 돼지보다는 불만족한 인간이 되는 것이 낫다. 만족하는 바보보다는 불만족한 소크라테스가 더 낫다."라는 말이 나온 것이다. 인간 양심의 내부적인 제재가 되는 인류애를 중시하는 밀의 행복 원리를 꼼꼼한 해제와 작품 해설을 따라 읽어 내려가다 보면 행복에 대한 자신만의 기준을 정립할 수 있을 것이다.

국가란 무엇인가
유시민 / 돌베개(2017)

이 책은 우리 사회에 요청되는 바람직한 국가관을 모색한 인문 교양서이자, 잘 정리된 국가론이라는 평가를 받았다. 이 책은 저명한 철학자와 이론가들이 펼친 '국가'에 대한 다양한 견해를 잘 정리하여 조리 있게 소개한다. 또한 다양한 국가론의 기원과 이념적 갈래를 고찰하고, 이러한 분석 틀을 토대로 한국의 국가론을 분석·조명하며 고전적인 입문서의 역할을 한다. 나아가 진보 정치의 뜻과 국가의 도덕적 이상, 정치인들이 따라야 할 도덕법 등을 다루며, '정의로운 국가'를 수립하기 위한 방향을 모색한다.

지방분권이 지방을 망친다
마강래 / 개마고원(2018)

우리는 줄곧 '지방분권'이 곧 지방을 살리는 길이라고 믿고 있지만, 이 책은 우리가 무심코 받아들이고 있는 고정관념을 깨뜨리면서 시작한다. 선택과 집중을 통해 수도권에 맞설 지방 대도시권을 키우는 게 해답이라고 말하지만, 지금과 같은 상황에서의 지방분권은 균형 발전을 가져오지 못하며, 오히려 지역 간 격차를 더 심하게 만들고 파산하는 지자체까지 나오게 할 수 있다. 지방분권과 균형 발전의 딜레마가 아닐 수 없다. 이 책에서는 1부의 각종 사례를 통해 지방분권을 비판하고, 2부에서 어떻게 균형 발전을 할 수 있는지 대안을 제시한다. 더욱 거시적인 시각에서 전 국토를 조망하는 균형 발전 계획을 제시한 책이다.

국가는 내 돈을 어떻게 쓰는가
김태일 / 웅진지식하우스 (2013)

이 책은 정부의 경제 활동을 다룬 책이다. 저자는 이 책에서 개인의 세금부터 지방재정, 국가재정, 세계 각국의 재정 문제까지 재정의 개념과 흐름을 이해할 수 있도록 재정에 관한 다양한 차원의 주제들을 다루었다. 예산의 흐름과 조세의 원칙부터 우리나라 세금의 구조, 인구변화와 산업구조 변화 등을 차례로 살펴보며 우리 재정의 상황과 재원 확충의 필요성을 이해시켜준다. 생생한 사례와 친절한 설명을 통해, 시장과 정부 사이의 관계에 관한 생각의 틀을 정리하는 데 큰 도움을 줄 수 있는 책이다.

재정은 어떻게 내 삶을 바꾸는가
김태일 / 코난북스 (2014)

이 책은 지방재정에 관련한 교양 강의 도서이다. 저자는 자신의 다양한 활동과 경험을 토대로 지방재정에 대한 기본 원리와 지식, 현실 사례까지, 대중 교양서로는 제대로 다루어지지 않았던 지방재정을 두루 알려준다. 예산 낭비와 부조리부터 위기감이 들만한 지방정부 부채 문제를 다양하게 다루며 실무자들에게 지방재정 문제를 타개하기 위한 다양한 아이디어를 제공한다. 또한 시민들에게는 지방정부의 역할과 체계의 변화에 대해 함께 생각해 볼 대안을 제시한다. 우리 삶에 매우 가까운 일들을 담당하지만, 중앙부처와 비교해 관심이 덜한 지방정부에 조금 더 관심을 가지고, 조금만 더 참여한다면 지방정부의 역할이 더 나아지고, 그럼으로써 우리 삶이 더 나아질 수 있다는 메시지를 전달하는 책이다.

변혁시대의 협력적 거버넌스
존 도나휴, 리처드 잭하우저 (조용운 역) / 행복에너지 (2022)

이 책은 공공부문과 민간부문 간의 협력이 어떻게 작동하는지 또는 작동해야 하는지에 대한 많은 질문에 구체적인 협력 사례를 보여주면서 대답한다. 협력은 장점이 많지만, 전혀 그렇지 않은 일도 있다. 협력하지 않아야 할 상황에서 협력하거나, 협력해야 할 때 하지 않거나, 잘못된 결정을 내렸을 경우이다. 이 책은 1부에서 협력의 가능성과 협력의 이유, 위임자의 딜레마 등 협력의 가능성과 난제를 보여준다. 그리고 2부에서 생산성, 정보, 정당성 등 다양한 협력의 목적을, 3부에서 협력의 기술과 도구, 조건 등을 제시한다. 이를 통해 협력을 위한 착안점을 제시해 주고, 다양한 사례를 통해 '협력적 거버넌스'를 이해하기 위한 개념적 틀을 제공하며 협력 사업의 설계와 실행을 위한 실용 안내서 역할을 하고 있다.

세상을 바꾼 놀라운 정책들
조성주 외 4인 / 유니스토리 (2010)

이 책에 소개된 17개의 정책은 시대적인 변화에 발맞추기 위한 노력 중 하나로 세상을 변화시킨 것들이다. 이 책에서는 싱가포르의 '공공주택정책'이나 '핀란드 교육정책'처럼 대한민국을 놀라게 했던 정책들부터, 실패했지만 깊은 의미를 주었던 정책들, 앞으로 도입해야 하는 정책들까지 다양한 정책을 살펴본다. 이를 통해 필자는 한국 사회를 보다 살기 좋은 사회로 탈바꿈하기 위해서는 어떤 정책과 조건들이 필요한지 그 교훈을 제시하고 있다. 여기에서 소개하는 정책들은 단순히 세계 각국의 정책들을 나열하는 방식이 아니라 필자들의 다양한 활동과 현장 경험에 기초하고 있어 내용의 생동감을 더하고 있다.

정책이 만든 가치

박진우 / 모아북스(2022)

이 책은 기초지방자치단체들의 우수한 정책 사례를 살펴봄으로써 지방자치의 의의와 앞으로 나아갈 방향을 보여준다. 이 책은 각종 지방자치제도의 성과를 모아 놓았다. 17개 광역의회의 조례 중 의원들이 발의한 5개 조례와 226개 기초지방자치단체에서 추진한 정책 중 기초지방자치단체들의 우수한 정책 사례 18개를 살펴본다. 특히 수원시, 고양시 등에서 추진한 '지구 구하기' 정책과 논산, 서천 등의 '복지 넓히기' 정책 등 각 지방의 현실을 반영한 맞춤형 정책들을 이웃이 들려주는 이야기처럼 생생하게 느낄 수 있는 책이다. 이 책을 통해 웃음과 눈물, 공감과 격려가 버무려진 삶의 모습을 볼 수 있고, 지방자치의 의의와 앞으로 나아갈 방향을 파악할 수 있다.

사회갈등 집단갈등 정책갈등

천대윤 / 삼현출판사(2019)

이 책은 사회갈등, 집단갈등, 정책갈등 상황에서의 창조적, 건설적 분쟁과 갈등관리, 갈등이나 분쟁 해결 및 협상전략에 관한 내용을 담고 있다. 갈등과 분쟁은 인간의 활동이 지속되는 사회, 직장 그리고 국제 관계 등 모든 곳에서 일어나고 있다. 이러한 상황에서 인간은 끊임없이 분쟁과 갈등을 관리하여야 하며, 해결하고 협상하여야 한다. 그런데 그 과정이 파국적으로 치닫게 되면 깊은 상처의 골을 남기고, 돌이킬 수 없는 불행을 초래하는 결과가 일어나기도 한다. 이 책은 갈등과 분쟁의 창조적, 건설적 해결이 왜 필요한지 언급한다. 그리고 갈등의 원인과 인간의 본성을 통해, 갈등 해결의 다양한 방법과 해결 사례를 보여준다. 이를 통해 당사자 모두에게 도움이 되는 해결방안으로 파국을 예방하고 모두가 잘 될 수 있는 방향을 알려준다.

행정학과 독서탐구활동 활용사례

자율활동 특기사항

학급 1인 1역할에서 '월 중 학교 행사 관리'를 맡아 대회, 프로그램, 급우 생일 등을 기록하고 학생들에게 안내하는 역할을 1년 동안 책임감 있게 수행함. 매사에 맡은 일을 성실하면서도 꼼꼼하게 수행하여서 신뢰감이 높음. 정부 기관이나 공공부문에서 진로를 탐색하고자 하는 학생들끼리 팀을 이뤄 함께 진로를 탐색하여 정리한 결과를 자료로 만들어 학년말에 학급 발표회를 함. 꿈이 비슷한 친구들과 도움을 주고받을 수 있어서 자극을 받고 성장할 수 있었다는 소감을 발표함. 학급 진로 독서활동으로 **'국가란 무엇인가(유시민)'**를 읽고 올바른 국가의 모습과 공직자로 삶을 살아가야 하는 사람의 자세는 무엇인가를 고민하는 계기가 되었다는 소감을 작성함. 국가를 바라보는 자세에 성숙함이 보이고 미래를 준비하는 자세가 진지하여 앞으로의 성장이 매우 기대됨. 학교 스포츠클럽 행사 축구 대회 진행 요원에 자원하여 1주일간 점심시간마다 게임 진행을 돕는 등 협력하는 활동에 솔선수범하는 학생임.

동아리활동 특기사항

(바른행정탐구반)(34시간) 동아리 1학년 부장으로서 2학년 부장을 도와 동아리 운영 전반에 1학년을 대표하여 의견을 조율하고 협의하는 데 앞장섬. 교사를 대하는 태도나 동아리 활동 중 보이는 모습이 솔직하고 담백하여 꾸밈이 없음. '공공정책 제안 프로젝트'의 하나로 학교 정문 앞이 등·하교 시간에 차량이 붐비는 데 반해 신호등은 설치되어 있지 않아 안전사고의 위험이 높다는 점을 지적하며 시청 정책 제안 코너에 정책 제안을 함. 등·하교 현장 사진을 첨부하여 시청으로부터 정책 심의 대상으로 선정되었다는 답변을 받아 활동에 큰 동기부여가 됨. 독서 활동으로 **'세상을 바꾼 놀라운 정책들(조성주 외)'**을 읽고 주제 탐구 활동을 수행함. '일류대와 삼류대가 없는 나라'를 주제로 프랑스의 '대학평준화정책'과 비교하여 현행 우리나라 대입 정책의 문제점을 '대학의 학문 탐구 기능'과 '고등학교의 미래 설계 준비'라는 관점에서 자료를 조사하여 논리적으로 비판한 보고서를 작성하여 제출함.

진로활동 특기사항

언론을 통해 발표되는 정부 정책이 우리 생활과 매우 밀접하다는 것을 느끼고, '정치와 법' 수업에서 정부와 지방자치단체의 역할을 탐색하는 활동을 통해 행정학을 공부해보고 싶다고 생각하게 됨. 현장 직업인과의 만남 활동에서 지역의 교육청에 방문하여 교육청 내 행정 업무를 체험하고 직업인 특강을 들음. 체험보고서에서 현장 직업인과의 만남을 통해 무슨 일을 하는지 알 수 있었으며 행정의 분야가 다양하다는 것을 배워 학업에 더욱 정진할 수 있는 계기가 되었다는 소감을 작성함. 학과 정보 탐색 활동에서 온라인 진로 포털사이트에서 '행정학과'를 검색하여 학과 개요, 교육과정, 진출 분야, 개설대학 정보를 탐색하여 정리함. 이후 목표로 하는 대학교의 입학전형 정보를 대입전형 포털에서 검색하여 해당 대학 '행정학과'의 전형 방법을 탐색함. 직업 및 전공 탐색, 입학전형 정보 탐색을 토대로 교과와 비교과 생활 계획을 구체적으로 수립함. 목표 의식이 뚜렷하고 학업 계획에서도 학교 계획을 참고하여 작성하는 꼼꼼함이 엿보임. 진로탐색 독서활동으로 **'정선 목민심서(정약용)'**를 읽고 독서 일지를 작성. 서평에서 당시 실상과 관행을 파헤쳐 해결책을 고민한 저자의 자세를 배워 자신도 시민을 중심에 두고 행정을 개선해 도움이 되는 사람이 되고 싶다고 포부를 밝힘.

교과 세부능력 및 특기사항

정치와 법

천편일률적인 도시 미관에 문제의식을 느끼고 있는 학생으로 도시 건축 분야에서 정부 일을 하고 싶어 함. 도시정책을 공부하여 다양성이 존재하며 자연이 숨 쉬는 도시의 미래를 상상하고 있음. 독서 탐구 활동으로 **'정책이 만든 가치(박진우)'**를 읽고 주제 탐구 활동을 수행함. '정책으로 가꾸는 우리 지역'을 주제로 환경친화적인 정책을 펼치고 있는 수원시와 춘천시 사례와 아이들의 놀 권리와 놀이터를 확보한 제주도 교육청의 청소년 정책을 벤치마킹하여 발표 자료를 만들어 제출함. 해당 정책의 사례를 사진과 함께 설명하여 발표자료를 만들고, 자신이 구상하는 도시의 모습을 학생들에게 발표하여 큰 호응을 얻음. 지방자치단체의 역할과 의미를 탐구하는 활동에서 지방자치의 문제를 해결하기 위해서는 적극적인 시민의 참여가 중요하다는 주장과 함께, 자신이 거주하는 지역의 지방자치단체 홈페이지에 마련된 '주민 정책 제안'과 '주민 참여 예산제' 메뉴를 소개하며 실제 참여 방법 및 진행 사례를 시연함.

생활과 윤리

평소 수업 시간에 바른 자세로 참여하며 교사의 설명을 놓치지 않으려고 노력함. 수업 내용은 빠지지 않고 노트 정리를 하며 궁금한 점이 있으면 반드시 질문하여 이해함. 정치·경제·사회 분야에 관심이 많은 학생으로 어떤 사회적 현상의 이면에 윤리적 문제는 없는지 살피며 자신의 의견을 주저 없이 표현함. 직업윤리에 관한 탐구 활동에서 '공직자의 비리와 직업윤리'를 주제로 다양한 공직 분야와 직군에서 벌어진 비리를 비판하고, 공무원이 지켜야 할 직업적 가치와 직업윤리에 따라 소임을 다하고 있는 활동 사례를 소개하는 보고서를 작성함. 진로 독서 활동으로 **사회갈등, 집단갈등, 정책갈등(천대윤)**을 읽고 연계 탐구활동으로 우리나라에서 사회적 갈등으로 표출된 사례 조사 보고서를 작성하여 제출함. 수도권 쓰레기 매립장 이전 문제와 택배 차량의 아파트 지상 출입 문제 사례로 갈등의 원인과 전개 상황, 해결 과정과 지역 간 이견을 언론 자료를 토대로 구조화하여 시각적으로 이해하기 쉽게 작성함.

행동특성 및 종합의견

평소 규칙준수를 소중하게 여기며 1학기 학급 자치회 회장으로 봉사하면서 회장 선거 공약에서 내세웠던 약속을 빠짐없이 실천함. 학급 회장으로 늘 솔선수범하고자 노력했으며, 수업 시간에 바른 성품으로 많은 선생님께 칭찬을 받음. 학급 단위 체험학습 장소 선정 문제로 급우 간 의견 다툼이 있어 대립할 때 양쪽의 의견을 듣고 갈등을 조정하고 의견을 조율하기 위해 노력하는 모습을 보임. 선후배 진로 진학 멘토링 활동에서 1학년 후배의 멘토가 되어 한 학기 동안 사회계열 진로에 대해 조언하고 영어 과목 학습 멘토링을 수행함. 3학년이라 바쁘지만 후배를 위해 내준 시간이 오히려 자신의 진로 목표를 더 단단히 해주었다고 말할 정도로 속이 깊음. **변혁시대의 협력적 거버넌스(존 도나휴, 리처드 잭하우저)**를 읽고 변화하는 시대에 우리나라가 나아갈 방향은 정부와 민간의 협동에서 시너지 효과를 내는 것임을 깨닫고 중앙 정부나 지방정부에서 일하게 될 미래를 상상하며 그 역할을 하겠다는 포부를 밝힘.

19 ▶▶ 회계학과

1 학과 인재상

경영과 기업, 정보기술에 관심이 있는 학생

차분하고 꼼꼼한 성격을 소유한 학생

다른 사람을 배려하며 협업을 좋아하는 학생

기업 경영의 원리에 관심이 많으며 논리적 사고력과 분석력이 있는 학생

윤리의식을 갖고 맡은 일을 책임감 있게 완수하는 학생

2 유사학과

- 경영회계학과
- 세무학과
- 세무회계학과

3 관련직업

- 감정평가사
- 경영컨설턴트
- 관세사
- 세무사
- 재무관리자
- 투자분석가
- 회계사

4 개설대학

- 경남대학교
- 경북대학교
- 경성대학교
- 국민대학교
- 단국대학교
- 동국대학교
- 부경대학교
- 세종대학교
- 수원대학교
- 순천대학교
- 숭실대학교
- 안동대학교
- 울산대학교
- 제주대학교
- 청주대학교
- 한남대학교
- 홍익대학교 등

5 학과 연계도서

회계학 리스타트
유관희 / 비즈니스맵(2010)

이 책의 등장인물은 가정주부, 학생, 중간관리자, 자영업자, 개미 투자자 청년 등 우리 주위에서 볼 수 있는 평범한 사람들이다. 그러던 어느 날 의도하지 않았던 일들이 그들에게 닥치고 회계에 대한 무지가 초래하는 치명적 결과를 깨닫게 되는 순간 회계가 절실해지기 시작한다. 이때, '회계 전도사 유교수'가 나타나 각각의 문제에 회계원리를 대입하여 해결해 나가는 방법을 깨우쳐준다. 딱딱하고 어려운 회계지식을 쉽고 재미있게 풀어내고 이야깃거리와 충실한 이론을 절묘하게 배합시켜 회계학에 관심 있는 학생들이 자연스럽게 회계의 원리를 이해하고 다양한 상황에서 회계 응용력을 기를 수 있도록 도움을 줄 수 있는 책이다.

돈의 흐름이 보이는 회계 이야기
구상수 / 길벗(2019)

현대인들은 늘 선택의 갈림길에 선다. '갖고 싶은 물건을 빌릴까? 살까?', '하고 싶은 일을 할까? 할 수 있는 일을 할까?', 'A 회사의 주식을 살까? B 회사의 주식을 살까?' 등의 일상적인 고민을 할 때 회계지식을 습득하여, 회계학적 사고를 키운다면 문제해결이 수월해진다고 저자는 말한다. 단순한 숫자와 표가 아닌 이야기로 회계 용어를 설명하고 있어, 독자들이 오래 기억하고 이해하기 쉽게 전달하고 있다. 국제회계기준, 재무제표, 유형자산과 무형자산, 부채와 자본 등의 기초지식은 물론 스톡옵션, 액면분할, 분식회계 등의 심화 지식도 두루 다루고 있어 회계에 대한 다양한 상식을 쉽고 재미있게 이해할 수 있다.

부의 지도를 바꾼 회계의 세계사
다나카 야스히로(황선종 역) / 위즈덤하우스(2019)

이 책은 15세기부터 지금까지 역사적 변화의 순간마다 인류를 풍요롭게 한 금융 비즈니스의 역사를 다루고 있는 책이다. 배를 타고 무역을 해야 했던 상인들을 보호하고자 만든 중세 이탈리아의 반코, 주주를 만들어 대선단을 꾸리고 무역 활동을 한 르네상스 시대 네덜란드의 동인도회사, 19세기 증기기관차의 발명 이후 철도회사를 안정적으로 운영하기 위해 만든 감가상각의 법칙, 20세기 카네기·록펠러·골드만삭스와 같은 세계적인 부호와 기업의 탄생 비화 등 새로운 시각으로 세계사를 읽을 기회를 제공한다. 이처럼 회계와 금융에 얽힌 쉽고 흥미로운 세계사를 통해 쉽고 재미있게 회계학을 접할 수 있을 것이다.

회계는 어떻게 역사를 지배해왔는가
제이컵 솔(정해영 역) / 메멘토(2016)

역사학자인 저자 제이컵 솔은 인류 역사에서 회계가 어떻게 왕국과 전체 문명을 형성해왔는지를 연구해 왔다. 이 책은 회계의 관점으로 고대 로마 시대부터 현대에 이르기까지 흥미로운 역사 이야기 속에서 다양한 인물과 사건이 어떻게 회계와 얽혀 있는지 생생하게 보여주고 있다. 특히, 르네상스부터 현대에 이르기까지 700여 년에 걸친 회계의 역사와 정치적, 재무적 책임성을 이야기하고 있다. 회계와 책임성 간의 미묘한 상호작용은 기업과 국가의 운명을 좌우할 수 있으며 그 교훈은 놀랍게도 700년 전과 오늘날에 여전히 적용되고 있다는 것을 강조하고 있다.

돈이 보이는 손가락 회계
김상헌 / 길벗(2017)

회계법인에서 감사 업무를 담당했던 저자는 회계를 어떻게 하면 쉽게 알려줄 수 있을까를 고민했고, 그 고민의 결과물로 '손가락 회계'를 탄생시켰다. 손가락 회계에서 가위의 모양은 자산(엄지손가락), 부채(집게손가락), 그리고 자본(나머지 3개 손가락)을 나타낸다. 주먹-가위-보 게임으로 이미지 연상 학습을 하고, 삼성전자와 SK하이닉스의 실제 재무제표 문제를 풀어보는 반복 학습을 통해 자산-자본-부채의 흐름을 헷갈리지 않고 쉽게 익힐 수 있을 것이다. 회계학에 관심 있는 학생들이 기초이론을 잡는 데 도움을 받을 수 있을 것이다.

세금의 세계사
도미닉 프리스비(조용빈 역) / 한빛비즈(2022)

고대 메소포타미아부터 링컨과 히틀러, 그리고 현재의 정부까지 예나 지금이나 세금은 전 세계 모든 정복자의 주요 사업이다. 영국의 금융 전문 작가이자 이 책의 저자인 도미닉 프리스비는 세금이야말로 인류의 역사를 좌우하는 첫 번째 이유라고 단언하며, 세금의 눈으로 세상을 보라고 강조한다. 즉, 세금이 문명의 성격을 결정하고 있다고 말하고 있다. 저자는 이러한 사실을 고대 메소포타미아 문명부터 오늘날의 디지털 경제까지 수많은 역사적 사례를 통해 보여준다. 세계적인 사건부터 우리가 미처 인지하지 못한 아주 작은 변화까지 인간의 역사는 모두 조세제도 안에서 움직이고 있다는 사실을 명확하게 알 수 있을 것이다.

지금 당장 회계공부 시작하라
강대준, 신홍철 / 한빛비즈(2021)

영화배우의 러닝 개런티 계산하는 법, 해외파 축구선수들의 몸값 문제, 함께 시켜서 나눠 먹은 탕수육 값 계산 등 우리 일상의 호기심을 유발하는 비유와 사례를 통해 회계를 쉽게 설명하고 있다. 이 책은 비용을 산출하고 수익을 뽑아 보는 과정에서 시작해 일반인들이 회사에서 가장 많이 접하는 개념을 알려주기 때문에 업무에서 활용도가 높고 이해하기 쉽다. 특히, 숫자를 다루는 기술이 아닌 경영 도구로서의 회계를 다루고 있어 직원에게는 실질적인 활용도가 높은 회계지식을, 경영자에게는 회사를 바라보는 남다른 시각을 길러줄 수 있는 책이다.

회계사 어떻게 되었을까?
캠퍼스멘토 / 캠퍼스멘토(2022)

이 책은 '어떻게 되었을까?' 시리즈의 회계사 편이다. 1장에서는 학생들이 관심 있어 하는 직업을 친절히 소개한다. 2장에서는 직업인 인터뷰를 수록하여 학생들에게 도움을 준다. 생생한 인터뷰 속에 나오는 공감 능력과 분석 능력, 소통 능력, 윤리의식과 같은 직업적 자질에 대한 조언은 현장 전문가의 목소리로 전해 듣기에 더욱 실감이 난다. 또한 다양한 진로 탐색 과정에서 어떻게 중요한 결정을 했는지 그 의사 결정 과정을 살펴 진로 탐색과 선택을 앞둔 청소년에게 용기를 준다. 3장에서는 예비 회계사가 되어 보다 실질적인 정보 탐색을 하도록 하였다. 이를 통해 독자 스스로 '어떤 회계사가 될 것인가?'를 생각할 기회를 제공한다.

간편 회계 가이드
정명환, 배후석 / 신론사(2013)

저자는 회계가 전문가만의 분야인 시대는 지났다고 말한다. 개인의 일상적 경제생활, 사업 성공, 기업 진단의 답이 모두 회계에 있으며, 개인이나 조직의 유형과 관계없이 모든 분야에서 실질적으로 꼭 필요한 학문이 회계라고 말하고 있다. 이에 저자는 다양한 예시와 사례를 통해 극히 짧은 시간에 누구나 회계지식을 알 수 있도록 쉽고 구체적으로 내용을 소개하고 있다. 간단한 회계지식만으로도 경제 흐름과 수많은 기업의 성적표를 꿰뚫어 볼 수 있게 되어, 개인은 성공적인 재테크를, 사업가는 성공적인 사업을 이끌 수 있도록 꼭 알아야 할 회계 상식을 수록하고 있다. 특히, 마지막 부분에 창업을 준비하는 이들이 꼭 알아야 할 회계 상식을 수록하고 있어, 창업에 관심 있는 학생들에게도 많은 도움이 될 것이다.

만화로 배우는 재무회계
이시노 유이치(신현호 역) / 비전코리아(2019)

재무상태표, 손익계산서, 현금흐름표로 대표되는 '재무제표'는 기업의 모든 경영 활동을 숫자로 나타낸 것으로, 이 숫자들의 의미를 파악한다면 회사의 경영상태를 한눈에 볼 수 있어 합리적인 의사결정이 가능해진다. 이 책은 재무회계에 무지한 주인공이 흑자도산의 위기를 맞은 회사의 기업 구조조정을 맡게 되면서 펼쳐지는 재미있는 이야기를 재무회계의 지식과 함께 알아가도록 구성되어 있다. 또한, 기본적인 재무회계의 핵심 지식을 만화화하여 보여줌으로써 회계에 관심 있는 학생들이 쉽게 접근할 수 있도록 했다.

1 인문계열

2 사회계열 · 회계학과

3 자연계열

4 공학계열

5 의약계열

6 예체능계열

7 교육계열

회계학과 독서탐구활동 활용사례

자율활동 특기사항

학급 1인 1역할에서 유인물 배부 및 취합 통계 담당을 맡아 한 학기 동안 성실히 책임감 있게 수행함. 학생 희망 등 결과를 취합해야 할 때도 일 처리가 꼼꼼함. 학급 특색 프로그램인 '진로 동행'에서 관심 분야가 비슷한 친구와 짝을 이뤄 회계 분야의 진로 탐색 활동을 함. 직업 탐색, 독서, 탐구주제 활동 등을 수행하여, 한 달에 한 번씩 하는 정기 검사를 모두 받았으며 학기 말에 활동한 결과를 학급자치 시간에 발표함. 독서활동으로 **'부의 지도를 바꾼 회계의 세계사(다나카 야스히로)'**를 통해 인류를 풍요롭게 한 경영의 역사 속에서 회계가 어떻게 발전되어 왔는지 배워 회계학의 매력에 한층 더 빠지게 되었다고 발표함. 학교 축제에서 행사 부장으로 단체복을 주문할 때 친구들의 이견을 조율하여 불만이 생기지 않았으며, 응원용 도구 제작을 위해 방과 후에도 학급에 남는 등 열성을 보여 행사 당일 학급 전원이 단합하는 데 큰 도움이 됨.

동아리활동 특기사항

(경제e-NIE반)(34시간) 동아리를 조직하여 디지털 전자신문을 활용하는 방법과 동아리 활동 계획을 수립하는 데 주도적인 역할을 함. 관심 분야 주제 탐색하기 활동에서 기업과 경영, 경제 활동을 주제로 기사를 검색하여 포트폴리오로 제작함. 기사를 검색한 후 기사 읽기 5단계 방법(훑어 읽기, 기사와 수다 떨기, 구조 분석하기, 핵심어 찾기, 중요한 내용에 밑줄 긋기)으로 적극적 읽기를 하여 문해력과 비판적 사고력을 향상함. 관심 분야 연계 진로 독서활동으로 **'회계학 리스타트(유관희)'**를 읽고 소감을 공유함. 회계의 기본 원리를 터득하여 실생활에 어떻게 적용하는지 배울 수 있는 계기가 되었다는 소감을 발표함. 틈틈이 관련 도서와 경제신문을 읽으며 진로를 착실히 준비하고 있는 학생으로 숫자를 중심으로 경영과 경제를 이해하고 해석하는 활동에 특히 관심이 있으며 두각을 나타냄. 기업 회계 부정을 다룬 뉴스를 얘기하며 직업윤리로 양심이 중요하다고 말하는 속이 꽉 찬 학생임.

진로활동 특기사항

언론에 소개되는 기업 이야기를 듣고 기업 경영에 관심이 생겨 진로를 탐색해 옴. 진로 탐색 과정에서 경영의 성과를 숫자로 표현하는 것에 매력을 느껴 회계 전공을 하고자 함. 수학 교과에 흥미가 있어 학업성취도가 높으며 수학이 활용되는 경영과 경제 분야에 관심이 많아 관련 활동 참여에 적극적임. 진로 탐구주제 발표 행사에 '기업 경영 숫자로 말한다'라는 주제로 우리나라 대표기업의 사업보고서, 재무제표, 신문 기사 등을 참고하여 기업 현황 보고서를 작성함. 기업의 재무제표 상황을 분석하기 위해 자료를 찾아 정리하는 등 자신의 역할에 충실하였으며 재무제표 용어 중 모르는 부분은 관련 교과 선생님께 수시로 찾아가 궁금증을 해결하는 적극적인 모습을 보임. 탐구주제를 진행하기 위해 **'돈이 보이는 손가락 회계(김상헌)'**를 읽으면서 실제 재무제표를 보고 문제를 풀어보며 기초 회계이론을 익힘. 진로 목표를 구체화하기 위한 노력을 게을리하지 않는 학생으로 활동에 진지하고 항상 성장하는 모습을 보임. 학습 방법에 관한 방송을 시청하고 효과적인 학습법 찾기 활동에서 기존 자신의 공부법을 점검하여 배운 학습 내용을 반영하여 새롭게 공부 계획을 수립함. 새로운 지식을 빠르게 습득하여 자신에게 적용하는 능력이 탁월하며 연계 학습 능력이 우수하여 발전이 기대되는 학생임.

교과 세부능력 및 특기사항

경제

경영과 경제 활동에 관심이 많아 수업 활동에 적극적으로 참여하며 특히 자료를 분석하고 활용하는 활동에 강점을 보임. 시장 가격의 결정과 변동 원리를 이해하고, 시장 실패 현상에 정부의 시장 개입의 사례를 조사하여 찬반 토론을 진행함. 부동산 정책을 사례로 들어 정부의 잦은 정책 변경과 제도 규제는 시장에 미치는 영향이 큰 만큼 시장경제의 큰 원칙을 훼손하지 않는 범위에서 공공의 가치를 실현하는 방향으로 진행되어야 한다고 주장함. 자신의 주장을 뒷받침하기 위해 정부 정책 발표와 시장의 변화를 다룬 자료를 정리하는 등 논리적인 사고력이 돋보임. 진로독서활동으로 **'지금 당장 회계 공부 시작하라(강대준, 신흥철)'**를 읽고 경영의 도구로서 회계를 어떻게 활용하는지 이해하는 계기가 되었다는 소감을 발표함. 또한 기업의 성과와 미래를 설계하기 위해서도 회계 원리가 바탕이 된다는 것을 깨닫고, 기업 경영에서 회계의 중요성을 다시 한번 확인했다고 함.

경제수학

물가지수, 주가지수, 취업률, 실업률 등의 통계자료를 활용하여 읽고 분석하는 활동에서 지수의 의미를 정확히 설명하고 그래프의 좌표를 논리적으로 분석하여 발표함. 자료에 대한 이해력이 높고 내용을 이해하기 쉽게 잘 전달함. 경제 현상을 함수와 그래프를 통해 수요곡선과 공급곡선으로 나타낼 수 있으며, 이를 적용하여 경제 현상을 이해하는 활동에서 적절한 예시 자료를 활용하였으며, 수요와 공급의 원리를 정확히 이해해서 발표함. 탐구주제 활동으로 코로나19 초기 마스크 수요 폭등과 가격 변화, 이후 생산 업체 증가로 인한 공급 확대와 마스크 가격의 변화를 조사하여 제품의 시장 가격 결정과 수요와 공급의 관계를 보고서로 작성함. 진로 독서 나누기 활동으로 **'만화로 배우는 재무회계(이시노 유이치)'**를 읽고 독서 일지를 작성함. 책을 통해 기업 경영에서 재무회계가 중요한 이유를 깨닫게 되었고, 회계학에 관심을 두는 계기가 되었다는 소감을 발표함.

행동특성 및 종합의견

평소 차분하고 꼼꼼한 성격으로 수업 준비물이나 수행평가 과제를 잘 챙겨 친구들에게 도움을 줌. 학급 행사나 학급 운영에 도움이 필요한 경우에도 적극적으로 협조하는 믿음직한 학생임. 2학기 학급자치 부회장으로 회장을 도와 학급의 운영이 더욱 탄탄해졌으며, 특히 체육대회에서 팀원 선발 및 응원 준비 과정에 소통 능력과 협동 능력을 발휘함. 경영·경제와 기업의 회계 분야에 관심이 많아 관련 동아리 활동을 열심히 하고 있으며 동아리 축제에서 기업가정신 보드게임을 체험할 수 있는 부스를 기획하여 학생들의 큰 호응을 얻음. **'돈의 흐름이 보이는 회계 이야기(구상수)'**를 통해 기업 경영의 회계 원리를 배우고, **'세금의 세계사(도미닉 프리스비)'**를 읽고 역사적 차원에서 조세제도를 이해하는 등 관심 분야에 필요한 지식적 역량을 기르기 위해 부단히 노력하는 학생임. 지적 탐구심이 커서 현재에 안주하지 않고 끊임없이 도전하여 잠재력을 키워나가는 모습이 다른 학생의 모범이 됨.

계열별
진로 독서의 실제

Chapter 3

자연계열

1 ▸▸ 농업학과

1 학과 인재상

농촌 환경개선에 관심이 많은 학생

농촌에 대한 이해를 바탕으로 농업산업 발전에 관심이 많은 학생

과학적 사고력과 탐구력을 바탕으로 문제해결능력을 지닌 학생

농작물에 대한 관찰력과 농작물의 성장을 도울 수 있는 분석력을 가진 학생

도전정신이 강하고 창의적으로 문제를 탐구할 줄 아는 학생

2 유사학과

- 농생명과학과
- 농생명식품융합학과
- 농생명화학과
- 농생물학과
- 농업시스템학과
- 농학과
- 스마트팜학과
- 스마트팜과학과
- 스마트팜농산업학과

3 관련직업

- 대학교수
- 농업관련시험연구원
- 농업환경생태연구원
- 농업기술자
- 농업기술장비기술자

4 개설대학

- 강원대학교
- 경상국립대학교
- 경희대학교
- 순천대학교
- 전남대학교
- 전북대학교 등

5 학과 연계도서

농사는 땅심이다
석종욱 / 들녘(2019)

우리나라의 농업은 해외의 값싼 농산물로 인해 가격 경쟁에서 밀리고, 농촌의 고령화로 일손도 부족하며, 농토의 땅심은 떨어져 제대로 된 수확도 불가능해져 가는 등 상당히 어려운 환경에 처해 있다. 땅심이 좋은 곳이란 토양유기물과 유익한 미생물이 많은 땅을 말하는데 우리나라의 땅은 비료 성분 과잉으로 인해 문제가 되고 있다고 한다. 이 책은 좋은 흙의 정의, 땅심의 중요성을 안내하고 연작장해의 해결책, 토양생물과 미생물의 역할, 토양의 산도 관리와 양분의 균형 유지 방법, 땅심을 살리는 방법, 수경재배, 혼합발효유기질 비료와 유박의 장단점에 대한 정보 등을 제공한다.

농업 농촌의 창조경제를 실현하는 6차 산업 이야기
농촌진흥청 / 진한엠앤비(2016)

급변하는 국내외의 변화 속에서 농업 소득, 농가 수의 감소와 고령화 등 우리 농업은 위기를 겪고 있다. 이 책은 농업의 위기 속에서 우리 나라의 농업 역량을 키워나갈 수 있는 방향을 보여주고 있다. 독창적이고 창의적인 수익모델을 만들어 창조적 6차 산업에 성공한 우수사례를 통해 농업의 6차 산업화 및 일자리 창출을 위한 실천전략을 가공중심형, 관광·체험중심형, 생산중심형, 외식중심형, 유통중심형, 치유농업중심형으로 분류하여 소개하고 있다. 가공, 유통, 관광, 서비스를 아우르는 농업의 6차 산업화를 통해 살기 좋은 농촌을 만들어 나가기 위한 '농업, 농촌의 창조경제를 실현하고 있는 우수사례'를 정리하여 제시한다.

누구나 일하고 싶은 농장을 만듭니다
백경학 외 14인 / 부키(2020)

농림축산식품부를 비롯한 여러 기관에서 국내 농업의 경쟁력 강화와 취약 계층에 대한 복지가 결합된 모델을 제시하기 위해 노력 중이지만 아직은 농업을 기반으로 하는 장애인 일터가 손에 꼽을 정도로 적다. 이 책은 국내외 사회적 농업 현장과 그 속에서 더 나은 복지, 더불어 사는 세상을 만들기 위해 고민하고 노력하는 이들의 모습을 그리고 있다. 사회적 농업의 핵심은 장애인들에게 일자리를 제공하는 것에서 더 나아가 그들이 자긍심을 가지고 자립하여 지역사회의 일원으로 자리 잡게 하는 것이라고 말하고 있다. 이 책은 우리나라의 푸르메소셜팜 및 영국, 네덜란드, 일본 등의 다양한 사회적 농업 현장을 소개하고 있다.

스마트 농업혁명
정환묵 / 리빙북스(2020)

일손이 부족한 농촌에서는 4차 산업혁명 시대에 맞는 고도화된 스마트 농업기술 개발이 필요한 상황이다. 이 책에서는 한국농업의 현실을 진단하고 혁신해야 할 방향을 모색한다. 농업의 기술 혁신 및 변천 과정과 외국의 스마트 농업 동향에 관해 소개한다. 스마트 농업의 핵심기술인 인공지능 및 사물인터넷(IoT), ICT에 기반한 스마트 농업에 대해 알아보고 있다. 또한 스마트 농업을 견인하는 4차 산업혁명 및 빅데이터의 적용사례, 인공지능, 농업용 로봇과 드론을 소개하고 우리나라가 지향해야 할 농업이 무엇인지 제시하고 있다.

1 인문계열

2 사회계열

3 자연계열 · 농업학과

4 공학계열

5 의약계열

6 예체능계열

7 교육계열

위기의 밥상, 농업
서경석 / 미래아이(2010)

현재 우리나라의 식량 자급률은 낮은 편이고 농민들의 나이는 고령화되고 있다. 이런 상황에서 농업, 농촌, 농민을 살릴 대책을 마련하지 못한다면 상황은 더욱 나빠질 것이다. 이 책에서는 농업의 유래, 우리 농업이 위기에 빠진 까닭, 제 세상을 만난 거대한 곡물기업, 유전자 조작 농산물을 소개하고 위기에 빠진 농업의 대안을 알아본다. 저자는 어린이들이 이 책을 통해 우리나라의 식량 자급 상황을 알고 식량 주권을 상실했을 때 어떤 일을 겪게 되는지 깨닫게 될 것이라고 이야기한다.

인문학에서 미래농업의 길을 찾다
박영일 / 한국학술정보(2019)

이 책은 무엇보다 우리가 농업과 인문학 관계를 상호 교차하는 시각에서 볼 필요가 있다는 점을 강조한다. '농업을 인문학 관점'에서 보고, '인문학적 관점에서 농업'을 바라보자는 것이다. 작가는 농업에 있어서 인문학은 삶의 토양이라고 말한다. 인문학적 토양에 녹아있는 영양분을 충분히 섭취하고 인문학적 영향으로 탄생된 생각의 씨앗을 바탕으로 농업경영에 새로운 시각을 가져보자고 말한다. 또한 오늘날 농업 문제에 대한 해법을 인문학의 본질이라고 할 수 있는 철학·역사·문학·심리 측면에서 찾아보자고 이야기한다.

제3의 녹색혁명
이효원 / 에피스테메(2020)

제1의 녹색혁명은 생산량의 증산이 절대적 목표였고, 제2의 녹색혁명은 유전자 변형 등 작물 및 노동생산성을 높이는 것을 중시하였다고 한다. 저자는 제1과 제2의 녹색혁명을 통하여 생산성 증대, 자원의 이용효율 개선이 중요하다는 것이 증명되었고 현재 곡물의 상당량이 생물연료로 전환되어 식량의 가용성에 심각한 우려를 낳고 있다고 말한다. 제3의 녹색혁명, 소비자 혁명에서는 미래 인구와 식량의 수요 예측, 세계 식량안보와 온난화 문제까지 다루고 있다. 또한 소농 및 노령 농가를 위한 대책을 세워야 한다고 이야기한다. 생산혁명, 유전자혁명을 거쳐 이제는 소비자혁명으로 승화시켜 다가올 식량위기에 대처하자는 것이 이 책의 핵심이라고 저자는 말한다.

즐거운 농업의 시작, 스마트팜 이야기
이강오 / 공감의힘(2021)

농촌의 고령화 증가와 노동 인구의 감소는 심각한 농촌 문제로 나타난다. 이러한 농촌 지역의 문제를 해결하기 위해 정부는 다양한 농업정책을 지원하고 있다. 2016년부터 '4차 산업혁명 시대'가 떠오르고 있는데 농업분야에서도 농업 4차 산업혁명인 스마트팜을 적용하고 있다고 한다. 이 책은 스마트팜 도입배경과 정의에 대한 전반적인 내용을 설명하고, 실제 다양한 스마트팜 관련 정책 지원과 참여 방법을 제시한다. 또한 시설원예분야의 스마트팜, 축산분야의 스마트팜, 과수분야의 스마트팜, 노지분야의 스마트팜, 수직 농장의 스마트팜과 같은 활용 분야별 작동원리와 적용사례를 소개한다. 그리고 스마트팜의 확대방안과 미래농업을 제시한다.

초저비용으로 전진하는 자닮 유기농업
조영상 / 자연을닮은사람들(2016)

이 책은 평당 100원대의 초저비용으로 농업에 필요한 자재인 미생물 배양, 액비 제조, 시비 설계, 천연농약 자가제조에 이르기까지 손쉽게 만들어 활용할 수 있는 다양한 제조법과 활용법을 소개하고 있다. 그리고 급변하는 미래의 농업 환경과 막대한 중국의 농업 현황, 유기재배로 접근하는 방법, 친환경농업의 중심 원리에 관해 이야기한다. 초저비용농업을 위한 토양 관리부터 친환경농자재 제조의 원리와 미생물 배지 만들기, 산약초 및 음식 부산물, 천연질소, 천연인산칼슘, 천연칼슘, 천연칼륨, 천연키토산, 천연미네랄 등 다양한 액비 만들기까지 소개한다. 또한 천연농약의 미래와 가치에 대해 이야기하고 만드는 방법을 소개한다.

토종 씨앗의 역습
김석기 / 들녘(2017)

옛날의 농사법은 이제 거의 자취를 감추었지만 딱 하나, 옛날 것이 남아 있는 것은 씨앗이라고 한다. 저자는 토종 씨앗이란 무엇이고, 그것이 어떤 의미와 가치를 지니고 있는지 이야기한다. 토종 씨앗이란 '농업생태계에서 농민에 의하여 대대로 사양, 재배 또는 이용되고 선발되어 내려와 한국의 기후 풍토에 잘 적응된 식물'이다. 따라서 토종 씨앗의 핵심은 한국의 기후와 풍토에 얼마나 잘 적응했느냐에 달려 있다고 저자는 말한다. 그리고 우리의 환경에 맞추어 변화해온 토종의 진짜 모습은 무엇이고 우리 시대에 필요한 토종 씨앗의 진면목은 무엇인지, 토종 씨앗의 보존 방식에 대한 고민을 이야기한다.

1
인문
계열

2
사회
계열

3
자연계열 · 농업학과

4
공학
계열

5
의약
계열

6
예체능
계열

7
교육
계열

농업학과 독서탐구활동 활용사례

자율활동 특기사항

우리 고장 알아보기 활동을 통해 우리 고장의 농지 현황과 농업인의 인구를 살펴보며, 생산되는 상품의 판매경로를 조사함. 우리 고장에서 생산된 작물에 관해 관심을 가지고 판매자와 소비자를 직접적으로 연결할 수 있는 많은 경로가 주어진다면 농업인의 안정적인 수입증대에 도움이 될 것임을 이야기함. 교내 텃밭 가꾸기 활동에 참여하며 텃밭과 계절 환경에 맞는 모종을 골라 심고 꾸준히 관리하여 적지 않은 수확을 얻어내는 성과를 이뤄냄. 독서활동으로 **'제3의 녹색혁명(이효원)'**을 읽고 제1, 제2의 녹색혁명을 통하여 생산성 증대, 자원의 이용효율 개선이 중요하다는 것이 증명되었음을 말하며, 제3의 녹색혁명인 소비자 혁명에서는 미래 인구와 식량수요 예측, 세계 식량안보와 온난화 문제와 더불어 소농 및 노령 농가를 위한 대책이 필요함을 설명함. 다가올 식량위기에 대처하기 위해 국가가 해야 할 일과 우리가 해야 할 일을 조사하여 보고 그 내용을 발표자료로 만들어 학급 친구들과 공유함.

동아리활동 특기사항

(생명공학반)(34시간) 동아리 활동에 적극적으로 참여하며 행사준비에 솔선수범하는 모습이 돋보이는 학생임. 자유주제 탐구에서 음파가 세포벽에 물리적 자극을 주어 광합성 대사를 증가시키는 원리를 이용한 친환경농법에 대해 발표함. 또한 이러한 농법이 식물 생장, 가축 사육, 질병 치료에 이미 사용된다는 점을 조사하여 영상자료와 함께 발표함. 음악농법으로 식물이 친환경적인 방법으로 재배될 수 있다는 발표내용에 많은 학생이 흥미를 보임. 우리나라 농업이 나가야 할 방법 등을 제시한 **'농업 농촌의 창조경제를 실현하는 6차 산업 이야기(농촌진흥청)'**를 읽고 수요 측면에서는 농업의 지속적인 성장이 예상되지만, 공급은 기상변화, 농업인구 감소 등으로 쉽사리 예상이 불가능한 상황임을 지적하며, 농업과 기존 산업과 융·복합으로 농업분야의 새로운 수익모델을 창출해 낼 수 있음을 이야기함. 또한 사탕수수와 옥수수로부터 바이오에탄올을 생산하는 등 농업이 다양한 산업에서 쓰이게 됨을 조사하며 농업산업에 대한 기대를 담아 이야기함.

진로활동 특기사항

전공 체험의 날 행사에 농업생명 분야를 선택하여 특강을 수강하고 평소 궁금했던 농업분야에 대해 질문하는 시간을 가짐. 농업분야에 필요한 생명과학과 화학 교과에 자질이 돋보이는 학생으로 스마트 기술을 통한 미래 식량자원 연구에 관심이 많음. 평소 식량빈곤 문제에 관심을 가지고 있어 종자개량과 농업기술의 개발을 통해 전 세계의 식량생산의 불균형을 개선하고, 식량빈곤으로 힘들어하는 국제사회에 도움을 줄 수 있는 농업인이 되기를 원함. 집중력과 지구력이 뛰어나고 해결의지가 강한 학생으로 희망하는 진로에 적합한 인재가 될 것으로 기대됨. 진로관련 독서활동으로 **'스마트 농업혁명(정환묵)', '즐거운 농업의 시작, 스마트팜 이야기(이강오)'**를 읽고 4차 산업혁명과 농업과의 관계에 관해 이야기함. 고령화와 노동 인구 감소를 극복하기 위해 농업분야의 스마트 농업기술에 관해 설명하며 농업용 로봇과 드론, 인공지능과 사물인터넷, 빅데이터를 접목한 스마트 농업기술, 스마트팜에 대해 살펴보고 이를 지원하는 국가정책을 조사함. 또한 자신이 꿈꾸는 농업산업에 필요한 스마트 기술을 살펴보며, 이를 이용하여 꿈을 실현하기 위해 지속적인 자기개발과 노력을 해 나갈 것을 다짐하는 소감문을 작성함.

교과 세부능력 및 특기사항

화학Ⅱ

농업인으로서의 꿈을 꾸는 학생으로 자유주제 발표에서 농업에서 쓰이는 화학비료를 조사하여 비료의 구성 요소, 화학비료의 특징과 사용 방법 등을 소개함. 또한 미생물 연료세포를 에너지 생산으로 이용하는 기술을 조사하며 미생물 연료전지는 24시간 에너지 공급이 가능하고 무해하며 전기설비 인프라가 없는 곳에서 사용할 수 있다는 장점이 있으나 생성되는 전기의 양이 적어 상용화되기까지 더 많은 연구가 필요하다는 것을 알게 됨. 자연과 인간의 공존을 위해 효율성이 더 높은 미생물 연료전지를 만들고 싶다는 의지를 보임. 교과관련 독서활동으로 **'농사는 땅심이다(석종욱)'**를 읽고 토양유기물과 유익한 미생물이 많은 땅을 의미하는 '땅심이 좋은 곳'이 비료 성분 과잉으로 인해 사라지고 있음을 이야기함. 자료조사를 통해 토양의 산도 관리와 양분의 균형 유지 방법, 땅심을 살리는 방법, 혼합발효유기질 비료와 유박의 장단점을 살펴보고, 이에 대해 발표하여 땅 관리의 중요성을 강조함.

생명과학Ⅱ

농학자를 꿈꾸는 학생으로 매시간 눈을 반짝이며 수업에 적극 참여하는 모습을 보임. 유전자 재조합 기술에 관심을 갖던 중 GMO 관련 뉴스 기사를 읽고 탐구하여 친구들에게 전달하며 우수한 발표 실력을 보임. 다양한 경로로 자료를 수집하여 지식을 내면화하는 과정을 보임. GMO에 대한 부정적 글을 접하며 이러한 인식을 바꾸고 싶다는 생각이 들었으며 사소한 궁금증들을 꾸준히 해결하고 싶다는 소감을 밝힘. 교과관련 독서활동으로 **'토종 씨앗의 역습(김석기)'**를 읽고 '농업생태계에서 농민에 의하여 대대로 사양, 재배 또는 이용되고 선발되어 내려와 한국의 기후 풍토에 잘 적응된 식물'로 정의되는 '토종 씨앗'은 한국의 기후와 풍토에 얼마나 잘 적응했느냐가 핵심임을 이야기하며, 토종 씨앗을 소개하고 그 가치와 보존 방법에 대해서도 이야기함. 우리 환경에 가장 적합한 토종 씨앗이 결국 우리에게도 가장 적합한 작물임을 이야기하며 토종씨앗에 대한 보존과 개발에 대해 자신의 생각을 이야기함.

행동특성 및 종합의견

2학기에 급우들에게 많은 신임을 받으며 학급자치 회장에 당선됨. 학급자치 회장으로서 학급을 위해 봉사하고 누가 보지 않아도 학급에 필요한 부분을 스스로 찾아 개선하며 담임교사의 보조역할을 충실히 해내고 책임감 있게 반을 이끌어 나감. 학교 주변 정화 활동 중 친구들이 무심코 지나치는 학교 주변의 여러 풀과 꽃, 나무들의 이름과 그 특징을 친구들에게 알려주는 모습에서 자신의 진로에 대해 준비된 자세가 느껴짐. 독서활동으로 읽게 된 **'위기의 밥상, 농업(서경석)'**을 통해 농업의 유래, 우리 농업이 위기에 빠진 까닭, 제 세상을 만난 거대한 곡물 기업, 유전자 조작 농산물을 알게 되고 위기에 빠진 농업의 대안을 생각해 봄. 학급 친구들에게 다양한 자료를 보여주며 우리나라의 식량 자급 상황이 상당히 좋아지지 않았음을 알리고 식량 주권을 상실했을 때 겪게 될 일들을 소개하는 모습에서 농업이 직업으로서 갖는 중요성을 인지하고 있고, 농업인을 직업으로 삼으려는 학생의 의지를 볼 수 있음.

1 인문계열

2 사회계열

3 자연계열 · 농업학과

4 공학계열

5 의약계열

6 예체능계열

7 교육계열

2 ▸▸ 동물자원학과

1 학과 인재상

적극적이고 창의적인 사고로 과제를 해결할 줄 아는 학생

동물산업과 첨단산업의 융합을 통한 지역사회 발전에 기여하고 싶은 학생

동물산업에 대한 이해와 국제적인 감각을 지닌 학생

생명과학분야에 대한 관심과 실험에 대한 흥미가 많은 학생

비판적 사고능력을 바탕으로 협업과 의사결정을 하는 리더십을 지닌 학생

2 유사학과

- 동물산업융합학과
- 동물생명산업학과
- 동물생명자원학과
- 동물응용과학과
- 동물보건복지학과
- 반려동물학과
- 반려동물산업학과
- 반려동물보건학과
- 생명자원학과

3 관련직업

- 대학교수
- 동물자원과학연구원
- 식품안전관리연구원
- 육가공관련업
- 가축위생방역전문가
- 낙동 및 사육관련종사자

4 개설대학

- 강원대학교
- 건국대학교
- 경북대학교
- 경상국립대학교
- 공주대학교
- 단국대학교
- 대구대학교
- 대구한의대학교
- 부산대학교
- 삼육대학교
- 상지대학교
- 서울대학교
- 세명대학교
- 순천대학교
- 신라대학교
- 원광대학교
- 전남대학교
- 전북대학교
- 중부대학교
- 중앙대학교
- 충남대학교
- 칼빈대학교
- 한경국립대학교
- 호서대학교 등

학과 연계도서

최재천의 인간과 동물
최재천 / 궁리(2007)

저자가 'EBS 세상보기'라는 프로그램에서 6개월 동안 '인간과 동물'이라는 주제로 강의한 내용을 정리하여 만든 책이다. 인간과 동물의 세계 이야기를 통해 생명의 본질과 의미에 대해 말하고 있다. '산다는 건 무엇인가?', '어떻게 살아야 하는가?', '왜 살아야 하는가?'라는 물음을 동물의 눈으로 짚어보며, 우리는 지구에서 함께 살아가고 있는 동물 중 하나로서 공존을 위해 지구의 역사와 생명의 본질에 대해 더 많이 알아야 함을 이야기한다. 자연을 더 많이 공부하고 알고 배우다 보면 다른 동물이나 식물도 사랑하게 될 것이고 하나밖에 없는 이 지구에서 함께 살아가는 지혜를 얻을 수 있을 것임을 이야기한다.

애니멀카인드
잉그리드 뉴커크, 진 스톤(김성한 역) / 리리(2021)

두 저자는 과학적 연구를 바탕으로 한 동물들의 경이로운 삶을 보여줌으로써, 동물에 관한 우리의 고정관념을 깨고 동물을 해치지 않고 살아갈 수 있는 구체적인 방법들을 제시한다. 1부에서는 동물들의 재능과 언어, 복잡한 문화 등 동물에 대한 많은 정보를 제공해 주고 있다. 2부에서는 동물의 개성과 재능을 존중하며 그들을 대하는 방법은 무엇인지 동물과 함께하는 우리의 삶에 관해 이야기한다. 지구에서 인간과 함께 살고 있는 '동물'이 왜 인간의 존중을 받아야 하고 행복한 삶을 누려야 하는지 이야기하며, 행동으로 실천할 구체적인 방법을 제시하고 있다.

필로교수의 한우 고기 예찬
주선태 / 집사재(2013)

한우와 한우고기의 모든 것을 다룬 책이다. 건강한 식생활의 키워드는 '균형'과 '적정'이라고 주장하며 한우는 우울증을 극복하는 데 필요한 필수아미노산인 트립토판이 풍부하게 들어 있고, 암예방에도 효과적인 음식이라고 설명하고 있다. 책은 총 3부로 구성되어 있는데 1부에서는 '한우와 한우고기 제대로 알기'를 주제로 한우에 대한 정보를 이야기하고, 2부 '건강한 장수를 책임지는 한우고기'에서는 한우가 가진 여러 가지 영양에 관해 설명한다. 3부 '세상에서 가장 맛있고 안전한 소고기는 한우고기'에서는 한우의 고기로서의 특성에 관해 이야기하고 있다.

끝나지 않은 생명 이야기
박시룡 / 곰세마리(2021)

동물들의 행동양식, 문화활동과 같은 사회적 행동들을 설명하며 동물들의 서식지 보호와 멸종위기종을 관리하는 문제에 관해 이야기하고 있다. 1부 '동물의 사생활'에서는 종 특유의 행동양식을 소개하고 있으며, 2부 '동물의 사회생활'을 통해서는 집단행동이나 다른 동물과 공생의 규칙을 만들어 가는 동물들의 사회생활을 다루고 있다. 3부 '생물다양성의 지속가능성'에서는 우리가 해야 할 일들을 돌아보며 현실 문제들을 이야기한다. 저자는 변화하는 자연환경에 적응하기 위해 본능적으로 갖게 된 동물들의 다양한 행동을 통해 '인간으로 산다는 것이 무엇인가?'라는 질문을 던지고 있다.

숲은 고요하지 않다
마들렌 치게(배명자 역) / 흐름출판(2021)

지구에서 살아가는 모든 동물과 식물은 다양한 방식으로 서로 소통한다. 이 책에서 우리는 체내수정을 해 알이 아닌 새끼를 낳는 대서양 물고기에서부터 자신을 노리는 천적을 속이기 위한 암호를 발신하는 지빠귀, 특정 주파수에 반응해 방향을 바꾸는 옥수수 뿌리, 공중변소를 이용해 정보를 공유하는 토끼, 눈 대신 세포를 이용해 시각정보를 받아들이는 플라나리아까지, 기상천외한 생물들의 소통 기술을 소개하며 생명체들은 생존을 위해 끊임없이 의사소통을 하고 있음을 소개한다. 의사소통은 인간만이 지닌 기술이 아니라 모든 생명체들이 자신들만의 방식으로 이루어지고 있음을 이야기한다.

가축이 행복해야 인간이 건강하다
박상표 / 개마고원(2012)

가축을 사육하는 데 있어 가축의 행복까지 고민해야 하는가? 저자는 엄청난 양의 항생제, 살충제, 소독약 등의 사용과 공장식 축산 농장 운영으로 인한 환경오염 문제와 더불어 동물의 자유와 인간의 잔혹성을 지적한다. 가축의 행복에 관해 윤리적인 관점에서뿐만 아니라 우리 자신의 건강을 지키기 위한 현실적인 이유도 설명하고 있다. 가축의 복지를 통해 식중독이나 전염병의 위험을 줄이고 지구온난화와 환경오염을 일으키는 공장식 축산방식을 벗어나기 위한 방법을 고민해야 함을 이야기한다. 인간의 건강하고 행복한 삶을 위해서 우리가 기르고 먹는 가축의 삶에 관심을 가져야 함을 강조한다.

오해의 동물원
루시 쿡(조은영 역) / 곰출판(2018)

우리는 동물의 세계를 인간의 좁은 프리즘을 통해 보는 습관이 있다. 나무늘보는 나무 위에서 생활하는 외계 생물 같은 방식 때문에 세상에서 가장 오해받는 동물이 되었다. 이는 나무늘보만이 아니다. 우리가 동물에 대해 아는 것이 없었기에 무엇이든 가능했던 경이와 무지에 대해 안내한다. 또한 인간이 진화의 비밀을 밝혀내기 위해, 호기심을 충족하기 위해 동물들을 대상으로 한 황당하고 잔인한 실험들을 이야기한다. 한편 동물을 인간과 동일시하려는 충동은 예부터 오늘날까지 계속되고 있다. 예를 들면 난폭한 판다를 단지 귀여운 외모 때문에 갈팡질팡하고 수줍은 동물이라 믿고 싶어 한다. 이 책은 우리가 동물의 세계에 대해 가졌던 편견과 오해, 실수와 미신들에 관해 이야기한다.

빅데이터로 보는 반려동물산업과 미래
최경선 / 박영스토리(2019)

현재 반려동물 산업은 빠른 속도로 성장하고 있지만, 그 과정에서 가장 중요한 '교육'이 빠져 있음을 지적한 책이다. 교육이 부재한 반려동물산업의 성장은 많은 사회문제를 야기하고 있다. 저자는 반려동물 산업의 현장 여러 곳에서 CEO 300여 명을 만나고 느낀 점과 소비자들의 소리에 귀를 기울이는 것의 중요성을 이야기한다. 저자가 반려인들을 대상으로 모았던 여러 빅데이터를 토대로 반려동물 산업에 대해 고민하고, 이를 토대로 반려동물 산업의 앞으로의 방향을 제시한다.

솔로몬의 반지
콘라트 로렌츠(김천혜 역) / 사이언스북스(2014)

솔로몬의 왕은 마법의 반지를 이용하여 짐승, 새, 물고기, 벌레 등 세상의 모든 동물과 이야기를 나누었다고 한다. 이 책은 솔로몬의 반지는 없지만, 저자가 짧게는 몇 시간에서 길게는 수년을 기다리며 관찰했던 사실들을 통해 우리가 몰랐던 동물들의 행동과 언어에 대해 수필 형식을 빌려 쉽게 이해할 수 있도록 이야기하고 있다. 더불어 동물들을 이해하는 데 그림도 이용하고 있다. 저자는 자신이 관찰하고 느낀 동물들의 행동을 동물 수준에서만 해석하지 않고 인간과 더불어 그려낸다. 동물들과의 생활이 여러 가지로 짜증나기도 하지만, 그들이 주는 보람과 감동은 무엇과도 비교할 수 없음을 이야기하고 있다.

소고기를 위한 변론
니콜렛 한 니먼(이재경 역) / 들녘(2017)

저자는 소와 소고기가 지구환경과 우리의 건강에 부정적 영향을 주고 있다는 것에 관한 변론을 하며 동시에 현대 농업과 현대 식습관의 폐해에 대해 이야기하고 있다. 1부 '소와 지구'에서는 기후변화나 물 부족, 오염, 사막화 등의 지구환경 문제의 원인이 소라는 것에 대해 반박하며, 지구생태계와 생물다양성, 사막화에 소가 어떻게 도움을 주는지 이야기한다. 2부 '소고기와 사람'에서는 소고기가 정말 우리 건강에 나쁜지, 고기를 먹지 않는 것이 좋은 것인지를 살펴보고, 3부에서는 인간과 가축 사이의 오래된 관계와 지속가능한 축산업에 관해 이야기한다.

동물자원학과 독서탐구활동 활용사례

자율활동 특기사항

지역생태 보호활동에 참여하여 멸종 위기 동물과 동물 생태계에 대해 알아보고, 멸종 위기 동물을 보호하기 위해 일회용품 사용을 줄일 것을 다짐함. 인간의 탐욕을 위해 희생당하는 여우를 만화로 그려 멸종 위기 동물 보호의 필요성을 학급 친구들에게 알리고, 멸종 위기종 보호를 주제로 인간과 동물의 상황을 역지사지로 나타낸 재치 있는 풍자만화를 그려 생물다양성을 보전하는 활동에 적극 참여함. 학급 독서활동 시간에 동물들의 행동양식, 문화활동을 설명하며 동물들의 서식지 보호와 멸종위기종을 관리하는 문제를 다룬 **'끝나지 않은 생명 이야기(박시룡)'**를 읽고 동물들의 종 특유의 행동양식을 소개함. 집단행동이나 다른 동물과 공생의 규칙을 만들어 가는 동물들의 사회생활을 알게 되었으며 그 속에서 우리가 해야 할 일들과 현실적인 문제들을 살펴봄. 우리는 늘 동물과 함께 살고 있으며 동물에 대한 이해와 보호는 결국 우리를 보호하는 것임을 강조하고 함께 행동해 줄 것을 친구들에게 이야기함.

동아리활동 특기사항

(동물사랑반)(34시간) 동아리부원들과 함께 반려동물 관리사 직업체험에 참여하여 반려동물의 기질, 특성, 기원에 대해 학습하고 반려동물 훈련 실습에 참여함. 반려동물 사료, 미용, 병원, 스포츠 등 반려동물 관련 산업에 대한 폭넓은 지식을 얻고 희망하고 있는 직업에 대해 직업의 특성과 이해를 넓히는 기회를 갖게 되어 유익했다는 소감문을 작성함. 또한 최근 빠르게 성장한 반려동물 산업을 다룬 **'빅데이터로 보는 반려동물산업과 미래(최경선)'**를 읽고 독서활동에 참여하며 반려동물 산업이 성장 과정에서 많은 사회문제를 야기하고 있음을 이야기함. 소비자의 소리에 귀 기울이지 않았던 반려동물의 산업 현장을 지적하며 반려인들을 대상으로 모았던 여러 빅데이터를 토대로 반려동물 산업이 놓치고 있던 소비자의 소리가 무엇인지 살펴봄. 같은 관심사를 가지고 있는 동아리부원들과 함께 앞으로 반려동물 산업에서 필요한 부분이 무엇인지 함께 고민하고, 그 방향을 설계해 보는 시간을 갖고 내용을 보고서로 작성함.

진로활동 특기사항

지역과 함께하는 진로활동을 통해 우리 고장의 환경과 생태를 탐구하는 여러 활동들을 해보며 주변 생태계를 깊이 이해하고 보전의 중요성을 깨달음. 지역 내 습지에 서식하는 생물의 종류와 주변 환경의 특징에 관해 탐구하고 우리 지역의 저수지 홍보를 주제로 기사를 작성하여 습지의 중요성에 대해 강조함. 동물자원학과로의 진학을 희망하여 동물의 효율적인 생산 및 이용을 위해 유전, 번식, 영양 등의 학문을 전문적으로 연구하고 싶어 함. 동물에게도 바이러스로 인한 피해가 생기고 있으므로 이에 관한 연구와 동물산업에 대한 학문이 더욱 발전하게 될 것이라고 전망함. 진로관련 독서활동으로 **'애니멀카인드(잉그리드 뉴커크, 진 스톤)'**를 읽고 과학적 연구를 바탕으로 동물들의 경이로운 삶을 알게 되었고 동물에 관한 우리의 고정관념을 깨고 동물을 해치지 않고 살아갈 수 있는 구체적인 방법들을 살펴봄. 우리가 모르고 있던 동물들의 많은 재능과 언어, 복잡한 문화를 알게 되어 동물의 개성과 재능을 존중하며 그들을 대하는 방법에 대해 생각하게 되었음을 이야기함. 또한, 지구에서 인간과 함께 살고 있는 '동물'이 왜 인간의 존중을 받아야 하고 행복한 삶을 누려야 하는지 발표자료로 만들어 행동으로 실천할 구체적인 방법과 함께 발표하며 동물을 연구할 학자로서의 자세를 보임.

교과 세부능력 및 특기사항

생명과학 I

식량 자원과 에너지 자원 분포의 지역적 편재성과 국제 이동에 대한 자료를 제작하고, 환경위기로 인한 식량난과 에너지 부족에 대비하여 신산업분야의 연구에 대한 보고서를 정리함. 나아가 환경 파괴로 동물들의 서식지에 인간이 침범하면서 발생하는 인수공통전염병에 대한 프로젝트를 모둠원과 함께 진행함. 공장식 사육장의 증가로 농가와 야생 조류 등이 뒤섞임에 따라 인수공통전염병이 증가하였고, 가축과 사람의 국제 이동 증가로 코로나19와 같은 팬데믹 상황이 다시 나타날 수 있음을 경고함. 교과 독서활동으로 **'가축이 행복해야 인간이 건강하다(박상표)'** 를 읽고 가축의 행복은 윤리적인 관점에서뿐만 아니라 우리의 건강을 지키기 위해서도 중요하다고 이유를 설명함. 건강한 가축 사육을 통해 식중독이나 전염병의 위험을 줄일 수 있으며 지구온난화와 환경오염을 일으키는 공장식 축산방식에서 벗어나야 함을 지적함. 가축의 삶에 관심을 가져야 인간도 건강한 삶을 누릴 수 있음을 설명함.

고전과 윤리

'동물실험이 정당화될 수 있는가?'라는 주제토론에 참여함. 시간과 비용 측면에서 동물실험의 효율성을 이야기하지만 동물실험의 결과가 인간에게 그대로 적용되지는 않는다는 주장을 논리적으로 이야기함. 또한 화장품 분야 등에서 충분한 자료가 확보된 경우 기존 자료 활용을 통해 동물실험을 최소화하고 있음을 이야기하며 다른 산업에도 적용할 수 있다고 주장함. 더불어 동물의 생명권 침해에 대한 강력한 규제 방안이 마련되어야 함을 강조함. 교과 독서활동으로 생명의 본질과 의미에 관해 이야기하고 있는 **'최재천의 인간과 동물(최재천)'** 을 읽고 '산다는 건 무엇인가?, 어떻게 살아야 하는가?'라는 물음을 동물의 눈으로 짚어봄. 우리는 지구에서 함께 살아가고 있는 동물 중 하나로서 공존을 위해 지구의 역사와 생명의 본질에 대해 더 많이 알아야 함을 이야기함. 자연에 대해 공부하다 보면 다른 동식물도 사랑하게 될 것이고, 결국 지구에서 함께 살아갈 수 있는 지혜를 얻을 수 있을 것임을 강조하는 소감문을 작성함.

행동특성 및 종합의견

밝고 온순한 성격이며 동물에 관한 관심과 애정이 많고 마음이 따뜻한 학생임. 타인에게 배려를 보일 뿐만 아니라 식물에도 신경을 쓰는 학생으로 독서활동에서 지구에서 살아가는 모든 동물과 식물은 다양한 방식으로 서로 소통하고 있음을 이야기하는 **'숲은 고요하지 않다(마들렌 치게)'** 를 읽음. 자신을 노리는 천적을 속이기 위해 암호를 발신하는 지빠귀, 특정 주파수에 반응해 방향을 바꾸는 옥수수 뿌리 등 지구 위의 생명체들은 생존을 위해 기상천외한 소통의 기술을 가지고 있음을 알게 되었다고 이야기함. 가축 환경과 생태 정보의 데이터베이스를 전 세계적으로 표준화하고, 사물인터넷과 인공지능을 이용한 동물의 건강 상태를 실시간으로 확인할 수 있는 시스템을 마련해야 한다고 제시함. 프로젝트를 수행하면서 집중력을 보이며 탐구능력을 발휘하였고, 자신과 다른 의견을 수렴하는 개방적 태도를 보여 발전이 기대되는 우수한 학생임.

1 인문계열

2 사회계열

3 자연계열 · 동물자원학과

4 공학계열

5 의약계열

6 예체능계열

7 교육계열

3 ▸▸ 물리학과

1 학과 인재상

실험과정에 대한
인내심을 가지고 있으며
관찰력이 뛰어난 학생

자연현상의
인과관계와 법칙에
관심이 많은 학생

학업에 대한 열정과
탐구심이 깊은 학생

어려운 문제상황에서도
포기하지 않고
도전할 줄 아는 학생

논리적이고 수리능력을
가지고 있으며 물리학에 대한
호기심이 깊은 학생

2 유사학과

- 나노전자물리학과
- 데이터정보물리학과
- 반도체물리전자학과
- 응용물리학과
- 전자물리학과
- 전자바이오물리학과

3 관련직업

- 대학 교수
- 중등학교 교사
- 물리학연구원
- 전자통신연구원
- 과학기술연구원
- 원자력·에너지 관련 연구원
- 재료공학기술자
- 전자공학기술자
- 기계공학기술자
- 에너지공학기술자
- 시스템소프트웨어개발자

4 개설대학

- 가천대학교
- 가톨릭대학교
- 강원대학교
- 건국대학교
- 경북대학교
- 경희대학교
- 고려대학교
- 공주대학교
- 국민대학교
- 광운대학교
- 단국대학교
- 부산대학교
- 서강대학교
- 서울대학교
- 서울시립대학교
- 성균관대학교
- 숭실대학교
- 아주대학교
- 연세대학교
- 이화여자대학교
- 인천대학교
- 인하대학교
- 전남대학교
- 전북대학교
- 제주대학교
- 중앙대학교
- 충남대학교
- 충북대학교
- 한국외국어대학교
- 한양대학교 등

떨림과 울림

김상욱 / 동아시아(2018)

물리학의 가장 기본이 되는 개념을 소개하고 있는 책이다. 저자는 이 책을 통해 물리학이 인간적으로 보이길 바라며 인문학의 느낌으로 물리를 이야기한다. 1부 '분주한 존재들'에서는 빛, 시공간, 우주, 원자, 전자를 소개하고 있으며, 최소작용의 원리, 카오스, 엔트로피, 양자역학, 이중성 이야기를 통해 2부 '우리가 산다는 것, 공간을 본다는 것'을 설명한다. 3부 '관계에 관하여'에서는 중력, 전자기력, 멕스웰 방정식, 환원·창발, 응집물리 이야기를 통해 '힘들이 경합하는 세계'를 설명하고, 에너지, F=ma, 단진동, 인간을 마지막으로 소개하며 4부 '우주는 떨림과 울림'에서는 과학의 언어로 세계를 읽는 법을 안내한다. 또한 과학을 소재로 한 영화와 책들을 함께 안내하며 물리를 친근하게 이야기한다.

모든 순간의 물리학

카를로 로벨리(김현주 역) / 쌤앤파커스(2016)

이 책의 부제는 '우리는 누구인가'라는 물음에 대한 물리학의 대답'이다. 저자는 총 7개로 구성된 강의를 통해 우주를 새롭게 이해할 수 있도록 하고 있다. 각각의 강의는 아인슈타인의 상대성이론, 양자역학, 우주의 구조, 기초입자, 양자중력 연구, 블랙홀의 발생 가능성과 열기, 그리고 물리학이 설명하는 신기한 세상 속 우리 자신에 대해 이야기하고 있다. 과학이 우리에게 이 세상을 조금 더 잘 이해하는 방법을 가르쳐주기도 하지만 우리가 아직 모르는 것이 얼마나 광범위하게 많은지도 함께 안내한다.

미래의 물리학

미치오 카쿠(박병철 역) / 김영사(2012)

이 책은 어려워 보이는 최신 물리학의 이론과 개념을 다양한 비유를 통해 전달하며 물리학적 검증과 지식을 통해 알려주고 있다. 컴퓨터, 인공지능, 의학, 나노테크놀로지, 에너지, 우주여행, 부 그리고 인간 등의 미래를 주제로 하여 2100년의 시대를 과학, 물리학적 추론을 바탕으로 조망하고 있다. 전 세계 300여 명의 과학, 경제학, 철학 분야의 권위자들과 논증, 철저한 실험과 연구, 분석을 통하여 미래 과학의 세계를 이야기한다. 과학이 만들어낼 미래 사회에 대하여 살펴보고, 미래를 지배할 아이디어에 대해 생각해 보게 한다.

부분과 전체

베르너 카를 하이젠베르크(유영미 역) / 서커스(2020)

'양자역학을 창시한 공로'로 노벨 물리학상을 수상한 저자의 자서전과 같은 작품이다. 당대 최고의 석학인 아인슈타인, 닐스 보어, 볼프강 파울리, 막스 플랑크, 슈뢰딩거 등과 나눈 토론과 대화, 다양한 사고실험 등을 다루고 있다. 또한 그 주제는 물리학뿐만 아니라 정치, 종교, 역사, 문학 등 다양한 문제들을 다루어서 흥미롭다. 무엇보다 물리학과 양자역학에 대한 주제가 다수 소개된다. 낯설 수 있는 용어들에 대한 설명이 보태져 있지만, 과학에 대한 이해를 바탕으로 접근하면 도움이 될 것이다. 더불어 과학자의 과학 외적인 고민에 대해 함께 생각해 볼 수 있는 책이다.

빛이 매혹이 될 때
서민아 / 인플루엔셜(2022)

그림 그리는 물리학자로 알려진 저자가 물리학자의 눈과 화가의 마음으로 바라본 빛과 예술에 대하여 6가지 주제를 가지고 이야기한 책이다. '본다는 것'은 빛을 분석한 과학자들과 이 빛을 체험한 미술가들의 탐구의 과정과 결과를 연결하여 이야기하고, '눈에 보이지 않는 빛'을 밝혀낸 과학자들과 '눈에 보이지 않는 본질'을 담아내기 위한 미술가들의 노력과 시도도 말하고 있다. 물질의 최소 단위인 원자를 설명하며 등장한 양자역학과 자연의 본질에 다가가려 한 미술계의 변화를 비교해 이야기하며, 과학자들의 논쟁에서 나타나는 불확정성과 이중성, 미술가들의 상상력으로 정답이 존재하지 않는 예술 세계를 연결한 이야기를 통해 물리학과 예술의 두 시선이 맞닿는 지점을 찾아 안내하고 있다.

빛의 물리학
EBS 다큐프라임 빛의 물리학 제작팀 / 해나무(2014)

이 책은 빛을 키워드 삼아 현대 물리학을 다룬 EBS의 6부작 다큐멘터리 프로그램 '빛의 물리학'의 방송내용을 기본으로 하고 있다. 아인슈타인의 상대성이론은 시공간에 대한 인류의 인식을 새롭게 하였고, 양자역학은 우주가 상식 밖의 법칙들로 가득하다는 것을 보여주었다고 이야기한다. 물리학을 안다는 것은 우리를 둘러싼 공간이 어떻게 시작되었고 우리가 무엇으로 이루어졌는가를 알게 해준다. 역사상 가장 위대한 과학자로 꼽히는 갈릴레오, 뉴턴, 맥스웰, 아인슈타인, 보어, 하이젠베르크의 발자취를 따라가면서 수학과 물리학에 익숙하지 않은 이들도 이해할 수 있도록 상대성이론과 양자역학을 소개하며 물리학에 가깝게 다가갈 수 있도록 안내하고 있다.

양자역학은 처음이지?
곽영직 / 북멘토(2020)

이 책은 양자역학 이론이 만들어지는 역사적 과정을 따라가며 양자역학의 어려운 개념들을 흥미로운 과학사들과 함께 제시하여 이해하기 쉽게 하고 있다. 원자론이 등장할 때부터 시작하여 원자에 대한 새로운 사실들이 밝혀지는 과정과 원자와 관련된 새로운 사실들을 설명하기 위해 과학자들이 양자역학을 만들어가는 과정을 다루었다. 또한 양자역학의 발전에 크게 공헌했지만 완성된 양자역학은 받아들여지지 않았던 과학자들의 이야기를 소개하고 고전 양자역학과 같이 잘못된 것으로 밝혀져 폐기된 이론이나 슈뢰딩거의 고양이와 같이 양자역학을 반대하기 위해 제안되었던 사고실험 이야기도 다루었다.

어떻게 물리학을 사랑하지 않을 수 있을까?
짐 알칼릴리(김성훈 역) / 윌북(2022)

저자는 물리학이 경이롭고, 과학의 토대가 되며, 세상을 이해하는 데 중요한 이유를 이 책을 통해 설명하고자 한다. 이 책은 물리학의 가장 심오하고 근본적인 개념들을 소개한다. 광활한 우주에서 아주 작은 양자까지, 자연법칙을 통합하려는 탐구에서 생명을 지배하는 가장 단순한 물리적 원리를 찾으려는 탐구까지, 추상적인 이론물리학의 최전선에서 일상 경험과 기술을 뒷받침하는 우리 삶 속 물리학 등 다양한 주제로 물리학을 소개하고 있다. 또한 물리학의 여러 용어들을 복잡한 수학 이야기를 꺼내지 않고 설명하고 있다.

이토록 아름다운 물리학이라니
에티엔 귀용 외 5인(박인규 역) / 미래의창(2021)

이 책은 건축물, 비눗방울, 현수선, 물에 젖은 머리카락, 거미, 새, 모래성, 씨앗, 균열 등 우리 일상 속에서 쉽게 관찰할 수 있는 숨겨진 아름다움을 드러내어 우리를 둘러싼 세상을 다른 시선으로 보게끔 하고 있다. 아제르리도 성의 다락, 비누 거품, 종이를 구겨서 만든 공, 지푸라기로 만든 다리 등 35가지의 주제와 많은 삽화를 통해 사물의 형태, 그들에게 미치는 힘, 그리고 기능들을 설명하며 모든 주제가 자연적이든, 인공적이든 아름다움을 드러내고 있다고 설명한다. 저자는 그냥 스쳐 지나가거나 무시할 수도 있는 우리 주변의 숨겨진 아름다움 속에서 물리학 원리를 알게 된다면 과학이나 기술의 발전에 기여할 수 있다고 이야기한다.

익스트림 물리학
옌보쥔(홍순도 역) / 그린북(2022)

저자는 수학적 모형을 이용하지 않고 이론물리학의 핵심 지식을 알기 쉽게 소개하고자 하였다. 책은 총 6개의 주제로 구성되어 있다. 아인슈타인의 특수상대성 이론으로 빛의 속도에 가까운 운동에서 나타날 수 있는 현상, 지구에서 태양까지의 거리, 나아가 우주의 크기 등과 같은 큰 규모의 물리학을 소개하고, 아인슈타인의 일반상대성 이론으로 블랙홀의 이야기, 원자 내부의 모습과 우리가 사는 세계를 구성하고 있는 것에 대해 살펴본다. 또한 온도를 상상 이상의 수준으로 높이면 일어나는 현상과 온도가 절대 0도에 가까울 때 물질에 나타나는 형태에 대해 알아보고 있다.

물리학과 독서탐구활동 활용사례

자율활동 특기사항

교내학술제에 참여하며 '빛의 이중성의 성립 과정'을 주제로 선정하여 빛의 입자성과 파동성을 주장한 과학자들의 주장, 토마스 영의 이중 슬릿 실험, 빛의 이중성 등의 내용을 조사하여 발표하고 발표 내용을 포스터로 만들어 전시함. 또한 과학신문 만들기 활동에도 '빛은 파동인가? 입자인가?'를 주제로 참여하며 팀원들을 적극 독려하는 모습을 보여주며, 학술제 내용을 바탕으로 한 신문기사와 함께 십자말풀이 등을 작성하여 독창적인 과학신문을 완성. 물리학과 미술을 주제로 한 **'빛이 매혹이 될 때(서민아)'**를 독서활동 서적으로 선정하여 서로 완전히 다른 분야로 여겨지는 물리학과 미술을 하나로 엮은 이야기를 살펴봄. 빛을 분석한 과학자와 이 빛을 체험한 미술가, 빛의 성질을 이해하는 과학자와 빛의 창조적인 표현과 기법으로 표현하는 미술가 등의 이야기를 통해 물리학과 미술의 빛에 대한 공통적인 이해에 대해 생각해 보는 계기가 되었음을 독서활동지로 제출함.

동아리활동 특기사항

(과학탐구반)(34시간) 동아리 부회장으로 적극적인 탐구심과 남다른 관찰력을 보여주며 부원들의 활동에 긍정적 에너지를 주는 학생임. 동아리 개별 주제탐구 주제로 '자이로스코프 원리와 활용'을 선정하여 탐구활동을 진행함. 그 원리를 활용하여 적용하고 있는 가상현실, 스마트폰, 사물인식시스템, 웨어러블 기기 등의 사례를 이야기하고, 실제 제품을 시연하면서 동작 원리를 동아리 부원들에게 설명함. 또한 자이로스코프를 활용한 노인 고독사 감소 방법에 대한 자신의 의견을 제시하여 발표함. 물리 관련 도서인 **'어떻게 물리학을 사랑하지 않을 수 있을까?(짐 알칼릴리)'**를 읽고 물리학은 우주 전체를 이해하기 위한 도구이고 경이롭고 과학의 토대가 되며, 세상을 이해하는 데 중요한 학문임을 강조하는 저자의 이야기에 공감함. 물리학은 우리의 일상 경험과 기술을 뒷받침하고 있음을 다양한 주제를 가지고 설명하며, 물리학의 여러 용어들을 복잡한 수학 이야기를 꺼내지 않고 설명하는 방법에 대해 소감문을 작성함.

진로활동 특기사항

전공학과 탐색활동을 통해 과학과 공학의 기초학문인 물리학의 자연 현상 법칙을 연구·예측하여 기술에 응용하는 방법을 배우고자 물리학과 진학을 희망함. 물리학 연구원이라는 자신의 진로 분야에 대한 사회 문제를 알아보고 적절한 해결 방안을 제시하는 활동에 적극적으로 참여함. '탈원전 정책'을 주제로 벨기에, 독일 등의 해외 사례를 다양하게 조사하고 탈원전 정책은 1950년부터 영국에서 시작되어 꾸준히 제기된 문제임을 이야기함. 소련 체르노빌 원자력 발전소, 일본 후쿠시마 원자력 발전소 사고 등의 사례를 자세하게 조사하여 발표함. 자료를 조사하고 이를 논리적으로 풀어내는 능력이 매우 우수하며 탈원전 정책의 중요성을 강조하면서도 원자력 발전소의 순기능을 함께 이야기하고 차세대 친환경 에너지원으로서의 핵융합 에너지에 대해 설명함. 관심진로 독서활동에서 양자역학에 대한 **'양자역학은 처음이지?(곽영직)'**를 선택하여 읽으며 원자론의 등장부터 원자에 대한 새로운 사실들이 밝혀지는 과정, 원자와 관련된 새로운 사실들을 설명하기 위해 과학자들이 양자역학을 만들어가는 과정, 양자역학의 발전에 크게 공헌했지만 완성된 양자역학은 받아들여지지 않았던 과학자들의 이야기 등 양자역학 이론이 만들어지는 역사적 과정과 양자역학의 개념들에 대해 이해한 내용을 정리함. 이를 통해 물리학에 대한 더 넓은 연구에 관심을 가지게 되었음을 소감문으로 보여줌.

교과 세부능력 및 특기사항

물리학 Ⅰ

물리학에 관심이 많으며 자기주도적인 학습능력이 뛰어나 어려운 문제가 주어지면 그 문제가 해결될 때까지 지구력을 갖고 노력하는 학생임. 자유낙하하는 물체의 높이와 속력을 이용하여 물체의 중력퍼텐셜 에너지와 운동 에너지를 계산하여 역학적 에너지가 보존됨을 찾아냄. 특수 상대성 이론으로 설명할 때 발생할 수 있는 시간 지연의 모순을 설명하고, 일반 상대성 이론에 관심을 갖는 계기가 되었다고 이야기함. 전반사 현상의 예로 잠망경의 직각프리즘, 광케이블, 물고기가 수면에 비쳐 보이는 현상 등을 조사하고 전반사 현상으로 설명한 자료를 모둠을 대표하여 발표함. 독서활동으로 2100년의 시대를 과학·물리학적으로 상상해 본 **'미래의 물리학(미치오 카쿠)'**을 읽고 컴퓨터, 인공지능, 의학, 나노테크놀로지, 에너지, 우주여행, 부 그리고 인간 등의 과학이 만들어낼 미래 사회에 대하여 살펴보고, 미래를 지배할 아이디어로 무엇이 있을지에 대해 소감문으로 작성함.

수학 Ⅱ

자신이 이해한 방식을 접목해 증감표, 그래프 등 다양한 도구를 이용해 수업내용을 깔끔하게 정리하는 모습이 눈에 띔. 평소 관심이 많은 물리학에 미적분이 많이 사용되고 있음을 알고 '물리학에서의 미적분'을 주제로 탐구활동을 함. 역학 분야에서 물체의 위치와 속도, 가속도의 관계, 운동방정식에서 운동량과 충격량의 관계, 단진동 등이 미적분으로 설명되고 있음을 이야기하고, 전자기학 분야에서도 전자기유도와 관련한 페러데이 법칙을 미적분으로 설명함. 물리학에서 나타나는 현상을 이해하기 위해 미적분이 활용되고 있음을 알고, 물리학을 연구하기 위해 미적분을 지속적으로 사용할 것임을 다짐하는 보고서를 작성함. 이론 물리학을 전달하고 있는 **'익스트림 물리학(옌보쥔)'**을 읽고 수학적 모형을 이용하지 않고 여러 주제를 설명하고 있는 책 속의 내용을 파악해 봄. 지구에서 태양까지의 거리, 우주의 크기와 같은 주제에 대해 자신의 이해를 바탕으로 수학적인 방법으로 접근했던 내용을 발표함.

행동특성 및 종합의견

상황을 비판적으로 바라볼 줄 알고 상황을 분석하는 능력이 탁월한 학생임. 탐구심이 많아 수학과 과학을 좋아하고 친구들에게 수학, 과학을 알기 쉽게 가르쳐 주는 논리적인 사고 능력이 뛰어남. 자신의 진로를 계획하며 물리학 분야로의 진출을 목표로 설계하였으며, 미래 사회에서 물리학이 각 산업의 기초가 되기에 다양한 응용분야의 직업이 있음을 살펴봄. 목표 지향성과 자기관리능력이 돋보이는 학생이기에 자신의 관심 분야에서의 높은 성취도가 기대됨. **'이토록 아름다운 물리학이라니(에티엔 귀용 외)'**, **'떨림과 울림(김상욱)'** 등의 책을 읽고 독서활동지를 작성함. 물리학이 우리 일상 속에서 쉽게 관찰될 수 있고, 세상을 다르게 볼 수 있게 하는 것을 알게 되었으며, 과학, 특히 물리학을 통해 세상을 바라보는 것으로 우리 주변의 아름다움 속에서도 물리학의 원리를 살펴볼 수 있다는 점을 깨닫게 되었음을 이야기함. 자신도 과학이나 기술의 발전에 기여하고 싶다는 소감을 밝힘.

1 인문계열

2 사회계열

3 자연계열 · 물리학과

4 공학계열

5 의약계열

6 예체능계열

7 교육계열

4 ▸▸ 산림자원학과

1 학과 인재상

적극적인 사고와
진취적인 행동을
가진 학생

자연을 좋아하고 나무 등
여러 산림자원에
관심이 있는 학생

우리 주변에서 일어나는
자연환경문제에
관심이 있는 학생

기초자연과학에 대한 지식을
바탕으로 자원의 효율적 활용에
관심이 있는 학생

인간과 자연의 공존을 위한
생태복원 활동에
기여하고 싶은 학생

2 유사학과

- 산림조경학과
- 산림과학과
- 산림환경과학과
- 산림비지니스학과
- 원예산림학과
- 임산생명과학과
- 환경산림과학과

3 관련직업

- 대학교수
- 산림환경연구원
- 조경연구원
- 생명과학연구원
- 생물공학연구원
- 자원공학기술자
- 에너지공학기술자
- 조경전문가
- 산림개발전문가
- 산림경영기술자
- 산림공학기술자

4 개설대학

- 강원대학교
- 경북대학교
- 경상국립대학교
- 건국대학교
- 공주대학교
- 국민대학교
- 대구가톨릭대학교
- 대구대학교
- 대구한의대학교
- 배재대학교
- 서울대학교
- 순천대학교
- 영남대학교
- 원광대학교
- 전남대학교
- 전북대학교
- 충남대학교
- 충북대학교 등

나무의 세계
조너선 드로리(조은영 역) / 시공사(2020)

다양한 나무의 삶을 조명하며 인간보다 더 오래 살아 온 나무들은 충분히 존중받을 가치가 있고, 우리의 보호를 받아야 한다고 저자는 이야기하고 있다. 저자는 인간의 삶에 가장 깊은 영향을 준 80여 종의 나무를 선별하여 각 나무들에 관한 여러 가지 정보를 세밀한 일러스트를 통해 소개하고 나무에 얽혀있는 이야기를 한다. 나무 한 그루의 뿌리, 줄기, 가지, 이파리, 꽃과 열매는 모두 환경에 적응한 결과물이며 생존을 위해 뿌리 끝부터 이파리 끝까지 수천 년 동안 나무는 진화해 왔음을 이야기한다. 모든 생명과 공생하는 나무의 모습을 통해 자연의 균형을 깨뜨리는 것은 인간의 욕심이고, 지구온난화와 같은 결과를 받게 되는 것도 결국 인간이 원인이라는 사실을 저자는 전달하고 있다.

나무는 거짓말을 하지 않는다
발레리 트루에(조은영 역) / 부키(2021)

세상의 모든 나무는 한 해 한 해 나이테를 만들고 역사와 날씨를 기록한다. 나이테를 분석해 연대를 측정하고 이 데이터로 기후와 역사를 연구하는 '연륜연대학'이란 학문을 통해 나무가 들려주는 여러 이야기를 읽어낼 수 있다. 이 책은 인간과 환경이 기록한 역사를 나이테가 간직하고 있음을 이야기하며 지구온난화, 대지진, 화산폭발, 체르노빌 이야기, 로마제국, 칭기즈칸의 정복, 아즈텍의 멸망 등의 역사, 엘니뇨와 라니냐 등의 기후변화 등을 나이테를 통해 설명한다. 나이테는 과거의 기후변화가 인간의 사회에 끼쳤던 영향을 기록하고 있기 때문에 이를 통해 지구의 긍정적인 미래를 설계하는 데 도움이 될 수 있음을 이야기한다.

숲, 다시 보기를 권함
페터 볼레벤(박여명 역) / 더숲(2021)

'내버려두라, 숲에서 일어나는 모든 일은 숲에게 맡겨라.' 숲의 위기는 인간의 숲을 가꾸고 보호하는 데에서 시작되었다고 저자는 이야기한다. 다시 말해서 숲을 관리하며 인간이 환경 보호를 한다고 하는 여러 행위가 환경을 파괴하고 있다는 것이다. 실제로 인간은 숲에서 나무를 가꿀 때 경제성이 있는 나무를 선택한다. 나무를 상품으로 여기는 것이다. 또한 숲에 있는 토양, 토양미생물, 야생동물 등 여러 생명체에 대한 배려가 부족하여 생물종 다양성이 사라졌음을 이야기한다. 결국 숲을 보존하려면 숲이 자연의 질서로 회귀하도록 인간이 숲을 내버려 두어야 하며, 이것이 지속 가능한 숲이 되도록 하는 길이라 이야기한다.

나무를 심은 사람
장 지오노(김경온 역) / 두레(2018)

1953년 발표된 단편소설이다. '희망을 심고 행복을 가꾼' 한 사람이 메마르고 황폐한 땅에 홀로 수십 년 동안 나무를 심어 황무지를 생명이 살아 숨 쉬는 숲으로 바꾸어놓는 이야기다. 소설 속 주인공이 사람들의 탐욕으로 폐허로 바뀐 땅에서 끊임없이 40년간 나무를 심으며 거대한 숲을 만들어 내는 모습을 보여주며 결국 세상을 아름답게 만드는 사람은 소리 없이 '우리'를 위해 헌신하는 사람들이라는 점을 일깨워 준다. 작가는 '사람들이 나무를 사랑할 수 있게 하기 위해, 더 정확히 말하면 나무를 심는 것을 장려하기 위해서' 이 작품을 썼다고 설명한다. 작가의 뜻대로 이 책은 세계 곳곳에서 지구녹화운동의 자료로 활용되고 있다.

1 인문계열

2 사회계열

3 자연계열 · 산림자원학과

4 공학계열

5 의약계열

6 예체능계열

7 교육계열

숲 경영 산림 경영
마상규, 이강오 / 푸른숲(2017)

저자는 우리 국토의 65%가 숲이지만 산주들은 숲을 체계적으로 경영하는 방법을 배우지 못하고 있음을 지적한다. 숲이 자본으로서 가치를 발휘하도록 하기 위해선 숲과 산림도 관리가 아닌 경영을 해야 한다고 이야기한다. 저자는 숲을 모두에게 이익이 되는 방향으로 관리하는 '지속 가능한 산림 경영'을 강조하고 있다. 생산주기가 수십 년씩 되는 삼림 경영이 경쟁력을 갖추기 위해서는 정부의 적극적인 관리가 필요함을 강조하며 우리 사회의 현실에 맞는 산림 경영 조직의 필요성을 이야기한다. 우리 숲을 경쟁력 있는 산림으로 경영할 때 국민 전체가 받게 될 혜택과 저성장 고령화 시대의 여러 문제의 해결점을 제시한다.

그 숲에 살다
이용직 / 들메나무(2014)

금강소나무 숲에서 자라나 진정으로 산을 사랑하고 금강소나무를 지켰던 김달수를 주인공으로 한 산림소설이다. 자연과 함께 살았던 산사람들의 애환, 해방과 한국전쟁을 겪으면서 빚어진 생활고 때문에 산속에서 은밀하게 이루어졌던 산림 도벌 사건들을 통해 산촌 사람들의 아픔을 이야기한다. 문명의 혜택은 고사하고 하늘 넓이가 3천 평밖에 안 되는 첩첩산중에서 산과 나무와 더불어 살았던 사람들의 일상을 저자는 알리고자 하였다. 산과 나무를 삶의 터전으로 여기고 이 땅의 산과 숲을 있게 한 이들의 숨은 노력들을 되새기며 산과 숲을 사랑하는 사람들의 삶의 가치를 전달하고 있다.

숲에서 놀다
이영득 / 황소걸음(2012)

자연을 좋아하고 아름답게 여기지만 즐기는 방법을 모르는 사람들에게 숲을 즐기는 방법을 숲속의 사계절 사진과 글을 통해 저자는 전달하고 있다. 숲에는 언제나 배울 거리, 놀 거리가 넘치고 갈 때마다 새로운 것을 보여준다고 이야기한다. 솔잎 지압, 솔방울 공기놀이, 소나무껍질 퍼즐 맞추기, 갖가지 나뭇잎으로 풀각시 만들기 등 숲에서 할 수 있는 다양한 놀이와 봄나물, 진달래 화전 등의 요리를 통해 숲을 즐길 수 있도록 안내한다. 더불어 좋아하는 대상이 있으면 책임질 줄 알아야 한다면서 자연에 대한 예의를 지켜야 한다고 저자는 이야기한다.

다시, 나무를 보다
신준환 / 알에이치코리아(2014)

국립산림과학원의 임업연구사에서 국립수목원 원장까지 공직으로 일했던 저자가 나무를 통해 바라본 삶에 관해 이야기한 책이다. '나무의 인생학', '나무의 사회학', '나무의 생명학'으로 구성된 세 가지 주제 안에서 우리 주변에서 흔히 만나볼 수 있는 나무들이 살아가는 방법을 바라보며 우리들의 삶의 모습을 되돌아보고 살펴볼 수 있도록 도와준다. 도토리가 참나무로 성장해 나가는 과정에서 배워야 할 지혜를 전달하고, 숲속에서 풀과 이끼, 작은 나무와 큰 나무들이 서로 어울려 숲을 이루며 서로 포용하고 공존하는 모습에서 다양성의 중요성을 이야기한다.

궁궐의 우리 나무
박상진 / 눌와(2014)

도심 한가운데 위치한 경복궁, 창덕궁, 창경궁, 덕수궁 안의 우리 나무를 상세한 지도와 풍부한 사진과 함께 소개한 책이다. 조선왕조실록, 삼국사기, 동의보감과 같은 고서에서 저자가 직접 찾아낸 나무 이야기를 통하여 나무들의 생태는 물론 그에 얽힌 우리 문화와 역사를 만나볼 수 있다. 수백 년을 궁궐에서 살아오며 궁궐에 살던 사람들의 이야기를 담고 있는 나무, 많은 역사의 현장을 목격한 나무들도 소개되고 있다. 더불어 일제강점기에 심어진 여러 가지 일본의 나무들도 지적하며 우리의 궁궐에서 없어져야 함을 주장하고 있다.

나무의 시간
김민식 / 브레드(2019)

나무와 사람, 과학과 역사, 예술 등 다양한 분야의 이야기와 함께 목재산업 현장에서의 오랜 경험을 바탕으로 한 현대 나무 산업의 여러 내용을 함께 소개한 책이다. 우리 주변에는 나무들이 많이 존재하고 있다. 땅에 뿌리를 내리고 자라는 나무뿐 아니라 책상, 의자, 문 등으로 가공된 나무가 우리 생활 곳곳에서 함께하고 있다. 이 책에서는 우리 삶 속에 함께하고 있는 나무의 이야기를 주로 다루며 역사와 문화, 예술의 현장에 함께 했던 다양한 종류의 나무 이야기를 흥미롭게 풀어낸다.

산림자원학과 독서탐구활동 활용사례

자율활동 특기사항

환경보호 교육활동에서 후손들에게 안전하고 깨끗한 환경을 물려 주기 위해서는 무엇보다 일회용품 사용을 줄이는 등의 사회적 노력이 필요함을 알게 되었다고 이야기함. 일회용품을 만들기 위해 나무를 베면 나무뿐만 아니라 숲에서 살던 곤충, 동물들의 서식지까지 파괴되며, 이는 결국 생태계가 파괴되는 결과로 나타나므로 일상생활에서 일회용품을 줄이기 위해 각별한 노력이 필요하다고 함. 나이테를 분석해 연대를 측정하고 이 데이터로 기후와 역사를 연구하는 학문에 관해 이야기하는 **'나무는 거짓말을 하지 않는다(발레리 트루에)'**를 읽고 나무가 한 해 한 해 만들어 내는 나이테를 통해 다양한 역사적 사건과 기후변화가 설명되며 이를 연구하는 학문이 '연륜연대학'이라는 것을 이야기함. 과거의 기후변화가 인간 사회에 끼쳤던 영향을 나이테를 통해 연구할 수 있다는 점이 놀라웠으며, 이러한 연구를 통해 지구의 긍정적인 미래를 설계하는 데 도움이 될 수 있을 것이라는 기대를 담은 소감문을 작성함.

동아리활동 특기사항

(자연탐구반)(34시간) 개인 탐구활동에서 국가통계포털사이트의 '단풍놀이를 가요'에 대한 통계 웹툰을 활용하여 국립공원 탐방 추이를 알아봄. 단풍철에 탐방객이 제일 많다는 사실을 바탕으로 국립공원관리공단에서 가족과 걷기 좋은 단풍 탐방로 10선을 추천한 내용을 보며 통계가 어떤 주장에 대한 타당한 근거 자료로 활용됨을 알게 됨. 또한, 추천된 탐방로가 탐방객이 제일 많은 이유에 대해 추가적으로 조사하고 싶다는 의지를 밝힘. 독서활동으로 **'숲에서 놀다(이영득)'**를 읽고 숲을 걷거나 바라만 보는 것에서 나아가 숲을 즐길 수 있음을 알고 직접 실천함. 또한 좋아하는 대상이 있으면 책임질 줄 알아야 한다는 말에 공감하며 자연에 대한 예의를 강조함. 도서의 내용을 바탕으로 동아리부원들과 함께 솔잎 지압, 솔방울 공기놀이, 소나무껍질 퍼즐 맞추기, 갖가지 나뭇잎으로 풀각시 만들기 등 숲에서 할 수 있는 다양한 놀이를 경험해보고 동아리행사에서 직접 진행하게 될 놀이를 선정함.

진로활동 특기사항

산림을 연구하는 일에 관심이 많으며, 통일 이후의 시대를 기다리며 비무장지대의 산림을 세계 최고의 생태계 보존 지역으로 만들고자 꾸준히 준비해 나갈 것임을 이야기함. '미래사회와 나의 직업' 활동을 하며 산업 발달로 인한 산림의 황폐화가 상당히 진행되고 있음을 지적하며 미래사회에 산림환경을 제공하기 위해 현재의 보존이 중요하다는 점을 강조함. 인공지능과 사물인터넷의 발달을 산림산업에도 적용시켜 개발 가능한 산림의 양을 조절하고 보존지역을 설정하여 관리하는 등 활용해볼 수 있는 영역에 관해 이야기함. 진로교과활동으로 '희망을 심고 행복을 가꾼' 한 사람이 메마르고 황폐한 땅에 홀로 수십 년 동안 나무를 심어 황무지를 생명이 살아 숨 쉬는 숲으로 바꾸어 놓는 이야기를 담은 소설 **'나무를 심은 사람(장 지오노)'**을 읽음. 소설 속 주인공이 사람들의 탐욕으로 폐허로 바뀐 땅에서 끊임없이 나무를 심으며 거대한 숲을 만들어 내는 모습 속에서 결국 세상을 아름답게 만드는 사람은 소리 없이 '우리'를 위해 헌신하는 사람들이라는 점을 깨닫게 되었음을 이야기함. 나아가 산림환경연구원을 꿈꾸는 자신도 나무를 통해 인류에 공헌하는 사람이 되겠다고 다짐하는 독후감상문을 제출함.

교과 세부능력 및 특기사항

환경

평소 산림보호에 관심이 많은 학생으로 산림이 우리 인류에게 가져다주는 이점을 조사하여 친구들에게 발표함. '내가 하는 환경 활동'에서 지구환경의 급격한 변화 원인 중 하나로 무분별한 산림벌채를 지적하며, 산림벌채가 지구온난화를 가속화시키는 큰 요인이라고 보고 이를 해결하기 위해 산림보호법을 개정해야 한다고 주장함. 산림벌채 관련 청원에 동의하고 친구들이 참여할 수 있도록 독려하는 등 자신의 위치에서 최선을 다해 행동함. 관심분야 독서활동에서 '**숲, 다시 보기를 권함(페터 볼레벤)**'을 읽고 우리가 숲을 위한다, 환경을 보호한다며 하는 많은 활동들이 오히려 환경을 파괴하고 있음을 알게 되었음을 이야기하며, 나무를 잘 가꾸어 경제성이 있는 상품으로 만들려고 하는 인간의 욕심이 토양, 야생동물 등에 대한 배려가 없이 이루어져 생물종의 다양성을 파괴하고 있음을 지적함. 숲이 자연의 질서를 회복할 수 있도록 해야 함을 소감문으로 작성함.

사회문제탐구

공장이나 건물을 짓기 위해 숲을 벌목하는 것을 큰 세계적 환경문제로 지적함. 이러한 벌목으로 인해 이산화탄소의 양이 늘어나며 공기 오염이 심해지고 있음을 주지시키며 해결방법으로 숲의 경작을 줄일 것을 제시함. 그리고 숲이나 산 대신 안 쓰는 장소를 골라 공장이나 건물을 세우면 된다고 주장함. 또한 아마존 등 영향력이 큰 지역은 법적으로 보호를 해야 하며 이를 어길 시 사회에 환원하는 방식으로 처벌해야 한다는 의견을 냄. '**다시, 나무를 보다(신준환)**'를 읽고 우리 주변에서 흔히 만나볼 수 있는 나무들이 살아가는 방법에서 우리들의 모습을 되돌아볼 수 있음을 이야기함. 도토리가 참나무로 성장해 나가는 과정에서 배워야 할 지혜와 숲속에서 풀과 이끼, 작은 나무와 큰 나무들이 서로 어울려 숲을 이루며 서로 포용하고 공존하는 모습을 설명하며 우리 사회에서도 다양성의 가치를 중요하게 생각하고 존중해야 함을 소감문으로 작성함.

행동특성 및 종합의견

성격이 차분하고 온화하여 타인의 의견에 수용적이면서도 자신의 중심이 잡혀 흔들리지 않는 모습을 보임. 항상 모범적인 모습을 보이고 학급자치회장으로서 반의 분위기를 잘 이끌며 학급이 잘 결속되도록 노력함. 우리나라에 산림이 많다는 점에서 경제적 측면과 환경적 측면에 있어 국내 산림의 보호와 육성의 필요함을 이야기하며 해당 분야에서 전문가로 활동하고 싶다고 이야기함. 숲에서 자라나 산을 사랑하고 지켰던 주인공의 이야기를 담은 산림소설 '**그 숲에 살다(이용직)**'를 읽고 우리의 근대 역사 속에서 자연과 함께 살았던 산사람들의 삶을 통해 산촌 사람들의 아픔을 알고 문명의 혜택과 거리가 먼 첩첩산중에서 산과 나무와 더불어 살았던 사람들의 일상을 알 수 있었음을 이야기함. 산과 나무를 삶의 터전으로 여기는 이들의 삶의 가치에 공감하고 그 자세를 배워야겠다고 다짐하는 모습 속에서 미래의 산림연구원으로서 필요한 자질을 엿볼 수 있음.

5 ▸▸ 생명과학과

1 학과 인재상

과학적 사고력과 분석력을
바탕으로 창의성과
도전정신을 지닌 학생

다양한 생물에 대한
관찰력을 가지고
탐구심이 강한 학생

기초과학과목과
생명현상에
관심이 많은 학생

생명과학에 대한 학문적
지식을 바탕으로 사회활동에
기여하고자 하는 학생

자연법칙과 과학적 연구방법에
대한 이해도가 높고 논리적
사고력을 지닌 학생

2 유사학과

- 미생물학과
- 분자생명과학과
- 생명시스템학과
- 생물학과
- 생화학과
- 스마트생물학과
- 응용생물학과
- 의생명과학과

3 관련직업

- 대학교수
- 중등학교교사
- 생물학연구원
- 생명정보학자
- 식품의약품·식품위생연구원
- 질병·독성연구원
- 생명과학관련 기기개발 연구원

4 개설대학

- 가천대학교
- 강원대학교
- 건국대학교
- 경북대학교
- 경상국립대학교
- 경희대학교
- 고려대학교
- 공주대학교
- 동국대학교
- 부경대학교
- 부산대학교
- 서강대학교
- 서울대학교
- 서울시립대학교
- 성균관대학교
- 순천대학교
- 순천향대학교
- 아주대학교
- 연세대학교
- 울산대학교
- 원광대학교
- 이화여자대학교
- 인천대학교
- 인하대학교
- 전남대학교
- 전북대학교
- 제주대학교
- 중앙대학교
- 충남대학교
- 충북대학교
- 한림대학교
- 한양대학교 등

생명과학 사전
오이시 마사미치(이재화 역) / 그린북(2021)

생명과학에 대한 관심이 높아져 각종 정보가 인터넷에 소개되고 있지만, 전문적인 내용이 많아 이해하기 어려워하는 사람이 많다. 이 책은 생명과학에 대한 기초지식을 이해하기 쉽도록 일상에서의 문제와 예시로 설명하고 있다. 생물과 인류의 탄생, 세포에 대한 다양한 이론, 우리 몸을 구성하는 물질, 유전자 관련 이론과 개념, 동물의 발생 원리, 대사, 발효, 광합성으로 대표되는 생명 유지의 기본 원리, 생물의 반응과 조절, 생물의 다양성과 생태계의 구조 등을 주제로 생명과학의 전반에 걸쳐 기본이 되는 이야기를 안내한다.

생명은 어떻게 작동하는가
박문호 / 김영사(2019)

저자가 강의시간에 다루었던 그림을 활용하여 생화학작용의 상호관계를 이해하기 쉽게 만든 책이다. 저자는 '결정적 지식', 글루코스 분자식 등을 강조하며 중요한 내용을 반복하여 제공하고 있다. 또한 분자들의 상호관계를 분자식을 통해 알 수 있도록 분자의 분자 변환식을 이야기한다. 광합성과 호흡, 지질과 생체막, DNA, 단백질합성, 후성유전학, 바이러스와 박테리아 등의 내용을 중심으로 한 장의 그림 속에서 그 변환과정 등을 제시하며 분자들의 상호관계를 알 수 있도록 하고 있다.

생명이란 무엇인가
폴 너스(이한음 역) / 까치(2021)

이 책은 생명이 어떻게 작동하는지를 단계적으로 파악한 책이다. 우선 생물학에서 기본 단위가 되는 '세포', 세포에서도 가장 핵심이 되는 존재인 '유전자'를 설명한다. 그리고 '자연선택을 통한 진화'에서 생물학에서 가장 널리 알려진 개념을, '화학으로서의 생명'에서 생명에서 일어나는 화학반응들을 소개한다. 또한 '정보로서의 생명'을 통해 생명이 주변 환경으로부터 모은 정보의 이용방법에 대해 이야기한다. 또한 이 다섯 가지 주요 개념들을 설명하여 이러한 개념들이 나오게 된 이유와 중요성, 이들 사이의 상호작용에 대해 설명한다. 더불어 과학자들이 무엇을 연구하고 발견하며, 그 성과가 어떤 분야와 연결되는지를 이야기한다.

생물의 이름에는 이야기가 있다
스티븐 허드(조은영 역) / 김영사(2021)

생물에게는 공식적인 이름으로 '학명'이 부여된다. 그 중 사람의 이름을 딴 학명을 가진 생물들도 여럿 존재하고 있다. 이 책은 어떤 이유로 그러한 이름을 가지게 되었는지 살펴보면서 생물 다양성에 대해 이야기한다. 새로운 생물을 발견한 사람에게 이름을 부여할 수 있는 권리가 주어지기에 학명에는 과학 문화와 과학자들의 개성을 보여주는 경우가 많다. 선배 과학자의 이름을 따는 경우도 많으며, 유명 음악가, 배우의 이름 등 다양한 분야의 유명인의 이름을 따서 짓는 경우도 있다. 폭군, 독재자의 이름을 명명했던 이야기, 자신의 경쟁 학자의 이름을 부여하여 모욕을 주었던 이야기 등도 살펴볼 수 있다.

1 인문계열

2 사회계열

3 자연계열 · 생명과학과

4 공학계열

5 의약계열

6 예체능계열

7 교육계열

유전자의 내밀한 역사
싯다르타 무케르지(이한음 역) / 까치(2017)

다양한 사례와 이야기를 통해 유전자의 역사를 담아낸 책이다. 1부에서 유전자의 근본 단위를 발견하게 된 과정을 이야기하고, 2부에서 초파리 실험을 통한 유전자의 변이와 진화에 대한 연구를 소개한다. 3부에서는 유전자의 특성을 이용하는 유전공학의 탄생을 다루고 있으며, 4부에서는 유전자 지도에 대하여 이야기한다. 5부에서 유전자가 사회적으로 이슈가 되는 문제들, 사회에 끼치는 영향에 대하여 다루며, 마지막으로 6부에서 오늘날의 유전자를 이용한 기술에 대해 이야기하고 있다.

이기적 유전자
리처드 도킨스(홍영남, 이상임 역) / 을유문화사(2018)

저자는 이 책을 통해 인간을 포함한 모든 생명체는 DNA, 유전자에 의해 창조되고, 자신의 유전자를 후손에게 전달하기 위한 '생존 기계'라고 이야기한다. 또한 이타적 행동, 무리 짓기, 친절한 행동 등의 인간과 동물의 행동들도 유전자를 안전하게 보존하기 위해 유전자가 결정한 행동이라 말하고 있다. 저자는 여러 가지 인간이나 동물의 행동을 '이기적 유전자'라는 개념을 가지고 설명하고 있다. 또한, 인간을 특별하게 만들어주는 것은 문화이며, 문화도 끊임없이 자기복제를 하며 널리 전파되고 진화되어 간다는 '밈' 이론, 문화유전론을 이야기한다. 이 책은 인간의 본질에 영향을 미치는 것이 무엇인지 생각해 보게 한다.

이중나선
제임스 왓슨(최돈찬 역) / 궁리(2020)

저자가 자신과 프렌시스 크릭이 DNA의 이중나선 구조를 발견한 이야기를 소설의 형식을 빌려 소개한 책이다. 저자 자신의 자전적인 이야기를 비롯하여 연구자의 경쟁심과 호기심 그리고 탁월한 성취를 이루어내는 과정을 이야기하고 있다. 또한 과학자들이 연구 과정에서 다른 경쟁자들과 종종 맞닥뜨리는 곤혹스러운 상황에 대해서도 이야기한다. DNA 구조를 밝혀내는 과정을 둘러싸고 프랜시스 크릭, 라이너스 폴링, 모리스 윌킨스, 로잘린스 프랭클린 등 쟁쟁한 동료 경쟁자들 사이에서 저자가 과학적 업적을 먼저 이루고자 펼쳤던 치열한 경쟁과 갈등, 속임수, 실패와 좌절, 그리고 우연 등의 이야기들을 살펴볼 수 있다.

제3의 침팬지
재레드 다이아몬드(김정흠 역) / 문학사상(2015)

이 책은 인간과 침팬지의 유전적 차이 1.6%가 인간만의 고유한 특성을 가지고 진화의 역사를 가지게 했음을 이야기한다. 수백만 년 전부터 시작된 인류의 대약진을 설명하고, 인간의 생활사가 어떻게 변해왔는지를 이야기하며 인류의 문화를 번영할 수 있게 한 생물학적 기반에 대해 설명한다. 또한, 인간과 동물을 구분 짓는 문화적 특징과 정치적인 의미를 띤 국가를 형성한 이야기를 다루고 있다. 저자는 책을 통해 우리 인류가 직면해 있는 생존에 대한 위험, 즉 환경 파괴와 대량 살육 그리고 약물 남용이 이미 위험수위에 이르렀으며, 민족, 국가, 지역 간의 복잡한 이해관계로 인한 핵무기의 위협 등을 이야기하며 인류의 멸종을 경고하고 있다.

종의 기원
찰스 다윈(장대익 역) / 사이언스북스(2019)

19세기 생물학자 찰스 다윈의 『종의 기원』은 기독교 창조설의 기반을 흔들었고, 인간의 자연적 본질에 대한 사고를 송두리째 바꿔버렸다고 평가받는 책으로, '자연선택을 통한 진화'라는 개념을 도입하며 진화 생물학을 확립한 과학 역사상 최고의 고전 중 하나이다. 하지만 그런 이유에서 생명과학 분야에 대한 기본지식이 없다면 편하게 읽히지 않는 책이기도 하다. 저자는 '자연선택을 통한 진화'라는 개념이 종의 다양성, 생물 개체의 복잡성, 종의 변화 및 분화라는 같은 생물계의 제반 현상을 궁극적으로 설명해 낼 수 있는 기본 개념임을 논리적으로 설명하고 있다.

처음부터 생명과학이 이렇게 쉬웠다면
사마키 다케오(이정현 역) / 한국경제신문(2021)

생명과학의 기초에 대한 입문서로 생물의 정의, 식물과 동물의 차이, 세포의 구조, 유전의 원리, 최초의 생물이 진화하여 인간에 이른 역사 등을 관련 삽화와 자료를 통해 다루고 있다. 제1장과 제2장에서는 식물 광합성과 호흡, 줄기와 뿌리의 역할, 조류, 양치류 등 식물의 생태에 대해 다루고 있다. 제3장과 제4장에서는 동물의 분류, 인간과 동물의 차이, 면역시스템, 척추동물과 무척추 동물 등 동물의 생태에 대해 이야기한다. 제6장에서는 생물의 유전을, 제7장과 8장에서는 생태계와 생물의 진화에 대해 이야기하며, 제9장에서는 인간의 탄생과 진화에 대해 살펴보고 있다.

1
인문
계열

2
사회
계열

3
자연계열 · 생명과학과

4
공학
계열

5
의약
계열

6
예체능
계열

7
교육
계열

생명과학과 독서탐구활동 활용사례

자율활동 특기사항

교내 과학탐구활동에 참여하여 관심 분야인 생명과학 관련 자료를 찾아보며 여러 이론을 학습하고, 학습 과정에서 흥미가 생긴 인체의 방어 작용에 관해 탐구함. 인체의 면역 반응과 면역 관련 질병의 치료 방법에 대해 살펴보고, 이를 바탕으로 인체의 비특이적·특이적 방어 작용에 대한 발표 자료를 제작하며, 향후 생명 분야 탐구를 수행하고 싶다는 포부를 밝힘. 과학자 홍보 신문 만들기 활동에서 '완두콩으로 일궈낸 유전학'이라는 타이틀로 멘델의 생애와 업적, 멘델의 유전 법칙 등을 소개하는 만화와 기사를 작성함. 독서활동으로 생명과학에 대한 다양한 지식을 다룬 **'생명과학 사전(오이시 마사미치)'**을 읽고 생물과 인류의 탄생에서부터 우리 몸을 구성하는 물질, 유전자 관련 이론과 개념, 생물의 다양성과 생태계의 구조 등을 알게 되었고, 관련분야로의 진로를 생각하기에 한층 더 깊이 있는 이해가 되었음을 소감문으로 작성함.

동아리활동 특기사항

(생명공학반)(34시간) 자신의 기준이 확고한 성실한 학생으로 동아리 부대표로 활동하며 여러 활동을 진행하고, 부원들의 의견을 수렴하며 활동 계획을 작성하는 등 맡은 바 책임을 다하는 모습을 보여줌. 최근 유전자공학, 변환 DNA 기술 등의 생명공학 기술이 발전함에 따라 생명과 관련된 윤리 문제가 많이 제기되고 있음을 깨닫고, 생명과학 기술의 발달에 따른 부작용을 막기 위해 제정이 필요한 법률들을 조사하여 활동지로 작성함. 관심진로 독서활동에서 유전자의 역할에 대해 이야기하고 있는 **'이기적 유전자(리처드 도킨스)'**를 읽음. 인간을 포함한 모든 생명체는 유전자에 의해 창조되고, 인간은 자신의 유전자를 후손에게 전달하기 위한 '생존 기계'라고 이야기하며, 이타적 행동과 친절한 행동 등의 인간과 동물의 행동들도 유전자를 안전하게 보존하기 위해 유전자가 결정한 행동이라 전하고 있는 내용이 충격이었음을 말함. 인간의 본질에 영향을 미치는 것이 무엇인지 생각해 보게 되었음을 소감문으로 작성함.

진로활동 특기사항

오늘의 과학 활동에서 생명과학 분야에서 바이러스에 관한 과학 기술의 발전 동향을 주제로 탐구함. 신종 바이러스에 대한 바이러스 추적자를 양성함으로써 또 다른 신종 바이러스의 출현 및 팬데믹 사태를 차단할 수 있다는 것을 깨닫고, 생명 기술과 첨단 기술의 융합에 대해 탐구할 것을 다짐함. 나의 진로 활동에서 무기물로부터 아미노산이 생성되는 실험을 통해 최초의 세포가 생성되는 과정을 알게 됨. 또한, 생명의 기원에 대한 여러 가설을 접함으로써 생명과학에 관한 식견을 넓히는 계기를 마련함. 미래 직업 토론 활동에서 생명공학 분야에서의 다양한 신직업(생물 정보 학자, 게놈 기술자, 유전 상담사) 등을 조사하여 앞으로 인간의 삶에 결정적인 영향을 미칠 것으로 보이는 직업에 대해 탐구함. 진로 관련 독서활동에서 생물의 공식적인 이름인 '학명'에 대한 이야기를 다룬 **'생물의 이름에는 이야기가 있다(스티븐 허드)'**를 읽고 각 생물에게 부여된 '학명'은 새로운 생물을 발견한 사람에게 이름을 부여할 수 있는 권리가 주어지기에 그 이름에는 그 시대의 과학문화와 과학자들의 개성이 많이 드러나고 있음을 살펴봄. 다양한 이름에 따른 생물다양성에 대해 자신의 의견을 독서활동지로 작성함.

교과 세부능력 및 특기사항

생명과학Ⅱ

모둠원들과 LMO(유전자 변형 생물체)의 개념과 원리에 대한 정보를 공유하며, LMO의 장점과 단점에 대해 토론을 하고, 근거 없는 무분별한 LMO에 대한 비판은 조심해야 한다는 자신의 의견을 제시함. 또한 유전자변형식물과 유전자변형동물로 구분 하여 LMO를 만드는 과정을 비교하고, 의학, 식량, 농업, 환경 분야의 LMO의 활용사례를 발표자료로 제작하여 발표함. 모둠원 들의 다양한 의견을 경청하고 조율하는 모습 속에서 리더십과 과학적 사고력을 보여줌. 교과 관련 독서활동으로 생화학작용 의 상호관계를 설명하고 있는 **'생명은 어떻게 작동하는가(박문호)'**를 읽음. 분자의 분자 변환식을 이용하여 광합성과 호흡, 지 질과 생체막, DNA, 단백질합성, 후성유전학, 바이러스와 박테리아 등의 변환과정을 알 수 있었음을 이야기하며, 생명과학과 화학을 같이 연구하는 데 있어 여러 학문은 별도의 이야기가 아니라 상호보완적이고 필연적인 관계임을 새삼 알게 되었다고 소감문으로 작성함.

미적분

교과 관련 관심주제 발표하기 활동에서 우리 몸이 시간을 어떻게 인지하는지 '생체시계'에 관심을 가지고 미적분을 통해 궁금 증을 풀어보고자 조사하여 발표함. 생화학반응에 미분을 적용하고 해석하여 이해하고자 노력하였으며, 다양한 호르몬의 양 이 시간과 관계된다는 것을 이야기하고 생체시계의 음성 피드백룹 모델에서 미분방정식을 통해 생체리듬이 24시간 주기가 되는 조건을 찾을 수 있음을 설명함. 우리 몸속에서 작용하는 현상에서 수학의 역할을 고민해보고 앞으로 더 탐구하고 싶다는 다짐을 보고서로 작성하여 발표함. 교과 관련 독서활동에서 평소 관심이 있었던 유전자의 역사를 다룬 **'유전자의 내밀한 역사 (싯다르타 무케르지)'**를 읽음. 유전공학의 탄생, 유전자 지도 등과 관련된 역사뿐 아니라 유전자와 관련된 사회적 이슈, 오늘 날의 유전자를 이용한 기술들을 알게 되었고 더불어 유전 현상을 설명하기 위한 여러 가지 수학 개념도 익히게 됨.

행동특성 및 종합의견

밝고 활발한 성격의 학생으로 늘 리더의 역할을 하면서 친구들을 잘 이끌고 근성과 성실함이 돋보이는 학생임. 아무리 작은 일이라도 끝까지 해결하고자 노력하며 배려심이 몸에 배어 있어 항상 여러 친구들과 어울리는 모습을 관찰할 수 있음. 학습부 원으로 자신이 관심이 많은 생명과학 관련 과학탐구 포스터를 작성하고 반에 게시하여 학급의 면학 분위기에 기여하였으며 이 과정에서 탁월한 협동심과 공동체 역량을 보여줌. 평소 독서활동을 많이 하며, 생명이 어떻게 작동하는지를 단계적으로 알 려주는 **'생명이란 무엇인가(폴 너스)'**를 읽고 관심이 있었던 생명과학에 대해 살펴보는 기회를 가짐. 생물학에서 기본 단위가 되는 '세포', 세포에서도 가장 핵심이 되는 존재인 '유전자'에 대하여 설명하며, 생명에서 일어나는 화학반응, 생명이 주변 환경 으로부터 모은 정보의 이용방법과 함께 과학자들이 무엇을 연구하고 발견하며, 그 성과가 어떤 분야와 연결되는지를 조사한 독서활동지를 작성함.

1 인문 계열

2 사회 계열

3 자연계열 · 생명과학과

4 공학 계열

5 의약 계열

6 예체능 계열

7 교육 계열

수학과

1 학과 인재상

주어진 상황에 창의적인
문제 해결 방법을
제시할 줄 아는 학생

어려운 문제에
도전하며 해결 과정에
흥미가 있는 학생

수학에 대한 깊은
관심을 가지고
탐구심을 지닌 학생

실생활 속 다양한 상황에서
수학적 요소를 발견하고
관심을 가진 학생

논리적인 사고력을 가지고
분석적인 모습을 지닌 학생

2 유사학과

- 금융수학과
- 데이터응용수학과
- 수리과학과
- 수리물리과학부
- 수학물리학부
- 수학정보학과
- 응용수학과
- 정보보안암호수학과
- 컴퓨터응용수학과

3 관련직업

- 대학교수
- 수학교사
- 금융자산운용가
- 보험회계자
- 자산운용책임자
- 인공지능연구원
- 정보보호 관련업
- 정보통신 관련업
- 인공위성개발원

4 개설대학

- 가천대학교
- 가톨릭대학교
- 강원대학교
- 건국대학교
- 경기대학교
- 경북대학교
- 경희대학교
- 고려대학교
- 공주대학교
- 동국대학교
- 부산대학교
- 서강대학교
- 서울대학교
- 서울시립대학교

- 성균관대학교
- 세종대학교
- 숙명여자대학교
- 아주대학교
- 연세대학교
- 이화여자대학교
- 인천대학교
- 인하대학교
- 전남대학교
- 전북대학교
- 중앙대학교
- 충남대학교
- 충북대학교
- 한국외국어대학교

- 한양대학교
- 한경국립대학교
- 제주대학교
- KAIST
- POSTECH 등

뉴턴의 프린키피아

안상현 / 동아시아(2015)

뉴턴 하면 물리학에서는 만유인력의 법칙, 수학에서는 미적분학을 떠올리게 된다. 뉴턴은 『프린키피아』라는 책에서 만유인력과 행성의 운동에 대해 미적분이 아닌 기하학으로 설명했다. 이 책은 『프린키피아』를 중고등학교에서의 기하학 지식을 바탕으로 이해할 수 있도록 서술하고 있다. 중학교에서의 기초 기하학부터, 고등학교에서의 타원, 쌍곡선, 포물선 등 원뿔곡선에 대해 살펴보며 뉴턴의 만유인력의 법칙을 이해할 수 있도록 설명하고 있다. 책을 읽는 과정에서 스스로 증명도 해보고 컴퍼스와 자를 이용하거나, 컴퓨터프로그램을 활용해 작도도 함께 풀어가면 내용에 대한 이해가 더 수월할 수 있다.

로지코믹스

아포스톨로스독시아디스, 크리스토스H.파파디미트리우(전대호역)/랜덤하우스(2011)

러셀이 평생 추구했던 논리학을 이용하여 완전무결한 수학의 토대 확립을 목표로 연구했던 과정에 대해, 러셀의 나레이션을 중심으로 일러스트로 구성하고 있는 작품이다. 러셀을 중심으로 당대의 굵직한 학자들인 화이트헤드, 힐베르트, 괴델, 비트겐슈타인 등과 지적 탐험을 소재로 이야기를 전개했다. 만화 형식이지만 수학에 대한 깊이 있는 내용도 함께 다루어지고 있는 만큼 수학에 관한 관심이 있는 학생들에게 권장할 만한 도서이다.

미적분으로 바라본 하루

오스카 E. 페르난데스(김수환 역) / 프리렉(2015)

일상생활 중에 일어나는 다양한 일들 속에서 '미적분'으로 해석할 수 있는 이야기들을 설명하고 있다. 아침에 커피를 마시면서, 비가 오는 날씨 속에서, 좋은 자리에서 영화관람을 하기 위한 내용까지 '미적분'이 우리 하루의 일과 속에서 얼마나 자주 나타나고 있는지 세상을 수학을 중심으로 흥미롭게 바라볼 수 있도록 저자는 소개하고 있다. 책의 내용 중 극한과 미적분의 내용이 계속 언급되고 있어 고등학교 수준의 미적분 개념을 이해하고 읽어보기를 권장한다.

미적분의 힘

스티븐 스트로가츠(이충효 역) / 해나무(2021)

저자는 아르키메데스부터 뉴턴과 라이프니츠에 이르기까지 여러 수학자를 통해 발전해 온 미적분의 역사와 탄생과정을 살펴보며 미적분의 필요성과 미적분이 가진 힘에 관해 이야기하고 있다. 미적분학을 바탕으로 한 전자기 이론의 발달은 우리 일상생활에서는 없어서는 안 될 전자기기의 탄생을 이뤄냈을 뿐 아니라 우주공학, 물리학 등 여러 학문에 영향을 끼치며 우리의 문명과 삶의 질을 빠르게 발전시켜 주었음을 설명하고 있다. '미적분학은 이 우주에서 일어나는 모든 변화를 설명할 수 있는 가장 강력한 도구이며, 우주의 언어 그 자체이다'라는 점을 강조하고 있다.

1 인문계열

2 사회계열

3 자연계열·수학과

4 공학계열

5 의약계열

6 예체능계열

7 교육계열

법정에 선 수학
레일라 슈넵스, 코랄리 콜메즈(김일선 역) / 아날로그(2020)

수학은 논리성을 가지고 분명한 답을 제시하는 학문이다. 그렇다 보니 수학이 사용되고 있는 다양한 분야에서 수학적 근거를 제시하고 설명될 때, 그 주장은 객관적인 내용으로 믿음이 가는 경우가 많다. 법정에서도 수학은 사건의 진위를 가리는 데 중요한 지표로 활용된다. 하지만 이 책에서는 단순한 계산 실수나 잘못된 해석, 계산 누락 등 수학적 오류로 인해 발생했던 여러 가지 부당한 판결들을 소개하고 있다. 수학적인 지식을 바탕으로 비판적인 시선을 가지고 자세히 살펴보면 수학을 이용한 눈속임들을 발견할 수 있음을 이야기한다. 법정의 잘못된 사례를 통해 올바른 수학적 사고의 필요성을 알려 준다.

수학이 필요한 순간
김민형 / 인플루엔셜(2018)

'수학은 무엇인가?'로 시작하는 이 책에서 저자는 세상을 이해하기 위해서는 결국 수학적 사고가 필요하고, 우리는 이미 누구나 수학적 사고를 통해 주변의 것들을 받아들이고 있다고 말하고 있다. 윤리적인 판단, 이성과의 만남과 같은 사회문화적인 분야 등 세상의 모든 순간을 이해하는 데는 수학적 사고가 필요함을 이야기하고 있다. 저자는 '수학은 정답을 찾는 일이 아니라, 인간이 답을 찾아가는 과정입니다. 우리는 답을 맞히려고 하지 틀리려고 하지 않습니다. 그런데 틀리기 싫어하면 어떤 질문이 가진 오류도, 어떤 방법이 가진 한계도 발견하기 어렵습니다.'라며 수학은 '세상을 이해하고 설명하는 방식'이라고 이야기한다.

수학을 읽어드립니다
남호성 / 한국경제신문(2021)

이 책은 한때 수포자였던 저자가 수학에 관심이 적은 사람들도 수학에 흥미를 가지고 읽을 수 있도록 내용을 소개하고 있다. 저자가 수학에 관심을 가지게 된 계기를 비롯하여, 수학이 우리 사회에서 필요한 이유, 수학에 다가가는 방법, 미래 사회에서의 수학의 역할 등에 대해 수학에 문외한인 사람들도 이해할 수 있도록 설명하고 있다. 특히 함수, 미분, 행렬과 벡터, 확률 등 미래 사회, 인공지능 시대에 필요한 수학을 소개하며 모든 이들에게 왜 수학이 필요한지 '수학의 쓸모'를 이야기하고 있다.

수학의 쓸모
닉 폴슨, 제임스 스콧(노태복 역) / 더퀘스트(2020)

수학적 사고와 그 유용성에 관해 설명하며 '수학의 쓸모'를 이해할 수 있도록 수학 이야기를 한다. 모든 이가 수학 개념을 알 필요는 없지만, 수학의 관점으로 상황을 해석하고 생각하는 사고방식은 미래 사회에서는 더욱 요구될 것이다. 저자들은 수식은 간단한 사칙연산으로만 나타내고, 설명은 동전 던지기와 각종 다이어그램에 빗대어 표현하며 수학 개념이 약한 이들도 수학을 어떻게 활용할 수 있는지 이해할 수 있도록 이야기를 풀어간다. 저자들은 우리가 누리고 있는 모든 것에는 수학이 숨어 있음을 이야기하며, 결국 현재를 움직이고 미래를 만들어 가는 핵심 원리가 수학임을 설명하고 있다.

수학, 인문으로 수를 읽다
이광연 / 한국문학사(2014)

인문학은 수학과 거리감이 느껴지는 학문이다. 하지만 논리적인 사고를 한다는 것은 수학적 사고를 한다는 것과 같은 이야기로 수학은 모든 분야에 나타나고 있다. 저자는 인문학적 사고를 바탕으로 실생활과 연계되거나 다른 분야와 융합된 수학 원리를 소개하고 있다. 음악, 경제, 영화, 건축, 동양고전, 역사, 명화 등에나 나타나고 있는 수학의 개념과 원리를 이야기하며 수학의 필요를 설명하고 있다. 여러 문제 상황을 해결해 가는 과정에서 수학 원리를 이해하고 활용하는 능력은 관심 분야에 대한 이해를 확장하고 발전시켜 나가는 데 도움이 될 것임을 이야기한다.

페르마의 마지막 정리
사이먼 싱(박병철 역) / 영림카디널(2014)

'페르마의 마지막 정리'는 생긴 모습은 아주 간단하지만 수백 년 동안 최고의 여러 수학자를 좌절시켰던 문제였다. 이에 도전했던 또 한 명의 수학자 앤드루 와일즈가 이 정리를 증명해가는 과정을 이 책에 담았다. 앤드루 와일즈가 '페르마의 마지막 정리'를 증명해가는 과정을 이야기의 중심에 두고, 페르마의 마지막 정리와 관련된 여러 에피소드와 수학자들의 이야기, 또 정리를 증명하는 데 필요했던 다른 수학 분야의 내용 등을 곁들이며 한 수학자의 학문에 대한 열정을 엿보여 주고, 수학에 관한 관심이 계속해서 나타날 수 있도록 이야기를 이끌어간다.

수학과 독서탐구활동 활용사례

자율활동 특기사항

교내 수학과학의 날 행사에서 수학 포스터 부문에 참여함. '벡터:사람=내적:사랑'이라는 주제로 벡터를 일상 생활에서의 사람의 감정과 융합하여 작품을 만듦. 기존 대중가요의 가사를 벡터 내용이 담긴 가사로 바꾸고 직접 노래를 부르면서 벡터의 방향과 스칼라가 어떻게 쓰이는지 내용을 좀 더 명확히 알고 본인이 좋아하는 음악을 수학과 접목시키는 활동에서 즐거움을 느낌. 학급 내에서 평소 수학에 관심을 많이 가지고 있던 친구들과 모임을 만들어 학교의 생활 속에서 발견할 수 있는 수학 개념을 찾아보고 그 내용을 학급 친구들과 공유하여 친구들이 수학에 관심을 가지도록 함. 독후 활동에서 평소 관심이 많던 수학과 관련된 **'수학이 필요한 순간(김민형)'**을 읽음. 세상을 이해하기 위해서는 결국 수학적 사고가 필요하고, 우리는 이미 누구나 수학적 사고를 통해 주변의 것들을 받아들이고 있다고 이야기함. 수학은 정답을 찾는 것이 아니라 '세상을 이해하고 설명하는 방식'이라며 수학의 필요성에 관해 설명함.

동아리활동 특기사항

(수학탐구반)(34시간) 사회의 모든 현상을 수학적 정의로 규명하고 문제의식을 촉구할 수 있는 수단으로 수학이 사용될 수 있다는 사실에 흥미를 느껴 생활 속 수학을 발견하는 활동을 기획하여 친구들에게 수학 공부의 필요성과 유용성을 알려주기 위해 노력함. 수학체험전에서 '등차수열을 이용한 드림캐쳐 만들기'라는 주제로 행사를 준비하고 함수와 등차수열을 드림캐쳐에 접목시켜 이해하기 쉽게 설명함. 동아리 독서 활동에서 다른 분야에서의 수학의 영향을 살펴보기 위해 **'법정에 선 수학(레일라 슈넵스, 코랄리 콜메즈)'**을 선정하여 읽음. 법정에서도 수학은 사건의 진위를 가리는 데 중요한 지표로 활용되지만 단순한 계산 실수나 잘못된 해석, 계산 누락 등 수학적 오류로 인해 여러 가지 부당한 판결들이 있었음을 깨닫고, 수학적 지식을 바탕으로 비판적인 시선을 가지고 자세히 살펴보면 수학을 이용한 눈속임들을 발견할 수 있음을 설명함.

진로활동 특기사항

수학과 진학을 꿈꾸는 친구들과 함께 '대학 전공 탐색 체험' 프로그램을 기획하여 방문 대학, 일정 등의 계획을 수립하고 수학과의 수업내용, 졸업 후 진로 등 평소 수학과에 대해 궁금해했던 내용들을 정리하여 대학 선배들에게 물어볼 질문지를 작성함. 교수님과 대학 선배들과의 만남 등 대학 탐방 후 수학과로의 진학에 더욱 관심을 가지고 구체적인 진학 계획을 설계해 보는 모습을 보여줌. '나의 꿈 발표하기' 활동에서 수학자로서의 꿈을 이야기하며 다른 학문의 기초가 되는 수학을 좀 더 깊이 연구하여 세상이 한 걸음 더 나아가는 데 기여하고 싶은 자신의 포부를 밝힘. 진로독서활동 시간에 **수학, 인문으로 수를 읽다(이광연)'**를 선정해 독후 활동을 함. 인문학은 수학과 거리감이 느껴지는 학문이지만 논리적인 사고를 한다는 것은 수학적 사고를 한다는 것과 같은 이야기로 수학은 모든 분야에 나타나고 있음을 이야기하며 음악, 경제, 영화, 건축, 동양고전, 역사, 명화 등에 나타나고 있는 수학의 개념과 원리를 설명함. 수학 원리를 이해하고 활용하는 능력은 관심 분야에 대한 이해를 확장하고 발전시켜 나가는 데 도움이 될 것임을 강조함.

교과 세부능력 및 특기사항

미적분

언제나 웃는 얼굴로 수업에 적극적으로 참여하는 학생임. 수학에 대한 전반적인 이해도가 매우 우수하고 학습내용에 대해 알고자 하는 욕구가 매우 강한 학생으로 자신이 모르는 것은 교사에게 질문하여 확실하게 깨닫고자 노력함. 주제탐구활동으로 뉴턴과 라이프니츠의 미적분학 발견의 역사에 관심을 가지고, 두 학자가 미적분학을 발견하게 되는 과정과 라이프니츠의 미적분 기호의 정립과정과 뉴턴의 유율법을 통한 미적분 아이디어의 도출과정을 설명함. 교과관련 독서활동에서 **'미적분의 힘(스티븐 스트로가츠)'**을 읽고 미적분학은 일상생활에서는 없어서는 안 될 컴퓨터, 핸드폰 등 여러 전자기기의 탄생을 주도하였으며 우주공학, 물리학 등 여러 학문에 영향을 끼치며 우리의 문명과 삶의 질을 빠르게 발전시켜 주었음을 이야기함. 미적분을 통해 자신의 꿈을 실천해 나가고자 하는 다짐이 담긴 소감문을 작성함.

수학과제탐구

수학에 대한 관심이 많아 그 이해도가 높고 교과서의 내용을 여러 번 반복하여 익히면서 수업에 적극 참여하려는 모습이 우수한 학생임. 수학이 실생활 속에서 활용되는 예를 찾아 '한옥 지붕에 사용된 사이클로이드 곡선'을 주제로 탐구활동을 진행하며 한옥 처마가 최단강하곡선인 사이클로이드 곡선으로 만들어져 빗물이나 눈이 지붕에 머무는 시간을 줄여주어 지붕이 제 역할을 할 수 있도록 하였음을 설명함. 교과독서활동으로 **'수학의 쓸모(닉 폴슨, 제임스 스콧)'**를 읽고 수학적 사고와 그 유용성에 관해 설명하며 수학의 관점으로 상황을 해석하고 생각하는 사고방식은 미래 사회에서 더욱 요구될 것임을 이야기함. 더불어 수학을 어려워하는 이들을 위해 수식은 간단한 사칙연산으로, 설명은 각종 다이어그램 등을 활용하는 내용을 보며 여러 사람들에게 수학을 어떻게 전달할 수 있을지 생각해보는 계기가 되었다고 소감문을 작성함.

행동특성 및 종합의견

1학기 학급학생회 회장으로 활동하며 체험활동, 체육행사 등 학교의 여러 행사에 학급 친구들이 즐겁고 적극적으로 참여할 수 있도록 아이디어를 내고 리더십을 가지고 이끌어나가는 모습을 보여주는 등 학급 친구들뿐만 아니라 교사에게도 신망이 두터움. 수학에 대한 열정이 많은 학생으로 수학적 사고력이 뛰어나고 우수한 문제해결력을 보여줌. 멘토-멘티활동을 통해서 수학에 어려움을 겪고 있는 여러 친구들에게 자신이 가지고 있는 노하우를 공유하고 그들의 눈높이에 맞게 설명해 주며 다른 이들을 배려할 줄 아는 모습을 보여줌. 평소 수학에 대한 관심을 가지고 **'수학을 읽어드립니다(남호성)'**를 읽고 수학이 우리 사회에 필요한 이유, 수학에 다가가는 방법, 미래 사회에서의 수학의 역할 등에 대해 이야기함. 특히 미래 사회, 인공지능 시대에 모든 이들에게 왜 수학이 필요한지 친구들에게 설명하며 지식의 공유를 통해 자신뿐만이 아니라 함께 성장하고자 하는 모습을 보여줌.

1 인문계열

2 사회계열

3 자연계열 · 수학과

4 공학계열

5 의약계열

6 예체능계열

7 교육계열

7 ▶▶ 식물자원학과

1 학과 인재상

과학적 소양을 가지고 탐구심과 창의적인 사고력을 가진 학생

식물자원의 개발을 통해 지역사회발전에 기여하고 싶은 학생

인류의 식량문제에 관심을 가지고 있는 학생

국제적인 감각을 바탕으로 글로벌 역량을 갖춘 학생

생물에 대한 관찰력과 분석력이 우수한 학생

2 유사학과

- 식물자원환경학과
- 생명자원산업학과
- 식물생산과학과
- 식물생명과학과
- 식물의학과
- 응용식물학과
- 특용식물학과

3 관련직업

- 대학교수
- 식물자원연구원
- 생명과학연구원
- 유전공학연구원
- 농림축산연구원
- 식품개발전문가
- 식품유통전문가

4 개설대학

- 강릉원주대학교
- 경북대학교
- 경상국립대학교
- 공주대학교
- 동아대학교
- 부산대학교
- 서울대학교
- 안동대학교
- 전남대학교
- 전북대학교
- 제주대학교
- 중앙대학교
- 충남대학교
- 충북대학교
- 한경국립대학교 등

1	인문 계열
2	사회 계열
3	**자연계열 · 식물자원학과**
4	공학 계열
5	의약 계열
6	예체능 계열
7	교육 계열

5 학과 연계도서

식물학자의 노트
신혜우 / 김영사(2021)

30여 가지의 식물에 관한 이야기를 그림과 함께 소개하고 있는 도서이다. 인간의 입장에서 조형적 아름다움을 표현하기보다 식물의 입장에서 지구에 생존하는 형태, 생태, 진화를 그림을 통해 이야기한다. 저자가 화가로서 직접 그린 각 식물의 일러스트는 식물학자로서의 세세함이 녹아 그려져 있다. 씨앗부터 기공, 뿌리, 줄기, 꽃, 열매까지 각각의 역할과 의미를 살피는 한편, 처음 뿌리내린 곳에 머물며 자라나는 식물들이 각자 자신의 환경에 적응하고 다른 생물들과 공생하며 식물 스스로 자신의 생존을 지키고 종을 퍼트리기 위해 얼마나 치열하고 담대하게 살아가는지 소개하고 있다.

식물의 세계
조너선 드로리(조은영 역) / 시공사(2021)

80종의 식물을 소개하며 각 식물과 사람의 삶에 관한 이야기를 한다. 튤립, 토마토, 감자, 은행나무 등과 같이 이름만으로도 익숙한 식물에서부터 맨드레이크, 스페인이끼 등 외형만으로도 호기심을 자극하는 식물들도 그림과 함께 소개하고 있다. 저자는 식물들을 소개하며 그 식물에 얽힌 인간의 역사, 문화 등을 함께 이야기하고 있다. 인간이 식물을 식량으로, 또 약용으로 섭취하며 인간의 생활과 문화에 식물이 큰 영향을 주었음을 보여준다. 하지만 인간 생활 모습의 여러 변화는 생태계에 큰 위협을 주고 있음을 강조하며, 식물이 우리의 관심과 보호를 받아야 마땅함을 이야기한다.

세계사를 바꾼 13가지 식물
이나가키 히데히로(서수지 역) / 사람과나무사이(2019)

식물과 세계사를 연계하여 식물이 인류와 얼마나 밀접한 관계가 있는지 이야기해준다. 감자가 유럽의 식량문제를 해결하고 미국을 강대국으로 만들게 된 이야기, 전 세계의 음식문화를 바꿔놓은 토마토, 금과 맞먹는 가치를 지녀 세계지도마저 바꾼 후추, 노예무역을 불러냈던 사탕수수, 대공황 위기를 극복하게 했던 콩 등 13가지의 식물을 통해 세계의 주요 역사를 살펴볼 수 있다. 식물들은 동물, 심지어 인간과도 치열하게 두뇌 싸움을 하며 생존할 만큼 영리하다. 식물들은 한자리에서 움직이지 않는 듯 보이지만 열정적으로 인간의 욕망을 자극하고 추동하며 움직이고 있으며 인류 역사를 만들어가고 있음을 이야기한다.

식물, 세상의 은밀한 지배자
고정희 / 나무도시(2012)

식물들에 얽힌 신화와 전설, 역사적인 이야기, 상징을 '식물'의 관점에서 이야기한다. 사람들의 곁에서 함께 지내온 식물들이 인류의 삶과 문화에 어떤 영향을 끼쳐왔는지 살펴보고 있다. 튤립과 관련된 여러 이야기, 토마토, 후추, 옥수수, 감자 등의 식용 식물, 아름다운 저승의 서천꽃밭, 복사꽃과 서왕모의 이야기, 버드나무와 유화 이야기, 연꽃과 심청의 이야기, 이브에게 돌려준 루터의 사과 이야기, 영원히 젊은 마가목과 죽지 않는 나무 주목 등이 흥미로운 신화와 함께 소개된다. 저자는 책의 제목과 같이 인류에게 식물이 어떤 존재인지보다, 식물에게 인류가 어떤 존재인 것인지 생각해보도록 안내하고 있다.

종자

롭 게슬러, 울프강 스터피(엄상미 역) / 교학사(2014)

큐 왕립식물원의 밀레니엄 종자은행 프로젝트와 관련된 공동 작업의 결과물을 엮은 도서이다. 식물이 만들어 내는 가장 복잡한 기관인 종자와 그 중요성에 관한 생생한 설명 및 정교한 이미지들을 통해 종자의 아름다움과 다양성을 보여준다. 예술가와 종자형태학자인 두 저자가 주사전자현미경과 근접 촬영을 이용한 사진들로 종자의 자연사를 보여준다. 무게가 20㎏이나 되는 어마어마하게 큰 종자부터 먼지 같은 미세한 종자까지 그 형태와 구조에 대한 자세한 설명으로 시작하여 종자 산포를 위한 놀랄 만한 많은 방법들에 관한 내용을 싣고 있다.

식물 혁명

스테파노 만쿠소(김현주 역) / 동아엠앤비(2019)

식물은 땅에 뿌리를 내린 곳에서 머물기로 선택한 이후 동물과는 매우 다른 방법으로 진화했다. 뇌가 없어도 자극을 기억하여 위험하지 않은 자극에는 반응을 보이지 않는 미모사, 비가 오는 날에는 씨앗이 멀리 퍼지지 못하기 때문에 솔방울을 닫아 두었다가 날이 맑아지면 솔방울을 활짝 열어 씨앗을 멀리 퍼트리는 소나무도 있다. 또한, 캡사이신을 만드는 캡시쿰 열매들은 매운맛으로 인간들을 중독시켜 지구 전체에 널리 확산되었다. 이렇듯 식물은 자신의 주어진 환경 속에서 고도의 생존전략을 이용하여 살고 있다. 저자는 식물의 적응력과 문제 해결 능력을 통해 지구와 인류에게 닥친 여러 문제들에 대한 해결책을 가지고 있을 것이라 이야기한다.

작물의 고향

한상기 / 에피스테메(2020)

인간이 정착지를 정해 정착 농업을 하기 시작한 곳에서 바로 인간 문명이 시작되었다며 작물의 중요성을 이야기한다. 1부에서는 인간 문명의 발생과 작물과의 관계, 환경 변화에 따른 분포, 재래종의 의의 등을 이야기를 다루고 있으며, 2부에서는 중국과 한국 센터, 동남아시아 센터, 지중해 연안 센터, 남아메리카 센터 등 9개 센터의 작물의 고향에 관해 설명하며 각 지역에 재배되는 작물들은 그곳의 기후, 토질, 문화, 전통에 알맞는 작물들임을 이야기하고 있다. 3부에서는 벼, 보리, 밀, 콩 등 19개의 작물들에 관한 여러 특성들에 관해 설명하고 있다.

이일하 교수의 식물학 산책

이일하 / 궁리(2022)

식물은 육상생태계의 생산자로 지구의 생명성을 제공하는 생물이다. 하지만 의외로 우리가 식물에 대해 아는 것은 별로 없다. 이 책은 동물과 식물이 진화적으로 갈라진 시간만큼 서로 다른 생명현상을 가지고 있음을 이야기하며, 식물에게도 동물이나 인간 못지않게 복잡한 생명현상과 유전자 작용이 있다는 점을 강조하고 있다. 식물에 대한 학술적인 내용만으로 구성하기보다 봄, 여름, 가을, 겨울 사계절 흐름에 따라 식물이 꽃 피는 시기를 알아차리는 방법, 줄기와 뿌리가 서로 다른 방향으로 자라는 이유, 나무들이 겨울에 잎을 떨어뜨리는 이유 등 식물에게 보이는 생명현상을 과학적으로 밝혀 이해하기 쉽게 하는 책이다.

컨테이너에 들어간 식물학자
최성화 / 바이오스펙테이터(2019)

좋은 벼를 만들고자 했던 식물학자인 저자가 식물로부터 항체 의약품을 만들고자 도전하는 과정을 풀어내고 있는 도서이다. 식물의 돌연변이를 연구하는 과정에서 희귀병의 원인을 찾아내게 되었고 이를 계기로 항체 의약품을 만들기 위한 연구를 시작하게 되었음을 이야기하고 있다. 소수의 희귀 난치병의 의약품을 적은 비용으로 생산할 수 있다면 '기적의 약'을 만드는 것이 가능함을 설명하고 있다. 저자는 "식물로 바이오 의약품을 만드는 것은 과학계의 주류의 이야기는 아니다. 하지만 '먹는 바이오 의약품'까지 만들고자 하는 도전이 과학이고 과학자로서 할 일"이라고 이야기하고 있다.

허브
카즈 힐드브란드(차유진 역) / 페이퍼스토리(2017)

허브는 음식의 맛을 더하고, 병을 치료하며, 집에서 좋은 향이 나도록 하고, 정신을 올바르게 회복하게 도와주는 등 오랫동안 우리의 삶에서 중요한 부분을 차지하고 있다. 이 책은 일상생활에서 허브를 적절하게 사용할 수 있도록 안내하는 책이다. 다양한 맛을 가진 여러 종류의 허브, 강한 치유 기능이 있는 허브 등 먹을 수 있는 허브도 있지만, 몇몇 허브는 동물이나 사람을 죽일 수도 있음을 알려준다. 단순한 지식 전달에서 벗어나 100가지 허브의 역사와 종류, 쓰임새에 대해 일러스트와 함께 제시하며 허브를 어떻게 키우고, 사용하는지, 그에 따라 어떤 치유효능을 기대할 수 있는지를 설명하고 있다.

식물자원학과 독서탐구활동 활용사례

자율활동 특기사항

지역생태활동에서 식물을 주제로 탐색활동을 하며 토끼풀을 선택해 어린 시절 친구들과 토끼풀로 팔찌를 만들던 기억을 떠올리며 웃을 수 있었다는 '추억'이라는 제목의 감정일지를 작성함. 또한 사진 감정일지 활동에서 지역의 단풍나무와 은행나무 사진을 선택하고 나무들의 알록달록 색깔이 예뻐서 보고 있으면 기분이 좋아지기 때문에 슬픈 일로 속상한 사람들에게 이 사진을 보여주고 싶다는 글을 작성하며 자연이 인간에게 주는 긍정적 효과에 관해 이야기함. 식물이 인류와 얼마나 밀접한 관계가 있는지 이야기하는 **'세계사를 바꾼 13가지 식물(이나가키 히데히로)'**을 읽고 감자가 유럽의 식량문제를 해결하고 미국을 강대국으로 만들었으며, 토마토는 전 세계의 음식문화를 바꾸어 놓았고, 사탕수수는 노예무역을 가져왔으며, 콩으로 대공황의 위기를 탈출할 수 있었음을 알게 됨. 땅에 뿌리를 내리고 조용히 자라기만 하는 것 같은 식물들은 열정적으로 인간의 욕망을 자극하고 추동하며 인류 역사를 만들고 있음을 이야기함.

동아리활동 특기사항

(생명과학반)(34시간) 바나나와 브로콜리의 'DNA 추출실험'을 하고 보고서를 작성함. 나트륨 이온이 인산기에 결합해 DNA를 전기적으로 중성화시킨 후, 계면활성제로 세포막의 인지질을 녹여 용해도 차이로 해리시키는 과정을 통해 생명과학 수업 시간에 배운 식물세포의 구조 및 DNA의 특성을 이해할 수 있게 됨. DNA추출 실험에서 식물세포의 DNA를 성공적으로 추출하고, 관련 이론과 실험의 각 단계에서 쓰이는 재료의 역할을 상세히 조사하여 활동지에 기록한 점이 돋보임. 독서활동에서 식물들에 얽힌 신화와 전설, 역사적인 이야기, 상징을 '식물'의 관점에서 풀어낸 **'식물, 세상의 은밀한 지배자(고정희)'**를 읽고 사람들의 곁에서 함께 지내 온 식물들이 인류의 삶과 문화에 어떤 영향을 끼쳐왔는지 살펴볼 수 있었음을 이야기함. 지금까지 인간의 입장에서 식물에 대해 알아보고 관찰했었는데, 이 책을 통해 식물에게 인류가 어떤 존재인 것인지 생각해보는 계기가 되었음을 독후활동지를 통해 이야기함.

진로활동 특기사항

호기심이 많은 학생으로 관찰력도 뛰어나 학급의 화분에서 밤사이에 일어난 식물의 성장과 꽃잎 방향 등의 변화에 민감하게 반응함. 2학기에는 학급에서 화분관리를 맡아 물 주는 시기를 관리하고 성장 모습에 따라 화분을 돌려놓는 등 식물의 바른 성장을 위해 철저히 관리하며 책임감 있는 모습도 보여줌. 더불어 식물의 성장에 대한 관찰일기를 작성하며 기록된 내용을 보고 변화가 일어난 부분에 대해 자료를 조사하는 모습도 보여줌. 진로체험의 날에 지역 내 식물원 방문을 계획하여 방문함. 독서활동으로 식물에 관한 이야기를 그림과 함께 소개한 **'식물학자의 노트(신혜우)'**를 읽음. 인간의 입장에서 식물의 조형적 아름다움을 표현하기보다 식물의 입장에서 식물이 지구에 생존하는 형태, 식물의 생태와 진화를 이야기한 부분이 독창적이었음을 이야기하며, 씨앗부터 기공, 뿌리, 줄기, 꽃, 열매까지 각각의 역할과 의미를 살펴볼 수 있었음을 설명함. 독후활동으로 처음 뿌리내린 곳에 머물며 자라나는 식물들이 각자 자신의 환경에 적응하고 다른 생물들과 공생하는 모습과 식물 스스로 자신의 생존을 지키고 종을 퍼트리기 위해 치열하게 살아가는 모습을 알 수 있었다며 미래의 식물학자로서의 본인의 생각을 소감문으로 작성하여 제출함.

교과 세부능력 및 특기사항

화학Ⅰ

교과 탐구활동에서 화학이 식량문제를 해결한 사례를 중심으로 프로젝트를 실시함. 질소 비료의 생산을 가능하게 하고, 인류를 기아에서 벗어나게 한 하버-보슈 공법에 대해 조사함. 환경위기를 초래하고 있는 공장식 축산에 대응하기 위해 미래 식량의 대안으로 인공 식품을 제시하며, 식물계 재료를 활용한 인공 달걀 및 인공 고기 등으로 온실가스 배출을 줄이고, 베타카로틴이 들어간 쌀 재배 등 화학을 이용한 농업이 식량 부족 국가에는 새로운 대안이 될 수 있다고 이야기함. 교과 독서활동에서 인간을 위한 식물 연구가 식량문제를 해결할 뿐만 아니라 의약 분야에서도 활용될 수 있음을 알게 한 **'컨테이너에 들어간 식물학자(최성화)'**를 읽고 희귀 난치병의 의약품을 식물을 이용하여 바이오 의약품으로 생산할 수 있다면 적은 비용으로 '기적의 약'을 만들 수 있음을 설명함. 또한 주류가 아닌 일에 대한 도전이 과학자로서 할 일이라는 저자의 말에 자신의 진로에 대한 다짐을 하게 되었음을 독서활동지를 통해 밝힘.

생명과학Ⅰ

교과 탐구활동으로 분자육종 기술의 발달과 활용 분야에 대해 탐색함. 원예작물, 농작물, 동물자원 등 다양한 분야에 적용되는 분자육종 기술의 활용 분야와 미래가치에 대해 여러 가지 발표자료를 제작하여 친구들과 공유함. 빅데이터와 인공지능을 활용하여 디지털 육종 시스템을 구축하여 품종개량 등 디지털 생물정보 분석과 데이터를 활용한 맞춤형 지원이 가능할 것이라는 아이디어를 제시하여 관련 분야에 대한 열정을 드러냄. 교과독서활동에서 **'이일하 교수의 식물학 산책(이일하)'**을 읽고 줄기와 뿌리가 서로 다른 방향으로 자라는 이유, 나무들이 겨울에 잎을 떨어뜨리는 이유 등 식물에 보이는 생명현상을 과학적으로 설명함. 동물과 식물은 진화적으로 갈라진 시간만큼 서로 다른 생명현상을 가지고 있으며, 식물도 동물이나 인간 못지않게 복잡한 생명현상과 유전자 작용이 있다는 점을 알게 되었음을 이야기함. 나아가 미래의 식물학자로서 다양한 연구분야를 생각해보는 계기가 되었음을 소감문으로 작성함.

행동특성 및 종합의견

조용한 듯 보이나 자신의 일은 야무지게 해내고 항상 타인의 입장을 먼저 생각하여 친구들이나 선생님들에게 이야기할 때 곱고 바른 언어를 사용하고 온화한 태도를 유지하는 학생임. 첨단생명공학기법을 활용한 식물의 개량과 응용 방법 적용 등을 통해 작물의 가치를 높이는 데 기여하는 활동에 참여하고, 국민건강 증진과 지구의 환경보전을 위해 식물자원에 관한 연구를 하고 싶음을 이야기함. 책임감이 있고 탐구심이 깊은 학생으로 미래의 식물자원 개발활동에 기여할 것으로 기대됨. **'식물 혁명(스테파노 만쿠소)'**을 읽고 식물은 땅에 뿌리를 내린 곳에서 머물기로 선택한 이후 동물과는 매우 다른 방법으로 진화했으며 주어진 환경 속에서 고도의 생존전략을 이용하여 살고 있음을 이야기함. 어떤 환경에서도 생존을 위한 적응력과 문제해결 능력을 보여주는 식물을 통해 미래의 식물학자로서 우리에게 나타나는 다양한 문제들에 대한 해결책을 발견하기 위한 연구를 결심하는 모습에서 진로에 대한 진지한 태도를 발견할 수 있음.

8 ▸▸ 식품과학과

1 학과 인재상

창의적 사고력과
추진력을 갖춘 학생

안전한 식품 개발에
관심을 가진 학생

기초과학에 대한
지식을 바탕으로
문제해결 능력이 있는 학생

주어진 상황에 대한
관찰력과 분석력이 우수한 학생

책임감과 윤리의식을 갖고
지역사회 건강증진에
이바지하고 싶은 학생

2 유사학과

- 식품생명과학과
- 식품생명학과
- 식품응용시스템학과
- 바이오식품과학과
- 식품가공학과
- 식품가공유통학과
- 식품제약학과
- 외식상품학과
- 해양바이오식품학과

3 관련직업

- 대학교수
- 영양사
- 영양교사
- 식품관련연구원
- 식품가공연구원
- 식품미생물연구원
- 식품분석연구원
- 식품공학기술자

4 개설대학

- 강릉원주대학교
- 계명대학교
- 공주대학교
- 군산대학교
- 부경대학교
- 선문대학교
- 한국교통대학교
- 한서대학교 등

1 인문계열

2 사회계열

3 자연계열 · 식품과학과

4 공학계열

5 의약계열

6 예체능계열

7 교육계열

나는 부엌에서 과학의 모든 것을 배웠다
이강민 / 더숲(2017)

물리학, 화학, 생리학, 생체분자, 발효학 등 다양한 과학적 원리가 일상적인 요리 과정에 숨어 있음을 설명한 책이다. 열전도율이 큰 알루미늄 냄비를 이용하면 쫄깃한 면발의 라면을 끓일 수 있다는 것, 김치를 만들 때 소금을 뿌리는 이유가 물리학적으로 봤을 때 삼투압의 원리라는 것, 수비드가 저기압과 저온을 이용한 요리법 이라는 것, 물은 흘러내리고 물엿은 끈적거리는 이유가 점성 때문이라는 것, 된장이 구수한 이유가 발효과정에서 생긴 젖산에 의한 것이라는 이야기 등 요리에 접목된 과학적 원리를 그림을 통해 이해하기 쉽게 안내하고 있다.

단백질이 없으면 생명도 없다
다케무라 마사하루(배영진 역) / 전나무숲(2018)

탄수화물, 지방과 함께 3대 영양소 중 하나인 단백질은 단순히 근육만을 만드는 것이 아니라 생명 유지에 필수적이며 효소·호르몬·항체 등의 주요 생체 기능을 수행하고 있다. 단백질을 구성하는 20종의 아미노산, 단백질의 합성 및 분해 등을 통해 단백질이 우리 몸에서 수행하는 기능은 무엇인지, 단백질의 이상으로 발생할 수 있는 질병은 무엇인지 등 단백질의 전반적인 이야기를 다루고 있다. '술에 강한 유전자가 있을까?, 우유와 달걀은 왜 영양가가 높을까?, 쌀이나 밀가루에도 단백질이 들어있을까?' 등 흥미로운 이야기도 소개한다.

사이언스 쿠킹
스튜어트 페리몬드(김은지 역) / 시그마북스(2018)

'마늘은 으깨야 할까, 다져야 할까?'와 같이 우리가 요리를 하다가 흔히 갖게 되는 궁금증과 고민에 대한 답을 담은 책이다. 다양한 사진과 도표뿐만 아니라 가장 많이 쓰이는 조리 과정 및 테크닉을 과학적 방법을 통해 자세히 다루고, 육류 및 가금류, 생선 및 해산물, 달걀 및 유제품, 쌀, 곡류 및 파스타, 빵, 채소, 과일, 견과류 및 씨앗류, 향신료와 같은 주요 식재료에 대한 기본적인 정보와 요리 과정을 알려주고 있다. 또한 칼, 냄비 및 요리 실력을 올려줄 수 있는 다양한 조리 도구를 선택하는 요령도 소개한다.

식탁 위의 과학 분자요리
이시카와 신이치(홍주영 역) / 끌레마(2016)

물리학, 화학, 생물학, 공학의 지식을 조리 과정에 도입한 분자요리법이 등장하기 시작했다. 저자는 요리와 과학의 맛있는 만남, 요리를 느끼는 메커니즘, 요리 및 요리 과정에 숨어 있는 과학 원리 등을 통해서 과학과 요리의 결합이 만들어낸 다양한 시도와 결과를 보여준다. 그리고 미래에는 개인의 체질에 가장 잘 부합하는 기능성 맞춤 식품이 3D 푸드 프린터를 통해 만들어질 수 있을지도 모른다고 이야기한다.

식품에 대한 합리적인 생각법
최낙언 / 예문당 (2016)

우리나라는 풍요로운 식품 환경을 누리고 있지만 식품에 대해 가장 불안해하는 나라이기도 하다. 문제가 많다고 지적되는 식품들 대부분은 적정량을 섭취하면 안전하다는 과학적인 증거들이 나오고 있지만 여전히 불안해하는 사람이 많다. 이는 소비자의 높아진 눈높이와 식품에 대한 오해, 불안을 증폭시키는 정보들이 큰 몫을 하고 있다고 지적한다. 이 책은 식품에 대한 오해와 편견을 줄이기 위해 식품에 대한 합리적인 생각법, 그 중에서도 식품의 '위험 정보 독해력'을 키우는 방법에 관해 소개한다. 온갖 이슈에 관한 내용이 아닌 이슈에 대한 판단법을 통해 식품에 대한 합리적 판단력을 키워 지금의 과도한 불안감을 줄이자고 저자는 이야기한다.

요리는 화학이다
아르튀르 르 켄(임석 역) / 도림북스 (2015)

이 책은 사람들이 식품을 다룰 때 일어나는 현상들을 소개하며 요리와 화학이 관련된 부분을 설명한 책이다. 그리고 냉장고 및 냉동고를 잘 정리하는 방법, 찬장에 넣어둘 필수 재료들, 식품 안 수분의 중요성, 소금과 후추의 사용법, 마이야르 반응, 조리를 위해 알아야 하는 몇 가지 요령들도 소개하고 있다. 육류, 생선류, 채소류, 달걀과 치즈 등을 이용한 조리 방법을 300개 이상의 그림과 함께 설명하며, 실제 적용 가능한 70여 개의 레시피를 통해 실패 없는 요리 방법도 다룬다.

과학과 역사로 풀어본 진짜 식품 이야기
하상도, 김태민 / 좋은땅 (2018)

과학적 관점에 기반해 우리의 음식문화, 식재료의 기원과 역사에 관해 소개하는 책이다. 저자는 첨가물이 포함되거나 가공된 식품을 모두 독이라고 하는 등 우리 사회에 만연해 있는 음식에 대한 잘못된 편견과 오해를 바로 잡기 위해 식품이야기를 한다고 소개하고 있다. 물, 설탕, 소금, 쌀, 육류, 계란 등 20가지 주 식재료와 라면, 햄, 탄산음료, 다이어트 식품, 푸드트럭 등 22가지 대표 가공식품들의 기원과 안전성 논란, 사건·사고 및 소송사례 등도 다루고 있다. 88올림픽 등 대규모 국제행사를 계기로 급성장한 우리나라 외식산업에 관해서도 이야기하고 있다.

커피 얼룩의 비밀
송현수 / 엠아이디 (2018)

'커피 얼룩은 왜 항상 바깥 테두리의 색이 더 진할까?', '라면 스프를 먼저 넣을 것인가? 면을 먼저 넣을 것인가?', '왜 콜라에 멘토스를 넣으면 폭발하는가?'처럼 우리가 일상생활에서 쉽게 접할 수 있지만 간과하기 쉬운 과학 현상들을 소개하는 책이다. 우유, 맥주, 와인, 커피, 칵테일 등 생활 속에서 즐기는 음료에 숨어 있는 유체역학 원리에 관한 이야기를 다루고, 여러 신기한 현상들에 대한 답을 찾는 과정에서 과학용어와 그래프, 공식들을 소개한다.

푸드 사이언스 150
브라이언 레(정혜인 역) / 시그마북스(2021)

요리할 때 갖게 되는 궁금증 150가지를 요리 도중 일어나는 반응인 생물학, 화학, 물리학 등 과학적 원리를 바탕으로 분석한 책이다. 조리도구 선택부터 재료 손질, 식품 안전과 관리, 조리법까지 요리 과정 전반에 담겨 있는 과학적 원리를 설명하고 있다. 과학적 원리를 이해한다면 자신의 의도대로 재료를 변형하고 자신의 취향에 맞는 요리를 만들 수 있다는 것을 알려주고 있다. 한눈에 들어오는 사진과 도표를 바탕으로 자세히 설명하고 있고 실전에서 활용할 수 있는 '주방의 한 수' 등도 수록되어 있어 요리 초보자도 쉽게 접근할 수 있다.

하리하라의 음식과학
이은희 / 살림출판사(2015)

'설날 아침에 왜 인절미가 아닌 가래떡으로 떡국을 끓였을까?', '왜 하필 복날에 먹는 음식의 재료가 개인 걸까?' 등 1월 설날부터 12월 동지까지 우리 조상들이 즐겼던 음식을 통해 그 안에 담긴 다양한 과학 원리와 인문학 상식을 소개하고 있는 책이다. 작가는 현대인의 달라진 식습관과 바뀐 생활환경이 아닌 재료 그대로가 가지고 있는 속성을 정확히 파악하여 그것을 맛있고 즐겁게 섭취할 수 있도록 음식과 요리, 명절과 전통문화의 상관관계에 대해 파헤치고 있다.

식품과학과 독서탐구활동 활용사례

자율활동 특기사항

창의융합탐색활동을 통해 교내 급식실을 방문하여 다양한 급식 관련 시설과 함께, 조리식품의 유통과 위생관리, 보관 등의 과정, 재료를 구매하고 준비, 조리하는 과정 등을 조사하고, 위생 처리하는 과정과 조리하는 과정에서 일어나게 되는 화학적, 물리적 변화에 대해 다양한 자료를 통해 탐색함. 또한, 조리방법에 따라 나타날 수 있는 식품 성질의 변화, 영양소의 파괴 등에 대해서도 조사하여 보고서로 작성함. 학급 독서활동으로 **'식품에 대한 합리적인 생각법(최낙언)'**을 선정하여 읽고 우리나라 소비자들이 느끼고 있는 식품에 대한 불안함에 관한 이야기를 하며 식품에 대한 오해와 편견을 줄이기 위해 식품에 대한 합리적인 생각법과 '위험 정보 독해력'이 중요하다고 독서 후기를 작성함. 식품 대부분의 경우, 적정량을 사용하면 안전하다는 과학적인 증거들을 제시하고, 식품 불안에 대해 내용이 아닌 그에 대한 판단법을 통해 식품에 대한 합리적 판단력을 키워 과도한 불안감을 줄여야 한다고 발표함.

동아리활동 특기사항

(생명과학반)(34시간) 유전자 조작에 관한 토론 활동에서 찬성 입장에서 유전자 조작 식품으로 시간과 노동력을 줄여 식량난을 해결할 수 있다고 주장함. 무분별한 유전자 조작의 위험성에 대한 경고와 함께 식량난을 겪고 있는 지역에서도 재배가 가능한 작물을 개발하는 것에 대한 필요성을 이야기함. 과학 관련 독서활동에서 1월 설날부터 12월 동지까지 우리 조상들이 즐겼던 음식을 이야기하는 **'하리하라의 음식과학(이은희)'**을 읽고 조상부터 현재 우리에 이르기까지 우리가 먹고 있는 다양한 음식과 그 안에 숨어 있는 여러 과학 원리와 인문학적 상식들을 소개함. 음식 재료 그대로가 가지고 있는 속성을 정확히 파악하고, 맛있고 즐겁게 섭취할 수 있는 음식과 요리, 명절과 전통 문화의 상관관계, 현대인의 달라진 식습관 등에 대해 소개하며, 과학이 크게 발달하지 않았던 과거에도 우리 조상은 재료의 특성을 파악하고 그에 맞는 조리법을 통해 즐거운 음식 문화를 발달시켜 왔음을 이야기함.

진로활동 특기사항

직업체험활동으로 지역 식품연구소를 선정하여 방문해 식품을 개발하는 과정에서 이루어지는 소비자 조사와 시식, 신제품 테스트 등을 체험하고 소감문으로 작성함. 전공학과탐색 활동에서 '식품과학과'와 '식품영양학과'의 차이를 알아보고 교육과정, 진출분야 등을 통해 자신이 생각하고 있는 진로인 식품개발연구원에 맞는 식품과학과로의 진학을 이야기함. 자신의 미래 진로로 생각하는 식품개발연구원 대한 관심이 높아 학교 도서관에 주기적으로 방문하여 최근 트렌드를 소개하는 정기간행물 속에서 여러 식품개발 사례들을 찾아보고, 새롭게 소개되는 유행이나 기술 등에 대해 따로 조사하여 정리해 놓는 모습을 보여줌. 진로관련 독서활동으로 과학적 관점에 기반해 우리의 음식문화, 식재료의 기원과 역사에 대해 소개한 **'과학과 역사로 풀어본 진짜 식품 이야기(하상도, 김태민)'**를 읽음. 우리 사회에 널리 퍼져 있는 첨가물이 포함되거나 가공된 식품에 대한 잘못된 편견과 오해에 대해 이야기하며 물, 설탕, 소금, 쌀, 육류, 계란 등의 주재료와 라면, 햄, 탄산음료, 다이어트 식품 등 대표 가공식품들의 기원과 안전성 논란, 사건·사고 및 소송사례 등을 다양한 시각자료로 만들어 제시함. 가공식품들도 올바른 식생활을 통해 삶의 즐거움을 주는 음식임을 발표하는 독후활동을 진행함.

교과 세부능력 및 특기사항

화학Ⅱ

발효 음식들을 접하며 발효 과정에 대해 평소 궁금증을 갖고 있었는데 포도맛도 미생물 발효를 이용해 만들 수 있다는 뉴스 기사를 읽고 이에 대한 주제 탐구를 진행함. 교과서의 알코올 발효, 젖산 발효에 대해 정리하고 발효를 부패와 비교하여 시각자료를 제작한 뒤 친구들에게 발표함. 화학적으로 일어나는 반응을 이해하는 것이 쉽지 않았지만 발표를 준비하며 발효 관련 용어 및 발효의 현대적 정의에 대해 새롭게 알게 되어 신기했다고 소감을 밝힘. 교과 관련 독서활동에서 식품을 다룰 때 나타나는 여러 가지 화학에 관해 이야기한 '**요리는 화학이다(아르튀르 르 켄)**'를 읽고 식품의 화학적 현상을 고려하여 찬장에 넣어둘 필수 재료들이나 식품 안 수분의 중요성, 조리과정에서 나타나는 화학적 현상에 대한 소금과 후추의 사용법, 마이야르 반응 등을 이야기함. 그리고 과학적인 사실을 알고 있다면 더 효과적으로 식품을 관리하고 조리할 수 있음을 소감문으로 작성함.

생명과학Ⅰ

심화 주제탐구 활동으로 식품과 관련된 생명과학기술에 대해 조사하여 발표함. LMO와 GMO, 조직배양기술을 조사하여 LMO와 GMO의 차이점, 조직배양기술에 필요한 조건과 방법에 대해 친구들에게 알기 쉽게 재구성하여 설명함. 조직배양을 이용하여 식물을 대량 생산할 수 있는 기술과 효율성을 높이기 위한 연구가 진행되고 있다는 기사를 소개함. 교과 관련 독서활동에서 '**단백질이 없으면 생명도 없다(다케무라 마사하루)**'를 읽고 그 내용을 발표하는 시간을 가짐. 탄수화물, 지방과 함께 3대 영양소 중 하나인 단백질은 단순히 근육만을 만드는 것이 아니라 생명 유지에 필수적이며 효소, 호르몬, 항체 등의 주요 생체 기능을 수행하고 있음을 이야기함. 또한 아미노산, 단백질의 합성 및 분해 등을 조사한 자료와 함께 단백질이 우리 몸에서 수행하는 기능과 단백질의 이상으로 발생할 수 있는 질병들을 정리한 시각자료를 만들어 친구들에게 공유하며 단백질 섭취의 필요성을 발표함.

행동특성 및 종합의견

자신이 가지고 있는 것을 타인에게 잘 베푸는 등 배려심이 돋보이는 학생임. 친구들이 어려워하는 일에도 먼저 나서며 이타적인 행동을 보임. 자신의 꿈인 식품개발연구원을 이루기 위해 노력을 소홀히 하지 않으며, 관련자료를 자주 탐색하고 정리하며 차분히 최선을 다하는 모습에서 성실한 연구자로서의 모습을 관찰할 수 있음. 독서활동으로 '**나는 부엌에서 과학의 모든 것을 배웠다(이강민)**'를 읽고 물리학, 화학, 생리학, 생체분자, 발효학 등 다양한 과학적 원리가 일상적인 요리 과정에 숨어 있다고 설명함. 쫄깃한 면발의 라면을 끓이기 위해 열전도율이 큰 알루미늄 냄비를 사용하는 이유, 김치를 만들 때 나타나는 삼투압의 원리, 저기압과 저온을 이용한 수비드 요리법, 발효과정에서 생긴 젖산으로 구수해지는 된장 등의 사례를 과학적 원리와 함께 그림 자료로 제작하여 친구들에게 발표함. 과학적 원리를 알면 더욱 풍부하게 요리를 할 수 있음을 이야기하며 요리에 대한 본인의 관심을 보여줌.

9 ▶▶ 식품영양학과

1 학과 인재상

식생활 개선을 통한 건강증진에 관심이 많은 학생

봉사정신을 갖추고 지역사회 발전에 기여하고 싶은 학생

평소 식품에 관한 관심이 깊은 학생

기초과학에 대한 지식을 활용한 문제해결 능력이 있는 학생

진취적이고 개방적인 사고를 바탕으로 문제 상황을 해결할 줄 아는 학생

2 유사학과

- 식품영양과학과
- 식품생명영양학과
- 바이오식품영양학과

3 관련직업

- 대학교수
- 영양교사
- 영양사
- 위생사
- 식품품질관리사
- 식품생산관리사
- 식품개발연구원
- 식품공학기술자

4 개설대학

- 가천대학교
- 가톨릭대학교
- 강원대학교
- 건국대학교
- 경북대학교
- 경상국립대학교
- 경성대학교
- 경희대학교
- 공주대학교
- 광주대학교
- 국민대학교
- 단국대학교
- 동덕여자대학교
- 목포대학교
- 부산대학교
- 삼육대학교
- 상명대학교
- 서울대학교
- 서원대학교
- 숙명여자대학교
- 순천향대학교
- 안양대학교
- 연세대학교
- 울산대학교
- 을지대학교
- 이화여자대학교
- 인하대학교
- 전북대학교
- 제주대학교
- 조선대학교
- 충남대학교
- 충북대학교
- 한양대학교 등

5

학과 연계도서

1
인문계열

2
사회계열

3
자연계열 · 식품영양학과

4
공학계열

5
의약계열

6
예체능계열

7
교육계열

건강 불균형 바로잡기

닐 바너드(최가영 역) / 브론스테인(2021)

현대인의 고질병들을 먹는 것을 바꾸는 것만으로도 해결할 수 있을까? 저자는 비만, 불임, 생리통, 당뇨병, 갑상샘 질환, 여드름, 피부열감 등 각종 호르몬성 질환은 근본적으로 우리가 먹는 음식에서 비롯된다고 이야기한다. 그리고 만성 질환자들의 치료사례를 통해 호르몬 관련 질환들은 음식을 현명하게 골라 먹는 것만으로 예상을 뛰어넘는 긍정적 변화를 보인다고 말한다. 저자는 이 책을 통해 음식과 그로 인해 생기는 호르몬 불균형에 관한 최신 연구 결과를 밝히며, 균형 잡힌 식단 레시피 제공 등 일상생활 속에서 활용 가능한 가이드를 제시하고 있다.

내 몸은 언제 먹는가로 결정된다

마이클 로이젠 외 2인(공지민 역) / 세종서적(2021)

"무엇을 먹을지보다 중요한 것은 '언제' 먹는가다!" 그동안 음식산업은 '무엇'을 먹는가만을 중시했다. 그런데 최근 과학계에서는 영양에 타이밍이 절대적인 영향을 미친다는 연구결과들이 나오기 시작했다. 이 책은 '무엇'과 '언제'의 상호작용을 탐구하는 책이다. 최적의 건강을 찾고, 스트레스를 최소화하기 위해 언제 먹어야 하는지를 배울 수 있도록 최신 연구 결과를 가지고 과학적으로 설명한다. 암, 당뇨병, 골격계 질환, 스트레스를 개선하려면 언제 무엇을 먹으면 좋을지에 대해 조언하고 맛있으면서도 건강한 음식을 선택하고 만드는 방법을 제시한다.

무엇을 먹을 것인가

콜린 캠벨, 토마스 캠벨(유자화, 홍원표 역) / 열린과학(2020)

현재의 영양학은 단백질을 중시하고 있지만 캠벨이 20여 년간 수행한 연구의 결론은 단백질이 암의 발생 스위치 역할을 한다는 것이다. 연구에 따르면 동물성 식품을 많이 먹은 사람은 만성질환에도 자주 걸리는 반면 식물성 식품을 많이 섭취한 사람은 건강하고 만성질환에도 강한 저항력을 보였다. 이런 결과들은 심장질환, 당뇨병, 비만이 건강한 식사로 회복될 수 있다는 사실을 보여준다고 이야기한다. 저자는 과학적인 근거를 토대로 현대의 식습관과 생활방식을 분석하고 음식이 우리 삶을 어떻게 바꿀 수 있는지 이야기한다. 암의 위험을 낮추기 위해 자연식물식 생활을 하고 생활 습관을 보다 건강하게 바꾸라고 제시한다.

밥의 인문학

정혜경 / 따비(2015)

우리가 매일 먹는 '따뜻한 밥 한 그릇'에 관한 책이다. 농경이 시작된 신석기부터 우리 민족의 역사와 함께한 밥은 한때 숭배되기도 하고 희망의 상징이 되기도 하고 때로는 한이 되기도 하며, 쌀 소비량이 유례없이 낮아진 오늘에 이르기까지 우리 민족의 역사와 함께 이어져 오고 있다. 작가는 선사시대부터 근대에 이르기까지 한국인의 역사와 함께한 밥에 관해 이야기하며 밥이 한국인에게 가지는 가치와 의미를 인문학의 시각에서 풀어나간다. 쌀의 맛과 영양학적 가치를 소개하며 밥을 효과적으로 지을 수 있는 방법 등을 통해 앞으로도 젊은 세대들에게 밥을 중심으로 한 식문화가 지속되기를 희망한다고 작가는 이야기한다.

세상에서 제일 이해하기 쉬운 영양소 도감
마키노 나오코(서희경 역) / 시사문화사(2021)

이 책은 캐릭터로 변신한 영양소들을 만화 형식으로 구성하여 영양소들이 우리 몸에서 어떤 작용을 하는지, 어떤 점이 우리 몸에 좋은지 쉽게 읽을 수 있도록 설명하고 있다. 기능성 성분과 그 외 식품 성분, 영양소를 제대로 섭취하는 방법, 영양소 섭취 부족이나 과잉 섭취로 인한 문제점 등을 이야기한다. 또한 각 영양소가 어느 식재료에 많이 포함되어 있는지, 건강 효과를 높일 수 있는 식품 조합은 무엇이 있는지 등 요리에 직접 적용하기 쉬운 내용들도 소개하고 있다.

셰인 박사의 영양 혁명
셰인 엘리슨(안진환 역) / 동도원(2021)

98%의 병은 영양소 결핍과 화학 독소 때문에 생긴다. 약물이 아닌 선별된 영양소만으로도 전염병, 심장병, 암, 2형 당뇨, 우울증, 비만 등을 치료할 수 있다고 작가는 이야기한다. 이 책은 어느 때보다도 잘 먹는데 영양실조에 시달리는 현대인들에게 왜 영양결핍이 발생하는지 이야기하며 면역체계를 유지시키기 위해서는 영양소가 가장 중요하다고 이야기한다. 인간의 세포에 각 영양소와 영양소 보조제가 미치는 영향에 대한 임상실험, 역학연구 등 종합적인 데이터를 함께 제시하고 질환별로 꼭 먹어야 할 선별 영양소 25가지와 보조제 섭취 플랜까지 제시하는 등 질병으로부터 건강을 지켜 낼 방법에 관해 안내한다.

안병수의 호르몬과 맛있는 것들의 비밀
안병수 / 국일미디어(2022)

가공식품은 호르몬을 교란시키는 식품첨가물이라는 화학물질로 가득 차 있어 대사증후군, 암, 심뇌혈관질환, 당뇨병, 우울증 등을 발생시킨다. 이 책은 호르몬성 질병의 원인이 무분별하게 가공식품을 섭취하는 식습관 때문이라고 이야기한다. 설탕, 콜라, 과일우유, 게맛살 등 맛있는 것들은 인간이 수명을 갉아먹는 화학첨가물로 이루어져 있기 때문이다. 저자는 직접 해보는 호르몬 식생활 테스트를 소개하고 식재료를 선택하는 방법 등 실생활에 도움이 될 수 있는 식습관 개선 방법에 대해 안내한다.

음식이 나다
오새은 / 북카라반(2020)

건강에 관한 관심이 증가하면서 건강기능식품 시장의 규모도 커지고 있고 관련 정보도 쏟아져 나오고 있다. 또한 잘못된 건강 정보를 믿고 있는 사람도 많다. 이러한 상황 속에서 제대로 된 건강 지식을 공부하고 그것을 분별할 수 있는 능력을 키워야 한다고 저자는 이야기한다. 현대인들의 불균형한 영양 상태가 모든 질병의 원인이라고 이야기하면서 영양소가 우리 몸에 미치는 영향과 약물에 의존하지 않고도 건강해질 수 있는 방법을 전하고 있다. 영양소와 인체의 관계, 그리고 자신의 몸에 맞는 음식을 선택하는 방법 등을 소개하고 있다.

이유 없이 아프다면 식사 때문입니다
미조구치 도루(김향아 역) / 카시오페아(2022)

스트레스, 우울감, 무기력증, 수면장애, 불안 등 몸과 마음의 병이 자각증상으로 나타나 병원에 가더라도 원인이나 이상이 발견되지 않는 경우가 많다. 이는 자율신경의 균형이 깨진 것이 원인으로 식사만 바꿔도 원인 불명 증상의 90%가 사라진다고 저자는 이야기한다. 이 책에서는 식사 중 '혈당'과 '장'을 안정시키는 데 중점을 두고 구체적인 식사법과 섭취해야 할 영양소에 대해 소개한다. 당질 제한, 좋은 장내 환경 만들기 주의 사항, 올바른 영양제 섭취 방법, 병에 걸리지 않는 몸을 만들기 위한 10가지 습관 등 영양소의 작용과 면역력을 높이기 위해 일상생활에서 주의해야 할 내용을 다양하게 소개하고 있다.

인간이 만든 위대한 속임수 식품첨가물 2
아베 쓰카사(정만철 역) / 국일미디어(2016)

식품 산업의 발달로 가공식품 소비가 늘어남에 따라 식품첨가물, 염분, 당분, 지방 과다 섭취로 인한 문제점이 해마다 심각해지고 있다. 소비자들이 상품의 성분표를 보고 식품을 선택하더라도 그 표시 라벨에 적혀 있지 않은 첨가물이 들어있을 수도 있다고 저자는 판단하고 있다. 편의점 도시락에 숨겨져 있는 첨가물, 갑자기 사용이 금지되거나 다시 부활하는 첨가물, 인체에 악영향을 주는 식품첨가물, 첨가물이 정말 무서운 이유 등 첨가물의 사용 실태를 사례를 들어 알아보고 첨가물이 인체와 환경에 미치는 영향에 관하여 이야기한다. 또한 실생활에 적용할 수 있는 식품첨가물을 줄일 수 있는 방법에 대해 소개한다.

식품영양학과 독서탐구활동 활용사례

자율활동 특기사항

사교적인 성격을 지닌 학생으로 주위 환경을 밝게 만들며 주어진 상황을 긍정적으로 생각하는 성숙한 인격을 지닌 학생임. 창의융합자율활동에서 식품 과학, 건강한 식생활, 식품과 인류의 역사, 환경 오염과 식생활에 관한 내용을 정리하여 인포그래픽을 제작하고 과학이 인류의 식생활에 미친 긍정적인 영향과 부정적인 영향을 조사함. 또한 영양성분표를 분석하고 소비자들의 건강 상태에 따라 섭취해야 할 식품의 성분을 선택할 수 있음을 이야기함. 학급 독서활동에서 **'세상에서 제일 이해하기 쉬운 영양소 도감(마키노 나오코)'**을 읽고 단백질, 지방, 당질, 식이섬유, 비타민 등 각각의 영양소들이 우리 몸에서 어떤 작용을 하는지 이야기하고, 기능성 성분과 그 외 식품 성분, 영양소 섭취 부족이나 과잉 섭취로 인한 문제점 등을 설명하는 자료를 제시함. 더불어 독후발표시간을 통해 각 영양소가 풍부하게 들어가 있는 식재료와 건강 효과를 높일 수 있는 식품조합들을 제시하여 친구들의 호응을 이끌어 냄.

동아리활동 특기사항

(과학연구반)(34시간) 영양사를 희망하는 학생으로 개인 주제 탐구활동에서 식단을 사진으로 찍으면 자동으로 영양소 섭취량을 분석해주는 인공지능 식단 관리 앱에 대해 탐색함. 음식 사진 데이터를 활용하여 영양소의 과부족을 알려주며 개인의 식습관을 자동으로 기록하여 건강관리를 할 수 있음을 이야기하며 영양사가 된다면 이러한 과학기술에 적용할 수 있는 다양한 아이디어를 생각해보고 싶다고 소감문에 작성함. 독후활동을 통해 **'음식이 나다(오새은)'**를 읽고 건강기능식품에 대한 다양한 정보 속에서 잘못된 건강 정보와 그것을 분별할 수 있는 능력이 필요함을 이야기함. 모둠활동 시간을 활용하여 현대인들의 불균형한 영양 상태가 모든 질병의 원인이라고 이야기하며, 영양소가 우리 몸에 미치는 영향과 약물에 의존하지 않고도 건강해질 수 있는 방법에 관해 설명하는 자료를 제시함. 영양소와 인체의 관계, 그리고 자신의 몸에 맞는 음식을 선택하는 방법 등을 추가로 조사하여 동아리 부원들과 그 내용을 공유하는 시간을 가짐.

진로활동 특기사항

'내 직업으로 환경 지키기' 활동에서 영양사로서 환경에 해가 되지 않도록 길러진 유기농 제품 사용하기, 선호하는 음식과 알레르기가 있는 음식 등을 미리 조사하여 남기는 음식 없애기 등 다양한 방법을 제시함. '지속가능한 발전과 내 진로' 활동에서 임상영양사에 관해 탐구함. 질병이 있는 사람에게 각 질병에 맞는 맞춤형 음식을 제공하여 음식으로 인해 더 아파지지 않거나 나아가 치료가 이루어질 수 있도록 하는 임상영양사가 앞으로 더 중요한 직업이 될 것이며 몸에 좋은 새로운 음식들을 창조할 수 있도록 연구해보고 싶다고 소감문에 작성함. 진로 관련 독서활동에서 식습관 개선으로 현대인의 고질병을 해결할 수 있음을 이야기하는 **'건강 불균형 바로잡기(닐 바너드)'**를 읽음. 우리가 먹는 음식으로 인해 비만, 불임, 생리통, 당뇨병, 갑상샘 질환, 여드름, 피부열감 등 각종 호르몬성 질환이 발생하고 있다고 설명하며, 다양한 호르몬 관련 질환들이 음식을 현명하게 골라 먹는 것만으로 예상을 뛰어넘는 긍정적 변화를 보인다는 책의 이야기를 소개함. 더불어 만성 질환자들의 치료 사례와 음식과 그로 인해 생기는 호르몬 불균형에 대한 최신 연구 결과를 살펴보며 자신이 꿈꾸는 임상영양사로서의 역할의 중요성을 다시 한번 상기하고, 균형 잡힌 식단을 만들어 보겠다는 소감이 담긴 독후활동지를 작성함.

교과 세부능력 및 특기사항

생활과 과학

영양성분표의 구성과 영양소, 식품 보존 방법에 포함된 과학원리, 식품과 인류의 역사에 관한 내용을 정리하여 인포그래픽으로 제작함. 과학의 발달로 식량의 대량 생산과 식품의 저장 기간이 길어지는 등 인류 식생활에 긍정적인 영향을 미친 반면에 환경 오염으로 인한 영양의 감소, 미세 플라스틱 섭취 등 부정적인 영향도 있음을 발표함. 교과 관련 독서활동으로 **'셰인 박사의 영양 혁명(셰인 엘리슨)'**을 읽고 병의 98%는 영양소 결핍과 화학 독소 때문에 나타남을 지적하며, 약물이 아닌 선별된 영양소만으로도 전염병, 심장병, 암, 2형 당뇨 등을 치료할 수 있다고 전달함. 영양실조에 시달리는 현대인들에게 면역체계를 유지하기 위해 영양소가 중요함을 강조하고, 여러 종류의 임상실험과 역학연구 등의 종합적인 데이터를 함께 제시함. 또한, 질환별로 꼭 먹어야 할 영양소 등을 소개하며, 영양사로서 맛있는 음식만을 제공할 것이 아니라 사람들의 건강을 지킨다는 사명감을 가져야 함을 소감문으로 작성함.

생명과학Ⅱ

생명과학 기술에 관한 내용 중 환경과 관련된 부분에서 배양육에 관한 내용을 조사하며 배양육의 등장 배경과 개발 과정, 장단점을 자세하게 발표함. 인간에게 꼭 필요한 단백질을 섭취할 수 있는 다양한 방법을 소개하고 도축 현장의 잔인함과 동물권리의 중요성에 대해 자세하게 설명함. 배양육과 같이 동물의 희생이 줄어들 수 있는 다양한 기술을 더 찾아보고 싶다는 생각을 작성함. 독서 발표활동으로 **'안병수의 호르몬과 맛있는 것들의 비밀(안병수)'**을 읽고 가공식품이 가져온 대사증후군, 심뇌혈관질환, 당뇨병, 우울증 등 현대인이 겪고 있는 질병에 관해 이야기하며, 가공식품에는 호르몬을 교란시키는 식품첨가물이 들어있다고 말함. 설탕, 콜라, 과일우유 등 맛있는 음식들은 알고 보면 우리의 수명을 갉아먹는 화학첨가물이라는 점을 이야기하며 무분별하게 가공식품을 섭취하는 식습관을 개선할 것을 촉구하고, 식재료를 선택하는 방법 등 실생활에 도움이 될 수 있는 식습관 개선 방법에 대해 발표함.

행동특성 및 종합의견

목표 의식이 확고하여 자기의 일을 스스로 계획하여 실천하는 등 자기 조절 능력이 뛰어남. 식품영양학과로의 진로를 정한 후 관련 직업을 찾고 진학계획을 설계하는 과정에서 자신의 미래의 삶을 차분하게 계획해 가는 자세가 돋보임. 매달 나오는 학교 식단표를 관찰하고 분석하며 진로에 필요한 기본소양을 기르고자 노력함. 우리가 매일 먹는 '따뜻한 밥 한 그릇'에 관한 이야기를 다룬 **'밥의 인문학(정혜경)'**을 읽고 최근 우리나라의 쌀 소비량이 유례없이 낮아졌지만, 우리 민족의 역사와 함께한 밥은 한때 숭배되기도 하고 희망의 상징이 되기도 했으며 때로는 한이 되기도 했음을 이야기함. 학급활동 시간을 이용해 친구들에게 밥에 대한 과거의 개인적인 경험을 소개할 뿐만 아니라 쌀의 맛과 영양학적 가치, 그리고 밥이 우리에게 주는 가치와 의미를 이야기함. 최근 친구들이 밥보다 다른 식재료를 더 많이 먹는 현상을 걱정하고 우리의 건강을 위해 식습관 개선을 독려하는 모습을 보여줌.

1 인문계열

2 사회계열

3 자연계열 · 식품영양학과

4 공학계열

5 의약계열

6 예체능계열

7 교육계열

10 ▶▶ 외식조리학과

1 학과 인재상

진취적이고 창의적이며 도전정신을 지니고 있는 학생

예술적 감각을 바탕으로 손재주를 가지고 있는 학생

식생활, 조리 및 외식 문화에 관심을 가진 학생

요리에 대한 흥미로 자신을 개발할 줄 아는 학생

협업과정에서 의사소통 능력이 뛰어나고 리더십이 있는 학생

2 유사학과

- 글로벌조리학과
- 호텔조리학과
- 호텔외식조리학과
- 한식조리학과
- 조리과학과
- 조리예술학과

3 관련직업

- 대학교수
- 조리사
- 제과제빵사
- 외식산업매니저
- 식품영양관련연구원
- 식품위생연구원
- 푸드스타일리스트
- 푸드코디네이터
- 식생활지도사
- 파티플래너

4 개설대학

- 광주대학교
- 경남대학교
- 경동대학교
- 경주대학교
- 극동대학교
- 남부대학교
- 대구가톨릭대학교
- 대구한의대학교
- 배재대학교
- 서원대학교
- 세종대학교
- 순천대학교
- 신라대학교
- 영산대학교
- 용인대학교
- 우송대학교
- 유원대학교
- 전주대학교
- 초당대학교
- 호남대학교
- 호원대학교 등

고기굽기의 기술
가와테 히로야스(용동희) / 그린쿡 (2018)

이 책은 소고기, 돼지고기, 새끼양, 닭고기 등 각 고기의 종류 및 부위에 따라 굽기의 방법을 단계별 상세사진과 함께 자세히 설명하고 있다. 또한 굽는 과정을 한눈에 비교할 수 있도록 가열 방법과 시간을 보기 쉽게 차트로 정리하였다. 청둥오리, 직박구리 등 우리나라에서 잘 사용하지 않는 식자재의 요리 방법도 소개하고 있다. 그 외에 고기 굽기에 필요한 도구를 안내하고 요리 레시피도 수록하고 있다.

선재 스님의 이야기로 버무린 사찰음식
선재스님 / 불광출판사 (2011)

사찰음식의 명장으로 알려진 선재 스님이 사찰 음식에 깃든 정신, 음식 철학을 소개한 책이다. 자연이 준 식재료에 감사하고 불성을 살려 요리하고 음식이 내게 온 인연에 감사하며 먹을 때 음식은 가장 좋은 약이 된다고 저자는 이야기한다. 제철에 나는 천연재료로 요리하고 인공조미료를 쓰지 말고 각자의 체질에 맞게 조리해서 소식하면 병으로부터 자유로워진다는 것이다. 장 담그기, 김치 담그기 및 사찰음식의 중요 레시피와 음식 비법 등을 자세한 사진과 함께 소개하고 있다. 사찰음식으로 건강과 행복을 찾은 사람들의 사연도 담고 있다.

셰프의 탄생
마이클 룰먼(정현선 역) / 푸른숲 (2013)

요리계의 하버드라 불리는 CIA의 교육, 그곳의 학생과 셰프 강사, 다양한 수업, 요리 실습, 그리고 음식에 관한 이야기를 담은 책이다. 이 책을 통해 칼질, 소스 만들기, 조리에서 일어나는 과학적 원리, 본연의 맛을 살리는 방법, 기본 플레이팅, 레스토랑 실습수업, 셰프 생활을 버텨나갈 마음가짐까지 알 수 있다. 요리학교 학생이 되고자 하는 사람, 요리사와 셰프에 대해 궁금한 점이 많은 사람에게 간접적으로 도움을 줄 수 있는 책이다.

소스 앤 딥 237
시바타쇼텐(방영옥 역) / 한스미디어 (2018)

유럽부터 아시아, 남미까지 전 세계 음식의 소스, 딥, 드레싱, 양념 등을 소개하고 비법을 공개한 책이다. 요리를 더 돋보이게 하는 창의적인 소스는 각 소스마다 특징, 재료, 만드는 방법, 보존방법 및 보존기간, 용도 등이 다르다. 저자는 자세한 사진과 함께 이 소스들을 상세하게 소개하고 있다. 소스와 딥을 직접 사용한 요리도 일부 함께 수록하고 있어 레스토랑, 와인바, 카페와 같은 곳에서도 참고할 수 있게 구성되어 있다.

1 인문계열

2 사회계열

3 자연계열·외식조리학과

4 공학계열

5 의약계열

6 예체능계열

7 교육계열

식품 보존 방법
도쿠에 지요코(김선숙 역) / 성안당(2016)

과일, 육류, 생선까지 식재료의 신선도를 유지시키면서 오래 보존할 수 있는 식품 보존 기술을 다룬 책이다. 식재료가 상하는 원인은 온도와 습도 때문인데, 부패 원인을 제거하여 재료를 적합하게 보존하는 방법을 알려준다. 식재료 175가지의 보존 방법, 보존 기간, 사용기한, 소비기한, 냉동식품을 잘 해동시키는 방법, 식재료에 함유된 영양성분과 효능, 식재료가 가장 맛있는 계절, 식재료를 안전하게 먹기 위한 씻는 방법 등의 정보를 소개하고 있다. 또한 '상온', '냉장', '냉동', '말림', '절임' 등과 같은 보존법을 상세한 사진과 함께 안내하고 있다. 식재료별 보존 방법을 잘 파악하고 적용한다면 낭비 없이 식재료를 사용할 수 있음을 이야기한다.

푸드스타일리스트 어떻게 되었을까?
캠퍼스멘토 / 캠퍼스멘토(2022)

현장 푸드스타일리스트 6인의 이야기를 통해 해당 분야의 전문가로서 학생들에게 필요한 여러 정보를 담고 있다. 푸드스타일리스트가 하는 일과 직업 전망, 자질, 현황 등을 설명하고 푸드스타일리스트 6인 각자의 커리어패스와 이 직업을 원하는 학생들을 위한 조언을 아끼지 않고 있다. 직업을 결정하거나 중요한 선택을 하던 순간 어떠한 결정을 했는지, 왜 지금의 일을 하게 되었는지를 자세히 설명해주며, 각 직업인들의 다양한 커리어패스를 통해 그들이 현재의 직업을 갖기까지 어떤 일들을 거쳐 왔는지 확인할 수 있다. 또한 그들의 과거와 현재가 학생 자신과는 얼마나 관련이 있는지도 비교할 수 있도록 안내하며 예비 푸드스타일리스트로 필요한 정보를 제시한다.

요리학교에서 배운 101가지
루이스 이구아라스, 매튜 프레더릭(정세라 역) / 동녘(2021)

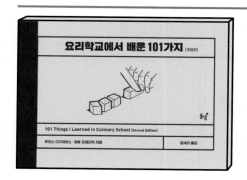

요식업계에서 일하고 싶어 하는 사람에게 요리사가 어떻게 생각하고 행동하는지, 상업용 주방은 어떻게 운영되는지, 레스토랑의 매끄러운 운영을 위해 사용하는 언어와 절차 등은 무엇인지 등 요리할 준비를 하는 데 도움을 주고자 만든 책이다. 일상적인 식재료 선택과 조리법부터 요식업의 노하우까지 각종 기본기를 일러스트와 함께 담고 있다. 칼 잡는 방법부터 소금 활용법까지 요리 초보자들을 위한 주방 꿀팁과 예비 셰프들을 위한 현장 노하우까지 초보자들에게 도움을 주는 내용으로 구성되어 있다.

우리 음식의 언어
한성우 / 어크로스(2016)

'우리 밥상에 오르는 음식의 언어에 어떤 이야기들이 담겨 있을까?' 집밥에서 금수저까지 삼시세끼에 얽힌 우리 말과 우리 음식의 이야기들을 국어학자가 엮은 인문학책이다. 영어 'rice'와 우리 말 '벼', '쌀', '밥'을 비교하고 '집밥'과 '혼밥'의 탄생을, '식구' 없는 '혼밥'의 세태를 언어학적으로 짚어낸다. 쌀과 밥의 언어학에서 시작해 빵과 면, 국과 반찬, 술과 주전부리, 과일과 양념, 부엌과 금수저에 이르기까지 우리의 밥상을 둘러싼 언어들의 다양한 기원과 용법을 소개한다. 20년 넘게 한반도 및 중국·러시아·일본을 넘나들며 우리말을 연구해온 저자는 한중일의 역사에서 우리 문화의 어제와 오늘을 들려준다.

음식의 언어
댄 주래프스키(김병화 역) / 어크로스(2015)

언어학 분야의 세계적 석학자인 저자는 '음식'의 언어에 주목하며 이를 탐구함으로써 인류의 역사와 세계의 문화, 사회, 경제를 다시 쓰고 인간의 심리, 행동, 욕망의 근원을 파헤친다고 이야기한다. 이민의 역사를 담은 한 접시 음식인 피시앤드칩스를 소개하고 중국 음식이었던 케첩이 어떻게 미국 국민 소스로 둔갑했는지 알려준다. 이 외에도 미국의 추수감사절 요리인 칠면조, 마카로니라는 단어와 발음이 비슷하고 고급 취향의 대중화를 이룬 마카롱, 브랜드 네이밍에 숨겨진 음운학적 마케팅, 디저트의 바탕에 깔려 있는 암묵적인 문화구조까지 음식의 어원에 담긴 역사와 그 의미를 되새겨 볼 수 있는 책이다.

음식해부도감
줄리아 로스먼(김선아 역) / 더숲(2017)

전 세계 음식의 역사, 음식 재료와 조리도구의 종류, 다양한 요리법까지 이 책은 무심코 지나쳤거나 미처 알지 못했던 음식에 관한 흥미진진한 지적 탐험을 선사한다. 먹거리 역사, 세계 각국의 상차림, 과일과 채소, 곡식으로 만든 맛있는 요리들, 다양하게 맛보는 고기 요리, 치즈를 만들어 내는 유제품, 길거리 음식을 소개하고 요리에서 빠질 수 없는 조미료와 향신료부터 커피와 탄산음료, 와인, 그리고 각국의 달콤한 디저트에 이르기까지 전 세계 다양한 먹거리와 이야기들을 그림과 함께 소개한다.

외식조리학과 독서탐구활동 활용사례

자율활동 특기사항

학급자치 행사에 참여하며 행사장을 정리하는 일을 했을 뿐만 아니라 집에서 직접 만든 쿠키와 빵을 학급의 모든 친구에게 제공하여 친구들로부터 큰 호응을 얻음. 지역사회와 함께하는 행사에서 간단한 음식을 만들어 제공하는 역할을 하였으며, 평소 요리, 식품과 관련된 지식이 많아 자신의 조리 지식을 응용하여 자기 주도적으로 완성도 높은 음식들을 만들어냄. 학급 독서활동으로 사찰 음식에 깃든 정신, 음식 철학 등을 소개하고 있는 **'선재 스님의 이야기로 버무린 사찰음식(선재스님)'**을 읽음. 자연이 준 식재료에 대해 늘 감사해하시는 스님의 모습에서 잔잔한 감동을 느꼈음을 이야기하며, 음식은 가장 좋은 약이 된다며 제철에 나는 천연재료를 이용하여 인공조미료를 쓰지 않고 각자의 체질에 맞게 조리하고 소식하면 병으로부터 자유로워진다는 이야기에 공감함. 자신이 추구하는 음식 조리의 방향을 생각해보고 맛도 중요하지만 모든 이들의 건강도 살필 수 있는 요리사가 되겠다는 다짐을 독후활동지로 작성함.

동아리활동 특기사항

(우리생활탐구반)(34시간) 동아리 활동 시 친구들과 역할을 분담해 협동심을 발휘하여 실습을 준비함으로써 원활한 진행을 도움. 평소 식품과 관련된 지식이 높아 자신의 조리 지식을 응용하여 자기 주도적으로 완성도 높은 결과물을 도출함. 꼼꼼하고 차분하게 맡은 역할에 임함. 마카롱, 떡볶이 만들기 활동을 통해 조원들과 함께 의논하여 요리를 완성해서 좋았다고 활동지에 작성함으로써 의사소통 능력과 공동체 의식을 보여줌. 독서 발표 활동으로 우리 음식과 언어의 관계에 담긴 이야기에 관해 소개한 **'우리 음식의 언어(한성우)'**를 선정하여 읽음. 영어 'rice'와 우리 말 '벼', '쌀', '밥'을 비교하고 쌀과 밥에서부터 빵과 면, 국과 반찬, 과일과 양념, 부엌과 금수저에 이르기까지 우리의 밥상을 둘러싼 언어들의 다양한 기원과 용법을 그림 자료로 만들어 발표함. 이어진 동아리활동에서 친구들과 함께 한반도 및 중국·러시아·일본에서 나타나는 다양한 음식 문화에 대해 살펴보고 공통점과 차이점에 관해 이야기함.

진로활동 특기사항

전공학과 알아보기 활동을 통해 희망학과를 외식조리학과로 이야기하며, 해당 학과의 교직과정과 개설대학, 진출분야와 관련 직업, 관련자격증 등을 살펴보고 자신의 꿈을 향한 도전을 다짐함. 나의 진로와 미래사회 활동에서 일과 삶의 질의 균형을 추구하는 인구가 증가함에 따라 외식산업에 대한 수요가 높아질 것이 기대됨에 따라 외식조리학과의 전망이 밝다고 이야기함. 진로 탐구활동 시간을 통해 요리에 사용되는 다양한 식재료의 특징과 맛, 요리할 때 주의점 등을 이야기한 보고서를 작성함. 진로와 관련한 독서활동으로 **'요리학교에서 배운 101가지(루이스 이구아라스, 매튜 프레더릭)'**를 읽고 요리사가 어떻게 생각하고 행동하는지 또 주방은 어떻게 운영되는지를 이야기함. 레스토랑의 매끄러운 운영을 위해 사용하는 언어와 절차 등에 대해 살펴볼 수 있었으며, 식재료 선택과 칼 잡는 방법, 소금 활용법과 조리법, 요식업 현장의 노하우 등을 전달하고 있어 요리사로서 준비하는 데 필요한 정보를 얻을 수 있었음을 독후활동지로 작성하여 제출함. 미래의 요리사로서 자신의 마음가짐과 그를 위한 진로, 진학계획을 밝히며 꿈을 실현시키기 위한 준비를 하나하나 실천해 가고 있음을 조리 있게 설명함.

교과 세부능력 및 특기사항

생활과 과학

화학 교과 수업을 통해 분자요리에 관해 관심이 커져 심화탐구 프로젝트 활동에서 분자요리의 물리적, 화학적 조리법을 조사하여 활동지에 작성함. 활동을 통해 요리와 과학이 연관성이 많음을 깨닫고, 과학 원리 학습에의 의지를 표현함. 또한 계획을 세워 성실히 임하여 좋은 습관과 태도를 형성함으로써 자신의 진로를 성취하겠다는 포부를 밝힘. 교과 독서활동으로 식재료의 신선도를 유지시키면서 오래 보존할 수 있는 식품 보존 기술을 다룬 **'식품 보존 방법(도쿠에 지요코)'**을 읽고 발표함. 다양한 식재료에 대한 보존 방법과 고르는 법, 냉동식품을 잘 해동시키는 방법, 식재료에 함유되어 있는 영양성분과 효능, 식재료가 가장 맛있는 계절, 식재료를 씻는 방법 등에 대해 자료를 만들어 제시함. 또한, '상온', '냉장', '냉동', '말림', '절임' 등의 표현에 대해 사진과 함께 보존 방법을 안내하고, 식재료별 보존 방법을 잘 파악하고 적용한다면 식재료를 낭비 없이 사용할 수 있을 것임을 이야기함.

화학 I

진로와 관련된 교과탐구활동 주제로 '마이야르 반응의 조건과 원리'를 설정하여 보고서를 작성하고 발표함. 고기를 구울 때 나타나는 마이야르 반응에 관해 설명하고, 실제 자신이 요리하는 모습을 촬영한 영상으로 마이야르 반응이 무엇인지 보여줌. 마이야르 반응이 환원당과 아미노산의 반응으로 감칠맛을 내는 중요한 화학반응임을 이야기하며 급우들의 이해를 돕기 위해 커피, 구운 빵 등의 제조과정과 전문 셰프들의 여러 요리과정 속에서 나타나는 마이야르 반응을 영상으로 보여주고 그 과정에서의 과학적 원리를 함께 설명함. 교과 독서활동으로 **'고기굽기의 기술(가와테 히로야스)'**을 읽고 그 내용에 대해 발표함. 고기의 숙성도, 비계와 마블링, 붉은 살코기의 양에 따라 고기를 굽는 방법이 달라져야 함을 이야기하며 고기 부위에 맞는 온도와 굽는 시간까지도 조절해야 함을 설명함. 각 고기의 종류 및 부위에 따라 굽기의 방법을 단계별 사진과 함께 발표하며 학급 친구들의 열렬한 호응을 이끌어 냄.

행동특성 및 종합의견

표정이 밝고 명랑하며 친화력이 높은 학생으로 타인에 대한 배려심이 많아 본인의 일이 아니더라도 적극적으로 나서서 문제를 함께 해결하려는 모습을 보여줌. 요리에 관심이 많아 요리에 관련된 미디어 콘텐츠를 시청하며 자신의 진로에 다가가기 위해 늘 노력하는 학생임. 독서활동으로 음식을 먹을 때 곁들여지는 소스에 관한 이야기를 담은 **'소스 앤 딥 237(시바타쇼텐)'**을 읽음. 만드는 방법은 간단하지만 요리에 곁들이거나, 뿌리거나, 버무려주기만 하면 요리가 더 돋보이는 창의적인 소스, 딥, 드레싱, 페이스트 등에 대해 알게 되었음을 이야기함. 책에서 소개된 각 소스의 특징, 재료, 만드는 방법, 보존방법 및 기간, 용도 등을 따로 정리하고, 급식시간에 제공되는 메뉴에 따라 어울리는 소스를 만들어 학급 친구들과 공유하는 모습을 보임. 이를 통해 자신의 진로에 대한 실현의지와 공동체를 생각하는 배려심을 엿볼 수 있었음.

1 인문계열

2 사회계열

3 자연계열 · 외식조리학과

4 공학계열

5 의약계열

6 예체능계열

7 교육계열

11 ▷▷ 의류학과

1 학과 인재상

창의적인 사고를
바탕으로 도전정신을
가지고 있는 학생

색을 조화롭게 표현하는 등
예술적 감각을 지닌 학생

풍부한 감성과
공감능력을 지닌 학생

옷을 좋아하고
변화에 관심이 많은 학생

자신의 아이디어를 구체적으로
표현할 줄 아는 학생

2 유사학과

- 의상학과
- 의류산업학과
- 의류상품학과
- 의류패션학과
- 의류환경학과
- 패션의류학과
- 패션산업학과

3 관련직업

- 대학교수
- 중등교사
- 머천다이저
- 의상패션디자이너
- 패션코디네이터
- 스타일리스트
- 패션테크니컬디자이너
- 컬러리스트

4 개설대학

- 가톨릭대학교
- 경남대학교
- 경북대학교
- 경상국립대학교
- 경희대학교
- 공주대학교
- 군산대학교
- 목포대학교
- 부산대학교
- 배재대학교
- 상명대학교
- 서울대학교
- 서울여자대학교
- 서원대학교
- 성균관대학교
- 성신여자대학교
- 수원대학교
- 숙명여자대학교
- 연세대학교
- 영남대학교
- 울산대학교
- 이화여자대학교
- 인천대학교
- 전남대학교
- 전북대학교
- 전주대학교
- 제주대학교
- 창원대학교
- 충남대학교
- 충북대학교
- 한양대학교 등

5 학과 연계도서

10대에 패션계에서 일하고 싶은 나, 어떻게 할까?

로라 드카루펠(신안수 역) / 오유아이(2017)

디자이너부터 스타일리스트까지 패션계에 관심 있는 10대가 알아야 할 내용을 담은 책이다. 사람들은 입을 옷을 고르고 액세서리를 선택할 때에도 창조적인 사고를 한다고 저자는 말한다. 이 책은 이러한 창조적인 사고를 도와줄 아이디어와 기술을 알기 쉽게 풀어놓았다. 나를 표현하는 방법, 나만의 패션 스타일을 찾는 요령을 알려준다. 또한 디자이너, 모델, 스타일리스트, 패션 잡지 기사, 사진작가, 쇼윈도 장식가 등 패션에 관련된 다양한 직종을 안내하며 그들이 들려주는 에피소드와 조언도 소개한다. 저자는 영화, 음악 등 패션 이외의 분야에서 얻은 지식은 자신의 감각을 세우는 데 도움을 주고 패션에 관심이 있다면 자신의 감각을 믿고 나가야 한다고 말한다.

코코 샤넬

론다 개어릭(성소희 역) / 을유문화사(2020)

'패션은 사라져도 스타일은 영원하다' 현대 패션을 완성한 디자이너 코코 샤넬의 인생을 집대성한 책이다. 샤넬 제국의 창립자인 가브리엘 코코 샤넬, 그녀는 몸매를 강조하고 활동하기 불편했던 코르셋으로부터 여성을 해방시키는 등 여성이 옷을 입는 방식을 변화시켰다고 한다. 카디건, 스웨터, 슬랙스, 플랫 슈즈, 리틀 블랙 드레스는 스타일의 기본이 되었고, 지금도 나이에 상관없이 수많은 사람들이 샤넬을 입고 있다고 한다. 이 책은 샤넬의 성장 과정과 인간관계, 두 차례의 세계 대전 시기에 얽힌 정치적 활동, 샤넬이 새로운 여성성과 고급 브랜드의 상징으로 자리해 가는 과정과 샤넬이라는 정체성이 지닌 역사적 가치를 보여준다.

만화로 보는 에피소드 경영학: 패션

김용석 / 이러닝코리아(2018)

이 책은 패션 기업 및 경영자의 이야기, 패션 기업의 경영학적 역사 및 의의, 경쟁기업에 관한 이야기, 경영전략, 마케팅, 생산관리, 인사관리 및 재무 등에 관한 이야기를 소개하고 있다. 마구용품에서 시작해 세계적인 명품 브랜드가 된 에르메스, 여성의 몸과 정신에 자유를 선사한 여성 패션의 혁명 샤넬, 화려하고 여성스러운 프랑스 패션 크리스찬 디올, 고정관념을 깨고 패션계에 혁신을 가져온 프라다, 영국을 상징하는 트렌치코트 버버리, 청바지와 함께 시대의 변화를 이끈 리바이스, 패스트 패션의 선두주자 자라, 'JUST DO IT' 신화를 이끈 나이키, 원색의 니트 등 차별화된 브랜드 베네통, 나일론 발명으로 소재 혁신을 가져온 듀폰에 이르기까지 각 브랜드의 경영학에 관한 이야기가 만화로 구성되어 있다.

패션 역사를 만나다

정해영 / 창비(2009)

이 책은 고대 이집트부터 고대 그리스, 고대 로마, 비잔틴 시대, 로마네스크 시대, 고딕 시대, 르네상스 시대, 바로크 시대, 로코코 시대, 고전주의 시대, 낭만주의 시대, 크리놀린 시대, 20세기 전후반에 걸쳐 패션이 역사를 따라 어떻게 변화해 왔는지 이야기한다. 각 시대에 유행한 패션의 특징, 옷·신발·장신구·머리 모양 등의 패션 경향을 서양패션의 역사 흐름과 시대적 특징에 기반하여 쉽게 설명하며 역사적 흐름도 알 수 있게 구성하고 있다. 또한 시대별 패션의 특징을 살린 일러스트를 포함하고 있다. 옷이 만들어지는 과정을 자세히 담아 패션 디자이너를 꿈꾸는 학생들에게 도움이 될 만한 책이다.

패션의 탄생
강민지 / 루비박스(2011)

에르메스, 루이뷔통, 버버리, 구찌, 샤넬, 페레가모, 크리스찬 디올, 발렌시아가, 지방시, 이브 생 로랑, 프라다, 캘빈 클라인, 베르사체, 돌체 앤 가바나 등 유명 디자이너 26인의 성장기, 열정, 명품 브랜드 성공까지의 이야기를 만화로 풀어내고 있는 책이다. 에르메스의 '버킨 백', 루이뷔통의 '모노그램 백'에 이르기까지 패션 브랜드와 유명 아이템들의 탄생과정을 소개한다. 또한 작은 옷가게에서 시작해 방수코트 원단을 개발한 버버리, 여성에게 바지 정장을 최초로 입힌 이브 생 로랑, 구두를 만들기 위해 해부학 수업까지 들은 페레가모까지 패션사를 연대순으로 구성하여 패션이 진화하는 과정을 보여주고 있다.

아메토라
W. 데이비드 막스(박세진 역) / 워크룸프레스(2020)

아메토라는 '아메리칸 스타일'을 뜻하는 일본식 조어이다. 이 책은 어떤 스타일의 클래식한 미국산 옷이 처음으로 일본에 들어왔는지, 이 스타일이 일본에서 수정 과정을 거쳐 어떤 결과물이 나오게 되었고 다시 미국으로 역수출하게 되었는지, 그리고 다른 나라에 어떤 영향을 미치게 되었는지를 설명하는 등 한 나라가 어떻게 세계적인 수준의 브랜드를 발전시킬 수 있는지 보여준다. 미국에서 수입된 스타일이 일본에서 어떻게 독자적인 장르로 자리 잡게 되었는지, 일본 패션이 왜 지금의 모습이 되었는지, 열성적이면서 국소적인 경험이 어떻게 다른 세계 문화에 영향을 미치게 되었는지 이해하는 기회가 될 것이라고 저자는 이야기한다.

옷장에서 나온 인문학
이민정 / 들녘(2014)

이 책은 옷은 누가 만들고, 무엇으로 만들며, 누가 입는지, 그 옷들이 어떻게 우리의 삶과 이 세계에 연결되어 있는지를 이야기한다. 싸게 사고 빠르게 버려지는 패스트 패션이 자원을 낭비하며 환경에 악영향을 미치고 있다고 하고, 면 옷의 소재인 목화가 사실은 농약과 물을 많이 필요로 하는 식물임을 이야기한다. 부르카와 니캅처럼 옷은 종교의 영향을 받기도 받고, 선진국에서 버려진 옷과 기부한 옷들은 아프리카로 들어가 그들의 의류산업을 방해하고 자립을 방해하는 요소가 될 수 있다고 이야기한다. 옷을 안다는 것은 사람을 안다는 것, 사람을 안다는 것은 세상을 이해하는 것이라고 작가는 말한다.

패션 디자이너, 미래가 찬란한 너에게
박민지 / 크루(2022)

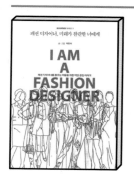

현직 패션 디자이너가 오랜 기간 현장에서 느낀 경험을 바탕으로 여러 질문과 답변을 통해 이야기한 책이다. 패션 디자이너가 하는 일, 디자이너의 일과, 디자이너로서 갖춰야 할 자격, 패션 디자이너의 일터의 모습, 출장 빈도, 디자인 학과에서 배우는 내용, 패션 디자이너의 채용 절차, 디자이너로서의 직업병, 디자이너의 매력과 장점, 디자이너의 현실과 미래 전망, 예비 디자이너를 위한 조언 등 패션 디자이너가 되는 방법부터 디자이너가 되어 겪는 일들을 상세하게 소개하고 있어 디자이너를 꿈꾸는 학생들에게 도움이 될 수 있는 책이다.

패턴 학교
마루야마 하루미(황선영 역) / 이아소(2016)

셔츠부터 코트에 이르기까지 직접 옷을 제작할 수 있도록 기본적인 디자인과 패턴을 알려주는 책이다. 상의를 구성하는 3가지 파트인 몸판, 소매, 칼라의 디자인과 패턴을 소개하고 이들의 조합과 응용으로 다양한 디자인을 창작할 수 있다고 작가는 이야기한다. 제작을 위한 핵심 사항을 기초 강의, 특별 강의, 실습으로 나눠 설명하고 있다. 기초 강의에서는 상의에 필요한 몸판, 소매, 칼라의 디자인과 패턴을 학습하고, 특별 강의에서는 기초 강의에서 배운 패턴을 토대로 응용하는 방법을 학습할 수 있다. 실습에서는 디자인 결정하는 법과 패턴을 만드는 과정을 배우며 집중 강의에서는 제도부터 시접 넣는 패턴까지 패턴 만드는 노하우를 소개하고 있다. 각 파트별로 자세한 설명과 사진으로 구성되어 있어 패션 디자이너를 꿈꾸는 학생들도 쉽게 따라 할 수 있을 것이다.

패션 vs. 패션
박세진 / 워크룸프레스(2018)

패션에 대해 어느 시기 어떤 상황에서 누가, 무엇을, 왜 내놓는가에 초점을 맞춘 책이다. 1부에서 최근의 패션은 예전만큼 흥미롭지 못하고 무의미해지고 있다고 말하며 어떻게 무의미해지고 있는지 그 과정을 이야기한다. 2부에서는 옷은 어떻게 유의미해지는가에 대해 말한다. 서로 대척점에 있는 스타일과 코스프레 및 패스트 패션에 관해 이야기한다. 3부에서는 페티시와 롤리타 패션을 소개하며 기호나 취향으로서 패션의 의미를 이야기한다. 또한 몇 년 동안 이어지고 있는 패딩 패션에 대한 이야기와 K-POP 그룹의 의상을 분석하고 있다.

의류학과 독서탐구활동 활용사례

자율활동 특기사항

환경 주제탐구 활동에서 패션 분야에 관한 관심을 바탕으로 '의류 폐기물'을 주제로 발표함. 의류 폐기물이 점점 더 늘어나는 현황을 그래프로 제시하고 이로 인해 발생하는 환경 문제를 분석하여, 이를 해결하기 위해 일상에서 실천할 수 있는 해결 방안을 제시함. 업사이클링 제품 이용, 패스트 패션 지양, 바꿔 입거나 물려 입는 등의 환경친화적 옷 입기 실천 등을 소개하여 친구들이 실천할 수 있도록 안내함. '의류 폐기물' 발생을 줄이기 위해 학교 내에서 플리마켓을 제안하며 친구들의 긍정적인 호응을 이끌어 냄. 학급 독서활동 시간을 활용하여 평소 관심을 가졌던 패션디자이너 코코 샤넬을 다룬 **'코코 샤넬(론다 개어릭)'**을 읽음. 유명 패션브랜드의 창립자인 그녀는 코르셋으로부터 여성을 해방시키는 등 여성이 옷을 입는 방식을 변모시켰으며 스타일의 기본이 된 슬랙스, 플랫 슈즈, 리틀 블랙 드레스 등을 만들어냈음을 이야기함. 나아가 자신이 꿈꾸는 패션 디자이너로서의 생각을 친구들과 공유함.

동아리활동 특기사항

(환경탐구반)(34시간) 관심 분야 기사내용 발표활동에서 패션업계의 환경오염 유발에 대한 기사를 소개함. 이를 뒷받침하는 여러 가지 통계자료를 동아리 부원과 공유하며 큰 관심을 얻음. 특히 옷의 제작과정을 비롯한 의류 가공, 운반, 전시 및 판매 과정 전체의 문제점과 환경오염이 이루어지는 사례를 제시하고, 동물성 소재를 사용하지 않는 브랜드 제품 소비, 프리오더 방식, 패스트패션 지양 등 실현 가능한 대안을 제시하는 모습을 보여줌. 독서활동을 통해 **'10대에 패션계에서 일하고 싶은 나, 어떻게 할까(로라 드카루펠)'**를 읽음. 사람들은 입을 옷을 고르고 액세서리를 선택할 때에도 창조적인 사고를 한다며 나를 표현하는 방법과 함께 패션에 관련된 다양한 직종에 대해 알게 되었음을 이야기함. 동아리 부원들 각자에게 어울리는 액세서리를 하나씩 소개하며 나의 생각뿐만 아니라 옷을 입는 사람들의 생각도 담을 수 있는 디자이너로서의 꿈을 이야기하는 발표로 동아리 부원들의 호응을 얻음.

진로활동 특기사항

4차산업과 미래 직업활동에서 자신의 관심 분야인 패션 디자인에 대한 미래 전망을 알아보고 가상현실 패션쇼, 가상현실 쇼핑몰, 스티치 픽스, 인공지능 챗봇과 같은 정보 과학 기술과 자신의 관심 분야를 접목할 수 있는 방법과 패션업계의 미래모습에 대해 조사해 봄. '자신의 진로와 관련 있는 주제 발표'에서 '한복과 한푸'를 주제로 발표함. 한복이 명나라의 한푸 또는 조선족의 고유 의상이라고 주장하는 중국 네티즌들의 글에 대해, 한푸는 우리나라의 한복과는 다른 의상이라는 근거를 짜임새 있게 구성하여 발표함. 역대 한푸와 한복의 의상을 비교하여 보여주는 사진, 역사적 기록, 패션 디자이너와 교수 등의 전문가 의견을 담은 자료를 제시해 친구들의 이해를 도왔으며, 우리의 고유 문화를 지키기 위한 노력이 필요하다고 발표함. 진로 관련 독서활동을 통해 **'패션 디자이너, 미래가 찬란한 너에게(박민지)'**를 읽고 패션 디자이너가 하는 일, 갖춰야 할 자격, 패션 디자이너의 일터의 모습 등을 통해 패션 디자이너가 되어 겪는 일들에 대해 자세히 알게 되었음을 이야기함. 패션 디자이너에 대해 쉽게 생각했던 자신의 모습을 반성하고 직업에 대해 더 많은 고민이 필요함을 깨닫고 더욱 탄탄하게 준비하여 패션 디자이너가 되기로 결심했다고 소감문을 작성하고 발표함.

교과 세부능력 및 특기사항

과학사

의류에 관심이 많은 학생으로 과학이 의류 발전에 미친 영향에 대해 알아보고 싶어서 나일론을 발명한 유기 화학자 윌리스 흄 캐러더스를 주제로 선정하게 된 이유를 밝힘. '20세기 최고의 발명품 신소재 나일론'을 주제로 윌리스 흄 캐러더스의 업적, 나일론 활용사례, 나일론 의류 등을 조사하여 발표하고 발표 내용을 보고서로 작성함. 과학자 홍보 신문 만들기 활동에서 신문 제작을 위한 계획 단계에 적극적으로 참여하고 계획서를 충실히 작성하였으며, 나일론 의류를 소개하는 기사, 광고, 퀴즈 등을 작성하여 창의적인 과학자 신문을 완성함. 교과 관련 독서활동에서 **'패션 역사를 만나다(정해영)'**를 읽고, 고대 이집트부터 20세기 전후반에 걸쳐 패션이 역사에 따라 어떻게 변화해 왔는지 살펴봄. 각 시대에 유행한 패션의 특징, 옷·신발·장신구·머리 모양 등 패션 경향과 사용된 패션 소재들의 특징을 역사 흐름과 시대적 특징에 기반하여 설명하는 보고서를 작성함.

환경

패션업계에 나타나고 있는 환경 캠페인 사례를 조사함. 페트병을 수거해 만든 에코 소재 의류나 자연 친화적인 소재를 활용한 의류 등의 사례에 대한 보고서를 제작하여 발표함. 자연과 환경의 공존을 추구하고 환경을 보호하기 위한 노력은 미래 세대에 대한 우리의 책임임을 이야기하며 강한 실천의지를 보여줌. 관심 분야 독서활동에서 옷과 우리 인간과의 관계를 이야기하는 **'옷장에서 나온 인문학(이민정)'**을 읽고 옷들이 어떻게 우리의 삶과 세계에 연결되어 있는지를 생각해보는 시간을 가짐. 싸게 사고 빠르게 버려지는 패스트 패션이 자원을 낭비하여 환경에 악영향을 미치고 있고, 또한 선진국에서 버려진 옷과 기부한 옷들은 아프리카로 들어가 그들의 의류산업을 방해하고 자립을 방해하는 요소가 될 수 있다는 점을 이야기함. '옷을 안다는 것은 사람을 안다는 것, 사람을 안다는 것은 세상을 이해하는 것'이라는 작가의 말과 같이 옷을 통해 세상을 바라보는 시각이 조금은 넓어지게 되었음을 감상문으로 제출함.

행동특성 및 종합의견

미적 감각이 있어 유행에 민감하며 특히 패션에 관심이 많아 직접 디자인해 보는 열정을 보여주는 등 관련 분야로 진출하기 위해 꾸준히 노력하는 모습이 돋보임. 패션산업에서의 탄소배출은 제조공정 초기 단계에서 일어난다는 점에서 제품을 오래 사용할수록 환경보호에 도움을 줄 수 있다는 점을 깨닫고, 폴리우레탄 폼의 성질을 활용한 센서를 부착한 고기능성 스포츠웨어를 디자인함. 여러 분야에서 자신의 진로에 관한 고민을 하며 지속가능한 패션의 중요성을 이야기함. 패션에 관한 관심으로 시기와 상황에 따라 달라지는 패션에 관해 이야기한 **'패션 vs 패션(박세진)'**을 읽음. 최근 패션이 변화해 가는 모습과 사람들의 인식, 코스프레 및 패스트패션, 페티시와 롤리타 패션에서 나타나는 기호나 취향으로서 패션의 의미에 관해서 설명하고, 친구들 사이에서 유행했던 패딩 패션과 K-POP 그룹의 의상에 대해 분석함. 친구들과 그 내용을 공유하는 모습 속에서 자신의 진로에 대한 열정을 엿볼 수 있음.

12 ▶▶ 조경학과

1 학과 인재상

예술적 감각을 가지고
창의적으로
표현할 수 있는 학생

조경을 통해
사회에 기여를
하고 싶은 학생

자연환경을 가꾸는 것에
관심이 있는 학생

인간과 자연의 공생관계에 대해
이해하고 있는 학생

타인과의 협력과정에서
의사소통 능력과 함께
자기주도적인 태도를 가진 학생

2 유사학과

- 산림조경학과
- 산림자원조경학과
- 식물자원조경학과
- 생태조경디자인학과
- 생태조경학과
- 정원문화산업학과
- 조경도시학과
- 조경산업학과
- 도시계획조경학과
- 녹지조경학과
- 환경조경학과
- 환경조경디자인학과

3 관련직업

- 대학교수
- 조경연구원
- 조경기술자
- 조경설계사
- 조경원
- 생태계복원관리연구원
- 도시계획설계전문가
- 지역환경정책연구원

4 개설대학

- 가천대학교
- 강릉원주대학교
- 강원대학교
- 건국대학교
- 경상국립대학교
- 경북대학교
- 경희대학교
- 계명대학교
- 공주대학교
- 단국대학교
- 대구대학교
- 동국대학교
- 동아대학교
- 목포대학교
- 배재대학교
- 부산대학교
- 서울대학교
- 서울시립대학교
- 서울여자대학교
- 순천대학교
- 영남대학교
- 우석대학교
- 전북대학교
- 청주대학교
- 한경국립대학교 등

처음 만나는 조경학

김아연 외 8인 / 일조각(2020)

조경학을 공부하는 학생이나 일반 독자들도 조경을 체계적이고 쉽게 이해할 수 있도록 9명의 조경학과 교수들이 만든 조경학 개론서이다. Ⅰ~Ⅳ장에서는 조경의 가치와 변화를 통해 본 조경의 의미, 현대 조경설계의 흐름, 조경학의 기반인 경관의 개념과 이론, 경관계획의 역할과 방법론 등 조경의 전반적이고 기본적인 내용을 소개하고 있다. Ⅴ~Ⅷ장에서는 생태학에 기반한 조경과 환경생태계획, 조경설계의 영역과 실천, 관광지와 농촌환경의 조경에 대한 동향 등 핵심 전공들의 지식과 기법, 향후 전망들을 설명한다. Ⅸ장에서는 미래 조경의 접근방식인 첨단과학기술적 방법론을 사용하여 미래 환경과 사회의 문제에 대처하는 조경계획에 관한 동향을 소개한다.

한국 조경 50년을 읽는 열다섯 가지 시선

고정희 외 17인 / 한숲(2022)

1972년 한국조경학회 창립을 기점으로 한 한국 현대 조경의 50년을 살펴보고 있다. 이 책은 쉰 살이 된 한국 조경의 역사와 주요 담론을 다루면서, 설문조사 결과를 통해 선정된 '한국 현대 조경 대표작 50'의 정보를 총 3부에 걸쳐 다룬다. 1부와 2부를 통해 조경학자 15명의 한국 조경 50년에 대한 열다섯 가지 시선을 담고 있다. 1부에서는 한국 조경의 지형과 풍경 전반에 대한 주요 흐름과 이슈를 조감의 형식으로 다루고, 2부에서는 한국 조경의 50년의 주요 주제를 설명하고 있다. 3부에서는 303명의 전문가가 참여한 설문조사를 통해 선정된 '한국 현대 조경 50'의 작품 정보를 정리하며 한국 조경의 과거와 현재를 짚어보고 미래가 나아갈 길을 보여주고 있다.

녹색 도시를 꿈꾸는 저탄소 사회 전략

경기개발연구원 / 한울아카데미(2011)

저탄소사회를 지탱하는 지속가능한 인프라, 녹색경제, 생활양식의 전환 등 주요 요소에 대해 녹색산업의 경제적, 사회적 효과와 실천 가능한 방법을 제시한 책이다. 이 책에서는 저탄소사회의 개념들을 제시하고 저탄소형 도시공간 조성, 녹색물류, 그린빌딩과 그린에너지 등 저탄소 도시의 하드웨어인 인공적, 자연적 인프라에 관해 이야기한다. 또한 저탄소 녹색경제로의 이행을 위한 지역 과제와 탄소포인트제, 기후변화 교육 및 홍보 등을 통한 저탄소형 생활양식 전환을 위한 지역 과제를 제시한다. 더불어 중단기 실천전략과 저탄소사회 실현을 위한 접근방식을 제안하고 있다.

나는 나무처럼 살고 싶다

우종영 / 메이븐(2021)

30년간 아픈 나무들을 돌봐 온 나무 의사로 살고 있는 저자는 나무에서 인생을 배웠다고 이야기한다. 겨울이 되면 가진 걸 모두 버리고 앙상한 알몸으로 견디는 그 초연함에서, 아무리 힘이 들어도 매해 꽃을 피우고 열매를 맺는 그 한결같음에서, 평생 같은 자리에서 살아야 하는 애꿎은 숙명을 받아들이는 그 의연함에서, 이 땅의 모든 생명체와 더불어 살아가려는 그 마음 씀씀이에서 자신이 알아야 할 삶의 가치들을 모두 배웠다는 것이다. 이 책은 주목나무, 이팝나무, 자작나무, 동백나무, 라일락 등 30여 개의 나무들을 소개하고, 나무의 특성과 생존법 등을 통해 삶의 지혜도 얻을 수도 있을 것이라고 전한다.

1 인문계열

2 사회계열

3 자연계열 · 조경학과

4 공학계열

5 의약계열

6 예체능계열

7 교육계열

주택 조경 디자인
월간 '전원속의 내집' 출판부 / 주택문화사(2017)

도면으로 보는 주택조경 사례, 사진으로 보는 주택조경 사례, 집을 더욱 돋보이게 해주는 정원 디자인을 소개하는 책이다. 각 사례별로 현장 분석, 전체적인 콘셉트, 상세하게 담긴 도면과 스케치, 식재 수목 리스트를 디테일한 기법이 담긴 자세한 사진과 함께 소개하고 있어 주택 정원을 설계, 시공하는 데 도움이 될 것이다. 특히, 야외 화덕과 어우러진 공간을 비롯해 페치카, 게이트, 정자, 생울타리, 데크와 파고라, 정원 조명등 및 조형물에 이르기까지 정원을 꾸미기 위한 요소들의 활용 사례도 포함되어 있어 초보자들도 손쉽게 따라 할 수 있을 것이다.

지혜와 위로를 주는 풍경의 발견
송태갑 / 미세움(2020)

경관과 정원 전문가인 저자가 누정과 정원을 통해 그 안에 배어 있는 주인의 삶과 철학을 이야기하며 선인들에게 은신처이자 위로와 용기를 준 옛 정원을 소개하고 있다. 저자는 자연 속에 스며든 정원에서 우리가 찾던 소소한 삶의 질문에 대한 답을 찾을 수 있다며 '풍경'을 어떻게 감상하는지 알려주고 있다. 누정과 주인에 얽힌 일화, 풍경을 이해하는 감상법을 비롯해 소나무, 배롱나무, 버드나무 등 한국인이 사랑하는 나무 이야기까지 멋과 풍류를 간직한 스물일곱 곳의 남도원림을 통해 삶의 가치와 이치를 깨달아갈 수 있도록 안내하고 있다.

100장면으로 읽는 조경의 역사
고정희 / 한숲(2018)

저자는 먼 과거로 돌아가 파라오의 무덤부터 파헤치는 역사적 고찰이 아니라 지금의 정원들을 둘러보고 이들이 파라오의 정원과 어떤 맥락으로 연결되어 있는지를 살피고자 했다고 말한다. 1959년에 만들어진 '시인의 정원'을 시작으로 21세기 베를린과 코펜하겐, 기원전 그리스와 로마의 정원을 지그재그로 오가는 역사적 장면들이 계속된다. 현대조경, 고대, 중세, 르네상스, 바로크, 풍경화식 정원의 대표작과 각 시대마다 새로운 정원을 일궈낸 이야기도 소개한다. 이 책을 통해 정원과 공원, 건축과 도시, 미술과 문학, 생태와 미학, 자연과 신화를 넘나드는 조경의 역사를 만나볼 수 있다.

이어 쓰는 조경학개론
이규목 외 8인 / 한숲(2020)

이 책은 '조경학이라는 학문에 대한 안내 역할을 하는 내용으로, 단순한 소개보다는 주요 개념과 원리의 이해, 전문적 지식의 토대가 되는 기초학문과의 연계성 탐색, 조경문화로서의 철학적 성찰 등에 중점을 둔다'는 목표를 가졌던 저자의 강의에서 다룬 여덟 가지 주제에 대한 이야기다. 국내외에서 연구 활동하는 여덟 명의 저자들이 각각 여덟 가지의 주제에 맞추어 자신만의 조경학개론을 이어서 썼다. 조경학원론부터 양식론, 조경구성론, 경관론, 조경계획론, 생태계획론, 환경심리론, 전통조경론에 이르기까지 여덟 명의 저자는 그의 세대가 가진 담론의 토대 위에서 자신들의 이야기를 만들며 이규목 교수의 글과 평행하거나, 겹치거나, 엇갈리며 긴장 관계를 갖는다.

스튜디오 201, 다르게 디자인하기
김영민 / 한숲(2016)

'학교에서 가르쳐주지 않는 조경 설계 이야기'라는 부제를 가지고 저자는 학교에서 금기시하는 12가지 설계 전략을 이야기하고 있다. 개념 상실하기, 말로 때우기, 분석만 하기, 맥락 무시하기, 그림 안 그리기, 그림만 그리기, 베끼기, 꿈꾸기, 유치해지기, 저항하기, 남에게 미루기, 딴짓하기. 저자는 학교에서 이야기하는 정석적인 설계 전략이 곧 좋은 설계가 아니라는 점을 깨달았음을 이야기한다. 그래서 한 번쯤은 정석적인 설계 전략에서 벗어나 비정석적인 전략으로 다양한 시도를 해보며 자신만의 설계 방법을 찾아보는 것도 중요하다는 점을 이야기한다.

생명의 정원
메리 레이놀즈(김민주 역) / 목수책방(2018)

저자는 '부모가 아이를 돌보듯 땅을 자연의 선물로 여기고 책임감을 가지고 돌보라'고 강조한다. 책에서 제안하는 정원 만들기의 시작은 땅의 생명력을 회복시키는 것인데 땅을 단계적으로 치유한 후에 정원을 디자인할 수 있다고 이야기한다. 자연과 협력하는 정원 디자인의 5가지 요소를 알려주며 '숲정원'에서는 숲의 상태를 그대로 복원하여 먹거리를 생산하고 가꾸는 방법을 단계별로 소개한다. 숲정원을 7개 층으로 구분해서 일곱 층을 구성할 식물들을 추천하고, 추천하는 식물에 대한 정보, 키울 때 주의 사항 등을 상세히 기술하고 있다. 마지막으로 화학적인 시스템에 의존하는 땅이 아닌 스스로의 힘으로 강하게 땅이 성장할 수 있도록 정원을 관리하고 유지하는 방법을 알려준다.

1
인문
계열

2
사회
계열

3
자연계열·조경학과

4
공학
계열

5
의약
계열

6
예체능
계열

7
교육
계열

조경학과 독서탐구활동 활용사례

자율활동 특기사항

평소 논리적이고 비판적 사고력이 뛰어난 학생으로 열린 마음으로 다른 친구들의 이야기에 귀 기울이며 존중하는 자세를 가지고 있음. 학습자치회 시간에 다루어지는 여러 안건에 대해 그 내용을 정확하게 정리하고 합리적인 결론을 이끌어 낼 줄 아는 학생임. 지역생태 보호활동에 참여하여 지역에서 사용되지 않는 땅을 조사하여 보고, 땅 주변 지역의 구성원 등을 고려하여 정원, 공원, 체육시설 등을 제안하며 긍정적인 호응을 얻음. 학급 독서활동으로 **'스튜디오 201, 다르게 디자인하기(김영민)'**를 읽고 학교에서 금기시하는 조경 설계전략을 이야기함. 학교에서 이야기하는 정석적인 설계 전략이 무조건 좋은 설계가 아닐 수도 있기에 비정석적인 전략으로 다양한 시도를 해보라는 책 속의 내용을 통해, 자신만의 조경 설계 방법뿐 아니라 지금 현재 자신의 위치에서 실패하는 전략에 대해서도 새로운 도전이 늘 필요하다는 것을 느꼈다는 독서활동지를 작성하여 제출함.

동아리활동 특기사항

(문화탐구반)(34시간) 자신의 진로로 고려하고 있는 조경설계사가 알아야 할 식물들을 조사함. 주택이나 공원 등의 조경에 자주 식재되는 나무나 식물들을 조사하고 그 특징에 대해 정리하여 사진자료와 함께 발표자료로 만들어 동아리 친구들에게 소개함. 동아리원이 공통적으로 식물에 관심을 가지고 있어서 식물에 대한 자세한 내용을 공유하고 전문적인 내용을 설명하는 모습을 보여줌. 관심 분야 독서활동으로 **'주택 조경 디자인(전원속의 내집 출판부)'**을 읽고 도면과 사진으로 주택조경과 정원 디자인을 살펴보고 삶의 질을 높일 수 있는 조경에 대해 생각해보는 시간을 가짐. 각 사례별로 안내된 현장 분석, 전체적인 콘셉트, 상세하게 담긴 도면과 스케치, 식재 수목 리스트와 함께 야외 화덕과 어우러진 공간을 비롯하여 페치카, 게이트, 정자, 생울타리, 데크와 파고라, 정원 조명등 및 조형물 등을 통해 주택 조경과 정원의 설계방법을 스스로 탐색해 볼 수 있는 기회가 되었음을 소감문으로 작성함.

진로활동 특기사항

저출산 고령화로 인구구조가 빠르게 변화하고 있다는 기사 내용을 보고 본인의 의견과 해결 방안을 제시함. 개인별 주제탐구 발표를 통해 '폐교의 효율적 활용'을 주제로 선정하고 관련 내용을 보고서를 작성하여 발표함. 농어촌 지역은 출산율 급감과 인구감소로 학령인구의 감소가 크게 나타나 지역의 폐교로 이어지고 있음을 설명하며, 이로 인한 폐교 건물의 유지보수 등과 관련된 여러 문제가 사회적으로 큰 문제가 되고 있음을 이야기함. 폐교 건물을 지역 주민을 위한 도서관이나 체육시설 등으로 활용하고 있는 사례를 대안으로 제시하며, 폐교 건축물은 지자체에서 관리하고 지역주민들은 구체적 활용방안을 제시하여 운영하는 방안을 제시함. 진로 관련 독서활동을 통해 **'처음 만나는 조경학(김아연 외)'**을 읽고 조경의 전반적이고 기본적인 내용을 알게 되었음을 이야기함. 더불어 생태학에 기반한 조경과 환경생태계획, 조경설계의 영역과 실천, 관광지와 농촌환경의 조경에 대한 동향 등의 주제에 관심을 가지고 자신이 탐구활동을 했던 농촌지역의 폐교 조경방법을 다시 한번 고민해봄. 미래 조경의 접근방식인 첨단과학기술적 방법론과 미래 환경과 사회의 문제에 대처하는 조경계획에 관하여 함께 고민하는 보고서를 작성함.

교과 세부능력 및 특기사항

세계지리

각 지역의 기후에 따라 나타나는 식물의 특성을 이야기하며, 여름에는 매우 건조하고 겨울에는 여름보다 습윤한 온대기후를 보여주는 지중해성 기후에서는 여름에 비가 거의 내리지 않는 고온 건조한 날씨로 인해 경엽수림이 서식하고 수목농업이 활발하게 이루어지고, 겨울에는 반대로 비가 많이 내려 밀과 같은 곡물 농업을 하고 있음을 이야기함. 이를 바탕으로 지역 특성을 고려한 식물 조경이 필요하다고 설명함. 독서 탐구활동으로 '100장면으로 읽는 조경의 역사(고정희)'를 읽고 정원과 공원, 건축과 도시, 미술과 문학, 생태와 미학, 자연과 신화를 넘나드는 조경의 역사에 대해 알게 되었음을 이야기함. 21세기 베를린과 코펜하겐, 기원전 그리스와 로마의 정원 등 역사와 지역에 따른 정원과 현대조경, 고대, 중세, 르네상스, 바로크, 풍경화식 정원의 대표작과 각 시대상을 반영하고 있는 정원에 대해 설명하고, 조경은 그 시대의 모습을 보여주는 대표적인 문화임을 감상문으로 작성함.

여행지리

늘 밝고 성실한 모습으로 교과활동에 적극적으로 참여하는 학생임. 국내외의 스마트 시티를 소개하고 있는 영상을 시청하고, 세종과 부산의 미래형 스마트 시티 조성 계획 등을 활용해 국내의 스마트 시티 현황을 조사함. 스마트 시티가 정보통신기술을 활용하여 삶의 질을 높여줄 수 있음을 이야기하며 스마트팜, 제로 에너지 특화단지, 드론존 등 각 지역의 대표적인 스마트 시티 개발 현황을 이야기하고, 정부에서의 추진 중인 스마트 시티 정책에 관해서도 소개함. 교과 독서활동으로 '녹색 도시를 꿈꾸는 저탄소 사회 전략(경기개발연구원)'를 읽고 저탄소형 도시공간 조성, 녹색물류, 그린빌딩과 그린에너지 등 저탄소 도시의 하드웨어인 인공적, 자연적 인프라에 관해 설명함. 미래 사회의 조경이 나아갈 방향과 그에 따른 실천전략과 실현방안 등 다양한 자료를 탐색해보는 활동을 하며, 전문가들의 의견을 바탕으로 조경을 통한 미래 사회에 대해 자신의 견해를 밝힘.

행동특성 및 종합의견

1학기 학급자치 회장을 맡아 항상 학급 일에 솔선수범하고 자기 일보다 공적인 일을 먼저 하려고 노력하는 봉사 정신과 책임감이 있는 학생임. 어떤 문제에 대해 다각도로 상황을 고려해 보며 적절한 문제 해결점을 찾아내는 창의성과 유연성이 있음. 미래의 조경설계사로서 필요한 역량을 갖추기 위해 다양한 식물의 특성을 살펴보고 정리함. 또한 해당 진로를 꿈꾸는 친구가 주위에 없어 직접 해당 학과를 방문해 여러 궁금증을 해결하고 오는 등의 적극적인 자세도 보여줌. '생명의 정원(메리 레이놀즈)'을 읽고 '부모가 아이를 돌보듯 땅을 자연의 선물로 여기고 책임감을 가지고 돌보라'고 강조한 저자의 이야기에서 조경설계사를 꿈꾸는 자신의 마음가짐에 필요한 부분이 무엇인지 생각해보게 되었음을 이야기함. 정원 만들기의 시작은 땅의 생명력을 회복시키는 것이며, 땅을 단계적으로 치유한 후에 정원을 디자인할 수 있다는 글을 안내하며 땅에 대한 책임감을 지닌 조경설계사가 될 것임을 다짐하는 모습을 보여줌.

1 인문계열

2 사회계열

3 자연계열 · 조경학과

4 공학계열

5 의약계열

6 예체능계열

7 교육계열

13 ▶▶ 주거환경학과

1 학과 인재상

예술감각을 바탕으로 창의성을 발휘할 수 있는 학생

다양한 정보로부터 나타나는 사회의 변화를 이해할 줄 아는 학생

삶의 질 향상에 관심이 많은 학생

인간의 생활환경, 문화 등에 관심을 가진 학생

타인과의 협업을 통해 주거환경 변화를 만들고자 하는 학생

2 유사학과

- 공간디자인소비자학과

3 관련직업

- 대학교수
- 주거환경전문가
- 주택관리사
- 인테리어전문가
- 실내디자이너
- 가구디자이너
- 실내코디네이션
- 건축설계관련업

4 개설대학

- 가톨릭대학교
- 경희대학교
- 영남대학교
- 울산대학교
- 전북대학교
- 충북대학교 등

어디서 살 것인가

유현준 / 을유문화사(2018)

이 책은 '우리가 사는 도시, 어떻게 만들어 가야 할까?'에 대한 이야기로, 저자는 건축물의 진정한 의미는 건축물이 사람과 맺는 관계 속에서 완성된다고 말한다. 교도소처럼 획일적인 학교 건축이 바뀌지 않는다면 우리의 학교는 다양성을 인정하지 않고, 전체의 일부가 되고 싶어 하는 국민만 양산할 것이라고 말한다. 그리고 아무리 좋은 공원이 있다고 하더라도 거리가 멀면 그 쓰임새는 줄어든다고 이야기한다. 또한, 얼마나 큰 도서관이 있느냐가 중요한 것이 아니라 도서관이 작더라도 얼마나 촘촘하게 도시 내에 분포되어 있느냐가 중요하고, 우리나라에 지금 더 필요한 건축은 다양성과 개성이 존중되는 건축일 것이라고 말한다. 저자는 다양한 주제를 통해 '과연 내가 살고 싶은 곳은 어떤 곳일까?'에 대한 질문을 던진다.

행복의 건축

알랭 드 보통(정영목 역) / 청미래(2011)

국제적인 베스트셀러 저자가 우리의 집과 그 내부에 관해 관심을 가지고 건축이라는 추상적인 사물의 의미를 이야기하는 책이다. 작가는 중세적인 느낌을 주는 오두막에서부터 현대의 마천루에 이르기까지 전 세계의 건물들을 살펴본다. 그는 소파와 대성당, 다기와 현대적 사무실을 조명하고, 종종 놀라운 철학적 심미안을 보여주는 집주인의 안목을 파헤치기도 하며, 건축에 관한 내용을 미술, 철학, 역사, 심리학 등 다양한 분야와 비교하여 이야기한다. 건축의 다양성 속에서 사람의 특성도 다양하게 변화한다고 말하며 건축은 그 나름의 방식으로 우리의 행복에 기여하고 영향을 끼친다고 이야기하고 있다.

한국 주거의 미시사

전남일 외 2인 / 돌베개(2009)

이 책은 우리나라 근현대 시기의 주거를 미시사적 관점으로 서술하며 우리 삶과 밀접한 관계를 맺는 장소인 주거공간의 미세한 부분까지 추적하여 주거와 인간 사이의 직접적인 관계를 구체적으로 설명한다. 우리 삶의 주요 장소인 주거공간에 대해 주거와 인간 사이의 직접적인 관계를 파악하고, 주거공간에서 일어나는 개인사의 전개, 가족 형태의 변화에 따른 주거 조절 행동, 주거공간을 중심으로 한 일상, 가정 내 기기와 설비의 변화까지 인간의 삶의 기반인 주거에서 나타난 다양한 변화의 움직임을 사진과 문헌 자료를 통해 보여준다.

주거해부도감

마스다 스스무(김준균 역) / 더숲(2012)

'왜 화장실 문은 안쪽이 아닌 바깥으로 열어야 할까?', '현관 입구에서 신발을 벗는 것은 무슨 이유일까?', '창문과 출입문 건물의 구멍들은 왜 필요할까?'와 같이 질문하며 침실, 부엌, 욕실, 창문, 지붕, 차양 등 지극히 당연해 보이는 집의 모든 공간과 배치에는 그 나름대로 근본적인 이유가 있다고 말한다. 건축설계는 디자인을 위한 설계가 아닌, 우리의 생활방식과 사고의 흔적들을 담은 인간 중심 설계에 창조적 새로움을 더하는 작업이라고 한다. '집이란 무엇이고 어떻게 지을 것인가'에 대한 주택설계의 지식과 지혜를 어려운 건축용어 대신 550점이 넘는 일러스트와 쉬운 문장으로 담아내었다.

넓게 보는 주거학
주거학연구회 / 교문사(2018)

이 책은 주거학을 공부 중인 학생들을 대상으로 주거를 둘러싼 사회적 변화는 물론, 급속한 사회적 변화와 집 안에서 거주하는 사람들의 다양한 요구를 반영한 주거학 입문서이다. 최근 여러 매체에서 공동체 주택, 셰어하우스를 비롯하여 이웃과 마당을 나누어 쓰는 땅콩집 등을 소개하며 이제 주택은 '재산 증식 수단'에서 '삶의 질 향상을 위한 도구'로서 그 가치를 하게 되었음을 이야기한다. 인간과 주거, 디자인과 주거, 사회와 주거라는 세 영역으로 구분하여 현대사회에서의 주거를 여러 방면에서 해석해볼 수 있도록 도와주고 있다.

도시주거 형성의 역사
손세관 / 열화당(2016)

이 책은 서양 문화권의 도시 속에서 지속적으로 변화해 온 주거의 모습을 고대 메소포타미아, 이집트 및 그리스 시대부터 로마시대, 중세, 르네상스와 바로크 시대, 산업혁명과 도시화 시대, 20세기의 상황까지 시대별로 살펴보고 있다. 저자는 시대적 변화로 인해서 주거문화와 건축양식이 어떻게 변했는지 자세한 도면과 함께 세부적으로 알려주고 있다. 지금 한국의 도시 주거문화가 서구사회의 영향으로 변화되었기 때문에 서구사회의 주거 역사를 통해 서구화한 우리 주거환경의 형식적 본질을 추적할 수 있다. 또한 앞으로 어떻게 변화가 되어야 하는지도 생각해 볼 수 있는 책이다.

주거 인테리어 해부도감
마쓰시타 기와(황선종 역) / 더숲(2013)

주거 인테리어 디자인 역사를 이끌어간 여성 디자이너 11인이 인테리어 설계와 내부 장식 요소를 어떻게 조합하면 안락한 집을 만들 수 있는지 이야기한 책이다. 이 책에서는 20세기 전반에서 중반 무렵에 디자인된 명작 인테리어의 장점을 오늘날 우리 생활에 적용시켜 설명하고 있다. 부엌, 다이닝룸, 거실, 의자, 침실과 서재, 아이들 방, 현관, 욕실, 수납, 가구에 이르기까지 '사람을 배려하는 살기 좋은 집'을 위한 아이디어를 소개한다.

혼자 사는 사람들을 위한 주거 실험
조성익 / 웅진지식하우스(2022)

1인 가구의 비율이 급속도로 늘고 있음에도 불구하고, 여전히 집은 과거의 방식에서 벗어나지 못하고, 1인 가구의 입맛에 맞는 주거 공간은 충분히 제공되지 않고 있다. 이 책은 '완벽하게 사생활이 보호되었으면 하지만, 혼자 고립되기는 싫다'라고 말하는 1인 가구를 위해 공유 주거의 완공 이후에 관한 이야기를 들려준다. 주거 정책이나 산업을 바꾸는 거대한 무언가를 설명하기보다 당장 우리의 주거를 바꿔나가는 것은 일상의 실천에 있음을 실제 사례를 통해 보여주고 있다. 집의 설계 콘셉트와 구현 과정, 완공 후 입주기, 집에서 성장하고 교류하는 사람들의 사례를 통해 유연하게 변화할 수 있는 건축의 디테일한 팁들을 종합적으로 제시하고 있다.

주거문화의 충돌과 융합

서울연구원 / 서울연구원(2021)

개항과 함께 우리나라에 유입된 외래양식의 근대주택 중 지금도 서울 사람들의 삶의 공간으로 사용되는 외래주택을 대상으로, 오늘날 서울의 주거문화를 형성하는 하나의 요소로서 근대주택이 가지는 의미를 파악하고 있다. 시대 변화에 따라 나타난 외래주택의 건축적 특성과 당대에 미쳤던 사회 문화적 영향, 재래 주거문화와의 충돌과 융합을 통한 변화 과정, 현재 남은 외래 근대주택의 관리와 활용 현황, 서양식 문화주택이 한반도에 유입되면서 나타난 새로운 건축적 시도와 한계 등을 다양하게 살피고 있다. 이와 더불어 동아시아 국가에서 나타났던 외래의 주거문화와 전통적인 주거문화 간의 충돌과 융합 과정을 일본과 타이완의 사례를 들어 소개한다.

공간배치의 방정식

이즈카 유타카(황선종 역) / 더숲(2015)

내가 사는 집의 매력적인 공간배치를 위한 안내서이다. 공간 배치 작업 시 빼놓을 수 없는 '방정식'을 설계 순서에 따라 보여주고자 하였으며 적어도 지루하거나 구태의연한 공간 배치가 되지 않도록 주의해야 할 내용을 소개하고 있다. 대지의 활용을 조리에, 볼륨 산출을 두부에, 이상적인 동선을 클로버에 비유하여 설명하는 등 쉽고 재밌게 설명하면서, '기본이 튼튼한 주택 설계'가 가능하도록 구체적인 방법을 설명한다. 그리고 저자가 직접 자신의 방정식을 적용한 '공간 배치의 실제사례'와 '공간 배치의 모범답안'을 각 장마다 꾸며 제시하고 있다.

주거환경학과 독서탐구활동 활용사례

자율활동 특기사항

과학의 날 행사를 통해 한옥에 담긴 과학적 원리에 대한 자료를 조사함. 한옥의 처마는 계절에 따른 태양의 고도를 계산하여 집 안으로 들어오는 일조량을 조절할 수 있는 구조이며, 온돌은 열의 전도, 복사, 대류 현상을 이용하여 난방 장치로 사용된다는 것을 보고서로 작성함. 과학적으로 지어진 한옥을 보며 자부심을 느끼고, 전통가옥인 한옥의 우수성을 알리며 대중화할 수 있는 방법에 대해 알아보고 싶다고 이야기함. 학급 독서활동을 통해 **'행복의 건축(알랭 드 보통)'**을 읽고 건축에 대한 내용을 미술, 철학, 역사, 심리학 등 다양한 분야와 비교하여 이야기하고, 소파와 대성당, 다기와 현대적 사무실의 여러 특성에 대해 설명함. 작가가 이야기하는 '행복의 건축'에 대해 생각해 보며 건축의 다양성 속에서 그 집에 사는 사람의 특성도 다양하게 변화한다고 이야기하며, 내가 살고 있는 집은 그 나름의 방식으로 자신의 행복에 기여하고 영향을 주고 있다는 점을 독서감상문으로 작성하여 제출함.

동아리활동 특기사항

(우리공간탐구반)(34시간) 공간의 구조를 바꾸거나 배치하는 등 공간에 변화를 주어 꾸미는 것을 좋아함. 동아리 개별주제 발표 시간을 통해 '우리 속 주거환경'을 주제로 하여 실내에 머무는 시간이 많아짐에 따라 주거공간에 대한 관심이 높아질 것이라고 이야기하며 희망학과인 주거환경학과에 대한 자료를 성실하게 작성하고 자신이 꿈꾸는 주거환경 전문가로서의 생각을 자신 있게 발표함. '심화탐구 프로젝트' 활동에서 건축화 조명에 관해 탐구함. 건축화 조명이란 건축 구조체를 이용하여 등이 건축물의 일부가 되는 것으로, 코브와 코니스, 광천장 조명, 광창 조명, 루버 조명 등 다양한 종류의 조명을 소개하고 그 효과를 자세히 서술함. 관심 분야 독서활동을 통해 집의 매력적인 공간배치를 도와주는 **'공간배치의 방정식(이즈카 유타카)'**을 읽음. 공간배치 작업 시 빼놓을 수 없는 '방정식'에 대해 설명하며 지루하거나 구태의연한 공간배치가 되지 않도록 주의해야 할 내용에 대해 친구들에게 그림자료와 함께 소개하며 큰 호응을 얻음.

진로활동 특기사항

주거환경전문가가 되길 희망하는 학생으로 자신의 직업으로 해결할 수 있는 사회문제에 관해 탐구해보는 시간에 저소득층의 주거환경을 개선하는 일에 일조할 수 있는 방법을 탐구함. 등장 인물이 경제적 상황에 따라 극과 극으로 나타나는 영화 속에서 각 등장인물들의 주거 환경을 보며 저소득층의 주거시설을 바꿀 수 있는 방법에 대해 고민해보고 싶다는 생각을 했다며 탐구 주제를 선정한 이유를 밝히는 부분이 인상적이었음. 칠레의 저소득층 주택 정책을 구체적으로 설명하였으며 우리나라에서 이 정책을 시행할 때 유의해야 할 점에 대해서도 언급함. 진로 관련 독서활동으로 도시 속에서 지속적으로 변화해 온 주거의 모습을 이야기하는 **'도시주거 형성의 역사(손세관)'**를 읽고 시대적 변화에 따라 주거문화와 건축양식이 어떻게 변화되었는지 자세한 도면을 통해 구체적으로 알 수 있었음을 이야기함. 지금 한국의 도시 주거문화가 서구사회의 영향으로 변화되었기 때문에 서구 사회의 주거 역사를 통해 서구화한 우리 주거환경의 형식적 본질을 추적할 수 있음을 설명하는 보고서를 작성하며, 앞으로 우리의 주거 문화가 어떻게 변화되어야 하는지도 생각해 보게 되었음을 소감문으로 작성함.

1 인문계열

2 사회계열

3 자연계열 · 주거환경학과

4 공학계열

5 의약계열

6 예체능계열

7 교육계열

교과 세부능력 및 특기사항

생활과 과학

자신의 관심 있는 분야와 과학 교과 내용을 연결한 주제탐구활동에서 '건축과 광촉매에 대한 연구'를 주제로 보고서를 작성하고 발표함. 물을 광분해하여 수소 및 산소 기체를 얻기 위해 사용되는 이산화타이타늄(TiO_2)을 활용하여 수소 연료 전지에 수소를 공급할 수 있고, 공기 청정기, 커튼, 벽지 등에 사용하면 세균 번식을 막아 청결함을 유지할 수 있다고 설명하며 우리 생활 속에서 이산화타이타늄을 활용하고 있는 상품들을 제시하여 보여줌. 교과 관련 독서활동에서 **'주거 인테리어 해부도감(마쓰시타 기와)'**을 선정하여 읽음. 명작의 제작과정, 디자이너들의 삶에 대한 이야기, 안락한 집을 짓기 위한 인테리어 지혜가 담긴 과학적인 설계와 내부 장식 요소들의 조합을 알게 되었음을 이야기함. 부엌, 다이닝 룸, 거실, 의자, 침실과 서재, 현관, 욕실, 가구에 이르기까지 '사람을 배려하는 살기 좋은 집'에 대한 저자의 생각과 본인의 의견을 함께 덧붙인 독서활동지를 제출함.

경제

언제나 수업에 적극적으로 참여하는 모습이 돋보이는 학생으로 수업시간에 학습한 '사유재산권 보장이 경제 활동에 미치는 영향'에 대해 조사하며, 그 중 토지공개념의 찬성과 반대 측 입장을 모두 소개함. 토지공개념이 사유재산권을 보장하고 있는 헌법 조항과의 배치되고 있음을 친구들에게 논리적으로 설명하며 이해시키는 모습을 보여줌. 우리나라의 시대별 주요 수출 품목을 정리하여 산업의 구조가 어떻게 변화해 왔는지 시각자료로 정리해 발표하는 모습을 보여줌. 관심분야 교과독서활동에서 현대사회에서의 주거를 여러 방면에서 해석하고 있는 **'넓게 보는 주거학(주거학연구회)'**을 읽음. 최근의 주거문화가 여러 매체를 통해 보여지듯 공동체 주택, 셰어하우스를 비롯하여 이웃과 마당을 나누어 쓰는 땅콩집 등과 같이 '재산 증식 수단'에서 '삶의 질 향상을 위한 도구'로서 그 가치가 변화되고 있음을 이야기함. 주택의 가치는 사회, 경제, 문화의 변화에 따라 달라질 수 있음을 소감문으로 제출함.

행동특성 및 종합의견

다른 사람을 배려하고 이해하려는 마음이 돋보이며 친구들의 고민을 잘 들어주는 학생임. 관심 분야인 주거환경에 대해 적극적으로 탐구하는 모습을 보여주며 건축과 교통에 관련된 다양한 과학적 원리를 확인하고 과학 기술이 건축 및 교통수단 발달에 끼친 영향을 이해하여 과학적으로 편리한 생활이 우리의 주거 문화에 가져올 긍정적 변화에 대해 구체적으로 알아봄. 독서활동을 통해 **'주거문화의 충돌과 융합(서울연구원)'**을 읽고 시대 변화에 따라 나타난 외래주택의 건축적 특성과 당대에 미쳤던 사회 문화적 영향, 재래 주거문화와의 충돌과 융합을 통한 변화 과정, 현재 남은 외래 근대주택의 관리와 활용 현황, 서양식 문화주택이 한반도에 유입되면서 나타난 새로운 건축적 시도와 한계 등을 이야기함. 전통적인 우리의 주거문화와 외래의 주거문화의 융합을 위한 고민과 대안에 대해 독서활동지를 작성함. 새로운 것과 기존의 문화가 조화를 이루는 방법에 대해 고민하는 포용적인 모습을 가진 학생임.

14 ▸▸ 지구과학과

1 학과 인재상

자연과학에 대한 탐구심과
창의력을 지닌 학생

지구에 대한 이해를
바탕으로 지구의
미래환경에 관심을 가진 학생

자연의 여러 현상에 대해
관심이 많은 학생

지구과학에 대한 학문적 지식을
바탕으로 사회적 가치를
실현하고 싶은 학생

비판적 사고력과 논리력을
바탕으로 도전적인
실험정신을 지닌 학생

2 유사학과

- 대기과학과
- 대기환경과학과
- 지구시스템과학과
- 지구해양과학과
- 지구환경과학과
- 지질과학과
- 지질·지구물리학과
- 지질환경과학과

3 관련직업

- 대학교수
- 중등교사
- 기상연구원
- 지질자원연구원
- 자원개발연구원
- 기상변화전문가
- 자원공학기술자
- 지구물리학자
- 토양연구원
- GIS개발연구원

4 개설대학

- 강릉원주대학교
- 강원대학교
- 경북대학교
- 경상국립대학교
- 고려대학교
- 공주대학교
- 부산대학교
- 연세대학교
- 제주대학교
- 충남대학교 등

학과 연계도서

거의 모든 것의 역사
빌 브라이슨(이덕환 역) / 까치(2020)

지구와 관련된 거의 모든 것의 역사를 다루고 있는 책이다. 다윈, 뉴턴, 아인슈타인, 호킹 등 여러 과학자들의 이론을 다루면서도 도표나 수식이 없이 이해할 수 있도록 설명하고 있다. 1부에서는 우주와 관련한 여러 이론, 태양계의 이야기, 2부에서는 지구의 생성, 구성 요소, 지질학 등 지구에 대한 이야기를 하고 있다. 3부에서는 양자론, 상대성 이론뿐 아니라 지구의 판 구조론, 연대 측정법 등 물리학과 관련된 내용을 설명하고 있다. 4부에서는 지진과 화산 등과 관련된 이야기를, 5부에서는 지구상의 생물에 대해 이야기한다. 마지막 6부에서는 기후와 인류의 역사, 미래를 생각해 보고 있다.

구름을 사랑하는 기술
아라키 켄타로(김정환 역) / 쌤앤파커스(2019)

구름의 생성에서 소멸까지의 전 과정을 300여 장의 구름 사진과 함께 이야기한 책이다. 또한 구름의 구성 요소들을 일러스트로 그려내어 이해를 돕고 있다. 저자는 총 6장으로 구성된 내용을 통해 구름을 알고 구름을 사랑하는 기술을 익히기를 권유한다. 1장에서는 구름에 대한 기본 지식을 소개하고 있고, 2장에서는 구름의 분류를 이야기하며 구름의 이름이나 특징 등을 설명한다. 3장에서는 구름과 하늘에 다양한 현상이 일어나는 원리와 그러한 모습을 만날 수 있는 방법을 이야기한다. 4장은 구름의 구조나 성격, 날씨를 읽는 법을, 5장에서는 구름을 통해 우리가 알 수 있는 것들에 대해 이야기하고 있다.

그림으로 배우는 지층의 과학
모쿠다이 구니야스(박제이 역) / 지노(2020)

지층에 관한 기본적인 이론과 지식을 알기 쉬운 그림으로 설명하고 있는 책이다. 지층을 통해 대륙의 움직임과 화산의 분화 등 지구의 활동을 이야기한다. 총 7가지의 큰 주제 아래 59가지의 이야기로 구성되어 있다. 지층을 보는 방법과 지구의 구조, 지구의 여러 작용으로 생겨난 다양한 암석과 지층들을 설명하고, 지구의 역사를 간직하고 있는 화석과 지층을 우리가 어떻게 이용해야 하는지를 이야기한다. 더불어 지층을 조사하는 방법에 대해서도 설명하고 있다.

날마다 구름 한 점
개빈 프레터피니(김성훈 역) / 김영사(2021)

'구름 감상 협회' 회원들이 보내 준 365장의 구름 사진을 엄선하여, 사진과 함께 구름의 생성원리와 광학현상에 대하여 설명한 책이다. 실려 있는 구름 사진들을 적운, 층운, 권운 등 구름의 주요 유형뿐 아니라 렌즈구름, 방사구름, 아치구름, 꼬리구름 등 다양한 '구름의 유형'으로 나누어 안내하기도 하고, 사물이나 동물, 사람과 닮은 구름으로 분류하여 이야기하기도 한다. 또한 '하늘의 미술'이란 주제로 각 시대별로 그려진 구름의 모습을 보여주기도 한다. 무지개, 부챗살빛, 환일환, 무리해, 북극광/남극광, 번개 등 하늘에서 나타날 수 있는 광학효과와 관련된 사진을 소개하고도 있다.

1 인문 계열
2 사회 계열
3 자연계열·지구과학과
4 공학 계열
5 의약 계열
6 예체능 계열
7 교육 계열

내가 사랑한 지구
최덕근 / 휴먼사이언스(2015)

우리가 살고 있는 지구가 어떻게 만들어졌는지 '판구조론'을 바탕으로 지질학의 역사를 살펴보고 있는 책이다. 저자는 '판구조론'이 지구의 움직임을 명쾌하게 설명해 주는 이론이라며 판구조론의 탄생과정에 대해 설명하고 있다. 판구조론이 왜 당연한 것이며 우리가 판구조론을 왜 알아야 하는지를 설명하고, 판구조론이 지구과학의 핵심 이론으로 등장하기까지 과학자들의 성공과 실패도 함께 이야기한다. 지질학의 탄생에서부터 지구수축설, 대륙이동설의 역사를 살펴본다. 또한, 해양학의 발달과 해저확장설, 그리고 판구조론이 탄생하기까지의 과정을 살펴보고 있다.

오리진
루이스 다트넬(이충호 역) / 흐름출판(2020)

우리가 살고 있는 지구와 인류의 역사의 관계에 대해 이야기하고 있다. 판의 활동과 기후 변화, 대기 순환과 해류 등 지구의 변화가 인류의 역사, 운명의 변화에 어떤 역할을 하였는지 알아보고 있다. 저자는 이 책을 통해 수십억 년 동안 지구의 자연이 변하고 생명이 발달한 과정을, 500만 년 동안 인간이 진화한 과정을, 수십만 년 동안 인간의 능력이 발전하고 확산되는 과정을, 1만 년 동안 문명이 발전한 과정을, 천 년 동안 일어난 상업화, 산업화, 세계화 추세를, 그리고 100년 동안의 경이로운 기원에 대한 이야기를 펼쳐내고 있다. 더불어 인류 역시 지구에 어떤 영향을 주고 있는지도 생각해 보고 있다.

재밌어서 밤새 읽는 지구과학 이야기
사마키 다케오(김정환 역) / 더숲(2013)

지구와 지구를 둘러싼 자연을 연구하는 학문인 '지구과학'에 대해서 지구 표면, 지구 내부, 지구를 둘러싸고 있는 대기권의 이야기에서부터 우주 이야기까지 지질학, 기상학, 천문학, 해양학, 지구물리학 등을 포함한 지구과학의 전반적인 내용을 이해하기 쉽도록 풀어쓴 책이다. 지질학, 화산활동 등 지구의 활동과 관련된 '역동적인 지구 이야기', 태풍, 제트기류, 우박 등 '알고 있으면 재미있는 기상 이야기', 우주의 팽창, 달과 지구, 별똥별, 태양 등 '자꾸만 들으면 신기한 우주 이야기' 등의 주제로 일상생활에서 접할 수 있는 여러 이야기를 통해 지구과학의 필요성을 이야기하고 있다.

지구의 깊은 역사
마틴 러드윅(김준수 역) / 동아시아(2021)

지구의 기원을 찾기 위해 역사학자, 문헌학자, 지질학자, 물리학자, 생물학자, 지구과학자들이 노력한 이야기를 다룬 책이다. 저자는 17세기 역사학자와 문헌학자가 문헌학, 여러 고전 문헌과 성경에 등장하는 인물들의 나이를 계산하여 이야기한 지구의 나이를 비판하지 않고, 지구과학자들의 연구와 연결되어 있다고 이야기하고 있다. 다양한 학문에서 나타나는 대립되는 논쟁 주제는 과학이 발전하는 방식으로 이해할 수 있으며, 다양한 이론과 입장이 경합하고 서로 보완하면서, 또 폐기되었던 이론이 되살아나면서 과학이 발전해간다고 이야기한다. 지구의 역사를 살펴보는 과정에서 다양한 학문 사이의 영향을 확인할 수 있다.

지구의 짧은 역사
앤드루 H. 놀(이한음 역) / 다산사이언스(2018)

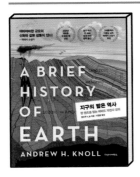

기나긴 지구의 역사를 보기 쉽게 압축하여 소개한 책이다. 1장은 지구의 생성과정을, 2장은 지구 내부의 구성을 설명하고 있다. 3장은 지구의 생명의 탄생을, 4장은 우리에게 필요한 공기가 발생하게 된 기원을 살펴보고 있다. 5장은 화석을 통해 동물이 세계로 퍼져나가게 된 흔적을 이야기하고, 6장은 식물과 동물이 육지에서 생활하게 된 과정을 다루고 있다. 7장과 8장은 지구의 5번의 대멸종 시기와 현재 우리가 나아갈 방향에 대해 이야기한다. 저자는 이 책을 통해 지구를 이해하고 인간 활동이 지구를 얼마나 심각하게 바꾸었는지 인식하라고 권고하며, 나아가 우리가 무엇을 해야 하는지를 말한다.

파란 하늘 빨간 지구
조천호 / 동아시아(2019))

저자는 기후변화는 식량과 물, 에너지, 환경, 보건 등 사회 기반 체계에 커다란 변화를 일으키고 있음을 지적하며 기후변화를 통해 우리가 살아가야 하는 방향을 알아야 한다고 지적하고 있다. 기후변화에 대한 지식의 축적은 사회적 합의를 이끌어내고 불확실한 미래를 우리가 살고 싶은 세상으로 만들어 낼 수 있는 힘이 될 수 있음을 이야기한다. 인류는 기후에 의존하며 문명이 발전하고 있다며, 기후변화는 지구 어느 한 지점의 문제가 아닌 지구 전체의 문제임을 이야기한다. 기후변화로 인한 파국은 한순간에 찾아오게 됨을 경고하며 그에 대한 과학계와 국제사회의 적극적인 대응을 이야기하고 있다. 더불어 미래사회를 위해 우리가 해야 할 일을 이야기한다.

지구과학과 독서탐구활동 활용사례

자율활동 특기사항

학급 내 주제발표 활동에서 '대기오염과 이산화질소'를 주제로 대기오염의 주범인 이산화질소의 원인과 위험성을 이야기하며 이것이 파킨슨병과 관련이 있다는 연구결과를 제시하며 발표함. 또한 이산화질소 노출을 줄이기 위해 개인이 할 수 있는 일과 국가에서 정책적으로 할 수 있는 일에 대해 친구들과 함께 조사해 보고서로 제출함. 친구들을 위해 매일 아침 그날의 미세먼지 상황을 조사하여 학급 게시판에 알리고 각 상황에 따라 교실 환기 여부, 학급 친구들의 외부 활동 가능 여부 등을 안내함. 학급 독서활동을 활용해 우리가 살고 있는 지구와 인류의 관계를 설명한 도서인 **'오리진(루이스 다트넬)'**을 읽고 판의 활동과 기후변화, 대기 순환과 해류 등 지구의 변화가 인류의 역사, 운명의 변화에 어떤 역할을 하였는지 알아보는 시간을 가짐. 불과 100년 사이에 인간이 지구에게 놀랍도록 큰 영향을 주고 있음을 새삼 깨닫고 지구환경의 보호에 대해 다시금 생각해 보는 기회가 되었음을 이야기함.

동아리활동 특기사항

(지구환경반)(34시간) 동아리 모둠활동에서 '중생대'를 주제로 하여 환경과 생물, 수륙분포를 조사하여 그림자료를 만들어 발표함. 지질시대에 대한 조사활동을 통해 '생물대멸종'을 살펴보며 생물의 멸종 원인과 번성, 진화의 과정에 신비로움을 느끼고 이것이 현재의 인간에게도 적용될 수 있다는 사실에 두려움을 느낌. 또한, 판의 경계의 종류와 그 특징을 정확히 이해하여 판의 경계에서 일어나는 지각변동에 대해 설명하였으며 이를 창의적인 이미지로 자유롭게 표현하여 자신만의 개념도로 만들어 냄. 과학도서 읽기 활동으로 지층을 통한 대륙의 움직임과 화산의 분화 등 지구의 활동을 다룬 **그림으로 배우는 지층의 과학(모쿠다이 구니야스)**을 읽음. 지구의 구조, 지구의 여러 작용으로 생겨난 다양한 암석과 지층, 지구의 역사를 간직하고 있는 화석과 지층 등을 통해 지층에 관한 이론과 지식을 좀 더 깊게 알게 되었음을 이야기하며 관련 분야에 대한 연구에 관심을 가지게 된 계기를 소감문으로 작성함.

진로활동 특기사항

기후변화 전문가에 관심이 있는 학생으로 '내 직업으로 해결하는 사회문제'에서 지구온난화 문제를 탐구 주제로 선정함. 지구온난화의 원인과 피해 사례를 설명하고 온난화의 직접적인 원인인 이산화탄소 배출을 줄이는 방안을 제시함. 대중교통 타기, 친환경용품 사용, 대체에너지 이용 등 해결방안을 열거하고 이에 맞는 활동을 기술함. 이 활동을 통해 온난화의 심각성을 찾아보고 해결 방안을 고민함으로써 환경에 적극적인 관심을 갖게 되었으며 자신부터 먼저 실천해야겠다는 소감을 밝힘. 기후변화의 원인을 남의 탓으로 돌리면서 행동을 바꾸지 않으면 결국 아이들의 미래는 사라지기 때문에 이런 심각성을 최대한 많은 사람에게 알리고 행동의 변화를 이끌어내는 것이야말로 사회적으로 가치 있는 일이라는 자신의 생각과 환경을 지키는 방법에 대해서 발표함. 관심 진로 관련 독서활동에서 구름의 생성에서 소멸까지의 전 과정을 설명하는 **구름을 사랑하는 기술(아라키 켄타로)**을 읽음. 구름에 대한 기본 지식과 구름의 분류에 따른 이름과 특징, 구름과 하늘에 다양한 현상이 일어나는 원리와 구름의 구조나 성격, 날씨를 읽는 법 등에 대해 익히며 구름의 여러 가지 특성에 대해 알아봄. 나아가 기후문제의 고민에서 벗어나 푸른 하늘을 떠도는 구름을 가만히 바라볼 수 있는 날을 기대하고 있다고 소감문으로 작성함.

교과 세부능력 및 특기사항

지구과학 I

항상 교과서에 필기를 열심히 하며 그날 수업에서 배운 내용을 복습하는 꼼꼼함이 돋보임. 지질학자를 미래의 직업으로 생각하며 우리나라 지질 명소 탐구 활동을 통해 '경북 국가지질 공원', '임진강 국가지질 공원', '거제도' 세 곳에 대한 다양한 지질 구조와 생성 과정, 지질학적 특징을 꼼꼼하게 조사하여 보고서를 작성함. 조사 내용을 바탕으로 '한반도 전체가 지질 박물관'이란 주제로 사진과 함께 지역별 지질의 특징을 그림으로 표현한 팸플릿을 제작하여 발표함. 교과 독서활동에서 우리가 살고 있는 지구가 어떻게 만들어졌는지 판구조론을 바탕으로 지질학의 역사를 살펴보는 **'내가 사랑한 지구(최덕근)'**를 선정하여 읽음. 지질학의 탄생에서부터 지구수축설, 대륙이동설의 역사와 함께 해양학의 발달과 해저확장설, 그리고 판구조론이 탄생하기까지의 과정 등을 이해하게 되었음을 이야기하며, 관심 분야에 대한 탐구심을 북돋우게 되었음을 소감문으로 작성함.

사회문제탐구

평소 기후변화 문제에 관심이 많고 기후변화와 사회문제의 관계에 대해 호기심을 가짐. 기후정보포털에서 최근 발표된 '이상기후 보고서'를 찾아보고 해당 자료에 대한 탐구활동을 하며 겨울철 이상고온으로 인한 혐오 곤충 증가, 매미나방으로 인한 작물의 피해 현황 등을 탐구보고서로 제작하여 발표함. 더불어, 모둠활동으로 진행된 탐구활동에서 '기후 위기가 감염병에 미치는 영향'을 주제로 하여 감염병으로 인해 취약계층이 받는 위기에 대해 보고서로 작성하여 제출함. 독서활동을 통한 사회문제탐구 활동에서 **'파란하늘 빨간지구(조천호)'**를 선정하여 읽고 기후변화는 식량과 물, 에너지, 환경, 보건 등 사회 체계 전반에 커다란 변화를 일으키고 있기에 기후변화를 통해 인류가 살아 가야 하는 방향을 알아야 한다고 지적함. 기후변화에 대한 과학계와 국제사회의 적극적인 대응을 이야기하고 미래사회를 위해 우리가 해야 할 일을 제시하는 독후활동보고서를 작성함.

행동특성 및 종합의견

친구들의 말에 잘 공감하고 울림 있는 칭찬을 하여 편안하게 하는 매력이 있는 학생으로 상황을 비판적으로 바라볼 줄 알고 상황을 분석하는 능력 또한 탁월한 학생임. 지구과학에 관심이 많아 관련 교과에 대한 이해도가 높고 친구들에게 늘 환경보호를 강조하는 모습을 보여줌. 지구 환경보호를 위해 물 절약하기, 빈 교실의 등과 에어컨 끄기, 엘리베이터 이용 줄이기, 비닐봉지 사용 줄이기 등 스스로 계획을 세우고 실천하며, 학급 친구들에게도 함께 참여할 수 있도록 이끌어내는 조용한 리더십을 보여줌. 학습 독서활동에서 다양한 지구과학 이야기를 다루고 있는 **'재밌어서 밤새 읽는 지구과학 이야기(사마키 다케오)'**를 읽음. 지질학, 화산활동 등 지구의 활동과 태풍, 제트기류, 우박 등의 기상 이야기, 우주의 팽창, 달과 지구, 별똥별, 태양 등의 우주 이야기 등 일상생활에서 접할 수 있는 지구과학의 여러 주제를 설명하고 자신의 관심학문인 지구과학의 필요성에 대해 소감문으로 작성함.

15 ▶▶ 천문우주학과

1 학과 인재상

창의적 문제해결 능력
및 전문분야의 지적
탐구능력을 갖춘 학생

컴퓨터 및 수학, 물리학에
대한 관심과 이해도가
깊은 학생

기초과학과목에 대한
관심과 적성을 지닌 학생

학문에 대한 지식을 바탕으로
인류의 지식 증진 및 가치에
기여하고 싶은 학생

천문우주에 대한
호기심이 깊은 학생

2 유사학과

- 물리천문학과
- 우주과학과
- 천문우주과학과

3 관련직업

- 대학교수
- 중등학교교사
- 천문학연구원
- 항공우주연구원
- 인공위원연구원
- 기상학연구원
- 항공우주시스템기술자
- 대기환경기술자

4 개설대학

- 경북대학교
- 경희대학교
- 서울대학교
- 세종대학교
- 연세대학교
- 충남대학교
- 충북대학교 등

학과 연계도서

별은 사랑을 말하지 않는다

김동훈 / 어바웃어북(2022)

저자는 인간이 우주에서의 작은 존재에 불과하나 우주를 이해하는 일은 우리 자신을 탐색하는 여정이며, 무엇보다 밤하늘을 올려다보는 것만으로도 별은 조용한 위로를 전해주고 있음을 이야기하고 있다. 이 책은 다양한 경험을 안겨다 주는 은하수, 화려한 빛의 춤사위 오로라, 북극기지가 있는 스발바르제도에서 경험한 개기일식, 성운과 초신성, 우주에서 바라본 지구, 맨눈으로 바라본 니오와이즈 혜성, 어두운 밤하늘을 촬영한 천체사진 200여 장을 과학지식과 함께 전하며, 또한 별을 알아가며 얻은 지식과 자신을 이해할 수 있는 이야기를 말한다.

엔드 오브 타임

브라이언 그린(박병철 역) / 와이즈베리(2021)

이 책은 우주를 이해하기 위해 노력해 왔던 인간의 역사를 이야기하고 있다. 저자는 이 책을 통해 시간대를 거슬러 가면서 언젠가 붕괴될 별과 은하, 그리고 생명과 의식 등 질서 정연한 피조물을 창조한 물리학 원리를 살펴보며, 시간이 처음 흐르기 시작했던 시점부터 종말의 순간에 이르기까지, 우주가 어떤 길을 걸어 왔고 또 앞으로 어떤 길을 가게 될 것일지를 이야기한다. 저자는 이야기를 전달하는 데 있어 '과학적 방법'을 사용하여 설명하지만 일상생활 속의 유사한 사례와 비유를 통해 이야기를 풀어주고, 어려운 개념도 간략하게 설명하고 있다.

나는 어쩌다 명왕성을 죽였나

마이크 브라운(지웅배 역) / 롤러코스터(2021)

저자 마이크 브라운은 에리스를 발견하면서 명왕성과 에리스를 행성으로 분류하면 안 된다고 주장하였고, 결국 2006년 국제천문연맹회의에서 명왕성이 행성 지위를 박탈당하며 많은 비난을 받았다. 이 책은 명왕성 행성 지위 박탈의 원인 제공자인 저자가 새로운 천체를 찾고 행성의 의미를 고민하는 과정을 기록한 회고록이다. 더불어, 자신의 팀원들과 끊임없이 우주를 관측하며 새로운 천체를 찾고 발견하는 과정을 이야기한 책이다. 이외에도 '새로운 별'을 찾기 위한 천문학자들의 관측 과정, '행성이란 무엇인가?'에 대한 치열한 천문학자들의 논의와 우주에 대한 인간의 호기심과 열정에 찬 탐구심이 담겨 있다.

하늘에 새긴 우리역사

박창범 / 김영사(2002)

저자는 우리의 수많은 역사서 속에 기록된 천문현상을 찾아보며 기록된 천문현상을 과학적으로 검증하여 그 기록의 진위 여부를 밝혀보고 있다. 고천문학, 천문고고학 분야의 연구를 통해 역사서에 기록된 천문현상 내용을 분석하여 단군조선의 실존 여부, 삼국의 강역 등 여러 기록에 대한 진위 여부를 밝히고 있다. 이와 같은 문헌자료는 역사시대로 넘어오면 보다 믿을 만해지는데 '삼국사기'는 물론이고, '고려사'와 같은 고려시대 기록과 '조선왕조실록'을 통해 별자리와 혜성, 운석과 유성 등의 천문관측 관련 기록들을 찾아내 분석하여 정리하여 설명하고 있다.

천문학 콘서트
이광식 / 더숲(2018)

사람들이 우주에 대해 어떤 생각들을 해왔는지를 살피기 위해 시대에 따라 변화하는 우주관과 천문학의 발달과정을 엮은 책이다. 우선 16세기 코페르니쿠스의 태양중심설 이후 케플러와 갈릴레오를 거치며 완성된 지동설에 대해 이야기하고 있으며, 행성운동에 대한 최초의 과학적 이론인 케플러 법칙에 대해 설명하고 있다. 또한 우주를 설명하는 아인슈타인의 특수상대성 이론과 일반상대성 이론에 대해 이야기하고, 우주는 시작도 끝도 없이 영원하다는 정상 우주론과 빅뱅 이후 지금도 팽창하고 있다는 빅뱅 우주론의 논쟁, 그리고 그 논쟁의 결론에 대해 이야기한다.

하루종일 우주 생각
지웅배 / 서해문집(2017)

아침, 낮, 저녁, 밤을 주제로 일상 속에서 우주와 천문학의 이야기를 하고 있다. 극장의 명당자리, 야구장의 광속구, 드라마 재방송 같은 일상적인 소재를 사용해, 생명거주가능지역 관측, 우주의 팽창, 초신성 폭발 등 주요 우주 개념과 최신 천문학 이슈를 다루고 있다. 또한 천문학자들의 주요한 업적부터 최신의 연구 성과와 우주 관련 소식을 다루고 있다. 1977년에 발사된 보이저호부터 2014년 혜성에 착륙한 로제타호 이야기, 18세기 티티우스-보데 법칙의 제안과 이를 이용해 21세기에 이루어진 새로운 생명거주가능행성 탐사 이야기, 허블 우주망원경부터 2025년 완공 예정인 마젤란 망원경 이야기까지 우주에 대한 과거와 현재, 미래의 이야기를 하고 있다.

스페이스 오페라
임명신 외 10인 / 반니(2022)

우주 관측, 태양계의 기원, 외계행성, 지구멸망, 별, 은하 해부, 가상 우주, 외계생명체 그리고 21세기 천문학 등 인류가 꿈꾸는 우주에 대한 10개의 특강을 모은 책이다. 1강과 2강에서는 천문학의 발전과 뉴스페이스 시대에 대해 이야기한다. 3강에서는 외계행성탐사, 4강에서는 지구 멸망 가능성에 대해 이야기한다. 5강과 6강에서는 별의 생애와 비밀, 그리고 무거운 별에 대해 설명한다. 7강에서는 은하의 정의와 진화, 8강에서는 정교한 수치모형과 슈퍼컴퓨터를 통해서 밝혀내는 우주의 비밀에 대해 설명한다. 9강에서는 외계 생명체를 찾는 과정을 소개하며, 10강에서 우주의 역사와 우리에 대해 말한다.

모든 사람을 위한 빅뱅 우주론 강의
이석영 / 사이언스북스(2017)

우주의 원리를 설명하는 유일무이한 이론으로 자리매김한 빅뱅 우주론의 핵심과 최근 이슈를 설명한 책이다. 빅뱅 우주론의 탄생 과정과 중심 이론, 우주배경복사의 발견, 빅뱅 우주론이 밝혀낸 우주의 역사와 우주의 미래에 대해 이야기한다. 또한, 빅뱅 우주론이 지닌 문제점과 해법도 제시한다. 나아가 별과 은하의 탄생에 대한 이야기와 급팽창 이론과 비등방성 연구로 대표되는 이론적 발전, 차세대 우주 망원경의 이야기 등도 함께 다루고 있다.

우주 쓰레기가 온다
최은정 / 갈매나무(2021)

인류가 우주개발을 해 온 60여 년이 넘는 시간은 지구 궤도에 인공위성과 우주 쓰레기를 뿌려온 시간이기도 하다. 지구 궤도에는 이미 수많은 인공위성과 인공위성을 쏘아 올리고 남겨진 로켓의 잔해 그리고 충돌로 발생한 잔해물들이 우주 쓰레기가 되어 떠다니고 있고 그 양은 가파른 속도로 증가하고 있다. 실제 지구 궤도를 떠다니는 물체 중 90%는 우주쓰레기이다. 이 책은 우주쓰레기가 되어가는 과정과 우주쓰레기가 가지고 있는 위험성을 설명하고 그 위험을 감시하기 위한 노력을 이야기하고 있다. 또한 지속적인 우주 활동을 위하여 우주쓰레기를 줄이기 위한 인류의 노력과 처리 기술 등도 소개하고 있다.

천문학자는 별을 보지 않는다
심채경 / 문학동네(2021)

여성 천문학자로서의 이야기를 담고 있는 책이다. 밖에서 보기에 낭만적인 직업일 것 같은 천문학자가 어떤 일을 하는지 소개하고 있다. 대학원에서 연구하던 이야기, 강단에서 만난 학생들 이야기와 날씨의 운을 따르는 관측 이야기 등을 말하고, 비정규직 과학자로서 연구가 종료되기 전 다음 과제를 따내기 위해 준비하는 이야기, 일하는 사람이자 두 아이의 엄마로서 편견과 대면했던 이야기도 다루며 아직도 남아 있는 편견들을 차분하고 날카롭게 지적하고 있다. 천문학자라는 직업에 대해 천문학자의 시선으로 간접적으로 경험해볼 수 있는 책이다.

천문우주학과 독서탐구활동 활용사례

자율활동 특기사항

교내 천체관측프로그램에 참여하여 천체 망원경의 원리 및 천체의 운동에 대해 탐구한 후 별이 반짝거리는 이유를 매질에 따른 빛의 굴절과 관련지어 설명하였으며 빅뱅 우주론의 한계점과 우주의 팽창 속도에 대해 의문을 제시함. 천체 망원경을 통해 금성, 목성, 토성, 알비레오 쌍성을 관측하였으며 이 활동을 통해 현상을 관찰할 때 다양한 과학 원리를 고려하여 변수를 차단하고 정확도를 높이기 위한 노력이 필요하다는 것을 깨닫는 계기가 되었음을 표현함. 학급 독서활동 시간을 활용하여 관심분야인 천문학과 관련된 **'천문학 콘서트(이광식)'**를 읽음. 코페르니쿠스, 케플러, 갈릴레오를 거치며 완성된 지동설과 행성운동에 대한 최초의 과학적 이론인 케플러 법칙, 아인슈타인의 특수상대성 이론과 일반상대성 이론, 빅뱅 우주론의 논쟁 등에 대한 이야기를 살펴보며, 우주의 세계, 천문학이 발전해 온 역사를 알게 되었음을 말함. 자신도 그 역사와 함께하는 주인공이 되고 싶음을 소감문으로 작성하여 제출함.

동아리활동 특기사항

(천체탐구반)(34시간) 동아리 부원들과 함께 천체망원경을 제작한 후 천체망원경의 최초 개발자, 천체망원경의 종류와 각각의 특징 및 장단점, 천체망원경의 대물렌즈 크기에 따른 집광력의 차이 등을 조사하여 보고서를 작성함. 직접 모형을 제작한 탐구실험으로 달의 위상 변화를 관찰하고 관찰 결과를 그림과 표로 정리하였으며 결과를 분석하여 달의 위상 변화가 생기는 이유를 달, 지구, 태양의 상대적 위치 변화로 설명함. 우리나라 사계절 별자리 칼레이도사이클을 제작한 후 계절마다 별자리가 변하는 이유를 조사하여 지구의 공전과 관련지어 설명함. 관심분야 도서인 **'우주 쓰레기가 온다(최은정)'**를 읽고 인류가 우주개발을 위해 60여 년이 넘는 시간 동안 우주로 쏘아 올린 수많은 인공위성과 그 잔해물들이 우주 쓰레기가 되어 떠다니고 있다는 사실에 놀랐음을 이야기함. 우주쓰레기가 가진 위험성과 지속적인 우주개발을 위한 쓰레기 처리문제에 대해 동아리 부원들과 함께 이야기를 나누어보는 시간을 가짐.

진로활동 특기사항

자신의 진로와 관련한 사회 문제를 알아보고 이를 해결하기 위한 방안을 모색해 보는 활동에 적극적으로 참여하고자 노력하는 모습이 인상적이었음. 천체 물리 분야에 관심을 가진 학생으로 '우리나라 우주 산업의 미래 전망'이라는 주제를 설정하고 우리나라의 우주 산업 분야의 발달 과정을 시간의 흐름에 따라 정리하며 국민의 세금으로 진행되는 우주 산업이 그 당시의 정치적 상황에 따라 정책이 변화하는 문제를 보여주고 있다는 점을 지적함. 이를 해결하기 위해 민간 우주 산업 분야가 확장될 필요가 있으며, 이를 통해 다양한 일자리 창출까지 도모할 수 있다는 점을 외국의 사례를 통해 논리적으로 발표함. 스스로 자료를 탐색, 정리, 분석하는 역량이 우수하며 정리한 자료를 바른 태도로 설득력 있게 발표하는 모습이 인상적임. 진로와 관련된 도서인 **'나는 어쩌다 명왕성을 죽였나(마이크 브라운)'**와 **'천문학자는 별을 보지 않는다(심채경)'**를 읽고 자신이 꿈꾸고 있는 천체물리학자, 천문학자가 어떤 일을 하고 있는지를 간접적으로 체험해 봄. 책을 통해 우주를 관측하며 새로운 천체를 발견해내는 과정, 실제 연구과정에서 겪어 볼 수 있는 여러 가지 상황 등에 대해 생각해 보고, 자신의 꿈에 더욱 확신을 갖는 계기가 되었음을 독서활동지로 작성하여 제출함.

1
인문계열

2
사회계열

3
자연계열 · 천문우주학과

4
공학계열

5
의약계열

6
예체능계열

7
교육계열

교과 세부능력 및 특기사항

지구과학Ⅰ

천체물리학 분야에 깊은 관심을 보이며 과학에 대한 전반적인 이해도가 높은 학생임. 블랙홀 관측에 성공한 뉴스를 접한 뒤 빛조차 끌어들인다는 블랙홀을 관측하는 방법에 대해 호기심을 갖게 되어 탐구 보고서를 작성함. EHT 프로젝트, 우주론 등을 정리하고 관측을 위한 망원경의 성능까지 다방면으로 탐구하며 미래의 천체물리학자로서의 자세를 보여줌. 개별탐구활동 주제로 수업 시간에 학습한 가속 팽창 우주론을 좀 더 심화 학습하고자 '암흑물질과 암흑에너지'를 정하고 그 특징을 분석하여 보고서를 제출함. 교과 관련 독서활동으로 우주를 이해하기 위해 노력해 왔던 인간의 역사를 서술한 **'엔드 오브 타임(브라이언 그린)'**을 읽음. 우주의 시간이 처음 흐르기 시작했던 시점부터 종말의 순간에 이르기까지, 우주가 어떤 길을 걸어 왔으며, 또 앞으로 어떤 길을 가게 될 것인지에 대해 살펴봄. 겪어보지 못한 우주의 시작과 겪지 못할 우주의 종말을 상상하며 자신의 미래의 꿈을 설계해 보는 소감문을 작성함.

화학Ⅱ

수업 시간에 적극적인 자세로 참여하며 과학분야에 관심이 많고 탐구심과 성실함이 돋보이는 학생임. 특히 우주과학, 천문 등에 관심을 많이 가지고 있어 주제탐구활동에서 '우주와 수소'를 탐구주제로 정하여 우주 대폭발로 만들어진 수소에서부터 현재 우주를 구성하는 수소의 비율, 중수소의 생성과정을 탐구하고 조사함. 아울러 수소의 화학적 성질도 함께 조사하여 발표자료를 만들고 그 내용을 공유함. 교과 독서 활동으로 우주의 원리를 설명하는 빅뱅우주론에 대한 **'모든 사람을 위한 빅뱅 우주론 강의(이석영)'**를 읽음. 빅뱅 우주론의 탄생과정과 중심 이론, 우주배경복사의 발견, 빅뱅 우주론이 밝혀낸 우주의 역사와 우주의 미래에 대해 살펴보고, 빅뱅이 일어날 당시 함께 분출된 수소를 포함한 여러 우주 물질에 대해 추가적으로 설명함. 함께 제시되고 있는 차세대 우주 망원경 등의 이야기를 통해 미래의 천체물리학자로서의 꿈을 이루기 위한 본인의 자세를 소감문으로 작성함.

행동특성 및 종합의견

항상 자신이 맡은 일을 성실하게 수행하는 모범적인 학생임. 우주와 천체에 관심이 많으며 영화 '인터스텔라'를 보고 일반상대성 이론에 관심을 가져 블랙홀 주변에서의 시간 지연과 빛의 휘어짐을 조사하여 학급 주제 발표시간에 발표함. 외부전문가 강의 시간을 통해 외계 행성과 외계 생명체에 대한 천문학 강의를 듣고 외계인에 대한 사건과 논란의 사실 여부를 정확하게 알고 싶다는 내용을 작성하였으며, 성운부터 블랙홀이 만들어지는 과정을 자세하게 보고서로 작성함. 학급 독서활동으로 우주과학에 대한 여러 정보를 제공하는 **'스페이스 오페라(임명신 외)'**를 읽고 자신의 관심분야에 대한 정보를 살펴보는 계기를 마련함. 독서활동을 통해 우주 관측, 태양계의 기원, 외계행성, 은하 해부, 외계생명체 그리고 21세기 천문학 등 우주와 관련된 다양한 정보를 얻을 수 있었다고 이야기함. 특히 슈퍼컴퓨터를 이용해서 우주의 비밀을 밝히고 외계 생명체를 찾는 과정에 흥미를 느끼고 관련된 추가적인 독서활동을 다짐함.

16 ▶▶ 통계학과

1 학과 인재상

창의적 사고역량을
바탕으로 자료에 대한
해석 능력이 뛰어난 학생

수학에 대한 관심이 있고
분석력이 있는 학생

자기 의사를
데이터를 통해
표현할 줄 아는 학생

여러 분야의 자료를 하나의
주제로 분석할 줄 아는 학생

다양한 통계자료를 비판적인
사고로 해석하고자 하는 학생

2 유사학과

- 경제통계학과
- 경제정보통계학과
- 데이터과학과
- 데이터사이언스학과
- 데이터정보학과
- 빅데이터응용통계학과
- 빅데이터사이언스학과
- 빅데이터융합학과
- 수학통계학과
- 응용통계학과
- 컴퓨터통계학과
- 정보통계학과

3 관련직업

- 대학교수
- 통계관련연구원
- 여론조사전문가
- 통계조사분석 상담가
- 금융상품개발자
- 보험관리자
- 수학 및 통계연구원
- 정보통신전문가
- 회계 컨설팅 전문가

4 개설대학

- 가천대학교
- 강원대학교
- 건국대학교
- 경북대학교
- 경상국립대학교
- 고려대학교
- 단국대학교
- 덕성여자대학교
- 동국대학교
- 동덕여자대학교
- 부경대학교
- 부산대학교
- 서울대학교
- 서울시립대학교
- 성균관대학교
- 성신여자대학교
- 세종대학교
- 숙명여자대학교
- 숭실대학교
- 안양대학교
- 연세대학교
- 영남대학교
- 이화여자대학교
- 인하대학교
- 전남대학교
- 전북대학교
- 제주대학교
- 중앙대학교
- 충남대학교
- 충북대학교
- 한국외국어대학교
- 한림대학교 등

1 인문계열

2 사회계열

3 자연계열·통계학과

4 공학계열

5 의약계열

6 예체능계열

7 교육계열

괴짜통계학
김진호 / 한국경제신문사(2008)

일상생활 속에서 만나볼 수 있는 복권, 징크스, ARS 여론조사 등과 같은 여러 사례를 통해 통계학을 소개하고 있다. 현대사회에서 수많은 수치와 정보를 적절하게 요약해주는 통계는 개인이나 공동체의 결정에 많은 영향을 주고 있다. 하지만 통계를 바르게 이해하지 못한다면 주어진 정보를 통해 올바른 결정을 내릴 수 없다. 숫자는 거짓말을 하지 않는다. 하지만 '숫자놀음'을 통해 사실 왜곡이나 논리 비약으로 자신의 주장을 합리화하려는 사람들로 인해 통계에 대한 불신은 커지게 된다. 저자는 통계에서 나타나는 여러 숫자를 바르게 이해하는 힘과 능력을 갖추기를 바란다며 이야기를 서술하고 있다.

누워서 읽는 통계학
와쿠이 요시유키(권기태 역) / 한빛아카데미(2021)

매 순간 방대한 양의 정보가 생성되고 있는 '빅데이터 시대'를 살아가기 위해서는 데이터를 분석하고, 그 데이터를 통해 만들어진 통계를 올바르게 해석하기 위해 통계학적 교양이 필수적이다. 통계학의 기본 개념만 제대로 익히면 누구나 데이터에서 풍부한 정보를 얻을 수 있다. 그런 점에서 저자는 도식화, 수학적 접근보다는 프로그램의 활용, 통계 활용사례 등을 통해 그 개념을 쉽게 익힐 수 있도록 하였다. 통계에서의 기본 개념과 추정 등 고등학교에서의 학습 내용과 더불어 좀 더 깊은 내용까지 다양한 도식과 사례들을 통해 설명하고 있다.

다크데이터
데이비드 핸드(노태복 역) / 더퀘스트(2021)

저자는 온갖 유형의 누락된 데이터를 '다크 데이터'라 부르며 우리가 '갖고 있지 않은' 데이터, 즉 우리가 지금 갖고 싶거나, 이전에 가지고 싶었거나, 또는 가진 줄 알았지만 실제로는 갖고 있지 않은 데이터에 관해 이야기하고 있다. 다크 데이터는 우리를 잘못된 길로 이끌 수도 있으며 파국을 초래하기도 하기에, 더 나은 결정, 더 나은 행동의 선택을 위한 방향을 이야기한다. 보통 사람들이 평소에는 쉽게 알아볼 수 없는 통계학적 분석의 관점을 보여주고, '데이터 관점'을 '다크 데이터 관점'으로 뒤집어서 더 나은 결정을 향한 또 다른 시야를 이야기한다.

데이터과학자의 사고법
김용대 / 김영사(2021)

데이터 과학은 데이터를 기반으로 하여 합리적 사고를 하는 방법에 대한 과학이다. 저자는 다양한 분야의 데이터 과학이 활용되고 있는 사례를 소개하고 데이터를 통한 합리적 의사결정에 관해 이야기하고 있다. 데이터 과학은 우리의 삶에 많은 변화를 가져오고 있지만, 그 한계 또한 분명하게 가지고 있다. 데이터는 왜곡과 조작에 매우 취약하며 데이터의 분석 방법에 따라 서로 다른 해석이 나오기도 한다. 또한 통계에서의 오류 등도 고려하여 데이터를 통해 얻어낸 판단도 한계가 있음을 인식하고 그 어떤 데이터도 완벽한 선택을 보장하지 않음을 설명하고 있다. 결국 완벽한 선택은 없음을 깨달을 때 서로 이해하고 협력할 수 있음을 이야기하고 있다.

데이터 과학자의 일
박준석 외 10인 / 휴머니스트(2021)

데이터 과학자는 어디에서 무슨 일을 할까? 통계학, 인공지능, 금융, 게임 등 여러 분야의 전문가들이 현장에서의 데이터 과학을 소개하고 있다. 업계의 환경과 목표에 따라 좋은 데이터를 수집하고 그 의미를 분석하며 이를 바탕으로 '데이터 기반 의사결정'을 하는 일련의 과정은 데이터 과학이 우리 삶을 어떻게 변화시키고 있는지를 보여주고 있다. 데이터 과학자와 같이 모든 사람이 데이터를 다루고 분석할 필요는 없다. 하지만 데이터를 통해 데이터의 정보와 숨은 의미를 파악하는 '데이터 문해력'은 현대인의 기본 소양임을 강조하며 '데이터에서 유용한 통찰을 얻는 법'을 이해할 수 있도록 설명하는 책이다.

벌거벗은 통계학
찰스 윌런(김명철 역) / 책읽는수요일(2013)

일상생활 중에 계속해서 접하게 되는 스포츠, 금융, 광고, 마케팅, 선거, 쇼핑 등과 관련된 수많은 데이터와 통계자료를 통해 수학적 통찰력을 키울 수 있도록 도와주는 책이다. 야구에서의 타율과 실제 야구선수의 능력, 여론조사와 실제 결과의 차이, 투자전문가의 높은 수익률의 함정 등의 사례 등으로부터 통계에 나타나고 있는 숫자들의 의미를 이야기하며 통계정보에 대한 이해의 중요성을 강조하고 있다. 통계정보에 대한 직관적 통찰을 통해 합리적 의사결정이 이루어져야 함을 이야기하고 있다.

빅데이터를 지배하는 통계의 힘
니시우치 히로무(신현호 역) / 비전코리아(2017)

입문편, 실무활용편, 데이터활용편 3권으로 구성된 도서로 경영을 위한 통계기법을 설명한 책이다. 입문편에서는 현대사회에서 통계가 모든 의사결정에 가장 필요한 기본 장비라고 소개하며 여러 업무와 기업, 공동체 속에서 창의적인 업무를 계획할 수 있도록 하게 한다고 이야기한다. 실무활용편에서는 실제 사례를 통해 여러 분석기법이 어떻게 활용되는지 설명하며 업무에 활용할 수 있도록 하고 있다. 데이터활용편에서는 비즈니스 현장의 경영전략, 인적자원 관리, 마케팅, 실무 영역에서 통계분석을 어떻게 활용해 볼 수 있는지 소개한다.

새빨간 거짓말, 통계
대럴 허프(박영훈 역) / 청년정신(2022)

1954년에 출판된 통계학의 고전이자 스테디셀러이다. 다양한 그래프와 도표를 사용한 통계와 여론조사가 대중을 어떻게 현혹할 수 있는지 다양한 통계기법 등을 소개하며 이야기하고 있다. 언론이 보여주는 여러 통계자료는 통계를 작성한 이들의 목적에 따라 다르게 나타날 수 있으며, 정치와 사회문제와 관련된 여론조사에서 나타나는 수치들도 발표기관, 조사 방법, 누락된 데이터 등에 따라 다른 결과가 나타난다는 것을 소개하고 있다. 저자는 언론, 여론조사기관 등 다양한 기관들이 보여주는 통계의 이면에 숨겨진 내용을 통해 통계자료, 숫자에 현혹되지 않아야 함을 이야기하고 있다.

통계의 미학
최제호 / 동아시아(2007)

통계는 세상을 움직이는 과학으로, 통계를 통해 복잡한 세상의 이면을 해석할 수 있다. 이 책에서는 데이터 수집의 중요성, 다양성의 통찰, 비교와 관계, 예측과 판단의 과정을 통해 통계적으로 사고하는 방법을 설명하고 있다. 일상생활에서 매일 만나고 있는 다양한 숫자들, 여론조사 결과, 아파트 가격, 복권, DNA 검사 결과 등 여러 통계에 나타나는 숫자들을 그대로 받아들일 것이 아니라 그 과정과 내용을 읽어낼 수 있어야 함을 이야기하며, '통계의 시대, 통계의 시각으로 세상을 보라'는 주장과 함께 마무리한다.

통계학, 빅데이터를 잡다
조재근 / 한국문학사(2017)

제4차 산업혁명 시대에 주요 이슈로 이야기되는 빅데이터를 주제로 통계학이 과학, 의학, 사회, 경제, 생물학 등에서 다양한 분야와 융합하며 그 역할을 하고 있다고 소개한 책이다. 빅데이터와 머신러닝의 관계, 이를 통한 인공지능에서의 통계학의 역할을 소개하는 등 여러 상황 속에서 발휘된 통계학의 힘을 설명하고 있다. 저자는 이 책을 통해 통계학이 단순히 여러 숫자를 정리하는 것이 아니라 우리의 일상생활에, 또 생활의 변화에 큰 영향을 주는 학문임을 말한다.

통계학과 독서탐구활동 활용사례

자율활동 특기사항

교내 수학과학 탐구활동의 수학 통계 포스터 부문에 참여하여 '인간들은 못 느낀다. 고로 나는 존재한다.'라는 주제로 안전불감증을 얼마나 알고 있는지, 그에 대한 위험성을 효과적으로 알리는 방법은 무엇인지에 대해 설문조사를 실시하고 결론을 도출해 냄. 학급 멘토-멘티 활동에서 멘토의 역할을 맡아 학습활동 중 멘티가 겪고 있는 어려움을 들어주며 이를 해결할 학습 방법에 대해 조언해주는 모습을 보여줌. 또한 본인이 얻은 학습정보 등을 멘티와 공유하며 함께 성장하기 위해 노력함. 독서활동을 통해 평소 관심이 있던 통계학과 관련한 **'괴짜통계학(김진호)'**을 읽음. 현대사회에서 수많은 수치와 정보를 적절하게 요약해주는 통계는 개인이나 공동체의 결정에 많은 영향을 주고 있지만, 통계를 바르게 이해하지 못한다면 주어진 정보를 통해 올바른 결정을 내릴 수 없다는 점을 이해하며 여러 통계정보를 바르게 해석하는 능력이 중요함을 이야기함.

동아리활동 특기사항

(수학탐구반)(34시간) 동아리 회장으로 활동하며 동아리에서 진행하는 여러 프로그램에서 각 부원들이 책임감을 가지고 자신의 역할을 다하며 참여할 수 있도록 해야 할 일을 분담시키고, 적극적인 참여를 독려하는 등 리더십을 발휘함. 동아리 발표 활동에 참여하기 위해 '수학다트'에 대한 행사를 준비하며 아이디어 회의, 다트 꾸미기, 행사장 꾸미기 활동을 함. 행사를 진행하며 간단한 신체적 활동과 수학을 결합하여 학생들이 수학에 대한 흥미를 느낄 수 있도록 유도함. 동아리 독서 토론 활동에서 **'통계학, 빅데이터를 잡다(조재근)'**를 읽고 제4차 산업혁명 시대에 주요 이슈로 부각된 빅데이터를 주제로 통계학이 과학, 의학, 사회, 경제, 생물학 등에서 다양한 분야와 융합하며 그 역할을 하고 있음을 이야기함. 통계학이 단순히 여러 숫자를 정리하는 것이 아니라 우리의 일상생활에 큰 영향을 주는 학문임을 강조함.

진로활동 특기사항

빅데이터 전문가 강연을 통해 우리 주변에서 일어나는 많은 사건들이 통계로 해석되고 예측된다는 이야기를 들으며 통계에 더 깊은 관심을 가지게 되었음을 이야기함. 통계에 대한 심화탐구활동을 통해 수학을 기반으로 하는 통계가 정보, 과학 분야는 물론 경제, 사회 그리고 인문학까지 모든 분야에서 발견되고 활용되고 있음을 설명함. 진로 탐구주제 활동에서 주제를 '빅데이터의 활용'으로 정하고 빅데이터의 활용, 미래가치 등의 주요 내용을 발표하며 자신의 주제 토론을 이끎. 빅데이터를 활용하여 검색엔진, 전자상거래, 네비게이션 등의 분야가 어떻게 발전해 왔는지 살펴보고 그 내용을 통계자료들을 바탕으로 직접 분석해 봄. 또한 해당 분야가 더 발전하기 위해 필요한 것이 무엇인지 생각해 보고, 더불어 개인정보 유출 등의 부정적인 부분에 대해 주의하여 발전시켜 나가야 함을 이야기함. 자신의 진로와 관련하여 **'데이터 과학자의 일(박준석 외)'**을 읽고 통계학, 인공지능, 금융, 게임 등 여러 분야에서 활동하는 데이터 과학자들의 이야기를 확인함. 업계의 환경과 목표에 따라 좋은 데이터를 수집하고 그 의미를 분석하며 이를 바탕으로 '데이터 기반 의사 결정'을 하는 일련의 과정에 대해 이해하며, 데이터 과학이 우리 삶을 어떻게 변화시키고 있는지를 이야기함.

교과 세부능력 및 특기사항

확률과통계

늘 유쾌한 태도로 수업 분위기를 밝게 이끌며 수업 참여에도 매우 적극적인 학생임. 수학 멘토링에 참여하며 수업 후 강의에 대한 평가를 받아보고 그 결과를 점수화하여 각 항목을 그래프로 작성함. 그 과정에서 표본 평균과 모평균에 대한 신뢰구간 추정을 하며 데이터를 해석하고 자신의 부족함을 분석하는 모습을 보여줌. '인공지능에서의 확률통계'라는 주제로 인공지능, 머신러닝, 딥러닝의 개념을 정리하고 확률론적 관점에서 이들을 탐구한 내용의 보고서를 작성함. 컴퓨터가 딥러닝 알고리즘을 통해 스스로 학습한다는 사실에 놀라움을 표현함. 교과 관련 독서활동을 통해 **'통계의 미학(최제호)'**을 읽고 일상생활에서 매일 만나고 있는 다양한 숫자들, 여론조사 결과, 아파트 가격, 복권, DNA 검사 결과 등 여러 통계에 나타나는 숫자들을 그대로 받아들일 것이 아니라 그 과정과 내용을 읽어낼 수 있어야 함을 이야기함.

사회문제탐구

지속가능한 발전목표에 대한 인식조사 캠페인을 교내 학생을 대상으로 진행함. 또한 타 국가의 인식조사 결과와 비교·분석하고, 앞으로 국가의 다양한 환경 정책과 환경보존교육 실시 및 기업의 동참을 이끌어내어 함께 해결해 나가야 한다고 발표함. 또한, 국가 경쟁력 순위 자료를 제시하고 감염병 대응, K-POP, 문화콘텐츠 등 다양한 분야에서 통계 수치를 활용하여 자료를 만들고, 우리나라의 높아지는 경쟁력과 온라인 플랫폼을 활용한 국가 정책의 필요성을 이야기함. 교과연계 독서활동 시간에 **'새빨간 거짓말, 통계(대럴 허프)'**를 읽고 정치와 사회문제와 관련된 여론조사에서 나타나는 통계수치들이 발표기관, 조사 방법, 누락된 데이터 등에 따라 다른 결과가 나타난다는 것을 강조하여 설명함. 언론, 여론조사기관 등 다양한 기관들이 보여주는 통계의 이면에 숨겨진 내용을 통해 통계자료, 숫자에 현혹되지 않아야 함을 이야기함.

행동특성 및 종합의견

학급 임원으로 활동하지는 않지만 그 누구보다 활동적인 모습으로 학급 친구들을 이끌어 냄. 동아리축제, 체육 행사 등 학교의 여러 행사에 소외되는 친구 없이 모두가 즐겁게 참여할 수 있도록 독려하고 이끄는 모습에서 뛰어난 리더십을 엿볼 수 있음. 학급에서의 공동 프로젝트 활동 '우리들의 꿈의 학급'을 진행하는 과정에서 다양한 친구들의 희망 진로나 관심사를 조사하고, 이를 5개의 큰 주제어로 나누어 학급의 모든 구성원이 프로젝트 활동에 참여할 수 있는 기준을 제시함. 평소 데이터에 관심이 많아 **'다크데이터(데이비드 핸드)'**를 읽음. 누락된 데이터로 인해 발생할 수 있는 여러 문제점들을 설명하며 더 나은 결정, 더 나은 행동의 선택을 위한 방향을 이야기함. 통계학은 데이터에 대한 올바른 해석과 그를 통한 더 나은 결정을 위한 것임을 말하고 세상을 이롭게 할 수 있는 통계학자로서의 꿈을 이야기함.

17 ▸▸ 해양학과

1 학과 인재상

새로운 환경에 대한
도전 정신과
진취적 자세를 지닌 학생

양식업이나 해양생물에
대한 흥미를 지닌 학생

해양산업에 대한
관심이 많은 학생

생명과학 등 기초과학에 대한
지식을 바탕으로 한 탐구심과
문제해결력을 지닌 학생

원활한 의사소통과 협업을
바탕으로 성실하게 주어진 일을
수행할 줄 아는 학생

2 유사학과

- 해양과학과
- 해양과학융합과학과
- 해양생물자원학과
- 해양바이오식품학과
- 해양생명과학과
- 해양환경과학과
- 해양생태환경학과
- 지구해양과학과

3 관련직업

- 대학교수
- 해양수산연구원
- 해양생산관리전문가
- 수산질병관리전문가
- 수산양식전문가
- 수산질병관리사

4 개설대학

- 강릉원주대학교
- 경상국립대학교
- 군산대학교
- 부경대학교
- 부산대학교
- 인천대학교
- 인하대학교
- 전남대학교
- 제주대학교
- 충남대학교
- 한국해양대학교
- 한양대학교 ERICA캠퍼스 등

5 학과 연계도서

플랑크톤도 궁금해하는 바다상식
김웅서 / 지성사(2016)

우리가 사는 지구의 표면은 70%가 바다이다. 현재 인류가 직면한 온난화, 인구 증가에 따른 식량부족과 자원고갈 문제 등을 그 바다로부터 해답을 얻을 수 있다. 플랑크톤과 해조류가 이산화탄소를 흡수하고 있으며 바다와 함께하고 있는 여러 생물과 광물, 에너지는 인류의 식량자원과 자원광산의 역할을 할 수 있음을 저자는 이야기하고 있다. 무분별한 개발과 오염으로 시달리고 있는 바다를 건강하게 지키고 바다의 생물자원과 에너지자원, 해저유물을 통해 인류의 미래를 보장받기 위해서는 무엇보다 바다를 아는 것이 중요하다는 것을 이야기한다. 바다, 바다의 건강, 바다의 생물과 자원 등을 소개하며 우리나라가 해양강국으로 가는 길에 대해 고민할 기회를 주는 책이다.

바다해부도감
줄리아 로스먼(이경아 역) / 더숲(2021)

광대한 바다와 그 속에 사는 다양한 바다생물에 관해 설명하고 있는 해양백과사전의 모습을 가진 책이다. 지구의 70%를 차지하고 있는 해양의 다양한 생명체들의 여러 특징과 이름, 해부학적 지식 등의 정보와 함께 지구의 판의 이동, 조석작용, 해류의 흐름 등 해양에서 일어나는 여러 현상 등을 그림과 함께 설명하고 있다. 또한 바다에서 일어나고 있는 여러 문제를 지적하고 있다. 인간의 오랜 채취로 훼손된 해면, 해양에 존재하는 쓰레기섬, 인류의 문명발달로 사라져 가는 여러 해양생물과 해양생물에 나타나는 여러 이상현상들에 관해 소개하며 인간과 바다, 나아가 인간과 지구의 관계를 생각해볼 수 있게 한다.

우리를 둘러싼 바다
레이첼 카슨(김홍옥 역) / 에코리브르(2018)

태초부터 바다가 형성되어 온 과정, 바다에서의 생명체 진화 과정, 심해 탐사를 위한 인류의 도전, 파도, 조류 등 바다의 여러 움직임의 원인, 바다가 지구의 생태에 미치는 영향 등 바다에 대한 여러 정보를 담고 있는 서적이다. 나아가 인간과 지구의 관계를 이야기하며 인간 문명의 발달로 인간이 방사성 폐기물, 오염된 쓰레기를 바다에 버려 바다가 훼손되고 있음을 밝힌다. 이러한 바다 문제는 다시 인간에게 되돌아오게 될 것임을 경고하고 있다. 초판은 1960년대 초에 나왔지만 지금도 계속 출판되고 있는 책이므로 바다에 관심이 있는 사람이 읽어보면 좋을 것이다.

어업의 품격
서종석 / 지성사(2020)

늘 풍족하게 물고기를 제공해 줄 것만 같았던 바다에서 물고기가 사라지기 시작했다. 이 책은 더 많은 물고기를 잡기 위한 어부들의 경쟁과 불법적인 행위들, 그로부터 발생하는 분쟁을 소개한다. 더불어 인간사회로부터 폐기물이 발생하고, 기후변화로 해양생태계에 큰 변화가 생기고 어장도 붕괴되고 있음을 이야기하고 있다. 이러한 변화 속에서 지속가능한 어업을 위해 어부와 관계자, 관련 기관들이 노력한 내용을 소개하고 국제적인 협력이 필요함을 말하고 있다. 또한 수산물 소비자도 해양문제를 인식하고, 지속가능한 어업을 위해 노력하고 있는 어부들의 조업을 통한 제품을 소비하는 등의 관심이 필요함을 이야기한다.

대단한 바다여행

윤경철 / 푸른길(2021)

바다를 둘러싼 다양한 내용을 다각도에서 알기 쉽게 설명하고 있다. '지구의 탄생과 형성, 바다 탐험, 바닷물과 기후, 대양과 근해, 바다 생물, 바다와 인간 생활, 선박과 교통수단, 해양 연구, 오염과 사건 사고'라는 9개의 대주제와 이에 관련된 136가지의 소주제를 통해 바다의 이야기를 풀어간다. 탐험가들의 바다를 가르는 모험을 통해 발전해 온 해양 연구, 바다의 여러 지형과 환경에서 살고 있는 여러 생물의 삶의 과정, 또 바다와 우리 삶의 관계 등 여러 관심 있는 주제를 가지고 설명하고 있다.

피싱

브라이언 M. 페이건(정미나 역) / 을유문화사(2018)

'고기잡이는 인간의 역사에서 중요한 역할을 해 왔는데도 제대로 평가받지 못했다.' 어부와 어부가 잡은 물고기가 없었다면 인류의 문명은 탄생할 수 있었을까? 고기잡이는 200만 년 넘게 인간의 식량획득 수단으로서, 오늘날 세계적인 식량산업으로서 위상이 높은 산업이다. 하지만 어부들과 어부 사회는 그만큼 주목받지 못하고 있다. 이에 저자는 문명사회를 이끈 고기잡이의 역사를 인류 사회의 변화와 문명의 발달과 함께한 어업을 통해 살펴보았다. 더불어 인구가 증가함에 따라 소비도 늘고 고기잡이 도구, 기술의 발달로 물고기가 남획되고 있음을 경고하며 지속가능한 어업을 위한 경고도 하고 있다.

바다는 왜?

장순근, 김웅서 / 지성사(2016)

밀물과 썰물, 지진해일이 생기는 이유, 대양의 여러 가지 이야기, 바다와 기후의 관계 등 바다에서 나타나는 여러 가지 현상과 잠수함을 이용한 바다 밑 세계의 탐사와 여러 난파선과 관련된 보물선 이야기들을 다양하게 다루고 있다. 또한 북극과 남극의 바다 환경의 변화가 우리에게 미치는 영향과 함께 인간과 바다의 관계를 통해 우리가 바다를 보존해야 하는 이유를 설명한다. 외국 번역서를 통해 접하게 되는 바다의 이야기에서 벗어나 우리나라의 바다환경을 중심에 두고 우리가 생각해볼 수 있는 바다와 관련된 여러 가지 이야기를 풀어주고 있다.

커피와 바다

김성용 / 자유아카데미(2019)

'커피'가 가지고 있는 유체의 특성이 규모는 다르지만 '바다'가 가지고 있는 유체의 특성과 유사하다는 측면에서 쉽게 설명하고 있는 도서이다. 바다가 가지고 있는 여러 가지 물성을 커피의 유체의 성질에 비유하며 조금씩 확장해 나아간다. 또한 바다에서 나타나는 바닷물의 운동, 쓰나미, 해류 등 다양한 현상들과 안전상식을 소개하고 있다. 더불어 친근하게 그려진 삽화는 어려울 수 있는 여러 내용을 편하게 접근할 수 있도록 도와준다. 저자는 해양학이 가지고 있는 무한한 가능성을 이야기하며, 젊은 세대들이 적극적으로 참여하고 국제사회로의 진출을 희망한다면 우리의 국력도 높아질 수 있음을 이야기한다.

바다, 우리가 사는 곳
핫핑크돌핀스 / 리리(2019)

수족관 돌고래 해방 운동을 하고 있는 국내 해양환경단체인 '핫핑크돌핀스'가 해양동물의 삶을 보여주기 위해 해당 단체의 활동 내용과 함께 해양동물의 보호의 필요성을 이야기하기 위해 펴낸 도서이다. 과거 돌고래쇼를 위해 포획된 고래들은 열악한 환경에서 희생당한 경우가 많았음을 언급하며 돌고래의 야생방류의 필요성을 이야기한다. 더불어 해양쓰레기 증가, 기후변화로 인해 해수 온도가 크게 상승함에 따라 변화된 해양환경에서 해양동물들이 겪고 있는 고통을 전달한다. 이를 해결하기 위해 인간이 해양생물을 '이용할 자원'에서 함께 살아가야 하는 친구로 인식해야 한다며 그와 관련된 여러 이야기를 전하고 있다.

고래가 가는 곳
리베카 긱스(배동근 역) / 바다출판사(2021)

'고래'라는 바다의 한 동물을 이야기하고 있지만 고래를 중심으로 한 바다에 관한 이야기, 고래의 생애와 함께 고래와 관련된 역사적인 사건, 인간의 문화에 끼친 여러 이야기를 살펴볼 수 있다. 고래가 과거에서부터 지금에 이르기까지 인류와 어떤 관계를 가지고 있었는지 설명하고 고래를 바라보는 인간의 다양한 시선과 태도를 이야기하고 있다. 인류와 생태계는 서로 긴밀한 관계로 이어져 있음을 말하고 고래를 통해 자연에 대한 인간의 생태적 의무감을 이야기하며 인간이 공존하는 다른 생물에 대해 의무를 다한다는 것이 외딴 바다가 아니라 우리 일상 속에 있다는 메시지를 전하고 있다.

1
인문계열

2
사회계열

3
자연계열·해양학과

4
공학계열

5
의약계열

6
예체능계열

7
교육계열

해양학과 독서탐구활동 활용사례

자율활동 특기사항

환경 그림 그리기 활동을 통해 쓰레기로 오염된 바다 생물의 위험성을 만화로 그려 멸종 위기 동물 보호의 필요성을 학급 친구들에게 알림. 창의 주제활동으로 '우리 식탁 위의 물고기'를 선정하고 늘 많을 것만 같았던 식탁 위의 물고기가 언젠가부터 사라지고 있음을 이야기하며, 식량산업으로서 어업량의 변화를 조사함. 더불어 인구의 증가와 소비 증가와 맞물려 고기잡이 도구, 기술의 발달로 물고기가 남획되고 있음을 이야기하고 미래를 생각한 어업이 필요함을 강조함. 해양동물 보호의 필요성을 이야기하는 **'바다, 우리가 사는 곳(핫핑크돌핀스)'**을 읽고 과거 돌고래쇼를 위해 포획된 고래들이 열악한 환경에서 많이 희생됐음을 이야기하며 돌고래의 야생방류의 필요성을 독후감상문에 작성함. 더불어 해양쓰레기 증가와 해수 온도 상승 등으로 크게 변화하고 있는 해양환경에서 해양동물들이 겪고 있는 고통에 관해 조사하고 이를 해결하기 위해 해양생물에 대한 인간의 태도가 바뀌어야 함을 이야기함.

동아리활동 특기사항

(지구탐구반)(34시간) 지구온난화에 대한 개별탐구활동을 하며 지구온난화에 따른 해수면 상승이 빈곤한 국가에서 더 두드러지고 있음을 지적함. 전 지구적 관점에서 빈곤한 국가들이 해수면 상승에 대처하도록 이 나라들에 재정적 지원이 필수적임을 이야기함. 슈퍼컴퓨터를 통해 해수면 상승에 따른 기상이변을 모니터링하여 빈곤한 국가들이 해수면 상승에 대처할 수 있도록 재정적 지원과 함께 정보의 공유가 필요하다고 강조함. 독서활동으로 **'우리를 둘러싼 바다(레이첼 카슨)'**를 읽고 태초부터 바다가 형성되어 온 과정, 바다에서의 생명체의 진화 과정, 심해 탐사를 위한 인류의 도전, 바다가 지구의 생태에 미치는 영향 등 바다에 대한 여러 정보를 알게 되었음을 이야기함. 인간과 지구의 관계를 이야기하며 방사성 폐기물, 오염된 쓰레기를 바다에 버리고 있는 인간들 때문에 바다가 훼손되고 있으나 이러한 문제는 인간에게 다시 되돌아올 것이라며 미래의 해양학자로서 해양문제에 대한 고민을 이야기함.

진로활동 특기사항

비대면 진로 체험활동에 참여하여 해양학과의 해양실습과정에 대한 영상을 시청하며 바닷물의 특성을 조사하는 과정을 학습하는 기회를 가짐. 진로 주제탐구활동을 통해 인간이 해양에 미치는 영향에 관해 조사하며 먹이사슬을 통해 해양 오염이 결국 인간에게로 돌아오는 과정을 보여주고 해양환경보호의 필요성을 강조하는 탐구보고서를 제출함. 더불어 드넓어 보이는 바다도 무분별한 개발과 쓰레기로 인해 오염이 심각함을 이야기하며, 해양환경오염에 대한 영상자료를 준비하여 친구들에게 해양의 중요성을 알리는 발표를 진행함. 진로관련 독서활동으로 **'플랑크톤도 궁금해하는 바다상식(김웅서)'**을 읽음. 바다에서는 플랑크톤과 해조류가 이산화탄소를 흡수해주고 있으며, 바다와 함께하고 있는 여러 생물과 광물, 에너지는 인류의 식량자원과 자원광산의 역할을 하며, 인류가 직면한 온난화, 인구 증가에 따른 식량부족과 자원고갈 문제는 바다로부터 해결할 수 있음을 이야기함. 하지만 현재의 바다는 무분별한 개발과 오염으로 시달리고 있기 때문에 우리의 미래를 보장받기 위해 우리의 행동이 중요함을 소감문으로 작성함. 미래의 해양학자를 꿈꾸며 삼면이 바다인 우리나라의 바다 자원을 연구해 우리나라가 해양강국으로 가는 데 이바지할 것임을 이야기함.

1

인문계열

2

사회계열

3

자연계열 · 해양학과

4

공학계열

5

의약계열

6

예체능계열

7

교육계열

교과 세부능력 및 특기사항

지구과학 I

교과 주제탐구활동에서 '지구온난화와 태풍의 상관관계'를 주제로 탐구보고서를 제출함. 국립해양조사원의 지구온난화에 따른 해수면 상승에 대한 연구자료를 바탕으로 태풍의 증가 원인에 대한 메커니즘을 조사함. 지구온난화로 인한 기온 상승과 해수면 상승으로 태풍의 에너지원인 열용량이 높아져 슈퍼태풍이 자주 오게 됨을 제시함. 더불어 지구온난화와 기상이변에 대한 대처방안과 해수면 상승으로 발생할 수 있는 피해와 행동 요령을 정리하여 발표함. 교과관련 독서활동으로 '**대단한 바다 여행(윤경철)**'을 읽고 지구의 탄생과 형성, 바다 탐험, 바닷물과 기후, 대양과 근해, 바다 생물 등 바다의 이야기와 함께 바다와 인간 생활, 선박과 교통수단, 해양 연구, 오염과 사건 사고 등 바다와 인간의 관계를 살펴봄. 미래의 해양연구원을 꿈꾸며 바다에 대한 올바른 연구를 통해 바다와 우리의 삶이 모두 이롭게 발전할 수 있도록 노력할 것임을 이야기함.

수학과제탐구

교과관련 관심분야 탐구활동으로 취송류를 분석했던 경험에서 미적분을 이용하여 에크만 수송을 이해하고자 '에크만 수송의 수학적 도출'을 주제로 탐구활동을 함. 에크만 수송의 원리를 대기의 흐름을 수학적으로 적용한 운동방정식으로 설명하며, 운동방정식에 적용된 미분의 의미에 대하여 수식을 통해 발표함. 전향력과 바람의 응력의 영향으로 발생하는 에크만 수송과 미적분의 연관성을 탐구하는 과정을 통해 해양과 관련된 현상을 수학적으로 해석해보는 계기가 되었음을 이야기함. 교과관련 독서활동에서 평소 관심을 많이 가지고 있는 바다의 특성을 커피의 특성으로 설명하는 '**커피와 바다(김성용)**'를 읽고 바다에서 나타나는 바닷물의 운동, 쓰나미, 해류 등 다양한 현상들에 대해 수학적인 해석과 함께 정리함. 바다에서 일어나는 다양한 현상들에 대해 실험실에서 실험해 볼 것임을 이야기하고 해양학이 가지고 있는 무한한 가능성에 대해 소감문을 작성하여 발표함.

행동특성 및 종합의견

1학기 학급자치회 부회장으로서 교실 청소 지도, 쓰레기 분리수거 등 학급의 중요한 일과 궂은일을 책임감을 갖고 도맡았으며 봉사와 배려를 실천하는 지도자 역할을 함으로써 급우들의 신뢰를 받음. 자신의 관심분야에 대한 탐구심이 강한 학생으로 해양오염의 심각성을 알리고자 관심 있는 학생들과 함께 해양 생명체 보호를 위해 홍보 포스터를 그리고 홍보하는 활동을 함. 또한 독서활동으로 '**바다는 왜?(장순근, 김웅서)**'를 읽고 밀물과 썰물, 지진해일이 생기는 이유, 대양의 여러 가지 이야기, 바다와 기후와의 관계 등 바다에서 나타나는 여러 가지 현상과 잠수함을 이용한 바다 밑 세계의 탐사와 여러 난파선과 관련된 보물선 이야기를 살펴봄. 바다에 대한 관심을 꾸준히 보여주며 바다 환경의 변화가 우리에게 미치는 영향을 말하고, 우리가 바다를 보존해야 하는 이유에 대해 논리적으로 설명함. 미래의 해양연구자로서 바다의 개발뿐만 아니라 보호에도 관심을 가지고 연구하는 자세를 보여줌.

18 ▶▶ 화학과

1 학과 인재상

지적 호기심을 가지고 있으며 도전정신, 논리력, 창의력을 지닌 학생

실험과정에 대한 인내심을 가지고 있으며 탐구정신이 뛰어난 학생

새로운 현상에 대한 관심과 섬세한 관찰력을 가지고 있는 학생

물질의 근본원리에 대한 호기심을 가지고 있는 학생

꾸준하고 성실한 연구자세를 바탕으로 실험에 대한 흥미와 탐구정신을 가진 학생

2 유사학과

- 나노소재학과
- 농생명화학과
- 생명환경화학과
- 생물환경화학과
- 생화학과
- 신소재화학과
- 응용화학과
- 의생명화학과
- 정밀화학과
- 화장품학과
- 화학에너지학과
- 화학생명과학과

3 관련직업

- 대학교수
- 중등학교교사
- 화학연구원
- 자연과학연구원
- 신소재관련연구원
- 반도체관련연구원
- 에너지관련연구원
- 고분자화공기술자
- 화장품화공기술자
- 석유화학화공기술자

4 개설대학

- 가천대학교
- 가톨릭대학교
- 강원대학교
- 건국대학교
- 경기대학교
- 경희대학교
- 고려대학교
- 광운대학교
- 국민대학교
- 단국대학교
- 동국대학교
- 동덕여자대학교
- 부산대학교
- 서강대학교
- 성균관대학교
- 서울대학교
- 서울시립대학교
- 서울여자대학교
- 성신여자대학교
- 세종대학교
- 숙명여자대학교
- 숭실대학교
- 아주대학교
- 연세대학교
- 울산대학교
- 이화여자대학교
- 인천대학교
- 인하대학교
- 전남대학교
- 전북대학교
- 중앙대학교
- 충남대학교
- 충북대학교
- 한국외국어대학교
- 한양대학교 등

1 인문계열

2 사회계열

3 자연계열·화학과

4 공학계열

5 의약계열

6 예체능계열

7 교육계열

같기도 하고 아니 같기도 하고
로얼드 호프만(이덕환 역) / 까치(2018)

이 책은 화학이 무엇이고, 화학자가 어떤 마음으로 화학문제를 해결하는가에 대해 다양한 이야기를 하고 있다. 생활 수준 향상과 소비 증가, 인구 팽창 등으로 자연 훼손이 갈수록 심각해지면서 화학에 대한 사회적 인식은 대단히 부정적으로 나타나고 있음을 이야기하며, 이를 해결하기 위해서는 오히려 화학에 대한 바른 이해가 필요하다고 설명한다. 화학은 인류의 역사와 함께 발전해 왔으며, 생명현상 자체도 화학이라고 할 수 있을 만큼 화학과 우리의 삶은 밀접한 관계가 있다. 이 책은 화학의 핵심문제들과 분자의 합성 등의 이야기를 화학이 가지고 있는 '대립적 시각'에서 안내한다.

미술관에 간 화학자
전창림 / 어바웃어북(2013)

이 책은 과학자의 시선으로 바라본 미술에 대한 이야기, 미술과 함께하는 과학에 대한 이야기를 다룬다. 미술작품들은 화학물질을 주재료로 하는 물감으로 만들어진다. 물감은 시간이 지나면서 퇴색되거나 발색되는데 이 또한 화학작용이다. 물감의 화학적 질감으로 캔버스에 3D를 재현한 최초의 화가, 고등어에 함유된 불포화지방산이 탄생시킨 유화, 램브란트와 밀레의 그림을 어둡게 변색시킨 화학물질, 평생 흰색 물감을 즐겨 사용하던 화가의 의문사 등의 흥미로운 이야기를 통해 명화 속 화학 이야기를 풀어간다.

사라진 스푼
샘 킨(이충호 역) / 해나무(2011)

이 책은 금, 규소, 텅스텐, 탄소를 비롯해 주기율표에 나오는 모든 원소들을 추적하며, 이 원소들이 역사, 경제, 신화, 전쟁, 예술, 의학과 과학자들의 삶에 어떠한 영향을 끼쳤는지 이야기한다. 무기를 만드는 데 효과적이었던 몰리브덴을 둘러싼 전쟁 이야기, 나치 독일의 무기 생산에 필요했던 텅스텐을 공급한 포르투갈의 이야기, 소형 휴대전화의 원료로 사용되는 틴탈과 니오브를 생산하던 콩고의 비극, 영국과 인도의 관계 속에서 요오드가 첨가되지 않은 소금이 유통되던 이야기, 텔루트 화합물 캘러버라이트에 대한 이야기 등 주기율표 속의 다양한 원소들에 대한 역사 속 이야기들을 소개하며 우리의 주위에 늘 원소들이 함께하고 있음을 이야기한다.

세상에서 가장 재미있는 화학
래리 고닉, 앨리스 아웃워터(김희준 역) / 궁리(2022)

이 책은 화학의 여러 이야기를 만화를 통해 이해하기 쉽게 소개했다. 기본적인 원자와 분자, 전자의 발견, 금속과 비금속, 전자와 원소, 전자들이 가진 각각의 고유한 성질, 화학의 개별 요소들이 결합을 통해 나타내는 성질, 연소, 결합 분해의 화학반응에서 일어나는 물질의 이동 등에 대해 다루고 있다. 또한, 내부에너지, 열용량, 엔탈피, 생성열에 대한 이야기, 기체, 액체, 고체로 나타나는 물질의 상태변화를 설명하고 있으며, 반응속도와 평형, 산과 염기 등에 대해서도 이야기한다. 더불어 열역학, 전기화학과 유기화학 등에 대한 실용화학에 대해서도 안내하고 있다.

세상을 바꾼 화학
원정현 / 리베르스쿨(2021)

이 책은 화학의 핵심 개념인 실험, 원소, 원자, 분자, 연소, 주기율표 등을 이야기하고 있다. 화학 역사를 살펴보면서 화학 이론과 과학적으로 사고하는 방법에 대해서도 안내하고 있다. 세상의 구성물질에 대한 탐구의 역사를 통해 물질 이론과 원소를 알아보고, 연금술사의 이야기와 실험도구로부터의 화학의 발달과정을 통해 근대 화학을 살펴보고 있다. 불의 이야기로부터 연소와 기체에 대해 알아보고, 주기율표를 통해 원소를 정리하게 된 역사를 이야기하고 있다. 물을 탐구해 온 역사를 살펴보며 분자 구조를 설명하고, 양자역학을 통해 변화된 원자모형 이야기와 핵반응의 연구과정, 원자폭탄의 개발 이야기도 다룬다.

역사를 바꾼 17가지 화학이야기
페니 카메론 르 쿠터, 제이 버레슨(곽주영 역) / 사이언스북스(2007)

이 책은 역사적, 화학적으로 흥미로운 화합물에 대해 이야기하고 있다. 저자는 눈으로 보면 아무런 관련이 없어 보이는 사건들도 알고 보면 유사한 화학 구조에 바탕을 둔 사건임을 말하고, 사회 발전이 특정 화합물의 화학에 얼마나 영향을 받았는지 안내한다. 무역과 상업을 발달시킨 분자들을 이야기하고, 분자의 화학 구조가 우리 의식주를 어떻게 바꾸었는지도 살펴보며 의학, 공중보건, 개인 건강의 진보에 박차를 가한 분자들을 이야기한다. 또한, 수많은 사람을 구했던 분자와 수많은 사람을 희생시킨 분자도 살펴본다. 더불어 인류 문화와 사회, 법률, 환경이 분자들의 화학 구조 때문에 생긴 변화에 대해서도 이야기한다.

질병의 연금술
존 와이스너(이덕환 역) / 까치(2022)

과학과 기술의 발전과 함께 인류의 안녕을 가져다주는 의약품과 풍성한 식재료를 제공해 줄 수 있는 농약 등 여러 화학물질이 나타났다. 더불어 이전에는 알려지지 않았던 인체에 유해한 물질 또한 많아졌다. 이 책은 화학물질이 생명체에 미치는 유해 효과를 연구하는 독성학에 대해 소개하는 책이다. 저자는 독성학의 개념과 역사, 화학물질의 노출과 질병 사이의 인과관계, DDT부터 담배, 납, 화학무기와 마약 등 독성학의 발전과 그 시대의 사회적, 정치적 배경 등을 이야기한다. 또한 대기오염 등과 같은 공중보건 문제에 대한 과학적, 정치적 통찰과 함께 독성학의 미래 과제에 대해서도 살펴본다.

화학, 알아두면 사는 데 도움이 됩니다
씨에지에양(김락준 역) / 지식너머(2019)

이 책은 저자가 '일상생활 속 화학'을 주제로 연재한 칼럼을 책으로 엮은 것이다. 저자는 광고에 종종 나오는 '화학 물질 무첨가' 제품은 실제로 존재하지 않음을 지적하며 이야기를 시작한다. 화학은 이미 우리 생활 속에 깊이 함께하고 있음을 언급하고, 화학제품에 대한 바른 이해를 통해 일상에서 화학 물질을 편리하게 활용할 수 있음을 설명하고 있다. 저자는 '밥상에 관한 화학 상식', '세안과 목욕에 관한 화학 상식', '미용에 관한 화학 상식', '청소에 관한 화학 상식'의 4개의 큰 주제 안에서 총 48가지의 일상생활에서 만나게 되는 다양한 화학 물질과 사용법에 대해 안내하고 있다.

화학으로 이루어진 세상
크리스틴 메데페셀헤르만, 프리데리케 하마어(권세훈 역) / 에코리브르(2007)

우리가 아침에 눈을 뜨고 잠들 때까지 접하게 되는 수많은 화학의 세계를 각 시간, 상황별로 구성하여 소개한 책이다. '화학이 없는 세계'에 대한 꿈을 꾼 화자는 꿈에서 깨며 그 화학이 없는 세계가 악몽이었음을 말한다. 이 꿈을 통해 피부를 보호하는 화장품, 병을 치료하는 의약품, 피임약, 의류, 장난감, 비누, 냉장고, 농약, 치약, 칫솔 등 우리 일상 생활 어디에서든 화학이 자리 잡고 우리의 삶을 도와주고 있음을 이야기한다. 또한 우리의 신체도 화학물질로 구성되어 있고, 수많은 화학공정이 진행되고 있음을 설명한다.

화학이란 무엇인가
피터 앳킨스(전병옥 역) / 사이언스북스(2019)

이 책은 일반인들이 화학의 기본 개념들 즉, '원자와 분자', '에너지와 엔트로피', '화학 반응' 등을 거부감 없이 받아들일 수 있도록 흥미로운 설명과 비유로 이야기하고 있다. 저자는 사람들이 가지고 있는 화학에 대한 불쾌감이 학창시절에 겪은 어려웠던 수업과 실험, 그리고 화학제품들로 인해 나타난 환경 오염 뉴스들로부터 비롯된 것일 수 있다고 말한다. 저자는 화학이 인류의 문화와 복지에 어떻게 기여했으며, 우리 주변의 작은 돌멩이부터 생명체까지 모든 물질을 화학자들이 어떻게 바라보는지 설명하며 그동안 가졌던 부정적 인식을 긍정적인 인식으로 바꾸려 한다. 또한 미래 문명사회에서의 화학의 역할에 대해 소개한다.

화학과 독서탐구활동 활용사례

자율활동 특기사항

자연과학에 흥미를 가지고 있는 학생으로 탐구심이 강하고 학급 학습부장을 맡아 꾸준히 화학관련 학습자료를 제공해 주는 역할을 함. 교내과학탐구활동에 참여해 '희토류의 특성과 화학적 반응'에 대해 탐구하며 관심 분야인 화학적 자원에 대한 중국의 '희토류' 무기화와 관련된 기사가 주제선정의 계기가 되었음을 이야기함. 화학 시간에 다루었던 비가역적인 반응과 전자가 관여하는 환원 과정을 희토류 원소와 아세톤 용액을 순환전압전류법으로 반응시킨 결과물을 통해 보여주고, 희토류 원소가 란타늄족에 포함되는 사실을 통해 악티늄족 위주의 주기율표의 특징을 더 탐구해보고 싶다는 보고서를 작성함. 관심분야에 대한 독서활동에서 **'사라진 스푼(샘 킨)'**을 읽고 주기율표의 다양한 원소들에 대한 역사 속 이야기와 이 원소들이 역사, 경제, 신화, 전쟁, 예술에 끼친 영향을 설명함. 화학원소들에 대한 탐구를 통해 우리 삶에 긍정적인 변화를 가져오고 싶다는 포부를 밝힘.

동아리활동 특기사항

(과학탐구반)(34시간) 동아리 부원들과 실험탐구활동으로 각 전극에서 발생하는 기체의 종류와 부피비를 알아보는 전기분해 실험을 수행함. 1차 실험 후 실험의 실패 원인을 모둠원과 토의 과정을 통해 찾고 이를 개선하여 다시 수행한 후 (-)극과 (+)극에서 각각 수소와 산소가 2:1의 부피비로 생성된다는 결과를 얻게 됨. 실험을 통해 본인이 알고 있는 지식을 실험으로 확인하는 것이 생각보다 쉽지 않다는 점과 각 단계의 주의 사항을 지켜야 하는 이유를 깨달았음을 이야기함. 진로관련 독서활동으로 **'화학으로 이루어진 세상(K. 메데페셀헤르만 외)'**을 읽고 우리가 아침에 눈을 뜨고 잠들 때까지 접하게 되는 수많은 화학의 세계를 이야기함. 피부를 보호하는 화장품, 병을 치료하는 의약품, 피임약, 의류, 장난감, 비누, 냉장고, 농약, 치약, 칫솔 등 우리 일상생활 어디에서든 화학이 자리 잡고 우리의 삶을 도와주고 있음을 이야기함. 우리의 신체도 화학물질로 구성되어 있고 수많은 화학공정이 진행되고 있음을 설명함.

진로활동 특기사항

화학에 대한 관심이 많은 학생으로 '내 진로의 직업윤리 활동'에서 생명의 존엄성을 보호할 수 있는 연구자가 되고 싶다고 발표함. 범죄, 테러에 사용되는 화학 무기와 같은 위험으로부터 생명의 존엄성을 지키는 연구 태도가 필요하며, 현재 해결되지 못한 질병에 대한 약의 개발이나 환경을 회복시킬 수 있는 방법을 연구하고 싶다고 포부를 밝힘. '미래직업 찾아보기 활동'에서 4차 산업 시대에 변화할 직업군을 알아보고 자신이 희망하는 직업인 화학연구원이 더욱 유망할 것이라는 사실을 조사함. 현재 자신의 문제점을 개선하기 위한 노력을 다짐하고, 진로와 관련된 화학 공부를 통해 좀 더 자신의 꿈과 비전을 구체적으로 설계해 보는 시간을 가짐. 자신의 진로와 관련된 독서활동으로 **'화학, 알아두면 사는 데 도움이 됩니다(씨에지에양)'**를 읽고 화학은 이미 우리 생활 속에서 깊숙하게 자리 잡고 있음을 설명하며 화학제품에 대한 바른 이해가 필요함을 이야기함. 화학에 대한 바른 이해를 통해 일상생활에서 끊임없이 만나게 될 화학 물질을 편리하고 바르게 활용할 수 있음을 설명함. 자신이 꿈꾸는 화학연구원으로의 목표를 이루어 인간과 지구에 해가 되지 않는 화학제품과 물질을 개발하겠다는 다짐을 독서활동지를 통해 밝힘.

교과 세부능력 및 특기사항

화학 I

과학적 탐구력과 협동심이 돋보이는 학생으로 창의적 아이디어와 소통능력을 바탕으로 다양한 분야에 호기심을 보여줌. 주기율표의 역사에 대해 탐색하며 학급 구성원 개개인에게 원소 번호를 부여하고 각 원소의 유래와 이용사례를 소개하며 학급 친구들에게 큰 호응을 받음. 원소의 역사를 살펴보며 화학이 실생활에 밀접한 관계가 있음을 알게 되는 기회가 되었다고 이야기함. 더불어 급우들과 함께하는 여러 탐구과정에 적극적으로 참여하여 학급의 협력적인 분위기 형성에 기여함. 교과 관련 독서활동으로 화학의 핵심 개념인 실험, 원소, 원자, 주기율표 등을 다룬 **'세상을 바꾼 화학(원정현)'**을 선정하여 화학 역사와 화학 이론 및 과학적 사고법에 대해 이야기함. 물질 이론과 원소, 화학의 발달과정을 통해 근대 화학을 설명하고, 양자역학을 통해 변화된 원자모형과 핵반응의 연구과정 및 원자폭탄의 개발 이야기 등을 이야기하며 화학 관련 진로에 대해 독서활동 보고서를 제출함.

미적분

수업시간에 학습한 내용 중 중요했던 포인트는 따로 기록하고 이해가 더 필요한 부분은 설명, 그래프 등으로 보충함. 노트를 보면 교사의 수업내용을 들여다볼 수 있을 정도로 꼼꼼하게 정리함. 농도변화가 화학반응에 주는 영향과 화학반응 특성을 수학적인 모델로 계산하는 과정에 관심을 가지고 '화학반응속도론'을 주제로 탐구활동을 함. 탐구과정을 통해 평형상수와 반응속도의 차이점을 찾아보고 화학반응에서의 원리들을 방정식을 통해 이해하게 되었음을 보고서로 작성하여 발표함. 평소 관심을 가지고 있던 분야의 내용을 담은 **'세상에서 가장 재미있는 화학(래리 고닉, 앨리스 아웃워터)'**을 읽고 화학의 개별 요소들이 결합을 통해 나타내는 성질, 연소·결합·분해의 화학반응에서 일어나는 물질의 이동 등에 대해 살펴봄. 내부에너지, 열용량, 물질의 상태변화, 반응속도와 평형 등의 과정에서 나타나는 여러 계산식과 그 과정을 다양한 자료와 함께 설명함.

행동특성 및 종합의견

매사에 성실한 태도로 활동에 참여하는 학생으로 과학에 대한 흥미가 많은 학생임. 학급 친구들을 위한 학습 발표 활동에서 화학을 선택하여 '산화 환원과 산화수'에 대해 산화 환원 반응을 구별하는 방법을 설명함. 산소 또는 수소의 이동이나 전자의 이동 외에도 산화수의 증가 또는 감소를 관찰하면 산화 환원 반응을 구별할 수 있다는 내용을 학급 친구들에게 차분히 설명함. 진학 희망학과를 조사하여 화학과로 진학해 에너지, 환경, 재료, 의약 등 다양한 분야에 유용한 화학 공정을 배우고 싶다는 다짐을 함. 꾸준히 독서활동을 하며 **'화학이란 무엇인가(피터 앳킨스)'**를 읽고 일반인들이 가지고 있는 화학에 대한 부정적 이미지를 탈피하기 위해 화학자들이 우리 주변의 물질에 대해 설명하고 있음을 이야기함. 화학제품들, 환경 오염 뉴스들이 결국 화학의 발전이 만들어낸 부정적 효과임을 인정하고, 미래 사회에서 화학이 어떤 방향으로 발전하고 역할을 해야 하는지 소감문을 작성함.

19 ▶▶ 환경학과

1 학과 인재상

성실한 자세를 보이며
여러 실험상황에
창의력과 탐구력을
발휘할 수 있는 학생

환경 이상 현상에 대한
이해와 문제해결에
관심을 가지고 있는 학생

사회, 환경적
변화에 대한 관심과
호기심이 강한 학생

자연과학 분야의 기초지식을
바탕으로 여러 분야와 융합적
탐구능력을 지닌 학생

국제적 교류에 관심을 가지고
글로벌 역량을 지닌 학생

2 유사학과

- 그린스마트시티학과
- 대기환경과학과
- 바이오환경과학과
- 생명환경학과
- 지구환경과학과
- 해양환경과학과
- 환경생명과학과

3 관련직업

- 대학교수
- 환경관련연구원
- 환경정책연구원
- 대기환경연구원
- 수질환경연구원
- 토양환경연구원
- 환경문제조사원
- 환경컨설팅전문가
- 바이오에너지연구원

4 개설대학

- 강릉원주대학교
- 강원대학교
- 건국대학교
- 경상국립대학교
- 경희대학교
- 공주대학교
- 동국대학교
- 부경대학교
- 부산대학교
- 상명대학교
- 서울대학교
- 순천향대학교
- 안동대학교
- 원광대학교
- 전남대학교
- 전북대학교
- 전주대학교
- 충남대학교
- 충북대학교
- 한국외국어대학교
- 한국해양대학교 등

2050 거주불능 지구

데이비드 월러스 웰즈(김재경 역) / 추수밭(2020)

2020년 4월 '지구의 날' 50주년을 맞이하여 출간된 이 책은 최신 연구 자료와 통계적 근거를 바탕으로 가장 믿을 만한 기후변화의 미래 시나리오를 제시하고 있다. 저자는 시장 중심적이고 소비적인 태도로 일관했던 환경 운동을 비판하며 화석연료로 뒷받침됐던 자본주의 시스템의 근본적인 변화를 촉구한다. 또한, 몇몇 똑똑한 사람들에게만 맡겨둘 수 없는 기후변화 문제에 대한 민주적이고 협력적인 대응 방안을 모색하고 있다. 더불어 사고의 전환을 도모하는 방편으로 '인류 원리'를 제안하며 '지구'와 '자연'의 입장에서 생각하는 차원을 넘어 온 인류와 지구를 '한 사람'처럼 생각할 수 있는 관점으로 안내하고 있다.

나는 풍요로웠고, 지구는 달라졌다

호프 자런(김은령 역) / 김영사(2022)

지난 50년 동안 전 세계 인구가 2배, 식량 생산은 3배, 에너지 소비는 4배 증가하였다. 특히, 한국의 에너지 소비는 10배, 화석연료 사용은 9배 증가하였다. 이러한 변화는 되돌릴 수 없는 심각한 기후 문제를 야기했다고 저자는 있는 그대로의 데이터와 수치를 통해 이야기하고 있다. 1부에서는 인구 증가의 문제, 2부에서는 대량 생산을 위해 사라지는 나무, 살충제와 항생제, 유전자 조작 등의 문제점을 이야기한다. 3부에서는 친환경적이지 못한 에너지에 대하여 이야기하며 이러한 문제의 해결을 위해 저자는 '덜 소비하고 더 많이 나누라'라는 지침을 권하고 있다.

두 번째 지구는 없다

타일러 라쉬 / 알에이치코리아(2020)

저자는 우리 인류가 파산을 앞두고 있다며 환경 문제를 경제 문제로 이야기하고 있다. 값싼 화석연료의 사용, 일회용품의 배출 등이 결국 비싼 값으로 우리에게 돌아올 것임을 경고한다. 그러기에 탄소배출 저감을 실천하는 기업을 선택하고 환경문제를 외면하는 기업은 불매하는 '환경'이 기준이 되는 선택이 환경 문제를 해결하는 하나의 길임을 제시하고 있다. 저자는 우리는 자연의 일부이기에 자연은 '공존'의 대상이 아닌 살아남기 위해 반드시 살펴야 할 우리의 보금자리임을 강조한다.

리질리언스 사고

브라이언 워커, 데이비드 솔트(고려대학교오정에코리질리언스연구원 역) / 지오북(2015)

'복원력', '회복탄력성' 등으로 번역되는 '리질리언스'는 어떤 시스템이 외부충격을 흡수해 구성 요소들의 기능을 원상태로 유지시키려는 능력, 대응방식을 말한다. 효율성과 최적화에 중점을 둔 지속가능성 발전의 허상을 지적하며 '리질리언스 사고'를 통해 끊임없이 발생하고 있는 지진, 태풍, 쓰나미와 같은 자연재해로부터 사회생태시스템을 회복하는 방안에 대해 이야기한다. 환경문제는 기존의 방식으로는 해결하기 어려움을 지적하며 미국, 호주, 스웨덴 등의 사례를 통해 자연환경과 자원관리에 리질리언스 사고가 어떻게 적용되어야 하는지를 소개하고 있다.

1 인문계열

2 사회계열

3 자연계열 · 환경공학과

4 공학계열

5 의약계열

6 예체능계열

7 교육계열

생태적 전환, 슬기로운 지구 생활을 위하여
최재천 / 김영사(2021)

이 책은 환경 재앙의 역사를 개괄하고 팬데믹에서 기후 위기, 생물다양성 고갈까지 인간 존립을 흔드는 환경 문제를 살펴보며 21세기 지구인이 실천해야 할 생태학의 핵심을 이야기하고 있다. 1장에서는 성경에 기록되어 있는 환경재앙에서부터 근대의 환경재앙, 우리나라의 환경 관련 사건을 이야기하며, 2장에서는 불법 포획으로 인한 멸종위기 야생동식물에 대한 이야기와 그로 인한 전염병에 대해 이야기하고 있다. 3장에서는 기후변화로 인한 동물들의 서식지 변화와 그에 따른 감염병의 발생을 다루고, 기후위기보다 심각한 생물다양성의 고갈을 경고하며 4장을 마무리하고 있다.

쓰레기책
이동학 / 오도스(2020)

표지와 제목부터 환경문제를 적극적으로 다루고 있음을 알 수 있다. 사회의 발전과 풍요에 뒤따라 붙는 문제는 '쓰레기' 배출문제이다. 우리가 배출하고 있는 쓰레기는 어떻게 처리되고 있으며, 분리수거는 어떻게 이루어지고 있는 것인가? 지은이가 여행을 하며 보고 겪은 경험을 바탕으로 쓰레기 문제는 특정 국가의 문제가 아닌 전 지구에서 여러 모습으로 나타나고 있음을 사례를 통해 이야기하고 있다. 또한 환경을 지키기 위한 각 나라의 다양한 노력의 예를 소개하며 쓰레기 배출을 감소시키기 위한 여러 방법을 제시하고 있다. 더불어 우리나라의 환경문제와 이를 해결하기 위해 고민해야 할 부분에 대해서도 지적한다.

엔트로피
제레미 리프킨(이창의 역) / 세종연구원(2015)

엔트로피는 '물질이 열역학적 변화를 일으킬 때 변화된 온도를 열량으로 나눈 값으로서, 쓸 수 없게 된 에너지'를 뜻하는 말이다. 이 책은 가용 에너지를 초과하는 상황에 대한 경고를 담고 있다. 산업화, 발전, 기술의 진보 등은 엔트로피가 증가하고 있음을 의미하고 있으며 이는 쓸모 있는 에너지는 줄고, 쓸모없는 에너지가 증가하고 있음을 이야기한다. 이러한 엔트로피의 증가는 환경문제와 기후변화 문제 등 지금 우리가 직면한 문제들을 재조명하고 있다. 저자는 지금부터 엔트로피의 증가를 늦추어 인간이 지구의 파괴자가 아닌 파수꾼으로서의 역할을 하도록 강조한다.

인류세: 인간의 시대
최평순, EBS 다큐프라임 / 해나무(2020)

인류세는 너무나 강력해진 나머지 자기 자신을 포함한 지구 전체의 운명을 좌지우지하는 힘을 갖게 된 한 생물종이 지배하는 시대를 지칭한다. '인류세의 인간과 자연은 어떻게 살아가고 있을까?', '이 시대는 어떻게 최후를 맞이하고, 우리는 무엇을 남기게 될까?', '우리에게 남은 희망은 무엇일까?'라는 물음을 바탕으로 이 책이 나오게 되었다. 이 책은 인류세가 무엇인지 소개하고, 여섯 번째 대멸종이 진행되고 플라스틱이 거침없이 쌓여가는 현장의 모습을 이야기한다. 또한 대한민국에서의 인류세 현장도 언급하며, 우리 인간이 인류세의 가해자이자 피해자임을 말하고 있다.

지구는 괜찮아, 우리가 문제지

곽재식 / 어크로스(2022)

기후변화에 대한 다양한 이야기를 모아 정리하고 이를 통해 기후 변화 문제를 전달하고 있는 책이다. 저자는 '이해하기 어려운 내용이 이해가 되면, 그 이해를 바탕으로 자신의 생각을 품을 수 있고, 자신의 생각을 품으면 그에 맞는 행동을 할 수 있다.'라고 말하며 어렵게 느껴지는 기후변화를 이해하기 쉽게 전달하여 여러 사람이 협심해야 한다고 이야기한다. 1부에서는 기후변화의 원인과 역사를, 2부에서는 수력발전, 전기에너지, 수소경제 등 기후 변화에 대응하기 위한 노력을, 3부에서는 기후변화에 우리가 각자가 할 수 있는 일까지 이야기하며 결국 기후변화의 문제의 제공자도, 피해자도, 그리고 해결할 수 있는 사람도 인간임을 지적하고 있다.

침묵의 봄

레이첼 카슨(김은령 역) / 에코리브르(2011)

20세기 환경학 최고의 고전으로 꼽히는 이 책은 환경 문제의 심각성과 중요성을 일깨워주고 있다. 농약, 살충제, 제초제 남용의 심각성을 고발하고, 그 독성에 대해 경고하고 있다. 살충제는 인간의 눈앞의 이익을 위해 동식물 생태계를 파괴하고 있으며, 결국 그 파괴는 인간에게 되돌아온다고 경고하고 있다. 화학물질의 무분별한 사용은 인간 체내에 축적되어 여러 질병을 유발하고 있음을 이야기하며 정부와 살충제 제조업체의 행태를 지적하고. 환경문제를 대중에게 알리고 있다. 또한, 자연방제법 등 생존 가능한 대안을 제시하며 지구를 살릴 수 있는 길을 선택해야 한다고 강조한다.

자율활동 특기사항

학급자치회 환경부원으로서 학급 쓰레기 배출 및 분리수거를 담당하여 깨끗하고 청결한 교실 환경을 조성하는 데 기여함. 생태 및 환경 활동에서 멸종 위기종인 늑대의 개체 수가 줄고 있는 현상을 주제로 한 포스터를 제작하였으며 플라스틱 쓰레기를 재활용하여 의류, 물품 등에 활용하는 구체적인 방안을 제시. 우리 마을 신문 만들기 활동에서 생태계 서비스와 습지의 중요성에 대해 알아보고, 우리 마을의 습지에 대한 기사를 작성하며 미래를 위해 신중히 개발하자는 의견을 제시함. 독서자율활동 시간을 활용하여 **'쓰레기책(이동학)'**을 읽고 사회의 발전과 풍요로움 뒤에는 쓰레기 배출문제가 있음을 이야기함. 우리가 배출하고 있는 쓰레기는 어떻게 처리되고 있으며 분리수거는 어떻게 이루어지는지 살펴보고, 쓰레기 문제는 특정 국가의 문제가 아닌 전 지구에서 여러 모습으로 나타나고 있음을 사례를 통해 설명함. 또한 환경을 지키기 위한 각 나라의 사례와 쓰레기 배출 감소를 위한 방법을 제시하는 소감문을 작성함.

동아리활동 특기사항

(환경탐구반)(34시간) 동아리 부원들과 함께한 우리 환경 지키기 활동에서 습지의 종류와 역할, 습지의 중요성, 환경보호의 필요성, 환경 파괴로 인한 멸종위기 동물, 신재생에너지에 대해 알아보고 보고서를 작성하여 관련내용을 홍보지로 만들어 친구들에게 알리려고 노력함. 또한, 지역사회의 생태환경의 특성과 환경보호의 중요성을 알게 되었고, 배달음식 적당히 먹기, 일회용품 줄이기, 재활용하기 등 환경보호를 위한 실천방안에 대해 조사하고, 이를 동아리 친구들과 실천하기 위해 약속카드를 만들어 봄. 환경에 관심을 가지고 독서활동으로 **'지구는 괜찮아, 우리가 문제지(곽재식)'**를 선정하여 읽고 기후변화 문제에 대한 다양한 이야기를 살펴보게 되었음을 이야기함. '이해하기 어려운 내용이 이해가 되면, 그 이해를 바탕으로 자신의 생각을 품을 수 있고, 자신의 생각을 품으면 그에 맞는 행동을 할 수 있다.'라는 저자의 말에 공감하며 기후변화 문제에 대한 올바른 인식과 우리에게 필요한 행동들에 대해 소감문을 작성함.

진로활동 특기사항

현재보다 더 나은 미래를 생각하며 환경정책 관련 직업을 생각하는 학생으로, 진로찾기 활동을 통해 자신이 고민하고 있는 환경전문가에 대해 교과과정, 관련학과, 개설대학, 진출분야, 관련직업(환경정책연구원, 환경컨설팅전문가 등), 관련자격증을 조사함. 진로 탐구활동에 참여하여 관심분야인 환경과 관련된 발전방향을 탐구하며 풍력, 바이오매스, 지열, 조력, 수력, 태양광 등의 친환경 에너지에 대해 학습함. 에너지 정책에 대한 조사활동을 통해 친환경 에너지 전환의 필요성에 대해 인식하는 계기가 되었음을 이야기함. 자신의 진로에 대한 확신이 있으며, 직업에 대한 꾸준한 탐구로 관련 분야에 대한 깊이를 더해가는 학생임. 진로 관련 독서활동을 통해 **'두 번째 지구는 없다(타일러 라쉬)'**를 읽고 환경문제는 전문가들만의 문제가 아닌 누구라도 당장 이야기를 꺼내 행동해야 하는 심각한 문제라는 점을 강조함. 환경문제가 경제문제와 함께 이야기되어야 함을 말하며, 값싼 화석 연료의 사용, 일회용품의 배출 등이 결국 우리에게 비싼 값으로 돌아올 것임을 강조함. 이에 따라 탄소배출 저감을 실천하는 기업의 제품을 선택·활용하는 생활을 해야겠다는 다짐을 담아 소감문을 제출함.

교과 세부능력 및 특기사항

환경

수업에 적극적 태도로 참여하는 모습이 인상적이며, 최근 부각되고 있는 지구온난화나 미세플라스틱 문제 등에 많은 관심을 가지고 관련 자료를 정리하는 모습을 보여줌. 환경 분야에 관심을 가지고 있는 학생으로 '쓰레기의 올바른 배출법'이라는 주제로 우리나라 쓰레기 배출 문제에 대해 탐구하고 해결 방안을 모색해 보는 시간을 가짐. 분리배출과 관련한 기준의 모호함이 올바른 쓰레기 배출에 있어 제한점이 된다고 설명하면서 이를 해결하기 위해 환경부에서 제작한 애플리케이션을 소개함. 교과 관련 관심 분야 독서활동 시간을 활용하여 **'침묵의 봄(레이첼 카슨)'**을 읽고 여러 가지 환경문제가 오래전부터 지적되었지만 개선되지 않고 더욱 심각해졌다는 사실에 안타까워함. 화학물질의 무분별한 사용이 환경뿐 아니라 인간에게도 여러 폐해를 줌을 이야기하며 그에 대한 대안을 제시하고, 지구 그리고 우리 인간이 살 수 있는 길을 찾아야 함을 강조하는 소감문을 작성함.

수학Ⅱ

학습과정에서 알게 된 생물학적 오염지표가 적분과 관계된다는 것에 관심을 가지고 그에 대한 탐구활동을 함. 생물학적 오염지표가 온도에 따른 유색생물과 무색생물의 양으로 구해진다는 것을 알았으며 그에 대한 식을 고민해 봄. 남조류, 녹조류, 갈조류의 특징에 따라 온도에 따른 생물학적 오염지표 식과 그래프를 설정하고 가장 수질이 좋은 상태의 수온을 추측해 보는 과정을 설명함. 주어진 문제상황에 대해 스스로 가설을 세우고 문제점을 분석하는 과정에서 연구활동에 대한 흥미를 가지게 됨을 이야기함. 교과 독서활동 시간에 평소 관심을 가지고 있는 환경 분야에 대해 이야기하는 **'2050 거주불능 지구(데이비드 월러스 웰즈)'**를 읽음. 여러 자료를 바탕으로 시장 중심적이고 소비적인 태도로 일관했던 환경 운동을 비판하며 화석연료로 뒷받침됐던 자본주의 시스템의 근본적인 변화가 필요함을 이야기함. 미래의 환경운동가로서 구체적인 자료와 분석으로 모두가 환경문제에 대응해야 한다고 소감문을 작성함.

행동특성 및 종합의견

학교생활에서 규칙을 잘 준수하며 학급 활동에도 적극적으로 참여하고 친구들의 얘기에 귀를 기울이는 모습을 보이는 배려심이 많은 학생임. 담임교사와 수시로 소통하며 자신의 미래를 설계하기 위한 진로 고민과 다양한 정보 탐색을 진지하게 해보며, 부족한 학업을 보완하고 학습 방법을 개선하여 좀 더 나아가기 위한 노력을 지속적으로 실천하고 있음. 타인과 자연에 대한 깊은 애정을 바탕으로 환경에 관심이 많고, 지구의 운명은 인류에게 달렸다고 이야기하고 있는 **'인류세:인간의 시대(최평순, EBS 다큐프라임)'**를 읽고 난 후, 지금 인류세를 살고 있는 자신과 우리의 미래, 그리고 인간과 자연과의 관계에 대해 생각해 봄. 멸종되고 있는 동식물들, 거침없이 쌓여 가는 플라스틱 등 우리나라의 인류세 현장을 이야기하고 우리 인간이 인류세의 가해자인 동시에 피해자가 되고 있음을 깨달아 소감문으로 제출함. 책을 통해 자신의 진로에 대하여 좀 더 단단한 각오를 다지게 되었음을 밝힘.

1 인문계열

2 사회계열

3 자연계열 · 환경학과

4 공학계열

5 의약계열

6 예체능계열

7 교육계열

계열별
진로 독서의 실제

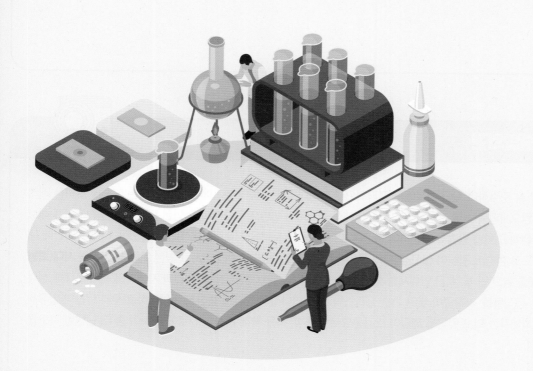

Chapter 4 공학계열

1 ▶▶ 건축공학과

1 학과 인재상

공간 지각력과
손재주가
뛰어난 학생

수학, 과학 등
기초 과학 분야의 기본지식과
미적 감각을 지닌 학생

기술적, 과학적,
조직적 사고능력을
지닌 학생

건축뿐만 아니라 기계 분야에
대한 지식과 흥미도 지닌 학생

사물에 대한 호기심과 환경에
대한 관심을 가진 학생

2 유사학과

- 건축기계설비과
- 건축시스템공학과
- 건설환경계열
- 건축설비과
- 건축설비소방과
- 건축디자인전공
- 건축리모델링과
- 건축설계전공
- 실내건축학과
- 도시건축학과
- 전통건축학과
- 친환경건축학과

3 관련직업

- 건설견적원
- 건설자재시험원
- 건축감리기술자
- 건축공학기술자
- 건축구조기술자
- 건축설계기술자
- 건축설비기술자
- 건축안전기술자
- 녹색건축전문가
- 도시계획 및 설계가
- 토목공학기술자

4 개설대학

- 가천대학교
- 강원대학교
- 건국대학교
- 경기대학교
- 경희대학교
- 광운대학교
- 대구대학교
- 대전대학교
- 동서대학교
- 동아대학교
- 목포대학교
- 부경대학교
- 서울대학교
- 안동대학교
- 연세대학교
- 우송대학교
- 원광대학교
- 전북대학교
- 전주대학교
- 조선대학교
- 충남대학교
- 충북대학교
- 한밭대학교
- 협성대학교
- 호서대학교 등

5 학과 연계도서

건축공학의 이해
정순오 / 기문당(2020)

이 서적은 건축공학을 이해하는 데 도움이 될 수 있도록 건축공학에서 중요한 기본지식을 중심으로 안내한다. 건축구조, 건축재료, 건축시공, 건축 환경 및 설비 분야에 대한 기초적인 지식을 설명하고 건축물의 기원과 건축공학자의 역할에 대해서도 소개한다. 건축물의 구조와 건축물에 작용하는 힘, 건축재료의 분류법과 건축재료의 물리적 성질을 안내하고 건축물을 시공할 때 필요한 일반적인 사항과 기초공사, 철근콘크리트공사, 철골공사, 마감공사 과정에 대해서도 알려준다. 건축할 때의 환경 중에서 빛 환경, 열 환경, 소리 환경, 공기 환경 및 친환경 건축에 대해서도 소개한다. 이 책을 통해서 건축공학을 전공하고자 하는 사람들이 기본적인 지식을 습득할 수 있다.

건축사, 건축공학기술자 어떻게 되었을까?
캠퍼스멘토 / 캠퍼스멘토(2021)

건축사 장윤규, 양승규, 권이철, 조재완, 방재웅, 박현근 6명의 경험을 통해 건축사와 건축공학기술자에 대한 정보를 접할 수 있다. 건축사와 건축공학기술자의 역할을 소개하고, 건축사와 건축공학기술자가 되기 위해서 준비해야 하는 것을 설명한다. 건축사와 건축공학기술자가 되기 위해 필요한 자질과 장단점에 대해서도 소개한다. 건축사 관련 대학 및 학과에 대해 소개하여 진로를 탐색하는 데 도움을 주고, 세계적인 스타 건축가를 통해서 세계의 놀라운 현대 건축물을 소개한다. 건축박물관에 대해서 안내하고, 건축 관련 도서 및 영화에 대한 정보도 얻을 수 있다.

건축문답
마르크 안젤릴(정현우 역) / 미진사(2020)

건축가의 역할과 건축의 존재 의미에 관해 나눈 스위스 취리히 연방공과대학의 인터뷰 모음집이다. 동시대 건축문화를 이해하고 개별 건축가의 작업을 조명하려는 목적에서 시행된 취리히 연방공과대학 건축학과의 동명 프로젝트에서 시작했고, 인간의 생활환경을 조성하며 삶의 방식에 관여하는 건축의 존재 의미와 건축가의 역할에 관한 30편의 인터뷰와 4편의 에세이를 담고 있다. 스위스라는 건축의 실험실을 통해 삶과 공간의 문제를 돌아볼 수 있고, 건축가에 대해서 궁금한 학생은 흥미롭게 읽을 수 있을 것이다.

건축전쟁
도현신 / 이다북스(2022)

이 책은 바벨탑, 파로스 등대, 콜로서스 거상, 아르테미스 신전, 마우솔레움 영묘, 올림피아의 제우스 신상, 황금궁전, 예루살렘성전, 공중정원에서 한무제의 상림원과 곤명지, 신라의 황룡사, 고려의 격구장과 흥왕사까지 역사 속의 거대 건축물들에 대해 설명한다. 역사의 흐름 속에서 무너지고 흔적은 지워졌지만, 그 안에 물든 세계의 역사를 건축물을 통해서 소개한다. 이들 거대한 건축물 중에는 지금은 몇 개의 흔적만 남긴 채 기록 속에 묻혀 있는 것들이 적지 않지만, 이 책을 통해서 건축물과 세계의 이야기에 대해서 배울 수 있다.

1 인문계열

2 사회계열

3 자연계열

4 공학계열 · 건축공학과

5 의약계열

6 예체능계열

7 교육계열

도시를 만드는 법
김지엽 / 성균관대학교출판(2022)

김지엽 교수가 도시를 만들어 가는 법과 관련해 지금까지 쌓아온 연구 내용을 모아서 건축과 도시 전공 학생들을 대상으로 강의한 '도시와 법'이란 과목에 대한 내용이다. 오랜 연구 결과를 한 권의 책으로 모은 것으로 그동안의 논문, 저술, 연구 프로젝트 내용을 하나의 결과물로 정리해 읽기 쉽게 구성했다. 1장에서는 도시계획을 통한 재산권 제한의 명분과 논리를 배우고, 2장에서는 토지재산권의 공간적 범위에 대해서 알 수 있다. 3장에서는 공개공지, 전면공지, 공공통로, 건물전면공간에 대해서 차이점을 소개한다. 4장부터는 토지재산권의 공간적 범위와 도시계획시설과 도시공간의 입체적 활용 등에 대해서 공부할 수 있다.

바이오필릭 시티
티모시 비틀리(최용호 역) / 차밍시티(2020)

이 책은 미래 도시의 새로운 모델인 바이오필릭 시티의 과거와 현재 그리고 미래를 소개한다. 바이오필릭 시티는 바이오필리아 이론을 기반으로 한 도시 계획적 개념이다. 바이오필릭 시티에 만들어진 자연은 도시에 있는 모든 것에 긍정적인 영향을 미친다. 현재 전 세계 인구의 절반 이상이 도시에 살고 있고 2050년에는 70%에 이른다고 한다. 도시를 조성하면서 도시의 모든 구성원을 고려한 바이오필릭 시티를 만드는 새로운 세계에 대한 내용이다. 이 책은 사람들의 건강 치유, 환경 회복, 다른 종들의 생존, 경제 부흥, 도시 농업, 빈민 구제, 재해 복구 등에 긍정적인 영향을 미칠 수 있는 바이오필릭 시티의 미래를 안내해 준다.

선생님, 건축이 뭐예요?
서윤영 / 철수와영희(2020)

이 서적은 우리 생활을 더 편리하고 안전하게 하기 위해 건물을 짓고 도로 등을 만드는 건축에 대해서 소개한다. '미래에 살 집은 어떤 집이 좋을까?' 생각해 보고 내가 살고 싶은 집을 상상해 본 후, 그 꿈을 실제로 이루도록 설계나 시공을 해 주는 사람이 건축가라고 소개한다. 건축가는 어떤 일을 하는지, 건물을 세우려면 어떤 사람들이 있어야 하는지 자세히 설명한다. 최초의 집은 어떻게 생겼고, 최초의 아파트는 어디서 처음 만들었는지도 소개한다. 다세대 주택과 다가구 주택의 차이, 재개발과 재건축의 차이에 대해서도 배울 수 있다. 37개 질문과 답변을 통해서 건축의 의미와 역사 그리고 건축가에 대해서 알 수 있다.

알기 쉬운 건축 이야기
강정제 / 공감의힘(2021)

건축은 지나치게 어렵거나 딱딱한 문제가 아니라 이 시대를 살아가는 모든 사람이 관심을 가지고 이해해야 할 문제라고 소개한다. 그러한 시작을 위한 여러 이야기를 알기 쉽게 다양한 사진과 도판들 그리고 편안히 전해줄 수 있는 짧은 글로 설명한다. 1장에서는 건축의 기원이나 도시의 건축과 공간, 튼튼한 집을 짓는 방법과 아름다운 건축물에 대해서 소개한다. 2장에서는 좋은 집과 쾌적한 집, 전통건축과 서양건축, 서양건축사와 양식의 시대에 대해서 설명한다. 3장에서는 형태를 구성하는 요소인 점, 선, 면에 대해서 설명한다. 마지막으로 건축 도면 작성, 기본도면, 배치도, 평면도, 입면도, 단면도 등 건축 실무에 대한 내용을 소개한다.

지속가능한 건축과 도시 디자인 원리 101
Huw Heywood(상지건축 부설 지속가능연구소 역) / 기문당(2022)

이 서적은 다이어그램으로 도식화된 5개의 장으로 구성되어 있고, 수많은 정보를 알기 쉽게 풀어놓아 도시 건축 디자이너들에게 훌륭한 지침서가 될 것이다. 자연과 건축이 어떻게 상생할 수 있는지 소개하고, 건축과 도시를 지속가능하게 할 수 있는 디자인 방법 101가지를 소개한다. 이 책을 통해서 건축 재료의 화학 및 생태, 소리풍경에 관한 연구, 올빼미의 습관, 생체 모방학, 사회 정의 및 형평성, 지구과학, 인간 생리학, 건축 물리학, 도시기후학, 수문학, 건강, 설계 및 도시 농업 과정 등 다양한 분야를 접할 수 있다.

힘과 운동 뛰어넘기
한국물리학회 / 동아엠앤비(2016)

이 책은 청소년들이 어렵고 지루하다고 느끼는 물리를 쉽고 재미있는 물리로 바꾸기 위해 한국물리학회와 한국과학창의재단이 작성했다. 이 책을 통해 단편적인 지식뿐만 아니라 역학 분야에 대한 전체적인 통찰력을 키울 수 있다. 이 책은 한국물리학회 6명의 대학 교수, 3명의 과학교사, 서울대학교 이공계 대학원 출신의 전문 편집인들이 저자로 참여했다. 또한 일러스트와 사진 자료를 풍부하게 제시하여 물리의 '힘과 운동'에 대해 이해를 돕는다. 물리학자처럼 생각하는 방법을 안내하고, 다양한 힘의 종류를 소개한다. 속도와 가속도, 힘과 운동의 관계를 안내해서 물리학에서 가장 중요한 일과 에너지의 관계에 대해서 자세히 공부할 수 있다.

1 인문계열

2 사회계열

3 자연계열

4 공학계열 · 건축공학과

5 의약계열

6 예체능계열

7 교육계열

건축공학과 독서탐구활동 활용사례

자율활동 특기사항

성격이 꼼꼼하고 성실하여 평소 학습플래너를 꾸준하게 기록하는 등 자기주도적 학습 태도가 우수함. 학교폭력 예방교육 시간에 언어폭력의 문제점과 언어폭력 예방 캠페인에 대한 본인의 생각을 글로 작성함. 학교폭력 예방 캠페인을 하기 위해 긍정적인 문장을 생각한 후 캘리그라피 엽서에 작성하고 학급게시판에 전시하여 캠페인에 참여함. 다문화 체험 주간에 다문화와 관련된 영상을 시청하고 다문화에 대한 소감문을 작성함. 다문화 교육을 통해 호주, 몽골, 일본, 러시아, 한국 등 여러 국가의 전통 문화와 건축 양식을 배우고, 다른 나라를 존중하기 위해 노력하겠다고 다짐하는 글을 작성함. **'건축공학의 이해(정순오)'** 를 읽고 건축물의 구조와 건축물에 작용하는 힘을 조사하고, 건축재료를 분류한 후 건축재료의 물리적 성질에 대해서 정리하여 보고서를 작성함. 건축물을 시공할 때 필요한 기초공사, 철근콘크리트공사, 철골공사 및 마감공사 과정에 대해서 구체적으로 발표하여 건축에 관심이 많은 학생임을 확인함.

동아리활동 특기사항

(건축연구반)(34시간) 주변이나 다른 나라의 건축물을 조사하고 분석하는 데 관심이 많고, 건축과 관련된 수학 및 과학의 기본 개념과 기본 지식을 갖추고 있음. 글을 읽고 토론하기 활동에서 **'건축전쟁(도현신)'** 을 읽고 본인의 생각을 구체화하여 글로 작성한 후 부원들과 생각을 공유함. '친환경 학교 건물'을 설계하고 모형을 제작하는 과정에서 친환경 건축자재, 구조적 안정성 등에 대해 모둠원들과 적극적으로 의견을 나눔. 고교학점제가 실시되었을 때 실제 학교 건축물로 구현될 경우 생길 수 있는 교실구조, 비용, 환경오염 등의 문제를 해결하기 위한 방안도 함께 제시함. 직업탐구활동에서 '건축가 및 건축공학 기술자'와 관련된 학과, 취업 전망, 그리고 건축학과 건축공학의 공통점과 차이점을 조사하여 보고서를 작성함. 조사한 자료를 중심으로 건축학은 건축물을 설계하고 건축하기 위한 이론과 기술체계를 중점적으로 연구하는 분야이고, 건축공학은 건축물의 구조, 공법, 역학 등을 주로 공부하는 분야로 나뉜다고 발표함.

진로활동 특기사항

전공탐색활동에서 건축 분야에 참여하여 교육과정과 직업 전망에 대한 정보를 수집하여 자기주도적인 진로 설계서를 작성함. 건축과 관련된 인물로 정약용을 선정한 후 수원 화성에 대한 자료를 조사하여 발표한 후 친구들의 호응을 얻음. 진학설명회에 참여하여 대입제도 전반에 대한 설명과 변화하는 입시 제도에 대한 강의를 들음. 진로 도서 발표 활동에서 **'알기 쉬운 건축 이야기(강정제)'** 를 읽고 전통건축과 서양건축의 차이점에 대해서 조사함. 책에서 설명하는 건축 도면 작성, 기본도면, 배치도, 평면도, 입면도, 단면도 등 건축 실무에 대한 내용을 구체적으로 발표하여 건축분야에 관심이 많은 것을 확인함. 희망직업 조사하기 프로젝트에서 건축공학자가 되기 위해서 건축 관련 학과에 진학하여 공부해야 하고, 건축공학과는 건축물의 시공을 중심으로 배우며 보다 안전하고 견고한 건축물을 짓기 위한 다양한 방법들을 연구한다는 것을 조사하여 보고서를 작성함. 건축학과는 편리하고 효율적인 건축물을 설계하는 것을 연구하며 대학에 따라 4년제, 혹은 5년제 교육과정으로 운영된다는 것도 조사함. 조사한 자료를 중심으로 건축학과 건축공학의 차이점을 구체적으로 설명하여 친구들의 호응을 얻음.

교과 세부능력 및 특기사항

과학탐구실험

실험 이론이나 실험 절차를 잘 파악한 후 실험 결과를 꼼꼼히 작성하여 탐구 실험활동에 적극적으로 참여하는 학생임. 건축 분야에 관심이 많아서 새집증후군 기사를 보고 원인과 예방법을 조사한 후 실내 인테리어를 위해 사용하는 페인트에도 휘발성 화학물질이 있어 새집증후군의 원인이 되며 유해 성분과 환경호르몬 때문에 인체와 환경에 유해하다고 보고서를 작성함. 예방법으로 베이크 아웃과 친환경 페인트 사용을 권장하고, 친환경 페인트는 유해 정도가 약하며 냄새도 옅은 편이나, 특수 기능성 수지를 사용하고 중금속이 없는 고가의 안료를 사용하여 일반 페인트보다 가격이 비싸다는 단점이 있다고 발표함. **'지속가능한 건축과 도시 디자인 원리 101(Huw Heywood)'**을 읽은 후 자연과 건축이 어떻게 상생할 수 있는지 조사하고, 건축과 도시를 지속가능하게 할 수 있는 디자인 방법 101가지에 대해서 조사한 후 친환경 건축 재료를 활용한 건축 디자인 분야에 대해서 구체적으로 발표함.

기하

수학에서 배운 개념을 자신의 관심 분야인 공학과 연관시키려는 태도가 돋보이며, 모든 학문이 서로 연결되어 자연과 인간의 문제를 해결하는 도구임을 잘 아는 학생임. 기하학의 한 분야인 프랙털에 대해 조사하여 발표함. 자기 유사성, 회전, 질서, 반복 등의 특징을 갖는 기하학적 구조를 프랙털 구조라고 설명하고, 자연에서 발견되는 프랙털의 사례로 번개, 강줄기, 나무, 산호, 구름을 들어 프랙털의 형태적 특성을 이해하기 쉽게 잘 설명함. 자연에서 영감을 얻는 건축물에도 프랙털 구조가 적용되었을 것이라 예측하고 탐색하여 프랙털 구조에 대해서 발표함. 생활 속의 수학 조사하기 활동에서 **'힘과 운동 뛰어넘기(한국물리학회)'**를 읽은 후 공학자처럼 생각하는 방법을 배우고, 건축물에 작용하는 다양한 힘의 종류에 대해서 고민해 봄. 건축물이나 건축공학에 작용하는 다양한 힘과 수학적인 원리를 조사한 후 PPT를 작성하여 건축물의 안정성에 대해서 발표하여 우수한 모범 발표사례로 선정됨.

행동특성 및 종합의견

과학적인 재능이 많고 주요 과목뿐만 아니라 기술가정 등 다양한 과목에도 관심을 가지고 있으며 발표나 토론 활동에 적극적으로 참여함. 과학적 상상력과 창의력이 풍부하여 시간이 있을 때마다 관련 분야의 책을 읽고 관련 영상을 시청하면서 본인의 진로를 탐색함. **'건축공학의 이해(정순오)'**, **'선생님, 건축이 뭐예요?(서윤영)'**를 읽고 건축학과 건축공학의 연구 분야와 차이점을 조사하여 본인의 학업계획서를 지속적으로 고쳐나가면서 본인의 꿈을 구체화시킴. 학교 과학의 달 행사에 운영진으로 참여하여 학생회 학생들과 프로그램을 함께 기획하고 구상하면서 본인의 시간을 사용하여 협업하는 모습이 기특함. 학급에서 실시하는 1인 1역에서도 1년 동안 맡은 책임을 성실하게 수행해서 졸업 후에 성실함과 꼼꼼함을 요구하는 건축 분야에 진출하더라고 본인이 희망하는 건축가의 재능을 잘 펼칠 것으로 기대됨.

1 인문계열

2 사회계열

3 자연계열

4 공학계열 · 건축공학과

5 의약계열

6 예체능계열

7 교육계열

2 ▸▸ 국방시스템공학과

1 학과 인재상

공학 및 과학의 기초지식을 바탕으로 논리력과 창의력이 있는 학생

국가에 헌신할 수 있는 올바른 가치관과 사명감을 지닌 학생

타인에 대한 배려와 리더십을 갖추고 있으며 봉사와 희생정신이 있는 학생

군사과학기술 전문지식을 갖추고 리더십이 있는 해군장교가 되고자 하는 학생

기계나 사물을 다루는 것을 좋아하고 진취적이고 새로 도전하는 열정이 있는 학생

컴퓨터와 다양한 응용소프트웨어에 대한 관심과 흥미가 높은 학생

2 유사학과

- 군사학과
- 국가안보융합학부
- 국방디지털융합학과
- 국방기술학부
- 군사학과

3 관련직업

- 해군장교
- 군사기술 전문가
- 국방관련 연구원
- 방위산업체 연구원

4 개설대학

- 세종대학교

쉽게 배우는 데이터 통신과 컴퓨터 네트워크

박기현 / 한빛아카데미(2022)

데이터 통신과 컴퓨터 네트워크의 상호 연관 부분을 함께 학습할 수 있는 책이다. SI 7계층 모델을 기초로 하위 계층부터 상위 계층까지 네트워크 이론을 알아본 후 인터넷에서 사용되는 네트워크 서비스 프로토콜을 배운다. 데이터 통신과 컴퓨터 네트워크를 하나의 줄기로 학습한다. 데이터 통신과 컴퓨터 네트워크의 상호 연관된 부분을 함께 학습할 수 있도록 OSI 7계층 모델을 기초로 하여 하위 계층에서 상위 계층에 이르는 네트워크 이론을 다룬다. 물리 계층의 복잡한 데이터 통신 과정은 생략하고, 가장 기초가 되는 네트워크 기술을 친숙한 TCP/IP 인터넷을 중심으로 쉽게 설명하고 있다.

사이버전의 모든 것

박동휘 / 플래닛미디어(2022)

사이버전 전문가인 저자가 지금까지 연구한 사례들 중에서 일반인부터 전문가에 이르기까지 모두가 반드시 알아야 할 중요한 사이버전 사례들을 엄선하여 이해하기 쉽게 분석한 책이다. 사이버전의 서막을 연 코소보 전쟁부터 하이브리드 전쟁의 대명사 러시아-조지아 전쟁, 러시아-우크라이나 전쟁, 러시아의 미 대선 개입 해킹 사건, 이란 핵시설 파괴 목적으로 악성 코드를 사이버 무기화한 스턱스넷, 국가기반시설을 노린 북한의 한국수력원자력 해킹, 현재 사이버 공간에서 벌어지고 있는 치열한 사이버 군비경쟁에 이르기까지 다양한 전쟁을 소개하고 있다. 또한 사이버 강국으로 알려진 러시아, 이란, 북한, 중국, 미국의 사례를 중심으로 사이버전이 어떻게 진화하고 있는지 자세하게 설명했다.

우리의 국방, 무엇을 어떻게 해야 하나

정홍용 / 플래닛미디어(2018)

저자는 40여 년간 군 생활을 하면서 겪은 다양한 참모부서의 경험과 전략, 전력기획 및 협상, 방위산업과 연구개발 관련 문제들을 소개한다. 우리의 안보가 지니고 있는 지정학적인 문제와 우리가 앞으로 당면할 위협요인을 평가하고 장기적인 대응 전략 방향을 모색한다. 군의 역할과 군이 갖추어나가야 할 유·무형의 요건에 대해서 자세히 설명하고 있다. 과학기술의 발달과 전장 환경의 급속한 변화에 따라 군사력 건설 방향에 대해서 모색한다. 안보와 전략, 군의 정체성 회복, 군의 내부 역량 강화, 정예군 육성 등을 통해서 국방개혁에 관한 방향을 설정하고 방법론을 찾는 학생들에게 도움이 되는 서적이다.

대한민국 육·해·공 군사무기

꺼리튜브 / 지식오름(2022)

현재 지구상에서는 크고 작은 다양한 전쟁이 일어나고 있고, 대한민국은 북한과 수십 년 동안 대치하고 있는 휴전 국가이다. 대한민국의 무기는 어느새 세계적인 수준으로 올라섰다. 이 책은 일반인들이 알기 힘든 한국의 무기 개발사에 대해서 자세하고 쉽게 설명하고 있다. 특히 무기를 개발하는 과정은 대부분 군사기밀이기 때문에 언론에 공개되지 않는데, 이후 세상에 밝혀진 그 과정을 상당부분 알려주고 있다. 또한 현무, 원자력 잠수함, 장갑차, 유도미사일, 경항모와 함재기, 함대함 유도미사일, 전투기, 스텔스 전투기, 우주군 등 거의 모든 대한민국의 육·해·공 군사무기를 총망라하여 다루고 있는 서적이다.

가장 쉬운 독학 알고리즘 첫걸음 : 파이썬편
마스이 도시카츠(박광수 역) / 동양문고(2022)

이 책은 알고리즘이 인간을 지배하고 있다는 통념을 수학적으로 해부하여 의문을 제기하고 있다. 빅데이터 알고리즘을 둘러싼 논란, 특히 최근 만연하고 있는 SNS와 인공지능을 향한 공포심이 언론과 일부 전문가들로 인해 과장되었다고 주장하며 알고리즘에 둘러싸여 살아가는 우리들이 반드시 지녀야 할 균형 잡힌 시각을 제공해 준다. 이 책은 페이스북과 구글부터 가짜뉴스와 인공지능까지 알고리즘을 수학적으로 분석하며 우리의 상식을 거침없이 뒤흔든다. 페이스북이 우리를 완벽히 파악하고 있다는 주장은 과대광고일 뿐이라고 지적하는가 하면, SNS 때문에 우리가 편향된 견해 속에 갇혀 있다는 우려를 진정시키고, 가짜뉴스에도 과도한 공포를 느낄 필요가 전혀 없다고 역설한다.

거의 모든 IT의 역사
정지훈 / 메디치미디어(2020)

IT기술보다는 IT업계에 큰 획을 그은 인물에 집중해서 IT의 역사를 서술한 책이다. 애플을 이끄는 스티브 잡스나 마이크로소프트 빌 게이츠의 자서전과 성공 스토리, 구글의 성공 신화를 다룬 다양한 서적들이 있지만, 이 책은 이 세 회사가 어떤 관계를 가지고 있고 어떤 과정을 거쳐서 성공에 이르렀는지, 그리고 어떻게 미래를 주도해 나가려고 하는지를 분석하고 있다. 그리고 사람이 어떻게 하면 즐겁게 살 수 있을까를 연구하면 기술은 알아서 따라온다는 생각에 대해 저자는 "인간에게서 나오는 에너지와 경험을 읽지 못하면 앞으로도 우리나라는 세상을 뒤바꿀 혁신을 이룰 수 없다"라고 말한다.

1일 1로그 100일 완성 IT 지식
브라이언 W. 커니핸(하성창 역) / 인사이트(2022)

복잡한 IT 세상을 선명하게 읽는 디지털 문해력을 기르기 위해 제작된 책이다. 순식간에 우리 일상에 스며든 IT 기업들은 클라우드 컴퓨팅, 머신러닝, 데이터 마이닝과 같은 기술을 바탕으로 매분 매초 혁신과 성장을 거듭하고 있다. 그 가운데 인터넷, 스마트폰에 이어 2025년 글로벌 300조 시장이 예측되는 메타버스 시대가 열리고 있는 현재, 논리적 구조와 물리적 구현으로 이뤄진 디지털 시스템의 기본 아이디어는 무게가 30톤에 달하던 초기 컴퓨터부터 MS 홀로렌즈로 접속하는 메타버스까지 동일하다. 컴퓨팅의 4가지 핵심 분야인 하드웨어, 소프트웨어, 통신, 데이터를 이해하면 어떤 복잡한 디지털 시스템이라도 잘게 쪼개 비즈니스 구조와 흐름을 파악하는 디지털 문해력을 기를 수 있도록 구성되어 있는 책이다.

제2차 세계대전 인포그래픽
장 로페즈 외 3인(김보희 역) / 레드리버(2021)

전쟁사에 대해서 알고 싶은 사람들이나 인포그래픽 디자이너들이 제2차 세계대전에 대해서 거대한 숫자를 통찰로 이끌어 내려고 노력한 책이다. 저자는 역사 잡지의 편집장으로 주제선택과 그에 따른 자료의 배열이라는 본인 고유의 능력을 사용하여 제2차 세계대전을 인포그래픽이라는 새로운 방식으로 표현했다. 이 책은 기획 단계부터 인포그래픽 디자이너가 직접 참여해 저자와 호흡을 맞췄다. '장인정신'에 가까운 방식으로 책이 제작되었기에 거대한 전쟁의 상세한 내용을 직관적으로 파악할 수 있도록 구성해 누구나 이해하기 쉽다. 예를 들어 4쪽을 할애한 '노르망디 상륙작전'의 경우 원하는 정보에 따라 기지의 전체 배치부터 상륙 병력, 일자별 병력 증원과 사망자 수까지 모두 비교할 수 있게 만들어 놓았다.

로봇 시대 일자리의 미래
제이슨 솅커(유수진 역) / 미디어숲(2021)

세계 최고의 미래학자 중 한 명인 저자 제이슨 솅커는 로보토피아와 로보칼립스를 각기 주장하는 사람들에게 누군가는 로봇이 가져올 변화에 잘 대응하여 찬란한 커리어를 이어갈 것이고 또 다른 누군가는 다가올 미래에 대한 통찰을 게을리하다 갈 곳을 잃고 패배자로 전락할 것이라고 주장한다. 저자는 직업의 미래를 알고 싶다면 직업의 과거를 돌아보라고 조언한다. 과거 산업혁명기에 일어났던 직업의 변화를 살펴봄으로써 오늘날 우리가 자동화 시대에 겪게 될 직업의 미래를 예측해 볼 수 있다.

그림으로 이해하는 네트워크 용어
기타미 류지(성창규 역) / 길벗(2022)

4차 산업혁명으로 인해 우리는 디지털 전환 시대에서 살고 있다. 우리나라가 IT, 컴퓨터 기술이 다른 나라에 비해서 월등한 이유 중 하나는 통신 기술의 발달이 병행됐기 때문이고 여전히 우리나라는 전 세계에서 가장 빠른 정보통신 속도를 자랑한다. 우리는 모바일단말기, 컴퓨터를 비롯한 거의 모든 전자기기에서 네트워크를 이용하지만, 네트워크 용어나 어떻게 통신이 되는지에 대해서는 대부분 모르고 있다. 이 책은 네트워크라는 머릿속에 있는 개념을 그림으로 전달하는 것을 목표로 하며 인프라와 네트워크를 이해하기 위해 반드시 알아야 하는 중요한 용어를 그림으로 보여주면서 직관적으로 이해하도록 설명했다. 인프라와 네트워크에 관련된 전문 용어가 어떻게 동작하는지, 어떤 역할을 하는지, 서로 어떤 관계인지 머릿속에서 그림을 그려보고, 익숙한 다른 것에 빗대어 생각해보도록 유도하고 있는 책이다.

1 인문계열

2 사회계열

3 자연계열

4 공학계열 · 국방시스템공학과

5 의약계열

6 예체능계열

7 교육계열

자율활동 특기사항

정보통신 윤리교육으로 정보화시대의 도덕 문제에 관련된 동영상을 시청하고 최근 이슈가 되었던 사이버 폭력에 대해서 예방 방법, 정부의 방지책, 그리고 처벌강화와 관련된 토론에 적극적으로 참여함으로써 올바른 정보 시민의식을 함양함. 성매매 예방교육에서 관련 영상을 보고 익명 채팅 어플을 통해서 성매매가 이루어진다는 것을 보고 큰 충격을 받음. 정보통신 기술이 발전하고, 디지털 전환이 가속화될수록 온라인, 모바일상의 범죄가 심각해질 것을 인지하면서 근본적인 해결책에 대해서 고민함. 학급 심화 탐구 주제로 사이버 폭력을 선정해 현재 벌어지고 있는 사이버 범죄를 신문기사 스크랩을 통해서 정리함. 이후 **'사이버전의 모든 것(박동휘)'**을 읽고 일상생활에서만 이런 일이 벌어지는 것이 아니라 국가 간, 회사 간, 집단 간에도 크고 작은 사이버 범죄가 벌어지고 있는 사실을 인지하게 됨. 러시아-조지아 전쟁에서 일어난 하이브리드 전쟁, 그리고 러시아의 미국 민주당 서버 해킹 등을 소개하면서 발표함.

동아리활동 특기사항

(세계사연구반)(34시간) 동아리 부회장으로 신입생모집과 회원관리 역할을 성실하게 성공적으로 수행함. 전쟁사에 관심을 갖고 한 학기 동안 제2차 세계대전에 대해서 조사함. 학술 주제 탐구 수업에서 인포그래픽으로 보는 제2차 세계대전을 주제로 보고서를 작성함. **'제2차 세계대전 인포그래픽(장 로페즈 외)'**을 읽고 나치의 언어규칙의 정의를 설명하고 관련 사례들을 제시함. 영국, 미국, 소련을 필두로 하는 연합군들은 전쟁을 치르면서 경제력이 주축국보다 훨씬 더 증가했다는 점과 미국은 연합국들에게 물자를 제공하는 과정에서 연합국과의 긴밀한 협력관계와 경제 성장이라는 두 마리 토끼를 모두 잡을 수 있었다는 점, 미국이 풍부한 석유를 가지고 있었던 것에 비해 독일은 석유 고갈로 허덕이면서 전쟁을 치렀기 때문에 승부는 결국 연합국으로 결정될 수밖에 없었다고 주장하고 있는 책의 내용에 동감함. 이를 주제 발표시간에 이해하기 쉬운 인포그래픽을 사용하여 근거를 제시하여 신뢰성 있고 설득력이 있다는 평가를 받음.

진로활동 특기사항

1학기 진로탐색 프로그램 활동에서 국제 분쟁에 관심을 갖고 평화적 해결 방법을 알아보고, 인간 안보 문제를 해결하기 위한 세계시민의 역할을 알아봄. 특히 전 세계적으로 심각하게 분쟁이 일어나고 있으며 분쟁의 당사자들은 제국주의 등 역사적 사건과 관련이 있거나 영향을 받고 있다는 사실을 알게 됨. 국제 분쟁을 올바르게 이해하기 위해서는 주변의 역사에 관심을 기울이고 지식을 습득하는 자세가 필요하다는 의견을 제시함. 자신이 관심 있는 공학과 정보통신 분야를 연관시켜서 이후 국제 분쟁에서 로봇이 쓰이는 빈도가 다양해지는 것을 지적함. 이후 우크라이나 전쟁에서 드론이 사용되고 이란 장군의 저격 등에 드론이 사용되는 것을 지적하면서 앞으로 로봇의 사용이 증가할 것이라고 말함. 이후 연계심화독서 활동으로 **'대한민국 육·해·공 군사무기(꺼리튜브)'**를 읽고 현재 대한민국 군을 대표하는 무기에 대해서 발표함. 특히 해군의 무기에 대해서 관심 있게 서술하면서 3면이 바다이고, 연평해전과 천안함 등의 크고 작은 군사 도발이 끊이지 않는 현실과 계속되는 국제분쟁을 근거로 역설적이게도 평화를 위해서는 강한 해상 군사력이 필요하다고 주장함.

교과 세부능력 및 특기사항

세계사

역사 학습에 흥미가 높고 늘 적극적인 자세로 수업에 참여하여 성취 수준이 매우 우수하며, 사료를 통해 정보를 분석하고 종합하여 활용하는 능력과 역사적 판단력과 문제 해결 능력이 뛰어남. 세계사 소책자 만들기에서 대항해시대를 주제로 글을 작성하면서 각 내용에 흥미로운 소제목을 붙이고 다양한 그림, 삽화, 지도, 도표, 사진 등을 활용하여 완성도를 높이는 등 역사 정보를 분석하여 재구성하고 이를 의미 있게 전달하는 능력이 탁월한 것을 확인함. 유럽인들이 항해술을 발전시켜 아메리카로 가는 항로와, 아프리카를 돌아 인도와 동남아시아, 동아시아로 가는 항로를 발견하고 최초로 세계를 일주하는 등 다양한 지리상의 발견을 이룩한 개척 시대에 대해서 중요한 사건을 중심으로 일목요연하게 설명함. 이후 심화독서 활동에서 **'우리의 국방, 무엇을 어떻게 해야 하나(정홍용)'**을 읽고 대한민국의 안보가 지니고 있는 지정학적인 문제와 우리 나라가 앞으로 당면할 위협 요인에 대해서 조사하고, 군의 역할과 군이 갖추어나가야 할 유·무형의 요건에 대해서 보고서를 작성함.

정보

정보통신 기술에 관심이 많고 기본적인 프로그래밍 지식과 소양을 갖추고 있어 이론 수업과 실습 활동에서 완성도 높은 프로그램을 제작하는 학생임. 독창적인 생각으로 보다 효율적인 알고리즘을 설계하는 모습에서 창의적 문제해결력이 돋보여 앞으로 정보과학 계열에서의 성장이 더욱 기대되는 학생임. 또한 정보 부장으로 책임감을 가지고 매주 수업 전후에 학습 준비 및 정리를 도왔으며 프로그래밍 실습 중 진행이 느린 친구들을 돕는 등 배려심이 인상적임. 수업 일지 및 독학노트에 수업 시간에 학습한 내용과 더 알고 싶은 점 등을 정리하여 매주 제출하였으며 교사의 피드백을 통해 부족한 부분은 보완하고 심화내용을 탐구하며 교과 지식영역을 확장하였음. 조별 과제 연구시간에 데이터 통신과 네트워크를 다룬 **'쉽게 배우는 데이터 통신과 컴퓨터 네트워크(박기현)'**를 교재로 선정해서 조원들과 네트워크의 개념, 상위층위, 하위층위 등과 관련된 다양한 활동을 하고 이후 네트워크를 더욱더 배워보고 싶다는 포부를 밝힘.

행동특성 및 종합의견

교복을 잘 입고 다니며, 모든 사람들에게 친절하고 교직원들에게 예의 바르게 행동하는 모습이 인상적인 학생임. 질문을 하거나 일이 있어 교무실을 방문할 때에도 품행이 바름. 시간 약속 및 학교 교칙을 엄수하는 등 준법성이 내면화되어 있으며 주번 활동 시 정해진 시간에 학급 내규로 정한 활동을 책임감 있게 수행하여 쾌적한 학습 환경을 조성함. 공동체의식이 발달되어 있어서 급우들 사이에서 갈등이 생기면 먼저 나서서 해결하려고 노력하는 모습을 자주 볼 수 있었음. 급우들의 신뢰와 믿음을 얻고 있어서 압도적인 득표로 학급 자치회장으로 당선되었음. 독서활동에도 적극적이어서 2학기부터는 학급의 독서 소모임을 자발적으로 운영함. **'로봇 시대 일자리의 미래(제시슨 셍커)'**를 소모임 구성원들과 함께 읽고 책을 정리하고 내용에 대해서 토론함. 우리 일상생활에서 앞으로 더욱 확대될 로봇에 대해서 책과 다른 보고서를 인용하면서 로봇이 주는 편리함과 위험성에 대해서 심도 깊은 토론을 펼침.

3 ▸▸ 기계공학과

1 학과 인재상

주변에 있는 무엇을
보더라도 작동하는
방법을 늘 상상하고
궁금해하는 학생

높은 효율, 친환경성,
안정성을 추구하면서
더 나은 세상을
만들고 싶어 하는 학생

수학과 물리학, 화학을
좋아하고 기계를
좋아하는 학생

독서를 통한 인문학적
소양으로 상상력의 연료를
꽉 채울 수 있는 학생

상상력이 무궁무진하고 한번
시작한 일은 끝을 보기 위해
노력하는 학생

2 유사학과

- 기계설계공학과
- 기계시스템공학과
- 기계융합공학과
- 메카트로닉스공학과
- 로봇공학과
- 자동화시스템과
- 지능로봇과
- 컴퓨터응용기계과

3 관련직업

- 기계공학기술자
- 기계공학시험원
- 로봇공학기술자
- 메카트로닉스공학기술자
- 에너지공학기술자
- 자동차공학기술자
- 전자계측제어기술자
- 항공공학기술자
- 유비쿼터스 기술 전문가

4 개설대학

- 가천대학교
- 강릉원주대
- 경북대학교
- 경상국립대
- 경운대학교
- 경희대학교
- 계명대학교
- 고려대학교
- 국민대학교
- 단국대학교
- 대진대학교
- 부경대학교
- 부산대학교
- 서강대학교
- 서울대학교
- 수원대학교
- 순천향대
- 숭실대학교
- 아주대학교
- 안동대학교
- 연세대학교
- 인천대학교
- 인하대학교
- 전남대학교
- 전북대학교
- 중앙대학교
- 충남대학교
- 충북대학교
- 한경대학교
- 한국공학대학교
- 한국항공대학교
- 한국해양대학교
- 한양대학교 등

기계공학의 이해
조승현 / 보문당(2020)

인류가 발명한 많은 도구들을 소개하여 기계공학의 기원을 이해할 수 있도록 구성되어 있는 서적이다. 1장에서 고대 이집트의 피라미드, 로마 시대의 기술, 중세 르네상스의 예술과 기술, 레오나르도 다빈치의 역학, 뉴턴의 운동 법칙, 도구의 발명 등을 통해서 기계의 역사를 소개한다. 2장에서는 반력과 힘의 평형, 힘과 모멘트의 평형방정식, 강체의 평형 등을 통해서 정역학에 대해서 알려준다. 3장부터는 재료와 역학, 동역학, 진동학, 유체역학, 열역학 등에 대해서 단원별로 상세하게 설명한다. 마지막 8장에서는 단위, 시간, 길이, 질량, 중력 가속도, 힘, 압력, 일, 동력, 에너지 등의 공학에서 사용하는 다양한 단위를 정리하여 소개한다.

기계공학도를 위한 알기 쉬운 실용 기계재료
이건이, 최영 / 시그마프레스(2017)

기계공학을 배우는 학생들이 기계를 만드는 재료에 대해서 이해하는 데 꼭 필요한 지식을 소개하는 서적이다. 동력 전달용 재료는 강도와 강성이 중요한 개념이고, 직선운동 또는 회전운동 안내용인 경우에는 경도와 내마모성이 중요한 성질이라는 것을 자세히 알려준다. 기계를 둘러싸고 있는 기계 보호용인 재료의 성질에 대해서 소개하고, 소성 가공성과 용접성 등을 설명한다. 기계재료의 가격은 제작하려고 하는 기계의 수준에 적합하고, 시장에서 쉽게 구입할 수 있는지도 중요함을 알 수 있다. 이 실용 기계 재료를 선정하는 데 필요한 재료의 성질과 관련 지식을 소개한다.

뉴턴도 놀란 영재들의 물리노트1
도쿄물리서클(영재들을 위한 과학교사 모임 역) / 이치(2008)

'물리를 왜 배워야 하는가?'라는 질문에 대한 상세하고 과학적인 해설을 담은 과학교양서이다. 힘을 통한 만물의 운행 이치, 운동과 관성에 관한 질문, 아는 것 같으면서 알지 못했던 유체에 대한 궁금증, 분자 운동과 열의 관계 등에 대해서 소개한다. 중·고등학교 교과과정에서 배우는 물리 관련 질문을 중심으로 보통 물체의 운동에 대한 질문과 답변을 모아 놓아 물리에 대한 궁금증을 해결할 수 있다. 비행기가 하늘을 나는 원리와 공기의 운동을 통한 유체에 대한 이해를 통해서 기계공학의 기초가 되는 지식을 접할 수 있다.

드론 바이블
강왕구 외 2인 / 플래닛미디어(2023)

드론의 정의를 시작으로 드론의 역사와 진화, 상용 드론과 전장의 판도를 바꾸는 군용 드론을 소개한다. 드론의 핵심 기술인 자율지능화, 드론교통관제시스템, 드론 동력 시스템에 대해서 자세히 안내한다. 테러와의 전쟁 최전선에 선 드론봇, 미래 전장을 획기적으로 바꿀 군집 드론과 드론의 위협에 맞서는 드론 대응 기술을 소개한다. 각국의 차세대 대중교통수단으로 주목받고 있는 수직이착륙 드론을 소개하면서 헬리콥터와 수직이착륙 드론의 장단점을 비교한다. 드론을 제작하기 위해서는 다양한 부품이 사용되므로 드론 하나에 사용되는 기계, 전기, 전자, 통신 등의 최첨단 기술을 접할 수 있다.

쉽게 배우는 기계공학 개론
유주식 / 교육과학사(2022)

이 책은 기계공학에서 사용하는 단위와 기초적인 내용을 알기 쉽게 정리하여 설명한다. 기계공학 전공자들이 배우는 정역학과 4대 역학에 해당하는 동역학, 유체역학, 열역학의 기본 개념과 운동을 설명한다. 기계요소와 기계공작, 기계공학 전공자가 하는 실습을 소개하여 기계공학 전공과목을 공부할 때 실질적으로 도움이 되는 내용을 담고 있다. 또한 고등학생들에게 기계공학과에서 배우는 전공과목의 내용을 구체적으로 소개하고, 기계공학과 신입생들에게는 이후의 전공 공부에 필요한 구체적이고 실질적인 기초지식을 습득하게 한다. 기계공학과에서 구체적으로 배우는 내용을 접하고 싶다면 추천하는 책이다.

엘론 머스크, 미래를 내 손으로 만들어
권오상 / 탐(2015)

엘론 머스크는 전 세계의 모든 엔지니어들이 가장 닮고 싶어 하고, 부러워하는 엔지니어이다. 그는 전기로 움직이는 고급 스포츠카를 개발하고, 로켓 개발 비용을 대폭 낮춰서 화성에 우주 기지를 세우겠다는 꿈을 갖고 있다. 또한 소리보다 빠르게 질주하는 튜브열차를 개발하여 우주를 넘나드는 초고속 열차를 꿈꾼다. 우리는 이 책을 통해서 엔지니어의 진로를 탐색할 수 있고, 엔지니어란 어떤 사람이고, 엔지니어는 어떤 일을 하며, 엔지니어가 되려면 어디에서 무엇을 공부해야 하는지 알 수 있다.

열역학
스티븐 베리(신석민 역) / 김영사(2021)

열역학은 무엇인지, 왜 시간을 거슬러 돌아갈 수 없는지, 열역학을 어디에 어떻게 사용하는지 소개한 책이다. 열역학은 어떻게 발전해왔으며 앞으로 어떤 과제가 남아있는지 안내한다. 열역학 법칙들이 위반되는 경우도 있는지와 같은 질문들을 과학적 지식이 많지 않은 사람도 이해할 수 있도록 쉽고 명료하게 설명한다. 고전적인 열역학은 어떻게 생겨났는지 안내하고 초기 증기기관의 원리와 발전사를 살펴보면서 열역학의 역사를 돌아본다. 열의 정체에 관한 논쟁을 통해 에너지와 에너지 보존 개념이 발전한 과정도 제시된다. 기계공학의 기초가 되는 열역학의 제1법칙, 제2법칙과 같은 기본 개념부터 활용 및 발전사까지, 열역학에 관한 필수 지식과 더불어 과학 자체에 대한 통찰도 얻을 수 있다.

알기 쉬운 기계공학 기초
유주식 / 경문사(2022)

기계공학의 5개 기초 과목인 정역학, 동역학, 재료역학, 유체역학, 열역학의 기본적인 내용을 이해하기 쉽게 설명하고 있다. 1장에서는 기계공학의 기초지식인 차원과 단위, 일과 동력, 에너지, 단위 연산 등에 대해서 설명한다. 2장과 3장에서는 정역학과 동역학에 대해 알려주기 위해서 힘, 모멘트, 평형, 동역학, 운동의 기초, 중력장 내의 운동, 운동 법칙 등을 설명한다. 4장에서 재료역학을 설명한 후, 5장에서 열역학을 설명하고 6장에서 마지막으로 유체역학을 소개한다. 열역학을 설명하기 위해서 열역학 기본 법칙과 제1법칙, 열역학 제2법칙과 카르노사이클에 대해서 안내한다. 이 책을 통해서 기계공학과 전공과목 공부에 필요한 기초 이론에 대해서 상세히 접할 수 있다.

제2의 기계시대
에릭 브린욜프슨, 앤드루 맥아피(이한음 역) / 청림출판(2014)

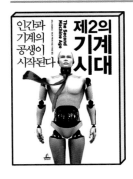

인공지능에서 무인 자동차와 로봇공학에 이르기까지, 기술의 최근 발전 사례들을 살펴보고 기술이 현재 빚어내는 경제적 상황들을 분석한다. 생산성이 증가하고 경제가 성장해도 고용은 늘지 않고 중산층의 임금이 하락하면서 발생하는 문제를 소개한다. 다년간에 걸친 연구 결과와 최신 추세를 종합하여 생존을 위한 최상의 전략을 찾아내고 번영을 위한 새로운 길을 제시한다. 다음 경제에 대비할 수 있도록 교육을 개혁하고, 기계의 엄청난 처리 능력을 인간의 창의성과 결합한 새로운 협력 관계에 대해서 대안을 제시한다.

특이점이 온다
레이 커즈와일(김명남 역) / 김영사(2007)

인공지능처럼 인간과 기계가 하나가 되고, 매트릭스처럼 진짜 현실과 가상 현실의 뚜렷한 경계가 사라지는 시대가 올 것이다. 유전공학, 나노기술, 로봇공학 및 인공지능 혁명이 단계적으로 펼쳐지면 인류의 문명이 생물학을 넘어서는 순간이 온 후 미래에는 인간을 넘어서는 인공지능이 등장할 것이다. 이 책은 기술이 인간을 뛰어넘어 새로운 문명을 생산해갈 시점을 지칭하는 '특이점'이라는 용어를 강조하며 특이점이 나타날 시기를 예측하고, 각종 기술 진화에 따른 변화와 그에 따른 혁명과 특이점이라는 변화가 인간과 전쟁, 우주의 지적 운명에 미칠 영향들에 대해서 소개한다.

1 인문계열

2 사회계열

3 자연계열

4 공학계열 · 기계공학과

5 의약계열

6 예체능계열

7 교육계열

기계공학과 독서탐구활동 활용사례

자율활동 특기사항

학교 내 인성 함양하기로 교양서적 읽기에 참여하여 본인뿐만 아니라 친구들도 휴식시간에 책을 읽는 습관을 가질 수 있도록 포스터를 작성하여 캠페인 활동에 참여함. 학습 특색 활동으로 '함께 읽는 독서 활동' 프로젝트를 친구들과 함께 진행하며 독서 나눔을 수행함. 기계공학에서 필요한 물리학 지식을 함양하기 위해 자발적으로 물리학 스터디를 조직하여 친구들과 함께 공부함. 특히 나노기술에 관심을 갖고 **'특이점이 온다(레이 커즈와일)'**를 읽은 후 나노기술이 로봇공학에 응용되는 분야를 조사해 봄. 나노 물리에 대한 자료를 조사하여 PPT를 제작한 후 탐구주제 발표 시간에 나노 기술의 적용 분야에 대해서 발표하여 친구들의 호응을 얻음. 학급에서 진행하는 조별 활동에도 참여하여 조별 과제를 수행하는 데 본인의 역할을 다하여 친구들과 협업하는 모습을 보여주어 공학계열에 진학한다면 프로젝트 활동 등에서 우수한 역량을 보여줄 수 있는 학생임.

동아리활동 특기사항

(기계공학연구반)(34시간) 기계공학자가 되기 위해서 과학 잡지를 구독하고 최신 기술이 어떻게 발전하고 있는지 꾸준히 조사하는 학생임. 동아리 활동에 적극적으로 참여하여 동아리원들과 기계공학에 활용되는 신기술과 관련된 기사를 조사하여 스크랩하고 관련 내용을 중심으로 토론하고 노력하는 모습이 인상적임. 주제 탐구활동에서 힘과 운동을 중심으로 자유낙하 운동 실험을 설계하고 물체가 떨어질 때 변위, 속도, 가속도 등의 관계에 대해서 조사함. 중력가속도가 이론값과 다르게 측정되는 오차의 원인을 분석하여 실제 상황에서는 공기저항에 의해 물체에 마찰력이 작용한다는 것을 실험값을 통해서 증명함. **'뉴턴도 놀란 영재들의 물리노트 1(도쿄물리서클)'**을 읽고 공기저항과 마찰력의 관계에 대해서 토론하여 공기저항도 마찰의 일종이라는 것을 알게 되었다고 발표함. 탐구 결과를 중심으로 이론과 실험의 차이에 대해서 어떻게 다른지 자세히 설명하고 공학에서는 실험 결괏값이 매주 중요하다고 발표하여 친구들의 호응을 얻음.

진로활동 특기사항

본인의 진로를 탐색하기 위해서 '전공탐색 프로그램'에 참여하여 공학계열과 관련된 특강을 수강하고 공학계열을 준비하기 위해서 노력해야 하는 것에 대해서 조사함. 공학 계열을 준비하기 위해서는 주변 현상에 호기심을 가지고 물체의 운동이나 작동 방법에 대해서 조사하고 연구해야 한다는 것을 배우고, 호기심 노트를 제작하여 궁금한 것이 있을 때마다 자료를 조사하여 기록하는 습관을 갖고 있음. 진로 독서활동에서 **'제2의 기계시대(에릭 브린욜프슨, 앤드루 맥아피)'**를 읽고, 기술의 진보로 심화되는 불평등과 기술과 일자리의 관계에 대해서 토론하여 기술로 인한 불평등을 해소할 수 있는 방법과 사라지는 일자리와 새로 생기는 일자리에 대해서 발표함. 로봇과 차별화될 수 있는 인간의 능력을 조사하고 우리의 운명은 기술에 달린 것이 아니라 우리 손에 달렸다고 발표하여 친구들의 호응을 얻음. 진로 탐구활동에서 기계공학과에 진학하면 어떤 것을 공부해야 하는지 교육과정에 대해서 자세히 조사함. 조사 과정을 통해서 고체역학, 열역학, 유체역학, 동역학 등의 4대 역학에 대해서 공부하기 때문에 고등학교 물리학과 수학 공부가 매우 중요하다는 것을 깨달음. 본인이 희망하는 학과로 진학하기 위해서 다양한 수학과목과 물리학을 수강하여 공부하기로 함.

교과 세부능력 및 특기사항

물리학Ⅰ

자동차나 비행기 등의 교통수단이 어떻게 작동하는지에 관심이 많은 학생으로 관련 도서를 꾸준히 읽으면서 호기심을 가지고 기계가 작동하는 원리를 조사하여 이해하기 위해서 노력함. 주제 탐구활동에서 **'기계공학의 이해(조승현)'**를 읽고 중세 르네상스의 예술과 기술, 레오나르도 다빈치의 역학, 뉴턴의 운동 법칙, 도구의 발명 등을 조사함. 반력과 힘의 평형, 힘과 모멘트의 평형방정식, 강체의 평형 등의 내용을 정리하여 기계공학에서 중요한 정역학에 대해서 물리학과 수학이 어떻게 활용되는지 구체적으로 발표함. PPT를 작성하여 수학 교과서에 나오는 미분과 적분 단원에서 물리 문제가 예시로 나오는 것을 친구들에게 설명하면서 물리학과 수학의 관계에 대해서 구체적으로 설명하여 친구들의 호응을 얻음. 실험 활동도 꼼꼼하게 측정하고 실험값이 예상과 다르게 나왔을 때 그 오차의 원인을 잘 분석하여 보고서에 오차가 발생하는 이유를 자세히 기록하는 우수한 학생임.

물리학Ⅱ

일차원 운동과 이차원 운동의 관계에 대해서 이해하여 물리학Ⅰ 시간에 배운 물체의 운동을 확장하여 힘과 운동의 문제를 해결할 수 있는 학생임. 물리 주제 발표 수업에서 포물선 운동이 등속도 운동과 자유낙하 운동이 서로 연관되어 있다는 것을 동영상을 캡쳐하고 사진을 촬영하여 친구들에게 보여주고 설명함. 좌표축을 사용하여 물체의 운동을 일차원에서 이차원까지 확장하는 모습을 통해서 물리학이나 공학적이 사고 능력이 우수하다는 것을 확인함. 과학도서 발표활동에서 본인이 관심 있는 기계공학 분야를 조사하기 위해서 **'열역학(스티븐 베리)'**을 읽고 열역학 제1법칙, 제2법칙에 대해서 탐구하고 열과 에너지의 관계에 대해서 보고서를 작성함. 카르노기관이 열을 일로 바꾸는 열기관 중에서 열효율을 최대로 얻을 수 있는 이상적인 열기관이고, 자동차나 비행기 등의 엔진을 연구하는 데 카르노기관에 대한 연구가 중요한 시작점이라는 것을 발표하여 친구들의 호응을 얻음.

행동특성 및 종합의견

학급 학습부장으로 꼼꼼하게 학습자료를 안내하고 교실에 비치된 도서를 정리하여 친구들이 평소에도 책을 읽을 수 있도록 노력함. 차분한 성격으로 기계를 분해하고 조립하거나 작동원리를 꾸준히 탐구하는 학생임. 미적분과 물리학에서 우수한 역량을 나타내고 과학 실험에서 실험 도구의 사용법을 잘 익혀서 원하는 실험 결과를 잘 측정하는 학생이라고 과학 선생님들이 칭찬하는 학생임. **'엘론 머스크, 미래를 내 손으로 만들어(권오상)', '드론 바이블(강왕구 외)'**을 읽고 엔지니어의 자세를 배우고 드론의 원리를 탐구하면서 공학 분야에서 인정받는 메카트로닉스공학기술자가 되고 싶다고 발표함. 과학의 날에 체험 부스 '드론관'을 운영하면서 후배들이 드론을 날려볼 수 있도록 부품과 배터리를 꼼꼼히 준비하였고, 드론에 작용하는 힘과 작동 원리를 설명하는 포스터를 제작하여 인문계열 친구들도 드론에 대해서 쉽게 접할 수 있도록 노력함. 꾸준히 노력하고 공부한다면 훌륭한 공학도가 될 것으로 기대됨.

1 인문계열

2 사회계열

3 자연계열

4 공학계열 · 기계공학과

5 의약계열

6 예체능계열

7 교육계열

4 ▸▸ 도시공학과

1 학과 인재상

큰 건물을 성공적으로 건설하여 엄청난 성취감을 맛보고 싶은 학생

다양한 사회 및 도시적 이슈에 관심이 많은 학생

공간지각능력을 토대로 무언가를 설계하고 만드는 것을 좋아하는 학생

수학과 물리, 화학에 정통하고 다양한 분야에 호기심이 있는 학생

문제에 대한 전략적 사고방식과 함께 창의적인 디자인 감각을 지닌 학생

2 유사학과

- 도시공학과
- 도시건설과
- 도시정보공학전공
- 도시계획공학과

3 관련직업

- 감정평가사
- 공학계열교수
- 교통계획 및 설계가
- 교통영향평가원
- 녹색건축전문가
- 도시계획직 공무원
- 도시계획 및 설계가
- 도시재생전문가
- 부동산컨설턴트
- 지능형교통시스템 연구원
- 지리정보시스템전문가
- 측량 및 지리정보기술자
- 토목공학기술자

4 개설대학

- 목원대학교
- 부산대학교
- 서경대학교
- 서울시립대학교
- 연세대학교
- 영남대학교
- 인천대학교
- 전북대학교
- 충북대학교
- 한밭대학교
- 한양대학교
- 협성대학교
- 홍익대학교 등

5 학과 연계도서

꿈의 도시 꾸리찌바
박용남 / 녹색평론사(2009)

재미와 장난이 만든 생태도시 이야기를 중심으로 현대 도시의 미래에 대해서 소개한다. 도시행정의 교과서가 되기를 희망한다는 지은이의 말대로 남미 변방의 도시 꾸리찌바는 하나의 전범으로서 산업화 산물인 현대 도시의 미래상을 제시한다. 1장에서는 식민지 도시에서 현명한 도시로의 변화에 대해 소개한다. 2장에서는 생태혁명의 이해를 위한 열쇠인 4차원의 도시혁명과 꾸리찌바를 만든 주인공들을 소개한다. 3장에서는 통합교통망의 개발, 사회적 불평등을 해소하는 요금 제도, 에너지 절약형 모델도시에 대해서 설명한다. 4장에서는 도시환경 개선을 위한 창조적인 노력에 대해서 소개한다. 마지막으로 환경친화적인 공업단지 조성 등을 통한 꿈의 도시에 대해서 설명한다.

나는 튀는 도시보다 참한 도시가 좋다
정석 / 효형출판(2013)

저자는 이 책에서 튀는 도시의 대안으로 참한 도시를 제안하면서, 참한 도시란 '자연미가 살아 있는 도시', '역사와 기억이 남아있는 도시', '차보다 사람을 섬기는 도시', '우리 손으로 만든 도시'라고 정의한다. 저자는 서울 곳곳에서 20년간 굵직한 연구 프로젝트를 수행해온 도시설계 전문가이다. 고령화와 저성장 시대, 양극화와 불균형, 아동과 여성을 노리는 성범죄, 세계 최고 수준의 자살률까지, 저자는 이러한 문제의 원인이 마을공동체가 와해되는 현상으로부터 비롯된다고 진단하며, '공유 공간'과 '관계망' 복원을 해법으로 제시한다.

도시를 건축하는 조경
박명권 / 한숲(2018)

저자가 조경 이론과 실천의 경계에서 고민해 온 일곱 가지 화두에 대한 해법을 찾아가는 과정을 보여준 책이다. 저자는 '자연과 인간, 과학과 예술, 조경과 도시, 디자인과 문화, 공간과 시간, 채움과 비움, 전통과 한국성'이란 일곱 가지 화두를 바탕으로 '우리의 삶과 일상'을 풍요롭게 해주는 도시 문화 환경이 어떠해야 하는지 구체적 사례로 설명한다. 또한 과학적 조경 이론의 선구자인 이안 맥하그, 니얼 커크우드, 마사 슈왈츠, 제임스 코너, 조지 하그리브스, 콩지안 유, 피터 워커 등 조경가의 대표작을 고루 다루고 있어서 21세기 전후의 중요한 조경 설계 흐름을 이해할 수 있다.

도시를 움직이는 모든 것들의 과학
로리 윙클리스(이재경 역) / 반니(2020)

이 책의 저자 로라 윙클리스는 수많은 자료와 해박한 지식을 바탕으로 도시를 움직이는 고층건물, 전기, 상하수도, 도로, 자동차, 철도시스템, 네트워크 등의 7가지 요소에 대해 소개한다. 물리학자인 저자는 영국 국립물리연구소, 미국 국립신재생에너지연구소, 프랑스 국립해양연구소 등의 여러 대학과 기업의 연구소 등에서 수많은 전문가를 만나 인터뷰한 후 이 결과를 바탕으로 거대한 도시의 작동원리를 설명한다. 이 책에서는 눈에는 보이지 않는 철근콘크리트, PVC 접합 유리, 탄소섬유 케이블 등 다양한 건축 자재와 시공 과정, 지하도의 세부 모습을 설명하여 도시를 움직이는 모든 과학과 기술을 살펴볼 수 있다.

스마트시티, 더 나은 도시를 만들다
앤서니 타운센드(도시이론연구모임 역) / MID 엠아이디 (2018)

오랫동안 스마트시티를 건설하는 일에 참여해 온 저자가 '스마트시티'라는 새로운 도시는 어떻게 지어져야 하는지 설명한다. 서울의 디지털미디어시티나 송도를 포함한 수많은 도시의 스마트시티 프로젝트에 직접 혹은 간접적으로 참여한 저자는, 스마트시티가 시민 참여적으로 지어질 때 그 역할을 다할 수 있다고 설명한다. 현재까지의 정보통신 기술의 적용 사례를 보여주며 다양한 시도가 어떻게 각 도시가 지닌 매력과 특색을 최대한 끌어내고 그 잠재력을 실현할 수 있는지를 소개한다. 이 책을 통해서 우리나라에서 스마트시티를 어떻게 지을 것인지 생각해 볼 수 있다.

알기 쉬운 도시이야기
구자훈 외 18인 / 한울(2022)

이 책은 도시를 여러 분야로 나눠 설명하며 학생이나 일반 시민들이 도시를 쉽게 이해할 수 있도록 안내한다. 도시에 대한 올바른 이해 없이는 즐거운 삶을 누릴 수도 없고, 생활의 여러 문제를 해결하기도 어렵다고 설명한다. 그리고 우리의 삶의 터전인 도시에서 일어나는 각종 사건과 문제들에 도시라는 환경이 밀접하게 연관되어 있다고 소개한다. 도시란 무엇인지 설명하고, 도시공간의 구조와 형태, 도시에 있는 공공공간과 외부공간에 대해서 설명한다. 도시의 재개발과 재건축 및 도시의 공원과 녹지에 대해서도 설명한다. 도시의 물, 안전, 교통, 정보화 등을 소개하고 지역개발과 국토종합계획에 대해서 설명한다. 생태도시를 만들기 위해서 주민참여에 대해서 소개한다.

우리, 마을 만들기
김기호 외 2인 / 나무도시(2012)

김기호 교수와 12인의 마을만들기 전문가가 3여 년의 준비 끝에 선보인 마을만들기에 대해 소개한 책이다. 우리나라 마을만들기의 역사와 도시계획과의 관계에 대해 설명하고, 지역 여건에 맞는 마을만들기를 위해 고려해야 할 사항 등에 대해서 안내한다. 그동안 진행되었던 다양한 사례를 소개하여 우리 실정에 맞는 마을만들기를 어떻게 추진해나가야 할지에 대해 배울 수 있다. 무엇보다 일본의 마치즈쿠리와 다른 우리만의 마을만들기의 오늘을 살펴볼 수 있다. 마을만들기의 중요 주체인 '주민'과의 관계 설정에 대해 고민할 수 있고, 현장 경험을 통해 얻은 문제점을 고려하여 마을만들기의 올바른 방향성을 제시한다.

위대한 도시에는 아름다운 다리가 있다
에드워드 데니슨, 이언 스튜어트(박지웅 역) / 보누스(2020)

이 책은 다리에 담긴 의미와 구조를 소개하고, 다리와 관련된 도시의 역사와 과학, 문화와 예술을 안내한다. 1부에서 다리는 무엇으로 만들고, 다리는 어떤 구조로 설계되며, 다리의 목적과 활용법은 무엇인지에 대해서 설명한다. 2부에서는 위대한 도시의 아름다운 다리에 대해서 소개한다. 돌이 숨 쉬는 다리 안평교, 최악의 붕괴를 경험한 다리 테이 철도교, 영원히 남을 황제의 다리 알칸타라 다리, 철로 만든 나무 철도교 타프강 다리 등 도시의 역사를 간직한 다리가 있다. 도시의 혁신을 이끈 다리, 도시의 거대한 상징이 된 다리, 도시의 환경과 조화를 이루는 다리 등 세계 여러 나라에서 유명한 다리를 접할 수 있다. 이러한 다리를 통해서 세계의 도시의 특징을 배울 수 있다.

작은 도시 큰 기업
모종린 / 알에이치코리아(2014)

이 책은 시애틀의 스타벅스, 포틀랜드의 나이키, 알름훌트의 이케아 등 글로벌 대기업의 본사가 작은 도시에 있는 이유를 설명한다. 그리고 대기업과 공생하는 작은 도시의 매력을 찾기 위해 본사를 작은 도시에 두고 있는 글로벌 기업 10군데를 소개한다. 1부에서는 시애틀, 포틀랜드, 팰로앨토, 오스틴 등 자유로움과 새로움으로 재탄생한 미국의 도시를 설명한다. 2부에서는 알름훌트, 맨체스터, 브베, 툴루즈 등 자연과 함께하는 여유로움을 간직한 유럽의 도시를 설명한다. 3부에서는 전통을 계승하며 신문화를 창조한 아시아의 도시를 소개한다. 도시의 근간인 역사 및 문화적 배경을 분석해 지역 기업과 어떤 관계를 맺고 있는지를 배울 수 있는 책이다.

재미있는 흙 이야기
히메노 켄지 외 2인(이승호 역) / 씨아이알(2009)

흙의 생성부터 흙을 조사하는 방법에 이르기까지 전문적인 내용을 설명한 책이다. 이러한 흙을 대상으로 하는 학문은 접근방법에 따라 토양학, 지질학, 토질공학 등이 있다. 흙이 만들어지는 과정, 흙의 조사나 흙의 공학적 성질, 지반개량, 공사 또는 재해에 관한 문제까지 모두 설명하고 있다. 지반과 관련된 기초지식 습득을 목적으로 기술자 및 관련분야 전공 대학생에 이르기까지 누구나 쉽게 읽고 이해할 수 있도록 설명한다. 이 책을 통해서 흙에 대한 공학적 성질뿐만 아니라 재해·환경에 관계되는 성질까지 모두 파악할 수 있다.

1 인문계열

2 사회계열

3 자연계열

4 공학계열 · 도시공학과

5 의약계열

6 예체능계열

7 교육계열

도시공학과 독서탐구활동 활용사례

자율활동 특기사항

학급에 게시하는 '진로 연계 학급 신문'에서 '청소년이 알아두면 도움이 되는 과학 용어 10가지'를 주제로 과학 용어가 가진 의미와 적용 사례를 적절하게 제시함. 학급 친구들의 호응을 받은 후 담임교사의 추천을 받아 학교 신문에도 기고함. 학생들의 무분별한 엘리베이터 사용 자제를 위해 친구들과 아이디어를 모아 목발을 사용하는 친구가 "엘리베이터를 기다렸는데, 친구들이 양보해 주지 않아 한참을 기다렸어요"라고 말하는 모습과 "당신은 몸이 불편한가요?"라는 질문을 담은 포스터를 학교 엘리베이터 문 앞에 게시하여 캠페인에 참여함. 학급 독서활동에서 **'꿈의 도시 꾸리찌바(박용남)'**를 읽고 꿈의 도시를 만들기 위한 통합교통망의 개발, 사회적 불평등을 해소하는 요금 제도, 에너지 절약형 모델도시 등을 조사하여 보고서를 작성함. 도시 환경 개선을 위한 창조적인 노력에 대해서 소개하고, 환경친화적인 공업단지 조성 등을 통한 꿈의 도시에 대해 구체적으로 발표하여 친구들의 호응을 얻음.

동아리활동 특기사항

(도시연구반)(34시간) 과학적 자료를 글로 표현하는 능력이 우수하고 과학 지식이 풍부하여 과학 커뮤니케이션 감각이 뛰어난 학생임. 학교 진로 신문을 작성할 때 자료를 조사하는 과정이 꼼꼼하고, 여러 단계를 거쳐서 기사를 작성하는 과정이 우수하여 동아리 부원으로부터 칭찬을 받는 학생임. 도서 발표 활동에서 **'도시를 건축하는 조경(박명권)'**을 읽고 도시를 아름답게 하는 조경 이론과 실천의 경계에서 고민해 온 일곱 가지 화두에 대한 해결책을 배움. '자연과 인간, 과학과 예술, 조경과 도시, 디자인과 문화, 공간과 시간, 채움과 비움, 전통과 한국성'이란 일곱 가지 화두를 바탕으로 '우리의 삶과 일상'을 풍요롭게 해주는 도시 문화 환경이 어떠해야 하는지 구체적 사례를 정리하여 보고서로 작성함. 과학적 조경 이론의 선구자인 이안 맥하그, 니얼 커크우드, 마사 슈왈츠, 제임스 코너 등 유명한 조경가에 대해서 조사하여 21세기 전후의 중요한 조경 설계 흐름을 부원들에게 발표하여 박수갈채를 받음.

진로활동 특기사항

진로정보 안내사이트에 접속하여 희망 직업, 학과, 대학의 정보를 자세히 탐색하고 필요한 정보를 꼼꼼하게 메모함. 진로 결정과 관련된 궁금증이 생기면 정보 탐색 및 교사와의 상담 등을 통해 적극적으로 해결하기 위해 노력함. 부모와 진로 갈등을 겪고 있는 사연을 동영상으로 보고 부모님의 걱정은 이해되나 삶의 주인공은 자신이므로 선택과 책임은 본인에게 있음을 강조하여 발표함. '14일간의 도전 프로젝트'에 참여하여 '자기주도적 학습 습관 만들기'라는 목표를 세우고 매일 플래너를 작성하면서 공부시간을 기록함. 본인이 작성한 목표를 달성하기 위해서 잘한 점과 부족한 점을 글로 작성하고 쉬는 시간을 활용하기 위해 노력하는 모습을 관찰함. 진로 독서활동에서 **'스마트시티, 더 나은 도시를 만들다(앤서니 타운센드)'**를 읽고 서울의 디지털미디어시티나 송도를 포함한 수많은 도시의 스마트시티 프로젝트에 대해서 조사하여 보고서를 작성함. 스마트시티가 시민 참여적으로 지어질 때 그 역할을 다할 수 있고, 현재까지의 정보통신 기술의 적용 사례를 보여주면서 어떻게 다양한 시도가 각 도시가 지닌 매력과 특색을 최대한 끌어내고 그 잠재력을 실현할 수 있었는지 구체적으로 발표하여 우수 발표자로 선정됨.

교과 세부능력 및 특기사항

과학탐구실험

생활 속 과학 탐구 발표에서 우리 주변에 활용되고 있는 생체모방 기술에 대해 발표함. 연꽃잎과 토란과 같은 식물이 물방울을 흡수하지 않고 굴려내는 모습을 통해 물이 스며들지 않고 오염이 되지 않는 방수제품을 만드는 등의 다양한 사례를 조사하여 발표함. 또한, 태양광 패널이 먼지로 인해 효율이 떨어지는 문제를 연꽃잎의 방수 효과 원리와 관련지어 해결하려고 노력하고, 태양광 패널에 방수제품을 발라 먼지가 붙지 않게 하는 창의적인 아이디어를 발표하여 친구들의 호응을 얻음. **'나는 튀는 도시보다 참한 도시가 좋다(정석)'**를 읽고 저자가 책에서 소개한 참한 도시인 '자연미가 살아 있는 도시', '역사와 기억이 남아 있는 도시'에 대해서 고민해 봄. 고령화와 저성장 시대, 양극화와 불균형 등의 원인이 마을공동체가 와해되는 현상으로부터 비롯된다는 저자의 의견을 자료를 통해 발표하고 '공유 공간'과 '관계망' 복원을 문제 해결책으로 설명하여 우수 발표자로 선정됨.

수학Ⅱ

학교 주변의 공원과 아파트를 직접 답사하며 조형물 사진을 찍어 자료를 수집하고, 인터넷 검색을 통해 조형 업체의 홈페이지에서 다양한 조형 작품들의 사진을 출력하여 급식 대기줄 주변에 전시함. 학교 공간에 어떤 크기와 모양의 조형물이 있느냐에 따라 공간의 분위기가 완전히 달라짐을 보여주고, 학교 휴식 공간이 어떤 느낌이면 좋을지 전교생을 대상으로 설문조사를 실시함. **'도시를 움직이는 모든 것들의 과학(로리 윙클리스)'**을 읽고 영국 국립물리연구소, 미국 국립신재생에너지연구소, 프랑스 국립해양연구소 등의 여러 대학과 기업의 연구소 등에서 저자가 수많은 전문가를 만나 인터뷰한 후 알게 된 거대한 도시의 작동원리에 대해서 정리하여 소감문을 작성함. 눈에는 보이지 않는 철근 콘크리트, PVC 접합 유리, 탄소섬유 케이블 등 다양한 건축 자재와 시공 과정, 지하도의 세부 모습을 설명하여 도시를 움직이는 모든 과학과 기술의 복합체라고 발표하여 친구들의 호응을 얻음.

행동특성 및 종합의견

과학적 상상력이 풍부하여 미래 도시가 어떻게 변할지 궁금해하고 사물인터넷, 빅데이터 등 최신 IT기술이 적용된 도시에 관심이 많은 학생임. 수업에 적극적으로 참여하며 교사뿐만 아니라 급우들에게도 다정다감한 학생임. 친구들이 준비물 및 수행평가를 놓치는 모습을 보고 누가 시키지도 않았는데도 불구하고 스스로 급우들에게 중요한 안내 사항을 반복 안내하고 독려하며 친구들이 학교 행사 및 전달사항에 꾸준히 관심을 갖고 수업 준비에 최선을 다할 수 있도록 노력함. 도시공학에 관심이 많아서 **'도시를 움직이는 모든 것들의 과학(로리 윙클리스)'**과 **'스마트시티, 더 나은 도시를 만들다(앤서니 타운센드)'**를 읽고 도시 속에 포함된 과학과 더 좋은 도시를 만들기 위해서 수많은 사람들이 노력하고 있는 것들을 학급 친구들에게 발표하고 자료를 공유함. 미래에 도시공학 전문가가 되기 위해서 자료를 수집하고 꾸준히 노력하는 발전가능성이 있는 우수한 학생임.

5 ▸▸ 바이오발효융합학과

1 학과 인재상

객관적으로 사고하고 날카로운 안목으로 결과물들을 관찰할 수 있는 학생

건강 관련 식품과 의약품 개발에 관심이 있는 학생

정직함과 실행력, 사고의 유연성으로 바이오 발효융합 발전에 기여하고자 하는 학생

일생생활 속에서 접하는 식품의 가공, 저장, 분석에 대해 관심이 많은 학생

첨단기술을 식품에 적용할 수 있는 창의성과 응용력이 뛰어난 학생

2 유사학과

- 식품공학과
- 바이오식품공학과
- 식품생명공학과

3 관련직업

- 식품공학자
- 제약회사 연구원
- 식품학연구
- 식품위생공무원
- 바이오식품개발전문가

4 개설대학

- 국민대학교 등

효소로 이루어진 세상
신현재 / 이채(2018)

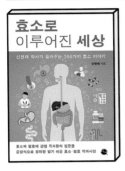

이 책은 효소와 발효에 관한 독자들의 질문을 문답식으로 정리한 백과사전식 책이다. 인체와 질병, 의약품, 화장품, 음식, 의류, 에너지 등 국내외 효소 산업에 걸쳐, 효소라는 창을 통해 바라보고 있다. 효소가 없다면 우리가 먹는 음식이 영양분으로 바뀌지 않고 우리는 아무런 에너지를 얻을 수 없다. 효소가 없는 세포는 죽음에 이르게 되기 때문에 효소는 생명의 불꽃이자 기초라고 부른다. 몸속에 있는 효소의 역할을 연구하면 암과 심혈관질환 등을 예방하고 치료할 수 있는 단서를 얻을 수 있다. 기존의 화학적 방법으로 만들기 힘든 의약품도 효소를 이용하면 간단하고 경제적으로 만들 수 있다. 효소를 반복 사용하기 위한 다양한 효소고정화 방법 등을 이 책에서는 소개하고 있다.

바이오의약품 시대가 온다
김시언, 이형기 / 청년의사(2019)

최근 치료제 분야에서 점점 더 중요성을 보이는 바이오의약품은 대한민국의 4차 산업혁명을 주도할 새로운 성장 동력으로도 주목받고 있다. 이 책에서는 바이오의약품에는 어떤 종류가 있는지, 왜 지금 바이오의약품에 관심을 가져야 하는지, 바이오의약품 개발과 허가에서 중요한 규제 쟁점은 무엇인지를 누구나 쉽게 이해할 수 있도록 소개한다. 이 책은 바이오의약품의 전반을 개괄하고 미래 전망을 가늠하기 때문에 바이오의약품을 전공하는 학생은 물론, 바이오의약품을 이해하고 싶은 일반인, 바이오산업에 주목하는 투자자 및 관련 업계 종사자 모두에게 유용한 책이다.

미생물이 질문하고 발효가 답하다
사천시친환경미생물발효연구재단 / 책과나무(2022)

이 책은 사천시친환경미생물발효연구재단이 현장에서 실험하고 임상으로 검증하며 십여 년간 노력한 결과물을 소개한다. 1장에서 미생물을 통한 게놈 프로젝트를 설명하고, 마이크로바이옴과 프로바이오틱스에 대해서 알려준다. 세계인의 입맛에 다가가고 있는 발효음식인 김치에 대해서 설명한다. 2장에서는 미생물과 분해 생성의 마법사인 발효에 대해서 설명하고, 발효의 표준을 추구하는 G4000 다기능 발효기를 알려준다. 건강한 발효 음식에서부터 실생활에 응용하는 방법까지, 미생물과 발효를 실생활에 응용하는 40여 가지 방법을 알려준다. 발효과학의 효능, 수십 가지의 발효음식 레시피와 생활 속의 발효 문화에 대해서 자세히 배울 수 있다.

이기적 유전자
리처드 도킨스 (홍영남 역) / 을유문화사(2014)

세계적인 석학인 리처드 도킨스는 『이기적 유전자』에서 진화론의 새로운 패러다임을 제시하며 다윈의 '적자생존과 자연선택'이라는 개념을 유전자 단위로 끌어내려 진화를 설명하고 있다. 도킨스는 자신의 동물행동학 연구를 진화의 역사에서 유전자가 차지하는 중심적 역할에 대한 좀 더 넓은 이론적 맥락과 연결시키기 시작했는데, 그 결과가 바로 '이기적 유전자'다. 저자는 '이기적 유전자'라는 개념이 갖고 있는 지속적인 타당성을 이야기하며 이 책이 전하는 메시지를 되새긴다.

나는 미생물과 산다
김응빈 / 을유문화사(2018)

이 책은 과학 지식이 많지 않아도 편히 읽을 수 있도록 집필된 미생물학 입문서이자 과학 교양서이다. 저자는 20년간 학생뿐 아니라 대중들에게 강연한 미생물 이야기를 좀 더 쉽고 흥미롭게 풀어썼다. 과학을 잘 모르는 독자도 한눈에 이해할 수 있도록 관련 사진, 그림, 도표, 그래프 등 시각 자료도 풍부하게 담고 있다. 또한 최근 문제시되고 있는 병원 내 감염이나 조류독감 등 미생물과 관련된 시의성 있는 주제부터 지구에 산소를 처음 선물한 시아노박테리아, 아기의 면역계를 형성하는 모유 속 비피도박테리아, 방사능을 잡아먹는 데이노코쿠스 라디오두란스, 범인 DNA를 분석해 내는 테르무스 아쿠아티쿠스 등 호기심을 자극하는 미생물 이야기까지 다루어 유익성과 재미를 동시에 살렸다.

질병 정복의 꿈, 바이오 사이언스
이성규 / MID 엠아이디(2019)

이 서적은 유전병, 퇴행성 뇌질환, 암과 같은 난치병과 당뇨, 비만, 노화와 같은 익숙한 질환 그리고 말라리아, 에이즈와 같은 감염병을 이슈와 에피소드를 통해 이해하기 쉽게 소개한다. 1부에서 희귀질환 유전병과 미토콘드리아 유전병을 설명하고 인간 유전체 프로젝트에 대해서 소개한다. 2부에서는 치매와 파킨슨병과 같은 퇴행성 뇌질환에 대해서 알려준다. 3부에서는 흑색종, 백혈병, 뇌종양 등의 암과 관련된 지식을 전달한다. 4부에서는 당뇨, 비만, 노화를 주제로 불로장생의 꿈, 수명 연장에 대한 이야기를 전개한다. 마지막 5부는 감염병을 주제로 에이즈, 말라리아, 독감에 대해서 설명해서 바이오 사이언스에 대한 지식을 습득할 수 있다.

미각의 비밀
존 매쿼이드 (이충호 역) / 문학동네(2017)

저자는 미각을 현 세기의 과학기술을 기반으로 신화, 철학, 문학을 경이로운 솜씨로 종합하여 맛의 유래와 미래, 그리고 그 변화의 이유를 풀어내고 있다. 그는 이 책에서 주방과 슈퍼마켓, 농장, 레스토랑, 거대 식품 회사, 과학 연구실을 직접 방문하고 탐사하면서 지금도 계속 드러나고 있는 향미 개념과 앞으로 수십 년 사이에 우리의 미각이 어떻게 변할지에 대한 흥미진진한 이야기를 들려주고, 다양한 방면에서 일어나고 있는 과학 연구를 소개한다. 즉, 유전자가 우리의 미각을 어떻게 빚어냈는지, 숨어 있는 맛 지각이 우리 몸의 모든 기관과 계에 어떻게 파고드는지, 마음은 다섯 가지 감각이 보내온 향미와 우리 몸의 대사 계들에서 보내온 신호를 어떻게 모아서 결합하는지, 왜 같은 음식인데도 어떤 사람은 역겨움을 느끼고 어떤 사람은 즐거움을 느끼는지 등을 설명한다.

생명과 약의 연결고리
김성훈 / 웅진지식하우스(2023)

우리 몸과 약의 상호작용에 대해서 알기 쉽게 다루고 있는 서적이다. 인체라는 복잡계를 예측 불가한 자연 현상과 엮어 설명하고 있다. 인체 네트워크에 작용하는 약이 지속적으로 효과를 낼 수 없는 이유를 사례를 통해서 소개한다. 1장에서 복잡계와 네트워크의 과학에 대해서 소개한 후 2장에서는 신약 개발의 어려움을 설명한다. 생명체의 항상성과 유연성을 소개하고 하드웨어 연구 시대에서 소프트웨어 연구 시대의 변화 과정을 안내한다. 5장에서는 슈퍼 바이러스의 등장을 소개하고, 약물의 내성이 생기는 이유를 설명하고 어떻게 약물의 내성을 최소화할 수 있는지 알려준다. 이 책을 통해서 약을 통한 바이오 산업에 대해서 배울 수 있을 것이다.

이해하기 쉬운 생화학
변기원 외 4인 / 파워북(2019)

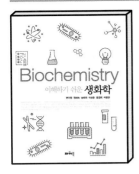

최근 영양학 및 보건학 분야가 광범위한 생화학적 지식을 필요로 하는 예방의학적인 면에 큰 비중을 두고 있는 점을 감안하여, 이 책은 생체 내에서 일어나는 생명화학의 이해를 돕기 위해 생화학의 기초지식과 응용을 담아 최대한 생화학의 지식과 정보를 짧은 시간에 흥미를 갖고 습득할 수 있도록 이해하기 쉽고 평이하게 서술하고 있다. 또한 생화학의 기초적인 내용을 기술하고 관련된 응용분야의 새로운 정보를 수집, 요약해 놓았다. 생명의 화학적 현상의 기본이 되는 물과 완충액, 단백질, 효소 등에 대한 기본개념과 특성을 파악할 수 있도록 하였으며, 생체의 중요한 구성요소이며 에너지급원인 당질, 지질, 단백질대사를 연속적으로 기술하여 상호관계를 이해할 수 있도록 하였다. 또한 유전공학의 기초가 되는 핵산의 화학, 유전정보의 보존, 전달 및 조절에 관한 부분을 이해하기 쉽게 해설하였다.

음식의 영혼, 발효의 모든 것
샌더 엘릭스 카츠 저(한유선 역) / 글항아리(2021)

이 서적은 미생물학 및 경험과 구전에 근거한 발효에 대해서 소개하고, 발효음식의 부활 운동을 통한 지속 가능한 문명까지 탐색한다. 1장에서 우리 조상이자 더불어 진화하는 동반자인 박테리아를 소개하고, 발효라는 자연현상에 대해서 설명한다. 2장에서 건강에 이로운 발효음식과 에너지를 아끼는 발효음식을 알려주고, 발효음식의 탁월한 맛과 보존의 이점과 한계를 설명한다. 4장부터는 알코올 발효, 채소의 발효, 우유의 발효, 곡물과 땅속작물의 발효, 견과류의 발효, 육류, 어류, 달걀의 발효 등을 자세히 알려준다. 발효에 대한 열정을 가지고 있는 사람들이 어떤 점을 고려해야 하는지 알려주고, 음식 이외의 부문에 대한 발효의 다양한 고려사항을 배울 수 있다.

1 인문계열

2 사회계열

3 자연계열

4 공학계열 · 바이오발효융합학과

5 의약계열

6 예체능계열

7 교육계열

바이오발효융합학과 독서탐구활동 활용사례

자율활동 특기사항

등교 전 시간을 이용한 매일 15분 독서습관 들이기 활동에서 소그룹 리더 역할을 책임감 있게 하고 모둠원들이 적극적으로 참여하도록 독려함. 독서 활동내용을 꼼꼼하게 기록하고 관리함으로써 일 년 동안 성공적인 독서활동이 이루어지는 데 큰 역할을 수행함. 관심 있는 분야의 책을 선정하여 읽고, 다 읽은 후 각자 자신이 읽은 내용에 대해서 발표하고 그 내용에 대해서 서로의 생각을 공유하는 시간을 가짐. 자신의 관심분야와 다른 분야에 대한 책과 생각을 접하면서 몰랐던 내용에 대해서 알게 되는 시간을 갖고, 다양한 시각을 통해서 사고를 확장하는 계기를 마련함. **'질병 정복의 꿈, 바이오 사이언스(이성규)'**를 읽고 유전병, 퇴행성 뇌질환, 암과 같은 난치병과 당뇨, 비만, 노화와 같은 익숙한 질환 그리고 말라리아 등과 같은 감염병을 조사한 후 바이오 사이언스에 대한 지식을 알기 쉽게 정리하여 학급 블로그에 게시함. 당뇨, 비만, 노화와 관련된 불로장생의 꿈, 수명 연장에 대한 주제에 관심이 많고, 감염병과 관련된 말라리아, 독감 등의 분야에 대해서 정리하여 발표하고 바이오와 관련된 연구를 하고 싶다는 포부를 밝힘.

동아리활동 특기사항

(과학탐구실험반)(32시간) 온도와 pH에 따른 카탈레이스 작용 실험에서 거름종이가 떠오르는 시간을 정확히 측정하고 이를 과산화수소 분해와 연관지어 예측한 결론을 도출함. 동아리 축제에서 과학탐구 실험반의 활동을 소개하고 일반 학생들이 즉석에서 실생활과 연관된 흥미로운 실험 활동을 해 볼 수 있도록 브로콜리 DNA추출과 화학물질 수중 정원 등의 실험부스를 운영하는 데 적극적으로 참여함. 동아리 심화 독서활동에서 **'이기적 유전자(리처드 도킨스)'**를 읽고 이 책이 왜 그렇게 유명한지를 알게 되는 과정이 매우 재미있었다고 동아리 활동 소감문에 밝힘. 특히 '이기적'이란 단어에 대해 많이 생각하게 되었고, 우리 사회에서도 자주 쓰이는 '호구'의 의미와 그런 부류의 사람들이 하는 역할에 대해 동아리원들과 열띤 토론을 통해서 의견교환을 함. '호구'가 많이 존재하는 사회가 평균 이득이 높은 사회가 될 것이라고 하면서 누군가를 이용하는 사람보다는 사람들에게 도움을 주고 또한 도움을 받는 사람이 되고 싶다는 소감을 밝힘.

진로활동 특기사항

미래사회 진로희망 직업 디자인 시간에 평소 관심을 가지고 있었던 '바이오 의약품 개발 전문가'를 조사하고 직업카드를 제작함. 바이오 의약품, 즉 유전자 재조합이나 세포배양 기술 등 생물공학에서 새롭게 사용하는 방법을 이용하여 사람 혹은 다른 생물체에서 얻어낸 단백질과 호르몬을 원료 및 재료로 해서 만든 의약품에 대해서 흥미를 갖고 해당 업무를 하기 위해서 배워야 할 것과 갖추어야 할 소양에 대해서 알아봄. 진로 주제 탐구 시간에 **'바이오의약품 시대가 온다(김시언, 이형기)'**를 읽고 바이오 의약품이 무엇이고, 어떤 종류가 있는지를 학습함. 특히 바이오시밀러 의약품에 관심을 갖고 탐구함. 바이오시밀러 의약품의 장점과 부작용을 알아보고, 최근 한국 바이오제약기업이 줄줄이 임상시험에 실패하는 이유를 통해 한국 바이오산업이 나아갈 지향점 등에 대해서 매우 흥미롭게 알아보면서 독서 감상문을 제출함. 전공역량 강화 진로캠프에 참가하여 바이오 제약산업, 건강 식품산업 등과 관련된 생물학, 생화학, 면역학, 바이오 신소재학 등의 학문에서 무엇을 배우는지에 대해서 알아봄. 자신의 전공역량을 강화시키기 위해서 학교생활에서 어떤 과목을 중점적으로 공부하고, 동아리 활동은 어느 분야에서 하는 것이 좋은지 등에 대한 학교생활 디자인 활동에 적극적으로 참여함.

교과 세부능력 및 특기사항

생명과학

항상 적극적이고 성실하게 학습하는 자세를 가지고 있으며 궁금한 것은 바로 질문을 해서 자칫 지루해지기 쉬운 강의식 수업에서 활력을 불어넣는 역할을 해옴. 또한 모둠활동에서 공동체의식을 발휘해서 학습이 느리거나 기초지식이 부족한 학생들을 도와주는 것을 자주 목격함. 미생물에 관심을 갖게 되어서 교과독서시간에 **'나는 미생물과 산다(김응빈)'**를 읽고 발표하는 적극성을 보임. 수업시간에 배운 세포 내에서 에너지를 만들어내는 미토콘드리아가 하나의 세균이었으나 다른 세포에게 잡아 먹혀 내부로 들어와 독립성을 잃어버리고 현재의 진핵세포가 탄생했다는 '세포내공생설'을 정리하면서 철학적인 관점으로 이 가설을 설명하는 책의 내용을 인용함. '포식자 내부에서 공생의 길을 개척하는 모습이야말로 미토콘드리아에게 배워야 할 지혜'라는 점을 소개하면서 어떠한 상황에서도 무엇인가 배울 것이 있고 공생의 다양한 방법을 소개하면서 패러다임의 전환도 필요하다는 말을 함.

생명과학실험

생명과학에 대한 흥미가 높은 학생으로 탄탄한 생명과학과 화학 지식을 가지고 있어서 각 실험과정의 목적과 절차를 정확히 인지한 상태에서 실험을 진행하기 때문에 대부분의 실험에서 원하는 결과를 도출하는 데 큰 기여를 함. 마이크로 피펫, 고압 멸균기, 조직 배양기 등 다양한 실험기구를 능숙하게 조작할 수 있으며 실험 실패 시 과정을 반추하며 문제점을 인식하고, 이를 바탕으로 재실험을 수행해 타당한 결과를 얻을 때까지 반복하는 높은 집중력과 과제 수행능력 및 적극적 탐구의지를 확인함. 자유 과제 탐구 발표시간에 **'효소로 이루어진 세상(신현재)'**을 읽고 발효의 원리와 효소의 역할에 대해서 발표하였으며, 학교에서 할 수 있는 실험 설계과정 짜기에서 자신이 읽은 책과 참고 문헌 검색을 통해서 발효액, 식초, 술 만들기 실험을 설계하고 제안하여 높은 점수를 받음. 또한 세계적으로 유명한 효소식품을 소개하고 우리나라의 전통음식 중에서 효소로 이루어진 음식도 소개함.

행동특성 및 종합의견

학급자치활동을 통해 한 해를 반성하고, 창의적체험활동을 통해 성실히 작성한 소감문을 게시하여 자신의 생각을 친구들과 나눔. 자신의 역할을 꼼꼼하게 잘 수행하여 AI라는 별명을 들을 정도로 책임감과 이타적 마음이 매우 큰 학생임. 또한 매일 급식 메뉴를 쓰는 역할을 자발적으로 수행함. 이후 그림을 잘 그리는 친구와 함께 그 음식에 대해서 묘사하고 각종 맛에 대한 부가적인 해설도 칠판에 쓰면서 매주 한번씩은 재미있는 음식에 대한 이야기도 작성하여 큰 호응을 얻음. 입소문을 타고 전교 단톡방에도 실리기도 함. 나중에 이에 대한 비결로 음식과 관련된 책을 많이 읽었다고 말하면서 자신의 진로희망과 흥미를 독서에 연결시킨 우수사례로 꼽힘. **'미각의 비밀(존 매퀘이드)'**을 읽고 '왜 같은 음식인데도 어떤 사람은 역겨움을 느끼고 어떤 사람은 즐거움을 느끼는지', '현대인의 극단적인 맛에 대한 집착이 뇌에 대해 무엇을 알려주는지' 등에 대한 내용을 급우들에게 재미있게 설명해주어서 큰 호응을 얻음.

1 인문계열

2 사회계열

3 자연계열

4 공학계열 · 바이오발효융합학과

5 의약계열

6 예체능계열

7 교육계열

6 ▶▶ 반도체공학과

1 학과 인재상

기초와 응용기술을 연구, 개발할 수 있는 창의력을 가진 학생

전기, 전자통신, 컴퓨터분야에 재능과 소질이 있는 학생

실험 및 실습 위주의 수업에 참여하기 위한 논리적인 사고력과 탐구정신을 갖춘 학생

정보소자 분야에 대한 흥미와 의욕이 있는 학생

창의적 사고를 바탕으로 첨단 반도체 분야에서 새로운 가치를 창출할 수 있는 창의적인 인재

2 유사학과

- 반도체디스플레이학과
- 반도체장비공학과
- 반도체과학전공
- 반도체시스템공학과
- 세라믹공학과

3 관련직업

- LED연구 및 개발자
- RFID시스템개발자
- 공학계열교수
- 나노공학기술자
- 반도체공정기술연구원
- 반도체공학기술자
- 반도체장비기술자
- 반도체품질관리시험원
- 사물인터넷개발자
- 재료공학기술자
- 전기제품개발기술자
- 통신공학기술자
- 통신장비기술자
- 항공공학기술자

4 개설대학

- 가천대학교
- 고려대학교
- 국민대학교
- 단국대학교
- 동국대학교
- 명지대학교
- 서울시립대학교
- 서울과학기술대학교
- 서강대학교
- 세종대학교
- 아주대학교
- 연세대학교
- 한양대학교
- 한국공학대학교
- 한경대학교 등

학과 연계도서

그래핀 반도체 인기학과 진로코칭

정유희 외 2인 / 미디어숲(2022)

반도체 산업은 무엇이고 어떤 특징이 있으며 앞으로 어떤 변화가 있을지 안내하는 책이다. HDD와 SSD의 차이점을 시작으로 반도체 공정의 핵심 소재인 '포토레지스트'를 소개한다. 그리고 웨이퍼 제조, 산화공정 등의 반도체 8대 공정을 설명하고, 자율주행차에 사용되는 반도체에 대해서 소개한다. 반도체 패키지와 패키지 기판을 중심으로 반도체 패키징 기술의 활용, 발전과정, 필요성에 대해서 자세히 분석하고, 반도체학과와 관련된 진로를 구체화하고 심층탐구 주제를 찾을 수 있도록 관련 정보를 제공하고 있다.

반도체 소자공학

이진구 / 퍼스트북(2019)

반도체에 대해서 공부할 수 있는 전공서적으로 고체의 결정구조, 고체이론 등을 다룬다. 평형 상태의 반도체, 반송자 이동과 과잉 반송자 현상, 접합과 금속-반도체 접촉에 대해 설명하고, MOSFET 기초와 추가적인 개념들에 대해서 소개한다. 반도체의 비평형 과잉 반송자, PN접합과 쇼트키 다이오드, 바이폴라 트랜지스터, 부가적인 반도체 소자와 소자 개념, 광소자 등에 대한 내용도 함께 다룬다. 고등학생이 읽기에는 내용이 많이 어려울 수 있지만, 반도체 전공 분야에서 어떤 공부를 하는지 미리 확인할 수 있는 책이다.

반도체 전쟁

최낙섭 / 한올출판사(2022)

미국, 중국, 유럽의 반도체 강국을 중심으로 설명한 책이다. 반도체를 중심으로 디지털 혁명에 대해서 내용을 전개하고, 1호 파운드리 기업인 TSMC에 대해서 소개한다. 이 책은 반도체 세계에서 일어나는 일이 어떤 방향으로 움직이는지, 그 움직임의 결과가 세상을 어떻게 바꿔놓고 있는지 그려보고자 한다. 전문용어가 나와서 다소 어려울 수 있지만 전체적인 흐름을 이해한다면 내용을 이해하기 수월할 것이다. 한국의 반도체 발전 상황과 관련 장비에 대한 소개로 책을 마무리하고 있다.

반도체 제국의 미래

정인성 / 이레미디어(2021)

1위 반도체 기업들의 경쟁력과 전략, 새로운 승자들의 도전 등 혁신과 전략의 과정을 기술 발전 사례와 데이터를 토대로 설명하고 있다. 진공관, 트랜지스터, 모스펫 등 진화를 거쳐 우리가 아는 반도체가 되기까지 흐름을 알 수 있도록 내용을 구성했다. 새 CEO를 영입하며 새로운 생태계 조성을 시도하는 인텔의 야심을 엿볼 수 있고, 반도체 공정에 관한 자세한 내용과 향후 시장의 방향성까지 짐작할 수 있도록 했다. 이 책을 통해 반도체 산업의 과거와 현재를 한눈에 돌아보고 미래를 전망할 수 있게 될 것이다.

1 인문계열
2 사회계열
3 자연계열
4 공학계열 · 반도체공학과
5 의약계열
6 예체능계열
7 교육계열

반도체란 무엇인가
유영준 / 파이터치연구원(2017)

이 서적은 삼성전자, 인텔 등의 회사를 중심으로 반도체 제국이 어떻게 탄생했는지 소개한다. 반도체에 관한 제조기술은 물론 반도체가 발명된 이후 지금까지 어떠한 길을 걸어왔고 각종 산업에 어떠한 혁신을 가져다주었는지 알기 쉽게 설명한다. 한 번의 실수로 어려움을 겪었지만 멈추지 않고 도전하는 인텔 이야기, 변두리에서 컴퓨팅의 중심으로 진출한 다크호스 엔비디아 이야기, 사용 시나리오를 지배하는 거대 반도체 수요자인 구글 이야기, 최대의 수요자이자 공급자인 삼성전자 이야기를 통해 반도체의 미래를 흥미롭게 담아냈다.

산업의 쌀, 반도체
김성호 / 미래아이(2022)

반도체란 무엇이고, 인류는 어떻게 반도체를 만들게 되었는지 소개한 책이다. 메모리 반도체와 비메모리 반도체의 차이점에 대해서 설명하고, 손안의 스마트폰부터 날마다 타는 자동차까지 현대문명은 반도체 없이는 움직이지 않기에 반도체를 산업의 쌀로 표현한다. 무너진 무어의 법칙을 통해서 반도체는 계속 발전할 수 있을지 고민하고 양자 컴퓨터가 왜 빠르게 작동하는지 설명한다. 이 책을 통해서 오늘날 가장 주목받는 핵심 기술인 반도체에 대해서 쉽게 이해할 수 있을 것이다.

인스파이어드
마티 케이건(황진수 역) / 제이펍(2018)

감동을 전하는 IT 제품은 어떻게 만들어지는지, 대박을 터트리는 제품은 어떻게 개발하는지 설명한 책이다. 이 책에서는 최고의 제품팀이 어떻게 일하는지를 설명하고, 세계 각지에 있는 최고의 회사와 제품팀을 소개한다. 그리고 최고의 기업과 팀이 일하는 방식과 평범한 기업과 팀이 일하는 방식에 어떤 차이점이 있는지 비교하고 분석한다. 반도체와 같이 최첨단 제품을 개발하기 위해서는 세계 최고 수준의 팀처럼 업무 혁신을 통해 성과를 낼 수 있어야 하는데, 이 책을 통해서 업무혁신 프로세스를 접할 수 있다.

최소한의 과학
존 버드(권기영 역) / 한빛아카데미(2018)

이 서적은 공학을 이해하기 위해 기계 분야와 전기 분야에서 응용되는 기초물리 개념을 상세히 설명한다. 공학의 기초부터 공학 시스템까지 스스로 확장해 갈 수 있도록 꼭 필요한 기초수학을 소개한다. 어려운 수학과 물리 개념은 가능한 적게 사용하고, 다양한 기초 문제와 여러 분야의 공학적 사례를 직접 해결하도록 하고 있다. 아주 기초적인 수학과 물리 개념들이 공학과 실생활 전반에 걸쳐서 어떻게 활용되고 있는지 사전 배경지식이 없이도 이해할 수 있도록 구성되어 있다. 수학, 기계, 전기를 최소한의 수학과 과학을 사용하여 설명하는 책이다.

한국의 IT 천재들
유한준 / 북스타(2021)

국내 IT 산업에서 신화 창조의 주역들이 세상을 어떻게 바꾸어 놓았는지 삼성 SDS 괴짜들을 소개하면서 이야기를 시작한다. PC는 무조건 쉬워야 한다는 생각을 가지고 국내 IT기업에서 성공한 카카오톡의 김범수 의장, 건전한 게임은 활력소가 될 수 있다는 신념을 갖고 노력한 넥슨의 김정주, 그리고 청소년 게임에 새바람을 일으킨 엔씨소프트의 김택진 대표에 대해서 소개한다. 아울러 넷마블의 방준혁 의장, 크래프톤의 장병규 의장, 네이버의 이해진 대표 등의 사례를 통해 미래의 꿈을 키울 수 있다.

핵심이 보이는 반도체 공학
권기영 / 한빛아카데미(2015)

반도체 공학의 전반적인 개념을 중심으로 설명한 책이다. 수식 전개 과정을 그림으로 자세히 표현하여 직관적인 이해를 돕고, 무엇을 배우는지 생각할 수 있도록 핵심 질문을 제시한다. 반도체 공학의 핵심이라 할 수 있는 바이폴라 트랜지스터, MOS 커패시터, 트랜지스터와 관련된 부분을 자세히 설명하여 반도체 공학을 처음 접하는 사람들도 쉽게 알 수 있도록 구성했다.

반도체공학과 독서탐구활동 활용사례

자율활동 특기사항

과학의 날 행사에 '보어' 부스를 맡아 양자역학에 대한 전문가 코너를 주도적으로 운영함. 부스에 방문한 후배들에게 보어의 업적과 양자역학을 수학과 물리학과 관련지어 소개해서 '최고의 해설 부스'로 선정됨. 방학 중 교내 수학과학 캠프에 참여하여 주제탐구활동을 실시하고 '드론의 작동원리'에 대한 보고서를 작성함. 작성한 자료를 중심으로 드론의 작동원리를 설명하고 다양한 힘이 작용한다고 발표함. **'한국의 IT 천재들(유한준)'**을 읽고 국내 IT 산업에서 신화 창조의 주역들이 세상을 어떻게 바꾸어 놓았는지 조사해 봄. 국내 SNS를 운영하는 기업, 국내 건전한 게임을 개발한 기업, 국내 1위 검색사이트를 개발한 기업 등 국내에서 신화 창조를 실현한 기업들의 대표들이 얼마나 많이 노력했는지 PPT로 정리하여 학급 친구들에게 발표하고 본인의 소감을 공유함.

동아리활동 특기사항

(반도체연구반)(34시간) 전자부품 조사활동에서 탐구하고자 하는 전자부품을 선정할 때 의견을 적극적으로 제시함. 전자부품 중에서 HDD와 SSD의 차이점을 조사하여 친구들에게 발표함. 반도체에 관심 있는 부원들과 독서 토론 활동에서 **'반도체 제국의 미래(정인성)'**를 함께 읽고 1위 반도체 기업들의 경쟁력과 전략과 새로운 승자들의 도전 등 혁신과 전략의 과정을 기술 발전 사례와 함께 조사하여 발표함. 토론 결과를 정리하고 진공관, 트랜지스터, 모스펫 등의 부품이 진화를 거쳐서 반도체가 되기까지 흐름을 정리하여 보고서를 작성함. '반도체 산업의 과거와 현재'라는 주제로 책을 읽은 후 토론 결과와 본인의 생각을 잘 정리하여 한국의 반도체 산업의 미래에 대해서 발표 PPT를 제작하여 명확하게 발표하여 친구들의 박수를 받음. 부원들의 투표 결과 우수 발표자로 선정되어 동아리 발표회에서 전교생들에게 국내 반도체의 우수함을 구체적으로 전달함.

진로활동 특기사항

진로 프로젝트 활동에서 우리나라의 반도체 산업을 주제로 자료를 조사하여 발표함. 탐구 과정을 정리하고 발표하는 과정에서 다른 친구들에게 모범 발표 사례가 되는 등 우수한 학생임. 본인의 진로를 탐색하면서 대학교 입학처 홈페이지에 접속하여 반도체공학과에 대한 정보를 찾아보고 반도체공학과가 개설된 대학과 교육과정을 정리하여 진로탐구 보고서로 제출함. 진로 독서활동에서 **'그래핀 반도체 인기학과 진로코칭(정유희 외)'**을 읽고 반도체 산업은 무엇이고 어떤 특징이 있으며 앞으로 어떤 변화가 있을지 조사하여 보고서를 작성함. 보고서에 HDD와 SSD의 차이점을 비교하여 작성하고, 반도체 공정의 핵심 소재인 포토레지스트가 무엇인지 분석하여 설명함. 발표 자료를 제작하여 웨이퍼의 제조, 산화공정 등의 반도체의 8대 공정 과정이 무엇이고 어떤 과정을 거치게 되는지 친구들에게 소개함. 반도체 패키지와 패키지 기판을 중심으로 반도체 패키징 기술의 활용과 발전과정 및 필요성에 대해서 구체적으로 발표하여 친구들의 박수를 받음. 발표 준비과정을 통해서 반도체공학을 전공하기 위해서는 수학이나 물리학에 대한 이해가 중요하다는 것을 깨닫고 관련 과목을 더욱 열심히 하기로 다짐함.

1 인문 계열

2 사회 계열

3 자연 계열

4 공학계열 · 반도체공학과

5 의약 계열

6 예체능 계열

7 교육 계열

교과 세부능력 및 특기사항

수학 I

실생활에 수학이 활용되는 예를 발표하는 수업에서 함수가 사용된 자료를 조사하여 발표함. 공학 분야에 관심이 많은 학생으로 2차 함수가 물리학에서 포물선 운동이기 때문에 비스듬히 던진 물체의 운동을 2차 함수로 표현이 가능하다고 발표함. 수학을 물리학과 연결하는 과정을 통해 수학이 본인의 진로에 어떻게 응용이 되는지 알게 된 후 수업 시간에 참여하는 모습이 더욱 적극적으로 변화된 것을 확인함. 수학 독서활동에서 **'최소한의 과학(존 버드)'**을 읽고 공학을 이해하기 위해 기계 분야와 전기 분야에서 응용되는 기초물리 개념을 잘 알아야 하고, 공학의 기초부터 공학 시스템까지 스스로 확장해 갈 수 있도록 기초수학의 공부가 탄탄해야 한다는 것을 글로 정리하여 소감문을 제출함. PPT를 제작하여 아주 기초적인 수학과 물리 개념들이 공학과 실생활 전반에 걸쳐서 어떻게 활용되고 있는지 친구들에게 명확하게 설명하여 박수를 받음.

물리학 II

물리학에 관심이 많아서 수업 중에 질문을 자주 하고 궁금한 것이 있으면 관련 서적을 찾아서 읽고 폭넓은 공부를 시도하는 우수한 학생임. 2차원 운동과 관련된 논술형 평가에서도 답안을 구체적으로 명확하게 작성하고 본인의 생각을 잘 정리하는 과학적 글쓰기 능력이 탁월한 학생임. **'반도체 소자공학(이진구)'**을 읽고 고체의 결정구조, 고체이론에 대해서 조사하여 보고서를 작성함. 평형 상태의 반도체, 반송자 이동과 과잉 반송자 현상, 접합과 금속-반도체 접촉에 대한 내용을 정리하여 작성함. 그리고 반도체의 비평형 과잉 반송자, PN접합과 쇼트키 다이오드, 바이폴라 트랜지스터 등의 정의와 사용하는 곳을 PPT로 작성하여 구체적으로 발표함. 조사 과정에서 반도체에 대한 전문적인 내용이 이해하기 어려운 부분도 있었지만 반도체공학과에 진학하여 공부하는 내용을 미리 경험할 수 있어서 의미가 있었고, 반도체의 기본이 되는 물리학과 수학 공부에 더 최선을 다하겠다고 발표하여 친구들의 공감을 얻음.

행동특성 및 종합의견

교우관계가 원만하고 친구들에게 항상 예의를 갖추고 고운 말을 하는 학생으로 긍정적인 기운을 전파하며 기분 좋은 영향을 주는 학생임. 소외되는 친구를 챙겨 모둠 활동을 함께하는 등 주변을 돌아볼 줄 아는 바른 인성을 갖춤. 수학 및 과학 교과에 대한 호기심이 많아 궁금한 부분이 생기면 독서나 질문을 통해 자기 주도적으로 문제를 해결하고 이를 정리하는 습관을 지닌 학생임. 공학계열에 관심이 많고, 반도체와 관련된 서적 **'산업의 쌀, 반도체(김성호)'**와 **'반도체란 무엇인가(유영준)'**를 읽은 후 진로탐색 발표회에서 반도체란 무엇이고, 인류는 어떻게 반도체를 만들게 되었는지를 발표하여 학생들의 박수를 받음. 책을 읽은 내용을 중심으로 반도체를 전공하기 위해 필요한 공부를 파악하여 학업설계서와 학습계획서를 작성하여 실천해 가면서 본인의 진로를 개척해 나감. 앞으로 국내를 대표하는 반도체공학자가 되어서 미래의 신기술인 양자컴퓨터에 들어가는 반도체 소자를 개발하기를 희망하는 우수한 학생임.

7 ▶▶ 사이버국방학과

1 학과 인재상

독특한 방법으로 문제를
풀거나 대상을 바라보는 등
응용력과 창의력이
뛰어난 학생

다양한 종류의
학문을 공부하는 데
관심이 있는 학생

수학, 물리, 화학, 생물 등
다양한 분야를
융합하는 일에
관심이 있는 학생

다른 사람과의 대화에
흥미를 느끼고 내 것으로
적용시키고 싶은 학생

사람을 살리고
돕는 일에 큰 보람을
느끼는 학생

복잡한 기기나 기계를 보면,
뜯어보고 싶고
스스로 만들어 보고 싶은 학생

2 유사학과

- 정보보안학과
- IT소프트웨어보안학과
- IT융합학부 IT·보안전공
- 사이버보안공학과
- 인공지능사이버보안학과
- 해킹보안학과

3 관련직업

- 사이버보안 전문장교
- 컴퓨터 보안전문가
- 사이버 수사요원
- 정보통신 컨설턴트
- 컴퓨터시스템 감리 전문가

4 개설대학

- 고려대학교 등

학과 연계도서

전략의 역사
로렌스 프리드먼(이경식 역) / 비즈니스북스(2014)

전략이란 무엇이고 어떻게 탄생하고 발전되어 왔는지, 그리고 인간사회 곳곳에 어떠한 영향을 끼쳤는지에 대한 답을 제시하는 책이다. 세계적인 전략 역사학자 로렌스 프리드먼 교수는 광범위한 역사의 흐름 속에서 전략이 어떻게 변모했고, 어떻게 해서 우리 삶 곳곳에 파고들었는지를 흥미진진하게 소개한다. 그는 침팬지 사회에 등장한 전략부터 고대 그리스 신화, 제1, 2차 세계대전, 냉전 시대와 현대의 선거 그리고 기업 경영에 이르기까지 인류 역사와 함께 발전해온 모든 형식의 전략을 총망라했다.

전쟁의 미래
로렌스 프리드먼 (조행복 역) / 비즈니스북스(2020)

우리는 결코 다가올 전쟁을 예측할 수 없다. 저자는 사람들이 미래의 전쟁을 어떻게 상상했느냐에 따라 그 양상과 전개가 달라졌음을 강조하며 보다 적극적인 예측과 상상, 사유와 통찰이 필요함을 역설한다. 이 책에서 프리드먼은 19세기 중반부터 오늘날에 이르기까지 사람들이 '미래의 전쟁'에 관해 쓴 소설과 논평, 보고서 등 각종 문헌들을 종합적으로 다룬다. 이를 통해 어떻게 전쟁의 어리석음을 일깨우고 파국을 막으려 노력해 왔는지, 어떻게 전쟁의 공포를 경고하고 안전을 개선해 왔는지를 살펴볼 수 있다. 안타깝지만 전쟁의 연속성은 현저하며 과거의 경향들이 지속될 가능성이 높다. 하지만 우리는 지속적인 감시와 경고를 통해 지도자들의 오판을 막을 수 있다. 우리의 탐구와 노력이 계속된다면 전쟁의 미래는 오지 않을지도 모른다.

보안 위협 예측
존 피어츠 외 3인(윤영빈 역) / 에이콘출판사(2016)

실제 사례와 데이터를 이용해 위협 데이터 시각화 기술과 위협 시뮬레이션 툴을 설명하고 실행 가능한 보안 인텔리전스를 위한 킬체인 모델링 소개하고 있는 책이다. 기업 네트워크의 위협 예측 분석 구축을 위한 방법론도 서술하고 있다. 구체적으로, 과거 데이터를 기반으로 미래의 보안 사고를 예측하는 기존 위협 리포팅의 위험성과 위협 예측과의 차이점, 보안 인텔리전스를 도구로 이용해 위협 예측 기술을 개발하는 방법, 위협 데이터 시각화 기술과 위협 시뮬레이션 툴을 이용하는 방법, 그리고 비구조화된 빅데이터에 대한 보안 통찰력과 위험을 감소시키기 위한 데이터 사용 전략에 대해 설명한다. 또한 킬체인 모델링, 위협 예측 분석 시스템을 구축하기 위한 방법론도 다루고 있다.

모든 전쟁
윤민우, 김은영 / 박영사(2023)

이 책은 모든 전쟁의 전략에 대해 다루고 있다. 전쟁의 본질과 인간의 본성, 전략의 의미와 개념, 그리고 그와 관련된 작전술, 국가비전 등에 대해서 설명한다. 1장에서 6장까지는 전쟁에 대한 일반론적 논의들을 소개한다. 전쟁의 본질, 정보와 전략, 전쟁 양식의 진화 등에 대한 이야기가 포함되어 있다. 7장과 8장은 오늘날 전쟁이 벌어지는 전쟁환경에 대해 다루고 있으며, 9장부터 11장까지는 인지전, 정보전, 심리전, 사이버전, 하이브리드전, 미래전 등에 대해서 알려준다. 마지막 부분에서는 한국이 직면하고 있는 미래의 위협에 대한 저자의 생각을 소개하고, 한반도 주변 국가에 대한 우려를 언급한다.

알고리즘이 지배한다는 착각
데이비드 섬프터(전대호 역) / 해나무(2022)

알고리즘이 인간을 지배하고 있다는 통념을 수학적으로 해부하여 의문을 제기하고 있는 책이다. 빅데이터 알고리즘을 둘러싼 논란, 특히 최근 만연하고 있는 SNS와 인공지능을 향한 공포심이 언론과 일부 전문가들로 인해 과장되었다고 주장하며 알고리즘에 둘러싸여 살아가는 우리들이 반드시 지녀야 할 균형 잡힌 시각을 제공해준다. 이 책은 페이스북과 구글부터 가짜뉴스와 인공지능까지 알고리즘을 수학적으로 분석하며 우리가 당연하게 생각했던 것에 대한 통념에 도전하고 있다. 페이스북이 우리를 완벽히 파악하고 있다는 주장은 과대광고일 뿐이라고 지적하는가 하면, SNS 때문에 우리가 편향된 견해 속에 갇혀 있다는 우려를 진정시키고, 가짜뉴스에도 과도한 공포를 느낄 필요가 전혀 없다고 역설한다.

거의 모든 IT의 역사
정지훈 / 메디치미디어(2020)

IT기술보다는 IT업계에 큰 획을 그은 인물에 집중해서 IT의 역사를 서술한 책이다. 애플을 이끄는 스티브 잡스나 마이크로소프트 빌 게이츠의 자서전과 성공 스토리, 구글의 성공 신화를 다룬 다양한 서적들이 있지만, 이 책은 이 세 회사가 어떤 관계를 가지고 있고 어떤 과정을 거쳐서 성공에 이르렀는지, 그리고 어떻게 미래를 주도해 나가려고 하는지를 분석하고 있다. 그리고 사람이 어떻게 하면 즐겁게 살 수 있을까를 연구하면 기술은 알아서 따라온다는 생각에 대해 저자는 "인간에게서 나오는 에너지와 경험을 읽지 못하면 앞으로도 우리나라는 세상을 뒤바꿀 혁신을 이룰 수 없다"라고 말한다.

만화로 배우는 블록체인
윤진 / 웨일북(2018)

'블록체인'에 대해 많이 들어봤지만 막상 공부해보려고 하면 어디서부터 시작해야 할지 모르는 이들이 많다. 웹툰 형식으로 구성된 이 책은 블록체인에 흥미는 있지만 어렵다고 느끼는 독자들에게 반가운 입문서가 될 것이다. 이 책은 개념을 도식화한 그림과 스토리를 통해 암호화폐에 대한 이해를 돕고 블록체인 기술이 어떻게 우리 삶을 바꿀지 제시한다. 한때 새로운 기술이었던 인터넷을 누구나 배웠듯이, 블록체인 역시 꼭 알아야 할 기술이라면 지금 배우기 시작하는 사람에게 더 빨리 더 쉽게 다가올 것이다.

1984
조지 오웰(정회성 역) / 민음사(2003)

『1984』는 집필 당시 기준으로 먼 미래인 1984년을 지배하고 있는 가상의 전체주의 독재국가 오세아니아에서 주인공 윈스턴 스미스가 겪는 사건을 다룬 책이다. 올더스 헉슬리의 '멋진 신세계', 예브게니 이바노비치 자먀친의 '우리들'과 더불어 20세기 3대 SF 디스토피아 소설로 불린다. 조지 오웰은 이 책에서 독재 체제의 현실을 여실히 보여준다. 감정을 통제하고, 사고의 범위를 말살함으로써 종국에는 인간의 모든 가치를 제거하려는 독재 권력 세계를 향한 비판적 메시지가 담겼다. 이 책은 전체주의의 미래를 강력하게 형상화하여 부패한 권력을 비판하였으며, 뛰어난 통찰력과 예리한 묘사로 20세기의 중요한 문학 작품으로 자리매김했다.

정의란 무엇인가
마이클 샌델(김명철 역) / 와이즈베리(2014)

한국에 '정의' 열풍을 불러일으킨 마이클 샌델은 구제 금융, 대리 출산, 동성 결혼, 과거사 공개 사과 등 현대 사회에서 우리가 흔히 부딪히는 문제를 통해 '무엇이 정의로운가'에 대한 해답을 탐구했다. 이 책은 탁월한 정치 철학자들이 남긴 시대를 초월한 철학적인 질문을 알기 쉽게 소개한다. 이를 통해 옳고 그름, 정의와 부당함, 평등과 불평등, 개인의 권리와 공동선을 둘러싼 주장들이 경쟁하는 공적 담론과 토론의 장에서 정의에 관한 자신만의 견해를 정립하고 논리 기반을 굳건하게 다지는 토대를 제공한다. 이 책은 현대 사회의 문제를 진단하고 새로운 대안을 찾아내는 정치 철학자들의 지적 탐색 과정을 보여준다.

디지털 뉴딜 시대 리더가 꼭 알아야 할 데이터 3법
백남정 외 5인 / 지식플랫폼 (2020)

이 책은 데이터와 인공지능 비즈니스가 무엇인지, 그리고 데이터와 인공지능으로 무엇을 어떻게 할 수 있는지 기술적인 측면에서 집중적으로 살펴본다. 다음으로 현재의 법·제도상으로 데이터와 인공지능 비즈니스에 어떤 규율들이 적용되고 있는지를 간략히 일견함으로써 '데이터와 인공지능 비즈니스'라는 거대한 테마를 개괄적으로 살펴보았다. 데이터와 인공지능 비즈니스를 이해하고자 하는 독자들에게 데이터와 인공지능에 관한 여러 측면을 포착해 옴니버스 형식의 프리젠테이션으로 제시해본다는 설정으로 구성되었다. 독자들이 갖고 있는 데이터와 인공지능에 대한 막연한 아이디어가 구체적으로 실현될 수 있는 촉매로 작용하도록 하는 것도 이 책의 특징 중 하나이다.

1 인문계열

2 사회계열

3 자연계열

4 공학계열 · 사이버국방학과

5 의약계열

6 예체능계열

7 교육계열

사이버국방학과 독서탐구활동 활용사례

자율활동 특기사항

정보윤리 교육을 통해 우리나라 학생들의 인터넷 범죄 비율과 다양한 범죄 형태를 접한 후 심각성을 깨달음. 특히 개인정보유출과 악용되는 사례에 관심을 갖고 다양한 자료를 찾아서 정보유출을 피하는 방법에 대해 조사하고 홍보자료를 만듦. '핸드폰과 인터넷을 안전하게 사용하는 5가지 방법'이란 제목의 포스터를 다음 학급회의시간에 안내하고, 학급게시판에 게시하는 등 인터넷 개인정보 보안에 큰 관심을 가짐. IT기술과 군사전략에 관심이 많은 학생으로 학급 심화 독서 시간에 읽은 **'전쟁의 미래(로렌스 프리드먼)'**을 통해 국가의 안보에 기여하는 군사전문가가 되고 싶다는 강한 의지를 밝힘. 책의 내용을 정리하여 보고서를 작성하고 군사, 안보에 관심 있는 학생들을 모아서 자율동아리를 만드는 등 적극적인 태도를 보여줌. 특히 러시아의 우크라이나 침공사태에 관심을 갖고 뉴스와 인터넷 자료를 스크랩하면서 향후 우리나라에 미칠 영향을 예측하는 등 자신의 진로를 위한 활동을 게을리하지 않는 모습이 인상적임.

동아리활동 특기사항

(코딩연구반)(28시간) 코딩과 정보분야에 관심이 많은 학생으로 컴퓨터 언어를 배우고 프로그램 개발하는 '컴퓨터과학반'을 주도적으로 만들어 동아리 부장으로 활동하였음. 관심분야에 따른 학습 권장 언어를 부원들에게 안내하였으며, 부원들의 관심사에 맞추어 주제를 배분하는 세심함이 있고 부원들로부터 배려심이 좋다는 평가를 받음. 또한 단순히 컴퓨터 언어를 학습하는 것을 넘어서서 개발자, 컴퓨터 보안전문가 등 컴퓨터 관련 직업인이 갖추어야 할 기본 지식과 윤리에 대해서도 함께 토론함. 공통주제 독서활동 시간에 **'디지털 뉴딜 시대 리더가 꼭 알아야 할 데이터 3법(백남정 외)'**을 선정해 독서활동을 함. 동아리원들에게 주제발표를 하면서 현재의 법·제도상으로 데이터와 인공지능 비즈니스에 어떤 규율들이 적용되고 있는지를 설명하고, 현재 사용되고 있는 데이터와 인공지능과 향후 개발될 것으로 보이는 기술에 대해서도 다양한 시각자료와 동영상을 활용하여 설명함으로써 큰 찬사를 받음.

진로활동 특기사항

'나의 꿈 발표하기' 활동에서 자신의 꿈인 컴퓨터 보안전문가에 대해서 발표함. 초등학교 때 자신도 모르는 사이에 해킹을 당해서 피해를 입은 이후로 정보보호와 프로그램에 관심을 갖기 시작했으며 그 후로 컴퓨터 관련 과목을 열심히 듣고, 방과후 프로그램과 교육청 연계 활동에 적극적으로 참여하는 등 자신이 해 온 노력의 과정을 진술하게 발표하여 많은 학생들의 공감을 얻음. 컴퓨터 관련 학과에 진학하기 위해서 현재는 수학, 물리, 화학, 생물 등 과목을 배우는 데 최선을 다하고 있으며 졸업 후 사회의 안전에 큰 역할을 하는 컴퓨터 보안전문가가 되고 싶다는 포부를 밝힘. 진로 독서활동에서 **'보안 위협 예측(존 피어츠 외)'**을 선정해 읽은 후 독후감상문을 제출함. 책을 읽으면서 생소한 용어와 개념이 많이 나와서 이해하는 데 어려움을 많이 겪었으며 컴퓨터, 데이터, 네트워크 등의 기본개념을 알 수 있는 책을 읽어야겠다는 다짐을 적는 등 솔직하고 겸손한 모습을 보여줌. 진로활동 시간에 항상 적극적이고 긍정적으로 임하는 학생으로 다른 친구들의 발표에도 귀 기울이고 호응하는 모습을 보여줌. 다른 친구들의 희망 전공을 경청하면서 컴퓨터 보안과 연결시켜서 진로 수업 노트에 필기하는 등 항상 배우려는 자세가 돋보이는 학생임.

교과 세부능력 및 특기사항

정보

수업시간에 다양한 문제 해결과정에 대하여 수시로 질문하고 본인이 더 알아야 하는 부분까지도 놓치지 않으려는 노력을 보임. 전체 탐색 방법을 이용하여 문제를 해결하는 알고리즘을 설계하고 프로그램을 통해 구현하는 과정을 정확히 이해함. 알고리즘을 이용한 일상에서의 문제해결 사례에서 네비게이션의 최단 거리 검색, 스마트 TV의 영화 추천 등을 찾아서 적극적으로 발표함. 추상화, 일반화, 입출력 채널, 버퍼, 병렬처리, 패턴 인식 등 컴퓨팅 사고에서 쓰이는 기본 개념을 빠른 속도로 습득하였으며, 확인학습에서 만점을 맞는 등 뛰어난 이해능력을 보여줌. 과목 심화 독서활동에서 **'알고리즘이 지배한다는 착각(데이비드 섬프터)'**을 선정해 읽은 후 빅데이터 알고리즘을 둘러싼 논란, 특히 최근 만연하고 있는 SNS와 인공지능을 향한 공포심이 언론과 일부 전문가들로 인해 과장되었다는 책의 주장을 소개함. 편향된 사고방식과 인터넷 서비스를 무조건적으로 믿는 태도를 경계해야 한다는 자신의 의견을 덧붙임.

한국사

'일상에서 만나는 조선시대 인물 인포그래픽'을 주제로 조선 시대에 등장하는 인물과 사건을 이해하여 역사 인식의 폭을 확대함. 인포그래픽 토의에서 정보 통합능력과 리더십을 발휘하여 모둠을 이끌고, 역사적 사실을 구조화하여 역사적 판단력을 높이는 활동을 수행함. 인포그래픽 대상 인물로 임진왜란에서 나라를 구한 이순신장군을 선정하고, 임진왜란 당시 조선과 일본의 정치상황, 군사력, 경제력 등을 알기 쉬운 그래픽으로 만들어서 발표함. 제작과정에서 빅데이터 활용 능력과 역사자료의 분석력을 바탕으로 의미 있는 자료를 선택하고, 역할분담과정에서 상호존중과 협력의 소통능력을 보여줌. 또한 심화 독서 발표 활동에서 **'전략의 역사(로렌스 프리드먼)'**를 선정해 발표 자료를 만듦. 전략이란 무엇인지, 어떻게 탄생하고 발전되어 왔는지에 대하여 정리하였으며, 수업시간에 인포그래픽활동을 한 임진왜란에 대해서 책의 관점으로 분석, 응용하여 서술하는 활동을 하는 등 뛰어난 정보활용 능력을 확인함.

행동특성 및 종합의견

자신이 하고자 하는 일에 대해 뚜렷한 생각을 가지고 있으며 적극적으로 자신의 학습 환경을 통제하고 수립한 학습계획을 지속적으로 실천하는 자세를 키우고 있어 더 큰 발전이 기대되는 학생임. 학급 독서 특색활동에서 '11월의 책 읽어주는 여자'로 자원하여 **'1984(조지 오웰)'**를 읽은 후 디지털 디스토피아를 다룬 '멋진 신세계(올리버 헉슬리)'와 비교하여 보고서를 제출하고 급우들 앞에서 그 내용을 발표함. 특히 신문기사와 관련 블로그 글을 인용하여 조지 오웰이 경고한 '고통을 가한 통제'보다 멋진 신세계에서 묘사된 즐길 거리를 쏟아부어 사람들을 통제하는 현대사회의 모습을 여러 가지 예를 들어서 설명하는 것이 인상적임. 다양한 자료를 인용하여 자신의 관점으로 풀어서 미래사회의 방향을 예측하는 등 응용력이 돋보이는 학생임. 역할분담 활동을 성실히 수행하고 다른 사람의 입장을 잘 이해해 주며 말을 조리 있게 잘함. 생활 주변 현상에 대해 남다른 관심을 가졌으며 매사 진취적임.

8 ▸▸ 산업공학과

1 학과 인재상

분석적이고 논리적으로 생각하는 능력을 가진 학생

산업과 경영환경의 기술적인 통찰력을 가진 학생

여러 상황에 유연하게 대처하며 공학과 경영을 아우르는 사고능력을 가진 학생

수학, 역학 등의 자연과학 교과목뿐만 아니라 사회과학 등 다양한 학문영역에 관심 있는 학생

지도력을 배양하면서 판단력과 통솔력을 배양하려는 자세를 가진 학생

2 유사학과

- 산업경영공학과
- 산업시스템공학과
- 산업정보공학과
- 시스템경영공학과

3 관련직업

- 경영정보시스템개발자
- 경영컨설턴트
- 공학계열교수
- 교통안전연구원
- 도로운송사무원
- 물류관리전문가
- 변리사
- 산업공학기술자
- 산업안전원
- 생산관리사무원
- 수상운송사무원
- 연구실안전전문가
- 온실가스인증심사원
- 위험관리원
- 자재관리사무원
- 전자계측제어기술자
- 정보시스템운영자
- 제품생산관련관리자
- 컴퓨터시스템설계분석가
- 품질관리사무원
- 품질인증심사전문가

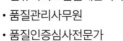

4 개설대학

- 가천대학교
- 건국대학교
- 계명대학교
- 고려대학교
- 동국대학교
- 부산대학교
- 서울대학교
- 성결대학교
- 숭실대학교
- 아주대학교
- 연세대학교
- 전남대학교
- 전주대학교
- 조선대학교
- 청주대학교
- 한양대학교 등

1

인문
계열

2

사회
계열

3

자연
계열

4

공학계열 · 산업공학과

5

의약
계열

6

예체능
계열

7

교육
계열

경영학 콘서트
장영재 / 비즈니스북스(2020)

우리의 일상을 지배하는 마케팅과 무한경쟁과 불확실성에 맞서 싸우는 현대의 기업 경영에 대해 소개한다. 마케팅 부분에서는 주변에서 쉽게 접할 수 있는 일상의 사례를 통해 경영학의 이론을 쉽고 재미있게 설명한다. 기업 경영 부분에서는 수익경영, 데이터마이닝, 고객관계관리, 비즈니스 인텔리전스 등을 통해서 현대 경영이 어떻게 예측력을 키우고 발전해 왔는가를 소개한다. 다른 서적에서 잘 소개하지 않는 통계학, 수학, 물리학 등 과학의 원리가 경영에 적용된 역사적 과정을 설명하며 경영 기법과 그 원리를 상세히 풀어낸 책이다.

공학의 눈으로 미래를 설계하라
연세대학교 공과대학 / 해냄(2019)

이 서적은 공학자들이 호기심 가득한 탐험가이고 다양한 문제를 해결하고 신념에 가득 찬 웅변가라고 설명한다. 분야별로 전문 기술을 다루고 비전공자나 공학의 길에 접어든 사람들이 생활과 연결지어 흥미롭게 이해해 나갈 수 있도록 접근했다. 공학의 다양한 분야를 연결, 지능, 혁신, 고찰과 새로운 관점 등의 키워드로 묶어서 설명하기 때문에 다층적인 시각에서 공학의 주제를 배울 수 있다. 공학의 현장에서 어떠한 일들이 일어나고 사회의 어느 부분이 어떻게 변해가고 있는지 접할 수 있다. 공학과 사회 현상에 대해서 관심을 가지고 진로를 준비하는 학생들에게 도움이 될 것이다.

끝까지 해내는 힘
나카무라 슈지(김윤경 역) / 비즈니스북스(2015)

이 책은 저자가 자신만의 원칙과 신념으로 꿈을 이뤄낸 과정을 상세하게 기록한 내용이다. 세상의 편견과 무시를 이겨내고 무수한 실패를 거듭하면서 청색 LED를 개발해낸 내용을 소개한다. 20세기 안에는 절대 실용화가 불가능하다고 여겨졌던 '고휘도 청색 LED'를 개발해 2014 노벨물리학상을 받은 내용이 소개된다. 일본의 작은 지방 대학교를 졸업하고 지역 중소기업의 평범한 연구원이었던 그는 남들이 가지 않는 가능성 제로의 길을 택하는 상식 파괴와 500번이 넘는 실패에도 멈추지 않는 독한 실행력을 강조한다. 악조건 속에서도 끝까지 포기하지 않고 노력을 멈추지 않았던 성공 이야기를 통해서 동기부여를 받을 수 있다.

루키들이 온다
김현정 / 라곰(2018)

저자는 4차 산업 기술은 어려운 것이 아니라 누구나 사용할 수 있는 평등한 것이라 소개하고, 기술들이 어떤 문제를 해결할 수 있는지 알려준다. 펀드매니저가 로봇을 개발하고, 문과생이 코딩을 교육하는 상식 파괴 루키들과 같이 각각의 기술에 대한 사업 아이템을 통해서 어떤 영역과 결합하면 좋은지 설명한다. 4차 산업의 12개 핵심 기술에 대한 특징을 소개하면서, 어떤 요구와 연결되면 좋을지 조언하고 있다. 책에 담지 못한 루키들의 인터뷰나 사례 등을 엮어 오디오 강의를 통해서 추가로 알려준다. 책에 삽입된 QR코드를 통해서 VR을 활용해 인테리어를 해보는 어반베이스, 63빌딩만큼 큰 선박 겉면을 청소하는 수중 로봇 등의 기술들이 어떻게 구현되는지 확인해 볼 수 있다.

링크
알버트 바라바시(강병남 역) / 동아시아(2002)

네트워크들이 어떻게 생겨나며, 어떻게 진화하는가를 소개한 책이다. 자연, 사회, 그리고 비즈니스에 대한 그물망적 시각을 제시하며, 웹상에서 일어나는 민주주의 법칙을 설명한다. 인터넷의 취약성이나 바이러스의 치명적 전파에 이르기까지 다양한 이슈들을 이해할 수 있는 새로운 준거틀을 제공하고 있다. 네트워크 과학은 이 복잡한 세계에 대한 이해와 해답을 요구하고 전체를 유기적으로 통찰하려는 세계관이자 방법론이다. 그리고 그 해답이 네트워크를 항해할 줄 아는 능력과 네트워크의 구조와 위상에 있다는 것을 지론으로 삼고 있다. 이 책을 통해서 21세기를 지배하는 네트워크 과학에 대해서 고민해 볼 수 있다.

미래를 잇다
심숙경 / 플랜비디자인(2022)

IT, 금융, 반도체, 건설, 유통, 서비스 등 전 분야의 고객사 개발에서부터 사후 관리까지를 총괄하는 헤드헌터가 자신의 다양한 업무 활동을 9단계로 나눠 체계적으로 설명한다. 1부에서는 기업들이 헤드헌터를 찾는 이유를 설명하고, 2부에서는 고객을 어떻게 얻는지 소개한다. 3부에서는 인재를 어떻게 성공적으로 매칭하고, 4부에서는 사후관리에 집중해야 하는 이유를 소개한다. 5부에서는 나도 헤드헌터가 될 수 있는지 고민해 보고, 6부에서는 헤드헌터가 갖춰야 하는 역량에 대해서 함께 고민해 본다. 마지막에는 사례를 통해서 1천여 건의 실제 헤드헌팅 중 독자들에게 도움이 될 만한 내용을 소개한다.

산업공학개론
한상찬 / 형설출판사(2012)

이 책은 산업공학을 전공하는 학생들이 공부해야 하는 전공서적이다. 제1편 총론에서는 산업시스템, 산업공학의 발전과 기능, 기업의 형태와 경영조직 및 전략에 대해서 설명한다. 제2편 산업시스템의 설계 부분에서는 공정설계와 제조공학, 생산시스템의 자동화, 설비계획과 배치, 작업관리, 인간공학에 대해서 설명한다. 제3편 산업시스템의 운영 부분에서는 수요예측, 생산계획, 재고관리시스템, 공급사슬관리, 공정관리와 프로젝트관리, 종합적 품질경영, 종합적 설비관리, 산업안전 및 보건관리에 대해서 설명한다. 제4편 산업시스템의 최적의사결정과 정보화 부분에서는 경영과학, 경제성 공학, 원가계산과 원가관리, 컴퓨터와 정보시스템에 대해서 설명한다.

스마트 스웜
피터 밀러(이한음 역) / 김영사(2010)

예측할 수 없는 환경에 적응하기 위해 스스로를 조직화하고, 효율적인 의사 결정을 위해 다양한 지식을 활용하며, 위기를 헤쳐 나가기 위해 정보를 공유하는 영리한 무리들에 대해 설명한 책이다. 치밀하고 섬세한 진화의 과정으로 발전한 영리한 무리의 행동 원리 속에서 인간의 직관을 뛰어넘는 창조와 혁신의 패러다임을 배울 수 있다. 책임자인 개미, 결정을 내리는 꿀벌, 꼬리에 꼬리를 무는 흰개미, 무리의 비밀 참새, 군중의 어두운 면 메뚜기 떼 등의 설명을 통해서 집단이 지혜를 모을 때 실수는 감소하고, 최상의 해답이 떠오를 수 있다는 것을 설명한다.

인간과 빅데이터의 상호작용
신동희 / 성균관대학교출판부(2014)

인간 사회와 데이터의 상호작용을 중심으로 빅데이터를 설명하는 서적이다. 1장에서 빅데이터의 개념, 역사, 경제, 그리고 사회기술적 시스템적 관점에 대해 소개하면서 빅데이터의 미래에 대해서 설명한다. 2장에서 빅데이터의 분석방법, 텍스트 마이닝, 하둡을 비롯한 분석 기술과 사회과학적 측면의 분석 방법론을 알려준다. 빅데이터가 어떻게 인간과 컴퓨터 사이에서 상호작용할 수 있는지 살펴보고, 빅데이터를 사회 현상과 연결하여 어떻게 구체적으로 분석하는지 안내한다. 마지막으로 3장에서는 언론산업, 저널리즘 영역에 접목된 데이터 저널리즘과 언론산업과 정보산업의 융합적 현상을 예측하고 빅데이터의 응용적 분야에 대해 배울 수 있다.

지금 당신에게 필요한 경영의 모든 것
오정석 / 인플루엔셜(2016)

서울대 경영학과 오정석 교수가 현장에서 필요한 실용적인 경영 지식을 얻고 싶은 사람과 복잡한 그래프와 수식 때문에 경영학 공부가 어려운 사람들을 대상으로 설명하는 내용이다. 총 100가지 다양한 주제를 중심으로 새로운 비즈니스 트렌드에 민감한 이들이나 세계 경제의 흐름을 읽고 미래를 예측하고 싶은 이들에게 권하는 책이다. 경영의 기본 법칙과 흐름, 프로스펙트 이론, 플랫폼 생태계 등에 대해서 배울 수 있다. 10년 전 영화가 여전히 흥행하는 이유에 대해서 설명하고, 기업이 갖춰야 할 경쟁력 요소에 대해서 경쟁우선순위 4요소를 중심으로 소개하여 경영학에 대한 궁금증을 해결할 수 있다.

산업공학과 독서탐구활동 활용사례

자율활동 특기사항

학급 내에서 실시한 내가 만든 강연 활동에서 '산업공학과란 무엇인가?'를 주제로 산업공학과에 대한 개요를 설명하고, 산업공학과는 현재보다 나은 일의 수행과 효율적인 시스템 운영 방법을 배우는 학과라고 발표함. 이 학과에서는 제품 생산과 전달의 전 과정에서 과학적이고 합리적으로 산업 시스템을 설계하고 운영하는 일을 담당하는 기술 경영 인재를 양성한다고 발표하여 친구들의 호응을 얻음. 학급 독서활동에서 **'루키들이 온다(김현정)'**를 읽고 4차 산업 기술의 특징과 루키들에 대해서 조사함. 펀드매니저가 로봇을 개발하고, 문과생이 코딩을 교육하는 상식 파괴 루키들이 최신 기술에 대한 사업 아이템을 통해서 어떤 영역과 결합하여 사업을 운영하는지 정리하여 발표함. 4차 산업의 12개 핵심 기술 및 고대와 중세, 현대를 넘나들며 예술, 과학, 철학, 기술, 산업 분야를 망라하여 창조성을 빛낸 인물들의 빛나는 사유와 위대한 발견에 관한 흥미로운 이야기를 학급 친구들에게 잘 전달하여 우수 발표자로 선정됨.

동아리활동 특기사항

(과학독서반)(34시간) 공학계열에 관심이 많아 관련 분야의 책을 꾸준히 읽고 있으며, 독후감을 통해 자신의 생각을 논리적으로 정리하는 습관을 가지고 있음. 친구들에게 소개하고 싶은 과학사 발표를 통해 퀴리 부인과 제1차 세계대전을 주제로 다양한 자료를 찾아 퀴리 부인과 그 가족의 업적에 대해 정리하여 소개함. 퀴리 부인의 과학적 업적으로 제1차 세계대전에서 상처를 입은 병사들을 더 많이 구할 수 있었다는 점, 이후 방사능 치료 기술의 공유를 통해 질병을 진단하고 치료할 수 있었다는 점을 발표함. 지식의 공유가 많은 사람에게 긍정적 영향을 줄 수 있음을 깨닫고 자신도 누군가에게 긍정적인 영향을 줄 수 있는 공학자가 되기로 다짐함. **'산업공학개론(한상찬)'**을 읽고 산업공학의 발전과 기능, 기업의 형태와 경영조직 및 전략에 대한 자료를 조사하여 보고서를 작성함. 구체적인 자료를 제시하면서 산업공학은 산업시스템을 구성하는 모든 분야를 조화롭게 조정하는 방법에 대한 학문이라고 발표하여 부원들의 호응을 얻음.

진로활동 특기사항

'직업탐색의 날 행사'에서 공학계열에 관심 있는 친구들과 학과에 대한 전반적인 자료를 조사하여 진로 설계서를 작성함. 산업과 경영에 관련 있는 학과에 대한 궁금한 내용을 모아서 질문과 답변을 작성하여 발표하여 친구들의 호응을 얻음. **'공학의 눈으로 미래를 설계하라(연세대학교 공과대학)'**를 읽고 공학에 대한 발표 PPT를 작성함. '연결, 지능, 혁신, 고찰'의 키워드를 중심으로 공학자들은 호기심 가득한 탐험가이고 다양한 문제를 해결하고 신념에 가득 찬 웅변가라고 발표함. 공학의 분야 중 산업공학은 과학적 원리와 경영전략을 접목하여 기업업무과정을 혁신하고 체계화하며 합리적인 방법을 도출하고 종합적 경영전략을 운영하는 과학적 이론과 실무적 기법을 다루는 학문이라고 발표하여 우수 발표자로 선정됨. 산업공학 전공자들은 제조분야와 관련된 전통적인 영역 외에, 교통, 통신, 물류, 병원경영, 서비스업에 이르는 다양한 영역에서 선도적 역할을 수행하고 있으며, 최근에는 금융, 마케팅, 인사 행정 등을 포함한 산업시스템과 교통, 국방, 공공 행정 등의 광범위한 사회시스템으로 산업공학 적용 범위를 확장시켜 나가고 있다는 것을 배우고 수학 및 과학교과뿐만 아니라 다양한 과목을 폭넓게 공부하기로 다짐함.

교과 세부능력 및 특기사항

통합과학

모둠별 주제 발표 시간에 지구 환경 시스템을 보여주는 대표적인 물질순환과 에너지 흐름을 발표함. 지구 환경 시스템을 기권, 수권, 지권, 생물권으로 나누어 탄소와 질소의 사례를 퀴즈를 통해 친구들에게 이해하기 쉽게 설명하였으며 PPT 제작 및 발표에 주도적으로 참여함. 또한, 생태계 에너지의 근원은 태양 에너지이며, 생산자에 의해 화학 에너지로 전환된 후 다른 생명체에 이용되고 생물의 호흡을 통해 열에너지로 소실되어 순환하지 않고 일방적으로 흐름을 설명함. **'끝까지 해내는 힘(나카무라 슈지)'**을 읽고 저자가 자신만의 신념으로 세상의 편견과 무시를 이겨내고 무수한 실패를 거듭하면서 청색 LED를 개발해 낸 과정을 조사하여 소감문을 작성함. 20세기 안에는 절대 실용화가 불가능하다고 여겨졌던 '고휘도 청색 LED'를 개발해 2014 노벨물리학상을 받게 되는 과정을 PPT를 제작하여 발표하고, 본인도 현재의 모습에 안주하지 않고 항상 최선을 다해서 도전하는 모습을 보이겠다고 다짐함.

언어와 매체

오디오북, 동영상, 글줄을 읽게 하고 뇌를 촬영하면 글줄을 읽을 때 뇌가 가장 활성화된다는 기사를 읽음. 원하는 정보를 찾기 위해 책보다는 동영상이 편리하여 자주 사용한다는 사실에 착안해 책과 동영상의 장단점을 비교 분석하여 발표하고 이 둘의 장점을 활용한 새로운 매체 개발을 고민함. 책의 목차에 나열된 소주제만 읽고 어떤 주제일지 상상하여 그림으로 표현하여 소주제 시작 전 페이지에 삽입하고, 실제 소주제를 읽고 난 뒤 감상을 그림과 간단한 글로 표현하여 소주제가 끝난 뒤 페이지에 삽입하는 활동을 함. **'경영학 콘서트(장영재)'**를 읽고 우리의 일상을 지배하는 마케팅과 무한경쟁과 불확실성에 맞서 싸우는 현대의 기업 경영에 대해 보고서를 작성함. 기업 경영 부분에서 수익경영, 데이터마이닝, 고객관계관리 등을 통해서 현대 경영이 어떻게 예측력을 키우고 발전했는지 구체적으로 발표하여 친구들의 호응을 얻음. 본인의 생각을 잘 정리한 후 설명하여 우수 발표자로 선정됨.

행동특성 및 종합의견

항상 성실하고 모범적인 학생으로 학급의 다른 학생들에게도 어려운 일이 발생하면 솔선수범하여 처리하는 등 봉사와 타인 존중의 정신이 투철함. 또한 친구들끼리 경쟁하기보다는 함께 잘할 수 있다는 신념을 가지고 자신이 도울 수 있는 부분은 기꺼이 도와주는 모습이 여러 번 관찰됨. 공학과 경영 분야에 호기심을 가지고 있어서 과학잡지와 경제신문을 즐겨보면서 중요한 정보는 정리하여 본인의 진로를 준비하는 데 활용하는 꼼꼼한 학생임. 과학뿐만 아니라 경영 관련 책을 읽는 것을 좋아해서 **'미래를 잇다(심숙경)', '스마트 스웜(피터 밀러)'**을 읽은 후 IT, 금융, 반도체, 건설, 유통, 서비스 등의 다양한 분야가 서로 어떤 관계인지 분석한 후 학급 시간에 친구들에게 발표하여 호응을 얻음. 산업공학은 공학이나 경영에서 중요시하는 창조 및 창조성의 본질을 탐구하는 능력이 중요함을 깨달음. 사물 인터넷과 같은 새로운 것을 만들어내는 신화적인 인물이 되기를 희망하면서 산업공학자가 되기를 다짐함.

9 ▶▶ 생명공학과

1 학과 인재상

생명 현상에 대한 호기심이 많은 학생

강한 지적 호기심을 바탕으로 정확한 방법으로 사실을 관찰할 수 있는 학생

과학적 사고력과 창의성이 탁월한 학생

생물, 화학, 물리 등 기초 자연과학에 대한 지식이 풍부한 학생

자연법칙과 과학적 연구방법을 이해하고 적용할 수 있는 추론적 판단력이 우수한 학생

2 유사학과

- 생명과학과
- 의생명과학과
- 의생명공학과
- 분자생명공학과
- 유전공학과
- 생명시스템학과
- 바이오산업공학과
- 나노바이오학과
- 바이오공학전공
- 바이오의약전공
- 생명화학공학과
- 제약공학전공

3 관련직업

- 곤충컨설턴트
- 나노공학기술자
- 바이오에너지연구 및 개발자
- 변리사
- 생명과학시험원
- 생명과학연구원
- 생명정보학자
- 생물학연구원
- 수산학연구원
- 식품공학기술자
- 약학연구원
- 의약품영업원
- 의약품인허가전문가
- 의약품품질관리원
- 의학연구원
- 특허사무원
- 환경영향평가원

4 개설대학

- 경북대학교
- 고려대학교
- 대구대학교
- 동아대학교
- 동의대학교
- 배재대학교
- 상명대학교
- 연세대학교
- 영남대학교
- 인천대학교
- 인하대학교
- 전북대학교
- 한경대학교
- 한국외국어대학교
- 한남대학교
- 한양대학교 등

5 학과 연계도서

MT 생명공학
최강열 / 장서가(2008)

이 서적은 최강열 교수님의 생생하고 친절한 설명과 함께 다양한 자료들이 일러스트로 구성되어 있어 생명공학에 대한 내용을 쉽고 재미있게 배울 수 있다. 1부에서는 교수님과 함께 떠나는 생명공학 여행이라는 주제로 다양한 읽을거리를 소개한다. 2부에서는 생명공학에 필요한 기초지식을 안내한다. 3부에서는 생명공학에 대해 깊이 있는 내용을 소개하고, 4부에서는 미래 생명공학자들의 도전과제를 설명한다. 5부에서는 미래의 생명공학에 대해서 이야기하고, 마지막에는 최강열 교수님의 연구에 대해서 설명한다. 오제이 심슨 사건을 해결한 유전자 지문 감식, 영화로 알아보는 유전자의 이면 등 다양한 읽을거리도 제공한다.

하리하라의 바이오 사이언스 유전과 생명공학
이은희 / 살림출판사(2009)

전 세계적으로 뜨거운 감자가 되고 있는 유전과 생명공학을 깊이 있는 내용을 중심으로 재미있게 설명한 책이다. 1부에서는 DNA, 유전자, 염색체, 게놈 등을 중심으로 유전 법칙에 대해서 설명하고, 멘델 이후 유전학의 발달에 대해서도 소개한다. 2부에서는 유전물질의 강력한 후보로 떠오른 DNA에 대해서 왓슨과 크릭을 중심으로 소개하고, DNA가 이중나선 구조인 이유를 설명한다. 3부에서는 염색체의 발견과 돌연변이에 대해서 소개한다. 4부에서는 유전자 재조합 시대에 대해서 설명하고, 유전공학의 미래에 대해서 안내한다.

바이오테크 시대
제레미 리프킨(전영택 역) / 민음사(1999)

이 책은 컴퓨터 기술과 유전공학 기술의 결합에 대해서 설명하고 생명공학 시대로의 발전 과정에 대해 다룬다. 거대한 생명과학 회사들이 생물산업 세계를 형성하는 시대가 도래하고 있으며, 21세기는 생물학의 세기가 될 것이라고 설명한다. 앞으로 발생할 생명공학 혁명이 가져올 이익과 치러야 할 대가에 대해 지적하고, 생명공학 기술에 대한 문제들을 제시하고 인간의 책임에 대해서 언급한다. 생명공학 연구에서 발생하는 생물 특허에 대한 내용을 중심으로 발명의 대상이 된 생물과 생물 해적행위에 대해서 문제점도 지적하고 있어서 바이오테크에 대한 윤리적인 주제를 고민해 볼 수 있다.

십 대를 위한 생명과학 콘서트
안주현 외 8인 / 청어람미디어(2020)

청소년을 위한 재능기부 과학강연회 '10월의 하늘'의 일곱 번째 책으로 청소년에게 생명과학의 즐거움을 전달하는 서적이다. 우리 주변에서 볼 수 있는 초파리, 거미, 고양이와 같은 동물에 대해서 알려주고, 초파리 연구로 유전학이 발전하는 과정과 거미를 통해 환경에 적응한 여러 진화 과정에 대해서 설명한다. 크기가 작은 세포와 눈에 보이지 않는 미생물들의 연구 과정을 소개하고, 우리 몸의 건강부터 친환경 기술까지 상세히 안내한다. 동물 연구를 통해서 인간을 이해하고, 미생물에서 공룡까지 다양한 이야기를 전개한다. 생명과 관련된 다양한 소재를 통해서 생명에 관한 연구가 인간에게 어떤 영향을 미치고 있는지 상세히 안내하는 책이다.

식탁 위의 생명공학
농업생명공학기술바로알기협의회 / 푸른길(2009)

이 책은 생명공학 작물의 역사와 현황, 생명공학 작물의 개발 과정, 생명공학 작물 개발의 실례와 육성 원리, 생명공학 벼 연구의 현황과 전망, 생명공학 작물의 안전성 관리 현황 등을 통해서 우리가 먹는 음식에 대한 다양한 정보를 습득할 수 있게 한다. 이 책은 우리나라에서 현재 실행 중인 유전자 변형 생물체 표시제에 대해 설명하고 있고, 생명공학이 우리가 먹는 음식에 얼마나 기여하고 있는지, 생명공학 작물로 만든 식품에 대한 잘못된 인식이 얼마나 우리의 뇌리에 각인되어 있는지 과학적으로 설명한다. 우리가 몰랐던 생명공학 작물에 대한 흥미로운 과학적 사실들을 수록하여, 단순히 생명공학 작물을 소개하고 개념을 이해하는 데 그치지 않고 구체적인 예시와 함께 그 원리와 활용 현황을 공부할 수 있다.

바이오 사이언스 2025
요시모리 다모쓰 저(오시연 역) / 이지북(2021)

저자는 생명과학 분야의 기초지식과 최신 트렌드뿐만 아니라 과학적 사고법을 강의하는 형태로 설명하고 있다. DNA, 유전자, 게놈, 바이러스와 세균, 면역 등 생물학에 대한 기본적인 개념을 소개하고, 2016년 일본의 오스미 요시노리 박사가 노벨생리학상을 수상한 주제인 오토파지에 대한 설명까지 이어간다. 이 책은 불확정성의 시대를 살아가는 모든 현대인들이 반드시 알아야 할 과학적 사고법과 생명과학, 오토파지에 대한 필수 지식을 자세하게 전달해준다. 코로나19 대유행에서 급속도로 발전한 면역학과 세포학, 바이러스 면역과 장수의 비밀을 품은 세포과학의 최신 트렌드를 파악할 수 있다.

줄기세포와 생명 복제기술, 무엇이 문제일까?
황신영 / 동아엠앤비(2022)

줄기세포 연구의 역사와 줄기세포 치료제의 개발이 어느 단계에 있는지, 그 치료술의 미래는 어떤지에 대해 설명한 책이다. 1부에서는 세포에서부터 사람의 성장과 노화 과정까지 설명한다. 2부에서는 줄기세포의 긍정적인 면과 부정적인 면을 비교하여 설명한다. 3부에서는 줄기세포로 할 수 있는 일을 설명하고, 4부에서는 복제인간의 현실 가능성에 대해서 분석한다. 마지막으로 줄기세포의 복제연구와 생명윤리에 대해서 언급하고, 복제연구의 역사와 복제양 돌리의 탄생에 얽힌 이야기도 재미있게 풀어낸다. 이 책을 통해서 줄기세포와 복제기술에 대해 잘 알 수 있고 어떤 방향으로 나아가야 할지 되돌아볼 수 있다.

유전자가위 크리스퍼
욜란다 리지(이충호 역) / 서해문집(2021)

이 서적은 DNA에 말을 거는 최초의 시도이자 신과 인간의 경계를 넘나드는 크리스퍼의 세계를 이해하기 쉽게 설명한 책이다. 크리스퍼가 초래할 사회적 변화뿐만 아니라, 크리스퍼와 관련한 생물학 지식을 친절하고 명료하게 소개한다. 게놈, DNA와 유전자, 염색체를 자세하게 설명한 후 유전공학의 발전 과정을 알 수 있게 설명한다. 설명하는 내용마다 일러스트를 넣어 개념화된 생물학적 대상을 이해하기 쉽게 시각적으로 표현한다. 이 책은 유전자 편집기술인 크리스퍼에 대한 생명 과학 개론서이자, 크리스퍼를 주제로 과학 토론을 할 수 있도록 돕는 워크북이다.

종의 기원
찰스 다윈(장대익 역) / 사이언스북스(2019)

장대익 서울대 교수가 번역하고 최재천 이화여대 에코 과학부 교수가 이끈 다윈 포럼이 기획하고 감수한 한국 진화 생물학계의 역량을 결집한 최초의 다윈 선집이다. 이 책은 사육과 재배 과정에서 발생하는 변이, 자연 상태의 변이, 생존 투쟁, 자연 선택, 변이의 법칙들, 이론의 난점, 본능, 잡종, 지질학적 기록의 불완전함, 유기체들의 지질학적 천이 등에 대해서 설명한다. 그리고 유기체들의 상호 유연 관계, 형태학, 발생학, 흔적 기관 등에 대해서 소개한다. 생명공학에 관심이 있거나 생물을 연구하고 전문적인 생물학자가 되기 위해서는 반드시 읽어야 하는 서적이다.

퀴네가 들려주는 효소 이야기
이흥우 / 자음과모음(2010)

이 책은 다양한 분야에서 이용되는 효소의 쓰임에 대해 소개하며, 유전공학과 효소와의 관계를 설명한다. 효소가 지닌 독특한 성질에서부터 일상생활에서 이용되는 효소의 다양한 용도에 대해 안내한다. 저자는 1초에 수만 번씩 자질과 반응하고 그것을 변화시키는 효소의 놀라운 능력을 사람에 비유하여 이해하기 쉽게 설명한다. 이 책은 생명공학과 효소에 대한 궁금증을 해결하고 싶은 사람과 생명공학 분야의 전문가 되고 싶은 학생들에게 필요한 지식을 제공할 것이다.

생명공학과 독서탐구활동 활용사례

자율활동 특기사항

학급 방역부장으로 활동하면서 교실 환기와 공용물품 소독을 주기적으로 실시하였고 마스크 착용에 대한 포스터를 제작하고 교실에 게시함. **'MT 생명공학(최강열)'**을 읽고 생명공학에 필요한 기초지식과 생명공학과 관련된 심화 내용을 조사하여 보고서를 작성함. 미래 생명공학자들의 도전과제와 미래의 생명공학에 대해서 이야기하고, 마지막에는 저자의 연구에 대해서 발표하면서 본인이 생명공학에 관심 있는 이유를 친구들에게 설명하여 호응을 얻음. 보건 선생님과 주기적으로 의사소통하면서 친구들이 변화하는 방역수칙을 지킬 수 있도록 안내함. 학급 주제 탐구활동에서 '코로나19 시대에 건강 지키기' 프로젝트에 참여하여 교실에서 지킬 수 있는 위생이나 건강 상식에 대해서 조사한 후 학급 신문을 제작함. 토론 활동에 참여하여 코로나19 시대의 예방 접종의 필요성에 대해서 주장함.

동아리활동 특기사항

(생명연구반)(34시간) 독서토론 시간에 **'유전자가위 크리스퍼(욜란다 리지)'**를 읽고 DNA에 말을 거는 최초의 시도이자 신과 인간의 경계를 넘나드는 크리스퍼의 세계를 이해하기 쉽게 설명함. 크리스퍼가 초래할 사회적 변화뿐만 아니라, 크리스퍼와 관련한 생물학 지식을 친절하고 명료하게 발표하여 부원들의 호응을 얻음. 학교에서 실천가능한 건강 캠페인을 구상하여 친구들과 포스터를 작성하여 복도에 게시함. 올바른 약품 사용법과 보관 방법을 조사하여 약품별 적정 온도와 올바른 투약 방법에 대한 보고서를 작성하여 발표함. 실험 설계 능력과 데이터 분석 능력이 우수하고, 실험장비에 대한 기본 지식이 풍부하여 평소 부원들에게 과학 실험 장비의 사용법과 주의 사항을 정확하게 알려줌. 동아리 발표회에서 부스를 운영하여 해부현미경 조작이 서툰 참가자들에게 자신의 사용 경험을 바탕으로 사용법을 안내하여 우수 동아리로 선정됨.

진로활동 특기사항

'나도 진로전문가' 발표 시간에 생명공학과를 조사한 후 학과별 특징 및 교육과정에 대해서 발표함. 학과별 공부해야 하는 중요한 과목과 필요한 활동에 대해서 파악한 후 본인이 희망하는 학과에 대해서 진로 로드맵을 작성함. 전공 체험 프로그램으로 의생명 심화실험 'PCR 원리의 이해와 재조합 DNA의 전기영동'과 '인공세포막을 이용한 투석원리의 이해' 실험 활동에 참여함. 재조합 DNA를 준비해 아가로스겔 위에서 전기영동이 일어나게 하는 실험 과정을 수행하였으며 삼투현상이 일어나는 과정을 관찰하여 신장 질환이 생기면 투석 기계가 어떤 역할을 하는지 이해하는 등 생명과 관련된 분야에 대한 호기심이 많고 이를 탐구하는 자세가 훌륭함. 무엇보다 탐구 과정을 정리하여 발표하는 과정에서 친구들의 지적 호기심을 유발하는 모습을 보았을 때 생명공학자로서의 충분한 자질이 있다고 판단됨. **'식탁 위의 생명공학(농업생명공학기술바로알기협의회)'**을 읽고 생명공학 작물의 역사와 현황, 생명공학 작물의 개발 과정, 생명공학 작물 개발의 실례와 육성 원리, 생명공학 벼 연구의 현황과 전망, 생명공학 작물의 안전성 관리 현황 등을 조사하여 발표한 후 본인의 희망 분야인 생명공학자가 되기 위해서 로드맵을 작성해 봄.

교과 세부능력 및 특기사항

생명과학 Ⅰ

찍찍이로 알려진 벨크로가 식물인 도꼬마리를 모방한 제품이라는 것을 수업 시간을 통해 알게 된 이후 생체모방에 대해 호기심을 가지고 탐구함. 이 중 바닷가 주변에 서식하는 염생식물인 맹그로브의 뿌리를 모방한 필터를 통해 나트륨 이온을 여과하여 해수 담수화에 이용될 수 있다는 것을 알게 됨. 이와 관련된 지식을 적극적으로 조사하여 충분히 이해한 후 본인의 생각을 논리적으로 발표함. 특히 기존 담수화 과정이 너무 많은 에너지를 소비하는 데 반해 맹그로브 뿌리를 모방한 여과막은 제작 과정이 간단하여 소규모 설비로도 작동할 수 있다는 장점을 강조함. **'바이오 사이언스 2025(요시모리 다모쓰)'**를 읽고 DNA, 유전자, 게놈, 바이러스와 세균, 면역 등 생물학에 대한 기본적인 개념을 정리하여 보고서를 작성함. 코로나19 이후 급속도로 발전한 면역학과 세포학, 바이러스 면역 등의 최신 세포 과학의 트렌드를 정리하여 설명한 후 고등학생이 알아야 할 과학적 사고법을 소개하여 친구들의 호응을 얻음.

생명과학 Ⅱ

생명과학 독서활동에서 **'줄기세포와 생명 복제기술, 무엇이 문제일까?(황신영)'**를 읽고 줄기세포 연구의 역사와 줄기세포 치료제의 개발 과정에 대해서 조사한 후, 줄기세포로 할 수 있는 일과 복제인간의 실현 가능성에 대해서 분석하여 발표함. 생명과학 분야에서 유전자에 대한 이야기라는 주제를 선정하여 보고서를 작성함. 유전병 환자의 외상 치료에 대한 궁금증, 혈우병 환자가 교통사고를 당하면 어떻게 될지에 대한 궁금증, 외상 후 스트레스 장애 환자의 유전자 이용 치료 등에 대해 자료를 찾아보고 정리하여 발표함. 또한, DNA와 암세포를 주제로 탐구하면서 DNA칩 모형을 만들고 보고서를 제출함. 이 과정에서 DNA칩의 원리와 제작 과정, 진단방법을 조사한 후 블록 프로그래밍을 이용하여 프로그램을 설정하여 DNA칩 모형을 제작함. DNA칩이 인간의 질병으로부터 많은 부분을 해결해 줄 수 있으며, 농업, 식품, 환경 및 화학 분야에서도 많은 영향을 미칠 것으로 기대하지만 과학기술 발달이 더 이상 사회 문제에 악영향을 주어서는 안 된다고 언급함. 이를 통해 지속 가능한 과학기술 발달의 중요성을 인식하고 있음을 확인할 수 있었음.

행동특성 및 종합의견

성적이 우수하고 의욕적이며 매사 긍정적이고 다방면에 관심이 많아 적극적으로 활동하는 학생임. 친구들과 경쟁하기보다는 밝은 에너지로 친구들을 즐겁게 하며 열린 마음을 가지고 소통하는 배려심을 가지고 있음. 생명과학을 좋아해서 학습에 있어 친구들에게 모르는 내용을 친절하게 잘 가르쳐주고 친구들이 생명과학을 좋아하도록 도와주는 등의 나눔의 모습을 보여줌. 자기관리도 야무지게 잘하고 추진력과 리더십도 있어 1년 동안 학급 회장으로 학급 일을 솔선수범하여 잘 수행함. 우수한 학생으로 선생님과 친구들의 추천을 받아 학생자치회 학습부장으로 선출되었고, 학생과 함께하는 학술제 프로그램을 계획하고 추진하는 과정에서 주어진 일을 차질 없이 해내는 모습에서 신뢰감을 보여줌. 일이 힘들어도 밝게 웃으며 노력하는 모습이 기특함. **'퀴네가 들려주는 효소 이야기(이흥우)'**와 **'하리하라의 바이오 사이언스 유전과 생명공학(이은희)'**을 읽으면서 본인이 희망하는 생명공학과를 탐색하고, 진로정보 사이트에 접속해서 관련 학과를 준비하기 위해 노력해야 하는 것을 수시로 파악하여 실천하는 학생임.

1 인문계열

2 사회계열

3 자연계열

4 공학계열 · 생명공학과

5 의약계열

6 예체능계열

7 교육계열

10 ▶▶ 소프트웨어공학과

1 학과 인재상

수학 문제의 결과보다 풀이과정을 중요시하는 자세를 가진 학생

컴퓨터 하드웨어와 다양한 응용소프트웨어에 대한 관심과 흥미가 많은 학생

논리적 사고, 독창적 사고, 현실에 닥친 문제를 해결하고자 하는 열정이 있는 학생

다양한 독서와 풍부한 인문학적 소양으로 문제에 대한 다양한 통찰력을 가진 학생

수리능력·논리적인 사고력과 함께 물리학 등의 기초과학 분야에 관한 흥미와 재능이 있는 학생

2 유사학과

- AI소프트웨어전공
- 멀티미디어공학과
- 디지털콘텐츠과
- 스마트소프트웨어과
- 스마트미디어학과
- 인공지능공학과
- 인공지능융합학과
- 융합소프트웨어학과
- 응용시스템학과
- 전산학과
- 전자계산학과
- 컴퓨터시스템공학과
- 컴퓨터과학전공

3 관련직업

- 가상현실전문가
- 공학계열교수
- 네트워크관리자
- 네트워크프로그래머
- 데이터베이스개발자
- 디지털영상처리전문가
- 모바일콘텐츠개발자
- 변리사
- 사물인터넷개발자
- 시스템소프트웨어개발자
- 애니메이터
- 웹프로그래머
- 음성처리전문가
- 인공지능연구원
- 컴퓨터보안전문가

4 개설대학

- 가천대학교
- 가톨릭관동대학교
- 건국대학교
- 경동대학교
- 경북대학교
- 경성대학교
- 단국대학교
- 동서대학교
- 목포대학교
- 상명대학교
- 성균관대학교
- 세종대학교
- 숭실대학교
- 이화여자대학교
- 충북대학교
- 호남대학교
- 한양대학교 등

Do it! 자료구조와 함께 배우는 알고리즘 입문 : 파이썬 편

시바타 보요(강민 역) / 이지스퍼블리싱(2020)

이 책은 213개의 그림과 136개의 파이썬 실전 예제를 제공하여 파이썬을 활용하여 기업 코딩 테스트와 모든 시험의 기초가 되는 자료구조와 알고리즘을 체계적으로 배울 수 있다. 자료구조와 알고리즘은 소프트웨어공학에서 중요한 개념이고, 국내외 IT 기업의 면접과 코딩 테스트에서 중요하게 생각한다. 1장에서는 알고리즘 개념을 이해하고 반복하는 알고리즘을 작성한다. 2장에서는 기본 자료구조와 배열을 배우고, 배열 원소의 최댓값을 구하는 함수를 구현해 본다. 책을 보면서 자신의 손으로 코딩하고 결과를 확인하고, 컴퓨터가 어떻게 데이터를 저장하고 문제를 해결하는지 직접 체험할 수 있다.

구글 엔지니어는 이렇게 일한다

타이터스 윈터스 외 2인(개앞맵시 역) / 한빛미디어(2022)

이 책은 프로그래머가 반드시 알아야 할 프로그램을 효과적으로 짜는 방법과 코드베이스를 지속 가능하고 건실하게 만들어주는 엔지니어링 관행을 소개한다. 1장에서는 소프트웨어 엔지니어링에 대해서 설명하고, 2장에서는 팀워크를 이끌어내는 방법에 대해서 소개한다. 3장에서는 지식을 공유하는 방법을 설명한다. 4장 이후부터 공정 사회를 위한 엔지니어링, 팀을 이끄는 방법, 성장하는 조직을 이끄는 방법에 대해서 소개한다. 엔지니어링 생산성을 측정하는 과정, 버전 관리와 브랜치 관리 방법, 지속적인 배포 방법에 대해서 구체적으로 설명하여 20년 넘게 수만 명의 구글러가 쌓아온 노하우도 습득할 수 있다.

소프트웨어 교육 방법

한선관, 류미영 / 생능출판사(2018)

이 책은 소프트웨어공학에 관심 있는 학생이나 초·중등 교사와 예비 교사들에게 새롭고 다양한 소프트웨어 교육 방법을 소개하는 안내서이다. 컴퓨터 과학에 대한 지식과 프로그래밍 기능 그리고 미래 사회의 가치와 태도에 관한 내용을 효과적으로 가르칠 수 있는 교육 방법을 제시한다. 이 책에는 창의컴퓨팅 수업 전략, 언플러그드 컴퓨팅 수업 전략, 피지컬 컴퓨팅 수업 전략, 플립러닝 수업 전략 등의 소프트웨어 교육에 대한 다양한 관점의 교육 방법이 소개된다. 이 책을 통해서 코딩을 배워야 하는 이유와 미래 사회에 코딩의 중요성을 깨달을 수 있다.

소프트웨어 장인

산드로 만쿠소(권오인 역) / 길벗(2015)

이 책은 프로그래머로서의 프로페셔널리즘뿐만 아니라 소프트웨어 개발 조직 전체에 대한 프로페셔널리즘을 설명한다. 프로그래머, 프로그래밍 관련 팀, 프로그래밍 조직에 도움이 되는 이야기를 소개한다. 모든 프로그래머가 겪는 아픔, 수준 이하로 일을 마무리했던 경험, 전혀 프로답지 않았던 경험 등을 소개하고 해결하는 방법을 담고 있다. 그리고 디자인 패턴, 페어 프로그래밍, 테스트 주도 개발 진행 방법, 빠듯한 일정에 대응하는 방법, 채용 공고 작성법과 개발자 채용 인터뷰, 동료나 관리자와의 협업 방법에 이르기까지 상당히 넓은 범위의 실전법을 백과사전처럼 소개한다.

소프트웨어개발자 어떻게 되었을까?
문태준 / 캠퍼스멘토(2020)

이 책은 소프트웨어개발자가 된 6명을 인터뷰한 책이다. 남들이 간 길을 가기보단 자신이 진정 원하는 길을 걸었고, 그런 순간들이 모이고 모여 각 분야 최고의 자리에 오를 수 있었던 전문가들의 일화를 최초로 소개한다. 대한민국 다양한 분야에서 일하는 6인의 커리어패스를 통해 소프트웨어개발자의 현실적인 이야기를 들어볼 수 있다. 그들이 현재의 직업을 갖기까지 어떤 일들을 거쳐 왔는지 확인할 수 있으며 그들의 과거와 현재가 학생 자신과는 얼마나 관련이 있는지도 비교해 볼 수 있다.

소프트웨어공학 이야기
차성덕 / 홍릉(2020)

이 책은 소프트웨어공학 관련 전공자가 공부하는 서적이다. 소프트웨어공학의 정의와 소프트웨어공학을 잘 알아야 하는 이유를 설명하고, 소프트웨어의 오류와 심각한 사고를 소개하여 그 원인을 밝힌다. 그리고 소프트웨어 개발방법론을 안내하여 무엇을 선택하고, 어떤 기준으로 결정하는지 소개한다. 폭포수 모델과 점진적 개발방법론의 특징을 소개하고, 애자일 소프트웨어 개발방법론에 대해서도 설명한다. 소프트웨어 개발 프로세스에 대해서 안내하고, 요구사항을 체계적으로 분석하는 방법에 대해서 소개한다. 소프트웨어의 개발비용을 산정하는 방법을 통해서 현장에서 소프트웨어 개발자가 겪게 되는 것을 배울 수 있다

쉽게 배우는 소프트웨어 공학
김치수 / 한빛아카데미(2021)

이 책은 소프트웨어 관련 학과 전공자가 공부하는 대학 강의용 교재이다. 소프트웨어 공학 이론에서 중요한 핵심만 추려 명쾌하게 정리했다. 일상에서 접할 수 있는 예시를 통해 소프트웨어 공학의 핵심 개념을 이끌어내고, 풍부한 삽화와 도해를 더해 기초지식이 없어도 쉽게 이해할 수 있도록 했다. 1장에서 소프트웨어 공학과 개발 프로세스를 소개하고, 2장에서 UML에 대해서 이해할 수 있도록 한다. 3장부터는 계획, 요구분석, 아키텍처 설계와 클래스 설계, 디자인 패턴, 구현, 테스트의 과정에 대해서 설명한다. 최근 개정판에는 분석과 설계 부분을 강화하여 소프트웨어 실무에 도움이 될 수 있도록 했다.

알고리즘 리더
마이크 월시(방영호 역) / 알파미디어(2020)

저자는 자동화와 알고리즘, AI가 우리의 일상은 물론 일하는 방식을 바꾸고 있으며 20세기를 인간 리더들이 이끌었다면, 21세기는 현대의 작업현장에 사용되는 기술과 인간, 둘의 관계를 깨우친 '알고리즘 리더'들이 주도할 것이라고 설명한다. 이 책에서 '알고리즘 리더'란 디지털 시대에 적합한 사고와 행동을 실천하고 나날이 불확실성이 커지는 미래를 대비하는 리더를 의미한다. 저자는 앞으로 달라질 미래에 무엇을 준비해야 하는지 설명하고, 세계 최고의 비즈니스 리더, AI 개척자 및 데이터 과학자와 수년에 걸친 인터뷰와 연구를 바탕으로 알고리즘 시대에 리더로서 생존을 넘어 성공하는 데 필요한 10가지 원칙을 설명한다. 저자는 1부에서 사고를 전환해야 한다고 설명하고, 2부에서는 하고 있는 일을 재해석하고, 3부에서는 본인이 속한 세상을 바꾸라고 설명한다.

알고리즘 퍼즐
아나니 레비틴, 마리아 레비틴(서환수 역) / 길벗(2022)

이 책은 코딩 능력보다 알고리즘 사고력이 필요하고, 문제 해결은 퍼즐을 해결하는 과정과 같다고 설명한다. 저자는 알고리즘 테스트가 코딩 능력이라고 생각하는 것은 흔히 하는 실수이며, 실제로는 알고리즘 사고력이 핵심이라고 설명한다. 코딩을 못 하는 게 아니라 알고리즘 사고력을 배우지 못했기 때문이라고 책을 통해 주장한다. 상위 레벨의 접근법으로 문제를 이해하고 풀어내는 과정이 알고리즘 사고력의 핵심이므로 문제에 급급해서는 상위 레벨의 접근법을 배울 수 없다고 설명한다. 문제를 어떤 전략으로 접근할지 결정하는 알고리즘 사고력을 배울 수 있도록 150개의 퍼즐을 난이도에 따라 초급, 중급, 고급으로 분류하여 알고리즘을 공부할 수 있도록 구성했다.

이것이 MySQL이다
우재남 / 한빛미디어(2020)

이 책은 MySQL을 처음 배우려는 컴퓨터 관련 학과 학생과 MySQL을 기반으로 실무를 진행하는 웹 프로그래머에게 도움이 되는 내용이다. MySQL 8.0 버전을 반영하여 파이썬 기초 및 파이썬과 데이터베이스의 연동, 파이썬으로 공간 데이터 응용 프로그래밍 작성하기 등의 내용이 포함되어 실무에서 사용할 수 있는 교재이다. 교재에 있는 내용을 중심으로 무료 동영상 강좌 40여 개를 제공하고, 저자의 질의응답 서비스를 받을 수 있는 교재로서 소프트웨어 전공 중에서 데이터베이스를 배우는 데 많은 도움을 받을 수 있다. 현업에서 이뤄지고 있는 데이터베이스 개발과 운영을 모두 체험할 수 있게 구성된 교재이다.

1 인문계열

2 사회계열

3 자연계열

4 공학계열 · 소프트웨어공학과

5 의약계열

6 예체능계열

7 교육계열

소프트웨어공학과 독서탐구활동 활용사례

자율활동 특기사항

주제 탐구 프로젝트 활동에서 '내 삶의 멘토'라는 주제로 진로 탐색활동을 기획하고 소프트웨어 전문가를 본인이 존경하는 인물로 선정하여 자료를 조사함. 조사한 내용을 중심으로 본인도 훌륭한 소프트웨어 전문가가 되고 싶다고 발표하여 친구들의 호응을 얻음. **'구글 엔지니어는 이렇게 일한다(타이터스 윈터스 외)'**를 읽고 프로그래머가 반드시 알아야 할 프로그램을 효과적으로 짜는 방법과 코드베이스를 지속 가능하고 건실하게 만들어주는 엔지니어링에 대해서 조사함. PPT를 제작하여 소프트웨어 엔지니어들이 팀워크를 이끌어 내는 방법에 대해서 발표하여 친구들의 공감을 얻음. 학급 멘토링 활동에서 수학에 어려움을 겪고 있는 친구들을 위해 문제의 풀이 과정을 눈높이에 맞춰 알려주었으며, 본인이 공부하면서 어려운 문제를 해결하는 과정을 친구들에게 공유함.

동아리활동 특기사항

(소프트웨어반)(34시간) 컴퓨터에 활용되는 수학적 원리를 찾아보고 통계자료를 조사하여 분석해 봄. 친구들이 자주 하는 컴퓨터 게임에서 원하는 아이템이 나오는 확률을 직접 계산하고 베이즈 통계학에 대해서 조사하여 발표함. 주변에서 무료로 배포하는 소프트웨어 개발 프로그램을 사용하여 간단한 계산기 프로그램을 개발해 봄. 간단하고 반복적인 작업을 사람이 하지 않고 반복문을 통해서 컴퓨터가 실행할 수 있도록 명령할 수 있다는 것을 배움. **'Do it! 자료구조와 함께 배우는 알고리즘 입문(시바타 보요)'**을 읽고 파이썬을 활용하여 기업 코딩 테스트와 모든 시험의 기초가 되는 자료구조와 알고리즘의 기초적인 내용을 공부함. 자료구조와 알고리즘은 소프트웨어공학에서 중요한 개념이고, 국내외 IT 기업의 면접과 코딩 테스트에서 중요하다는 것을 PPT를 통해 발표하여 부원들의 공감을 얻음. 소프트웨어 개발에서 중요한 알고리즘 개념을 이해하고 반복하는 알고리즘을 작성해 보면서 본인의 진로를 탐색해 나감.

진로활동 특기사항

'졸업생 멘토링' 특강에 참여하여 소프트웨어공학과의 소개와 졸업 후 진로에 대한 정보를 얻음. 소프트웨어공학은 소프트웨어의 개발과 운용 그리고 유지 운영에 필요한 체계적이고 정량화된 개발방법이나 운영방법을 적용하고 이러한 접근 방법들에 관하여 배우는 학과라는 것을 알게 됨. 조사 자료를 보고서로 정리한 후 소프트웨어 산업과 첨단 과학기술 개발에 주도적 역할을 할 수 있는 창의적이고 우수한 인재를 양성한다고 발표함. 대학에 진학하여 배우는 교양과목과 전공과목 등에 대해서 찾아보고 고등학교에서 수학이나 물리학 공부를 열심히 해야 한다는 것을 깨닫고 앞으로 노력하기로 다짐함. **'소프트웨어개발자 어떻게 되었을까?(문태준)'**를 읽고 대한민국의 다양한 분야에서 일하는 6인의 커리어패스를 통해 소프트웨어개발자의 이야기를 정리해 봄. 그들이 현재의 직업을 갖기까지 어떤 일들을 거쳐 왔는지 발표하여 친구들의 호응을 얻음. 이미 남들이 간 길을 가기보다는 자신이 진정 원하는 길을 걸었고, 그런 순간들이 모이고 모여 각 분야 최고의 자리에 오를 수 있었던 전문가들의 일화를 통해서 본인도 현재의 모습보다 미래의 목표를 위해서 최선을 다하겠다고 소감문을 제출함.

교과 세부능력 및 특기사항

수학

실생활과 관련된 조건이 있는 경우의 수 구하기에 관심을 나타내었고 주변 친구들에게 해결 방법을 물으며 해결하는 모습을 보임. 순열과 조합의 경우의 수 구하기에서 P와 C를 이용한 표기법으로 나타낸 식을 계산할 수 있음. '**알고리즘 리더(마이크 월시)**'를 읽고 자동화와 알고리즘, 인공지능이 우리의 일상은 물론 일하는 방식을 바꾸고 있으며 20세기를 인간 리더들이 이끌었다면, 21세기는 현대의 작업 현장에 사용되는 기술과 인간, 둘의 관계를 깨우친 알고리즘 리더들이 주도한다는 것을 알게 됨. 책 속에 있는 인터뷰 자료를 정리하여 세계 최고의 비즈니스 리더, 인공지능 개척자 및 데이터 과학자들이 강조한 10가지 원칙을 친구들에게 발표함. 10가지 원칙 중에서 수학적인 사고력이 중요하기 때문에 현재 공부하고 있는 수학이 인공지능 시대에 더욱 중요하다는 것을 깨달았다고 설명하여 친구들의 공감을 얻음.

물리학 I

실험하는 것을 즐거워하고 실험하는 과정을 꼼꼼히 설계한 후 조원들과 토론을 통해서 실험을 즐겁게 실시함. 전류에 의한 자기장을 관찰하기 위해서 모둠 구성원들과 협력하여 실험을 설계함. 직선 도선의 전류에 의한 자기장을 확인하기 위해서 남북 방향으로 설치한 구리막대와 나침반 사이의 간격을 변화시켜 가면서 나침반의 변화를 기록함. 책을 통한 전공분야 탐색하기 활동에서 '**소프트웨어공학 이야기(차성덕)**'를 읽은 후 소프트웨어공학이란 무엇이고, 소프트웨어공학을 잘 알아야 하는 이유에 대해서 조사하여 보고서를 작성함. 물리실험에 오류가 있을 때 실험결과에 문제가 생기는 것처럼, 소프트웨어가 오류를 발생시켰을 때 심각한 사고가 생길 수 있다는 것을 발표하여 친구들의 호응을 얻음. 물리학 공부가 단계별로 하나씩 공부해 나가야 하는 것처럼 소프트웨어 개발도 단계별로 순서대로 개발해야 한다는 것을 깨달았다고 소감문을 제출함.

행동특성 및 종합의견

응용 소프트웨어를 잘 다루고 새로운 버전이 나오면 먼저 사용해 보면서 새로운 기능을 친구들에게 소개하면서 즐거워하는 학생임. 책을 읽고 글쓰기를 좋아해서 학급 진로활동 시간에 소감문을 쓰고 발표하거나 토론 활동에 적극적으로 참여하여 본인의 생각을 논리적으로 잘 표현함. 친구들로부터 글쓰기와 작품을 해석하는 능력이 우수하다고 칭찬을 받음. 컴퓨터를 잘 다루는 덕분에 방송반 친구와 협업하여 교내 비대면 방송제에 상영할 영상을 제작하는 데 도움을 주어서 방송제를 잘 마치게 됨. '**쉽게 배우는 소프트웨어 공학(김치수)**'과 '**이것이 MySQL이다(우재남)**'를 읽으면서 소프트웨어 개발 방법과 MySQL을 활용한 데이터베이스 연동 방법을 공부해 나감. 학급 꿈 발표 시간에 친구들에게 읽을 책을 보여 주면서 소프트웨어 공학자가 되고 싶은 이유를 설명하고, 데이터베이스가 무엇인지 엑셀 프로그램을 사용하여 이해하기 쉽게 설명하여 친구들이 데이터베이스가 무엇인지 알게 되어 우수 발표자로 선정됨.

1 인문 계열

2 사회 계열

3 자연 계열

4 공학계열 · 소프트웨어공학과

5 의약 계열

6 예체능 계열

7 교육 계열

11 ▶▶ 신소재공학과

1 학과 인재상

수학, 물리 및 화학에 대한 흥미와 열정이 있는 학생

수학, 물리학, 화학 등 기초 공학과목에 대한 이해가 풍부한 학생

일상생활에서 접하는 다양한 소재에 관심이 많은 학생

새로운 소재가 필요한 분야와 환경 파악을 위해 새로운 과학기술의 발달에 관심이 많은 학생

창의적이고 진취적인 성격으로 주어진 문제를 분석하려는 자세를 가진 학생

2 유사학과

- 나노신소재공학과
- 신소재응용과
- 융합소재공학과
- 화학신소재학과
- 나노소재전공
- 바이오소재공학과
- 항공신소재전공

3 관련직업

- 고무 및 플라스틱화학공학기술자
- 공학계열교수
- 금속공학기술자
- 나노공학기술자
- 나노소재연구원
- 도료 및 농약품 화학공학기술자
- 반도체품질관리시험원
- 변리사
- 비파괴검사원
- 석유화학공학기술자
- 음식료품화학공학기술자
- 의약품화학공학기술자
- 재료공학기술자
- 품질관리사무원

4 개설대학

- 가천대학교
- 강원대학교
- 경기대학교
- 군산대학교
- 단국대학교
- 대전대학교
- 대진대학교
- 동아대학교
- 목포대학교
- 배재대학교
- 서울과학기술대학교
- 서울시립대학교
- 선문대학교
- 순천대학교

- 아주대학교
- 인천대학교
- 인하대학교
- 충남대학교
- 한국공학대학교
- 한남대학교
- 한밭대학교
- 호서대학교 등

학과 연계도서

부분과 전체

베르너 카를 하이젠베르크(유영미 역) / 서커스출판상회(2020)

양자역학을 창시한 공로로 노벨 물리학상을 수상한 베르너 하이젠베르크의 학문적 자서전이다. 이 책은 원자라는 미시 세계를 이해하는 데 혁명을 일으킨 양자역학의 발전에 참여한 수많은 천재들의 이야기가 기록되어 있다. 천재 과학자 닐스 보어, 볼프강 파울리, 아인슈타인, 막스 플랑크, 슈뢰딩거에 대한 이야기를 읽을 수 있다. 헬골란트의 빛을 통해 자연이 그 깊은 곳에서 펼쳐 놓은 충만한 수학적 구조들을 바라보며 아득함을 느끼는 저자 하이젠베르크와 20세기 과학 천재들이 펼치는 토론과 대화, 새로운 이론에 대한 다양한 사고실험 등에 대한 이야기를 이 책을 통해서 들을 수 있다.

신소재 이야기

김영근, 안진호 / 자유아카데미(2021)

이 서적은 현대 문명의 발전을 촉진한 신소재를 소개하고, 그림을 제시하거나 주석을 달아 이해하기 쉽게 설명한다. 1장에서는 신소재와 인류문명과의 관계를 설명한다. 2장에서는 신소재를 활용한 반도체를 중심으로 트랜지스터, 집적회로, 메모리 반도체, 반도체의 전기적 특성, 집적회로를 구성하는 반도체 소자의 작동 원리 등에 대해서 알려준다. 3장에서는 자성체에 정보를 저장하는 방식을 소개하고, HDD 기술의 발전과 메모리의 읽고 쓰는 원리를 설명한다. 4장부터 7장까지는 탄소소재, 복합소재, 생체모방소재, 나노소재 등의 원리와 특징에 대해서 상세하게 소개한다. 마지막으로 우리나라의 신소재 개발 상황에 대해서 알려준다.

세계사를 바꾼 12가지 신소재

사토 겐타로(송은애 역) / 북라이프(2019)

이 책은 역사와 과학을 재료라는 관점에서 바라본 신개념 역사서적이다. 1장에서 인류사를 움직인 찬란한 빛에 해당하는 금에 대해서 소개한다. 2장에서 만 년을 견딘 재료인 도자기를 설명한다. 3장에서 동물이 만든 최고의 걸작품인 콜라겐의 특징을 알 수 있다. 4장에서 문명을 이룩한 재료의 왕, 철에 대해서 소개한다. 5장에서 문화를 전파한 대중매체의 왕 종이에 대해서 설명한다. 6장부터는 탄산칼슘, 피브로인, 폴리아이소프렌, 자석, 알루미늄, 알루미늄, 실리콘 등의 다양한 신소재를 소개한다. 이 책에서는 각 물질이 어떻게 발견되었는지, 어떤 사건으로 세계가 연결되고 바뀌었는지 역사와 과학을 연결하여 재미있게 설명한다.

신소재 4차 산업혁명을 이끄는 힘

한상철 / 홍릉과학출판사(2019)

신소재에 대해 개략적으로 설명하고 차세대 연구 개발 소재의 핵심분야에 대해서 설명한다. 1부에서는 미래를 이끌 꿈의 신소재 그래핀에 대해서 소개한다. 그래핀이 무엇이고 어떻게 발견되었으며 그래핀을 어떻게 만드는지 설명한다. 2부에서는 3D 프린팅의 정의와 3D 프린팅으로 제품을 만드는 방법, 그리고 3D 프린팅의 미래에 대해서 소개한다. 3부에서는 미래 에너지의 핵심인 페로브스카이트 태양전지를 소개하고, 태양전지 사업 곳곳에서 활용되는 페로브스카이트 태양전지의 미래에 대해 분석한다. 마지막에는 미래 시장을 개척하는 초전도 소재에 대해서 소개한다. 초전도의 정의, 전류를 이용한 초전도의 특성과 고온 초전도체의 개발 현황에 대해서 소개한다.

신소재 쫌 아는 10대
장홍제 / 풀빛(2020)

이 책은 나노재료화학 분야의 고수 장홍제 교수가 다양한 종류의 신소재에 대해 완벽하게 정리하여 설명한다. 1장에서 원소에서 물질을 거쳐 다양한 소재까지 설명한다. 2장에서는 석탄보다 유용하고 다이아몬드보다 가치 있는 탄소 신소재에 대해서 소개한다. 3장에서는 반도체가 어떻게 만들어지고 어떤 소재를 탄생시켰는지 설명한다. 4장에서는 익숙하지만 낯선 신소재인 합금과 세라믹에 대해서 소개한다. 5장에서는 고분자 신소재와 플라스틱, 6장에서는 나노과학과 나노소재들에서 자세히 안내한다. 이 책은 흔하게 찾아볼 수 있던 원소들이 물리적, 화학적인 원리와 관계를 통해 새로운 물질로 바뀌는 것에 대해서 흥미롭게 설명한다.

자원 리사이클링 공학
손호상 / 경북대학교출판부(2019)

저자는 자원 리사이클링을 위해 가장 기본이 되는 물리화학, 파쇄 및 선별 등의 물리적 전처리 과정과 배소 등의 화학적 처리 과정을 알려준다. 건식제련과 습식제련에 대하여 설명하고 차이점을 알려준다. 금속을 양산금속과 희소금속으로 구분하여 각 원소의 관점에서 본 리사이클링기술을 알려주고, 각 원소별 주요 발생원에 따른 리사이클링기술에 대해서 설명한다. 자원 리사이클링은 순환경제 모델의 한 축을 담당하고 있으며 도시광산에서 유가물을 채취하여 재자원화하는 것을 배울 수 있다. 책에서 소개하는 자원의 리사이클링을 통해서 순환 경제 시대를 대비하는 방법을 배울 수 있다.

재료공학 입문
김형수 외 2인 / 문운당(2022)

이 책은 엔지니어나 실무적인 지식이 강조되고 있는 레벨의 공학도를 대상으로 재료공학에 대해서 설명한다. 1편은 재료분야 전체를 아우르는 총괄적인 측면에서 접근하여, 재료의 구조, 상태도, 기계적 성질, 강화, 파괴, 부식 등을 취급한다. 2편에서는 금속재료, 3편에서는 비금속 재료 및 복합 재료에 대하여 소개한다. 사진과 그림을 제시하여 최대한 이해하기 쉽도록 구성되어 재료공학 관련 지식을 얻을 수 있다. 비금속 재료의 중요성이 증가함에 따라 폴리머 재료, 세라믹 재료 및 복합 재료에 대한 내용도 포함되어 있다.

타이타늄: 신들의 금속
안선주 / 씨아이알(2022)

저자는 우주항공 소재의 대명사로 불리는 타이타늄을 통해서 우리에게 필요한 전략 소재 산업에 어떻게 접근해야 하는지 안내한다. 금속 성장의 역사 속에서 타이타늄을 통해 서로 다른 혁신과 변화를 꿈꿨던 기업가, 엔지니어, 정책 입안자와 연구자들의 기록을 하나의 이야기로 묶어서 설명한다. 타이타늄이라는 금속이 시대적 필요에 의해서 탄생한 산물이라는 것을 배우고, 국가 간, 기업 간의 치열한 경쟁이 존재하는 시장 구조에 대해서 분석한다. 앞으로 우주 진출과 군사 패권을 향한 경쟁이 더욱 본격화될 시점을 중심으로 경쟁 양상에 대한 전망을 소개하고, 다각적인 통찰을 제시하는 서적이다.

탄소재료의 힘
윤창주 / 일진사 (2021)

이 책은 탄소재료의 개론, 탄소재료의 구조와 조직, 탄소재료의 성질과 용도, 첨단 기술을 열어가는 풀러렌, 탄소 나노튜브, 그래핀과 탄소섬유에 관한 내용을 설명하고 있다. 1부에서는 탄소 재료가 무엇인지 설명하고, 탄소 원자의 성질과 탄소 원자의 세 가지 결합 형식에 대해서 소개한다. 2부에서는 탄소 재료의 역할을 중심으로 나노 과학 기술의 원조인 풀러렌에 대해서 설명한다. 풀러렌의 매력, 내향면체 풀러렌과 외향면체 풀러렌, 풀러렌의 용도를 중심으로 탄소재료에 대해서 소개한다. 신소재공학 전공을 희망하는 학생들은 이 책을 통해서 나노기술을 탄생시킨 풀러렌, 탄소 나노 튜브에 대해 구체적인 정보를 얻을 수 있다.

파인만의 여섯 가지 물리 이야기
리처드 파인만(박병철 역) / 승산 (2003)

20세기 최고 천재 과학자 리처드 파인만의 물리학 강의 중에서 가장 재미있고 흥미로운 여섯 편의 내용을 소개한다. 1부에서는 움직이는 원자에 대한 특징과 이론을 배울 수 있다. 2부에서는 기초 물리학에서 공부해야 하는 내용에 대해서 소개한다. 3부에서는 물리학과 다른 과학과의 관계에 대해서 흥미롭게 설명한다. 4부에서는 에너지의 보존과 관련된 물리학 이론을 소개한다. 5부에서는 중력이 무엇인지, 어떤 특징이 있는지 설명한다. 마지막으로 양자적 행동의 특징을 설명하고 양자 세계를 어떻게 이해할 수 있는지 분석한다.

자율활동 특기사항

학급 내에서 실시한 꿈과 진로 발표 활동에서 자신의 관심 분야인 공학 계열을 주제로 하여 학과 특성, 학과 적성, 세부 관련 학과, 졸업 후 진출 분야, 개설대학 등에 대한 자료를 PPT로 제작함. 작성한 자료를 중심으로 본인이 진로를 설정한 이유를 설명한 후, 현재 학교생활에서부터 향후 대학교 진학 후까지의 단계별 목표 설정 방법과 구체적인 실천 방안들을 세세하게 발표함으로써 친구들에게 호응을 얻음. 학급 독서활동 시간에 **'타이타늄 : 신들의 금속(안선주)'**를 읽고 우주항공 소재의 대명사로 불리는 타이타늄이 시대적 필요에 의해서 탄생한 금속임을 파악한 후 전략 소재 산업에 어떻게 활용되는지 조사함. 국가 간, 기업 간의 타이타늄을 차지하기 위한 치열한 경쟁이 존재하는 시장 구조에 대해서 조사하고, 앞으로 우주 진출과 군사 패권을 향한 경쟁이 더욱 본격화될 시점의 경쟁 양상에 대한 전망을 자료로 제작하여 친구들에게 발표하여 호응을 얻음.

동아리활동 특기사항

(신소재탐구반) (34시간) 제품에 사용되는 소재에 관심이 많은 학생이고, 첨단 소재를 조사하여 사용되는 분야를 구체적으로 발표함. 신소재를 개발하는 물질의 매장량이 특정 국가에 집중되어 있을 때 나타나는 문제점도 설명하여 친구들의 호응을 얻음. 독서 발표 활동에서 **'신소재 4차 산업혁명을 이끄는 힘(한상철)'**을 읽고 신소재에 대해 개략적으로 소개하고 차세대 연구 개발 소재의 핵심 분야에 관해서 설명함. 그래핀을 조사한 후 그래핀이 무엇이고 어떻게 발견되었으며 그래핀을 어떻게 만드는지 소개함. 태양전지를 활용한 간단한 회로를 제작하고 작동 과정을 보여주면서 태양전지의 원리를 체계적으로 설명함. 페로브스카이트 태양전지를 조사한 후 페로브스카이트 태양전지가 전기에너지로의 변환 효율이 굉장히 뛰어난 육방면체 반도체 물질이라고 발표하여 친구들의 호응을 얻음.

진로활동 특기사항

진로 프로젝트 활동에서 우리나라의 신소재 산업을 주제로 자료를 조사하여 발표함. 탐구 과정을 정리하고 발표하는 과정에서 다른 친구들에게 공감을 얻고 모범 발표 사례가 되어주는 우수한 학생임. 본인의 진로를 탐색하면서 대학교 입학처 홈페이지에 접속하여 신소재공학과에 대한 정보를 찾아보고 신소재공학과가 개설된 대학과 교육과정을 정리하여 진로탐구 보고서로 제출함. 진로 독서활동에서 **'신소재 쫌 아는 10대(장홍제)'**를 읽고 신소재 산업은 무엇이고 어떤 특징이 있으며 앞으로 어떤 변화가 있을지 조사하여 보고서를 작성함. 석탄보다 유용하고 다이아몬드보다 가치 있는 탄소 신소재를 조사하여 특징과 활용 분야를 파악함. 합금과 세라믹, 고분자 신소재와 플라스틱, 나노과학과 나노소재의 특징을 조사한 후 이해하기 쉽게 표로 정리하여 발표 자료를 제작함. 조사 자료를 PPT로 제작한 후 최근에 중요해진 반도체가 어떻게 만들어지고 어떤 소재를 탄생시켰는지 구체적으로 설명하여 우수 발표자로 선정됨. 발표 준비과정을 통해서 신소재공학을 전공하기 위해서는 수학, 물리학과 화학에 대한 이해가 중요하다는 것을 깨닫고 관련 과목을 더욱 열심히 하기로 다짐함.

교과 세부능력 및 특기사항

물리학 I

호기심이 많은 학생으로 과학에 흥미가 있고 물리 실험하는 것을 좋아해서 남들보다 실험 활동에 적극적으로 참여함. 전류에 의한 자기장을 관찰하기 위한 실험을 모둠 구성원과 협력하여 설계함. 실험의 조작 변인과 종속 변인에 대해 명확하게 파악했으며, 실험 장치 주변의 자석, 쇠붙이, 옆 모둠의 실험장치, 스위치를 누르는 시간에 따른 온도에 의한 저항 변화 등의 통제 변인을 고려해야 함을 설명함. **'파인만의 여섯 가지 물리 이야기(리처드 파인만)'**를 읽고 움직이는 원자에 대한 특징과 이론에 대해서 공부함. 중력과 에너지의 보존에 대한 설명을 읽고 자료를 정리하여 보고서를 작성함. PPT를 제작하여 중력과 에너지를 설명한 후 양자적 행동의 특징을 안내하고 양자 세계에 대해서 예를 들어 소개함. 신소재를 개발하기 위해서는 물질의 물리학적 성질과 양자역학에 대한 이해가 필요하다고 친구들에게 발표하여 공감을 얻음.

화학 I

주기율표에 나오는 기본 원자 번호를 암기하고, 원자번호에 따른 물질의 특징과 성질을 잘 이해하고 있음. 인류 문명 발전에 기여한 화학 조사하기 활동에서 암모니아 합성, 나일론 합성 등을 비주얼싱킹으로 표현하면서 화학이 어떻게 일상생활의 문제를 해결하고 삶의 질을 향상해 왔는지 알게 됨. 화학을 알면 살아가는 데 필요한 많은 문제를 해결할 수 있다는 생각으로 미래 화학 이야기에 많은 관심을 보이고 관련 자료를 탐색함. **'탄소재료의 힘(윤창주)'**을 읽고 탄소재료의 구조와 조직, 탄소재료의 성질과 용도를 조사하고, 미래의 첨단 기술을 열어가는 풀러렌, 탄소 나노튜브, 그래핀, 탄소섬유 등의 특징을 표로 정리하여 보고서를 제출함. 보고서에 있는 내용 중 핵심 내용을 정리하여 PPT로 제작함. 친구들에게 나노기술을 탄생시킨 풀러렌, 탄소 나노 튜브의 특징과 성질에 대해서 구체적으로 설명하여 친구들의 호응을 얻음.

행동특성 및 종합의견

모든 일에 성실하게 자기의 목표를 세워 놓고 목표 달성을 위해 꾸준히 노력하는 학생임. 지적 탐구심과 체계적인 기획력, 일을 추진하는 실천력 삼박자를 고루 갖춘 학생으로 풍부한 독서 경험을 바탕으로 비판적 사고력과 창의력이 뛰어남. 특히 자신의 의견을 글과 말로써 전달하는 능력이 탁월하며 토론 수업 시 진행자 역할을 맡아 토론 시간을 공정하게 배분하고, 갈등이 일어나는 부분의 의견을 정리하는 등 토론의 전 과정을 원만하게 진행하여 토론 리더의 자질을 충분히 보여줌. 공학계열에도 관심이 많아서 관련 도서나 잡지를 읽어 보면서 자료를 꼼꼼히 정리하고 본인의 진로를 꾸준히 탐색해 나감. 신소재공학과에 호기심이 많아서 **'신소재 쫌 아는 10대(장홍제)'**, **'신소재 이야기(김영근, 안진호)'**를 읽고 학습 발표 시간에 다양한 신소재를 소개하고, 나노과학기술이 현재 어디까지 발전해 왔는지 사진 자료를 넣어서 이해하기 쉽게 설명하여 친구들의 호응을 얻음.

1 인문계열

2 사회계열

3 자연계열

4 공학계열 · 신소재공학과

5 의약계열

6 예체능계열

7 교육계열

12 ▸▸ 에너지공학과

1 학과 인재상

화학, 수학, 물리 등의 다양한 과목에 흥미가 있는 학생

데이터를 분석하고 주어진 사실이나 가설을 실험을 통해 확인할 수 있는 학생

에너지에 관심이 많고, 특히 전통 에너지원과 신재생 에너지원에 흥미가 있는 학생

새로운 자원 환경의 탐사·개발·처리 과정에서 발생하는 문제를 해결할 수 있는 학생

수학, 기초과학, 공학의 지식과 정보기술을 공학문제 해결에 응용할 수 있는 학생

2 유사학과

- 에너지자원공학과
- 원자력공학과
- 미래에너지공학과
- 바이오에너지공학과
- 환경에너지공학과
- 신재생에너지과
- 에너지시스템학과
- 에너지화학공학과
- 전기에너지공학과

3 관련직업

- 건축안전기술자
- 공학계열교수
- 바이오에너지연구 및 개발자
- 발전설비기술자
- 변리사
- 산업안전원
- 에너지공학기술자
- 에너지시험원
- 에너지진단전문가
- 위험관리원
- 전력거래중개인
- 지열시스템연구 및 개발자
- 태양열연구 및 개발자
- 풍력발전연구 및 개발자
- 플랜트기계공학기술자

4 개설대학

- 강원대학교
- 건국대학교
- 경상국립대학교
- 경북대학교
- 고려대학교
- 단국대학교
- 동국대학교
- 서울대학교
- 중앙대학교
- 제주대학교
- 한양대학교 등

학과 연계도서

미래 에너지 쫌 아는 10대
이필렬 / 풀빛(2022)

지구를 지키고 우리 삶을 바꾸는 다양한 미래 에너지에 대해서 설명한 책이다. 에너지의 정의부터 인간의 삶을 바꿔 놓은 다양한 형태의 에너지를 배우고, 태양부터 풍력, 수소까지 재생 에너지로 전환되는 과정을 알 수 있다. 1장에서는 에너지의 탄생과정에 대해서 소개한다. 2장에서는 우리가 미래 에너지를 찾는 이유를 소개하고, 3장에서 떠오르는 미래 에너지인 태양에너지를 소개한다. 4장에서는 에너지를 저장하는 방법에 대해서 설명하고, 5장에서 수소에너지에 대해서 소개한다. 6장에서는 똑똑하게 관리하는 스마트 전력 시스템의 원리에 대해서 설명한다. 7장에서는 가장 오래되고, 가장 미래적인 풍력발전을 설명하면서 8장에서 탄소 중립, 탄소 제로에 대한 중요성을 강조한다. 이 책을 통해서 미래 에너지가 우리 삶 곳곳에서 활용되는 모습을 엿볼 수 있다.

글로벌 환경에너지
김재용 / 화수목(2016)

이 책은 대체에너지와 현재 진행되고 있는 각국의 기초적 기술 현황에 관해 에너지 부문별로 소개한다. 에너지에 대한 기초이론을 설명하고 화석연료, 환경에너지, 태양에너지, 풍력에너지, 해양에너지와 관련된 내용을 소개한다. 7장부터는 연료전지, 커패시터, 수소에너지, 바이오매스에너지, 폐기물에너지, 지열에너지, 원자력에너지 등과 관련된 진행 상황을 설명한다. 마지막으로 에너지 저장장치에 대해서 소개하면서 대체에너지의 중요성을 강조한다. 대체에너지에 대한 올바른 인식과 함께 국가적 차원에서의 적극적으로 개발하려는 의지는 미래에 어느 국가가 생존하느냐 마느냐 하는 중요한 열쇠가 될 것이다.

배터리 전쟁
루카스 베드나르스키 저(안혜림 역) / 위즈덤하우스(2023)

저자는 배터리 산업의 전문가이고, 배터리 산업에 대한 모든 것을 책을 통해서 소개한다. 20세기 오일쇼크와 21세기 배터리 전쟁을 비교하면서 배터리 산업의 미래를 전망한다. 리튬 슈퍼사이클을 설명하면서 에너지 패권 변화를 선도하기 위한 국가 간 각축전을 알려준다. 리튬·니켈·코발트 등 핵심 소재부터 배터리의 각종 부품과 관련 장비까지 설명하면서 배터리 산업의 글로벌 가치 사슬을 풀어나간다. 배터리 관련 기업들의 업적과 제2의 산유국을 꿈꾸는 소재 매장국들의 도전 과정을 알려준다. 전기 모빌리티 산업과 관련된 현황을 설명하고, 시장가격을 좌우하는 주요 경제주체 간의 경쟁을 통해서 미래의 경제 지도를 예측해 볼 수 있다.

검은 눈물 석유
김성호 / 미래아이(2009)

이 도서는 인류의 기술혁명을 가능하게 하고 오랫동안 우리의 24시간을 환하게 밝혀주었던 검은 에너지 '석유'에 대해서 자세히 설명한다. 이 책을 통해서 석유가 무엇인지, 석유가 어떻게 생겨나는지, 그것이 어떻게 쓰이는지, 환경에는 어떤 영향을 주는지 배울 수 있다. 석유를 통해 우리 사회, 나아가 전 세계의 정치, 경제, 역사를 살펴볼 수 있으며 현재 우리의 모습을 통찰할 수 있다. 석유가 자동차를 움직이고, 공장을 돌리고, 집을 따뜻하게 하는 에너지원에 그치는 것이 아니라, 우리 생활 깊숙이 들어와 있음을 알고 그 중요성을 새롭게 알게 해주는 책이다.

넷제로 에너지 전쟁
정철균 외 2인 / 한스미디어(2022)

이 서적은 에너지 대전환이라는 긴급하고도 새로운 시대적 요구 속에서 기업과 개인이 반드시 알아야 하는 에너지 문제를 총체적으로 다루고 있다. 저자들은 지속가능한 에너지원으로의 에너지 대전환은 필수불가결한 방향임을 설명하고, 가장 현실적인 넷제로 실행 시나리오를 제시한다. 탈탄소화 기술 개발에 박차를 기울이고 있는 전통적인 글로벌 에너지 기업들의 패러다임 변화를 분석한다. 최근에 종합 에너지 회사라는 포부를 가지고 에너지 시장에 도전하고 있는 여러 에너지 기업의 동향도 꼼꼼히 살피고 있다. 막대한 투자 유치를 이끌어내고 있는 기업들이 새로운 청정 기술과 기후 기술을 바탕으로 만들어나갈 에너지의 미래에 대해서 예상해본다.

에너지공학 기초 및 실습
손근용 외 2인 / 인제대학교출판부(2020)

에너지공학을 전공하는 학생을 위한 이론 및 실무에 대한 입문서이다. 에너지공학은 전기·전자, 물리, 화학, 기계, 바이오, 나노 및 재료공학 등이 복합된 융합학문으로서 다양한 학문적 지식을 필요로 한다. 국내외적으로 다양하게 응용되고 있는 에너지 분야를 공부하고자 하는 학생들에게 에너지의 기본 개념을 소개하고, 다양한 에너지 관련 산업의 분야별 특징을 알려준다. 1장에서 에너지란 무엇인지 소개하고 관련 지식을 소개한다. 2장에서는 전기와 에너지에 대해서 배우고, 전기와 전자의 기초 개념을 익힐 수 있다. 3장에서는 자기장 형성의 기초이론 등 자기에너지에 대해서 공부할 수 있다.

에너지 비하인드
김철민, 임만성 / 엠아이디(2018)

이 책은 인류 역사 속에서 에너지가 어떤 역할을 했고 더 많은 양의 에너지를 확보하기 위해 어떻게 투쟁하여 왔는지 알아본다. 세계의 여러 국가가 선택한 에너지의 공급 방식과 그들이 당면한 과제, 그리고 에너지의 미래를 설명한다. 1부에서는 에너지 기술 발전의 역사와 역사 속에서의 에너지 역할을 다룬다. 2부에서는 세계의 국가들이 어떤 에너지 믹스를 선택했는지를 설명한다. 3부에서는 우리나라의 에너지 믹스가 어떻게 구축되었는지를 설명하고 우리가 어떠한 선택 앞에 직면해 있는지 설명한다. 우리의 과거를 통해서 미래를 살펴보고 직면해 있는 에너지 문제에 대해서 고민해 볼 수 있다.

에너지 세계 일주
블랑딘 앙투안, 엘로디 르노(변광배 역) / 살림출판(2011)

물리학과 경제학을 전공한 두 명의 젊은 여성 학자가 세계를 일주하며 에너지를 주제로 집필한 서적이다. 블랑딘과 엘로디는 석탄, 석유와 같은 고전적 에너지원은 물론 원자력, 핵융합, 조력, 풍력, 태양열, 지열, 바이오매스 등과 같은 새로운 에너지원의 탐사와 개발 현장을 찾아 여러 나라를 답사한다. 두 사람은 새로운 에너지원의 개발과 탐사 가능성을 추적하는 데 그치지 않고, 기존 에너지를 효율적으로 사용하고 이를 통해 에너지를 절약하는 법에 관심을 둔다. 지구에 사는 모든 이들의 현재와 미래를 위해 고갈될 위험도 적고 환경 오염과 파괴의 정도 역시 낮은 에너지원을 찾고자 세계 일주를 떠나는 내용이다.

2050 에너지 제국의 미래
양수영, 최지웅 / 비즈니스북스(2022)

저자들은 앞으로 30~50년간 인류가 겪을 에너지 분야의 변화를 소개하고, 에너지 산업 전반에 걸쳐 있는 석유의 과거에서 미래까지 말해준다. 석유는 기후변화 대응을 위해 새로운 에너지원으로의 전환이 불가피하다고 말하고, 대체에너지로 주목받는 수소에 대해서 언급하며 주변국 및 유럽의 활용 사례를 살펴본다. 미래 신에너지 시장을 선점하기 위한 나라들의 치밀하고 치열한 전략 전쟁도 소개하고, 한국형 탄소중립 전략을 모색하기 위해 기후변화 대응의 바람직한 경로에 대해서 언급한다. 에너지와 탄소중립을 통해서 사회 이슈의 중요성을 언급하고, 앞으로 30년 후 달라질 부의 지도를 예측하고 있다.

2050 수소에너지
백문석 외 6인 / 라온북(2021)

저자들은 수소에너지에 대한 관심과 이해를 높이고, 환경문제로 촉발된 에너지 문제에 대해서 책을 통해서 함께 고민하도록 안내한다. 수소에너지와 관련된 기술을 소개하고, 수소와 관련된 경제 활성화 전략을 통해 미래를 설명한다. 해외 주요국의 탄소중립 정책과 수소경제의 동향을 살펴본다. 천연가스의 역할과 전망을 소개하고, 블루수소의 역할과 전망을 안내한다. 탄소중립의 실질적 주관자인 신재생에너지에 대해서 언급하며 그린수소의 생산에 대해서 알려준다. 수소의 저장 및 운송 방법을 알아보고, 수소의 활용과 국내 수소 생태계의 구축 및 활성화 방안에 대해서 논의한다. 마지막으로 글로벌 수소 생산 상황과 해외 수소 도입 시 고려사항에 대해서 함께 고민해 볼 수 있다.

에너지공학과 독서탐구활동 활용사례

자율활동 특기사항

학급 규칙 정하기 시간에 '수업 종료 후 에너지 절약하기'를 제안하여 학급 규칙으로 선정됨. 학급 친구들의 추천으로 학급의 에너지도우미로 선정되었으며, 수업이 끝나고 청소를 실시한 후 전등을 끄는 역할을 충실하게 수행함. 학급 탐구 활동에서 에너지를 주제로 자료를 조사하기 위해서 **'검은 눈물 석유(김성호)'**를 읽은 후 인류의 기술혁명을 가능하게 하고 오랫동안 우리의 24시간을 환하게 밝혀주었던 에너지 '석유'에 대해서 공부함. 이 책을 통해서 석유가 무엇인지, 석유가 어떻게 생겨나는지, 그것이 어떻게 쓰이는지, 환경에는 어떤 영향을 주는지 조사함. 석유를 통해 우리 사회, 나아가 전 세계의 정치, 경제, 역사를 살펴볼 수 있었고, 석유가 자동차를 움직이고, 공장을 돌리고, 집을 따뜻하게 하는 에너지원에 그치는 것이 아니라, 우리 생활 깊숙이 들어와 있다는 것을 깨달았다고 발표하여 친구들의 호응을 얻음.

동아리활동 특기사항

(에너지탐구반)(34시간) 과학 시간에 배운 내용을 중심으로 실험을 설계하여 실행하며 동아리 반장으로서 리더십을 발휘하며 적극적으로 동아리를 이끌었음. 실험한 내용을 보고서로 작성하고 오차의 원인을 발표하여 친구들의 호응을 얻음. 에너지의 정의부터 인간의 삶을 바꿔 놓은 다양한 형태의 에너지를 조사한 후 태양부터 풍력, 수소까지 재생 에너지로 전환되는 과정을 파악하고 에너지의 탄생 과정에 대해서 보고서를 작성하여 발표함. 독서 토론시간에 **'에너지 세계 일주(블랑딘 양투안, 엘로디 르노)'**를 읽고 친환경 에너지에 대해서 조사하여 발표함. 책을 통해 석탄, 석유와 같은 고전적 에너지원은 물론 원자력, 핵융합, 조력, 풍력, 태양열, 지열, 바이오매스 등과 같은 새로운 에너지원의 탐사와 개발 현장에 대한 보고서를 작성함. 기존 에너지를 효율적으로 사용하고 이를 통해 에너지를 절약하는 방법을 구체적으로 설명하여 동아리 부원들을 호응을 얻음.

진로활동 특기사항

진로탐구활동에서 '우리나라의 에너지'에 대한 자료를 조사하여 보고서를 작성함. 우리나라의 에너지 산업은 전 세계에서 상위권에 해당하고, 에너지 분야가 발전한 다른 나라에 비해서 아직은 원천 기술 확보가 부족하여 과감한 투자가 필요하다고 발표함. 진로 스피치 시간에 여행을 가다가 풍력발전소를 보았던 경험을 들어 '에너지'를 주제로 자신의 꿈을 발표함. 에너지공학자가 하는 일에 대해 소개하고 보다 주체적이고 전문성이 있는 에너지공학자가 되고 싶다는 포부를 밝혔으며 꿈에 대한 진정성 있는 태도와 설득력 있는 어조로 친구들에게 호평을 받음. 진로 목표를 구체화해 나가며 열정이 있는 학생으로 꿈을 향해 노력하는 모습이 돋보이는 학생임. **'미래 에너지 쫌 아는 10대(이필렬)'**를 읽고 지구를 지키고 우리 삶을 바꾸는 다양한 미래 에너지에 대해서 조사해 봄. 다양한 형태의 에너지를 파악하여 태양부터 풍력, 수소까지 재생 에너지로 전환되는 과정을 탐구하여 보고서를 작성함. 조사한 자료를 PPT로 제작하여 에너지를 저장하는 방법과 수소 에너지에 대해서 소개함. 똑똑하게 관리하는 스마트 전력 시스템의 원리에 대해서 자세하게 설명하며 친구들의 호응을 얻음.

교과 세부능력 및 특기사항

통합과학

평소 수업 시간에 호기심이 많고, 각종 과학 이론을 체계적으로 공부하여 교사가 하는 질문에 적극적으로 답변하는 열정적인 학생임. 스피커 만들기 실험에서 전자기유도과정을 이해하여 스피커에서 자석과 코일의 위치를 고민하였고, 코일을 꼼꼼하게 감고 자석의 부착 정도를 고려하여 스피커를 제작함. 스마트폰에 연결하여 기본적인 소리를 발생시키고 만드는 원리나 과정에 흥미를 보임. **'에너지 비하인드(김철민, 임만성)'**를 읽고 역사 속에서 에너지가 어떤 역할을 했고 더 많은 양의 에너지를 확보하기 위해 어떻게 투쟁해 왔는지 조사해 봄. 세계의 여러 국가가 선택한 에너지 공급 방식과 그들이 당면한 과제, 그리고 에너지의 미래를 분석하여 보고서를 작성함. PPT를 작성하여 우리나라의 에너지 믹스가 어떻게 구축되었는지를 설명하고 우리가 어떠한 선택 앞에 직면해 있는지 발표함. 친구들과 우리의 과거를 통해서 미래를 살펴보고 직면해 있는 에너지 문제에 대해서 함께 고민해 보는 시간을 가짐.

물리학 I

전류에 의한 자기장을 관찰하기 위한 실험을 모둠 구성원과 협력하여 설계함. 실험의 조작 변인과 종속 변인에 대해 명확하게 파악했으며, 실험 장치 주변의 자석, 쇠붙이, 옆 모둠의 실험장치, 스위치를 누르는 시간에 따른 온도에 의한 저항 변화 등의 통제 변인을 고려해야 함을 설명함. 공학계열에 관심이 많은 학생으로 기체 분자의 열운동을 시뮬레이션할 때 만들었던 코딩을 기반으로 순방향 및 역방향으로 연결된 다이오드 내부 전하 운반자의 운동을 구현하고, 원리와 응용 사례를 조리 있게 설명함으로써 친구들의 큰 호응을 받음. 심화 탐구활동 시간에 본인의 관심 분야인 에너지공학을 탐색하기 위해서 **'에너지공학 기초 및 실습(손근용 외)'**을 읽고 에너지란 무엇인지 조사하여 공부함. 책을 통해서 에너지공학은 전기·전자, 물리, 화학, 기계, 바이오, 나노 및 재료공학 등이 복합되어 있는 융합학문으로서, 다양한 학문적 지식을 필요로 한다는 것을 깨달았다고 발표하여 친구들의 공감을 얻음.

행동특성 및 종합의견

학급 활동이 있을 때마다 앞장서서 즐거운 분위기를 만드는 역할을 수행하고, 반장을 도와서 원활하게 진행될 수 있도록 함. 기타, 리코더 등의 악기를 다룰 줄 알고, 노래를 부를 때 음정이 정확하고 가창력이 있어 친구들로부터 다재다능하다고 칭찬을 받음. 공학계열에 관심이 많아서 악기에서 발생하는 주파수를 찾아보거나 기타에서 발생하는 공명현상을 분석하는 등 물리 현상에 호기심을 보임. 에너지 분야에 관심이 많아서 **'글로벌 환경에너지(김재용)'**를 읽고 화석연료, 환경에너지, 태양에너지, 풍력에너지, 해양에너지와 관련된 내용을 발표함. 토론활동에서 '자원전쟁(알렉산더 융)'을 읽고 원유, 천연가스, 우라늄, 철광석 등을 비롯한 천연자원에 대한 수요가 점점 높아져서 자원을 둘러싼 투쟁이 어떻게 강대국들을 위험한 대치상태로 몰아가고 있는지를 파악하여 친구들과 정보를 공유하고 함께 학업에 최선을 다하는 모습을 보임. 5년 단위로 구체적인 계획을 세워서 미래에 에너지 전문가가 되어 자원이 부족한 국내의 에너지 문제를 해결하려는 꿈을 가지고 있는 학생임.

1 인문계열

2 사회계열

3 자연계열

4 공학계열 · 에너지공학과

5 의약계열

6 예체능계열

7 교육계열

13 ▷▷ 원자력공학과

1 학과 인재상

화학, 수학, 물리 등의
다양한 과목에
흥미가 있는 학생

데이터를 분석하고
주어진 사실이나 가설을
실험을 통해
확인할 수 있는 학생

에너지에 관심이 많고,
특히 전통 에너지원과
신재생 에너지원에
흥미가 있는 학생

새로운 자원 환경의
탐사·개발·처리 과정에서
발생하는 문제를
해결할 수 있는 학생

수학, 기초과학, 공학의 지식과
정보기술을 공학문제 해결에
응용할 수 있는 학생

2 유사학과

- 에너지공학과
- 에너지자원공학과
- 미래에너지공학과
- 바이오에너지공학과
- 환경에너지공학과
- 신재생에너지과
- 에너지시스템학과
- 에너지화학공학과
- 전기에너지공학과

3 관련직업

- 건축안전기술자
- 공학계열교수
- 바이오에너지연구 및 개발자
- 발전설비기술자
- 변리사
- 산업안전원
- 에너지공학기술자
- 에너지시험원
- 에너지진단전문가
- 위험관리원
- 전력거래중개인
- 지열시스템연구 및 개발자
- 태양열연구 및 개발자
- 풍력발전연구 및 개발자
- 플랜트기계공학기술자

4 개설대학

- 경희대학교
- 동국대학교
- 세종대학교
- 조선대학교
- 한양대학교 등

다시 생각하는 원자력

어근선 / 엠아이디미디어(2022)

저자는 오랜 기간 원자력 업계에서 설계와 운영 등 다양한 현장 업무를 하면서 고민한 내용을 중심으로 원자력에 관한 이야기를 전개한다. 우주의 탄생부터 원자력의 현대적 활용까지 설명하고, 실제 업무를 하면서 알게 된 사건·사고의 기록을 비롯해 방대한 데이터를 한눈에 요약하여 알려준다. 주요 원전 사고를 중심으로 원자력발전의 위험성에 대해서 언급한 후 현장에서 오랜 기간 일하면서 배우고 느낀 점을 알려준다. 각종 현안과 에너지 정책에 대해서 객관적인 시각으로 접근하여 설명한다. 원자력의 현황을 소개하면서 2050 탄소중립 시나리오를 언급하고, 우리나라의 미래 에너지에 대한 이야기로 책의 내용을 마무리한다.

볼츠만의 원자

데이비드 린들리(이덕환 역) / 승산(2003)

원자론의 확립을 위해 온 생애를 바친 루트비히 볼츠만의 일생에 대한 내용을 다룬 책이다. 19세기 말까지만 해도 원자의 존재를 믿는 사람은 없었다. 볼츠만은 당시에 매우 혁신적이었던 통계와 확률의 방법으로 원자들의 질서 있는 움직임을 예측했다. 볼츠만은 자신의 주장을 더 구체적으로 설명하기 위해서 상온에서 약 1㎤의 통 속에 들어 있는 약 10억 개의 원자로 구성된 계가 푸앵카레가 증명했던 것처럼 정확하게 원래의 상태로 되돌아올 때까지 걸리는 대략적인 시간을 계산했다. 이러한 계산으로 원자들의 움직임을 예측했지만 과학법칙이란 직접 관찰할 수 있는 현상을 근거로 해야 한다는 당대 학계의 배척을 받았다. 그러나 그의 가설은 아인슈타인에 의해 증명됐고, 그는 원자론을 확립한 선구자로 역사에 기록됐다.

방사선 방사능 이야기

타다 준이치로(김기복 역) / 성안당(2022)

이 책은 저자가 후쿠시마 원전 사고로 인한 불안에 대응하기 위해 집필하였다. 1장에서 방사선과 방사능에 대해 소개한다. 2장에서는 방사선에는 어떤 것이 있고, 특징은 무엇인지 설명한다. 3장에서는 방사선과 방사능의 차이를 설명하고, 알아두어야 할 방사능 지식을 소개한다. 4장에서는 우주나 자연으로부터 받는 방사선에 대해서 소개한다. 5장에서는 원자력 발전소를 중심으로 원자력에 대해서 함께 고민해 본다. 6장에서는 방사선이 건강에 주는 영향을 살펴보고 방사선으로 발생할 수 있는 문제점을 설명한다. 방사선과 방사능에 대한 다양한 이야기를 통해서 방사선과 방사능에 대한 정확한 지식을 습득할 수 있다.

Who? 빌헬름 뢴트겐

오영석 / 다산어린이(2021)

새로운 빛 X선을 발견한 과학자, 빌헬름 뢴트겐의 일생과 업적에 대한 내용을 다룬 책이다. 빌헬름 뢴트겐은 독일의 물리학자로 1895년 음극선 실험 중 X선을 발견했고, 이 업적으로 1901년 최초의 노벨 물리학상을 수상했다. 그 당시에 X선에 대한 오해와 해프닝도 있었지만 이후 X선은 의료 분야와 비파괴 검사 등 다양한 분야에서 널리 쓰이고 있다. 뢴트겐은 X선 발견에 대한 특허권을 주장하지 않았고, 자신의 이름을 따 X선을 뢴트겐선이라고 하자는 권유도 거절하였다. X선에 대한 특허를 포기하고 많은 사람들이 이를 인류의 발전을 위해 사용하기를 바랐던 뢴트겐에 대해서 배울 수 있다.

분자와 원자 속으로 GO!
러셀 스태나드(박영주 역) / 한스미디어(2022)

이 서적은 에너지 대전환이라는 긴급하고도 새로운 시대적 요구 속에서 기업과 개인이 반드시 알아야 하는 에너지 문제를 총체적으로 다루고 있다. 저자들은 지속가능한 에너지원으로의 에너지 대전환은 필수불가결한 방향임을 설명하고, 가장 현실적인 넷제로 실행 시나리오를 제시한다. 탈탄소화 기술 개발에 박차를 기울이고 있는 전통적인 글로벌 에너지 기업들의 패러다임 변화를 분석한다. 최근에 종합 에너지 회사라는 포부를 가지고 에너지 시장에 도전하고 있는 여러 에너지 기업의 동향도 꼼꼼히 살피고 있다. 막대한 투자 유치를 이끌어내고 있는 기업들이 새로운 청정 기술과 기후 기술을 바탕으로 만들어나갈 에너지의 미래에 대해서 예상해본다.

블록으로 설명하는 입자물리학
벤 스틸(하인해 역) / 바다출판사(2019)

이 책은 너무 어려워 도무지 이해하기 어려웠던 입자물리학의 세계를, 우주에 존재하는 모든 물질의 구성과 구성 원리를 블록을 이용해 그림으로 쉽게 설명한다. 쿼크, 전자, 뮤온 등 물질을 구성하는 12개의 기본 입자와 그들 사이의 힘을 매개하는 입자들을 각기 다른 블록으로 표현해 조합해보며 어떻게 원자와 물질이 만들어지는지 살펴본다. 입자물리학의 세계에 빠져든 이후, 꾸준히 디자이너, 화가, 일러스트레이터와 함께 대중에게 물리학을 알려온 벤 스틸 박사는 빅뱅부터 힉스 보손, 더 나아가 양자물리학까지 이 모든 이야기를 독특한 시각적 모형으로 담아냈다. 직관적인 블록을 이용해 우주의 물질을 만들어보는 독특하고 흥미로운 탐험으로 입자물리학의 세계를 이해할 수 있다.

수소 에너지와 핵융합 에너지
가네코 히로 / 아이뉴턴(2016)

이 책은 수소 에너지와 핵융합 에너지에 대해 기초부터 최첨단까지 다양한 정보를 설명한다. 수소는 화석 연료와 달리 무진장한 자원이며, 환경도 해치지 않는 청정 에너지이다. 수소 에너지는 이미 연료 전지의 형태로 보급되어, 연료 전지 자동차에 사용되고 있으며 수소를 이용해 전력을 생산하려는 연구도 활발하게 진행 중이다. 핵융합 에너지는 원자력 에너지보다 안전하고, 태양광 등의 신·재생 에너지가 감당하기 힘든 대규모 발전을 할 수 있다. 핵융합 발전 연료는 수소의 동위 원소인 중수소와 트리튬이고, 석유에 비해 몇 백 배의 에너지를 발생시킬 수 있다. 꿈의 에너지라고도 불리는 핵융합 에너지의 실현을 위해 지금 국제적인 대형 핵융합 실험로를 제작 중이다. 이 책을 통해서 미래의 사회와 에너지를 생각할 수 있을 것이다.

원자력과 방사성폐기물
박정균 / 행복에너지(2017)

원자력연구소 박정균 저자가 원자력 발전과 방사성폐기물의 진실에 대해서 설명한다. 저자는 방사능이란 무엇이고, 원자력 발전의 원리가 무엇인지 설명한다. 만약에 방사성 물질에 피폭당하면 우리는 어떤 피해를 보는가로 시작하여 저자가 직접 체험한 방사능 사고 현장에서의 기록을 소개한다. 방사성폐기물의 처리방법과 해외와 국내 폐기장의 사고 분석을 통해 방사성폐기물과 원자력 발전에 대한 우리의 막연한 불안감을 해소해준다. 우리가 원자력 발전에 대해 다시 한번 생각해 볼 수 있도록 한다.

원자력발전의 사회적 비용
김해창 / 미세움(2018)

이 책은 저자가 원전에 대해 부분적으로 고민해왔던 것을 원전과 사회적 비용에 초점을 맞춰 총체적으로 정리한 내용이다. 저자가 그동안 탈핵운동을 해온 개인적 경험과 탈핵전문가집단, 그리고 국내외 경제학자, 시민단체 활동가의 기본적인 연구가 기반을 이룬다. 1장에서 원자력발전의 빛과 그림자를 다룸으로써 원자폭탄 제조의 역사와 원자력발전의 평화적 이용에 대해 소개한다. 2장에서는 안전성, 경제성, 대체가능성, 민주성 등의 원자력에너지를 보는 판단기준을 소개한다. 3장에서는 사회적 비용이 무엇인지 다룬다. 4장에서는 원자력발전과 비용에 대해 다룬다. 5장에서는 원자력발전의 사회적 비용의 실제를 다루고, 6장에서 탈원전에너지전환을 위한 사회적 비용을 모색한다.

최소한의 국제 이슈
이수민 외 2인 / 꿈결(2021)

코로나19, 금융 위기, 무역, 비트코인과 블록체인, 기본소득, 고령화, 난민, 영토 분쟁, 테러, 환경과 에너지, 원자력발전 등 총 11가지 국제 이슈를 다루고 있다. 이 책에서 소개하는 다양한 국제 이슈를 이해하면 오늘날 국제 사회를 움직이는 힘이 무엇인지, 그리고 현재와 미래의 세계가 어떤 모습일지 한눈에 파악할 수 있을 것이다. 국제 뉴스나 기사는 사건과 사고를 중심으로 단편적인 정보 전달에 그치는 경우가 많아 전체 맥락을 파악하기 힘들다. 경제지와 방송사에서 활약한 저자들은 이 책을 통해서 신문 지면과 방송에서 분량상 미처 다루지 못한 국제 이슈들의 이면과 핵심을 알기 쉽게 설명하고 있다.

원자력공학과 독서탐구활동 활용사례

자율활동 특기사항

학급 학습 부장으로 수업을 시작하기 전에 친구들이 수업 준비를 잘할 수 있도록 준비물과 수행평가 등을 안내하여 친구들의 학업 관리를 도와주는 친절한 학생임. 1인 1역할에서 '독서로 시작하는 아침' 프로젝트를 맡아 아침 일찍 등교하여 학습 도서를 정리하고 친구들이 아침에 책을 읽을 수 있도록 분위기를 조성함. 학급 독서활동 시간에 **'원자력발전의 사회적 비용(김해창)'**을 읽고 원자력발전의 빛과 그림자를 알아보고 원자폭탄 제조의 역사와 원자력발전의 평화적 이용에 대해 조사해 봄. 책을 통해서 원자력발전의 사회적 비용을 파악해 보고, 저자가 탈핵 운동을 해온 개인적 경험과 탈핵전문가집단, 그리고 국내외 경제학자, 시민단체 활동가가 연구한 내용을 정리하여 학급 친구들에게 발표함. 원자력발전의 긍정적인 부분을 파악하여 원자력발전의 평화적 이용에 대해서 좀 더 조사하기로 함.

동아리활동 특기사항

(원자력연구반)(34시간) 에너지 분야에 관심이 많아서 부원들과 협업하여 수소 에너지, 핵융합 에너지 등의 다양한 미래 에너지의 발생 원리나 작동 방식을 조사하여 보고서를 꾸준히 작성하여 제출함. 에너지 관련 분야의 책을 꾸준히 읽고 있으며, 책을 읽은 후에는 독후감을 통해 자신의 생각을 논리적으로 정리하는 습관을 가지고 있음. 원자력 발전소 설치 문제에 관한 토론에서 지역주민의 입장에서 원전 설치 반대 의견을 논리적으로 주장하고, 찬성 측의 입장을 경청하면서 최선의 해결책을 찾기 위해 노력함. **'원자력과 방사성폐기물(박정균)'**을 읽고 방사능이란 무엇이고, 원자력 발전의 원리가 무엇인지 정리하여 보고서를 작성함. 방사성폐기물의 처리방법과 해외와 국내 폐기장의 사고 분석을 통해 방사성폐기물과 원자력 발전에 대한 사람들의 막연한 불안감에 대해서 조사하여 부원들에게 발표함. 막연히 원자력 발전을 두려워하기보다는 정확한 정보를 공유하여 원자력 발전을 정확하게 이해하는 데 기여함.

진로활동 특기사항

직업조사 활동에 참여하여 원자력공학기술자의 영상을 시청하고, 원자력공학기술자는 원자력발전소 건설 시 안전성 및 신뢰성 확보를 위하여 원자력 관련 제규정, 규격 및 품질보증 요구조건에 따라 발전기, 터빈 등과 관련된 시설물의 설비시공을 엄격하게 관리하고 감독하는 직무를 수행한다는 것을 알게 됨. 진로진학 정보사이트에 접속해서 원자력공학기술자가 되기 위해서는 대학에서 원자력공학과 기계공학, 전기공학, 토목공학 등을 전공해야 한다는 것을 조사함. 졸업 후 원자력발전소연구소, 정부 출연 연구기관 및 민간기업 연구소, 정책연구기관 등으로 취업할 경우 석박사 학위가 요구되기 때문에 꾸준한 공부가 필요하다는 것을 조사하여 친구들에게 발표함. 진로독서활동에서 **'수소 에너지와 핵융합 에너지(가네코 히로)'**를 읽고 수소 에너지와 핵융합 에너지에 대한 정보를 파악함. PPT를 제작하여 수소 에너지는 이미 연료 전지의 형태로 보급되어 연료 전지 자동차에 사용되고 있으며, 핵융합 에너지는 원자력 에너지보다 안전하고 태양광 등의 신재생 에너지가 감당하기 힘든 대규모 발전을 할 수 있다고 발표하여 친구들의 호응을 얻음.

교과 세부능력 및 특기사항

물리학 I

호기심이 많아서 실험활동에 적극적으로 참여하는 학생이고, 전자기유도 원리 이해라는 수행평가에서 MRI의 작동 원리를 조사하여 발표함. MRI와 CT의 활용법을 비교하고 MRI 검사를 받기 위해서 물을 포함해 금식을 해야 하며, 검사 전 자성에 영향을 받는 귀금속 등의 부착물을 제거해야 하는 이유를 MIR 작동원리와 연결하여 설명함. 특히 뇌신경 분야에 관심이 많은 학생으로 fMRI를 활용한 예시를 흥미롭게 발표함. **'블록으로 설명하는 입자물리학(벤 스틸)'**을 읽고 쿼크, 전자, 뮤온 등 물질을 구성하는 12개의 기본 입자와 그들 사이의 힘을 매개하는 입자들을 통해서 어떻게 원자와 물질이 만들어지는지 조사하여 발표함. 책 속에 있는 시각적 모형 사진을 활용하여 PPT를 제작해서 원자와 물질이 만들어지는 과정을 발표하여 친구들의 호응을 얻음.

화학 I

화학 독서활동에서 **'볼츠만의 원자(데이비드 린들리)'**를 읽고 원자론의 확립을 위해 온 생애를 바친 루트비히 볼츠만의 일생에 대해서 조사해 봄. 볼츠만은 당시에 매우 혁신적이었던 통계와 확률의 방법으로 원자들의 질서 있는 움직임을 예측했지만, 과학법칙이란 직접 관찰할 수 있는 현상을 근거로 해야 한다는 당대 학계의 배척을 받았다는 사실을 PPT로 제작함. 나중에 볼츠만의 가설은 아인슈타인에 의해 증명됐고, 원자론을 확립한 선구자로 역사에 기록되었다고 발표하여 원자론의 역사를 이해하기 쉽게 설명함. 화학실험에 관심이 많아서 실제 식초 속의 아세트산 농도가 식품영양표에 기재된 값과 일치하는지에 대해 의문을 가지고 이를 증명하기 위해 산과 염기 중화적정 실험을 진행하여 아세트산의 몰 농도를 계산하여 발표하였음. 자신이 가진 화학 지식을 활용하여 일상생활에서 찾을 수 있는 문제 현상에 관해 탐구하고 해결하며 지식의 확장을 즐기는 학생임.

행동특성 및 종합의견

공학계열에 관심 있는 학생으로 학생자치회 부회장의 역할을 하며 학급 내에서도 맡은 일에 최선을 다함. 교실 안에서 해야할 일들을 미루는 법 없이 해 내고 두 역할 사이에서 균형을 유지하는 지혜를 보임. 밝은 성격에 넓은 이해심을 지니고 있어 친구들이 스스럼없이 다가갈 수 있는 포용력을 보여 폭넓은 교우 관계를 형성하고 있음. 학업적인 면에서도 결과에 의지하기보다는 결과의 해석을 통해 과정의 문제점을 찾고 개선을 위한 구체적인 계획을 수립하고 흔들림 없이 실천해 가는 학생임. 원자력공학에 호기심이 있어서 **'블록으로 설명하는 입자물리학(벤 스틸)'**과 **'수소 에너지와 핵융합 에너지(가네코 히로)'**를 읽고 원자의 구조나 에너지의 발생 원리를 공부하면서 본인의 진로를 탐색해 나감. 책 속에 나오는 내용을 정리하여 학급 독서활동 시간에 원자의 구조 및 수소에너지와 핵융합 에너지의 발생 과정을 발표함. 친구들에게 에너지 분야의 중요성을 안내하고 본인의 진로를 탐색하기 위해서 꾸준히 노력함.

1 인문계열

2 사회계열

3 자연계열

4 공학계열 · 원자력공학과

5 의약계열

6 예체능계열

7 교육계열

14 ▶▶ 인공지능공학과

1 학과 인재상

수학 문제의 결과보다
풀이과정을 중요시하는
자세를 가진 학생

컴퓨터 하드웨어와
다양한 응용소프트웨어에
대한 관심과 흥미가
많은 학생

수리능력·논리적인
사고력과 함께 물리학
등의 기초과학 분야에
관한 흥미와 재능이 있는 학생

독서와 풍부한 인문학적
소양으로 문제에 대한 다양한
통찰력을 가진 학생

논리적 사고, 독창적 사고,
현실에 닥친 문제를 해결하고자
하는 열정이 있는 학생

2 유사학과

- AI소프트웨어전공
- 멀티미디어공학과
- 디지털콘텐츠과
- 스마트소프트웨어과
- 스마트미디어학과
- 인공지능융합학과
- 융합소프트웨어학과
- 응용시스템학과
- 전산학과
- 전자계산학과
- 컴퓨터시스템공학과
- 컴퓨터과학전공

3 관련직업

- 가상현실전문가
- 공학계열교수
- 네트워크관리자
- 네트워크프로그래머
- 데이터베이스개발자
- 디지털영상처리전문가
- 모바일콘텐츠개발자
- 변리사
- 사물인터넷 개발자
- 시스템소프트웨어개발자
- 애니메이터
- 웹프로그래머
- 음성처리전문가
- 인공지능연구원
- 컴퓨터보안전문가

4 개설대학

- 가천대학교
- 가톨릭대학교
- 강남대학교
- 강원대학교
- 건양대학교
- 경기대학교
- 경북대학교
- 경희대학교
- 고려대학교
- 공주대학교
- 국민대학교
- 금오공과대학교
- 나사렛대학교
- 대구대학교
- 대전대학교
- 대진대학교
- 동서대학교
- 동의대학교
- 부경대학교
- 부산대학교
- 삼육대학교
- 서강대학교
- 서울과학기술대학교
- 서울시립대학교
- 세종대학교
- 숙명여자대학교
- 순천대학교
- 연세대학교
- 원광대학교
- 이화여자대학교
- 인하대학교
- 전남대학교
- 전북대학교
- 제주대학교
- 조선대학교
- 청주대학교
- 충남대학교
- 한국공학대학교
- 한국해양대학교
- 한남대학교
- 한림대학교
- 한밭대학교
- 한성대학교
- 한신대학교
- 한양대학교
- 호남대학교 등

학과 연계도서

똑똑한 미래를 꿈꾸는 인공지능전문가

이동훈 / 토크쇼(2019)

이 책은 청소년들의 진로와 직업 탐색을 위해 인공지능전문가에 대해 자세히 설명한다. 저자는 인공지능은 세상을 더 나은 것으로 만들어줄 따뜻하고 강력한 기술이고, 세상이 어떻게 변할지는 알 수 없지만 그 변화의 중심에 인공지능이 있다는 것을 강조한다. 1 부에서 인공지능에 대해 소개하여 자세히 이해할 수 있다. 2부에서는 인공지능전문가에 대해서 소개하고, 국내 전문가가 외국의 전문가와 다른 점을 설명한다. 3부에서는 인공지능전문가가 준비해야 하는 미래에 대해 소개하고, 4차 산업혁명 시대에 부합하는 인재의 조건에 대해 설명한다. 4부에서는 인공지능전문가가 산업 현장에서 일하는 직업의 세계를 소개한다. 5부에서는 인공지능전문가가 되는 방법을 안내하여 인공지능공학과를 졸업한 후 어떻게 준비해야 하는지 구체적인 정보를 얻을 수 있다.

거의 모든 IT의 역사

정지훈 / 메디치미디어(2020)

이 서적은 국내 최고의 IT 융합 전문가 정지훈 교수가 전 세계 IT 거인들의 역사와 경영 전략을 엮어 출간한 책이다. 이 책은 8개의 챕터와 스페셜 챕터로 구성되어 있으며 기존 IT 역사를 현재 시점으로 매우 자세하게 설명한다. 스티브 잡스와 빌 게이츠의 시대에 종언을 고하고 새로운 CEO와 새로운 역사를 쓰고 있는 애플과 마이크로소프트에 대해서 설명한다. 그리고 지난 10년 동안 가장 급격하게 세력을 확장한 구글과 아마존에 대해서 자세히 소개한다. IT 역사의 새로운 장을 쓰고 있는 스페이스X와 테슬라 등과 같은 기업과 CEO들이 어떤 전략으로 혁신하고 또 새로운 시장을 만들고 1인자가 될 수 있었는지 배울 수 있다.

기초부터 시작하는 강화학습/신경망 알고리즘

손민규 저 / 위키북스(2019)

이 책은 강화학습을 기초부터 배우고 싶은 사람들을 위해 가장 기초적인 상태가치함수, 행동가치함수의 정의부터 시작해서 신경망을 이용한 DQN까지 강화학습의 기본 알고리즘을 충분히 이해할 수 있게 구성했다. 강화학습은 인간이 학습하는 과정과 비슷한 인공지능 분야 중 하나이고, 로봇의 행동학습, 자율주행 자동차의 행동학습에 대표적으로 사용된다. 강화학습은 알파고의 핵심 알고리즘으로 유명해졌다. 이 책은 고전게임 틱택토를 플레이하는 알파고 제로와 같은 인공지능 플레이어를 만들어 보면서 인공지능을 공부한다. 이 책에 있는 실습을 통해서 강화학습의 기본 알고리즘을 충분히 이해할 수 있을 것이다.

AI 2045 인공지능 미래보고서

일본경제신문사(서라미 역) / 반니(2019)

이 책은 40명이 넘는 기자가 참여한 대규모 기획물로, 일본경제신문사에서 1년여 동안 심혈을 기울여 진행한 기획 기사 'AI와 세계'를 정리한 후 엮어서 출간한 것이다. AI를 사용하는 사람이 될 것인지, 아니면 AI에 대체되는 사람이 될 것인지, AI 시대를 준비하는 데 필요한 내용을 담고 있다. AI 세상의 개척자들을 직접 만나 앞으로 AI가 미칠 영향력에 대해 인터뷰하고 분석했다. AI에 위협을 느끼면서도 이를 받아들이고 공존의 길을 찾는 사람들의 모습과 AI를 활용하기 위한 세계 여러 나라의 노력을 자세하게 설명하고 있다.

미래는 AI의 것일까?

이찬규 / 사이언스북스(2020)

이 책은 인공지능을 이해하고, 공학, 기술, 산업을 중심으로 인공지능이 미칠 사회적 영향에 대해서 설명한다. 공학, 기술, 산업 중심으로 전개되고 있는 인공지능 담론장에 인문학이라는 새로운 바람을 불어넣는 시도를 한 것이다. 인공지능을 설명하고 그것의 가장 중요한 요소인 데이터를 이해한 후 인공지능으로 인해 발생하게 될 인간 관계적 측면과 윤리적 측면을 설명한다. 인공지능 기술이 적용되는 문화적 양상 속에서 기술의 타당성과 인공지능이 지배하게 될 미래를 예측하여 고민해야 할 부분을 안내한다. 인공지능을 주제로 인간의 미래를 성찰할 수 있도록 안내하는 책이다.

인공지능전문가, 어떻게 되었을까?

캠퍼스멘토 / 캠퍼스멘토(2020)

이 서적은 인공지능전문가 김영환, 송은정, 김진형, 이교구, 이형기, 김준호 6인이 본인들의 커리어패스를 소개하면서 실제적인 이야기를 말한다. 단순히 본인들의 이야기를 전하기만 하는 것이 아니라, 중요한 선택을 하던 순간 어떠한 결정을 했는지 알려준다. 학생들이 함께 생각해 볼 수 있는 질문들을 던지면서 인공지능전문가가 된 이유를 자세히 설명한다. 이 책을 읽고 나면 인공지능전문가가 하는 일과 자격 요건에 대해서 배울 수 있다. 인공지능전문가가 되는 과정에 대해서 탐색하고, 인공지능전문가의 좋은 점과 힘든 점에 대해서 함께 고민해 볼 수 있다.

인공지능 쫌 아는 10대

오승현 / 풀빛(2019)

이 책은 첨단 과학기술이자 논쟁의 한복판에 서 있는 인공지능에 대한 모든 것을 분석한다. 인공지능을 둘러싼 여러 희망과 불안 속에서 가장 올바른 판단을 하고 가장 적합한 행동을 하는 데 도움이 될 수 있는 서적이다. 이 책은 '인공지능은 어떤 원리로 구동되며 로봇과 어떤 점이 다를까?, 인공지능이 걸어온 길과 현재는 어떠한가?, 인공지능이 약속하는 핑크빛 미래는 무엇일까?, 인공지능이 과연 인간과 정서적으로 교류할 수 있을까?, 인공지능이 초래할 부작용은 무엇일까?, 인공지능이 인간의 일을 모두 대체할까?, 강한 인공지능이 과연 인류를 위협할까?'의 7가지 질문을 주제로 인공지능에 대한 궁금증을 해결할 수 있다.

인공지능은 무엇이 되려 하는가

스티븐 핑커 외(김보은 역) / 프시케의숲(2021)

이 책은 스티븐 핑커, 프랭크 윌첵, 대니얼 데닛, 맥스 테그마크, 톰 그리피스, 스튜어트 러셀 등의 석학과 각 분야에서 최고로 평가받는 25인이 인공지능에 관해 연구한 결과물을 중심으로 작성한 내용이다. 이 책은 현재 인공지능에서 중요한 '딥러닝'을 자세히 설명하고, 앞으로 도래할 '초지능' 인공지능에 대해서도 소개한다. 인공지능이 오늘날에 도달하기까지의 여정, 즉 폰 노이만과 클로드 섀넌에서부터 시작되는 초기 역사부터 현재까지의 인공지능 기술을 설명한다. 학생들이 다양한 시각에서 인공지능을 배울 수 있는 입문서이다.

컴퓨터과학이 여는 세계
이광근 / 인사이트(2017)

이 책은 컴퓨터와 소프트웨어의 기본을 알려주는 교양과학서로, 컴퓨터과학의 어려운 개념들을 재미있는 이야기로 설명한다. 입문자는 컴퓨터과학의 기초부터 배울 수 있고, 컴퓨터 전문가들은 컴퓨터과학의 전체적인 흐름을 이해할 수 있다. 스위치로 시작한 디지털 표현 방식부터 시작하여 어떻게 하면 컴퓨터를 잘 작동시키는 소프트웨어를 만들 수 있을까 하는 고민까지 다루는 책이다. 정보이론, 암호, 개인인증 등 컴퓨터과학에서 설명하는 다양한 이론에 대한 이야기와 그 의미를 알려줘서 컴퓨터공학이나 인공지능을 전공하고 싶은 학생들이 읽으면 컴퓨터과학에 대한 전반적인 지식을 습득할 수 있다.

프로그래머를 위한 강화학습
김남준 외 2인 / 프리렉(2021)

이 서적은 강화학습의 기초부터 대표 알고리즘의 원리와 코드 구현 및 튜닝까지 설명한다. 강화학습은 알파고를 통해 세상에 널리 알려졌지만 실제로는 다양한 곳에서 현실적인 문제를 해결하는 데 활용되고 있다. 이 책에서는 이러한 강화학습의 기본 개념을 살펴보고 대표 알고리즘의 원리를 알아본다. 1장부터 강화학습의 기본 개념, 강화학습의 기본 알고리즘을 설명한다. 3장부터는 인공지능의 개념을 설명한 후 함수 근사법, 가치 기반 강화학습과 DQN 알고리즘, 정책 기반 강화학습 REINFORCE 알고리즘, A2C 알고리즘, PPO 알고리즘을 설명한다. 마지막으로 파이썬 코드를 활용하여 인공신경망 튜닝 방법을 소개하면서 강화학습의 전반적인 내용을 설명한다.

1 인문계열

2 사회계열

3 자연계열

4 공학계열 · 인공지능공학과

5 의약계열

6 예체능계열

7 교육계열

인공지능공학과 독서탐구활동 활용사례

자율활동 특기사항

학교폭력 예방 교육을 통해 평소 자신의 언어습관을 되짚어보고 자신도 모르게 판단을 많이 한다는 사실을 깨닫고 비폭력 대화 방법을 익혀 연습하겠다는 소감문을 제출함. 비폭력 대화를 생활화하기 위해 대화법 순서를 책상 위에 붙여 놓는 등 배운 것을 자신의 삶에 실천하려고 노력하는 모습을 보임. 1인 1역할에서 '청소 마무리 책임자'를 담당하여 청소가 끝난 뒤 구석구석 확인하며 미진한 부분을 정리하는 등 교실 청결을 위해 자신의 시간을 기꺼이 내어주고 책임감 있게 수행함. 학기 초 친구들과 친해지기 프로젝트 제안하기 활동에서 마니토를 제안하여 친구들의 동의를 구함. 독서 발표 시간에 **'인공지능은 무엇이 되려 하는가(스티븐 핑커 외)'**를 읽고 각 분야에서 최고로 평가받는 25명이 인공지능에 관해 연구한 결과물에 대해서 조사함. 발표 자료를 작성하여 인공지능에서 중요한 '딥러닝'과 앞으로 도래할 '초지능' 인공지능에 대해서 학급 친구들에게 구체적으로 소개하여 친구들의 호응을 받음.

동아리활동 특기사항

(인공지능연구반)(34시간) 조별 연구 활동에서 토의를 통해서 '인공지능 활용 분야'에 대한 주제를 정하고 자료 조사 과정을 주도적으로 계획함. 맡은 역할을 잘 수행할 수 있도록 조원들의 역할을 분담하고 조사한 자료를 중심으로 발표하여 친구들의 호응을 얻음. 자율주행 자동차의 원리를 분석하면서 초음파 센서, 자이로 센서, 칼라 센서를 활용해 자율 주행하는 차량을 구현하기 위한 알고리즘을 구상하고, 프로그램을 작성하는 과정에서 자율주행 자동차의 원리를 파악함. 아두이노를 활용하여 본인이 작성한 프로그램을 가상 프로그램에서 테스트하고 여러 번의 오류와 환경변수를 접했지만 포기하지 않고 끝까지 해결하는 모습을 보임. 독서 발표 시간에 **'미래는 AI의 것일까?(이찬규)'**를 읽고 인공지능이 공학, 기술, 산업 분야에 미칠 사회적 영향에 대해서 조사해 봄. 발표 자료를 제작하여 인공지능을 설명하고, 인공지능의 가장 중요한 요소인 데이터와 인공지능으로 인해 발생하게 될 인간 관계적 측면과 윤리적 측면에 대해서 설명하여 부원들의 박수를 받음.

진로활동 특기사항

공학계열에 관심이 많은 학생으로 홀랜드 직업 흥미검사 결과 탐구심이 많고, 논리적·분석적·합리적 사고와 지적 호기심이 뛰어나며, 과학적·수학적 적성이 높은 탐구형이 가장 높은 점수를 받았고, 관련 직업으로 과학과 공학 분야가 나옴. 진로활동을 통해 다양한 경험을 한 후 교육 분야로 진로를 설정하고 자신의 현재 위치를 점검하여 부족한 부분을 보완하기 위해 노력함. 이후 진로 목표와 관련된 분야의 폭넓은 독서활동 및 구체적인 인터넷 자료 검색 활동, 선배 멘토링 조언받기 활동, 전문가의 교내 강연 청강, 진로 시간 및 교과 시간에 진로와 관련된 각종 활동과 행사 참여 등 진로를 위한 남다른 노력이 돋보임. 컴퓨터 분야 중에서 인공지능에 관심이 많아서 **기초부터 시작하는 강화학습/신경망 알고리즘(손민규)**을 읽고 강화학습의 기초부터 상태가치함수, 행동가치함수의 정의와 신경망을 이용한 DQN까지 강화학습의 기본 알고리즘에 대해서 조사해 봄. 독서 발표자료를 준비하여 강화학습은 인간이 학습하는 과정과 비슷한 인공지능 분야 중 하나이고, 로봇의 행동학습, 자율주행 자동차의 행동학습에 대표적으로 사용된다고 발표함. 책을 통해서 고전게임 틱택토를 플레이하는 알파고 제로와 같은 인공지능 플레이어를 만들어 보고, 인공지능을 배워서 진로를 탐색해 나가는 데 도움이 되었다고 소개하여 우수 발표자로 선정됨.

교과 세부능력 및 특기사항

인공지능수학

인공지능 속의 수학 단원에서 인공지능 연구에 사용되는 수학적 원리에 관해 탐구함. 특히 사람의 뇌처럼 사물이나 데이터를 분류할 수 있는 딥러닝 기능에 관해 관심을 가지고 이에 대한 다양한 자료를 찾아 조사함. 사람의 뇌는 일상에서 직관을 사용하기에 수학 공식을 활용하지 않지만, 인공지능은 직관을 기대하기 어려우므로 행렬과 확률, 미분과 벡터와 같은 수학의 법칙을 표현하거나 수학에 근거하여 판단함을 이해하고 인공지능에 수학이 필요함을 알게 됨. 발표가 끝났음에도 불구하고 '**컴퓨터과학이 여는 세계(이광근)**'를 읽고 후속 탐구를 진행하였으며, 이 과정에서 수학 이론이 컴퓨터에 어떻게 활용되는지 관심을 가지게 되어 정보이론과 암호화에 관한 공부 계획을 세움. '계산기는 어떻게 인공지능이 되었을까(더멋 튜링)'를 읽고 천체의 움직임을 관측하던 계산 도구가 어떻게 컴퓨터가 되었는지 역사적인 과정을 조사함. 컴퓨터의 역사 중 수학의 발전 및 암호 해독과 관련된 내용을 중심으로 흥미롭게 발표하여 친구들이 박수를 보냄.

인공지능기초

컴퓨터 분야를 희망하는 학생으로 '**똑똑한 미래를 꿈꾸는 인공지능전문가(이동훈)**'를 읽고 컴퓨터전문가에 대해서 소개한 후 더 편리한 세상을 만들기 위한 인공지능전문가가 되겠다고 발표함. 급변하는 과학기술의 변화에 대처하기 위해서 평소에 자료를 조사하여 관련 지식을 습득하고 주변에서 쉽게 볼 수 있는 센서의 종류와 작동 원리에 대해 관심이 많은 학생임. '지능 에이전트' 주제 발표 활동에서 지능 에이전트는 다양한 센서를 통해 주변의 물체를 인식하여 정보를 수집하고, 센서는 열, 빛, 온도, 압력, 소리 등의 물리적인 양이나 그 변화를 감지하여 알려준다고 발표함. 센서는 아날로그 센서와 디지털 센서로 분류할 수 있고, 주변에서 사용되고 있는 온도 센서, 압력 센서, 유량 센서, 자기 센서, 광 센서, 음향 센서, 미각 센서, 후각 센서 등의 작동 원리를 조사한 후 종류별 센서의 작동 원리에 대해서 체계적으로 발표하여 친구들의 호응을 얻음.

행동특성 및 종합의견

평소 예의가 바르고 교사에게 인사를 잘하는 모습이 돋보이며, 자신이 관심 있는 분야에 대해서는 강한 호기심을 가지고 집중적으로 연구하는 학생임. 수학적 사고력이 우수하고 학업에 많은 노력을 기울이고 수업시간에도 바른 자세로 적극적으로 참여함. 조별 수행평가에서 다른 학생들을 배려하는 모습을 자주 관찰하였으며, 지금처럼 노력과 열정을 게을리하지 않는다면 앞으로 발전 가능성이 많은 학생임. 컴퓨터 분야 중에서 인공지능에 관심이 많아서 '**AI 2045 인공지능 미래보고서(일본경제신문사)**', '**인공지능 쫌 아는 10대(오승현)**', '**컴퓨터과학이 여는 세계(이광근)**'를 읽은 후 인공지능이 무엇인지, 미래의 인공지능은 얼마나 발전할 수 있을지 조사해 봄. PPT를 제작하여 인공지능과 컴퓨터과학을 중심으로 본인이 공부하고 싶은 인공지능에 대해서 구체적으로 설명하여 친구들에게 박수를 받음. 앞으로 구체적인 계획을 세워서 관련 분야를 준비하기로 다짐함.

1 인문계열

2 사회계열

3 자연계열

4 공학계열 · 인공지능공학과

5 의약계열

6 예체능계열

7 교육계열

15 ▸▸ 자동차공학과

1 학과 인재상

기계나 항공, 전기, 전자, 디자인, 심리학 등 인접학문에 흥미를 가진 학생

다양한 공학지식과 이론을 응용할 수 있는 능력을 갖춘 학생

상상력이 무궁무진하고 한번 시작한 일은 끝을 보는 학생

수학, 물리 등 기초과학에 대해 기본적인 지식을 갖춘 학생

탐구능력, 지적호기심, 책임감 및 끈기, 창의적 표현 능력, 팀워크가 뛰어난 학생

2 유사학과

- 자동차공학과
- 미래자동차공학과
- 스마트자동차공학과
- 자동차튜닝과
- 자동차과
- 전기자동차과
- 자동차설계학과
- 지능형자동차전공

3 관련직업

- 기계공학기술자
- 레이싱 미캐닉
- 메카트로닉스공학기술자
- 산업공학기술자
- 손해사정인
- 자동차공학기술자
- 자동차부품기술영업원
- 자동차영업원
- 자동차정비원
- 자동차조립원
- 자동차튜닝엔지니어
- 자율주행자동차관련직업
- 철도기관차 및 전동차정비원
- 철도차량공학기술자

4 개설대학

- 경북대학교
- 경상국립대학교
- 광주대학교
- 공주대학교
- 국민대학교
- 동명대학교
- 서울과학기술대학교
- 전주대학교
- 한국교통대학교 등

F1 디자인 사이언스

데이비드 트레메인(류청희 역) / 양문(2014)

F1 경주차의 진화 과정과 F1 현장의 목소리를 통해서 공학기술과 인간이 만들어내는 F1의 매력을 소개하는 서적이다. F1 경주차의 연구개발 및 공기역학, 금속공학을 비롯해 엔진, 섀시, 제어장치, 트랜스미션, 전자장비, 서스펜션과 스티어링, 브레이크와 타이어, 시뮬레이션 기법 등에 대해 구체적으로 설명하고 있다. 지적 재산권 분쟁과 자동차의 발전과 미래를 위해 F1 기술을 혁신하려는 과학자의 노력을 엿볼 수 있다. F1 엔지니어의 정신을 통해서 공학기술과 인간이 만들어내는 F1의 매력을 느낄 수 있다.

기계는 어떻게 생각하는가?

숀 게리시(이수겸 역) / 이지스퍼블리싱(2019)

이 책은 자율주행자동차에서 인공지능이 어떻게 활용되는지 궁금해하는 학생에게 도움이 되는 서적이다. 알파고와 자율 주행차에 이르기까지, 최신 인공지능이 어떻게 성공을 거둘 수 있었는지 설명하고 있다. 저자는 자율 주행차, 넷플릭스, 스타크래프트, 바둑, 체스, 스도쿠 등과 같이 우리에게 익숙한 요소들이 인공지능 기술과 어떻게 결합했는지를 보여준다. 저자는 인공지능, 기계 학습, 딥러닝에 대한 최신 주제들을 쉽게 설명한다. 일반인들이 이해하기 어려운 개념을 쉽게 풀어서 설명하고, 쉬운 수학 개념을 사용하여 인공지능이 어떻게 작동하는지 설명한다.

미래의 자동차 융합이 좌우한다

김필수 / 골든벨(2017)

급변하는 국내외 자동차 산업에 대해서 소개하고, 자동차와 관련된 문화와 자동차 유통과 시스템에 대해서 설명한다. 자동차를 소비하는 사람들의 목소리를 중요시하는 문화나 경차 혜택을 줄이기보다는 늘려야 하는 이유를 설명한다. 국내 자동차 튜닝 산업의 현재 상황에 대해서 안내하고, 국내 전기차를 활성화시키기 위해 하이브리드 자동차나 친환경 자율주행차 보급을 확대해야 한다고 소개한다. 일반 자동차, 이륜차, 중고차, 친환경차, 자율주행차, 마이크로 모빌리티는 물론 교통 시스템에 이르기까지 다양한 시각에서 자동차에 대한 지식을 습득할 수 있다.

슈퍼배터리와 전기자동차 이야기

세트 플레처(한원철 역) / 성안당(2020)

새로운 개념의 전지가 나올 때마다 세상 사람들은 제일 먼저 전기자동차에 적용해 보았다. 이 서적은 이미 세상에 태어난 지 20여 년이 지난 리튬 이온 전지의 발전 과정을 자세하게 설명한다. 전기의 발견과 에디슨의 노력을 시작으로 전기공학자가 발견한 리튬에 대한 이야기를 자세히 소개한다. 전지의 발전 과정과 밀접하게 연결되어 있는 전기자동차의 과거와 현재를 접할 수 있다. 현재 진행되고 있는 최첨단 전지와 관련 재료연구의 동향 및 전기자동차의 세계에 대해서 접할 수 있다.

아두이노 자율주행 RC카 만들고 직접 코딩하기
서민우, 박준원 / 앤써북(2020)

아두이노 자율주행 RC카를 직접 조립하고, 아두이노 RC카로 동작하는 여러 가지 기능을 설명한다. 무선조종 RC카 프로젝트와 자율주행 RC카 프로젝트 두 개의 내용으로 구성되어 있다. 무선조종 RC카 프로젝트를 통해서 사용자 입력에 따라 전진, 후진, 좌회전, 우회전, 정지하기, 주행 속도 조절하기, 안드로이도 어플로 조종하기 등의 기능을 직접 코딩으로 배울 수 있다. 자율주행 RC카 프로젝트에서는 초음파 센서로 물체 감지하기, 물체 감지 시 자동 정지하고 우회하기 등의 기능을 직접 코딩으로 따라 할 수 있다.

자동차 에코기술 교과서
다카네 히데유키(김정환 역) / 보누스(2017)

에코카의 정의와 종류를 안내하고 자동차 회사들이 에코카를 개발하게 된 역사적 배경을 설명한다. 세계 여러 나라에서 에코카라는 시대적 흐름이 어떻게 구체적으로 전개되고 있는지 소개한 후에 에코카에 대해서 구체적으로 설명한다. 자동차 시장의 패러다임 변화와 전기와 수소로 달리는 에코카의 미래에 대해서 알려주고, 에코카의 구조와 과학적 원리를 상세한 그림과 사진으로 이해하기 쉽게 설명한다. 차세대 자동차로 각광받고 있는 전기 자동차, 수소연료전지 자동차, 하이브리드 자동차, 클린 디젤 자동차 등의 정의와 종류를 자세히 배울 수 있다.

자율주행차의 법과 윤리
이중기 외 2인 / 박영사(2020)

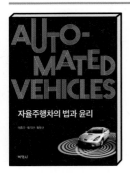

이 책은 자율주행차 관련 논문들을 선별하여 주제별로 분류하여 엮은 것이다. 제1편에서 자율주행차의 운행에서 발생하는 윤리적 문제와 자율주행차의 인식에 대한 문제를 다루고 있다. 1절은 자율주행차와 로봇윤리에 대한 논문이고, 2절과 3절은 AI 및 자율주행차 윤리가이드라인에 대한 논문이다. 제2편에서는 자율주행차의 시험주행, 생산, 운행 및 사고책임 등에서 발생하는 법제 개선사항들을 자동차법, 운전자법, 책임법의 관점에서 다루고 있다. 이 서적을 통해서 자율주행차의 법과 윤리에 대한 정보를 접하고 고민해 볼 수 있다.

전기자동차 혁명
무라사와 요시히사(이성욱 역) / 북스힐(2020)

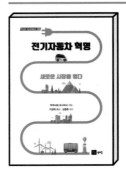

이 서적은 누구나 쉽게 전기자동차를 이해할 수 있도록 전기자동차에 대한 모든 것을 설명한다. 전기자동차가 무엇인지 소개하고, 성공과 실패 사례를 소개하면서 내연기관차에서 변화해 가고 있는 전기자동차의 발전과정을 설명한다. 미국의 테슬라 발전과정과 중국의 전기차 급성장 과정 등을 통해서 전기자동차의 과거와 현재를 설명하고 미래에 대한 전망도 제시한다. 태양광과 배터리의 발전과정을 살펴보고 EV 벤처들의 현황을 통해서 가까이 다가온 전기자동차 시대를 접할 수 있다.

테슬라 전기자동차 강력한 파워와 아름다움의 비밀
배진용 / 더하심(2017)

저자는 테슬라 전기자동차 특허 분석을 총괄했던 경험을 바탕으로 테슬라의 150여 개 특허를 소개한다. 차체 외관과 관련된 디자인 및 특허 기술, 모터 냉각과 관련된 특허 기술, 배터리 배치와 관련된 특허 기술, 배터리 냉각과 예열 및 관리와 관련된 특허 기술, 테슬라 루디크로스 모드의 비밀, 유도전동기 특허 기술, 슈퍼 충전기와 관련된 특허 기술에 대해서 자세히 설명한다. 저자는 6가지 세부 기술로 나누어서 특허 기술을 설명하고, 테슬라 전기자동차를 통해서 자동차의 개념을 바꾸고 있는 전기자동차에 대해서 심층 분석한다.

한국의 이공계는 글쓰기가 두렵다
임재춘 / 북코리아(2006)

저자는 글을 잘 쓰는 기술자가 성공하는 이유를 설명한다. 읽는 사람을 고려한 글쓰기, 논리적인 틀이 있는 글쓰기 방법을 소개한다. 글을 간결하고 명확하게 쓰는 방법과 실전에서의 활용방법을 안내한다. 실제로 산업 현장에서는 연구 논문뿐 아니라 보고서, 기획서, 제품설명서, 투자 설명서 등 다양한 서류를 작성해야만 한다. 이공계 글쓰기의 포인트는 읽는 사람을 고려할 것, 논리적인 틀을 갖출 것, 간결하고 명확하게 쓸 것, 이 세 가지로 잡고 있다. 실제 연구보고서에 쓰이는 문장을 예로 들면서 올바른 글쓰기를 훈련할 수 있는 좋은 안내서이다.

1 인문계열

2 사회계열

3 자연계열

4 공학계열·자동차공학과

5 의약계열

6 예체계열

7 교육계열

자동차공학과 독서탐구활동 활용사례

자율활동 특기사항

교통안전 캠페인 시 포스터 제작에 참여하여 '스쿨존 규정 속도 지키기'를 주제로 운전자들의 인정에 호소하는 귀여운 캐릭터와 색감을 활용하여 재치 있게 표현함. 학급 회의 시간에 자신의 의견을 조리 있게 잘 전달하며 친구들의 의견을 경청하는 자세가 돋보임. '오늘은 내가 담임교사' 시간에 자신이 평소 좋아하는 자동차 사진을 보여주고 성능을 설명해 줌으로써 친구들의 자동차에 대한 지식의 폭을 넓혀 줌. 학급 독서활동에서 **'미래의 자동차 융합이 좌우한다(김필수)'**를 읽고 국내외 자동차 산업에 대해서 조사하고, 자동차와 관련된 문화와 자동차 유통과 시스템에 대해서 분석해 봄. 하이브리드 자동차와 친환경 자율주행차에 대해서 조사한 후 일반 자동차, 이륜차, 중고차, 친환경차, 자율주행차, 마이크로 모빌리티는 물론 교통 시스템까지 정리하여 보고서를 제출함. 독서 발표 시간에 사진 자료를 제시하면서 국내 전기차를 활성화시키기 위해 하이브리드 자동차나 친환경 자율주행차의 보급을 확대해야 한다고 발표하여 친구들의 호응을 얻음.

동아리활동 특기사항

(자동차탐구반)(34시간) 공학계열에 관심이 많아 관련 분야의 책을 꾸준히 읽고 있으며, 책을 읽은 후에는 독후감을 통해 본인의 생각을 논리적으로 정리하는 습관을 가지고 있음. 자율주행자동차에 대한 토론에서 전문가의 입장에서 자율주행을 실시해야 하는 의견을 논리적으로 주장하고, 반대 측의 입장을 경청하면서 최선의 해결책을 찾기 위해 노력함. 동아리 탐구도서 **'슈퍼배터리와 전기자동차 이야기(세트 플레처)'**를 읽고 전기자동차에 적용한 새로운 개념의 전지에 대해서 조사해 봄. 리튬이온 전지의 발전과정을 자세히 살펴보고, 전기의 발견과 에디슨의 노력을 시작으로 전기공학자가 발견한 리튬의 역사를 조사하면서 본인의 관심 분야를 되돌아봄. 발표 자료를 정리하여 전지의 발전과정과 밀접하게 연결되어 있는 전기자동차의 과거와 현재를 부원들에게 소개함. 현재 진행되고 있는 최첨단 전지와 관련 재료연구의 동향 및 전기자동차의 세계에 대해서 안내하여 우수 발표자로 선정됨.

진로활동 특기사항

미래 직업 세계 탐색하기 활동에서 자율주행 자동차가 산업에 미치는 영향을 조사해 봄. 본인의 진로를 탐색하기 위해서 '전공탐색 프로그램'에 참여하여 기계공학과 관련된 특강을 수강하고 자동차공학을 준비하기 위해서 노력해야 하는 것에 대해서 조사함. 자동차공학을 준비하기 위해서는 주변 현상에 호기심을 가지고 물체의 운동이나 작동 방법에 대해서 조사 및 연구를 해야 한다는 것을 배움. 이후 호기심 노트를 제작하여 궁금한 것이 있을 때마다 자료를 조사하여 기록하는 습관을 갖고 있음. **'아두이노 자율주행 RC카 만들고 직접 코딩하기(서민우, 박준원)'**를 읽고 아두이노 자율주행 RC카를 직접 조립하고 제작함. 관심 분야가 같은 친구와 도서의 1부에 나오는 무선조종 RC카 프로젝트를 따라 하면서 사용자 입력에 따라 전진, 후진, 좌회전, 우회전, 정지하기, 주행 속도 조절하기, 안드로이드 어플로 조종하기 등의 기능을 직접 코딩하고 실행해 봄. 자율주행 RC카 프로젝트를 혼자서 실행하여 초음파 센서로 물체 감지하기, 물체 감지 시 자동 정지하고 우회하기 등의 기능을 직접 코딩으로 따라 해 봄. 도서에서 설명하는 내용을 따라 하면서 자율주행 RC카를 제작하는 과정을 기록한 후 PPT를 제작하고 그 내용을 부원들에게 발표하여 우수 학생으로 선정됨.

교과 세부능력 및 특기사항

과학탐구실험

뉴턴의 운동법칙이 사용되는 분야를 조사하고 자동차에서 작용하는 힘과 에너지 변환 과정에 대해서 조사함. 자동차의 엔진이 작동하는 과정이 열역학 법칙과 관련된 것을 조사하여 발표함. **'전기자동차 혁명(무라사와 요시히사)'**을 읽고 최근에 급속도로 발전하고 있는 전기자동차에 대한 자료를 조사해 봄. 전기자동차의 성공과 실패 사례를 조사하여 내연기관차에서 변화해 가고 있는 전기자동차의 발전과정을 보고서로 작성함. 미국의 전기자동차 발전과정과 중국의 전기차 급성장 과정 등을 발표 자료로 작성하여 전기자동차의 과거와 현재를 구체적으로 설명함. 사진을 함께 제시하여 태양광과 배터리의 발전과정을 소개하고 전기자동차에 대한 많은 정보를 친구들과 공유하여 모범 사례로 선정됨.

수학 I

수학 교과에 대한 흥미가 많아 다양한 수학 관련 독서를 즐기는 학생으로 수학적 사고력을 요구하는 실생활 속 사회적 현상에 대해 호기심이 많고 탐구를 통해 수학적 원리를 찾고자 노력함. 함수가 실생활에 활용되는 분야를 조사하는 활동에서 공학 분야와 관련된 자료를 조사하여 발표함. 2차 함수가 물체의 포물선 운동과 연관되어 있고, 주기적으로 반복하는 물체의 운동도 삼각함수로 표현이 가능한 것을 조사하여 수학이 자연과학이나 공학에서 중요하다는 것을 알고 있음. 그래프 분석 수업에서 다양한 로그 함수의 그래프를 관찰하고 로그함수의 식을 추론하는 것이 가능함. **'기계는 어떻게 생각하는가?(숀 게리시)'**를 읽고 자율주행자동차가 인공지능 기술과 어떻게 결합했는지 조사하고, 기계 학습 및 딥러닝과 관련된 수학적인 요소를 분석한 후 PPT를 제작하여 기계와 수학의 관계를 명확하게 설명함.

행동특성 및 종합의견

차분한 성격으로 감정 조절을 잘하며 어떤 말을 하기 전 항상 두 번 이상 생각하고 말하는 사려 깊음이 돋보이는 학생임. 주관이 뚜렷하고 소신 있게 자기 생각을 말하는 능력과 주변 친구들의 의견을 수렴할 수 있는 능력을 두루 갖추고 있음. 꾸준하고 풍부한 독서활동으로 호기심을 가지고 있는 부분을 자기 주도적으로 해결할 수 있으며 독서활동 후 자신의 의견을 글로 풀어내는 능력이 출중함. 올바른 학습 태도로 성적이 매우 우수하지만 절대 자만하는 모습을 보이지 않고 꾸준하게 노력함. 학급의 다른 누구보다 뚜렷한 진로 의식을 가지고 있고, 교내 활동들이 통일성이 있고 목표와 조화를 이룸. 자동차공학과를 희망하는 학생으로 **'전기자동차 혁명(무라사와 요시히사)'**, **'자율주행차의 법과 윤리(이중기 외)'**, **'F1 디자인 사이언스(데이비드 트레메인)'**를 읽고 내연기관 자동차, 전기자동차, 경주용 자동차 등 다양한 종류의 자동차 구조에 대해서 조사한 후 학급 친구들 앞에서 발표함. 이러한 과정을 통해 자신의 진로를 더욱 확고히 하였으며 꿈을 이루기 위해 현재 무엇을 준비해야 하는지 계획하고 실천하는 모습을 보여줌.

16 ▸▸ 전기공학과

1 학과 인재상

변환된 전력을 효율적이고 안정적으로 수송하는 분야에 관심이 있는 학생

복잡한 수식이나 계산 능력을 갖추고 수학과 물리학에 흥미가 있는 학생

자연 에너지원을 전기에너지로 변환하는 분야에 대한 관심이 있는 학생

전기의 발생과 수송 및 활용에 필요한 소재, 재료, 부품, 시스템 등을 연구하는 것에 관심이 있는 학생

호기심이 왕성하고 원인과 결과를 분석하여 상관관계를 찾는 데 재능이 있는 학생

2 유사학과

- 전기공학과
- 전기전자과
- 철도전기과
- 스마트전기전자과
- 전기과
- 전기시스템과
- 전기에너지과

3 관련직업

- KTX 정비원
- LED연구 및 개발자
- 기계공학시험원
- 내선전공
- 발전설비기술자
- 변리사
- 산업안전원
- 송배전설비기술자
- 외선전공
- 위험관리원
- 인공위성개발원
- 전기·전자시험원
- 전기감리기술자
- 전기계측제어기술자
- 전기안전기술자
- 전기제품개발기술자
- 조명기사
- 지열시스템연구 및 개발자
- 통신공학기술자
- 통신기기기술자
- 통신장비기술자
- 풍력발전연구 및 개발자

4 개설대학

- 가천대학교
- 경남대학교
- 경북대학교
- 경성대학교
- 경일대학교
- 광운대학교
- 군산대학교
- 동명대학교
- 동아대학교
- 부경대학교
- 부산대학교
- 서울대학교
- 성균관대학교
- 순천향대학교
- 숭실대학교
- 원광대학교
- 인천대학교
- 인하대학교
- 전남대학교
- 전북대학교
- 조선대학교
- 충남대학교
- 한양대학교
- 한밭대학교
- 호남대학교
- 호서대학교
- 호원대학교 등

기초전기전자

마사요시사카이(이태원 역) / HJ골든벨타임(2011)

기초적인 전기 지식을 학생이나 일반인들이 이해하기 쉽게 설명한 전기전자 기초입문서이다. 책에 나오는 내용 중에서 어려운 내용을 설명할 때에는 연상 기법을 도입하며 도면이나 일러스트를 사용하여 설명한다. 1부에서 전기의 기본이 되는 원자의 구조와 전기의 관계를 설명하고, 도체와 반도체에 대해서 소개한다. 전자기학의 대법칙인 쿨롱의 법칙에 대해서 소개하고, 전지의 순수 발생 전압인 기전력에 대해서 설명한다. 2부에서는 전류, 전압, 저항 등의 용어를 설명하면서 전기 회로에 대해 소개한다. 옴의 법칙을 통해 저항에 의한 발열과 소비되는 전력을 설명하면서 전기전자의 기초 지식을 안내한다.

상상오디세이

최재천 / 다산북스(2009)

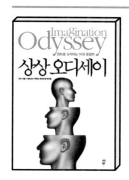

이 서적은 저자 최재천 교수가 정보통신, 미디어, 엔터테인먼트, 건축을 포함한 여러 분야에 걸친 비즈니스 리더들과 생명공학, 환경공학, 우주공학에 이르기까지 다양한 주제로 함께 상상하는 이야기이다. 2020년에 발생할 사회 트렌드를 반영하여 2010년을 '기후변화의 시대, 자원고갈의 시대, 고령화의 시대, 창의와 혁신의 시대'로 설명한다. 이 책을 통해서 이러한 시대를 대비한 각 분야의 문제의식부터 현 상황 진단 그리고 해결방안을 제시한다. 1장에서는 '미래를 상상하다'라는 주제로 디지털시대의 미래를 소개한다. 2장에서는 '상상이 곧 미래다'라는 주제로 테크놀로지, 바이오혁명, 디지털 미디어, 우주탐사 등에 대한 주제를 다룬다. 3장에서는 윌 아이 엠 특별 인터뷰를 통해서 상상의 나래를 펼칠 수 있도록 도와준다.

모터란 무엇인가

GB기획센터 / 골든벨(2019)

이 책은 패러데이가 발명한 모터에 대해 관련 지식을 소개하면서 모터를 연구하거나 전기전자공학을 공부하려는 학생들에게 필요한 기초지식을 안내한다. 모터를 최초로 발명한 사람은 '마이클 패러데이'와 '조셉 헨리'라고 설명한다. 모터는 전기에너지를 운동에너지로 전환시키는 장치이고, 주변에서 볼 수 있는 선풍기, 세탁기, 에어컨, 냉장고에 사용될 뿐만 아니라 자동차, 전동차, 가전제품, 풍력발전기, 로봇 등 산업용으로도 사용된다. 2장부터는 모터와 관련된 용어, 특징, 구조, 원리, 제어를 설명한다. 7장부터는 모터를 실제로 제작하는 내용을 넣어서 모터에 대한 전문가가 될 수 있도록 안내한다.

기초 전기공학

김갑송 / 성안당(2018)

이 서적은 전기의 정의부터 전자의 흐름을 차례대로 안내하고, 초보자도 쉽게 이해할 수 있도록 구성된 전기공학 입문서이다. 전기의 발생 원리부터 전기공학의 전반적인 이론을 쉽게 이해할 수 있도록 그림과 수식을 이용하여 기초 원리를 설명한다. 전자와 전위차, 전기저항, 전기에너지, 교류 등의 개념과 사용 분야에 대해서 이해하게 쉽게 설명한다. 부록에서는 시퀀스 제어 회로를 수록하여 전기공학의 기초적인 원리를 가지고 전기의 응용 분야를 이해할 수 있다. 전기공학의 기초를 공부한 후 대학에서 배우는 전문분야까지 접할 수 있도록 구성되어 있다.

1 인문계열

2 사회계열

3 자연계열

4 공학계열 · 전기공학과

5 의약계열

6 예체능계열

7 교육계열

열정과 야망의 전기이야기
김석환 / 대영사(2010)

이 서적은 인류 문명을 바꿔 온 발견과 발명이 어떤 시도나 어떤 노력에 의해 이루어졌는지를 설명하면서 '전기'에 대한 이야기를 전개한다. 발명과 발견에 얽힌 이야기들에 초점을 맞추지 않고, 처음에 어떤 원리를 발견하거나 장치를 발명한 사람이 어떤 생각을 했는지를 살펴보면서 전기 기술을 잘 이해할 수 있도록 안내한다. 1부에서는 고등학생 정도 수준이면 이해할 수 있는 내용이 소개되어 기초적인 공부를 할 수 있다. 2부에서는 고등학생이 이해하기에 다소 어려운 내용을 포함하여 전기와 관련된 내용을 깊이 있게 공부할 수 있도록 안내한다.

왕초보 전기회로 교과서
오쿠마 야스히로(김지호 역) / 골든벨(2019)

전기를 전공하는 학생, 비전공자까지 전기회로에 대해서 배울 수 있도록 구성되어 있다. 1장에서 전기회로의 기초 지식인 전류와 전압에 대해서 소개하고, 전류와 전자가 흐르는 방향을 설명한다. 2장과 3장에서는 전기공학에서 나오는 전기회로를 설명하고, 합성저항, 옴의 법칙과 컨덕턴스에 대해서 설명한다. 9장부터는 패러데이 법칙, 정전기에 관한 쿨롱의 법칙, 교류의 기초 지식, 복소수에 의한 교류의 계산 등의 전문적인 내용을 공부할 수 있다. 전기와 관련된 공식을 응용할 수 있는 과정을 설명하면서 공부한 내용을 오랫동안 기억할 수 있도록 구성했다.

전기전자수학
야마시타 아키라(박윤경 역) / 한빛아카데미(2017)

전기전자공학을 배우는 데 꼭 필요한 수학 용어와 개념에 대해서 설명한다. 수학은 공학의 언어이기 때문에 수학을 이해할 수 없으면 전공 공부를 하기가 어렵다. 1장에서 지수 표시, 접두어 등 수를 다루는 방법을 배우고, 사칙연산과 유효숫자에 대해서 공부한다. 2장에서는 자연수, 정수, 유리수, 무리수, 실수 등 수의 종류를 배운다. 문자식의 의미, 기법, 용도를 배우고 문자식을 계산해 본다. 3장에서는 단항식과 다항식, 계수와 상수, 항등식과 방정식에 대해서 공부한 후 일차방정식의 해법과 활용 방법을 배운다. 4장에서는 연립방정식과 행렬을 공부하고, 5장에서는 다양한 함수를 배운다. 7장부터는 대학에서 배우는 미분과 적분, 미분방정식과 라플라스 변환, 푸리에 급수와 푸리에 변환에 대해서 공부할 수 있다. 이 책을 통해서 고등학교 수학과 대학에서 배우는 공학과 관련된 수학 공부를 할 수 있다.

처음 만나는 회로이론
방성완 / 한빛아카데미(2021)

회로이론을 처음 배우는 공학계열 학생들을 위한 입문서이다. 저자는 미국에서 '비전공자를 위한 회로이론'을 강의했던 경험을 바탕으로 입문자가 이해하기 쉽도록 기본 개념을 충실히 설명하고, 회로의 기초부터 회로 해석까지 꼭 필요한 내용을 소개한다. 다양한 시각자료를 활용하여 이론을 직관적으로 이해할 수 있게 설명한다. 이 책은 회로의 기초, 회로 해석의 다양한 방법, 커패시터와 인덕터, 회로 해석을 위한 기본 수학, 1차 회로와 2차 회로, 교류 회로, 교류 회로의 전력, 주파수 응답, 라플라스 변환을 이용한 회로 해석 등의 단원으로 구성되어 있다. 이 책을 통해서 회로이론의 기초지식을 습득할 수 있을 것이다.

탄탄한 기초를 위한 전기공학 기초이론
이현옥 외 2인 / 예문사(2021)

전기공학 기초이론을 설명하고 있으며 전기 분야 입문 단계에서 전기공학의 기본적인 원리와 관련 지식을 학생들이 쉽게 이해할 수 있도록 전문 용어로 요약한 교재이다. 저자는 고등학교, 직업학교, 전문대학의 전기과 학생들이 1년 과정으로 공부할 수 있도록 내용을 구성했다. 이 책은 전기에 대한 기초지식이 없어도 누구나 쉽게 접근할 수 있고, 강의식으로 구성되어 전기에 대한 흥미를 느낄 수 있다는 장점이 있다. 또한 현장실무에 필요한 기초이론을 체계적으로 구성하여 전기 분야 입문자가 쉽게 공부할 수 있다. 마지막으로 학습자의 이해를 돕기 위해 각 단원별로 예제와 연습문제를 수록한 후 자세한 해설을 제공하여 자격시험에도 대비할 수 있다.

학문의 즐거움
히로나카 헤이스케(방승양 역) / 김영사(2008)

일본의 유명한 수학자인 히로나카 헤이스케가 끈기 있고 즐겁게 공부해 온 삶을 이야기한 책이다. 지은이가 어떻게 수학계의 노벨상으로 불리는 필즈상까지 수상하게 되었는지 담담하게 풀어나간다. 저자는 창조를 통해 자기의 숨겨진 재능이나 자질을 찾아내는 기쁨, 더 나아가 자신을 보다 깊이 이해하는 기쁨이 있는 인생이야말로 최고의 인생이라고 설명한다. 매일 최선을 다하며 지금 이 순간을 소중하게 생각하는 청소년들에게 추천하는 책이다.

전기공학과 독서탐구활동 활용사례

자율활동 특기사항

공학계열에 관심이 많은 학생으로 평소 학습플래너를 꼼꼼하게 기록하는 등 자기주도적 학습 태도가 우수함. 수업에 적극적으로 참여하는 모습이 다른 학생들의 모범이 될 만하다고 칭찬하는 여러 선생님들의 추천으로 '신입생을 위한 학습 멘토'로 선정됨. 신입생을 위한 리더십 인성캠프에서 실현 가능한 목표를 세울 것과 규칙적인 학습 습관을 기를 것을 강조하여 이야기함. 학급 독서활동에서 **'상상오디세이(최재천)'**를 읽고 '미래를 상상하다'를 주제로 토론에 참여함. 미래에는 정보통신, 미디어, 엔터테인먼트, 건축을 포함한 여러 분야와 생명공학, 환경공학, 우주공학에 이르기까지 다양한 분야에서 공학의 역할이 점점 더 중요해진다고 발표하여 친구들의 공감을 얻음. 생명 존중 자살 예방 교육을 통해 청소년 자살의 가장 큰 이유가 성적과 진로 문제임을 알고, 학생 개개인의 적성과 흥미를 고려한 다양한 교육과정의 필요성을 강조한 소감문을 제출함.

동아리활동 특기사항

(전기공학반)(34시간) 과학의 날 행사에 주도적으로 참여하여 행사를 진행함. 자기 브레이크, 정상파, 전반사 등의 실험 원리를 사전에 조사하여 학습하고 인포그래픽을 제작하여 친구들이 실험과정과 원리를 이해할 수 있도록 준비하여 설명함. 행사 과정에서 자신이 조사했던 분야에 대한 지식을 이용하여 실생활과 연계하여 열정적으로 소개하는 모습이 인상적인 학생임. 이 외에도 전기자동차, 비행기 설계 및 지속가능한 발전을 위한 적정 기술의 원리 등을 살펴보면서 생활에 적용 및 융합할 수 있는 아이디어를 구상하는 등 배움을 실천하기 위해 노력하는 학생임. 동아리 탐구도서 **'탄탄한 기초를 위한 전기공학 기초이론(이현옥 외)'**을 읽고 부원들과 함께 전기공학 기초이론을 공부함. 전기공학의 기본적인 원리와 관련 지식을 습득하고 동아리 탐구 노트에 정리한 후 PPT를 작성하여 전기공학의 기초지식을 부원들에게 발표하여 호응을 얻음. 관련 분야의 책이나 잡지 등을 통해서 정보를 습득해 가면서 본인의 진로를 꾸준히 설계해 나감.

진로활동 특기사항

전기공학자를 희망하는 학생으로 진로체험의 날에 전자공학 연구소를 방문하여 각종 실험과 검증 과정에 관심을 가지고 질문을 함. 전기공학과 관련된 직업과 진로를 연관시켜 탐색한 진로 포토폴리오 제작 능력이 뛰어나 우수 학습활동 결과물 전시회에 참여함. 다양한 자료와 정보를 활용하여 진로에 관한 정보를 탐색하고 분석함. 흥미, 적성, 직업 가치관에 맞는 진로와 직업 탐색을 위하여 구체적인 계획을 세움. 자신의 꿈을 이루기 위해 꾸준히 노력하며 그 과정을 즐기는 모습을 보임. 진로 탐구도서 **'처음 만나는 회로이론(방성완)'**을 읽고 회로의 기초, 회로 해석의 다양한 방법, 커패시터와 인덕터, 회로 해석을 위한 기본 수학에 대해서 공부함. 1차 회로와 2차 회로, 교류 회로, 교류 회로의 전력, 주파수 응답, 라플라스 변환을 이용한 회로 해석 등의 이해하기 어려운 내용이 나오면 전기공학에 관심 있는 친구와 함께 토론해가면서 어려운 부분을 이해하려고 노력함. 탐구활동 발표 시간에 책을 읽은 후 새롭게 알게 된 내용, 공부하면서 어려웠던 경험 등을 발표하여 친구들의 공감을 얻음.

교과 세부능력 및 특기사항

미적분

미분과 적분의 정의를 정확히 이해하고 있고 도함수를 활용하여 방정식과 부등식에 관련된 문항에 대한 문제해결능력이 우수함. 증감표에서 함수의 증가 및 감소, 오목볼록과 변곡점을 정확히 표현하며, 이전 과정에서 배운 여러 함수의 개념을 증감표에서 표현하는 데 매우 능숙함. 이를 바탕으로 공학용 도구를 활용해 함수의 그래프를 분석하고 결과를 이용하여 함수 그래프 작도법의 개선 방안을 모둠원들에게 설명함. **'전기전자수학(야마시타 아키라)'**을 읽고 공학에서 필요한 수학 용어와 개념을 조사함. 대학에서 미분과 적분, 미분방정식과 라플라스 변환, 푸리에 급수와 푸리에 변환 등을 배운다는 것을 파악함. PPT를 작성하여 수학은 공학의 언어이기 때문에 수학을 이해할 수 없으면 전공 공부를 하기가 어렵다고 발표하여 친구들의 호응을 얻음.

물리학Ⅱ

전기공학에 관심이 많은 학생으로 퍼텐셜 에너지와 일 개념을 적용하여 회로분석을 이용하여 키르히호프 법칙의 원리와 응용사례를 조리 있게 설명함으로써 친구들에게 큰 호응을 받음. 단진자의 주기와 중력가속도 탐구 활동에서 추의 진자운동 주기를 측정하기 위해 모둠원들과의 토의를 통해 결과에 영향을 미치는 다양한 요인들을 찾아냄. 스탠드에 실을 연결할 때 어떻게하면 마찰을 줄일 수 있을지 고민하여 실을 묶지 않고 부착하는 아이디어를 제시함. **'열정과 야망의 전기이야기(김석환)'**를 읽고 인류 문명을 바꿔 온 발견과 발명이 어떤 시도와 노력에 의해 이루어졌는지 조사해 봄. 어떤 원리를 발견하거나 장치를 발명한 사람의 생각을 알게 되어 전기 기술을 보다 잘 이해할 수 있는 계기가 되었다고 발표를 통해 소감을 밝혀 친구들의 공감을 얻음.

행동특성 및 종합의견

학교규칙을 잘 지키고 학습태도가 좋으며 공동체 생활을 통한 규칙 준수의 중요성을 인식하고 있음. 긍정적인 학교생활로 여러 선생님들로부터 칭찬과 격려를 받음. 다정다감하고 밝은 성품으로 친구들과 어울리기를 좋아하며, 친구들 사이에 갈등이 생겼을 때 대화로 중재하여 사이좋은 친구 관계가 되도록 노력함. 항상 밝게 웃는 모습으로 생활하고 인사를 잘하며 친구들에게도 예의를 갖추어 대함. 희망 분야의 도서 **'탄탄한 기초를 위한 전기공학 기초이론(이현옥 외)'**, **'기초전기전자(마사요시사카이)'**, **'모터란 무엇인가(GB기획센터)'**를 읽으면서 본인의 진로를 탐색해 나감. 전기의 기본이 되는 원자의 구조와 전기의 관계를 공부하고, 도체와 반도체에 대해서 공부해 가면서 본인이 희망하는 전기공학자가 되기 위해서 꾸준히 노력함. 학급 발표 시간에 도서를 읽은 후 느낀 점과 앞으로 희망 분야를 준비하기 위한 구체적인 계획을 설명하여 친구들의 공감을 얻음. 전기공학자에 대한 관심이 점점 커지고 있으며, 지속적으로 노력한다면 학업 능력 또한 크게 향상될 것이라 기대됨.

1 인문 계열

2 사회 계열

3 자연 계열

4 공학계열 · 전기공학과

5 의약 계열

6 예체능 계열

7 교육 계열

17 ▶▶ 전자공학과

1 학과 인재상

수학 문제 풀이 과정을 중요시하는 자세를 가진 학생

수학, 물리학에 흥미가 있고 복잡한 수식을 계산할 수 있는 능력을 갖춘 학생

풍부한 독서활동과 성찰로 어느 한 분야에 치우치지 않고 사고하는 학생

기술이 빠르게 발전하는 전자분야의 특성을 이해하고 호기심과 열정이 있는 학생

호기심이 왕성하고 원인과 결과를 분석하여 상관관계를 찾는 데 재능이 있는 학생

2 유사학과

- 전자전기공학과
- 디지털전자과
- 스마트전자과
- 디스플레이공학과
- 반도체전자과
- 융합전자과
- 정보전자전공
- 컴퓨터전자공학과

3 관련직업

- LED연구 및 개발자
- RFID시스템개발자
- 공학계열교수
- 네트워크관리자
- 네트워크프로그래머
- 데이터베이스개발자
- 드론개발자
- 로봇공학기술자
- 반도체공학기술자
- 변리사
- 사물인터넷 개발자
- 스마트헬스케어기기개발자
- 시스템소프트웨어개발자
- 응용소프트웨어개발자
- 의료장비기술영업원
- 입체프린터개발자
- 전기·전자시험원
- 전자계측제어기술자
- 컴퓨터시스템설계분석가

4 개설대학

- 가천대학교
- 경남대학교
- 경성대학교
- 경일대학교
- 경희대학교
- 광운대학교
- 군산대학교
- 동명대학교
- 동아대학교
- 부경대학교
- 부산대학교
- 서울대학교
- 성균관대학교
- 순천향대학교
- 숭실대학교
- 원광대학교
- 인천대학교
- 인하대학교
- 전남대학교
- 전북대학교
- 조선대학교
- 충남대학교
- 한양대학교
- 한밭대학교
- 호남대학교
- 호서대학교
- 호원대학교 등

5 학과 연계도서

전기전자 기초실습
김재홍 외 9인 / 형설출판사(2019)

저자는 전기·전자·통신·제어계통에 관심 있는 학생들이 전기전자에 대해서 체계적으로 공부하는 데 도움이 될 수 있도록 다양한 실험실습 내용을 단계별로 구성했다. 1장에서는 실험과 실습을 하기 위한 기초적인 지식을 소개한 후 계측장비를 다루는 법과 기초회로를 해석할 수 있는 이론들을 익힐 수 있게 했다. 2장에서는 반도체 소자들의 기본적인 특성과 응용회로를 배울 수 있다. 접합 트랜지스터나 전계효과 트랜지스터의 특성을 공부하고, 이 소자들을 이용한 증폭회로를 배울 수 있다. 3장에서는 디지털시스템의 구성요소인 논리게이트 소자들의 기본적인 특성과 동작원리를 소개하고 있다.

기초 전기전자
최우영, 전승완 / 예문사(2022)

이 책은 전기, 전자, 통신을 전공으로 희망하는 고등학생이나 관련 학과의 대학생 및 전기전자 관련 분야에서 일을 하는 사람들을 위한 내용으로 구성되어 있다. 전기이론이나 회로이론과 관련된 과목을 중심으로 기초적인 내용부터 시작하여 회로에 익숙해지는 것을 목표로 회로변환, 노드방정식, RLC 해석 등의 내용을 담고 있다. 뒷부분으로 가면 다소 어려운 내용이 나오지만 전자공학과 전기공학에서 반드시 다루어야 할 내용이다. 저자는 어려운 부분을 최대한 쉽게 설명하려고 애썼고, 가능하면 기본 원리를 중심으로 실제 생활에 적용해서 설명하고 있다. 전기전자 분야에 관심 있는 학생들은 이 책을 통해서 전공 시간에 배우는 내용을 파악할 수 있다.

기초 전기전자 에센스
모현선 외 2인 / 한빛아카데미(2017)

전기공학이나 전자공학의 방대한 개념 중 핵심 개념 260개를 뽑아서 설명한 책이다. 전기공학이나 전자공학과 연계된 응용 과목을 이해하는 데 꼭 필요한 전기·전자공학의 기본 핵심 개념을 소개한다. 저자는 64개의 마인드맵을 통해 전기공학과 전자공학의 핵심 키워드 간 연계성을 한눈에 파악할 수 있도록 한다. 어려운 내용은 풍부한 그림과 도표를 통해 핵심 원리를 보다 직관적으로 쉽게 이해할 수 있도록 구성했다. 1부에서는 전기·전자공학의 기초에 대해 설명한다. 2부에서는 전기·전자공학의 기초가 되는 직류회로, 전기회로, 직류와 교류, 직류회로 해석, 교류회로, 커패시터와 인덕터 등의 내용을 설명하고, 3부에서는 다이오드와 반도체에 대해서 설명한다.

만화로 쉽게 배우는 전자회로
다나카 켄이치(이도희 역) / 성안당(2019)

이 책은 김막동과 장해리라는 고등학생 인물이 만화 속에 등장하여 전자회로에 대해서 배워가는 내용으로 이루어져 있다. 공업고등학교 전자과 학생이나 전자공학에 관심 있는 초보자들도 쉽게 이해할 수 있도록 쉽게 설명되어 있다. 전자회로를 처음 접하는 사람들을 위해 '트랜지스터를 이용한 라디오'를 주제로 내용을 전개하여 트랜지스터로 만든 라디오가 어떤 구조로 소리가 날 수 있는지 이해하기 쉽게 설명한다. 증폭 회로부터 설명하기 시작하여 점차 복잡한 회로로 접근하고, 안테나를 통해 수신한 전파로 듣고 싶은 채널을 선택하고 소리로 들리기까지를 과정을 설명하여 처음 공부하는 사람도 쉽게 이해할 수 있다.

메이커가 처음 만나는 기초 전기전자와 틴커캐드 서킷
전다은, 엄주홍 / 영진닷컴(2022)

이 책은 전자공학을 배우고 싶어 하는 학생이나 메이커에게 유용한 전기전자의 기초 개념을 설명한다. 다양한 전자부품에 대한 정보를 얻을 수 있고, 부품 없이도 회로를 테스트할 수 있는 틴커캐드 서킷에 대해 배울 수 있다. 1부에서는 생활 속 전기 사용을 중심으로 우리집에서 사용하는 전기에 대해 설명한다. 전기전자 기초 개념인 전자, 전류, 전압, 저항, 옴의 법칙, 회로와 회로도, 직렬과 병렬 연결, 직렬과 병렬 연결 계산하기, 전력과 전력량 등의 용어에 대해서 배운다. 2부에서는 전기를 사용하는 작품을 만들기 위해서 전원장치에 해당하는 건전지, 충전지, 어댑터와 파워 서플라이 등에 대해서 공부한다. 전선, 납땜, 악어클립 케이블, 점퍼선과 브레드보드, 커넥터가 달린 케이블 등을 통해 전기의 연결 방법을 배운다.

로봇 수업
존 조던(최원일 외 역) / 사이언스북스(2018)

이 서적은 전기전자공학과 기계공학의 집합체인 로봇과 로봇 공학을 정확히 이해하고자 하는 청소년에게 로봇교과서와 같은 역할을 할 수 있다. 저자이자 펜실베이니아 주립 대학교 경영학 교수인 존 조던은 최근까지 이루어진 로봇 공학의 발달과정을 구체적으로 설명한다. 인간이 로봇에 종속되기보다는 인간과 로봇이 동반자 관계를 구축하는 현실적인 미래를 책을 통해서 함께 고민해볼 수 있다. 한국은 2018년 5월 자율 주행 자동차 45대의 임시 운행을 허가했고, 2030년 완전 주행 자동차 상용화를 목표로 하고 있다. 로봇의 기능이 급속도로 발달해 나갈 때, 우리가 앞으로 설정해야 하는 다양한 과제들을 제안하고 함께 고민해 볼 수 있다.

자동차 전기전자 공학
이찬수 외 3인 / 복두출판사(2023)

저자는 전기를 매우 어렵게 생각하는 학생들을 위하여 전기를 발생시키는 전자의 작용을 통해서 전기 및 전자 기초를 알기 쉽게 설명한다. 전기 및 전자의 작동 원리를 알려주기 위해서 물질의 원자 구조를 설명한다. 물질에 마찰, 열, 자기작용, 화학작용 등과 같은 에너지가 가해질 때 생기는 전자의 작용 등에 대해서 상세히 소개한다. 자동차에 이용되는 각종 전기전자 장치를 알려주고, 자동차와 관련된 공학도가 반드시 알아야 할 기초공학을 수록하여 학습하는 데 도움을 받을 수 있다. 자동차를 공부하는 학생들뿐만 아니라 자동차를 제작하는 데 필요한 다양한 전자 부품에 관심이 있는 학생들에게 도움이 되는 서적이다.

전자기 쫌 아는 10대
고재현 / 풀빛(2020)

전기와 자기에 대한 다양한 이야기로 구성된 책이다. 1장에서 전하와 정전기의 정체를 소개하면서 끌고 미는 힘인 전기력을 설명한다. 2장에서는 전류와 전압에 대해 소개하고, 전류를 만드는 원인이 전압이고, 전류를 방해하는 원인이 저항이라는 것을 알려준다. 3장에서는 전류와 자기장의 관계를 자석에서 N극과 S극을 잇는 선인 자기력선을 통해서 설명한다. 4장에서는 자기장의 세계에 대해 소개하고, 5장에서는 패러데이가 발견한 전자기 유도 현상에 대해서 설명한다. 6장부터는 전자기파의 세계를 소개하면서 초연결 사회 속 전자기파의 활용 분야를 살펴본다.

짜릿짜릿 전자회로 DIY
찰스 플랫(이하영 역) / 인사이트(2016)

이 서적은 재밌는 실험을 통해서 전압, 전류, 저항과 옴의 법칙, 커패시터, 스위치, 트랜지스터, 타이머, 납땜과 브레드보드 사용법, 논리 게이트 등을 공부할 수 있다. 초보자를 위해서 전자회로의 중요한 개념과 관련 용어를 쉽게 설명하고, 이해하기 쉽도록 그림을 삽입하여 재미있게 공부할 수 있게 구성되어 있다. 1장에서 전압, 전지 등 전자회로와 관련된 기본적인 용어를 설명한다. 2장에서는 릴레이 오실레이터, 트랜지스터를 이용한 스위칭 등의 내용을 배운다. 3장에서는 두 전선을 연결하고, LED를 사용하여 주기적으로 반짝이는 웨어러블 장치를 만들어 본다. 4장부터는 펄스 만들기, 침입 경보기, 반응시간 측정기 등 다양한 실험을 통해서 짜릿짜릿한 전자회로를 직접 제작해 보면서 전기전자 이론을 함께 공부할 수 있다.

처음 만나는 전자회로
황형수 / 한빛아카데미(2019)

전자회로를 처음 배우는 전기전자공학 학생들을 위한 입문서이다. 전자회로를 배울 때 가장 기본이 되는 중요한 내용이 포함되어 기초적인 내용부터 공부할 수 있다. 1부에서 반도체 및 pn 접합 다이오드를 설명하고, 2부에서 다이오드 회로를 어떻게 구성하는지 설명한다. 3부에서는 특수 목적 다이오드에 대해서 공부하고, 4부에서는 바이폴라 접합 트랜지스터를 접할 수 있다. 5부 이후에는 BJT 소신호 증폭기, 전력 증폭기, FET 소신호 증폭기, 연산 증폭기 등의 전자공학에서 중요한 다양한 증폭기를 배우고 익힐 수 있다. 어려운 회로해석 과정을 자세히 다루고 있으며 중요한 수식은 초보자도 직관적으로 이해할 수 있도록 구성되어 있다.

1 인문계열

2 사회계열

3 자연계열

4 공학계열 · 전자공학과

5 의약계열

6 예체능계열

7 교육계열

전자공학과 독서탐구활동 활용사례

자율활동 특기사항

학급자치 시간에 친구들의 의견을 경청하고 자신의 의견을 조리 있게 잘 전달함. 아동학대예방 교육 후 캠페인에 필요한 판넬 제작에 참여하여 4컷 만화로 학대의 위험성을 분명하게 표현함. '내가 담임교사' 프로그램에 참여하여 조회 시간에 친구들에게 힘을 주는 명언을 준비해서 발표함. 장애인 인식 개선 인권교육 후속 활동으로 시각장애 체험을 제안하여 안대를 하고 교실에서 교문까지 다녀오는 체험활동을 주도함. 직업 안전 교육을 받고 공학 분야에서 일하는 사람들이 주로 겪는 직업병에 대해 조사함. 학급 독서 토론 활동에서 **'처음 만나는 전자회로(황형수)'**를 읽고 전자공학자가 되는 데 필요한 관련 지식을 조사해 봄. 전자공학을 공부하기 위해서는 반도체 및 pn 접합 다이오드에 대한 지식과 다이오드 회로를 구성하는 실력이 필요하다는 것을 배움. 전자공학에 대한 전공 지식도 필요하지만 어려운 회로해석을 하기 위해 고등학교에서 배우는 물리학이나 수학에 대한 기초 지식이 중요하다고 발표하여 친구들의 호응을 얻음.

동아리활동 특기사항

(전자공학반)(34시간) 물리학을 좋아하고 새로운 전자 제품에 관심이 많아서 사용법이나 작동 원리를 조사하여 동아리 노트에 꾸준히 기록하는 학생임. 전자공학에 관심이 많아서 관련 도서 **'기초 전기전자(최우영, 전승완)'**를 읽고 동아리 부원들과 함께 토론하면서 공부함. 전기이론이나 회로이론부터 회로변환, 노드방정식, RLC 해석 등의 내용을 읽고 공부해 나감. 어려운 내용이 나오면 친구들과 함께 고민하고 물리교사에게 질문하여 해결해 나감. 도서를 읽고 전자공학에 대해서 공부한 개념이 이해가 잘되지 않아서 힘들었던 과정 등을 정리하여 PPT를 제작하여 발표함. 발표 과정에서 부원들의 질문에 본인의 생각을 정리하여 잘 답변함. 국내에서 스마트폰을 가장 잘 개발하는 회사에 들어가 인체공학적인 스마트폰을 개발하고 싶다고 소감을 말함. 수학과 물리학 공부를 멈추지 않고 꾸준히 노력한다면 훌륭한 전자공학자 될 것으로 기대되는 학생임.

진로활동 특기사항

매시간 활동에 적극적으로 참여하며 주어진 과제와 자신의 삶을 연계시키기 위해 노력함. 활동 결과를 항상 꼼꼼하게 정리하여 진로 역량 향상의 도구로 잘 활용함. 교사의 설명을 경청하며 발문에 항상 웃는 얼굴로 대답하여 수업 분위기 향상에 도움을 주고, 자신의 생각을 적극적으로 발표함. 더 편리한 상품을 만들어서 사람들의 삶을 풍요롭게 만드는 공학자가 되고 싶다고 자신을 소개함. 진로 주제 발표를 신청하여 전자공학자가 되고 싶은 이유, 되는 방법, 필요한 역량 등을 자세히 조사하여 세련된 PPT로 제작하여 발표함. 발표를 마무리하며 자신이 상상한 제품을 보여주어 친구들의 찬사를 받음. 친구들의 질문에도 당황하지 않고 아는 범위에서 차분히 잘 설명해 줌. 진로 탐구 활동에 신청하여 **'메이커가 처음 만나는 기초 전기전자와 틴커캐드 서킷(전다은, 엄주홍)'**을 읽고 전기전자의 기초 개념을 공부함. 책을 통해서 다양한 전자부품에 대한 정보를 얻고, 부품 없이도 회로를 테스트할 수 있는 틴커캐드 서킷을 직접 체험해 봄. 전기전자 기초 개념인 전자, 전류, 전압, 저항, 옴의 법칙, 회로와 회로도, 직렬과 병렬 연결, 직렬과 병렬 연결 계산하기, 전력과 전력량 등의 용어를 공부하고 진로탐구 노트에 잘 기록함. 틴커캐드 서킷의 체험 과정을 PPT로 작성한 후 친구들에게 발표하여 박수를 받음.

1 인문계열

2 사회계열

3 자연계열

4 공학계열 · 전자공학과

5 의약계열

6 예체능계열

7 교육계열

교과 세부능력 및 특기사항

물리학 I

호기심이 많은 학생으로 스마트폰에 들어 있는 가속도 센서를 조사하고 기능을 분석해 봄. 스마트폰에 가속도 센서값을 측정할 수 있는 프로그램을 설치하고 스마트폰을 움직여 보면서 센서값이 어떻게 변화하는지 기록해 봄. 이어폰에 있는 '노이즈 캔슬링'의 원리에 호기심을 가지고 이에 관해 탐구를 수행함. 물이나 공기가 진동하면서 전달되는 파동으로 귀 안의 고막에 닿아 소리가 들리게 되는데, '노이즈 캔슬링'은 파동의 형태로 전달되는 소리를 정반대의 파형을 지닌 음파를 만들어 제거하는 상쇄간섭의 원리를 가지고 있다는 것을 보고서로 제출함. 만화로 공부하는 물리 수업에서 **'만화로 쉽게 배우는 전자회로(다나카 켄이치)'**를 읽고 트랜지스터를 이용한 라디오에 대해서 조사함. 책의 내용을 잘 정리하여 증폭 회로부터 설명하기 시작하여 안테나를 통해 수신한 전화로 듣고 싶은 채널을 선택하고 소리로 들리기까지의 과정을 이해하기 쉽게 발표하여 친구들의 박수를 받음.

물리학 II

평소 물리에 관심이 높고, 전자공학자가 되기를 희망하는 학생임. 전자기 유도 원리 이해라는 과학 글쓰기 활동에서 자전거 바퀴에 붙어 있는 소형 발전기의 원리와 자전거 속도에 따른 전구의 밝기 관계를 자기력선속의 시간적 변화율을 이용하여 논리적으로 설명함. 전자기 유도를 적용할 수 있는 일상의 사례로 교통 카드, 도서관이나 마트의 도난 방지 시스템, 블루투스 스피커를 들고 작동 원리를 정확하게 설명함. 자기력선속, 시간적 변화율, 유도 전류와 같은 과학용어를 정확하게 사용하여 논술함. **'짜릿짜릿 전자회로 DIY(찰스 플랫)'**를 읽고 전압, 전류, 저항과 옴의 법칙, 커패시터, 스위치, 트랜지스터, 타이머, 납땜과 브레드보드 사용법, 논리 게이트 등의 내용을 요약하여 정리함. 자료를 정리하여 친구들 앞에서 전압, 전지 등 전자회로와 관련된 기본적인 용어를 이해하기 쉽게 발표하여 친구들의 호응을 얻음.

행동특성 및 종합의견

지속적으로 발전 가능한 공학에 대하여 관심을 가지면서 미래의 본인의 진로와 연결하게 되었으며, 이를 위해 자기주도적으로 독서하고 관련 자료를 탐색하는 등 꾸준히 자신의 미래를 개척하는 모습을 보임. 학업 면에서도 계획을 세워 학교 수업에 맞춰 자기주도적으로 공부하며 과제를 성실하게 수행함. 2학기 정보부장으로 활동하여 정보 시간에 필요한 준비물이나 공지사항 등을 SNS를 활용하여 신속하게 전달하여 수업이 원만하게 진행되는 데 큰 도움을 줌. 전자공학과 관련된 진로 도서 **'기초 전기전자(최우영, 전승완)', '전자기 쯤 아는 10대(고재현)', '기초 전기전자 에센스(모현선 외)'**를 읽고 전기·전자공학의 기초가 되는 직류회로, 전기회로, 직류와 교류, 직류회로 해석, 교류회로, 커패시터와 인덕터 등에 대한 내용을 관심 분야가 비슷한 친구와 함께 공부함. 어려운 내용은 토론 과정을 통해서 이해하고, 공부한 내용을 정리하여 학급 발표 시간에 발표함. 전자공학의 기본 용어와 전자공학과를 졸업한 후의 진로에 대해서 자세하게 발표하여 친구들의 공감을 받음.

18 ▶▶ 정보보안학과

1 학과 인재상

통합적으로 협업할 수 있는 조정능력을 가진 학생

수학, 통계학 등에 관심이 있고 암호해독 등 정보보안분야에 흥미가 있는 학생

수학, 물리, 화학, 생물 등 다양한 분야를 융합하는 일에 관심이 있는 학생

복잡한 기기나 기계를 보면, 뜯어보고 싶고 스스로 만들어 보고 싶어 하는 학생

보안 경영과 보안 기술 등에 대한 학습을 동시에 수용할 수 있는 융합형 소양 능력을 가진 학생

2 유사학과

- 사이버보안과
- IT 보안과

3 관련직업

- 네트워크엔지니어
- 디지털포렌식수사관
- 사이버수사요원
- 암호알고리즘개발원
- 정보보호프로그래머
- 정보통신컨설턴트
- 컴퓨터보안전문가
- 컴퓨터시스템감리전문가

4 개설대학

- 국민대학교
- 경남대학교
- 경동대학교
- 대전대학교
- 동서대학교
- 동명대학교
- 상명대학교
- 상지대학교
- 서원대학교
- 서울여자대학교
- 세종대학교
- 우석대학교
- 한경대학교
- 호원대학교 등

5 학과 연계도서

그림으로 배우는 보안 구조
마스이 도시카츠(양성건 역) / 영진닷컴(2020)

저자는 간단한 그림을 통해 네트워크 보안을 위해 꼭 알아야 할 기초적인 개념을 설명한다. 보안의 기본 개념을 설명하고, 네트워크를 겨냥한 공격 방식과 바이러스 및 스파이웨어에 대해서 알려준다. 부정 접속, 사칭, 바이러스, 백도어, 원격 탈취, 랜섬웨어 등 다양한 네트워크 공격 방법에 대해서 소개한다. 이에 대응하는 암호화, 인증서, 핫픽스 등 보안 기술에 대해서 소개한 후 운영 방법 및 관련 법률과 대응 정책들을 다루고 있다. 마지막으로 보안 관련 법률과 규칙을 소개하여 개인정보의 활용 방법에 대해서 배울 수 있다.

구글이 달로 가는 길
편석준 / 레드우드(2015)

구글, 페이스북, 네이버, 다음, 카카오톡, 트위터, 사물인터넷 등 IT를 소재로 다양한 관점에서 분석하는 내용이다. 저자는 다양한 기업을 소재로 IT, 인문, 경제, 경영 분야의 경계를 넘나들며 본인의 생각을 전개해 나간다. 1부에서 페이스북과 트위터의 특징을 설명하면서 SNS에는 정작 본인이 존재하지 않는다고 해석한다. 2부에서는 구글이 달로 가는 이유를 설명하면서 구글이 수집하는 데이터에 대해서 이야기한다. 3부에서는 라인과 카카오톡의 경쟁 관계, 음악을 공유하는 것을 예로 들어 공유경제에 대해서 생각하게 한다. 마지막으로 IT와 인문학의 관계를 새로운 관점에서 분석하여 공학자들도 다양한 사고를 할 수 있도록 안내한다.

아마존 vs. 구글 미래 전쟁
강정우 / 시크릿하우스(2019)

이 책은 아마존과 구글에 대한 이야기로 미래의 거대 IT기업의 변화를 예상하게 한다. 아마존은 클라우드 비즈니스로 B2B IT 인프라 시장을 독점하고 있으며, 구글은 인공지능과 자율 주행 기술 분야에서 세계를 이끌어가고 있다. 서로 경쟁하는 두 개의 거대 기업은 물류 혁명, 로봇 전쟁, AI 대중화, 자율 주행, 클라우드, 헬스케어, 은행, 리테일, 데이터 과학, 우주탐사까지 범위를 확장하고 있다. 아마존과 구글로 변화한 금융, 유통, IT기업의 지각 변동을 살펴보고, 인터넷, 모바일 플랫폼의 고속 성장을 이끄는 원인을 분석하면서 미래에 어떤 모습이 펼쳐질지 생각해 볼 수 있다.

그림으로 배우는 네트워크 원리
Gene(김성훈 역) / 영진닷컴(2020)

저자는 네트워크의 전체적인 모습을 살펴본 후 네트워크를 구성하는 라우터나 레이어2 스위치와 같은 네트워크 기기의 동작 원리 등을 설명한다. TCP/IP 프로토콜에서부터 복잡한 라우팅 기술, 웹의 동작 원리, LAN 구축, 클라우드 서비스까지 네트워크 전반에 관하여 그림을 통해 이해하기 쉽게 설명한다. 각 네트워크 계층별로 프로토콜이 동작하는 모습을 그림으로 자세히 설명하고, 데이터가 회선을 지나 상대방에게 전달되는 과정을 그림을 통해 이해하기 쉽게 전달한다. 네트워크의 기본 원리부터 네트워크 보안 기술까지 자세하게 공부할 수 있는 서적이다.

보안 위협 예측
존 피어츠 외 3인(윤영빈 역) / 에이콘출판사(2016)

현장에서 근무하는 보안전문가들이 위협 예측에 대한 가이드와 로드맵을 수립할 수 있도록 도와주는 책이다. 과거 데이터를 기반으로 미래의 보안 사고를 예측하는 기존 위협 리포팅의 위험성과 위협 예측과의 차이점을 설명한다. 보안 인텔리전스를 도구로 이용해 위협 예측 기술을 개발하는 방법, 위협 데이터 시각화 기술과 위협 시뮬레이션 툴을 이용하는 방법을 안내하고, 비구조화된 빅데이터에 대한 보안 통찰력과 위험을 감소시키기 위한 데이터 사용 전략에 대해서 설명한다. 킬체인 모델링, 위협 예측 분석 시스템을 구축하기 위한 방법론에 대해서도 알 수 있다. 책의 마지막 부분에는 사이버 보안 산업에서 핵심이 되는 몇 가지 이슈와 문제를 바라보는 각기 다른 의견을 소개하여 다양한 시각을 살펴볼 수 있다.

보안으로 혁신하라
신수정 / 엘컴퍼니(2013)

이 책은 보안 전문가, 신입 사원, CEO부터 정보분야에 관심 있는 학생들까지 누구나 쉽게 읽을 수 있고, 명쾌하게 기업 정보 보호에 대한 아이디어와 방향을 제시한다. 국내 1위 정보 보안 서비스 전문 기업 인포섹의 CEO 신수정 박사가 실제 현장에서 경험한 다양한 사례를 소개한다. 정보 보안과 관련된 기업이나 기관의 정보 보호 관리 현장에서 나타나는 오해, 진실, 비법을 설명한다. 책의 마지막에는 정보 보안을 위하여 보안 수준을 평가하는 방법을 소개하고, 최고의 기업으로 발전하기 위해서 기업의 정보 보안을 어떤 체계로 설계해야 하는지 대안을 제시한다.

정보 보안 개론
양대일 / 한빛아카데미(2021)

저자는 보안의 개념과 역사를 소개한 후 시스템, 네트워킹, 암호 등의 기술 보안 영역을 알려준다. 보안 시스템, 보안 관리 등의 관리 보안 영역까지 폭넓은 내용을 담고 있어서 보안 전반에 대한 안목을 기를 수 있다. IT에 대한 기본적인 지식만으로도 보안의 개념을 충분히 배울 수 있고, 보안의 전체 그림을 그리게 도와주는 기본서이다. 정보 보안, 시스템 보안, 네트워크 보안, 웹 보안, 코드 보안 등 다양한 분야에 대해서 공부할 수 있다. 악성 코드와 암호에 대해서 설명하고, IoT 보안과 AI 보안 같은 최신 보안 이슈까지 알려주는 서적이다.

이것이 우분투 리눅스다
우재남 / 한빛미디어(2020)

집에 있는 PC에 우분투 리눅스를 설치하고 리눅스 사용법을 공부하도록 안내한 책이다. 우분투 리눅스는 데비안 리눅스를 기초로 배포되어 그놈 데스크톱 환경을 사용할 수 있다. 우분투는 쉽고 편리한 프로그램 설치와 이용 방법 덕분에 이 책에 있는 내용을 따라 하면서 네트워크와 관련된 이론 공부와 실습을 할 수 있다. 1부에서 가상머신을 소개하고 우분투 리눅스를 설치하는 방법을 알려준다. 2부에서는 우분투 리눅스의 기본 개념과 리눅스 관리자의 기본 역할에 대해서 배울 수 있다. 3부에서는 텔넷 서버, OpenSSH 서버, XRDP 서버 등의 네트워크 서버에 대한 실무 내용을 소개한다. 마지막으로 FTP 서버 설치와 운영 방법을 설명하여 리눅스 서버를 통한 파일 공유 방법을 안내한다.

한 권으로 끝내는 네트워크 기초
오키타 토시야(김성훈 역) / 길벗(2022)

이 책은 추상적이고 어려운 네트워크를 도해 133개와 표 22개로 설명하여 직관적으로 공부할 수 있도록 안내한다. 클라우드 사용이 활성화되면서 네트워크에 대한 이해는 중요해졌고, 네트워크 학습을 시작하고자 할 때 필요한 기초지식을 이 책으로 배울 수 있다. 1부에서 네트워크의 기본이 되는 IP 주소 구조, TCP/IP, 네트워크 프로토콜, 네트워크 장비, 클라우드 등을 설명하여 네트워크에 대한 기초적인 지식을 파악할 수 있다. 2부에서는 웹 신뢰성을 높이는 기술, 네트워크 모니터링, 회사 네트워크의 패턴, 웹 서비스 네트워크의 패턴 등 네트워크의 실전 분야를 공부할 수 있다. 이 책을 처음부터 끝까지 공부하면 네트워크의 기초지식부터 네트워크를 운용하는 기술까지 습득할 수 있다.

훤히 보이는 정보보호
정교일 외 2인 / 전자신문사(2008)

정보보안을 담당하는 전문가, 정보보안이나 컴퓨터공학 전공을 희망하는 학생들이 정보보호에 대한 지식을 습득하는 데 도움이 되는 책이다. 해킹, 시스템 보안, 인터넷 보안, 서비스 보안 등 우리가 매일 접하고 있는 인터넷 환경에서의 정보보호에 관련된 내용을 구체적으로 설명한다. 1부에서 영화 속의 정보보호, 언론 속의 정보보호, 생활 속의 정보보호 등 다양한 영역에서의 정보보호를 정의하고 관련 내용을 소개한다. 2부에서는 대칭키 암호, 공개키 암호, 암호해독 기술과 암호 알고리즘 등 암호에 대해서 쉽게 이해할 수 있도록 설명한다. 3부부터는 안전한 인터넷 환경을 만들어가는 정보보호 방법에 대해서 고민할 수 있도록 한다.

정보보안학과 독서탐구활동 활용사례

자율활동 특기사항

학급 활동에서 친구들과 협력하여 활동하거나 조별로 임무가 부여되었을 때 본인이 맡은 역할에 최선을 다하고 친구들을 도와주는 학생임. 학교 특색 프로그램인 연극과 함께 하는 인성교육에 신청하여 서로 만나서 도구를 만들고 몸을 움직이는 교육을 통해 예술과 교육이 하나 되는 융합 프로그램에 참여함. 이 프로그램을 통해서 연극의 기초지식과 기본 동작을 익히고 간단한 실습을 통해서 기본적인 동작을 표현해 봄. 컴퓨터 보안에 관심이 많아서 학급 독서활동에서 **'보안 위협 예측(존 피어츠 외)'**을 읽고 현장에서 근무하는 보안전문가들이 위협 예측에 대해 어떻게 대처하고 있는지 조사함. PPT를 제작하여 과거 데이터를 기반으로 미래의 보안 사고를 예측하는 기존 위협 리포팅의 위험성과 위협 예측과의 차이점에 대해서 설명함. 보안 기술에는 위협 데이터 시각화 기술과 위협 시뮬레이션 툴을 이용하는 방법이 있다는 것과 사이버 보안 산업에서 핵심이 되는 몇 가지 이슈에 대해서 발표하여 친구들의 호응을 얻음.

동아리활동 특기사항

(네트워크연구반)(34시간) 국내 대형 컴퓨터 보안 회사에서 네트워크 전문가가 되기를 희망하는 학생임. 전년도 국내 해킹 관련 발생 현황을 조사한 후 분석 자료를 작성함. 개인별 주제 발표 시간에 국내 해킹 발생 현황과 대책을 제시하여 친구들로부터 좋은 평가를 받음. 진로진학 정보사이트에 접속해서 컴퓨터 보안 관련 학과가 개설된 대학을 조사하고 학과별 교육과정을 비교하여 분석함. 분석한 자료를 바탕으로 PPT를 제작하여 학과별 특징과 졸업 후 진출 분야에 대해서 명확하게 발표함. **'한 권으로 끝내는 네트워크 기초(오키타 토시야)'**를 읽고 도해 133개와 표 22개로 설명되어 있는 네트워크 관련 개념과 기초지식을 공부함. 네트워크의 기본이 되는 IP 주소 구조, TCP/IP, 네트워크 프로토콜, 네트워크 장비, 클라우드에 대해서 공부하고 부원들과 함께 어떤 의미를 나타내는지 토론함. 네트워크 모니터링, 회사 네트워크의 패턴 등 네트워크의 실전 분야에 대해서 살펴보고 이해하기 위해서 노력함. 이 책을 처음부터 끝까지 읽어보면서 네트워크의 기초지식부터 네트워크를 운용하는 기술까지 공부한 소감을 발표하여 부원들의 박수를 받음.

진로활동 특기사항

공학계열에 진로를 희망하는 학생으로 컴퓨터 보안에 관심이 많아 관련 직업과 학과를 탐색함. 계열탐색 및 발표 활동에서 공학계열의 종류 및 진출 분야에 대해서 구체적으로 조사하여 보고서를 제작한 후 발표함. 학과 멘토링에서 컴퓨터공학과와 정보보안학과를 신청하여 대학생으로부터 생생한 진로 정보를 탐색함. 자신이 조사한 것과 대학생 멘토의 설명을 비교하며 새로 알게 된 정보를 잘 정리하였고, 궁금한 점을 직접 질문하여 해결하는 적극적인 태도를 보임. 관심 분야가 비슷한 친구들과 함께 정보 선생님께 허락을 받고 학교 컴퓨터실에서 리눅스를 설치해 봄. **'이것이 우분투 리눅스다(우재남)'**를 읽고 컴퓨터에 우분투 리눅스를 설치하고 리눅스 사용법을 친구들과 함께 공부함. 책에 있는 내용을 따라 하면서 네트워크와 관련된 이론 공부와 실습을 함. 유닉스와 비슷한 환경인 리눅스를 통해서 보안 관련 기초지식을 습득함. PPT를 제작하여 리눅스 설치과정, 기본적인 사용법, 리눅스 명령어, 설치 과정 중 어려웠던 점을 발표하여 친구들에게 박수를 받음. 사용법을 익히는 과정이 어려웠지만 텔넷 서버, OpenSSH 서버, XRDP 서버 등의 네트워크 서버에 대한 실무 내용을 접할 수 있어서 정보보안이 어떤 분야인지 구체적으로 알 수 있었다고 소감문을 제출함.

교과 세부능력 및 특기사항

인공지능수학

인공지능과의 바둑 대결 이후 급성장한 인공지능이 사람의 영역이라고 생각한 디자인 영역에까지 영향을 미치고 있다는 뉴스를 접하고 가까운 미래를 예측하는 알고리즘에 대해 호기심을 가짐. **'구글이 달로 가는 길(편석준)'**을 읽은 후 국내의 유명한 SNS와 포털기업이 인공지능을 응용하여 급속도로 발전하는 과정을 발표함. 국내외 포털에서 사람들이 검색한 자료를 통해 시간대별 음식 주문 예측, 요일과 시간에 따른 교통량 예측뿐만 아니라 이용자의 패턴을 학습하여 은행 및 제조업에서의 의사결정, 상품 가격 예측 등 주요 경제, 사회에 활용되고 있음을 사례를 들어 발표함. 발표과정에서 자료에 대한 해석 및 분포의 특징을 잘 설명하였고 수학적 아이디어를 말과 글로 설명하거나 시각적으로 표현하는 능력이 뛰어남. 그 외에도 수열의 알고리즘과 순서도 및 프로그램에 대하여 발표하여 친구들의 호기심을 자극하였고, 이에 흥미를 느낀 많은 친구들이 프로그래밍에 관심을 가지게 됨.

인공지능 기초

인공지능과 에이전트의 개념 수업에서 인공지능 에이전트의 원리와 활용되는 분야를 활동지에 꼼꼼히 작성하면서 구체적으로 조사하는 모습을 통해 학습에 대한 열정적인 모습을 확인할 수 있었음. '탐색과 추론'이라는 주제 탐구활동에서 인공지능이 인간과 유사한 지능을 갖기 위해서는 탐색, 추론, 학습을 할 수 있어야 하고, 인공지능이 인간의 학습 방법을 모방해서 문제 해결을 위한 답을 찾아가고, 인간은 평소에 뇌를 사용하여 자료를 탐색하고 지식을 추론하면서 살아간다는 점을 탐구 활동지에 작성함. 정부 기관에서 운영하는 미디어리터러시 사이트에 접속하여 탐색과 추론에 관련된 예시 자료를 찾은 후 조사한 자료를 중심으로 예시를 들면서 인공지능의 문제 해결 방식에 대해서 꼼꼼하게 발표를 함. **'아마존 vs. 구글 미래 전쟁(강정우)'**을 읽은 후 인공지능과 자율 주행 기술 분야에서 세계를 이끌어가는 기업을 조사함. PPT를 제작하여 물류 혁명, 로봇 전쟁, AI 대중화, 자율주행, 클라우드, 헬스케어, 데이터 과학, 우주탐사까지 다양한 범위로 확장하여 인공지능을 활용하고 있다는 것을 발표함.

행동특성 및 종합의견

모범적이고 책임감이 강한 학생이며 학급의 학습부장으로서 이성적으로 생각하고 판단하여 주어진 일을 차질 없이 해내는 모습을 보임. 수업 전후로 꾸준히 예습과 복습을 진행하는 등 의지가 강한 학생임. 이러한 자기주도적 학습을 통해 자신만의 학습 방법을 확립해 가고 있음. 컴퓨터 관련 분야 중에서 정보보안에 관심이 많아서 **'훤히 보이는 정보보호(정교일 외)', '보안으로 혁신하라(신수정)', '정보 보안 개론(양대일)'**을 읽고, 정보 보안과 관련된 기업이나 기관의 정보 보호 관리 현장에서 나타나는 오해, 진실, 비법 등을 조사해 봄. 학급 발표 시간에 해킹, 시스템 보안, 인터넷 보안, 서비스 보안 등 우리가 매일 접하고 있는 인터넷 환경에서의 정보보호에 관련된 내용을 구체적으로 설명하여 우수 발표자로 선정됨. 전문적인 보안전문가가 되기 위해서 학업에 최선을 다하고 관련 자료를 탐색하면서 꾸준히 노력하는 학생임.

1 인문계열

2 사회계열

3 자연계열

4 공학계열 · 정보보안학과

5 의약계열

6 예체능계열

7 교육계열

19 ▸▸ 정보통신공학과

1 학과 인재상

실험을 계획하고
수행하고자 하는
흥미와 적성을 가진 학생

수학, 기초과학, 공학의
지식과 정보기술을
응용할 수 있는
능력을 가진 학생

공학 분야의 문제를
해결하고자 하는
열정을 가진 학생

최신 IT기술을 본인 전공과
융합하여 독창적인 SW를
개발하는 데 관심이 있는 학생

본인 전공에서 SW전문성을
이용하여 남들과 다른 차별성을
가진 인재로 성장하려는
의지가 있는 학생

2 유사학과

- 전자정보통신공학과
- ICT융합학과
- 스마트IT학과
- IT 융합학과
- IT정보제어공학부
- 전자정보공학과
- 정보시스템학과

3 관련직업

- 가상현실전문가
- 공학계열교수
- 네트워크관리자
- 네트워크프로그래머
- 변리사
- 사물인터넷개발자
- 사이버수사요원
- 시스템소프트웨어개발자
- 응용소프트웨어개발자
- 정보통신관련관리자
- 증강현실전문가
- 지능형교통시스템연구원
- 지리정보시스템전문가
- 컴퓨터보안전문가
- 컴퓨터프로그래머
- 컴퓨터하드웨어기술자
- 통신공학기술자
- 통신장비기사
- 풍력발전시스템운영관리자

4 개설대학

- 강릉원주대학교
- 경남대학교
- 경상대학교
- 경성대학교
- 남서울대학교
- 동서대학교
- 동신대학교
- 명지대학교
- 배재대학교
- 부경대학교
- 서원대학교
- 선문대학교
- 성결대학교
- 순천향대학교
- 안동대학교
- 영남대학교
- 원광대학교
- 인천대학교
- 인하대학교
- 전주대학교
- 창원대학교
- 한국외국어대학교
- 한남대학교
- 한밭대학교
- 호남대학교 등

5 학과 연계도서

그림으로 배우는 5G 네트워크

이이모리 에이지 외 2인(김성훈 역) / 영진닷컴(2022)

저자는 5G와 기존 통신 시스템 간의 차이를 소개하고 5G에서 사용하는 통신 기술과 네트워크 구성 형태를 설명한다. 일상생활에서 사용되는 5G와 기존 시스템에서 어떻게 5G까지 발전해왔는지를 알아본다. 5G 네트워크에 대해서 쉽게 이해할 수 있도록 오른쪽에는 그림을 삽입하고 왼쪽에는 설명을 통해서 자세히 알려준다. 5G에서 사용하는 기술과 5G의 독특한 네트워크 구조를 살펴본 후 5G가 가져올 미래 사회의 변화를 예상해본다. 마지막에는 실습을 통해 직접 따라 해 보면서 공부할 수 있도록 구성되어 있다.

4차 산업혁명 시대의 정보통신개론

고응남 / 한빛아카데미(2020)

이 책을 통해서 정보통신의 기본 이론부터 사물인터넷, 빅데이터, 인공지능 등 다양한 분야의 지식을 공부할 수 있다. 1부에서는 정보통신의 개념과 발전 과정을 설명한 후 통신 시스템, 컴퓨터 시스템, 정보전송 방식과 기술, 통신 프로토콜에 대해서 소개한다. 2부에서는 근거리 통신망, 광역통신망과 광대역 융합망, 초고속 유선 가입자망 등 무선통신이 이루어질 수 있는 다양한 정보통신망에 대해서 공부할 수 있다. 3부에서는 멀티미디어 통신과 미디어의 관계, 정보통신 보안 서비스, 4차 산업혁명 시대의 정보통신 기술과 서비스에 대해서 소개한다. 방대한 이론과 기술이 500여 개의 그림과 150여 개의 표로 정리되어 있어서 정보통신에 대한 내용을 자세히 살펴볼 수 있다.

손에 잡히는 데이터 통신

임석구 / 한빛아카데미(2021)

이 서적은 데이터 통신의 기초 개념부터 최신 이동 통신 기술까지 소개하고, 네트워크를 하나의 흐름으로 이해할 수 있게 구성했다. 데이터 통신 개요과 OSI 참조 모델에 대해서 자세하게 설명한다. 데이터의 개념을 알려주고, 아날로그 신호와 디지털 신호의 특징과 차이점을 배울 수 있다. 디지털 전송과 아날로그 전송, 데이터 통신 기초, 유선 매체와 무선 매체, 주파수 분할 다중화와 파장 분할 다중화에 대해서 알려준다. LAN과 WAN 기술, 인터넷 장비와 TCP/IP의 기본 개념을 통해서 데이터 통신 기술의 전반적인 내용을 접할 수 있다. 다양한 그림을 함께 제시하고 있어서 데이터 통신 기술의 개념과 원리를 쉽게 공부할 수 있다.

모두의 네트워크

미즈구치 카츠야(이승룡 역) / 길벗(2018)

네트워크를 전혀 모르는 초보자와 비전공자를 위한 가장 쉬운 네트워크 입문서이다. 이제 막 네트워크를 공부하기 시작했거나 공부해야겠고 마음먹은 학생도 이 책을 통해서 쉽게 네트워크에 대한 지식을 습득할 수 있다. 네트워크의 개념, 비트, 바이트부터 OSI 계층, 무선 랜 구조를 160개의 일러스트로 설명하고, 재미있는 캐릭터들의 대화로 네트워크 관련 지식을 설명한다. 이 책을 읽고 따라 해 보면 네트워크에 대한 기본 용어과 지식을 습득할 수 있을 것이다.

블록체인 트렌드 2022-2023
현경민 외 5인 / 비즈니스북스(2021)

메타버스부터 NFT, CBDC까지 한국과 글로벌 블록체인 비즈니스 현황을 분석하고 예측한 책이다. 금융, 유통, IoT, 콘텐츠 분야에서 급속도로 발전한 블록체인 산업 현황을 상세하게 설명하고, 금융 분야에서는 코로나19 이후 금융 플랫폼의 변화를 다루고 있으며 토스, 렌딩 등 핀테크 기업들에 대한 이야기로 관련 정보를 제공한다. 한국의 대표적 빅테크 기업 카카오와 네이버의 블록체인 경쟁이 점점 치열해지는 상황을 설명하고, 카카오 그라운드X가 진행한 한국은행 디지털 원화 사업에 대해서도 소개한다. 블록체인은 단순히 가상화폐 기반 기술이 아니라 미래 산업을 이끄는 기업들이 갖춰야 하는 필수 기술이다. 이 책을 통해서 국내외의 블록체인 트렌드를 배울 수 있다.

사물인터넷 개론
서경환 외 3인 / 배움터(2023)

사물인터넷에 대해서 궁금해하는 정보통신, 전자공학, 컴퓨터공학 전공자 등을 위한 내용으로 구성된 책이다. 1부에서 4차 산업혁명과 4차 산업혁명 시대의 기술 발전 등을 소개한다. 2부에서는 사물인터넷을 소개하고 국가별 사물인터넷 추진 현황 및 표준화에 관련된 내용을 안내한다. 3부에서는 사물인터넷의 기본서비스와 첨단서비스 분야로 나누어 관련 자료를 소개한다. 4부에서는 사물인터넷 디바이스와 5G 및 6G에 사용되는 국내외 IoT 칩 솔루션 현황을 소개한다. 5부에서는 사물인터넷 플랫폼, 사물인터넷 응용 계층 프로토콜, 사물인터넷 보안 기술 등 사물인터넷의 전반을 이해하는 데 도움이 되는 내용으로 구성되어 있다. 마지막에는 사물인터넷을 활용한 비즈니스 분야와 사례를 소개하여 사물인터넷에 대한 모든 정보를 접할 수 있도록 한다.

사물인터넷이 바꾸는 세상
새뮤얼 그린가드(최은창 역) / 한울엠플러스(2017)

이 책은 생활에 깊숙이 녹아들고 있는 사물인터넷의 현황을 소개하고, 사물인터넷이 바꿀 미래를 미리 체험할 수 있게 한다. 1장에서 모든 것을 바꾸는 사물인터넷에 대해 소개한다. 2장에서는 모바일, 클라우드, 디지털 도구들로 연결된 사물인터넷 세계에 대해서 설명한다. 3장에서는 산업인터넷의 등장을 설명하고, 4장에서는 똑똑해지는 소비자들의 디바이스 현황을 분석한다. 5장부터는 사물인터넷을 활용하여 변화하는 세상을 설명한다. 사물인터넷이 정부, 교육, 비즈니스의 기능을 어떻게 재구성하고, 인간의 행동과 사회적 규범을 완전히 바꾸어 놓을 것인지 함께 고민할 수 있다.

일렉트릭 유니버스
데이비드 보더니스(김명남 역) / 글램북스(2014)

이 책은 전기에 대한 다양한 주제를 바탕으로 이야기를 전달하는 책이다. 1부에서는 전선을 통해서 전기 신호가 전달되는 과정을 설명한다. 벨이 전화를 발명한 사실과 벨의 뒤를 이어 전기를 이용한 수많은 발명품에 대한 내용이 나온다. 2부에서는 패러데이가 발견한 전자기유도 현상에 대해서 설명한다. 3부에서는 무선 신호를 발견하고 이용한 헤르츠와 그의 주변 인물들, 관계기관에서 남긴 자료들을 골라서 헤르츠가 전파를 발견하게 된 과정까지의 이야기를 소개한다. 4부에서는 반도체의 성질을 이용한 트랜지스터의 발명과 컴퓨터가 만들어지게 된 과정에 대해서 설명한다. 5부에서는 신경 세포로 되어 있는 우리 인간의 뇌에 흐르는 전기신호에 대해서 소개한다.

정보통신 배움터
정진욱 외 4인 / 생능출판사(2018)

정보통신에 관심 있는 학생, 정보통신 전공자, 비전공자 모두 정보통신 기술의 원리와 실생활에서의 활용성을 공부할 수 있도록 구성된 책이다. 정보통신 기술뿐만 아니라 사이버 윤리, 법률 등을 포함하여 올바른 정보통신 기술 사용법도 함께 배울 수 있다. 현재의 인터넷이 탄생하기까지의 역사 및 다양한 서비스들을 연대에 따라서 순차적으로 알기 쉽게 설명한다. 정보통신 기술을 자주 접하지 못한 학생이나 정보통신 기술을 전공하고자 하는 입문자들이 이해할 수 있도록 표와 그림이 삽입되어 있다. 이 책을 통해서 차세대 정보통신 기술 및 네트워크의 개발에 대한 많은 자료를 얻을 수 있다.

정보통신과 컴퓨터 분야 공학인증을 위한 종합 설계
김상춘 / 한산(2012)

정보통신 관련 학과에서 캡스톤 디자인 교과목에 대한 이해를 높이고 캡스톤 디자인 프로젝트를 진행하는 데 도움이 되는 서적이다. 1장에서는 공학교육의 변화에 대해서 소개하고, 공학설계와 설계 능력 및 캡스톤 디자인에 대해서 설명한다. 2장에서는 캡스톤 디자인 프로젝트의 과정을 소개한 후 프로젝트 관리, 프로젝트 계획 수립, 프로젝트 일정 수립, 구성과 활동, 스템 개발 생명주기와 프로세스 모델, 시스템 프로세스 모델, 시스템 개발 생명주기에 대해서 설명한다. 3장부터는 모델링과 요구사항 분석에 대한 자세한 과정을 소개한다.

정보통신공학과 독서탐구활동 활용사례

자율활동 특기사항

학급 규칙 정하기 시간에 '수업 시작 전 수업 준비를 끝내고 각자 자기 자리 지키기'를 제안하여 학급 규칙으로 선정됨. 학급 친구들의 추천으로 학급의 학습도우미로 선정됨. 온라인 수업을 안내하고, 과목별 수행평가 및 지필평가의 시험 범위, 전국연합학력평가 정보를 정리하고 학급 게시판에 게시하여 학습도우미로서의 역할을 충실하게 수행함. **'사물인터넷 개론(서경환 외)'**을 읽고 4차 산업혁명 시대의 기술 발전과 정보통신, 전자공학, 컴퓨터공학과 관련된 사물인터넷 기술을 조사함. 사물인 터넷 플랫폼, 사물인터넷 응용계층 프로토콜, 사물인터넷 보안 기술 등에 대해서 정리한 후 사물인터넷을 활용한 비즈니스 분 야와 사례를 정리하여 보고서를 작성함. 물리학에서 배우는 무선통신 기술에 관한 내용을 정리하여 PPT로 작성한 후 사물인 터넷의 기본서비스와 첨단서비스 분야에 대해서 발표하여 친구들에게 공감을 얻음.

동아리활동 특기사항

(무선통신연구반)(34시간) 통신 기술에 관심이 많아서 관련 잡지와 도서를 읽으면서 본인의 진로를 탐색함. 동아리 반장으로 서 자유롭고 허용적인 분위기를 만들어 부원들이 창의적인 아이디어를 떠올릴 수 있도록 노력하였으며, 구성원의 의견을 경 청하고 동아리 활동 방향을 결정하는 소통의 리더십을 보여줌. 동아리의 구체적인 활동 방향을 정하지 못했을 때 반장으로서 부원들이 참여할 수 있는 다양한 활동을 책임감 있게 준비함. **'모두의 네트워크(미즈구치 카츠야)'**를 읽으면서 네트워크에 대 한 지식을 습득해 나감. 네트워크의 개념, 비트, 바이트부터 OSI 계층, 무선 랜 구조 등을 동아리노트에 정리해 가면서 본인이 궁금해했던 부분을 해결해 나감. PPT를 제작하여 부원들에게 도서를 통해서 새로 알게 된 내용을 사진과 함께 설명함. 이후 투표를 통해 우수 발표자로 선정됨. 발표 준비를 통해서 무선통신 기술이 다양하고 복잡하다는 것을 깨달았다고 소감문을 제 출함.

진로활동 특기사항

성격이 꼼꼼하고 공학계열에 관심이 많은 학생으로 본인의 진로를 탐색하기 위해서 여러 분야의 책을 읽고 지속적으로 관련 자료를 정리함. '졸업생 멘토링' 특강에 참여하여 정보통신공학과의 소개와 졸업 후 진로에 대한 정보를 얻음. 정보통신공학과 에서는 통신 및 네트워크를 이용하여 질 좋은 정보를 수요자에게 빠르고 정확하게 전달하는 기술에 대해 다룬다는 것을 배움. 특강 자료를 정리하여 유·무선 통신 기술에 사용되는 통신 신호, 통신시스템 구조, 네트워크 기본 및 응용 이론, 차세대 통신 네트워크 기술개발에 대해서 발표함. 관심 분야의 도서 **'4차 산업혁명 시대의 정보통신개론(고응남)'**을 읽고 차세대 인터넷, 스마트폰, 인공지능, 자율주행 자동차 등에 대해서 공부함. 책에서 소개하는 내용을 정리하여 사물인터넷, 빅데이터, 인공지능 에 대해서 발표함. PPT에 사진과 표를 제시하여 영역별 기술들이 어떻게 활용되고 있는지 소개하여 친구들의 호응을 얻음. 대 학에 진학하여 배우는 교양과목과 전공과목 등에 대해서 찾아보고, 고등학교에서 수학과 물리학을 열심히 공부해야 한다는 것을 깨닫고 앞으로 열심히 노력하기로 다짐함.

1 인문계열

2 사회계열

3 자연계열

4 공학계열 · 정보통신공학과

5 의약계열

6 예체능계열

7 교육계열

교과 세부능력 및 특기사항

미적분

호기심이 많아서 주변에서 쉽게 관찰할 수 있는 제품 개발이나 공학 분야에서 미적분이 활용되고 있다는 것을 알고 있는 학생임. 미분법 단원에서 공사장의 안전망 설치 각도에 따라 물체가 받는 충격량의 변화를 알아보고자 그래프로 시각화하면서 문제를 해결함. 이를 통해 공사장 안전망 설치 시 안전한 각도를 미분의 개념으로 풀어 설명함. 이 과정을 통해 미분은 우리 주변에서 자주 활용되는 수학 개념이며 어떠한 상황을 예측하거나 이미 일어난 상황을 분석하여 해결책을 찾는 데 도움을 준다는 것을 알게 되었다고 발표함. **'일렉트릭 유니버스(데이비드 보더니스)'**를 읽고 전선을 통해서 전기 신호가 전달되는 과정에 대해서 알게 됨. 또한 패러데이가 발견한 전자기유도 현상을 통해서 물리학과 수학의 관계를 고민함. 발표 자료를 제작한 후 반도체의 성질을 이용한 트랜지스터의 발명과 컴퓨터가 만들어지는 과정을 친구들에게 발표하면서 미적분학의 발달로 이러한 기술발전이 가능해졌다고 자세히 설명하여 친구들의 공감을 얻음.

물리학 I

무선통신 기술에 관심이 많아서 물리학에서 설명하는 파동이나 전자기파에 대해서 호기심을 가지고 탐구하려고 노력함. 도서 발표 활동에서 **'사물인터넷이 바꾸는 세상(새뮤얼 그린가드)'**을 읽고 사물인터넷이 정부, 교육, 비즈니스의 기능을 어떻게 재구성하고, 인간의 행동과 사회적 규범을 완전히 바꾸어 놓을 것인지 정리하여 발표함. 핸드폰 기능 중 '노이즈 캔슬링'의 원리에 호기심을 가지고 이에 관해 탐구를 수행함. 소리는 물이나 공기가 진동하면서 전달되는 파동이 귀 안의 고막에 닿아 들리게 되는데 '노이즈 캔슬링'은 파동의 형태로 전달되는 소리를 정반대의 파형을 지닌 음파를 만들어 제거하는 상쇄간섭의 원리를 활용한 것이라고 보고서를 제출함. 이후 상쇄간섭의 원리를 통해 층간소음과 같은 사회적 문제를 해결해 보고 싶다는 계획을 말하는 등 뛰어난 사고의 확장성을 보여줌. 또한, 자료를 찾는 과정에서 공인된 자료를 찾아 자기 생각을 더하는 모습을 보임. 그 외에도 수행평가를 진행할 때 자료를 빠르고 정확하게 찾아내는 뛰어난 탐구 능력을 보여줌.

행동특성 및 종합의견

항상 성실하고 모범적인 학생으로 학급의 다른 학생들에게 어려운 일이 발생하면 솔선수범하여 처리하는 등 봉사와 타인 존중의 정신이 투철함. 수업에 적극적으로 참여하여 교사에게 수업을 함께 만들어 갈 수 있도록 기대하게 해주는 학생으로 교사뿐만 아니라 급우들에게도 다정다감함. 과학적 상상력이 풍부하여 미래 도시가 어떻게 변할지 궁금해하고 사물인터넷, 사이버 물리시스템, 빅데이터 등 최신 IT기술이 적용된 도시에 관심이 많은 학생임. 정보통신 분야에 관심이 많아서 **'사물인터넷 개론(서경환 외)'**, **'정보통신 배움터(정진욱 외)'**를 읽으면서 본인의 관심 분야를 탐색해 나감. 책을 읽은 후 국가별 사물인터넷 추진 현황 및 표준화에 관련된 내용을 정리하여 표로 작성함. PPT를 제작하여 정보통신 기술뿐만 아니라 사이버 윤리, 법률 등을 포함하여 올바른 정보통신 기술 사용법을 발표함. 학급 친구들과 정보통신 기술에 대한 다양한 정보를 공유하여 우수 발표자로 선정됨.

20 ▶▶ 조선해양공학과

1 학과 인재상

남들이 생각하지 못한 방법으로 문제를 풀거나 창의력이 뛰어난 학생

분석적이고 꼼꼼한 성격, 리더십, 책임감, 도덕성과 글로벌 감각을 갖춘 학생

미지의 분야로 도전해 나갈 수 있는 창조적 능력과 문제 해결 능력을 갖춘 학생

바다와 선박을 비롯한 해양 구조물에 관심이 많고 인접 학문에 대한 관심이 높은 학생

수학, 물리학, 지질학, 역학 등에 흥미가 있고, 다양한 분야를 융합할 수 있는 학생

2 유사학과

- 조선해양시스템공학과
- 조선해양플랜트공학과
- 조선해양개발공학부
- 조선해양시스템공학
- 조선해양개발공학부
- 해양공학

3 관련직업

- 건축설계기술자 도선사
- 레저선박시설전문가
- 산업안전원
- 산업잠수사
- 생물학연구원
- 선박교통관제사
- 선박기관사
- 선박운항관리사
- 선박정비원
- 선장 및 항해사
- 수산학연구원
- 수상운송사무원
- 위험관리원
- 조선공학기술자
- 플랜트기계공학기술자
- 해수담수화공정기술연구원
- 해양공학기술자
- 해양설비기본설계사
- 해양수산기술자
- 환경 및 해양과학연구원

4 개설대학

- 경남대학교
- 군산대학교
- 동명대학교
- 동아대학교
- 동의대학교
- 목포해양대학교
- 부산대학교
- 서울대학교
- 인하대학교
- 전남대학교
- 창원대학교
- 한국해양대학교
- 홍익대학교 세종캠퍼스 등

교양으로 읽는 조선공학
해리 벤포드(이신형, 김효철 역) / 지성사(2014)

조선 분야의 꿈을 키워가는 고등학생이 이해하기 쉽게 쓴 조선공학 입문서이다. 바다라는 변화무쌍한 공간에서 사람과 물건을 실어나를 수 있는 구조물인 배에 대한 모든 것을 설명한다. 선박에 대해서 정의하고 선박의 쓰임새와 선박을 설계할 때 반영해야 하는 것에 대해서 안내한다. 바다 한가운데서 선박이 기울어지면 위험해지는 것과 관련하여 정적 복원성과 안정성의 원리를 설명한다. 또한 프로펠러와 같은 추진 장치와 연료를 사용하는 추진 기관을 설명하여 선박이 바다에서 어떻게 움직이는지 설명한다.

기상 예측 교과서
후루카와 다케히코, 오키 하야토(신찬 역) / 보누스(2020)

'비는 왜 내릴까?' '구름은 어떻게 생기는 걸까?'와 같이 기상현상과 관련된 기초적인 질문을 중심으로 여러 대기 현상의 원리와 구조를 쉽게 알려주는 책이다. 이 책을 통해 일기예보에 어떤 의미가 숨어 있는지 이해할 수 있을 것이다. 과학적인 원리를 통해서 구름의 질량이 수십 톤에 이르지만 상승 기류와 큰 표면적 덕분에 공중에 떠 있다는 점을 설명하고, 이를 시발점으로 구름이 어떻게 생성되는지를 알려준다. 그리고 구름을 이루는 입자가 어떻게 비나 눈이 되는지도 명쾌한 과학 이론에 입각해 살펴본다.

기상의 구조
추효상 / 전남대학교출판문화원(2010)

주변에서 쉽게 접하는 날씨와 관련된 기상현상들을 중심으로 기초지식을 안내하면서 기상학에 대해 공부할 수 있는 책이다. 기상이 바뀌는 구조, 구름과 강수 구조, 바람이 부는 구조, 이상 기상의 구조, 여러 기상의 구조 등을 어려운 물리나 역학적 내용을 가급적 배제하고, 현상에 관한 개념을 중심으로 서술하였다. 전문적인 설명을 최대한 줄이고, 일반인이나 대학생들이 기상에 대한 관심과 흥미를 가지고 우리 일상에서 일어나는 날씨와 기상에 관한 지식의 폭을 넓힐 수 있도록 안내한다. 기상학을 처음 공부하려는 학생이 보면 도움이 되는 서적이다.

바다 위 인공섬, 시토피아
권오순, 안희도 / 지성사(2012)

청소년들의 눈높이에 맞추어 전 세계 바다 위에 활발하게 조성되고 있는 인공섬이 무엇인지에 대해 안내하는 책이다. 인공섬은 어떻게 만들고 어떤 기술을 적용하여 바다 한가운데에 만들 수 있는지 설명한다. 삽화와 사진을 충분히 활용하여 세계 여러 나라의 인공섬들을 소개하면서 인공섬이 어떻게 활용되고 있는지 살피고, 미래의 인공섬에 대해서 예상해 본다. 또한 공학도들은 환경 보호의 심도를 높이는 일에 대한 연구를 하고 있고, 환경 변화를 최대한 줄이는 방안으로 맞춤형 인공섬을 만들기 위해 노력한다고 설명한다.

1 인문계열
2 사회계열
3 자연계열
4 공학계열 · 조선해양공학과
5 의약계열
6 예체능계열
7 교육계열

바다를 보는 현미경, 해양과학기지
심재설, 정진용 / 지성사(2014)

해양의 시대에 해양을 더 잘 이용하려면 많은 정보가 필요하다. 해양에서 발생하는 현상들은 변화무쌍하다. 해상에서 발생하는 크고 작은 피해를 줄이기 위해서는 해양을 지속적으로 관측하고 해양이 어떻게 바뀌어 가는지를 알아야 한다. 이 책은 해양 정보를 제공하는 최적의 연구 시설인 해양과학기지에서 어떤 연구를 하는지, 연구원들이 어떻게 생활하는지 알려준다. 이 책을 통해 해양을 한 자리에서 오랫동안, 그리고 자세히 살펴보는 현미경 역할을 하는 해양과학기지를 이해하는 데 도움이 될 것이다.

바다를 여행하다
강대진 / 호밀밭(2017)

이 서적은 국립해양박물관에서 2017년 한 해 동안 진행했던 해양 인문학프로그램인 제2회 '해양에서 바다로'의 산물로 바다여행·탐험을 주제로 고대·중세부터 현대까지 대표적인 해양문학 작품을 수록하고 있다. 고전 중의 고전 일리아스, 마르코 폴로의 동방견문록, 아랍-이슬람 여행문학의 대표작 이븐 바투타 여행기, 핀투여행기, 라페루즈의 세계 일주 항해기, 쥘 베른의 해저 2만 리에 나타난 바다, 우리의 남극탐험 소설 백야 이상춘의 서해풍파, 크리스토프 란스마이어 빙하와 어둠의 공포, 마지막으로 포경선 엑시스호의 침몰 사건을 다룬 바다 한가운데를 이야기하고 있다.

배 이야기
헨드리크 빌렘 반 룬 / 아이필드(2016)

배를 통해 살펴본 인류의 흥망사에 대해서 소개하는 서적이다. 연대별 배의 형식과 모양으로 배를 구분하지 않고, 노예제, 화약, 증기 엔진 등과 같은 역사적 요소들이 배를 변화시킨 과정을 살펴보면서, '고통의 산물'이며 '살아 있는 화석'인 배 이면에 담긴 문화사적 의의를 탐구하고 있다. 우리가 잘 알지 못했던 배의 에피소드들을 소개하면서 '고통의 산물'로서의 배에 대해서 설명하고 있다. 뱃사람들이 종교적이고 보수적인 성향을 갖게 된 까닭이나 유럽인의 대서양 진출과 수에즈 운하가 바꿔놓은 배의 개념 등 배에 관한 이야기를 다양하게 소개한다.

엔지니어 정약용
김평원 / 다산초당(2017)

우리가 잘 알고 있는 실학자 정약용을 조선의 엔지니어로 소개하는 책이다. 정약용은 청년 관리 시절 엔지니어로서 남다른 두각을 나타내며 수원 화성을 설계하고 다양한 기계를 발명했다. 저자는 정약용의 거중기와 녹로의 모형을 제작하는 등 인문학과 공학을 넘나들며 치밀하게 연구한 결과를 이 책에 소개한다. 정약용의 업적을 토목·건축·도시·기계·자동차·조선 공학 여섯 개 분야로 나누어 200여 개의 도판과 함께 구체적으로 살펴볼 수 있다.

조선기술
대한조선학회 / 지성사(2011)

조선해양산업에 관심이 있는 학생이라면 조선 기술 전반의 핵심 내용을 접할 수 있는 도서이다. 조선공학에 뜻을 두고 있는 학생들에게 조선산업과 기술 전반을 이해하는 데 좋은 지침서가 될 수 있을 것이다. 조선 기술자들은 조선 기술 전반적인 내용을 공부할 수 있고, 다른 분야의 공학자들이 조선해양산업에 참여하기에 앞서 반드시 읽어야 하는 필독서이다. 선박의 정의와 의미를 소개하고 조선 영업 과정에 대해서 설명한다. 선박 설계뿐만 아니라 선박을 관리하는 기술까지 설명하면서 조선 기술의 모든 것을 안내한다.

한국의 배
김효철 / 지성사(2006)

국내 최초의 '배(船) 도감'으로 우리나라 조선의 역사를 안내한다. 유조선, 벌크화물선, 다목적화물선, 컨테이너선, LNG선, 로로선, 여객선, 해저석유 시추선, 부유식 석유생산저장기지선 등을 소개한다. 세계적으로 이름을 떨친 우리나라의 대표적인 선박들을 비롯하여 유·무인 잠수정, 해군함정 등에 이르기까지 모든 선박을 설명한다. 우리나라 조선산업이 성장한 역사적인 배경을 설명하고, 우리나라를 빛낸 대표적인 선박들을 사진과 도면을 통해서 소개한다. 우리나라가 자체 개발한 특수 선박과 핵심 신기술을 접할 수 있다.

1
인문
계열

2
사회
계열

3
자연
계열

4
공학계열 • 조선해양공학과

5
의약
계열

6
예체능
계열

7
교육
계열

자율활동 특기사항

1인 1역으로 멀티미디어를 담당하여 매시간 교사를 도와 영상을 활용한 수업 진행을 성실하게 도움. '우리들의 꿈과 진로 UCC' 프로젝트에 감독으로 참여하여 주제 선정, 역할 분담, 장소 섭외, 촬영 등 친구들과 의견을 조율하면서 수준 높은 영상을 제작하는 데 크게 기여함. 한 명도 소외되지 않도록 배려하면서 희망대로 역할을 정하고, 기일 내에 진행될 수 있도록 친구들을 독려하는 모습이 인상적임. 영상편집 시 친구들의 진로와 관련된 재치 있는 문구를 입력하여 친구들에게 큰 호응을 얻음. 학급독서 활동시간에 **'바다 위 인공섬, 시토피아(권오순, 안희도)'**를 읽고 전 세계 바다 위에 활발하게 조성되고 있는 인공섬에 대해 조사하여 보고서를 작성함. 인공섬이 어떻게 활용되고 있으며 미래의 인공섬은 어떻게 연구되고 있는지 PPT를 제작함. 공학도들은 자연 보전과 개발의 적절한 형평과 환경 보호의 심도를 높이는 일에 대한 연구를 하고 있으며 환경 변화를 최대한 줄이는 방안으로 맞춤형 인공섬을 만들기 위해 노력하고 있다고 발표하여 친구들의 호응을 얻음.

동아리활동 특기사항

(해양연구반)(34시간) 해양전문가 되기 위해서 과학 잡지를 구독하고 최신 기술이 어떻게 발전하고 있는지 꾸준히 조사하는 학생임. 동아리 활동에 적극적으로 참여하여 동아리원들과 조선해양공학에 활용되는 신기술과 관련된 기사를 조사하여 스크랩하고 관련 내용을 중심으로 토론하고 노력하는 모습이 인상적임. 주제 탐구활동에서 선박에 작용하는 힘과 운동을 중심으로 모형 배를 제작하여 작용 반작용 운동 실험을 설계하고 배가 진행할 때의 변위, 속도, 가속도 등의 관계에 대해서 조사함. 배와 해양에 관심이 많아서 탐구활동 도서 **'조선기술(대한조선학회)'**을 읽고 조선 기술의 전반적인 핵심 내용을 조사함. 선박의 정의와 의미를 조사하고 조선 영업 과정에 대해서 구체적으로 분석하여 보고서를 작성함. PPT를 제작하여 선박 설계 과정과 선박을 관리하는 기술을 발표하여 동아리 부원들의 박수를 받음.

진로활동 특기사항

준비성이 철저하고 꼼꼼한 학생으로 진로 심화 모둠 프로젝트 활동에서 우리나라의 조선산업과 해양을 주제로 자료를 조사하여 발표함. 탐구 과정을 정리하고 발표하는 과정에서 다른 친구들에게 과학적 호기심을 불러일으키고 지적 자극이 되어주는 우수한 학생임. 진로 주제 발표 시간에 자신의 상상을 글로 자유롭게 표현할 수 있는 과학적 글쓰기의 매력이 무궁무진하다고 설명하며 다양한 스토리 구성을 위해 많은 경험을 해보고 싶다고 발표함. 진로진학 정보탐색 사이트에서 본인의 진로를 탐색하면서 조선해양공학과에 대한 정보를 찾아보고 우리나라 선박에 대한 연구를 하기를 희망함. 평소에 배와 바다에 관심이 많아서 진로 도서 **'배 이야기(헨드리크 빌렘 반 룬)'**를 읽은 후 배를 통해 살펴본 인류의 흥망사에 대해서 조사해 봄. 노예제, 화약, 증기 엔진 등과 같은 역사적 요소들이 배를 변화시킨 과정을 분석해 보면서, '고통의 산물'이며 '살아 있는 화석'인 배 이면에 담긴 문화사적 의의를 탐구함. 발표시간에 뱃사람들이 종교적이고 보수적인 성향을 갖게 된 까닭이나 유럽인의 대서양 진출과 수에즈 운하가 바꿔 놓은 배의 개념 등을 구체적으로 설명하여 친구들에게 호응을 얻음.

교과 세부능력 및 특기사항

물리학 I

평소 과학실험에 관심이 많으며 조작변인, 통제변인 등의 과학 용어를 정확히 이해하고 실험 활동에서 과학적 탐구능력이 뛰어남을 확인함. 뉴턴의 운동법칙을 확인하는 실험에서 가속도를 측정하기 위해 힘의 크기와 질량을 조작 변인으로 하는 가설을 설정함. 가속도 측정 과정에서 시간기록계의 위치에 따라 종이테이프에 발생하는 마찰의 정도가 달라짐을 깨닫고 조원들과 함께 적절한 위치를 찾기 위해 시간기록계와 종이테이프의 위치를 여러 번 조절하는 시도가 돋보였음. 가속도와 힘의 크기, 질량의 관계를 그래프로 나타내고 개형을 분석하여 뉴턴의 운동의 법칙을 유도해 냄. 도서 탐구활동에서 **'교양으로 읽는 조선공학(해리 벤포드)'**을 읽고 사람과 물건을 실어나를 수 있는 구조물인 배에 적용되는 과학 원리에 대해서 조사함. 발표 자료에서 선박에 대해서 정의하고 선박의 쓰임새와 선박을 설계할 때 반영해야 하는 것에 대한 내용을 작성함. 바다 한가운데서 선박이 기울어지면 위험해지기 때문에 정적 복원성과 안정성이 중요하다는 점과 그 원리를 이해하기 쉽게 설명하여 친구들의 호응을 얻음.

지구과학 I

평소 기후변화가 사회 이슈로 보도될 때마다 관심을 갖고 지켜보며 자료를 모아 왔고, 기후변화 협약 모의 총회 활동에서 선진국 모둠을 맡아서 즐거운 모습으로 모둠을 이끎. 인간 활동으로 인해 지구온난화가 가속화되는 과정을 과학적으로 명확하게 설명하고 다양한 기후변화 사례를 구체적으로 발표함. 과학토론 활동에서 조석현상이 인간에게 미치는 영향을 주제로 달 뿐만 아니라 태양의 영향도 작용하기 때문에 동물의 배란 주기나 음력 사용 등의 현상이 나타나고 있다고 발표함. 도서를 활용한 심화탐구 활동에서 **'기상 예측 교과서(후루카와 다케히코, 오키 하야토)'**를 읽고 친구들이 궁금해하는 기상현상을 조사함. '비는 왜 내릴까?' '구름은 어떻게 생기는 걸까?'와 같은 질문을 중심으로 여러 대기 현상의 원리와 구조를 조사하여 보고서를 작성함. PPT를 제작하여 구름의 질량이 수십 톤에 이르지만 상승 기류와 큰 표면적 덕분에 공중에 떠 있다는 점을 이해하기 쉽게 설명하여 친구들에게 박수를 받음.

행동특성 및 종합의견

평소에 독서를 좋아해서 아침 수업 시작 전이나 쉬는 시간에 본인이 관심 있는 분야의 다양한 책을 즐겨 읽는 모습을 보임. **'바다를 보는 현미경, 해양과학기지(심재설, 정진용)', '교양으로 읽는 조선공학(해리 벤포드)', '한국의 배(김효철)'** 등의 도서를 읽으면서 본인이 관심 있는 해양이나 조선공학 등에 대해서 진로를 탐색함. 학급 발표시간에 우리나라의 해양과학의 특징과 조선시대의 배의 역사와 현재 조선 산업의 현황을 친구들에게 발표하여 본인의 희망분야가 확고하다는 것을 드러냄. 사람들과 어울려 대화하는 것을 즐거워하는 등 사회적 대인관계 능력이 또래보다 뛰어난 학생임. 자신이 조금 힘들더라도 학급 또는 학교의 공동체 활동에 도움이 된다면 흔쾌히 참여하고 자기보다 약한 친구를 적극적으로 도와주는 배려가 돋보이며 급우 간에 신임이 두터움. 꾸준히 주간 학습 계획표를 작성하여 실천하는 등 학업에 임하는 자세가 훌륭함. 본인의 관심 분야를 위해서 지속적으로 노력한다면 더 큰 발전이 기대됨.

21 ▶▶ 컴퓨터공학과

1 학과 인재상

컴퓨터 하드웨어와 다양한 응용소프트웨어에 관심과 흥미가 많은 학생

수학 문제의 결과보다 풀이과정을 중요시하는 자세를 가진 학생

다양한 독서와 풍부한 인문학적 소양으로 문제에 대한 통찰력을 가진 학생

수리능력·논리적인 사고력과 함께 물리학 등의 기초과학 분야에 관한 흥미와 재능이 있는 학생

논리적 사고, 독창적 사고, 현실에 닥친 문제를 해결하고자 하는 열정이 있는 학생

2 유사학과

- AI소프트웨어전공
- 멀티미디어공학과
- 디지털콘텐츠과
- 스마트소프트웨어과
- 스마트미디어학과
- 인공지능공학과
- 인공지능융합학과
- 융합소프트웨어학과
- 응용시스템학과
- 전산학과
- 전자계산학과
- 컴퓨터시스템공학과
- 컴퓨터과학전공

3 관련직업

- 가상현실전문가
- 공학계열교수
- 네트워크관리자
- 네트워크프로그래머
- 데이터베이스개발자
- 디지털영상처리전문가
- 모바일콘텐츠개발자
- 변리사
- 사물인터넷 개발자
- 시스템소프트웨어개발자
- 애니메이터
- 웹프로그래머
- 음성처리전문가
- 인공지능연구원
- 컴퓨터보안전문가

4 개설대학

- 가천대학교
- 강원대학교
- 건국대학교
- 경동대학교
- 경희대학교
- 단국대학교
- 대전대학교
- 동서대학교
- 명지대학교
- 목포대학교
- 부경대학교
- 상지대학교
- 서강대학교
- 서경대학교
- 서울과학기술대학교
- 성결대학교
- 성신여자대학교
- 세종대학교
- 순천향대학교
- 안동대학교
- 조선대학교
- 충북대학교
- 한남대학교
- 협성대학교
- 호남대학교
- 홍익대학교 등

학과 연계도서

소프트웨어개발자, 어떻게 되었을까?
문태준 / 캠퍼스멘토(2020)

저자는 각 분야 최고의 소프트웨어개발자들이 걸어온 길을 소개한다. 이하늘, 정우현, 노현서, 김승율, 장봉균, 노우현, 권정윤 등 소프트웨어개발자의 커리어패스를 통해 다양한 경험을 배울 수 있고, 소프트웨어개발들이 현재의 직업을 갖기까지 어떤 일들을 거쳐왔는지 확인할 수 있다. 개발자는 시대적 트렌드에 빠르게 반응하면서 무한 학습 능력과 언제든지 발전할 수 있는 원동력을 갖고 있어야 하고, 뛰어난 개발자가 되기 위해서는 자기 상태를 스스로 점검하고 노력해야 한다고 설명한다. 소프트웨어개발자는 긴 프로젝트를 마무리하고 큰 성취감을 얻을 수 있다는 점에서 매력적인 직업이라고 소개하면서 청소년들에게 꿈과 희망을 제시한다.

1억 배 빠른 양자 컴퓨터가 온다
니시모리 히데토시, 오제키 마사유키(신상재 역) / 로드북(2018)

1억 배 더 빠른 컴퓨터인 양자 어닐링 머신의 탄생에 대해서 소개한 책이다. 인공지능이 세상을 바꾸기 위해서는 엄청나게 복잡하게 얽힌 최적 조합 찾기 문제 등 많은 문제가 해결되어야 한다고 설명한다. 이러한 인공지능에 날개를 달아줄 기술을 양자 컴퓨터라고 소개한다. 양자 컴퓨터는 최적화 문제를 해결할 수 있는 솔루션이다. 이 책은 이미 상용화한 양자 컴퓨터가 어떤 기술로 이루어졌는지 알아본다. 그리고 일본이 양자 컴퓨터를 개발하기 위해 기초과학 연구에 투자하고 있는 것을 통해 우리가 나아가야 할 방향도 찾아볼 수 있다.

MT 컴퓨터공학
노병희 외 2인 / 청어람(2012)

이 서적은 컴퓨터공학과 컴퓨터과학의 차이를 비교하여 설명한다. 컴퓨터공학을 전공할 때 배우는 이론 중심의 강의실 수업, 프로그래밍 실습수업 등 대학에서 배우는 수업을 자세히 소개한다. 컴퓨터공학의 매력, 생활 속에 있는 컴퓨터 공학 등 컴퓨터공학의 전반적인 내용을 다루고 있으며 실제 대학생활을 하는 것처럼 생생하게 체험할 수 있다. 미리 체험해보는 컴퓨터공학과 수업을 통해서 컴퓨터공학과에 진학하려는 학생에게 도움이 되는 서적이다.

그림으로 공부하는 IT 인프라 구조
야마자키 야스시 외 3인(김완섭 역) / 제이펍(2020)

이 서적은 컴퓨터 시스템 각 부분의 공통된 구조나 원리를 올바로 이해할 수 있도록 자세히 설명한다. 시스템의 원리를 설명할 때 풍부한 그림을 제시하여 실무 경험이 적은 학생도 손쉽게 전체 구조를 이해할 수 있다. 다양한 컴퓨터 환경에서 직접 체득한 인프라 기술의 핵심을 포함하여 아키텍처나 네트워크, 서버, 프로세스 등과 같은 기반 기술을 상세히 설명한다. 클라우드를 비롯한 현업의 최신 내용이 소개되어 있어서 새로운 기술이 나와도 곧바로 적응할 수 있도록 구성되어 있다.

1 인문계열

2 사회계열

3 자연계열

4 공학계열 · 컴퓨터공학과

5 의약계열

6 예체능계열

7 교육계열

기술의 충격
케비 켈리(이한음 역) / 민음사(2011)

이 서적은 수렵, 농경 생활을 하던 원시 시대부터 디지털 테크놀로지가 고도로 발달한 현재에 이르기까지, 기술의 자기 창조, 자기 조직화라는 특징을 부각하여 기술이 어떻게, 어떤 방향으로 발전해 왔는지 소개한다. 기술의 발전 상태는 인간의 통제 영역에서 벗어난 듯 보인다고 설명하면서 오늘날 기술이 펼쳐 보이는 새로운 기회들을 슬기롭게 이용하는 방법에 대해서 설명한다. 우리가 테크놀로지를 이해하고 잘 활용하기 위해서 기술이 원하는 것에 귀를 기울여야 하는 이유를 설명한다.

디지털 포트리스
댄 브라운(안종설 역) / 문학수첩(2010)

이 소설은 스페인을 배경으로 국가 안보와 테러 방지를 위해 감청과 암호화된 메시지를 해석하는 NSA와 개인의 사생활 보호와 권리를 주장하는 프로그래머 사이의 치열한 두뇌싸움을 골자로 한다. NSA는 인터넷 사용으로 인한 새로운 첩보시대를 맞아, 우표 크기의 연산자 3백만 개를 내장한 꿈의 슈퍼컴퓨터인 트랜슬터를 개발하기에 이르렀다. NSA의 개인 감시에 따른 윤리적 분노의 문제로 파면당한 프로그래머 엔세이 탄카도는 죽음을 맞이한다. 그의 죽음으로 인해 NSA는 디지털 포트리스의 패스 키를 찾아 암호를 해독하고 트랜슬터를 지켜내야 하는데, 이 과정을 바탕으로 이야기가 전개된다.

그림으로 배우는 프로그래밍 구조
마스이 도시카츠(김성훈 역) / 영진닷컴(2021)

저자는 그림과 설명을 통해서 프로그래머가 어떻게 개발을 진행하고, 어떤 지식과 용어를 공부해야 하는지 알려준다. 프로그래밍에 관한 넓고 다양한 주제를 다루고 있고, 프로그래밍의 개념부터 개발 공정, 언어별 특징, 알고리즘, 데이터, 웹 기술 등 다양한 지식을 전달한다. 1장과 2장에서는 프로그래머의 종류와 프로그래밍 환경을 배우고, 다양한 프로그래밍의 언어별 특징을 배운다. 3장에서는 컴퓨터에서 사용하는 숫자와 2진수를 이용하는 처리 방법을 배우고, 컴퓨터 계산의 기본인 수치와 데이터를 어떻게 다루는지 알아본다. 4장부터 6장까지는 흐름도와 알고리즘, 설계와 테스트 과정을 배운다. 마지막으로 웹 기술과 보안 기술 등 다양한 이슈를 공부한다.

생각하지 않는 사람들
니콜라스 카(최지향 역) / 청림출판(2020)

이 서적은 문명의 발달을 조사하여 인류의 사고 능력이 변화하는 과정을 안내한다. 설형문자, 상형문자, 알파벳 등 문자의 발전이 우리의 읽기와 쓰기 방식에 미친 영향을 설명한다. 지도와 인쇄 매체의 발달이 추상적인 사고를 형성하는 과정, 시계의 발명이 개인주의 사상의 주된 동력이 된 역사를 안내한다. 그중에서 정보 기술이 가져온 놀라운 지적 변화를 진단하며 인터넷이 인간에게 제공한 편의성과 문제점을 함께 분석한다. 언택트 시대가 도래하면서 인류의 사고 능력이 퇴화하는 현실을 돌아볼 수 있는 책이다.

세상에서 가장 재미있는 물리학
아트 후프만(전영택 역) / 궁리출판(2021)

UCLA에서 물리학 강의를 하고 있는 아트 후프만과 래리 고닉이 공동 작업해서 물리학을 쉽고 흥미롭게 설명한 책이다. 일반적으로 과학 전문 서적이 복잡하고 난해하게 설명하는 데 반해 이 책은 생활 속 이야기를 중심으로 과학적으로 소개한다. 첫 번째 역학 부분에서는 물체의 운동과 에너지, 뉴턴의 법칙 등을 설명한다. 두 번째 전기와 자기 부분에서는 전류, 전기장, 자기장, 양자전기동역학 등의 내용을 설명한다. 물리학에 관심이 있거나 물리학을 조금 어려워했던 학생들에게 훌륭한 입문서가 될 수 있는 책이다.

처음 만나는 디지털 논리회로
임석구, 홍경호 / 한빛아카데미(2016)

디지털과 아날로그, 디지털 코드, 논리게이트, 논리식의 간소화, 카운터와 레지스터, 메모리 등의 내용으로 구성된 책이다. 디지털 하드웨어를 처음 배우는 공학계열 학생들을 위한 입문서로, 친절한 설명과 풍부한 그림으로 이론을 쉽게 다루고 있다. 논리회로의 기초에 해당하는 수의 체계, 디지털 코드, 기본 게이트, 불대수, 카르노 맵, 조합논리회로 이론을 배우고, 순서논리회로에 해당하는 플립플롭, 카운터, 레지스터와 메모리를 다룬다. 최근에 출제된 산업기사 문제도 포함하여 이론 학습과 동시에 각종 산업기사시험을 대비할 수 있는 수험서이다.

컴퓨터공학과 독서탐구활동 활용사례

자율활동 특기사항

인터넷 중독 예방 교육을 받고, 자신의 인터넷 사용 시간을 컴퓨터 프로그램에 시간대별로 기록하여 생각보다 많은 시간을 소비하고 있음을 인지함. 앞으로 인터넷 사용 시간을 계획해서 그 시간에만 사용하겠다는 강한 실천 의지를 발표함. **'기술의 충격(케비 켈리)'**을 읽고 수렵, 농경 생활을 하던 원시 시대부터 디지털 테크놀로지가 고도로 발달한 현재에 이르기까지, 기술의 자기 창조, 자기 조직화라는 특징을 부각하여 기술이 어떻게, 어떤 방향으로 발전해 왔는지 조사하여 보고서를 작성함. 기술의 발전 상태는 인간의 통제 영역에서 벗어났다는 점과 오늘날 기술이 펼쳐 보이는 새로운 기회들을 슬기롭게 이용하는 방법에 대해서 구체적으로 발표하여 친구들의 호응을 얻음. 환경교육 영상을 시청한 후 지금부터 당장 실천할 수 있는 실천 공약 다섯 가지를 제안하여 친구들과 서로 공약을 지켰을 때 환경 마일리지를 쌓아주는 등 지속적으로 실천 가능한 방법을 찾기 위해 다양한 의견을 제시함.

동아리활동 특기사항

(컴퓨터연구반)(34시간) 컴퓨터공학교육 전문가가 되어 자율주행 자동차에 들어가는 프로그램의 원리에 대해서 조사하여 발표함. 초음파 센서, 자이로 센서, 칼라 센서를 활용해 자율 주행하는 차량을 구현하기 위한 알고리즘을 구상하고 프로그램을 만드는 과정을 설명하여 친구들의 호응을 얻음. **'처음 만나는 디지털 논리회로(임석구, 홍경호)'**를 읽고 프로그램을 개발하는 데 중요한 용어를 공부함. 디지털과 아날로그, 디지털 코드, 논리게이트, 논리식의 간소화, 카운터와 레지스터, 메모리 등에 대한 내용을 동아리 노트에 정리하여 기록함. 책을 읽은 후 발표 자료를 제작하여 논리회로의 기초에 해당하는 수의 체계, 디지털 코드, 기본 게이트, 불대수, 카르노 맵, 조합논리회로 이론 등을 그림과 함께 동아리원에게 발표하면서 본인의 진로를 탐색해 나감. 프로그램을 개발하기 위해서는 논리게이트와 같은 알고리즘에 대한 이해가 중요한 것을 깨닫고 수학적인 사고력을 키우기 위해 더욱 노력하기로 다짐함.

진로활동 특기사항

진로 탐구 활동에서 컴퓨터와 인간 건강의 연관성을 주제로 모둠 활동을 진행하여 컴퓨터의 긍정적·부정적 사례를 공신력 있는 포털사이트에서 찾아 모둠원들에게 조리 있게 알려줌. 이를 통해 선행연구와 과학적 근거가 있는 지식을 활용하는 방법을 습득함. 탐구 내용을 정리하고 발표하는 과정에서 다른 친구들에게 과학적 호기심을 불러일으키고 지적 자극이 되어주는 우수한 학생임. **'MT 컴퓨터공학(노병희 외)'**을 읽고 컴퓨터공학과 컴퓨터과학의 차이를 배움. 컴퓨터공학을 전공할 때 배우는 이론 중심의 강의실 수업, 프로그래밍 실습수업 등 대학에서 배우는 수업에 대해서 자세하게 알게 됨. 컴퓨터공학의 매력, 생활 속에 있는 컴퓨터 공학 등 컴퓨터공학의 전반적인 내용을 잘 정리해서 발표하여 친구들의 호응을 얻음. 진로진학 정보사이트에서 컴퓨터공학을 전공하기 위해서는 고등학교 때 수학과 물리학이 중요한 과목이라는 것을 깨닫고 더 열심히 공부하기로 다짐함. 학년별 로드맵을 설정하여 구체적으로 실행 계획을 세우고 이를 실천하기 위해서 노력함.

교과 세부능력 및 특기사항

인공지능기초

컴퓨터 분야를 희망하는 학생으로 평소에 전자제품의 작동원리를 조사하거나 제품 사용 방법을 찾아보는 것을 좋아하며 수업 시간에 노트북과 TV를 연결해 주어 수업 준비를 도와주는 기특한 학생임. 본인의 진로와 관련된 주제 발표 시간에 '센서의 원리'라는 주제로 자료를 조사함. 온도, 조도, 습도, 위치, 동작 등 주변의 환경 및 상황 정보를 탐지하여 인식하는 센서를 개발하기 위해서는 센서의 기본 구조와 작동원리에 대한 이해가 필요하다고 발표함. **'1억 배 빠른 양자 컴퓨터가 온다(니시모리 히데토시, 오제키 마사유키)'**를 읽고 1억 배 더 빠른 컴퓨터인 양자 어닐링 머신에 대해서 조사해 봄. 인공지능이 세상을 바꾸기 위해서는 엄청나게 복잡하게 얽힌 최적 조합 찾기 문제 등 많은 문제가 해결되어야 하고, 이러한 인공지능에 날개를 달아줄 기술이 양자 컴퓨터라는 것을 배움. 양자컴퓨터는 최적화 문제를 해결할 수 있는 솔루션이고, 이미 상용화된 양자 컴퓨터가 어떤 기술로 이루어졌는지 PPT를 제작하여 구체적으로 발표하여 친구들의 호응을 얻음.

물리학Ⅱ

호기심이 많고 양자 컴퓨터 연구를 희망하는 학생으로 물리학에 나오는 양자 이론이 컴퓨터공학에 어떻게 적용되고 있는지 자료를 찾아보기 위해서 노력함. 과학 잡지 및 과학 전문 누리집을 통해 확인하고, 최근 연구 및 활용 사례를 찾아 정리하는 등 자료를 자신의 것으로 해석하여 정리하는 능력이 뛰어난 학생임. **'세상에서 가장 재미있는 물리학(아트 후프만)'**을 읽고 두 번째 단원에서 나오는 전기와 자기 부분을 자세하게 공부함. 전류, 전기장, 자기장, 양자전기동역학 등의 내용을 살펴보면서 컴퓨터공학과 관련된 내용을 정리해 봄. PPT를 제작하여 컴퓨터공학의 분야는 알고리즘과 하드웨어에 대한 이해가 중요하고, 하드웨어 부분은 전기와 전자공학과 연관되어 있어서 물리학 시간에 배우는 전기와 자기 부분에 대한 이해가 중요하다고 구체적인 자료를 제시하여 발표함.

행동특성 및 종합의견

공학계열을 희망하는 학생으로 말수가 적고 신중하게 행동함. 타인에게 피해를 주지 않기 위하여 세심한 노력을 기울이는 학생임. 성실하고 이해력이 풍부하여 학급 정보부장으로서의 역할에 최선을 다함. 컴퓨터에 관심이 많아서 최근에 어떤 사양과 디자인의 컴퓨터가 인기가 많은지 잘 알고 있고, 컴퓨터를 활용하는 능력이 탁월하여 수업 시간에 선생님들의 도우미 역할을 자주 함. 컴퓨터공학에 관심이 많아서 **'그림으로 공부하는 IT 인프라 구조(야마자키 야스시 외)'**를 읽고 컴퓨터 시스템 각 부분의 공통된 구조와 원리를 파악하고, 소프트웨어로 개발한 가상 반려동물에 대해서 고민해 봄. 학급 토론 시간에 읽은 내용을 중심으로 컴퓨터공학에서 중요하게 고려하는 환경과 아키텍처나 네트워크, 서버, 프로세스 등에 대한 내용과 소프트웨어 객체의 생애주기에 대한 본인의 의견을 발표하여 우수 토론 참여자로 선정됨. 지금처럼 노력과 열정을 게을리하지 않는다면 컴퓨터 분야에서 앞으로 발전 가능성이 많은 학생임.

22 ▶▶ 토목공학과

1 학과 인재상

큰 건물을 성공적으로
건설하여 성취감을
맛보고 싶은 학생

수학, 물리학 등
공학 기초과목에
관심과 흥미가 있는 학생

사회 환경을
내 손으로 업그레이드
시키고 싶은 학생

설계에 관심이 있는 경우
디자인 능력이 뛰어난 학생,
환경에 관심이 있는 경우 화학
및 생물분야에 뛰어난 학생

공간감각력 및 설계도에 대한
이해도가 뛰어나고
협동심이 강한 학생

2 유사학과

- 건설시스템공학과
- 건설환경공학과
- 철도건설과
- 토목과
- 건설환경공학전공
- 토목조경과
- 토목환경과

3 관련직업

- 건설 및 광업관련관리자
- 건설견적원
- 건설자재시험원
- 건축 및 토목캐드원
- 건축구조기술자
- 건축시공기술자
- 건축안전기술자
- 토목직공무원
- 도시계획 및 설계가
- 도시재생전문가
- 지능형교통시스템연구원
- 측량 및 지리정보기술자
- 토목감리기술자
- 토목공학기술자
- 토목구조설계기술자
- 토목시공기술자
- 토목안전환경기술자

4 개설대학

- 가톨릭관동대학교
- 강릉원주대학교
- 건국대학교
- 경기대학교
- 경동대학교
- 경북대학교
- 경상국립대학교
- 광주대학교
- 국민대학교
- 군산대학교
- 금오공과대학교
- 대전대학교
- 목포대학교
- 부경대학교
- 서울시립대학교
- 안동대학교
- 전남대학교
- 제주대학교
- 중앙대학교
- 청주대학교
- 충남대학교
- 충북대학교
- 한라대학교
- 한양대학교
- 홍익대학교 등

5 학과 연계도서

나는 플랜트 엔지니어입니다
박정호 / 플루토(2020)

초보 플랜트 엔지니어가 오랫동안 하나의 프로젝트를 처음부터 끝까지 완수하며 성장하는 이야기를 소개한 책이다. 플랜트 건설 프로젝트가 어떻게 시작하고 어떻게 마무리되는지 그 실무적인 과정을 현장감 있게 보여준다. 저자는 플랜트 엔지니어를 꿈꾸는 사람이든 여타 다른 엔지니어를 꿈꾸는 사람이든 본격적으로 엔지니어링을 시작할 때 덜 헤맸으면 하는 바람에서 이 책을 집필했다. 저자는 해양플랜트 중심으로 플랜트 건설 프로젝트의 전체 과정을 소개하면서 자신이 겪었던 경험을 바탕으로 플랜트 제작의 큰 그림을 보여준다. 이 책을 통해서 플랜트 엔지니어링이 현장에서 어떻게 활용되는지 자세히 배울 수 있을 것이다.

쉽게 읽는 토목 이야기
장경수 / 미래사(2019)

저자는 토목실무를 하면서 보고 듣고 경험한 다양한 내용들을 소개한다. 토목기술에서 가장 기본적인 내용이나 실무에서 소홀히 하고 있는 내용들을 설명하고, 오해하기 쉬운 용어나 개념들에 대해 그 의미와 사용법에 대해서 알려준다. 저자가 경험했거나 사회적으로 이슈가 된 붕괴 사고와 구조물의 실패 사례 등에 대해 원인을 분석하여 알려준다. 강우나 태풍, 지진 등의 자연재해 현상에 대해 토목구조물이 어떻게 설계되는지 분석하여 자세히 설명한다. 알라미요교의 구조적 특성과 우리나라의 돌로 만든 다리들, 유명한 나무다리들, 거대한 공학자들의 계획들에 대해서도 전반적으로 살펴보고 소개하기 때문에 토목과 관련된 다양한 지식을 습득할 수 있다.

모래가 만든 세계
빈스 베이저(배상규 역) / 까치글방(2019)

이 책은 저자가 세계 각지에 있는 모래가 파헤쳐지는 현장을 확인하고, 모래가 어떻게 우리 삶에 필수적인 존재가 되었는지를 추적한다. 모래에 관한 비유는 세계 곳곳에 있고, 가치가 없다는 의미로 많이 쓰인다. 하지만 이 책에서는 모래가 석유만큼 중요하고 우리의 문명을 뒤바꿔놓은 유한한 천연자원이라고 설명한다. 고속도로나 고층건물에는 모래가 들어가고, 스마트폰도 모래 없이는 만들 수 없다. 이 책은 모래를 둘러싸고 일어난 여러 가지 사건들을 소개하고, 우리가 몰랐던 모래에 대한 흥미진진한 이야기를 전해준다.

물의 자연사
앨리스 아웃워터(이충효 역) / 예지(2010)

쓸모없어 보이는 습지나 강가의 모래톱, 구불거리는 곡류가 물을 깨끗이 하고 지하수를 풍부하게 할 수 있다는 이야기를 담은 책이다. 미국은 오염된 물을 깨끗하게 하기 위해서 수로의 원형을 복원하려고 노력하고 있다. 그리고 많은 나라들이 자연의 효율적인 물 관리 시스템으로 복원하기 위하여 많은 돈을 투자하고 있다. 우리나라도 4대강 살리기라는 전 국토 개발 프로젝트를 놓고 뜨거운 논쟁이 벌어졌었고, 이러한 운동은 우리에게 많은 시사점을 제시했었다. 이 책의 댐과 물고기, 홍합과 악어, 수도관과 변기, 수로로 흘러드는 오염물질에 대한 이야기를 통해서 물을 깨끗하게 하기 위한 다양한 노력을 엿볼 수 있다.

1
인문
계열

2
사회
계열

3
자연
계열

4
공학계열 · 토목공학과

5
의약
계열

6
예체능
계열

7
교육
계열

바다에서 만나는 인공 구조물
조홍연 / 지성사(2017)

바다에 떠 있는 인공 구조물들의 고유 기능은 무엇이고, 어떤 역할을 하는지 알아보는 내용으로 구성되어 있다. 이러한 구조물의 환경이나 생태학적 문제를 조사하고, 그 문제를 해결할 수 있는 방법을 찾아보기도 한다. 바닷가에서는 콘크리트로 만든 우람한 삼발이들을 볼 수 있을 뿐만 아니라 우리에게 알려지지 않은 구조물도 많이 있다. 바닷가의 구조물 중에는 바다의 위협을 줄이기 위해 자연적으로 형성된 구조물이 있고, 좀 더 효율적으로 바다를 이용하고 경제적인 타당성과 과학원리에 따라 인간이 사용하는 크고 작은 인공 구조물들도 있다. 이 책은 인공 구조물과 관련된 사진을 다양하게 삽입하여 직접 현장에 가지 않고도 구조물들의 기능과 역할을 파악할 수 있다.

자연과 문명의 조화 토목공학
대한토목학회 / 대한토목학회(2018)

토목공학에 대한 과거, 현재, 그리고 미래의 모습을 사진과 그림을 곁들여 쉽게 설명한 책이다. 12개의 주제로 설명하고 있어 토목공학에 대한 다양한 내용을 배울 수 있다. 1장에서 토목공학이 무엇인지 함께 고민해 본다. 2장에서는 문명의 발달과 함께한 토목기술에 대해서 소개하고, 토목 세계로 뻗어 가는 한국건설 현장을 안내한다. 3장에서는 토목공학의 재료인 토양과 건설 폐기물 관리 방법에 대해서 소개한다. 4장부터는 다양한 토목 시설과 교량에 대해서 소개하고, 교량의 관리 방법과 교량의 미래에 대해서 예측한다. 일상생활에서 만나는 토목공학 이야기와 우리가 잘 모르고 지나쳤던 신기한 현상도 소개하여 재미있게 공부할 수 있다.

재미있는 교량 이야기
나가시마 후미오 외 2인(박시현 역) / 씨아이알(2016)

토목공학에서 기본적으로 알아야 되는 교량공학에 대하여 기본 이론부터 전문적인 내용까지 안내한 책이다. 1장에서는 교량의 구조 및 작용하는 힘에 대해 설명하고, 교량에는 어떤 형식이 있는지 안내한다. 2장에서는 교량 형식이 다양한 이유와 아치교와 트러스교 중에서 어느 쪽이 더 안전한지 자세히 설명한다. 3장에서는 지진에 강한 교량의 원리를 알려주고, 도로교와 철도교의 차이점을 소개한다. 4장에서는 교량의 시공방법, 유지관리방법, 보수방법 등에 대해서 구체적인 예를 들어 설명한다. 5장부터는 교량의 안전성에 도움을 주는 부드러운 강재에 대해서 알아보고, 진동을 제어할 수 있는 스마트한 교량에 대해서 소개한다.

토목공학의 역사
한스 스트라우브(김문겸 역) / 대한토목학회(2016)

이 책에서 저자는 토목공학 분야와 문화 전반, 특히 건축 예술의 역사적인 여러 양식과의 관계를 분석하여 설명한다. 고대와 중세의 운하, 교통, 도로, 교량 등의 다양한 구조물에 대해서 설명한다. 제3장에서는 레오나르도 다 빈치, 갈릴레오 갈릴레이, 17세기 프랑스와 영국의 과학자들, 이성주의 시대의 수학자들을 통해서 재료역학의 시작을 설명한다. 제5장부터는 토목공학이 출현한 후 새로운 건설재료인 철과 강에 대해서 소개하고, 19세기의 토목공학에 대해서도 자세히 설명한다. 시멘트와 철근콘크리트가 발달하고, 시공 기술이 기계화되면서 토목공학은 점점 더 발전하게 된다. 이렇게 중세 시대, 르네상스 시대, 바로크 시대의 업적을 확인하고 정역학과 재료역학 이론을 적용한 현대적 구조공학에 대해서 공부할 수 있다.

토목공학기술자 어떻게 되었을까?
캠퍼스멘토 / 캠퍼스멘토(2022)

이 책은 토목공학기술자에 대해서 소개한다. 그 분야 최고의 전문가가 된 김민호, 김영국, 강두헌, 배종규, 이준성, 이영석 6명을 인터뷰한 후 각각의 커리어패스를 통해 토목공학기술자의 이야기를 소개한다. 이 책에 등장하는 토목공학기술자들은 중요한 선택을 하던 순간 어떠한 결정을 했는지, 왜 지금의 일을 하게 되었는지를 자세히 설명해준다. 다양한 커리어패스를 통해 그들이 현재의 직업을 갖기까지 어떤 일들을 거쳐 왔는지 확인할 수 있다. 토목은 건설 경험과 함께 공학적인 전문지식이 중요하다는 것을 배울 수 있다.

한반도의 댐
박치현 / 한국학술정보(2011)

이 책은 MBC 제작진이 직접 댐 현장을 찾아다니며 현장조사를 거듭한 끝에 집필한 우리나라의 댐에 대한 이야기를 담은 책이다. 한반도 댐은 예상보다 많은 문제점을 안고 있으며 남한강, 북한강, 낙동강, 경안천 등 식수원수로 사용되는 수계에서도 각종 항생물질이 검출되었다. 이러한 결과는 의약품 오남용의 부작용을 나타내는 것이고, 댐의 관리 상태가 심각하다는 것을 의미한다. 이 책에서는 댐 전문가들의 도움으로 홍수나 지진 발생 시 우리나라 댐이 어느 정도의 충격에 붕괴될 위험이 있는지를 시뮬레이션한 결과를 소개한다. 이 책을 통해 한반도의 댐에 대한 흥미로운 이야기를 접할 수 있을 것이다.

토목공학과 독서탐구활동 활용사례

자율활동 특기사항

학급 테마 여행에서 '내 고장의 역사와 과학기술 찾기'라는 학급 테마로 지역 일대의 과학관과 댐을 탐방함. 우리 고장의 과학기술을 소개하는 역할을 맡아 테마 여행 첫째 날 지역의 과학자를 소개하고, 친구들과 탐방한 댐의 역할에 대해서 발표함. 학급 테마 여행 이후 체험학습 보고서를 작성하며 3일간의 테마 여행을 되돌아보았으며, 본인이 조사했던 댐과 같은 토목공학기술에 대해서 추가로 탐구하기로 함. 토목공학을 조사하기 위해서 **'토목공학의 역사(한스 스트라우브)'**를 읽고 토목공학 분야와 문화 전반, 건축 예술의 역사적인 여러 양식과의 관계를 조사해 봄. 토목공학이 출현한 후 새로운 건설재료인 철과 강, 시멘트와 철근콘크리트가 발달하였고, 시공 기술이 기계화되면서 토목공학은 점점 더 발전하게 되었다고 발표함. 중세 시대, 르네상스 시대, 바로크 시대로 발전하면서 정역학과 재료역학 이론을 적용한 현대적 구조공학이 발달했다고 소개하여 친구들의 호응을 얻음.

동아리활동 특기사항

(구조물탐구반)(34시간) 건축물이나 구조물에 관심이 많아서 국내에 있는 댐이나 교각 등을 조사한 후 분석하여 탐구보고서를 꾸준히 작성함. 국내에 분포되어 있는 댐을 조사한 후 지역별 위치를 파악하여 댐 지도를 그림으로 그림. 우리나라의 댐에 대해서 자세히 조사하기 위해 **'한반도의 댐(박치현)'**을 읽고 남한강, 북한강, 낙동강, 경안천 등 식수원수로 사용되는 수계의 수질을 파악해 봄. 의약품 오남용의 부작용으로 식수에서 항생물질이 검출된 적도 있다는 것을 확인하고, 댐의 관리 상태를 조사하여 보고서를 작성함. 작성한 보고서를 바탕으로 발표자료를 제작하여 부원들 앞에서 '한반도의 댐'이라는 주제로 한반도의 강의 수질과 댐의 관리 상태에 대한 문제점을 발표하여 우수 발표자로 칭찬을 받음. 동아리원들과 구조물의 안정성에 대해서 토론해보고, 구조물에 작용하는 중력과 다양한 힘을 함께 공부하고 물리학 법칙에 대해서 연구함.

진로활동 특기사항

전공 관련 심화 체험 프로그램에서 과학원서를 꾸준히 읽어가며 기사를 해석하고 분석하여 본인의 생각을 논리적으로 잘 정리하여 발표함. 과학 관련 도서를 읽고 건축과 토목에 대한 자료를 정리하여 본인의 진로를 탐색해 나감. 진로탐구활동에서 '교량에 작용하는 힘'을 주제로 모형 교각을 제작하여 무거운 물체를 올려도 무너지지 않는 실험을 한 후 관련 자료를 정리하고 보고서를 작성함. 친구들 앞에서 교량에 작용하는 중력과 다양한 힘에 대해 구체적으로 설명하여 호응을 얻음. 진로 도서 **'토목공학기술자 어떻게 되었을까?(캠퍼스멘토)'**를 읽고 토목공학기술자 6명의 커리어패스를 통해 토목공학기술자가 되는 과정을 조사함. 토목공학은 지상과 지하에 건설하는 모든 구조물의 근간이 되는 복합적인 기술 분야이고, 건설 경험과 함께 공학적인 전문지식이 중요하다는 것을 배움. 토목공학기술자들이 직업을 결정하거나 중요한 선택을 하던 순간 어떠한 결정을 했는지, 왜 지금의 일을 하게 되었는지 발표함. 전공안내서를 읽은 후 토목공학에서 도로, 항만, 공항, 터널, 철도, 댐, 상하수도 시설 등 사회 기반이 되는 구조물을 만드는 분야 중에서 공항과 관련된 시설 분야에서 근무하고 싶다고 소감문을 작성함.

교과 세부능력 및 특기사항

수학

함수와 관련된 수학의 개념을 잘 알고 있으며 유리함수 그래프 그리기 활동에서 유리함수의 그래프 모양에 대한 기본적인 개념 이해를 바탕으로 제시된 자료를 확인하고 그래프를 좌표평면에 정확하게 그릴 수 있음. 조형물과 인공 구조물 속에 들어 있는 수학 법칙을 조사하기 위해서 모나리자와 몬드리안의 작품이 아름다운 이유를 작품 속 황금비로 설명하고, 입체적인 조형물 속에 숨겨진 수학의 원리를 조사하여 발표함. **'바다에서 만나는 인공 구조물(조홍연)'**을 읽고 바다에 떠 있는 인공 구조물들의 고유 기능은 무엇이고 어떤 역할을 하는지 조사함. 경제적인 타당성과 수학 및 과학원리에 따라 인간이 사용하는 크고 작은 인공 구조물들을 파악하여 친구들에게 발표함. 본인이 관심 있는 댐과 바닷가에 있는 크고 작은 삼발이와 같은 인공 구조물 속에 숨어 있는 수학의 원리를 쉽게 설명하여 친구들의 호응을 얻음.

물리학 I

과학실험 탐구활동에서 공학자로서의 꿈을 가지고 과학의 원리를 쉽게 설명하기 위해 높은 곳에서 떨어져도 깨지지 않는 안전한 구조물을 만드는 활동을 통해 충격량, 운동량, 충격력과의 관계를 설명함. 특히 충격량이 똑같은 상황에서 접촉 시간을 어떻게 하느냐에 따라 충격력을 받는 정도가 달라짐을 유리판과 스펀지에 떨어지는 상황을 모델링하여 그래프로 설명하여 친구들의 이해를 도움. 이론과 실험 결과의 차이를 다각도로 분석한 점이 매우 논리적이었음. 그 외에도 수평으로 던진 물체의 운동을 그래프에 나타내고 공이 이동한 모눈종이 칸수의 의미를 분석하여 수평 방향과 수직 방향의 운동 차이를 설명함. 과학탐구 도서 **'재미있는 교량 이야기(나가시마 후미오 외)'**를 읽고 토목공학에서 기본적으로 알아야 하는 교량 공학에 대한 기본지식을 정리하고, 교량의 구조 및 작용하는 힘과 관련된 과학 법칙을 조사해 봄. 토목 현장에서는 뉴턴의 법칙부터 다양한 물리학 법칙이 사용된다고 관련 사진을 보여주면서 발표하여 친구들의 박수를 받음.

행동특성 및 종합의견

학급 반장으로 통솔력이 있고 성실한 학생으로 자기의견이 분명하며 급우들과 의견이 다를 때에는 대화를 통해 원만하게 잘 해결하고 협동하는 모습을 보여줌. 학급에서 온라인 회의를 운영하면서 회의 주제를 정하고, 실천 아이디어를 제공하였으며, 학급 친구들과 더불어 꼼꼼하게 관리하여 학급 친화에 기여함. 본인이 희망하는 분야인 토목공학자가 되기 위해서 **'나는 플랜트 엔지니어입니다(박정호)'**, **'자연과 문명의 조화 토목공학(대한토목학회)'**, **'재미있는 교량 이야기(나가시마 후미오 외)'**를 읽은 후 토목 공학을 전공하기 위한 수학이나 물리학 등의 이론을 조사함. 플랜트 엔지니어링이 현장에서 어떻게 활용되고 있는지 파악하여 친구들 앞에서 조사 결과를 발표함. 학급 진로 발표시간에 플랜트 엔지니어가 되어 국내에서 교량이나 다양한 인공 구조물을 설계하고 제작하는 전문가가 되고 싶다고 설명하여 친구들의 호응을 얻음. 본인의 진로를 실현하기 위해서 꾸준히 공부하고 다양한 독서를 실천하는 우수한 학생임.

23 ▶▶ 화학공학과

1 학과 인재상

수학, 화학, 물리에 대한
지적 호기심을 가진 학생

과학적 탐구력과
풍부한 수학적
표현력을 가진 학생

새로운 것들에 대한
호기심과 열정을 가지고
과학적으로
사고할 수 있는 학생

실험을 계획하고 수행할 수
있는 능력을 가진 학생

서로의 협력이 필요한
프로젝트가 많으므로 상호 간의
소통 능력이나 협력 능력이
우수한 학생

2 유사학과

- 고분자공학과
- 생명화학공학과
- 화공생명학과
- 나노화학공학과
- 신소재학과
- 응용화학공학과
- 화장품학전공

3 관련직업

- 고무 및 플라스틱화학공학기술자
- 공학계열교수
- 대기환경기술자
- 도료 및 농약품화학공학기술자
- 비누 및 화장품화학공학기술자
- 산업안전원
- 석유화학공학기술자
- 수질환경기술자
- 연료전지개발 및 연구자
- 위험관리원
- 음식료품화학공학기술자
- 의약품화학공학기술자
- 조향사
- 폐기물처리기술자
- 플랜트기계공학기술자
- 화학공학시험원
- 화학물질안전관리사
- 환경공학기술자

4 개설대학

- 경기대학교
- 경북대학교
- 경상대학교
- 경희대학교
- 광운대학교
- 고려대학교
- 단국대학교
- 동국대학교
- 동아대학교
- 명지대학교
- 부경대학교
- 상명대학교
- 서울시립대학교
- 숭실대학교
- 아주대학교
- 연세대학교
- 인하대학교
- 이화여자대학교
- 중앙대학교
- 청운대학교
- 충북대학교
- 한경대학교
- 한양대학교
- 호서대학교 등

물질 쫌 아는 10대
장홍제 / 풀빛(2019)

화학 교과에서 가장 중요한 개념을 자세히 설명하기 위해 화학 교과에 등장하는 개념과 원리 중에서 핵심적인 내용을 뽑아 이야기로 풀어간 책이다. 물질의 원자와 분자 단위에서부터 상태 변화, 반응과 이동, 규칙성과 무질서까지 화학에서 중요한 개념들을 재미있게 설명한다. 그리고 물질의 결합을 설명한 후 상전이나 끓는점, 어는점 등 물질의 상태 변화를 안내하고, 물질의 상태를 측정하기 위해 필요한 온도, 압력, 농도 개념 및 열의 이동에 대해서도 소개한다. 기체 반응의 법칙, 아보가드로의 법칙 등을 재미있게 설명한 후 화학 반응이 간단한 규칙에 따라 일어난다는 것을 설명하여 화학으로 이루어진 물질 세계에 대해서 다양한 사실을 배울 수 있게 한다.

엔트로피
제레미 리프킨(이창희 역) / 세종연구원(2015)

이 서적은 엔트로피에 대해서 인문학적인 시각에서 접근하는 내용을 설명한다. 1부에서는 기독교적 세계관에서 현대적 세계관으로 변화하는 과정을 설명한다. 2부에서는 엔트로피의 법칙에 대해서 설명하고, 우주론과 제2법칙의 관계에 대해서 언급한다. 3부에서는 새로운 역사관의 틀로서의 엔트로피를 소개하면서 제도의 발달과 에너지 환경 문제에 대해서 설명한다. 4부에서는 재생불가능한 에너지와 다가오는 엔트로피 분수령을 이야기하면서 다양한 에너지에 대해 언급한다. 5부부터는 경제학, 농업, 수송, 도시화, 군대, 교육, 보건 등의 다양한 분야에 대한 엔트로피를 설명한다. 이러한 주제들을 통해서 엔트로피에 대한 다양한 접근을 고민해 볼 수 있다.

화학 교과서는 살아있다
문상흡, 박태현 / 동아시아(2012)

화학공학 교수들이 화학의 기초부터 응용에 이르기까지의 내용을 재미있게 설명하는 책이다. 1장에서는 아름다운 분자들의 세계를 주제로 신비한 나노 기술을 설명하고, 2장에서는 원자와 분자의 세계를 소개한다. 3장에서 자동차가 움직이는 원리와 맥주의 발효 원리를 비교하여 화학 반응에 대해서 설명한다. 4장에서는 삼투압의 원리와 스포츠 음료에 대해 소개하면서 다양한 모습의 물질들을 설명한다. 5장에서는 화학과 전기가 하나가 되는 까닭을 물질 변화와 에너지로 설명한다. 6장에서는 악마와 천사가 함께 준 선물인 화약을 주제로 화학 반응과 속도에 대해서 설명한다. 마지막 7장에서는 옥수수로 가는 자동차를 소개하면서 인간을 이롭게 하는 화학의 중요성을 강조하여 설명한다.

화학으로 이루어진 세상
메데페셀헤르만(권세훈 역) / 에코리브르(2007)

화학에 대한 단편적인 지식의 나열이 아니라 화학이 지금까지 걸어온 길, 인간과 환경과의 관계, 화학의 향후 발전 가능성에 대해 구체적으로 설명한 책이다. 하루 24시간 동안 우리의 삶은 과학과 긴밀한 연관을 맺고 있다. 이 책은 하루 동안 일어나는 화학과 관련된 사건들을 시간대별로 추적하여 설명한다. '인간의 몸은 얼마나 많은 화학물질로 이루어져 있을까?'라는 질문으로 시작하여 고속도로의 정체, 세탁할 때 사용하는 섬유 유연제, 맛있는 음식, 인간의 육체에 담긴 비밀 등을 재미있게 설명한다. 이 책을 읽으면 화학이 가지고 있는 다양성을 이해하고 화학에 대한 올바른 시각을 가질 수 있다.

1 인문계열

2 사회계열

3 자연계열

4 공학계열 · 화학공학과

5 의약계열

6 예체능계열

7 교육계열

원소 쫌 아는 10대
장홍제 / 풀빛(2019)

원소의 과학적 정의는 물론 주기율표에 담긴 뜻과 그것을 읽는 법을 전체적으로 이해할 수 있도록 구성된 책이다. 각각의 원소를 누가 어떻게 발견했는지, 원소의 이름은 어떻게 정해졌는지, 숨어 있는 원소를 찾기 위해 어떤 노력을 하고 있는지 알아보고, 지구의 문명이 어떻게 발달하고 화학이라는 학문은 어떻게 형성되었는지를 설명한다. 이 책을 통해서 원소에 대한 정보를 이해할 수 있고, 화학뿐만 아니라 물리학, 생명과학, 지구과학의 다양한 분야까지 이해의 영역을 넓힐 수 있다.

세계사를 바꾼 화학 이야기
오미야 오사무(김정환 역) / 사람과나무사이(2022)

저자는 1장에서 138억 년 전 빅뱅으로 인한 우주 탄생과 46억 년 전 지구 탄생을 소개하고, 2장에서 선사시대까지의 생명 탄생과 진화 과정을 설명한다. 3장부터 9장까지는 고대 문명, 지중해 세계, 로마제국 시대, 몽골제국과 이슬람제국 시대, 신항로 개척시대 등을 중심으로 화학의 발전 과정을 설명한다. 불, 적색 안료, 유리, 금, 구리, 식물섬유, 종이, 비단, 화약, 청동기, 철기, 전기 등 다양한 분야의 발전 과정을 설명한다. 마지막 부분에서는 농경 시작부터 과학혁명 시대를 지나 산업혁명과 시민혁명 시대에 이르기까지 오랜 세월 동안 화학을 중심으로 발전한 인류사와 세계, 지구사와 우주사를 함께 배울 수 있다.

천재들의 과학노트 2 화학
캐서린 쿨렌(최미화 역) / 지브레인(2023)

과학과 기술, 사회의 발전에 공헌한 10명의 과학자들에 대한 이야기를 수록한 책이다. 영국에서 태어난 조지프 프리스틀리는 플로지스톤이 없는 공기를 발견했고 기압과 관련된 화학에 진보를 가져온 몇 개의 장치를 발명했다. 프리스틀리는 사망할 때까지도 플로지스톤 가설을 옹호했으며, 물질이 타면 물질 내에 존재하는 플로지스톤이 빠져나간다고 믿었다. 산소를 발견한 조지프 프리스틀리에서부터 현대 화학의 아버지로 불리는 앙투안 라부아지에, 미국 최초의 여성 노벨상 수상자인 생화학자 거티 코리, 페니실린의 구조를 밝혀낸 도로시 호지킨에 이르기까지 과학자들의 생생한 이야기 쫌 들을 수 있다.

화학공학기술자, 어떻게 되었을까?
캠퍼스멘토 / 캠퍼스멘토(2021)

최고의 전문가가 된 화학공학기술자 6명을 인터뷰한 서적이다. 화학공학기술자의 주요 업무능력과 필요한 자질을 소개한다. 화학공학기술자가 되기 위해서 노력해야 하는 것을 알려주고, 화학공학기술자가 실제로 일할 수 있는 다양한 분야를 소개한다. 화학공학기술자들이 알려주는 자질과 실제 일을 하면서 좋은 점과 힘든 점을 알려준다. 국내 화학공학기술자들의 종사현황을 통해서 진로를 탐색하는 데 도움을 준다. 이택홍 교수, 박철진 엔지니어, 함형철 교수, 백성수 엔지니어, 이용진 교수, 김결 엔지니어의 이야기를 통해서 화학공학기술자의 삶을 배우고, 현대사회는 화학공학과 더불어 진화한다는 것을 깨달을 수 있다.

역사를 바꾼 17가지 화학 이야기
페니 카메론 르 쿠터(곽주영 역) / 사이언스북스(2007)

'역사를 바꾼 17가지 화학 이야기 1'은 나폴레옹의 이야기로 이야기가 시작된다. 나폴레옹이 화학을 제대로 알았더라면 세계사가 완전히 바뀔 수 있었을 거라고 설명한다. 나폴레옹 군대의 군복 단추에는 주석이 사용되었다. 저온에서 금속성을 잃고 부스러지는 주석 때문에 나폴레옹 병사들은 단추가 없어진 옷자락을 추스르느라 무기도 제대로 못 잡고 싸움도 제대로 해 보지 못한 채 후퇴길에 올랐다고 설명한다. 이후로 향신료, 비타민 C, 포도당 등 다양한 소재로 이야기를 이끌어간다. '역사를 바꾼 17가지 화학 이야기 2'는 아스피린과 항생제, 노르에신드론, 알칼로이드류, 모르핀, 니코틴, 카페인, 올레산, 소금, 프레온, 다이옥신, 클로로포름 등의 화학 물질이 역사적으로 어떤 사건과 관련되어 있는지 흥미진진하게 이야기한다. 눈에 보이지 않는 화학 분자들이 역사를 어떻게 바꾸었는지 이 책을 통해서 알 수 있다.

영화 속의 바이오 테크놀로지
박태현 / 글램북스(2015)

화학공학과 교수로 재직 중인 저자가 바이오 정보를 담은 DNA의 역할과 바이오와 인간생활, 미래 세계, 바이오 융합기술과 상상의 바이오산물 5개의 주제를 흥미롭게 이야기한다. 영화 속에 나타난 생명공학과에 대하여 설명하고, 책의 마지막에는 화학물질 오염으로 거대하게 자란 거미 떼에 대해서 소개한다. 1부에서 바이오 정보를 담고 있는 DNA에 대해서 소개하고, 2부에서는 DNA 정보 이용 기술을 이용하는 인간생활에 대해서 설명한다. 3부에서는 바이오와 미래 세계를 주제로 인간 장기의 공급을 위해 만들어진 복제인간, 인간을 얼려서 보관하는 냉동인간에 대해서 소개한다. 4부부터는 스파이더맨을 주제로 바이오와 융합기술에 대해서 설명한 후 인간을 모방하여 진화한 변종 곤충과 화학물질 오염으로 인한 바이오 산물에 대해서 언급한다.

화학공학과 독서탐구활동 활용사례

자율활동 특기사항

학급 사진첩 만들기 활동에서 표지와 내부 디자인을 담당하여 깔끔하고 세련된 사진첩을 완성하는 데 크게 기여함. '오늘은 내가 전문가' 프로젝트에 참여하여 조회 시간에 화학공학자를 소개하는 자료를 제작하여 발표함. 진로진학 사이트에 방문하여 화학공학자가 하는 일과 화학공학자가 되기 위한 방법을 친구들에게 소개함으로써 누구나 본인의 희망 분야에 대한 자료를 찾을 수 있다는 것을 경험시켜 줌. 통일의 필요성을 주제로 토의할 때 다른 친구의 의견을 경청하고 자신의 의견을 논리적으로 분명하게 전달하는 자세가 돋보임. 학급 자치회 때 남들이 미처 생각하지 못하는 새로운 관점을 제시하는 경우가 많고 발상이 자유롭고 창의적임. 모닝 독서활동 시간에 **'역사를 바꾼 17가지 화학 이야기(페니 카메론 르 쿠터)'**를 읽고 아스피린과 항생제, 노르에신드론, 알칼로이드류, 모르핀, 니코틴, 카페인, 올레산, 소금, 프레온, 다이옥신, 클로로포름 등의 화학 물질이 역사적으로 어떤 사건과 관련되어 있는지 정리한 후 친구들에게 재미있게 발표하여 우수 독서왕으로 선정됨.

동아리활동 특기사항

(화학공학반)(34시간) 독서 발표 활동에서 존경하는 화학공학 교수님의 저서인 **'영화 속의 바이오 테크놀로지(박태현)'**를 읽고, 바이오 정보를 담은 DNA의 역할과 바이오와 인간생활, 미래 세계, 바이오 융합기술과 상상의 바이오산물에 대한 다양한 주제를 중심으로 감상문을 작성함. 영화 속에 나타난 공학과에 대하여 소개하고, 책의 마지막에 등장하는 화학물질 오염으로 거대하게 자란 거미 떼에 대해서 본인의 느낀 점을 발표하여 동아리원들의 호응을 얻음. 화학조미료의 긍정적인 면과 부정적인 면을 탐구하는 프로젝트를 진행함. 이 과정에서 화학조미료의 정의와 분류, 인체에 미치는 영향 등에 대해 조사함. 화학조미료는 화학적으로 합성한 것뿐만 아니라 자연식품에서 추출한 조미료도 포함하고 있지만, 인위적으로 합성되었다는 인식이 강해 부정적인 시각으로 바라보는 소비자가 많음을 발표함. 또한 천연이건, 합성이건 인체 내로 섭취하는 물질은 인체에 악영향을 주지 않는 정도로 적당히 섭취하는 것이 좋으며 이에 대한 정확한 정보를 얻을 수 있도록 화학조미료 표시제도의 정립이 필요하다고 주장함.

진로활동 특기사항

사이버 대학 탐방하기 활동에서 관심 있는 대학의 입학처 홈페이지에 방문하여 화학공학과의 교육과정을 조사한 후 보고서를 작성함. '미래의 나의 직업 발표하기' 활동에서 화학공학자와 관련된 직업을 조사하여 발표함. 평소에 화학공학자에 관심이 많아서 관련 영상이나 영화 등을 즐겨서 시청하고, 화학공학자의 역할과 미래 전망 등에 대한 자료를 조사하여 PPT를 작성함. 작성한 자료를 바탕으로 화학공학자가 하는 일이 무엇인지, 화학공학자의 하루 생활의 모습이 어떻게 되는지, 화학공학자의 직업적 매력이 무엇인지를 관련 사진과 함께 제시하여 설명함. 자료 조사 과정을 통해서 본인이 희망하는 직업을 준비하는 방법에 대해서 구체적으로 알 수 있는 의미 있는 시간이었다고 소감을 발표함. 진로독서 토론시간에 **'화학 교과서는 살아있다 (문상흡, 박태현)'**를 읽고 악마와 천사가 함께 준 선물인 화약을 주제로 화학 반응과 속도에 대해서 발표함. 독후 활동 보고서에 옥수수로 가는 자동차에 대해서 작성한 후 인간을 이롭게 하는 화학의 중요성에 대해서 강조함. 미래에 화학공학자가 되어 친환경적인 화학에너지를 개발하겠다고 발표함.

교과 세부능력 및 특기사항

통합과학

탐구 실험에서 조작변인, 종속변인, 통제변인을 잘 구분하고 과학 실험을 실시한 후 실험도구와 주변을 깨끗하게 정리함. 산과 염기를 섞으면 중화반응이 일어나 물, 염, 열이 발생하는 현상을 논리적으로 설명할 수 있음. 일상 속 중화반응의 다양한 사례를 찾아 정리하였고, 그 과정에서 종이를 만들 때 종이에 포함된 산성물질을 염기성물질로 중화시켜야 종이를 오래 보관할 수 있음을 알게 되었음. 화학관련 분야로 진학을 희망하는 학생으로 그림의 질에 영향을 미치는 종이의 평량, 두께, 종이결, 수분, 평활도, 불투명도 등 종이의 다양한 성질에 대해 추가적으로 조사하여 발표. 과학독서 활동에서 **'물질 쫌 아는 10대(장홍제)'**를 읽고 물질의 원자, 분자 단위, 상태 변화, 반응과 이동, 규칙성과 무질서 등의 개념을 정리하여 보고서로 작성함. 기체 반응의 법칙과 아보가드로의 법칙을 통해서 기체의 분자 운동에 관해서 설명하고, 화학으로 이루어진 물질 세계를 화학 반응식이라는 규칙을 통해서 설명하여 친구들의 호응을 얻음.

화학 I

인체를 구성하는 물질로 인간을 표현하는 조형물을 만들고자 인체의 구성물질에 대해 조사함. 구성물질 중 단백질, 지방, 탄수화물 등 유기물은 모두 탄소 화합물임을 공부함. 탄소가 생명체를 구성하는 데 중요한 원소인 이유가 최외각 전자수가 4개여서 4개의 공유 결합을 형성할 수 있고, 다른 원소와 쉽게 결합하여 안정된 구조의 화합물을 만들 수 있는 특성 때문이라고 정리함. 탄소를 중심으로 다양한 원소들이 무한대로 결합할 수 있고, 결합 사슬 모양도 다양하며, 탄소 화합물이 탈수 축합 중합 반응으로 더 큰 탄소 화합물이 되고, 거대한 탄소 화합물이 가수 분해되는 등 인체 내에서 역동적으로 반응함으로써 생명을 유지하고 있는 사실을 바탕으로 조형물을 구상함. **'화학으로 이루어진 세상(메데페셀헤르만)'**을 읽고 화학 원소에서 나노 입자에 이르기까지 화학의 모든 분야를 조사한 후 PPT를 제작함. 제작한 자료를 중심으로 화학이 가지고 있는 다양성과 화학 물질이 사용되는 분야를 구체적으로 설명함.

행동특성 및 종합의견

학급의 학습부장으로 책임감이 강하고 문제가 발생하면 이성적으로 생각하고 판단하여 주어진 일은 차질 없이 해내는 모습을 보임. 꾸준히 복습과 예습을 진행하는 등 의지가 강한 학생임. 이러한 자기주도적 학습을 통해 자신만의 학습방법을 확립해 가고 있음. 교실 환경 꾸미기를 좋아해서 게시판 제목을 예쁜 글씨로 만들어서 붙이고, 분리수거통을 깨끗하게 정리해서 청결한 교실 환경을 유지하도록 지속적인 노력을 함. 친구들로부터 그림을 그리는 데 소질이 있다고 격려를 받은 후, 과학실 환경 개선 프로젝트 중 화학 원소 모형 그리기에 참여하여 물분자를 표현하는 모형을 그림. 관심 분야의 도서인 **'물질 쫌 아는 10대(장홍제)'**와 **'천재들의 과학노트 2 화학(캐서린 쿨렌)'**을 읽은 후 본인의 희망하는 진로인 화학공학과 관련된 소양을 쌓기 위해서 수학과 과학 공부를 열심히 하기로 다짐함. 책에서 나오는 과학과 기술, 사회의 발전에 공헌한 10명의 과학자들과 천재들에 대한 이야기를 본받아 자신도 꾸준히 노력하겠다고 발표함.

24 ▶▶ 환경공학과

1 학과 인재상

어려운 문제에 도전하여 목표를 성취하는 능력을 가진 학생

엔지니어의 능력과 재능을 사회의 공익을 위해 환원할 의지를 가진 학생

화학, 물리, 수학 등 기초과학에 대한 관심과 지식이 풍부한 학생

기초과학지식을 쌓는 데 관심이 많고, 이를 바탕으로 우리사회 환경 개선에 적용하도록 창의적인 발상을 하는 적극적이고 진취적인 성격을 가진 학생

문제를 파악하고 이에 대한 최적의 답안을 도출하는 논리적 사고체계를 가진 학생

2 유사학과

- 지구환경과학과
- 환경보건학과
- 환경생명공학과
- 환경시스템공학과
- 환경학과
- 생태환경관광학부
- 해양환경학과

3 관련직업

- 가정에코컨설턴트
- 환경직공무원
- 기후변화전문가
- 대기환경기술자
- 도시재생전문가
- 바이오에너지연구원
- 변리사
- 보건위생 및 환경검사원
- 산업안전원
- 소음진동기술자
- 수질환경기술자
- 에너지진단전문가
- 위험관리원
- 자연과학시험원
- 조경기술자
- 친환경건축컨설턴트
- 토양환경공학기술자
- 특허사무원
- 폐기물처리기술자
- 환경 및 해양과학연구원
- 환경공학기술자
- 환경컨설턴트

4 개설대학

- 경북대학교
- 공주대학교
- 광운대학교
- 군산대학교
- 금오공과대학교
- 대구대학교
- 동아대학교
- 목포대학교
- 부경대학교
- 상지대학교
- 서원대학교
- 순천대학교
- 안동대학교
- 영남대학교
- 인제대학교
- 인하대학교
- 제주대학교
- 조선대학교
- 충남대학교
- 충북대학교
- 한국해양대학교
- 호서대학교 등

5 학과 연계도서

노 임팩트 맨
콜린 베번(이은선 역) / 북하우스(2010)

환경위기로부터 지구를 구하기 위해서 뉴욕 한복판에서 벌이는 친환경 서바이벌 실험을 소개하는 책이다. '노 임팩트 맨' 프로젝트는 플라스틱 사용을 금지하고, 유기농 식단을 고집하며, 자전거 마니아가 되고, 전기를 끊고 생활하는 모험 프로젝트이다. '노 임팩트 맨' 프로젝트와 관련된 공약을 실천에 옮기면서 뉴욕에서 살아가기로 결심한 한 남자의 이야기가 펼쳐진다. 저자는 일회용품과 교통수단을 거부하며 전기를 사용하지 않고 스스로 고민하고 대안을 찾아가면서 친환경적인 삶을 위한 다양한 방법을 가르쳐준다. 이 책을 통해서 위기에 처한 지구를 구하기 위해 일상 속에서 할 수 있는 실천방법을 생각해 볼 수 있다.

달력으로 배우는 지구환경 수업
최원형 / 블랙피쉬(2021)

이 서적은 환경을 중심으로 세계의 51가지 기념일을 설명한다. 인문, 역사, 과학적 지식을 넘나드는 다채로운 이야기와 함께 환경 기념일의 기원과 의미를 이해하기 쉽게 소개한다. 3월에서 5월까지 국제 숲의 날, 세계 물의 날, 식목일, 세계 보건의 날, 국제 생물다양성의 날 등을 중심으로 다양한 이야기를 소개한다. 6월에서 8월까지 세계 자전거의 날, 세계 환경의 날, 세계 해양의 날, 에너지의 날 등을 통해서 환경의 날을 기억하게 한다. 9월부터 11월까지 자원 순환의 날, 세계 차 없는 날, 세계 화장실의 날 등을 소개한다. 마지막으로 12월부터 2월까지 세계 토양의 날, 국제 북극곰의 날 등을 통해서 환경에 대한 정보를 얻을 수 있다. 우리가 먹고 마시고 향유하는 일상이 자연과 어떤 밀접한 관계를 맺고 있는지를 51가지 환경 기념일을 통해서 재미있게 배울 수 있다.

대한민국 탄소중립 2050
한국환경연구원 / 크레파스북(2021)

탄소중립의 배경과 전략을 비롯해 에너지·산업·수송·건물 등 각 분야별 탄소배출의 특성과 쟁점, 그리고 정부·기업·시민 등 각 경제주체가 해야 할 역할을 함께 제시하면서 기후위기 시대를 살아가는 모든 사람들을 위한 내용을 소개한 책이다. '탄소중립'이란 탄소배출량과 탄소흡수량의 균형을 의미하고, 이산화탄소 순배출량을 '0(제로)'로 만드는 것을 말한다. 이를 실천하기 위해서는 화석연료의 사용을 줄이고, 에너지를 사용하는 모든 시스템을 바꿔야 한다. 2020년에 정부는 2050년까지 탄소중립을 실현하겠다고 선언했고, '2050 탄소중립 시나리오'도 발표하였다. 심각한 기후변화 속에서 탄소중립은 반드시 실천해야 하는 목표이고, 이 책을 통해서 구체적인 실천 방법을 찾을 수 있다.

빌 게이츠, 기후재앙을 피하는 법
빌 게이츠(김민주 역) / 김영사(2021)

혁신적 엔지니어이자 실용적 환경주의자인 빌 게이츠가 오랫동안 연구한 후 제시하는 기후재앙 극복방법에 대한 내용을 담은 책이다. 저자는 매년 발생하는 온실가스 배출량 510억 톤을 2050년까지 선진국부터 '0(제로)'로 만들어야 한다고 주장한다. 탄소 문명을 청정에너지 문명으로 바꾸기 위해서는 기술과 정책과 시장구조가 서로 연결되어 협력해야 한다고 설명한다. 이 책은 기후재앙을 피하기 위한 명확한 목표와 근본적인 해법을 제시하고 있으며 물리학, 화학, 생물학, 공학, 정치학, 경제학, 재무학 분야의 다양한 전문가와 협력하여 문제를 함께 해결해 나가야 한다고 강조한다.

지구를 위한다는 착각
마이클 셸런버거(노정태 역) / 부키(2021)

저자는 기후변화를 둘러싼 종말론적 환경주의에 강력한 의문을 품고 환경 운동 진영과 과학계에 이의를 제기한다. 얼음이 녹아서 북극곰이 굶어 죽어 가고 있는 현상, 아마존이 불타서 사라질 위기에 처한 상황 등과 같이 익숙한 통념과 정반대되는 과학적 근거와 사실을 제시한다. 공장이 떠나면 숲이 위험해진다거나 자연을 구하려면 인공을 받아들여야 한다는 우리의 직관에 반하는 역설에 대해서 소개한다. 원자력 대신 태양광과 풍력 등의 신재생에너지가 유일한 길이라는 주장에서 무엇이 진실이고 거짓인지 깨달을 수 있다. 이 책을 통해서 자연과 인간 모두에게 번영을 가져다주는 진정한 해결책이 무엇인지 고민해 볼 수 있다.

지구별에서 함께 살아가기
박강리 / 해나무(2008)

세계 환경운동의 역사에서 중요한 '침묵의 봄'을 경고한 레이첼 카슨, 생명 사랑을 일깨운 제인 구달, 자연보호운동의 선구자 존 뮤어, 개릿 하딘, 제임스 러브록, 치쿠 멘데스, 반다나 시바 7인의 환경전문가들의 삶에 대한 이야기이다. 이 책은 환경과 삶이 맺고 있는 관계를 파악할 수 있도록 하기 위해서 인물과 환경 관련 주제를 함께 다루고 있다. 저자는 "환경과 삶의 긴밀한 관계를 깨닫게 될 때 지구 안에서 함께 살아갈 수 있다"라고 말하면서 실제 환경전문가들의 삶을 돌아보게 한다. 이 책을 읽고 환경문제에 대해서 다양한 시각에서 새롭게 인식할 수 있을 것이다.

지구를 떠도는 위험한 물질
일본환경화학회(김영일 역) / 전남대학교출판문화원(2020)

지구를 떠도는 인류가 만들어낸 화학물질에 대해서 소개하는 책이다. 매일 우리의 일상생활에 이용되고 있는 화학물질의 수는 약 5만~10만 종류라고 한다. 1부에서는 전 세계로 퍼져나가는 POPs(잔류성유기오염물질), 미세플라스틱, 초미세먼지, 수은과 같은 중금속이 지구에서 어떻게 순환하고 있는지 알려준다. 2부에서는 소아의 발달과 메틸수은의 영향, 화학물질에 의한 면역 시스템 이상, 독에 강한 동물과 약한 동물, 해독효소를 통한 화학물질과의 공방 등의 주제로 위험한 화학물질의 영향에 대해서 경고하고 있다. 이 책을 읽으면서 우리가 매일 접하는 화학물질을 어떻게 대해야 하는지 고민할 수 있다.

플라스틱 시대
이찬희 / 서울대학교출판문화원(2022)

플라스틱은 '신이 내려준 선물' 또는 '현대 생활의 뼈·조직·피부'라고 불리는 동시에 '악마의 저주' 또는 '인류 역사상 최악의 발명품'이라고도 불리고 있다. 이 책은 1장에서 플라스틱의 정의, 플라스틱 개발과 생산 과정, 플라스틱의 분류와 복합재료의 개발에 대해서 설명한다. 2장에서는 플라스틱이 인체와 환경에 어떠한 영향을 미치는지 소개하고, 플라스틱의 생애주기와 화학물질에 대해서 안내한다. 3장에서는 플라스틱 문제를 해결하기 위한 제도와 정책에 대해서 고민해 본다. 4장에서는 플라스틱 폐기물을 줄이기 위한 방안과 바이오플라스틱에 대해서 소개한다. 마지막 장에는 플라스틱 문제 해결을 위해 우리가 무엇을 해야 하는지 안내해준다.

환경공학기술자 어떻게 되었을까?
캠퍼스멘토 / 캠퍼스멘토(2022)

김연권, 이혜숙, 윤영삼, 황승만, 강석태, 이승민 6인의 커리어패스를 통해 환경공학기술자의 이야기를 소개한다. 환경공학기술자가 되기 위해서 노력해야 하는 것을 알려주고, 환경공학기술자가 실제로 일할 수 있는 다양한 분야를 소개한다. 환경공학기술자에게 필요한 업무능력과 지식을 설명하고 환경공학기술자에게 필요한 자격증도 소개한다. 현장에서 근무하는 환경공학기술자들이 알려주는 필요 자질과 실제 일을 하면서 좋은 점과 힘든 점을 알려준다. 마지막 부분에서는 예비 환경공학기술자 아카데미를 통해서 환경공학 관련 학과와 국내 환경 기관, 환경공학 관련 도서와 영화 등의 정보를 소개한다.

환경과 생태 쫌 아는 10대
최원형 / 풀빛(2019)

'환경과 생태'는 고등학교 교육과정에서 여러 과학 교과가 모여서 이루어진 융합적인 학문의 형태를 말한다. 이 책은 1장에서 우리가 많이 먹고 있는 컵라면과 환경에 대해서 설명하고, 2장에서는 바나나가 전염병을 견디지 못하는 이유를 주제로 생물다양성에 대한 이야기를 한다. 3장에서는 아보카도 이야기로 탄소발자국에 대한 내용을 전달하고, 4장에서 생수병과 플라스틱 쓰레기로 환경 문제를 분석한다. 5장에서는 휴대폰과 전자 쓰레기 세상에서 가장 쓸쓸한 전자 쓰레기 무덤에 대해서 알려준다. 6장부터는 패스트 패션과 노동자의 관계, 화학물질의 역습과 사회의 책임, 롱패딩과 동물의 희생에 대한 주제로 환경에 대한 경각심을 제공한다. 이 책을 통해서 나의 소비가 어느 계층의 누구에게, 어디에 있는 어떤 생물에게 어떻게 영향을 미치는지 다양한 각도에서 고민해 볼 수 있다.

환경공학과 독서탐구활동 활용사례

자율활동 특기사항

학급 특색활동인 '5분 스피치' 시간에 '환경공학의 중요성'을 주제로 발표함. 공학이 발전하기 위해서는 환경의 중요성을 고려하여 함께 발전해야 한다고 설득력 있게 발표하여 친구들의 격려와 박수를 받음. 교내 환경 프로젝트에 참가 계획서를 제출하여 '업사이클링'을 주제로 교내 캠페인 활동 참여자로 선정됨. '업사이클링'을 아이디어로 학교 행사에서 버려지는 폐현수막을 다양한 형태로 제작하여 친구들의 칭찬을 받음. 환경오염으로 인한 기후 변화에 대해 보고서를 작성한 후 친환경 실내 디자인에 관심을 가지고 관련 자료를 수집하여 스크랩함. '취미 공유해요' 프로그램에 참여하여 직접 조립한 DIY 가구 사진과 실내 인테리어 잡지 스크랩북을 보여주며 실내 디자인의 실용적인 가치를 강조함. **'플라스틱 시대(이찬희)'**를 읽고 플라스틱이 인체와 환경에 어떠한 영향을 미치는지 소개하고, 플라스틱의 생애주기와 화학물질에 대해서 조사하여 발표함. 플라스틱 문제를 해결하기 위한 제도와 정책에 대해서 고민해 보고, 플라스틱 문제 해결을 위해 우리는 무엇을 해야 하는지 발표하여 친구들의 호응을 얻음.

동아리활동 특기사항

(환경탐구반)(34시간) 독서 탐구 활동에서 **'지구를 떠도는 위험한 물질(일본환경화학회)'**을 읽고 소아의 발달과 메틸수은의 영향, 화학물질에 의한 면역 시스템 이상, 독에 강한 동물과 약한 동물, 해독효소를 통한 화학물질과의 공방 등에 대한 내용을 조사하여 화학물질의 위험한 영향과 방지 대책에 대해서 발표함. 환경 프로젝트에서 '학교 주변의 미세먼지 측정과 해결 방안'이라는 주제로 프로젝트에 참여함. 프로젝트 진행을 위해 미세먼지의 유해성에 대한 다양한 보고서를 찾아 선행연구를 진행함. 학교 주변의 미세먼지 수치를 정확하게 측정하고 알리는 것이 중요함을 알게 되어 아두이노를 활용하여 미세먼지 측정기를 제작함. 이후 우리 학교 및 여러 지역에 설치하여 시간대별로 미세먼지를 측정하였으며 지역별로 측정값에 차이가 나는 원인에 대해 분석함. 이 활동을 확장하여 다른 학교 환경동아리와 협업하여 측정기를 설치하는 학교 단위의 프로젝트를 기획함. 커뮤니티 맵핑을 통해 여러 학교 주변의 미세먼지 수치를 한눈에 확인하고 지역별 측정값을 분석하여 우수 동아리로 선정됨.

진로활동 특기사항

진로진학 정보사이트 활용 수업을 통해 환경공학과 관련된 전공을 하기 위해서 어느 대학의 어떤 학과에 진학해야 하는지 조사해 봄. 탐색한 대학의 입시요강을 내려받은 후 학생부종합전형의 전형 방법과 평가 요소를 읽어보고 구체적인 전형 방법 등을 진로진학 노트에 정리하면서 평소에 기본적인 학업에 최선을 다해야 한다는 것을 배움. 미래의 이력서 만들기를 통해 환경공학자가 하는 일과 관련 자격증을 찾아보고 본인의 진로를 구체화하기 위한 로드맵을 작성하여 발표함. 책을 통한 진로 탐구 활동에서 **'대한민국 탄소중립 2050(한국환경연구원)'**을 읽고 탄소중립의 배경과 전략을 비롯해 에너지·산업·수송·건물 등 각 분야별 탄소배출의 특성과 쟁점, 그리고 정부·기업·시민 등 각 경제 주체가 해야 할 역할을 조사하여 보고서를 작성함. 이산화탄소 순배출량을 '0(제로)'로 만드는 '탄소중립'을 실천하기 위해서는 화석연료의 사용을 줄이고, 에너지를 사용하는 모든 시스템을 바꿔야 한다고 작성하여 우수 진로탐구 보고서로 선정됨. 심각한 기후변화 속에서 탄소중립은 반드시 실천해야 하는 문제이고, 인류가 어떤 방향으로 환경 문제를 해결해야 하는지 구체적으로 발표하여 친구들의 박수갈채를 받음.

교과 세부능력 및 특기사항

생명과학 Ⅰ

생명과학에서 활용되고 있는 다양한 탐구방법을 조사하고 발표하는 수업에서 환경과 관련된 구체적인 탐구 사례를 정확하게 제시하는 활동에 적극적으로 참여함. **'빌 게이츠, 기후재앙을 피하는 법(빌 게이츠)'**을 읽고 매년 발생하는 온실가스 배출량 510억 톤을 2050년까지 선진국부터 '0(제로)'로 만들어야 한다는 것을 파악함. 탄소 문명을 청정에너지 문명으로 바꾸기 위해서는 기술과 정책과 시장구조가 서로 연결되어 협력해야 한다는 것을 조사함. 기후재앙을 피하기 위해서는 물리학, 화학, 생물학, 공학, 정치학, 경제학, 재무학 분야의 다양한 전문가와 협력하여 문제를 함께 해결해 나가야 한다고 발표하여 친구들의 호응을 얻음. 학교 주변의 식물을 관찰하는 모둠 활동에 참여하여 다양한 식물들을 이름을 애플리케이션과 식물도감을 활용하여 조사하고 식물의 특징과 서식지의 특징을 친구들과 함께 토의함. 환경 분야에 관심이 많아서 조사한 내용을 모둠별로 취합하고 이를 활용하여 커뮤니티 맵핑을 만드는 작업에 주도적으로 참여함.

생활과학

생활 속에 숨어 있는 과학원리 탐구활동에서 방화복에 적용된 과학적 원리를 알아봄. 방화복을 구성하는 3층인 외피, 방수 투습천, 단열 내피의 역할과 소재에 대해 구체적으로 소개함. 기능성 의복을 개발하기 위해서는 환경 친화적 기능성 소재도 중요하고, 기능을 극대화할 수 있는 디자인 역시 중요하다고 발표함. 실제 방화복의 디자인 요소를 하나하나 짚어가며 그렇게 디자인된 이유를 과학적으로 설명하여 친구들의 큰 호응을 얻음. 방화복이 불과 열기로부터 신체를 보호해 주긴 하지만, 완벽한 보호장비는 아니므로 소방관의 안전을 위해서 지금보다 좀 더 가볍고, 기능적인 소재 개발이 필요하다고 발표함. **'환경과 생태 쫌 아는 10대(최원형)'**를 읽고 패스트 패션과 노동자의 관계, 화학물질의 역습과 사회의 책임, 롱패딩과 동물의 희생에 대한 내용을 정리하여 발표자료를 제작함. 본인의 소비가 어느 계층의 누구에게, 어디에 있는 어떤 생물에게 환경적인 측면에서 어떻게 영향을 미치는지 고민한 내용을 발표하여 친구들에게 호응을 얻음.

행동특성 및 종합의견

1학기 학급 부반장으로 수업 시작 전에 항상 수업 준비를 갖추어 놓는 습관이 있음. 수업 시간에 언행을 바르게 하고 명랑한 얼굴로 급우들에게 친절하게 대하는 등 타인을 위한 이해와 배려심이 뛰어남. 환경 동아리 부회장으로서 동아리원들과 함께 토론 주제를 주별로 계획하고, 매주 수요일 아침마다 정기적인 모임을 통해 토론 활동을 함. 토론 활동의 다양한 모형을 조사하여 모둠원들과 그 방법을 익히고, 주제 토론에서 사전자료를 조사하여 기조 발언 후 토론을 진행하는 등 구체적인 계획과 실천 능력이 뛰어난 학생임. 동아리 발표회에서 환경 관련 부스를 운영하여 후배들이 친환경에 대한 체험을 할 수 있도록 노력하여 우수 학생으로 선정됨. 환경 관련 분야에 관심이 많아서 **'지구별에서 함께 살아가기(박강리)'**를 읽고 지구에서 살고 있는 인간과 동식물과의 공존 관계에 대해서 발표함. 물 부족국가인 우리나라도 빗물을 다시 모아서 재활용해야 한다고 주장하여 친구들의 공감을 얻음. 또한 본인의 진로를 탐색하기 위해서 꾸준히 노력함.

계열별
진로 독서의 실제

Chapter 5

의약계열

1 ▸▸ 간호학과

1 학과 인재상

상황에 대한 이해도가
높고 창의적으로
문제를 해결하고
분석적인 학생

인체나 질병,
생명현상 등에
관심이 많은 학생

생명과학과 화학,
윤리 등의 교과목에
흥미와 소질이 있는 학생

따뜻한 마음씨와
배려심이 있고 타인을 이해하며
잘 어울리는 학생

대인관계가 원만하고
타인을 좋아하며 성실함과
책임감을 갖춘 학생

2 유사학과

- 간호학부
- 간호과학과
- 건강관리학과
- 간호환경시스템학과
- 글로벌 건강간호학과
- 간호복지학부
- 임상간호학과

3 관련직업

- 간호사
- 보건교사
- 수술실간호사
- 전문간호사
- 응급구조사
- 의료코디네이터
- 의료관광코디네이터
- 공무원(보건직)
- 공중보건연구원
- 보험언더라이터
- 생명과학연구원
- 연구간호사
- 장기이식코디네이터
- 정신건강전문가
- 보험사무원
- 생명과학시험원

4 개설대학

- 가천대학교 메디컬캠퍼스
- 가톨릭대학교
- 강원대학교
- 경희대학교
- 고려대학교
- 단국대학교 천안캠퍼스
- 대진대학교
- 동국대학교 경주캠퍼스
- 부산대학교
- 삼육대학교
- 상명대학교 천안캠퍼스
- 서울대학교
- 성신여자대학교
- 수원대학교
- 순천향대학교
- 아주대학교
- 연세대학교
- 을지대학교
- 이화여자대학교
- 인하대학교
- 전남대학교
- 전북대학교
- 중앙대학교
- 한국교통대학교
- 한림대학교 등

1 인문 계열

2 사회 계열

3 자연 계열

4 공학 계열

5 의약계열 · 간호학과

6 예체능 계열

7 교육 계열

사랑의 돌봄은 기적을 만든다
김수지 / 비전과리더십(2010)

이 책은 '한국의 나이팅게일'이라 불리는 김수지 간호사의 에세이로 간호의 의미와 다른 사람을 돌보고 봉사하는 삶을 보여주고 있다. 간호계의 노벨상인 국제간호대상을 수상한 저자가 45년 동안 간호철학을 가지고 묵묵히 걸어온 삶을 소개하며 환자의 몸과 마음까지 돌보는 감동 스토리를 펼쳐냈다. 물도 찬물과 뜨거운 물, 미지근한 물로 온도를 다르게 맞춰 환자를 배려하는 모습을 통해 진정한 간호란 무엇인지 확인할 수 있다. 이 책을 통해 진정한 돌봄의 의미를 알게 될 것이다.

나는 간호사, 사람입니다.
김현아 / 쌤앤파커스(2018)

이 책은 21년 2개월 동안 외과중환자실에서 많은 환자를 돌보며 쉼 없이 달려온 한 간호사의 절절한 고백이자 용기 있는 외침을 담고 있다. 삶과 죽음이 전쟁 같은 사투를 벌이는 종합병원 중환자실에서 간호사의 업무 현장을 생생하게 전하고 환자 안전과 국민 건강의 중요한 축을 책임지는 모습을 보여주고 있다. 그리고 의료 현장에서 신규 간호사들의 험난하고 치열한 삶과 이익 중심의 병원 시스템, 간호사의 인권과 처우 문제도 전하고 있다. 또한 메르스 사태에서 겪은 생생한 경험, 환자와 싹트는 깊은 애정과 유대 관계를 통해 간호사가 얼마나 아름다운 직업인지 보여주고 있다.

코로나 사이언스
기초과학연구원(IBS) / 동아시아(2020)

이 책은 우리나라의 국책 사업을 맡아 기초과학을 연구하는 기관인 기초과학연구원에서 발간하여 코로나19 감염병과 팬데믹, 인포데믹의 실체를 설명하고 있다. 코로나 바이러스가 어떤 구조로 이루어져 있으며 어떤 식으로 전파되었는지 그리고 어떤 식으로 인체를 파괴하는지 알려주고 있다. 또한 코로나19를 비롯해 미래의 감염병에 대처하기 위한 국가와 개인 차원에서의 방향을 제시하고 있다. 그리고 코로나 팬데믹이 인류를 위협하는 상황에서 코로나 팬데믹 시대와 포스트 코로나를 이야기하면서 기초과학의 중요성을 강조한다. 연구현장의 최전선에서 써내려간 과학자들의 감염병에 대한 분석보고서로 앞으로 감염병에 대비해야 하는 자세를 가르쳐주고 있다.

리얼 간호사 월드
최원진 / 북샵(2019)

현직 간호사인 저자가 직접 겪었거나 주변 동료들이 겪은 에피소드를 짤막한 인스타툰으로 재탄생시킨 책이다. 간호사들의 일상부터 환자와의 트러블, 동료 또는 선후배 간호사 간의 대화와 갈등까지 시니컬하게 그려내고 있다. 간호사라는 직업의 고됨과 인간관계에서 오는 스트레스, 환자를 대할 때의 고민과 어려움까지 간호사의 모습을 생생하게 전달하고 있다. 또한 속마음을 직접적으로 보여주는 강렬한 대사를 통해 백의의 천사 이면에 있는 한 사람으로서의 면모를 보여준다. 간호사를 희망하는 학생들에게 간호사의 직업 세계를 이해하고 그들의 삶에 공감하는 기회를 제공하고 있다.

프셉마음: 입문편 개정판
드림널스 편집부 / 드림널스(2020)

이 책은 입사를 앞둔 예비간호사와 1~3년 차로 병원 적응에 어려움을 겪는 신규간호사를 위한 실무 팁을 담은 책이다. 프리셉터와 프리셉티의 대화형식으로 딱딱한 내용을 쉽게 풀어내고 임상에서 자주 사용하는 용어 위주로 구성하였다. 선배 현직 간호사들과 전문의, 교수진이 직접 작성한 임상 적응 꿀팁도 담겨 있어 더욱 유익하다. 파트 1 케이스로 보는 실무 팁에서는 임상 케이스와 그에 따른 간호 중재, 근거 및 개념을 다룬다. 파트 2에서는 간호사가 알아두면 좋은 영상의학과 검사와 혈액검사 해석 및 간호를 쉽고 간결하게 담았다. 파트 3에서는 열두 명의 현직 간호사들이 신규 간호사를 위해 직접 작성한 노하우를 프리셉터와 프리셉티의 대화형식으로 구성하였다.

간호알고리즘
간호사연구소 / 포널스출판사(2022)

이 책은 알고리즘을 간호에 적용하여 환자의 증상에 따라 무엇을 어떻게 간호 사정을 해야 하는지, 사정을 통해 얻은 정보를 가지고 어떤 간호 진단을 내릴 수 있을지 설명하고 있다. 또한 진단에 따라 환자에게 어떤 간호를 제공할 것인지를 판단할 수 있도록 일련의 과정을 그림으로 정리하였다. 이론으로 배운 간호와 실제 병원에서 요구하는 간호의 차이점을 이해하고 실무자가 해야 할 사항을 자세하게 설명하고 있다. 실제 임상의 분류 기준에 따라 호흡기내과, 신장내과, 정형외과 등 10개 과별로 구분하고, 방식 및 증상에 따라 어떻게 해야 하는지 알고리즘 형식으로 안내하고 있다. 병원에 처음 근무하는 사람뿐만 아니라 일반인들도 이해할 수 있도록 구성하였다.

세계사를 바꾼 10가지 감염병
조지무쇼(서수지 역) / 사람과나무사이(2021)

이 책은 수많은 사람의 목숨을 앗아가며 인류에게 고통과 절망을 안겨준 페스트, 인플루엔자, 말라리아, 천연두, 황열병이 세계사의 물줄기를 어떻게 바꿔놓았는지 보여주고 있다. 코로나19 팬데믹은 유럽 근대화의 인큐베이터가 된 14세기 페스트 팬데믹이나 19세기 유럽 도시 환경과 위생 개혁을 이끈 콜레라처럼 세상을 혁명적으로 바꾸어놓았다. 감염병 팬데믹이 오히려 세상의 변화와 혁신을 앞당겼고 코로나19 팬데믹 역시 세계를 어떻게 바꿀지 날카롭게 통찰하고 있다. 감염병을 역사와 연계하여 융합된 사고와 시대를 통찰하는 안목을 키울 수 있는 책이다.

mRNA 혁명, 세계를 구한 백신
전방욱 / 이상북스(2021)

이 책은 코로나19 팬데믹 상황에서 화이자 백신과 모더나 백신이라고 하는 mRNA 백신이 무엇인지 그 기본 원리를 설명하고 있다. 또한 mRNA 백신 개발에 기여한 여러 과학자의 연구 과정과 결과를 안내하고 있다. 특히 헝가리 출신의 카탈린 카리코라는 한 여성 과학자의 40년간의 연구를 안내하고 있다. 아무도 관심을 두지 않았던 mRNA의 가능성을 믿고 열악한 상황에서도 꾸준히 연구 활동을 지속한 카탈린 카리코의 원천기술과 mRNA 백신의 생산 과정을 소개하고 있다. 또한 mRNA 백신 연구의 현황과 미래를 내다보며 앞으로 감염병 연구의 필요성을 이야기하고 있다.

국제간호사: 두바이 편

송원경 / 포널스출판사(2021)

이 책은 소심하고 내성적이었던 저자가 자신을 변화시켜 아부다비, 뉴욕, 캘리포니아 간호사가 되기까지 국제 간호사의 여정을 담아내고 있다. 간호학과 입학부터 해외 간호사로서 빛을 발하기까지의 힘들었던 여정과 한국 간호사가 아닌 다른 직업군에서 일하면 살아온 이야기, 국제 간호사로 취업하기까지 저자의 고군분투한 스토리가 담겨 있다. 그리고 의료진의 동등하고 수평적 위치와 의견을 자유롭게 이야기할 수 있는 한국과는 다른 분위기를 이야기하고 있다. 세상은 넓고 간호사가 할 수 있는 일이 많다는 메시지를 전달하고 있어 간호학과를 희망하는 학생들이 읽기 좋은 책이다.

디지털 헬스케어: 의료의 미래

최윤섭 / 클라우드나인(2020)

이 책은 인공지능, 사물인터넷, VR 등 디지털 기술 혁신이 의료와 융합되면서 주목받게 된 혁신 분야인 디지털 헬스케어의 전반을 포괄적으로 다루면서 각 분야를 상세하게 소개하는 책이다. 디지털 헬스케어의 기본 개념부터 의료 인공지능, 디지털 치료제, 웨어러블과 같은 최신 기술 그리고 원격의료와 개인 유전정보 분석 및 규제 혁신과 같은 민감한 이슈까지 심도 있게 다루고 있다. 더 나아가 대기업, 제약사, 스타트업 및 투자사가 디지털 헬스케어에 대해 대처하는 전략과 의료 정책의 변화 방향에 대한 날카로운 지적과 구체적인 제언을 제시한다. 저자는 국내 디지털 헬스케어 분야의 대표적인 전문가로, 활발한 연구, 저술, 자문 및 강연 등을 통해 국내에 이 분야를 처음 소개한 장본인이기도 하다.

송기원의 포스트 게놈 시대

송기원 / 사이언스북스(2018)

이 책은 합성 생물학, 크리스퍼 가위, 세포 치료제 등 최근 생명과학의 지식을 체계적이고 밀도 높게 담아내어 입문자와 전공자 모두에게 유익한 개괄서이다. 장별로 제공되는 상세한 일러스트와 컷 만화들은 독자가 어려운 내용을 쉽게 이해할 수 있도록 하였다. 우선 생명체 변형의 역사와 성과에 대한 사례, 멸종 유전체와 동물 복원을 시작으로 합성 생물학의 위험성과 생명 윤리를 다루고 있다. 또한 유전자 가위 기술의 의미와 역사, 실제 기술의 적용된 사례를 소개하고 있다. 세포치료제와 우리 몸의 세포로 만든 면역세포 치료제, 만능치료제 줄기세포 치료제와 앞으로 주목받게 될 크리스퍼 유전자 가위 기술에 대한 내용이 수록되어 있다.

1 인문계열

2 사회계열

3 자연계열

4 공학계열

5 의약계열 · 간호학과

6 예체능계열

7 교육계열

간호학과 독서탐구활동 활용사례

자율활동 특기사항

전교학생회 회장으로 '학생 중심 학교 만들기'를 슬로건으로 제시하고 학생들의 의견이 학교의 운영 전반에 반영될 수 있도록 노력함. 학생 의견함을 만들어 학생들의 건의사항을 수합하고 학생회 임원들과 안건을 정리한 뒤 매달 말 교장선생님과 함께하는 교사학생협의회에 안건을 상정함. 학교 신입생들을 위한 코로나 예방 홍보 동영상을 제작하는 활동에서 전체적인 시나리오를 준비하였고, 그 결과 몰입감이 좋고 전달력이 좋다는 평가를 받음. 또한 **'코로나 사이언스(기초과학연구원)'**를 읽고 코로나 바이러스의 원리와 감염경로, 인체에 미치는 영향을 정리하고 코로나19 예방을 위한 10가지 수칙을 정리해 포스터로 만듦. 학급 롤 모델 발표 활동에서 **'국제간호사: 두바이 편(송원경)'**의 저자 송원경을 롤 모델로 선정하여 국제간호사로 활동하는 모습을 닮고 싶다고 발표함. 한곳에 머무르기보다 새롭게 도전하는 삶을 살겠다는 의지를 표명하면서 2050년 한국을 빛낸 글로벌 100인이 되고 싶다는 인생 목표를 밝힘.

동아리활동 특기사항

(간호동아리)(34시간) 동아리 학년장 직책을 맡아 매주 활동 계획에 대한 의견을 수합하고 준비사항을 꼼꼼하게 안내하는 모습에서 책임감을 보임. 진로 주제 탐구 활동으로 **'mRNA 혁명, 세계를 구한 백신(전방욱)'**을 읽고 mRNA 백신의 특징과 기본 원리를 정리하고 mRNA 백신 연구의 현황에 대한 보고서를 작성함. mRNA 백신이 바이러스 단백질을 직접 주입하는 기존의 백신보다 만들기 쉽고 안전하며 시간이 절약된다는 장점에 주목하면서 앞으로 국가 차원의 백신 연구 지원이 필요하다고 피력함. 보건 소식지 제작활동에서 인근 3개 대학의 간호학과에 대한 소개와 커리큘럼, 대입전형을 비교하고, 병원 이외의 다양한 분야에서 일하는 간호사를 조사하여 소개함. 또한 수술실 간호의 입문서인 **'프셉마음: 입문편 개정판(드림널스 편집부)'**을 읽고 궁금해했던 사항들을 질문지로 구성하여 실제 대학병원에 근무하는 수술실 간호사와 온라인 인터뷰 활동을 진행함. 대학병원에 수술로봇과 간호로봇이 도입되어 활용되고 있다는 간호사의 말에 로봇의 활용에 따른 간호사 역할에 대한 자신의 의견을 논리적으로 구성해 소식지에 수록함.

진로활동 특기사항

직업인 소개 활동에서 보건계열 친구들과 현직 간호사의 이야기가 담긴 **'리얼 간호사 월드(최원진)'**를 읽고 책 속에 담긴 에피소드를 만화로 제작함. 간호사들의 일상과 환자와의 트러블, 병원생활의 고됨이라는 3가지 주제로 누구나 공감할 수 있도록 6컷 만화를 제작하여 보건실에 부착함. 이를 통해 간호사가 되기를 희망하는 동아리 후배들에게 간호사에 대한 정보를 제공하면서도 자신의 진로계획을 구체화하는 계기가 됨. 진로 이슈 소개 활동에서 **'디지털 헬스케어: 의료의 미래(최윤섭)'**를 읽고 4차 산업혁명시대에 따른 디지털 헬스케어에 대한 진로 소식지를 제작함. 디지털 헬스케어의 기본 개념부터 의료 인공지능, 디지털 치료제, 웨어러블과 같은 최신 기술을 소개함. 또한 원격의료와 간호로봇 등 미래 병원의 모습을 학생들에게 안내하고 이와 관련된 최근 인터넷 기사를 첨부하여 멀지 않은 우리의 미래라는 것을 알림. 전공 체험의 날 행사에 간호학과 체험프로그램을 신청하여 대학생들과 연계한 체험활동에 참여함. 간호학과의 커리큘럼과 졸업 후 다양한 진출 분야를 소개받고 정맥주사와 혈당검사, 아동 대상 심폐소생술을 직접 체험함. 이후 올바른 정맥주사와 혈당검사 방법, 그 속에 담긴 과학적 원리를 정리하여 보건보고서를 작성하여 제출함.

교과 세부능력 및 특기사항

생명과학Ⅱ

우리 주변의 현상을 과학적으로 분석하고 체계적으로 이해하며 보건 분야에 관심이 있어 생명과학 수업에 적극적으로 참여함. 생명과학 실험 분석 활동에서 광합성과 관련해 벤슨의 실험, 힐의 실험, 루벤의 실험의 의미분석을 통해 빛의 파장과 세기, 온도, 이산화탄소 농도의 영향을 논리적으로 발표함. 생명과학 주제 탐구 활동으로 DNA 단원을 학습한 뒤 최근 주목받고 있는 유전자 가위 기술에 대해 발표 활동을 진행함. **'송기원의 포스트 게놈 시대(송기원)'**를 읽고 1-3세대로 나누어 유전자 가위 기술이 발전하는 과정을 설명하고 인간과 동식물 세포를 이용해 에이즈, 혈우병 등 유전질환을 치료하는 사례를 소개함. 이후 크리스퍼 유전자 가위 기술(CRISPR)을 이용한 암세포 치료방법에 대해 궁금증이 생겨 추가 심화 활동을 진행함. 한편 중국의 인간 배아 유전체 편집 사례를 소개하며 유전자 가위 기술이 가져올 윤리적인 문제를 지적하는 과정에서 학생의 올바른 생명 의식과 비판적 사고를 엿볼 수 있었음.

화학Ⅰ

평소 화학에 관심이 많은 학생으로 우리 몸속의 화학반응과 생명현상에 대한 호기심을 학교수업과 과학도서, 영상을 통해 해결하는 모습을 보임. 도서나 영상에서 이해되지 않거나 궁금한 사항은 교사에게 개인적으로 찾아와 질문하고 의문점을 끝까지 해결하려는 끈기를 보여줌. 과학 융합 활동에서 **'세계사를 바꾼 10가지 감염병(조지무쇼)'**을 읽고 코로나19 팬데믹처럼 인류 역사를 바꾼 페스트, 인플루엔자, 말라리아, 천연두, 황열병을 정리하여 발표함. 생명의 진화와 다양성 단원과 관련지어 인류가 감염병이라는 위기를 오히려 진화의 기회로 만들 수 있음을 논리적으로 설명함. 식민지를 향한 영국의 탐욕이 천연두 지옥을 만든 사례를 들며 앞으로 환경파괴와 온난화 문제가 인류에 가져올 문제를 제기하고, 천연두가 인류 역사상 최초로 완벽하게 퇴치된 감염병인 것처럼 의학의 발달로 코로나19의 온전한 치료제가 개발될 것이라고 설명함.

행동특성 및 종합의견

1학기 학급 반장으로 단톡방을 통해 학급의 안내사항을 전달하고 수요조사를 진행함. 교과 선생님과 학생들 간의 연결고리이자 활발한 수업 분위기를 이끄는 분위기 메이커 역할을 수행함. 또한 학급 특색 활동에 앞장서고 학급원들의 좋은 아이디어를 메모하여 다음 활동에 반영하면서 학급 내에서 민주적인 반장이라는 평가를 받음. 학급원들의 추천과 다수결로 결정하는 이달의 우리 학급 모범학생으로 두 차례 선정되는 등 학급에서 없어서는 안 될 존재라 생각됨. 수술실 간호사를 지망하며 진로의식이 뚜렷하고 간호학과 진학을 위한 준비활동을 적극적으로 진행함. 교내 헌혈 캠페인 활동에서 헌혈의 종류와 헌혈에 담긴 과학적 원리, 헌혈이 필요한 이유, 헌혈하는 방법을 홍보하는 과정에서 준간호사 수준의 해박한 지식과 전문성을 느낄 수 있었음. **'간호알고리즘(간호사연구소)'**을 참고하여 학급원들이 많이 겪는 증상, 그에 따른 진단과 처치방법을 간략하게 정리하여 학급 게시판에 부착함. 특히 시험기간에 예민한 친구들을 위한 건강관리법과 주의사항을 안내하면서 학급의 보건교사라는 별명을 얻게 됨.

1 인문계열

2 사회계열

3 자연계열

4 공학계열

5 의약계열·간호학과

6 예체능계열

7 교육계열

2 ▸▸ 건강관리학과

1 학과 인재상

스포츠나 건강에 관한 문제에
과학적으로 접근하는 학생

진취적이고 도전적이고 지적인
호기심이 많은 학생

운동과 건강에 관련된 정보 및
지식에 관심이 많은 학생

의사소통능력과 팀워크,
배려심을 가진 학생

2 유사학과

- 건강증진학과
- 운동건강학부
- 대체건강관리학부
- 뷰티건강관리학과
- 스포츠건강관리학과
- 스포츠건강학부
- 스포츠건강과학전공
- 운동건강관리학과
- 한방건강관리학과

3 관련직업

- 건강운동관리사
- 경기지도자
- 노인체육지도사
- 레크레이션지도자
- 배드민턴지도자
- 생활체육지도자
- 수영지도자
- 수중재활운동사
- 선수트레이너
- 안전경비지도사
- 운동처방사
- 운동재활전문지도자
- 유소년스포츠지도사
- 장애인체육지도사
- 청소년지도사
- 청소년상담사
- 퍼스널트레이너
- 헬스트레이너 등

4 개설대학

- 가톨릭관동대학교
- 남서울대학교
- 대전대학교
- 동아대학교
- 동명대학교
- 목원대학교
- 백석대학교
- 상명대학교
- 세한대학교
- 원광대학교
- 중부대학교
- 한국체육대학교
- 한국교통대학교 등

내 몸이 보내는 이상신호가 나를 살린다

이시하라 유미 (박현미 역) / 전나무숲(2018)

이 책은 몸이 보내는 생존 신호를 알아차리고 스스로 진단하여 병을 고치는 자연치유력을 높이는 건강법과 현명한 생활방식을 소개하고 있다. 평소 동양의학 관점에서 혈액을 깨끗하게 만들어 병에 걸리지 않는 생활을 누리고, 만약 병에 걸려 진단이 필요하거나 응급 치료가 필요할 때 서양의학의 기술에 의지하는 것이 바람직하다는 것을 강조하고 있다. 고혈압, 고지혈증, 각종 통증, 고열, 현기증, 이명, 부정맥, 빈맥, 불면증, 우울증, 알레르기, 숙취 등 만성질환의 원인을 파악하여 스스로 고치는 자연요법을 쉽고 구체적으로 제시하고 있다.

우리는 감염병의 시대를 살고 있습니다

김정민 / 우리학교(2020)

이 책은 끝없이 진화하는 감염병의 시대를 살아야 하는 청소년들을 위한 인문 과학 교양서이다. 감염병에 관한 과학 지식을 비롯해 연관된 사회현상과 변화의 흐름을 크게 다섯 가지 주제로 나누어 면밀하게 풀어내고 있다. 또한 감염병과 연관된 역사적 사건과 인물, 영화 속 장면 등 흥미로운 에피소드를 더하고 있다. 코로나19가 어디서 왜 시작되었는지, 대체 우리를 어디로 이끄는지, 그리고 이에 어떻게 대응해야 하는지 제대로 설명하고 있다. 과학적 지식과 철학적 지혜를 아우르며 인류가 과거부터 지금까지 감염병과 어떻게 싸워왔는지 그 도전의 역사부터 시작해 감염병이 일으킨 여러 변화와 시대의 흐름을 찬찬히 들여다본다.

통증 때려잡는 스트레칭

최재석 / 센시오(2022)

이 책은 한국인이 가장 많이 호소하는 5대 통증인 목, 어깨, 허리, 손목, 무릎의 통증을 해결해주는 10분 스트레칭 방법을 소개하고 있다. 저자는 유튜브 구독자 40만, 누적 조회 수 2,200만에 빛나는 재활전문 물리치료사이다. 저자는 통증의 원인은 굳어진 근육이며, 근육이 굳어지면 주변 근육을 대신 사용하는데 이 근육에 과부하가 걸리면서 통증이 시작된다고 한다. 그리고 통증 부위만 치료하는 것이 문제라고 지적한다. 아울러 통증을 바로잡기 위해 근육을 사용하는 순서에 맞는 스트레칭 방법을 안내하고 있다. 10년간 수많은 환자의 통증 원인을 바로잡았던 그 노하우를 통증 부위별로 순서대로 정리하고 집에서 쉽게 따라 할 수 있도록 QR코드를 넣어 동영상을 제공하고 있다.

약 짓는 오빠들이 들려주는 알쓸신약

이정철, 임성용 / 시대인(2021)

이 책은 현직 약사들이 현장에서 경험한 다양한 에피소드를 통해 약국과 약, 건강과 영양제에 대한 궁금증을 해결해주고 있다. 또한 최근 이슈가 되고 있는 주제 13가지를 추가해 총 68가지의 소주제로 더욱 알차게 구성했다. 1장에서는 약국마다 약값이 다른 이유, 일반의약품과 전문의약품의 차이 등 약국에 대한 다양한 궁금증을 해결해주고 있다. 2장에서는 약에 대해 잘못 알고 있는 오해를 바로잡으며 자주 사용하는 약들을 비교 및 정리하여 각자의 증상에 맞는 약을 선택할 수 있도록 돕고 있다. 마지막으로 3장에서는 임산부와 수유부, 영유아와 청소년, 성인, 장년층으로 나누어 해당 시기에 섭취하면 좋은 영양성분을 알려주고 있다.

1 인문 계열

2 사회 계열

3 자연 계열

4 공학 계열

5 의약계열·건강관리학과

6 예체능 계열

7 교육 계열

움직임의 뇌과학
캐럴라인 윌리엄스 (이영래 역) / 갤리온(2021)

이 책은 뇌과학에서 진화생물학까지 다양한 분야에 몸담은 과학자들이 신체의 움직임이 정신에 미치는 영향에 대한 최신 연구를 바탕으로 집필하였다. 가벼운 걷기부터 산책, 요가, 춤을 통해 개선되는 인지 능력부터 심리적 안정감을 과학적으로 설명하고 있다. 신체 움직임은 우울증과 만성 통증을 줄이고 뇌-신체 사이의 스트레스 경로를 차단해 자신감을 불어넣는다는 연구도 소개되어 있다. 생명과학 분야의 과학자들은 물론 몸과 정신의 연결을 실제로 증명한 인물들을 발로 뛰며 인터뷰하여 본문에 수록하였다. 또한 공들인 조사와 설득력 있는 언어로 우리가 몸을 움직여야만 하는 이유를 설명하며 현대인들을 정신적으로 충만하고 건강한 삶으로 이끌고 있다.

한의사가 본 현대인의 질병과 치료법
양기호 / 아마존북스(2021)

이 책은 한의사 양기호 박사가 순천 KBS 라디오방송에서 20년 동안 소개한 우리 몸에 도사리는 온갖 질병에 대한 원인과 적절한 치료법 등을 모아 놓은 책이다. 수천 명의 환자를 진료했던 저자의 풍부한 사례들을 바탕으로 현대인들이 겪고 있는 질병이 어떤 증상으로 시작해 어떤 큰 병으로 이어질 수 있는지, 어떻게 하면 예방하고 치료할 수 있는지 상세히 적혀 있다. 또한 제대로 알고 먹으면 더욱 좋은 보약에 대한 이야기와 건강을 위협하는 잘못 알려진 민간요법을 소개하고, 보약과 민간요법에 대한 질의응답도 수록했다. 현대성 질환부터 계절성 질환, 여성 질환, 노인 질환까지 최상의 건강관리비법을 한의학을 통해 설명하고 있다.

내 몸 안의 잠의 원리, 수면의학
우치다 스나오 (황소연 역) / 전나무숲(2021)

이 책은 의학 전공자부터 일반 독자까지 누구나 이해하기 쉬운 수면의학 입문서이다. 수면 클리닉에서 이루어지는 임상 관련 지식을 수면 질환 위주로 소개하고 수면의학 지식을 중심으로 구성하였다. 수면 연구의 역사, 수면의 구조와 리듬, 연령에 따른 수면의 변화 등을 소개하고 수면장애 국제분류(ICSD-2)에 따른 수면장애의 진단기준을 상세히 싣고 있다. 또한 다양한 수면장애의 종류와 원인, 증상, 치료와 예방법을 설명하면서 수면 검사 및 진단, 수면제의 종류와 안전한 사용법 등 실제 수면 클리닉에 쓰이는 의학 정보도 수록하였다. 알코올과 수면의 관계, 운동이 수면에 미치는 영향, 시차증 극복법 등 숙면에 도움이 되는 정보를 별도의 코너로 마련해 자세히 설명하였다.

우리가 몰랐던 백신의 놀라운 비밀
후나세 슌스케 (김경원 역) / 중앙생활사(2021)

이 책은 세계적인 의학평론가 후나세 슌스케가 직접 취재한 백신의 비밀을 소개하고 있다. 백신은 치료제가 아니라 예방제다. 모든 바이러스는 사람이나 동물이 감염당하면 변이를 일으키는데, 이때 천변만화하는 바이러스를 백신이 따라잡지 못한다. 1장에서는 자궁경부암 백신 접종의 참담한 피해 사례를 소개하고 2장에서는 인플루엔자 백신이 효능이 없다는 점을 들어 무익한 백신을 계속 양산하는 저의를 의심한다. 3장에서는 일본뇌염, 디프테리아, 소아마비, 홍역 백신 등의 부작용 사례를 열거하고, 일본 의료계와 백신의 기원을 찾는다. 4장에서는 짐승의 체액과 혈액 등으로 백신을 제조한다는 사실을, 5장에서는 거대 재벌들이 의료 마피아로 군림하는 양상을 보여준다.

소소하지만 확실한 건강 이야기

오경석 / 에디터(2019)

이 책은 20년 경력의 현직 의사가 기존의 의료 상식에 반기를 들면서 기능의학의 새로운 패러다임을 제시하고 있다. 미국에서 활동 중인 저자가 자신의 임상 경험과 연구를 바탕으로 현대 의학의 한계와 예방접종의 두 얼굴까지 다양한 주제의 건강 관련 내용을 쉽고 재미있게 엮었다. 현대인들이 앓는 대부분의 병은 하루아침에 생기지 않으며 건강에 필요한 요소(잠, 운동, 햇빛, 영양소, 음식, 긍정적인 생각, 원만한 인간관계 등)가 부족하거나 건강을 해치는 요소(독성 물질, 전자파, 스트레스, 세균 등)가 많을 때 생긴다고 설명한다. 만성병 치료 및 예방에는 한계가 있다고 말하고, 건강을 지키기 위한 방법을 제시하고 있다.

장내세균의 역습

에다 아카시 (박현숙 역) / 비타북스(2020)

이 책은 장이 예민한 사람들에게 추천할 만한 책으로 이들이 꼭 알아야 할 장 건강 상식과 잘못 알려진 사실을 제시하고 있다. 장 트러블이 빈번한 사람들은 증상의 원인을 찾지 못해 괴로워하며 병원에 가도 원인을 찾지 못하고 있다. 이 책은 변비, 설사뿐 아니라 만성피로, 원인 모를 나른함, 에너지 부족에 시달리는 사람들에게 장내 환경을 확인하길 권하고 있다. 이들은 대부분 고지방 식사, 스트레스 축적, 정크 푸드 범람, 항생 물질 남용, 도시 환경 오염에 노출돼 있다고 설명한다. 소화기 내과 의사이자 이 책의 저자인 에다 아카시는 장내세균이 부족한 게 아니라 너무 많아서 문제가 된다며 이런 현상을 '장내세균의 역습'이라 규정하고 있다.

100세 시대를 위한 자연식품과 건강관리

이채호 / 생각나눔(2017)

이 책은 건강에 좋은 채소와 산야초에 대한 효능과 각 질병에 좋은 식품을 상세히 설명해주고 있다. 잘못된 식생활이 성인병을 만들며 건강을 위해 자연식품 섭취가 필요하다고 설명하고 있다. 또한 몸을 체질별로 구별하여 각 체질의 몸에서 나타나는 특징과 증상을 안내하고 그에 맞는 식품을 추천하고 있다. 더불어 우리 고유의 전통식품에 대한 가치를 재평가하여 우리 몸에 맞는 우리 음식을 안내한다. 내 건강의 약점이 무엇인지, 어떤 식품을 취해야 건강을 유지할 수 있는지 등을 안내한다. 자연치유 요법으로 봉산물 요법, 광선치료 요법 등도 소개하고 있다.

건강관리학과 독서탐구활동 활용사례

자율활동 특기사항

학급 건강 도우미로 교실에 앉아 수업을 듣고 공부하면서 허리 건강이 좋지 않은 친구들과 컴퓨터와 스마트폰으로 통증을 호소하는 친구들을 위해 건강 유지 방법을 전수해줌. **'통증 때려잡는 스트레칭(최재석)'**을 참고하여 하루 10분의 스트레칭으로 경직된 근육을 풀어주는 스트레칭 방법을 정리하고 그림으로 알기 쉽게 그려 학급 게시판에 부착함. 또한 친구들의 건강을 위해 자율 활동 시간을 이용해 담임교사와 함께 5분 스트레칭을 진행함. 올해 기숙사 단체생활을 하게 되면서 자신을 포함한 기숙사 친구들이 항상 잠이 부족하다고 판단하여 수면 과학 프로젝트를 준비하게 됨. **'내 몸 안의 잠의 원리, 수면의학(우치다 스나오)'**를 통해 수면장애의 종류와 원인, 증상, 치료와 예방법을 정리하고 숙면에 도움이 되는 정보와 규칙적인 생활의 중요성을 알림. 수면부족이 가져온 대참사로 우주 왕복선 챌린저호 사고, 에어프랑스 447편 사고, 발데즈호 기름유출사건, 매트로 노스 탈선 사고, UPS 1354편 화물기 사고를 들며, 수면부족은 수명 단축과 대형사고로 이어질 수 있다는 메시지를 전달함.

동아리활동 특기사항

(보건의료동아리) (34시간) 보건 및 의료계열을 희망하는 친구들과 함께 1년 계획을 수립하고 동아리 특색활동을 책임감 있게 수행함. 동아리원들과 보건 관련 기관에서 발간하는 보건소식지와 카드뉴스를 출력하고 학년 교무실 앞의 게시판에 부착하여 결핵의 날, 노로바이러스와 식중독, 수두 등의 내용을 학생들에게 전달함. 또한 보건정책과 이슈에 대한 토론 활동에서 디지털성범죄 예방 문제와 성인지 감수성을 높일 수 있는 방안을 토의하는 모습을 통해 사회 문제에 대한 관심이 높다는 것을 확인함. 성별의 차이는 인정하되 차별을 있을 수 없으며 사람들의 인식 개선과 정책 및 제도적 개선 등 여성 인권 향상 문제에 대한 의견을 제시함. 건강을 위해 보약을 섭취하고 있는 학생들을 보고 점심시간을 이용해 '제대로 알고 먹으면 더 좋은 보약'이라는 주제로 의료소식지를 제작하여 학생들에게 배부함. **'한의사가 본 현대인의 질병과 치료법(양기호)'**을 활용하여 잘못 알려진 민간요법과 청소년들에게 맞는 한의학 건강비법을 소개하고 학생 건강을 위한 활동을 기획하여 실천에 옮김.

진로활동 특기사항

진로 시사 스크랩 활동에서 최근 코로나19 백신 부작용으로 인한 중증 부작용이나 사망으로 억울함을 호소하는 국민청원에 대한 내용을 선정함. 1950년대 유럽에서 발생한 탈레노마이드 사건, 즉 간단한 동물실험을 통해 안정성을 입증한 후 시판한 결과 무려 2만여 명의 기형아가 출산된 사례를 제시함. **'우리가 몰랐던 백신의 놀라운 비밀(후나세 슌스케)'**의 내용을 인용하면서 짐승의 체액과 혈액 등으로 백신을 제조하는 것은 위험하며 백신을 강제할 수 없다는 논리적인 주장을 펼침. 이를 흥미로운 만화와 사진을 곁들여 카드뉴스를 제작하는 과정에서 비판적이고 냉철한 분석력을 보여줌. **'약짓는 오빠들이 들려주는 알쏭신약(이정철, 임성용)'**을 읽고 진로 스피치 활동을 준비하게 됨. 우리 주변에서 많이 복용하는 생리통약, 파스와 진통제, 감기약, 진통제, 소화제와 설사약, 위장약 등에 대한 올바른 사용법을 소개하면서 약은 병을 낫게 해주지만 잘못 먹으면 오히려 역효과가 난다고 설명함. 올바른 처방법에 대한 퀴즈를 준비하였고 우리가 무심코 지나치기 쉬운 필수 상식을 알려주는 의미 있는 시간으로 활용됨. 다른 사람에 대한 배려심이 깊고 건강 문제를 과학적으로 접근하는 모습 등에 비추어 해당 분야에서 발전가능성이 뛰어난 학생이라 판단됨.

교과 세부능력 및 특기사항

생명과학 I

모범적인 자세로 수업 활동에 참여하고 매일 학습한 내용을 요약정리하여 복습하는 습관이 몸에 배어 있음. 생명과학의 전반적인 단원에 관심을 가지고 있으며 학습한 내용을 그림과 표로 노트에 정리하는 모습에서 꼼꼼함과 학업에 대한 열정을 확인함. 질병과 면역에 대한 단원을 학습하고 코로나19와 관련한 우리 몸의 질병과 면역체계를 체계적이고 이해하기 쉽도록 학급원들 앞에서 발표함. 학습한 개념에 관련 서적과 인터넷 자료를 더해 코로나19 바이러스에 적용하여 우수한 학업능력과 탐구정신을 엿보게 됨. 과학 도서 연계 활동으로 **'움직임의 뇌과학(캐럴라인 윌리엄스)'**을 읽고 적극적인 신체 활동은 뇌-신체 사이의 스트레스 경로를 차단해 우울증과 만성 통증을 줄인다는 내용을 발표함. 나아가 추가활동으로 뇌-컴퓨터 인터페이스 기술(BCI)에 대한 최근 연구를 소개하고, 사람들의 건강증진을 위한 기술 발전에 대한 자신의 관심사를 드러냄.

세계사

다양한 분야에 관심이 많은 학생으로 세계사 과목을 신청하여 흥미를 가지고 수업에 참여함. 고대 문명부터 유럽까지 역사에 관심을 보였으며 관련 학과에 진학하는 학생들만큼 세계사 지식이 해박함. 세계사를 연대순으로 발표하는 과정에서 시대에 대한 통찰력과 분석능력이 우수함. 역사 연계 진로 소개 활동에서 **'우리는 감염병의 시대를 살고 있습니다(김정민)'**를 읽고 인류가 감염병과 과거부터 지금까지 싸워온 역사와 그로 인한 변화, 시대의 흐름을 소개함. 페스트가 중세 유럽을 휩쓸었을 당시 외국의 배가 오면 40일간 머물게 하는 격리시스템과 이후 농민 인력의 부족으로 신분사회에 미친 영향을 예로 들어 발표함. 최근 감염병이 전 세계적 문제라는 사실에 공감한 여러 나라가 힘을 합쳐 백신과 치료제를 개발하고 세계보건기구를 탄생시킨 과정을 설명함. 미래는 과거로부터 지혜를 얻을 수 있으며 그것이 우리가 역사를 배우는 이유라는 말로 발표를 마무리하면서 학급원들에게 큰 호응을 받음.

행동특성 및 종합의견

밝고 명랑하며 긍정적인 사고를 가진 학생으로 주변 친구들에게 에너지를 불어넣고 웃음을 종종 선사하는 모습을 볼 수 있음. 다양한 운동경기를 즐기며 팀 경기에서 단합된 분위기를 만들고 포기하지 않는 승부정신을 보여줌. 또한 학급 내의 보이지 않는 작은 갈등이 발생하였을 때 양쪽의 의견을 조율하여 해결하는 모습을 보여줌. 학급 건강 전도사로 매일 아침 학급원들의 자가진단시스템 참여 여부를 확인하고 쉬는 시간에 환기를 하는 등 맡은 역할을 하루도 거르지 않고 책임감 있게 수행함. 또한 학급의 환경 상태를 확인하고 쾌적한 교실을 만들기 위해 건강 캠페인 활동을 진행함. **'소소하지만 확실한 건강 이야기(오경석)'**를 참고하여 건강에 필요한 요소(잠, 운동, 햇빛, 영양소, 음식, 긍정적인 생각, 원만한 인간관계)와 건강을 해치는 요소(독성 물질, 전자파, 스트레스, 세균 등)로 나누어 체크리스트를 만들고 학생들이 스스로 건강관리요소를 체크하도록 함. 건강은 잘못된 습관에서 시작되며 지금은 보이지 않더라도 나중에 큰 질병으로 되돌아올 수 있다고 설명함.

1 인문계열

2 사회계열

3 자연계열

4 공학계열

5 의약계열 · 건강관리학과

6 예체능계열

7 교육계열

3 ▸▸ 물리치료학과

1 학과 인재상

다른 사람을 배려하고
잘 이해하며 따뜻한
마음을 가진 학생

환자의 아픔과
고통을 나누고 어려움을
잘 이해하는 학생

화학이나 생명과학,
물리학 등의 교과에
흥미를 가진 학생

인체의 움직임에 흥미를 느끼고
과학적 해결방법에
관심이 있는 학생

다른 사람과의 협력과
의사소통능력이 뛰어난 학생

2 유사학과

- 스포츠의학과
- 스포츠재활과
- 직업재활학과
- 운동처방재활학과
- 직업재활학과
- 물리치료과
- 재활운동건강과
- 한방스포츠의학과

3 관련직업

- 물리치료사
- 보건직공무원
- 보험사무원
- 스포츠지도사
- 스포츠트레이너
- 작업치료사
- 피트니스지도사 등

4 개설대학

- 가천대학교
- 강원대학교
- 광주여자대학교
- 남서울대학교
- 단국대학교 천안캠퍼스
- 대구가톨릭대학교
- 대구한의대학교
- 대전대학교
- 동신대학교
- 백석대학교
- 부산가톨릭대학교
- 상지대학교
- 신라대학교
- 연세대학교 미래캠퍼스
- 영동대학교
- 용인대학교
- 우송대학교
- 을지대학교 성남캠퍼스
- 전주대학교
- 한국교통대학교 충주캠퍼스
- 한국국제대학교
- 호남대학교
- 호서대학교 등

물리치료사로 살아가기

오덕원 외 / 학지사메디컬(2020)

이 책은 물리치료가 필요한 상황과 물리치료 방법이 무엇인지, 물리치료사가 어디에서 일하는지 소개하고 있다. 대학병원 물리치료사, 수치료 전문 물리치료사, 스포츠 전문병원 물리치료사, 건강센터 물리치료사 등의 모습을 생생하게 들려준다. 또한 운동선수를 관리하는 대한민국 양궁 대표팀 스포츠 트레이너, 삼성 블루윙즈 스포츠 물리치료사를 소개하고 있다. 국가기관이나 국민건강보험공단, 보건소 물리치료사, 국립재활원 보건연구사, 기초과학 연구 전문가, 생리학교실과 물리치료학과 교수의 일상도 소개하고 있다. 그 외에 주한 미군 물리치료사와 뉴욕의 여성건강 물리치료사 등 해외에서 일하는 모습도 보여준다.

나는 대한민국 물리치료사다

이문환 / 책과 나무(2016)

이 책은 물리치료사인 저자가 척추질환과 어깨통증, 다리통증에 시달리는 현대인을 위한 지식을 전달하고 있다. 척추질환을 비롯해 대중에게 잘못 알려진 의료지식과 물리치료사의 직업적인 특성 및 미래전망, 의료권력을 독식하고 있는 의사회에 대한 신랄한 비판을 전하고 있다. 또한 각종 척추질환과 어깨통증, 다리통증 등의 질환 원인이 다름 아닌 근육에 있다고 이야기하며 수술 대신 치료할 것을 강조한다. 이어 자신의 임상경험 이야기를 들려주고 물리치료에 대한 지식과 물리치료사 직업에 대한 정보를 소개하고 있다. 대한민국 5만 물리치료사들이 임상에서 환자들과 함께 하면서 살아가고 있는 모습을 담고 있다.

목 디스크 정복

고도일 / 푸른솔(2016)

이 책은 임상 사례를 통해 검증된 목 디스크 환자를 위한 운동 프로그램뿐만 아니라 일반인들도 직장이나 가정에서 평소에 부담 없이 할 수 있는 목과 어깨 강화 운동법 등 다양한 내용을 소개하고 있다. 목과 어깨 건강을 위한 폼롤러를 이용한 운동, 근 에너지 이완요법, 탄력 테이핑 요법, 증상별 자가 치료 운동 등도 수록되어 있다. 머리를 지탱하는 경추 건강법, 목 주위 근육과 인대의 중요성을 설명하고 있다. 또한 경추 질환에 대한 건강법과 신종 생활 습관병인 일자목, 거북목(자라목)을 소개하고 목 통증이 두통으로 이어질 수 있음을 이야기하고 있다. 목 디스크 해방을 위해 목과 허리 디스크에 대한 의학과 과학 논의를 심화·발전시킨 책이다.

생체시계만 알면 누구나 푹 잘 수 있다

이헌정 / 코리아닷컴(2021)

이 책은 최고의 수면의학자가 전하는 잠에 대한 이해와 효과적인 숙면기술에 대한 내용이다. 성인의 25% 정도는 수면장애를 경험했으며 만성불면증을 겪고 있는 사람도 많다고 한다. 수면 부족은 면역기능은 물론 심혈관계 질환, 당뇨, 암, 비만뿐 아니라 우울증이나 조울증 등 신경정신계 질환의 위험을 증가시킨다. 저자는 푹 자고 싶다면 내 몸 안의 시계를 알아야 한다고 주장한다. 생체시계는 수면, 호르몬, 심박수, 혈압 등과 같이 일정한 주기에 따라 반복적인 패턴으로 나타나는 생체리듬을 조절하며 생체시계가 고장 나면 수면 리듬도 깨진다. 이 책은 수면 리듬이 깨져 힘들어하는 이들에게 간단한 습관으로 고장 난 생체시계를 리셋할 수 있는 방법을 소개한다.

1 인문 계열

2 사회 계열

3 자연 계열

4 공학 계열

5 의약계열·물리치료학과

6 예체능 계열

7 교육 계열

프셉마음: 약물 편
남소희, 허연정 / 드림널스(2021)

이 책은 약물에 대한 기초적인 내용과 실무 지식을 소개하고 있다. 1장에서는 약물에 대해 공부하기에 앞서 전반적인 약물의 개요로 약품의 분류와 의약품 식별 방법, 약물 용량 계산 방법을 담고 있다. 2장에서는 각 질환에 따라 9개의 계통별(심혈관계 약물, 호흡기계 약물, 위장관계 약물, 항감염 약물, 뇌신경계 약물, 혈액작용 약물, 근골결계 약물, 내분비계 약물, 기타 약물)로 나누어 많이 사용하는 약물에 대한 설명을 담았다. 3장에서는 의약품 관리와 안전한 의약품 투약 방법, 약물 부작용에 대처하는 방법을 소개하고 있다. 약물을 다루는 모든 직업군에 유용한 책이다.

미래의학으로 가는 길 통합의료
이시형, 선재광 / 다온북스(2022)

이 책은 만성, 악성, 노인성 질환에 효과가 있는 통합의료와 관련한 내용을 담고 있다. 또한 자연 치유력을 극대화할 수 있는 최신의 통합치료법을 소개하고 있다. 최근 통합의료가 주목받는 이유와 세계 통합의료의 동향을 제시하면서 통합의료로 자연치유력을 높이는 방법을 소개하고 있다. 면역을 좌우하는 음식과 관련한 식사 원칙을 제시하고 비만 방지를 위한 운동 방법, 온천욕, 통증 완화 방법 등을 소개하고 있다. 또한 헬씨 에이징을 위한 뇌 사용법으로 명상과 아로마테라피, 유머감각을 잃지 않는 방법 등을 추천하고 있다. 병을 치료하는 것뿐만 아니라 건강한 모습을 유지할 수 있는 비결을 제공하고 있다.

1분만 누르면 통증이 낫는 기적의 지압법
후쿠쓰지 도시키(김나정 역) / 길벗(2021)

현대인 대부분은 통증과 병을 가지고 있으며 두통과 만성 통증, 피로, 불면, 스트레스에 시달리고 있다. 이 책은 언제 어디서나 할 수 있는 초간단 혈자리 지압법을 추천하고 있다. 혈자리를 눌렀을 때, 통증이나 찌릿한 느낌이 든다면 그 혈자리와 연결된 내장, 신경, 근육 등이 약해져 있다는 신호이다. 앉아 있거나 서 있거나 또는 출퇴근, 가사일 등 일상생활 중에 틈날 때마다 각 증상과 연결된 혈자리를 찾아 누르는 것만으로도 통증이 완화된다고 설명하고 있다. 이 책은 저자의 30년 진료 경험을 바탕으로 혈자리의 모든 것을 소개한다. 그림을 활용하여 혈자리의 위치, 누르는 법, 지압 활용법을 안내하고 있다. 평소 생활 속에서 지압을 통해 건강을 유지하는 방법을 제공하는 책이다.

처음 만나는 소화의 세계
예병일 / 반니(2021)

이 책은 다이어트부터 스트레스, 암에 이르기까지 삶의 질을 좌우하는 소화에 관한 친절한 의학 교양서이다. 우리 몸은 거대한 소화기계로 몸을 이해하고 건강을 돌보는 일이 중요함을 강조하고 있다. 소화가 이루어지는 원리와 속이 쓰린 이유 등 위와 관련한 내용을 수록하였고, 사람의 몸에서 가장 큰 장기인 간과 관련해 간염과 감암, 간을 살리는 마지막 방법, 간 이식을 다뤘다. 또한 작은 창자와 큰 창자의 구조와 기능, 배가 아픈 이유와 발생할 수 있는 질병을 소개하고 있다. 그 외에도 대변이나 장내미생물, 대장균, 항문에 관한 이야기를 통해 건강지식을 담았다. 일반인도 누구나 읽을 수 있도록 쉽게 풀어서 설명하고 있다.

무섭지만 재밌어서 밤새 읽는 감염병 이야기
오카다 하루에 (김정환 역) / 더숲(2020)

인류는 코로나19가 가져온 팬데믹에 맞닥뜨리고 나서야 비로소 감염병의 무서움과 파괴력에 당황하고 있다. 이 책은 에볼라 바이러스, 메르스, 뎅기열, 페스트, 콜레라, 홍역, 노로바이러스 등 인류와 역사를 함께 해온 19가지의 감염병을 다루고 있다. 일반인들에게 잘 알려진 감염병에서부터 세계사를 바꾼 감염병, 되살아나고 있는 감염병 등에 대해 소개하고 있다. 읽다 보면 역사 속에 존재했던 감염병에 대한 공포가 살아나고, 더 나아가 미래의 감염병 예방에 대해 깊이 자각하게 된다. 저자는 우리가 반드시 알아야 할 감염병을 쉽고 흥미롭게 서술하면서도 때로는 심도 있게 설명하고 있다.

돌봄의 철학과 미학적 실천
공병혜 / 서울대학교출판문화원(2017)

이 책은 돌봄의 실천이 포괄하는 존재론적, 현상학적, 해석학적, 윤리적 층위를 분석하여 돌봄을 철학적으로 접근하고 있다. 돌봄의 감성적, 예술적 측면에 미학적으로 접근하여 실천 예술로서의 돌봄의 가능성을 탐구하고 돌봄의 실천을 철학적으로 해명하는 체계적이고 포괄적인 학술서이다. 하이데거, 리쾨르, 메를로-퐁티, 드레퓌스, 가다머 등이 개진한 현상학과 매킨타이어, 길리건·노딩스, 레비나스 등이 전개한 윤리학 이론 등을 폭넓게 참조하면서 돌봄의 철학적 근거가 어떻게 마련될 수 있는지를 보여주고 있다. 또한 바움가르텐, 실러, 칸트의 미학 이론과 쇼펜하우어와 니체의 예술론을 차용해 돌봄이 지닌 감성적 측면을 설명하고 있다.

아픈 자 돌보는 자 치료하는 자 모두를 위한 의료윤리
김준혁 / 휴머니스트(2021)

이 책은 최근 발생한 보건의료 사건들이 사회, 경제, 일상에 지대한 영향을 미치고 있음을 설명하면서 환자와 보호자, 의료인이 서로의 입장에서 각 의료적 쟁점의 역사적 맥락을 검토하게 한다. 안락사, 임신중절, 치매 돌봄, 감염병, 유전자조작, 건강세, 의료 정보 공개 등 지금 한국의 현대 의학에서 가장 논쟁적인 의료 이슈를 소개하고 있다. 그리고 환자, 보호자, 의료인의 입장을 살펴보기 위해 실제 사례와 영화, 드라마, 소설 등 여러 작품 속에 등장하는 장면을 가져왔다. 앞으로 돌봄, 치료가 나아가야 할 방향을 고민하고, 건강과 삶의 문제를 의료윤리적 관점에서 생각하게 하는 책이다.

1 인문계열

2 사회계열

3 자연계열

4 공학계열

5 의약계열 · 물리치료학과

6 예체능계열

7 교육계열

물리치료학과 독서탐구활동 활용사례

자율활동 특기사항

학급 반장으로서 매달 진행하는 학급 회의에서 학급원들이 제기하는 안건과 의견을 수렴하여 학급개선을 위해 노력함. 학급 분리수거를 담당하는 학생들이 제기한 문제를 해결하기 위해 분리수거함을 바꾸고 제로웨이스트 실천과 일회용품 사용 줄이기 실천을 위한 의식개선 캠페인을 학급원들에게 제안함. 학급 친구들의 수면습관이 불규칙하고 잠이 부족하다고 생각하여 학급 습관 개선 캠페인 활동을 기획함. **'생체시계만 알면 누구나 푹 잘 수 있다(이헌정)'**를 참고하여 숙면을 위한 최적의 침실 온도와 환경을 안내하고 카페인과 커피, 백색소음, 인공 빛, 스마트폰에 덜 노출되어야 한다고 설명함. 포유류는 24시간을 주기로 작동하는 생체시계 유전자가 존재하며 올빼미형 수면 패턴이나 주말에 몰아서 잠을 자는 습관이 몸과 마음의 건강을 해친다고 설명함. 또한 **'목 디스크 정복(고도일)'**에 소개된 목과 허리 디스크를 예방하는 스트레칭 방법을 그림으로 알기 쉽게 만들어 학급 게시판에 부착하고 자투리 시간에 함께 스트레칭을 진행하여 학급원들의 건강을 생각하는 마음을 느낄 수 있었음.

동아리활동 특기사항

(보건의료동아리)(34시간) 예비 물리치료사로서의 직업의식과 진로계획이 분명한 학생으로 동아리원들과 협력하여 동아리 활동을 진행한 부분이 인상적임. **'1분만 누르면 통증이 낫는 기적의 지압법(후쿠쓰지 도시키)'**을 참고하여 혈자리와 연결된 신경과 근육을 이해하고 혈자리의 위치, 누르는 방법, 활용법을 정리함. 책에 제시된 여러 가지 도수치료법을 동아리 친구들과 연습해보고 근육 통증을 느끼는 친구들을 틈틈이 지압해주는 모습을 엿볼 수 있었음. 이후 손쉽게 배우는 지압법을 홍보하자는 의견을 제시하여 점심시간을 이용해 간단지압법을 소개하는 캠페인 활동을 진행함. 책에 소개된 다양한 지압법을 이해하기 쉽도록 판넬에 제작하고 급식실 앞에 의자를 배치하여 참여 학생들에게 1분 지압법을 직접 가르쳐줌. 지압법을 배운 학생들은 1분이지만 지압과 스트레칭을 통해 몸이 가벼워진 느낌을 받았다고 답함. 또한 활동결과물을 토대로 근육 뭉침과 통증의 이유, 신체 특성상 뭉침이 잘 생기는 위치와 지압법의 효과를 정리해 각 교실 게시판에 부착하면서 활동을 마무리함.

진로활동 특기사항

물리치료학과 진학을 희망하는 친구들과 함께 건강관리센터에 근무하는 물리치료사에게 직접 연락하여 온라인 인터뷰 활동을 부탁함. 인터뷰 내용을 정리하여 진로 소식지로 제작함. **'물리치료사로 살아가기(오덕원)'**를 읽으면서 가졌던 의문 사항을 메모하여 질문지를 만듦. 국가기관 취업을 위한 준비과정과 해외 근무 사례를 통해 10년 후 자신의 미래를 설계함. 또한 물리치료학과에 입학한 동아리 선배와 만나 물리치료학과 진학을 위해 준비해야 할 사항과 선택과목, 필요한 교내 활동을 문의하여 계획을 수립하는 등 뛰어난 진로역량을 보임. 진로 시사 스크랩 활동에서 물리치료사 단독법 제정 기사에 관한 내용을 정리하고 자신의 의견을 덧붙임. WCPT 및 OECD의 대부분 국가에서 물리치료사 법률이 있다는 점을 인용해 물리치료사에 대한 전문성을 인정하고 질적 치료를 위한 1일 환자치료 수 조절이 필요하다는 입장을 펼침. 국가라이선스를 취득한 물리치료사가 환자의 증상과 원인을 파악해 변형된 척추와 관절을 치료하는 부분에서 독립성이 요구된다고 밝힘. 또한 **'미래의학으로 가는 길 통합의료(이시형)'**의 내용을 참고하여 처방할 수 있는 의료인에 의사뿐만 아니라 한의사를 포함시켜 통합의료가 필요하다는 논리적인 근거를 제시해 자신의 주장을 밝힘.

교과 세부능력 및 특기사항

생명과학 I

다른 학생들과 비교했을 때 집중력과 개념이해도가 매우 좋고 복잡한 개념을 그림이나 도표를 이용해 구조화하는 능력이 뛰어남. 또한 실험을 설계 및 진행하고 결과를 정리하는 과정에서 드러나는 탐구력과 보고서 작성 능력이 우수함. ATP 합성실험을 진행하면서 실험과정을 단계별로 꼼꼼하게 설계하고 각 단계에 필요한 과정을 조리 있게 설명함. 또한 세포에서 단백질이 합성되어 분비되는 과정을 정확하게 이해하여 탐구보고서를 작성하였음. 이를 통해 생명현상에 대한 높은 이해도를 확인함. 이후 심화 탐구 활동에서 사람의 물질대사 단원과 연관 지어 시중에 판매되고 있는 다양한 소화제의 효능을 비교하는 실험을 준비하고 각 영양소별로 소화에 적합한 소화제를 찾아보는 활동을 수행함. **'처음 만나는 소화의 세계(예병일)'**를 참고하여 우리 몸의 소화과정과 소화에 담긴 과학적 원리를 설명함. 속이 쓰리고 아픈 이유와 이를 완화시키는 과정을 정리하여 보고서로 제출해 우수활동사례로 선정됨.

윤리와 사상

사회현상 속 윤리 문제를 조사하여 발표하는 활동에서 연명의료중단에 대한 찬성과 반대 입장의 근거를 객관적으로 정리함. **'아픈 자 돌보는 자 치료하는 자 모두를 위한 의료윤리(김준혁)'**를 읽고 가장 기억에 남는 연명의료중단을 주제로 선정하였고, 교통사고를 당해 사지 마비, 미약한 의식 상태로 11년을 지낸 사례를 제시함. 의료진와 아내는 생명 연장의 노력이 무의미하여 연명의료를 중단하려는 반면 부모는 아직 살아 있는 사람을 죽일 수는 없다며 맞서는 상황을 제시함. 고통을 최소화하자는 입장과 살해라는 팽팽한 입장 사이에서 의료윤리의 의미를 살펴보고 연명의료에서 한발 더 나아가 안락사 문제를 제시함. 적극적 안락사와 소극적 안락사의 의미와 우리나라와 외국의 법률을 제시하여 우리나라 법률에서 바라보는 적극적 안락사와 소극적 안락사에 대한 입장을 논리적으로 설명함. 마지막으로 안락사 찬반 논란을 넘어 사회가 돌봄의 책임을 지고 환자와 가족의 고통을 줄이려는 노력과 시도가 충분히 이루어져야 한다고 주장함.

행동특성 및 종합의견

아침시간에 보건선생님을 도와 학생들의 발열체크를 돕고 손소독제를 나누어 주는 역할을 함. 자가진단시스템 체크와 마스크 착용을 독려하는 활동도 진행함. 매주 1회 아침 일찍 등교하는 수고를 감수하면서도 힘든 내색 없이 봉사하는 모습을 통해 책임감과 열정을 느낄 수 있음. 또한 보건실 도우미로 활동하며 점심시간에 보건선생님을 도와 보건실을 찾는 학생들에게 구급약을 나누어주고 학생들의 건강증진 활동을 진행함. **'프셉마음: 약물 편 (남소희)'**을 참고하여 약품의 종류와 많이 사용되는 약물, 올바른 섭취방법을 정리하여 보건실 앞에 부착함. 또한 **'나는 대한민국 물리치료사다(이문환)'**를 참고하여 잘못된 자세로 인해 생기는 어깨나 척추질환, 각 질환에 좋은 스트레칭과 물리치료방법을 친구들에게 전수하면서 학급 건강관리사 역할을 수행함. 평소 진로와 관련한 보건의료 도서를 꾸준히 읽고 관련 동영상을 시청하여 쌓은 노하우를 학급원들에게 몸소 실천하고 있음. 책임감 있고 자기계발에 노력하는 모습에 비추어 어느 분야든 자신의 역할을 충실히 해내는 사회구성원이 될 것이라 기대됨.

1 인문계열

2 사회계열

3 자연계열

4 공학계열

5 의약계열·물리치료학과

6 예체능계열

7 교육계열

4 ▸▸ 바이오메디컬학과

1 학과 인재상

창의적인 방법으로 문제를 해결하고 상황에 잘 대처하는 학생

생명과학과 화학, 물리학 등의 다양한 분야를 융합하는 능력을 가진 학생

컴퓨터 프로그램이나 기계장비에 대한 관심이 많은 학생

사람의 신체와 생명현상과 관련한 문제해결에 관심이 많은 학생

다른 사람들과 협력하여 문제를 해결하고 의사소통을 잘하는 학생

2 유사학과

- 글로벌바이오메디컬학과
- 보건의료공학과
- 바이오메디컬정보학과
- 바이오시스템의과학부
- 바이오융합공학전공
- 생명건강공학과
- 스마트헬스케어공학전공
- 한방의료학과
- 바이오의공학부

3 관련직업

- 교수
- 의료기기 관리감독자
- 의료기기 생산품의 안전성 검사자 및 관리자
- 보건기술직 공무원
- 의공학자
- 의료기기 시험·인증 관리 전문가
- 스마트헬스케어개발자
- 의료기기 임상학자 등

4 개설대학

- 가톨릭대학교
- 건국대학교
- 고려대학교
- 대구가톨릭대학교
- 동아대학교
- 성균관대학교
- 전북대학교
- 제주대학교
- 중앙대학교
- 한국외국어대학교
- 한림대학교
- 한양대학교
- UNIST 등

교실 밖에서 듣는 바이오메디컬공학
임창환 외 6인 / MID(2021)

바이오메디컬공학은 스마트 의료기기부터 뇌공학까지 적용 범위가 굉장히 넓고 의학, 전자공학, 컴퓨터공학, 재료공학, 생명과학 등 다양한 분야의 학문과 융합이 필수적으로 미래 세대가 주목해야 할 분야이다. 이 책은 웨어러블 디바이스, 뇌공학, 인공지능이 판독하는 CT 영상, 먹지 않고도 질병을 치료하는 전자약, 로봇 팔과 같은 첨단 의료기기, 뇌-컴퓨터 인터페이스기술 등 누구나 이해하기 쉬운 언어로 바이오메디컬의 트렌드를 안내하고 있다. 그리고 인체에 부착 및 삽입 가능한 초소형 바이오메디컬기기의 개발과 웨어러블 디바이스로 생체신호를 측정하는 예 등이 소개되고 있다.

호르몬 밸런스
네고로 히데유키 (이연희 역) / 스토리3.0(2016)

이 책은 자율신경과 더불어 내 몸을 지배하는 거대한 시스템인 호르몬에 대한 비밀을 밝히고 있다. 하버드 수명연장 프로젝트팀이 밝힌 인간 수명 120세의 비밀로 20세부터 줄어드는 호르몬을 되살리는 비법이 소개되고 있다. 사람의 몸에는 100종 이상의 호르몬이 있는데, 스스로 컨트롤이 가능한 호르몬이 있으며 호르몬의 유무와 정상적인 작동 여부에 따라 일상생활, 건강 상태, 젊음이 180도 바뀐다고 설명한다. 호르몬을 컨트롤하기 위해 몇 가지 특성을 파악해야 하며, 그 특성을 최대로 끌어올리기 위한 습관만 익히면 된다고 설명하고 있다. 이 책은 호르몬 활용법으로 누구나 젊음을 되찾고 즐거운 인생을 누릴 수 있다고 설명한다.

인체기행
권오길 / 지성사(2021)

이 책은 대중과학의 친절한 전파자 권오길 선생이 들려주는 흥미진진하고 신비한 인체의 세계에 관한 책이다. 눈, 귀, 입, 호흡계에서 오장육부까지 신체 기관을 샅샅이 훑으며 호르몬과 내분비계선, 인간의 유전과 죽음까지 인간과 관련된 모든 사항을 소재로 삼고 있다. 실생활과 관련된 재미있는 인체 이야기와 우리가 모르는 우리 인체 이야기가 흥미롭게 펼쳐진다. 마음의 본체는 심장인가 뇌인가, 사람은 언제부터 늙기 시작할까, 기쁨과 아픔을 전달하는 신경은 어떤 원리일까, 문신은 왜 지워지지 않을까 등 인체에 관한 호기심과 궁금증을 알기 쉽게 풀어준다. 인간의 탄생과 죽음, 미래의 유전과 관련한 내용을 포함하고 있는 인체보고서이다.

재밌어서 밤새 읽는 유전자 이야기
다케우치 가오루, 마루야마 아쓰시(김소영 역) / 더숲(2018)

이 책은 생명과학의 꽃이라고도 불리는 유전자에 집중하여 유전학, 유전공학, 분자생물학 등을 아우르는 교양 과학 입문서다. 유전에 관한 개념들을 일목요연하게 정리하고, 멘델의 법칙으로 시작하는 유전의 역사부터 iPS 세포에 이르는 유전학계의 최신 성과까지 다양한 지식을 알기 쉽게 다루어 폭넓은 이해를 돕고 있다. 인간의 유전자 약 24,000여 종 중에서도 피카추린 유전자(Pikachurin), 스시 유전자(Bp1689) 등 재미난 이름의 유전자를 골라 소개하고, 불로장생을 가능하게 하는 장수 유전자의 유무와 파리의 눈 색깔을 정하는 유전자 등 과학적 상상력을 자극하는 이야기들을 수록하였다. 교과수업과 관련하여 궁금해했던 사항을 해결할 수 있는 책이다.

1 인문 계열

2 사회 계열

3 자연 계열

4 공학 계열

5 의약계열 · 바이오메디컬학과

6 예체능 계열

7 교육 계열

약은 우리 몸에 어떤 작용을 하는가
야자와 사이언스 오피스(이동희 역) / 전나무숲(2021)

이 책은 의학과 과학 분야의 전문 저널리스트들이 모여 두통약, 감기약, 피부약, 알레르기약 등 대표적인 최신 약 14가지에 대해 일반인의 이해를 돕기 위해 집필되었다. 약이 우리 몸에 들어가면 어떻게 작용하는지, 약은 어떤 효능이 있는지, 약물부작용은 왜 생기는지, 약은 어떤 경우에 독이 되는지 등 약에 관한 다양한 의문을 하나씩 풀어 설명하고 있다. 그리고 타이레놀의 진통 성분이 발견된 과정, 제2차 세계대전 가스실험에서 항암제가 발견된 과정, 푸른곰팡이에서 페니실린이 발견된 과정 등 약의 발견 및 개발 과정에 대한 에피소드를 소개하고 있다. 그 외에도 개의 실험을 통해 인슐린이 탄생한 과정과 스페인 독감을 비롯한 인플루엔자 바이러스 치료용 백신의 발견 과정 등을 소개하고 있다.

헬스케어 분석을 위한 머신러닝
에듀오닉스 러닝 솔루션스(고석범 역) / 에이콘출판(2022)

이 책은 헬스케어와 관련해 머신러닝을 구현하는 실질적인 방법과 사례를 소개하고 있다. 머신러닝 알고리즘은 다양한 정형, 비정형, 반정형 데이터를 다룰 수 있는 전략으로 헬스케어 분석의 강력한 해법을 제공한다. 이 책은 파이썬 에코시스템에 존재하는 여러 라이브러리를 이용해 핵심적인 머신러닝 알고리즘과 사례들을 설명한다. 또한 인공지능 애플리케이션의 효율성을 평가하는 내용과 헬스케어 데이터를 효율적으로 처리하고 분석하는 방법을 소개한다. SVM, KNN 모델을 사용해 암을 진단하는 프로젝트, 케라스를 사용한 딥러닝으로 당뇨병 발생을 예측하는 사례, 신경망을 사용해 심장병을 예측하는 사례 등을 다룬다.

재밌어서 밤새 읽는 인류 진화 이야기
사마키 다케오(서현주 역) / 더숲(2020)

이 책은 인류의 기원을 찾아가는 고인류학과 사라진 지구 생명체를 추적하는 고생물학 속 재미난 이야기를 모두 담아내고 있다. 최초의 인류 사헬란트로푸스 차덴시스부터 호모 사피엔스까지 인류 진화의 과정은 물론 40억 년 생명의 역사를 이해하기 쉽도록 풀어내 누구나 재미있게 읽을 수 있는 교양과학도서이다. 침팬지와의 공통 조상에서 갈라져 나온 이후부터 인류 진화의 과정과 인류의 옛이야기들을 시간순으로 들려주고 있다. 또한 각 시기에 일어난 중요한 사건을 중심으로 진화과정을 쉽고 재미있게 풀어나간다. 시대에 따라 달라진 인류 화석의 특징을 자연스레 배우고, 신비로운 생명의 탄생과 그 흔적들을 만나면서 인류의 진화과정을 이해할 수 있다.

너무 재밌어서 잠 못 드는 뇌과학
테오 컴퍼놀(하연희 역) / 생각의 길(2020)

이 책은 최근 관심받고 있는 뇌과학의 트렌드를 정확하게 이해하는 데 도움을 주고 있다. 우리 뇌의 강점과 약점을 이해하면 어떤 일을 할 때 스트레스를 낮추면서도 매우 효율적이고 창의적인 효과를 낼 수 있게 된다. 이에 최신 뇌 연구 결과를 바탕으로 현대인들의 무한한 지적 능력을 키우는 두뇌 사용법을 안내하고 있다. 뇌를 제대로 활용하기 위한 기본 지식으로 생각과 행동을 결정하는 세 가지 뇌와 멀티태스킹에 대한 설명이 제시되어 있다. 이어 반사용 뇌와 다섯 가지 브레인 체인에 관련한 진실들, 브레인 체인을 푸는 다섯 가지 방법, 뇌의 지적 능력을 키우는 방법을 소개하고 있다. 어려운 뇌과학을 쉽게 이해할 수 있도록 제시하여 생명과학에 대한 지식의 깊이를 넓혀주는 책이다.

미술관에 간 해부학자
이재호 / 어바웃어북(2021)

이 책은 다 빈치, 미켈란젤로, 다비드부터 칼로, 바스키아에 이르기까지 명화에 담긴 해부학 코드를 해석하고 있다. 림프, 승모관, 라비린토스, 견치 등 몸속 기관 중에는 신화 속 인물 혹은 닮은꼴 대상에게 이름을 빌려온 것이 많다. 신화, 종교, 역사 등 다양한 이야기를 품고 있는 미술 작품은 해부학을 쉽고 재미있게 설명할 수 있는 훌륭한 교재이다. 미술과 해부학의 만남은 우리가 평소에 주목하지 않았던 인체를 탐구할 수 있도록 돕고 있으며 전 세계 미술관은 인체 곳곳을 탐험할 수 있는 해부학 교실이다. 이 책은 인간의 몸을 치열하게 탐구한 예술가들이 남긴 작품 한 점 한 점을 인체 해부학의 관점에서 살펴보고 있다.

우리 몸이 말을 할 수 있다면
제임스 햄블린(허윤정 역) / 추수밭(2021)

이 책은 저자 특유의 유머러스하면서도 담대하고 날카로운 필치로 몸에 관한 101가지 진실을 담은 인간 탐구 보고서이다. 엉뚱하고 기발한 상상으로부터 출발하여 복잡다단한 인체 구조를 알기 쉽게 소개하며 수면, 노화, 다이어트 등 몸에 얽힌 다양한 주제를 의학은 물론 인문학, 사회학, 철학의 맥락에서 입체적으로 조망한다. 특히 가짜뉴스나 과도한 마케팅에 의해 잘못 알려지고 지나치게 단순화된 정보들을 바로잡음으로써 우리의 걱정을 덜고 궁극적으로 인체와 인간을 탐구하고 있다. 우리가 한 번쯤은 생각해야 할 우리 몸에 관한 질문들에 명쾌한 해답을 유쾌하고 재치 있게 담아내고 있다.

가짜과학 세상을 여행하는 팩트체커를 위한 안내서
선정수 / 빛은책들(2023)

우리는 '과학'이라는 말을 맹신하고 '과학적'이라는 말에 확실하지 않은 정보를 쉽게 믿는 경향이 있다. 이 책은 항균필름, 음이온 제품, 유산균 음료 등 우리 삶 속에 숨어 있는 비과학과 가짜뉴스를 참지 못하는 팩트체커의 진실 탐구 수첩을 모아 만들었다. 저자는 국민일보에서 10여 년 동안 기자로 일한 뒤 2020년부터 팩트체크 전문 미디어 뉴스톱에서 가짜뉴스와 싸우고 있다. 검증 없이 기사를 내주는 언론과 잘못된 믿음이 우리의 건강을 해치고 물질적 손해를 보게 한다. 이 책에서는 열혈 팩트체커가 진실을 탐구해가는 과정을 보여줌으로써 우리가 진실에 눈 뜨게 한다. 가짜과학, 유사과학, 과학 사칭 사례를 살펴보고 팩트체커의 자세를 배울 수 있게 된다.

1 인문계열

2 사회계열

3 자연계열

4 공학계열

5 의약계열 · 바이오메디컬학과

6 예체능계열

7 교육계열

바이오메디컬학과 독서탐구활동 활용사례

자율활동 특기사항

학급 반장으로 학급 내 갈등이 발생하였을 때 침착하고 이성적인 판단력을 발휘하였으며 학급원들의 다양한 의견을 수용하는 등 바람직한 리더 모습을 보여줌. 학급 급훈을 정하는 활동에서 타조와 독수리를 비교하며 '조금 넓게 멀리 보자'를 제안하였고 학급원들의 동의를 얻어 급훈으로 채택하게 됨. 또한 학급 인성 프로그램인 화단 가꾸기 활동을 진행하면서 학급원들의 심신 안정과 긍정적인 학급 분위기를 조성하는 역할을 수행함. 학급 독서 나눔 활동에서 자신이 인상 깊게 읽었던 **'너무 재밌어서 잠 못 드는 뇌과학(테오 컴퍼놀)'**을 소개함. 생각과 행동을 결정하는 세 가지 뇌(반사용 뇌, 사고형 뇌, 저장용 뇌)가 있으며 한 번에 한 가지에만 집중할 수 있다고 설명함. 초연결이 숙고와 정독, 사고를 가로막고 창의적인 통찰력을 위해 사고형 뇌가 활성화될 수 있도록 브레인체인을 끊고 디스커넥티스 시간이 필요하다고 말함. 학습에 있어서도 뇌가 한 가지에만 몰두할 수 있는 환경을 조성하고 집중력을 떨어뜨리는 멀티태스킹을 제한할 필요가 있다고 이야기함. 이를 직접 실천하여 자기주도학습 시간에 학습을 시작하면 움직임 없이 두 시간 정도 몰두하는 집중력을 보여줌.

동아리활동 특기사항

(의료생명연구반)(34시간) 사람들의 질병 치료와 건강관리에 관심이 많아 의료생명동아리 활동을 통해 자신의 진로준비에 최선을 다함. 과학의 다양한 분야에 관심이 많아 과학잡지를 꾸준히 구독하고 동아리원들과 같이 토론하는 활동을 진행하는 모습이 인상적임. 최근 주목받고 있는 분야를 조사하는 활동에서 '디지털 헬스케어'를 주제로 선정해 인공지능기술이 고도화되고 빅데이터가 쌓이면서 암을 포함한 난치병과 만성질환에 대한 진단과 치료기술이 발전할 것이라고 발표함. 또한 원격의료서비스가 구축되면 웨어러블 디바이스를 이용해 가정에서 운동량과 건강을 관리하는 시스템이 구축될 것이라고 설명함. 이후 **'헬스케어 분석을 위한 머신러닝(에듀오닉스 러닝 솔루션스)'**을 읽고 헬스케어와 관련해 머신러닝을 구현하는 과정을 이해하고 머신러닝 프로젝트를 수행하는 단계와 방법을 정리함. SVM, KNN 모델을 사용해 암을 진단하는 프로젝트, 딥러닝으로 당뇨병 발생을 예측하고 신경망을 사용해 심장병을 예측하는 사례를 알기 쉽고 논리정연하게 소개함.

진로활동 특기사항

전공체험의 날 졸업생 멘토링 행사에서 의료공학과 생명공학을 선택하여 학과 소개, 졸업 후 진로에 대한 정보를 습득하고 졸업생 선배와 1:1 면담을 통해 자신의 진로를 설계하는 부분이 인상적임. 평소 바이오의약산업과 의료기기, 생체의학, 뇌과학 등의 분야에 관심을 가지고 있으며 의약품 개발과 의료기기 제작을 하는 진로를 희망함. 뉴스 연계 독서활동에서 코로나19 먹는 치료제가 오미크론 변이는 물론 스텔스 오미크론에도 효능이 있다는 기사를 읽음. 국내에 도입된 먹는 치료제 팍스로비드와 라게브리오의 특징과 차이점을 도식화하고 각각의 처방법과 주의사항, 복용법을 정리하여 학급원들에게 소개함. 또한 긴급 승인된 팍스로비드에 함유되어 있는 니르마트렐비르, 리토나비르의 효과를 안내하면서도 아직은 부작용의 위험이 있다고 설명함. 추후활동에서 역사적으로 다양한 백신과 약이 발견되어 개발되는 과정을 조사하여 발표하는 활동을 진행함. **'약은 우리 몸에 어떤 작용을 하는가(야자와 사이언스오피스)'**를 참고해 타이레놀의 진통 성분이 발견된 과정과 2차 세계대전 가스실험에서 항암제가 발견된 과정, 푸른곰팡이에서 페니실린이 발견된 과정을 정리하여 발표함. 또한 과거 신종인플루엔자가 전 세계를 휩쓸었던 이야기와 타미플루가 개발된 과정, 작용원리를 소개하면서 자신도 난치병 치료제를 개발하고 싶다는 강한 의지를 표현함.

교과 세부능력 및 특기사항

생명과학Ⅱ

우리 몸의 염색체와 유전자, DNA의 관계를 이해하고 염색체와 유전자의 구조와 특징에 대한 이론적인 내용을 논리적으로 정확하게 설명함. 이를 바탕으로 바나나 DNA 추출실험을 진행하면서 실험과정을 단계별로 계획하고 차근차근 실행에 옮긴 결과 바나나 추출액과 에탄올의 경계 부분에서 실 모양의 DNA를 확인함. 실험 중간에 사용되는 용액의 역할과 전체적인 실험에 대한 의미를 이해하고 실험 결과를 정리하여 실험보고서로 작성함. 팀의 조장으로서 전체적인 실험과정을 이끌고 실험 설계부터 결과 분석까지 뛰어난 실험능력과 문제해결력을 보여줌. 이후 **'재밌어서 밤새 읽는 유전자 이야기(다케우치 가오루, 마루야마 아쓰시)'**를 읽고 질병을 근본적으로 치료하거나 예방하기 위해 유전자를 이용하는 유전자 치료법을 알게 됨. 유전자 치료는 병의 치료에 중요한 표적 유전자를 찾아야 하며 부작용 없이 세포 내로 잘 전달하는 벡터를 개발하는 기술이 필수적임을 논리정연하게 설명함.

과학과제연구

생명과학을 포함한 다양한 과학 분야에 관심이 많고 과학기술을 이용해 사람들의 건강을 증진시키는 의료분야에도 관심이 많은 학생. 미래를 주도할 공학기술을 조사하여 발표하는 활동에서 뇌모방기계와 인간 커넥톰 프로젝트의 내용을 인상 깊게 발표함. 최근 카이스트 연구팀이 뇌-기계 인터페이스 시스템을 개발했다는 기사를 소개하며 거동이 불편한 사람의 뇌파를 분석하여 로봇이나 기계가 대신 행동하는 장면이 앞으로 가능해질 것이라고 전망함. **'교실 밖에서 듣는 바이오메디컬공학(임창환 외)'**을 참고하여 뇌연구를 위해 신경 세포들이 서로 연결된 연결망에 대한 전체적 지도인 인간 커넥톰에 대한 연구가 전제되어야 한다고 설명함. 뇌과학과 관련한 영상을 찾아 학급원들에게 소개하면서 학급원들의 이목을 집중시켰으며 전체적인 발표내용을 정리하여 보고서로 제출함. 사고가 논리정연하여 자신의 생각을 표현하는 능력이 뛰어나고 독특하면서도 기발한 아이디어를 창출하는 모습을 엿볼 수 있었음.

행동특성 및 종합의견

학급 반장으로서 학급원들이 바라는 학급 특색 활동을 추천받아 분기별로 기획부터 수행까지 책임감 있게 진행하는 모습을 엿볼 수 있었음. 학급원들에게 꿈을 찾아 떠나는 진로발표회를 제안하여 학급원들이 차례대로 자신의 진로와 관련한 자유 주제 발표 활동을 진행함. 본인의 차례에서는 **'호르몬 밸런스(네고로 히데유키)'**를 읽고 하루 5분의 호르몬 습관으로 건강과 젊음을 유지할 수 있다고 설명하면서 바람직한 사고법과 행동법, 운동법을 소개함. 학급 인성 프로그램에서 친구들의 의견을 수렴하여 또래 상담 활동과 학급 마니토 활동을 진행하여 소통이 잘되는 학급이 되기까지 큰 역할을 함. 이 과정에서 적극적이고 활동적인 성격으로 추진력 있는 모습과 학급원들을 세심하게 배려하는 모습을 확인할 수 있었음. 다방면에서 배경지식이 풍부하고 관심사가 많으며 융합적인 사고능력이 뛰어남. 또한 과학과 수학 교과의 학업역량이 우수하며 교내 생명과학캠프와 화학실험캠프에서 뛰어난 실험능력과 탐구정신을 발휘함. 학업역량과 공동체역량이 모두 뛰어난 학생이기에 자신의 분야에서 숨겨진 능력을 발휘할 것이라 기대됨.

1 인문 계열

2 사회 계열

3 자연 계열

4 공학 계열

5 의약계열·바이오메디컬학과

6 예체능 계열

7 교육 계열

5 ▸▸ 방사선학과

1 학과 인재상

전자기기와 의료기기 조작에
관심이 많고 능숙한 학생

물리학, 화학, 생명과학,
수학 등의 교과에
흥미와 관심이 많은 학생

타인에 대한 배려심이 있고
성실함과 책임감을 지닌 학생

타인과 협력하고
의사소통능력이 뛰어난 학생

2 유사학과

- 비파괴검사과

3 관련직업

- 방사선사
- 방사선투과검사산업기사
- 비파괴산업기사
- 원자로조정제어원
- 원자력기사
- 의료장비기사
- 진단방사선과 전문의사
- 진단방사선사
- 치료방사선사
- 핵의학방사선사 등

4 개설대학

- 가야대학교
- 가천대학교
- 강원대학교
- 건양대학교
- 극동대학교
- 김천대학교
- 남부대학교
- 대구가톨릭대학교
- 동서대학교
- 동신대학교
- 동의대학교
- 부산가톨릭대학교
- 신한대학교
- 연세대학교 미래캠퍼스
- 을지대학교
- 전주대학교
- 청주대학교
- 한국국제대학교
- 한려대학교
- 한서대학교 등

머릿속에 쏙쏙! 방사선노트

고다마 가즈야(김정환 역) / 시그마북스(2021)

이 책은 일상생활 속의 방사선에 대한 궁금증을 해소해주고 주제별로 방사선에 대한 의문점을 이해할 수 있도록 구성되어 있다. 이 책은 우주와 지표면, 음식 심지어 우리 몸에서도 방사선이 방출되고 있어 방사선은 피할 수 없다고 설명한다. 그리고 방사선에 대량으로 노출되면 죽게 되지만 적절하게 사용하면 암을 치료하고 해충을 구제하며 타이어를 튼튼하게 만든다는 장점이 있다는 점도 설명한다. 우리 주변에 어떤 방사성 물질이 있는지, 방사선을 쐬면 어떻게 되는지, 방사선이 어떻게 이용되는지 다양한 사례를 들어 설명하고, 원자력 발전의 원리와 원전 및 방사선 관련 각종 사건, 사고도 정리하였다.

재밌어서 밤새 읽는 해부학 이야기

사카이 다츠오(전지혜 역) / 더숲(2019)

이 책은 해부학은 무섭고 잔인하며 의학 분야는 딱딱하고 재미없다는 선입견에서 벗어나 우리가 몰랐던 우리 몸을 상세히 알려주고 있다. 또한 드라마나 영화에서 왜곡된 시선으로만 접했던 의학과 해부학에 대해 제대로 알 수 있는 기회를 제공한다. 인체의 명칭과 유래, 몸속의 비밀이 밝혀지는 과정과 해부학의 역사를 흥미진진하게 풀어가며 인체 해부에 대한 궁금증과 호기심을 충족시켜 준다. 인체 지도를 따라 몸을 이루는 큰 뼈대부터 그 안에 들어 있는 장기 및 근육의 생김새와 역할을 그림으로 알기 쉽게 설명하고 있다.

재밌어서 밤새 읽는 화학 이야기

사마키 다케오(김정환 역) / 더숲(2013)

이 책은 일상생활과 실험실에서 접할 수 있는 화학에 대한 다양한 이야기를 알기 쉽고 재미있게 들려주고 있다. 우리 주변에 넘쳐나는 사건과 현상을 과학의 눈으로 살펴보면서 다양한 호기심을 해소해주며, 화학이 우리 생활과 밀접한 학문임을 일깨워주고 있다. 가스 폭발이 일어나는 이유, 하루에 마셔야 하는 물의 적정량, 홍차에 레몬을 넣으면 색이 변하는 이유 등을 알기 쉽게 설명해주고, 학교에서는 배우지 못한 사실들과 미처 깨닫지 못한 화학공부의 즐거움을 맛볼 수 있는 기회를 마련해준다. 화학의 본질적이고 기본적인 지식을 통해 새로운 세계를 바라볼 수 있는 눈을 가질 수 있도록 도와준다. 누구나 흥미를 끌 만한 소재로 구성하여 과학지식이 많지 않아도 쉽게 이해할 수 있다,

프셉마음: 정형외과 편

박기옥 / 드림널스(2021)

이 책은 정형외과와 관련한 필수적인 내용을 알기 쉽고 생생하게 전하고 있다. 팔 골격계, 다리 골격계, 척추 골격계, 정형외과 주요 물품, 골절의 종류 등을 소개하고, 혈액검사, 소변검사, 심전도, 심초음파, 폐기능 검사 등의 일반검사와 X-ray, CT, MRI, 골밀도, PET CT, Bone scan, Bone SPECT 등의 영상검사를 설명하고 있다. 그리고 수술 전 준비사항과 수술 전 교육, 수술 동의서, 수술 부위 표식을 제시하고 수술 후 교육과 합병증, 수술 부위 소독에 대해 이야기하고 있다. 이외에도 어깨 및 쇄골, 어깨 질환과 쇄골골절, 수부 질환, 척추 질환, 고관절 질환, 무릎 질환, 족부 질환이 수록되어 있다. 프셉마음 시리즈로 정형외과 편 이외에도 다른 분야까지 같이 읽으면 보건의료분야에 큰 도움이 된다.

법칙, 원리, 공식을 쉽게 정리한 물리·화학 사전
와쿠이 사다미(조민정 역) / 그린북(2017)

이 책은 고등학교 과학 시간에 배우는 물리와 화학의 법칙, 원리, 공식을 기본부터 차례대로 정리하여 백과사전과 같이 구성하였다. 현대 물리와 화학의 기본이 되는 70가지 소재로 우리가 사용하는 물건들이 어떻게 만들어졌고, 우리 몸에 어떠한 영향을 미치는지, 그리고 우리 사회에 어떠한 파급 효과를 줄 것인지 설명하고 있다. 물체의 움직임에 대한 각운동량 보존 법칙, 갈릴레이의 상대성 원리, 코리올리 법칙, 베르누이 정리, 도플러 효과와 전기와 관련된 쿨롱 법칙과 옴 법칙, 로런츠 힘, 맥스웰 방정식, 렌츠 법칙, 패러데이 전자기 유도 법칙 등을 설명하고 있다. 그 외에 아인슈타인 광양자설, 슈뢰딩거 방정식, 아인슈타인의 공식, 일반 상대성 이론 등을 소개하고 있다. 고등학교 수업과 연계하여 읽으면 학습에 큰 도움이 된다.

원소의 이름
피터 워더스(이충호 역) / 윌북(2021)

주기율표는 2016년 11월 현재의 모습으로 완성되었지만 원소 하나하나가 발견되고 지금의 이름으로 불리게 된 사연은 그 수만큼이나 다채롭다. 원소 이름은 그리스 신화나 성경, 17세기 문학, 연금술 책 속 등에서도 발견된다. 이 책은 금속에 관한 고대, 중세의 기록들을 파헤쳐나가며 주기율표 속 118개의 원소 이름의 어원에 담긴 이야기를 설명하고 있다. 화학의 역사를 다루는 과학서이지만 신화, 종교, 기호학, 역사, 고대의 천문학과 광물학까지 아우르는 다양한 지식이 화학 반응을 일으키는 인문 교양서이기도 하다. 원소명의 어원을 설명하면서 원소가 발견된 시대에 어떻게 사용되었는지 시대 분위기를 이해할 수 있을 것이다. 과학시간에 배운 원소에 대한 배경지식과 이해를 도와준다.

질병 정복의 꿈, 바이오 사이언스
이성규 / MID(2019)

이 책은 누구나 꿈꾸는 건강하게 장수하는 삶을 위해 암에서부터 치매에 이르기까지 질병 극복을 위한 노력의 모습을 보여준다. 질병 치료기술의 발전 현황과 최근 트렌드를 소개하고 딱딱한 생명과학의 주제들을 이슈와 에피소드를 통해 쉽게 전하려 하고 있다. 크게 유전병, 퇴행성 뇌질환, 암과 같은 난치병과 당뇨, 비만, 노화와 같은 익숙한 질환, 그리고 말라리아, 에이즈와 같은 감염병을 다루고 있다. 저자는 치료법의 대립, 기업 논리 혹은 생명윤리와 과학 발전의 대립에 대해서도 생생하게 전하고 있다. 또한 유전자가 우리의 건강에 어떻게 관여하고, 어떻게 치료에 활용되는지 다양한 예를 제공하여 어려운 내용을 쉽게 설명해주고 있다.

하리하라의 청소년을 위한 의학 이야기
이은희 / 살림FRIENDS(2014)

이 책은 역대 노벨 생리의학상 수상자들의 뜨거웠던 연구와 뒷이야기를 소개하며 113년간 인류를 구원해낸 의학사를 한눈에 볼 수 있게 구성했다. 1901년부터 114년에 이르는 노벨 생리의학상 수상자 중에서 과학사적으로나 인류사적으로나 의미 있고 관심이 높은 25개 분야를 선정하였다. 우리 일상생활에 밀접하고, 청소년들에게도 익숙한 주제를 선별하여, 생리학, 병리학, 유전학 등 여러 분야의 의학 지식을 쉽게 이해할 수 있도록 경쾌한 문체로 풀어냈다. 신념을 관철시킨 과학자들의 드라마틱한 사례를 통해 그들이 어떤 연구 과정을 통해 질병의 근원을 찾아냈는지를 흥미진진하게 들려준다. 단순히 의학사를 알아가는 것을 넘어 어떻게 인간이 지식의 한계를 극복하고 새로운 것을 발견해 나가는지 배울 수 있다.

호흡의 기술
제임스 네스터(승영조 역) / 북트리거(2021)

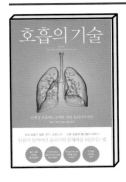

이 책은 사람의 가장 기본적인 기능인 숨쉬기의 잠재력을 되살리는 법에 대해 저자가 무려 10년 동안 파헤쳐 집필한 책이다. 독자들에게 호흡에 대한 새로운 과학 이야기를 펼쳐 보이며 사람들의 건강을 떠받치는 기둥이 호흡이라는 것을 보여주고 있다. 입 호흡과 코 호흡이 운동 지구력 및 에너지 효율에 미치는 영향, 호흡과 수면의 연관성, 격하고 가쁜 호흡이 혈류에 미치는 영향, 화학수용체와 호흡에 의한 공포 경보 회로를 활용한 불안장애 치료법 등을 소개하고 있다. 만성 호흡기 질환, 천식, 코로나19 등으로 고생하는 현대인들을 위해 인류가 잊어버린 숨쉬기의 비밀과 호흡의 치유력을 최대한 이용하는 과학적 방법을 제시하고 있다.

마리 퀴리
알리체 밀라니(박종순 역) / BH(2019)

이 책은 최초의 여성 노벨과학상 수상자이자 프랑스 과학계의 상징이 된 마리 퀴리의 눈부신 업적과 삶의 여정, 그 이면의 외로움을 다루고 있다. 마리 퀴리가 적지 않은 나이, 이방인, 여성이라는 한계를 극복하고, 당시 유럽의 보수적인 사고방식에 굴하지 않고 핵물리학의 여명기의 선두에 서서 새로운 시대를 연 모습을 소개했다. 남편 피에르의 전폭적인 지지로 마리는 과학 연구에 몰두하게 되고 퀴리 부부는 라듐과 폴로늄을 발견하여 새 방사성 원소를 탐구하는 계기를 마련한다. 피에르의 급작스러운 죽음에도 물질량의 측정법을 발견하고 국제 라듐 원기를 설정하는 등 마리 퀴리가 눈부시게 뛰어난 업적을 쌓아나가는 모습을 보여주고 있다.

익숙한 것들의 마법, 물리
황인각 / 곰출판(2021)

저자는 과학을 어려워하는 사람들을 위해 과학을 쉽게 설명하는 방법을 고민하여 수식이나 복잡한 법칙 없이 우리 주변 현상을 설명하려고 노력하였다. 이 책은 에너지, 힘, 중력, 기압, 부력, 열과 온도, 파장, 엔트로피 등의 개념이 우리 삶과 어떻게 연결되어 있는지 설명하고 있다. 또한 공기와 소리, 물과 불, 햇빛과 나무, 스마트폰 같은 생활 전자기기 등 우리 주변의 일상 세계가 어떻게 움직이는지 보여주고 있다. 중학생 정도의 과학 지식만 있으면 이해할 수 있도록 전문용어는 최대한 자제하고 알기 쉽게 도판을 적극 활용하였으며 대화 형식을 빌려 일상의 언어로 쉽게 풀어나가고 있다. 어려운 과학을 일반인을 위해 일상의 언어로 풀어낸 새로운 개념의 물리 사용설명서라 할 수 있다.

1 인문계열

2 사회계열

3 자연계열

4 공학계열

5 의약계열 · 방사선학과

6 예체능계열

7 교육계열

방사선학과 독서탐구활동 활용사례

자율활동 특기사항

학급 특색 활동인 나의 꿈 발표 활동에서 마리 퀴리를 롤 모델로 소개하면서 폴란드 중앙은행이 노벨화학상 수상 100주년을 기념해 기념은행권을 발행한 소식을 전함. **'마리 퀴리(알리체 밀라니)'**를 읽고 당시 폴란드의 상황과 여성이라는 한계 속에서 마리 퀴리가 라듐과 폴로늄을 발견하여 세계적인 여성 과학자가 되는 과정이 존경스럽다고 설명함. 중용의 인백기천을 자신의 좌우명이라고 말하면서 자신도 남들보다 백배 노력하는 사람이 되겠다는 의지를 굳건하게 표현함. 방사선 발전에 기여한 마리 퀴리에게 감사함을 표하며 사람들의 건강을 책임지는 방사선사가 되겠다는 자신의 진로를 구체적으로 밝힘. 보건계열에 필요한 지식을 함양하기 위해 **'법칙, 원리, 공식을 쉽게 정리한 물리·화학 사전(와쿠이 사다미)'**에 실린 70개의 과학 정리와 법칙을 팀원들이 돌아가며 발표하는 과학 멘토링 활동을 진행함. 물리의 베르누이 정리와 화학의 PH 계산법, 아보가드로 법칙을 맡아 교과서와 책을 참고하여 개념을 정리하고 쉽게 이해할 수 있도록 차근차근 설명하면서 서로 협력하여 학습하는 모습을 보여줌.

동아리활동 특기사항

(의료학술동아리)(34시간) 동아리 부회장의 역할을 맡아 1년간의 동아리 운영방향과 활동계획을 기획하면서 성취지향적 리더십을 보여줌. 보건의료계열의 다양한 학과를 소개하는 활동에서 다른 보건의료 학과와 방사선 학과의 차이를 설명하고 대학병원 방사선사들의 업무를 조사하여 발표함. 진로 융합 보고서 활동에서 **'프셉마음:정형외과 편(박기옥)'**을 참고하여 정형외과에서 사용되는 영상검사 장비인 X-ray, CT, MRI, 골밀도, PET CT, Bone scan, Bone SPECT을 조사하고 각 장치의 특징과 원리를 정리함. 병원에서 가장 많이 쓰이는 X-ray, CT가 개발된 과정과 사용되는 사례를 설명하고 X-선 금 나노 캡슐 제조공정과 MRI 사용을 위한 가돌리늄(Gd) 착화합물 조영제의 화학구조를 비교함. 이와 비교해 PET CT는 암세포 조기발견에 효과적이지만 반감기가 충분히 긴 조영제가 없어 검사 직전 병원에서 직접 제조해야 하는 이유로 비싸다고 설명함. 생소한 방사선 기기를 자세하게 소개하여 동아리원들로부터 방사선에 대해 많이 배웠다는 평가를 받음.

진로활동 특기사항

방사선학과 전공 체험 활동에 참여하여 3D 의료영상을 통한 인체 탐구를 주제로 대학교수님의 특강을 듣고 방사선의 유용성을 이해하게 됨. 또한 방사선학과에서 인체해부학, 인체생리학, 병리학을 배우고 의료영상기기, 투시촬영장치, 전기전자기기 등을 다룬다는 사실을 알게 되어 생명과학과 물리에 더욱 관심을 가지게 되었다고 함. 이후 해부학에 대한 궁금증으로 **'재밌어서 밤새 읽는 해부학 이야기(사카이 다츠오)'**를 찾아 읽고 진로 독서 소개 활동을 진행함. 생명과학시간에 배운 내용을 넘어 해부학의 역사와 인체의 명칭과 유래를 정리하면서 어느 기계보다 완벽한 우리 몸의 정밀함과 섬세함에 놀랐다고 이야기함. 이후 몸을 이루는 큰 뼈대부터 장기와 근육의 생김새, 역할을 그림으로 나타내고, 목과 척추, 배와 엉덩이, 무릎, 눈과 입의 생김새와 구조에 담긴 원리를 설명하는 인체지도를 제작한 뒤 보건실 앞에 부착함. 교과서 개념 확장 활동으로 **'원소의 이름(피터 워더스)'**을 참고하여 멘델레예프의 주기율표에 담긴 여러 가지 방사선 원소의 역사와 성질을 조사함. 우라늄과 토륨, 폴로늄과 라듐, 악티늄, 프로탁티늄, 하프늄, 레늄이 발견된 과정과 활용되는 사례를 조사하여 보고서로 작성하면서 방사선에 대한 수준 높은 이해도를 보여줌.

교과 세부능력 및 특기사항

물리 I

과학 개념과 원리에 대한 이해도가 높고 새로운 것을 배우려는 지적호기심과 탐구력이 돋보이는 학생임. 일상생활 속 과학원리 찾기 활동에서 **'머릿속에 쏙쏙! 방사선노트(고다마 가즈야)'**를 읽고 우리 주변에서 방사선이 활용되는 사례를 소개하면서 우리는 방사선과 함께 생활하고 있다고 설명함. 또한 정부의 원전정책과 관련해 원자력 발전의 원리와 각종 사건사고를 소개하면서 원자력이 양날의 검이라고 표현함. 과학소식지 제작 활동에서 방사선 장치의 원리와 방사선 장치가 인체에 미치는 영향에 대한 소식지를 만듦. 뢴트겐의 X선부터 방사선의 역사를 살펴보고 방사선 장치와 관련해 다특성 X선, 제동 방사 X선, 반데그라프형 가속장치를 소개함. 또한 방사선이 암세포의 DNA를 공격하여 이중 나선 구조를 끊어내는 원리와 함께 방사선 장치가 인체에 미치는 영향을 정리함. 방사선사들이 방사선기기를 다루는 과정에서 피복 위험과 건강 문제가 생길 수 있다고 말하면서 이에 대한 대처방법 등을 소개함.

생명과학 I

사람의 유전과 유전병을 학습한 뒤 **'질병 정복의 꿈, 바이오 사이언스 (이성규)'**를 읽고 유전병, 퇴행성 뇌질환, 암과 같은 난치병을 미리 예측하는 유전자 치료법에 관심을 가지게 됨. 최근 외국의 배우가 유전자를 이용한 질병치료로 예방적 유방절제수술을 받은 사례를 소개함. 유전적인 영향으로 유방암에 걸릴 확률이 87%이었으나 유전자 검사를 통해 브라카 유전자를 발견하고 유방과 난소 제거 수술로 확률을 5%로 줄였다고 설명함. 유전자 치료법을 크게 외래 유전자를 세포에 주입하는 방법, 세포가 지닌 잘못된 유전자를 망가뜨리는 방법, 세포가 가진 잘못된 유전자를 정상 유전자로 바꿔치기하는 방법으로 나누어 각각의 방법을 소개함. 또한 유전자 치료법의 오용 사례로 스포츠 역량향상을 목적으로 하는 유전자 도핑과 인간유전공학을 제시함. 유전자 치료의 남용이 갖는 윤리적 옳고 그름의 문제가 생각보다 단순하지 않으며, 자유주의 우생학의 입장에서 부모가 더 나은 유전자를 자녀에게 전수할 권리가 제기될 수 있다는 설명을 덧붙임.

행동특성 및 종합의견

학급 부반장으로 학급의 긍정적인 분위기를 이끌고 주변 친구들의 어려움을 도와주면서 학급에서 신뢰를 받고 있음. 계획한 일을 끈기와 책임감을 가지고 수행하였으며 학급 미니체육대회를 주관하여 친구들 간의 관계를 돈독히 하는 기회를 만듦. 브레인스토밍 형식으로 친구들의 의견을 칠판에 기재하고 전체 학생들이 바라는 종목과 방향을 조율하여 의미 있는 시간을 기획함. 학급원들의 건강에 관심이 많으며 매일 마스크를 착용하는 학생들을 위해 건강관리 방법을 정리하여 학급에 안내함. **'호흡의 기술(제임스 네스터)'**을 참고하여 입과 코 호흡이 건강과 혈류에 미치는 영향, 마스크를 올바르게 착용하는 방법, 호흡기 질환·천식 학생들에게 필요한 호흡법을 소개하면서 세심하게 학급 친구들을 돌보는 모습을 보임. 또한 최근 뉴스와 인터넷 자료, 기관에서 발간하는 보건소식지 등을 스크랩하여 자신의 생각을 정리하여 포트폴리오를 작성하는 등 자신의 진로에 대한 관심이 많은 학생임. 그 외에도 독서활동 및 토론활동 등을 통해 배경지식이 많음. 활동적인 성격으로 전반적인 학교생활을 주도하는 모습을 볼 수 있음.

6 ▸▸ 수의예과

1 학과 인재상

평소 동물을 사랑으로 돌보고 동물치료에 관심이 많은 학생

주어진 문제상황을 꾸준히 탐구하고 호기심을 가진 학생

생명과학, 화학, 물리학을 좋아하고 관련 지식이 많은 학생

동물과 교감하고 응급상황에 침착하게 대처할 수 있는 학생

손재주가 좋고 다른 사람과의 의사소통능력이 뛰어난 학생

2 유사학과

- 동물자원학과

3 관련직업

- 수의사
- 가축연구원
- 공항검역원
- 검역원
- 농림 어업 관련 시험원
- 동물사육사
- 수의직 공무원
- 수의장교
- 임상수의사
- 생명과학시험원
- 축산 및 수의학 연구원 등

4 개설대학

- 강원대학교
- 건국대학교
- 경북대학교
- 경상대학교
- 부산대학교
- 서울대학교
- 전남대학교
- 전북대학교
- 제주대학교
- 충남대학교
- 충북대학교 등

5 학과 연계도서

수의사가 말하는 수의사 에피소드 2
이학범 외 22인 / 부키(2019)

이 책은 동물병원, 수족관과 동물원, 한국마사회, 야생동물구조센터, 농림축산식품부, 대학 연구소, 국제기구 등 다양한 분야에서 활약하는 23인의 전직/현직 수의사의 일과 일상, 보람과 애환을 진솔하고 생생하게 들려준다. 또한 공중방역수의사, 동물전문치과, 안과병원, 동물복지지원센터, 수의전문변호사 등 다채로운 직업군을 소개한다. 이 책을 통해 수의사가 하는 일과 준비과정을 이해하고 반려동물 1,000만 명 시대에 동물의 생명을 살리고 동물의 삶과 권리를 위해 노력하는 수의사들의 모습을 이해할 수 있다. 수의사를 희망하는 고교생에게 직업에 대한 이해와 수의사의 삶에 대한 다양한 정보를 제공하고 있다.

숲에서 태어나 길 위에 서다
우동걸 / 책공장더불어(2021)

이 책은 로드킬 저감을 위해 오랜 시간 연구해온 저자가 야생동물을 추적하고 그들의 삶을 응원하는 관찰기를 기록해 놓은 책이다. 오랜 기간 로드킬 저감이라는 주제에 천착해온 저자가 쉬운 언어로 대중에게 사람이 야생동물과 공존하는 방안을 제안하고 있다. 개성 넘치고 사랑스러운 우리 주변 야생동물의 삶을 들려줌으로써 야생동물의 삶에 애정을 가지게 한다. 또한 저자가 무선 추적을 하며 관찰한 13마리 동물 중 6마리가 로드킬로 떠나게 된 과정도 생생하게 들려주고 있다. 이 책에는 야생동물의 삶뿐 아니라 그들의 안전한 삶을 위해 고군분투하는 저자의 삶도 자연스럽게 소개하고 있어 관련 직업을 희망하는 학생들에게 도움을 주고 있다.

감염병이 바꾼 세계사
나이토 히로후미(서수지 역) / 탐나는책(2021)

이 책은 감염병이 사람들의 삶을 변화시키고 세계사적으로 미친 영향을 소개하고 있다. 인간 사회를 습격하는 감염병은 대부분 동물에게서 비롯되었다. 에볼라 바이러스와 후천 면역 결핍증(AIDS)을 일으키는 인체 면역 결핍 바이러스는 원숭이에게서 유래한 것으로 추정되고, 2003년 유행한 중증 급성 호흡기 증후군(SARS)과 2020년 대유행한 코로나바이러스는 박쥐로부터 왔다고 알려졌다. 이 책에서는 인간이 밀림 깊숙이 발을 들여 개발하는 순간 미지의 바이러스와 세균에 의한 새로운 감염병은 언제든 유행할 수 있다고 설명하고 있다. 과거의 감염병 사례로부터 앞으로 더욱 심각해질 미래의 감염병에 대비해야 할 사항을 제시하고 있다.

제인 구달 생명의 시대
제인 구달, 마크 베코프(최재천, 이상임 역) / 바다출판사(2021)

이 책은 구달과 마크 베코프가 전하는 생명을 지키는 10가지 방법에 대한 내용으로 구성되어 있다. 구달이 스물여섯의 나이에 아프리카 케냐로 건너가 야생동물의 삶을 관찰하고, 탄자니아 곰비 계곡에 평행 거처를 두고, 야생 침팬지를 가족과 이웃으로 생각하고 고유의 이름을 붙여 하나의 인격체로 교류하는 모습을 볼 수 있다. 구달은 동물행동학의 절대적인 권위자로 알려져 있지만, 그보다는 자연을 연구하는 과학자를 넘어 야생동물의 삶 속에 자신을 동화시켜버린 자연인이라 할 수 있다. 이 책은 저자의 경험을 생생하게 들려주면서 동물을 대하는 인간의 책임 있는 실천을 촉구하는 열 가지 길을 제시하고 있다. 동물과 함께하는 저자의 삶을 통해 동물에 대한 사랑과 생명의 소중함을 전하고 있다.

반려동물 사랑 가이드북
반려동물사랑협동조합 / 엔에코(2014)

이 책은 반려동물을 기르거나 반려동물을 입양하고자 계획하는 이들을 위한 가이드북으로 반려동물에 대한 오해와 진실 및 반려동물에 관한 기본 정보와 상식을 수록하고 있다. 반려견을 기르는 방법부터 반려견에 대한 다양한 정보, 동물실험과 동물치료, 동물 관련 학과와 자격증에 대한 내용도 소개하고 있다. 단기간 내에 급성장한 한국의 반려동물 산업 이면에는 부작용이 있으며 유기동물 보호에 사회적, 문화적, 제도적, 경제적 한계가 있어 안락사나 방치 등의 수많은 문제점이 있다. 유기동물 보호와 관련해 여전히 열악한 상황을 제시하고 많은 사람들의 관심과 손길이 요구되고 있음을 설명하고 있다.

반려동물 법률상담사례집
박상진 외 3인 / 박영스토리(2021)

이 책은 국내에서는 처음으로 설립된 반려동물법률상담센터(건국대학교 LINC+사업단)에서 지난 2019년 6월에서 2020년 7월까지 접수된 반려동물과 관련된 법률적 문의사항과 그에 대한 답변 내용을 묶어놓은 것이다. 반려동물과 함께하다 보면 생각지 못한 사건·사고를 당할 수 있는데, 1년 동안 접수된 86개 사례를 7가지로 유형화해 분류하였다. 개-사람 물림, 개-개 물림, 동물병원과 관련된 분쟁, 분양과 관련된 분쟁, 동물 이용 시설과 관련된 분쟁, 강아지 관련 사고, 기타 사건·사고로 나누어 설명하고, 사고 이후의 손해배상과 형사책임의 분쟁을 다루고 있다. 그 외에도 동물병원과의 의료분쟁이나 사기분양을 비롯한 다양한 계약위반들도 볼 수 있다.

최재천의 인간과 동물
최재천 / 궁리(2007)

이 책은 저자가 TV프로그램에서 인간과 동물을 주제로 동물행동학을 강의했던 내용을 정리한 것이다. 우리가 미처 알지 못했던 동물의 행태와 오묘한 자연과의 조화를 살펴보며 인간이 동물의 세계를 이기적인 잣대로 재단하는 것이 얼마나 어리석은 짓인지 깨닫게 한다. 동물은 구경거리나 포획의 대상, 돈벌이의 수단이 아니며 동물의 세계를 있는 그대로 이해하고, 자연을 사랑하는 환경친화적인 태도가 필요하다는 메시지를 던지고 있다. 또한 동물들의 의사소통, 사회생활, 성생활 등을 인간과 흥미롭게 비교하고 있으며 동물들의 첩보전과 숨바꼭질, 방향감각과 행동 등의 이야기를 통해 생명의 본질과 의미를 되새기게 한다.

DNA 혁명 크리스퍼 유전자가위
전방욱 / 이상북스(2017)

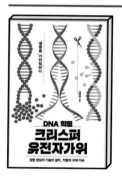

이 책은 혁명적 기술인 크리스퍼 유전자가위기술의 지금까지의 연구 성과, 여러 사례와 적용 가능성 등을 소개하고 있다. 또한 과학과 인간 생명이 어떻게 공존할 수 있는가에 대한 과학적, 사회적 논의점을 제공한다. 유전자가위란 유전자의 특정 부위에서 DNA를 절단하는 능력을 가진 광범위한 효소로, 생명체가 가진 유전체를 잘라내거나 원하는 유전자를 집어넣어 유전자를 교정·편집할 수 있다. 이런 위력적인 기술에는 위력적인 위험성이 도사리고 있어 크리스퍼 유전자가위 기술의 성과에 무비판적으로 열광하기보다 윤리적 차원에서 숙고하고 법과 제도를 통해 민주적 방식으로 통제하는 것이 중요하다고 전한다. 앞으로 유전자와 관련한 문제가 많이 발생할 수 있기에 생명윤리에 대해 사회적인 고민이 필요하다고 설명한다.

내 몸 안의 주치의 면역학
하기와라 기요후미(황소연 역) / 전나무숲(2019)

면역은 전염병의 고통을 피한다는 뜻으로 면역학은 병의 고통을 벗어나기 위한 방법을 찾는 것에서 시작되었다. 이 책은 면역학에 관한 내용을 쉬운 설명과 그림을 이용해서 설명한 누구나 보고 읽을 수 있는 교양 과학서이다. 면역 작용으로 인한 질병과 면역에 관여하는 세포들을 통해 생명의 신비까지 쉽고 자세하게 알 수 있다. 또한 알레르기가 생기는 각 유형에 따라 우리 신체에서 일어나는 변화를 이해할 수 있다. 특히 류머티즘, 암, 에이즈와 같은 질병이 생기는 과정과 면역반응에 이상이 있는 경우 우리 몸의 면역체계 변화에 대해 자세히 설명해준다. 생명과학에 대한 폭넓은 지식을 제공하고 우리 몸에 작용하는 과학적 원리를 알기 쉽게 제시하고 있다.

반려견 행동심리학
재지 토드(이윤정 역) / 동글디자인(2022)

심리학 박사이자 반려견 훈련사인 저자가 과학적 지식과 반려견 훈련 경험을 담아 반려견 행동심리학에 대해 저술한 책이다. 이 책에서는 개의 객관적인 연구를 바탕으로 분석한 반려견 행동심리학과 이를 기반으로 반려견 양육법을 다룬다. 과학적으로 밝혀낸 사실은 동물 복지 향상은 물론 반려인들이 반려견을 더 행복하게 만들어 주는 부분에서 도움을 준다고 설명하고 있다. 개 과학자, 수의사, 수의 행동학자, 유기견 보호소 관리자, 개 훈련사 등 여러 분야의 반려견 전문가들의 조언을 함께 실었으며, 마지막 부분에 '행복한 반려견을 위한 체크리스트'를 첨부하였다. 반려견의 행동에 대해 원인을 이해하고 이를 통해 반려견이 가진 문제를 해결할 수 있다.

애완동물사육
안제국 / 부민문화사(2022)

이 책은 동물학과 학생, 펫숍 경영자, 번식업자, 가정에서 애완동물을 기르는 모든 사람들에게 전문적인 지식과 감각, 기술을 제공하여 유능한 전문인으로 인도하는 지침서이다. 강아지와 고양이, 토끼, 햄스터 사육기술 등 가정에서 많이 기르는 동물을 중심으로 구성되어 있다. 애완견의 형태와 특성, 품종과 선택, 사육시설과 기구, 번식 생리, 사양관리, 미용 관리, 애완견의 훈련과 질병, 위생 등 등의 내용이 포함되어 있다. 또한 애완동물의 예방접종과 간호, 전염병, 응급처치 방법 등을 소개하고 있어 애완동물에 관심이 있는 사람과 나아가 일반인들에게까지 실질적인 도움을 주고 있다. 다양한 애완동물을 기르고자 하는 사람에게 필요한 배경지식과 사육방법을 친절하게 소개하고 있다.

수의예과 독서탐구활동 활용사례

자율활동 특기사항

학급 재능 나눔 활동에서 **'애완동물사육(안제국)'**과 **'반려견 행동심리학(재지 토드)'**을 참고하여 반려동물을 기르는 친구들에게 동물별 평소 생활습관과 식습관, 운동패턴을 확인하는 체크리스트를 만들어 나누어줌. 비만과 피부염을 겪는 반려견 때문에 고민하는 친구를 위해 반려견의 생활 습관의 변화를 설명해주고, 털이 많이 빠지는 고양이 때문에 고민하는 친구를 위해 해결방법을 적극적으로 찾아줌. 또한 반려인과 비반려인이 알아야 할 페티켓을 카드뉴스로 제작하여 학급에서 발표 활동을 진행하고 학급과 학교 게시판에 게시하여 반려동물 사랑 캠페인 활동을 진행함. 동물에 대한 사랑으로 동물 관련 TV프로그램을 1년간 신청하면서 동물의 특징과 돌보는 방법, 인상 깊게 시청한 장면 등을 정리하여 동물사랑 포트폴리오를 만듦. 방송의 사진과 스토리, 자신의 생각 등을 반영하여 동물에 대한 배경지식을 넓히고 예비 수의사로의 진로준비를 탄탄히 함. 동물의 죽음에 눈물을 흘릴 정도로 애정이 깊고 집에서 기르는 반려견을 사람과 동일한 가족으로 생각하는 등 동물을 사랑하는 마음이 깊은 학생임.

동아리활동 특기사항

(수의학연구동아리)(34시간) 길고양이 중성화사업(TNR)에 대한 찬반 토론 활동에서 중성화수술이 현재로서는 길고양이 개체수를 조절하는 가장 효과적이고 인도적인 방법이라고 설명함. 길고양이를 살처분하는 것은 생명에 대한 반윤리적인 행동이며 영역 동물인 특성 때문에 진공효과의 문제가 생긴다고 주장함. 이어 길고양이 문제가 커지는 상황을 해결하기 위해 급식소 설치와 사람들의 관심이 필요하다고 주장하였고 그 과정에서 논리적이고 현실적인 문제해결력을 엿볼 수 있었음. 최근 학교 주변의 길고양이가 새끼 5마리를 낳게 되자 동아리원들과 **'반려동물 사랑 가이드북(반려동물사랑협동조합)'**을 참고하여 길고양이를 돌볼 수 있는 방법을 고민함. 새끼를 위해 밥을 제공하고 보금자리 근처에 이불을 가져다주는 등 고양이를 걱정하는 따스한 마음을 확인함. 이후 시청 담당 직원들이 어미고양이를 포획하여 중성화수술을 하는 상황이 벌어졌고 이에 가슴 아파하면서도 수술 이후 어미고양이의 건강을 곁에서 돌봐줌. 건강상태가 좋지 않은 새끼가 있어 지역 커뮤니티를 통해 이 소식을 전하고 입양자를 구함. 길고양이와 관련한 경험을 통해 따뜻한 마음과 뚜렷한 가치관을 지닌 수의사가 될 것이라 기대함.

진로활동 특기사항

로드킬로 야생동물들이 잔인하게 죽는 영상자료에 충격을 받고 로드킬을 알리는 활동을 준비하게 됨. 먼저 자신이 시청한 영상을 선생님들께 부탁드려 각 층에 설치된 학교홍보전광판에 탑재하여 전교생이 영상을 시청할 수 있도록 함. 또한 교통사고로 죽어가는 야생동물에 대한 자료를 수집하면서 해마다 사고 건수가 증가하고 공식적인 로드킬만 10만 건 이상으로 추정되는 점에 문제의식을 느낌. 중국과 우리나라에 주로 서식하는 고라니의 상당수가 로드킬로 죽고 있으며 너구리, 삵, 멧돼지 등의 야생동물의 멸종문제가 심각한 상황에서 로드킬은 큰 문제임을 설명함. 이에 로드킬이 많은 구간에 울타리를 설치한 뉴스기사와 로드킬 위험구간을 나타내는 전국지도, 로드킬 신고번호 안내 등을 수록한 동물소식지를 제작함. **'숲에서 태어나 길 위에 서다(우동걸)'**와 **'수의사가 말하는 수의사 에피소드2(이학범 외)'**를 통해 야생동물구조센터를 알게 되어 구조센터 방문 계획을 세우고 책을 통해 가지게 된 야생동물 관련 궁금증을 문의하여 직업인 보고서를 작성함. 야생동물구조센터에서 근무하는 수의사가 겪었던 에피소드를 듣고, 구조센터에서 치료받고 있는 수리부엉이와 너구리를 직접 보면서 야생동물의 생명을 살리는 야생동물구조센터에 근무하고 싶다는 진로계획을 드러냄.

교과 세부능력 및 특기사항

생명과학 Ⅰ

사람과 함께 사는 반려동물과 동물원의 동물들이 코로나19에 확진되었다는 기사를 접한 뒤 과학 프로젝트 활동에서 동물들의 코로나19 감염에 대한 탐구활동을 진행하게 됨. 먼저 **'감염병이 바꾼 세계사(나이토 히로후미)'**를 참고하여 그동안 동물들을 통해 감염병이 유행했던 사례를 조사하고 이를 코로나19와 비교함. 또한 국내외 코로나19 감염사례를 조사하여 사람만큼 감염률이 높진 않지만 포유류는 코로나19에 감염될 수 있다고 이야기함. 사람이 동물에게 감염시킬 수 있으나 아직 동물로부터 사람이 코로나19에 감염된 사례는 없다고 설명함. 동물의 코로나19 검사방법을 소개하고 감염된 동물을 위한 조치방법으로 자택격리, 동물병원격리의 방법을 제시함. 동물을 밀접접촉하는 직업군의 사람들은 더 엄격히 위생수칙을 준수해야 할 필요가 있다는 의견을 제안함. 또한 **'애완동물사육(안제국)'**을 참고하여 애완동물이 걸리기 쉬운 전염병과 예방접종, 치료 방법 등을 정리하여 '동물과 사람, 감염병'을 주제로 과학 소식지를 완성함. 흥미로운 소재로 짜임새 있게 구성하여 학급 친구들에게 유익한 정보를 제공했다는 평가를 받음.

생활과 윤리

과학기술과 윤리 단원을 학습한 뒤 동물실험에 문제의식을 느끼고 **'최재천의 인간과 동물(최재천)'**과 인터넷 자료를 참고해 주제 탐구 활동을 진행함. 영국의 한 제약회사의 동물 생체실험 장면이 공개되어 세계가 충격에 빠진 영상을 제시함. 동물실험은 새로운 제품과 치료법의 안전성 확인을 넘어 농약과 화장품, 식품 등이 인체에 미치는 영향을 예측하는 데에도 활용되며, 세계적으로 연간 5억 마리의 동물이 희생된다고 설명함. 그리고 공리주의 철학에 입각해 통증과 고통 자체는 나쁜 것이며 인간의 건강과 행복을 위해 동물의 희생과 고통을 요구하는 동물실험을 최소화해야 한다는 의견을 논리적으로 표현함. 또한 동물과 인간이 공유하는 질병은 1%에 불과하며 인간과 동물에게서 완전히 다른 효과를 나타낸 클리오퀴놀이나 페니실린의 사례, 탈리도마이드 사건을 언급하며 동물실험을 반대함. 앞으로 환자 관찰이나 사체 연구, 인간 세포와 조직 실험, 동물의 반응을 본뜬 컴퓨터 시뮬레이션 등 동물실험을 대체하는 방법으로 전환해야 한다고 주장함.

행동특성 및 종합의견

학급 친구가 겪는 어려움도 자신의 일처럼 상담해주고 공감능력과 배려심을 갖춘 학생임. 수업시간에는 새로운 내용을 배우고자 하는 학습의욕이 넘치고 이해한 내용을 꼼꼼하게 정리하는 습관을 지니고 있음. 전반적인 학업역량이 우수하며 특히 생명과학과 화학에서 뛰어난 이해력과 문제해결력을 보여줌. 집에서 애정과 관심을 가지고 반려견을 기르고 있으며 주말마다 운동과 산책, 식사와 목욕까지 책임지고 건강검진과 예방접종까지 세심하게 신경 쓰고 있다고 함. 오랜 시간 반려견과의 생활을 통해 수의사라는 직업을 꿈꾸게 되었으며 **'제인 구달 생명의 시대(제인 구달, 마크 베코프)'**를 읽고 제인 구달처럼 동물과 함께하는 삶을 살고 싶다는 생각을 표현함. 수의사가 되기 위하여 생명과학과 화학에 대한 배경지식을 넓히고 동물과 관련한 다양한 소식과 뉴스기사에 많은 관심을 가짐. 가끔씩 유기견보호센터에 방문하여 유기견을 돌보는 활동을 하면서 반려견의 다양한 생김새와 특징, 성향, 주의해야 할 질병 등의 정보를 알게 되었다고 함.

7 ▸▸ 스포츠의학과

1 학과 인재상

몸과 마음이 건강하고
다른 사람의 처지와
상황을 이해하는 학생

다른 사람의 아픔과
어려움에 공감하는 학생

화학, 생명과학, 체육,
보건 등의 교과에
흥미를 느끼는 학생

평소 환자와 장애인 등
사회적 약자에 대해 지속적인
관심을 가진 학생

대인관계가 좋고 활발하며
의사소통능력과
공감능력이 뛰어난 학생

2 유사학과

- 스포츠건강재활학과
- 운동처방재활학과
- 한방스포츠의학과
- 스포츠건강관리학과
- 스포츠운동건강관리학과
- 스포츠건강학과
- 스포츠학부 스포츠의학전공

3 관련직업

- 건강운동관리사
- 노인운동지도사
- 개인운동전문가(CPT)
- 선수트레이너(AT)
- 응급처치강사
- 스포츠에이전트
- 운동처방사
- 인명구조원
- 재활운동지도사 등

4 개설대학

- 건양대학교
- 경희대학교
- 대구한의대학교
- 순천향대학교
- 차의과학대학교 등

너무 재밌어서 잠 못 드는 물리이야기

션 코널리(하연희 역) / 생각의 길(2018)

이 책은 야구나 축구 같은 인기 있는 종목부터 메이저리그 투수들의 공보다도 훨씬 빠른 라크로스, 가벼운 눈 위를 테니스 라켓 같이 생긴 신발을 신고 건너는 스노슈잉까지 많은 스포츠 종목들을 다루고 있다. 각 종목의 매력을 잘 알 수 있도록 소개함과 동시에 적용되는 물리 법칙과 그 개념을 설명하고 있다. 베르누이의 법칙, 보일의 법칙, 양력과 항력, 각운동량, 운동량 보존의 법칙, 원심력, 자이로력, 무게중심 등 여러 가지 핵심적 물리 법칙들이 각각의 스포츠 분야에서 다양한 양상으로 드러난다. 예를 들어 뉴턴의 법칙, 운동량 보존의 법칙 등의 법칙들이 현실 세계에서 어떤 모습으로 드러나는지 이해할 수 있다. 운동 속에 담겨 있는 다양한 과학적 원리를 이해하기 쉽게 설명하고 있다.

근골격 해부학

대학서림 편집부 / 대학서림(2021)

이 책은 신체의 운동기능, 상지의 근골격 해부, 하지의 근골격 해부, 척추의 근골격 해부 및 복부 근육 등에 대한 내용을 수록하고 있다. 인체의 움직임에 관여하는 골격과 근육 및 신경을 위주로 기초적인 해부학을 쉽게 이해할 수 있도록 그림도 넣었다. 각 관절의 움직임에 관여하는 근육과 인체의 골격, 뼈의 돌출부와 근육의 위치, 신경지배 및 기능까지도 쉽게 찾을 수 있도록 제시하였고, 한글용어로 병기하여 해부학을 이해하기 쉽도록 제시하였다. 또한 척추의 근골격해부 및 복부근육, 두개골, 눈, 저작 및 연하 근육에 대한 내용도 같이 수록되어 있다. 우리 몸의 구석구석까지 인체의 신비를 전해주고 있는 책이다.

재밌어서 밤새 읽는 생명과학 이야기

하세가와 에이스케(조미량 역) / 더숲(2014)

생명과학은 '어떻게 이루어져 있나(How)'라는 주제로 시작해 '왜 이렇게 되었을까(Why)'를 설명하는 학문이며, 이 책은 두 질문을 토대로 생명과학을 일목요연하게 정리하고 있다. 진화 이론을 통해 이해하기 쉽게 풀어가고 수많은 생물의 세포와 기관을 체계적으로 나누어 설명하면서 독자의 이해를 돕고 있다. 생명체가 유전정보를 DNA에 전달하는 이유나 방식, 고등생물의 장기의 의의와 역할, 선태식물과 양치식물의 특성 등 생명과학 지식을 진화의 관점에서 풀어나간다. '후대에게 유전정보를 가장 효율적으로 전달한다'라는 진화의 목적을 바탕으로 지금의 고등생물이 되는 과정을 설명하며 다양한 생물에게 나타나는 다양한 생물 현상에 대해 일목요연하게 설명한다.

3주 스피드 몸만들기

문대균, 제이킴 / 예문아카이브(2017)

이 책은 요리연구가와 트레이너가 제안하는 '살 빼며 근육 키우는 몸 만들기' 프로젝트로 요요 없는 식단과 운동 프로그램을 소개하고 있다. 다이어트나 건강한 몸을 원하는 사람들에게 식단으로 살을 빼고 운동으로 근육을 단련하도록 돕고 있다. 쉬운 동작부터 점차 어려운 동작으로 이어지는 계단식 운동 프로그램을 제시하고 근력운동을 중점적으로 구성하고 있다. 식단은 일반식과 닭가슴살, 건강 주스 중심의 메뉴로 칼로리가 적으면서 영양가가 높고 질리지 않는 21가지 레시피를 제시하고 있다. 또한 운동을 시작하는 초보자들도 3주간 체계적으로 실행할 수 있도록 일일 플래너를 담은 다이어트 플랜북을 별책부록으로 수록하고 있다.

1 인문계열
2 사회계열
3 자연계열
4 공학계열
5 의약계열·스포츠의학과
6 예체능계열
7 교육계열

다이어트 불변의 법칙
하비 다이아몬드(강신원, 김민숙 역) / 사이몬북스(2021)

이 책은 시중에 난무하는 상업주의 다이어트와 증상만을 제거하는 제약업계 및 의료계에 경종을 울리는 비만과 질병 치료의 바이블이다. 인간은 유일하게 비만으로 고생하는 동물로 저자는 야생동물의 식습관에서 건강과 다이어트의 원리를 찾는다. 많은 학자들의 연구사례는 물론 자연주의자 헬렌니어링, 자동차왕 헨리포드, 과학자 파블로프 등 다양한 인물의 식습관도 언급하고 있다. 인간의 몸과 진화과정, 비만과 다이어트 상업주의 등 결코 가볍지 않은 내용을 저자 특유의 재치 있는 문체와 유머로 쉽게 풀어 재미있게 읽을 수 있다. 책은 크게 8장으로 나뉘며 음식섭취에서 유의해야 할 사항과 건강을 유지할 수 있는 비법 등을 잘 정리하였다.

백년운동
정선근 / 아티잔(2019)

이 책은 자신의 척추와 관절 상태를 정확히 알고 자신의 몸에 맞는 운동을 찾아야 하며 몸에 맞는 운동법으로 부상 없이 운동을 꾸준히 하는 것이 백년운동법이라고 설명하고 있다. 그리고 과학적으로 증명된 운동 효과를 따져 보고, 유산소운동과 무산소운동을 원칙과 효과 면에서 비교하였다. 유산소운동의 기본적인 방법과 각종 유산소운동이 척추와 관절에 미치는 좋은 영향과 나쁜 영향을 자세히 다루었다. 척추와 관절에 부담을 줄이면서 근력운동을 하는 방법을 최신 연구 결과와 함께 단계적으로 설명하고 근력운동 20개 동작을 엄선하여 추천하였다. 평소 꾸준한 운동을 통해 건강을 유지할 수 있도록 다양한 팁과 방법을 제공해주는 책이다.

근육운동가이드 스포츠 트레이닝
프레데릭 데라비에, 마이클 건들(정구중, 이창섭 역) / 삼호미디어(2021)

이 책은 종목별로 기본적인 근육 트레이닝 원칙을 소개하고 운동을 할 때 반드시 알아야 할 사항들을 안내하고 있다. 달리기 종목의 경우 넓적다리 트레이닝과 근육 트레이닝 방법 및 그에 대한 과학적 이유, 부상의 원인과 예방 등을 다루었다. 단체 구기 종목의 경우 고관절 운동과 고관절의 대표적인 문제들, 십자인대 보호에 대해 이야기하고 있다. 그 외에도 몸을 회전하는 종목, 수영과 수상 경기, 라켓 및 투척 경기, 사이클 및 도로 경기, 격투기 운동 등의 운동방법, 부상의 원인과 예방법을 설명하고 있다. 또한 종목별 트레이닝 프로그램으로 간단한 트레이닝 원칙과 스포츠 시합 전 웜업 프로그램, 특정 부위에 좋은 운동 프로그램, 트레이닝 후에 실시하는 회복 프로그램을 소개하고 있다.

수면의 과학
헤더 다월 스미스(김은지 역) / 시그마북스(2022)

이 책은 건강에서 중요한 요소인 잠을 강조하면서 수면 패턴을 이해하고 조절하는 방법을 안내하는 수면지침서이다. 수면 장애를 겪는 수많은 환자를 만난 저자는 수면의 질을 높이기 위해 환자들에게 처방했던 다양한 방법과 전략을 상세하게 풀어놓았다. 또한 잠을 자려는 인간의 본능을 방해하는 사회학적, 생리학적, 신경학적, 심리적 요인들을 조사하여 요인을 제거하고 대응하는 방법을 알려준다. 수면을 둘러싼 오해와 헛소문과 말도 안 되는 속설들을 과학적으로 설명하고 수면을 위해 필요한 지식을 이해하기 쉬운 그림으로 제시하였다. 수면 루틴과 수면 위생법, 수면 일기 등 자잘한 팁도 안내하고 있다.

가장 쉬운 홈트레이닝 10초 스트레칭
시바 마사히토(서희경 역) / 소보랩(2021)

스트레칭과 마사지 등의 셀프케어 방법을 동영상으로 제작하여 SNS에서 호응을 얻으면서 저자는 이 책을 집필하게 되었다. 저자는 현대인 대부분이 주로 외근육을 사용하고 있어 지구력이 없는 외근육에 과도한 힘을 쓰게 되고, 피로와 근육 걸림 등으로 고통받는다고 설명한다. 어깨가 결리면 대부분은 아픈 부위를 직접 주무르는데 겨드랑이 아래를 자극하면 전거근을 활성화하고 어깨 결림을 해소할 수 있다고 설명한다. 또한 상황별 셀프케어로 무릎 통증·허리 통증·어깨 결림·전신 피로 풀기, 날씬한 다리와 허리, 팔뚝 만들기, 발목·고관절 통증 없애기, 다리 찢기 스트레칭 등을 소개하고 있다.

새로 만든 내 몸 사용설명서
마이클 로이젠, 메멧 오즈(유태우 역) / 김영사(2014)

이 책은 몸속 곳곳을 탐험하며 우리가 어떻게 움직이고 노화되는지 우리 몸에 대한 근원적 질문에 해답을 제시한다. 우리가 알고 있는 건강 정보의 진실과 오해, 의심조차 하지 않았던 의학상식을 과학적으로 살펴보고 몸을 오랫동안 튼튼하게 유지하기 위한 과학적이고 올바른 정보를 만날 수 있다. 그리고 전 세계 의학계가 주목하고 있는 간과 췌장에 대한 최신 연구와 임상 경험을 바탕으로 새로운 기관에 대한 정보를 집중적으로 다뤘다. 또한 세계 최고의 인체 전문가들이 고안한 22가지의 근육 운동과 추가 근력 운동을 제안했다. 운동 초보자들도 꾸준히 할 수 있는 운동을 소개하고 그에 대한 과학적 정보를 제공하고 있다.

손흥민 월드와이드 팬북
에이드리안 베즐리(김민주 역) / 영진닷컴(2020)

이 책은 손흥민의 어린 시절부터 토트넘 입단 후 겪은 고군분투와 현재 토트넘 레전드로 자리매김하기까지의 여정을 다룬다. 독일과 잉글랜드 무대를 넘나들며 꾸준히 활약하고 실력과 인성까지 감독들에게 인정받는 손흥민의 모습, 팀 내 동료들과의 관계, 손흥민과 그의 팬들 사이의 특별한 유대관계에 대해 소개한다. 또한 경기장 밖 슈퍼스타 손흥민의 모습, 런던에서 적응하는 과정, 대한민국 선수로서 한국을 대표하기까지의 과정을 볼 수 있다. 청소년들의 롤 모델인 손흥민의 여정을 설명하는 좋은 지침서로 꿈과 희망, 새로운 분야에 도전하는 모습을 생생하게 느낄 수 있는 책이다.

1 인문계열

2 사회계열

3 자연계열

4 공학계열

5 의약계열·스포츠의학과

6 예체능계열

7 교육계열

스포츠의학과 독서탐구활동 활용사례

자율활동 특기사항

학급반장으로서 학급의 특색활동 및 학급행사에 열정과 적극성을 가지고 앞장서며 진두지휘하는 리더십을 발휘함. 학교 체육대회에서 친구들의 출전 희망 종목을 고려하여 종목별로 출전선수를 구성하고 종목별로 학생들의 기록과 운동역량을 정리함. 특히 학급 대항 줄다리기에서 힘이 분산되지 않는 전략을 학생들에게 설명하고 점심시간을 이용해 틈틈이 연습을 한 결과 줄다리기 우승을 이끎. 또한 학급원들이 참여한 경기와 응원 장면 등을 촬영하여 학급 영상으로 제작하였고 체육대회 내내 활동적인 모습과 리더적인 성향을 확인할 수 있었음. 학급 재능 나눔 활동으로 월요일 1교시 자율활동이 시작되면 학급원들이 쉽게 따라 할 수 있는 하루 5분 스트레칭과 마사지 활동을 진행함. '**가장 쉬운 홈트레이닝 10초 스트레칭(시바 마사히토)**'을 참고하여 아침에 기상할 때 적합한 스트레칭과 피로와 근육 결림을 해소하는 스트레칭 방법 등을 소개함. 학급 게시판에 스트레칭 방법을 부착하여 학급원들이 야간자율학습 등 몸이 피곤할 때 틈틈이 스트레칭을 할 수 있도록 도움을 줌.

동아리활동 특기사항

(스포츠의학동아리)(34시간) 스포츠의학동아리가 없어 스포츠의학과와 체육계열을 희망하는 친구들을 모집하고 담당선생님을 섭외하여 새롭게 동아리를 개설함. 초대 동아리회장으로서 동아리의 1년 활동계획을 수립하고 홍보를 통해 관심 있는 후배들을 섭외하면서 동아리가 정착하는 과정에서 중추적인 역할을 수행함. 동아리원별로 운동 스케줄과 트레이닝 계획을 수립하고 대학 실기고사를 준비하는 친구들을 위해 개인별 건강관리계획을 확인해 줌. 지역의 스포츠과학센터 홈페이지와 '**3주 스피드 몸만들기(문대균, 제이킴)**'를 참고하여 운동선수들의 건강관리법, 근력과 지구력 향상을 위한 식단, 보충제 섭취 등에 대한 내용으로 카드뉴스를 제작함. 최상의 컨디션을 유지할 수 있는 방법을 찾기 위해 '**수면의 과학(헤더 다월 스미스)**'을 참고하여 수면방법을 정리하고 냉욕과 온욕, 운동에 대한 내용을 포함함. 또한 경기 전 심한 부담과 불안을 느낄 선수들을 위해 자신감과 집중력을 기를 수 있는 스포츠 심리법을 연구하는 등 스포츠의학 분야로의 진로준비를 탄탄하게 진행하였음.

진로활동 특기사항

운동선수들의 컨디션 관리와 부상당한 선수들의 재활을 담당하는 국가대표 운동선수의 트레이너가 되길 희망함. 국가대표 트레이너로 활동을 하다 최근 크리에이터로 활동하는 분의 영상을 주기적으로 보면서 직업에 관심을 가지게 되었다고 함. 젊은 나이에 선수들의 신체 관리를 담당하면서 동시에 인기 보디빌더로 활동하는 모습을 보고 닮고 싶다고 설명함. 또한 병원의 건강검진센터와 스포츠과학센터에서 근무했던 직업인과 온라인 인터뷰 활동을 진행하면서 직업에 대한 구체적인 궁금증을 해소함. 이를 바탕으로 스포츠의학과로 진로를 결정하게 되었고 이후 스포츠의학과 커리큘럼과 진로를 이해하고 앞으로 준비해야 할 사항을 체크리스트로 정리함. '**근육운동가이드스포츠 트레이닝(프레데릭 데라비에)**'을 참고하여 종목별 기본적인 근육 트레이닝 원칙과 운동을 할 때 반드시 알아야 할 사항을 정리하여 카드뉴스로 제작하여 학교의 체력단련실에 부착함. 또한 체력단련실을 활용하는 선후배들을 위해 부상의 원인과 예방법, 운동 전 스트레칭법을 대형포스터로 제작해 안전한 운동 방법을 알림. 체력이 좋고 다른 사람들을 배려하는 마음씨와 대인관계능력으로 볼 때 앞으로 사회에서 인정받는 국가대표 트레이너가 될 것이라고 기대됨.

교과 세부능력 및 특기사항

생명과학 I

스포츠의학과의 커리큘럼을 확인하여 생물학과 인체해부학, 생리학 등을 배운다는 것을 알게 되어 생명과학을 신청하여 수강함. 수업시간에 적극적인 태도로 어려운 개념과 원리를 이해하려는 모습을 보이고 노트에 중요한 내용을 필기하여 정리함. 해부학에 대한 관심으로 **'근골격 해부학(대학서림 편집부)'**과 인터넷 자료를 참고하여 운동해부학에 대한 인체보고서를 작성함. 생명과학 시간에 학습했던 세포의 구조와 기능부터 조직과 기관, 근육, 뼈와 관절에 대한 내용을 추가하고 운동을 할 때 근육이나 골격 등이 어떻게 변화하는지 운동해부학의 관점에서 설명함. 수업 내용을 운동경기 속의 상황과 연관 지어 설명하여 이해가 잘 되었다는 학급원들의 평가를 받음. 과학 독서 연계 활동으로 **'백년운동(정선근)'**을 활용하여 유산소운동과 무산소운동을 특징을 비교하고 유산소운동이 척추와 관절에 미치는 영향을 소개함. 또한 척추와 관절에 부담을 줄이는 근력운동 방법을 인체구조와 함께 논리적으로 설명하여 융합적인 사고능력을 확인할 수 있었음.

운동과 건강

학생 건강 체력 평가 측정에서 기초체력이 매우 우수하며 다양한 부문에서 뛰어난 기록과 운동신경을 보여줌. 특히 왕복달리기에서 체력을 적절하게 안배하고 아슬아슬한 고비에도 포기하지 않으면서 다른 학생들과 비교해 월등하게 좋은 기록을 얻게 됨. 빅발리볼 활동에서 손목 스냅을 잘 활용하며 팔을 밀어 원하는 곳으로 정확하게 보내고 스파이크와 밀어넣기 등 전위에서 다양한 공격을 시도해 높은 득점을 올려 뛰어난 운동감각을 엿볼 수 있었음. 매 경기 빠른 상황 판단으로 공을 처리하고 전체적인 팀의 전략과 작전을 세우면서 실력과 화합을 주도하는 팀의 중심적인 역할을 수행함. 운동경기 속 과학원리 찾기 활동에서 **'너무 재밌어서 잠 못 드는 물리이야기(션 코널리)'**를 읽고 빙빙 돌려 던진 원반이 똑바로 날아가는 이유와 내리막에서 체중이 미치는 영향, 팽팽한 농구공이 더 잘 튀는 이유를 학급원들에게 소개함. 운동을 잘하기 위해서는 운동신경뿐만 아니라 과학원리의 이해와 승리전략이 필요하다며 논리적으로 이유를 설명함.

행동특성 및 종합의견

학급반장으로서 학급원들의 신체건강과 정신건강을 위한 프로젝트 활동을 기획하고 전체적인 활동을 주도함. 신체건강 프로젝트 활동에서 **'새로 만든 내 몸 사용설명서(마이클 로이젠, 메멧 오즈)'**를 참고하여 건강관리를 위한 의학상식과 가벼운 운동법을 학생들에게 소개함. 또한 정신건강 프로젝트 활동에서 학급 또래 상담을 기획하고 또래 상담자를 모집하여 학급원들이 고민 없이 학교 생활을 할 수 있도록 도와줌. 연말에는 학급원들의 장점을 추천받아 학급공로상을 만들어 모든 학생에게 1년간 수고했다고 시상하기도 함. 학급 친구들과 함께 작은 이벤트를 만들면서 학급원들로부터 신뢰를 얻었으며 최고의 반장이라는 평가를 받게 됨. 신체조건과 운동신경이 좋고 과학원리에 대한 이해력과 자기관리능력이 뛰어나 스포츠의학과에 적합하며 사회에 크게 공헌할 인재라고 판단됨. 다양한 분야에 관심이 많고 적극적인 성격에 진로에 대한 계획과 목표의식이 뚜렷하여 앞으로의 모습이 더욱 기대되는 학생임.

8 ▸▸ 스포츠재활학과

1 학과 인재상

침착하고 정확한 판단력으로
상황에 대처하는 학생

생명과학, 화학, 체육,
보건 등의 교과에
관심을 가지고 있는 학생

평소 긍정적인 성격과
밝은 생활태도로 타인에게
먼저 다가갈 수 있는 학생

사회적 약자에 대한 공감능력이
뛰어나고 배려심이 깊은 학생

2 유사학과

- 스포츠건강재활학과
- 운동처방재활학과
- 한방스포츠의학과
- 스포츠건강관리학과
- 스포츠운동건강관리학과
- 스포츠건강학과
- 스포츠학부 스포츠의학전공

3 관련직업

- 건강운동관리사
- 노인운동지도사
- 개인운동전문가(CPT)
- 선수트레이너(AT)
- 응급처치강사
- 스포츠에이전트
- 운동처방사
- 인명구조원
- 재활운동지도사 등

4 개설대학

- 건양대학교
- 경희대학교
- 순천향대학교
- 차의과학대학교
- 청주대학교 등

5 | 학과 연계도서

체육관으로 간 뇌과학자
웬디 스즈키(조은아 역) / 북라이프(2019)

이 책은 운동과 뇌가소성의 관계를 이해하고 운동을 통해 뇌를 활성화하면 누구나 행복한 삶을 만들 수 있다는 사실을 신경과학의 관점에서 밝혀낸 책이다. 저자는 스스로 운동과 뇌가소성의 관계를 증명하기 위한 표본이 되어 셀프 두뇌 실험을 하고 그 과정에서 뇌에 관한 새로운 질문과 주제를 탐구하게 되었다. 그리고 운동하는 뇌의 잠재력을 주제로 한 테드 강연이 640만 이상 조회 수를 기록하며 폭발적인 화제를 모았다. 세계보건기구가 번아웃을 질병의 하나로 공식 분류하였고, 저자는 이를 해결하기 위한 운동방법과 뇌를 웃게 만드는 법, 고요히 머무르기 그리고 앞으로 나아가기 등을 제안한다.

대한민국 최고의 명의가 들려주는 요통과 디스크
정선근 / 서울대학교출판문화원(2013)

이 책은 재활의학과 전문의가 들려주는 요통과 디스크에 관한 모든 정보를 제공하고 있다. 저자는 요통이 있는 사람의 허리를 잔고가 얼마 남지 않은 예금통장에 비유하고 있다. 요통과 관련한 다양한 배경지식으로 요통은 왜 생기는지, 수술로 요통이 완치될 수 있을지, 요통에는 어떤 치료방법이 있는지 등이 수록되어 있다. 또한 많은 이들이 궁금해하는 요통에 관한 질문과 상식을 과학적으로 이해하기 쉽도록 설명했다. 임상현장에서 직접 요통 환자를 오랜 기간 진료해 온 노하우를 통해 잘못된 치료와 운동법을 지적하고, 과학적인 근거가 있고 쉽게 배울 수 있는 요통 운동을 소개한다.

슬기로운 시니어 홈트레이닝
박정욱 / 군자출판사(2021)

이 책은 노인과 파킨슨 환우에게 적합한 노인운동방법을 소개하고 있다. 저자는 노인에게 여러 요소의 운동을 적절히 배분해 균형 있는 운동이 필요하다는 '다요소적 운동'에 대해 설명한다. 저자는 신체 밸런스를 잡아 낙상과 부상을 예방하는 균형 운동, 적절한 근긴장과 관절의 유연성을 기르는 유연 운동, 근력을 키우는 강화 운동, 저강도의 운동을 장시간 버티는 지구력 운동 4가지로 나누어 다요소적 입체 운동에 대해 자세하게 안내한다. 노인들에게 적합한 운동 방법에 관한 책이 부족한 현 상황에서 일반인과는 다른 노인에게 맞는 맞춤형 운동 방법을 제공하고 있다. 100세 인생에 맞게 나이와 사람에 따른 적합한 운동방법을 제안하고 있다.

약국에 없는 약 이야기
박성규 / 엠아이디(2019)

오랜 세월 인류 문명과 함께하고 인류를 매혹했던 약의 상당수는 가짜 약, 엉터리 약 그리고 위험한 약들이었다. 이 책은 가짜라서, 엉터리라서, 위험해서, 수상해서 약국에 없는 약에 얽힌 일화를 흥미롭게 정리했다. 약이 처음 발명되어 과학의 영역에 들어서는 과정과 만병통치약과 만능해독제, 불로불사와 관련한 약을 소개한다. 또한 중독과 쾌락에 관한 담배, 아편, 코카인, 대마에 대해서도 다룬다. 가짜 약이 주는 진짜 효과, 만병통치약의 진실, 끔찍한 약의 재료 그리고 마약 이야기까지 인류의 욕망이 만든 좌충우돌 파노라마는 '약이란 무엇인가?'라는 질문에 고민하게 한다.

4차 산업혁명시대의 스마트 헬스케어
정미라 / 정독(2021)

이 책은 크게 10장으로 나누어 ICT와 IoT, 3D프린팅, 자율주행로봇, 인공지능(AI), 가상현실과 증강현실을 헬스케어와 접목하여 서술하고 있다. 코로나19 팬데믹으로 언택트가 보편화되면서 앞으로의 원격의료와 원격간호에 대해 사례 중심으로 기술하였다. 또한 바이오 헬스케어의 개념과 바이오 헬스케어 사례, 유전자가위 기술, 인간을 향한 진화의 바이오 의약품, 바이오시밀러, 미래의 음식과 약 등도 같이 기술하였다. 그리고 헬스케어 디바이스와 소피아 로봇, 인공지능 닥터, 다빈치 로봇, 몰리 로보틱스, 정밀의료, 자율주행로봇에 대해 설명하였다. 치료에서 예방중심으로의 의료서비스 패러다임의 변화와 함께 개인 맞춤형 건강관리서비스도 소개하고 있다.

우리 몸 오류 보고서
네이선 렌츠 (노승영 역) / 까치(2018)

이 책은 머리부터 발끝까지 우리를 괴롭히고 골치 아프게 만드는 인체의 수많은 결함을 다룬다. 다른 책들이 인체의 기적 같은 능력과 그 위대함에 초점을 둔 것과 대비된다. 저자는 손목과 발목에 딱히 하는 일 없이 자리 잡은 뼈와 거꾸로 달려 있는 망막, 중력을 거스르도록 설계된 부비동, 합리적인 의사 결정을 방해하는 인지 편향 등을 다룬다. 인간은 직립보행을 통해 오랫동안 똑바로 서 있으면 허리 근육이 수축해 쉽게 피로감을 느끼기도 한다. 이러한 몸 곳곳에 있는 결함들은 무척 흥미로우며, 그 속에 숨어 있는 진화 이야기는 우리의 몸을 이해하는 실마리가 되기도 한다. 일반적인 생각과는 조금은 다른 시선으로 우리 몸의 다양한 원리와 비밀을 흥미롭게 제시하고 있다.

스포츠전문가를 위한 필라테스
Amy Lademann, Rick Lademann (김강훈 역) / 영문출판사(2021)

이 책은 스포츠 전문가를 위한 필라테스를 소개하고 있으면서도 일반인도 필라테스를 쉽게 이해할 수 있도록 만들어졌다. 필라테스의 기본적인 동작에 국한되지 않고 기능적 운동과 바벨, 덤벨, 세라밴드, 폼롤러, 메디신볼 같은 다양한 도구를 활용하는 방법을 제시한다. 또한 강력한 기초운동부터 특정 스포츠 운동까지 목표와 컨디셔닝 레벨에 따라 자세하게 방법을 제시하고 있어 필라테스에 관심 있는 사람들이 도움을 받을 수 있다. 필라테스에 대한 관심이 많아지는 상황에서 올바른 운동방법과 건강을 지키는 방법을 제시하고 있다. 또한 집에서도 쉽게 할 수 있는 다양한 운동법도 제공하고 있다.

닉 부이치치의 너는 생각보다 강하다
닉 부이치치 (정성묵 역) / 두란노서원(2018)

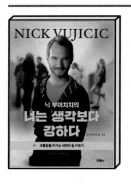

어릴 적 팔다리가 하나도 없어 늘 못된 녀석들에게 괴롭힘을 당했던 저자가 '내면의 힘을 키우는 방법'에 대해 소개한 책이다. 팔다리 없이도 멋지고 좋은 삶을 살고 있는 닉은 어려운 처지에 있는 사람들에게 희망을 제공하고 있다. 세상을 돌며 좌절하고 있는 젊은이들을 대상으로 강연을 하면서 자신이 어떻게 역경을 극복할 수 있었는지 그 경험담을 들려 준다. 괴롭고 힘든 경험을 기회로 바꾸고, 내 안의 안전지대를 만들고, 괴롭힘을 당하는 사람을 돕는 등 저자의 실제 경험을 통해 어려움을 마주한 사람들에게 도움이 될 만한 이야기를 들려준다. 좌절과 힘든 상황에 처해 있는 사람들에게 신체의 역경을 건강한 정신으로 뛰어넘은 의지를 보여주는 책이다.

자폐의 거의 모든 역사
존 돈반, 캐런 주커(강병철 역) / 꿈꿀 자유(2021)

저자는 자폐의 역사가 편견에 맞서 생존권을 확보하기 위한 노력, 교육권을 확보하기 위한 노력, 신경 다양성을 이해시키기 위한 과정이었다고 설명한다. 이 책은 다름이라는 것이 열등함이 아니라 모든 사람에게 보편적으로 존재하는 정신적 특성이라고 설명한다. 역사적으로 자폐인은 정상적으로 살아갈 수 없었고 사회에 부담만 주는 쓸모없는 존재로 치부되거나 심지어 국가권력이 조직적으로 살해하기도 했다. 이 책에서는 이들의 피와 땀과 눈물, 희생과 비극과 시행착오, 간절한 염원과 비범한 용기와 지극한 사랑에 관한 이야기를 풀어내고 있다. 자폐인에 대한 편견을 깨고 이들에 대한 관심과 사랑이 필요함을 시사하고 있다.

매우 예민한 사람들을 위한 책
전홍진 / 글항아리(2020)

이 책은 지난 10여 년간 삼성서울병원 정신건강의학과 전문의로 1만 명 이상의 환자를 상담하고 치료해온 전홍진 교수가 펴낸 책이다. 그동안의 진료 경험 중에서 40명의 사례를 꼽아 예민성을 줄이고 삶의 질을 높이는 방법을 알려주고 예민한 사람들이 긴장과 걱정과 타인의 반응에서 벗어나는 방법을 소개하고 있다. 그리고 매우 예민한 사람들에 대한 전문적인 연구와 상담을 바탕으로 예민성에 대한 자가 진단 방법, 주요 우울증상에 대한 설명, 예민성을 줄이는 방법을 제시하고 있다. 오랜 기간 과민성대장증후군, 고혈압, 두통, 치통으로 고통받는 사람들을 만나면서 몸과 근육의 긴장을 풀고 이완시키는 것만으로도 신체 증상의 상당 부분이 호전될 수 있다고 설명한다.

스포츠재활학과 독서탐구활동 활용사례

자율활동 특기사항

학급의 건강체육부장으로서 학급원들이 오랜 시간 교실에서 수업을 받으면서 목과 어깨, 허리에 무리가 갈 수 있다고 생각하여 하루 5분의 건강법을 소개함. **'대한민국 최고의 명의가 들려주는 요통과 디스크(정선근)'**를 참고하여 잘못된 자세와 습관이 평생 요통과 디스크로 이어질 수 있다고 설명하고 자세 교정의 필요성을 강조함. 또한 책에 수록된 요통에 도움이 되는 단계별 운동방법을 학급원들이 쉽게 따라 할 수 있도록 카드뉴스로 제작하여 학급 게시판에 부착함. 1년간 학급의 장애학생 도우미를 신청하여 거동이 불편한 친구의 휠체어를 밀어주고 이동수업시간에 교과교실에 데려다주는 등 배려심 깊은 모습을 보여줌. **'닉 부이치치의 너는 생각보다 강하다(닉 부이치치)'**를 감명 깊게 읽고 몸이 불편한 친구의 상황을 이해할 수 있었고 친구에게 자신감과 희망을 전해주고 싶은 마음에 이 책을 선물해주었다고 함. 1년 동안 큰 문제나 어려움 없이 학급 생활을 잘할 수 있도록 도움을 주었고 장애 학생의 부모님도 학기 말에 학생에게 고마움을 표현함.

동아리활동 특기사항

(의료재활동아리)(34시간) 동아리 학년장으로서 동아리원들과 함께 매달 이슈가 되는 뉴스기사를 스크랩하여 의료소식지를 제작함. 또한 계절별로 주의해야 할 질병과 그 증세, 예방수칙을 수록하여 학생들에게 건강관리법을 홍보하고 그 과정에서 적극적인 모습과 세심한 모습을 보여줌. 최근 대학의 응급실 수술에 로봇수술이 활용된다는 기사를 보고 미래의 로봇수술에 대한 시사 연계 활동을 진행함. **'4차 산업혁명시대의 스마트 헬스케어(정미라)'**와 인터넷 자료를 통해 소피아 로봇과 인공지능 닥터, 다빈치 로봇 기술을 알게 되었고 수술로봇의 역사와 발전 과정, 수술용 로봇의 종류와 제어방법에 대해 조사함. 이후 현직 대학병원 간호사와 1시간 동안의 인터뷰를 통해 실제 수술실에서 로봇수술을 어떻게 활용하고 있는지 에피소드를 듣고 로봇수술에 대한 궁금증을 해결함. 교내 학생들을 대상으로 실시한 로봇수술에 관한 인식조사 결과를 통계표로 정리하여 로봇수술의 기술력뿐만 아니라 사회적 이해와 인식의 발전이 동시에 요구된다고 설명함.

진로활동 특기사항

자폐와 관련된 영화를 감상한 뒤 영화 속 주인공에게 애잔함을 느끼고 주인공의 사고와 행동의 원인을 정확하게 이해하고 싶다는 마음을 지니게 됨. 이후 장애인의 날을 맞이하여 특수선생님과 장애 인식 개선 캠페인 행사를 준비하면서 안대 체험, 휠체어 체험과 더불어 자폐 체험 활동을 계획함. 1분간의 혼란과 감각 과부화 장면을 동영상으로 보여주면서 자폐인들이 겪는 고통을 이해해 달라는 메시지를 전달함. 행사 준비 기간 동안 특수선생님으로부터 자폐학생을 지도한 경험을 듣고 자폐학생에 대한 궁금증을 해결하면서 어려운 사람의 처지에 공감하려는 태도를 느낄 수 있었음. 이후 진로 주제 탐구 활동에서 **'자폐의 거의 모든 역사(존 돈반, 캐런 주커)'**를 읽고 자폐의 역사가 사람들의 편견에 맞서 사회적 인정과 교육권을 확보하기 위한 과정이었음을 이해함. 또한 자폐장애의 5가지의 하위 분류와 자폐의 원인과 증상을 이해하고 재활치료로서의 약물치료와 정신치료를 상세하게 조사함. 마지막으로 자폐 관련 책과 영화를 안내하여 학급 친구들에게 자폐인과 가족들이 느끼는 눈물과 희생, 바람 등을 전달하려고 함. 자폐는 열등한 것이 아니라 조금 다른 것이며 많은 사람들의 관심이 필요하다는 의견을 발표함.

1 인문 계열

2 사회 계열

3 자연 계열

4 공학 계열

5 의약계열·스포츠재활학과

6 예체능 계열

7 교육 계열

교과 세부능력 및 특기사항

보건

신체적, 정신적 건강에 관심이 많은 학생으로 보건수업에 적극적인 자세로 임했으며 보건의료에 대한 이론지식이 풍부함. 건강과 질병 단원을 학습하면서 건강에 대한 다양한 관점을 비교하여 건강의 총체적 개념을 정리하고 건강에 영향을 미치는 요인을 조사하여 발표함. 크게 생물학적 요인, 개인적 요인, 물리적 요인, 사회경제적 요인으로 나누고 선천적인 요인도 중요하지만 장기적으로 개인의 습관(운동, 음주, 흡연, 식습관 등)도 중요한 요소라고 설명함. 또한 현대인들의 건강에 사회경제적 요인이 미치는 영향도 커지고 있어 사회적 관심과 여가를 통해 스트레스 해소가 필요하다고 설명함. 보건 시사 활동에서 세계보건기구가 번아웃 증후군을 질병의 하나로 공식 분류했다는 기사와 함께 현대인들이 과도한 업무와 스트레스를 겪고 있다고 설명함. **'체육관으로 간 뇌과학자(웬디 스즈키)'**에 제시된 번아웃 극복 방법을 소개하면서 퇴근 이후 꾸준한 운동이 뇌를 활성화하여 건강하고 행복한 삶을 만들 수 있다고 설명함.

운동과 건강

심폐소생술로 사람의 생명을 살린 사례에 대한 영상을 시청하고 직접 마네킹으로 심폐소생술 실습을 진행함. 이전에 심폐소생술을 배운 경험이 있어 학급원들 앞에서 가이드라인에 따라 시범을 보였고 잘못된 부분 없이 뛰어난 수행능력을 보임. 이후 심폐소생술과 관련한 건강보고서를 작성하는 활동에서 그림과 함께 심폐소생술 단계를 제시하고 영아의 심폐소생술 방법을 성인과 비교하여 제시함. 또한 심폐소생술이 잘못되더라고 법적으로 보호받을 수 있는 선한 사마리아인법을 소개하며 위급상황에 적극적인 모습이 필요하다고 설명함. 관심 있는 스포츠종목 소개활동에서 최근 인기를 얻고 있는 필라테스를 선택해 학급원들에게 소개함. **'스포츠전문가를 위한 필라테스(Amy Lademann, Rick Lademann)'**에 수록된 내용 중 특별한 도구 없이 할 수 있는 동작을 소개하면서 다이어트와 자세 교정, 유연성과 근육 강화에 도움이 된다고 설명함. 또한 다양한 도구를 활용한 사례를 영상으로 소개하면서 건강관리의 중요성을 강조함.

행동특성 및 종합의견

아침에 교실에 들어가면 반가운 목소리로 가장 먼저 반겨주는 학생으로 친구들 사이에서도 긍정적인 에너지를 발산하는 역할을 함. 외유내강형으로 부드러운 이미지이지만 자기관리능력과 정신력이 강하며 때론 결단력 있는 모습을 보여줌. 학급 진로 모둠 활동에서 보건의료팀의 조장을 맡아 조원들의 의견을 조율하고 전체적인 계획을 수립하면서 책임감과 믿음직한 모습을 보여줌. 보건 관련 영상을 시청하고 최근 뉴스기사와 보건소식지를 보고 토론하는 활동을 진행하면서 진로준비에 최선을 다함. 또한 잘못된 습관과 자세로 오랜 시간 학습하게 되면서 근육뭉침을 겪는 학생들을 위한 건강 캠페인 활동을 준비함. **'대한민국 최고의 명의가 들려주는 요통과 디스크(정선근)'**를 참고하여 척추 및 디스크, 어깨 및 팔, 무릎과 발, 척추교정방법을 안내하고 직접 교정과 스트레칭 방법을 소개함. 또한 학급원들이 쉽게 이해할 수 있도록 그림을 넣어 카드뉴스로 제작한 뒤 학급 게시판에 게시함. 1년간 학급원들의 건강관리를 위한 활동을 준비하였으며 활동 속에서 공감능력과 배려심을 확인함.

9 ▶▶ 안경광학과

1 학과 인재상

침착하게 상황을 판단하고
문제해결능력을 갖춘 학생

물리학, 화학, 생명과학 등
과학 분야에 지식과
흥미를 지닌 학생

기계와 장비 등을
다루는 것을 좋아하고 정교한
손동작을 지닌 학생

다른 사람과 협력하고
배려심과 공감능력을 지닌 학생

2 유사학과

• 광학공학과

3 관련직업

• 검안사
• 광학기기관리요원
• 광학기사
• 광학기기연구원
• 보건직 공무원
• 병원코디네이터
• 안경사
• 안경설계디자이너 등

4 개설대학

• 가야대학교
• 가톨릭관동대학교
• 강동대학교
• 강원대학교
• 건양대학교
• 경동대학교
• 극동대학교
• 김천대학교
• 대구가톨릭대학교
• 동신대학교
• 백석대학교
• 서울과학기술대학교
• 신한대학교
• 을지대학교 등

5 학과 연계도서

안경이 인생을 바꾸다
김태옥 / 에이피피 커뮤니케이션즈(2017)

안경사라는 직업을 만든 김태옥 박사의 열정적인 이야기가 수록된 책이다. 1부에서는 인간의 수명을 바꾼 안경, OECD 국가 중 우수한 안경사 제도 등에 대해 이야기를 전한다. 2부에서는 구성원의 이익을 대변하는 협회장, 안경사법 입법 취지와 다른 유권해석, 안경사의 역할 등의 이야기를 소개하고 있다. 이어서 안경사로서 겪은 다양한 희로애락을 전하며 안경과 관련한 직업을 희망하는 사람들에게 도움이 될 만한 정보를 전해준다. 안경에 대한 사랑과 안경사라는 직업에 대한 자부심을 통해 관련 직업을 희망하는 사람들에게 희망의 메시지를 전달하고 있다.

1일 1분 시력운동
야마구치 고조(최말숙 역) / 포레스트북스(2021)

저자는 수십 년간 시력 저하, 안구 질환 환자들을 치료한 끝에 약물이나 수술 없이 눈의 질환을 개선하는 눈 운동 '아이 스트레칭'을 개발하여 그 비법을 소개하고 있다. 현대인 대다수는 눈의 피로나 안구 출혈, 근시, 노안을 겪고 있다. 몸이 보내는 눈의 이상 신호를 무심코 넘기면 눈의 밸런스가 깨져 시력 저하, 젊은 노안이 생기고, 심한 경우 백내장, 녹내장 등의 질환까지 앓게 된다. 저자는 눈도 다른 신체 기관처럼 틈틈이 운동을 해줘야 한다고 주장하며, 뻐근함을 개운함으로 바꾸는 시력 운동법을 소개하고 있다. 이 책은 꾸준하게 하루 1분의 시간으로 근시, 스마트폰 노안, 안저출혈과 신생혈관을 개선하는 건강법을 소개하고 있다.

비전공자도 이해할 수 있는 AI지식
박상길 / 반니(2022)

이 책은 과학·수학이 낯선 사람까지 인공지능 기술의 역사와 원리를 이해할 수 있도록 쉽게 풀어 썼다. 저자는 카카오의 챗봇과 다음의 검색엔진을 만들고 지금은 현대자동차 AI팀 리더를 맡고 있는 AI 기술전문가다. 저자는 앞으로 농업부터 사무직까지 모든 분야에서 인공지능을 접목하고 활용할 줄 아는 사람만이 시대의 요구에 따라갈 수 있다고 말한다. 그러면서 자율주행차와 관련해 베이즈 정리, 레이더, 라이다 그리고 카메라에 대해 소개하고 검색엔진의 등장이 가져온 변화를 설명한다. 인공지능 비서의 등장과 음성인식, 스마트 스피커에 대한 내용과 외국어를 번역하는 파파고, 카카오 챗봇, 행렬 인수분해를 적용한 유튜브 추천 알고리즘 등의 내용도 수록되어 있다.

재밌어서 밤새 읽는 인체 이야기
사카이 다츠오(조미량 역) / 더숲(2014)

일본 해부학 저자로 유명한 사카이 다츠오가 복잡한 인체를 친근한 우리 몸의 이야기로 풀어쓴 책이다. 우리가 막연하게 알고 있는 인체의 원리를 일상적이고, 흥미로운 소재를 통해 설명한다. 1장 '신비로움으로 가득한 인체'에서는 위의 용량은 얼마이며 소변의 색은 왜 다른지 등 흥미로운 주제를 선정하여 설명했다. 2장 '재밌어서 밤새 읽는 인체'에서는 입술이 빨간 이유, 병뚜껑과 나사를 오른쪽으로 돌리는 이유 등 주변에서 볼 수 있는 사례를 통해 우리의 인체를 이해하기 쉽도록 서술하였다. 3장 '인체는 작은 우주'에서는 정소와 월경 이야기, 남녀 성별은 어떻게 결정되는지 등 인체의 가장 기본적인 부분을 이야기 형식으로 구성하였다.

1 인문계열
2 사회계열
3 자연계열
4 공학계열
5 의약계열·안경광학과
6 예체능계열
7 교육계열

스무 살, 안경 대신 라섹을 하기로 했습니다
오정우 / 레몬북스(2020)

저자는 국내 최초 2day 라섹 개발자로 20년째 시력 교정 수술을 전문으로 하고 있다. 이 책은 시력 교정술의 불편한 진실부터 스마일 라식과 2day 라섹의 차이, 콘택트렌즈 부작용 환자와 녹내장 환자도 가능한 수술 등에 대해 설명하고 있다. 또한 수술 후 주의 사항까지 수술을 준비하는 환자가 알아야 할 모든 것이 담겨 있다. 2day 라섹 수술 사례를 통해 실제 이야기를 전하며 현재까지 가장 안전하고 간단한 시력 교정 수술로 수술 2일 만에 렌즈 제거가 가능한 2day 라섹에 대해 자세하게 설명한 책이다. 라섹에 대한 편견과 걱정이 많은 사람들에게 자세한 정보를 제공하고 과정을 이해하기 쉽도록 설명하고 있다.

3분만 바라보면 눈이 좋아진다
히라마쓰 루이(김소영 역) / 쌤앤파커스(2019)

노벨물리학상 수상자 데니스 가보르 박사가 발명해낸 가보르 패치를 이용해 안구와 뇌를 동시에 훈련하는 방법인 가보르 아이 트레이닝은 야구 선수들이 하는 시력 훈련법 중 하나로, 미국 캘리포니아 대학교에서 직접 실험을 통해 과학적으로 효과를 입증한 유일한 시력 개선법으로 유명하다. 이 책은 총 28개의 가보르 패치 시트가 수록되어 있어 순서에 상관없이 해보고 싶은 시트를 사용해 트레이닝을 진행할 수 있다. 같은 모양의 줄무늬를 짝지어 찾으면 되는 간단한 방식이기 때문에 게임처럼 즐기며 해볼 수 있다. 패치를 사용한 가보르 아이 트레이닝 외에도 핫 아이, 원근 스트레칭, 운무법 등의 시력 개선법도 함께 소개해 놀라운 효과를 직접 경험할 수 있도록 도와준다.

안과의사 최승일의 눈 이야기
최승일 / 공감채널(2019)

이 책은 백내장 수술 전문의인 저자가 실생활에서 눈 건강을 지킬 수 있는 실천법을 소개하는 지침서이다. 저자는 눈의 이상을 체크하고 치료하는 것은 몸의 건강을 체크하고 유지하는 데 중요한 역할을 한다고 설명한다. 그리고 눈에 관한 모든 정보와 안질환의 예방과 치료법, 생활 속에서 실천하는 눈 자가진단법, 눈에 좋은 식품과 영양제를 설명하고 있다. 또한 눈 화장과 속눈썹 문신의 부작용과 대처법, 라식, 라섹, 스마일라식의 선택부터 수술법과 수술 후 대처 방법, 수술비용, 수술 후기, 안과 상식 등 눈에 관한 모든 정보를 총망라하고 있다. 이 책은 눈에 관한 정확하고 올바른 정보를 알게 함으로써 자신에게 맞는 안과 전문의의 맞춤형 진료를 받는 데 도움을 주고 있다.

메타버스 II
김상균 / 플랜비디자인(2022)

메타버스 1권은 국내 최초로 메타버스를 다룬 책으로 누적독자가 100만 명에 달했고, 그 후속편으로 2권이 발간되었다. 메타버스 2권은 메타버스가 조직을 어떻게 변화시킬 것인지, 조직은 당장 무엇을 준비해야 하는지, 메타버스는 우리 삶을 어떻게 변화시킬지에 대한 저자의 답변을 정리한 가이드북이다. 1장에서는 메타버스 세계의 배경과 이론을 설명하고 2장에서는 10년 후 메타버스로 인해 우리 주변의 삶이 어떻게 바뀌게 될지 소개한다. 3장에서는 15개 산업 분야로 나누어 10년 후 변화된 환경과 사회의 모습을 예상하고 있다. 마지막 부록에서는 메타버스에 대한 각계각층의 목소리를 담고 있으며 메타버스에 대한 다양한 생각들을 전하고 있다.

정재승의 과학콘서트
정재승 / 어크로스(2020)

이 책은 심리학, 사회학, 경제학, 미학, 의학 등을 과학을 통해 해석하며 누구나 즐기며 읽을 수 있는 대표적인 과학교양서이다. 저자는 백화점 매장에서 할리우드 영화계까지, 토크쇼 스튜디오에서 심장발작 환자가 들어온 긴박한 응급실까지, 정교하고 아름다운 아프리카의 전통가옥에서 시끄러운 영국의 레스토랑까지 다채로운 무대를 종횡무진 넘나들며, 물리학이라는 렌즈로 포착한 인간과 사회에 관한 새로운 발견들을 흥미롭게 들려준다. 실험실을 벗어나 꽉 막힌 도로 위에서 차들의 응집 현상을, 잭슨 폴록의 그림에서 프랙털 패턴을, 땅콩과 모래 알갱이에서 알갱이 역학을, 주식시장의 움직임에서 카오스이론을 발견하는 과학자의 모습을 보여준다.

뉴턴의 법칙에서 아인슈타인의 상대론까지
팡 리즈, 추 야오콴(이정호, 하배연 역) / 전파과학사(2022)

이 책은 갈릴레오, 뉴턴, 아인슈타인 등 과학계의 위대한 거성들을 소개하고 있다. 뉴턴의 역학에서 시작해서 아인슈타인의 상대론의 체계화로 절정을 이루는 물리학의 발전과정을 소개한다. 특히 이 책은 거시적인 물체의 운동을 지배하는 기초 법칙들을 다루고 있으며, 상대론의 이해에 힘입어 지난 20여 년 동안 천체물리학 및 우주론에서 이룩한 몇몇 업적들에 초점을 맞춤으로써 특수 및 일반 상대론의 기본 개념들을 단계적으로 이해할 수 있도록 구성했다. 과학시간에 배운 개념을 심화하여 다양한 과학지식과 함께 과학의 발전 속에 담긴 폭넓은 지식을 제공하고 있다.

1 인문 계열

2 사회 계열

3 자연 계열

4 공학 계열

5 의약계열 · 안경광학과

6 예체능 계열

7 교육 계열

안경광학과 독서탐구활동 활용사례

자율활동 특기사항

친구들의 신뢰와 지지 속에 학급 부반장으로 선정되어 반장을 도와 1년간 학급행사를 주관하고 학급의 어려운 일을 도맡아 함. 평소 다양한 친구들과 잘 어울리는 성격으로 사람들을 대하는 직업이 적합하다고 판단됨. 잦은 독서와 스마트폰 사용 등으로 시력 저하에 대해 걱정하는 많은 친구들을 위해 시력 건강을 위한 건강지킴이 캠페인 활동을 기획하게 됨. **'1일 1분 시력 운동(야마구치 고조)'**에 수록된 아이 스트레칭 방법과 **'3분만 바라보면 눈이 좋아진다(히라마쓰 루이)'**의 가보르 패치를 이용한 아이 트레이닝 방법을 친구들에게 소개함. 친구들이 짧은 운동이었지만 눈의 피로를 덜어주고 눈 영양제보다 효과가 큰 것 같다고 이야기함. 또한 눈에 좋은 음식과 채소, 과일, 차를 소개하고 눈 건강을 위한 5가지 습관과 눈 건강을 해치는 7가지 습관을 조사하여 학급 게시판에 안내함. 자투리 시간을 이용해 눈 건강 외에도 바른 자세를 위한 스트레칭 방법과 올바른 생활 습관을 소개하고 주변 친구들의 건강을 책임지는 역할을 수행함.

동아리활동 특기사항

(의료학술동아리)(34시간) 동아리 학년장으로서 동아리활동의 전반적인 계획 수립을 주도하고 국가기관과 대학에서 발간하는 의료소식지를 찾아 읽고 이를 심화한 주제 탐구 활동을 진행함. 최근 라섹 수술을 받는 사람의 수가 많다는 소식지 내용을 보고 라섹수술과 라식수술에 대해 자료조사를 진행함. **'스무 살, 안경 대신 라섹을 하기로 했습니다(오정우)'**와 **'안과의사 최승일의 눈 이야기(최승일)'**를 읽고 라식과 라섹의 수술방법과 장점을 도표로 비교하면서 안과 검사, 전문의 상담을 통해 자신의 눈에 맞는 수술방법을 선택해야 한다고 설명함. 또한 기존의 라식수술과 라섹수술을 진화시킨 스마일 라식과 2day 라섹를 소개하고 수술비용과 수술후기 등의 정보를 추가해 건강소식지로 제작함. 이후 추후활동으로 라식과 라섹이 불가능한 초고도근시나 각막이 얇거나 상처가 있는 경우 특수 제작된 렌즈를 눈 안에 삽입하는 렌즈삽입술에 대해 조사함. 또한 소프트렌즈와 콘택트렌즈의 특징과 앞뒤 구분법, 렌즈 착용방법 및 빼는 방법 등을 그림을 곁들여 학교 전광판에 알리는 활동을 진행하여 안경광학과에 필요한 진로역량을 키움.

진로활동 특기사항

진로 독서 활동에서 진로가 비슷한 친구들과 **'메타버스Ⅱ(김상균)'**를 읽고 10년 후 메타버스가 우리 생활과 사회에 미칠 영향에 대한 토론활동을 진행함. 메타버스는 사회, 경제, 문화활동이 이루어지는 현실세계와 같은 3차원의 가상세계로 VR(가상현실)보다 한 단계 더 진화한 개념이라고 요약함. 이어 메타버스는 초고속, 초연결, 초저지연의 5G 상용화와 코로나19 팬데믹으로 인한 비대면, 온라인 추세가 시기를 더욱 앞당기게 되었다고 설명함. 이후 소비자의 25%가 AR 기술이나 VR 기술을 이용해 패션상품을 구입해본 경험이 있다는 기사를 보고 메타버스가 자신의 진로에 미칠 영향에 대한 진로 주제 탐구 활동을 진행함. 'AR 안경과 가상피팅의 현재와 미래'라는 주제로 현재는 가상피팅이 안경과 선글라스, 귀걸이, 목걸이, 반지, 시계 등의 패션잡화에 많이 활용되고 있다고 설명함. **'메타버스Ⅱ(김상균)'**의 내용처럼 10년 후면 자신의 아바타를 활용한 가상피팅서비스가 보편될 것이라고 예측하면서 가상피팅에 필요한 AR 안경과 VR 안경을 개발하고 싶다는 목표를 구체적으로 설정함. 조사 내용을 정리한 보고서와 발표 내용을 통해 학생의 미래지향적인 성향과 구체적인 진로 준비과정을 볼 수 있었고 적극성과 열정까지 더해져 앞으로의 발전가능성을 높게 평가하게 됨.

교과 세부능력 및 특기사항

물리 I

뉴턴의 법칙을 학습한 이후 관심 주제 발표 활동에서 **'뉴턴의 법칙에서 아인슈타인의 상대론까지(팡 리즈, 추 야오콴)'**를 읽고 물리의 역사를 정리하여 보고서로 작성함. 갈릴레오의 상대성 원리와 뉴턴의 운동법칙을 토대로 고전역학을 정리하고 고전역학이 행성운동에 대한 근거가 되었다고 설명함. 그리고 아인슈타인의 엉뚱한 생각이 지금의 상대성이론을 만들게 되었다고 설명함. 세상은 눈으로 보고 느끼는 것이 전부는 아니며 당연한 것을 새롭게 바라볼 필요가 있다고 설명함. 이후 추후 활동으로 **'비전공자도 이해할 수 있는 AI지식(박상길)'**을 읽으며 미래에는 우리가 예측할 수 없는 세상이 펼쳐질 것이라고 주장함. 안경 업계를 예로 들어 증강현실(AR)앱과 오프라인 매장의 비전 인공지능기술을 활용해 비대면 안경이나 선글라스를 구입하는 방법을 소개함. 개인맞춤형 커스터마이징 안경과 즉석에서 만들어지는 3D스캐닝과 프린팅기술, 시력 조절까지 해주는 애플글래스 등에 대한 내용을 정리하는 것을 통해 미래지향적이고 융합적인 사고력을 확인하게 됨.

생명과학 I

평소 인체의 원리와 사람들의 건강에 관심이 많은 학생으로 사람의 몸의 구조와 생명현상에 대한 이해도가 높고 배경지식이 많음. 생활 속 과학 찾기 활동에서 **'재밌어서 밤새 읽는 인체이야기(사카이 다츠오)'**를 읽고 사람의 눈동자 색이 다른 이유에 궁금증을 가지게 됨. 홍채에 있는 멜라닌의 밀도와 양에 따라 색이 다르다는 것을 알게 되고 인종별눈의 특징과 눈의 유전성에 대한 내용을 정리함. 또한 어두운 장소에서 사진을 찍을 때 나타나는 적목현상의 과학적 원리를 논리적으로 설명하고 눈동자 색을 위해 사용하는 서클렌즈의 문제점을 설명함. 과학 신문 제작 활동에서 생활 속에서 겪는 눈질환의 종류, 안경 선택방법과 콘택트렌즈 사용법, 눈에 좋은 음식과 건강법 등의 내용을 수록함. 눈질환 코너에서는 안검내반, 안구건조증, 각막염, 홍채염을 소개하고 각각의 효과적인 치료방법을 제시함. 또한 이물질에 눈이 찔린 경우, 눈 화상 등의 문제가 생긴 경우 바로 할 수 있는 응급처치법과 행동수칙을 안내하여 학급원들이 좋은 팁을 얻을 수 있었다고 평가함.

행동특성 및 종합의견

학급 1인 1역할로 학급의 일정과 시간표를 칠판에 기록하고 중요한 공지사항과 가정통신문을 안내하는 역할을 수행함. 꼼꼼하고 차분한 성격으로 매일 아침 거르지 않고 꾸준함을 보여주면서 믿음이 가는 친구라는 평가를 받음. 또한 교내 봉사활동에서 진로도우미를 신청하여 진로실에 있는 책자와 노트북, 학생들의 포트폴리오를 정리하고 선생님이 원활하게 수업을 준비할 수 있도록 도와줌. 번거롭거나 귀찮은 일을 마다하지 않으며 순수한 마음에서 우러나오는 행동으로 담당선생님에게 칭찬을 자주 받게 됨. **'안경이 인생을 바꾸다(김태옥)'**를 읽고 오랜 시간 안경사로 일한 저자를 보며 자신도 안경사가 되겠다고 다짐함. 시력교정술, 콘택트렌즈, 눈 건강법 등과 관련한 활동을 계획하여 진행하고 안경사와 안경, 콘택트렌즈와 관련한 법률을 잘 이해하고 있는 등 진로에 대한 관심과 계획이 잘 수립된 학생임. 또한 미래의 안경과 안경사의 역할 변화 등을 잘 알고 있어 변화하는 시대에 대비한 미래지향적 사고와 사회를 넓게 바라보는 안목을 느낄 수 있었음.

10 ▸▸ 약학과

1 학과 인재상

환자와 공공의 이익을 우선시하는 도덕적인 학생

원만한 대인관계능력과 원활한 의사소통능력을 갖춘 학생

화학, 생명과학, 물리학 등 기초 자연과학에 흥미와 관심이 많은 학생

상황에 대한 이해력을 바탕으로 문제 상황을 지혜롭게 해결하는 학생

생명을 소중하게 여기고 몸과 마음이 아픈 사람을 위해 봉사할 수 있는 학생

2 유사학과

- 약과학과
- 제약학과
- 미래산업약학전공
- 바이오의약학부
- 바이오제약산업학부
- 임상의약학과
- 한약학과
- 한방보건제약학과 등

3 관련직업

- 약사
- 약학연구원
- 의약품화학공학기술자
- 한약사

4 개설대학

- 가천대학교
- 가톨릭대학교
- 강원대학교
- 경북대학교
- 경상국립대학교
- 경성대학교
- 경희대학교
- 계명대학교
- 고려대학교 세종캠퍼스
- 단국대학교 천안캠퍼스
- 대구가톨릭대학교
- 덕성여자대학교
- 동국대학교
- 동덕여자대학교
- 목포대학교
- 부산대학교
- 삼육대학교
- 서울대학교
- 성균관대학교
- 숙명여자대학교
- 순천대학교
- 아주대학교
- 연세대학교
- 영남대학교
- 우석대학교
- 원광대학교
- 이화여자대학교
- 인제대학교
- 전남대학교
- 전북대학교
- 제주대학교
- 조선대학교
- 중앙대학교
- 차의과학대학교
- 충남대학교
- 충북대학교
- 한양대학교 ERICA캠퍼스 등

세계사를 바꾼 10가지 약

사토 겐타로(서수지 역) / 사람과 나무사이(2018)

이 책은 국가와 사회를 치명적 위기에 빠뜨렸던 10가지 질병과 결정적 고비마다 무서운 질병의 위협에서 구한 10가지 약에 관한 흥미진진하고 유익한 이야기를 소개하고 있다. 인류 역사는 질병과 약의 투쟁의 역사로 괴혈병, 말라리아, 매독, 에이즈 같은 치명적인 질병이 역사의 무대에 나타나 날카로운 창처럼 인류를 위협하였다. 그리고 비타민C, 퀴닌, 살바르산, AZT 같은 약이 기적적으로 등장하여 든든한 방패가 되어주었다. 저자는 인류 역사의 몇 가지 장면에 '만약'이라는 전제와 함께 세계사의 물줄기를 바꾼 약 이야기를 전하면서 역사와 의약품의 관계를 이야기하고 있다.

약사가 말하는 약사

홍성광 외 25인 / 부키(2013)

이 책은 26명의 약사들이 자신들의 세계를 솔직하게 담아낸 것으로, 약국뿐 아니라 마트, 병원, 제약회사, 공공기관, 시민단체 등 다양한 장소에서 다채로운 역할을 해내는 약사의 세계를 조명하고 있다. 그리고 메디컬 라이터, 약국 인테리어 디자인 등 잘 알려지지 않은 분야를 소개함으로써 약사라는 직업의 시야를 넓혀준다. 의약분업이나 일반 약 슈퍼 판매, 약대 학제 개편 등 급격한 환경변화에 대응하기 위한 약학 관련 업계의 풍경, 새로운 조제·판매 시스템 등을 도입하며 IT 사회에 부응하고자 하는 노력을 담고 있다.

총, 균, 쇠

재레드 다이아몬드(김진준 역) / 문학사상(2005)

이 책은 무기와 병균, 금속이 인류의 문명을 어떻게 변화시켰는지 설명하고 있다. 저자는 제국, 지역, 문자, 농작물, 총의 기원뿐만 아니라 각 대륙의 인류 사회가 각기 다른 발전의 길을 걷게 된 원인을 설득력 있게 설명하고 역사에 대한 인종주의적 이론을 비판한다. 그리고 뉴기니와 아메리카 원주민에서부터 현대 유럽인과 일본인에 이르기까지 세계 각지의 인간 생활에 관한 이야기를 흥미진진하게 풀어내고 있다. 농경사회에서 문자와 기술, 정부, 제도뿐만 아니라 사악한 병원균과 강력한 무기들을 개발할 수 있었고, 질병과 무기의 도움으로 다른 민족들을 희생시키며 자신들의 삶의 터전을 새로운 지역으로 확장했다고 설명한다.

인류를 구한 12가지 약 이야기

정승규 / 반니(2019)

인간의 역사는 생존을 위해 무수한 질병과 싸워온 역사로 인간은 세균, 바이러스, 미생물이나 진드기 등 눈에 보이지 않는 작은 것들이 만들어낸 각종 전염병들로부터 오랜 세월 큰 고통을 받았다. 이 책은 지금은 흔해졌지만 인간이 살아가는 데 없어서는 안 되는 필수 약들의 시작을 담은 책이다. 약이 개발되는 데는 사회 현상이 반영되기 때문에 약의 역사를 살펴보면 당시 사회를 오롯이 들여다볼 수 있다. 저자는 약에 대한 과학적 사실을 다루면서도 일반 대중이 쉽게 이해할 수 있도록 역사 이야기와 함께 풀어썼다. 지금까지 약사로서 일하면서 얻은 다양한 연구자료와 경험을 바탕으로 생생함을 전하고 있다.

자연의 역습, 감염병
김양중 / 미래아이(2020)

이 책은 중세 유럽을 붕괴시킨 페스트, 세계대전보다 많은 희생자를 낸 스페인 독감, 전 세계를 혼란에 빠뜨린 팬데믹 코로나19까지 감염병에 관한 이야기를 전해주고 있다. 무자비한 개발과 환경 파괴는 자연의 균형을 깨뜨리는 것이며 우리가 알지 못하는 바이러스 등 새로운 병원균에 노출되게 한다. 저자는 세균과 바이러스 같은 미생물과 균형을 이루며 공존할 방법을 찾고 자연을 보존하는 것이 감염병을 예방할 수 있는 열쇠라고 말하고 있다. 아울러 감염병에 걸린 환자들을 비난하기보다는 그들이 제대로 치료받고 이겨낼 수 있도록 도와야 우리 사회 전체가 감염병 위기를 극복할 수 있다고 주장하고 있다. 미래 사회에 닥칠 수 있는 감염병에 대한 이해를 높이고 우리가 대처할 수 있는 방법을 제공하고 있다.

슬기로운 약국생활
임현수 / 삼일인포마인(2022)

이 책은 약국경영에서 반드시 알아야 하는 약국세무와 노무를 정리한 약국 세무 필독처방전이다. 이론보다는 실제 약국에서 벌어지는 실무 내용을 중심으로 구성했으며 일반적인 세무와 약국 세무의 특징을 비교하여 설명하고 있다. 또한 약국의 개국 절차와 사업자등록증 발급 및 포괄 양수도의 개념과 계약서 작성 시 유의사항, 약국 초기 개국자금 조달 방법, 건물 구입이나 임차계약, 인테리어 과정에서 발생하는 세무 문제가 정리되어 있다. 이외에도 약국 운영과 전반적인 내용과 관련 법률이 상세하게 수록되어 있다. 약사와 약국에 대한 다양한 정보를 통해 관련 직업을 희망하는 사람들에게 실질적인 도움을 제공하고 있다.

MT약학
대한약학회 / 장서가(2018)

이 책은 약학대학에서 무엇을 배우며, 졸업 후 어떤 일을 하게 될지 안내하고 있으며 약학대학에서 배우는 물리약학, 약물학, 약제학, 약품 분석학, 위생약학 등의 과목을 설명한다. 또한 세계적으로 급성장하고 있는 바이오 의약품 시장을 안내하고, 우리나라 바이오 의약품 분야의 현재와 미래를 보여주고 있다. 그리고 4차 산업혁명시대의 제약산업을 조명하면서 나노기술과 약학의 만남, 맞춤의약의 시대, 바이오융합기술 등을 통해 약학의 미래상을 제시하고 있다. 최근 새로 도입된 분야로 의약품 및 약사 서비스, 환자와 관련된 사회현상에 사회과학적 이론과 방법론을 적용하는 '사회약학'에 관한 내용도 수록하고 있다.

역사를 바꾼 17가지 화학이야기
페니 르 쿠터, 제이 버레슨(곽주영 역) / 사이언스북스(2007)

이 책은 화학분자가 세상을 바꾸는 모습을 그린 화학 교양서로 총 2권으로 구성되어 있다. 1권에는 나폴레옹 군대가 러시아 정복에 패한 이유, 세계일주의 원동력인 향신료, 괴혈병의 치료약 비타민 C, 설탕과 포도당, 남북전쟁의 도화선 셀룰로오스, 세상을 뒤흔든 나이트로 화합물, 비단과 나일론, 코끼리를 멸종위기에서 구한 페놀, 우주 왕복선 챌린저호를 공중분해한 고무, 빅토리아 여왕을 매혹시킨 담자색 드레스 모베인 등이 소개되어 있다. 2권에서는 20세기 마법의 탄환 아스피린과 항생제, 여성 해방의 방아쇠 노르에신드론, 마녀들의 화학분자 알칼로이드류, 죽음보다 달콤한 유혹 모르핀과 니코틴 및 카페인, 지중해 문명을 낳은 황금 기름 올레산, 금보다 귀중했던 분자 소금, 두 얼굴의 염화탄소화합물 프레온 다이옥신과 클로로포름 등을 소개하고 있다.

예술 속의 파르마콘

허문영 / 달아실(2019)

그리스어로 '파르마콘(pharmakon)'은 '약(drug)'과 '독(poison)'이라는 두 가지 상반된 뜻을 갖는다. '파르마콘'이 긍정과 부정의 중의성을 띠는 것은 약물 자체의 이중성에서 비롯된 것으로 파라셀수스는 모든 물질은 독이며 약과 독을 구분하는 것은 용량에 있다고 말했다. 이 책은 약과 독의 세계를 통해 인체에 영향을 주는 물질을 인식하자는 의미로 파르마콘이라는 용어를 사용하였다. 또한 약학은 인간의 육체적·정신적 질병을 치유하고 예술은 인간의 영혼을 치유한다는 면에서 둘을 접목시켰다. 예술 속의 소재로 약과 독을 파악하여 약학적 측면에서 약의 작용 기전과 독성을 습득하고, 인문학적 측면에서 작품 속에 나타난 약학이 예술 문화에 미친 영향을 파악할 수 있다.

궁금증을 풀고 불안감을 떨치는 약의 과학

크리스티네 기터(유영미 역) / 초사흘달(2021)

미량의 약 성분이 통증을 가라앉히고, 혈압을 낮추며, 세균을 박멸하지만, 과다 복용하면 오히려 해롭고 때로는 두 가지 혹은 여러 가지 성분이 상호 작용해 치명적인 부작용을 일으키기도 한다. 이 책은 20년 넘게 약국을 운영한 현직 약사가 들려주는 쉽고 재미있는 약 이야기로 약에 대한 궁금증을 해소하고 불안해하던 마음을 떨칠 수 있게 해준다. 약이 만들어지는 과정과 몸 안에 미치는 영향을 과학적인 원리를 통해 설명하여 약에 대한 상식을 안내하고 있다. 약에 대한 잘못된 편견을 바로잡아주고 올바른 지식을 제공하고 있어 약에 대한 이해를 높일 수 있다. 또한 집에 반드시 필요한 상비약을 소개하고 있다.

1 인문계열

2 사회계열

3 자연계열

4 공학계열

5 의약계열 · 약학과

6 예체능계열

7 교육계열

약학과 독서탐구활동 활용사례

자율활동 특기사항

적극적이고 의욕적인 성격으로 학생회 부회장을 맡아 학교의 행복학급 사진전, 선생님과 함께하는 미니 포토전, 추억의 복고 데이 등의 인성프로그램을 기획하여 전교생의 의욕적인 학교생활에 크게 기여함. 나의 전공북 만들기 활동에서 **'MT약학(대한약학회)'**을 읽고 우리나라 바이오 의약품 분야가 성장한 과정과 미래의 모습을 이해하게 됨. 바이오 나노기술에 대한 관심으로 반도체 공정기술 기반의 초소형 정밀기계 제작기술을 활용한 바이오멤스에 대해 자세히 소개하는 코너를 포함하여 제작함. 바이오 멤스 기술로 우리 몸의 혈관 등을 돌아다니면서 진단, 치료하는 미세로봇이 등장하고 그에 따라 미래에는 알약이 아닌 새로운 의약품이 활용될 것이라고 설명함. 또한 최근 각광받는 나노기술에 간편한 분자진단으로 감염병을 1시간 이내로 진단하는 체외진단기술에 대한 기사를 안내하면서 본인 역시 제약 분야에 큰 관심을 가지게 되었다고 설명함. 의약품과 약사 서비스, 환자와 관련된 사회약학에 관한 내용을 수록하는 등 폭넓은 진로역량을 보여줌.

동아리활동 특기사항

(의약동아리)(34시간) 동아리회장으로서 동아리원들의 의견을 수용하여 1년간의 계획을 수립하고 특색 있는 동아리 운영을 위해 적극적으로 다양한 활동을 구상함. 매달 마지막 수요일 점심시간을 이용해 학교 보건실과 가정에서의 폐의약품을 수거하는 캠페인 활동을 진행함. 기한이 지난 의약품은 성분이 변하여 약효가 떨어지며 오히려 건강을 해칠 수 있다는 내용의 포스터를 부착하고 남은 약을 모아 인근 보건소에 보내는 활동을 기획하면서 추진력 있는 모습을 보여줌. 나아가 **'궁금증을 풀고 불안감을 떨치는 약의 과학(크리스티네 기터)'**을 읽고 집에 필요한 상비약과 올바른 약품 보관법, 복용하는 방법을 정리하여 출력물을 학생들에게 나누어줌. 미래 나의 직업 예측하기 활동에서 '미래의 알약'을 주제로 선정해 새로운 개념의 약을 소개함. 다이어트약과 금연약을 넘어 향수알약, 흰머리약, 수명연장약이 개발 중이며 특히 레스베라트롤에 비해 항산화와 노화방지기능이 1,000배 높은 화합물질을 이용해 인간 수명을 150살 이상 연장시키는 수명연장약에 대해 상세히 설명하고 사회에 기여하는 약을 개발하고 싶다는 의견을 표현함.

진로활동 특기사항

진로 돋보기 활동에서 **'자연의 역습, 감염병(김양중)'**과 **'바이러스란 도대체 무엇인가(미야자와 타카유키)'**를 읽고 환경의 균형이 깨지면서 인류가 그동안 알지 못했던 병원균에 노출되었다고 설명함. 바이러스가 가지는 생물학적 특징과 비생물학적 특징 등 이론적인 부분을 정리하고 코로나19 바이러스의 특징을 설명함. 눈에 보이지 않을 뿐 세상의 절반 이상이 바이러스이며 자연을 보존하는 것만이 감염병을 예방하고 미생물과 공존하는 열쇠라고 설명함. 이후 추후활동에서 세균을 먹는 바이러스라는 의미의 박테리오파지의 특이한 모양과 구조, 종류에 대한 이론을 정리하면서 생물권에서 가장 많이 존재하는 개체라는 사실에 놀람. 또한 생태계 영양분 순환과 세균의 다양성 증가에 기여하고 세균 감별, 파지치료, 식용작물 질병 치료 등에 활용되며 병원성 세균을 죽이는 항생제로 활용하는 연구가 계속되고 있다고 설명함. 이런 이론을 바탕으로 박테리오파지를 활용한 플라크 측정법에 대한 실험을 계획하여 팀원들과 실험을 진행함. 배지 위에 플라크가 형성되는 것을 확인하면서 박테리오파지 주변의 세균이 죽고 박테리오파지가 증식하는 것을 확인하게 됨. 전체적인 실험계획 수립부터 실험 전 이론을 정리한 뒤 단계적으로 실험을 진행하는 과정이 꼼꼼하고 체계적으로 이루어짐.

교과 세부능력 및 특기사항

화학 I

화학 돋보기 활동에서 **'역사를 바꾼 17가지 화학이야기(페니 르 쿠터, 제이 버레슨)'**를 읽고 코끼리 상아 대신 페놀 화합물 베이틀라이트를 당구공 소재로 사용하면서 코끼리의 멸종을 막았다는 내용을 소개함. 최초의 합성플라스틱 베이틀라이트에 대한 궁금증이 생겨 탐구활동을 진행하였고, 벨기에 화학자 베이클랜드가 개발하여 까만 전화기나 라디오, 장난감의 재질로 사용되는 과정을 설명함. 이후 폴리에틸렌과 스티로폼, 엔지니어링 플라스틱, 폴리아미드, 폴리카보네이트, 유리섬유와 탄소섬유를 첨가한 플라스틱 등 플라스틱의 역사와 생성원리를 상세하게 정리함. 또한 화장품이나 치약 연마제, 의약품, 공업용품 등을 만드는 과정에서 생기는 작은 플라스틱 알갱이 마이크로비드로 인한 미세플라스틱 문제를 조명함. 바다거북과 바다새의 생존을 위협하고 지구상의 모든 생명체가 미세플라스틱을 섭취하고 있다는 사실에 주목하며 그 심각성을 알리는 카드뉴스를 제작하여 학교 곳곳에 부착하면서 환경인식 개선 캠페인으로 연계함.

생명과학 I

생명현상과 의약 분야에 관심이 많으며 생명과학에 대한 이론과 실습 능력을 모두 갖춘 우수한 역량을 보임. 유전자의 구성과 구조, DNA의 반보존적 복제 과정을 이론적으로 이해하고 바나나 DNA 추출 실험활동을 진행함. 실험과정을 단계별로 정리하여 사진자료와 함께 사전계획서를 작성하고 예상결과지를 작성함. 이후 팀원들과 차근차근 단계별로 실험을 진행하고 마지막으로 염색약을 통해 DNA를 직접 확인함. 실험 중간에 오류가 발견되었지만 오류를 수정하고 실험을 다시 진행하면서 원하는 결과를 얻게 됨. 진로 독서활동에서 **'인류를 구한 12가지 약 이야기(정승규)'**와 각종 자료를 참고해 항생제와 진통제, 마취제, 항암제 등이 발견된 과정과 그 속에 담긴 과학적 원리를 상세하게 정리함. 세균, 바이러스, 미생물이나 진드기 등이 만들어낸 각종 전염병들과 싸워온 역사를 이야기하고 인류의 역사는 약의 역사이기도 하다고 설명함. 약사로 일하면서 다양한 연구를 하고 약을 개발하고 싶다는 의지를 표현함.

행동특성 및 종합의견

모든 교과에서 고르게 상위권 성적을 유지하며 선생님들 사이에서 인사성과 인성이 훌륭하다는 평가를 받음. 평소 전공 관련 책을 많이 읽으며 새로운 내용을 알게 되면 추가적인 자료탐색을 통해 폭넓은 지식을 쌓고 있는 모습을 확인할 수 있었음. 또한 과학 이론과 개념을 이해하는 것을 넘어 수업이나 과학캠프 등에서 이루어지는 실험활동이나 팀과제활동에서 이론을 적용하는 능력이 우수함. 학생회 임원 활동으로 진행한 학교급식지도, 학교 차원의 캠페인 활동, 학생회 주관 활동에서 통솔하는 능력이 뛰어남. 진로에 대한 고민이 많았으나 약사로의 길을 결정하게 되었고 동시에 제약 분야에서 새로운 치료제와 백신을 개발하고 싶다는 생각을 밝힘. **'약사가 말하는 약사(홍성광 외)'**를 읽고 다양한 분야에서 일하는 약사와 의료인을 간접 체험하고 약학과 관련한 시사뉴스를 꾸준히 읽으며 토론활동을 진행함. 약과 관련한 지식과 직업에 대한 뚜렷한 가치관을 가지고 있는 학생으로서 진로준비가 잘 되었다고 생각함.

1 인문 계열

2 사회 계열

3 자연 계열

4 공학 계열

5 의약계열·약학과

6 예체능 계열

7 교육 계열

11 ▸▸ 언어치료학과

1 학과 인재상

건강한 몸과 신체를 가지고 긍정적으로 생활하는 학생

사람에 대한 배려심과 의사소통능력이 뛰어난 학생

다른 사람의 이야기를 잘 들어주고 상담능력이 뛰어난 학생

다른 사람의 아픔과 어려움에 자신의 일처럼 공감하는 학생

사회적 약자에 대한 거부감이 없고 지속적인 봉사를 실천하는 학생

2 유사학과

- 언어청각학부
- 언어청각치료학과
- 언어치료청각학과
- 언어치표청각재활학과
- 디아코니아학부(언어치료학전공)
- 재활치료학부

3 관련직업

- 교재 및 교구개발자
- 물리치료사
- 보육교사
- 사회복지사
- 임상심리사
- 언어재활사
- 언어치료사
- 작업치료사
- 청능치료사
- 특수교사 등

4 개설대학

- 고신대학교
- 광주대학교
- 광주여자대학교
- 김천대학교
- 남부대학교
- 대구대학교
- 동명대학교
- 동신대학교
- 루터대학교
- 세한대학교
- 유원대학교
- 제주국제대학교
- 조선대학교
- 한려대학교
- 호남대학교
- 호원대학교 등

5 학과 연계도서

슬기로운 언어생활
김보미 / 푸른들녘(2021)

이 책은 청소년들의 언어생활을 꼼꼼하고 상냥하게 짚어보며 청소년의 언어생활에 대한 문제 제기는 오랜 역사와 전통을 가진다고 덧붙인다. 말을 줄이거나 비속어를 쓰는 것, 맞춤법을 모르는 현실 상황 자체의 문제가 아니라 시대를 초월하여 쓰이는 문제 언어들의 배양과정과 환경을 먼저 이해하고 현명한 해결 방안을 찾아야 한다고 주장한다. 한국어가 파괴되고 있는 현실과 잘못 사용하는 사례를 제시하고 콩글리시와 한본어에 대해서도 설명한다. 언어는 시간의 흐름과 함께 조금씩 변하는 것이 자연스럽지만 올바른 언어의 규칙을 지키고 슬기로운 언어생활을 위해서는 언어를 사용하는 사람들의 노력도 중요하다고 강조하고 있다.

특수아동을 위한 발달적 미술치료
유지원 외 3인 / 학지사(2020)

이 책은 발달장애아동을 대상으로 진행한 미술치료프로그램을 소개하며 미술치료에 대한 정보를 제공하고 있다. 1부는 아동발달의 이해와 아동발달이론, 특수아동의 특징을 설명하면서 발달적 미술치료방법을 제시하고 있다. 2부는 소근육 향상을 위한 발달적 미술치료 프로그램, 협응력 향상을 위한 발달적 미술치료 프로그램, 시지각 향상을 위한 발달적 미술치료 프로그램, 공간지각 향상을 위한 발달적 미술치료 프로그램, 집중력 향상을 위한 발달적 미술치료 프로그램, 사회성 향상을 위한 발달적 미술치료 프로그램 등 발달적 미술치료의 실제를 다루고 있다. 특수아동에 대한 이해도 돕고 있어 관련 진로를 희망하는 학생들에게 유용할 것이다.

언어의 온도
이기주 / 말글터(2016)

이 책은 일상에서 발견한 의미 있는 말과 글, 단어의 어원과 유래, 언어가 지닌 소중함과 절실함을 담아내고 있다. 말과 글에는 나름의 온도가 있고 따뜻함과 차가움의 정도가 저마다 다르다고 설명한다. 언어는 한순간 마음을 꽁꽁 얼리기도 하고 꽁꽁 얼어붙었던 마음을 녹여주기도 한다. 저자는 적당히 온기 있는 언어는 슬픔을 감싸 안아주고, 용광로처럼 뜨거운 언어에는 감정이 잔뜩 실리기 마련이며 듣는 사람은 정서적 화상을 입을 수 있다고 한다. 얼음장같이 차가운 표현은 상대의 마음을 돌려세우기는커녕 꽁꽁 얼어붙게 한다고 이야기한다.

우리 아이 언어치료 부모 가이드
펀 서스먼(이로미 외 2인 역) / 수오서재(2017)

이 책은 전 세계적으로 인정받은 하넨 언어치료 프로그램에 대한 내용으로 자폐 스펙트럼 장애 또는 언어발달에 지체현상을 보이는 아동의 의사소통과 사회성 발달을 돕는 부모 가이드북이다. 40여 년간 아동의 초기 언어 개발 연구에 매진한 캐나다 하넨 센터의 대표적인 부모 교육 프로그램은 미국, 캐나다, 영국, 아일랜드, 호주, 싱가포르 등에서 관련 전문가와 부모들에게 교과서로 통하고 있다. 아동의 언어 능력, 사회성을 발달시킬 수 있는 최적의 환경은 아동이 가장 편안하게 느끼는 일상이며, 최고의 언어조력자는 아동의 엄마와 아빠라는 점을 강조한다. 이 책은 부모가 아이의 의사소통과 사회성 능력을 최대치로 높일 수 있는 매우 간단하면서도 효과적인 방법을 안내한다.

1 인문계열

2 사회계열

3 자연계열

4 공학계열

5 의약계열 · 언어치료학과

6 예체능계열

7 교육계열

나의 스승 설리번

헬렌 켈러(김명신 역) / 문예출판사(2009)

이 책은 시각·청각 장애인이었던 헬렌 켈러가 설리번 선생님의 도움으로 장애를 극복하고 시대의 획을 긋는 위대한 여성으로 성장하는 과정을 이야기하고 있다. 설리번 선생의 인내와 자기희생에 대해서 자신의 경험을 살려 생생하게 전하고 교육관, 인성 등 다양한 부분을 폭넓게 다루고 있다. 헬렌 켈러의 어린 시절 이야기와 래드클리프 대학에서 공부할 때의 이야기, 미국시각장애인재단에서 일했던 이야기 등 그녀와 관련된 다양한 에피소드를 소개한다. 설리번은 손바닥 위에 알파벳을 쓰는 방법으로 영어를 가르쳤고 퍼킨스 시각장애학교에 함께 등교하였으며, 래드클리프 대학에 함께 진학하였다. 헬렌 켈러는 늘 함께하며 빛의 세계로 자신을 이끈 설리번의 희생에 대해 한없는 고마움을 표현하고 있다.

나를 알고 싶을 때 뇌과학을 공부합니다

질 볼트 테일러(진영인 역) / 윌북(2022)

37살에 뇌졸중을 겪고 뇌가 무너져 내리는 과정을 관찰한 최초의 뇌과학인 질 볼트 테일러가 집필한 두 번째 책이다. 하버드대에서 뇌를 연구하던 저자는 좌뇌가 손상되고 우뇌로만 살아가는 체험으로 주목받았다. 그녀는 손상된 좌뇌로 숫자와 언어부터 하나하나 배워나가면서 뇌의 회복력을 몸소 체험하고 뇌과학에 기반한 마음의 작동 원리에 집중했다. 그녀는 뇌와 감정의 긴밀한 메커니즘을 밝히고, 전뇌적 삶을 위한 도구를 쉽고 명료한 언어로 설명했다. 좌뇌와 우뇌의 특성에 각각 감정형과 사고형을 결합하여 우리 안의 캐릭터를 크게 4가지로 분류해내고, 나와의 관계, 타인과의 관계, 단절과 재접속, 세대와 성격으로 나누어 설명하였다.

작은 것들을 위한 시

나태주 / 열림원(2022)

이 책은 청춘들의 깊은 고민과 반짝이는 사랑을 노래한 BTS의 가사에 나태주 시인의 산문을 더한 BTS 노래산문집이다. BTS가 직접 한 줄 한 줄 노랫말로 써 내려간 그들의 삶은 언어와 세대를 넘어 전 세계 사람들에게 공감을 불러일으켰다. 일상적이고 개인적이어서 더욱 친근함을 느끼게 해주는 그들의 가사는 오랜 시간 우리에게 작고 사소한 것의 소중함을 일러준 풀꽃 시인 나태주의 시와 무척 닮아있다. 평소 BTS의 노랫말에 관심이 있었다는 시인은 감명받은 서른다섯 편의 가사를 함께 읽어 내려가며 그 안에 살아 숨 쉬는 메시지를 찾고 자신이 생각하고 느끼는 바를 이야기한다. 청소년들의 사랑을 받는 아이돌의 노래 가사를 시인의 새로운 시각에서 접목시킨 책이다.

작은 별이지만 빛나고 있어

소윤 / 북로망스(2021)

이 책은 누구나 품고 있는 꿈과 희망, 작은 소망과 연결되는 작은 별을 꺼내 볼 수 있는 시간과 여운을 주고 있다. 작가 역시 상처받았던 과거와 아직 성장하고 있는 이야기를 풀어내면서 많은 독자의 공감을 받았다. 작가는 평범해 보이는 각자의 일상도 작은 별처럼 빛나고 있음을 깨닫는 순간 인생이 달라진다고 말한다. 넘어지고 깨지고 부서져도 다시 일어서면 된다고 말하며 그 과정에서 성장하고 있다는 것을 강조하고 있다. 힘든 일상 속에서 자신감을 잃지 않고 살아갈 수 있도록 격려하는 글귀가 곳곳에 포함되어 있어 자신감과 희망이 필요한 사람들에게 도움이 된다. 또한 새로운 목표에 도전하는 10대 청소년들에게 큰 가르침을 주고 있는 책이다.

딸아, 너는 생각보다 강하단다
매기 다운스(강유리 역) / 메이븐(2022)

이 책은 잘나가는 신문사 기자로 일하던 매기가 직장을 그만두고 1년간 혼자 17개국을 여행하면서 삶의 태도를 바꾸고 상실의 아픔을 이겨낸 과정을 담아냈다. 천식 때문에 어릴 적 걸핏하면 쓰러지고 엄마의 도움을 받아야만 했던 저자는 스물네 살이 되던 해에 엄마가 알츠하이머병에 걸려 깊은 슬픔에 빠지게 된다. 어릴 적 엄마가 "딸아, 너는 생각보다 강하단다"라고 한 말을 떠올리며 저자는 고민 끝에 엄마의 버킷리스트를 대신 이루기 위해 배낭여행을 떠나게 된다. 그리고 자신만의 방식으로 엄마를 애도하고, 자신이 엄마의 말처럼 강한 사람임을 깨닫게 되는 과정을 이야기한다.

죽음과 죽어감
엘리자베스 퀴블러 로스(이진 역) / 청미(2018)

이 책은 '죽음의 5단계'를 소개한 죽음학 연구의 고전으로 투병과 죽음이라는 주제를 다루고 있다. 중증 환자에 대한 간호와 말기 환자에 대한 양적, 질적 연구는 심리학, 정신의학, 노인병학, 임상적인 윤리와 인류학에 대한 발전을 가속화하는 데 기여했다. 저자는 죽음의 5단계를 '부정과 고립-분노-협상-우울-수용'의 과정으로 설명하고, 대중들에게 죽음을 삶의 일부로 받아들여 삶의 의미를 이해하고 일상의 삶을 더욱 충실하게 살아가라는 메시지를 전하고 있다. 죽어가는 사람이 의사, 간호사, 성직자 그리고 가족에게 가르쳐주고 싶은 메시지를 담은 책이다.

언어치료학과 독서탐구활동 활용사례

자율활동 특기사항

학급 또래상담자를 자청하여 사소하지만 서운함을 느낀 친구들의 속 이야기에 공감하고 실질적인 해결 방안을 제시하는 역할을 함. 학급 반티셔츠를 정하는 과정에서 의견이 잘 조율되지 않아 감정이 상하는 일이 생기자 친구들이 화해하는 데 결정적인 조력자가 되어줌. 또한 언어장애가 있는 특수학생의 도우미 활동에서 특수선생님과 함께 학생의 언어표현을 돕고 자신의 생각을 글로 표현하는 과제수행을 도와줌. 말을 더듬는 습관을 교정하기 위해 차근차근 표현하는 법을 곁에서 도와주는 모습을 통해 배려심과 따스한 마음씨를 느낄 수 있었음. **'작은 별이지만 빛나고 있어(소윤)'**를 읽고 희망을 주는 메시지에 큰 힘을 얻었다고 설명하면서 학급원들에게 희망의 글귀를 전하는 활동을 계획함. 책에 수록된 글귀와 인터넷 블로그에 있는 다양한 명언, 사자성어를 찾아 학급 칠판에 적고 학급 게시판에 부착함. 심리적으로 힘들었던 친구들은 매주 학생이 적어놓은 글귀들을 보면서 뭉클함을 느끼고 자신감을 얻고 의지를 다지게 되었다고 이야기함.

동아리활동 특기사항

(독서토론동아리)(34시간) 평소 책을 읽고 의견을 이야기하는 토론활동을 꾸준히 진행하였고 그 과정에서 자신의 생각을 논리적으로 표현하는 모습을 종종 보게 됨. **'언어의 온도(이기주)'**를 읽고 우리가 사용하는 언어에는 따뜻함과 차가움이 있고 한마디 말로 위안을 주거나 반대로 관계가 상할 수 있다고 설명함. 이에 '대신 전달해줍니다'라는 손편지 전달 활동을 제안하였고 평소 친구들이나 선생님들께 가졌던 미안함과 고마운 마음을 작은 카드에 적어 제출하면 다음 날 대신 전달해주는 사랑의 메신저 활동을 진행함. 또한 가슴 뭉클한 글귀나 문장을 미리 준비하여 학생들이 직접 또는 간접적으로 활용할 수 있도록 함. 평생 같이하고 싶은 사람과의 폴라로이드 사진찍기 활동을 진행하여 즉석에서 사진을 출력하여 나누어 줌. 점심시간 식사를 마친 학생들이 급식실 앞에 설치한 부스를 방문하였고 전교생의 절반 정도가 참여한 큰 규모의 활동으로 마무리함. 그동안 친구들에게 고마웠던 마음을 전하는 감동적인 시간이었으며 매년 고마운 사람에게 손편지 쓰는 날을 정해 실천하겠다는 소감을 표현함.

진로활동 특기사항

롤모델 발표 활동에서 **'나의 스승 설리번(헬렌켈러)'**을 읽고 헬렌켈러가 시각·청각장애인이라는 역경을 딛고 일어서기까지 설리번 선생님의 역할이 지대했다고 설명함. 한 사람의 인생을 변화시킨 모습에 설리번 선생님을 자신의 롤모델로 선정하게 되었다고 설명하면서 앞으로 언어치료사가 되어 세상과 단절된 사람들을 돕고 싶다는 자신의 인생철학과 가치관을 표명함. 또한 자신의 좌우명을 '천천히 걸을 뿐 절대 멈추지 않는다'라고 설명하면서 지금의 자리에서 최선을 다하는 사람이 되겠다는 생각을 표현함. 진로연계 독서활동에서 **'우리 아이 언어치료 부모 가이드(펀 서스먼)'**를 읽고 자폐스펙트럼 장애아동과 언어발달 지체아동의 의사소통 및 사회성 발달에 효과적인 하넨 언어치료프로그램에 관심을 가지게 됨. 지켜보고 기다리고 들어주고 아동의 흥미와 관심사에서 언어치료를 시작하는 것이 중요하다고 설명하면서 언어뿐 아니라 얼굴 표정과 몸짓, 행동 등도 중요한 요소라고 설명함. 또한 자폐와 관련한 영화를 감상하면서 자폐아 아들을 둔 엄마의 고뇌와 애틋함을 느끼고, 자폐에 대한 정확한 이해를 위해 자폐의 원인과 특징, 유전성과 초기진단법, 치료방법을 찾아보고 그동안의 활동을 정리하여 일반인을 위한 자폐 안내북을 제작함.

교과 세부능력 및 특기사항

언어와 매체

평소 독서량이 많고 언어감각이 뛰어나 글을 이해하는 능력이 우수하며 자신의 생각과 근거를 논리적으로 표현하는 능력이 뛰어남. 매체언어와 관련한 단원을 학습한 뒤 최근 청소년들의 언어생활에 문제의식을 가지게 됨. **'슬기로운 언어생활(김보미)'** 을 읽고 줄임말과 비속어를 사용하는 문제, 맞춤법을 모르는 문제, 외국어 혼용문제 등 한글이 파괴되는 현실이 안타깝다고 이야기함. 학급원들과의 줄임말 사용에 대한 찬반토론에서 반대 입장에 서서 줄임말 사용은 사회구성원 간의 소통 단절을 불러오고 청소년의 어휘력과 사고력 저하로 이어질 수 있다고 주장함. 줄임말은 대인관계에서 친근감을 느끼게 한다는 장점이 있다는 찬성 측의 반론에도 지금처럼 무분별한 사용의 자제는 반드시 필요하다는 의견을 덧붙임. 또한 잘못된 매체언어가 사용된 배경과 환경을 이해하고 현명한 해결방안이 필요하다고 주장함. 이에 우리가 잘못 사용하고 있는 매체언어를 정리해 학급에서 발표하고 언어개선을 강조하는 내용을 학년 교무실 앞에 부착하여 바른말 사용하기 캠페인 활동을 진행하였음.

미술창작

단순한 패턴을 반복해 그리는 젠탱글 기법을 학습한 뒤 친구들과 추억으로 남기고 싶은 사진을 단순화하여 선화로 표현함. 그림 하단에 전년도에 배웠던 캘리그래피를 이용해 우정과 희망을 나타내는 문구로 그림을 마무리함. 미술 전공자는 아니지만 미술 감각이 뛰어나며 자신의 생각을 그림으로 표현하는 능력이 우수함. 진로연계 미술활동에서 **'ADHD 아동을 위한 미술치료프로그램(김선현)'** 과 **'특수아동을 위한 발달적 미술치료(유지원 외)'** 를 읽고 미술치료가 ADHD 아동에게 다른 사람과의 관계, 부적응 회복에 도움이 되며 집중력과 욕구불만을 해소해준다고 설명함. 책 속에 있는 실제 프로그램과 운영과정을 그림으로 소개하면서 이해가 잘 되었다고 설명함. 이후 주변에 발달장애아동이 없어 어린 조카를 대상으로 직접 미술치료 프로그램을 진행하고 그 과정을 동영상으로 제작하여 발표함. 책에 소개된 전기테이프 그림을 이용해 우리 가족을 표현하는 활동을 진행하면서 그림 속에 아이들의 속마음과 무의식이 드러나고 있다고 설명함.

행동특성 및 종합의견

평소 마음이 따뜻하고 배려심이 깊은 학생으로 학급 내의 수업과 활동 과정에서 의견을 조율하고 협업하는 능력이 우수함. 가정에서는 효행심이 깊어 **'딸아, 너는 생각보다 강하단다(매기 다운스)'** 를 읽으며 힘들게 일하시는 부모님을 떠올리게 되었다고 함. 어버이날에 손편지와 부모님을 위한 음식을 준비하는 등 인정이 많고 고마움을 표현하는 모습을 확인함. 또한 **'작은 것들을 위한 시(나태주)'** 등 긍정적이고 온기가 느껴지는 책을 자주 읽으며 세상을 긍정적으로 살아가는 모습을 보여줌. 자신이 읽은 짧막한 글과 문구를 다이어리에 메모한 뒤 엽서에 적어 학급 게시판에 부착하기도 함. 학급 친구들은 이를 보고 있으면 기분이 좋아지고 긍정적인 에너지를 받고 있다고 설명함. 연말에 학급의 칭찬릴레이 활동에서 많은 친구들로부터 칭찬을 받으면서 평생 같이하고 싶은 친구라는 평가를 받음. 이런 학생의 성격과 장점, 성실함으로 비추어 볼 때 많은 사람들의 인생과 삶에 영향을 주는 사회구성원이 될 것이라고 기대됨.

12 ▸▸ 응급구조학과

1 학과 인재상

차분하고 집중력이 높고
상황판단능력이
뛰어난 학생

다른 사람과의
의사소통능력이 뛰어나고
타인을 배려하는 학생

응급 의료 분야에
관심이 많고 책임의식과
사명감이 투철한 학생

위기상황에서도 침착하고
정확한 판단력으로 문제를
해결하는 학생

아픈 사람들의 마음을
헤아리고 친절하며
대인관계가 좋은 학생

2 유사학과

- 응급구조과
- 소방안전구급과
- 소방구조구급과
- 산업보건응급구조학과

3 관련직업

- 국가 및 지방자치단체 보건직 공무원
- 경찰직 공무원
- 교정직 공무원
- 산악구조요원
- 소방직공무원
- 소방안전관리자
- CPR(심폐소생술)강사
- 응급구조사
- 전문응급처치강사
- 인명구조원
- 해양경찰직 공무원 등

4 개설대학

- 가천대학교
- 강릉대학교
- 강원대학교
- 건양대학교 대전캠퍼스
- 경동대학교
- 경일대학교
- 공주대학교
- 나사렛대학교
- 남부대학교
- 남서울대학교
- 대전대학교
- 백석대학교
- 선문대학교
- 우송대학교
- 을지대학교 성남캠퍼스
- 한국교통대학교
- 호남대학교
- 호원대학교 등

1 인문 계열

2 사회 계열

3 자연 계열

4 공학 계열

5

의약계열 · 응급구조학과

6 예체능 계열

7 교육 계열

난생처음 응급구조
이태양 / 군자출판사(2022)

이 책은 응급구조사가 일하는 다양한 현장을 생생하게 전하고 환자들을 전문적으로 처치하는 병원 업무 외에 현장에서 알아야 할 정보를 제공하고 있다. 파트별로 나누어 해부학과 생리학, 호흡관리 등의 기초의학을 이해할 수 있고 응급의학을 통해 통증관리, 심전도, 아나필락시스, 패혈증, 화상 등을 소개하고 있다. 또한 임상정보를 내과와 외과로 나누어 사례별로 정리하였고 응급구조사가 알아야 할 특수상황 응급과 소아외상, 급성후두개염 등이 수록되어 있다. 이외에도 응급구조사가 알아야 할 노하우와 상식, 소방관이나 해양경찰 등의 취업과정도 알려주고 있다.

대한민국 소방관으로 산다는 것
김상현 / 다독임북스(2018)

소방관은 국민이 가장 존경하고 신뢰하는 직업이지만 동시에 직업만족도가 낮은 직업이라고 한다. 이 책은 데이트 폭력, 교통사고 등과 같이 우리에게 익숙한 소재부터 벌집 제거, 선박화재, 투신 자살까지 저자가 소방서에서 근무하며 직접 겪은 실제 에피소드를 소개하며 느낀 감정을 진솔하게 담았다. 다양한 화재사고와 비상응급상황, 산악구조, 동물포획, 폭력과 자해, 차량침수 등의 상황을 실감 나게 전달하고 있다. 소방관이 현장에서 겪는 어려움 및 사건 이후 PTSD(외상 후 스트레스 장애)에 대해서도 안내하고 있다. 소방관을 희망하는 청소년들에게 소방관에 대한 이해를 돕고 자신의 꿈에 도전할 수 있는 현실적인 조언을 하고 있다.

어느 소방관의 기도
오영환 / 쌤앤파커스(2015)

이 책은 한 청년 소방관이 사고 현장의 최전선을 치열하게 누비며 느낀 절망, 분노, 기쁨, 감동의 순간들을 꼼꼼하게 기록한 책이다. 저자는 소방관의 열악한 처우 때문에 상처받고, 현장에서 목숨을 잃어가는 소방관을 보며 더 많은 사람들에게 소방관의 이야기를 들려줄 의도로 집필했다. 죽음을 가장 가까이에서 지켜봐야 하고, 때로는 구하지 못했다는 죄책감을 짊어져야 하는 운명을 풀어냈다. 또한 순직한 소방관들의 이야기를 정리하며 소방관의 열악한 환경은 곧 국민 자신의 안전과 직결된다고 주장하고 있다. 모두가 도망쳐 나올 때 그곳으로 뛰어드는 소방관들의 이야기를 통해 우리가 너무나 당연하게 생각해서 잊어버리곤 하는 '살아 있음'의 소중함을 깨닫게 한다.

스포츠 응급처치
Melinda J. Flegel(김태수 외 9인 역) / 한미의약(2017)

이 책은 운동경기 중 발생할 수 있는 사고와 부상상황에서 할 수 있는 응급처치방법을 다룬 핸드북이다. 1장에서는 스포츠 응급처치의 전반적인 개요를 제시하고 2장에서는 기초적인 스포츠 응급처치술을 소개하고 있다. 이어 3장에서는 특수한 부상에 대한 스포츠 응급처치방법을 제시하여 응급처치의 실질적인 정보를 제공하고 있다. 위급한 환자가 발생했을 때 환자의 생명을 구하고 빠른 회복에 도움을 줄 수 있도록 구성했다. 응급처치의 원칙과 단계부터 체내 침투 이물질의 제거 등에 이르기까지 응급환자 발생 시 적용할 수 있는 처치법을 망라했다. 응급처치의 원칙과 단계, 응급처치의 의의와 목적, 응급처치의 범위 등을 상세하게 설명하여 전문가가 아니더라도 이해할 수 있도록 안내하고 있다.

NEW 바이러스 쇼크
최강석 / 에듀넷(2021)

이 책은 과학적이고 객관적으로 바이러스를 설명한 교양서로 코로나 바이러스 분석을 통해 미래 감염병에 현명하게 대처하는 방향을 제시하고 있다. 바이러스의 기원과 인체 감염 경로, 코로나19를 비롯해 전 세계를 공포로 몰아넣은 바이러스에 의한 전염병 등을 자세히 기술하였다. 바이러스의 정체를 알기 위해서 미생물의 역사를 살펴보고 바이러스가 인류를 위협하는 모습과 면역 시스템에 대해 설명하기도 한다. 또한 신종 전염병 출현 위험 요소를 살펴보고 위험의 진원지와 전염병 세계 확산의 여건, 전염병의 무시무시한 확산속도를 다루고 있다. 신종 바이러스에 대처하는 우리의 노력으로 유전자 검사기술과 전염병 조기경보 시스템 등도 안내하고 있다.

심폐소생술과 전문 심장소생술
황성오, 임경수 / 군자출판사(2021)

이 책은 심폐소생술과 전문 심장소생술에 대한 내용으로 2020년 한국심폐소생술 가이드라인을 참조하여 최신 내용을 담고 있다. 최근 위급한 상황에서 심폐소생술이 필요한 경우가 많아지고 있고 관련 기사가 꾸준히 보도되고 있다. 코로나19 이후 병원 밖 심정지에 대해 사람들의 태도가 소극적일 수 있는데 이 책은 우리 생활에 필수적인 심폐소생술을 어렵지 않게 설명하고 있다. 그동안 국내의 심장소생술 자료는 부족하고 심폐소생술 방법이 표준화되지 않아 의사에 따라 치료 방법이 바뀌는 실정이었다. 이에 개정된 내용과 다양한 연구 결과 등을 담아 가장 최근의 내용으로 구성했다. 이 책을 통해 심폐소생술 교육과 연구에 도움을 받을 수 있을 것이다.

하리하라의 바이오 사이언스 유전과 생명공학
이은희 / 살림출판사(2009)

이 책은 과학교양서 분야의 인기 저자 이은희가 들려주는 유전자와 생명과학의 과거와 현재, 진실과 오해, 본질과 왜곡에 대한 이야기이다. 현미경의 발명에서 비롯된 세포 발견과 멘델의 유전법칙에서부터 줄기세포와 유전자 재조합까지 생명과학의 다양한 비밀들을 살펴본다. 멘델의 완두콩 실험으로 발견한 유전법칙과 염색체의 정체, 왓슨과 크릭이 발견한 DNA의 구조 등 꼭 알아야 할 생명과학의 기본 개념을 다루고 있다. 또한 돌연변이와 유전질환, 우생학에 대한 설명을 통해 유전질환에 대한 오해와 편견이 사회적으로 치명적인 결과를 가져올 수 있음을 보여준다. 이외에도 유전자 재조합 식품과 바이러스를 이용한 유전자 치료 등 상상만으로 가능했던 일들이 현실로 이루어지게 된 과정과 원리를 설명한다.

프셉마음: 응급실 편
곽수진 / 드림널스(2022)

다년간의 임상경험과 프리셉터 과정을 통해 저자만의 노하우를 바탕으로 대처방법을 설명한 책이다. 트리아제와 응급실의 기본처치(초진, 모니터링), 사례별로 보는 응급간호에 대한 내용으로 구성되었다. CPR 상황이나 고속도로 연쇄추돌사고, ST분절상승 심근경색, 뇌경색, 지주막하출혈 등의 응급사례를 생생하게 전달하고, 급성심부전, 천식발작, 크룹, 위장관출혈, 빈맥, 서맥, 열성경련, 저혈당과 고혈당, 자궁외임신, 자간증, 조기양막파열, 아나필락시스, 급성폐쇄각 녹내장, 골절, 열상, 이물질, 아동폭력, 성폭력 등의 응급상황으로 나누어 현장의 이야기를 들려주고 있다. 응급실에서 근무하게 될 청소년들을 위한 실질적인 도움을 제공하고 있다.

자연재해의 이해

유철상 / 고려대학교출판문화원(2020)

이 책은 총 7가지의 재해에 대해 설명한다. 우리에게 익숙한 홍수, 가뭄부터 시작하여 화산, 지진, 지구온난화, 운석 충돌, 환경재해까지 고려하여 다루었다. 우선 지구온난화와 관련하여 온실효과와 이산화탄소, 지구온난화의 영향, 슈퍼태풍의 발생을 이야기했다. 이어 홍수재해와 관련해 증발과 증산, 그리고 하천 건천화, 홍수의 종류와 대책, 홍수추적의 이론적 배경을 설명하고 있다. 가뭄과 관련해 국내외 주요 가뭄 사례와 가뭄지수의 종류, SPI를 통해 살펴본 서울 지역의 가뭄을 다루었다. 이렇게 7가지 자연 재해를 면밀히 분석하여 재해에 대한 지식을 안내하고 사람들이 이에 대비할 수 있도록 도움을 주고 있다. 평소 우리가 관심을 가지지 않고 있지만 실제로 발생할 수 있는 상황에서 꼭 알아야 할 내용으로 구성하였다.

인체 생리학 교과서

이시카와 다카시(장은정 역) / 보누스(2022)

이 책은 모든 의학 분야의 기본 바탕이 되는 생리학에 대한 내용으로 내 몸을 이해하는 데 반드시 알아야 할 내용으로 구성하였다. 인체 구석구석의 크고 작은 구조와 원리를 다양한 시각 자료로 한눈에 보여주고 있다. 'LABORATORY' 코너를 통해 복잡한 세포와 조직, 장기의 작동 메커니즘을 친절하게 설명해주고, '중요 어구'와 '용어 해설' 코너를 활용해 어려운 내용도 쉽게 파악할 수 있도록 하였다. 생리학과 세포 생리학을 소개하고 소화와 배설의 원리, 호흡과 혈액순환의 원리, 호르몬 분비와 신경계의 원리, 근육과 골격의 원리, 뇌의 원리를 상세히 풀어서 쉽게 이해할 수 있도록 설명하고 있다. 사람들이 어렵다고 느끼는 인체와 생리학을 쉽게 전달하려고 노력한 책이다.

응급구조학과 독서탐구활동 활용사례

자율활동 특기사항

교내체육대회에서 응급진로팀에 지원해 운영 본부의 구급함을 관리하고 학생들에게 약과 구급용품을 제공하는 역할을 함. 보건선생님을 보조하여 농구경기 도중 발목인대가 늘어난 친구와 손가락이 부은 친구를 응급처치하고 건강상태가 호전되도록 도와줌. 나의 인생 플랜 발표 활동에서 **'난생처음 응급구조(이태양)'**를 읽고 병원에서 일하는 응급구조사의 삶과 응급구조사가 알아야 할 사항들을 정리하여 발표함. 또한 응급차량이 다가오면 반드시 양보해야 하며 가로막을 경우 도로교통법에 의거 200만 원 이하의 벌금 처벌을 받게 된다고 설명함. 이후 학교 응급처치 교육에서 다양한 위급상황에 대처하는 방법을 배운 뒤 응급처치법을 손수 정리하여 응급처치 핸드북을 제작함. **'스포츠 응급처치(Melinda J. Flegel)'**를 참고하여 응급처치의 원리와 단계를 그림과 함께 요약하고 상황에 적합한 처치방법을 안내함. 또한 응급환자의 상태를 확인하는 방법으로 의식 유무, 호흡 유무, 맥박, 출혈을 확인하는 방법을 설명하고 경련과 마비 시의 조치 방법에 대해 요약해 학급 게시판에 부착함.

동아리활동 특기사항

(응급의료동아리)(34시간) 동아리회장을 맡아 동아리 구성원의 의견을 반영하여 연간 동아리 운영계획을 수립하고 다양한 응급의료활동을 진행함. 심폐소생술 교육을 담당하는 기관에 연락하여 4시간에 걸쳐 심폐소생술에 대한 이론과 실습을 체계적으로 학습하였고 압박 위치와 방법, 성인과 소아 심폐소생술의 차이를 정확하게 이해하고 있었음. 또한 기도가 막힌 상황에서 하임리히법으로 이물질을 제거하는 법, 자동심장충격기 사용법 등을 실습을 통해 정확하게 숙지함. 교육을 통해 배운 내용과 **'심폐소생술과 전문 심장소생술(황성오, 임경수)'**을 참고하여 보건선생님과 심폐소생술 홍보 캠페인 활동을 진행함. 심폐소생술로 생명을 살린 기사와 심폐소생술 단계별 행동을 홍보물로 만들고 활동에 필요한 전체적인 준비과정을 주도함. 점심시간을 이용해 급식실 앞에서 심폐소생술과 관련된 퀴즈를 내서 추첨을 통해 상품을 증정하고 심폐소생술을 올바르게 실시한 학생들에게 선착순으로 기념품을 제공함. 사람의 생명을 살리는 일이기에 모든 사람이 의무적으로 실제 상황을 가정한 실습교육을 진행해야 한다고 주장함.

진로활동 특기사항

'대한민국 소방관으로 산다는 것(김상현)'과 **'어느 소방관의 기도(오영환)'**를 읽고 소방관에 대해 가졌던 궁금한 사항들을 직업인 특강 때 소방관에게 질문하여 확인함. 소방관은 불이 나거나 응급상황에 출동한다고 생각하였으나 생각보다 다양한 이유로 신고 전화가 접수되며 고된 일을 하고 있음을 이해함. 강의를 통해 그동안의 소방관 순직사례를 알게 되었고 열악한 환경을 개선해야 하고 심리치료 프로그램 등이 필요하다는 의견을 제시함. 또한 소방관의 계급과 월급, 시험과목, 실제 근무내용 등을 들으며 현실적인 조언을 들을 수 있었다고 함. 진로 주제 탐구 활동에서 우리에게 닥칠 수 있는 자연재해를 정리하고 응급상황 시 대처방법을 정리한 핸드북을 제작함. **'자연재해의 이해(유철상)'**를 참고하여 우리나라에 발생했던 홍수와 가뭄, 지진 피해 사례를 조사함. 단기간에 몰리는 집중호우로 인해 연간 홍수 피해액이 3,200억에 달하며 이를 예방하기 위한 방법으로 하천정비와 예보경보 시스템, 홍수추적시스템을 주장함. 또한 포항과 경주 지진을 비롯해 한반도 지진피해 사례가 많아짐에 따라 내진설계와 면진장치의 중요성과 지진 대처요령 등을 정리함. 사람들의 안전불감증으로 피해가 커진다고 말하면서 비상사태에서 다른 사람의 생명과 재산을 보호하는 응급구조사가 되겠다는 의지를 드러냄.

교과 세부능력 및 특기사항

생명과학 I

생명현상과 사람들의 건강에 관심을 가지고 있으며 응급구조 분야의 일을 하기 위해 생명과학의 지식이 중요하다고 생각하고 있음. 생활 속 과학 찾기 활동에서 **'인체 생리학 교과서(이시카와 다카시)'**를 읽고 손가락 절단에 궁금증을 가지게 됨. 손가락이 절단되면 절단된 손가락을 깨끗한 거즈나 손수건으로 감싼 뒤 얼음이 채워진 비닐봉지에 넣되 물에 닿으면 안 된다고 설명함. 손가락 접합수술은 손가락 부위의 뼈나 신경, 근육 등의 조직을 이어 기능을 복원시키는 수술로 신속하게 접합수술이 이루어져야 한다고 강조함. 관심 분야 독서 활동에서 **'하리하라의 바이오 사이언스 유전과 생명공학(이은희)'**를 읽고 유전자 치료에 관심을 가지게 되었고 DNA주사와 DNA백신에 대해 탐구 활동을 진행함. 현재의 DNA주사와 DNA백신의 정의와 활용 사례, 장점을 소개하면서 앞으로의 활용 방향을 설명함. 또한 코로나19 백신 자이코브디는 세계 최초의 DNA백신으로 기존의 백신과 달리 인체 내에서 항원과 항체를 직접 생산하는 방식이며 바늘주입장치로 투여해 통증이 덜하다고 설명함.

보건

보건의료와 관련한 직업을 희망하여 보건 교과를 신청해 수강함. 사람들의 건강을 해치는 질병과 사회문화적 환경 및 사회정책에 큰 관심을 가짐. 스트레스는 현대인의 건강을 크게 해치는 요소라고 설명하고 통계자료를 활용해 스트레스의 원인과 해소방법에 관한 분석 활동을 진행함. 이어 스트레스 해소에 좋은 운동법, 음식, 마음가짐 등을 정리해 수업시간에 발표하는 활동을 진행함. 교과 연계 독서활동에서 감염병 예방관리 단원과 연계해 **'NEW 바이러스 쇼크(최강석)'**를 읽고 논평 활동을 진행함. 역사적으로 인류를 위협했던 감염병부터 최근의 메르스와 에볼라 바이러스 그리고 코로나19까지 감염경로와 특징을 비교·분석함. 또한 유전자 치료에 관심을 가지고 레트로바이러스나 아데노바이러스 등의 바이러스를 사용하여 세포에 유전자를 주입하는 방법을 소개함. 앞으로 질환을 유발하는 유전자를 밝히는 연구와 파킨슨병, 유전 질환, 특정 유전자 이상으로 발생하는 암 치료에 활용될 것이라고 설명함.

행동특성 및 종합의견

건장한 체격으로 운동을 좋아하고 활발하고 적극적인 성격이며 신체 및 정신적으로 건강함이 느껴짐. 평소 뉴스를 통해 사건 사고를 꾸준히 시청하고 있으며 화재사고로 순직한 소방관의 이야기를 듣고 숭고함과 존경심을 느꼈다고 밝힘. 또한 응급구조 동영상을 보면서 상황에 따른 행동 매뉴얼을 생각하고 머릿속으로 사고실험을 한다고 이야기함. 소방관이나 응급구조사들이 사고를 수습하는 과정이 드러난 동영상을 보며 필요한 내용을 메모하는 등 자신의 미래를 구체적으로 설계함. **'프셉마음 응급실 편(곽수진)'**을 읽고 생각보다 응급 사례가 다양하며 상황별로 어떻게 대처해야 하는지 큰 도움을 받았다고 설명함. 앞으로 CPR 상황이나 고속도로 연쇄추돌사고, 추락사고 등의 상황에 맞닥뜨리게 될 수도 있으며 긴박한 상황에서 침착함과 상황대처능력이 무엇보다 중요하다는 자신의 견해를 밝힘. 다른 사람을 배려하는 마음이 뛰어나고 적극성과 판단능력이 우수한 학생이기에 위급한 상황에서 사회에 공헌하는 인재가 될 것이라 기대됨.

1 인문계열

2 사회계열

3 자연계열

4 공학계열

5 의약계열·응급구조학과

6 예체능계열

7 교육계열

13 ▸▸ 의료공학과

1 학과 인재상

인문학적 소양과 공학적 분석능력을 고루 갖춘 학생

다른 사람과 협업하고 팀워크와 의사소통능력이 뛰어난 학생

수학, 물리학, 화학, 생명과학 등의 교과에 흥미와 관심을 가진 학생

여러 교과를 융합적으로 이해하는 융합적 사고력이 뛰어난 학생

복잡한 기기와 장비를 다루고 스스로 만들어보는 것을 좋아하는 학생

2 유사학과

- 바이오메디컬공학부
- 바이오융합공학계열
- 바이오의공학부
- 의료IT공학과
- 의료IT학과
- 의료시스템공학전공
- 의용메카트로닉스공학과
- 의공학과
- 의용공학과
- 의용생체공학과
- 한방의료공학과
- 헬스케어IT학과
- 휴먼바이오기계공학과

3 관련직업

- 광학기사
- 디지털제어산업기사
- 의료기기AR전문가
- 의료전자기능사
- 의공기사
- 의공산업기사
- 인간공학기사
- 전기기사
- 전자기사
- 정보처리기사 등

4 개설대학

- 가톨릭관동대학교
- 건양대학교
- 계명대학교
- 대구한의대학교
- 동서대학교
- 부산대학교
- 상지대학교
- 순천향대학교
- 안동과학대학교
- 을지대학교 성남캠퍼스
- 전남대학교
- 중원대학교
- 이화여자대학교 등

학과 연계도서

의료 인공지능

최윤섭 / 클라우드나인(2018)

이 책은 의료 인공지능의 기술적 측면과 인공지능과 관련한 여러 이슈를 깊이 있게 다루고 있다. 의료인이나 인공지능 전문가가 아닌 일반 독자들도 의료 인공지능의 최신 동향과 주요 이슈를 이해할 수 있도록 전문적인 용어를 최대한 배제하여 정리하였다. 1부는 의료 인공지능의 전반적인 방향성과 논의 범위를 제시한다. 2부는 의료 인공지능이 현재 어느 수준까지 발전되어 있는지, IBM 왓슨 등의 실제 사례를 소개하며 살펴본다. 3부는 의료 인공지능으로 야기되는 의료적, 기술적, 규제적, 윤리적, 사회적, 경제적, 법적 이슈들에 대한 방향성을 제시하고 있다.

슬기로운 인공신장실 생활: 혈액투석 기본편

전지선 / 포널스출판사(2021)

이 책은 인공신장실 간호사로 일하면서 지금까지 쌓아온 지식과 경험을 이해하기 쉽게 풀어내고 있다. 책의 중간마다 '투짱일화'를 삽입하여 저자의 실수와 에피소드들을 흥미롭게 구성하기도 했다. 신장에서의 소변 생성 과정과 신장의 기능, 급성신부전(ARF), 만성신부전(CRF), 혈액투석의 개념과 원리, 혈액 투석 과정을 설명하고 인공신장실 정수처리시스템을 소개하고 있다. 그리고 심혈관계 약물, 항부정맥제, 항고혈압제, 혈관확장제혈관 수축제 등의 다양한 약물이 수록되어 있다. 또한 수면제, 항정신성 의약품, 해열진통제, 항경련제, 통풍, 고지혈증 억제제 등도 안내한다.

지능 기반 의료를 위한 헬스케어 애널리틱스

비카스 쿠마르(고석범 역) / 에이콘출판(2021)

이 책은 헬스케어에서 말하는 4대 목표인 건강 결과 개선, 비용 절감, 강화된 환자 경험, 헬스케어 제공자의 업무 환경 개선을 달성할 수 있도록 파이썬을 사용한 간단한 사례를 들어 인공지능(머신러닝) 활용법을 알려준다. 애널리틱스는 헬스케어의 핵심 요소로, 헬스케어 애널리틱스는 치료를 최적화하고 결과를 개선하며 헬스케어의 비용 절감에 도움이 된다. 이 책은 헬스케어 애널리틱스를 수행하기 위해 의학과 데이터 과학에 관한 지식을 전달하고, 데이터베이스, 프로그래밍, 데이터 시각화, 통계, 머신러닝과 같은 기술을 쉽게 이해할 수 있도록 설명하고 있다. 또한 복잡한 의료 데이터를 보는 방법과 SQL과 파이썬 언어를 활용한 헬스케어 애널리틱스의 여러 응용 사례를 소개한다.

미래 의학 설명서

사라 라타(김시내 역) / 매직사이언스(2020)

의학과 공학이 만난 의공학은 오래전부터 인류의 삶 속에서 활약해 온 학문이다. 이 책은 고대 이집트로 거슬러 올라가 의공학의 시작부터 유전자를 편집하는 최첨단 기술까지 의공학의 다양한 분야를 살핀다. 그리고 눈이 나쁜 사람의 시력을 보완하는 콘택트렌즈, 팔다리를 잃은 사람을 위한 인공 기관, 장기가 손상된 사람을 위한 인공 장기와 DNA의 일부분을 자르고 대신 새로운 DNA를 넣는 유전자 편집까지 사람의 건강을 위한 다양한 방법을 소개하고 있다. 또한 모든 것을 가능하게 만드는 뇌의 힘인 인간 게놈, 컴퓨터가 낳은 세균과 의공학자가 되는 과정을 자세히 소개한다.

의학사를 이끈 20인의 실험과 도전
크리스티안 베이마이어(송소민 역) / 주니어김영사(2010)

이 책은 고대부터 현대에 이르는 2,500년 의학사에 큰 발자취를 남긴 인물 20인을 선정해 그들의 성과를 소개하고 현재 시점에서 그들의 업적을 어떻게 바라봐야 하는지 설명하고 있다. 저자가 선정한 20인은 히포크라테스, 갈레노스, 라제스, 자연치료에 앞장섰던 힐데가르트 폰 빙엔, 필리푸스 파라셀수스, 앙브로아즈 파레, 윌리엄 하비, 알브레히트 할러, 사무엘 하네만, 에드워드 제너, 난소에 숨겨진 종양을 처치한 에프라임 맥도월, 이그나즈 제멜바이스, 루이 파스퇴르, 직접 균을 마셔 콜레라를 정복한 막스 폰 페텐코퍼, 빌헬름 콘라트 뢴트겐, 알렉산더 플레밍, 혈관의 통로를 찾은 베르너 포르스만, 심장이식에 성공한 크리스티안 바너드, 시험관 아기에 성공한 로버트 에드워즈, 유전자 치료에 선구자 역할을 한 프렌치 앤더슨이다.

자연에서 발견한 위대한 아이디어 39
김은기 / 지식프레임(2022)

이 책은 인간이 자연에서 어떤 방식으로 아이디어를 얻고 있는지에 대한 사례 39가지를 중심으로 설명하고 있다. 인체의 면역 시스템을 모방한 코로나 바이러스 백신, 한눈에 360도를 보는 인공 잠자리 눈을 모방한 자율 주행 자동차, 박테리아와 킬러 바이러스 간의 싸움을 그대로 모방한 초정밀 유전자가위 기술 등의 사례를 소개하여 현대사회의 발전을 이끄는 과학은 대부분 자연모방기술에 기반하고 있다는 점을 밝힌다. 평범해 보였던 자연 현상에 대한 인간의 지적 호기심이 과학과 접목하여 어떻게 신기술로 재탄생하고 있는지, 또 앞으로 인간에게 닥칠 미래의 위기에 대한 대책과 해법을 어떻게 자연에서 찾을 수 있는지에 대해 다양하고 풍부한 사례들을 들려준다.

재밌어서 밤새 읽는 물리 이야기
사마키 다케오(김정환 역) / 더숲(2013)

이 책은 우리의 생활과 맞닿아 있는 빛, 열과 온도, 초고온, 초저온 등과 관련하여 옛날 과학자들의 탐구과정과 흥미진진한 물리 이야기를 담고 있다. 물리의 기초와 기본 개념을 쉽고 재미있게 설명하고 기상천외한 스토리와 흥미로운 실험으로 과학은 어렵다는 편견을 깨고 있다. 투명인간, 코끼리의 발보다 하이힐에 밟혔을 때 더 아픈 이유, 만유인력과 지구 크기를 재는 방법 등 호기심 있는 상황과 창의적인 아이디어를 제공하였다. 세계에서 일어나는 온갖 현상을 설명해주는 물리의 전반적인 부분을 골고루 담아 지금까지 몰랐던 물리의 매력을 제대로 알 수 있도록 도와준다. 우리 생활 속에 당연하다고 생각하는 상황에도 과학적 원리가 숨어 있으며 그 원리를 그림과 함께 어렵지 않게 설명하고 있다.

톡톡 바이오 노크
김은기 / 전파과학사(2018)

이 책에서는 바이오 분야를 건강, 의약, 외모와 심리, 최신 기술, 바이러스와 질병으로 나누어 소개하고 있다. 최신 논문에 실린 내용을 중심으로 해당 주제의 현 상황, 발전 방향, 생각할 문제를 다루었다. 인공지능이 중심인 4차 산업혁명시대에 가장 많은 수혜를 받은 분야인 바이오테크놀로지에 대하여 일반인들이 이해할 수 있도록 어렵지 않게 설명하고 있다. 최근 바이오기술과 관련하여 합성생물학, 도핑 과학, 역분화 줄기세포, DNA 범죄 수사, 초정밀 유전자가위, 의수과 의족, 스마트 피부에 대한 내용을 수록하였다. 바이러스와 관련해 슈퍼박테리아를 잡는 새 항생제 내성균, 지카 바이러스, 말라리아와 뎅기열 박멸, 메르스 습격과 확산에 대해서도 다루었다.

바이오 사이언스 2025
요시모리 다모쓰(오시연 역) / 이지북(2021)

이 책은 세계적인 생명과학자이자 오토파지(자가포식) 최고 권위자인 요시모리 다모쓰 박사가 생명과학 분야의 기초지식과 최신 트렌드, 과학적 사고법을 알려주는 교양과학서이다. DNA, 유전자, 게놈, 바이러스와 세균, 면역 등 생물학에 대한 기본적인 개념을 안내하면서 자연스럽게 자신의 전문 분야인 오토파지에 대해서도 소개하고 있다. 오토파지가 활성화되면 수명이 연장되고 백신의 효용을 높이거나 염증을 억제하고 면역력을 강화시킨다. 이어 오토파지를 강화하는 방법인 간헐적 단식과 운동에 대해 알려준다. 매번 업데이트되는 생명과학 지식과 과학적 사고가 우리의 생존 가능성을 높인다고 설명한다.

세계사를 바꾼 12가지 신소재
사토 겐타로(송은애 역) / 북라이프(2019)

세상을 만든 12가지 대표적 물질이 어떻게 발견되었는지, 이로 인해 세계의 역사가 어떻게 바뀌었는지 저자는 과학 칼럼니스트다운 해박한 지식을 바탕으로 설명하고 있다. 저자는 금부터 도자기, 콜라겐, 철, 종이, 알루미늄, 플라스틱, 실리콘 등 인류의 운명을 결정한 12가지 혁신적 재료들을 이야기하며 과거의 위대한 발견에 감사해하고 미래의 새로운 발견이 중요함을 강조한다. 만 년을 견딘 재료 도자기, 가벼운 금속의 기적 알루미늄, 자유롭게 변하는 만능재료 플라스틱 등 인류사의 결정적 순간을 탄생시킨 위대한 물질들의 과거, 현재, 미래를 통해 역사와 과학의 긴밀한 연결고리를 안내하고 있다.

의료공학과 독서탐구활동 활용사례

자율활동 특기사항

학급 팀프로젝트 발표 활동에서 의료 분야와 인공지능의 관계를 주제로 최근 이슈와 동향을 소개하는 활동을 진행함. **'의료 인공지능(최윤섭)'**에 등장하는 암 진단과 치료를 돕는 인공지능 '왓슨 포 온콜로지'에 대해 소개함. 엄청난 분량의 의료 정보 빅데이터를 이용해 환자의 상황에서 가장 성공률이 높은 치료법을 제안하는 과정을 설명함. 또한 앞으로의 법적 문제를 거론하면서 자율주행자동차, 비행기 조종실과 비교하여 안정성이 지금보다 확보된다면 서서히 법률 개정이 필요하다고 주장함. 이후 보건선생님의 도움으로 IBM 왓슨을 활용하는 수술실 간호사와의 인터뷰 활동을 진행하였고 궁금해했던 부분을 질문을 통해 해결함. 이 과정에서 이미 대학병원 수술실의 상당 부분은 IBM 왓슨과 로봇수술을 활용하고 있음을 알게 됨. 장기간의 프로젝트 활동을 정리하여 학급 뉴스 게시판에 부착하고 팀장으로서 전체적인 프로젝트 활동을 주도적으로 수행함. 이후에도 인공지능과 관련해 학급원들의 관심이 많아지자 관련 뉴스기사와 새로운 내용을 찾아 꾸준히 게시판에 안내함.

동아리활동 특기사항

(생명연구동아리)(34시간) 동아리 회장으로서 1년간 생명의료 분야와 관련된 다양한 활동계획을 수립하고 동아리 운영을 이끌어감. 매달 과학잡지를 구독하여 최근 과학 이슈를 같이 탐독하고 주제를 심화한 자료를 조사하여 토론하는 활동을 진행함. 다방면의 독서활동으로 의료 분야에 대한 이해도가 높으며 미래의 변화를 읽어내는 능력이 우수함. **'미래 의학 설명서(사라 라타)'**를 읽고 인공 장기에 관심을 가지게 되어 인공장기의 현황 및 전망을 주제로 탐구보고서를 작성함. 인공 심장의 종류를 심실보조장치와 완전인공심장으로 나누어 설명하고 심부전환자의 심실 기능을 기계적으로 도와주는 심실보조장치에 대해 깊이 탐색함. 또한 인공장기의 문제점을 보완하는 방법으로 줄기세포에 기반한 오가노이드를 제시하고 오가노이드의 활용은 동물실험과 인체실험을 대신할 수 있다고 설명함. 앞으로 유전자 가위 기술을 도입하여 면역 거부반응을 억제하고 3D 바이오 프린팅 기술개발로 개인 맞춤형 장기제작이 가능하며 자신도 이 분야를 연구하고 싶다는 생각을 밝힘.

진로활동 특기사항

생명 분야에 대한 이론적인 이해와 실험능력, 탐구역량이 뛰어난 학생이며 뇌공학과 유전공학에 특히 관심을 보임. **'뇌를 바꾼 공학, 공학을 바꾼 뇌(임창환)'**를 읽고 MRI 거짓말탐지기에 관심을 가지게 되어 진로 융합 탐구 활동을 진행함. 거짓말탐지기 전문가의 영상을 근거로 미래에는 MRI 거짓말탐지기와 EEG 분석장치가 보편적으로 활용될 것이라고 설명함. 거짓말탐지기의 역사와 원리, 법적 효력 등을 조사하고 앞으로의 뇌연구 방향을 제시함. 기존의 거짓말탐지기가 자율신경계의 반응과 심적 변화를 활용한다면 MRI 거짓말탐지기는 뇌가 지각하고 반응하여 생기는 뇌파를 활용한다는 차이점을 논리적으로 설명함. 기능이 떨어진 뇌에 신경칩을 삽입하는 뇌 칩이식 기술도 가능할 것이라는 내용도 부연 설명함. 진로 5분 스피치 활동을 준비하면서 **'자연에서 발견한 위대한 아이디어 39(김은기)'**를 통해 암세포를 공격하는 살모넬라균을 알게 됨. 미래창조과학부의 보도자료를 인용해 살모넬라는 암 조직에 대한 친화성이 강해 정상조직에 비해 암 조직에서 10만 배 정도의 증식률을 보였다고 말함. 같은 원리로 칠레산 거미 타란툴라와 전갈의 독액을 추출해 심장병 치료에 활용되고 있다고 설명함. 생체모방 사례가 의료 분야에도 적용된다는 사실이 신기하다고 하면서 생체모방기술에 관심이 생겼다고 이야기함.

교과 세부능력 및 특기사항

생명과학 I

유전 단원에서 염색체의 구조, 유전자와 유전체의 의미를 이해하고 있으며 DNA와 RNA의 특징을 정확하게 비교함. RNA 기반인 코로나 바이러스는 복제 과정에서 변이가 계속되기에 백신과 치료제 개발이 어려운 점을 논리적으로 설명함. 또한 먹는 치료제 팍스로비드의 화학식을 소개하고 코로나 바이러스 증식에 필요한 단백질 분해 효소를 억제하는 원리가 적용되었다고 이야기함. **'톡톡 바이오 노크(김은기)'**를 읽고 책에 소개된 DNA 범죄 수사에 관심을 가지게 되어 과학 돋보기 활동의 주제로 선정하게 됨. 최근 미제살인사건의 용의자를 유전자감식기법을 이용해 검거한 사례를 소개하면서 과학수사 시스템을 구축하게 되었다고 설명함. 똑같은 DNA를 증폭할 수 있는 PCR(중합효소연쇄반응) 덕분에 현장에 남은 침, 혈흔, 정액, 소변 등의 소량의 시료로도 충분한 양의 데이터를 확보할 수 있다고 설명함. 이후 유전자자동염기서열분식기를 이용해 유전자형을 파악해 용의자를 확정하게 된다고 함. 이러한 DNA 연구의 성과를 알게 되고 자신도 사람의 DNA를 연구하는 일을 하고 싶다는 의지를 표현함.

생활과 윤리

우리 주변에서 일어나는 다양한 사회문제에 관심이 많고 이를 윤리와 도덕적인 관점에서 바라보는 안목을 지님. 윤리 문제 돋보기 활동에서 **'의학사를 이끈 20인의 실험과 도전(크리스티안 베이마이어)'**과 인터넷 자료 등을 참고하여 유전자치료기술과 그로 인한 윤리문제를 정리함. 지금의 유전자치료는 대부분 체세포 유전자치료로 유전자조작의 직접적 영향이 환자 자신에게 국한된다고 설명함. 반면 생식세포 유전자치료는 후대에 영향을 미치며 기술적, 윤리적 문제로 많은 나라에서 금지되고 있음을 설명함. 이를 바탕으로 생식세포 유전자치료에 대한 찬반 토론활동을 진행함. 유전적 질병을 후대에 물려주고 싶지 않은 부모의 자율성을 존중해야 한다는 찬성 측 입장에 대해 임상실험의 위험성과 부작용, 인간 유전의 다양성 상실, 유전을 개량하려는 우생학적 시도 등을 반대 근거로 제시함. 생식세포 유전자치료는 오용되는 사례가 생길 수 있어 아직은 시기상조이며 기술 발달에 따른 사회적인 합의가 반드시 필요한 문제라고 논리적으로 설명함.

행동특성 및 종합의견

차분하고 신중한 성격으로 한번 집중하기 시작하면 무엇이든 해내고자 하는 의지가 느껴짐. 과학의 다양한 분야에 관심이 많고 우수한 학업능력을 보였으며 과제수행 과정에서 독창적인 생각으로 기발한 아이디어를 제안하는 경우가 많았음. 평소 과학잡지나 도서를 많이 읽으면서 배경지식을 쌓고 관심이 비슷한 친구들과 과학 주제 토론 활동을 진행함. **'세계사를 바꾼 12가지 신소재(사토 겐타로)'**와 **'지능 기반 의료를 위한 헬스케어 애널리틱스(비카스 쿠마르)'** 등의 책을 통해 새로운 소재 개발과 기술 개발이 인류에게 미친 지대한 영향을 느끼고 자신도 뇌과학과 유전학 분야에서 사회에 공헌하는 사람이 되겠다는 의지를 표현함. 과학 재능 나눔 활동에 참가하여 인근 중학교 후배들을 대상으로 딸기 DNA 추출실험, 천연 지시약 만들기, 크로마토그래피 꽃 만들기 활동을 진행하면서 기획력과 협업능력을 확인할 수 있었음. 미래지향적이고 스스로 문제를 해결하는 능력, 사회 문제에 대한 관심 등에 미루어 사회에 공헌하는 의료공학자가 될 것이라 기대됨.

1 인문계열

2 사회계열

3 자연계열

4 공학계열

5 의약계열 · 의료공학과

6 예체능계열

7 교육계열

14 ▶▶ 의예과

1 학과 인재상

침착하게 상황을 판단하고 신속하고 정확하게 문제를 해결하는 학생

다른 사람들과 협업하고 의사소통능력이 뛰어난 학생

수학, 물리학, 생명과학, 화학 등의 교과에 우수한 역량을 보이는 학생

인체와 질병, 생명현상 등에 대한 관심이 많고 융합적 사고를 가진 학생

생명을 소중히 여기고 다른 사람을 위해 봉사할 수 있는 마음을 지닌 학생

2 유사학과

- 의학과
- 동서의과학과
- 글로벌의과학과
- 의학부
- 기초의약과학과
- 기초의과학부
- 의과대학
- 대체의학전공

3 관련직업

- 일반의사
- 전문의사
- 의약계열 교수
- 의학전문기자
- 의학평론가
- 의학전문방송인
- 의학칼럼니스트
- 의학연구원
- 보건의료관련관리자
- 생명화학시험원
- 법의학자
- 군의관 등

4 개설대학

- 가천대학교
- 가톨릭대학교
- 건국대학교 충주캠퍼스
- 건양대학교 대전캠퍼스
- 경상국립대학교
- 경희대학교
- 계명대학교
- 고려대학교
- 고신대학교
- 단국대학교 천안캠퍼스
- 대구가톨릭대학교

- 동국대학교 경주캠퍼스
- 동아대학교
- 부산대학교
- 서울대학교
- 성균관대학교
- 순천향대학교
- 아주대학교
- 연세대학교
- 영남대학교
- 울산대학교
- 원광대학교
- 을지대학교 대전캠퍼스

- 이화여자대학교
- 인제대학교
- 인하대학교
- 제주대학교
- 조선대학교
- 중앙대학교
- 충남대학교
- 충북대학교
- 한림대학교
- 한양대학교

5 학과 연계도서

미래의료 4.0
김영호 / 전파과학사(2019)

이 책에서는 4차 산업혁명시대 첨단기술이 의료기술과 만나 만들어내는 7가지 스마트한 미래의료기술을 소개한다. 인공지능, 빅데이터, 3D 프린팅, 로봇, 사물인터넷, 유전정보, 정밀의료 등과 같은 4차 산업혁명의 핵심기술들이 병을 진단하고 치료하는 기술과 만나 미래의료가 변화하는 방향을 제시하고 있다. 인공지능 의사, 건강관리 빅데이터, 인공장기 만드는 3D 프린팅, 수술로봇과 간호로봇, 개인맞춤 질병 치료기술 등이 도입되어 첨단의료기술이 머지않아 우리 모두의 삶에 큰 영향을 미칠 것으로 예상된다. 미래의료 분야에서 예상되는 변화와 그에 대해 의료인, 일반인들이 대처할 수 있는 다양한 정보를 제공하고 있다.

세상을 구한 의학의 전설들
로날트 D.게르슈테(이덕임 역) / 한빛비즈(2022)

이 책은 위대한 의학적 선구자들과 그들이 이루어낸 위대한 발견을 소개하고 있다. 특별한 의미를 갖는 '손 씻기'를 최초로 주장한 이그나즈 제멜바이스부터 인류의 수명을 획기적으로 늘린 '수술용 장갑'을 발명한 윌리엄 할스테드, 인류를 고통과 공포의 위협에서 해방시킨 제임스 심슨의 '기적의 마취제'에 이르기까지 현대 의학의 토대를 만든 당시의 선구자들과 그들의 위대한 발견을 다룬다. 또한 1840년부터 1914년까지 인류사에서 빠뜨릴 수 없는 역사적인 사건들을 환상적인 역사적 맥락 속에서 소개한다. 이를 통해 의학적·과학적 발견이 의학 분야뿐 아니라 인류 전체에게 어떤 의미가 있는지 분명히 파악할 수 있다.

4차 산업혁명과 병원의 미래
이종철 / 청년의사(2018)

이 책은 빅데이터, 인공지능, 3D 바이오 프린팅, 가상현실, 로봇 기술 등으로 인한 의료계의 패러다임의 변화와 병원의 미래를 안내하고 있다. 4차 산업혁명으로 각 진료과별 의료인들이 준비하고 대비해야 할 것은 무엇인가에 대한 국내병원의 분야별 전문가 76인의 의견이 담겨 있다. 한국 의료의 과거와 현재는 어떠한 모습이었는지 알아보고, 변화의 흐름 속에서 앞으로 처하게 될 혁신적인 환경은 무엇일지 예측하고 그 대처 방안이 제시되어 있다. 특히 미래의 핵심 기술들이 의료에 어떻게 적용될지 살펴보고 그로 인한 환자의 진료와 치료는 어떤 모습일지 예상 시나리오를 미리 접해볼 수 있다.

국경없는 의사회
데이비드 몰리(조준일역) / 파라북스(2007)

이 책은 국경없는 의사회가 처음 조직된 배경과 역사, 그들이 하는 일에 대해 소개하고 직접 참여한 자원봉사자들이 기술한 경험을 담은 책이다. 국경없는 의사회 캐나다 지부 이사를 맡아 비의료 자원봉사자로 7년간 일해온 데이비드 몰리는 '우리는 기적이 아닌 사랑을 믿는다'라는 말과 함께 국경없는 의사회의 과거와 오늘, 자원봉사자들의 목소리, 자신이 밟아온 현장의 모습들을 솔직하게 이야기한다. 매년 180만 명의 어린이들이 더러운 물과 불결한 환경으로 죽어가는 현실에서 직접 대면했던 하루하루를 일기로 수록하고 있다. 신념을 가지고 세상의 상처를 어루만지며 몸과 마음을 바치는 사람들의 열정을 전달하고 있다.

1 인문계열

2 사회계열

3 자연계열

4 공학계열

5 의약계열 · 의예과

6 예체능계열

7 교육계열

골든아워 2
이국종 / 흐름출판(2021)

이 책은 외상외과 의사 이국종 교수가 중증외상센터 안팎을 기록한 책이다. 1권은 2002~2013의 이야기를 다루고 2권은 2013~2020년 이야기를 담았다. 이 책은 저자가 몸담은 대학병원이 권역별 중증외상센터로 지정된 후에도 국제 표준에 훨씬 못 미치는 의료 현실 속에서 고투하는 과정을 담고 있다. 대한민국 중증외상 치료의 현장을 증언하며 동료들의 희생과 땀과 눈물을 전하고 있다. 부상을 감수하며 헬리콥터에 오른 조종사들과 의료진들, 사고 현장에서 죽음과 싸우는 소방대원들, 목숨을 각오하고 국민을 지키는 군인들까지 긴박한 상황에서 단 한 생명도 놓치지 않으려 분투하는 모습을 생생하게 전달하고 있다.

의사가 말하는 의사 에피소드 2
이현석 외 4인 / 부키(2017)

이 책은 의대 본과생들부터 산부인과 전공의, 공중보건의사, 정신과 전공의, 의료 전문 기자 등 의사의 다양한 모습과 그들의 경험을 공유하는 책이다. 1장은 의대생, 인턴의 적응과 성장에 대한 내용으로 의사가 되기 위한 모습이 잘 드러나 있다. 2장에서는 코로나 블루 이후 많이 알려지게 된 정신건강의학과와 고령화 현상으로 주목받게 된 재활의학과 외에도 다양한 분과와 협력하는 신경외과, 역학조사나 백신으로 중요해진 예방의학과 등이 소개되고 있다. 3장에서는 더 넓은 의사라는 제목으로 의료전문기자, 구호활동가, 의료 현동 조합 등을 설명하고 있으며 4장에서는 의사 지망생을 위한 27문 27답이 정리되어 있다.

독은 우리 몸에 어떤 작용을 하는가
다나카 마치(이동희 역) / 전나무숲(2022)

이 책은 야채에 들어 있는 독, 복어와 벌의 독, 식중독을 일으키는 세균과 마약, 독버섯에 이르기까지 주변에서 흔히 볼 수 있는 소재를 바탕으로 독과 약의 차이, 독이 우리 몸 안에 들어와 하는 작용 등에 대해 쉽게 설명하고 있다. 일반적으로 독은 우리 생활에서 어느 정도 거리가 있다고 생각하지만 실제로는 우리의 먹거리와 생활환경에 깊숙이 들어와 있다. O-157, 식중독, 곰팡이, 대장균, 다이옥신, 니코틴, 알코올 등으로 대표되는 독은 이미 우리 생활 가까이에 있으며, 독에 대한 과학적 이해가 바탕이 될 때 치료제인 약에 대해서도 올바르게 이해할 수 있다고 전한다. 앞으로 다양한 질병에 대한 치료제를 우리 주변에서 얻을 수 있다고 말하고 있다.

코로나 사이언스: 팬데믹에서 엔데믹으로
기초과학연구원(IBS) / 드림널스(2022)

한국기초과학연구원(IBS)에서는 에피데믹, 팬데믹을 넘어 사람들을 현혹시키고 사회를 혼란에 빠뜨리는 인포데믹을 방지하기 위해서 다양한 정보와 지식을 공유하고 있다. 이 책은 한국의 대표 기초과학자들이 연구현장 최전선의 정보를 대중들에게 제공하고 앞으로 맞닥뜨릴지도 모르는 미지의 질병에 대처할 방향을 제시한다. 면역 체계와 바이러스 변이체, 인체 면역 반응의 양상과 특징, 초기 감염병리기전에 대해 설명하고 백신의 종류와 특징, mRNA 백신 개발 원리와 전망, 모더나의 백신 개발, 항체치료제 개발 경과와 전망 등을 소개한다. 또한 위드 코로나와 관련한 데이터 분석 기반의 방역정책 수립, 팬데믹이 기후에 미친 영향, 인포데믹에 맞서는 국제사회의 모습을 전하고 있다.

응급실 필수진료
인제대학교 서울백병원 교육수련부 / 의학출판사(2018)

이 책은 인제대학교 서울백병원 17개 진료과에서 30명의 저자가 참여한 응급실 필수진료를 다룬 이론서이다. 심정지, 쇼크, 호흡곤란 등 증상별로 어떻게 진단하고 진료해야 하는지 상세히 알려주고 있다. 또한 급성관절염, 위장관 출혈 등 응급 환자의 증상과 치료방법 23가지가 담겨 있고, 호흡음 청진, 혈액배양 채혈, 동맥혈가스분석 등 진단방법 10가지와 기관삽관술, 기관절개술, 산소요법 등 치료적 술기 18가지가 수록되어 있다. 상황별로 필수적으로 시행해야 하는 진단 및 치료적 술기에 대해 진료과별로 상세히 기술되어 있다. 응급실에 대한 실질적인 정보와 함께 현장의 모습을 생생하게 전해주고 있다.

감염병 인류
박한선, 구형찬 / 창비(2021)

이 책은 균과 인류가 공진화해온 역사를 흥미진진하게 서술하고, 감염병과의 투쟁이 낳은 심리적 기제와 사회문화적 관습들을 구체적 사례를 통해 짚어보고 있다. 감염성 질환의 위기 속에서 인류는 백신과 항생제 등의 의료기술로 감염병에 대해 승리를 거두었다. 이 책은 감염병과 투쟁을 벌여온 조상들의 이야기를 소개하며 코로나 팬데믹의 위기와 갈등을 이해하고 해소하는 지혜와 실마리를 제공한다. 그리고 진화사적인 관점에서 질병에 맞서 살아남으려는 인간의 행동면역체계와 팬데믹을 둘러싼 사회문화적 갈등들을 이해하는 새로운 이정표를 제시한다. 미래 사회를 감염병의 시대라 부를 만큼 감염병에 대한 관심과 연구가 필요함을 전하고 있다.

1

인문
계열

2

사회
계열

3

자연
계열

4

공학
계열

5

의약계열 · 의예과

6

예체능
계열

7

교육
계열

의예과 독서탐구활동 활용사례

자율활동 특기사항

학급 특색 활동인 진로 5분 스피치 활동에서 이국종 교수님을 롤모델로 선정하여 삶과 죽음의 경계에 있는 긴박한 상황에서 생명을 살리기 위해 노력하는 모습을 닮고 싶다고 밝힘. **'골든아워2(이국종)'**를 읽고 헬기로 긴급 후송되어 수술실에 들어서는 골든아워에 벌어지는 모습을 보며 외상외과 의사의 길을 선택하겠다는 의지를 밝힘. 우리나라 중증외상센터가 처음 설치된 과정부터 지금까지의 상황을 정리하고 중증외상센터의 역할과 문제점을 설명함. 순자의 권학편에 나오는 적토성산, 적수성연, 적선성덕을 좌우명이라 소개하고 자신이 세운 인생목표 10가지를 실천하는 삶을 살겠다는 의지를 표명함. 수행목표 중 하나인 베푸는 삶을 실천하기 위하여 학급 멘토링 활동에 참여하여 자신이 좋아하는 수학 멘토 활동을 진행함. 매일 아침마다 미적분의 중요한 공식을 칠판 상단에 기록하여 학급원들의 학습을 돕고 멘티학생에게 미적분 교과의 중요 개념과 대표적인 유형을 쉽게 설명하는 역할을 수행함. 학업역량이 뛰어나면서도 학급 내에서 학급원들과 함께 성장하는 모습을 보여줌.

동아리활동 특기사항

(의학연구동아리)(34시간) 동아리 학년장의 직책을 맡아 의학 캠페인 활동, 주제탐구 활동, 독서토론 활동 등의 전반적인 계획 수립과 준비과정을 이끌고 서번트 리더십을 발휘함. 독서토론 활동에서 **'코로나 사이언스: 팬데믹에서 엔데믹으로(기초과학연구원)'**를 읽고 백신의 종류와 특징, mRNA 백신 개발 원리와 백신 개발 과정 등을 정리하여 코로나소식지를 제작하고 백신접종 의무화 문제와 위드코로나 및 정부의 규제 완화정책에 대한 찬반토론을 진행함. 공리주의 입장에서 특수한 경우가 아니라면 백신접종을 권장해야 하며 코로나 확진자가 줄지 않는 통계 자료를 근거로 규제 완화는 아직 이르다는 입장을 표현함. 이후 의학 캠페인 활동에서 세계적으로 유행했던 감염병의 사례를 역사적 사건과 관련해 소개하고 찬반토론 활동의 결과물을 정리하여 전시물로 제작함. 환경 파괴와 기후변화로 앞으로 감염병이 계속될 것으로 예상되기에 환경을 보존하고 북극곰을 살리자는 의미로 배지 판매 활동을 진행하고 수익금을 자선단체에 기부함.

진로활동 특기사항

진로 이슈 소개 활동에서 미래의료를 주제로 선정하여 미래의 병원을 소개하는 1분 영상을 학급원들에게 보여줌. 이어 **'미래의료 4.0(김영호)'**과 최근 기사를 활용하여 인공지능 의료 로봇 왓슨과 다빈치 로봇수술을 이용한 갑상선암 수술, 3D 프린팅을 이용한 인공장기에 대한 자료를 정리하여 결과물을 발표함. 발표내용을 중심으로 로봇수술의 정의와 역사, 기능과 시술방법, 장점과 한계를 정리하여 '의료계의 혁신적인 변화'라는 제목으로 의료소식지를 제작하여 학급 진로 게시판에 부착함. 직업인 인터뷰 활동에서 대학병원에 근무하는 의사와 1시간 정도의 쌍방향 인터뷰를 진행하고 미리 준비해 간 질문에 대한 의사의 답변을 차근차근 정리함. 실제 병원에서의 다빈치 로봇의 활용 정도를 조사하고 수술로봇을 다루는 방법, 수술실에서의 의사와 간호사, 수술로봇의 역할을 명확하게 이해하게 됨. 또한 학교 내의 설문조사 활동에서 학생들의 로봇수술 이해도와 인식도에 대해 20문항의 설문을 준비함. 설문조사 결과를 분석하여 일반인들은 로봇수술이라는 개념을 낯설어한다는 것과 부작용을 걱정한다는 것을 알게 됨. 이에 로봇수술의 홍보와 경제성을 높이기 위한 방안을 정리해보고 로봇수술을 홍보하는 포스터를 교내에 부착하는 활동을 진행함. 외과 의사에게 필요한 의료지식이 풍부하고 미래의료분야에 큰 관심을 보이는 등 미래지향적으로 진로를 준비하는 모습이 돋보임.

교과 세부능력 및 특기사항

생명과학

인체와 질병, 생명현상 등에 대한 관심이 많은 학생으로 최근 발생한 코로나19 감염병으로 인해 감염병을 연구하고 백신을 개발하는 의사가 되고 싶다는 생각을 표현함. 교과 연계 독서 발표활동에서 질병과 병원체, 우리 몸의 방어 작용 단원을 학습한 뒤 **'감염병 인류(박한선, 구형찬)'**를 읽고 역사 속에 실존했던 감염병에 생명과학 시간에 학습한 개념을 적용해봄. 진화사적인 관점에서 질병에 맞서 살아남으려는 인간의 행동면역체계를 이해하고 면역 개념을 적용한 코로나 백신의 원리를 찾아 정리함. 병원체가 인류와 공진화한 역사 속에서 백신과 항생제 등의 의료기술로 감염병에 대처하는 과정을 과학적 사고를 통해 통찰하고 이 과정에서 융합적 사고능력과 뛰어난 문제해결능력을 발휘함. 이후 과학 주제 탐구활동에서 면역과 백신의 개념을 바탕으로 최근 개발된 화이자, 모더나, 아스트라제네카, 얀센 백신의 원리와 특징을 각각 조사하고 4개의 백신이 가지는 공통점과 차이점을 비교하여 학급원들 앞에서 발표함. 자료를 수집하고 정리하는 과정이 체계적이고 수준 높은 내용을 명료하게 이해하여 쉽게 전달하는 능력이 두드러짐.

화학

평소 수업 내용에 대한 이해를 바탕으로 개념을 꼼꼼하게 정리하는 습관이 잘 배어 있고 그 결과 화학교과에서 우수한 학업역량을 보임. 사람들의 건강과 생명현상을 이해하는 것과 화학을 융합하여 사고하는 능력이 뛰어나고 예리한 관찰력과 분석능력을 갖추고 있음. 생활 속 다양한 화학반응을 학습한 뒤 진로연계 독서활동으로 **'독은 우리 몸에 어떤 작용을 하는가(다나카 마치)'**을 읽고 독과 약의 차이, 독이 우리 몸 안에 들어와 일으키는 작용, 그리고 그 속에 담긴 화학적 원리를 학급원들에게 설명함. 이후 과학 주제 탐구 활동에서 '독이 의약품으로 활용되는 사례'를 주제로 선정하여 전갈 독에 포함된 펩티드성 클로로톡신이 신경교종 치료제로 활용될 수 있다는 내용과 뱀독이 코로나 바이러스 억제에 효과적이라는 내용을 학급원들에게 소개함. 유해한 독을 유익한 약으로 바꾸는 사고의 전환을 통해 발전하는 인류 모습이 진화의 과정이며 앞으로도 꾸준한 연구가 필요하다는 의견을 제시함.

행동특성 및 종합의견

평소 학습플래너를 활용하여 계획적으로 학습하고 목표의식이 뚜렷하여 설정한 목표를 실천하기 위해 노력하는 모습을 보임. 수업 내용에 대한 이해를 바탕으로 개념을 꼼꼼하게 정리하는 습관이 잘 배어 있고 그 결과 대부분의 교과에서 우수한 학업역량을 보임. 다른 학생들보다 독서량이 많은 편으로 한 달 목표 독서량을 정하고 진로가 비슷한 친구들과 그룹을 지어 독서평가서 작성과 독서토론 활동을 꾸준하게 진행함. **'의사가 말하는 의사 에피소드2(이현석 외)'** 책을 통해 다양한 분야의 전공의 생활을 간접체험하였고, 외상외과와 감염병 예방과 관련한 예방의학과에 관심이 생겼다고 밝힘. 또한 **'국경없는 의사회(데이비드 몰리)'**의 자원봉사자들에 대한 이야기를 보면서 어려운 상황에 처해 있는 사람들의 의료인이 되겠다는 인생 목표와 자신의 철학을 수립함. 학급에서 고민이 많은 친구들의 이야기를 귀담아 경청해주고 친구들과 잘 어울리지 못하는 학생을 자신의 팀으로 받아주는 등 교실 안에서 타인에게 베푸는 삶을 실천하고 있음.

15 ▸▸ 임상병리학과

1 학과 인재상

예리한 관찰력과
세심한 성격을 가지고
정확한 판단을 하는 학생

타인과 협업하여
목표를 수행하고
의사소통을
잘하는 학생

생명과학, 화학,
보건 등의 교과에
관심과 흥미가 있는 학생

의료기기나 장비를 다루는 것에
흥미를 가진 학생

다른 사람에 대한 배려심과
공감능력이 뛰어난 학생

2 유사학과

- 임상의약학과

3 관련직업

- 보건위생 및 환경검사원
- 병리학자
- 생명과학시험원
- 임상병리사
- 임상연구코디네이터
- 환경 및 보건직 공무원 등

4 개설대학

- 가톨릭관동대학교
- 건양대학교
- 경동대학교
- 경운대학교
- 극동대학교
- 김천대학교
- 나사렛대학교
- 남서울대학교
- 단국대학교 천안캠퍼스
- 대구한의대학교
- 대전대학교
- 동서대학교
- 동의대학교
- 부산가톨릭대학교
- 상지대학교

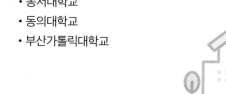

5 학과 연계도서

1 인문계열

2 사회계열

3 자연계열

4 공학계열

5 의약계열·임상병리학과

6 예체능계열

7 교육계열

매력적인 심장여행

요하네스 폰 보르스텔(배명자 역) / 와이즈베리(2016)

이 책은 최신 연구를 바탕으로 우리가 몰랐던 심장과 혈관에 대한 과학적 지식을 흥미롭게 설명하고 있다. 심장의 형성과 기능, 심장의 생성과 발달, 심혈관이 막히는 심근경색에 대한 모든 것을 밝히고 흡연, 음주와 심장 건강의 상관관계를 통해 위험성을 경고한다. 심장의 정체 현상으로 관상동맥질환, 동맥경화, 심부전을 소개하고 심근경색, 심실세동, 심정지 등의 응급상황에 당면했을 때 대처하는 방법을 안내하고 있다. 또한 섭식과 심장 건강의 상관관계를 밝히고, 심장 체조 운동과 수면, 스트레스, 이별의 상심이 심장에 미치는 영향, 심장에 좋은 음식을 수록하고 있다. 우리 몸, 그중에서도 특히 심장에 대한 과학적 이해를 돕고 평소 건강을 챙길 수 있도록 도움을 주는 책이다.

위대한 세포

금동호 / 해나무(2019)

이 책은 우리 몸속 세포의 탄생부터 분화하고 분열하며 소멸하는 과정까지 놀라운 생물학적 발견을 흥미롭게 소개하고 있다. 저자는 노벨 생리의학상 수상자들의 수많은 연구 가운데 14가지를 골라 소개하고 있으며 어떤 이유로 노벨상을 받았는지를 상세하게 조명한다. 세포분열을 통해 수를 늘리고 외부에 있는 적들에 방어하며 노화되어 마침내 죽음에 이르는 세포의 일생이 인간의 삶과 닮았다고 설명한다. 또한 체외수정, 생체시계, 세포자살, 유전자가위 등 생명과학 연구의 눈부신 성취와 의미를 한눈에 볼 수 있으며 미래에 펼쳐질 모습까지 세포에 관한 모든 내용을 수록하고 있다.

프셉마음: 감염관리실 편

남소희, 허연정 / 드림널스(2020)

이 책은 감염관리실에서 근무한 경험을 바탕으로 사례를 통해 실제적인 임상 지식을 상황에 맞게 전달하고 있다. 감염관리의 역사와 필요성, 감염관리 사업계획, 세균의 명명법, 세균의 모양에 따른 분류, 그람 양성균과 그람 음성균 비교, 산소에 대한 세균 반응에 따른 분류과 다양한 세균을 설명하고 있다. 또한 손위생 모니터링 방법, 무균술과 안전주사실무, 의료 관련 감염에 관한 감염병 6종, 부서별 감염관리, 직원감염 소독 및 멸균에 대한 내용이 수록되어 있다. 병원관리와 관련해 공기, 물, 건축·개보수, 청소 및 소독, 의료폐기물, 세탁물 등에 대한 관리와 구체적인 지식을 안내하고 있다.

하리하라의 바이오 사이언스 유전과 생명공학

이은희 / 살림출판사(2009)

이 책은 유전자와 생명과학의 과거와 현재, 진실과 오해, 본질과 왜곡을 친절하게 설명한다. 현미경의 발명에서 비롯된 세포 발견과 멘델의 유전법칙에서부터 줄기세포와 유전자 재조합까지 생명과학의 다양한 비밀을 살펴본다. 멘델의 완두콩 실험으로 발견한 유전법칙과 염색체의 정체, 왓슨과 크릭이 발견한 DNA의 구조에 대한 설명을 통해 꼭 알아야 할 생명과학의 기본적인 개념을 다루고 있다. 돌연변이와 유전질환, 우생학에 대한 설명을 통해 유전질환에 대한 오해와 편견이 사회적으로 치명적인 결과를 가져올 수 있음을 보여준다. 또한 유전자 재조합 식품과 바이러스를 이용한 유전자 치료 등 상상만으로 가능했던 일들이 현실로 이루어지게 되는 과정과 과학적 원리를 설명하고 있다.

도란도란 화학 이야기
윤용진 / 자유아카데미(2021)

이 책은 대학의 일반화학 수준의 내용까지 다루지만 화학을 처음 만나는 사람들도 거부감 없이 읽을 수 있도록 구성하였다. 수식과 표와 반응식을 그림으로 표현하여 최대한 이해를 돕도록 하였고 개념을 이해할 수 있도록 자세히 풀어서 설명하였다. 1~2강에서는 물질과 화학에서 사용하는 언어들을 설명하고 3~5강에서는 원자 구조, 전자, 원자의 암호문인 주기율표를 차례로 강론한다. 6강에서는 에너지, 7강에서는 입자들의 상호 작용, 8강에서는 물질의 상태와 성질의 관련성을 논의한다. 9강에서는 결합 이론과 종류를, 10~11강에서는 화학 반응을 다룬다. 12~13강에서는 유기 분자와 생체 분자의 기능성을 소개하고 그에 담긴 다양한 지식을 전하고 있다.

재밌어서 밤새 읽는 원소 이야기
사마키 다케오(오승민 역) / 더숲(2017)

이 책은 현재까지 밝혀진 총 118개의 원소에 대한 설명을 쉽고 흥미진진한 이야기와 함께 풀어내고 있다. 방사능, 희소 금속, 희토류 등을 원소의 성질에 빗대어 친절히 설명하는 것은 물론 원소명의 유래와 원소 발견에 얽힌 일화, 원소의 활용과 그와 연관된 사건 사고에 이르기까지 알기 쉽게 풀어서 설명하고 있다. 학생들이 어렵다고 생각하는 과학과 수학의 기초부터 심도 있는 이론을 다루고 딱딱한 개념을 흥미로운 이야기 속에 녹여내고 있다. 우주에서 제일 많은 수소(1번)부터 아시아 국가가 발견해 이름을 붙인 최초의 원소인 니호늄(113번), 생존인물의 이름을 딴 두 번째 원소 오가네손(118번)까지 원소와 관련한 다양한 이야기를 전해주고 있다.

의사가 체험으로 말하는 요료법
김정희 / 산수야(2014)

자신의 오줌으로 병을 치료하는 요료법을 체험한 의사들의 생생한 증언이 담긴 책으로, 그동안 매스컴을 통해 알려진 요료법에 대한 일반인들의 궁금증을 해소하기 위해 출간되었다. 전 세계적으로 기승을 부리는 슈퍼박테리아와 각종 바이러스 질병에 대응하는 방법으로 우리 자신의 면역력을 들 수 있고, 면역력을 실시간으로 우리 몸에서 생성하고 있는 것이 오줌이라고 설명한다. 이 책에서는 다섯 명의 의사가 요료법을 체험한 후 환자들에게 요료법과 병원치료를 병행할 것을 추천하고 있다. 그들은 요료법이 간암과 만성신증후군, 류머티즘, 아토피, 인슐린의존성당뇨, 신부전, 알레르기 비염, 축농증, 비만, 고혈압, 알레르기 피부질환 등에 효과가 있다고 주장하고 있다.

하비가 들려주는 혈액 순환 이야기
손선영 / 자음과모음(2010)

영국 생리학자이자 의학자인 하비가 혈액 순환에 대한 이야기를 과학적으로 설명한 책이다. 하비 학설의 탄생 배경과 심장의 역할, 동맥과 정맥의 차이, 해부학의 기원, 모세혈관의 역할, 개방혈관계 동물과 폐쇄혈관계 동물, 체순환과 폐순환의 원리 등을 흥미롭게 설명하고 있다. 크게 두근두근 심장 해부 시간, 인체의 비밀을 여는 해부학, 혈액의 흐름에 관한 갈레노스의 주장, 하비의 엉뚱하고 위험한 상상, 혈액순환 이론을 재정립한 하비의 발견, 다양한 생물들의 혈액 순환, 혈액 순환이 필요한 이유로 구성하였다. 과학시간에 배운 내용을 바탕으로 심화 내용까지 어렵지 않게 이해할 수 있도록 흥미롭게 구성하였다.

전염병 치료제를 내가 만든다면
예병일 / 다른(2020)

이 책은 전염병이 무엇인지 설명하고 역사의 흐름을 바꾼 사례와 전염병을 해결하는 과정을 소개하고 있다. 말라리아, 한센병, 탄저, 결핵, 사스, 메르스, 코로나19에 대응하는 인류의 노력 과정을 소개하고 전염병에 대한 오해를 바로잡고 있다. 또한 새로운 전염병에 맞서 온 인류의 모습을 통해 코로나19 이후 세계의 변화와 대처 방법을 제시하고 있다. 임상시험의 중요성을 강조하면서 관련한 역사적 상황을 안내하고 백신과 항체 치료법, 항생제와 항바이러스제를 소개하고 있다. 또한 위생과 보건정책의 중요성, 면역과 영양소의 관계를 통해 전염병에 대비하는 방법을 안내한다. 전염병을 극복하도록 돕는 다양한 직업군을 설명하면서 임상병리사에 대한 내용도 같이 수록하고 있다.

간호사라서 다행이야
김리연 / 원더박스(2020)

이 책은 지방 전문대 간호학생이 삼성서울병원을 거쳐 뉴욕 대형병원에 입성하는 과정을 다룬 성장에세이다. 나이팅게일로 상징되는 기존의 간호사상을 깨고, 자신의 목표에 솔직하면서도 간호사로서의 실력을 착실히 쌓아가면서 인정받는 간호사가 되기까지의 이야기를 담고 있다. 뉴욕 대형병원인 마운트 사이나이 베스 이스라엘 병원에 입사하는 과정과 한국과 사뭇 다른 미국 의료 현장의 현실, 외국인 간호사로서 겪는 새로운 경험들이 수록되어 있다. 다양한 분야에서 활동하고 있는 선배 간호사들의 솔직한 이야기를 통해 간호사로 산다는 것의 의미를 다채롭게 들여다볼 수 있다. 보건 분야를 희망하는 학생들에게 꿈과 열정을 심어주고 외국의 병원생활을 생생하게 전달하고 있다.

혈관 내장 구조 교과서
노가미 하루오 외 2인(장은정 역) / 보누스(2020)

이 책은 혈액과 혈관 및 인체의 모든 내장기관을 해부학적으로 알려주는 책이다. 인체의 모든 혈관 및 내장기관을 명확히 형상화하고, 기능과 원리를 익힐 수 있도록 상세한 해설과 사실적인 일러스트를 담았다. 인체 질환과 증상의 본질을 이해할 때 꼭 필요한 세포, 조직, 감각기관 등 각 계통의 전문 의학 지식을 상세히 수록했고, 세포와 조직을 비롯한 인체의 가장 작은 부분에서 기관이 모인 계통까지 그 구조를 체계적으로 파악할 수 있도록 설명했다. 120개 테마로 분류한 체계적인 구성과 320개 이상의 생생한 CG일러스트가 인체 혈관과 내장의 구조를 쉽게 이해할 수 있도록 안내하고 있다.

1 인문계열

2 사회계열

3 자연계열

4 공학계열

5 의약계열 · 임상병리학과

6 예체능계열

7 교육계열

임상병리학과 독서탐구활동 활용사례

자율활동 특기사항

학급 건강도우미 활동에서 **'매력적인 심장여행(요하네스 폰 보르스텔)'**을 참고하여 심장과 혈관에 관한 건강소식지를 만들어 학급원들에게 설명한 뒤 학급 알림 게시판에 부착함. 생명과학시간에 학습한 심장의 구조와 기능을 서두로 심혈관이 막히는 심근경색 등 심장 관련 질환을 소개하고 대학생이 되어서도 과음, 흡연 등은 피해야 한다고 설명함. 또한 평소 식습관, 운동, 스트레스, 수면 등도 심장 건강에 큰 영향을 미치며 심장에 좋은 음식을 정리하여 소개함. 학급 친구들의 반응이 좋아 이후에는 심장 외에도 간과 신장, 폐, 눈, 치아 건강에 관한 건강소식지를 꾸준히 제작해 게시판에 부착하는 활동을 지속함. 나의 꿈 미래 발표 활동에서 해외의 대형병원에서 일하는 임상병리사가 되고 싶다는 자신의 꿈을 소개함. **'간호사라서 다행이야(김리연)'**의 저자 김리연이 자신의 롤모델이라고 소개하면서 유명 대학병원 생활과 외국병원 생활까지 거친 그녀의 발자취를 따라 진취적인 여성이 되고 싶다는 의지를 표명함. 이를 위해 자신이 고교생활에서 해야 할 10가지 목표를 제시하고 졸업 전까지 반드시 목표를 이행하겠다는 결연한 모습을 보여줌.

동아리활동 특기사항

(의료보건동아리)(34시간) 동아리 학년장을 맡아 전년도 활동에 동아리원들의 의견을 반영하여 보다 심화된 보건의료활동을 계획함. 보건소에서 매월 발행하는 자료와 관련 도서를 꾸준히 나누어 읽고 토론활동을 진행함. **'프셉마음: 감염관리실 편(남소희)'**에 수록된 감염관리실의 감염관리계획과 병원의 관리방법을 학교의 보건실에 적용한 보건실 관리법을 보건선생님과 함께 작성해 보건실에 부착함. 또한 **'하비가 들려주는 혈액 순환 이야기(손선영)'**를 참고해 심장구조를 직접 그림으로 그리고 설명을 기입하여 심장의 구조와 세부 기관의 역할을 정리함. 체순환과 폐순환의 원리를 바탕으로 혈액순환의 원리를 이해하고 혈액순환장애의 원인과 그로 인해 발생할 수 있는 질병을 포스터로 제작함. 이후 돼지와 개구리, 오징어 심장해부실험을 진행하여 사람의 심장과 비교하고 구조적 차이를 이해하는 활동을 진행함. 해부단계를 미리 칠판에 정리하여 단계별로 매끄럽게 진행하였고 대범하고 의욕적으로 해부활동을 주도함.

진로활동 특기사항

진로 독서 프로그램인 책으로 보는 세상에서 **'전염병 치료제를 내가 만든다면(예병일)'**을 참고해 독서 연계 발표 활동을 진행함. 세균과 바이러스, 진균의 의미와 구조적 차이를 비교하고 그에 따른 항바이러스제, 항생제, 항진균제의 의미와 특징을 분석함. 또한 로마 멸망과 관련된 말라리아, 생물무기로 쓰인 탄저균 등 인류 역사에 영향을 미친 전염병을 소개하면서 우리는 바이러스와 공존하고 있다고 설명함. 이후 진로 프로젝트 활동에서 임상시험에 관련된 신문기사를 수집하고 영화, 다큐멘터리를 시청하면서 자료를 수집함. 제약회사의 상업성을 위해 임상시험 참여자들의 건강권과 알 권리가 박탈당하고 있으며 동시에 생명윤리 문제가 심각하다고 지적함. 과거 가난한 흑인, 죄수, 군인, 정신지체아 등이 임상시험의 희생양이었으며 최근에도 개발도상국의 사람들이 선진국이 제안하는 대규모 임상시험에 동원되는 경우가 있다고 설명함. 한편 인간을 대신해 동물실험으로 연간 300만 마리 이상의 동물이 희생되며 그럼에도 92%가 임상시험을 통과하지 못하는 상황을 지적함. 코로나 백신도 탈리노마이드 사건과 비슷한 상황이 발생하지 않도록 주의가 필요하다고 설명함. 뉘른베르크 강령과 헬싱키 선언과 같은 윤리지침을 반드시 지켜야 하고 동물과 약자를 희생하는 일은 최소화해야 한다는 생각을 전하며 활동을 마무리함.

교과 세부능력 및 특기사항

생명과학 I

생명체를 이루는 세포의 구조와 기능, 특징과 구성 물질 등을 정확하게 이해하고 자극에 대한 반응 원리 등 인체의 이해에 필요한 지식을 잘 설명함. 생명과학 시간에 학습한 내용을 넘어 생리학의 역사와 발전과정을 조사하고 에너지 대사, 근육과 호르몬, 호흡과정 등 인체생리학에 대한 인체 보고서를 작성함. 과학으로 세상 읽기 활동에서 **'하리하라의 바이오 사이언스 유전과 생명공학(이은희)'**를 읽고 유전자치료기술에 관심을 가지고 최근 각광받고 있는 오가노이드 기술을 발표주제로 선정함. 인체의 줄기세포를 배양하거나 재조합하면 앞으로 신약 개발과 난치병 치료, 인공장기 개발 등에 큰 도움이 될 것이라고 설명함. 기존 임상실험보다 정확성이 높아지고 동물실험에 대한 윤리적인 문제를 해결할 수 있다고 이야기함. 하지만 유도만능줄기세포 개발 과정에서 배아 사용에 대한 우려와 배양과정의 안정성, 소유권 문제와 바이오뱅크의 상업성 문제 등 여전히 생명윤리문제가 동반되며 이는 앞으로 우리들이 해결해야 할 과제가 될 것이라고 설명함.

보건

보건계열 진로를 희망하고 있어 사람들의 건강과 안전 문제에 관심을 가지고 있고 보건 관련 이론지식을 잘 이해하고 있음. 심폐소생술 수업에서 보건동아리에서의 실습 경험을 살려 친구들 앞에서 시범을 보였으며 준전문가 수준의 수행능력을 보여줌. 보건 시사 활동에서 **'위대한 세포(금동호)'**를 참고해 로버트 에드워즈에 의해 개발된 체외수정시술을 주제로 진로소식지를 제작함. 인류는 체내수정을 하는 동물이지만 불임과 난임으로 고통받는 사람들을 위해 시험관 아기 시술이 이루어지고 있다고 설명함. 시험관 시술의 과정을 난자의 과배란 유도, 난자와 정자 채취, 체외수정과 수정란 배양, 자궁내막 이식과 보강의 단계별로 나누어 그림과 함께 차근차근 소개함. 또한 처음 박쥐의 체외수정으로 시작된 체외수정의 역사와 앞으로의 전개 방향을 제시하고 시험관 시술 시 유의사항, 시술 비용과 정부 시술비 지원 등의 현실적인 문제를 다룸. 그리고 최근 이슈가 된 비혼모 체외수정문제와 난자기증문제, 냉동난자에 대한 신문기사를 수집하여 정리하고 그로 인한 생명윤리문제를 객관적으로 조명함.

행동특성 및 종합의견

활발하면서도 세심한 성격으로 자기관리능력이 뛰어나고 학급의 일도 자신의 일처럼 적극적으로 참여하는 모습을 보임. 또한 모든 교과에서 바른 수업태도로 꾸준하게 학업에 매진하는 모습을 보여 선생님들로부터 신뢰를 받고 있음. 평소 건강관리법에 관심이 많아 건강 관련 자료를 수집하고 가족과 친구들의 식습관, 운동 습관을 챙기고 스트레스 관리를 도와줌. **'혈관 내장 구조 교과서(노가미 하루오 외)'**를 참고하여 우리가 걸리기 쉬운 질환의 원인과 증세를 매달 체크리스트로 작성하여 학급 게시판에 게시함. 학급 친구들은 자투리 시간에 체크리스트를 확인하면서 건강검진을 받고 있는 것 같다고 고마움을 표현함. 자신의 진로와 관련한 과학캠프와 해부캠프를 신청하여 하루도 빠지지 않고 참여하면서 전공에 필요한 이론과 실험능력, 실습능력을 신장시킴. 또한 고교로 찾아오는 대학전공 체험활동을 직접 신청해 인체모형을 만져보고 맥박측정방법과 측정 위치를 익히는 과정에서 적극적인 자세로 자신의 진로를 준비하는 모습을 엿볼 수 있었음.

1 인문계열

2 사회계열

3 자연계열

4 공학계열

5 의약계열·임상병리학과

6 예체능계열

7 교육계열

16 ▸▸ 작업치료학과

1 학과 인재상

대인관계능력이 뛰어나고
타인을 배려하는
말과 행동을 하는 학생

책임감과 인내력,
끈기와 희생정신을
가지고 생활하는 학생

생명과학, 화학, 영어,
보건 등의 교과에
흥미를 가진 학생

새로운 환경에 잘 적응하고
맡은 일을 꾸준히
수행하는 학생

사람에 대한 이해심이 깊고
환자의 아픔을 같이
나눌 수 있는 학생

2 유사학과

- 스포츠건강재활학과
- 스포츠재활학과
- 언어치료청각재활학과
- 작업치료과
- 재활건강증진과
- 재활퍼스트트레이닝학과
- 직업재활학과

3 관련직업

- 놀이치료사
- 물리치료사
- 미술치료사
- 보건직공무원
- 사회복지사
- 스포츠트레이너
- 임상심리사
- 예술치료사
- 언어치료사
- 음악치료사
- 웃음치료사
- 작업치료사
- 직업평가사
- 중독치료사
- 청능치료사
- 특수교사 등

4 개설대학

- 가야대학교
- 강원대학교
- 건양대학교
- 경동대학교
- 경운대학교
- 고신대학교
- 광주대학교
- 광주여자대학교
- 극동대학교
- 김천대학교
- 대구대학교
- 동서대학교
- 동신대학교
- 백석대학교
- 상지대학교
- 연세대학교 미래캠퍼스
- 우석대학교
- 우송대학교
- 원광대학교
- 유원대학교
- 인제대학교
- 전주대학교
- 조선대학교
- 중원대학교
- 청주대학교
- 한서대학교
- 호남대학교
- 호원대학교

궁금해요! 작업치료사

연세대학교 작업치료학과 편집위원회 / 학지사메디컬(2021)

이 책은 작업치료학을 전공하고 싶은 학생 혹은 작업치료에 관심 있는 사람들에게 도움이 되었으면 하는 바람을 담아 연세대학교 작업치료학과 동문들이 완성하였다. 작업치료사로서의 삶을 선택하고, 고뇌하고, 살아내는 생생하고 감동적인 이야기들을 에피소드 형식으로 담았다. 작업치료사가 하는 다양한 일과 영역, 근무기관, 작업치료 대상자, 작업치료사가 되는 방법 등을 소개하고 있다. 작업치료사들의 애환과 어려움을 이야기하면서도 보람을 느낄 수 있는 부분을 안내하고 있다. 또한 세계로 향하는 작업치료사로서 외국에서 생활하고 있는 사례를 제시하고 있다.

세계사를 바꾼 21인의 위험한 뇌

고나가야 마사아키(서수지 역) / 사람과 나무사이(2021)

이 책은 인간 뇌질환으로 잘못된 판단이 역사에 미친 영향을 이야기하고 있다. 영웅과 리더의 병든 뇌가 세계사의 물줄기를 바꾸었다. 이 책은 측두엽뇌전증, 뇌하수체 종양, 편두통, 고혈압뇌출혈, 파킨슨병 등의 질환이 막시미누스 트락스, 잔 다르크, 도스토옙스키, 링컨, 그랜트, 프랭클린 루스벨트, 히틀러, 마오쩌둥, 브레즈네프 등 21명 역사적 인물들의 뇌에 침투하여 중요한 순간에 돌이킬 수 없는 결정을 하게 함으로써 세계사를 바꾸었다고 설명한다. 만약 뇌질환이 없었더라면 바뀌었을 역사적 상황을 제시하여 우리가 미처 알지 못했던 과학적 사실과 역사적 사실을 알려주고 있다.

인류에게 필요한 11가지 약 이야기

정승규 / 반니(2020)

이 책은 인류와 밀접한 약 11가지를 다루었다. 항바이러스제부터 정신적 스트레스로 수요가 많은 정신과 약, 항암 대체제로 이슈가 된 구충제 등을 소개하고 있다. 여성인권 신장을 가져온 피임약, 카리브해에서 찾은 탈모 치료제, 현대인의 쓰린 속을 달래 주는 위장약, 환청과 망상에서 벗어나게 한 조현병 치료제, 인생의 즐거움을 되찾게 한 항우울제, 불안과 스트레스를 잠재우는 신경안정제와 수면제, 뇌 질환 치료제, 혈당을 낮춰주는 당뇨약, 기생충을 없애는 구충제, 새로운 지평을 여는 유전자 치료제 등이 등장한다. 약에 관한 내용뿐 아니라 역사적, 사회적, 문학적인 내용을 추가해 일반인들도 흥미롭게 이해할 수 있도록 구성하였다.

닉 부이치치의 허그

닉 부이치치(최종훈 역) / 두란노서원(2010)

이 책은 팔다리 없이 전 세계를 누비는 희망 전도사 닉 부이치치를 통해 꿈과 희망의 이야기를 전해주고 있다. 팔다리 없이 태어난 호주 청년 닉 부이치치가 온갖 난관과 장애를 딛고 일어선 경험을 생생하게 담고 있다. 평범한 사람이 누리는 평범한 일상이 가장 부러웠던 스물일곱 살 청년은 전 세계를 누비며 자신의 삶을 통해 하나님의 사랑을 전하고 있다. 신체적 장애로 인해 겪은 아픔과 절망, 그것을 뛰어넘어 행복을 누리고 전하기까지의 과정을 생생하게 그려냈다. 절망을 희망으로, 실패를 기회로, 한계를 비전으로 만들어낸 그의 이야기가 삶을 힘겨워하는 사람들에게 용기를 선사할 것이다.

1 인문계열
2 사회계열
3 자연계열
4 공학계열
5 의약계열·작업치료학과
6 예체능계열
7 교육계열

백년 허리
정선근 / 언탱글링(2021)

이 책은 허리 통증에 대한 지식과 요통에서 벗어나 허리가 아프지 않게 하기 위한 방법을 설명하고 있다. 급성 요통과 관련한 해부학적 기초 지식, 급성 요통과 디스크 손상의 관계, 급성 요통으로 시작한 허리 통증이 깊어지는 과정을 다룬다. 또한 디스크 탈출증의 경과, 신전동작, 요추전만 자세, 디스크 탈출증으로 생기는 방사통의 양상, 좌골신경통이 생기는 이유, 디스크성 요통의 양상 등이 설명되어 있다. 이 외에도 척추관협착증의 진단에 관한 오해들, 척추관협착증의 전형적인 증상과 발생원인, 찢어진 디스크가 다시 붙는다는 사실과 디스크가 아무는 과정, 손상된 디스크를 다시 아물게 하는 척추위생을 소개하고 있다.

자폐아동과 함께 놀이하며 배우기
Julia Moor(금천아이존 역) / 시그마프레스(2013)

이 책은 자폐 아동의 부모와 양육자를 위한 놀이 지침서로 걸음마기부터 초기 학령기까지의 자폐 아동의 놀이에 많은 도움을 주고 있다. 저자는 다양한 놀이 및 학습 활동을 단계별로 나누어 실시하고 아이의 관심과 동기를 높여 정신적인 발달과 사회성을 향상시키는 방법을 제시하고 있다. 또한 음악, 미술, 신체 활동, 바깥놀이, 퍼즐, 순서 주고받기 놀이, 물놀이, 장난감을 활용한 상상놀이까지 주제별로 아이와 함께 할 수 있는 다양한 놀이를 소개했다. 아이와 함께 적절한 방식으로 책을 읽고 텔레비전을 보는 방법에 대해서도 설명하고 있다. 특히 놀이 활동에 필요한 자료를 구하거나 만드는 방법을 포함하고 있으며, 도움이 될 만한 웹사이트에 대한 정보를 제공하는 등 실질적인 도움을 주고 있다.

우리는 왜 잠을 자야 할까
매슈 워커(이한음 역) / 열린책들(2019)

수면은 인생의 3분의 1을 차지하며 우리의 삶, 건강, 수명에 상당히 큰 영향을 미친다. 지난 20년 동안 수면과학과 관련해 왜 잠을 자며, 수면이 우리의 몸과 뇌에 어떤 도움을 주는지, 잠을 못 자면 건강에 왜 극심한 문제가 생기는지와 관련한 연구가 많아졌다. 저자는 수면부족을 느린 형태의 자기 안락사라고 표현하면서 수면의 중요성을 강조하고 있다. 그리고 꿈이 어떻게 학습, 기분, 활력을 증진시킬 수 있는지, 호르몬을 조절할 수 있는지, 암과 알츠하이머병과 당뇨병을 예방할 수 있는지, 노화의 효과를 늦출 수 있는지, 수명을 연장시킬 수 있는지, 아이들의 학습과 수명을 증진시킬 수 있는지, 능률과 성취도와 생산성을 높일 수 있는지를 설명하고 있다.

우리는 모두 돌보는 사람입니다
페니 윈서(이현 역) / 위즈덤하우스(2021)

이 책은 돌봄자로 살아가면서 경험한 진술한 마음의 이야기를 전하면서 돌봄자가 안전하고 편안하게 살아갈 수 없는 사회 구조적 문제를 꼼꼼히 짚고 있다. 저자 페니 윈서는 우울증을 앓던 엄마와 자폐인 아들을 돌보며 자신에게 일어난 일들을 이해해보려는 깊은 호기심으로 글을 쓰기 시작했다. 그는 돌봄의 다채로운 면면을 들여다보기 위해 다양한 위치와 상황에 있는 돌봄자들을 만났다. 이 책은 저자를 포함한 수많은 돌봄자들의 경험과 연구를 통해 돌봄 현장에 있는 이들에게 혼자가 아니라는 위로를 전하고 있다. 또한 일반인들도 돌봄자가 가진 아픔과 어려움을 이해할 수 있도록 촉구하고 있다.

헬스케어 인공지능과 머신러닝
아르준 파네사(고석범 역) / 에이콘출판(2020)

저자는 당뇨병 커뮤니티에서 환자들이 당뇨를 잘 관리할 수 있도록 도와주는 인공지능 개발 전문가이다. 이 책은 저자의 경험을 살려 헬스케어 종사자들과 헬스케어에 관심이 있는 사람들을 위해 헬스케어 인공지능의 이모저모를 어렵지 않게 설명하고 있다. 이야기는 인공지능의 원료가 되는 데이터로 시작한다. 다른 분야와 마찬가지로 헬스케어 분야에서도 엄청난 양의 데이터가 수집됨에 따라 빅데이터의 특징, 소스, 처리 과정, 공유 방법을 다룬다. 전통적인 의료 데이터는 병원에서 수집하고 관리했던 반면 최근에는 다양한 디바이스와 센서에서 데이터를 수집하다 보니 전통과 혁신이 충돌할 수밖에 없다. 이 책에서는 이러한 문제를 현명하게 해결했을 때 얻을 수 있는 가치를 생각해 보게 한다.

통증 혁명
존 사노(이재석 역) / 국일미디어(2017)

통증은 직장 생활을 방해하는 질환 1순위로 감기 다음으로 병원을 많이 찾는 흔한 질병이다. 이 책은 뉴욕의대 재활의학과의 존 사노 박사의 혁명적 통증이론을 바탕으로 우리가 평소 겪는 다양한 통증을 소개하고 있다. 어떤 사람이 TMS(긴장성 근육통 증후군)에 잘 걸리며, TMS가 자주 나타나는 신체 부위는 어디인지, TMS에는 일정한 유형이 있는지, TMS가 건강과 일상생활에 어떤 영향을 미치는지를 소개하고 있다. 또한 통증의 심리학과 생리학, 그리고 치료법에 관해 알아보고 지금까지의 통증의 진단과 치료법을 소개했다. 건강과 질병의 관점에서 몸과 마음의 상호작용을 살펴보며 통증 치료를 위한 방법을 안내하고 있다.

1 인문계열

2 사회계열

3 자연계열

4 공학계열

5 의약계열 · 작업치료학과

6 예체능계열

7 교육계열

작업치료학과 독서탐구활동 활용사례

자율활동 특기사항

학급의 1인 1역할에서 건강지킴이를 맡아 학급원들이 오후가 되면 졸거나 피곤해하는 모습을 보고 학급 수면건강 캠페인 활동을 준비하게 됨. **'우리는 왜 잠을 자야 할까(매슈 워커)'**를 참고해 수면의 중요성과 몸, 뇌에 미치는 영향을 조사하고 학습과 건강, 기분 나아가 수명 및 질병과의 관련성을 포스터로 작성함. 램수면 상태에서 우리의 뇌는 각성이 된 뇌파가 생겨 하루의 기억을 장기기억으로 변화시킨다는 사실을 강조함. 숙면을 위한 최적의 환경과 방해하는 요인을 정리하여 학급 친구들이 수면 환경을 스스로 점검할 수 있는 체크리스트를 만들어 배부함. 2학기에는 장시간 교실에서 수업을 받으며 허리가 좋지 않은 친구들을 위해 **'백년 허리(정선근)'**를 참고하여 건강한 척추 가이드북을 제작함. 급성 요통이 생기는 이유를 우리 몸의 구조를 통해 과학적으로 설명하고 허리디스크의 증세와 간단한 진단법으로 하지직거상을 소개함. 허리디스크는 잘못된 자세가 큰 원인이며 장기간 같은 자세를 자제하고 가벼운 스트레칭과 산책이 필요하다고 설명함.

동아리활동 특기사항

(의료보건동아리)(34시간) 부원들의 추천과 지지 속에 동아리 회장을 맡게 되어 1년간 동아리 운영계획을 수립하고 동아리의 전반적인 활동을 이끌어감. 동아리원들과 **'닉 부이치치의 허그(닉 부이치치)'**를 읽고 팔다리가 없는 절망적인 상황 속에서 세계를 돌며 희망의 메시지 전하는 모습에 감동을 받았다고 함. 이후 학교 생활에서 친구나 학업, 진로 고민 등으로 스트레스가 많은 학생들을 위해 허그데이 행사를 준비하게 됨. 허그데이 행사 홍보에 닉 부이치치에 대한 영상을 활용하자는 의견을 제시하였고 허그데이의 의미와 희망이 담긴 메시지들을 모아 행사 안내포스터로 제작함. 점심시간 급식실 앞에서 참여한 학생들은 격려 메시지를 읽고 희망의 카드를 전달하는 행사를 진행함. 소중한 사람에게 전할 희망의 메시지카드를 작성하여 제출하면 다음날 전달해주는 사랑의 메신저 역할을 수행함. 행사에 참여한 학생들은 주변에 있는 익명의 누군가로부터 메시지카드를 받고 자신감을 얻고 자신이 소중한 사람임을 알게 되었다고 응답함.

진로활동 특기사항

대학전공 체험활동에서 작업치료학과를 직접 방문해 작업치료학과 로드맵에 대한 설명을 듣고 다양한 검사도구와 재활치료기기, 청각재활게임 등을 체험함. 방문하기 전 미리 **'궁금해요! 작업치료사(연세대학교 작업치료학과 편집위원회)'**를 읽고 평소 작업치료학과와 작업치료사에 대해 궁금해했던 내용을 교수님께 질문함. 작업치료사의 진로가 생각보다 다양함을 알게 되었고 어렵지만 보람을 느낄 수 있는 직업임을 느꼈다고 함. 이후 전공체험 중 알게 된 ASD(자폐스펙트럼장애)와 PDD(전반적발달장애), MR(지적장애)의 차이와 증상을 조사하고 지도방법 등을 정리하여 보고서로 제출함. 2명의 친구들과 함께 미래보건 보고서를 작성하는 활동에서 **'헬스케어 인공지능과 머신러닝(아르준 파네사)'**을 참고하여 주제 탐구 활동을 진행함. 빅데이터는 병원의 운영시스템과 개인에 맞는 진료법, 유전자분석 등 보건의료의 다양한 분야에 영향을 미칠 것이라고 설명함. 또한 미국의 All of US 프로젝트와 영국의 생체자원은행 등 외국의 헬스케어 관련 빅데이터정책을 소개함. 우리나라도 가명정보를 개인 동의 없이 빅데이터에 활용할 수 있는 법안을 소개함. 앞으로 빅데이터와 개인의 유전자를 분석해 미리 예상되는 질병을 진단받고 적합한 처방방법을 제공받는 날이 머지 않았다고 설명함.

교과 세부능력 및 특기사항

생명과학 I

수업시간 집중력 있는 모습으로 그날 배운 내용을 노트에 깔끔하게 정리하고 생명과학에 대한 이해도가 높은 학생임. 인체와 생명현상에 대한 관심으로 **'인체구조교과서(다케우치 슈지)'**를 참고하여 신체 부위별 해부학 지식을 과학포스터로 제작함. 부위별로 나누어 우리 몸에 나타나기 쉬운 질병과 원인을 그림으로 도식화하고 치료법을 부언 설명하면서 학생들이 이해하기 쉽도록 포스터를 제작함. 과학 융합 활동에서 **'세계사를 바꾼 21인의 위험한 뇌(고나가야 마사아키)'**를 읽고 당시 히틀러가 파킨슨병을 앓고 있었던 부분이 세계사에 영향을 주었음을 알게 되면서 파킨슨병에 대한 궁금증을 가지게 됨. 파킨슨병은 치매, 뇌졸중과 함께 3대 노인 질환으로 뇌의 특정 신경 세포들이 죽어가면서 나타나는 만성 퇴행성 뇌질환이라고 설명함. 또한 파킨슨병 증상과 진단검사방법, 치료방법(약물치료, 수술치료)을 정리하고 장기적인 치료계획과 환자 상태에 가장 적합한 치료법이 중요하다고 언급함. 파킨슨병 환자가 주의해야 할 사항과 식이요법, 운동법 등을 정리하여 보고서를 제출하고 발표를 진행함.

보건

사람들의 건강과 안전에 관심을 가지고 건강에 미치는 영향을 크게 생물학적 요인, 개인적 요인, 물리적 요인, 사회경제적 요인으로 나누어 설명함. 또한 건강을 관리하는 방법을 개인적 차원과 사회정책적 차원으로 정리하면서 개인의 습관과 건강을 중시하는 사회분위기가 요구된다고 주장함. 정서와 정신건강 단원을 학습하면서 자폐 학생과 관련한 보건 신문을 작성하는 활동을 진행하게 됨. 자폐 아동을 둔 부모에 관한 다큐멘터리를 감상하고 자폐 가정의 분위기와 부모의 마음을 헤아리게 되었다고 함. 자폐를 이해하기 위해 자폐 아동의 특징을 상호작용, 의사소통, 집착성으로 설명하면서 행동에서 나타나는 10가지 증상을 설명함. 또한 신경생물학적 원인과 뇌발달 장애가 관련됨을 이해하고 자폐를 진단하는 방법과 치료하는 방법을 소개함. 이후 **'자폐아동과 함께 놀이하며 배우기(Julia Moor)'**를 참고하여 부모와 양육자 입장에서 사회성을 향상시킬 수 있는 놀이 지침서를 만듦. 자폐학생을 돌보려면 책을 읽고 텔레비전을 보는 사소한 부분에서도 아동의 눈높이에 맞춰야 한다는 사실을 강조함.

행동특성 및 종합의견

학급 부반장으로 평소 침착하고 상황을 객관적으로 바라보며 자신이 맡은 일에 책임감과 열정을 가지고 생활함. 또한 학급원들의 생각과 의견을 귀담아듣고 주어진 상황에서 친구들의 입장을 최대한 배려하려는 모습을 보임. 친구들에게 종종 희망의 편지를 보내주면서 돈독한 우정을 보여주었고 긍정적인 에너지를 발산하는 역할을 함. 학급에 장애 학생이 있어 다른 학생들이 다소 어려워하거나 부담을 가지는 상황에서도 먼저 다가가 친구의 어려움을 도와줌. 학교 수업이나 학급 활동을 진행할 때 장애 도우미로서 친구의 활동을 곁에서 도와주고 질문에 성심성의껏 답변함. **'우리는 모두 돌보는 사람입니다(페니 윈서)'**를 읽고 다른 사람과 나누는 삶을 살고 싶다는 자신의 진로를 확고히 할 수 있었다고 함. 정신질환을 앓는 엄마와 자폐증을 가진 아들을 돌본 저자의 모습에 위대함을 느끼면서 자신도 봉사를 실천하는 삶을 살고 싶다고 표현함. 또한 사회적 약자에 대한 사람들의 인식 개선과 정책 변화에 관심을 가지고 사회변화에 앞장서겠다는 생각을 드러냄.

17 ▸▸ 치기공학과

1 학과 인재상

과학적 소양과 사물에 대한 관찰력, 집중력을 가지고 있는 학생

사회현상에 대한 이해와 과학적 지식을 갖춘 학생

물리학, 화학, 생명과학, 사회, 보건 등의 교과에 관심과 흥미가 있는 학생

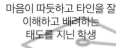

의료기기와 장비를 다루고 만드는 것을 좋아하는 학생

마음이 따듯하고 타인을 잘 이해하고 배려하는 태도를 지닌 학생

2 유사학과

- 바이오의공학부
- 의료IT공학과
- 의료공학과
- 의용공학과
- 재활건강증진과
- 작업치료과

3 관련직업

- 보건직공무원
- 의료장비기사
- 의료장비기술영업원
- 치과기공사 등

4 개설대학

- 경동대학교
- 김천대학교
- 부산가톨릭대학교
- 신한대학교 등

명함도 없이 일합니다

지민채 / 마누스(2021)

이 책은 저자가 치과기공사로 살아가며 겪은 에피소드를 소개하여 웃음을 자아내고 공감을 불러일으키기도 하며 냉혹한 현실을 돌아보게 만들기도 한다. 낯설게 느껴질지 모르지만 우리 삶과 아주 밀접한 관계를 맺고 있는 직업인 치과기공사는 치아보철물 또는 교정장치 등을 제작하거나 수리, 가공하는 일을 한다. 외부와 철저히 단절된 곳에서 일하지만 저자는 누군가의 신체 일부가 되어줄 보철물을 만들며 사회에 보탬이 되고 있다는 자부심을 느낀다. 이리 치이고 저리 치이는 직장 생활을 영위해 가면서도 조금씩 성장하며 사회의 일원으로 살아가는 모습을 생생하게 들려준다. 치기공학과에 대한 관심이 많은 학생들에게 생생한 목소리로 직업에 대한 이해를 돕고 있다.

나의 직업 의료기사

꿈디자인 LAB / 동천출판(2021)

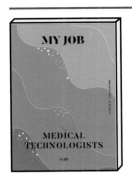

의료기사는 의료기사법으로 제정된 전문직종으로 임상병리사, 방사선사, 물리치료사, 작업치료사, 치과기공사, 치과위생사의 6가지 종류가 있다. 이 책은 의료기사의 세계를 이해하고 의료기사라는 직업을 탐구하여 청소년들이 다양한 직업을 접할 수 있는 기회를 제공한다. 의료기사는 종류에 따라 하는 일이나 근무환경이 완전히 다른 독립적인 전문직종이다. 그중 치과기공사는 치과의사의 의뢰를 받아 보철물, 교정장치 등을 제작하거나 수리하는 업무를 한다. 이 책은 다른 의료기사와 함께 치과기공사를 소개하고 있으며 치과기공사의 업무, 치과기공사가 일하는 곳, 치과기공사의 보수, 직업의 장단점을 알려주고 있다. 치과기공사에 관심이 많은 대학생이나 고등학생에게 도움이 되는 책이다.

우리 아이 치아 건강

정영석 / 혜지원(2016)

이 책은 두 아이를 둔 치과의사 아빠가 친절히 알려 주는 어린이 구강 관련 Q&A 117가지로 구성되어 있다. 어린 자녀의 구강 건강과 관련해 부모님이 주로 하는 질문들에 의학적 지식과 실제 치료 사례를 바탕으로 답변하고 현실적인 조언도 제시했다. 유아기 구강 관련 습관, 유치가 날 때 생기는 일들, 유치와 영구치, 충치 이야기, 다양한 구강 질환 및 외상, 치과에서 받는 치료 등을 설명한다. 사랑니, 스케일링, 임플란트 등 성인을 위한 조언도 수록되어 있어 온 가족의 구강 건강을 점검할 수 있다. 현대인들의 치아건강에 대한 관심과 치아건강의 중요성을 안내하고 어려서부터 치아관리에 관심을 가질 것을 강조하고 있다.

3D 프린터 101

안상준 / 한빛미디어(2018)

이 책은 3D 프린터의 하드웨어 구조, 구매와 조립 및 사용 방법, 소프트웨어, 트러블슈팅 등 3D 프린터를 실제로 작동시킬 때 필요한 기초지식을 담고 있는 입문서이다. 3D 프린터 사용자가 반드시 알아야 하는 지식을 한 권의 책으로 엮어 인터넷에 흩어져 있는 정보를 개별적으로 찾아 헤매는 수고를 줄일 수 있다. 3D 프린팅 분야에 관심이 있지만 전문지식이 부족하거나 막막해서 시도하지 못했던 사람, 3D 프린터를 구매 또는 제작하고자 하는 사람에게 도움이 되도록 구성하였다. 또한 3D 프린팅 및 3D 프린터에서 많이 쓰이는 용어의 개념을 정리한 용어집이 부록으로 수록되어 있어 궁금한 용어를 한눈에 익힐 수 있다.

1 인문계열

2 사회계열

3 자연계열

4 공학계열

5 의약계열 · 치기공학과

6 예체능계열

7 교육계열

우리가 몰랐던 턱관절 통증 치료의 놀라운 비밀
로버트 업가르드(장성준 역) / 중앙생활사(2018)

이 책은 턱관절 질환의 진단과 치료법, 고혈압 당뇨 환자의 치과 치료, 양악수술, 임플란트 등 턱관절이 건강해지는 최고의 비법을 소개한다. 턱관절 장애의 원인과 주요 증상, 자가진단법을 설명하고 턱관절 기능 향상에 효과적인 9가지 운동법을 제시하고 있다. 또한 통증유발점을 이용한 연관통 치료법과 머리와 목, 어깨 근육의 연관통증 양상 및 대처법을 설명하고 있다. 아울러 잘못된 구강 습관과 잘못된 자세 습관, 잘못된 근육 사용과 식습관을 개선하는 '나쁜 습관 없애기'가 제시되어 있다. 이외에도 스트레스 요인 분석, 식사와 운동 습관의 분석과 개선방법, 섬유근육통증후군과 턱관절 장애, 턱관절 장애에 유용한 치료법이 잘 나타나 있다.

백세 치아
김문섭 / 메이드마인드(2017)

인간의 수명이 늘어나면서 질병과 통증 없이 사는 건강한 삶에 대한 관심이 높아졌다. 이 책은 100세가 되어도 20대의 건강한 자연치아를 유지할 수 있는 방법을 소개하고 있다. 그리고 자연치아를 살리는 방법과 턱관절의 딱딱소리, 잇몸병을 막는 생활 습관, 치아 색깔에 대한 고민, 경제적인 치과치료 방법 등을 소개하고 있다. 또한 치아가 나빠져 치아교정과 신경치료, 스케일링 등을 받는 상황에 대한 지식도 안내하고 있다. 자신의 인생 주기에 맞는 치아 건강법과 평소 활용할 수 있는 치아관리방법 등에 대한 내용까지 우리에게 필요한 다양한 치아지식을 자세하게 설명하고 있다.

중·고등학생을 위한 인공지능 교과서
천위쿤(사이언스 주니어 인공지능 연구회 역) / 광문각(2020)

이 책은 중국 최고의 인공지능 플랫폼 기업 센스타임과 교육 전문가, 중등학교의 우수한 교사들이 공동으로 개발하였다. 인공지능에 대한 과학적 이론을 이해하고 처음부터 차근차근 인공지능 이론과 기본적인 능력을 활용할 수 있도록 총 9장으로 구성했다. 인공지능의 개요, 간단한 프로그래밍, 머신 비전 소개, 이미지 처리와 분류, 음성인식, 자연어 처리를 포함한 전체 내용이 풍부한 사진 자료와 함께 잘 설명되어 있다. 각 장은 관련된 그림 또는 생활 장면을 가지고 문제에 대한 사고를 통해 단계적으로 지식을 전달하고 있다. 인공지능은 미래에 학생들의 다양한 직업과 생활에 없어서는 안 될 필수적인 도구이기에 반드시 청소년들이 알아야 할 내용들을 수록했다.

소재, 인류와 만나다
홍완식 / 삼성경제연구소(2021)

이 책은 인류 역사를 만든 대표적인 소재들을 선정해 각각의 소재가 어떻게 발견되고 어떻게 발전되어 사용되고 있는지 그 과정을 소개하고 있다. 1장~5장은 돌, 금속, 청동, 흙, 콘크리트와 유리가 인류의 끼니를 해결하고 건축물을 짓고 도시를 창조하며 세상의 틀을 세우는 이야기를 들려준다. 6장~7장은 비료와 화학, 철강 소재가 인류를 굶주림에서 구해내는 한편 전쟁의 승패와 국가의 흥망을 좌우하는 과정을 설명한다. 8장~9장은 섬유와 수지, 플라스틱 등 인류가 직접 소재를 합성하고 만들며 현대 문명을 쌓아 올린 이야기로 구성되었다. 과학을 인류 역사와 연관 지어 당시의 상황과 시대적 배경을 융합하여 이해하기 쉽도록 구성하였다.

하리하라, 미드에서 과학을 보다
이은희 / 살림FRIENDS(2010)

이 책은 프리즌 브레이크, 그레이 아나토미, 하우스 등 13가지 미국 인기드라마 중에서 흥미로우면서 과학적으로 중요한 소재를 담고 있는 30편을 대상으로 드라마 속 과학적 내용을 자세히 풀어내고 있다. 친근하고 유쾌한 글을 통해 대중과 전문 과학 분야 사이에서 매개 역할을 해 온 과학 저술가 이은희가 미국드라마를 통해 현대 과학의 원리와 생생한 현장을 소개한다. 냄새 맡는 전자 코에 꼬리 밟힌 범인 이야기, 무지한 수혈이 부른 살인 사건, 임신부를 유산시킨 아이스크림의 정체, 뺑소니 용의자 검거에 도움을 준 옥수수, 식물인간의 영혼이 요구한 안락사 등 미국드라마의 흥미진진한 이야기를 통해 숨은 과학 지식을 재미있게 배울 수 있다.

치의학의 이 저린 역사
제임스 윈브랜트(김준혁 역) / 지식을 만드는 지식(2015)

이 책은 충치, 돌팔이들, 미국 독립 혁명, 틀니 등 몇 가지 주제로 인류가 치아, 치의학과 함께한 역사를 소개한다. 치아를 둘러싼 옛 사람들이 겪었던 이야기를 흥미롭게 보여주면서 치의학이 발전하는 과정을 설명한다. 죽은 사람의 치아가 건강을 가져다준다는 주술적 믿음과 잠시 꽃피웠던 치아 이식술, 보철적 필요에서 시신의 치아를 수거하는 직업이 유행한 이야기를 전해준다. 그리고 프랑스 황후 조세핀의 심한 충치로 인해 손수건이 궁중 문화에서 일상의 에티켓으로 자리 잡게 된 이야기 등 흥미로운 이야기를 소개한다. 치의학에 대한 다양한 사례를 제시하여 관련 직업을 희망하는 학생들에게 큰 도움을 주고 있다.

1 인문계열

2 사회계열

3 자연계열

4 공학계열

5 의약계열 · 치기공학과

6 예체능계열

7 교육계열

치기공학과 독서탐구활동 활용사례

자율활동 특기사항

치아에 문제가 생겨 치과를 다니는 친구를 보고 학급 치아 건강 캠페인 활동을 기획하여 치아습관개선에 힘쓰고 치아에 대한 배경지식을 넓혀줌. 평소 치아 건강에 관심이 많았으며 캠페인 활동에서 건강한 치아 관리를 위한 양치방법, 치간칫솔 사용법, 치실 사용법 등을 소개하는 포스터를 제작함. 또한 **'백세치아(김문섭)'**를 참고하여 치주질환의 원인, 치석과 염증 원리를 과학적으로 설명하고 염증을 줄이는 예방법과 신경치료, 스케일링 등에 대한 치과 지식을 정리하여 학급에서 발표하고 게시판에 게시함. 미래 직업소개 활동에서 **'명함도 없이 일합니다(지민채)'**를 통해 치과기공사에 대한 에피소드를 소개하고 친구들에게 생소할 수 있는 치과기공사 직업을 소개함. 열악한 환경일지라도 사람들에게 꼭 필요한 보철물을 만들며 자부심을 느끼는 사회구성원이 되고 싶다는 의지를 표현함. 이를 위해 남은 1년의 고등학교 기간 동안 수적천석이라는 좌우명을 마음속에 새기고 자신이 해야 할 목표 5가지를 실천에 옮기겠다는 계획을 발표함.

동아리활동 특기사항

(3D 프린팅 동아리)(34시간) 융합적인 사고와 문제해결능력이 우수한 학생으로 최신 공학기술과 3D 프린팅에 대한 관심으로 동아리에 가입함. 동아리 전공체험 활동에서 대학을 방문하여 '3D 프린팅과 미래 기술'을 주제로 교수님의 특강을 듣고 대학생들의 도움을 받아 3D프린터를 작동시키며 직접 만화 캐릭터를 제작함. 추후 소감문에서 3D 프린팅은 앞으로 모든 제품을 간편하게 만들 수 있는 놀라운 기술이라고 설명함. 이후 3D 프린팅 기술을 치아산업과 관련지어 3D 프린팅 기술의 발전현황을 조사하는 진로융합보고서 활동을 전개함. 먼저 **'3D 프린터 101(안상준)'**을 참고하여 3D 프린터의 하드웨어 구조와 소프트웨어, 3D프린터 구매방법과 조립법 및 사용법 등을 일목요연하게 정리함. 치아산업에서는 주로 치아교정 및 보철 치료에 활용되며 환자의 구강을 스캔하고 3D 프린팅으로 환자 맞춤형 디지털 크라운, 브릿지 및 보철물 등을 제작할 수 있다고 설명함. 실제 제작된 교정기와 보철물, 인공치아 등의 자료를 찾아 사진과 함께 제시하고 기존 제품과 비교해 우수하고 정교해진 부분을 분석하여 보고서로 작성함.

진로활동 특기사항

진로 이슈 활동에서 미래의 인공지능과 관련한 영상을 학급원들에게 보여주면서 앞으로 변화할 미래 모습을 소개함. 인공지능을 국내에 알리게 된 알파고에 대한 소개와 함께 **'중·고등학생을 위한 인공지능 교과서(천위쿤)'**의 내용을 인용하여 인공지능 원리와 이미지 처리방식, 음성 인식 등을 사진과 함께 제시함. 치아교정 분석용 방사선 사진을 넣으면 얼굴 비율과 인상 등을 고려해 인공지능이 계측값을 비교해 치아교정이 이루어진다고 인공지능을 활용한 사례를 설명함. 3D 스캐닝과 프린팅, 모델링 기술, 자연치아와 유사한 물성을 가진 소재 개발, 정교한 형상가공이 미래 치기공학과의 미래라고 설명함. 직업인 인터뷰 활동에서 치과기공사에게 미리 연락드려 현장에 방문하고 직업을 자세히 알아보는 활동을 진행함. **'나의 직업 의료기사(꿈디자인LAB)'**를 참고하여 궁금해했던 부분을 질문지로 작성하고 치과기공사의 답변을 정리해 질의응답 형식으로 포스터를 제작함. 또한 교정장치나 보철물을 제작하는 과정, 필요한 기술에 대한 설명을 메모하여 진로 준비를 위한 현실적인 조언을 받게 됨. 추후활동으로 교정술에 사용되는 교정장치의 종류와 활용 사례를 조사하면서 미래 직업에 대한 이해도가 높아짐.

교과 세부능력 및 특기사항

생명과학 I

혈액형 판정 실험에서 단계적으로 실험을 진행하고 결과물을 실험보고서에 정성스럽게 정리함. 추후활동으로 'A형과 B형 사이에서 O형이 태어날 수 있다고?'를 주제로 과학돋보기 활동을 진행함. 혈액형의 유전자형과 표현형에 대해 정리하고 혈액이 엉기고 그렇지 않은 원리, 수혈의 원리를 과학적으로 설명함. 하지만 유전법칙으로 설명되지 않는 예가 존재하며 봄베이 O형과 시스 AB형, week A형과 week B형을 각각 조사하고 이런 현상이 발생하는 이유를 소개함. 또한 영장류인 오랑우탄과 고릴라, 침팬지, 일본원숭이의 혈액형, 나아가 고양이와 돼지, 개의 혈액형 특징을 부연 설명함. 과학으로 세상 읽기 활동에서 **'치의학의 이 저린 역사(제임스 윈브랜트)'**를 읽고 평소 궁금증을 가졌던 마취기술에 대해 조사하게 됨. 마취제가 없었던 과거의 수술법부터 마취법의 발전에 기여한 사람들에 대해 조사하여 발표함. 마취 없는 치아치료를 생각할 수 없는 만큼 치의학 발전에 마취가 미친 영향이 어마어마하다고 이야기함.

화학 I

수업시간 집중력이 좋고 차시마다 제공하는 학습지를 깔끔하게 정리하면서 우수한 성적을 유지함. 산염기 중화 적정을 주제로 중화 적정의 의미와 방법을 이해하고 중화점과 종말점의 위치를 정확하게 설명함. 또한 친구들과 함께 진행한 중화 적정 실험과정을 동영상으로 촬영하고 단계별 중요 포인트와 완전 중화가 이루어지기 위한 조건을 명확하게 설명함. 최신 과학 이슈 발표활동에서 **'소재, 인류를 만나다(홍완식)'**를 참고하여 베이클라이트부터 테릴렌, 최초의 인조섬유 나일론을 소개하고 새로운 소재 개발이 인류의 발전에 미친 긍정적 영향과 그 이면에 자리한 환경오염 문제의 양면성을 이야기함. 또한 최근 플라스틱 문제로 바다거북, 펠리컨 등이 죽은 사진과 영상을 보여주면서 미세플라스틱이 문제가 되는 이유와 함께 환경을 고려한 과학 발전이 필요함을 역설함. 또한 치아기기에도 플라스틱이 많이 활용되는 만큼 대체하거나 재활용할 수 있는 소재가 필요하다고 설명함.

행동특성 및 종합의견

학급 1인 1역할로 학급 기기 도우미를 맡아 전자제품이나 선생님들의 노트북 설치 등을 도와드리는 등의 활동을 책임감 있게 수행함. 과학적 지식과 실험능력이 모두 우수하고 손재주가 좋아 다양한 기기에 능통함. 치과기공사를 희망하면서 매달 치아와 관련한 상식을 모아 학급게시판에 부착하는 활동을 진행함. **'우리 아이 평생 치아 건강(정영석)'**을 활용하여 책에 수록된 치통, 치주질환, 구강질환, 충치 등의 질환을 소개하고 사랑니, 스케일링, 임플란트 등 누구나 고민하게 될 치아 수술과 시술, 치료법을 정리하여 학급 게시판에 게시함. 진로준비를 위해 교내 물리캠프와 생명과학캠프에 열의를 가지고 참여하였으며 대학 전공체험을 직접 신청하는 적극성을 보임. 또한 지역 중학생을 대상으로 하는 진로체험부스에서 오호 만들기, 알록달록 분수 만들기, 드론 체험 등의 주제로 재능기부활동을 진행하면서 전체적인 기획과 활동을 주도함. 친구들 사이에서 인기가 많고 친구들과의 관계가 좋으며 선생님들에게도 인사성이 좋고 성실하다는 평가를 받음.

18 ▸▸ 치위생학과

1 학과 인재상

의료기계나 도구를 다루는 것을 좋아하고 손놀림이 정교한 학생

대인관계가 좋고 다른 사람과 의사소통하는 능력을 가진 학생

물리학, 화학, 생명과학, 사회 등의 교과에 관심과 흥미가 있는 학생

사물에 대한 관찰력과 물체를 입체적으로 생각하는 공간 지각력을 지닌 학생

다른 사람에 대한 배려와 나눔의 마음을 가지고 공감능력이 좋은 학생

2 유사학과

- 치위생과
- 치위생관리학과

3 관련직업

- 구강보건행정가
- 군무원
- 구강보건전문가
- 보건직공무원
- 의료코디네이터
- 의약품영업원
- 의약품영업원
- 의정장교
- 의무부사관
- 의료기술직공무원
- 치과임상전문가
- 치과위생사
- 치과병의원관리자 등

4 개설대학

- 가천대학교
- 강릉원주대학교
- 강원대학교
- 건양대학교 대전캠퍼스
- 경동대학교
- 경북대학교
- 경운대학교
- 광주여자대학교
- 김천대학교
- 남서울대학교
- 단국대학교 천안캠퍼스
- 동서대학교
- 동의대학교
- 백석대학교
- 선문대학교
- 송원대학교
- 신라대학교
- 신한대학교
- 연세대학교 미래캠퍼스
- 영산대학교
- 유원대학교
- 을지대학교
- 청주대학교
- 초당대학교
- 한서대학교
- 호남대학교
- 호원대학교

5 학과 연계도서

나는 치과위생사로 살기로 했다
허소윤 / 나비의활주로(2018)

지난 10년간 치과위생사 세계에 몸담아온 저자가 그동안 치과위생사로서 치열하게 살아온 경험담을 풀어낸 책이다. 치과위생사의 꿈을 키우고, 치과위생사로 일하며 깨달은 노하우를 선배가 후배에게 피와 살이 되는 조언을 들려주듯 친근하면서도 실속 있게 전한다. 치위생과 3년제와 치위생학과 4년제의 차이, 치과위생사 국가고시를 치를 수 있는 조건, 치과의원, 치과병원, 치과대학 부속 치과병원, 종합병원의 차이, 치과위생사에게 필요한 덕목, 치과위생사로 취업하기 위한 자기소개서 및 면접 요령 등 치과위생사를 준비하는 사람들에게 실질적인 도움을 준다. 또한 치과위생사로서 주체적으로 살아갈 수 있는 방법을 이야기하고 있다.

치과 상담 스킬 업!
김영준 / 헤세의서재(2020)

이 책은 비과학적이고 주먹구구식인 상담법이 아닌 심리학, 마케팅 이론에 토대를 둔 과학적인 치과 상담 방법을 제시하고 있다. 상담은 과학이라는 명제에서 출발하며 상담 원리를 이해하고 훈련하면 어느 정도 수준에 도달할 수 있다고 설명하고 있다. 상담 입문자를 위해 상담 원리를 정리했으며, 상담의 원리를 중심으로 상담 성공 사례를 구체적으로 소개하고 있다. 이론에 치우치지 않고, 실전 상담 사례를 다양하게 소개하여 상담 원리를 쉽게 이해할 수 있도록 하였다. 이 책은 치과상담 노하우를 배우고 싶은 사람들에게 도움이 될 것이다.

잘못된 치아관리가 내 몸을 망친다
윤종일 / 스타리치북스(2013)

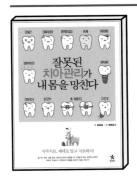

치아 건강은 사람의 행복을 좌우하며 평소의 치아관리 습관이 평생을 좌우할 만큼 중요하다. 이 책은 일상생활에서 지켜야 할 치아 건강 관리법은 물론 치과 진료의 상세한 과정과 치과 진료에 대해 궁금했던 점까지 현직 치과의사가 설명해주고 있다. 치아 전문 일러스트레이터가 직접 그린 그림들은 이러한 과정을 쉽게 이해할 수 있도록 도움을 주고 있다. 이 책은 치과 치료에 대한 정보가 부족한 일반인들이 치아 관리나 치아 치료에 대한 왜곡된 정보를 바로잡을 수 있게 한다. 가정상비용 책으로 비치해두면 치아나 잇몸이 아플 때 유용할 것이다.

치과 사용 설명서
강혁권 / 라온북(2017)

이 책은 치과의사 99%가 말하지 않는 치과 진료의 진실에 대한 내용으로, 치과의사를 만나기 위한 가이드라인을 제시하고 있다. 치과에 대한 고정관념과 불신, 치과 치료에 대한 잘못된 이해를 바로잡고 치과 치료가 왜 비싼지, 왜 치과마다 치료 비용이 다른지, 왜 치과의사마다 진단이 다른지 등에 대한 답을 담고 있다. 그리고 치과에 가기 전에 꼭 알아야 할 것들, 치과 치료에 대한 궁금증, 좋은 치과를 선택하는 방법 등을 소개하고 있다. 이 책은 환자가 좋은 진료를 받기 위해서는 의사와 소통하는 방법을 알아야 하며 의사소통에 따라 치료법이 달라진다고 강조하고 있다.

뇌 노화를 멈추려면 35세부터 치아 관리 습관을 바꿔라
하세가와 요시야(이진원 역) / 갈매나무(2019)

이 책은 사소한 습관이 쌓이면 인생이 바뀔 수 있고 건강한 치아 관리 습관이 노후 건강을 책임진다고 설명한다. 저자는 일본에서 손꼽히는 신경내과 및 치매질환 전문의로, 20만 명 이상의 치매환자를 치료하면서 치아 건강이 뇌 노화와 긴밀하게 연관돼 있음을 깨달았다. 치매 진료에 치과위생사가 실시하는 구강 관리를 적극적으로 활용해 성과를 거둔 저자는 이 책에서 치아 건강과 뇌 노화 사이의 연관성을 알기 쉽게 설명하고 효과적으로 치아를 지킬 수 있는 방법을 공개한다. 알츠하이머뿐만 아니라 당뇨병, 뇌졸중, 심근경색 등 건강한 치아만으로도 막을 수 있는 다양한 전신질환을 알려준다. 또한 단계별 치아 관리법과 세심한 양치질 방법을 설명하며 치아 관리의 중요성을 상기시켜 준다. 젊은 시절의 습관이 평생 가는 만큼 치아와 관련한 습관개선에 초점을 두고 있다.

생명윤리
김재희 외 4인 / 인문과교양(2022)

생명윤리는 보건의료현장에서 인간의 삶과 죽음을 둘러싸고 제기되는 생명과 윤리문제를 어떻게 해결하는 것이 인간이 가치와 원칙에 바람직한지 판단하는 분야이다. 이 책은 최근 주목받고 있는 생명윤리의 이론적 기초와 생명윤리의 주요 이슈와 쟁점을 다루고 있다. 생명윤리와 관련해 공리주의와 의무주의, 도덕윤리와 배려윤리, 생명의료윤리의 원칙들을 소개하고 있다. 또한 생명윤리의 주요 이슈와 쟁점으로 인공생식, 임신중절, 장기이식, 존엄사와 안락사, 임상시험, 동물실험, 유전자 진단과 치료, 트랜스휴먼과 인류세에 대한 이야기를 전하고 있다. 저자는 생명윤리 문제 상황에서 법적인 조건과 제도적 조건, 윤리적 원칙과 근거, 비판적 태도와 윤리적 감수성이 필요하다고 설명하고 있다.

이빨
피터 S. 엉거(노승영 역) / 교유서가(2018)

이 책은 이빨을 가진 최초의 어류에서 인간에 이르기까지 이빨의 역사를 풀어내며 이빨의 구조와 기능을 탐구하고 이를 통해 진화와 과거의 식생을 들여다본다. 이빨의 크기와 모양, 구조, 마모, 화학 조성을 통해 이빨이 어떻게 작용하고 오늘날 동물이 어떻게 이빨을 이용하며 과거에 어떻게 이용했는지 설명하고 있다. 이빨 진화의 역사를 총괄하여 이빨의 해부학적 구조와 기능에서 포유류의 이빨, 인간 치아에 이르기까지 이빨의 모든 것을 흥미롭게 설명하고 있다. 나아가 자연의 역할과 생명의 진화 과정, 인류의 변화 등을 이빨의 역사를 통해 알아보고 있다. 사람의 이갈이, 이빨의 맞물림과 씹기 능력, 치아 질환 등에 대한 내용도 수록되어 있다.

치아교정 뽑지 않고 가능해요!
정수창 / 굿자연(2013)

이 책은 올바른 치아 지식을 통해 아이의 치아를 보호할 수 있는 방법을 수록하고 있다. 충치, 부정교합 등 아이들에게 자주 발생하는 치아 질환에서부터 치아로부터 발생하는 아토피, 두통, 안면 비대칭 등에 이르기까지 자세하게 설명하고 있다. 저자는 치아가 전신에 미치는 영향이 무척 크다는 사실에 주목하여 미국과 일본의 수많은 세미나와 연구, 생물학적전신치의학을 진료에 접목한 의사들의 클리닉을 직접 방문하여 치료기술을 습득하였다. 1장은 엄마가 아기에게 해줄 수 있는 가장 소중한 선물로 치아에 대한 전반적인 이야기를 전하고 있다. 2장에서는 턱과 두개골이 얼굴 형태에 미치는 영향을 설명하고 3장에서는 턱, 입안의 모양과 건강과의 관계를 알려주고 있다. 마지막 4장에서는 습관, 두상, 혀 그리고 치아교정을 설명하고 있다.

하얗게 웃어줘 라오스
오동준 / 알에이치코리아(2013)

이 책은 라오스 어린이들의 건강을 위해 7,528개의 칫솔을 선물한 777일간의 라오스 체류기를 담았다. 개발도상국 아이들의 건강을 위해 경제, 문화적으로 소외된 빈곤 지역을 찾아가 칫솔과 치약을 선물하고 치위생 교육을 실시하는 프로젝트인 치카치카 프로젝트를 보여주고 있다. 나눔과 기부, 공정함, 배려, 따뜻함 등 함께 살아가는 세상을 만드는 가치를 되살리는 모습과 경주가 아닌 완주를 위해 살아가는 라오스 사람들의 모습을 느낄 수 있다. 치아건강의 중요성을 설명하면서도 어려운 사람들을 도와주는 모습을 통해 나눔의 의미를 깨닫게 해주고 있다.

우리 몸 미생물을 말하다
이재열 / 써네스트(2021)

이 책은 이제까지 알려진 과학과 지식을 바탕으로 우리 몸과 관련된 미생물의 세계를 알기 쉽게 설명하면서 보이지 않는 존재인 미생물을 하나의 생명체로 인정해야 함을 역설하고 있다. 미생물은 혐오스러운 박멸 대상이며, 살균과 멸균, 항균을 강조하고 세균 없는 청정한 지역에서 살아야 한다고 생각한다. 하지만 우리 몸 안에는 헤아릴 수 없이 많은 미생물이 살고 있으며 공생관계를 통해 우리와 함께 살아가고 있다고 설명한다. 또한 해로운 미생물은 전체 미생물의 1%도 되지 않으며 김치, 발효주 등도 모두 미생물임을 강조한다. 저자는 미생물에 대해 가지고 있는 거부감과 편견을 없애고 과학적 지식을 바탕으로 우리 몸과 관련된 미생물을 소개하고 있다.

1 인문계열

2 사회계열

3 자연계열

4 공학계열

5 의약계열 · 치위생학과

6 예체능계열

7 교육계열

치위생학과 독서탐구활동 활용사례

자율활동 특기사항

학급 반장으로서 담임교사와 함께 자율활동시간의 학급 특색 활동을 계획하고 활동을 주도함. 1년간 학급의 일을 도맡아 하며 학급을 위해 희생하는 모습을 보였고 학급원들의 갈채와 함께 임기를 마무리함. 학급 독서활동으로 '**뇌 노화를 멈추려면 35세부터 치아 관리 습관을 바꿔라(하세가와 요시야)**'를 읽고 치주염을 일으키는 치주균이 치매의 원인이 된다고 설명함. 잇몸에 염증이 생기면 사이토카인이 유입되고 혈액과 함께 뇌에 침투하여 뇌 속에 치매를 유발하는 아밀로이드 베타가 쌓인다고 설명함. 최근 틀니를 맞춘 할아버지를 보고 젊은 시절의 치아관리와 양치질 습관이 노후 치아에 큰 영향을 미친다고 생각함. 이에 학급원들을 위해 올바른 양치질 방법과 정기적인 스케일링의 필요성을 담은 카드뉴스를 제작함. 또한 '**치과 사용 설명서(강혁권)**'를 참고해 치과를 방문하기 전 알아야 하는 기본 지식과 치아건강을 위한 올바른 정보를 퀴즈형식으로 만들어 학급 게시판에 부착함. 초콜릿, 과자, 탄산 등 치아에 좋지 않은 음식을 자제하고 카페인 섭취를 줄이자는 경고문도 곁들임.

동아리활동 특기사항

(의료보건동아리)(34시간) 1학기 동아리 회장을 맡아 동아리원들과 함께 보건실 도우미 활동을 진행함. 아침 등교시간에 돌아가며 보건선생님과 함께 학생들의 발열체크를 진행하고 점심시간이면 보건실을 찾는 친구들에게 약품을 전달하는 역할을 수행함. 또한 보건 관련 협회와 보건소에서 발행하는 보건소식지를 읽고 격주마다 학생들에게 도움이 될 만한 자료를 보건실 앞에 부착함. 우리의 건강과 관련한 일반적인 내용에 치아 건강과 관련한 내용을 같이 포함하고 평소 습관을 개선하자는 문구를 곁들임. 구강보건의 날을 맞이하여 치아 그리기와 구강보건 4행시 짓기, 구강 퀴즈 대잔치 활동을 기획하였고 전체적인 아이디어를 제시함. 학생들이 치아의 구조를 이해할 수 있도록 치아를 직접 그리도록 하였고 '**잘못된 치아관리가 내 몸을 망친다(윤종일)**'를 참고하여 우리의 치아와 관련한 퀴즈를 준비함. 또한 책을 인용하여 올바른 칫솔질과 치아 관리법, 치실 사용법을 4컷 만화형식으로 만들어 포스터를 같이 전시함.

진로활동 특기사항

관심 분야 탐구활동에서 '**치아교정 뽑지 않고 가능해요!(정수창)**'을 읽고 치아교정에 관심이 생겨 보고서를 작성하고 발표를 진행함. 치아교정은 의학적인 목적과 미용적인 목적을 동시에 가지며 시술방법을 전통적인 순측 고정식 장치와 설측교정, 투명교정으로 나누어 설명함. 전체적인 치아교정 과정을 그림 자료와 함께 제시하고 소요시간과 금액, 유의사항과 부작용, 후유증을 설명함. 정리한 내용을 치아소식지로 제작하여 학년 게시판에 게시하여 많은 친구들이 볼 수 있도록 함. 대학병원 치과위생사로 근무하는 분을 알게 되어 온라인으로 직업인 인터뷰 활동을 진행함. 미리 '**나는 치과위생사로 살기로 했다(허소윤)**'를 정독하고 사전에 질문목록을 작성하여 이에 대한 답변을 들으며 현실적인 조언을 얻음. 대학 진학 준비와 대학의 커리큘럼, 국가고시, 취업 및 대학부속병원 등에 대한 정보를 얻고 대학병원 치과위생사의 하루를 간접적으로 경험함. 진로 독서활동에서 '**이빨(피터 S. 엉거)**'을 읽고 다양한 동물의 이빨 모양과 크기, 구조가 다른 이유를 주변 환경과 진화의 관점에서 분석하고 포유류의 이빨 진화 방향을 이해하게 됨. 또한 인간이 충치나 치주질환이 증가한 이유를 식습관과 연관 지어 설명하고 앞으로 인간의 치아변화를 예측함.

교과 세부능력 및 특기사항

생명과학Ⅱ

치위생학과 커리큘럼의 상당 부분이 생명과학과 관련되어 있어 특별히 관심 있게 과목을 수강함. 수업시간에 학습한 이론과 개념을 꼼꼼하게 노트에 정리하여 생명과학에 대한 이해도가 높은 학생임. 생명과학으로 세상 읽기 활동에서 우리 주변의 미생물과 바이러스에 대해 조사하는 활동을 진행함. 생물과 대비되는 미생물의 특징을 정리하고 미생물과 세균, 바이러스, 박테리아의 의미와 구조적인 차이를 정리함. 세균과 대비되는 바이러스의 구조와 특징에 주목해 바이러스의 증식을 막기 힘들고 완전한 치료제와 백신 개발이 어려움을 과학적으로 설명함. 한편 **'우리 몸 미생물을 말하다(이재열)'**를 읽고 우리 몸 안에는 많은 미생물이 있으며 해로운 미생물은 전체 미생물의 1% 정도로 극소수라고 설명함. 상당수의 미생물은 생태계 순환과 세균 감별 나아가 질병치료에 활용되는 우리에게 꼭 필요한 존재이며 최근 코로나19 감염을 억제하는 공생미생물을 발견했다는 신문기사를 설명과정에서 인용함.

생활과 윤리

최근 이슈와 시사에 관심이 많은 학생으로 보건, 공학을 포함한 다방면의 신문기사를 스크랩하여 포트폴리오로 정리함. 과학 기술과 윤리 단원을 학습한 뒤 **'생명윤리(김재희 외)'**를 읽고 최근 생명윤리의 이슈와 쟁점을 요약하고 인터넷 검색을 통해 추가적인 자료를 수집함. 이후 진로연계 윤리문제 탐구활동에서 책에 소개된 인공자궁에 대한 윤리문제를 고찰하는 활동을 진행함. 인공자궁은 인공장기의 일부로 인간의 자궁의 기능을 대체하며 조산아의 사망률을 낮추고 유전자 편집 기술의 도입을 가능하게 한다고 함. 또한 인공자궁은 여성들의 임신과 출산에 대한 부담, 임신 기간의 불편함, 출산의 위험성 등을 줄이며 여성인권 신장에 도움이 될 것이라고 설명함. 하지만 마치 인간공장처럼 맞춤형 인간을 생산하면서 인간의 존엄성 등 윤리적 책임 문제가 대두될 것이라고 예상함. 또한 대리모, 낙태, 유전자 조작, 비혼출산, 신생아 성별 선택, 장기이식 등 다양한 생명윤리문제를 야기할 수 있는 복합적인 문제라고 정리함.

행동특성 및 종합의견

학급의 지저분한 곳을 자발적으로 청소하고 빈 교실의 불을 끄는 등 보이지 않는 곳에서도 선행을 실천하는 학생임. 시험기간에 시험범위를 정리하고 유인물을 잃어버린 친구들을 위해 남은 유인물을 보관함에 정리하는 등 학급 친구들에 대한 배려심이 깊음. 학기 말 1년간 고마운 친구에게 편지를 전하는 활동을 진행하였는데 가장 많이 편지를 받은 학생이 됨. 학습플래너를 활용해 규칙적인 생활이 몸에 배어 있으며 진로 독서활동에서 연간 20권 이상의 책을 읽고 자신이 읽은 책을 독서기록장에 꾸준히 누적하여 기록함. 자신의 목표와 미래가 구체적으로 잘 계획되어 있고 이를 실천하기 위한 진로 준비가 잘 이루어진 학생임. 최근 **'하얗게 웃어줘 라오스(오동준)'**를 읽고 저자가 개발도상국 아이들의 건강을 위해 칫솔과 치약을 선물하고 치카치카 프로젝트 활동을 진행한 내용을 알게 됨. 단순히 돈을 버는 직업을 넘어 저자처럼 어려운 사람들을 위해 캠페인 활동을 하고 성금, 장학금 등을 전하며 봉사하는 삶을 살고 싶다는 생각을 밝힘.

19 ▸▸ 치의예과

1 학과 인재상

인체의 구조, 질병, 생명 현상 등에 관심이 많고 관련 문제를 해결하려는 학생

꼼꼼한 성격과 정교한 손놀림을 지닌 학생

물리학, 화학, 생명과학, 수학 등의 교과에 흥미와 소질이 있는 학생

침착하게 상황을 판단하고 문제상황에 신속하고 정확하게 대처하는 학생

생명을 소중히 여기고 다른 사람을 위해 봉사할 수 있는 학생

2 유사학과

- 치의학과

3 관련직업

- 치과의사
- 공중보건의
- 기초치의학과
- 기초치의학연구원
- 의약계열 교수
- 의료전문기자
- 의학연구원
- 생명과학연구원
- 보건행정직공무원
- 군의장교 등

4 개설대학

- 강릉원주대학교
- 경북대학교
- 경희대학교
- 단국대학교 천안캠퍼스
- 부산대학교
- 서울대학교
- 연세대학교
- 원광대학교
- 전남대학교
- 전북대학교
- 조선대학교

치과의사가 말하는 치과의사

안현세 외 13명 / 부키(2015)

이 책은 다양한 분야에서 일하는 전·현직 치과의사 19명이 직장과 일에 대한 진솔한 이야기를 들려준다. 동네에서 흔히 볼 수 있는 작은 치과병원, 치과의원부터 대학병원, 국립소록도병원, 보건복지부, 국제보건의료재단, 나아가 저 멀리 미국에 있는 치과병원에서 일하는 치과의사들의 삶을 엿볼 수 있다. 또한 치대생, 인턴, 레지던트, 공중보건의 및 구강내과, 구강악안면외과, 교정과, 치과보존과, 보철과, 소아치과 전문의 등 다양한 치과의사의 세계를 통해 대한민국에서 치과의사가 된다는 것, 치과의사로 산다는 것이 어떤 것인지, 어떠한 애환과 애로사항, 기쁨과 보람이 있는지 알 수 있다. 마지막으로 치과의사에 대한 질의응답을 통해 치과의사에 대한 궁금증을 해결해주고 있다.

치과의사도 모르는 진짜 치과 이야기

김동오 / 에디터(2019)

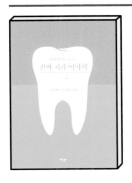

이 책은 20년 경력의 현직 치과의사가 자신의 임상 경험과 연구를 바탕으로 충치에서 임플란트까지 치과에 가기 전에 꼭 알아야 할 것들에 대해 설명하고 있다. 최소한의 치료와 생활의 변화로 치아를 건강하게 할 수 있다고 주장하면서 잘못된 치아치료의 문제점을 지적하고 있다. 간단한 충치 치료, 브릿지 같은 보철 치료, 교정 치료 등에 대한 지식을 안내하고 올바른 치료법을 안내하고 있다. 또한 유치와 영구치, 구강청결제, 잇몸병, 사랑니에 대한 올바른 지식을 소개하고 충치, 잇몸병, 턱관절 장애의 경고신호에 대한 내용도 수록하였다. 식생활과 구강위생 등 생활 습관이 치아에 미치는 영향도 설명하고 있다.

치과의사들이 하는 그들만의 치아 관리법

이수진 / 북스고(2020)

이 책은 다양한 방송 출연과 활발한 SNS 활동으로 화제를 모은 28년 차 치과의사 이수진 원장이 소개하는 치아 관리법을 담아낸 책이다. 90년 가까이 영구치를 관리하며 살아야 하는 100세 시대에 맞춰 올바른 치아 관리법을 안내하고 있다. 치아를 관리하는 데 가장 기초가 되는 양치질하는 방법부터 마트에 가면 쉽게 구할 수 있는 수많은 치약과 칫솔, 치실, 치간칫솔, 혀클리너 등 도구들에 대해 설명한다. 매일 사용해야 하는 도구들로 어떤 것을 골라야 하는지 등의 정확한 정보를 제공한다. 또한 임플란트, 신경치료, 충치치료 등 적재적소에 필요한 치과치료에 대한 설명을 담아 독자들의 불안한 마음을 달래준다.

치아도 살리고 내 몸도 살리는 치아 교정의 비밀

홍성철 / 느낌이있는책(2014)

아름다운 얼굴형과 가지런한 치아를 만드는 치아 교정에 대한 관심이 많아지면서 그 부작용도 늘고 있다. 치아교정은 치아 2개~4개를 빼고 빈 공간에 나머지 치아를 조금씩 밀어 넣어 비뚤배뚤한 치열을 다듬고 돌출된 입을 들어가게 한다. 하지만 발치 교정은 멀쩡한 치아를 빼야 한다는 부담감, 발치의 고통, 합죽한 인상이 될 수 있다는 부작용의 위험성을 안고 있다. 이 책은 치아를 빼지 않고도 입안의 공간만을 이용해 교정을 행하는 치과의사 홍성철 원장의 비발치 교정 이야기를 담았다. 작게는 벌어진 앞니부터 크게는 일자목과 경추의 휨까지 가지고 있는 다양한 환자들의 비발치 교정사례를 안내하고 있다.

1 인문계열

2 사회계열

3 자연계열

4 공학계열

5 의약계열·치의예과

6 예체능계열

7 교육계열

이기적유전자

리처드 도킨스(홍영남, 이상임 역) / 을유문화사(2018)

저자는 인간을 포함한 모든 생명체는 DNA 또는 유전자에 의해 창조된 생존 기계이며, 자기의 유전자를 후세에 남기려는 이기적인 행동을 수행하는 존재라고 주장한다. 이러한 주장은 생물학계를 비롯해 과학계를 떠들썩하게 만들었고, 40년 동안 학계와 언론의 수많은 찬사와 논쟁의 대상이 되었다. 저자는 자신의 주장을 뒷받침하기 위해 성의 진화, 이타주의의 본질, 협동의 진화, 적응의 범위, 무리의 발생, 가족계획, 혈연선택 등의 주요 쟁점과 게임 이론, 진화적으로 안정한 전략의 실험, 죄수의 딜레마, 박쥐 실험, 꿀벌 실험 등 방대한 현대 연구이론과 실험을 보여준다. 이 책은 사회생물학의 논쟁이 되었던 유전적 요인과 환경 문화적 요인 가운데 인간의 본질을 보다 잘 설명할 수 있는 것이 무엇인지 생각하게 한다.

미생물이 우리를 구한다

필립 K. 피터슨(홍경탁 역) / 문학수업(2022)

이 책은 코로나19 감염증 유행 초기부터 아마존 세균학/미생물학 분야 베스트셀러를 차지하며 2년 넘게 꾸준히 많은 독자에게 미생물 세계의 길잡이 역할을 하고 있다. 인류를 지배하는 가장 작은 생명인 미생물에 대한 모든 이야기를 제공하고 있으며, 병을 퍼트리고 바이러스를 죽이고 플라스틱을 분해하는 놀라운 미생물의 세계를 소개하고 있다. 미생물의 '병'과 '약'을 숨기지 않고 이야기한다. 모든 전쟁에서의 사망자 수보다 많은 죽음을 부른 인류의 치명적인 적을 비롯해 바이러스를 죽이는 박테리오파지, 더 나아가 플라스틱을 분해하고 이산화탄소를 빨아들여 기후변화 위기 극복에 일조하는 미생물까지 우리 눈에 보이지 않는 작은 미생물이 우리를 살리고, 병들게 하고, 환경을 변화시키는 모습을 소개하고 있다.

진료실에 숨은 의학의 역사

박지욱 / 휴머니스트(2022)

안전한 의료 시스템이 갖춰진 것은 해부학, 외과학, 역학, 미생물학 등 과학·의학의 세부 분야의 위대한 발견과 더불어 소독, 마취, 이송 기술 등 작은 혁신이 쌓여 온 덕분이다. 이 책은 지금의 진료실과 병원을 구성하는 다양한 의료기구, 의료 서비스의 과정을 꼼꼼히 따라가며 의학의 역사를 살펴본다. 이 책은 크게 4개의 파트로 이루어져 1장은 인체의 비밀을 파헤치는 데 큰 공헌을 한 근대 초기 해부학, 외과 수술 등의 의학 기술을 소개한다. 2장은 현재 우리의 삶을 송두리째 흔들고 있는 전염병과 미생물을 다룬다. 3장은 의료 체계를 혁신적으로 바꾼 마취, 심폐소생술, 응급 수송 등을 다루고 4장은 앞으로 더욱 중요하게 사용될 치료법이나 기술로 유전학, 항암제, 영상의학 등을 소개하고 있다.

치의학 역사 단편집

제럴드 슈클라(오세경 역) / 애니프린팅(2017)

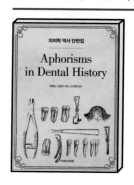

이 책은 저자가 하버드 치과대학에서 10년에 걸쳐 치의학 역사지에 투고한 기사에서 역사적으로 중요한 8편의 기사와 한인교회지에 발표한 2편의 원고로 만들었다. 치의학과 일반의학의 구별이 없던 과거에 전신마취의 성공으로 획기적인 공헌을 하는 과정이나 치주염을 일으키는 치석의 원인을 이해하여 스케일링 기법을 발전시키는 과정을 볼 수 있다. 또한 구강병리학자 존 헌터, 최초로 영문 의학서를 쓴 필립 배로, 치의학에 공헌한 앙브루아즈 파레와 자크 기요모, 구강과 치아, 혀에 관해 저술한 갈레노스, 구강 건강에 관심을 보인 화학자 로버트 보일 등에 대한 이야기가 수록되어 있다.

매일 치과로 소풍 가는 남자

유원희 / 헬스조선(2020)

이 책은 저자가 미국에서 7년간 성공적으로 운영하던 치과를 접고 한국에 들어오게 된 사연부터 우리가 잘 몰랐던 치과의사의 일상 이야기와 함께 30년간 그가 진료한 환자의 이야기가 실려 있다. 저자는 환자를 많이 받는 것보다 환자를 배려한 느린 진료를 선택했다고 한다. 그는 '환자는 좋은 의사를 선택하는 안목을 기르고 그런 의사의 관리와 치료를 정기적으로 받기만 하면 된다'라고 강조한다. 치아 건강에 관한 의학적 서술보다는 치아를 왜 관리해야 하는지, 어떻게 관리해야 하는지, 무엇이 치아 건강을 해치는 요소들인지 알기 쉽게 유쾌한 이야기들을 담았다.

노화의 종말

데이비드 A. 싱클레어, 매슈 D. 러플랜트(이한음 역) / 부키(2020)

이 책은 노화와 유전 분야 세계 최고 권위자 데이비드 싱클레어 박사가 25년간 장수 연구를 집대성한 역작이다. 자신의 하버드 의대 연구실뿐 아니라 세계 각지의 연구실에서 이루어져 온 주요 최신 성과를 총망라하여 수명과 장수, 인간과 생명의 패러다임을 담고 있다. 그리고 40억 년 진화의 역사와 최신 유전학, 후성유전학, 의학, 과학에 근거해 노화의 단 한 가지 근본 원인을 밝혀냈다. 또한 장수 유전자와 항노화제, 장수 약물에서부터 노화 예방 백신과 세포 재프로그래밍, 생체표지추적, 맞춤 장기 생산 최신 의료 기법과 저아미노산 식단과 저온 노출, 고강도 인터벌 트레이닝 등 라이프 스타일 개선법까지 획기적인 장수의 비법들을 공개한다.

치의예과 독서탐구활동 활용사례

자율활동 특기사항

등교버스 노선 확대, 우산 대여, 선생님과의 상담주간 운영을 공약으로 제안하여 전교생의 지지를 받아 학생회장에 당선됨. 사전에 버스회사, 교장선생님과의 면담을 통해 실천가능한 공약을 제시하였고 당선 이후 공약을 실천하면서 학년 말까지 신뢰가 가고 인기 많은 학생회장으로 평가받음. 학생회 활동으로 등교맞이행사, 스승의날 포토전, 중식지도, 축제와 체육대회, 학생회 이벤트 활동 등을 주도하였고 전교생이 행복한 학교생활을 할 수 있도록 많은 노력을 기울임. 학급 습관개선 프로젝트 활동에서 하루 3분의 습관이 건강을 좌우한다는 슬로건과 함께 치아 건강유지법을 소개함. **'치과의사들이 하는 그들만의 치아 관리법(이수진)'**을 참고해 올바른 양치질 방법, 치약과 칫솔 선택법, 치실과 치간칫솔 사용법, 혀클리너 사용법을 안내하고 습관이 건강을 지킨다는 것을 강조함. 또한 입 냄새 제거 방법과 치아 미백을 유지하는 방법을 소개하고 임플란트, 신경치료, 충치치료에 대한 팁을 정리한 치아소식신문을 제작하여 학급에 게시함.

동아리활동 특기사항

(의학연구동아리)(34시간) 의약계열을 희망하는 동아리원들과 수업 내용을 심화한 진로 독서 활동, 주제 탐구 활동, 실험 활동 등을 기획하여 활동을 진행함. 진로 독서 활동에서 **'미생물이 우리를 구한다(필립 K. 피터슨)'**를 읽고 위생 상태나 면역력에 문제가 생기면 세균의 수가 늘고 입속의 미생물이 바뀐 환경에 따라 병을 일으키는 세균으로 변화한다고 설명함. 이에 칫솔질과 스케일링, 가글액, 항생제가 모두 미생물 생태계의 건강을 유지하는 방법이라고 설명함. 이후 미생물에 대한 관심으로 그람염색법에 대한 실험활동을 진행함. 먼저 미생물의 분류와 특징, 실험기구 사용법, 실험과정에서의 유의점 등을 정리하고 실험계획서를 작성함. 이후 그람염색법의 원리와 실험과정을 정리한 뒤 세균을 배양할 배지를 만들고 실험군과 대조군을 비교하면서 결과를 직접 확인함. 그람양성균과 그람음성균으로 나누어 특징을 비교하고 차이가 생기는 원리를 정확하게 설명함. 이론에 대한 이해도가 높고 침착하고 꼼꼼하게 실험과정을 챙기며 성공적으로 실험을 마무리하였음.

진로활동 특기사항

사람들의 치아 건강을 책임지는 치과의사를 희망하며 올바른 신념을 바탕으로 꼼꼼하게 진료하고 싶다고 이야기함. 치주염을 일으키는 치석을 제거하는 스케일링 기법에 대한 관심으로 2명의 팀원들과 함께 스케일링에 대한 진로 심화 활동을 진행함. **'치의학 역사 단편집(제럴드 슈클라)'**을 참고하여 치석의 원인, 스케일링의 원리와 효과, 권장 횟수 등을 정리하고 치석과 스케일링에 대한 잘못된 상식을 바로 잡기 위한 퀴즈를 만들어 정문 입구에 게시함. 또한 초음파 스케일링과 수동 스케일링을 비교하고 치과의사들이 주로 하는 치은연하 스케일링의 과정을 그림과 함께 설명함. 혼자 집에서 할 수 있는 셀프 치석제거기를 소개하고 스케일링 방법을 학급원들 앞에서 직접 시범을 보이기도 함. 진로 독서활동에서 어릴 적 치아교정을 했던 경험을 바탕으로 치아교정과 관련한 **'치아도 살리고 내 몸도 살리는 치아 교정의 비밀(홍성철)'**을 읽고 다양한 치아교정 과정을 간접적으로 경험함. 교정브라켓을 사용한 교정방법과 설측 교정방법, 투명 교정방법을 정리하고 각각의 장단점과 교정과정을 그림과 함께 비교함. 또한 최근 메탈장치과 비교해 심미성과 합리적인 가격으로 관심받고 있는 세라믹장치를 소개하고 디지털 스캔과 3D 프린팅 기술을 활용한 사례를 덧붙임.

교과 세부능력 및 특기사항

생명과학Ⅱ

다른 학생들보다 수업에 대한 이해도가 높고 어려운 개념이나 원리를 마주하면 관련 도서를 찾아 읽으며 궁금증을 해결함. 과학 돋보기 활동에서 유전과 진화 단원을 학습한 뒤 진화의 증거를 화석상의 증거, 분류학상의 증거, 비교해부학상의 증거, 발생학상의 증거, 유전학상의 증거 등으로 나누고 그 근거자료를 제시하여 설명함. 또한 진화의 원리로 다윈의 자연선택설, 라마르크의 용불용설, 하디의 바인베르크의 법칙, 돌연변이설 등의 이론을 차근차근 설명함. 이후 독서 연계 과학 탐구 활동에서 **'이기적유전자(리처드 도킨스)'**를 읽고 모든 생명체는 자신의 유전자를 후세에 남기려는 이기적인 행동을 한다는 저자의 의견에 동감하며 이는 진화의 근거라고 이야기함. 기존의 이론이 진화를 개체 중심으로 보고 있지만 윌리엄 해밀턴을 시작으로 유전자 중심의 진화론이 발전하게 되었다고 설명함. 그리고 오미크론 변이바이러스가 코로나19의 우세종이 된 것은 치명률을 낮추고 전염력을 높인 유전자 중심의 성공적인 진화 사례라고 설명함.

생명과학Ⅰ

항상성을 유지하기 위한 우리 몸의 방어작용을 잘 이해하고 비특이적 방어작용과 비교하여 특이적 방어작용의 특징을 항원항체반응을 적용해 명확하게 설명함. 또한 세포성면역과 체액성면역의 차이를 비교하고 1차면역과 2차면역에 따른 항체농도 변화에 대한 그래프를 명료하게 해석함. 코로나19 백신에 대한 관심으로 **'진료실에 숨은 의학의 역사(박지욱)'**와 학술자료를 참고하여 인간이 발명한 가장 뛰어난 능동면역체계인 백신과 관련한 과학소식지를 제작함. 먼저 백신의 과학적 원리와 림프구의 역할, 수동백신과 능동백신을 차이를 조사하여 정리함. 이어 코로나19 백신으로 국내에서 많이 사용된 4종의 백신이 가지는 특징과 예방원리를 도표로 정리하여 비교함. 이런 백신의 최종 목표는 항원에 대한 중화항체를 형성하는 것으로 결합항체가 하지 못하는 2차 감염 이후 예방에 도움이 된다고 설명함. 하지만 RNA바이러스의 구조적인 특성 때문에 변이가 자주 일어나기 때문에 완전한 백신과 치료제 개발에 한계가 있음을 과학적으로 설명함.

행동특성 및 종합의견

부드러우면서도 열정적인 전교학생회장으로 다양한 학교 프로그램과 학생회 주관 행사 활동을 주도하면서 리더십을 발휘함. 수학여행지를 결정하는 과정에서 학급별 학생들의 의견을 수렴하여 선생님들께 의견을 전달함. 또한 학생생활규정에 대한 개정 과정에서 자율성과 의무 사이에서 합리적인 의견을 제안하였으며 졸업앨범 제작 과정에서 좋은 아이디어를 제시하였음. 임기기간 동안 학생들을 위해 민주적이고 합리적으로 활동했다는 평가를 받음. 진로 준비를 위해 **'치과의사가 말하는 치과의사(안현세 외)'**와 **'매일 치과로 소풍 가는 남자(유원희)'** 등 치과의사가 집필한 자서전을 통해 치과의사의 철학과 가치관, 치아에 관한 지식을 넓힘. 또한 진로와 관련한 생명과학과 화학 등의 과목에서 우수한 역량을 보였으며 과학캠프 등에서 실험능력과 탐구력이 뛰어나다는 평가를 받음. 팀과제활동에서 협업능력과 리더십이 뛰어나며 학급 내에서 배려와 양보하는 태도, 봉사하는 태도를 보임. 이런 장점들이 자신의 진로 분야에서 긍정적으로 작용할 것이라고 판단됨.

20 ▶▶ 한의예과

1 학과 인재상

동양철학에 대한 관심과 한자에 대한 지식을 갖춘 학생

생명과학과 화학 등의 자연과학 지식과 인문학 소양을 두루 갖춘 학생

학습에 대한 열의와 인내심, 책임감과 성실함을 지닌 학생

사람의 인체, 질병, 생명현상에 관심이 있고 관련 문제를 해결하려는 학생

생명을 소중하게 여기고 다른 사람을 위해 봉사할 수 있는 학생

2 유사학과

- 한방재료공학과
- 한약재산업학과
- 한약자원학과
- 한약자원개발학과
- 한약개발학 전공 등

3 관련직업

- 한의사
- 공중보건의
- 군의장교
- 생명과학연구원
- 의학전문기자
- 한의사
- 한의학연구원
- 의약계열교수 등

4 개설대학

- 가천대학교
- 경희대학교
- 대구한의대학교
- 대전대학교
- 동국대학교 경주캠퍼스
- 동신대학교
- 동의대학교
- 상지대학교
- 세명대학교
- 우석대학교
- 원광대학교

몸, 한의학으로 다시 태어나다

안세영, 조정래 / 와이겔리(2020)

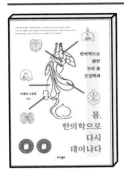

인체에 대한 한의학과 서양의학의 관점을 서로 비교하며 파악하는 일은 중요하다. 각각의 의학 체계를 구성하는 본질부터 살펴봐야만 한양방의 특장점과 취약점 그리고 한계점 등을 정확히 알 수 있기 때문이다. 이 책은 '몸'에만 집중하여 몸을 세부적으로 분석했던 서양의학과 달리, 인체를 몸과 마음, 시간과 공간이 결합된 '소우주'로 보는 한의학의 본질을 탐색하여 우리 몸에 대해 독자들이 정확하게 인식할 수 있도록 구성하였다. 질병 치료와 건강 증진에 도움이 되는 주제 60개를 선별하여 우리 몸 전체 성질을 알아보며 치유하는 방법을 소개했다. 각 챕터의 초반부는 흥미로운 주제들로 시작하여 부담 없이 읽도록 만들었으며 머리카락과 머리, 얼굴, 눈, 코, 입, 귀, 각종 장기별로 각 신체 부위의 성질과 건강을 관리하는 방법, 치료 방법 등을 소개하고 있다.

가장 쉬운 8체질 자가진단

이상원 / 문예춘추사(2021)

8체질의학은 인간을 변하지 않는 8가지 체질로 구분하여 이를 바탕으로 생리, 병리 현상을 설명하고 병을 치료하는 의학이다. 8체질의학은 인간의 내부장기인 5장(간, 심, 비, 폐, 신)과 5부(담, 소장, 위, 대장, 방광)에 각각 상대적인 강약이 존재하며 5장과 5부의 가능한 강약의 배열이 8가지라고 설명한다. 이 책은 체질에 대한 설명과 간단하게 체질을 판정하는 방법을 안내해주고 이를 통해 건강을 찾고 지키는 방법을 설명하고 있다. 몸이 아픈데 온갖 방법으로 검사해도 그 이유를 알 수 없거나 난치병으로 고통받는 사람들에게 한의학적 관점에서 정확한 체질을 확인해볼 것을 권장하고 있다.

체질을 알고 체질대로 살아라

구환석 / 지식과감성(2022)

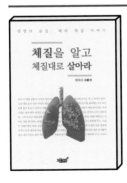

이 책은 사상체질의학에 대한 설명과 함께 건강 상식을 안내하고, 건강정보들 속에서 사상체질의학이 무엇인지, 왜 사상체질이 건강한 삶을 위한 궁극의 답이 될 수 있는지를 알려 주고 있다. 이제마 선생님의 역작 '동의수세보원'과 이제까지의 여러 연구들을 참조하고 저자의 진료실에서 만난 실제 환자들의 사례를 통해 각각의 질병과 체질의 관계를 밝히고 있어 그 어떤 체질의학 정보 도서보다 깊고 풍부한 내용을 전한다. 사상체질의학에서 말하는 4종류의 사상인 특징이 각각의 질병과 연결돼 설명되고 있다. 체질별 아이들의 성장 팁과 질병의 특성도 담겨 있어 성장기 자녀들을 키우는 부모들에게도 좋은 건강 양육 지침서가 된다.

간단 한방철칙

니미 마사노리(권승원 역) / 청홍(2015)

한약과 양약 그리고 한방의 소소한 이야기 195가지를 쉽게 풀어 쓴 책이다. 저자는 한약의 최대 매력은 양약의 약효를 방해하지 않는 것이라고 말하며, 자신의 생각과 체험, 경험을 중심으로 일반인도 쉽게 이해하도록 설명했다. 이 책은 크게 외래진료 때 지켜야 할 사항, 처방할 때의 철칙, 처방 선택의 철칙, 부작용의 철칙, 효과 증강의 철칙, 알맞은 처방이 잘 떠오르지 않을 때의 철칙, 효과가 없을 때의 철칙, 한방처방의 진화와 미래, 현대 한방 Q&A 등으로 구성되어 있다. 한방 관련 의료 행정적 사항 및 한방 엑기스제 조제 메이커에 대한 설명도 곁들이고 있어 한의사를 희망하는 학생이 읽기 적합하다.

1

인문계열

2

사회계열

3

자연계열

4

공학계열

5

의약계열・한의예과

6

예체능계열

7

교육계열

우리 동네 한의사
권해진 / 보리출판사(2021)

이 책은 저자가 만난 환자들과의 에피소드를 생생하게 들려주며 쉽고 편하게 건강 상식과 한의학 정보를 알려 준다. 저자는 사람들 스스로 생활 속에서 내 몸을 살피고 실천할 수 있는 방법을 알려 준다. 설사나 재채기에 혈자리를 누르고 마사지를 하며 병증을 다스릴 수 있는 방법을 그림으로 자세하게 설명해주고, 쌍화탕이나 매실, 우황청심원 등 주변에서 흔히 만날 수 있는 약재나 민간요법에 대해 자세히 설명하고 주의해야 할 점을 알려 준다. 환자의 처지에서 병을 살피고 치료하는 이야기를 통해 몸과 마음을 함께 돌보는 방법을 자연스럽게 배울 수 있다.

한의사가 답하다
매일경제 TV '건강 한의사' / 매일경제신문사(2020)

이 책은 매일경제 TV의 한의학 방송 '건강 한의사'가 엄선한 각종 질환에 대한 처방을 담았다. 두통부터 소화 장애, 허리 통증, 아토피 피부염까지 대한민국 한의학 명의가 알려주는 근본적인 해결 방법이 제시되었다. 세균과 바이러스, 환경오염, 스트레스 등 많은 요인이 건강을 위협하는 상황 속에서 현대인들은 원인조차 불분명한 각종 질환으로 고통받고 있다. 이 책은 한의학의 기본 이론인 정기존내 사불가간을 바탕으로 인체의 정기와 면역력이 튼튼하면 사기(세균, 바이러스, 암세포 등)가 감히 넘보지 못한다고 주장한다. 신체의 균형을 바로잡고 면역력을 증강시켜 외부의 나쁜 기운을 이겨낼 수 있는 힘을 기를 수 있도록 한의학이 답을 제공하고 있다.

생물과 무생물 사이
후쿠오카 신이치(김소연 역) / 은행나무(2008)

현대과학의 눈부신 성과를 보여주는 동시에 가장 치열한 전쟁이 벌어지고 있는 '분자생물학'을 과학적 사유와 문학적 감성으로 풀어낸 과학 에세이다. 분자생물학 교수이자 연구가인 저자가 생명과학의 숨 가쁜 역사를 종횡무진하며 과학사의 그늘에서 묵묵히 자신의 연구에 매진하던 숨은 영웅들에 관한 이야기를 풀어냈다. '생명이란 무엇인가?'라는 의문을 품고 과학자의 길로 들어선 한 소년이 그 답을 찾아가는 과정과 동시에 100여 년 생명과학의 역사를 관통하는 새로운 생명관을 제시한다. 또한 노구치 히데요나 왓슨, 크릭의 뒷이야기 등 은폐와 조작의 유혹이 끊이지 않는 과학계의 그늘을 드러내며 미묘한 갈등과 논쟁이 끊이지 않는 분자생물학의 세계를 생생하게 담아낸다.

논어
공자 (오세진 역) / 홍익(2022)

이 책은 공자와 그의 제자들이 세상을 사는 이치나 교육·문화·정치 등에 대해 논의한 이야기들을 모은 것이다. 본문은 공자의 혼잣말을 기록해 놓은 것과 제자의 물음에 공자가 대답한 것, 제자들끼리 나눈 이야기, 당대의 정치가들이나 평범한 마을 사람들과 나눈 이야기 등 다양한 내용으로 구성되어 있다. 현대인에게 맞는 번역문과 풍부한 해설로 당시의 역사적 배경을 설명하고 난해한 공자의 철학을 쉽고 명쾌한 언어로 풀어내고 있다. 전문적인 지식이 없는 일반인들도 누구나 공자의 담론을 이해할 수 있게 했다. 공자는 인과 예를 바탕으로 하는 유교 철학을 정립하여 어지러운 질서를 회복하고자 하였다. 이런 공자의 사상은 불안함을 느끼고 스트레스를 받으며 살아가는 현대인에게 희망의 메시지를 던지고 있다.

압축 고전 60권
토마스 아키나리(오민혜) / 알에이치코리아(2021)

이 책은 인간관계, 돈, 행복, 삶과 죽음에 이르기까지 우리가 일상생활에서 마주치는 크고 작은 문제의 해답을 고전에서 찾으려 하였다. 원전을 읽기에는 시간과 배경지식이 부족한 일반 사람들의 눈높이에 맞추어 각 분야에서 엄선한 60권에 담긴 방대하고 난해한 이론들의 핵심만 짚어 몇 페이지로 압축했다. 그때나 지금이나 인간의 본질은 변하지 않았다. 고전에는 인류가 쌓아온 시간만큼의 지혜가 축적되었기에 현대인의 고민을 해결할 방법이 담겨 있다. 이 책은 고대 플라톤과 아리스토텔레스부터 현대에 이르기까지 고단한 인생, 일과 삶, 마음과 말, 현대사회를 다른 각도에서 생각해보게 구성했다.

누구를 어떻게 살릴 것인가
김준혁 / 문학동네(2018)

이 책은 존엄사, 임신중절, 배아문제, 면역항암제 문제 등 어느 한쪽이 전적으로 옳다고 말할 수 없는 다양한 의료 관련 이슈들을 역사와 문화라는 두 축으로 바라보고 있다. 의료진, 환자, 보호자의 입장을 고려해야 하며 질병과 진료, 치료와 관련해 인간과 인간적인 것을 생각해야 한다고 설명한다. 또한 알츠하이머병, 유전자 편집문제 등의 의료윤리문제를 어떤 선택 기준으로 어떻게 바라봐야 하는지 설명하고 있다. 의학은 엄밀한 과학을 기반으로 하면서도 철저히 인간적인 일이기에 가치판단이 필요하다고 설명한다. 앞으로 우리 삶에 많은 의료윤리적 문제가 발생할 것으로 예상되기에 의료인문학에 대한 관심이 필요하다고 주장하고 있다.

1
인문
계열

2
사회
계열

3
자연
계열

4
공학
계열

5
의약계열 · 한의예과

6
예체능
계열

7
교육
계열

한의예과 독서탐구활동 활용사례

자율활동 특기사항

1년간 학급원들의 건강지킴이로 학급원들의 건강을 위해 건강관리법을 학급게시판에 부착하는 활동을 진행함. **'몸, 한의학으로 다시 태어나다(안세영, 조정래)'**를 참고하여 격주로 신체 부위를 하나씩 선정해 부위별 건강관리법과 치료법 등을 소개함. 또한 평소 누구나 고민하는 비만, 두통, 변비 등의 문제를 해결하는 방법과 예방습관, 식습관 등을 안내함. 2학기에는 학급 지식나눔 활동에서 **'우리 동네 한의사(권해진)'**를 참고하여 소화불량이나 설사, 재채기를 간단한 지압과 마사지로 다스리는 방법을 소개함. 특정 부위의 증상을 치료하는 것만으로 건강 문제가 해결되는 것은 아니며 몸의 조화가 중요하다는 것을 강조함. 또한 책의 저자가 직접 올린 인터뷰 영상을 질의응답식으로 구성하고 쌍화탕과 우황청심원의 성분을 분석하여 한방소식지를 만들어 학급원들에게 배부함. 책의 저자가 소개한 논어의 문구인 '무의 무필 무고 무아'를 자신의 좌우명으로 선정했다고 소개하며 마음의 여유가 없는 학급 친구들과 좋은 문구를 필사하는 활동을 진행함.

동아리활동 특기사항

(의학동아리)(34시간) 동아리 회장으로서 다른 의약계열 학생들과 폭넓은 교류를 통해 다양한 활동을 기획하고 실천에 옮김. 의학과 약학을 희망하는 친구들과 자율신경계 치료에서의 한방과 양방의 다른 관점, 한약과 양약의 차이를 비교하고 각각의 처방을 비교함. **'간단 한방철칙(니미 마사노리)'**을 인용하여 병원과 한의원이 서로 보완할 수 있고 한약이 양약의 약효를 방해하지 않는다고 설명함. 또한 한방은 환자의 체질과 병력, 오장육부의 상태 등 보다 다양한 요인을 종합적으로 진찰하는 점을 설명함. 이후 한약재에 대한 관심으로 한의원에서 자주 사용하는 녹용, 당귀, 길경, 자초와 감초, 황금, 금은화 등의 출처와 작용, 효과, 활용 사례 등을 조사하여 그림을 곁들여 보고서로 작성함. 또한 대표적인 한방소화제를 구입하여 포함된 성분의 특징을 조사하고 약국의 소화제와의 차이점을 비교함. 한방에서는 이유를 알 수 없는 소화불량의 원인을 담적에 있다고 설명하고 평소 섭취하면 좋은 음식을 열거하여 보고서에 수록하고 결과물을 발표함.

진로활동 특기사항

한의예과를 희망하여 한방에 대한 배경지식을 쌓고 크리에이터로 활동하는 한의사의 동영상을 시청하는 등 진로준비를 위해 노력함. 영상을 통해 한의학의 역사, 한의사의 하루, 한의사의 진로 등을 노트에 정리하면서 한의사 직업에 대한 이해도를 높임. 이후 졸업생 멘토링 프로그램에서 한의예과에 진학한 선배를 만나 그동안의 궁금증을 해소하는 시간을 가짐. 학과 커리큘럼과 대학생활, 지금 준비해야 할 사항 등에 대한 답변을 들으며 자신의 적성에 적합하다고 판단하였고 앞으로의 준비사항을 체크리스트로 정리해 하나씩 실천에 옮기고 있음. 진로연계 독서활동에서 **'체질을 알고 체질대로 살아라(구환석)'**와 **'가장 쉬운 8체질 자가진단(이상원)'**을 읽고 사람의 체질을 다루는 사상의학에 관심을 가지게 됨. 책의 내용을 바탕으로 체질을 판별하는 방법과 체질에 따른 병증, 예방법을 정리하여 학급원들을 대상으로 체질이해 캠페인 활동을 진행함. 진로 시사 활동에서 코로나19 확진 이후 3개월 동안 특정 진단명으로 설명할 수 없는 증상을 겪는 롱코비드를 소개함. **'한의사가 답하다(매일경제 TV 건강 한의사)'**를 참고하여 바이러스가 기관지, 폐, 뇌, 심장을 공격한 결과 과도한 면역반응이 일어난 결과라고 설명함. 이에 한의학의 기본 이론인 '정기존내 사불가간'을 강조하며 몸 안의 면역력을 높이는 것이 중요하다고 설명함.

교과 세부능력 및 특기사항

생명과학 I

생명체의 특징과 기능을 학습한 뒤 교과서 확장 활동에서 **'생물과 무생물 사이(후쿠오카 신이치)'**를 인용해 생명체는 항상성 조정을 통해 동적 평형 상태를 유지한다고 설명함. 또한 생명체는 DNA라는 자기 복제 시스템을 가지고 있으며 생명체의 DNA 구조와 특징, 유전자의 의미를 요약하여 정리함. 이후 과학으로 세상 읽기 활동에서 생물과 무생물의 중간적 존재로서 비세포성 반생물인 바이러스에 대해 조사하는 활동을 진행함. 바이러스의 구조와 특징, 생명활동과정을 생물, 무생물과 비교하여 표로 정리하고 바이러스의 존재가 알려진 19세기 후반부터 우리에게 알려진 대표적인 바이러스들을 소개함. 과학자들이 주장하는 세포퇴화설, 독립기원설, 세포탈출설을 소개하고 인간의 유전자의 절반이 바이러스 유전자와 비슷한 구조로 염기서열을 가지고 있다고 설명함. 또한 세균을 먹는 바이러스인 박테리오파지를 소개하고 바이러스 치료를 위해 박테리오파지를 활용한다는 기사를 인용함.

생활과 윤리

생활 속 윤리 문제 활동에서 **'누구를 어떻게 살릴 것인가(김준혁)'**와 최근 뉴스기사를 소개하며 존엄사, 임신중절, 배아문제, 면역항암제 문제를 객관적으로 정리함. 과학기술의 발전과 함께 인간의 존엄성 문제가 대두될 것이며 윤리 문제에 관심을 가져야 한다고 주장함. 생명윤리문제는 단순히 옳고 그름으로 판단할 것이 아니라 가치중립적인 태도와 사회구성원의 합의가 필요하다고 설명함. 고전으로 세상 읽기 활동에서 아이의 성별을 결정하는 3개의 핵심 인핸서를 발견했고 SOX9 수준이 높고 낮음에 따라 성별이 결정된다는 기사를 제시함. 또한 세계 최초로 중국에서 유전자 편집 기술을 통해 아기를 탄생시켜 전 세계적으로 지탄을 받은 사례를 소개함. 이를 **'논어(공자)'**와 관련지어 과학기술의 발전에는 도덕적 인본주의가 밑바탕이 되어야 하고 이러한 인의 부재가 세상의 혼란으로 이어진다고 설명함. 또한 AI 윤리 헌장인 아실로마 AI 원칙을 사례로 제시하며 윤리의식이 없는 기술 개발은 끔찍한 결과로 이어질 것이라고 주장함.

행동특성 및 종합의견

평소 침착하고 마음의 여유가 있으며 조금 더디더라도 단단한 사람이 되고 싶다는 좌우명을 소개함. 뚜렷한 가치관과 철학으로 주변 친구들에게 믿음직하다는 평가를 받고 있으며 1년간 행동으로 자신의 가치관을 보여줌. 팀과제 활동에서 다른 친구들과 잘 화합하고 교내 봉사활동에서는 궂은일도 마다하지 않고 먼저 나서서 수행함. 생명현상과 인체구조에 관심이 많으며 사람들의 건강을 지키는 한의사가 되길 희망함. 학습원들에게 한방소화제나 한방화장품, 한방차 등을 소개하고 건강에 도움이 되는 음식과 제품을 안내함. 학업 면에서는 과학뿐 아니라 모든 교과에 관심과 재능을 보이고 있으며 새로운 것을 배우고자 하는 학구열이 높은 학생임. **'압축 고전 60권(토마스 아키나리)'** 등 고전과 인문학에 관련한 책에 흥미를 느끼며 의학의 발전에 앞서 인간의 본질과 가치가 우선이라는 생각을 가지고 있음. 또한 고사성어나 동양사상 등에서 발견한 좋은 문구를 필사한 뒤 학급 게시판에 게시하여 학급원들에게 희망의 메시지를 전함.

계열별
진로 독서의 실제

Chapter 6 예체능계열

1 ▸▸ 경호학과

1 학과 인재상

리더십과
분석적 사고력을
지닌 학생

운동신경이 좋고,
순발력이 뛰어난 학생

사회 안전과 질서 유지에
기여할 사명감을 갖춘 학생

위험으로부터
자신을 방어하는 무도 기법을
배우고 싶은 학생

정확한 판단력과
남을 배려하는 마음을 지니고
정의감이 강한 학생

2 유사학과

- 경찰경호학과
- 경호보안학과
- 무도경호학과
- 무예경호학과
- 스포츠경호학과
- 태권도경호학과

3 관련직업

- 경비업체요원
- 경찰관
- 교도관
- 소방관
- 생활체육지도자
- 태권도 사범
- 항공보안요원

4 개설대학

- 경남대학교
- 남부대학교
- 선문대학교
- 용인대학교
- 중원대학교
- 한국국제대학교
- 한서대학교
- 호원대학교
- 호남대학교 등

경호 프로파일링

김희수 / 하나의학사(2014)

이 책은 경호학에 대해 다룬 책이다. 경호의 역사부터 경호의 목적과 원칙, 경호 관련 법령 등을 바탕으로 한 이론적 배경을 담고 있다. 또한 경호환경의 특수성, 경호 분석 범주, 분석 대상, 경호프로파일링 관련 연구 방향, 경호프로파일링 기법 개발, 경호심리 에티켓 등을 다루고 있다. 경호학을 전공하거나 경호원을 꿈꾸는 사람들에게 경호와 심리작용의 연관성을 알게 해주고, 경호와 심리가 연관되어 어떠한 효과를 볼 수 있는지, 그리고 무엇이 더 나아지는지에 대해 알게 해주는 도서이다.

쉬운 도시안전과 테러리즘

이정훈 외 2인 / 청목출판사(2011)

이 책은 도시안전을 위협하는 재난과 테러에 대해 처음 공부하는 학생들을 위한 기본서이다. 특히 전 세계에서 일어난 다양한 테러 사건을 중심으로 테러조직의 활동과 특징을 살펴보면서, 그에 대한 다양한 대응방안을 모색하고 있다. 도시안전과 재난관리 방법을 비롯하여 테러리즘에 대한 대응방안과 유형별 테러리즘, 테러리즘 사례 연구 자료를 제시하고, 테러방지를 위한 국제적 협약, 항공안전 및 보안에 관한 법률 등의 내용을 통해서 보안이나 경호 관련 분야의 진로를 꿈꾸는 이들에게 나침반을 제시하는 내용으로 구성되어 있다.

운동화 신은 뇌

존 레이티, 에릭 헤이거먼(이상헌 역) / 북섬(2009)

이 책은 운동이 우리의 생각과 감정에 어떤 영향을 끼치는지 설명하고, 운동이 어떻게 뇌에 학습 능력의 토대를 마련하는지 과학적으로 소개한다. 학습능력 향상, 우울증 해소, 중독 해결 등 뇌를 튼튼하게 하는 운동요법을 소개하여 운동으로 뇌의 기능을 최대한 발휘하여 건강하게 사는 법을 제시하고 있다. '뇌' 연구의 권위자인 저자는 신체와 정신은 하나라는 이론을 바탕으로 운동과 뇌의 관계에 대해서 과학적이고 치밀한 정보를 실제 사례를 통해 자세하게 전한다. 특히 1만 9천 명의 학생들을 전국에서 가장 건강한 청소년으로 만든 네이퍼빌의 혁명적인 체육 수업의 사례를 소개하여, 학습 능력에 운동이 미치는 영향을 다루고 있다.

공정한 스포츠 행복한 스포츠

이학준 / 시간의 물레(2014)

이 책은 한국스포츠를 텍스트로 하여 성찰적 읽기와 비판적 읽기라는 분석기준을 활용하여 한국스포츠의 문제점을 진단하고 있다. 한국스포츠가 나아가야 할 방향으로 공정한 스포츠와 행복한 스포츠를 제안하고 있다. 책은 제1부 공정한 스포츠, 제2부 행복한 스포츠로 구성되어 있다. 제1부는 한국스포츠의 불공정성 문제와 불공정성 문제의 원인과 실천과제를 제시한다. 제2부에서는 행복의 조건으로 건강, 운동, 쾌락을 살펴본다. 전인적 건강과 운동 그리고 행복한 삶에 대하여 신체건강과 면역력, 정신건강과 심리적 행복, 사회건강과 공적 행복, 영적 건강과 내적 평화로 구분하여 안내하고 있다.

1 인문계열

2 사회계열

3 자연계열

4 공학계열

5 의약계열

6 예체능계열 · 경호학과

7 교육계열

역사로 읽는 스포츠
이학준, 김영선 / 유페이퍼(2022)

이 책은 역사 속에 담겨 있는 스포츠의 의미를 읽어낸다. 전체 13장으로 이루어져 있고, 현대 스포츠에서 선사시대 스포츠까지 거꾸로 구성하였다. 오늘날 현대적 관점에서 역사의 눈으로 각 시대 스포츠의 의미를 찾아보았다. 체육 전문성의 현재와 미래부터 여가문화의 변천사, 미군정기 체육과 비판적 역사의식, 식민지 시대 학교체육의 실상과 비판적 역사의식, 원시 및 고대, 중세 시대의 스포츠 문화를 다루고 있는 책이다.

스포츠 심리학
임태희 외 3인 / 박영사(2021)

4차 산업과 기술의 발전은 스포츠과학의 질적 성장을 촉진하고 있다. 그러나 스포츠 심리학은 다른 분야와 달리 학문적으로 큰 발전을 이루지 못했다. 이 책은 그동안 이론에만 머물렀던 스포츠 심리학의 현장 활용성을 높이는 데 초점을 두었다. 스포츠 현장을 설명하고 예측하는 이론을 토대로 가능한 한 많은 사례를 제시하였다. 선수나 지도자가 현장에서 즉각적으로 활용해 볼 수 있는 전략과 기술을 소개한다. 전문 스포츠 선수나 지도자들뿐만 아니라 정기적인 운동(스포츠)에 참여하고 있는 유소년들과 운동을 취미로 삼고 있는 동호인들도 운동과 관련된 심리적 현상을 들여다볼 수 있는 주제들로 구성되었다.

나는 대한민국 국가공무원이다
나상미 / 함께북스(2018)

경찰관이 되어 경찰 채용 홍보원정대 구성원으로서 활동하면서 경찰이 되려는 청춘들과 어떤 직업을 선택해야 할지 모르는 이들에게 도움을 주기 위해 만들어진 책이다. 저자가 실제로 겪었던 일을 바탕으로 경찰관이라는 꿈, 경찰이 되기 위한 눈물겨운 노력들, 경찰관이 되어 겪었던 좌충우돌 경찰생활 그리고 기회를 붙잡아 새로운 곳에 도전하고 있는 자신을 이야기하여 경찰의 꿈을 꾸고 있는 이들에게 희망을 주는 내용으로 구성되어 있다.

손자가 말하는 경호방법론
김상진 / 윤성사(2021)

기존 경호학 분야 책들은 이론이 지나치게 많고 매뉴얼 식으로 나열되어 있어 흥미를 가지고 책을 접하기 어려운 부분이 있었다. 이 책은 학제 간 융복합의 경향에 맞춰 고전의 재해석을 통해 현대이론과 접목되고 있는 '손자병법'을 경호이론과 융합해 경호 방법에 관한 응용 내용을 제시하고 있다. 책을 접하는 사람들이 경호방법론에 관해 좀 더 쉽게 이해하고, 흥미롭게 접근할 수 있도록 다양한 사례들을 소개하고 있다. 경호학을 공부하거나 경호원을 준비하는 사람, 현재 경호원으로 활동하고 있는 사람에게도 참고가 되는 책이다.

경호
고현석 / 드림위드에스(2022)

이 책은 경호의 개념부터 이론, 실무와 대형, 절차, 경호 요원의 마음가짐과 예절을 포함한 심리적 요인까지 담고 있다. 흔히 경호를 경호 요원이 초인적인 힘을 발휘하여 실무를 처리하는 것으로만 한정하여 생각하는 경우가 많다. 하지만 경호 임무를 실행하는 데는 이론과 사전 절차, 장비, 심리 상태와 같은 요소들도 중요하다. 특히 경호 요원의 심리 상태와 예절에 관해 기술한 점은 주목할 법하다. 이 책은 경호학을 이해하는 데 필요한 여러 요소들을 모아 구성하여 경호학이 무엇인지 한눈에 살펴보기 용이하다.

똑같은 시간을 살아도
고은정 / 황금물고기(2013)

이 책은 대한민국 최초 여성경호 CEO 고은정의 에세이집이다. 대한민국 최초 여성 경호 CEO로서 세상의 온갖 편견에 맞서 싸우면서 스스로 입지를 다지고 성공한 스토리와 그 성공의 바탕에 대한 과정을 담담하게 이야기하고 있다. 절망을 기회로 만들어 꿈을 이룬 과정을 설명하여 많은 사람들에게 배울 수 있는 기회를 전해준다. 원하는 꿈을 이루기 위해 얼마나 열심히 노력해야 하는지, 그 꿈이 얼마나 이루어졌는지, 지금은 어떤 꿈을 가지고 있는지 생각해볼 수 있는 기회를 전해준다.

1 인문계열

2 사회계열

3 자연계열

4 공학계열

5 의약계열

6 예체능계열 · 경호학과

7 교육계열

경호학과 독서탐구활동 활용사례

자율활동 특기사항

학교 축제 준비 위원으로 참여하여 과거의 예체능 중심의 학교 축제 방식에서 벗어나 인문학·독서·연극·학술제 등 다양한 영역의 축제 방식으로의 전환을 제안해 성공적인 축제가 되는 데 큰 기여를 함. 학급 활동으로 진행된 꿈 비전 발표에서 자신의 진로 희망 분야인 경호원 직업을 선정해 해당 직업의 진로 희망을 갖게 된 동기부터 경호원 직업의 상세한 소개, 꿈을 실현하기 위한 로드맵을 프레젠테이션 자료로 만들어 발표해 급우들로부터 큰 호응을 받음. 시각적인 요소를 활용하여 뛰어난 발표 자료 만드는 능력을 선보였고, 유머 감각을 곁들여 발표하는 등 발표력이 매우 뛰어난 학생임. 1인 1독후 활동에서 **'경호 프로 파일링(김희수)'** 책을 선정하여 경호의 역사, 경호의 목적과 원칙, 경호 관련 법령 등의 이론부터 경호프로파일링 기법, 경호 심리 에티켓까지 다양한 내용으로 독후 감상문을 작성하여 학급 내 독서 게시판에 게시함.

동아리활동 특기사항

(경호무예반)(27시간) 대통령 경호실 경호원이 되고자 하는 목표의식을 가지고 동아리 활동에 적극적으로 참여하는 학생임. 동아리원들과 늘 웃는 얼굴로 소통하는 모습이 인상적이고, 매사에 리더의 모습을 보이는 장래가 촉망되는 학생임. 경호학과에 재학 중인 선배와의 대화 시간에 경호학과의 교육과정, 경호학과 학생들의 진출 경로, 미래 전망 등에 대해 질문을 하는 등 많은 관심을 보임. 관심 분야 독서 활동에서 우리나라 최초 여성 경호회사 대표가 저술한 **'똑같은 시간을 살아도(고은정)'**을 선정해 참여함. 대한민국 최초 여성 경호회사 대표로서 세상의 온갖 편견에 맞서 싸우면서 경호원으로서의 입지를 다지고 성공한 삶을 살게 된 과정을 보고 그 성공의 과정에서 배울 점이 많이 있었다고 주장함. 경호원이라는 꿈을 이루기 위해서는 무엇보다 체력적인 요소가 중요하고, 특히 다수의 팀원들과 함께 업무를 수행하기 때문에 협업능력이 매우 중요한 요소라는 것을 알게 되어 앞으로 철저하게 준비하겠다는 각오를 밝힘.

진로활동 특기사항

'대학 전공 탐색 체험' 프로그램에 참여하여 경호학과 진학을 꿈꾸고 있는 친구들을 모집해서 전체적인 체험 일정 계획서를 짜고 경호학과 방문 시 대학생 선배들에게 물어볼 20가지 질문목록을 사전에 작성함. 경호학과 교수님과 재학생들을 만나 경호학과 교육과정, 졸업 후 진출 분야 등에 대해 상세히 알게 되었고, 경호학과 진학을 위해 어떤 준비를 해야 되는지 구체적인 계획을 세우는 계기가 되었다고 함. 진로 독서 활동 시간에 **'손자가 말하는 경호방법론(김상진)'**를 선정해 독후 활동을 함. '손자병법'을 경호이론과 융합해 경호 방법에 관한 응용 내용을 정리하고, 경호방법론에 관해 좀 더 쉽게 이해하고 흥미롭게 접근할 수 있도록 다양한 사례들을 급우들 앞에서 소개함. 경호원이 되겠다는 포부를 가지고 자신의 진로를 위해 꾸준히 노력하는 학생으로 향상된 모습을 보임. 향후 괄목할 만한 성과를 이룰 것이라 기대되는 장래가 촉망되는 학생임.

교과 세부능력 및 특기사항

체육

친구들과 어울리며 즐겁게 기능연습을 하면서 항상 긍정적인 마인드와 적극적인 자세로 수업시간에 임하는 모습이 인상적임. 육상 경기 수업 중 장거리 달리기 선수들의 신발이 기록에 영향을 미친다는 것을 탐색함. 스포츠 용품들이 도전 스포츠 내에서 기록 경신의 발판이 되었다는 것을 알고 과학의 발전이 스포츠 기록에 어떤 의미로 작용될지 분석하고 탐구함. 진로연계 독서 활동에서 '공정한 스포츠 행복한 스포츠(이학준)' 책을 선정해 읽고 한국스포츠의 불공정성 문제와 불공정성 문제의 원인과 실천과제를 제시함. 행복의 조건으로 건강, 운동, 쾌락을 소개하고, 전인적 건강과 운동 그리고 행복한 삶에 대하여 신체건강과 면역력, 정신건강과 심리적 행복, 사회건강과 공적 행복, 영적 건강과 내적 평화로 구분한다는 점을 강조함. 경호학과 진학을 목표로 건강한 체력을 유지하기 위해 평소 계획적으로 운동을 수행하고 다방면의 독서 활동을 하는 등 장차 미래가 매우 촉망되는 뛰어난 학생임.

운동과 건강

평소 스포츠맨십이 뛰어나 정정당당한 태도와 신사적인 자세로 경기에 임하는 모습을 보이는 학생임. 경쟁 스포츠의 다양한 경기에 참가하면서 심판의 오심이 경기 결과를 좌우한다는 것을 깨닫고, 심판은 자신의 주관을 배제하고 공명정대한 자세와 청렴성을 갖춰야 한다는 것을 소감문에 작성해 제출함. 경호 분야에 관심이 많아 장래 경호학과에 진학하는 것이 진로 희망으로 평소 스포츠 경기 관람을 즐기고 유럽 축구리그에 관심이 많아 관련 잡지를 구독하는 등 스포츠 분야에 관한 지식이 매우 풍부한 학생임. 관심 분야 독서 활동에서 '나는 대한민국 경찰 공무원이다(나상미)' 책을 선정해 읽고 저자가 경찰관이라는 꿈을 이루기 위해 했던 눈물겨운 노력들, 경찰관이 되어 겪었던 좌충우돌 경찰생활 등을 통해서 자신의 장래 꿈인 청와대 경호원에 한층 더 다가간 계기가 되었다는 소감을 밝힘.

행동특성 및 종합의견

약속을 철저히 잘 지키고 신체 운동과 체력 관리에 관심을 가지고 규칙적으로 생활하는 학생임. 학교에서 실시하는 다양한 체육 행사에 항상 주도적으로 참여하고 스포츠 분야에 재능이 있어 체육 관련 활동에서 리더십을 발휘함. 1학기 전교 학생회 부회장과 2학기 전교 학생회 회장으로서 건전한 학교 문화와 학생 인권 문화 정착을 위해 교육공동체 학생 대표로 참여하였고, 경호 관련 학과 진학을 희망하여 '스포츠탐구반' 동아리에서 매회 활동 과제나 행사에서 친구들과 협업 능력을 발휘해 뛰어난 성과를 내기도 함. 평소 다양한 분야의 독서 활동을 꾸준히 하는 학생으로 특히 '역사로 읽는 스포츠(이학준, 김영선)'을 읽고 현대적 관점에서 역사 속 스포츠의 의미를 살펴봄. 책을 통해 스포츠 분야에 대한 자신의 시야를 넓히게 된 계기가 되었다고 함. 특히 자신의 장래 희망인 경호원이 되기 위해서는 다양한 운동을 하게 되는데, 그 과정에서 역사나 심리학, 풍부한 인문학적 사고를 지닐 수 있도록 노력하겠다는 각오를 밝힘.

1 인문계열

2 사회계열

3 자연계열

4 공학계열

5 의약계열

6 예체능계열 · 경호학과

7 교육계열

2 ▸▸ 관현악과

1 학과 인재상

풍부한 음악성과
장시간의 꾸준한 연습을
이겨낼 수 있는
인내력을 갖춘 학생

영화, 연극, 뮤지컬,
문학 등 다양한
문화 예술 장르에
관심이 많은 학생

음악의 역사와 이론에
관심이 많은 학생

클래식 공연뿐만 아니라
다른 음악 장르의 공연을
즐기는 태도를 지닌 학생

소리에 호기심을 가지고 악기를
연주하는 것을 즐기는 학생

2 유사학과

- 관현악전공
- 음악학과 관현악전공
- 음악학부 관혁악전공
- 공연예술음악과(관현악전공)
- 관현악·작곡학부
- 관현악·작곡학부 관악전공
- 음악학부(관현악전공)

3 관련직업

- 연주가
- 오케스트라 단원
- 음악교사
- 음악치료사
- 음악평론가
- 작곡가
- 조율사
- 지휘자

4 개설대학

- 경희대학교
- 계명대학교
- 국민대학교
- 대구가톨릭대학교
- 동덕여자대학교
- 서경대학교
- 성신여자대학교
- 수원대학교
- 숙명여자대학교
- 연세대학교
- 영남대학교
- 울산대학교
- 이화여자대학교
- 추계예술대학교

- 충남대학교
- 한양대학교
- 협성대학교 등

음악의 기초
아쿠타가와 야스시 (김수희 역) / AK커뮤니케이션즈(2019)

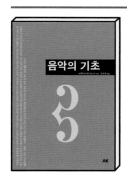

이 책은 작곡가인 저자가 풍부한 체험을 바탕으로 음악의 기초에 대해 일반인들에게 설명해주는 음악 입문서이다. 음악의 소재, 음악의 원칙, 음악의 형성, 음악의 구성으로 되어 있다. 정적과 음악의 근본적 관계에서 출발하여, 조성, 화음, 대위법에 이르기까지 현대음악과 민족음악을 아우르며 음악에 대해 상세히 소개하고 있다. 저자는 음악이란 정적을 아름답다고 납득하는 데에서 출발하며, 더불어 그러한 정적의 아름다움과 치열하게 대결하고 이겨내며 음을 소재로 새로운 아름다움을 창조해내는 것이 음악이라고 주장한다.

음악 인류
대니얼 J. 레비틴(이진선 역) / 와이즈베리(2022)

음악은 어디서 비롯된 걸까? 음악은 인류가 진화하고 발전하는 과정에서 어떤 기능을 했을까? 개 짖는 소리나 자동차 브레이크 소리와 달리 특정 소리의 배열로 이뤄진 음악이 우리 마음을 움직일 수 있는 이유가 뭘까? 음악은 왜, 이렇게나 아름답게 들리는 걸까? 이 책에서는 음악을 감성의 영역에서 끄집어내 뇌과학의 시선으로 펼쳐본다. 음악을 듣는 행위는 우리 뇌의 감각적 쾌락 체계에 어떻게 영향을 미치는지, 사람들은 나이가 들면서 왜 음악에 대한 취향이 고정되는지에 대한 과학적 해답을 제시하고 있다.

세계의 오케스트라
헤르베르트 하프너 (홍은정 역) / 경당(2011)

이 책은 베를린 필하모닉과 빈 필하모닉을 비롯하여 드레스덴과 라이프치히의 유서 깊은 관현악단, 런던과 미국의 '빅 파이브' 오케스트라, 개성 넘치는 러시아 앙상블 등 위대한 교향악단 30개의 생생한 초상과 역사를 담고 있다. 또한 각 오케스트라의 주요 음악회 프로그램과 예술적 특징, 역사적인 레코딩 등은 물론 일급 오케스트라들과 함께한 당대 최고의 지휘자 및 독주자, 작곡가들을 만나볼 수 있다. 책 뒷부분에는 이들 오케스트라의 방대한 음반 목록이 80페이지에 걸쳐 소개되어 있다.

지휘자가 사랑한 지휘자 카를로스 클라이버
찰스 바버(김병화 역) / 포노(2014)

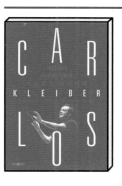

지휘자 카를로스 클라이버는 음악을 정식으로 배운 적이 없음에도 엄청난 노력과 타고난 재능으로 토스카니니, 클렘페러, 푸르트벵글러, 발터와 함께 20세기 최대의 지휘자 가운데 한 사람인 아버지 에리히 클라이버를 넘어선 천재 지휘자이다. 이 책은 저자 찰스 바버와 지휘자 카를로스 클라이버가 나눈 15년간의 편지들, 저자가 클라이버와 함께 작업했던 사람들과 나눈 인터뷰, 이메일, 그리고 관련 방송 녹취와 필사, 참고 서적과 영상물 등 방대한 자료를 통해 카를로스 클라이버란 인물에 대해 상세하게 소개하고 있다.

구스타보 두다멜
장혜영 / 세계를 소유한 사람들(2014)

세계를 놀라게 한 청년 지휘가 '구스타보 두다멜'를 다룬 책이다. 구스타보 두다멜은 LA 필하모니 오케스트라에 28살의 최연소 상임감독으로 취임하며 세계 클래식 음악계를 깜짝 놀라게 한 청년 지휘자이다. 그는 유럽과 미국이 양분하고 있는 클래식 음악계에 홀연히 나타난 제3세계(베네수엘라) 출신의 음악가란 점, 내로라하는 유명 음악학교를 다니지도 않았다는 점, 그가 받은 음악교육이라곤 오로지 국가가 운영하는 무료 교육이 전부라는 점에서 음악계를 놀라게 했다. 이 책은 다양한 음악 자료와 중남미 지역 연구 사례를 바탕으로 클래식계의 신동에서 거장으로 발돋움한 두다멜의 과거와 현재를 조명하고 있다.

악기 구조 교과서
야나기다 마스조(안혜은 역) / 보누스(2018)

이 책은 클래식 악기부터 세계의 민속악기, EDM의 시작 신시사이저까지 음악을 만드는 도구로 쓰이는 악기의 구조를 다루고 있다. 악기의 큰 흐름을 한눈에 파악할 수 있게 개론에 체계적인 악기 분류표를 담았고, 각 장에서는 다양한 악기의 발음 원리와 구조를 소개하고 있다. 낯설거나 어려울 수 있는 음향학 내용을 생생한 사진과 그림을 덧붙여 독자의 이해를 돕고 있다. 클래식 악기는 물론 세계의 민속악기, 최근 들어 관심이 높아지는 전자악기까지 소리와 악기의 메커니즘을 살펴볼 수 있다.

그라우트의 서양음악사
도날드 J. 그라우트 외 2인(전정임 역) / 이앤비플러스(2007)

이 책은 1960년 첫 출간된 이후 오늘날에 이르기까지 40여 년간 전 세계 음악학도의 사랑을 받아온 서양 음악사의 위대한 고전이다. 오페라에서 재즈까지 우리가 반드시 알아야 할 음악의 모든 것과 원시 시대의 음악에서부터 현대의 재즈와 팝, 새로운 밀레니엄의 음악까지 예술 음악의 역사와 관련된 내용을 담고 있다. 원시 시대의 원시 음악을 시작으로 고대와 중세, 르네상스, 근대, 현대 음악의 역사를 각 시대의 시대적 배경과 함께 설명했다. 풍부한 원색의 사진과 수많은 인용문, 다양한 악보 등과 함께 설명하여 독자가 이해하는 데 도움을 준다.

음악 본능
크리스토프 드뢰서(전대호 역) / 해나무(2015)

이 책은 다각도로 음악을 고찰하여 뇌 안의 '음악 본능'을 찾아 나서고 있다. 대부분의 사람들은 자신의 노래 실력이 유창하지 않다고 여기고, 남들 앞에 나서서 노래 부르는 것을 부끄러워하지만, 사실 인간은 말문이 트이기 전부터 노래를 따라 부르고 멜로디를 지어내기도 한다고 밝히고 있다. 우리 뇌에는 음악 본능이 자리하고 있고, 음악은 기분을 좋게 만들어서 자꾸 음악을 하게끔 한다. 풍부한 음악 경험은 뇌를 유연하게 하고 감정을 건드리는 강력한 자극이다. 이 책은 '누구나 음악성이 있다'라는 것을 깨닫게 하고, 음악에 대한 울타리를 낮추어주고 있다.

악보를 알면 음악이 보인다
데이브 스튜어트(신금식 역) / 성안뮤직(2017)

이 책은 오선보, 화음부터 클래식 악기의 기보에 이르기까지 악보 보는 법을 기초부터 알기 쉽게 설명하였다. 여러 가지 음악 기호와 음악 이론의 기초도 상세히 소개하고 있다. '악보는 소리 없는 언어이다'라는 말처럼 악보는 음악이라는 틀 안에서 음악인들이 서로 소통하는 언어라고 할 수 있다. 우리가 언어를 알 때 보다 깊고 정확한 소통이 가능하듯 다른 사람의 음악을 깊이 이해하고, 자신의 머릿속에 있는 음악적 아이디어를 정확하게 전달하는 데 있어 악보를 아는 일은 매우 중요하다.

Fun한 클래식 이야기
김수연 / 가디언(2020)

이 책은 세계 클래식 거장들의 흥미진진한 스토리를 바이올리니스트의 연주 영상과 함께 보는 FUN한 클래식 입문서이다. 자신의 악기에 악마가 깃들었다고 믿었던 작곡가부터 장인과의 다툼으로 법정에 선 작곡가, 그리고 인정받지 못했던 사랑 탓에 독약을 먹었던 작곡가까지 영화보다 더 영화 같고 드라마보다 더 드라마 같지만, 알고 보면 우리의 삶과 별반 다를 것이 없었던 그들의 삶과 음악을 담아낸 책이다. 클래식을 어렵고 장황하게 설명하는 다른 도서들과는 달리, 흥미로운 에피소드를 앞세워 독자들이 클래식에 쉽고 재미있게 접근할 수 있도록 했다.

1 인문계열

2 사회계열

3 자연계열

4 공학계열

5 의약계열

6 예체능계열 · 관현악과

7 교육계열

관현악과 독서탐구활동 활용사례

자율활동 특기사항

학급 도서부장으로 학급의 학습 분위기를 조성하는 데 크게 기여함. 학급 특색 프로그램인 학습 멘토링 활동에서 자신이 가장 자신 있어 하는 음악 분야의 멘토가 됨. 오랫동안 바이올린 연주 실력을 키워온 경험을 바탕으로 바이올린 악기를 배우고 싶어 하는 멘티 학생에게 기초부터 알려주는 등 멘토의 역할을 충실히 수행함. 특히 아침 조회 시간 전 학급 전체 학생들에게 자신이 선곡한 클래식 음악을 들려줌으로써 학생들의 음악 감상의 폭을 넓혀주는 데 많은 노력을 기울임. 학급 독서 시간에 **'음악 인류(대니얼 J. 레비틴)'** 책을 읽은 후 음악을 듣는 행위가 우리 뇌의 감각적 쾌락 체계에 어떻게 영향을 미치는지, 왜 사람들은 나이가 들면 음악 취향이 고정되는지에 대한 과학적 해답을 정리하고 발표함. 사교성이 매우 높고 자기주도적으로 학습하는 성격임. 관현악과 진학을 꿈꾸는 학생으로 음악적 감성과 바이올린 연주 실력이 매우 뛰어남.

동아리활동 특기사항

(밴드반)(34시간) 음악 감상을 좋아하고, 연극이나 뮤지컬 공연에 관심이 많고, 바이올린 연주 실력이 수준급인 학생임. 학교 동아리 발표회에서 전체적인 공연 프로그램을 기획하고 동아리 부원들과 동아리 홍보포스터를 제작함. 발표회 날 연주 지휘자가 되어 아름다운 지휘 실력을 발휘하여 많은 호평을 받음. 특히 동아리 발표 연주곡을 선정할 때 보컬이 잘 부를 수 있는 노래를 선택할 수 있도록 배려하며 선정된 곡을 완벽하게 연주하기 위해 부원들을 잘 이끎. 악기를 소중히 다루며 연습 후 뒷정리를 끝까지 남아서 하는 등 책임감이 뛰어난 학생임. 관심 분야 독서활동 시간에 **'세계의 오케스트라(에르베르트 하프너)'** 를 선정해 독서활동을 함. 책 속에 등장하는 세계 최고의 오케스트라들과 지휘자들에 대한 정보를 일목요연하게 감상문에 실었음. 오케스트라 지휘자라는 꿈에 다가서는 데 많은 영감을 준 책이었다는 소감을 밝힘. 오케스트라 지휘자가 되기 위해 꾸준히 노력을 기울이는 장래가 유망한 학생임.

진로활동 특기사항

'나의 꿈 발표하기' 활동에서 자신의 미래 꿈인 오케스트라 지휘자를 선정해 발표함. 자신의 가장 큰 관심사는 현재 바이올린 연주 기량을 향상시키는 것이고, 지휘자가 갖추어야 할 음악적 역량을 키우기 위해 많은 노력을 기울여야 한다고 발표함. 진로 탐구 주제 발표 활동에서 '오케스트라의 악기배치'라는 주제로 오케스트라의 역사를 설명함. 오케스트라는 100명 안팎의 연주자로 이루어지고, 현악기군(제1바이올린·제2바이올린·비올라·첼로·콘트라베이스), 목관악기군(피콜로·플루트·오보에·잉글리시호른·클라리넷·파고토 등), 금관악기군(호른·트럼펫·트롬본 등), 타악기군(팀파니·큰북·작은북·트라이앵글·탬버린·심벌즈·목금 등)으로 구별된다는 점을 실제 사진 자료와 함께 소개하여 음악에 대한 지식이 부족한 친구들을 위해 알기 쉽게 설명함. 진로 독서활동에서 **'fun한 음악이야기(김수연)'** 를 선정해 읽은 후 세계 클래식 거장들의 흥미진진한 스토리를 급우들에게 소개하고, 다양한 작곡가들의 삶과 에피소드 등을 정리해 발표함. 관현악과 진학을 꿈꾸며 장차 오케스트라 지휘자가 되기 위해 끊임없이 자신의 연주 실력을 향상시키는 데 많은 노력을 기울이고 있는 학생임. 음악적 소양과 성실함이 돋보여 장래가 촉망되는 학생임.

교과 세부능력 및 특기사항

음악

알토리코더 중주 활동에서 모둠장을 맡아 연주곡인 슈베르트의 '송어'를 발표하기 위해 수업 시간마다 적극적으로 모둠원들을 잘 이끌어 완성도 높은 연주를 보여줌. 평소 악기 연주를 좋아하는 친구들과 리코더, 바이올린, 기타, 드럼으로 구성된 밴드 합주를 계획하고 틈틈이 연습하여 촬영한 영상을 수업 시간에 공유하여 많은 박수를 받음. 어린 시절부터 바이올린 연주를 전문적으로 하고 있어 향후 오케스트라 지휘자의 꿈을 꾸고 있음. 평소 자신의 감정에 귀를 기울이고 이것을 어떻게 표현하면 효과적일지 아이디어를 메모하는 습관이 있는 학생임. 관심 분야 독서 토론 수업에서 **'그라우트의 서양 음악사(도날드 J. 그라우트 외)'**를 선정해 읽은 후 원시 음악을 시작으로 고대와 중세, 르네상스, 근대, 현대 음악의 역사를 각 시대의 시대적 배경과 함께 감상문에 담아 발표를 함.

음악연주

학급음악회 수업에서 친구들과 다양한 악기들로 중주를 연습하여 공연함. 피아노, 기타, 드럼, 바이올린으로 구성된 중주팀을 구성하였고, 비틀즈의 'Let it be'를 바이올린으로 연주함. 서로 다른 악기의 음색과 선율들이 조화를 이룬 연주로 친구들에게 많은 박수를 받음. 연습 과정에서 친구들과 의견을 조율하여 갈등을 극복한 경험, 연주로 완성하기까지의 과정에서 많은 보람을 느꼈다는 소감을 발표함. 진로연계 독서 발표 활동에서 **'악기 구조 교과서(야나기다 마스조)'**를 선정해 발표 자료를 만듦. 악기의 흐름을 한눈에 파악할 수 있게 체계적인 악기 분류표를 담았고, 낯설고 어려운 음향학 내용을 쉽게 이해할 수 있도록 사진과 그림을 곁들여 소개하여 음악을 어려워하는 친구들의 이해도를 높이기 위해 노력함. 관현악을 전공한 후 관현악단 활동을 희망하는 학생으로 음악적 재능과 소질이 뛰어나 장래가 촉망됨.

행동특성 및 종합의견

매사 순발력과 재치가 있으며 학급 반장의 역할을 수행하며 각종 학급행사 및 학급 분위기를 화기애애하게 만드는 데 열의를 다함. 2학기 학교 축제 중 학급별 합창 경연행사에서 곡 선정 과정부터 연습 과정, 경연 과정까지 리더의 역할을 수행함. 본선 경연무대에서는 뛰어난 지휘 실력을 발휘하여 많은 사람들로부터 환호를 받음. 특히 음악적인 재능이 많아서 오래전부터 바이올린 연주 실력을 꾸준히 키워오고 있음. 예체능 과목뿐만 아니라 주요 과목에도 관심을 가지고 발표나 토론 활동에 적극적으로 참여함. 관현악과 진학을 희망하고 있으며, 대학 졸업 후에는 우리나라를 대표하는 관현악단 지휘자가 되겠다는 꿈을 가진 장래가 촉망되는 학생임. 진로 활동 시간에 읽은 **'구스타보 두다멜(장혜영)'** 책을 통해 자신도 책 속의 주인공처럼 세계를 놀라게 한 청년 지휘자가 되어 우리나라 음악계를 선도하고 싶다는 각오를 밝힘.

1 인문계열

2 사회계열

3 자연계열

4 공학계열

5 의약계열

6 예체능계열 · 관현악과

7 교육계열

3 ▸▸ 국악학과

1 학과 인재상

꾸준히 연습할 수 있는
남다른 인내와 끈기를
지닌 학생

자신의 전공 분야에 대한
실기 능력을 갖춘 학생

정확한 발음과 호흡,
신체 능력을 갖춘 학생

각종 악기를 통한 시창이나
청음 능력이 뛰어난 학생

우리 전통 예술을 좋아하며
음악적 감수성이
풍부한 학생

2 유사학과

- 국악학과
- 국악학과(국악기악전공)
- 국악학과(국악성악전공)
- 국악학과(국악작곡이론전공)
- 음악학부 국악전공
- 전통연희학과
- 전통예술학부
- 전통예술학부(음악예술전공)
- 한국음악과
- 한국음악학과

3 관련직업

- 국악기연주가
- 국악성악가
- 국악작곡자
- 음악교사

4 개설대학

- 경북대학교
- 단국대학교
- 목원대학교
- 부산대학교
- 서울대학교
- 세한대학교
- 수원대학교
- 용인대학교
- 이화여자대학교
- 전남대학교
- 전북대학교
- 중앙대학교 안성캠퍼스
- 추계예술대학교
- 한양대학교 등

인문학으로 읽는 국악 이야기

하응백 / 휴먼앤북스(2020)

이 책은 제목 그대로 인문학으로 보는 국악 이야기를 담고 있다. 민요라는 재미있는 수수께끼를 인문학으로 풀어내는 과정이 녹아 있고, 여기에 국악 노랫말이 지니고 있는 여러 이야기를 풍성하게 하고자 역사적 사실과 문학적 관점을 더했다. 그동안 거의 방치되어 있다시피 한 경기소리와 서도소리와 같은 민요의 노랫말의 뜻풀이에 대한 방법론도 제시되어 있다. 이 책을 통해 민요 노랫말은 방언, 문헌 조사, 전설 같은 여러 요소를 종합하여 실체적 내용에 다가갈 수 있다는 것을 알 수 있다.

재미있는 우리 국악 이야기

이성재 / 서해문집(2006)

다양하고 섬세한 우리 음악인 국악을 넓고 깊게, 그리고 쉽게 담아낸 책이다. 국악의 두 가지 큰 갈래인 정악과 민속악의 특징을 설명하고, 각각에 속하는 음악을 쉽게 구분할 수 있도록 구성되어 있다. 궁중에서 제사 지낼 때 연주하는 제례악, 예술성과 음악적 구성이 뛰어난 가곡, 세계 어느 곳에서도 유례를 찾아볼 수 없는 독특한 서민들의 극음악 판소리, 여럿이 서서 흥겹게 춤을 추며 부르는 선소리 등 미처 몰랐던 우리 음악의 다채로운 모습을 만날 수 있다.

국악은 젊다

이주향 / 예경(2015)

이 책은 우리를 닮은 음악인 국악과 교감하는 가장 쉬운 입문서이다. 대금연주자이자 국악교육자인 저자가 수많은 공연과 강의 경험을 바탕으로 얻은 문제의식을 관객과 교감하듯 저술한 책이다. 초보자들의 실제 경험을 밑바탕에 두고, 그들이 정말 필요로 하는 국악의 핵심만을 간결하게 담아냈다. 국악은 '오래된 과거의 음악'이라는 통념을 깨고, 오늘의 국악인이 지향하는 국악을 독자들에게 알려주고자 했다. 제목 그대로 젊음이 상징하는 실험과 도전 정신, 전통의 계승과 발전을 담았고, 국악의 어제가 아닌 국악의 오늘과 내일을 담고 있는 새로운 개념의 국악 도서이다.

재미있는 국악 지휘 이야기

홍희철 / 새로운사람들(2016)

오늘날 국악관현악단은 현대음악을 창작하여 연주하는 것은 말할 것도 없고, 서양 오케스트라와 거의 다르지 않으면서 국악기들을 중심으로 구성된 오케스트라 형태로 연주되고 있다. 이 책은 연주 형태가 서양 오케스트라를 따라가고 있지만, 국악 오케스트라의 지휘자들이 지휘하는 패턴은 제대로 정착되어 있지 않다는 생각에서 집필되었다. 따라서 국악의 특징적인 장단에 의한 비팅이나 지휘법의 정착을 위해 국악 창작곡에서 자주 등장하는 우리 고유 장단에 걸맞은 비팅법이나 표현법 등을 확립할 수 있도록 서술되어 있다.

1 인문계열

2 사회계열

3 자연계열

4 공학계열

5 의약계열

6 예체능계열 · 국악학과

7 교육계열

어화둥둥 두리둥둥 이야기 국악
기청 / 세광음악출판사(1999)

이 책은 우리나라 상고 시대의 음악, 삼국 시대의 음악, 고려 시대의 음악, 조선 시대의 음악 등 우리 음악의 역사를 시대순으로 정리하고 우리나라 음악의 특징, 우리나라 음악의 갈래, 우리나라의 기악곡에 대해 설명하고 있다. 또한 우리나라 노래곡의 종류, 민요와 민요에 얽힌 이야기를 소개하고 음악의 계통에 따른 분류, 악기의 주요 재료에 따른 분류, 연주법에 의한 분류 등 악기 분류에 대해 설명한다. 현악기, 관악기, 타악기로 나누어 우리 악기를 설명하고 있다. 컬러 사진을 수록하고 보충 설명을 통해 내용을 쉽게 이해할 수 있도록 구성했다.

국악 비평의 역사
전지영 / 북코리아(2008)

이 책은 '국악비평의 개요', '국악비평의 역사(조선시대 이전 및 20세기 전반과 중반)', 그리고 '현대국악비평의 쟁점' 순으로 구성되어 있다. 비평의 역사를 통해서 국악비평이란 무엇이고 오늘날 국악비평의 문제는 무엇인지를 제시하고 있다. 비평과 학술을 분리하지 않고 하나의 틀 속에서 다양한 것을 살피고 있다. 국악비평의 개요와 현대국악비평의 쟁점에서 국악에 대한 저자의 애정을 느낄 수 있다.

사물놀이 기초교본
이대호 / 다라(2014)

이 책은 국악을 전공하고자 하거나 사물놀이에 관심이 많은 사람들을 대상으로 하는 사물(풍물)놀이의 기초 교본이다. 사물의 특징과 기보법을 비롯하여 풍물의 악기인 징, 장구, 북, 설장구 등의 기초를 알려주고 사물놀이를 이해를 돕는다. 이 외에도 중부농악(경기, 충청도 웃다리 사물놀이)과 영남 사물놀이, 전라 우도 이리 풍물굿 농악 중심 등에 대해 알려준다.

우리 시대의 판소리 문화
김대행 / 역락(2011)

판소리는 소리하는 사람이나 북을 치는 사람이나 그것을 들으며 추임새를 하는 사람이나 웃고 떠들고 함께 즐겁자는 것으로, 예술 이전에 삶의 방식이요, 놀이이다. 판소리는 오늘의 이야기를 담고 오늘날의 삶을 표상하면서 미래에 눈을 두어야 한다. 이 책에서는 판소리의 겉모습과 역사, 판소리 문화의 속살에 대해 살펴보고, 창극의 문화적 자리매김을 위해 판소리 문화가 가야 할 길과 21세기 사회 변화와 판소리의 사명에 대해 서술하고 있다.

국악개론
김영운 / 음악세계(2020)

이 책은 '이론, 악기, 장르, 간추린 국악사'의 4가지 카테고리로 구성되어 있다. '제1편 전통음악의 이론'에서는 국악의 분류체계를 설명하고, '제2편 국악기'에서는 분류별 다양한 악기를 수록하고, 텍스트 위주의 설명에서 탈피해 악기, 연주 모습 등의 컬러이미지를 생생하게 담아냈다. '제3편 전통음악의 갈래'에서는 특정 장르에 치우치지 않고 이론과 사회·문화 사이를 균형감 있게 서술했다. '제4편 간추린 국악사'에서는 다양한 악보와 사료를 풍부하게 실었다. 각종 악기와 연주 사진, 악보, 고(古)악보·유물·풍속화 등의 다양한 사료 이미지를 수록하여 독자의 이해를 돕고 있다.

꿈꾸는 거문고
김수연 / 컬쳐그라프(2016)

이 책은 옛글과 그림 속에 담긴 조선 선비의 일상 속 음악을 들여다봄으로써 그들의 음악 일상을 통해 우리 음악의 인문학적 가치를 재인식해보는 국악 감상 가이드북이다. 단순히 옛글과 그림을 보는 것이 아닌 선비들의 음악 세상으로 한 발 더 깊게 들어가 선비들이 하고 싶은 음악은 무엇이었으며, 듣고 싶은 음악은 무엇이었는지, 나아가 선비들에게 음악이란 무엇이었는지를 오늘의 시선으로 바라보고 있다. 단순히 과거에 우리가 즐겼던 음악을 전하는 것이 아니라 지금도 여전히 유효한 우리 음악과 이야기를 담아냈다.

1 인문계열

2 사회계열

3 자연계열

4 공학계열

5 의약계열

6 예체능계열 · 국악학과

7 교육계열

국악학과 독서탐구활동 활용사례

자율활동 특기사항

학급 내에서 1주일에 한 가지씩 주요 시사 문제를 설명하고 교실 뒤 게시판에 게시하는 활동에서 '예술 뉴스' 게시판을 활용해 '우리나라의 전통음악'을 주제로 자신이 조사한 자료를 정리해 게시함. 학급 토론 활동에서는 주도적인 역할을 수행하였으며, 자신과 다른 의견을 제시하는 친구들의 입장을 존중하는 태도를 보임. 학교 폭력 예방 및 신변 보호 교육을 통해 학급 내 언어폭력을 줄이기 위해서는 언어습관도 중요하지만 자신과 타인을 존중하는 마음가짐이 우선되어야 하며, 사이버공간에서도 현실공간과 동일한 잣대로 상대방을 배려하고 존중해야 한다는 소감문을 제출함. 학급 특색 사업인 진로 독서 활동 시간에 **'꿈꾸는 거문고(송혜진)'**를 선정해 읽고 옛글과 그림 속에 담긴 조선 선비의 일상 속 음악생활을 들여다봄으로써 우리 음악의 인문학적 가치를 재인식해보는 계기가 되었다는 감상문을 작성함. 국악과 진학을 꿈꾸는 장래가 촉망되는 학생임.

동아리활동 특기사항

(사물놀이반)(34시간) 동아리 부장 직책을 맡아 동아리 발표회를 비롯한 각종 동아리 관련 활동에서 주도적인 역할을 수행하여 리더십을 발휘함. 매시간 지도교사를 도와 수업 준비 단계와 수업 진행 과정에 열정적으로 참여하는 학생임. 교내 동아리 발표회에 사물놀이를 준비하여 전교생들에게 즐거운 시간을 선물함. 사물놀이 공연 전 일반 학생들에게 꽹과리, 북, 장구, 징이 의미하는 바를 설명하여 우리 음악에 대한 이해도를 높여준 점이 인상 깊었음. 진로 독서 토론 활동에서 **'우리 시대의 판소리 문화(김대행)'**를 읽고 판소리의 겉모습과 역사에 대해 소개하고, 21세기에는 판소리를 놀이로 보고 살아가는 방식으로 보는 시각의 대전환이 필요하다는 점을 강조하는 감상문을 발표함. 우리 전통음악에 대한 지식이 깊고 사물놀이 연주에 기량이 뛰어나 장차 우리나라를 대표하는 사물놀이 연주가가 될 역량을 갖춘 인재임.

진로활동 특기사항

진로 포트폴리오 탐색 활동에서 '우리 전통음악' 분야를 중심으로 다양한 국악 관련 자료들을 스크랩하였고, 국악인 직업에 대한 구체적인 직업정보를 탐색한 후 로드맵을 완성함. 진학을 희망하는 대학의 국악과 교육과정과 관심 분야 교수진, 동아리, 선배들의 졸업 후 진출 분야 등의 정보를 상세하게 나타냄. 성실하고 책임감이 강하며 정리정돈을 잘함. 바른 자세로 수업에 임하며 우리나라 전통음악인 국악에 대해 관심이 많아 오래전부터 가야금 연주를 전문적으로 배우고 있다고 함. 국악과에 진학해 국악을 전문적으로 전공해서 국악의 세계화를 이루고 장르를 넘나들어 많은 사람들에게 국악의 매력을 알리기 위해 노력하고 싶다는 포부를 당당히 밝힘. 학교 안 문제해결 프로그램에서는 학교 종소리를 국악으로 바꾸자는 의견과 점심시간 방송을 이용해 국악을 들려주자는 구체적인 기획안을 만들어 학생회에 제안하였고, 기획안이 반영되어 매일 점심시간에 전교생에게 국악 음악을 들려주는 기회를 제공함. **'인문학으로 읽는 국악이야기(하응백)'**를 읽고 국악 노랫말이 지니고 있는 여러 이야기를 역사적 사실과 곁들여 알기 쉬운 내용으로 풀어 친구들 앞에서 발표함. 국악에 대한 관심이 뛰어나고 가야금 연주 실력도 탁월해 우리 전통 음악을 세계에 널리 알리는 데 기여할 역량을 갖춘 뛰어난 학생임.

1 인문계열

2 사회계열

3 자연계열

4 공학계열

5 의약계열

6 예체능계열·국악학과

7 교육계열

교과 세부능력 및 특기사항

음악

'케이팝을 판소리로 표현하기' 수업 활동에서 판소리의 기본 발성법인 통성을 익히고 평소 좋아하는 케이팝 한 곡을 선정해 판소리의 형식에 맞춰 편곡하여 급우들 앞에서 공연하여 호평을 받음. 가사에 어울리는 발림 동작을 창의적으로 만드는 등 음악적 소양이 풍부한 학생임. 평소 내성적인 성격으로 사람들 앞에 나서는 것을 두려워하였는데 이 수업 활동을 통해 우리 전통음악의 우수성에 대해 알게 된 기회가 되었고, 급우들의 반응을 통해 자신감을 얻었다는 소감문을 작성함. **'국악 비평의 역사(전지영)'**를 읽고 국악비평의 정의, 국악비평의 역사를 논리정연하게 소개하고, 현대국악비평의 쟁점에 대해 구체적으로 설명함. 국악과 진학을 꿈꾸고 장차 국제기구에서 우리나라의 전통음악을 홍보하는 분야에 종사하고자 하는 학생으로 우리 음악에 대한 지식이 풍부하고 음악적 열정이 뛰어나 장래가 촉망됨.

음악연주

오래전부터 가야금 연주를 배운 학생으로 음악 수업에 흥미를 가지고 적극적으로 참여함. 가야금 연주에 흥미를 가지게 된 계기를 서양의 악기와 비교하여 설명함. 바이올린에 비해 가야금 소리의 지속성이 편안하게 느껴져 가야금에 관심을 가지게 되었다고 함. 수업시간에 '진도 아리랑'을 연습하여 발표하였으며 시종일관 진지한 태도로 공연하여 친구들에게 큰 박수를 받음. 향후 기회가 되면 대금, 피리 등 국악 관악기도 배우고 싶다는 생각을 소감문에 밝힘. 수업시간에 항상 성실한 자세로 참여하는 모습이 인상 깊고 국악에 대한 배움의 열정이 강해 진로 희망인 전문 가야금 연주자로 대성할 수 있는 자질이 보이는 뛰어난 학생임. 교과연계 독서활동 시간에 **'어화둥둥 두리둥둥 이야기 국악(기청)'**을 선정해 읽고 우리나라 상고 시대의 음악, 삼국 시대의 음악, 고려 시대의 음악, 조선 시대의 음악 등 우리 음악의 역사를 시대 순으로 알기 쉽게 정리해 결과물을 제출함.

행동특성 및 종합의견

평소 활동적이며 에너지가 넘치는 학생으로 급우 간 대화에서 주도적으로 분위기를 이끌어가는 능력이 뛰어남. 매사 순발력과 재치가 있으며 학급 반장의 역할을 수행하며 각종 학급행사 및 학급 분위기를 화기애애하게 운영하는 데 열의를 다함. 2학기 학교 축제 행사에서는 전통 국악기 연주를 배우고 있는 동아리 학생들과 함께 전교생 앞에서 국악 연주 활동을 하는 등 자신의 재능을 아낌없이 발휘하는 성실한 학생. 학급에서 진행하는 월간 진로 발표 프로그램에서는 국악을 배경 음악으로 선정해 틀어주면서 해당 음악의 의미를 자세히 설명함으로써 친구들에게 국악을 소개하는 역할을 수행함. **'재미있는 우리 국악 이야기(이성재)', '국악은 젊다(이주향)'**를 읽고 이전에 몰랐던 우리 국악의 다채로운 모습을 알게 되었고, 전통과 계승을 바탕으로 국악이 앞으로 나가야 할 길에 대해 고민할 수 있는 계기가 되었다고 함. 장차 국악과에 진학해 전문 연주자의 길을 걷는 것이 장래 희망이라고 함. 음악적 재능이 뛰어나고 리더십이 탁월한 학생으로 장래가 매우 촉망되는 학생임.

4 ▸▸ 동양화과

1 학과 인재상

예술적 실험 정신이 있고,
창의력이 우수한 학생

미술 분야에 관심과
흥미가 깊은 학생

자신의 미적 능력을
적극적으로
표현할 수 있는 학생

창작 활동에 관심이 많고,
오랜 연습을 견딜 수 있는
인내력이 있는 학생

인간과 사물에 대한
깊은 이해심과
공감 능력이 있는 학생

2 유사학과

- 동양화전공
- 미술학부(동양화전공)
- 미술학과 한국화전공
- 미술학부(한국화전공)
- 미술학과(한국화전공)
- 조형예술학과(동양화전공)
- 한국화전공
- 한국화학과

3 관련직업

- 디자이너
- 미술교사
- 미술치료사
- 시각디자이너
- 애니메이터
- 학예사
- 동양화가

4 개설대학

- 경북대학교
- 단국대학교 천안캠퍼스
- 동국대학교
- 동의대학교
- 부산대학교
- 서울대학교
- 성균관대학교
- 성신여자대학교
- 안동대학교
- 울산대학교
- 이화여자대학교
- 인천대학교
- 전남대학교
- 전북대학교
- 중앙대학교 안성캠퍼스
- 추계예술대학교
- 충북대학교
- 한성대학교
- 홍익대학교 등

동양화 도슨트

장인용 / 다른(2022)

이 책은 클래식은 익숙하지만 국악은 낯설고, 서양 미술은 좋아하지만 동양 미술은 잘 모르겠다고 하는 학생들을 위한 도서이다. 동양적인 것, 한국적인 것이 서구화의 물결에 밀려 덜 선호되기도 하고, 특히 동양 미술은 쉽고 친절한 입문서가 많지 않은 것도 이유이다. 이 책에서는 동양화가 어렵다는 선입견을 깨고, 동양화는 서양화와 무엇이 다른지, 산수화나 화조화 같은 동양화의 장르는 어떻게 탄생하고 발전했는지, 동양 역사의 흐름에 따라 미술은 어떻게 변해왔는지 이해와 감상에 핵심적인 내용을 짚어준다.

이 놀라운 조선 천재 화가들

이일수 / 구름서재(2015)

이 책은 조선을 대표하는 화가로 손꼽히는 안견, 신사임당, 정선, 김홍도, 신윤복, 장승업을 주인공으로 하여, 그들이 살았던 시대 상황과 사회 분위기, 생활 풍습, 화가들의 개인사, 그림의 내력 등을 작품과 연결시키며 우리 옛 그림에 대한 이해를 깊게 해주는 내용으로 구성되어 있다. 고흐의 열정적인 인생에 대해 알게 되었을 때 그의 그림이 더 감동적으로 다가오듯, 이 책을 통해서 우리 미술을 제대로 이해하고 우리나라를 대표하는 화가들의 삶을 통해 동양화의 아름다운 미에 대해 제대로 느낄 수 있을 것이다.

마음으로 동양화 읽기

김선현 / 이담북스(2011)

이 책은 동양화 속에 포함된 사상과 기법을 개괄적으로 다루고 있다. 담백한 맛과 은은한 멋을 간직하고 있는 동양화를 읽어내는 방법을 소개하고, 여백이라는 형태를 통해 보이지 않는 조화로운 질서를 활용하는 동양화의 기본 개념을 이해하도록 도와준다. 동양화에 대한 전문지식이 없는 사람도 쉽게 읽을 수 있으며, 관련 전문가들에게는 핸드북으로 활용될 수 있다. 1, 2, 3장에서는 동양화의 사상적 부분을 다루고 있으며, 4장에서는 한국화의 재료, 5장과 6장에서는 한국화의 분류와 소재, 7장에서는 조선시대 한국화에 대해 다루었다. 마지막으로 8장에서는 한국화와 색채에 대해 설명하고 있다.

방구석 미술관

조원재 / 블랙피쉬(2021)

이 책은 2018년 출간 이래 방송과 광고업계에까지 '방구석 신드롬'과 미술 열풍을 일으킨 원조 미술책으로, 미술은 고상하고 우아한 사람들의 전유물이라고 생각했던 대중들을 미술에 흠뻑 빠지게 만들며 지금까지 큰 사랑을 받고 있다. '미술은 누구나 쉽고 재밌게 가지고 놀 수 있는 장난감'이라는 모토 아래, 멀게만 느껴졌던 화가들을 친근하게 소개한다. 인간미 넘치는 형과 누나로 만드는 작가의 재기발랄한 스토리텔링과 특유의 재치 넘치는 입담으로 예술가들의 사생활은 물론 명화의 숨은 뒷얘기까지 전달해주고 있다.

동양화란 어떤 그림인가
조용진, 배재영 / 열화당(2002)

이 책은 한국 전통미술 해설서이다. 동양화의 개념 소개를 시작으로 '남종화와 북종화의 양식적 특색은 어떠한가'와 '산수화는 언제부터 동양회화의 중심 양식으로 발전했나', '여백 표현은 언제부터 시작되었나', '문방사우의 종류와 사용법은 무엇인가' 그리고 '한국화는 어떻게 보존해야 하나' 등에 이르기까지 동양화에 대한 다양한 의문점들을 사진자료와 함께 자세히 설명하고 있다. 특히 한국화와 서양화의 구분에서부터 시작하는 내용은 그림 형식의 차이에서부터 동양화의 특징, 기법, 그 주변의 이야기까지 세심하게 설명하고 있다.

처음 만나는 동양화 꽃 그림
메리지안 / 시대인(2018)

'동양화'라고 하면 일반적으로 어려운 그림이라고 생각하는 사람들이 많다. 이 책은 우리에게 좀 더 친숙한 꽃들을 통해서 동양화의 매력을 느낄 수 있게 한다. 수선화, 카라, 라벤더, 코스모스, 장미, 튤립, 라넌큘러스, 카네이션, 수국, 작약 등 누구나 좋아할 만한 아름다운 꽃들을 담았다. 동양화를 처음 그리는 사람도 쉽게 이해할 수 있도록, 종이 붙이는 방법과 아교 반수를 하는 기초적인 과정을 설명했다. 또한 전 작품의 도안을 수록해서 초보자가 가장 어려워하는 밑그림 그리기의 부담을 덜어주도록 구성했다.

미술관에 간 물리학자
서민아 / 어바웃어북(2020)

물리학은 만물의 이치를 탐구하는 학문이다. 이 책은 명화에서 물리학의 핵심 개념과 원리를 찾아 소개한다. 샤갈의 성 슈테판 교회 스테인드글라스에는 퀀텀닷과 나노입자의 과학이, 다빈치의 <모나리자>에는 '꿈의 전자파'라 불리는 테라헤르츠파의 과학이, 몬드리안의 <빨강, 파랑, 노랑의 구성>에는 그래핀 같은 낮은 차원의 물질세계를 설명하는 과학이 담겨 있다. 그림에서 찾아낸 물리 법칙은 수식으로 설명하는 것보다 훨씬 더 쉽게 다가온다. 이 책은 '프리즘'처럼 좀처럼 알아채기 힘든 물리학의 아름다움을 보여준다.

조선회화실록
이종수 / 생각정원(2019)

이 책은 조선시대 각 왕이 살았던 시대에 그려진 그림과 실록을 오가며, 왕권과 신권 사이의 팽팽한 긴장을 손에 잡힐 듯이 풀어낸다. 또한 독자가 반드시 알아야 하는 『조선왕조실록』의 핵심적인 문장들을 간추려 소개한다. 뿐만 아니라 조선 회화의 정수라 할 수 있는 왕들의 어진(초상화), 조선 사대부들의 모임을 담은 다양한 계회도, 경술국치 이후 마지막으로 경복궁의 풍경을 담은 백악춘효도 등 다양한 그림에 담긴 맥락을 살피며 역사적 통찰력을 제공하고 있다. 이 책에서 조선의 회화는 조선이 담고자 하는 이상과 현실을 자세하게 보여주는 도구가 되며, 책을 읽는 독자들이 새롭게 역사를 볼 수 있는 눈을 갖도록 도와준다.

고흐, 공자를 보다
박정수 / 바움디자인(2018)

이 책은 인문학의 중요성이 강화되는 시기에 가볍게 읽을 수 있는 미술 감상 교양서이다. 동양미술과 서양미술의 개념을 상호 비교하면서 이해를 돕는다. 작품 설명에 앞서 서양 철학자들의 입을 빌려 말하거나 동양의 사상가들이 서로 이야기를 주고받는다. 플라톤, 공자가 활동하던 시대의 미술을 알게 되고, 레오나르도 다빈치, 미켈란젤로, 김홍도가 그리고 만든 미술작품에 대해 알게 된다. 그리고 백남준, 데미안 허스트, 애너메리 모지스 등 수많은 인물을 만나며 미술이 무엇인지, 어떻게 변화하고 발전했는지 알게 된다. 편안히 읽다 보면 동양과 서양의 차이점을 알게 되고, 동양 미학과 서양 미학의 차별이 어렴풋이 보이기 시작한다.

한국 미술문화의 이해
김민기 외 5인 / 예경(2006)

이 책은 한국의 미술과 문화를 안내하는 미술사 사전이다. 미술사 이해의 기초가 되는 고고부터 시작해서 서화, 조각, 공예, 건축까지 한국미술문화를 구성하는 모든 분야를 망라하고, 각 분야의 기초 용어와 개념부터 시대적인 흐름까지 한눈에 파악할 수 있도록 구성하였다. 또한 한국의 미술과 전통문화를 이해하는 데 필요한 기초지식과 연표, 연호, 문화재 관련 사항들을 풍부하게 수록하고, 글로 다 설명할 수 없는 부분들을 직접 보여주기 위해 사진과 도면 등 컬러 화보 1,000여 점을 실어 독자들의 이해를 도와준다. 전통미술과 문화를 직접 체험할 수 있도록 전국 박물관의 주소와 사이트 그리고 주요 건축물, 왕릉의 주소까지 한 권에 빠짐없이 실었다.

1 인문계열

2 사회계열

3 자연계열

4 공학계열

5 의약계열

6 예체능계열 · 동양화과

7 교육계열

동양화과 독서탐구활동 활용사례

자율활동 특기사항

자신의 진로와 관련이 있는 미술 및 동양화 분야 책을 매달 한 권씩 선정하여 읽은 후 꾸준히 진로 독서 일지를 작성함. 동양화가의 꿈을 이루기 위한 준비와 계획의 중요성을 알고 동양화 실기 능력을 키우기 위해 꾸준히 노력하는 학생으로 자기 주도적으로 학습계획을 세워 공부하는 모습이 인상적임. 진로 독서활동 중 **'동양화란 어떤 그림인가(조용진, 배재영)'**가 가장 인상 깊었던 책이라고 함. 남종화와 북종화의 특징, 문방사우의 종류와 사용법 등 평소 동양화에 대해 궁금했던 점을 알게 되었고 동양화과 진학을 꿈꾸고 있다고 함. 학급 특색 프로그램인 재능기부 프로그램에 참여하여 친구들에게 '서예를 활용한 예쁜 글씨 쓰기'를 주제로 강의를 하고 실습을 주도함. 캘리그래피가 활용된 친숙한 영화 포스터를 보여주며 영화 분위기에 맞춰 글씨체를 제작한다는 이야기로 친구들의 흥미를 유발하여 호응을 얻음. 생명 존중 자살 예방 교육을 통해 청소년 자살의 가장 큰 이유가 성적과 진로 문제임을 알고 학생 개개인의 적성과 흥미를 고려한 다양한 교육과정의 필요성을 강조한 홍보 포스터를 제출함.

동아리활동 특기사항

(동양화반)(34시간) 동아리 체험 활동에서 우리나라의 대표적인 미술품 거리를 방문하여 동양화 그리기에 필요한 다양한 재료들에 대해 직접 조사하여 명칭과 용도를 소개하는 결과물을 만들어 발표함. 내가 좋아하는 한국화 작품 소개하기 시간에 자신의 롤 모델인 이중섭 작가의 '흰 소' 작품을 선정함. 이후 작품을 사회문화적 맥락에서 이해하고 당시의 역사적 배경과 연결 지어 비평문을 작성함. 당시 일본의 문화통치로 인해 친일적인 화풍이 유행했으나 그런 시대적 상황에서도 조선의 민족 정서를 상징하는 역동적인 소의 모습을 그렸다는 점에서 매우 가치 있는 작품이라고 평가하고, 자신도 이중섭처럼 멋진 동양화가가 되겠다는 포부를 밝힘. 진로연계 독서활동에서 **'조선회화실록(이종수)'**을 선정해 조선왕조실록에 등장하는 대표적인 왕들의 초상화와 조선 사대부들의 모임을 담은 다양한 계회도 등을 소개하고 그림에 담긴 맥락을 설명함. 미술에 대한 지식이 풍부하고 한국화를 그리는 실력이 매우 뛰어나서 동양화가로서의 장래가 촉망되는 학생임.

진로활동 특기사항

전공 체험의 날에 '동양화과' 체험 프로그램에 참여함. 동양화과에 진학하여 동양화가로 예술가의 삶을 살아가는 것이 자신의 미래 꿈이어서 참여하게 되었다고 밝힘. 동양화과에서 배우는 교육과정과 해당학과에 개설된 동아리 등 학과 정보를 알게된 기회가 되었다고 함. 직업인 초청 특강 활동에서 수묵화가 직업인으로부터 수묵화의 기법, 우리나라 미술의 역사 등을 알게 되어 자신의 관심사에 대한 이해도를 높이는 데 도움을 받았다는 소감을 밝힘. 홀랜드 검사에서 예술형이 높게 나왔고 같은 예술형 친구들 중에서 미술 분야에 관심이 많은 친구들과 조를 짜서 '꿈꾸는 미술관 기행'이라는 주제로 여행 계획을 세우고 발표함. 진로 주제 발표 시간에 미술 작품을 감상할 수 있는 앱을 소개하고 작품 사진과 자신의 감상평을 발표 자료로 만들어 발표함. 자신만의 관점으로, 또 다양한 시선으로 작품을 감상하며 느낀 점과 작가의 의도를 고민하여 감상평을 작성함. 진로 독서활동 시간에 **'미술관에 간 물리학자(서민아)'**를 선정해 감상문을 발표함. 세계적으로 유명한 명화 속에도 물리학의 핵심 개념과 원리가 스며있다는 것을 느꼈고, 대표적인 과학의 세계가 담겨 있는 명화 4개를 급우들 앞에서 설명함.

1 인문계열

2 사회계열

3 자연계열

4 공학계열

5 의약계열

6 예체능계열 · 동양화과

7 교육계열

교과 세부능력 및 특기사항

미술

지금까지 읽은 미술 분야 책 중에서 가장 인상 깊은 책으로 **'방구석 미술관(조원재)'**을 선정함. '미술은 고상하고 우아한 사람들의 전유물'이라고 생각했던 대중들이 미술에 관심을 가지게 한 점과 유명한 예술가들의 사생활과 명화의 숨은 뒷이야기를 다룬 점이 인상 깊었다는 감상평을 작성함. 정보탐색 능력과 활발한 의사소통 능력이 돋보이고, 미술 문화 이해 능력이 탁월하게 향상되었으며 동양화과 진학을 꿈꾸는 학생임. 풍속화 탐구 활동에서 조선시대의 풍속화와 네덜란드의 풍속화를 비교하여 공통점과 차이점을 깊이 있게 분석. 조선시대의 풍속화가 수묵 담채, 수묵 채색 기법으로 담백하고 간결하게 표현되었다면, 네덜란드의 풍속화는 유채 기법으로 꼼꼼하고 세밀하게 묘사된 점이 가장 큰 특징이라고 설명함. 서민들의 생활상을 주제로 해학과 풍자의 정신이 담겨 있다는 것을 공통점으로 설명함. 그림을 통해 당대의 시대상을 엿볼 수 있다는 점을 가장 큰 의의로 꼽음.

미술창작

우리나라의 민화에 등장하는 소재의 상징성을 분석하고 현대적인 소재로 재해석하여 활동 결과물을 만들어 발표함. 민화의 개념과 특징뿐만 아니라 화조영모도, 어해도, 호작도, 십장생도 등 다양한 민화의 종류를 다루고 자료 조사와 분석, 아이디어 스케치 과정을 성실하게 수행함. '소중한 내 친구'를 주제로 초상화 그리기 활동에서 동양화 풍으로 친구의 미적 취향, 좋아하고 잘하는 것, 친구에 대한 인상과 감정을 반영해 표현함으로써 교사와 급우들로부터 호평을 받음. 진로연계 독서활동에서 **'고흐 공자를 보다(박정수)'**를 선정해 감상비평문을 작성한 후 발표함. 동양미술과 서양미술의 개념을 상호 비교하고, 플라톤, 공자가 활동하던 시대의 미술, 레오나르도 다빈치, 미켈란젤로, 김홍도가 그리고 만든 미술작품 등을 제시하며 동양과 서양의 차이점을 안내함. 미술 교사를 꿈꾸는 학생으로 미술 실기 능력과 미술 문화 이해 능력이 전반적으로 우수함. 폭넓은 미술 역량을 계발하고 있는 학생으로 장래가 매우 촉망됨.

행동특성 및 종합의견

동양화에 대한 예술적 감각이 뛰어나 평소 주변 인물들을 동양화 화풍을 닮은 캐릭터로 표현하는 데 소질이 있음. 동양화 그림을 그리는 것을 좋아해서 오래전부터 미술 역량을 키우기 위해 노력해옴. 동양화과를 전공하고 싶어 하는 자신의 진로 개척을 위해 꾸준히 준비하고 있는 성실한 학생임. 친구들의 생일이 있을 때마다 자신이 직접 그린 그림을 선물로 주어 학급 전체 친구들에게 행복을 안겨 주는 등 자신의 재능을 타인을 위해 나눌 수 있는 넓은 마음과 배려심이 돋보임. 향후 미술 작품을 통해서 본인의 예술적 재능을 타인을 위해 사용할 줄 아는 예술인으로 대성할 가능성이 높은 학생임. 미술 시간에 읽었던 **'동양화 도슨트(장인용)'** 책이 동양화가를 꿈꾸는 자신에게 가장 큰 영향을 미쳤다고 함. 동양화가 서양화와 무엇이 다른지, 산수화나 화조화 같은 동양화의 장르는 어떻게 탄생하고 발전했는지, 동양 역사의 흐름에 따라 미술은 어떻게 변해왔는지에 대한 깊은 이해를 하는 데 도움을 준 책이라고 설명함.

5 ▸▸ 만화애니메이션학과

1 학과 인재상

디지털 이미지를 창의적으로 발전시킬 수 있는 능력을 가진 학생

미적 감각과 더불어 예술에 소질과 능력을 가진 학생

전달하고자 하는 내용을 그림으로 표현할 수 있는 능력과 창의력을 지닌 학생

융합형 문화콘텐츠로서 만화애니메이션을 이해하고 체계화하는 데 관심이 많은 학생

미래 예술을 선도하고 다양한 융복합 미디어 환경에 적응할 수 있는 능력을 지닌 학생

2 유사학과

- 게임웹툰전공
- 만화애니메이션전공
- 만화·애니메이션학과
- 만화게임영상전공
- 만화애니메이션학부
- 영상/만화애니메이션전공
- 예술학부 디지털만화영상전공
- 웹툰만화콘텐츠학과
- 웹툰콘텐츠학과
- 웹툰학과
- 창의소프트학부(만화애니메이션텍전공)

3 관련직업

- 웹툰작가
- 애니메이션감독
- 스토리보드아티스트
- 캐릭터디자이너
- 게임그래픽아티스트

4 개설대학

- 경일대학교
- 공주대학교
- 극동대학교
- 대구예술대학교
- 대진대학교
- 동서대학교
- 상명대학교
- 상지대학교
- 서원대학교
- 세종대학교
- 세한대학교
- 순천대학교
- 영산대학교
- 예원예술대학교
- 전주대학교
- 조선대학교
- 중부대학교
- 청주대학교
- 호남대학교 등

애니메이터 서바이벌 키트

리처드 윌리엄스(한창완 역) / 한울(2020)

이 책은 애니메이터로서 꼭 숙지해야 할 기본기를 다루고 있는 책이다. 훌륭한 애니메이터가 되기 위해 반드시 갖추어야 할 기본적인 데생력부터 동작을 기획할 수 있는 시간 개념, 현실성을 높여줄 동작별 표현 방법까지 상세하게 담고 있다. 또한 밀트 칼, 아트 배빗, 켄 헤리스 등과 같은 전설적인 애니메이터로부터 배운 애니메이션 제작과 관련된 노하우들을 상세하게 설명하고 있다.

최고의 그림을 그리는 방법

무료이 야스오(김재훈 역) / 영진(2020)

저자가 자신의 경험을 바탕으로 그림 입문자부터 평생 취미로 즐기고 싶은 사람, 프로를 목표로 하는 사람까지 모두 참고하면 좋을 내용을 담은 그림 필독서이다. 책에서는 그림 실력을 키울 수 있는 연습 방법과 관찰력을 키우는 방법, 창작 의욕을 유지하는 방법 등을 자세하게 소개한다. 그림에 흥미가 있는 사람이라면 누구든지 저자의 경험을 통해 간접적으로 경험할 수 있다. 도서의 마지막에는 저자와의 인터뷰를 수록하여 저자의 성장에 대한 고민과 경험을 엿볼 수 있다.

배틀 캐릭터를 그리기 위한 액션 만화 스케치

하야마 준이치(이유민 역) / 잉크잼(2021)

이 책에는 다수의 애니메이션 히트작들에서 캐릭터 디자인과 작화 감독, 원화 작업을 맡은 정상급 애니메이터이자 캐릭터 디자이너 하야마 준이치의 생동감 넘치는 스케치 도판 400여 점이 수록되어 있다. 남성과 여성, 거한과 데포르메 등 성별과 몸의 크기에 따라 다른 다양한 캐릭터들의 액션 동작이 러프 스케치와 함께 설명되었고, 주먹 지르기나 발차기와 같은 맨몸 액션 동작, 총이나 검, 창, 망치 등의 다양한 무기 아이템을 다루는 액션 동작 등이 실려 있어 다양한 배틀 장면 자료를 자세하게 살펴볼 수 있다.

만화 캐릭터 데생 입문

후지이 에이슌(이유민 역) / 잉크잼(2019)

이 책은 어떤 만화 캐릭터든 얼굴과 전신을 그리는 기본 방법부터 모든 각도, 장면까지 초보자도 그릴 수 있도록 자세히 설명되어 있다. 신체 각 부분의 골격, 관절, 근육, 주름, 표정 등 기본적인 부분을 그리기 위한 해설이 충실히 실려 있다. 기본적인 캐릭터 그리는 방법을 배운 다음 다양한 각도와 장면을 그릴 수 있도록 일러스트와 사진을 제시하고 있다. 알아보기 어렵거나 주요한 표현을 확대해서 소개하고, 작화의 요령을 알려주는 'POINT', 실수를 예방하기 위한 'NG', 플러스알파의 표현을 가르치는 '만화표현', 변형해 표현하는 법을 알려주는 '연출' 등 4가지 설명박스가 제시되어 있어 독자들의 이해를 돕고 있다.

웹툰작가 되는 법
박자연 / 커뮤니케이션북스(2020)

이 책은 웹툰작가 10명의 인터뷰와 실제 도전기가 담겨 있다. 웹툰작가는 스토리 구상과 그림을 그리는 기술적 방법만 배운다고 되는 것이 아니다. 이 책은 기획과 전략, 작가 준비생에게 현실적으로 필요한 준비사항 등을 먼저 파악하는 것이 중요하다는 점을 강조하고 있다. 단순한 작품 리뷰나 작가 소개를 넘어 김보통(아만자), 김태권(십자군 이야기) 등 유명 작가 10명의 전략과 고민이 담긴 인터뷰와 2018년 한 해 동안 작가 데뷔를 준비했던 저자의 실제 도전기를 수록하여 웹툰 작가로서 자신만의 전략을 짜는 길을 제시하고 있다. 웹툰 작가가 되고자 하는 사람에게 많은 도움이 되는 책이다.

만화의 창작
스콧 맥클라우드(김낙호 역) / 비즈앤비즈(2008)

이 책은 전 세계 만화가들과 만화 독자들을 열광시킨 만화 이론서이다. 이 책에서는 동작을 프레이밍하고 독자의 시선을 페이지 사이로 인도하는 법, 함께 소통하는 글과 그림을 선택하는 법, 다양하고 매력적인 새 캐릭터를 만드는 법, 몸짓 언어와 얼굴 표정을 익히는 법, 독자들이 탐험할 풍부하고 설득력 있는 세계를 구축하는 법, 이야기를 명확하고 강력하게 하기 위해 적합한 순간을 선택하는 법 등 모든 만화가들이 펜을 집어 들기 전에 생각해야 할 발상들을 소개하고 있다.

캐릭터 애니메이션
허성회 / 비엘북스(2017)

애니메이션의 목적은 커뮤니케이션이다. 감정과 생각이 잘 전달된 캐릭터들은 관객들의 심장을 뛰게 하고, 배꼽을 빠지게 하고, 눈물을 흘리게도 한다. 또한 훌륭하게 연출된 장면에는 캐릭터의 감정과 움직임이 명확하게 드러난다. 명확한 스토리텔링에 적절한 포즈, 가독성 높은 이미지, 인체구조에 맞는 설득력 있는 움직임 등이 캐릭터에 전달되면 상당히 자연스러운 장면을 연출할 수 있게 된다. 이 책은 일반인들에게는 보이지 않는 캐릭터 애니메이션의 숨겨진 법칙들이 설명되어 있다. 선과 실루엣, 대칭과 비대칭, 타이밍, 스페이싱, 힘과 에너지, 액션과 리액션 등 캐릭터 움직임에 필요한 다양한 미적 요소들을 이해하고 분석하는 방법이 제시되어 있다.

쉽게 배우는 만화 캐릭터 데생
미도리 후우(김현영 역) / 한스미디어(2010)

이 책은 만화 캐릭터 그리는 법과 그 과정을 소개하고 있다. 만화 형식의 유래를 더욱 쉽게 이해할 수 있도록 그림과 해설을 접목해 놓았고, 자기 몸을 사용해서 자기가 그리려고 하는 이미지와 가장 가까운 모습을 찾아내는 방법을 알려준다. 또한 여러 가지 표현과 정통적이고 범용적인 그림을 많이 넣어 캐릭터를 그리는 기본기와 응용 요령을 습득할 수 있게 도와준다. 책속 곳곳에 '브레이크 타임'을 넣어 일러스트레이터가 되는 법이나 일러스트레이터에게 필요한 것 등 누구도 알려주지 않는 중요한 팁들을 친절하게 안내해 준다.

우리 시대 웹툰 작가들의 생존기
박인찬 / 다할미디어(2017)

이 책은 독자들에게 널리 알려진 웹툰 작품들을 발표한 현직 웹툰 작가들이 그들의 이야기를 직접 말하는 책이다. 24명의 웹툰 작가들의 인터뷰와 뒷이야기들을 자세하게 담아냈다. 아직도 작가 지망생 생활을 하는 사람, 대학을 갓 졸업한 작가, 출판 만화의 경력을 가진 베테랑 작가, 그림과는 다른 세계에 살았던 작가, 꿈을 이루기 위해 해외 생활을 접고 온 작가, 사회복지사를 꿈꾸었던 작가, 별자리 인문학을 공부한 작가, 일본에서 꿈을 이룬 작가 등 다양한 인생을 걸어 온 사람들이 웹툰 작가가 되고자 하는, 또는 작가로 활약하는 이야기를 소개하고 있다.

가가미 다카히로가 알려주는 손 그리는 법
가가미 다카히로(박현정 역) / 이아소(2021)

이 책은 애니메이션 마니아 사이에서 '작화의 신'이라 불리는 천재 작가가 처음으로 펴낸 손 그리기 기법서이다. 책에는 오로지 '손'을 그릴 때 알아야 할 정보로 알차게 채워져 있다. 저자는 눈높이를 철저하게 아마추어에 맞춰, 이 책 한 권으로 손 그리기의 기본부터 묘사법, 표현 요령, 연출 방법까지 핵심 노하우를 차근차근 배울 수 있도록 했다. 또한 손을 그릴 때 초보자들이 특히 많이 실수하는 부분까지 비교해서 보여준다. 캐릭터별 화풍, 장면에 따른 작화 포인트, 성격이나 성별에 따라 강조해야 할 부분, 비율 등에 이르기까지 자세히 안내하고 있다.

4차 산업혁명 시대, 만화와 기술의 융합
양지훈 / 커뮤니케이션북스(2019)

4차 산업혁명 시대가 도래하고 기술이 혁신을 주도하고 있다. 신기술은 다양한 영역과 융합해 새로운 가치를 만들어 내고 있다. 만화 역시 지속적으로 혁신 기술과 결합을 시도해 새로운 방식의 콘텐츠와 서비스를 창출하며 진화 중이다. 이 책은 만화와 4차 산업혁신 기술의 융합 가능성을 예측하고, 어떤 기술이 만화 산업에 영향을 미칠 수 있는지 질문하고 답한다. 융합의 개념과 기술 융합의 의미를 설명하고, 인공지능기술·가상현실기술·증강현실기술 등 다양한 기술과 만화의 관계에 대해 설명한다.

1 인문계열
2 사회계열
3 자연계열
4 공학계열
5 의약계열
6 예체능계열 · 만화애니메이션학과
7 교육계열

만화애니메이션학과 독서탐구활동 활용사례

자율활동 특기사항

전교 학생회 회장으로서 '소통하는 학생회 운영' 슬로건을 제시하고 전교생들에게 자신감 있고 진지한 자세로 선거에 임해 당선됨. 연간 10회 전교학생회 주최를 통해 다양한 학생들의 의견을 수렴해 학교에 제안·반영하여 리더로서의 역할을 성실히 수행함. 학급 진로 독서 프로그램에서 **'캐릭터 에니메이션(허성희)'**을 선정해 감상문을 발표함. 웹툰 제작에 필요한 적절한 포즈, 가독성 높은 이미지, 인체구조에 맞는 설득력 있는 움직임 등이 캐릭터에 전달되는 것이 중요한 요소라는 점을 강조함. 아동학대예방 교육 후 캠페인에 필요한 4컷 만화로 학대의 위험성을 인식시켜줄 수 있는 홍보물 자료를 제작해 많은 사람들의 관심을 끌게 함. 평소 학급의 중요한 전달사항을 만화로 표현하여 핵심만 명확하게 전달하고, 학급문집 만들기에서 친구들의 특징을 만화 캐릭터로 재치 있게 표현하여 친구들에게 웃음을 선사함. 만화 그리는 실력이 뛰어나 장차 웹툰작가의 꿈을 꾸고 있는 장래가 촉망되는 학생임.

동아리활동 특기사항

(만화애니메이션반)(34시간) 좋아하는 애니메이션 소개하기 시간에 어릴 때 만화를 좋아하게 된 계기를 캐릭터로 작품화하여 소개함. 현재까지도 많은 어린이들의 사랑을 받고, 수출되어 전 세계 어린이들의 사랑을 받는 캐릭터의 가치와 애니메이션이 드라마나 영화로 제작된 사례를 소개하며 애니메이션 산업이 고부가가치 산업으로 무궁무진한 발전가능성이 있는 분야라는 점을 강조함. 동아리 발표회 때 선생님 캐릭터 그리기 활동에 주도적으로 참여하여 재기발랄한 캐릭터들을 선보여 웃음을 선사함. 관심 분야 독서활동에서 **'우리시대 웹툰작가들의 생존기(박인춘)'**를 선정해 감상평을 발표함. 책에 등장하는 대표적인 3명의 만화가를 선정해 작품의 뒷이야기들을 설명하고 해당 만화가들의 작품의 특징 등을 세세하게 소개함. 예술적 상상력이 풍부하여 다양한 스토리텔링이 가능하고 그것을 그림으로 잘 표현하므로 만화가로 대성할 가능성이 있는 학생임.

진로활동 특기사항

'나의 꿈 발표하기' 활동에서 자신의 미래 꿈인 만화가를 선정해 발표함. 꿈을 이루기 위해 현재 자신의 가장 큰 관심사는 만화 실기능력을 키우는 것이라고 밝힘. 그리고 만화 내용을 독자들에게 재미있게 전달하는 데 중요한 것은 스토리텔링이므로 해당 능력을 키우기 위해 글쓰기 관련 독서활동을 많이 하고 있다고 강조함. 밝고 명랑한 학생으로 틈나는 대로 만화를 그리는 습관을 가지고 있고, 홀랜드 흥미 유형 검사 결과 예술형이 높게 나왔음. 학급 생일 축하 시간에 생일을 맞은 친구의 얼굴을 캐릭터로 만들어 전달함. 자신의 재능을 타인을 위해 활용하는 등 배려심이 매우 높은 학생임. 진로 주제 발표 시간에 자신의 상상을 글과 그림으로 자유롭게 표현할 수 있는 만화의 매력이 무궁무진하다고 설명하며 다양한 스토리 구성을 위해 많은 경험을 해 보고 싶다고 발표함. 4차 산업혁명에 따른 만화 산업의 변화에 관심을 갖고 **'4차 산업혁명 시대, 만화와 기술의 융합(양지훈)'**을 읽은 후 친구들과 토론 활동에 참여하여 기술과 융합한 만화 산업의 미래에 대해 본인의 의견을 제시함. 만화 분야에 대한 흥미와 호기심을 바탕으로 창의적인 질문을 생각해 내고 만화 실력을 키우기 위해 부단히 노력을 하는 장래가 촉망되는 학생임.

교과 세부능력 및 특기사항

미술

미술 교과 내용 중 한 작품을 골라 읽고 자신만의 시각으로 재해석하여 만화를 그려 발표함. 다른 예술 분야의 작품을 각색하여 만화로 나타내보니 원작자의 의도와는 다르게 표현될 수도 있다는 사실을 알게 됨. 원작자의 의도를 그대로 녹여내기 위해서는 원작자와 각색자뿐 아니라 예술 작품에 참여하는 모든 관계자들과의 끊임없는 의사소통이 중요하다고 발표함. 만화 분야의 진로를 희망하는 학생으로, 만화가에 대한 직업 탐구 활동을 통해 하는 일, 핵심역량, 미래 전망 등을 조사하여 종합적으로 분석함. 진로 계획서 활동에서는 만화가가 되기 위해 다양한 종류의 만화와 웹툰을 통해 폭넓은 지식과 안목을 쌓고, 만화 관련 학과에 진학하여 전문적인 기능과 기술을 습득해야겠다는 계획을 수립함. 교과 연계 독서활동에서 **'쉽게 배우는 만화 캐릭터 데생(미도리 후우)'**을 선정해 비평문을 작성하고 발표함. 만화 형식의 유래를 쉽게 이해할 수 있도록 정보를 안내하고 캐릭터 그리기 기본기와 응용에 대해 정리한 내용을 소개함.

미술창작

친구의 초상화 그려주기 활동에서 자신의 소중한 친구를 모델로 선정하여 완성도 높은 만화 형식으로 표현함. 친구의 외모적인 특징뿐만 아니라 친구에 대한 자신의 인상과 감정을 반영하여 잘 표현해 교사와 학생들로부터 높은 평가를 받음. 조선시대 민화 탐색 활동에서 민화가 유행한 조선 후기의 시대적 배경과 민화의 다양한 소재에 대해 분석하여 결과물을 만들어냄. 다양한 민화의 종류를 다루고, 자료 조사와 분석, 아이디어 스케치 과정을 성실하게 수행했으며 결과물 완성 기한과 주어진 형식에 맞춰 제출함으로써 자기 주도적 학습 역량을 보임. 진로연계 독서활동에서 **'만화의 창작(스콧 맥클라우드)'** 책을 선정해 감상문을 제출함. 동작을 프레이밍하고 독자의 시선을 페이지 사이로 인도하는 법, 함께 소통하는 글과 그림을 선택하는 법, 다양하고 매력적인 새 캐릭터를 만드는 법, 몸짓 언어와 얼굴 표정을 익히는 법 등의 내용으로 구성함. 만화가를 꿈꾸는 학생으로 만화 실기 능력과 미술 전반에 대한 이해 능력이 우수하여 장래가 매우 촉망되는 학생임.

행동특성 및 종합의견

성실하고 예의가 바르며 자신이 맡은 역할에 책임을 다하는 모범적인 학생임. 평소 미술 분야에 관심이 많고 만화애니메이션 학과 진학을 꿈꾸는 학생으로 자신의 진로 꿈을 위해 만화 그리는 연습을 틈나는 대로 꾸준히 함. 틈틈이 완성한 캐릭터나 단편 만화를 교실 게시판에 게시하는 등 만화에 대한 열정이 대단한 학생임. 평소 자신의 생각을 논리 정연한 말이나 글로 표현하는 능력이 뛰어남. 창의적인 질문을 생각해 내고 그에 대한 해답을 찾기 위해 끊임없이 탐구하는 학문적 열정을 갖춘 학생임. 동아리 시간에 읽었던 **'만화 캐릭터 데생 입문(하야마 준이치)'** 책을 통해서 만화가가 되고자 하는 데 필요한 자세와 만화 그리는 기법에 대해 깨달음을 얻었다고 함. 얼굴과 전신을 그리는 기본 방법부터 모든 각도, 장면, 신체의 각 부분의 골격을 그리는 법까지 자세히 알게 되었다고 함. 만화애니메이션 분야에 관심이 많아 스스로 영상을 편집하고 웹 사이트에 업로드하며 진로와 관련된 활동을 지속적으로 수행하고 있어 미래가 더욱 기대되는 학생임.

1 인문계열

2 사회계열

3 자연계열

4 공학계열

5 의약계열

6 예체능계열 · 만화애니메이션학과

7 교육계열

6 ▸▸ 무용학과

1 학과 인재상

예술적 실험 정신을 바탕으로 내면세계를 역동적으로 표현하는 학생

감정이나 상황을 신체로 표현하는 것을 좋아하는 학생

발레와 무용에 관심이 많고 개성과 미적 감각을 지닌 학생

예술적 감수성이 풍부하고 꼼꼼하며 책임감이 있는 학생

독창적인 창의력과 풍부한 표현력을 가진 학생

2 유사학과

- 공연영상창작학부(무용전공)
- 공연예술무용과
- 공연융합예술학과
- 무용예술학과
- 무용학부
- 무용학전공
- 무용과
- 무용전공
- 무용학과 발레전공
- 무용학과 한국무용전공
- 무용학과 현대무용전공
- 무용학부(발레)
- 무용학부(한국무용)
- 무용학부(현대무용)
- 민속무용학과
- 발레전공
- 생활무용학과
- 스포츠 무용학부

3 관련직업

- 대중무용수(백댄서)
- 무용 강사
- 안무가
- 중등교사
- 발레리나
- 발레리노

4 개설대학

- 강원대학교
- 경희대학교
- 계명대학교
- 공주대학교
- 국민대학교
- 단국대학교
- 대구가톨릭대학교
- 동덕여자대학교
- 부산대학교
- 서울기독대학교
- 성신여자대학교
- 세종대학교
- 숙명여자대학교
- 용인대학교
- 이화여자대학교
- 전북대학교
- 창원대학교
- 충남대학교
- 한양대학교 등

5 학과 연계도서

무용과 발레용어 이야기

이영애 / 대한미디어(2016)

이 책은 발레 용어를 이해하기 쉽게 풀이하였다. 발레를 전문적으로 추기 위해서는, 춤의 언어인 용어 속에 있는 많은 숙제를 풀어가야 한다. 어떠한 예술이 영감을 얻고자 할 때는 약속된 언어로 표현하고 전달하는 것을 실행하는 것이 우선이지만, 이국적인 발레에서 한국적인 발레로 다져나가야 함에 있어서 다름과 공감을 동시에 발견하는 것은 오랜 시간 속에 과제로 남는다. 저자는 프랑스와 미국에 사는 지인을 통해 무용과 발레 서적들을 구하고 번역하고, 때로는 무용 전문가와 프랑스어 전문가를 통해 조언을 구하고 고민하며 조금이나마 발레를 위한 언어를 알기 쉽도록 저술했다.

춤

유타 크라우트샤이트(엄양선 역) / 예경(2005)

이 책은 수백 년 동안 춤이 발전하는 데 결정적인 영향을 끼쳤던 인물과 사건, 그리고 그 배경을 이해하기 쉽게 요약해 보여주고 있다. 원시종족들에게서 시작된 초기 춤들부터 풍성한 무대장치를 갖춘 공연용 궁정발레 작품들, 17세기 프랑스의 호화로운 발레 오페라, 낭만주의를 대표하는 토 댄스의 여성 무용가들과 안무가들, 19세기 발레의 부상과 쇠퇴 그리고 러시아의 새로운 발레의 출발, 춤의 해방과 20세기 표현주의 무용까지 그리고 춤과 새로운 매체의 혼합에 대해서 이야기한다. 고전과 현대 무대 춤의 발전과정에서 등장한 다양한 춤의 형식에 대해서도 다루고 있다.

세기의 안무가

장인주 / 이콘(2015)

이 책은 피나 바우슈, 모리스 베자르, 매튜 본, 나초 두아토 등 세계적인 안무가 30인의 60여 편에 달하는 작품에 대해 공연을 관람한 시점에서 쓴 글을 그대로 살려 당시 무대의 느낌뿐만 아니라 국내외 무용계의 시류를 생생하게 전달하고 있다. 1994년부터 '월간 객석'에 보낸 리뷰를 포함해 파리 유학 시절 전설 같은 안무가들의 작품을 보고 쓴 글부터, 귀국 후 프리뷰 형식으로 내한공연을 앞둔 안무가를 소개한 글까지 저자의 내공이 고스란히 담겨 있다.

한 걸음을 걸어도 나답게

강수진 / 인플루엔셜(2017)

2001년 발레리나 강수진의 상처투성이 발 사진이 처음으로 공개된 후 '강수진의 발'은 학교, 기업은 물론 최고의 지식인들까지 지금까지 회자되며 열정과 노력의 상징으로 자리 잡았다. 누구나 동경하는 화려한 무대 뒤, 상상도 못 할 인고의 시간과 마주하게 되었기 때문이다. 이 책은 전 세계가 감동한 세기의 발레리나 강수진이 숨겨진 열정과 재능을 발견하고 우직한 노력으로 성장하며, 자신만의 스타일을 탄생시키고 놀라운 성과를 이루기까지의 과정부터 2014년 대한민국을 대표하는 발레단인 국립발레단의 예술 감독에 부임해 리더로서의 길을 걷고 있는 오늘에 이르기까지의 인생과 철학을 들려준다.

우리 삶이 춤이 된다면
조던 매터(김은주 역) / 시공아트(2013)

이 책은 지하철역, 횡단보도, 도서관, 사무실 등 우리 주위의 공간에서 최고 무용수들이 춤추는 순간들을 포착해서 삶의 진정한 모습들을 담아낸 사진집이다. 처음에는 무용수들의 홍보용 사진으로 시작된 이 프로젝트는 곧 열정으로 가득한 세상을 반영하는 예술로 발전했다. 사진작가가 개인 홈페이지에 올려놓은 사진들은 입소문을 타기 시작하면서 전 세계의 언론과 블로그에 소개되었고, 이 사진들을 묶은 사진집은 출간되자마자 곧바로 베스트셀러가 되었다. Dreaming, Loving, Playing, Exploring, Grieving, Working, Living 등 일상을 구성하는 7가지 키워드로 분류된 사진들은 우리의 상상력을 자유롭게 하고 우리의 무뎌진 가슴을 뛰게 한다.

우리는 자유로워지기 위해 춤춘다
제환정 / 버튼북스(2017)

이 책은 우리가 알고 싶은 여러 종류의 춤과 춤추는 사람들에 대해 친절하게 설명하고 있다. 저자는 춤을 이야기하고 있지만, 그 시선은 세상과 세상 사람들을 향해 열려 있다. 4개의 장으로 구성된 이 책은 '어쩌다 복제된 자기소개서가 되어버린 춤추기'에 대한 이야기에서 시작해, 전통 발레 작품인 '지젤', '백조의 호수', '호두까기 인형' 속 이야기를 들려준다. 왠지 더 낯설고 어색한 컨템포러리 댄스의 이해는 자유와 이상의 추구에서 출발한다. 무용수와 안무가들, 그들의 생각과 삶과 마주하다 보면 춤의 이해와 잔잔한 감동이 함께 다가온다. 본문 마지막에는 이 책에 등장하는 무용수와 안무가, 무용단에 대한 친절한 설명을 덧붙여 이해를 돕는다.

이사도라 나의 사랑, 나의 예술
이사도라 던컨(유자효 역) / 고요아침(2018)

이 책은 자유무용을 창시하고 현대무용의 어머니라고 불리는 미국의 무용수 이사도라의 이야기가 담겨 있다. 단순한 몸짓 하나를 창조하는 데 수년 동안 갈등이 필요했던 것처럼, 단순한 하나의 사실을 아름다운 문장으로 표현하는 데도 수년 동안의 노력이 필요하다고 이 책에서 언급한다. 1877년 샌프란시스코에서 태어나 어려서부터 춤을 좋아했던 던컨은 가족들과 함께 가축운송선을 타고 유럽으로 갔다. 그녀의 자유롭고 새로운 춤사위는 온 유럽을 열광시켰다. 하지만 화려했던 삶도 러시아로 건너가면서 내리막길을 걷기 시작한다. 이 책은 전통무용을 배격하고 현대무용을 창조적 예술의 수준으로 끌어올린 최초의 무용가 이사도라의 생애를 살펴볼 수 있다.

무용예술 코드
김말복 / 한길아트(2011)

이 책은 새로운 예술인 세대에게 선사하는 입체적·능동적 예술이론서이다. 코드 하나로 시작해 무용의 전체적 맥락에서 의미를 파악하고, 또 여러 코드를 조합해 하나의 개념으로 정리할 수 있도록 구성한 예술이론서로, 무용예술의 필수 코드 100개를 제시하고 있다. 코드들은 각각 무용의 역사를 이끈 인물, 시대와 사회상을 반영한 춤, 무용과 관련하여 일어난 현상, 무용 발전에 영향을 준 기법과 도구, 철학적 기반이 된 예술 사조 및 사상 등에 따라 분류했다. 많은 사람들이 무용에 쉽게 접근하고 나아가 스스로 코드를 조합해 춤의 문화적 의미나 사상을 창의적으로 이해하도록 돕고 있다.

재미있는 서양 무용사
박경숙 / 공주대학교출판부(2013)

이 책은 방대한 서양무용사의 내용을 그림과 사진을 통해 집약적으로 보여준다. 원시시대의 무용을 벽화를 통해 살펴보고, 메소포타미아, 이집트, 유대민족, 그리스, 로마 등의 고대무용을 둘러본다. 또한 중세와 르네상스의 무용, 유럽의 낭만주의 발레, 러시아 고전주의 발레 등에 대해 소개하고 있다. 아울러 한국의 발레사와 한국의 창작발레, 발레 계보를 소개하였고 선교무용의 모색을 통해 발레의 주제적 확대를 이루며 무용 대중화에 공적을 남긴 작품들을 다루고 있다.

춤추는 세계
허유미 / 브릭스(2019)

오랜 세월 안무가이자 무용수로 활동한 저자가 춤으로 세상을 읽고 춤으로 사람을 만난 이야기가 세계 곳곳을 무대로 펼쳐진다. 여행지에서 우리가 알지 못하는 춤사위를 만난 여정이 잘 표현되어 있다. 발리의 전통춤, 조지아의 민속춤, 중국의 프로파간다 발레와 경상남도 고성의 흥겨운 탈춤까지 가벼운 여행 에피소드 속에서 쉽고 흥미롭게 이야기를 풀어간다. 이 책을 통해서 우리가 알지 못했던 세상의 별별 춤에 관해 알게 되고 심도 깊은 분석으로 인문학적 지식을 쌓을 수 있다. 현지에서 직접 본 공연들을 현장감 있게 서술하였고, QR코드를 활용해 동영상을 시청할 수 있어 간접적인 경험이 가능하도록 했다.

무용학과 독서탐구활동 활용사례

자율활동 특기사항

학교 특색 프로그램 예술과 함께하는 여름밤에 무용 부문에 참여함. 이 프로그램을 통해서 발레의 기초 지식과 기본 동작을 익히고 간단한 실습을 통해서 기본적인 동작을 표현해 봄. 2학기 개학한 후 방학 동안에 익혔던 발레의 기본 동작과 응용 동작을 연습하여 가을 예술제 무대에서 기량을 발휘함. 예술제 무대를 통해서 발레리노 진로에 관심이 많이 생겨 학급 테마 독서 시간에 **'무용과 발레용어 이야기(이영애)'**를 선정해 독서 비평문을 작성하고 발표함. 책에 등장하는 어려운 발레 용어를 알기 쉽게 체계적으로 정리해 발표하여 급우들로부터 찬사를 받음. 무용학과 진학을 위해 본격적으로 발레를 배워야겠다는 각오를 밝힘. 학급 및 학교 행사에서 적극적으로 자신의 의견을 제시하고 다른 사람의 의견도 경청하며 문제 해결을 위한 합리적인 대안 제시를 통해서 화목하고 자율적인 학습 분위기 조성에 기여를 한 학생으로 장래가 촉망됨.

동아리활동 특기사항

(무용반)(34시간) 무용에 대한 관심과 열정이 뛰어난 학생임. 성실하고 학구적인 자세로 동아리 활동의 전반적인 운영 과정에서 리더로서의 역량을 발휘함. 동아리 활동 전후 준비와 마무리를 스스로 도맡아 하는 등 봉사심과 책임감이 강한 학생임. 진로연계 독서 토론 활동에서 **'세기의 안무가(장인주)'**를 읽은 후 감상 비평문을 발표함. 세계적으로 이름이 널리 알려진 두 명의 안무가를 선정하여 해당 안무가의 대표 작품의 당시 무대 느낌, 국내외 무용계의 평가 등을 알기 쉽게 소개함. 본인도 무용을 전공한 후 세계적인 안무가가 되고 싶다는 포부를 밝힘. 무용학과 진학을 희망하며 우리나라를 대표하는 무용단에 입단하는 꿈을 꾸고 있음. 다양한 경력을 쌓은 후 안무가가 되어 후학들을 양성하는 일에 종사하고 싶다는 의지를 밝힘. 무용에 적합한 유연성과 오랜 연습으로 쌓인 무용 솜씨가 돋보여 장래가 매우 촉망되는 학생임.

진로활동 특기사항

미래의 나의 직업 발표하기 활동에서 'K-팝 안무가' 직업을 조사하여 발표함. 평소 안무가 직업에 관심이 많아서 관련 직업을 선정했고, 안무가의 자질, 역할, 미래의 전망 등에 발표하고, 자신이 가장 롤 모델로 여기고 있는 유명 안무가에 대해 소개함. 전공 체험의 날에는 '무용학과' 체험 프로그램에 참여하여 무용학과에서 배우는 다양한 무용의 종류, 자신이 진학하고자 하는 대학의 무용학과 입시 요강 분석 등을 통해서 자신의 진학 의지를 밝힘. 진로연계 독서활동 시간에 **무용예술 코드(김말복)** 책을 선정해 참여함. 무용의 역사를 이끈 인물, 시대와 사회상을 반영한 춤, 무용과 관련하여 일어난 현상을 알기 쉽게 서술한 후 춤의 문화적 의미나 사상을 창의적으로 이해할 수 있는 내용으로 비평문을 작성한 후 발표함. 무용 분야에 이해도가 부족한 친구들을 위해 쉬운 내용으로 풀이해 비평함. 관심 분야 탐구주제 활동에서는 '운동과 정신건강 간의 상관관계'를 조사하여 운동이 우리 삶에 미치는 영향에 대해서 탐색함. 근육과 뼈, 관절 등 신체부위를 튼튼하게 유지시켜 준다는 점과 스트레스와 관련된 질병을 예방할 수 있다는 점을 운동이 가져다주는 신체적 이점으로 꼽음. 또한 수면 장애 예방, 치매 예방 등과 같이 정신적인 면에서도 상당한 효과를 보인다는 점을 조사하여 결과물을 제출하고 발표함.

교과 세부능력 및 특기사항

체육

수업시간 몰입도가 높고 수업 시작 전과 종료 후 지도교사를 도와 주변 정리를 하는 등 성실한 자세를 보임. 운동 실기능력이 좋아 평소 주변 학우들에게 운동 기능을 알려주는 도우미 역할을 주도적으로 함. 항상 긍정적인 태도로 수업에 임하며 조별활동에서는 자발적으로 리더 역할을 수행하는 적극적인 학생임. 평소 무용에 열정이 있는 학생으로서 관심 주제 발표 활동에서 '지역의 개성이 물든 민속무용, 북춤'을 주제로 발표 자료를 준비하고 발표함. 한국 무용 가운데 악기를 이용하여 추는 춤 중 가장 대중적이며 예술적인 춤으로, 경상도 지역의 북춤은 철저하게 원박에 맞춘 집단 무용적 성격을 갖고 있으며, 전라도 지역은 북 치는 가락이 섬세하고 다양하며 맺고 얼렀다 푸는 묘사가 뚜렷이 나타나는 개인 무용적 성격을 띠고 있다는 점을 발표함. **'재미있는 서양 무용사(박경숙)'**를 읽고 원시시대의 무용을 벽화와 관련하여 소개하고 고대 무용, 중세 유럽의 무용, 러시아 고전주의 무용 등을 자세히 소개하는 감상문을 발표함.

체육 탐구

수업시간 중 이루어지는 기능연습 시간에 꾸준하게 자신의 동작을 연습하는 모습이 인상적인 학생임. 동작 수행 중 잘 안 되는 부분에 대해서 피드백을 받았을 때는 긍정적인 태도로 받아들이고 피드백을 바탕으로 개선하려는 모습을 보이며 친구들과의 의사소통을 통해 서로 도움을 주고자 하는 성실한 학생임. 진로연계 주제 발표 활동에서 '유네스코 인류무형문화유산 처용무'를 주제로 발표를 수행함. 처용무는 궁중 무용의 하나로 궁중 연례에서 악귀를 몰아내고 평온을 기원하면서 추는 춤이라는 내용을 발표함. 관심 분야 독서 토론 활동에서 **'이사도라 나의 사랑, 나의 예술(이사도라 던컨)'**을 읽음. 현대무용의 어머니라고 불리는 미국의 무용수 이사도라가 단순한 하나의 사실을 아름다운 문장으로 표현하는 데도 수년 동안의 노력이 필요하다고 말한 점을 인상 깊게 느꼈다고 밝힘. 무용학과 진학을 희망하며 미래 안무가를 꿈꾸는 학생으로 자신의 진로를 위해 많은 노력을 기울이는 장래가 매우 촉망되는 학생임.

행동특성 및 종합의견

약속시간을 잘 지키고 항상 규칙적인 생활을 하며 신체 운동과 체력 관리에 관심을 가지고 지속적으로 노력하는 학생임. 체력이 좋아서 신체 활동에 주저하지 않고 학교에서 실시하는 다양한 체육 행사에 항상 즐거운 마음으로 참여함. 스포츠에 탁월한 재능을 가지고 있어서 체육 관련 활동에 참여하면 좋은 성과를 보임. 음악이나 춤 등 예술 분야에 끼와 재능을 지니고 있으며 시간이 있을 때마다 관련 분야의 책을 읽고 영상을 시청하면서 노래를 분석하고 춤 연습을 하면서 본인의 진로를 탐색함. 학교 예술제에 운영진으로 참여하여 학생회 학생들과 프로그램을 함께 기획하고 구상하면서 본인의 시간을 사용하여 협업하는 모습이 인상 깊음. **'춤(유타 크라우트샤이트)'**을 통해 고전과 현대 무대춤의 발전과정에서 등장한 다양한 춤의 역사를 알게 되었고, **'한 걸음을 걸어도 나답게(강수진)'**를 읽고 세계적인 발레리나로 성공한 주인공을 통해 안무가로 성공하고자 하는 자신의 미래 꿈을 생각해보는 계기가 되었다고 함.

7 ▸▸ 뮤지컬학과

1 학과 인재상

예술가로서 창의적 마인드를 갖추고 춤과 연기에 자질이 있는 학생

문화, 예술 분야에 관심이 많고 평소 뮤지컬을 자주 보며 감수성이 풍부한 학생

음악의 흐름에 따른 신체의 움직임이 자유로우며 표현에 적극적인 학생

독서, 영화 및 연극 관람, 미술 작품 감상 등에 관심이 있는 학생

감정을 음악으로 표현할 수 있는 기본적인 음악적 재능이 있는 학생

2 유사학과

- 공연영화학부
- 공연영화학부 뮤지컬전공
- 공연예술뮤지컬학과
- 공연예술학부(뮤지컬전공)
- 문화예술학부 뮤지컬전공
- 뮤지컬·실용음악학과
- 뮤지컬과
- 뮤지컬전공
- 성악뮤지컬학과
- 성악·뮤지컬학부
- 연극뮤지컬전공
- 연극뮤지컬과
- 예술학부(뮤지컬공연전공)

3 관련직업

- 대중가수
- 댄서
- 뮤지컬 배우
- 성악가
- 연극배우
- 영화배우
- 안무가

4 개설대학

- 경성대학교
- 계명대학교
- 단국대학교
- 동서대학교
- 동신대학교
- 동의대학교
- 명지대학교
- 목원대학교
- 백석대학교
- 서경대학교
- 서울기독대학교
- 우석대학교
- 청운대학교
- 홍익대학교 등

학과 연계도서

뮤지컬탐독

박병성 / 마인드빌딩(2019)

이 책은 저자가 '더 뮤지컬'에서 18년간 기자로 활동하며 작가, 작곡가, 연출가, 음악감독 등 수많은 스태프들과 뮤지컬 이야기를 나누며, 작품을 분석하고 비평하며 바라본 뮤지컬 탐독의 결과물이다. 1950년대부터 2000년대까지 세계 뮤지컬의 양대 산맥이라 일컫는 브로드웨이와 웨스트엔드에 올라간 21편의 작품을 소개한다. 작품의 제작 과정은 어떠한지, 창작자가 어떤 생각으로 작품을 만들었는지, 뮤지컬 넘버에 관해서도 인문학적 분석과 해설을 통해 상세하게 설명하고 있다. 저자의 시선으로 책을 읽다 보면 21편의 뮤지컬을 직접 보는 듯한 느낌을 받을 것이다.

세상에서 가장 쉬운 뮤지컬 수업

원치수 / 푸른칠판(2021)

이 책은 학교 교육 현장에서 교사와 학생들이 예술을 매개로 삶을 나누며 함께 성장해 나가는 교육 이야기를 담고 있다. 다양한 교육적 목표를 달성하기 위하여 뮤지컬의 요소를 활용하여 기획하고 실행하는 교육활동인 '교육뮤지컬'에 대한 안내서이다. 10여 년간 교육뮤지컬을 연구하며 실천해 온 저자는, 뮤지컬을 통해 학생들이 배움의 즐거움을 느끼고, 자기이해와 표현은 물론이고, 다른 사람과의 소통 능력까지 얻을 수 있다고 말한다. 그리고 학교 현장에서 뮤지컬을 교육에 접목하여 활용할 수 있는 현실적인 접근법에 대해 소개하고 있다. 교육뮤지컬이 누구나 함께할 수 있는 즐거운 교육활동으로 자리 잡고, 학생의 배움을 중심으로 하는 수업, 역량 중심의 교육을 아우르는 미래교육의 한 대안이 되는 데 좋은 길잡이 역할을 하는 책이다.

뮤지컬 사회학

최민우 / 이콘(2014)

이 책은 뮤지컬 시장의 유통, 생산과 소비, 산업에 대해 다루고 있다. 뮤지컬 무대가 아닌 무대 밖의 사회적 현상에 맞춰 한국 뮤지컬 시장을 독특하게 분석하고, 뮤지컬이 어떤 과정을 거쳐 만들어지며 유통과 소비는 어떻게 이루어지고, 우리나라 뮤지컬의 특수성은 무엇인지 다양한 사례를 통해 알기 쉽게 들려준다. 뮤지컬을 즐기는 사람들이라면 누구나 가질 만한 궁금증을 저자는 사회학적 현상으로 신선하게 풀어냈다. 뮤지컬 티켓 값이 비싼 이유, 주인공을 4명으로 캐스팅하는 이유, 세계 최고의 뮤지컬이 한국에서 망한 이유, 맘마미아의 성공 비결, 팬덤의 경제학까지 일반적으로 알 수 없는 뮤지컬 시장의 이야기가 흥미롭게 펼쳐진다.

배우 어떻게 되었을까

한상임 / 캠퍼스멘토(2017)

이 책은 배우들의 이야기를 담은 책이다. 배우 직업의 커리어패스, 배우가 되는 과정 등 배우에 대한 종합적인 정보를 제공하고, 현직 뮤지컬배우, 영화배우, 연극배우, 탤런트 등 6인의 생생한 배우 이야기를 담고 있다. 이미 남들이 다닌 길을 가기보단 자신이 진정 원하는 길을 걸었고, 그런 순간의 합이 모여 각 분야에서 최고의 자리에 오를 수 있었던 일화들을 인터뷰 형식으로 소개하고 있다. 배우는 겉으로 보기에 화려해 보이지만 한이 많고 끝없는 배움이 필요한 직업이기도 하다. 하지만 확신과 열정이 있다면 그 꿈을 놓치지 않으려는 노력이 필요하다는 점을 강조하고 있다.

올 어바웃 뮤지컬
장두이 / 엠에스북스(2015)

이 책은 17세기 초창기 뮤지컬의 형태인 민스트럴즈, 엑스트라바간자, 레뷔, 보드빌, 벌레스크 등이 어떻게 시작되었는지에서부터 1920년대 본격적인 뮤지컬로 자리 잡기 시작한 후 발전을 거듭해 지금의 뮤지컬 시장이 되기까지의 흥미진진한 이야기를 담고 있다. 뮤지컬의 원조라고 불리는 작곡가 제롬 컨을 비롯해 뮤지컬의 꽃을 피우기 시작한 유명한 작곡가들의 활동을 생생하게 살펴볼 수 있다. 또한 뮤지컬에서 음악 못지않게 중요한, 전설적인 안무자들의 이야기와 안무 만드는 법도 소개하고 있다. 그리고 저자가 뽑은 '10대 뮤지컬'과 한국 뮤지컬의 현재와 미래에 대한 생각이 자세히 담겨 있는 책이다.

뮤지컬 산책
권혁일 / 푸른길(2015)

이 책은 뮤지컬 이전의 공연예술부터 살펴보며 뮤지컬의 다양한 성격과 종류를 밝히고, 뮤지컬이 발전해 온 과정을 정리해주고 있다. 서로 뮤지컬 종주국임을 자부하는 영국의 웨스트엔드와 미국의 브로드웨이 뮤지컬을 비교하며 그 차이도 설명하고 있다. 또한 스태프들의 역할, 배역, 음악 등을 아우르는 뮤지컬 제작 전반에 관해서도 정리하였다. 특별히 부록에서는 우리나라 관객이 좋아하는 캣츠, 레미제라블, 오페라의 유령, 아가씨와 건달을 포함한 30편의 작품 해설을 실었다. 뮤지컬을 공부하고자 하거나 뮤지컬에 관심 있는 사람에게 많은 도움이 되는 책이다.

Think of Me
김소현 / 에이엠스토리(2016)

이 책은 뮤지컬 배우 김소현의 데뷔 후 15년의 기록을 담았다. 2001년 뮤지컬 '오페라의 유령'의 크리스틴 역으로 데뷔한 김소현은 그동안 20여 작품을 맡으며 1,500회 이상 뮤지컬 무대에 올랐다. 이 책은 그녀의 수많은 작품들 중 '오페라의 유령', '지킬 앤 하이드', '위키드', '엘리자벳', '명성황후' 등 12개의 작품을 엄선하여 각 작품에 대한 그녀의 기록들을 담았다. 모든 공연을 준비할 때마다 그녀는 자신의 노트에 대사뿐만 아니라 호흡과 동선, 제스처, 감정, 무대 위 찰나의 순간까지 생생하게 기록했다. 이 책은 각 뮤지컬 작품에 대한 설명과 대표곡 등을 함께 정리해 뮤지컬을 처음 접하는 독자들도 뮤지컬에 흥미를 느낄 수 있도록 구성되어 있다.

끝나지 않은 노래
미야시타 나츠(최미혜 역) / 이덴슬리벨(2019)

이 책은 고등학교를 졸업한 소녀들이 더 큰 세상으로 나아가며 마주한 고민과 도전을 노래와 함께 풀어나가는 과정을 담았다. 성악가를 목표로 하는 레이, 뮤지컬 배우를 꿈꾸는 치나츠 등 이제 막 스물이 된 주인공들은 여전히 삶을 치열하게 고민한다. 스무 살은 누구나 사회에 첫발을 내디디며 꿈을 펼쳐나가고, 무언가를 이루기 위해 고군분투하는 시기다. 레이를 비롯한 소녀들 역시 자신만의 인생의 길 위에서 이리저리 흔들리고 헤맨다. 하지만 저자는 방황하더라도 그 자리에 머물러 있지 않고 앞으로 나아가는 것이 인생이라고 알려준다.

뮤지컬 배우는 어떻게 탄생하는가
조 디어, 로코 달 베라(이계창 역) / 지식공간(2015)

이 책은 뮤지컬 배우 훈련법을 담고 있는 세상에 단 하나뿐인 실전용 교재이다. 저자 조 디어는 브로드웨이에서 배우, 연출가로 활동하며 실전 경험을 쌓았으며 이후 25년간 대학 연극 제작소에서 뮤지컬 교사로 활동했다. 또 한 명의 저자인 로코 달 베라는 음악대학 교수로 그에게 배운 제자들이 브로드웨이와 미국 전역의 극장에서 활동하고 있다. 이 책은 연기 이론이나 음악 이론 중심이 아니라 뮤지컬 무대에 오르기 위해 필요한 모든 훈련 과정을 체계적으로 담고 있다. 뮤지컬 배우가 되고 싶은 초심자가 오디션을 통해 첫 역할을 따내기 전까지 알아야 하고 익혀야 할 모든 과정을 담고 있다.

원종원의 올 댓 뮤지컬
원종원 / 동아시아(2006)

이 책은 국내에서 최초로 온라인 뮤지컬 동호회를 결성해 관극 운동을 시작했고 현재까지 수많은 뮤지컬 관련 활동을 하고 있는 뮤지컬 칼럼리스트 원종원이 현대 뮤지컬을 대표하는 48개의 작품을 여러 가지 각도로 조명한 뮤지컬에 관한 책이다. 저자가 오랜 시간 직접 발로 뛰며 얻은 뮤지컬에 대한 보고서라고도 할 수 있다. 이 책에서는 4대 뮤지컬이라고 불리는 <오페라의 유령>, <캐츠>, <레 미제라블>, <미스 사이공>과 이를 기획한 프로듀서를 비롯하여, 영국과 미국의 극장가를 점령한 주역들을 세심하게 분석한 내용을 담고 있다. 또한 소극장을 중심으로 공연된 작품들과 뮤지컬에 대한 고정관념을 깬 실험작에 이르기까지 규모와 장르를 불문하고 그 겉과 속을 살펴보고 있다. 저자는 뮤지컬 캐스팅에 얽힌 일화나 문화산업 측면까지 책 속에 담아 이 책을 읽은 독자들에게 뮤지컬에 대한 시야를 넓혀주고 있다.

뮤지컬학과 독서탐구활동 활용사례

자율활동 특기사항

학교 내 사이버폭력 예방 캠페인 활동에서 학급대표로 솔선수범함. 흡연 예방 관련 동영상을 직접 기획하고 시나리오 작성에 주도적으로 참여한 후 동영상 촬영 및 편집 솜씨를 발휘하여 캠페인 홍보 동영상을 제작하여 학생들의 참여를 이끄는 활동을 통해 자신의 역량을 최대로 발휘함. 교내 축제에서 '아름다운 사이버세상'이라는 주제로 뮤지컬 공연을 선보임. 뮤지컬 준비부터 진행까지 리더의 역할을 수행하였고, 주요 배역을 맡아 무대에서 자신의 뮤지컬 실력을 선보임. 뛰어난 연기력을 선보여 급우들로부터 박수갈채를 받음. 공연을 마친 후 소감 발표 시간에 뮤지컬은 종합 예술이기 때문에 연기뿐만 아니라 무대 조명, 배경 음악, 배우의 가창력 등도 중요하다는 것을 배울 수 있는 기회였다고 발표함. 학급 특색 프로그램인 1인 1독서활동에서 **'뮤지컬 탐독(박병성)'**를 읽고 1950년대부터 2000년대까지 세계 뮤지컬의 양대 산맥이라 일컫는 브로드웨이와 웨스트엔드에 올라간 21편의 작품들을 탐독하면서 뮤지컬 이해에 대한 많은 도움을 받았다고 함.

동아리활동 특기사항

(뮤지컬반)(34시간) 뮤지컬 배우의 꿈을 꾸고 있는 학생으로 뮤지컬학과 진학을 희망함. 동아리 부장 직책을 맡아 원만한 리더십을 발휘하여 모범적인 동아리 운영에 크게 기여함. 선후배 간 원활한 협업을 통해서 동아리 발표회 날 최고의 찬사를 받을 정도로 협업능력과 리더십 능력이 뛰어남. 평소 뮤지컬 배우의 꿈을 키우기 위해 노래와 연기 공부를 열심히 함. 학교 축제에서 뮤지컬 공연 프로그램을 기획하고 동아리 부원들과 축제 포스터를 제작하고 공연 지도까지 하는 등 리더의 역할을 수행함. 학교 축제에서 '아리랑'을 주제로 뮤지컬 공연을 실시하였고, 공연을 관람하는 친구들에게 훌륭한 뮤지컬 무대를 선보임. 진로연계 독서활동에서 **'뮤지컬 배우는 어떻게 탄생하는가(조 디어, 로코 달 베라)'**를 읽고 감상문을 작성함. 미국의 유명한 뮤지컬무대에서 배우, 연출가로 활동한 저자가 뮤지컬 무대에 오르기 위해 필요한 모든 훈련 과정을 체계적으로 설명하여 뮤지컬 배우가 꿈인 자신에게 많은 영감을 준 책이라고 함.

진로활동 특기사항

대학 전공 탐색 체험 프로그램에 참여하여 뮤지컬학과 진학을 꿈꾸고 있는 친구들을 모집해서 전체적인 체험 일정 계획서를 짜고 뮤지컬학과 방문 시 대학생 선배들에게 어떤 질문을 할 것인지 사전에 질문지 작성을 함. 뮤지컬학과 교수님과 대학생들을 만나 뮤지컬학과 교육과정 및 졸업 후 진출할 수 있는 분야에 대해 상세히 알게 됨. 뮤지컬학과 체험 활동을 통해 진학을 위해 어떤 준비를 해야 하는지, 실기시험은 어떻게 치러지는지에 대한 구체적인 정보를 알게 되었다는 소감문을 작성함. 진로 독서활동에서 **'뮤지컬 산책(권혁일)'**을 선정해 감상평을 발표함. 뮤지컬의 다양한 성격과 종류를 밝히고, 뮤지컬이 발전해 온 과정을 알기 쉽게 서술하고, 뮤지컬 양대 강국인 영국의 웨스트엔드와 미국의 브로드웨이 뮤지컬을 비교하며 그 차이를 소개함. 미래의 나의 직업 발표하기 활동에서 뮤지컬배우 직업을 조사하여 발표함. 평소에 뮤지컬배우에 관심이 많아서 고등학교 입학 때부터 노래와 춤 연습을 꾸준히 하고 있고, 뮤지컬배우 직업의 미래 전망 등에 대한 자료를 조사하여 프레젠테이션 자료로 만들어 수업 시간에 발표함.

1

인문계열

2

사회계열

3

자연계열

4

공학계열

5

의약계열

6

예체능계열 · 뮤지컬학과

7

교육계열

교과 세부능력 및 특기사항

음악

뮤지컬 창작 수업 활동에서 전체적인 대본을 작성하고 내용에 어울리는 음악을 선곡하는 등 주도적으로 참여함. 특히 뮤지컬 공연에서 연출을 맡아 친구들의 연기부터 움직임 하나하나까지 지도함. 완성도 높은 공연을 위해 솔선수범하는 모습이 매우 인상적인 학생임. 뮤지컬 창작 수업 활동을 통해 책임과 배려, 인내의 중요성을 느꼈다는 소감문을 작성함. 뮤지컬 수업 시간에 '브로드웨이 42번가'를 감상하고 등장인물과 뮤지컬 전체 내용 등을 알기 쉽게 정리하여 친구들에게 감상평을 소개함. 진로연계 독서활동에서 **'Think of Me(김소현)'**를 선정해 독서 감상문을 작성하고 발표함. 특히 뮤지컬 한 편이 무대에 오르기까지의 생생한 현장과 뮤지컬을 만드는 사람들, 그리고 무대 위 배우들의 진짜 모습을 알 수 있었다고 함. 뮤지컬배우의 꿈을 꾸고 있는 학생으로 노래와 춤 실력이 뛰어나 장래가 촉망되는 학생임.

음악연주

이탈리아 성악곡인 '오!솔레미오'를 수업 시간에 배운 발성법을 사용하여 비슷하게 표현하려고 했으며 이탈리아어 발음을 정확하게 하고자 노력하는 모습이 인상적인 학생임. 다양한 음악 분야에 관심이 많으며 특히 벨칸토 발성법을 사용하는 오페라 감상에 흥미를 가지고 능동적인 태도로 참여함. 오페라를 감상한 후 주인공 캐릭터를 분석하고 사랑관에 대한 자신의 생각을 밝힘. 오페라 아리아의 가사와 아리아가 나오는 연주 장면, 가락의 진행 등 관련 자료를 다양하게 제시하여 남다른 관점에서 해석하는 등 음악과 연관 지어 자신의 의견을 논리적인 글로 작성하여 발표함. 관심분야 독서활동에서 **'뮤지컬 사회학(최민우)'**을 선정해 읽은 후 뮤지컬 시장의 유통, 생산과 소비, 산업에 대한 내용을 무대 밖의 사회적 현상에 맞춰 분석하여 비평문을 발표함. 음악적인 아이디어가 풍부하고 타고난 끼와 재능이 있어 본인이 희망하고 있는 뮤지컬 배우의 꿈을 충분히 이룰 수 있으리라 기대되는 학생임.

행동특성 및 종합의견

항상 상냥한 표정으로 친구들과 교사를 대하여 상대방이 자신을 편안하게 대할 수 있도록 노력하는 학생으로 긍정적이고 쾌활한 성격을 지님. 1학기 전교 학생회 부회장과 2학기 전교 학생회 회장으로 건전한 학교 문화와 학생 인권 문화 정착을 위해 교육공동체 학생 대표로 참여하였고, 타인과의 소통 능력과 협업 능력이 매우 뛰어난 학생임. 뮤지컬학과 진학을 희망하며 '뮤지컬반' 동아리 활동에서 교사를 보조해 성악 지도 및 연기 지도를 하는 등 협업능력과 타인을 배려하는 자세가 돋보이는 학생임. 1인 1프로젝트 활동에 참여해 **'배우 어떻게 되었을까(한상임)'**를 통해 배우 직업의 커리어패스, 배우가 되는 과정 등 배우 직업에 대한 종합적인 정보를 알게 되었고 현직에서 활동 중인 배우들의 삶을 통해 뮤지컬배우가 꿈인 자신의 장래 희망을 더욱 확고히 하게 되었다고 함. **'올 어바웃 뮤지컬(장두이)'**를 통해 뮤지컬에서 음악 못지않게 중요한 전설적인 안무자들의 이야기와 안무 만드는 법에 대해 알게 된 좋은 기회였다고 함.

8 ▸▸ 사진영상학과

1 학과 인재상

문화, 디자인이 융합된
엔터테인먼트 문화를
선도하고 싶은 학생

자신의 생각이나 감정을
사진이나 영상 매체를 통해
표현하는 것을 즐기는 학생

공연 및 영상 예술에
관심이 많고,
미적 감각과 예술적
감수성이 뛰어난 학생

중요한 순간을 잘 포착하여
촬영할 수 있는 순발력과
예술적 감각을 가지고 있는 학생

촬영하고자 하는 대상이나
콘텐츠에 대한 이해력과
관찰력, 탐구력을 지닌 학생

2 유사학과

- 광고사진영상학과
- 방송사진예술학과
- 사진영상학부
- 사진영상학전공
- 사진예술학과
- 사진학과
- 예술학부 사진영상미디어전공
- 영상학과

3 관련직업

- 사진작가
- 사진기자
- 그래픽티처
- 영상그래픽디자이너
- 웹디자이너
- 촬영기자
- 편집디자이너

4 개설대학

- 경성대학교
- 경일대학교
- 계명대학교
- 광주대학교
- 배재대학교
- 상명대학교
- 순천대학교
- 중부대학교
- 중앙대학교 등

사진 잘 찍는 법

김홍희 / 김영사(2019)

이 책은 차별화된 단 한 장의 사진 잘 찍는 법을 소개한 저자의 사진론에 관한 책이다. 자신만의 사진 세계를 구축한 작가의 철학과 경험이 담긴 사진의 교과서 같은 책이다. 저자에 따르면 좋은 사진이란 100% 완벽한 착한 사진이 아니라 오히려 어딘가 비틀어지고 낯설어 보이는 2% 덜어낸 사진이라고 한다. 이 책은 사진론뿐만 아니라 제목 다는 일, 움직이는 피사체 찍는 법, 저작권과 초상권에 대한 설명처럼 바로 적용할 수 있는 실전 노하우부터 사진이 무엇인지, 어떻게 하면 좋은 사진을 찍을 수 있는지, 좋은 작가란 무엇인지에 대한 사진 철학까지 69가지 이야기를 들려주고 있다.

내 인생을 빛내줄 사진 수업

유림 / 행복우물(2021)

이 책은 사진 입문자들을 위한 기본기부터 구도, 아이디어, 여행사진 노하우, 케이스 스터디, 촬영 노하우, 스마트폰 사진까지 좋은 사진을 찍고자 하는 사람 누구에게나 도움이 될 수 있는 사진 지식을 담았다. 이와 더불어 사진작가로서 경험하고 사유했던 소소한 이야기들도 함께 담았다. 사진을 잘 찍기 위한 테크닉뿐만 아니라 좋은 아이디어를 얻는 방법과 저자가 영감을 받은 작가들의 이야기를 섞어 읽는 재미를 더했다. 또한 여행사진 찍는 법, 스마트폰을 활용한 사진 촬영 및 편집 섹션을 두어 DSLR뿐만 아니라 스마트폰으로도 좋은 사진을 찍고 간편하게 편집할 수 있는 방법을 소개한다.

나도 잘 찍고 싶은 마음 간절하다

양해남 / 눈빛(2016)

이 책은 지난 30년간 다큐멘터리 사진가로 활동해 온 저자 양해남이 사진을 찍으면서 직접 경험했던 일들과 사진에 관한 사항들을 항목별로 조목조목 정리해 놓은 사진 강의 노트이다. 사진가가 대상을 접하는 가치관과 사진관이 명료하게 드러나 있고, 렌즈와 앵글 다루는 법, 촬영법, 촬영 후 정리방법에 이르기까지 실제적인 내용도 다루고 있다. 카메라와 렌즈의 운용과 저자가 촬영현장에서 마주친 여러 상황을 예로 들어 저자는 우리 삶 속에서 사진과의 연결고리를 찾아 사진에 대한 이야기를 들려주고 있다. 평범해 보이는 것들에서 참된 의미를 찾아내는 작업이 사진가의 작가정신이라는 점을 강조하고 있는 책이다.

그 섬에 내가 있었네

김영갑 / 휴먼앤북스(2013)

이 책은 사진작가 김영갑이 마주한 제주의 풍경을 담은 포토 에세이다. 20년간 제주의 풍광만 찍다 루게릭 병으로 2005년 사망한 저자가 작품에 전념하기 위해 제주도로 내려가 정착하면서 살아온 삶과 작품, 그리고 투병의 기록을 담고 있다. 1부는 10년 전 써둔 글을 정리한 것으로, 제주도에 매혹되어 정착하게 된 과정과 사진, 그리고 그곳에서 만난 사람들의 이야기를 담았다. 그리고 2부에서는 투병 과정과 폐교를 개조해 직접 만든 김영갑 갤러리 두모악에 대한 이야기를 하고 있다.

1 인문계열

2 사회계열

3 자연계열

4 공학계열

5 의약계열

6 예체능계열 · 사진영상학과

7 교육계열

나는 본다, 사진이 나를 자유케 하는 것들
이광수 / 알렙(2019)

이 책은 저자가 2009년부터 2019년까지 한 해에 두세 차례 인도에 방문, 체류하여 인도의 종교, 문화, 생활, 역사의 현장 등을 담은 사진을 통해 자유로운 사유의 세계를 펼쳐 보이는 인문 에세이이다. 카메라로 사유할 수 있는 그 나름의 세계를 '봄'을 통해 서로 나누어 보는 것, 디지털의 숲으로 덮인 이 시대에 우리가 하는 인문의 행위는 무엇일까를 탐사한다. 한국의 현대를 살아가는 우리는 보지 못하는 것들, 우리에게 잊힌 것들, 익숙하지 않은 것들을 사진(순간)으로 포착하면서, 사진가의 렌즈에 비친 언어(봄)와 그 세계가 나누는 것들(권력)에 대해 사유해 간다.

특종 역사를 말하는 사진
전민조 / 눈빛(2013)

이 책은 한국현대사의 중요한 국면을 포착한 사진 64점과 그 사진의 역사적 맥락, 촬영 뒷이야기, 사진가의 사진철학 등을 정리한 책이다. 신문사 소속 보도사진가로 활동하다 퇴임한 저자가 생존해 있는 사진가들을 직접 찾아다니며 인터뷰를 통해 사진 촬영 당시의 시대적 배경과 촬영 에피소드 등을 취재한 내용을 소개하고 있다. 아울러 '오늘의 기념사진이 내일의 역사가 된다'는 평소의 사진관에 따라 사진에 스며 있는 역사적 맥락을 낱낱이 추적하여 서술하고 있다. 고종 황제의 어진에서부터 여수순천사건, 4·19 혁명, 5·16 민주화운동, 남북교류까지 한국현대사의 숨 막히는 순간들을 현장에서 목격하고 기록한 보도사진과 다큐멘터리 사진가들이 작업한 역사성 있는 사진들을 수록하고 있다.

조선희의 영감
조선희 / 민음인(2013)

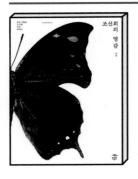

이 책은 사진작가 조선희가 일상에서 받은 오감과 영감으로 작품을 만들어내는 과정을 담아낸 사진 에세이이다. 저자는 하루하루 바쁜 일상으로 메말라 버린 감성을 사진을 통해 감성과 창조성을 회복할 수 있게 한다. 여행에서 만난 풍경, 어머니의 모습 등 그녀만의 영감의 순간들이 담겨 있다. 사진작가이자 크리에이터인 저자는 이러한 영감을 어떻게 창조적인 결과물로 탄생시킬 수 있는지 노하우를 알려준다. 좋은 사진을 찍고 싶은 사람과 크리에이터에게 도움이 될 만한 방법을 알려준다. 또한 스타들의 사진과 영화 포스터 등이 결과물로 나오는 과정을 다채롭게 보여주며 좋은 사진 찍는 법을 소개한다.

사진을 읽어드립니다
김경훈 / 시공아트(2019)

이 책은 2019년 세계 최고 권위의 퓰리처상, '로이터 통신 올해의 사진'을 수상하고, 'POYi 국제보도사진전' 등에서 상을 받고 활발히 활동 중인 한국인 로이터 통신 기자의 사진에 관한 이야기이다. 20여 년간 로이터 통신 사진 기자로 일하면서 전 세계 곳곳의 사건 사고 현장을 취재해 온 저자가 일본군 위안부 피해자 사진에 얽힌 가슴 시린 사연, 죽은 사람을 사진에서 만날 수 있다는 심령사진의 황당한 스토리, 사진의 발명을 둘러싼 배신의 드라마 등 우리가 몰랐던 신기하고 매혹적인 사연들을 책 속에 담았다. 사진의 역사뿐 아니라 사진이라는 매체를 이해하고 사진을 통해 사회를 올바로 바라보는 시각까지 제시해 준다.

사진의 역사
보먼트 뉴홀(정진국 역) / 열화당(2021)

이 책에서 보먼트 뉴홀은 사진이라는 매체의 역사를, '과학기술적 발전과정과 함께 해 온 사진술의 역사'라는 씨줄과, '사진가들의 다양한 실험과 시도로 발전해 온 예술로서의 사진의 역사'라는 날줄로 엮어내고 있다. 여기에는 최초에 자연을 실물 그대로 모사하기 위한 노력에서 나온 사진술의 발명에서부터 초상사진, 예술사진, 회화적 사진, 순수파 사진, 기록사진, 보도사진, 색채사진에 이르기까지, 사진가들 나름의 시각에 따라 사진매체를 익히고 이해하고 또 그 형식을 실현시키고자 오랜 세월에 걸쳐 노력해 온 과정이 빠짐없이 서술되어 있다. 총 16장으로 구성되어 카메라의 기본원리, 사진술의 발명과정, 사진의 종류, 시대의 변화에 따라 등장한 새로운 경향의 사진들을 소개하고 있다.

사진으로 들어간 사람들
이여신, 박종한 / 예문당(2017)

이 책은 세계적인 거장들의 사진에 담긴 인물을 통해 알아보는 역사 이야기이다. 사진기가 세상에 선보인 후, 사진은 하나의 기록 매체로서 본연의 역할을 충실히 수행해 왔다. 한 장의 사진은 지나간 시간과 공간의 한 조각을 순수하게 담고 있으며, 덕분에 우리는 그 기억을 공유할 수 있다. 책 속에는 이여신 작가와 '클래식 거장과의 대화'의 저자 박종한 작가가 함께 고민하고 엄선한 사진과 사진 속 인물에 얽힌 역사적인 이야기들이 담겨 있다. 세기를 대표하는 거장과 시사성이 강한 퓰리처 상 수상작, 라이프 지 기고 사진 등을 통해서 근대와 현대의 역사적 사실들과 세계를 돌아볼 수 있다.

1 인문계열

2 사회계열

3 자연계열

4 공학계열

5 의약계열

6 예체능계열 · 사진영상0학과

7 교육계열

사진영상학과 독서탐구활동 활용사례

자율활동 특기사항

장애인권 존중 프로그램에 학급대표로 솔선수범함. 장애인 인권 보호 주제의 동영상을 직접 기획하고 시나리오 작성, 영상 촬영 및 편집까지 전 과정을 주도적으로 나서서 진행하고 캠페인 홍보 영상 제작을 통해서 학생들의 참여를 이끌어 내는 과정에서 자신의 역량을 최대로 발휘함. 또한 3학년 선배들을 위한 수능 응원 메시지 영상 제작에도 참여하여, 재치 있는 영상과 화면 구성을 통해서 3학년 선배들을 응원함. 1인 1역으로 '나는 카메라 우먼'을 담당하여 학교 행사나 학급 행사 때마다 반 아이들의 생동감 있는 활동 모습들을 사진으로 담아 학급 소셜미디어에 공유해 친구들로부터 칭찬을 받음. 학년 말에는 학급 영상 사진첩을 만들어 친구들과 공유하는 등 자신의 역량을 발휘하고 리더로서의 역할을 모범적으로 수행함. 진로 독서활동 시간에 읽은 **'사진 잘 찍는 법(김홍희)'**을 통해 사진의 제목을 다는 일, 움직이는 피사체 찍는 법, 저작권과 초상권에 대한 내용을 확실하게 알게 된 의미 있는 책이었다고 주장함.

동아리활동 특기사항

(사진반)(34시간) 사진학과 진학을 희망하고 사진작가가 되는 것이 장래 희망으로 동아리 활동에 솔선수범하는 학생임. 평소 사진 촬영과 사진 편집, 영상 편집 등에 관심이 많고, 피사체를 담는 실력이 창의적인 학생임. 동아리 재능 기부 프로젝트에 참여하여 '우리학급 인물 사진전'을 개최함. 학급 친구들의 평소 재기발랄한 모습들을 카메라에 담아 모든 학생의 사진을 인화해서 교실 뒤 게시판에 부착함. 자신도 미처 알지 못했던 표정을 알게 해 주어 친구들에게 고맙다는 칭찬을 받음. 영상 편집 능력도 뛰어나 기존의 애니메이션을 새롭게 각색하여 캐릭터와 배경을 삽입하여 신선한 결과물을 제작함. 영상 편집 앱과 프로그램을 활용하여 영상을 제작하는 능력이 매우 돋보이며, 적절한 재료와 도구를 활용하는 능력이 우수함. 진로연계 추천 도서 소개하기 시간에 **'사진의 역사(보먼트 뉴홀)'**를 읽고 카메라의 기본원리, 사진술의 발명과정, 사진의 종류, 시대의 변화에 따라 등장한 새로운 경향의 사진들에 대한 내용을 소개함.

진로활동 특기사항

학교 주관 '진로 꿈 여행' 체험 활동에서 사진에 관심 있는 친구 5명과 팀을 구성해 우리나라 유적지 사진 촬영 여행 계획을 직접 수립하는 등 전체 일정을 짜는 리더로서의 역할을 성실히 수행함. 사진 촬영 주 여행지로 경복궁을 선정해 출발 전에 미리 경복궁의 역사부터 상세히 학습하는 등의 과정을 수행함. 각 팀원들의 창의적인 사진 작품들을 모아 가을 학교 축제에 '경복궁 사진 관람전' 코너를 만들어 급우들의 좋은 평가를 받음. 진로포트폴리오 작성 활동에서 자신의 진학 목표 대학의 사진학과의 교육과정부터 개설 동아리, 교수진, 졸업생들의 진출 현황 등에 대한 정보와 자신이 롤 모델로 생각하고 있는 현직 사진가의 인터뷰 내용까지 잘 정리하여 스크랩함. 롤 모델 진로 독서활동 시간에 **'조선희의 영감(조선희)'**을 선정해 감상문을 발표함. 일상에서 받은 오감과 영감으로 감동적인 사진작품을 만들어내는 사진가의 작업 과정을 통해서 많은 것을 배웠다고 발표함. 폭넓은 교우관계를 바탕으로 사진 분야에 대해 평소 궁금했던 점이나 새로운 정보 등을 알기 위한 노력도 게을리하지 않음. 틈나는 대로 사진 촬영 기회를 가지는 등 꿈을 이루기 위해 어떻게 해야 하는지를 잘 알고 있고, 이를 몸소 실천하는 실천력이 뛰어난 학생으로 앞으로의 성장 가능성이 매우 기대됨.

교과 세부능력 및 특기사항

미술

'핑크, 블루 프로젝트(윤정미)'와 '휴마네 프로젝트(안젤리카 다스)' 사진 작품의 제작 의도를 이해하고 토론 활동에 참여함. 두 사진 작품에 대한 토론 활동 후 사회 현상을 반영하고 있는 작품의 가치를 제시함. 사진이나 시각 이미지를 통한 사회적 참여 방안을 모색하고 작가가 의도한 바를 기술함. 생활 속에서 접할 수 있는 시각 문화와 이미지의 개인적, 사회적 의미를 전달하는 역할과 기능을 이해하여 시각적 소통 능력을 향상시킴. 진로연계 독서활동에서 **'특종 역사를 말하는 사진(전민조)'**을 선정해 비평문을 발표함. 우리나라 현대사의 굵직굵직한 사건들을 촬영한 작가의 사진작품들을 접하면서 '오늘의 기념사진이 내일의 역사가 된다'라는 저자의 평소의 사진관에 공감한다는 소감을 밝힘. 평소 현대 사회의 현상과 문제와 사진 작품에 대해 관심이 많고, 사진작가로서 성공이 기대되는 예술적 감성을 갖춘 성실한 학생임.

미술감상과 표현

자신이 좋아하는 미술작품을 선정하여 친구들 앞에서 도슨트 역할을 수행함. 친구들이 작품을 쉽게 이해할 수 있도록 작가의 특징, 작가가 활동한 시대적 배경 등에 대해 자세히 설명하여 친구들이 다양한 관점에서 작품을 이해할 수 있도록 도와줌. 친구들의 질문에도 당황하지 않고 차분히 말함. 발표 후 자신이 아는 것을 쉽게 설명하기 위해서는 사전준비가 필요하고, 핵심을 정확하고 간결하게 전달하는 능력이 중요하다는 소감을 밝힘. 진로 독서활동에서 **'내 인생을 빛내줄 사진 수업(유림)'**을 읽고 도서 소개 발표 자료를 만들고 발표함. 사진을 찍는 기본기부터 구도, 아이디어, 여행사진 노하우, 케이스 스터디, 촬영 노하우 등 사진 찍는 방법까지 시각적인 자료를 활용해 급우들에게 전달함. 사진학과 진학을 희망하여 신문사의 사진전문기자가 되어 사회에서 발생하는 각종 이슈들을 사진에 담아 세상에 알리는 역할을 수행하는 것을 진로 희망으로 하는 학생임. 예술적 감성과 소명 의식, 바른 인성, 미적 감수성을 두루 함양하여 장래가 기대됨.

행동특성 및 종합의견

학급 및 학교 행사에서 적극적으로 자신의 의견을 제시하고 다른 사람의 의견도 경청하며 문제 해결을 위한 합리적인 대안 제시를 통해서 화목하고 자율적인 학습 분위기 조성에 기여를 한 학생임. 평소 사진을 통해서 사회문제를 해결하고자 하는 분야에 관심이 많은 학생으로 사진학과에 진학해 사진작가의 길을 걷고자 함. 학교 환경 개선 프로젝트에 참여하여 평소에 찍은 사진 작품들을 액자에 넣어 학교 복도에 전시함. 학교에서 실천하는 예술 활동을 본인이 희망하는 사진작가에 가까이 다가갈 수 있는 기회로 삼아 행복감을 느낌. 사진가의 진로에 영향을 미친 도서로 **'그 섬에 내가 있었네(김영갑)'**를 소개함. 저자가 찍은 제주의 풍광을 사진 작품으로 접하면서 풍경사진에 대해 관심을 갖게 되었다고 함. 그리고 **'서양 사진사(최홍림)'**를 통해 사진의 사회, 역사, 문화적 맥락을 알게 된 기회가 되었다고 함. 평소 자신의 생각을 사진이나 글로 표현하는 능력이 뛰어나고 미술 분야에 대한 흥미와 호기심을 바탕으로 해답을 찾기 위해 끊임없이 탐구하는 예술적 열정을 갖춘 학생임.

9 ▶▶ 사회체육학과

1 학과 인재상

끈기와 인내심이 있으며,
다른 사람들을
가르치는 것을
좋아하는 학생

미래지향적이고
자기주도적이며
새로운 것에
도전하는 것을 즐기는 학생

운동을 좋아하고
한 종목 이상의
체육 특기가 있는 학생

경기를 정당하게 치러내는
스포츠맨십이 있으며 올바른
윤리관을 지닌 학생

건강한 정신과
신체를 지녔으며, 올바른
가치관과 책임 의식을
갖춘 학생

2 유사학과

- 사회체육학전공
- 생활체육학과
- 생활체육지도학과

3 관련직업

- 레크레이션 강사
- 생활체육지도자
- 스포츠 강사
- 스포츠트레이너
- 운동처방사
- 스포츠연구원

4 개설대학

- 계명대학교
- 극동대학교
- 순천대학교
- 순천향대학교
- 한국체육대학교
- 호서대학교

5 학과 연계도서

10대와 통하는 스포츠 이야기

탁민혁, 김윤진 / 철수와영희(2019)

이 책은 스포츠의 주인이 되기 위해 꼭 알아야 할 흥미진진한 스포츠 이야기들이 담겨 있다. 올림픽 순위는 누가 정할까?, 육상 경기에는 왜 흑인 선수들이 많을까?, 영국은 왜 네 개의 팀이 월드컵 축구 대회에 출전할까?, 마라톤 대회에 왜 여성들은 참여할 수 없었을까?, 복싱 영웅, '무함마드 알리'는 왜 병역을 거부했을까? 등 올림픽을 비롯한 스포츠의 역사와 문화, 스포츠 속의 불평등과 저항에 대한 이야기가 소개된다. 스포츠의 주인이 되기 위해 꼭 생각해야 봐야 할 이야기들로 구성되어 있어 삶의 지혜와 사회를 바라보는 올바른 태도를 배울 수 있다.

코칭이란 무엇인가

최의창 / 레인보우북스(2018)

이 책은 '교육과 사색'이라는 교육월간지에 저자가 연재한 글들을 모아 만들었다. 제1부에는 호울 스포츠와 인문적 코칭에 대한 간략한 소개를 하였고, 제2부에서는 코칭과 코치, 경쟁, 스포츠 리터러시, 스포츠맨십 등의 내용으로 채워져 있다. 마지막에는 올바른 스포츠 코칭 사례와 결과를 보여주는 실제 인물들에 대해서 소개하였다. 저자는 책에서 코칭이란 청소년 코칭에 국한되어 적용되는 것이 아니고 전 연령대에 걸쳐 진행된다고 말한다. 스포츠 코칭은 훈련이 아니라 교육활동이며, 선수들에게 미치는 코칭의 영향은 시합을 잘하는 것에 그치지 않고 인생을 잘 사는 방법을 안내하는 것까지 포함된다고 한다.

근력운동의 과학

오스틴 커런트(권기호 역) / 사이언스북스(2021)

4부로 구성된 이 책은 근력 운동에 숨어 있는 과학을 설명하고 숙련자와 초심자 모두 부상 없이 근력 운동을 제대로 하는 법을 알려준다. 1부에서는 근육이 어떻게 작동하고 발달하는지, 우리 몸이 근력을 어떻게 일으키는지 설명하고 심신 전반에 걸친 운동의 효과를 소개한다. 2부에서는 목표 근육 군별로 각각의 동작에 이용되는 근육을 보여 주면서 올바른 자세와 기술을 익히고 실수를 피하도록 설명한다. 3부에서는 저항 운동 중 부상을 피하는 방법, 부상 후 운동을 재개하는 방법과 함께 적절한 준비 운동을 포함한 루틴을 다룬다. 4부에서는 효과적인 근력 운동의 응용 동작들에 대해 알아야 할 다양한 프로그램의 예시를 담고 있다.

사회의 스포츠

칼 하인리히 베테(송형석, 이철 역) / 이론출판(2016)

이 책은 독일의 저명한 체육학자인 칼-하인리히 베테가 니클라스 루만의 사회학적 체계이론을 활용하여 현대 스포츠와 관련 문제들을 연구한 논문들을 모아 엮은 것이다. 베테는 신체, 개인성, 길거리 스포츠, 도핑 현상 및 체육학의 인식론과 스포츠 자문에 관한 체계 이론적 분석을 제시하였다. 기존의 스포츠철학이나 스포츠 사회학에서는 연구대상인 스포츠를 연구자로부터 분리시킬 뿐만 아니라, 그 주변의 사회 환경의 맥락으로부터 고립시켜 다루는 경향이 있다. 반면 이 책은 스포츠가 환경의 맥락에서부터 생성되는 과정을 관찰하여, 스포츠의 역동적인 변화를 정밀하게 포착할 뿐만 아니라 개선을 위한 정확한 개입 지점을 보여주고 있다.

스포츠 영화의 윤리적 이해
이기천 / 인간사랑(2015)

이 책은 총 4부로 구성되었다. 1부에서는 '스포츠와 가치'라는 주제로 〈바람의 전설〉, 〈YMCA 야구단〉, 〈불의 전차〉, 〈쿨 러닝〉 등의 영화를 분석했다. 2부에서는 '스포츠와 차별'이라는 주제로 〈말아톤〉, 〈포레스트 검프〉, 〈빌리 엘리어트〉, 〈리멤버 더 타이탄〉 등의 영화를 분석했다. 3부에서는 '스포츠와 일탈'이라는 주제로 〈킹콩을 들다〉, 〈코치 카터〉, 〈애니 기븐 선데이〉 등의 영화를 분석했다. 마지막으로 4부에서는 '스포츠와 도전정신'이라는 주제로 '리더십', '도전정신', '자아탐구' 등의 내용을 다루었고, 〈주먹이 운다〉, 〈슈퍼스타 감사용〉, 〈루디〉, 〈베가 번스의 전설〉 등의 영화를 분석했다. 다양한 스포츠 영화에 대해 윤리적 해석을 추가하여 학교 수업 교재나 일반인들을 위한 교양서로 적절한 책이다.

체육과 스포츠의 역사
하남길 / 경상대학교출판부(2016)

이 책은 총 4편 19장으로 구성되어 있다. 원시 시대, 그리스·로마·고대 중국 등의 고대 사회부터 현대 사회까지 동서양 체육과 스포츠 역사의 핵심을 다루고 있다. 제1편에서는 고대 사회의 체육과 스포츠 문화를 다루고 있고, 2편에서는 중세 및 근세 초기의 체육과 스포츠 문화, 제3편에서는 근대 체육과 스포츠 문화를 다루고 있다. 마지막 4편에서는 한국의 체육과 스포츠를 다루면서 '고대-고려-조선-개화기-일제강점기-광복 이후'로 구분해서 체육과 스포츠 문화를 담고 있다.

이기고 싶으면 스포츠 과학
제니퍼 스완슨(조윤진 역희) / 다른(2022)

뉴턴의 운동 법칙을 모르면 공을 더 멀리 던질 수 없고, 수학 지식이 없다면 선수의 기록을 분석할 수 없다. 가볍고 유연한 테니스 라켓 같은 스포츠 장비는 최신 기술과 공학으로 만들어진다. 이 책은 우리에게 친숙한 스포츠를 통해 과학, 기술, 공학, 수학이라는 STEM 개념을 이해하도록 도와준다. 이 책은 '1장 스포츠에서 과학 발견하기', '2장 스포츠에도 기술이 필요해', '3장 스포츠 공학은 승리의 공식', '4장 스포츠에 수학을 더하면'으로 채워져 있다. 책 곳곳에 등장하는 인포그래픽은 스포츠 동작과 과학 원리를 한눈에 보여 주고 궁금증 해결 팁 박스는 과학 개념뿐 아니라 생소한 스포츠 용어를 풀어서 쉽게 설명해주고 있다.

스포츠 윤리학
김정효 / 레인보우북스(2020)

이 책은 스포츠를 윤리학적으로 바라본 입문서이다. 그래서 책의 내용도 스포츠 윤리학에서 반드시 다루어야 할 학문적 기초에 집중하고 있다. 윤리학을 말하며 스포츠가 꽤나 깊이 있는 인간 활동임을 강조하고 있다. 1장 스포츠 윤리의 기초 편에서 윤리와 스포츠, 스포츠 경쟁의 윤리, 스포츠의 규칙과 반칙, 스포츠 윤리 규범을 다루고 2장 윤리 이론 편에서는 공리주의, 의무주의, 덕 윤리를 다룬다. 3장 스포츠와 불공정 편에서는 도핑, 차별, 폭력을 다루고 4장에서는 스포츠와 환경윤리, 심판의 윤리를 다룬다. 마지막 장에서는 스포츠와 학교교육을 다루고 있다.

인공지능이 스포츠 심판이라면
스포츠문화연구소 / 다른(2020)

이 책은 규칙을 통해 진정한 스포츠 정신을 실현하는 방법을 고민하는 책이다. 축구, 야구, 배구 등 인기 스포츠부터 사격, 펜싱, 체조와 같은 다소 생소한 종목의 규칙까지 아우른다. 그리고 오심이 나올 수도 있는데 왜 모든 판정에 비디오 판독을 적용하지 않는 걸까?, 테니스에서 동점이면 2점이 더 필요한 '듀스'는 왜 생겼으며, 쇼트트랙은 왜 몸싸움에 대한 규정을 더 엄격하게 만들었을까?, 사람 대신 인공지능이 심판을 보면 오심이 사라질 수 있을까? 등 평소에 궁금해하는 질문들을 소개한다. 4차 산업혁명으로 스포츠 경기에도 다양한 변화가 일어나고 있다. 이 책은 스포츠 규칙의 변화 과정과 최신 과학기술로 생긴 논쟁거리까지 살펴보면서 스포츠에 대한 이해를 넓혀준다.

e스포츠 직업 설명서
남윤성, 윤아름 / 틈새책방(2021)

이 책은 e스포츠 산업에 종사하는 이들의 진심 어린 충고와 조언을 담고 있다. e스포츠 전문 기자가 업계를 취재하고 각 직업의 연봉과 전망, 준비하는 법을 기록하여 관련 분야 취업을 준비하는 이들에게 필수적인 지침서이다. 프로 게이머·감독·코치·단장과 같은 e스포츠 현장의 전면에서 활동하는 이들부터 리그 PD·옵저버·방송작가·게임캐스터·해설위원 등 콘텐츠를 만드는 직군, 리그 기획자·게임단 마케터·한국e스포츠협회와 같이 e스포츠의 저변을 넓히고 산업으로 발전시키는 직군, e스포츠 아카데미 강사와 같은 교육자까지 한국의 e스포츠 산업이 만들어낸 직업들을 망라하고 있다.

사회체육학과 독서탐구활동 활용사례

자율활동 특기사항

학급 내 1인 1프로젝트 활동에서 '체지방 분석기 검사 원리'를 주제로 결과물을 만들어 발표함. 체지방 분석기는 손잡이를 잡고 있을 때 우리 몸에 전류를 흘려보내고 저항값이 얼마나 센지 그 저항값을 측정한다고 소개함. 학기 초 1인 1역할 정하기에서 학습 도우미 역할에 지원하여 과목별 수행평가 및 지필평가의 시험 범위 정보 등을 정리하고 학급 게시판에 게시하여 성실하게 역할을 수행함. 신체 활동에 대한 관심이 높은 학생으로 학급 체육 도우미 역할을 맡음. 학교 내 스포츠 행사 참여 시 참가자 선정, 인솔 및 참가, 경기 전략 수립, 경기 결과 토론 등의 활동을 주도적으로 이끄는 리더십을 보여줌. 스포츠 마케팅 분야에 관심이 많고 운동 능력이 뛰어난 학생임. 관심분야 독서활동에서 **'스포츠 영화의 윤리적 이해(이기천)'**을 읽고 청소년들에게 인기가 있는 대표 스포츠 영화 4편을 선정해 영화 속에 들어 있는 윤리적 문제들을 분석하고 그 대안들을 제시함.

동아리활동 특기사항

(스포츠마케팅반)(34시간) 동아리 부원으로 부장을 도와 동아리 활동 시작 전에 정리정돈을 하고 후배 부원들을 챙기는 등 꼼꼼함과 배려심이 강함. 평소 스포츠 분야에 관심이 많고 신체를 통한 활동에 적극적으로 참여함. 구기 종목에 소질이 있고 튼튼한 체력과 건강을 유지하기 위해서 계획을 세워서 꾸준히 운동하는 학생으로 국내와 해외 스포츠를 비교 분석하고 발표 자료를 만들어 부원들 앞에서 자신 있는 태도로 발표함. 진로연계 독서활동에서 **'10대와 통하는 스포츠 이야기(탁민혁, 김윤진)'**를 읽고 독서비평문을 작성하고 발표함. 스포츠와 관련된 흥미진진한 주제 제시를 통해서 스포츠의 주인이 되기 위해 어떻게 행동해야 하는지, 스포츠를 통해 삶의 지혜와 사회를 바라보는 올바른 태도를 기르기 위한 방안은 무엇인지 제시함. 사회체육학과에 진학을 희망하고 스포츠마케터 직업을 희망하는 학생임.

진로활동 특기사항

진로 관심 분야 주제 발표 활동에서 '일상생활에서 실천할 수 있는 유산소 운동의 종류와 단점'을 주제로 선정하여 참여함. 최대한 많은 양의 산소를 몸속으로 공급해 심장과 폐의 기능을 향상시키는 효과가 있는 운동으로 걷기, 달리기, 자전거타기 등 7가지를 제시함. 충분한 준비운동을 하지 않을 경우 부상으로 이어질 수 있다는 점, 지나친 유산소 운동은 근 손실을 발생시킬수 있다는 점 등의 단점을 설명함. 무산소 운동과 병행하는 것이 건강한 몸을 만드는 데 도움이 된다는 점을 발표함. 대입정보 제공 사이트 활용 수업을 통해 스포츠마케터가 되기 위해서는 어느 대학의 어떤 학과에 진학해야 하는지 조사해 봄. 탐색한 대학의 입시요강을 내려 받은 후 자신에게 적합한 전형과 평가 요소를 탐색하여 평소 학업 역량을 키우는 것이 매우 중요함을 배움. 직업조사 활동에 참여하여 스포츠마케터 직업의 영상을 시청하고 스포츠마케터 직업은 마케팅에 대한 기본적인 지식 외에 광고미디어 운영 전문지식, 통계지식 등이 요구되며 다양한 국가를 대상으로 하므로 영어 등 외국어 실력을 갖추는 것이 필요함을 알게 됨. 진로연계 독서활동에서 **'인공지능이 스포츠 심판이라면(스포츠문화연구소)'**을 선정해 읽고 감상문을 제출함. '사람 대신 인공지능이 심판을 보면 오심이 사라질 수 있을까?'에 대한 논쟁거리 등을 주요 내용으로 작성함.

교과 세부능력 및 특기사항

체육

체육시간에 자신이 잘 안 되는 동작 등 어려움을 겪을 때 지도교사의 조언을 적극적으로 받아들이고 수정하려는 모습이 인상적임. 주변에 다른 학우들과 같이 자세를 수정·보완하며 기능 연습을 게을리하지 않는 성실한 학생임. 스포츠와 자신감에 대해서 탐색하여 자기 효능감이라는 심리학 용어를 조사하여 성공 경험, 관찰, 설득, 감정으로 나누어 자신감을 끌어올리는 방법에 대해서 발표함. 진로연계 독서활동에 **'이기고 싶으면 스포츠 과학(제니퍼 스완슨)'**를 선정해 감상문을 작성하고 발표함. 우리에게 친숙한 테니스, 야구, 축구 종목을 통해 과학, 기술, 공학, 수학이라는 융합적 개념을 소개함. 특히 인포그래픽 자료를 활용해 스포츠 동작과 과학 원리를 급우들에게 제시한 점이 인상적임. 사회체육학과 진학을 희망하며 스포츠마케터가 되어 스포츠 관련 마케팅 회사를 창업하는 것이 진로 목표라고 함. 리더십과 스포츠에 대한 열정을 갖춘 장래가 촉망되는 학생임.

스포츠생활

건강한 신체와 정신을 위해서 평소 다양한 스포츠를 즐기는 학생으로 체육시간에 몰입도가 높고 수업 시작 전후로 지도교사를 도와 주변정리를 하는 등 항상 긍정적인 마인드와 적극적인 자세로 학교생활을 하는 학생임. 체육시간에 실시되는 다양한 경기에서 서로 경쟁하며 배워나가는 과정을 즐기며 결과가 어떻든 승복할 줄 알고, 같은 팀원들이 부진할 때는 격려하며 응원할 줄 앎. 팀에서 자신의 역할이 무엇인지 정확하게 판단하여 그 역할을 성실하게 수행하는 모습이 인상적인 학생임. 진로 주제 발표 활동에서 스포츠의 본질을 탐색하고 최근 기술의 발달로 새롭게 등장한 E-sports에 관해서 조사한 후 발표함. 진로연계 독서활동에서 **'스포츠 윤리학(김정효)'**를 읽고 스포츠 분야에서 윤리학이 매우 중요한 분야이며, 공정한 경쟁과 공정한 심판, 스포츠에서 필요한 윤리인 공리주의와 의무주의, 덕 윤리에 대해 자세히 소개함.

행동특성 및 종합의견

평소 유머스럽고 활동적이며 에너지가 넘치는 학생으로 급우들 간 대화에서 주도적으로 분위기를 이끄는 소통능력이 뛰어남. 매사 순발력과 재치가 있으며 학급 반장의 역할을 수행하며 각종 학급행사를 화기애애하게 운영하는 데 열의를 다함. 학습에 어려움을 겪는 친구들의 멘토가 되어 자신의 지식 나눔에 솔선수범하고 논리적이고 차분한 성격을 지니고 있음. 스포츠에 탁월한 재능을 가지고 있어서 체육 관련 활동에서 두각을 나타내는 학생으로 수학 시간에도 통계를 접목한 스포츠과학 탐구활동에 참여할 정도로 학업에도 최선을 다함. 학급 특색 프로그램인 진로 독서활동에서 가장 많은 책을 읽은 학생임. **'사회의 스포츠(칼 하인리히 베테)'**를 읽고 현대 스포츠와 관련된 다양한 논문들을 통해서 현대 스포츠의 문제에 대해 알 수 있는 기회가 되었다고 함. **'근력 운동의 과학(오스틴 커런트)'**을 읽고 나서 근력 운동에 숨어 있는 과학과 숙련자와 초심자 모두 부상 없이 근력 운동을 제대로 하는 법에 대해 알게 되었다고 함.

1 인문계열

2 사회계열

3 자연계열

4 공학계열

5 의약계열

6 예체능계열 · 사회체육학과

7 교육계열

10 ▸▸ 성악과

1 학과 인재상

음악적 재능과
예술적 감각을
지닌 학생

정확한 발음과 호흡,
건강한 신체 조건을
갖춘 학생

꾸준히 연습을 할 수 있는
남다른 인내와
끈기가 있는 학생

다양한 음악이나
문학에 관심과
흥미가 많은 학생

오페라나 성악가의 공연에
관심이 많고 음악적 재능을
키우기 위해 노력하는 학생

2 유사학과

- 공연예술음악과(성악전공)
- 성악·뮤지컬학부
- 성악·뮤지컬학부(성악전공)
- 성악·작곡과
- 성악전공
- 음악학과 성악전공
- 음악학부 성악전공
- 한국음악학과 현악성악전공

3 관련직업

- 성악가
- 뮤지컬 배우
- 음악교사
- 오페라코치
- 클래식음악해설가
- 음악감독
- 지휘자
- 음악치료사

4 개설대학

- 가천대학교
- 경북대학교
- 경희대학교
- 계명대학교
- 국민대학교
- 단국대학교
- 대구가톨릭대학교
- 동덕여자대학교
- 목원대학교
- 부산대학교
- 서울대학교
- 성신여자대학교
- 수원대학교
- 숙명여자대학교
- 연세대학교
- 영남대학교
- 울산대학교
- 이화여자대학교
- 전남대학교
- 제주대학교
- 추계예술대학교
- 한양대학교
- 협성대학교 등

성악과 보컬

김도수 / 이담북스(2020)

이 책은 발성법, 창법 및 지도법을 알려주는 책이다. 성악 분야는 기존의 연구 문헌을 참고하여 30여 년 동안 교육현장에서 경험한 것들을 정리하였고, 보컬은 10여 년 동안 보컬 전공학생들을 교육한 경험을 토대로 이론들을 제시하였다. 음성기관의 구조, 음성의 특징 및 분류, 성악 호흡법, 기본발성법, 성악의 창법, 예술가곡과 아리아의 발음, 음성의 교정과 개발, 성악과 보컬의 차이점, 대중음악의 창법 등에 관한 내용들이 잘 소개되어 있어 성악을 전공하고자 하는 학생들과 전공자들에게 도움이 되는 도서이다.

성악을 알면 노래가 쉽다

김정현 / 한국경제신문(2021)

이 책은 성악의 개념을 크게 네 가지 관점에서 접근해서 설명하고 있다. 첫 번째 성악의 올바른 공명과 시스템, 두 번째 성악의 올바른 호흡과 원리, 세 번째 후두 주변 근육의 해부학적 구조와 작용 원리, 네 번째 올바른 딕션(발음)의 비밀이다. 이러한 4가지 관점을 1~4장에 걸쳐 이야기하며, 성악을 배우는 이들에게 '소리를 제대로 내는 법'에 대해 전하고 있다. 아름다운 소리라는 같은 목표를 추구하고 있지만, 각자 생각과 표현이 다른 '발성'이라는 담론의 객관적 기준을 제시하고 있다.

음악의 재발견

김형찬 / 스코어(2016)

음악은 인간에게 있어서 그 무엇보다 중요한 문화적 요소이다. 생일, 기념일을 비롯한 특별한 날은 물론 평범한 일상 속에서도 언제나 음악은 함께한다. 이러한 음악은 인간의 뇌파를 자극하여 기억력을 향상시키거나 가사를 통한 메시지의 전달도 가능하다. 또한 음악을 통해 민주주의와 민족, 자유, 평화, 평등, 환경, 이웃, 사회 등에 대한 메시지를 전하기도 한다. 이 책에서는 음악으로부터 알게 모르게 받게 되는 어떠한 영향력에 관하여 인공지능, 뇌과학, 물리학, 심리학, 미학, 철학, 종교학, 문학, 역사학, 음악 치료학, 정치학 등 다양한 관점에서 살펴본다. 이 책을 읽고 음악을 듣고 노래를 부르는 일이 상상 이상으로 신비로운 세상으로 이끈다는 것을 느낄 수 있다.

음악 기초이론의 이해

김유희 / 예솔(2010)

이 책은 우리 주변에 들리는 (조성)음악의 이론적 부분을 일반화하여 설명함으로써 음악이라는 새로운 언어를 배우고자 하는 모든 이들에게 기본적인 음악성을 기를 수 있도록 음악기초이론의 배경을 완벽히 소개하고 있다. 클래식 레퍼토리 외에도 우리 주변의 동요나 가곡 혹은 재즈나 포크송, 광고 음악, 민요 등 다양한 장르의 익숙한 곡들을 음악 예제로 삼아 이론을 이해하는 데 가장 쉽게 접근할 수 있도록 하였다. 방대한 지면에 다양한 그림과 도표, 악보 등등 작은 것 단 하나라도 생략하지 않고 수록하여 자세하게 설명한다.

불멸의 목소리 1
유형종 / 시공사(2006)

이 책은 오페라 무대와 가곡을 주름잡던 불멸의 주역들에 대한 이야기가 담겨 있다. 세계 음악사에 길이 남을 남녀 성악가 50명의 음악세계와 그들의 인생 이야기를 담았다. 오페라 무대뿐만 아니라 가곡에서 내로라하는 50명의 은퇴한 성악가들의 인물평전과 그들의 음악적 업적, 각 가수들과 관련 있는 현역 성악가들에 이르기까지 그 계보를 소개하고 있다. 또한 각 가수의 대표 음반과 남성·여성의 대표 아리아들을 함께 수록하여 클래식 음악을 감상하는 데 있어 친절한 안내자 역할을 한다. 제1권 남성 성악가 편에서는 20세기 테너의 우상 카루소에서 위대한 베이스 라이몬디까지, 남성 성악가들의 숨 가쁜 음악 여정을 풀어내고 있다.

소프라노가 사랑한 노래
어은정 / 모요사(2023)

이 책은 소프라노이자 성악예술연구가인 저자가 클래식 애호가들에게 성지나 다름없는 오스트리아 빈을 십여 년 이상 방문하면서 위대한 작곡가들이 남긴 아름다운 음악을 찾아다닌 후 남긴 글이다. 고전시대를 대표하는 하이든과 모차르트와 베토벤, 낭만시대의 큰 줄기인 슈베르트와 브람스, 왈츠의 대가 요한 슈트라우스 2세, 후기 낭만시대의 두 기둥인 볼프와 말러, 그리고 현대음악의 문을 연 쇤베르크와 제2빈악파까지 담고 있다. 그들이 태어난 생가, 성가대로 활동한 성당, 처음 데뷔한 음악 카페, 여름휴가를 떠난 별장, 막 결혼해서 신혼의 단꿈에 젖은 살림집, 작곡에만 몰두한 시골 오두막, 직장이나 다름없는 오페라 극장, 그리고 영면에 든 묘지까지 위대한 음악가들의 자취를 따라 여행하면서 글과 사진으로 나타냈다.

서양음악사
오키다 아케오(이진주 역) / 삼양미디어(2009)

이 책은 서양의 음악사를 알기 쉽게 설명한 교양서이다. 서양의 음악 역사를 중세 시대부터 르네상스, 바로크, 빈 고전파, 낭만파, 포스트 시대와 20세기까지, 크게 일곱 개의 시대로 분류하고, 그 시대의 대표적인 음악가들과 시대적 배경을 설명하였다. 자칫 딱딱할 수 있는 서양의 음악사를 초기 그레고리오 성가가 있었던 중세 시대부터 바로크의 바흐, 빈 고전파의 모차르트와 베토벤, 낭만파의 슈만과 멘델스존, 제1차 세계대전이 끝난 20세기의 음악사까지 시대별로 나누어 지난 수천 년 동안 인간과 함께해 온 음악 이야기로 구성하였다. 이 책을 통해 음악사의 큰 흐름을 이해할 수 있을 것이다.

MIT 음악수업
스가노 에리코(한세희 역) / 한익출판(2022)

이 책은 MIT에서 이루어지고 있는 다양한 음악 수업을 마치 강의실에 앉아 직접 듣는 것처럼 느껴질 만큼 자세히 안내한다. 인간의 문화·역사를 음악적으로 접근하는 '서양 음악사'부터 테크놀로지와 음악을 융합해 새로운 것을 만들어내는 '인터랙티브 뮤직 시스템' 등의 수업까지 다채로운 음악 교육 현장을 간접적으로 체험할 수 있다. MIT에서 진행되는 음악 수업을 들여다봄으로써 풍부한 음악적 소양을 기르는 것은 물론, 창조·융합의 관점에서 이루어지는 음악 교육과 미래 지향적 예술 교육의 새로운 방향을 이해하게 될 것이다.

5일 만에 끝내는 클래식 음악사
김태용 / 소울메이트(2018)

이 책은 클래식 음악의 실질적인 이해를 돕고자 쓴 서양음악 역사서다. 시대별로 '고대에서 중세', '르네상스', '바로크', '고전', '낭만에서 현대'로 구성되었다. 1장에서는 클래식을 왜 '클래식 음악'이라 부르는지, 그리고 어떻게 탄생되었는지, 악보는 언제부터 만들어졌는지와 중세의 위대한 작곡가 기욤 드 마쇼 등에 대한 내용을 다룬다. 2장에서는 고대로의 부활을 꿈꾼 르네상스 시대의 이야기들을 다룬다. 3장에서는 바로크 시대 음악에 대해 다룬다. 4장에서는 클래식 음악 역사의 가장 굵은 터닝 포인트인 고전시대 음악에 대해 다룬다. 5장에서는 19세기 낭만주의 음악과 그 이후인 19세기 말 음악, 걷잡을 수 없는 20세기의 음악에 대해 다룬다.

나의 서양음악 순례
서경식(한승동 역) / 창비(2011)

이 책은 저자가 들려주는 아주 특별한 서양음악 이야기이다. 음악이라는 예술이 지닌 고유한 성질에 대한 이야기에서 시작해 음악이 어떻게 인간·사회·시대와 뜨겁게 호흡해왔는지까지 안내한다. 저자가 그동안 음악에 품었던 복합적인 감정과 그에 얽힌 에피소드들을 통해 음악에 대한 사랑을 이야기한다. 수많은 음악가들에 대한 흥미진진한 이야기를 들려주어 음악에 대해 새롭게 사고하도록 안내한다. 음악에 대한 일반적인 관념에서 벗어나 음악에 대해 새롭게 사고하도록 우리를 이끌며, 인간의 귀를 매혹하는 음악이라는 예술의 정체가 무엇인지 보다 근원적으로 생각해보게 하고 있다.

1
인문
계열

2
사회
계열

3
자연
계열

4
공학
계열

5
의약
계열

6
예체능계열·성악과

7
교육
계열

성악과 독서탐구활동 활용사례

자율활동 특기사항

학생자치회 신입생 캠프 기획위원으로 참여해 학교 홍보 영상과 코로나19 예방 홍보 영상을 기획하고 총 연출을 맡음. 영상에 사용할 자료를 수집하고 참여할 학생들을 모집한 후 개인별 역할 등을 부여해 성공적인 영상 제작을 수행함. 의도한 목적이 신입생들에게 잘 전달되어 좋은 평가를 받음. 학교 축제를 위해 학급 장기자랑으로 합창을 준비하면서 곡 선정부터 파트 선정까지 전체적인 과정을 특유의 협업 능력과 공감 능력을 바탕으로 진행하여 좋은 결과를 냄. 연습 과정에서 노래를 잘 부르고 싶은 친구들에게 발성 방법과 노래 부르기 코칭을 해주어 조화로운 합창이 되도록 최선을 다함. 학급 진로 독서 프로그램에서 자신의 진로와 관련 있는 '**성악과 보컬(김도수)**'을 선정해 감상문을 작성하고 발표함. 이 책에서 제시하는 성악 호흡법, 기본 발성법, 성악의 창법, 예술가곡과 아리아의 발음 관련 내용들이 도움이 되었다고 함. 성악가 진학을 꿈꾸며 장차 세계적인 소프라노가 되겠다고 의지를 보이는 학생임.

동아리활동 특기사항

(성악반)(34시간) 동아리 부장 직책을 맡아 원만한 리더십을 발휘하여 모범적인 동아리 운영에 크게 기여함. 선후배 간 원활한 협업을 통해서 동아리 발표회 날 최고의 동아리로 선정되는 등 리더로서의 역량이 뛰어난 학생임. 음색이 맑고 고음에서의 발성처리가 탁월하며 독일 가곡에서 뛰어난 독일어 발음을 바탕으로 완성도 높은 성악곡을 선보임. 매번 곡을 연습하기에 앞서 작곡가와 작곡 배경에 대해 조사하여 연주곡에 대한 이해를 바탕으로 발성과 노래 부를 때의 표정 연기를 연습함. 클래식 용어 사전 만들기 프로젝트에 참여하여 흔히 접하는 클래식 용어를 누구나 알기 쉽게 쓴 설명서를 학교 교실 게시판에 붙여 학생들이 쉽게 읽을 수 있게 게시함. 진로연계 독서활동에서 '**나의 서양음악 순례(서경식)**'를 읽고 감상문을 작성함. 책에 등장하는 수많은 음악가들에 대한 흥미진진한 이야기를 통해서 음악에 대해 새롭게 사고하는 기회가 되었고, 인간의 귀를 매혹하는 음악이라는 예술의 정체가 무엇인지 보다 근원적으로 생각해보게 되었다는 감상평을 작성함.

진로활동 특기사항

'나의 꿈 발표하기' 활동에서 자신의 미래 꿈인 오페라 가수를 선정해 발표함. 자신의 가장 큰 관심사는 성악 실력을 키우는 데 최대의 노력을 기울이는 것이고, 아직 부족한 저음 처리 부분을 빨리 배워 한 단계 더 도약하고 싶은 것이 시급한 소망이라고 함. 자신은 국내 오페라 무대보다는 미국이나 유럽 쪽에서 세계적인 오페라 배우가 되겠다는 각오를 밝힘. '진로 관련 엽서쓰기' 활동에서 '우리 가곡의 재발견'이라는 내용으로 K-팝이 세계인들로부터 인기를 얻고 있는 것처럼 우리의 아름다운 가곡도 세계인들로부터 관심을 끄는 예술분야가 되었으면 하는 소망의 글을 표현함. 자신의 진로 관심 분야 주제 발표 활동에서 '오페라와 뮤지컬의 차이점'을 주제로 자료를 만들고 발표함. 오페라는 성악(아리아), 관현악(서곡, 전주곡, 간주곡) 등의 음악을 중심으로 무용 등이 조화를 이룬 종합무대예술이며 고전적인 음악극이고, 뮤지컬은 노래가 중심이 되어 무용과 연극적인 요소가 조화를 이룬 현대적인 음악극이라는 차이점을 비교 설명함. 진로연계 독서활동에서 '**성악을 알면 노래가 쉽다(김정현)**'를 선정해 감상문을 작성하고 발표함. 이 책을 통해서 성악의 올바른 공명과 시스템, 성악의 올바른 호흡과 원리, 후두 주변 근육의 해부학적 구조와 작용 원리, 올바른 딕션(발음)의 비밀에 대해 알게 되었다고 함.

교과 세부능력 및 특기사항

음악

성악 연주 시 저음보다는 고음 영역에서 뛰어난 성량을 보이는 학생으로 음악 수업에 참여하는 태도가 진지하고 열의가 있는 학생임. 독일 가곡을 선정해 전달력 있는 목소리로 곡의 분위기를 잘 살려 불러서 친구들에게 큰 박수를 받음. 같은 음악도 표현하는 사람에 따라 다르게 전달될 수 있다는 관점을 가지고 다양한 가수들이 부른 같은 곡들에 대한 자신의 감상평을 솔직하고 논리적으로 작성하여 발표하는 등 가창에 대한 견해와 이해도가 뛰어남. 음악관련 독서활동에서 **'5일 만에 끝내는 서양 음악사(김태용)'**를 선정해 감상문을 발표함. 서양음악을 시대별로 '고대에서 중세', '르네상스', '바로크', '고전', '낭만에서 현대'로 구분하여 해당 시대의 음악적 특성 등을 세계사와 연계시켜 내용을 구성해 발표함. 성악과로 진학하기 위해 꾸준하게 성악적 역량을 키우는 노력을 하는 학생으로 성악 실력이 수준급임.

음악감상

음악의 다양한 분야에 관심이 많으며 특히 벨칸토 발성법을 사용하는 오페라 감상에 흥미를 가지고 능동적인 태도로 참여함. 오페라를 감상하고 주인공 캐릭터를 분석하고 각기 다른 사랑관에 대한 자신의 견해를 밝힘. 오페라 아리아의 가사와 아리아가 나오는 연주 장면, 가락의 진행과 관련된 자료를 다양하게 제시하여 남다른 관점에서 해석하는 등 음악과 연관 지어 논리적으로 자신의 의견을 글로 작성하여 발표함. 진로연계 독서시간에 **'MIT 음악수업(스가노 에리코)'**을 선정해 독서를 함. MIT에서 진행되는 음악 수업을 통해 풍부한 음악적 소양을 기르는 것은 물론 창조·융합의 관점에서 이루어지는 음악 교육과 미래 지향적 예술 교육의 새로운 방향에 대해 이해를 하게 되었다는 감상문을 작성함. 성악과 진학을 희망하며 미래에 전문성악가가 되어 사람들에게 성악을 통해 마음의 평화와 즐거움을 느끼게 해주고 싶다는 소망을 밝힘.

행동특성 및 종합의견

음악적인 재능이 많아서 음악 교사로부터 우수한 평가를 받고 있으며 예체능 과목뿐만 아니라 주요 과목에도 관심을 가지고 발표나 토론 활동에 적극적으로 참여함. 성악 분야에 끼와 재능을 지니고 있으며 시간이 있을 때마다 관련 분야의 책을 읽고 영상을 시청하면서 성악 기량을 높이기 위한 노력을 열심히 함. 2학기 학교 축제 행사 중 학급별 합창 경연행사에서 곡 선정 과정부터 연습 과정, 경연 과정까지 리더의 역할을 수행함. 본선 경연무대에서는 뛰어난 지휘 실력을 발휘하여 많은 사람들로부터 환호를 받음. 학급 특색 프로그램인 진로 독서활동에서 읽은 **'서양 음악사(오키다 아케오)'**를 통해 클래식 음악의 역사와 그 이전의 중세, 르네상스, 바로크 시대 음악의 변천사 및 클래식 이후의 음악에 대한 변천사를 알게 되었다고 함. **'음악의 재발견(김형찬)'**을 통해 음악이 인공지능, 뇌과학, 물리학, 심리학, 정치학, 역사학 등과 깊은 관련성이 있다는 것을 깨달았다고 함. 성악과 진학을 희망하고 향후 성악전문연주자가 되고 싶다는 포부를 밝힘.

11 ▸▸ 스포츠과학과

1 학과 인재상

체육학 연구에 관심이 많고, 물리학과 의학의 기초 지식을 지닌 학생

건강한 정신과 신체, 올바른 가치관과 책임 의식을 갖춘 학생

스포츠에 관심이 많고 기획과 마케팅 업무를 배우고 싶어 하는 학생

미래지향적이고 자기 주도적이며, 새로운 것에 도전하는 것을 즐기는 학생

끈기와 인내심이 있으며 사람들과 더불어 일하는 것을 즐기는 학생

2 유사학과

- 스포츠건강과학과
- 스포츠과학부
- 스포츠과학부 태권도전공
- 스포츠과학부(스포츠과학전공)
- 스포츠과학부(스포츠레저)
- 스포츠과학전공
- 해양스포츠과학과

3 관련직업

- 스포츠마케터
- 스포츠과학연구원
- 운동처방사
- 스포츠에이전트
- 스포츠이벤트기획자

4 개설대학

- 강원대학교
- 경기대학교
- 경남대학교
- 경주대학교
- 광주대학교
- 대진대학교
- 동국대학교 WISE캠퍼스
- 백석대학교
- 서울과학기술대학교
- 서울시립대학교
- 선문대학교
- 성균관대학교
- 수원대학교
- 순천향대학교
- 안양대학교
- 울산대학교
- 원광대학교
- 인천대학교
- 인하대학교
- 전북대학교
- 제주대학교
- 중앙대학교 안성캠퍼스
- 청운대학교
- 충남대학교
- 한국해양대학교
- 한남대학교
- 한양대학교 ERICA캠퍼스
- 한밭대학교 등

1 인문계열

2 사회계열

3 자연계열

4 공학계열

5 의약계열

6 예체능계열 · 스포츠과학과

7 교육계열

5 학과 연계도서

스포츠 인문학 다이제스트
장대순 외 2인 / 책과나무(2023)

이 책은 두 명의 체육학 박사와 응용심리학 전공자가 '지금의 스포츠는 언제부터 정립된 것일까?, 〈슬램덩크〉의 흥행 신화는 어떻게 설명할 수 있을까?, 나이키는 어떻게 1위 브랜드가 되었을까?, ICT 통계 기법은 현대 축구를 어떻게 바꿔 놓았을까?, 진정한 스포츠맨십이란 무엇일까?' 등의 물음에 대해 다양한 측면에서 생각할 거리를 던져 준다. 스포츠의 모든 것에 대해 재미있고 심도 깊은 인문학적 이야기를 담고 있다. 스포츠 관련 분야에서 일하고 있거나 일하기를 희망하는 사람들 그리고 스포츠를 사랑하는 사람이면 누구나 재미있게 읽고 영감을 얻을 수 있는 내용을 담았다. 책을 읽는 사람들에게 의미를 찾을 수 있는 이야기를 선별하고 여기에 사회학적 분석이나 역사적 맥락 또한 설명하고 있다.

스포츠 속에 과학이 쏙쏙
손영운 / 이치(2017)

이 책은 청소년이 열광하는 농구 및 야구, 축구 등 구기 종목을 비롯하여 올림픽의 꽃인 마라톤과 신예 선수들로 인기를 끌고 있는 수영 및 겨울철 스포츠인 동계 올림픽 종목들 속 숨은 과학을 밝혀 과학이 생활을 움직이는 원리임을 깨닫게 도와준다. NBA 선수들은 왜 대부분이 흑인이며 백인들은 높이뛰기에서 왜 강세를 보이는지, 야구의 홈런은 무엇 때문에 화창한 날에 많이 쏟아지며 변화구는 어떻게 만들어지는지, 첨단 기술이 도입되어 변해온 수영복의 변천사 및 마라토너와 단거리 육상 선수들의 체형이 다른 이유 등 다양한 스포츠 이야기들을 중·고등학교 수준의 과학 원리로 설명하고 있다.

달리기의 과학
크리스 네이피어(김호정 역) / 사이언스북스(2021)

이 책은 달리기의 기초를 차근차근 안내하는 책이다. 저자 크리스 네이피어 박사는 초보자부터 일류 선수까지 많은 달리기 애호가들을 담당한 물리 치료사로서의 경험과 연구 내용을 이 책에 담았다. 그는 왜 부상을 당하며, 어떻게 해야 가장 잘 회복하는지 스스로 깨달을 때 비로소 달리기 경험이 개선된다고 설명한다. 또한 달리기의 생체 역학에 대한 최근의 연구 결과와 함께 훈련 기법에 대해 조언한다. 이외에도 정교하고 강렬한 이미지로 구현된 인체 이미지, 최신 연구 성과를 정리한 그래프, 한눈에 훈련 계획표를 살펴볼 수 있는 인포그래픽이 담겨 있다.

우리 몸이 말을 할 수 있다면
제임스 햄블린(허윤정 역) / 추수밭(2021)

이 책은 의학 전문 저널리스트의 유쾌하고 흥미로운 인간 탐구 보고서이다. 저자는 전공의 과정 중에 온갖 세포부터 근육, 동맥들의 이름과 각종 약물이 일으킬 수 있는 부작용 등 의학적 '사실'을 외우는 것보다 인체 너머 '진실'에 다가가는 것이 인간을 이해하는 데 훨씬 중요하다는 것을 깨닫고 집필을 시작했다고 밝히고 있다. 저자는 하나의 몸을 인간이라는 전체 맥락으로 접근하는 놀라운 통찰력을 발휘하며 몸속 우주라는 거대한 세계로 우리를 안내한다. 엉뚱한 호기심으로 시작해 '정상이란 무엇인가?', '건강이란 무엇인가?' 하는 근원적 물음까지 관통하는 이 책은 의학의 표면과 이면을 자유롭게 넘나들며 인간의 복잡성을 파헤친다.

도핑의 과학
최강 / 동녘사이언스(2021)

이 책은 잘 쓰면 약이지만, 잘못 쓰면 도핑으로 판정되는 우리가 몰랐던 눈물의 도핑 스포츠사를 다루고 있다. 도핑은 스포츠 규정상 명백하게 금지된 행위다. 스포츠맨십에 어긋나는 '편법'으로 여겨지는 도핑은 약물을 복용하는 사람의 몸과 정신을 해치기도 한다. 또한 도핑 사실이 발각되면 선수는 신뢰와 명성, 그간의 기록을 모두 잃는다. 이 책에서는 언제부터 선수들이 약물로 기량을 끌어올리기 시작했는지 도핑의 역사를 살펴보고, 약물들이 어떤 원리로 선수의 몸에 작용해 효과를 발휘하는지를 과학적으로 설명한다. 우리가 그동안 알지 못했던 도핑에 대한 자세한 내용을 소개하고 있다.

스포츠에 답이 있다
이철원 / 연세대학교 대학출판문화원(2019)

스포츠는 인문학의 보고이다. 스포츠 안에는 우리의 즐거움, 기쁨, 상실, 애정, 유쾌함, 행복, 불행, 몰입, 의미, 가치, 멋 등이 들어 있기 때문이다. 이 책은 우리 삶을 이해하기 위해서 인문학이라는 지도를 가지고 스포츠 안을 들여다보고 있다. 스포츠를 둘러싼 사회, 경제, 건강과 교육이라는 방향을 통하여 각양각색의 우리 삶을 생각하게 한다. 많은 사람들이 스포츠에 익숙하지만 정작 그 중요성에 대해서는 깊이 고찰하지 않는 경우가 많다. 이 책에서는 스포츠를 사랑하는 사람들에게, 그리고 스포츠와 일상을 함께하는 사람들에게 스포츠가 왜 중요한지를 알려주고 있다. 이에 더해 스포츠가 인문학으로 우리의 삶에 어떻게 연결되는지까지 다루고 있다.

야구의 심리학
마이크 스테들러(배도희 역) / 지식채널(2011)

이 책은 심오한 야구의 세계를 심리학의 렌즈를 통해 치밀하고 신중하게 다루고 있다. 타자가 공을 치고, 야수가 공을 잡고, 마운드에서 투수가 공을 던지는 경기 내 플레이에 관한 것(1장~3장)뿐만 아니라 선수선발, 트레이드와 연봉협상, 팬들이 경기력에 미치는 영향 등 경기 외적인 요소(4장~6장)도 놓치지 않고 풍성하게 내용을 담고 있다. 또한 '공을 치고 싶거든 공을 끝까지 지켜보라'는 조언이 물리적으로는 절대 불가능하다는 것, 커브볼이 막판에 뚝 떨어지는 듯 보이는 것은 시각적 착각이라는 것 등 야구경기를 보면서 은연중에 궁금해 했던 것들을 조목조목 소개하고 있다.

데이터 과학자의 일
손승우 외 10인 / 휴머니스트(2021)

이 책은 다양한 분야에서 활동하고 있는 데이터 과학자들이 모여 데이터 과학의 현재를 이야기한다. 연구방법론, 인공지능과 머신러닝, 결측 데이터 등 데이터 과학의 이론과 발전에 관한 이야기부터 금융, 게임, 스포츠, 보안, 의학, 교육 등의 분야에서 데이터 과학이 어떻게 활용되는지에 관한 이야기까지 데이터와 정보에 둘러싸여 살아가는 현대인이라면 꼭 알아야 할 흥미로운 내용이 가득하다. 데이터 과학자들이 업계의 환경과 목표에 따라 좋은 데이터를 수집하고, 수집한 데이터의 의미를 분석하고, 이를 바탕으로 '데이터 기반 의사 결정'을 하는 일련의 과정은 데이터 과학이 우리 삶을 어떻게 변화시키고 있는지를 보여준다.

타격의 과학
테드 윌리엄스(김은식 역) / 이상미디어(2011)

이 책은 메이저리그의 마지막 4할 타자인 테드 윌리엄스의 야구 교과서이다. 그는 '타격의 절반은 머리로 하는 것'이라고 선언하며 '스트라이크 존 밖으로 2인치쯤 빠지는 공에 손을 대기 시작하면 스트라이크 존을 무려 35%나 넓혀주게 되어 타자에게 불리해진다'는 점을 강조했다. 이처럼 좋은 공을 기다리고 고르는 일의 중요성을 깨우쳐주는 동시에 타격의 기본 메커니즘과 투수와의 머리싸움, 구질별 대처법, 타격의 의미 등을 총체적으로 다루고 있다. 전문 야구 선수를 꿈꾸거나 아마추어 야구를 즐기는 사람들은 물론 야구의 묘미를 하나라도 더 찾고자 하는 사람들에게 의미 있는 책이 될 것이다.

친절한 R with 스포츠 데이터
황규인 / 영진닷컴(2021)

이 책은 대부분의 스포츠에서 매우 중요한 통계, 즉 데이터를 다루고 있다. 스포츠 경기에서는 승률, 방어율 등을 비롯해서 각종 선수들의 능력들이 모두 수치로 환산되어 보이기 때문에 통계와 데이터가 매우 중요한 요소이다. 농구, 배구, 야구, 축구, 테니스 등 스포츠 통계를 이용해 사소하지만 흥미로운 주제들을 다루고 있다. "나달은 정말 클레이 코트에서 강할까?", "만원 관중이 들어찬 고척돔에서 여성 팬 비율은 얼마나 될까?", "FIFA 랭킹 1위를 꺾은 최저 랭킹 국가는?", "배구의 어떤 기록이 승리를 잘 설명할까?" 등 흥미로운 주제에 답을 제시하고 있다.

1 인문계열

2 사회계열

3 자연계열

4 공학계열

5 의약계열

6 예체능계열 · 스포츠과학과

7 교육계열

스포츠과학과 독서탐구활동 활용사례

자율활동 특기사항

학급 도서부장으로 학급의 학습 분위기를 조성하는 데 큰 기여를 하였고, 학급 특색 프로그램인 멘토링 활동에서 체대 입시에 관심이 많은 친구들에게 멘토가 되어 실기 능력을 높이는 데 도움을 줌. 스포츠 매니지먼트 회사 창업을 꿈꾸는 학생으로 학교특색사업인 e-NIE 교육활동(12회)에 참여하여 자신의 관심 분야인 스포츠 분야의 각종 미디어 소식들을 스크랩하여 학급 게시판에 주기적으로 부착하여 급우들의 스포츠 상식을 넓히는 데 열과 성의를 다함. 학급 독서 시간에 **'달리기의 과학(크리스 네이피어)'**을 읽고, 달리기의 생체 역학에 대한 최근의 연구 결과를 소개하고, 달리기 방법, 달리기 일정 계획표 작성 방법들을 정리해 급우들 앞에서 발표함. 학급 내에서 실시한 내가 만든 강연 활동에서 '스포츠 과학이란?'을 주제로 스포츠 과학의 정의, 스포츠 생리학, 스포츠 역학, 스포츠 심리학에 대한 내용을 발표함. 리더십이 뛰어난 학생으로 매사에 긍정적이고 발표력이 매우 뛰어남.

동아리활동 특기사항

(스포츠과학반)(34시간) 동아리 부장 직책을 맡아 동아리 발표회를 비롯한 각종 동아리 관련 활동에서 주도적인 역할 수행을 통해 리더십을 발휘함. 매시간 지도교사를 도와 준비 단계에서부터 수업 진행 과정에 열정적으로 참여한 학생임. 동아리 주제 탐구 활동에서 진로 희망과 관련 있는 '조깅으로 얻을 수 있는 긍정적 신체적 변화와 조깅의 올바른 자세'를 주제로 발표함. 조깅은 신진대사를 크게 증진시키기 때문에 노화를 늦추는 데 효과적이고, 심장근육을 강화해 심장 질환과 뇌졸중 위험을 30%가량 줄여주며, 몸에 좋은 콜레스테롤을 높이고 나쁜 콜레스테롤을 감소시키므로 각종 성인병 예방에 긍정적인 영향을 미친다고 강조함. 진로연계 독서활동에서 **'도핑의 과학(최강)'**을 읽고 독서 비평문을 작성하고 발표함. 스포츠 경기에서 문제가 되고 있는 도핑의 역사와 약물들의 작용 원리에 대해 과학적으로 설명함. 스포츠과학과 진학을 희망하고 스포츠트레이너 직업에 관심이 많은 학생임.

진로활동 특기사항

스포츠 분야에 관심이 많고 신체를 통한 활동에 적극적으로 참여하고 구기 종목에 소질이 있고 튼튼한 체력과 건강을 유지하기 위해서 계획을 세워서 꾸준히 운동을 하는 학생임. 진로 주제 발표에서 국내 프로스포츠와 해외 프로스포츠를 비교 분석하고 프레젠테이션 자료를 만들어 발표함. 시각적인 자료를 활용해 알기 쉽게 발표 자료를 만들어 전달하는 모습이 인상적인 학생임. 대입정보제공 사이트 활용 수업에서 희망하는 전공인 스포츠과학과가 개설된 대학을 탐색하고, 목표로 하고 있는 대학 입학처 홈페이지에 접속한 후 모집요강을 다운받아 전형방법과 평가요소를 정리하고 앞으로 어떤 준비를 해야 되는지에 대한 계획을 발표함. 빅데이터 체험활동 후 소감 발표하기에서 빅데이터 분석을 통해서 스포츠 분야가 과학과 기술을 접목한 스포츠과학으로 발전하고 있다는 것을 깨닫고, 평소에 여러 과목에서 배우는 내용들이 모두 중요하다는 것을 느끼고 운동뿐만 아니라 학업에도 최선을 다하기로 다짐함. 진로연계 독서활동에서 **'스포츠 속에 과학이 쏙쏙(손영운)'**을 읽은 후 다양한 스포츠 속에 담겨 있는 과학적 원리에 대해 새롭게 알게 되었다는 내용으로 감상문을 작성함. 장차 스포츠 에이전트가 되기 위해서 스포츠 역량과 학업 역량을 갖추려고 노력하고, 풍부한 독서활동을 통해서 자신의 미래 꿈을 달성하기 위해 열정적으로 도전하는 학생임.

교과 세부능력 및 특기사항

체육

육상 수업에서 단거리 달리기와 장거리 달리기에 필요한 근육의 성질이 다르다는 것을 알고 단거리, 중장거리, 장거리 달리기 시 필요한 생리학적 조건들을 분석하고 탐색함. 근 섬유가 크게 백근과 적근으로 구분되는 것을 조사하여 적근은 단거리 달리기와 같은 폭발적인 힘이 필요한 운동에서 발달하게 되며 백근은 장거리 달리기와 같이 근지구력이 요구되는 운동에서 발달하게 된다는 내용을 결과물로 작성하고 발표함. 체육시간에 동작을 운동역학적으로 분석하고 분석을 통해 자신의 자세를 수정하려 하며 물리학과 수학적 지식이 뛰어난 학생임. 관심 분야 독서활동에서 **'타격의 과학(테드 윌리엄스)'**을 선정해 읽은 후 야구에 있어서 타격의 기본 메커니즘과 투수와의 머리싸움, 구질별 대처법, 타격의 의미에 대해 알게 된 책이었다는 감상문을 작성함. 평소 스포츠와 과학 간의 상관성에 대해 관심이 많아 자주 질문을 던지며 스포츠과학과 진학을 꿈꾸고 있는 학생임.

운동과 건강

평소 자신의 건강을 관리하는 모습이 인상적인 학생으로서 자기관리 및 절제능력이 뛰어남. 친구들과 같이 어울리며 즐겁게 기능연습을 하는 학생으로서 항상 긍정적인 생각과 적극적인 자세로 수업시간에 임하는 모습이 인상적임. 운동과 건강 시간에서 인간의 에너지 대사 과정에 관하여 탐색하고 이를 바탕으로 우리 몸에서 빠르게 에너지를 만들어 내야 하는 운동의 유형을 조사함. 산소 없이 에너지를 생산하는 무산소성 대사가 유산소성 에너지 대사보다 더 빨리 근육에 필요한 에너지를 만들어 낸다는 사실을 깨닫고 무산소성 운동과 유산소성 운동이 근육에 미치는 영향에 대하여 조사하고 발표함. 관심 분야 진로 독서활동에서 **'야구의 심리학(마이크 스테들러)'**을 읽고 야구의 세계에서 심리학이 매우 중요한 요소이고, 타자와 야수, 선수선발과 트레이드와 연봉협상, 팬들이 경기력에 미치는 영향 등도 중요한 요소라는 것을 알게 되었다고 함.

행동특성 및 종합의견

평소 자기관리가 철저하며 끊임없는 노력과 열정으로 최고의 결실을 맺는 학생임. 늘 겸손하고 예의 바른 성품으로 친구들의 선망의 대상이 됨. 배려심이 많아 친구들의 마음이 상하지 않도록 조심스럽게 행동하며 친구의 생각을 먼저 듣고 주변에 관심을 가지고 세세한 일까지 꼼꼼하게 챙기는 장래가 촉망되는 성실한 학생임. 약속시간을 잘 지키고 항상 규칙적으로 생활하며 신체 운동과 체력 관리에 관심을 가지고 지속적으로 노력하는 학생임. 평소에 움직이고 운동하는 것을 좋아하며 운동 능력이 부족한 친구를 도와 체력 관리를 체계적으로 할 수 있도록 도움을 줌. 학급 체육부장으로 활동하여 비대면 시대에 활동량이 부족한 것을 고려하여 좁은 공간에서 할 수 있는 간단한 기초 체조를 정리하여 친구들에게 소개함. 체육 수업 시간에 읽었던 **'스포츠에 답이 있다(이철원)'** 책을 통해 스포츠와 일상을 함께하는 사람들에게 스포츠가 왜 중요한지 그리고 스포츠가 인문학으로 우리의 삶에 어떻게 연결되는지를 잘 소개함.

12 ▸▸ 시각디자인학과

1 학과 인재상

호기심이 많고 세심하게 주위를 관찰하는 능력이 있는 학생

자신만의 미적 감각과 분석력, 창조력, 응용력을 지닌 학생

사물에서 느끼는 이미지를 시각적으로 표현할 수 있는 능력이 뛰어난 학생

예술과 사상에 대한 안목이 넓고 상상력과 감성이 풍부한 학생

시장의 흐름을 분석하여 사람들의 관심을 끌 수 있는 디자인을 만들 수 있는 학생

2 유사학과

- 디자인조형학과
- 디자인조형학과 시각디자인전공
- 디자인학과(시각디자인전공)
- 디자인학부 시각디자인전공
- 디자인학부(시각디자인전공)
- 시각디자인과
- 시각디자인전공
- 시각디자인학과
- 시각디자인융합학부(시각디자인전공)
- 시각디자인학전공

3 관련직업

- 게임그래픽디자이너
- 웹디자이너
- 일러스트레이터
- 광고디자이너
- 시각디자이너
- 카피라이터

4 개설대학

- 건양대학교
- 경성대학교
- 경희대학교
- 계명대학교
- 고신대학교
- 국민대학교
- 대구예술대학교
- 대진대학교
- 동명대학교
- 명지대학교
- 부산대학교
- 서울과학기술대학교
- 서울여자대학교
- 선문대학교
- 신라대학교
- 영남대학교
- 예원예술대학교
- 울산대학교
- 전주대학교
- 조선대학교
- 중앙대학교
- 청주대학교
- 한서대학교
- 협성대학교
- 호서대학교 등

1 인문계열

2 사회계열

3 자연계열

4 공학계열

5 의약계열

6 예체능계열 · 시각디자인학과

7 교육계열

5 학과 연계도서

디자이너 11인 디자인의 가치를 말하다
프롬나드디자인연구원 / 한국학술정보(2014)

이 책은 분야별 전문가들에 의해 '디자인의 가치'를 검증한 것을 묶은 책이다. 디자인계의 리더들이자 각자의 전문 분야 디자이너 11명의 생각과 주장을 통해 디자인에 대한 개념을 새롭게 살펴볼 수 있다. '디자인의 가치'는 전통적인 디자인의 개념과 효용성이 중심이 된 가치와 조형미를 앞세운 개인적인 성향과 철학이 바탕이 된 가치도 있을 것이고, Good Design으로 대별되는 가치와 Innovation Design으로 접근하는 새로운 제안으로서의 가치도 존재한다. 디자인계 리더들의 주장을 통해 산업을 선도하는 디자인 본래의 목적에서 벗어나 미래를 준비하는 디자인의 가치를 발견할 수 있을 것이다.

디자인 인문학
최경원 / 허밍버드(2014)

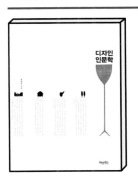

이 책은 디자인이란 무엇을 통해 만들어지며, 디자인을 구성하는 것들은 무엇인지를 풍부한 사례를 살펴본다. 기술, 상업성, 예술성 등 디자인을 둘러싼 몇몇 개념을 진단하고, 우리 눈에 보이는 형식(형태, 색상)을 비롯하여 그 안에 담긴 내용 등 디자인을 이루는 요소들을 하나하나 짚는다. 디자인에 영향을 미치는 외적 요인에는 어떤 것들이 있으며, 디자인이 주변 환경 및 다른 분야와 교류하는 사례를 찾아본다. 즉 당대의 사회 문화적 상황이나 주요 가치, 역사 및 전통과 꾸준히 호흡해 온 디자인들을 소개하면서, 디자인을 세상과 유리된 분야라 간주하는 낡은 인식 틀을 흔드는 것이다. 뿐만 아니라 디자인이 인문학의 하위 분야인 철학, 예술, 과학(우주관) 등과도 긴밀하게 상호작용해 온 경우들을 알아본다.

디자인 천국에 간 디자이너
조상우 / 시공아트(2019)

북유럽의 디자이너가 된 한국인 디자이너가 북유럽 디자인의 비밀을 다룬 책이다. 인테리어부터 건축, 가구, 서비스 디자인에 이르기까지 전 세계 디자인을 주도하는 북유럽 국가들이 디자인 강국이 된 이유를 설명하고 있다. '무엇이 북유럽을 디자인 강국으로 만들었는지', 그리고 '북유럽의 디자이너들이 어떻게 영감을 얻는지'가 생생하게 담겨 있다. 북유럽 디자인의 흐름을 자연스럽게 알 수 있고, 디자인이 삶과 어떻게 연결되는지, 우리 생활을 어떻게 변화시킬 수 있는지, 무엇보다 세계 디자인의 미래까지 예측할 수 있게 도움을 준다.

카피 없는 광고
손별 / 커뮤니케이션북스(2018)

이 책은 해외 유명 광고제에서 주목받은 비주얼커뮤니케이션 광고를 유형별로 정리했다. 230편의 흥미로운 광고 사례를 생생한 이미지와 함께 접할 수 있으며, 제품·광고주·브랜드를 구구절절 설명하지 않아도 소비자를 단박에 사로잡는 비법을 담았다. 강력한 은유를 통해 소비자를 창조적 수용자로 만드는 카피 없는 광고의 표현 기법과 특징을 소개한다. 이론과 사례를 골고루 다루어 광고 크리에이티브, 시각 디자인, 비주얼커뮤니케이션, 예술/대중문화 교재로 쓰기에 적합한 내용으로 구성되어 있다.

타이포그래피 천일야화
원유홍 외 2인 / 안그라픽스(2019)

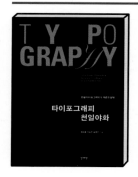

이 책은 타이포그래피의 전반적인 개념과 실제를 소개하고, 새로운 타이포그래피 교수법을 담았다. 우리나라의 얼과 정신이 담긴 '한글', '한글 타이포그래피' 실정에 맞도록 많은 문자 정보 및 그림 자료들을 각색하고 한글화했으며, 전통적인 타이포그래피뿐 아니라 실험적인 타이포그래피 그리고 무빙 타이포그래피에 대한 내용까지 포괄하고 있다. 타이포그래피를 공부하는 학생들은 이 책을 통해서 국내외 타이포그래피의 역사와 기초적인 글자의 각 부위와 용어, 그리드를 비롯한 구조와 레이아웃 등 기초적인 편집 디자인 지식과 함께 실제 적용 사례까지 살펴볼 수 있다.

디자인 너머
게슈탈텐(오수원 역) / 월북(2021)

이 책은 세계적 자동차 디자이너 피터 슈라이어의 삶과 디자인 철학을 담고 있다. 독일의 시골 식당에서 그림을 그리던 한 꼬마가 유럽을 넘어 한국, 그리고 전 세계로 뻗어나가 디자인 명장이 되기까지 장대한 여정이 파노라마처럼 눈 앞에 펼쳐진다. 어린 시절의 드로잉부터 아우디 TT, 골프4, K시리즈를 만들어내기까지, 펜 하나로 세상을 바꾼 디자이너로서의 성장 과정이 함축적인 글과 직관적인 이미지들로 조화롭게 구성되었다. 안정보다는 도전을, 낡음보다는 새로움을, 전형성보다는 역동성을 추구해온 피터의 방향성이 책에 담겨 있다.

디자인의 디자인
하라 켄야(민병걸 역) / 안그라픽스(2007)

이 책은 폭넓은 영역에서 활약해 온 디자이너 하라 켄야가 '디자인이란 무엇인가?'라는 물음에 대해 자신이 관여한 여러 프로젝트를 돌아보며 나름의 답을 제시한 책이다. 지금 잠시 멈춰 미지의 일상과 만나자는 그의 제안에는 종래의 디자인관을 새롭게 하는 발상의 전환이 담겨 있다. 디자인이라는 행위를 언어로 디자인한 이 책은 디자인의 가능성을 제시하는 '명석한 감성'이라는 평과 함께 제26회 산토리 학예상을 수상했다.

좋은 디자인을 만드는 33가지 서체 이야기
김현미 / 세미콜론(2022)

이 책은 33가지 서체에 대한 지식을 제공하고 있다. '서체의 분류'와 각 분류에 해당하는 대표적인 서체들을 소개하고, 33가지 서체의 탄생 과정과 주변 인물들의 삶을 흥미롭게 설명하며, 각 서체의 특징을 잘 나타내주는 폰트와 대가들의 작업 이미지를 제시하고 있다. 아울러 서체마다 사용한 사이즈 등 실용적인 정보도 담고 있어 디자이너들이 작업에 활용할 수 있도록 돕는다. 인터넷 블로그 제작 등으로 서체에 관심이 많은 일반인들도 재미있게 볼 수 있는 책이다.

디자인 좀 하십니까

노성진 / 멘토프레스(2013)

이 책은 공간디자이너 노성진의 디자인과 삶의 이야기를 다뤘다. 용담천을 바라보며 느낀 단상과 그곳 마을 사람들과의 이야기 속에서 그의 순수하고 올곧은 마음을 엿볼 수 있다. 또한 독일의 소박한 간판 문화와 우리의 현란한 간판 문화를 비교하며 현실을 꼬집고, 소비적 화환 문화에서 기부적 화환 문화로 거듭난 모범적 사례를 들기도 한다. 디자인을 단순하게 장식으로만 여기는 사람들에게 진정한 디자인의 모습을 제시하고, 디자인이 무엇을 위해 존재하는지 생각할 계기를 마련하고 있다.

디자이너, 직업을 말하다

마이크 몬테이로 / 웹액추얼리코리아(2014)

이 책은 '디자인'이 아닌 '디자이너'를 위한 책이다. 책 제목 그대로 디자이너라는 '직업'에 대해 말하고 있다. 디자이너란 직업은 사람들이 흔히 생각하는 것과 달리, 그림만 잘 그린다고 할 수 있는 일이 아니다. 디자이너로 경력을 쌓기 시작해서 뮬 디자인 회사를 창업하고 10년 이상 운영해온 저자 마이크 몬테이로는 디자이너는 결코 '예술가'가 아니라 '직업인'이라며 어서 빨리 디자이너란 허울에서 벗어나야 한다고 강조한다. 이 책은 디자이너란 어떤 사람인지 설명하고 새로운 고객을 찾는 방법, 적절한 고객을 고르는 방법, 디자인 가격 정하기, 계약서 작성, 디자인 프레젠테이션하기, 피드백 관리, 함께 일하는 방법 등을 소개한다.

시각디자인학과 독서탐구활동 활용사례

자율활동 특기사항

학기 초 학급 환경정리 활동에 참여해 게시물의 배치부터 게시물 내용까지 조언하고 제작하여 환경우수학급으로 선정되어 많은 칭찬을 받음. 특히 학급 교훈을 붓을 이용한 캘리그래피로 작성하여 전면에 게시함. 전체 글씨의 균형미에 아름다움이 더해져 많은 교사들과 학생들의 관심을 받음. 학교 축제를 위해 학급 장기자랑을 준비하면서 자신의 디자인 실력을 발휘해 창의적이고 익살스러운 학급 장기자랑 홍보 포스터를 제작해 많은 학생들의 시선을 끌었음. 학급 특색 프로그램인 독서감상문 쓰기 활동에서 **'좋은 디자인을 만드는 33가지 서체 이야기(김현미)'**를 선정해 감상문을 작성함. 디자인에 활용되는 대표적인 서체들을 소개하고 서체의 탄생 과정, 각 서체의 특징들에 대해 알게 되었다고 함. 시각디자인학과 진학을 희망하는 학생으로 창의적인 아이디어와 디자인 능력, 협업 능력과 공감 능력이 뛰어나 디자인 분야에서 대성할 가능성이 높은 학생임.

동아리활동 특기사항

(디자인반)(34시간) 동아리 차장으로 동아리 지도교사를 도와 동아리 활동 수업이 원활하게 진행되는 데 많은 도움을 줌. 창의적인 디자인 능력과 아이디어 발상 능력이 뛰어난 학생임. 자신의 생각을 시각적으로 표현하는 것을 즐기는 학생으로 동아리를 소개하는 캘리그래피와 포스터를 제작함. 부원들과 연간 계획 세우기 활동에서 월별 계획서를 제출하는 데 주도적인 역할을 함. 자동차 디자인 분야에 관심이 많아 자동차 매장을 수시로 방문하고 최신 자동차 문화를 파악할 수 있는 자동차 잡지를 정기적으로 구독하며 인상적인 자동차 사진을 스크랩하는 등 자신의 진로를 위해 철저하게 준비하고 있는 학생임. 관심분야 독서활동에서 **'디자인의 디자인(하라 켄야)'**을 읽고 지금 잠시 멈춰 미지의 일상과 만나자는 그의 제안에는 종래의 디자인관을 새롭게 보는 발상의 전환이 담겨 있고, 디자인을 말이나 글로 설명하는 것이야말로 또 하나의 디자인이라는 새로운 사실을 알게 되었다고 함.

진로활동 특기사항

'나의 꿈 발표하기' 활동에서 자신의 미래 꿈인 자동차 디자이너를 선정해 발표함. 자신의 가장 큰 관심사는 인간 친화적이고 인체공학적인 디자인을 적용한 자동차를 만드는 것이고, 꿈을 준비하기 위해 자동차 잡지를 구독하고 그래픽 소프트웨어 활용 능력을 키우기 위해 많은 노력을 하고 있다고 함. 진로 탐구 주제 활동에서 '공공미술의 나아갈 길'을 주제로 공공미술은 개인의 정서적, 신체적 문제나 종교, 세대, 지역 간 발생하는 사회적 문제들을 풀어가는 하나의 매개체이자 사회적 비용지출을 줄이는 매개체라고 함. 공공미술은 일상 속 쉼터이자 예술 작품으로 시민의 삶과 함께하는 공간으로 나아가야 한다는 점을 제시함. 진로 독서활동에서 **'디자인 좀 하십니까(노성진)'** 책을 선정해 감상문을 작성하고 발표함. 독일의 소박한 간판 문화를 보며 우리의 현란한 간판 문화와 현실과 비교하고, 디자인이 무엇을 위해 존재하는지 생각할 계기를 가져다 준 책이었다고 함. 전공 체험의 날 '시각디자인학과' 체험 프로그램에 참여하여 시각디자인학과에서 배우는 교육과정과 해당학과에 개설된 학생 동아리, 취득 가능한 자격증, 졸업 후 진출 분야 등에 대한 정보를 체계적으로 정리한 후 발표함.

1 인문계열

2 사회계열

3 자연계열

4 공학계열

5 의약계열

6 예체능계열 · 시각디자인학과

7 교육계열

교과 세부능력 및 특기사항

미술

공익광고 포스터 제작 활동에서 코로나-19 감염병과 방역에 대한 주제를 선정하고 적극적인 자세로 의견을 조율하여 설득력 있는 포스터를 제작하는 데 크게 기여함. 스마트 패드를 활용하여 관련 정보와 시각 자료를 검색하는 등 시각적 소통 능력을 발휘함. 구체적인 방역 수칙을 단순한 기호로 표현하여 가독성과 주목성이 돋보이는 포스터를 제작함. 진로 독서활동에서 **'디자인 천국에 간 디자이너(조상우)'**를 읽고 감상문을 작성하고 발표함. 디자인 강국 북유럽의 건축, 가구, 서비스 디자인 분야의 강점을 소개하고, 북유럽 디자인의 흐름과 디자인이 삶과 어떻게 연결되는지, 우리 생활을 어떻게 변화시킬 수 있는지에 대해 상세하게 설명함. 시각디자인학과 진로를 희망하며 특히 자동차 디자인 분야에서 공기저항계수를 낮추기 위한 유선형 디자인 작품으로 유명한 사람이 되고 싶다고 함.

미술감상과 표현

폴 시냐크의 신인상주의 점묘화를 다양한 관점에서 탐구하여 미술사적 관점과 색채학적 관점에서 분석하여 발표함. 모네의 영향으로 인상파 미술을 시작했으나 쇠라를 만나 신인상주의 점묘화를 발전시켰으며, 쇠라보다 넓은 크기의 색점을 이용해 풍경화를 그렸다고 설명하며 시냐크와 쇠라의 작품을 비교하여 감상함. 뷰티디자인학과 진학을 희망하며 메이크업 분야에 관심이 많음. 관심분야 독서활동에서 **'타이포그래피 천일야화(원유홍 외)'**를 읽고 참여함. 이 책을 통해 타이포그래피의 전반적인 개념과 한글 타이포그래피, 무빙 타이포그래피 등에 대해 알게 되었고, 타이포그래피의 본질에 대해 생각해보는 계기가 되었다고 함. 메이크업 관련 전공 지식을 표현 활동에 적용하는 능력이 뛰어나며, 감각적인 미술 작품을 완성하여 발전 가능성이 충분한 학생임.

행동특성 및 종합의견

사교성이 좋고 성격이 활달하며 맡은 일에 대한 책임감이 강한 학생임. 자기관리에 매우 엄격하고 철저하며 끊임없는 노력과 열정으로 최고의 결실을 맺는 학생임. 늘 겸손하고 예의 바른 성품으로 친구들의 선망의 대상이 됨. 배려심이 많아 친구들의 마음이 상하지 않도록 조심스럽게 행동하며 친구의 생각을 먼저 들음. 주변에 관심을 가지고 세세한 일까지 꼼꼼하게 챙기는 장래가 촉망되는 성실한 학생임. 미술 시간에 그림을 그리고 색칠을 하거나 작품을 만들 때 집중력이 뛰어나고, 미술 교사로부터 손재주가 많고 입체 감각과 색채감이 우수하다는 평가를 받음. 교내 미술 프로그램에 모두 참여하여 예술 분야의 진로를 탐색하면서 디자인 관련 분야를 구체화시킴. 예술적 재능을 더 발전시켜 나간다면 디자인분야에서 우수한 인재가 될 것으로 판단됨. 학급 독서 프로그램에서 읽었던 **'카피 없는 광고(손별)'**를 통해 소비자를 단박에 사로잡는 광고기법에 대해 알게 되었다고 함. **'디자인 인문학(최정원)'**을 통해 디자인에 영향을 미치는 외적 요인과 디자인이 인문학의 하위 분야인 철학, 예술, 과학 등과 긴밀히 연관성이 있다는 것을 알게 되었다고 함.

13 ▸▸ 실용음악과

1 학과 인재상

음악적 기본기가
우수하고 예술가로서의
창의적인 마인드를
가진 학생

예술 분야에 관심이 많고
음악 교과 및
음악 활동의 성취도가
뛰어난 학생

음악 전반에
관심이 많고 대중음악 등
다양한 음악 장르에
관심이 많은 학생

무한한 상상력을 음악적 소재로
승화시켜 콘텐츠를 만들 수 있는
능력을 지닌 학생

음악 실기능력이 뛰어나고
도전정신과 적극적인 사고 및
창의적 사고를 갖춘 학생

2 유사학과

- 실용음악전공
- 실용음악학과
- 실용음악학부
- 실용음악학전공
- 실용음악학부(기악)
- 실용음악학과(작곡)
- 실용음악학전공(보컬)
- 음악과(실용음악전공)
- 음악학부 실용음악학전공
- 현대실용음악학과

3 관련직업

- 가수
- 뮤지컬배우
- 음반기획자
- 공연기획자
- 음악프로듀서
- 연주가

4 개설대학

- 가톨릭관동대학교
- 강서대학교
- 경기대학교
- 남서울대학교
- 대구가톨릭대학교
- 대구예술대학교
- 대진대학교
- 동덕여자대학교
- 목원대학교
- 성결대학교
- 세한대학교
- 안동대학교
- 안양대학교
- 예원예술대학교
- 용인대학교
- 중부대학교
- 청운대학교
- 칼빈대학교
- 평택대학교
- 한서대학교
- 한경국립대학교
- 한양대학교 ERICA캠퍼스
- 한일장신대학교
- 호원대학교 등

1 인문계열

2 사회계열

3 자연계열

4 공학계열

5 의약계열

6 예체능계열 · 실용음악과

7 교육계열

5 학과 연계도서

쉽게 배우는 보컬

김지훈 / 충남대학교출판문화원(2019)

이 책은 보컬 지망생들에게 필요한 전문적인 내용을 누구나 알기 쉽게 기록하고 있다. 10년간 대학 강의를 통해 보컬 전공 학생들을 가르치면서 얻은 노하우와 트레이닝 과정에서 확인된 최선의 방법들을 책 속에 담고 있다. 무심코 지나칠 수 있는 변성기 시기의 주의사항부터 음악시장에 대한 이해와 활용방향에 이르기까지 내용을 정리해 놓았다. 또한 전공 학생들과의 면담을 통해 학생 대다수의 직관적인 질문을 정리하고 쉽게 이해하고 체감할 수 있도록 세세한 답변을 수록하였다.

기초 실용음악 화성학

이화균 / 해피엠뮤직(2020)

이 책은 실용음악을 공부하는 사람들을 위해 만든 기초이론 교재이다. 음악 이론에 대해 전혀 모르는 사람을 대상으로 구성하였고, 각 단원의 상세한 내용 이후에 핵심정리를 수록하여 배운 내용을 정리할 수 있도록 했다. 음악 이론은 한글 표기와 영문 표기가 뒤섞여 사용되는 경우가 많은데 실전에서 좀 더 많이 쓰는 표기를 앞에 제시하였다. 기초악전, 음표와 쉼표, 마디의 구성, 음의 특징, 음정, 화음, 조성, 음계, 다이아토닉 코드, 텐션 등 실용음악 공부에 필요한 기본적인 내용을 모두 담았다. 부록에서는 음향학과 다양한 악보를 제공하고 있다.

김도훈 작곡법

김도훈 / 1458music(2018)

이 책은 히트 작곡가 김도훈의 25년 작곡 노하우를 담은 대중음악 작곡법 안내서이다. 대중음악 작곡가의 마음가짐부터 시작해서 다양한 이론을 실제 가요 작곡에 적용하는 방법을 작가의 경험과 히트곡을 예시로 들어 설명하고 있다. 또한 예비음악인들이 자주 궁금해하는 질문에 대한 답변과 다양한 작업을 통해 겪었던 에피소드를 수록하였다. 일반적인 작곡법이나 화성학 교재와는 조금 다르게 작가의 주관적인 노하우와 가치관이 많이 들어 있다. 책에서 소개하는 노하우는 클래식이나 재즈처럼 전문화된 장르보다 대중가요 작곡에 초점이 맞춰져 있다.

실용음악과 졸업 후 뭐하지?

최영준 / 예솔(2015)

이 책은 실용음악 연주자이자 교육자, 음악가로 보낸 저자가 지난 시절을 회상하며 실용음악의 길에 들어선 사람들에게 참된 등불이 되겠다는 목적으로 저술했다. 음악가로 살아남거나 생각하기 이전에, 인간으로서 어떻게 사고해야 하는지 다시금 생각하게 해주는 경구들과 내용들이 많이 포함되어 있다. 실용음악과를 졸업하지 않았더라도 음악과 사회에 관심이 있는 모든 사람에게 좋은 읽을거리를 제공한다. 실용음악을 전공하고 싶은 학생, 자녀를 실용음악과에 입학시키고자 하는 부모님, 실용음악과 재학생 및 졸업생, 그리고 실용음악이 궁금한 모든 이들을 위한 책이다.

재즈 화성의 기초 지식
마츠다 마사(이윤 역) / 도어즈(2011)

이 책은 실용음악을 공부하는 사람들이 한 차원 높은 수준의 편곡과 연주를 할 수 있도록 돕는 재즈화성학 교재이다. 음계, 음정과 같은 기초지식부터 코드, 텐션, 다양한 코드 프로그레션에 이르기까지 어렵고 복잡하게만 느껴졌던 재즈화성학을 선생님과 제자의 대화를 통해 쉽게 익힐 수 있다. 또한 설명 뒤에는 악보의 예를 첨부하여 손과 귀로 동시에 익힐 수 있도록 구성하였으며, 각 단원의 마지막에 연습문제를 실어 내용을 제대로 이해했는지 스스로 확인할 수 있게 했다.

실용음악 이론의 첫걸음
이창환 / 모노폴리(2014)

이 책은 예비 뮤지션을 위한 실용음악 이론의 첫걸음 교재이다. 악보의 기보에서부터 화성과 텐션까지 실용음악의 기초이론을 상세하게 설명하고 있다. 실용음악을 시작하는 예비 뮤지션들이 알아야 할 음악이론의 기초에 대해 챕터별로 이론과 실습문제, 종합문제의 3가지 단계로 구성되어 있다. 이론을 학습한 후 실습문제로 학습된 내용을 연습한 뒤, 종합문제를 통해 학습 내용을 완벽하게 이해하도록 하고 있다. 또한 음악이론의 기초를 완벽히 습득할 수 있도록 충분한 문제풀이를 포함하고 있다. 각 챕터의 부록에서는 본 교재 학습 다음 수준의 연계를 위해 부가적인 내용을 수록하였다.

이론과 연주를 함께하는 실용음악화성
박경연 / 삼호ETM(2015)

이 책은 입시생, 실용음악 전공자, 그리고 음악에 입문하는 사람들을 위한 실용음악 이론서이다. 작곡과 편곡을 위해 필요한 실용음악 화성에 대해 이론과 연주 및 리하모니제이션을 안내하며 실용음악화성의 기초부터 심화까지 전반적인 내용을 담고 있다. 쉽고 자세한 이론 설명과 저자가 직접 편곡한 풍부한 예제악보를 통해 실용음악 이론을 익힐 수 있고, 스케일과 보이싱의 활용에 관한 다양하고 폭넓은 이론을 이 한 권으로 확인할 수 있다. 이론정리-핵심정리-연습문제-연주실습-확인학습의 구성으로, 이론정리를 바탕으로 학습한 내용을 실제 연주와 연습문제를 통해 감각적으로 익힐 수 있다.

다락방 재즈
황덕호 / 그책(2019)

재즈 평론가의 재즈에 관한 기록들을 모은 책이다. 이 책은 총 4장으로 구성된다. 1장에서는 재즈를 소재로 쓴 다양한 글을 모았다. 저자가 재즈를 사랑하게 된 계기, ECM 레코드가 한국 재즈 팬들 사이에서 점하는 특별한 위상, 그리고 재즈 음반 디자인에 대한 단상 등 저자의 머릿속을 맴돌던 재즈에 관한 잡다한 생각들을 솔직하게 풀어냈다. 2장에서는 여러 잡지에 게재한 리뷰들을 다듬어 구성했다. 3장은 저자가 작성한 라이너 노트를 모은 것이다. 4장은 '재즈 레퀴엠: 추모의 글'로 묶었다. 마지막으로 책의 말미에는 사람들로부터 주목받지 못한 '불운의 걸작 20선'이 부록으로 포함되어 있다.

음악에서 무엇을 들어 낼 것인가
에런 코플런드(이석호 역) / 푸노(2016)

이 책은 '작곡가의 입장'에서 일반인과 음악 학도를 대상으로 '듣기의 기술'을 설명한 최초의 시도이자 체계적인 개론서이다. 음악의 4대 요소인 리듬, 선율, 화성, 음색에 대한 기초적인 설명부터 시작해 음악의 텍스처와 구조, 나아가 음악을 구성하는 형식에 대한 다소 난이도 있는 설명까지 포괄적으로 다룬다. '2장 음악을 듣는 방식'에서도 언급되듯, 지금까지 보통의 청자들이 '감각적 층위'에서 어떠한 사고도 배제한 채로 음악을 들어왔다면, 이 책을 읽은 다음에는 음악 자체가 말하고자 하는 '표현적 층위'를 읽어내고, 궁극적으로는 음악에 실제로 사용되는 재료와 구성 방식을 알게 될 것이다.

알수록 다시 보는 서양음악 100
진규영 / 미래타임즈(2019)

600년의 서양 음악사를 한 권에 담은 책이다. 르네상스 시대의 음악부터 20세기 현대 음악까지 음악 예술가 100인을 음악 사조별로 선정하여 그 시대의 음악 흐름을 한눈에 알 수 있도록 꾸몄고, 명곡을 감상할 수 있도록 안내했다. 음악의 역사뿐만 아니라 시대를 꽃 피운 예술가들의 고뇌와 애환, 그리고 불굴의 명곡을 해석과 함께 다룬 실용 음악서이다. 르네상스 음악부터 바로크, 고전주의, 낭만주의, 국민악파, 현대음악에 이르기까지 유명 음악가들이 남긴 명곡과 생애를 스토리로 구성하고 자료를 발굴하여 화려함의 미감을 살렸다. 100인의 작곡가들이 남긴 주옥같은 명곡을 직접 감상할 수 있도록 본문 속에서 안내하고, 낯설고 어려운 음악 용어를 보다 자세히 소개하고 있다.

1 인문계열
2 사회계열
3 자연계열
4 공학계열
5 의약계열
6 예체능계열 · 실용음악학과
7 교육계열

실용음악과 독서탐구활동 활용사례

자율활동 특기사항

학교 축제 재능기부 프로그램에 참여하여 연주 가능한 곡을 제시하고 희망하는 친구들의 신청을 받아 연주 멤버를 구성함. 방과 후를 이용해서 틈틈이 연주 연습을 하고 축제 날 전교생 앞에서 널리 알려진 곡 중심으로 5곡을 연주함. 많은 선생님들과 친구들로부터 좋은 평가를 받음. 학급 내 문화예술교육부 소속으로 한 달에 1회 우리 지역의 문화예술 근황을 신문으로 제작하여 배포하고 학급 게시판에 게시함. 학교 축제에서 학교 축제 준비 위원으로 참여하여 기존 음악과 춤 중심에서 인문학, 독서, 연극 등 다양한 영역으로 프로그램을 확대해 학생들의 참여도를 높여 성공적인 축제가 되는 데 큰 기여를 함. 학급 독서 프로그램에서 **'알수록 다시 보는 서양음악 100(진규영)'**을 읽고 600년 서양 음악의 역사뿐만 아니라, 시대를 꽃 피운 음악 예술가들의 고뇌와 애환, 그리고 유명 음악가들이 남긴 명곡과 생애에 대해 알 수 있었다는 비평문을 작성함.

동아리활동 특기사항

(밴드반)(34시간) 동아리 부장 직책을 맡아 동아리 발표회를 비롯한 각종 동아리 관련 활동에서 주도적인 역할을 수행하여 리더십을 발휘함. 매시간 지도교사를 도와 준비 단계에서부터 수업 진행 과정까지 열정적으로 참여한 학생임. 오랜 시간 동안 다져진 피아노 연주 실력을 바탕으로 동아리에서 핵심적인 역할을 담당함. 연주곡을 선정할 때 보컬이 잘 부를 수 있는 노래를 선택할 수 있도록 배려하며 선정된 곡을 조화롭게 연주하기 위해 성실하게 연습함. 동아리 활동을 마친 후에는 뒷정리를 항상 도맡아 하는 등 성실함이 돋보이는 학생임. 진로연계 독서활동에서 **'이론과 연주를 함께하는 실용음악화성(박경연)'**을 읽고 작곡과 편곡을 위한 실용음악 화성 이론 연주 및 리하모니제이션, 스케일과 보이싱의 활용을 알게 되었다고 함. 동아리 운영 관련 의사결정이 필요할 때 부원들의 의견을 경청하며 자신의 의견도 분명하게 전달하는 등 의사소통능력이 우수함. 혼자보다는 함께 연주하는 기쁨을 즐기는 학생임.

진로활동 특기사항

진로 포트폴리오 탐색 활동에서 실용 음악 분야를 중심으로 다양한 음악 관련 자료들을 스크랩하였고, 트로트 가수 직업에 대한 구체적인 직업정보를 탐색한 후 로드맵을 완성함. 진학을 희망하는 대학의 실용음악과 교육과정과 관심 분야 교수진, 졸업 후 진출 분야 등의 정보를 상세하게 정리함. 진로 주제 발표 활동에서 '인공지능과 미래의 음악'을 주제로 참여함. 2016년에 룩셈부르크에서 발매된 인공지능을 활용한 두 장의 음반을 소개하고, 미래에는 인공지능을 활용한 음악 작품들이 많이 등장해 인간이 만든 음악 작품과 경쟁할 것이라는 점을 발표함. 매사 진지하고 깊이 생각하며 언행이 바르고 매시간 발표 활동에 적극적으로 참여하여 자신의 생각과 느낌을 차분히 잘 표현하는 학생임. 진로 독서활동에서 **'음악에서 무엇을 들어낼 것인가(에런 코플런드)'**를 읽고 음악의 4대 요소인 리듬, 선율, 화성, 음색에 대한 기초적인 내용과 음악의 텍스처와 구조, 나아가 음악을 구성하는 형식에 대해 알게 되었다고 함. 음악적 역량이 매우 뛰어나고 여러 악기를 잘 연주할 수 있음. 예술 분야에 대성할 가능성이 높고 실용음악과 진학을 희망하는 학생임.

교과 세부능력 및 특기사항

음악

평소 랩 음악에 관심이 많은 학생으로 '랩 음악 만들기' 수업에서 모둠장을 맡아 적극적으로 참여함. 힙합의 역사와 구성 요소 등에 관해 조사하고 조사한 내용을 친구들이 이해하기 쉽게 설명하는 모습이 인상적임. 대중음악 관련 진로를 희망하는 학생으로 음악 시간의 다양한 활동들을 통해 자신의 꿈을 좀 더 확고하게 하였고, 관련 분야에 대한 책을 읽고 다양한 내용들을 연구하는 등 진지하게 진로 탐색을 하는 모습을 보임. 진로 독서활동에서 **'기초 실용음악 화성학(이화균)'**을 읽은 후 악전, 화성, 대위, 음악형식, 서양 음악사, 국악 등의 내용과 고대에서부터 현대에 이르기까지 음악사에 영향을 미친 중요한 작곡가들의 작품에 대해 살펴볼 수 있는 기회였다고 함. 실용 음악학과 대학생과의 만남을 신청하여 진학에 대한 구체적인 정보를 수집함. 평소 궁금해했던 것을 질문지로 작성해와 꼼꼼하게 물어보고 메모함. 교과 융합 진로활동으로 음악과 수학을 연계하여 '음악 속 수학'을 주제로 보고서를 제출함.

음악연주

실용 음악 작곡가 진로를 희망하는 학생으로 수업 시간에 '동요로 바꿔 연주하기' 활동에 적극적으로 참여함. 자신이 가지고 있는 음악적 능력과 표현력을 발휘하여 간단한 재즈음악을 동요 스타일로 편곡해서 공연하여 많은 학생들로부터 신선하다는 평가를 받음. 학급음악회 수업에서 친구들과 다양한 악기들로 중주를 연습하여 공연함. 피아노, 기타, 드럼, 바이올린으로 구성된 중주팀을 만들었고, 친구들에게 널리 알려진 곡을 선정해 연주함. 서로 다른 악기의 음색과 선율들이 조화를 이룬 연주로 친구들에게 많은 박수를 받음. 연습 과정이 쉽지는 않았으나 완성된 결과물을 보니 큰 보람을 느꼈다고 활동 후 소감을 이야기함. 관심분야 독서활동에서 **'실용음악 이론의 첫걸음(이창환)'**을 읽고 악보의 기보에서부터 화성과 텐션까지 실용음악의 기초이론을 상세하게 알게 되어 실용음악을 전공하고자 하는 자신의 진로에 많은 영향을 미친 책이라고 소개함.

행동특성 및 종합의견

학급 및 학교 행사에서 적극적으로 자신의 의견을 제시하고 다른 사람의 의견도 경청하며 문제 해결을 위한 합리적인 대안 제시를 통해서 화목하고 자율적인 학습 분위기 조성에 기여를 한 학생임. 평소 대중음악 분야에 관심이 많은 학생으로 2학기 학교 축제 행사 중 학급별 합주 경연행사에서 곡 선정과정부터 연습 과정, 경연 과정까지 리더의 역할을 수행함. 본선 합주 무대에서는 뛰어난 지휘 실력을 발휘하여 많은 사람들로부터 환호를 받음. 학교 예술제에 운영진으로 참여하여 학생회 학생들과 프로그램을 함께 기획하고 구상하면서 본인의 시간을 사용하여 협업하는 모습이 인상적임. 학급 진로 독서 특색 프로그램에서 **'다락방 재즈(황덕호)'**를 읽고 재즈 음악 분야에 대해 깊이 있게 알게 되었고, **'기초 실용음악 화성학(이화균)'**을 통해 기초 악전, 음표와 쉼표, 마디의 구성, 음의 특징, 음정, 화음, 조성, 음계, 다이아토닉 코드, 텐션 등 실용음악 공부에 필요한 기본적인 지식들을 습득하였다고 함.

1 인문계열

2 사회계열

3 자연계열

4 공학계열

5 의약계열

6 예체능계열 · 실용음악과

7 교육계열

14 ▸▸ 연극영화학과

1 학과 인재상

새로운 것을
시도해보려는
성격을 지닌 학생

공연 및 예술에
흥미가 많은 학생

개성과 창의력,
예술적 감수성이
풍부한 학생

촬영하고자 하는 대상이나
콘텐츠에 대한 이해와
창의적 사고가 있는 학생

자신의 생각이나 감정을
무대나 영상을 통해
표현할 수 있는 학생

2 유사학과

- 연극연기학과
- 연극영화영상학부
- 연극영화전공
- 연극영화학부
- 연극영화학전공
- 연극전공
- 연극영화과
- 연극영화학과(연기)
- 연극영화학전공(연기)

3 관련직업

- 개그맨
- 공연기획자
- 연기자
- 뮤지컬배우
- 방송연출가
- 영화배우
- 쇼핑호스트
- 영화감독

4 개설대학

- 경희대학교
- 국민대학교
- 동국대학교
- 목원대학교
- 서경대학교
- 예원예술대학교
- 용인대학교
- 인하대학교
- 중부대학교
- 중원대학교
- 청운대학교
- 청주대학교
- 평택대학교
- 한양대학교 등

봉준호를 읽다
황영미, 김시무 / 솔(2020)

이 책은 대한민국의 대표적인 두 영화평론가가 읽어낸 봉준호 영화에 대한 분석과 기록들이다. 봉준호 감독의 첫 장편 데뷔작인 〈플란다스의 개〉부터 〈기생충〉까지 굵직한 흐름으로 봉준호 영화를 관통하는 핵심 주제와 논의에 대해 서술하는 동시에 〈백색인〉, 〈지리멸렬〉 등 봉준호 감독의 단편들도 빼놓지 않고 '봉준호 세계'의 전체를 조망하고 있다. 또한 각 장편영화들에 대한 두 평론가들의 각기 다른 해석 및 분석으로 다양한 관점과 비평 지점을 시사해 천편일률적인 봉준호 영화 비평에서 벗어나 독자들에게 봉준호 영화의 새로운 지평을 소개하고 있다.

세계 영화 예술의 역사
정태수 / 박이정(2016)

영화는 인간의 삶, 사회, 역사를 관통하는 인간의 사상이다. 이것은 영화의 표현 수단이 필름에서 디지털로 바뀌고 새로운 형태의 포스트 시네마의 시대가 도래할지라도 변하지 않을 세계영화 예술의 보편성을 이루게 되는 핵심이다. 영화 속에는 다양한 개별 인간의 역사와 함께 정치, 경제, 사회, 문화, 예술의 역사가 포함되어 있다. 이러한 특징과 경향은 시대적 요청에 따라 그 강조점이 각각 다른 형태로 영화 속에 투영되어 나타난다. 이 책은 영화의 등장에서부터 한국 영화로 종결되는 총 20개의 테마로 구성되어 있다. 이를 통해 영화 연구자들이 영화에 대해 다양하고 총체적으로 인식하도록 하는 데 도움을 준다.

물리학자는 영화에서 과학을 본다
정재승 / 어크로스(2012)

이 책은 알고 보면 더 재미있는 영화 속 과학 이야기를 들려준다. 물리학자 정재승이 영화를 과학의 눈으로 들여다봄으로써 영화에 숨은 과학적 상상력을 밝혀내는 책이다. 투명인간의 삶이 생각만큼 재미있지 않은 과학적 이유, '생각하는 컴퓨터'가 인류를 지배할 가능성, 지적인 외계 생명체의 존재 등에 관하여 갖가지 영화 사례를 들어 설명한다. 우주여행의 실상을 설명하기도 하고 최면과 전생의 문제를 다루기도 한다. 영화에서 다루는 과학적 사실이 어떻게 왜곡되고 잘못된 상식의 굴레를 벗어나지 못하고 있는지를 꼼꼼히 따져 과학적 사고와 지식을 넓혀준다.

배우를 배우다
김재엽 / 리오북스(2016)

이 책은 저자가 24년간 현장에서 국내 최정상 배우들의 연기를 지도해온 이야기가 담겨 있다. 1부 '내 안에 숨은 나를 끄집어내라'에서는 '보여지는' 배우들의 숙명상 실제 나보다 나의 '이미지'가 더 중요함을 자각하고, 자신의 이미지를 파악할 수 있도록 돕는다. 2부 '나는 어떤 캐릭터로 승부를 볼 것인가'에서는 이를 발전시켜 본격적으로 나와 내 이미지를 트레이닝하는 구체적인 방법에 대해 소개한다. 3부 '나에게 가장 잘 맞는 이미지로 매력을 극대화하라'에서는 스타게이트 아카데미의 커리큘럼을 상세히 공개하며, 트레이닝한 이미지를 바탕으로 자신의 매력을 극대화할 수 있는 방법에 대해 소개한다.

극장의 역사
임석재 / 이화여자대학교출판문화원(2018)

이 책은 극장 건축 및 연극 예술의 주요 주제들을 융합하여 사회문화사적 시각에서 쉽고 재미있게 풀어쓴 유럽 극장 이야기이다. 최초의 문명이 태동한 그리스 로마 시대부터 유럽 르네상스와 바로크 시대를 거쳐 18세기 산업혁명이 대두하기 직전까지 극장 건축과 연극 예술이 발전하고 변화해온 내용을 자세히 담고 있다. 주로 그리스, 이탈리아, 프랑스, 영국을 대상으로 당대 유럽의 예술 사조와 문화 흐름을 살펴보고, 그에 따른 극장의 건축 양식과 구성, 극장에서 공연되던 연극의 장르와 주요 작가 및 배우, 극장 무대 디자인의 양식, 그리고 극단의 경영과 관련 정책 등에 대해 쉽고 재미있게 풀어내고 있다.

연기 아카데미
손영호 / 청어(2012)

이 책은 가장 효율적이고, 가장 빠른 연기 길잡이이며 오디션 합격을 위한 맞춤형 연기지도서이다. 흥미진진한 에피소드 속에서 이해하기 쉽게 연기의 실체와 연기자의 표정연기, 동작, 캐릭터창조, 연기 잘하는 방법을 제시하고 있다. 연기자의 길, 오감을 통한 연기 훈련, 연기와 상상력, 대학교 연극영화학과 및 관련학과 입학 정보도 함께 제공하고 있다. 새로운 스타, 샛별의 탄생은 가능한가? 한국 어느 구석진 무대에서 배우로서 한계를 느끼고 강물을 건너지 못하는 연기자들과 영화배우, 연극배우, 연극영화과 학생들, 연기지망생들을 위한 책이다.

픽사 스토리텔링
매튜 룬(박여진 역) / 현대지성(2022)

이 책은 저자가 픽사에서 스토리텔러로, 그리고 수많은 기업의 비즈니스 컨설턴트로 활동하면서 깨달은 '고객의 마음을 사로잡는' 스토리 법칙을 '스토리의 뼈대'와 '6단계 구조'로 제시했다. 이 뼈대와 구조를 활용하면 누구나 멋진 스토리를 완성할 수 있다. 저자는 스토리 법칙을 후크, 변화, 교감, 진심, 구조, 영웅, 조연, 혁신, 영감 9가지 키워드로 정리했다. 이 책을 통해서 마케팅, 브랜딩, 세일즈, 기획, 프레젠테이션, 리더십 등 모든 비즈니스 커뮤니케이션 영역에서 탁월한 스토리텔러가 되는 핵심 비법을 아낌없이 알려준다.

통쾌한 희곡의 분석
데이비드 볼(김석만 역) / 연극과 인간(2020)

이 책은 희곡을 어떻게 읽고, 어떻게 분석하는 것이 좋은지에 대해서 서술하고 있다. 희곡을 무대에 올리는 사람들을 대상으로, 희곡 대본을 제대로 읽는 방법을 제시하고 있다. 연기, 디자인, 연출 분야에서 영감을 얻기 위해서 기술적 연마가 필요하듯이 지적이고 상상력이 풍부한 희곡 읽기에도 기술이 필요하다. 이 책에서는 오직 기술만을 서술하였다. 희곡 스크립트가 문학일 뿐 아니라 연극 공연의 기초적 자료라는 점을 밝히고 있다.

세계 연극사

에드윈 윌슨(김동욱 역) / 퍼스트북(2015)

이 책은 총 4개의 장으로 나누어져 있고, 초창기 연극부터 시작해서 르네상스를 지나 현대 연극에 이르기까지 전반적인 세계 연극사를 모두 담고 있다. 1장은 초기연극으로 고대 그리스, 로마, 중세유럽의 연극을 다루고 있다. 2장에서는 르네상스의 연극, 3장에서는 1960-1875년까지 연극, 4장에서는 현대 연극을 담고 있다. 최근 들어서 고전극을 통하여 새로운 형태의 공연 형식을 만드는 공연도 많아지고 있고, 대학 입시 지정작품들 역시 연극사 내에서 일어났던 사건들로 인해 시작된 작품들이 많이 있다. 세계 연극사 공부를 통하여 시대의 분위기와 사건, 사고들을 알고 형식을 이해하게 되면 훨씬 더 연극에 깊게 다가갈 수 있다.

메소드 연기로 가는 길

김준삼 / 동인(2008)

배우가 연기를 함에 있어 그 연기적 목표를 실현할 수 있는 방법들이 존재한다는 믿음에 근거해 계발된 하나의 배우훈련체계를 '메소드 연기'라 한다. 이 책은 그동안 잘 알려지지 않은 메소드 연기의 철학과 원칙, 방법론, 실제 훈련과정 등을 다루었다. 현재 한국의 배우와 배우지망생들에게 현대적이고 세계적인 연기의 5대 기준을 제시하고, 실제적인 과정과 방법들을 제안한다. 저자는 메소드 연기의 본산인 액터즈 스튜디오가 운영하는 연기학교에서의 교육과 훈련, 그리고 실제 뉴욕과 서울에서의 무대 연기 경험, 한국 배우지망생들을 대상으로 한 적용과 실험을 통해 메소드 연기의 정수를 구체적이면서도 실제적인 관점에서 전한다.

연극영화학과 독서탐구활동 활용사례

자율활동 특기사항

학생회 홍보부원으로서 신입생 유치를 위한 학교 홍보 프로그램 준비 단계에서부터 실행 단계까지 주도적으로 참여함. 중학생들에게 학교의 좋은 인상을 주기 위해 홍보물은 어떤 내용으로 구성해야 하는지 창의적으로 의견을 제시함. 학급 특색 프로그램인 진로 독서활동에서 **'메소드 연기로 가는 길(김준삼)'**을 읽은 후 메소드 연기의 철학과 원칙, 방법론, 실제 훈련과정 등을 알게 된 기회가 되었다고 함. 학기 초 1인 1역할 정하기에서 과목별 수행평가 및 지필평가의 시험 범위 정보 등을 정리하고 학급 게시판에 게시하는 학습 도우미로서의 역할을 맡아 성실하게 수행함. 교내 축제에서 '최고의 인생 승리'라는 주제로 연극 공연을 선보임. 공연 홍보를 위해 포스터 그리는 능력이 뛰어난 친구를 섭외하여 연극 주제를 나타내는 글과 캐릭터의 특징을 잘 설명해서 포스터가 완성될 수 있도록 함. 공연 준비 시 직접 대본을 쓰고 배우들을 캐스팅하는 등 총 책임자 역할을 담당함. 주요 배역으로 무대에 참여하여 뛰어난 연기력을 선보임.

동아리활동 특기사항

(연극반)(34시간) 동아리 부장으로서 늘 책임감을 가지고 모든 활동에 열정적이고 적극적으로 참여하는 학생임. 동아리 활동 시간 내내 지도교사를 보조해 리더십을 발휘하여 동아리 활동이 원활하게 진행되는 데 솔선수범함. 자신의 생각과 느낌을 몸짓으로 잘 표현하고 무대 위에서 자신감 있는 태도로 연기하는 능력이 탁월함. 진로 주제 탐구 발표에서 '포스트 코로나 시대, 비대면 공연예술의 전망과 과제'를 주제로 발표함. 밀폐된 공간에서 대면접촉을 전제로 이루어지던 공연예술분야가 공연장 폐쇄 및 매출액 급감 등으로 인해 심각한 위기에 직면해 있고, 이에 디지털기술을 접목하여 온라인 공연 확산으로 대응해야 한다고 발표함. 진로연계 독서활동에서 **'통쾌한 희곡의 분석(데이비드 볼)'**을 읽고 희곡을 어떻게 읽고 어떻게 분석하는 것이 좋은지에 대해 알게 되었다고 함. 또한 간단하게 희곡의 중점적인 내용을 파악하고 핵심을 읽어내는 방법을 알 수 있었다고 함. 연극이나 영화 배우 진로를 희망하는 학생으로 영상 촬영과 편집을 좋아하고, 연기 능력이 매우 뛰어남.

진로활동 특기사항

학교에서 주관한 '진로 꿈 여행' 체험 활동에서 연극영화학과 진학을 희망하는 친구들과 팀을 구성해 우리나라의 대표적인 연극 공연 소극장을 선정해 체험 계획부터 체험 실행까지 팀 리더로서의 역할을 성실히 수행함. 소극장에서 직접 연극을 관람하고 출연 배우들과 함께 소통의 시간을 가짐. 배우들과의 소통시간을 통해 연극배우의 꿈을 실현하기 위해서는 많은 노력이 필요함을 절실히 느꼈다고 함. '진로 관련 엽서 쓰기' 활동에서 연극배우가 되어 공연장을 찾은 관객들에게 연기를 통해 즐거움을 줄 수 있는 배우가 되고 싶다는 소망의 글을 표현함. 특히 사회적 약자들을 대변하는 배역에 관심이 많다는 점을 강조함. 희망직업 조사하기 프로젝트에서 연극배우에 대해 조사하여 연극영화학과 진학 방법, 연기 이론과 실습 과정, 연극 동아리 활동, 졸업 후 극단에 들어가는 방법 등 연극무대에 오르고자 하는 로드맵을 작성하고 발표함. 진로 탐색 독후활동에서 **'세계연극사(에드윈 윌슨)'**를 읽고 고대 그리스, 로마부터 중세유럽의 연극, 르네상스와 현대 연극 등 세계연극사 공부를 통해서 연극에 더 깊게 다가간 기회가 되었다는 감상문을 작성하고 발표함. 연극영화학과 진학을 희망하고 연기에 대한 열정과 배움의 자세가 확고하여 장래가 촉망되는 유망한 학생임.

1
인문계열

2
사회계열

3
자연계열

4
공학계열

5
의약계열

6
예체능계열·연극영화학과

7
교육계열

교과 세부능력 및 특기사항

연극

수업 시간에 항상 적극적으로 대답하고 각종 연극 활동에 적극적으로 참여함. 주제 탐구 활동에서 '연극의 감상법'을 주제로 조사하여 발표함. 연극은 공연할 때 일회성이라는 특성 때문에 전달방법에 있어서 최대한 표현의 명료성을 기해야 하고, 등장인물의 이름도 알아듣기 쉬운 것으로 선택해야 하며, 관객의 기억을 돕기 위하여 초반에는 이름을 자주 불러 주는 배려가 반드시 필요하다는 점을 강조함. 또한 관람자들은 연극을 감상하는 예절 및 태도를 갖추는 것이 매우 중요한 부분이라고 함. 진로연계 독서활동에서 **'메소드 연기로 가는 길(김준삼)'**을 읽고 감상비평문을 발표함. 배우들의 훈련체계인 '메소드 연기'가 무엇인지 체계적으로 정리하고, 저자가 주장한 현대적이고 체계적인 연기의 5대 기준을 급우들 앞에서 소개함. 연기에 대한 관심과 열정이 대단한 학생으로 연극영화학과 진학을 희망하고 있고 자신의 꿈을 실현하기 위해 틈나는 대로 연기연습을 열정적으로 함.

연극

연기연습 시간에 연습을 게을리하지 않고 꾸준히 자신이 맡은 연기 동작을 연습하는 모습이 인상적인 학생임. 연기연습 중 잘 안 되는 부분에 대해 교사의 피드백을 받거나 반복적인 연습을 통해서 극복하는 자세가 돋보임. '우리들의 우정'을 주제로 진행된 연극 활동에서 즉석에서 주어진 상황을 바로 받아들이고 반응하고 표현하는 즉흥성과 창의적인 표현력이 두드러짐. 또한 연극 만들기를 위한 준비 과정에서 모둠원들과 협의를 통해서 주제를 선정하고, 모둠원들의 배역 설정 등 공연 개요 작성에서 리더의 역할을 수행함. 관심분야 독서활동에서 **'세계 영화 예술의 역사(정태수)'**를 읽은 후 영화는 인간의 삶, 사회, 역사를 관통하는 인간의 사상이고, 영화 속에는 다양한 개별 인간의 역사와 함께 정치, 경제, 사회, 문화, 예술의 역사가 포함되어 있는 종합예술이라는 내용의 감상문을 발표함. 연극영화학과 진학을 꿈꾸고 있으며 연기력이 매우 뛰어나고 연극배우로서 장래가 기대되는 학생임.

행동특성 및 종합의견

학급 활동이 있을 때마다 앞장서서 즐거운 분위기를 만드는 역할을 수행하고, 반장을 도와서 활동이 원활하게 진행될 수 있도록 함. 자신감이 넘치고 연기 능력이 뛰어나 연극에 관심 있는 급우들을 모아 학교 학예회에서 연극 공연을 통해 자신의 기량을 마음껏 발휘한 학생임. 음악, 미술, 체육 등의 예체능 과목에서 본인의 역량을 잘 발휘하고 있음. 다른 친구들이 생각하지 못하는 분야에서 창의적인 아이디어를 생각해 내는 학생으로 장차 연극배우로서 대성할 수 있는 자질과 끼를 갖추고 있음. 과학 시간에 읽었던 **'물리학자는 영화에서 과학을 본다(정재승)'**를 통해 영화에는 과학적 상상력이 숨겨져 있지만, 영화 속에서 다루는 과학적 사실이 왜곡되거나 잘못된 사례가 많다는 것을 알게 된 점이 기억에 남는다고 함. 연극영화 배우에 관심이 많아서 수업이 없는 시간마다 배우들이 연기하거나 공연하는 모습을 관찰하고 분석하는 모습을 보임. 스승의 날에 5명의 친구들과 미리 준비해서 스승의 은혜 노래를 기타로 연주하여 담임교사와 친구들이 즐거운 시간을 보내도록 함.

15 ▸▸ 음악학과

1 학과 인재상

예술가로서의 창의력과
예술적 감각을 지닌 학생

음악 교과 및
음악 활동 성취도가
높은 학생

음악적 재능을 통해
사회복지를 실현하고자 하며,
봉사 정신을 갖춘 학생

음악적 감수성이 풍부하고
연극이나 뮤지컬 등 다양한
문화예술 장르에
관심이 많은 학생

음악 실기 능력이
뛰어나고 도전적이고
창의적 사고를 지닌 학생

2 유사학과

- 음악과
- 음악전공
- 음악학부

3 관련직업

- 가수
- 성악가
- 연주가
- 음악평론가
- 작곡가
- 지휘자
- 음악프로듀서
- 음악치료사

4 개설대학

- 가톨릭대학교
- 강남대학교
- 강릉원주대학교
- 강서대학교
- 강원대학교
- 경주대학교
- 고신대학교
- 군산대학교
- 나사렛대학교
- 대구가톨릭대학교
- 동아대학교
- 동의대학교
- 부산대학교
- 삼육대학교
- 서울대학교
- 서울시립대학교
- 세종대학교
- 안동대학교
- 안양대학교
- 영남대학교
- 예원예술대학교
- 인제대학교
- 전남대학교
- 전북대학교
- 전주대학교
- 창원대학교
- 충남대학교
- 평택대학교
- 한국교통대학교
- 한세대학교 등

1 인문 계열

2 사회 계열

3 자연 계열

4 공학 계열

5 의약 계열

6 예체능계열 · 음악학과

7 교육 계열

5 학과 연계도서

철학으로 현대 음악 읽기

박영욱 / 바다출판사(2018)

이 책은 현대음악의 시조인 바흐, 현대음악의 직접적인 시작인 쇤베르크, 전통적인 악기와 달리 전기적인 신호로 소리를 만들어내는 전자악기를 이용한 음악인 전자음악을 구현했던 음악가들의 이야기를 담고 있다. 특히 저자는 바흐의 음악을 '조성음악의 중력으로부터 벗어난 무중력의 음악이자 일탈의 운동'으로 정의하며 그를 현대음악의 시조로 격상시킨다. 현대음악의 진정한 시작으로 평가받는 쇤베르크는 '비조성적 화음'과 '음의 응집력'을 강조함으로써 '음악을 자율적인 소통 체계를 지닌 하나의 고유한 장'으로 발전시켰다고 주장한다.

음악의 재발견

김형찬 / 스코어(2016)

이 책은 음악을 사랑한 사람들의 구체적인 사례들을 통해 인간이 왜 이렇게 음악을 좋아하고 즐기는지, 또 음악으로부터 어떠한 영향을 알게 모르게 받는지에 관해 인공지능, 뇌과학, 물리학, 심리학, 미학, 철학, 종교학, 문학, 역사학, 음악치료학, 정치학 등 다양한 관점에서 하나하나 풀어나가고 있다. 이 책을 통해 오랜 시간 동안 많은 음악 연구자들이 음악의 아름다운 비밀에 다가가 엿보고 온 모습들을 접하다보면 어쩌면 음악을 이해한다는 일이 우주를 이해하는 것과 같은 일일수도 있겠다는 생각이 저절로 들 것이다.

시네마 클래식

김성현 / 아트북스(2015)

이 책은 영화를 통해 만나게 되는 클래식 음악을 소개한다. 클래식 음악 전문 기자인 저자는 영화의 인상적인 장면과 주제를 소개하며 그 가운데 쓰인 클래식 음악을 설명한다. 더불어 왜 그 영화, 그 장면에, 왜 그 음악이 쓰였을까를 설득력 있게 해설하며 클래식 음악을 깊이 이해할 수 있도록 한다. 저자가 소개하는 32편의 영화와 클래식 음악을 따라가다 보면 영화의 스토리와 잘 맞아떨어지는 클래식 덕분에 영화와 음악에 대해 더욱 잘 이해할 수 있게 된다.

모차르트

김성현 / arte(2018)

이 책은 '신동 연주자', '천재 작곡가'라는 후광에 가린 모차르트의 실체를 제대로 알려주고 있다. 모차르트 내면의 인간적 고뇌, 작곡가로서의 성장 과정을 되짚어보기 위해 탄생지 잘츠부르크에서 마지막 숨을 거둔 빈은 물론, 뮌헨과 만하임, 아우크스부르크, 런던과 파리, 밀라노, 프라하에 이르기까지 전 유럽에 걸친 모차르트의 행적을 낱낱이 기록하고 있다. 음악적 교류 속에 탄생한 모차르트 작품들의 연결고리를 이어주는 것은 물론이고 마지막 유작 '레퀴엠'의 창작 과정과 그의 죽음을 둘러싼 의문들, 사후 그의 음악이 어떻게 재조명되어 왔는지까지 우리가 미처 알지 못했던 모차르트의 민낯을 가감 없이 소개한다.

음악의 기쁨 1
롤랑 마뉘엘(이세진 역) / 북노마드(2021)

이 책은 독자들이 음악 예술에 좀 더 가깝게 다가가도록 돕고, 동시에 음악이 뿌리내리고 발전한 역사적 배경을 이해할 수 있게 돕는 '기본에 충실한' 클래식 음악서이다. 제1권 '음악의 요소들'은 음악 전공자와 클래식 음악애호가 모두가 음악을 즐기게 된 처음의 순간에 가졌을 법한 질문으로부터 시작된다. '음악은 무엇으로 하는가?'라는 근본적인 질문을 던지며 성악, 기악, 합창, 악기, 리듬과 조성을 다룬다. '음악의 형식들'에서는 민요, 협주곡, 오페라발레와 무용곡, 조곡, 소나타와 교향곡, 서곡 등을 다루고 있다.

클래식 칸타타
마쓰다 아유코(안혜은 역) / 올댓북스(2021)

이 책은 수많은 명곡 중에서도 자주 연주되어 우리에게 친숙한 곡들, 당대에 한 획을 그은 작곡가의 대표곡들을 선정하여 클래식 음악사의 흐름에 맞춰 흥미진진한 에피소드들과 함께 엮었다. 클래식 음악의 기초, 유명 작곡가들의 생애와 전문 분야, 명곡 해설과 감상 등 클래식 음악의 면모를 이 한 권으로 어느 정도 파악할 수 있다. 특히 작곡가들의 인간적인 고뇌, 사랑과 불안, 고독과 행복 등이 담긴 삶을 들여다봄으로써 명곡이 탄생한 배경을 알고 작품에 대해 깊이 이해할 수 있다. 그리고 100여 컷의 사진과 명곡이 삽입된 영화 소개, 저자의 경험과 감상평 등이 적절히 들어가 있다.

우리가 음악을 사랑하는 이유
존 파웰(장호연 역) / 뮤진트리(2018)

물리학자이자 음악가인 저자는 음악의 감정 표현이나 해석을 과학적으로 풀어내고자, 수많은 사례들을 분석해 여러 질문들에 명확한 증거를 제시한다. 음악 심리학의 모든 면을 들여다보고, 음악이 어떻게 아기가 엄마와 유대감을 형성하도록 돕는지, 어떻게 와인의 맛을 다르게 인식하게 만드는지, 마트에서 느린 음악이 나오면 왜 더 많은 소비를 하게 되는지 자세하게 밝힌다. 실험심리학의 수많은 사례들을 통해 음악의 다양한 쓰임새를 과학적 실험의 증거들로 설명하면서 음악을 듣는 사람의 감정에 주목하며 음악이 우리의 일상적인 삶에 어떤 식으로 영향을 미치는지를 분석하고 있다.

히사이시 조의 음악일기
히사이시 조(박제이 역) / 책세상(2020)

이 책은 '지휘하다', '전하다', '깨닫다', '생각하다', '창작하다'라는 다섯 가지 활동을 각 장으로 구성했다. 1장 '지휘하다'에는 작곡가였던 자신이 클래식을 지휘하기까지 생각했던 내용들을 담았다. 2장 '전하다'에는 청중에게 어떻게 음악을 전할 수 있을까에 대한 고찰을, 3장 '깨닫다'에는 음악과 시각과 청각을 연관 지어 음악을 보다 풍부하게 이해할 수 있는 주요 축을 설명해놓았다. 4장 '생각하다'에는 다양한 이슈에 대한 본인의 생각을 정리했다. 마지막 '창작하다'에는 '지금이라는 시대 속에서 작곡한다는 것'을 주제로 음악평론가 고누마 준이치와 나눈 대담을 수록했다.

단숨에 읽는 에피소드 음악사
크리스티아네 테빙켈(함수옥 역) / 열대림(2014)

이 책은 음악 저널리스트이자 음악학 교수인 저자가 정치, 사회, 문화를 넘나들며 음악 발전의 동인들을 파헤치고 있는 음악사 책이다. 고대 철학자 피타고라스가 대장간의 망치 소리를 듣고 음을 발견한 일화부터 어린이 합창단과 정치의 관련성까지의 이야기가 흥미롭게 펼쳐진다. 더불어 음악 대가들이 어떤 사회적 배경 속에서 작품 활동을 했는지, 예술적 특징은 무엇인지에 초점을 맞추어 소개한다. 베토벤과 모차르트의 잘못 알려진 에피소드를 지적하며 사실 그대로의 이야기를 전달한다.

365일 유럽 클래식 기행
김성현 / 아트북스(2014)

이 책은 클래식음악 전문 기자가 1년 동안 유럽 8개국, 42개 공연장, 172편의 공연을 직접 만나 그 환호와 감동, 숨소리와 눈물까지 고스란히 담아낸 책이다. 저자는 이 책에서 베를린과 뮌헨, 빈과 런던 등 주요 도시를 서너 차례 들르는 등 '내 마음속의 유럽 음악 지도'를 그리고자 했다. 시민의 손으로 세운 최고의 음악당 '암스테르담 몬세르트허바우', 국제도시 오케스트라 스위스 로망드가 꿈꾸는 재도약 '제네바 빅토리아 홀', 혁신을 두려워하지 않는 최정상의 오케스트라 '베를린 필하모니 홀' 등 세계의 클래식 음악의 현장을 계절별로 나누어 생생하게 전하고 있다.

1 인문계열

2 사회계열

3 자연계열

4 공학계열

5 의약계열

6 예체능계열 · 음악학과

7 교육계열

음악학과 독서탐구활동 활용사례

자율활동 특기사항

1인 1프로젝트 발표 활동에서 '오페라의 기원'을 주제로 자료를 수집하고 결과물을 발표함. 최초의 오페라는 1590년대에 이탈리아 피렌체에서 작곡, 공연되었고, 최초의 오페라 곡은 '다프네'라고 함. 학급 도서부장으로 학급의 독서 분위기를 활성화하는 데 노력을 함. 대학전공별 추천도서 목록을 정리해 학급게시판에 게시하고, 독서일지를 관리하는 역할을 성실히 수행함. 독서에 대한 열정이 대단한 학생으로 학급에서 가장 많은 독서를 한 학생임. 희망 진로 주제 발표 시간에 고대 시대부터 낭만주의까지 서양 음악의 역사를 순서대로 음악가의 대표곡을 들려주며 소개하고 각 시대의 음악적 특징을 이해하기 쉽게 정리하여 발표함. 학급 독서 활동에서 자신의 진로와 관련 있는 **'365일 유럽 클래식 기행(김성현)'**을 읽고 세계적으로 유명한 클래식 공연장과 연주회 리허설, 세계 최정상 오케스트라에 대한 유익한 정보를 얻을 수 있는 책이었다고 함. 음악적 재능이 뛰어나고 성실한 학생으로 공연기획자로서 대성할 수 있는 역량을 갖춤.

동아리활동 특기사항

(클래식감상반)(34시간) 음악 감상을 좋아하고, 연극이나 뮤지컬 등의 공연에 관심이 많은 학생임. 악기 연주에도 뛰어난 재능을 가지고 있음. 동아리 수업 시간에 '좋아하는 음악 소개하기' 활동에 흥미를 가지고 참여함. 평소에 낭만주의 시대에 작곡된 피아노곡을 즐겨 들으며 친구들도 자신이 좋아하는 음악에 대해 잘 알았으면 좋겠다는 마음으로 발표 자료를 준비하여 제작함. 낭만주의 시대의 전체적인 음악적 특징과 유명한 작곡가와 해당 작품들을 알기 쉽게 도식화하고, 소개하고자 하는 피아노 작품들은 다양한 관련 이미지 자료를 넣어 발표 자료를 성의있게 만듦. 공연 기획하기 활동에서 학교 축제에서 전시할 활동과 공연할 프로그램을 기획하고 동아리원들과 축제 포스터를 제작함. 관심분야 독서활동에서 **'단숨에 읽은 에피소드 음악사(크리스티아네 테빙켈)'**를 읽고 세계적인 음악 대가들이 어떤 사회적 배경 속에서 작품 활동을 했는지, 예술적 특징은 무엇인지 알게 되었다고 함.

진로활동 특기사항

진로 직업 체험의 날 '음악감독' 체험 활동에 참여해 음악, 영화, 방송 등 다양한 영역에서 음악감독이 활동하고 있다는 것을 알게 되고, 작품의 완성도와 관객의 몰입도를 높이기 위해서는 음악감독의 역할이 매우 중요하다는 소감문을 작성함. 커리어넷, 워크넷, 어디가 진로 진학 사이트를 자유롭게 활용하여 희망 직업, 학과, 설치 대학, 입학전형, 전년도 입시 결과 등 자신에게 필요한 진로 진학 정보를 성실하게 조사하고 탐색함. 궁금한 내용은 상담을 통해 해결하는 적극적인 학생임. 자신이 희망하는 음악학과 진학을 위해 희망대학 입학처 홈페이지에 방문해서 입시요강을 살펴보고 자신에게 적합한 진학 계획을 수립함. 진로 독서활동에서 **'우리가 음악을 사랑하는 이유(존 파웰)'**를 통해 음악 심리학에 대해 알게 되었고, 음악이 어떻게 아기가 엄마와 유대감을 형성하도록 돕는지, 음악이 어떻게 와인의 맛을 다르게 인식하게 만드는지, 마트에서 느린 음악이 나오면 왜 더 많은 소비를 하게 되는지에 대해 알게 되었다고 감상문을 작성함. 음악치료사 진로 희망을 갖고 있는 자신에게 가장 음악적 영감을 얻게 해 준 책이었다고 함. 음악 분야에 대한 조예가 깊고, 다수의 악기 다루는 실력도 탁월해 음악치료사 직업의 꿈을 달성할 수 있는 장래가 촉망되고 유망한 학생임.

교과 세부능력 및 특기사항

음악

'학급 응원가 동영상 만들기' 프로젝트 수업에 참여하여 친구들이 평소 발랄하게 미소 짓는 모습들을 사진으로 찍어 편집하고 사진과 어울리는 자막을 넣는 등 학급 단합을 위한 재치 있고 창의적인 작품을 만듦. 음악 수업 중에서 가사가 있는 가곡을 부르는 활동에 관심이 많음. 평소 문학 작품을 읽는 것을 좋아하며 가곡의 가사가 가지고 있는 음률이 시의 음률과 비슷하다고 느껴 가사를 분석하는 활동을 함. 우리나라의 대표적인 시들이 가곡의 가사로 사용되고 있다는 사실을 알고 해당 시의 내용을 분석하고 자신의 견해, 시와 가곡의 멜로디와의 어울림, 화음, 악상 표현 등 음악적인 내용을 담아 발표 활동을 함. 진로연계 독서활동에서 **'클래식 칸타타(마쓰다 아유코)'**를 읽고 클래식 음악사의 흐름에 맞춘 흥미진진한 에피소드들과 함께 클래식 음악의 기초, 유명 작곡가들의 생애와 전문 분야, 명곡 해설과 감상 등을 통해 클래식 명곡의 탄생 배경과 작품에 대해 깊이 알 수 있었다고 함.

음악연주

진로연계 독서활동에서 **'음악의 기쁨1(롤랑 마뉘엘)'**를 읽고 음악을 구성하는 악기들에 대해 관찰하고 음악을 구성하는 형식과 장르에 대해 알게 되었다고 함. 가야금 연주 수업을 통해 국악기에 대한 관심이 높아졌으며 서양의 악기와 비교해서 편안한 음색이 특징이라고 생각하고 기회가 된다면 대금, 피리 등 국악 관악기도 배우고 싶다는 생각을 연주 후 소감문에 적음. 새로운 악기를 배우는 것에 적극적이고 음악적인 표현력이 뛰어난 학생으로 수업 시간에 '칼림바' 연주 활동에 적극적으로 참여함. 원래 연주할 줄 아는 피아노의 음계 배열과 달라서 칼림바 연주를 처음에는 힘들어했지만 수업 시간을 통해 꾸준히 연습하여 실력이 눈에 띄게 향상됨. 나중에는 비브라토 표현을 넣어 공연을 능숙하게 함. 칼림바의 숫자 악보를 처음 접하면서 악보의 기능에 대해 생각해 보게 되어 자신만의 표현법이 들어간 고유한 악보를 만들어 친구들에게 선보이는 등 능동적으로 활동에 참여하는 모습을 보임.

행동특성 및 종합의견

타인을 배려하고, 모든 일에 자기 주도적으로 나서서 협업하는 등 품성이 매우 바른 학생임. 학급 및 학교 행사에서 적극적으로 자신의 의견을 제시하고 다른 사람의 의견도 경청하며 문제 해결을 위한 합리적인 대안 제시를 통해서 화목하고 자율적인 학습 분위기 조성에 기여를 한 학생임. 학생자치회 방송부원으로 활동하며 매일 점심시간을 이용해 전교생 대상 '정오의 음악' 시간에 학생들에게 들려줄 음악 선곡을 담당함. 음악 선곡 시 학생들의 정서적인 부분을 고려하여 클래식 음악을 많이 선곡해 들려줌. 장차 클래식 공연 기획자의 꿈을 꾸고 있는 학생으로 음악적 역량과 수준 높은 피아노 연주 실력을 갖춤. 학급 특색 프로그램인 진로 독서 프로그램에서 **'시네마 클래식(김성현)'**을 통해 영화 장면과 연결하여 클래식 음악이 사용된 이유를 영화 스토리와 함께 이해할 수 있어 인상이 깊었다는 소감을 밝힘. **'히사이시 조의 음악일기(히사이시 조)'**를 읽은 후 세계적인 작곡가인 히사이시 조가 전하는 음악에 대한 이야기를 체계적으로 정리해서 발표함.

1 인문계열

2 사회계열

3 자연계열

4 공학계열

5 의약계열

6 예체능계열 · 음악학과

7 교육계열

16 ▶▶ 작곡과

1 학과 인재상

음악적 재능을 바탕으로 끊임없이 노력하는 학생

한 가지 이상의 악기를 자유자재로 연주할 수 있는 학생

자신이 하고자 하는 일에 대한 책임감과 집중력을 가지고 있는 학생

작곡 프로그램을 사용하는 데 필요한 기본 이상의 컴퓨터 활용 능력을 가지고 있는 학생

자신의 느낌을 음악에 담아 다른 사람의 감정을 움직일 수 있는 표현력을 가진 학생

2 유사학과

- 관현악·작곡학부
- 음악과(작곡전공)
- 음악학과 작곡전공
- 음악학부 작곡전공
- 작곡과(작곡전공)
- 작곡전공

3 관련직업

- 작곡가
- 지휘자
- 음악평론가
- 편곡자

4 개설대학

- 가천대학교
- 경희대학교
- 계명대학교
- 국민대학교
- 단국대학교
- 부산대학교
- 서울대학교
- 성신여자대학교
- 수원대학교
- 숙명여자대학교
- 안동대학교
- 연세대학교
- 이화여자대학교
- 전남대학교
- 제주대학교
- 중앙대학교
- 추계예술대학교
- 한양대학교 등

5 학과 연계도서

김이나의 작사법
김이나 / 문학동네(2015)

이 책은 대한민국 작사가 저작권료 수입 1위를 하고 있는 김이나 저자가 작사가 지망생과 음악업계에서 일하길 꿈꾸는 젊은이들은 물론, 글쓰기와 창작을 지망하는 이들, 그리고 지금껏 자신이 작사한 노래를 들어준 수많은 청자들을 향해 쓴 책이다. 특히 이 책에서 눈여겨 볼 점은 '눈으로 읽는 글이 아닌 귀로 듣는 글'을 쓰는 작사가로서 데뷔하기 위해 반드시 알아야 할 팁들을 알려준다는 것이다. '발음 디자인', 가사 속의 캐릭터를 구축하는 방법, 작사가 전문용어 사전 등을 낱낱이 공개하며, 작사가가 되고 싶다면 반드시 알아야 할 노하우들을 담았다. 더불어 함께 작업해 온 유수의 뮤지션들, '사랑'에 대한 다채로운 이야기 등 풍성한 읽을거리를 담았다.

음악기초이론의 이해
김유희 / 예솔(2010)

이 책은 음악기초이론의 기본부터 완성까지, 우리 주변에 들리는 (조성)음악의 이론적 부분을 일반화하여 설명함으로써 음악이라는 새로운 언어를 배우고자 하는 모든 이들에게 기본적인 음악성을 기를 수 있도록 음악기초이론의 배경을 완벽히 소개하고 있다. 저자는 클래식 레퍼토리 외에도 우리 주변의 동요나 가곡 혹은 재즈나 포크송, 광고 음악, 민요 등 다양한 장르의 익숙한 곡들을 음악 예제로 삼아 이론을 이해하여 체화하는 데 가장 쉽게 접근할 수 있도록 하였다. 다양한 그림과 도표, 악보 등 작은 것 하나라도 생략하지 않고 수록하여 원리를 쉽게 설명했다.

재즈 화성의 기초지식
마츠다 마사(이윤 역) / 도어즈(2011)

이 책은 재즈 편곡과 애드리브를 위한 필수 지침서로 실용음악을 공부하는 사람들이 한 차원 높은 수준의 편곡과 연주를 할 수 있도록 돕는 재즈화성학 교재이다. 음계, 음정과 같은 기초지식부터 코드, 텐션, 다양한 코드 프로그레션에 이르기까지 어렵고 복잡하게만 느껴졌던 재즈화성학을 선생님과 학생의 대화 형식을 통해 쉽게 이해할 수 있도록 구성했다. 설명 다음에는 해당하는 악보 예시를 첨부하여 손과 귀로 동시에 익힐 수 있도록 했다. 각 단원의 마지막에서는 연습문제를 풀면서 배운 내용을 제대로 이해했는지 스스로 확인할 수 있다.

할리우드 영화음악 작곡법
김경윤, 김미혜 / 음악세계(2019)

이 책은 할리우드 영화음악 거장들의 모드를 활용한 작곡 기법을 실제 적용한 영화 음악 분석을 통해 그 음악에 사용된 기법들을 익힐 수 있도록 한 영화 음악 작곡 이론서이다. 영화 음악 예제를 분석한 악보와 QR코드의 들어보기 음원을 제시하고, 모드의 기본적인 활용을 위한 연습문제를 수록하여 보다 쉽게 이해할 수 있도록 구성했다. 또한 오케스트레이션의 악기 편성을 그대로 소개하고 더 나아가서는 편곡의 아이디어를 얻을 수 있도록 도움을 준다.

작곡 테크닉 99
세가와 에이시 / SRMUSIC(2018)

이 책은 작곡에 필요한 테크닉과 노하우 99가지를 제시히고 있다. 광고음악, 드라마와 영화 배경음악 작편곡가로 활약하고 있는 세가와 에이시가 작곡과 관련된 수많은 노하우를 아낌없이 알려준다. 이 책에서는 작곡을 위한 준비 방법, 멜로디를 만드는 아이디어, 코드를 붙이는 힌트, 작곡의 다양한 테크닉, 작곡의 노하우 등을 알려주는 등 현대 작곡에 필요한 지식과 테크닉을 담고 있다. 말미에는 작곡가 10인의 삶과 작곡을 위한 기초용어 해설까지 제공하고 있다. 작곡을 공부하는 사람들이 기본 지식을 쌓는 데 도움이 될 것이다.

요즘 아이들을 위한 요즘 K-POP 작사 수업
안영주 / 더디퍼런스(2023)

이 책은 수많은 K-POP 앨범에 참여하며 유명한 아티스트의 곡을 작사한 저자가 작사가 지망생들을 만나며 그들에게 전하고 싶은 이야기를 담고 있다. 작사에 관심이 있거나 작사가를 꿈꾸고 있는 청소년의 눈높이에 맞춰 쓴 책으로 '청소년 전용 작사 기본 개념서'로 활용하면 좋다. 청소년들이 가장 궁금해하는 질문들에 대한 속 시원한 대답과 그 시기에 작사가가 되기 위해 할 수 있는 것들이 무엇인지에 대한 아낌없는 조언도 들을 수 있다. 작사의 기초지식, 학교 공부와 작사와의 관계, 작사 실습의 중요 요소, 청소년기 작사가가 되기 위해 준비해야 할 사항, MBTI 작사 연습법 등의 내용을 다루고 있다.

금난새의 오페라 여행
금난새 / 아트북스(2016)

대중에게 클래식을 친숙한 장르로 만드는 데 앞장서 온 지휘자 금난새가 '서양음악의 꽃' 오페라의 세계로 안내하는 책이다. 모차르트, 바그너, 베르디 등 고전음악사에 큰 획을 그은 오페라 작곡가들의 삶과 음악 이야기를 쉽고 자세하게 풀어 해설해줌으로써 오페라의 풍부한 음률 속으로 빠져들 수 있도록 도와준다. 저자는 개별 작품들의 줄거리를 각 막별로 자세하게 소개하고, 유명한 아리아의 경우 가사와 함께 수록했다. 이처럼 작곡가의 삶, 음악, 작품의 탄생 배경과 재미있는 일화 등을 살펴본 다음 상세한 줄거리를 통해 장면을 상상하면서 음악을 듣도록 유도한다.

작곡독학 가이드북
박주언 / 1458music(2019)

'작곡독학 가이드북'은 제목 그대로 자신만의 노래를 직접 만들 수 있게 도와주는 책이다. 코드 진행, 동기 멜로디, 가사, 리듬 파트로 나눠서 작곡에 필요한 기본기를 설명하고 있다. 작곡 입문자나 취미로 작곡을 하고 싶은 사람도 쉽게 이해하도록 구체적인 설명과 소리를 들어볼 수 있는 Track, 삽화, 체크 문제가 수록되어 있다. 저자가 직접 작사·작곡한 4곡을 예시로 설명이 전개되고 있어, 구체적인 연습을 할 수 있도록 도와준다. 특히 음원으로 발표된 작가의 자작곡이 어떤 아이디어로 기획되고 무슨 작곡 기법을 사용해서 완성됐는지 구체적으로 설명하고 있다.

열려라, 클래식
이헌석 / 돋을새김(2018)

이 책은 클래식 초보자와 마니아를 위한 클래식 입문서이다. 저자 자신의 실제 경험을 토대로 하여, 클래식 초보자는 물론 마니아들도 흥미를 가질 수 있는 깊이 있는 내용들을 소개했다. 초보자가 편안하게 들을 수 있는 음반들을 소개하고, 그 음악을 어떻게 들어야 하는지 차근차근 설명했으며, 음악가와 그들의 음악에 얽힌 흥미로운 에피소드들을 통해 좀 더 쉽고 재미있게 클래식의 세계에 빠져들 수 있도록 안내한다. 특히 지휘자와 연주자에 따라 다양하게 해석된 곡을 들을 수 있도록 저자가 직접 고른 400여 장의 명반을 공개하여 마니아들이 음반을 찾아 듣는 데에도 도움이 될 수 있도록 했다.

음악이 멈춘 순간 진짜 음악이 시작된다
오희숙 / 21세기북스(2021)

이 책은 서울대학교 교육상을 수상한 바 있는 서울대학교 음악대학 작곡과 오희숙 교수가 쓴 책으로, 음악이 주는 감동에 대한 철학적 사유와 '소리'에 담긴 아름다움과 가치를 연구해온 그의 치열하고도 세밀한 탐구의 결과물이다. 이 책에서는 "음악가가 되면 될수록 더욱 철학자가 된다"라고 주장한 니체를 포함하여 플라톤, 쇼펜하우어, 아도르노 등을 소개하며 그들의 음악 이면에 담긴 철학 세계가 클래식과 대중음악을 넘나들며 아름다운 선율과 함께 펼쳐진다.

비하인드 클래식
여자경 / 교보문고(2021)

이 책은 1분이 채 안 되는 곡부터 시작해 주로 5분 내외의 곡들 가운데 유명한 곡 위주로 소개하고 있다. 제목은 모르지만 들으면 익숙한 곡들이 대다수를 차지해 클래식 음악에 대한 자신감도 얻을 수 있다. 게다가 테마에 따라 20분 남짓한 소나타와 45분을 넘기는 교향곡까지, 말하자면 심화 단계에 해당하는 곡들도 포함하고 있다. 또한 음악가들의 업적보다는 그들의 인간적인 면모, 고뇌, 때로는 당시의 가십거리까지 포함해 흥미로운 이야기를 들려준다. '궁금한 이야기' 코너에서는 클래식 곡에 제목 대신 번호가 붙는 이유, 제목이 붙은 작품들(표제음악)과 그 사연, 오페라에서 음역대에 따른 가수들의 구분, 오케스트라 악기의 구성 등을 다루고 있다.

작곡과 독서탐구활동 활용사례

자율활동 특기사항

학급 내 1인 1프로젝트 활동에서 '오페라와 뮤지컬의 기원과 차이점'을 주제로 결과물을 만들고 발표함. 오페라는 대사도 음악으로 이루어지지만 뮤지컬은 연기자가 노래와 연기를 모두 담당한다는 점에서 차이가 크다고 주장함. 학급 토론 활동에서 인성교육의 개념을 자신의 내면을 바르고 건전하게 가꾸고 타인·공동체·자연과 더불어 살아가는 데 필요한 인간다운 성품과 역량을 기르는 것을 목적으로 하는 교육이라고 설명하고 음악을 활용한 인성교육 프로그램을 제안함. 독서 프로젝트 학급 특색 활동에서 **'비하인드 클래식(여자경)'**을 읽고 평소에 궁금해했던 오페라의 음역대에 따른 가수들의 구분, 오케스트라 악기의 구성 등에 대해 상세하게 알게 되었다고 함. 평소 음악에 관심이 많고 예술적 역량이 뛰어나며 작곡과 진학을 희망하고 작곡가의 꿈을 꿈꾸는 학생임. 논리적이고 비판적인 사고력이 우수하며 열린 마음으로 다른 사람의 의견을 경청하고 존중하는 태도를 지닌 학생임.

동아리활동 특기사항

(클래식음악반)(34시간) 동아리 부원으로 부장을 도와 동아리 시작 전에 정리 정돈을 하고 후배 부원들을 챙기는 등 꼼꼼함과 배려심이 강함. 진로 관련 발표에서 '작곡과 편곡의 차이점 비교'를 주제로 발표 자료를 만들고 발표함. 작곡은 곡을 쓰는 일이고, 편곡은 음악에서 멜로디를 뒷받침하는 부분, 예를 들어 반주, 코러스 등을 만드는 작업이라는 점에서 큰 차이점이 있다는 것을 소개함. 신입생 홍보를 위한 학교 영상 제작 활동에서 학교 곳곳의 시설 영상을 찍고, 학교 행사 사진들을 취합해 핵심적인 영상 자료들을 가지고 팀원들과 함께 결과물을 만듦. 특히 자막에 들어갈 내용들을 재치 있게 표현하여 영상물의 완성도를 높임. 진로연계 독서활동에서 **'열려라 클래식(이헌석)'**을 읽고 독서감상문을 작성하고 발표함. 클래식 초보자가 편안하게 들을 수 있는 음반들과 그 음악을 듣는 방법에 대해 알게 되었고, 음악가와 그들의 음악에 얽힌 흥미로운 에피소드들이 인상적이었다고 함. 작곡가 진학을 희망하는 학생으로 음악적 역량이 뛰어나고 창의력이 돋보임.

진로활동 특기사항

'나의 꿈 발표하기' 활동에서 자신의 미래 꿈인 작곡가를 선정해 발표함. 자신의 가장 큰 관심사는 클래식을 어려워하는 사람들을 위해 쉽게 다가갈 수 있는 곡들을 많이 작곡하는 것이라고 함. 작곡과 진학을 위해 꾸준히 작곡 공부를 하고 있고, 음악적 소양을 키우기 위해 다양한 음악을 감상하고 독서를 하고 있다고 함. 학교에서 주관한 대학 학과 체험 프로그램에 참여하여 작곡과에 재학 중인 강사로부터 작곡과 교육과정과 졸업 후 진출분야, 작곡의 과정 등에 대해 상세하게 알게 된 기회가 되었다고 함. 진로 연계 탐구 주제 발표 활동에서 '미디 파일과 미디 작곡 과정 탐구하기'를 주제로 선정해 발표함. 미디는 전자 악기와 컴퓨터 간에 정보를 전송하기 위해 만든 통신 프로토콜로서 음악을 표현하기 위해 사용되고, 미디 파일을 열고 편집하는 방법에 대해 직접 시연을 보이면서 이해하기 쉽게 설명함. 진로연계 독서활동에서 **'음악이 멈춘 순간 진짜 음악이 시작된다 (오희숙)'**를 읽고 감상비평문을 작성하고 발표함. 음악의 감동에 담긴 철학적 사유를 알게 되고 니체, 플라톤, 쇼펜하우어, 아도르노 등 음악 이면에 담긴 철학 세계와 함께 클래식의 아름다운 선율을 경험할 수 있는 계기가 되었다고 발표함.

교과 세부능력 및 특기사항

음악

일상생활에서 일어나는 다양한 이야기들을 틈나는 대로 재미있는 스토리로 만들고 스토리에 맞는 퍼포먼스와 생활 속 재활용 타악기로 멋진 연주를 함. 공연 전 계획을 세우고 연습 일지를 작성하고, 리허설을 성의 있게 한 후 연주를 진행함. 음악적인 소질이 뛰어나 악기를 배우는 속도가 매우 빠른 편임. 기타 연주 수업에서 짧은 시간에 다양한 코드를 사용하여 코드 체인지를 할 수 있고 오른손 주법을 사용하여 연주하는 등 음악적 표현능력이 뛰어난 학생임. 기타 연주를 어려워하는 친구들에게 연주 방법을 친절히 알려주는 등 남을 배려하는 마음도 뛰어남. 관심분야 독서활동에서 **'금난새의 오페라 여행(금난새)'**을 읽고 모차르트, 바그너, 베르디 등 고전음악사에 큰 획을 그은 오페라 작곡가들의 삶을 알게 되었고, 그들의 음악에 대한 열정을 느꼈다고 소감을 발표함. 작곡가의 꿈을 꾸고 있는 학생으로 음악적 역량을 키우기 위해 평소 많은 노력을 기울임.

음악감상과 비평

수업 시간에 감상한 리스트의 교향곡 '파우스트'가 괴테의 희곡 '파우스트'를 읽고 작곡한 곡이라는 내용을 배우고 해당 작품에 대해 조사하여 발표함. 실제 음악을 감상하고 희곡 '파우스트'를 읽은 후 주인공 3명의 캐릭터를 분석하고 음악적으로 어떤 악기와 선율로 묘사했는지 자신의 생각을 소개함. 매 수업 시간에 진행되는 음악 감상 수업에 성실하게 능동적으로 참여하는 모습이 매우 인상적인 학생. '환경 홍보 영상' 만들기 활동에서 환경보호의 소중함을 홍보할 수 있는 내용의 영상물을 만드는 데 전체 과정을 주도적으로 진행함. 모둠 친구들과 '텀블러 사용하기'를 핵심 홍보 내용으로 정하고 각자의 아이디어들을 모아 몇 번의 회의를 거쳐 영상을 완성함. 진로연계 독서활동에서 **'할리우드 영화음악 작곡법(김경윤, 김미혜)'**을 읽고 유명한 할리우드 영화 음악 거장들이 사용한 모드 음악 기법에 대해 알 수 있게 도움을 준 책이라고 감상문을 작성함.

행동특성 및 종합의견

학급 반장으로서 학급을 대표해 급우들의 의견을 취합해 학교 내 인권 조례안을 제정하고 교육공동체가 만족할 만한 최선의 인권 조례안을 만들어내는 데 참여함. 바른 태도와 성실함으로 다른 학생의 모범이 되고, 급우들 앞에서 자신감 있고 진지한 태도로 자신의 생각을 논리 정연하게 설명하는 모습이 매우 인상적임. 작곡과에 진학하여 대중가요 분야의 전문 작곡가가 되는 것이 진로 희망인 학생으로 음악적 소양과 악기 다루는 솜씨가 남다르고 각종 학교 음악 행사에 적극적으로 참여하여 도움을 줌. 친구들로부터 신임을 얻고, 교사들로부터 칭찬을 많이 받는 학생으로 앞으로 대성할 가능성이 아주 높음. 학급 특색 활동인 진로 독서활동에서 **'김이나의 작사법(김이나)'**을 읽고 작사가인 저자의 각 곡의 작사 테크닉, 아티스트들과의 작업과정에서 일어난 에피소드들이 인상 깊었다고 함. 그리고 **'음악기초이론의 이해(김유희)'**를 읽고 음악기초이론부터 완성까지, 작곡가를 꿈꾸는 자신에게 음악적 소양을 함양하는 데 도움을 준 책이라고 소개함.

17 ▸▸ 조소과

1 학과 인재상

풍부한 상상력과
창의력을 가진 학생

미술과 문화 전반에 대한
관심과 열정이 있는 학생

다양한 문화 장르와
자화상을 작품에
적극 반영할 수 있는 학생

자신의 미적 표현 능력을
적극적으로 발휘할 수 있는 학생

미적 표현 양식을 만들어
내고자 하는 열정을 가진 학생

2 유사학과

- 조소학과
- 조소전공
- 미술학과 조소전공
- 미술학부 조소전공
- 미술학과(조소전공)
- 미술학부(조소전공)
- 조형예술학과(조소전공)

3 관련직업

- 조각가
- 큐레이터
- 용기디자이너
- 미술교사
- 환경조각가
- 비디오아티스트

4 개설대학

- 동국대학교
- 목원대학교
- 부산대학교
- 서울대학교
- 성신여자대학교
- 안동대학교
- 울산대학교
- 이화여자대학교
- 전남대학교
- 충남대학교
- 충북대학교
- 홍익대학교 등

학과 연계도서

청소년을 위한 한국미술사
박차지현 / 두리미디어(2005)

이 책은 청소년의 눈높이에 맞춰 한국미술사를 쉽고 재미있게 풀어 썼다. 그리고 한국미술사의 여러 장르에서 청소년들이 꼭 알아야 하는 중요한 지식과 정보를 균형 있게 수록하였다. 역사적 서술의 차원이 아닌 사람과 미술이라는 화두를 통해 한국미술의 아름다움을 전해주고 있다. 270여 점의 그림 자료와 상세한 설명을 토대로 청소년들이 우리 미술을 쉽게 이해할 수 있게 구성하였다. 전 시대의 미술이 다음 시대에 어떤 영향을 주었는지 시대 개관을 통해 전체적인 흐름을 정리하고, 그림 속에 숨겨진 작가의 삶과 그 그림을 그릴 수밖에 없었던 시대적 배경을 설명함으로써 그림에 대한 배경지식을 지루하지 않게 알려준다.

지식의 미술관
이지현 / 아트북스(2009)

이 책은 미술에 얽힌 흥미로운 내용들을 독자들이 편하고 즐겁게 읽을 수 있도록 구성하여 미술에 대한 이해의 폭을 넓힐 수 있도록 도와준다. 창작 양식이나 기법, 미술사, 정치·사회적 사건이나 역사적 이슈, 시장, 작가를 둘러싼 시공간 등 미술의 폭과 깊이를 보여주는 미술 관련 지식들을 체계적으로 정리하였다. 저자는 미술품을 감상하는 데에는 '직관'이 중요하다고 강조한다. 즉, 느끼는 대로 보라는 것이다. 미술작품은 '이미지'로 이뤄져 있기에 구구절절한 설명보다는 시각적으로 받아들여 판단하는 것이 무엇보다 중요하다고 강조한다. 이 책은 직관을 활용해서 작품의 본질을 들여다보는 관점을 제시한다. 여기에 180여 점의 컬러 도판이 생동감을 더한다.

디자인이다
김준교, 김희현 / 커뮤니케이션북스(2011)

이 책은 삶에 대한 진한 애정과 결코 포기하지 않는 뜨거운 정신과 영혼, 언제든지 삶을 일으켜 세울 수 있다는 자기 확신으로 똘똘 뭉쳐 있는 기업과 리더의 디자인 이야기를 담은 책이다. 디자인 파워를 제대로 알고 활용해서 성공한 세계적 기업과 CEO의 활약 및 성공비결을 사례로 들어서 이해하기 쉽도록 구성하였다. 이 책의 저자들은 디자인에 대한 명확한 인식 없이는 미래 경쟁력을 확보할 수 없다고 강조한다. 그들은 디자인에 정답은 없지만 더 좋은 대답, 베터 디자인은 있다고 주장한다. 이 책은 그것을 남보다 먼저 찾아낸 위대한 기업의 위대한 디자인에 관한 이야기를 담고 있다.

조각의 세계사
차홍규 / 아이템하우스(2022)

이 책은 100명의 조각가의 1,000가지 조각들이 다채로운 형상으로 조형물의 존재 이유를 소개한다. 서양미술이 존재하는 천 가지 이유를 시대와 상황에 맞게 저마다의 가치로 소개한다. '한 권으로 읽는 세계사'이기도 하면서 '천 권짜리 예술철학사'로 읽혀도 무리가 없을 정도로 내용이 짜임새가 있다. 조각은 인체의 가장 역동적이고 아름다운 절정의 순간을 형상화해낸 예술이자 시대의 정신적 징후를 상징화한 사회미학이기도 하다. 따라서 이 책을 읽으면서 서양미술의 존재 이유를 시대와 인물, 사상과 역사에 맞춰 이해할 수 있다.

좋은 디자인은 내일을 바꾼다
김지원 / 샘터(2019)

이 책은 디자인에 대한 의미를 이해할 수 있는 특징적인 사례를 통해 철학적 사고를 엿보며 디자인의 발전 과정이 우리 일상에 어떤 의미를 주었는지 살펴본다. 나아가 독자들로 하여금 저마다 자신만의 디자인에 대한 정의를 스스로 찾을 수 있도록 돕는다. 누구나 사용하고 누구나 만들어낼 수 있는 일상 속의 디자인을 통해 디자인은 스스로의 방식으로 삶을 디자인하는 모든 사람들의 도구임을 역설하며, 더 좋은 삶을 위해서 어떤 사고방식이 필요한지 생각해보는 기회를 갖게 한다.

현대공간과 설치미술
정연심 / 에이엔씨(2014)

이 책은 동시대 미술의 주요 형식으로 자리 잡은 설치미술의 흐름을 포괄적으로 담아내고 있다. 설치미술의 태동부터 그 발전 과정, 그리고 최근의 경향 등을 전체적으로 소개하고 있다. 이 책은 저자가 뉴욕 미술계에서 기획자이자 연구자로서 활동하면서 느낀 설치미술에 대한 전반적인 연구의 필요성에서 출발하였다. 설치미술을 다룬 책이면서도 현대미술의 글의 이해를 돕는 컬러 도판이 풍부하게 실려 있어 오늘날의 동시대 시각문화에 대한 이해를 높일 수 있다. 조각, 회화, 건축, 사진, 영상 매체, 디자인, 타블로 비방 등이 만나는 물질문화와 시각문화를 다양한 관점에서 횡단하며, 이러한 다양한 매체들이 우리의 일상 속에서 어떤 미학적 가치들을 지니는지를 알아본다.

이헌국 조형예술
이헌국 / 예문(2012)

40년에 이르는 이헌국의 조형예술 인생을 총망라한 이 책에는, 작품이 담긴 230여 컷의 사진과 함께 미술비평가, 공예 전공교수, 디자인 전공교수 등 저자를 포함한 15명 필자의 글이 실려 있다. 단순한 비평을 넘어 작품의 창작배경과 작품에 대한 해설, 공예이론 등 각 분야 전문가의 다층적이고도 심도 있는 관점을 담았다. 도예가 이헌국의 작품세계를 이해하는 좋은 자료가 될 뿐만 아니라, 동시대 작가와 후학들에게 예술과 공예의 미래에 대해 생각해볼 기회를 제공한다.

미술관을 빌려드립니다: 프랑스 편
이창용 / 더블북(2022)

이 책은 루브르 박물관을 비롯해 오르세, 오랑주리, 로댕 미술관 등 프랑스를 대표하는 미술관을 돌아보며 고대 그리스에서 르네상스를 거쳐 인상주의까지 서양 미술사조의 주요 흐름을 꿰뚫는 걸작들을 만나는 미술 기행서다. 실제로 로마 바티칸 박물관과 루브르 박물관, 오르세 미술관에서 도슨트로 활약한 저자의 전문지식과 타고난 입담이 담겨 있다. 저자는 '어떤 그림이 좋은 그림인가?'에 대해 정해진 답은 없다고 말한다. 좋은 작품은 남이 정해주는 것이 아니라 나 스스로 정하는 것이라는 저자의 말은 미술 감상을 통해 우리가 진정으로 얻어야 할 것이 무엇인가에 대한 깊은 울림을 준다.

어디서 살 것인가
유현준 / 을유문화사(2018)

저자는 어떤 브랜드의 아파트에 사느냐보다 어떤 공간이 우리 삶을 더 풍요롭게 하는가가 중요하다는 것을 강조한다. 우리가 서로 얼굴을 맞대고 대화하며 서로의 색깔을 나눌 수 있는 곳, 우리가 원하는 삶의 방향에 부합하는 도시로 변화해야 한다고 말한다. 중심도 없고 경계도 모호한 특성을 보여주는 현대 건축들, 대형 쇼핑몰에 항상 멀티플렉스 극장이 있는 이유, 힙합 가수가 후드티를 입는 이유, 사적 공간에 대한 갈증까지 다양한 주제를 다루며 어떤 공간이 우리를 행복하게 만드는지 생각하고 찾아갈 수 있도록 이끌어 준다.

조선미술관
탁현규 / 블랙피쉬(2023)

이 책은 문화 절정기 조선의 풍속화와 궁중기록화를 한 권에 담아내고 있다. 신윤복, 정선, 김홍도를 비롯한 조선의 천재 화가들 7인의 작품과 더불어 태평성대를 누린 숙종과 영조대의 기록화첩도 소개하고 있어 책을 접하는 이들에게 즐거움을 가져다준다. 저자는 조선시대 화가들의 뛰어난 연출력을 현대의 기준으로 재해석해 새롭게 들려준다. 신윤복의 그림에서 '붉은색과 푸른색 옷의 대비, 담장 바깥 높은 곳에서 집 안 들여다보기, 열린 방 안과 마당을 이어주는 마루를 무대로 삼기, 눈빛으로 심리 상태 연출하기' 등 현대 영화나 드라마에 적용해도 손색없는 특유의 연출법 등을 알려준다.

1 인문계열

2 사회계열

3 자연계열

4 공학계열

5 의약계열

6 예체능계열 · 조소과

7 교육계열

조소과 독서탐구활동 활용사례

자율활동 특기사항

학기 초 학급 환경정리 구성원으로 참여하여 반 분위기를 밝게 하기 위해 책꽂이에 꽃을 그려 넣고, 게시판에 색종이로 풀과 꽃을 직접 만들어 붙임으로써 많은 선생님들로부터 칭찬을 받음. 또한 친구들의 사물함에 친구들의 개성이 드러나는 캐리커처를 그려 붙여줌으로써 친밀한 관계 형성에 도움을 줌. 학급회의 시간에 자신의 의견을 조리 있게 잘 전달하며 친구들의 의견을 경청하는 자세가 돋보임. '오늘은 내가 담임교사' 시간에 자신이 평소 좋아하는 디자인의 도예품 사진을 보여주고 작품을 설명해 줌으로써 친구들의 미술 감상의 폭을 넓혀 줌. 매월 1인 1도서 읽기 활동에서 **'이헌국 조형예술(이헌국)'**을 선정해 독서비평문을 작성하고 발표함. 책 속에 등장하는 저자의 대표 작품 3점에 대해 작품의 창작배경을 담았고, 도예가 이헌국의 작품세계를 급우들이 이해하기 쉽도록 소개함. 상상력과 예술적 감각이 풍부하며 조소과 진학을 희망하는 학생임.

동아리활동 특기사항

(조각반)(27시간) '나도 큐레이터' 시간에 평소 좋아하는 조각 작품을 PPT로 준비하여 부원들과 함께 감상함. 먼저 작품을 보여주고 부원 한 명 한 명에게 감상평을 물어보며 관심을 유도함. 다양한 감상평을 함께 공유한 후, 작품과 작가에 대해 친절하게 설명함. 같은 작품을 보고 다양한 감상평을 함께 공유하고 작가의 의도와 비교할 수 있도록 발표를 구성한 점이 돋보임. 감상의 본질은 작품을 분석하고 평가하거나 작가의 의도를 파악하는 것이 아니라 감상자 자신의 눈으로 작품을 느끼는 것에 있다고 주장함. 나아가 스스로 작가가 되어야 한다고 강조함. 관심분야 독서 탐구활동 시간에 **'조선미술관(탁현규)'**을 읽고 조선의 대표적인 풍속화가인 신윤복, 정선, 김홍도를 비롯한 천재 화가 7인의 작품을 소개하고 조선시대 화가들의 뛰어난 연출력에 대해 이해하기 쉽게 잘 정리해 발표함.

진로활동 특기사항

미래 명함 만들기 활동에서 자신을 '자연과 함께하는 도예가'로 소개하고 친환경 재료인 흙을 활용하여 한국적인 느낌이 묻어나는 도자기를 만들어 한국을 알리는 예술가가 되겠다는 포부를 밝힘. 관심분야 진로 독서 활동에서 **'조각의 세계사(차홍규)'**를 선정해 책 속에 등장하는 세계적인 대표 조각가 3인과 그들의 대표 작품들을 시대적 배경과 함께 소개하고, 서양미술의 존재 이유를 시대와 인물, 사상과 역사에 맞추어 이해하기 쉽게 정리해 발표함. 손으로 뭔가를 만드는 것을 좋아하고 흙의 촉감과 향기가 좋아 도예학과 진학을 희망한다고 함. 이후 설치 대학 리스트를 검색하고 학과 홈페이지에 접속하여 교육과정을 꼼꼼히 정리하여 제출함. 교과 연계 진로활동 시간에 음악 시간에 가곡 '별'을 듣고 느낀 서정적인 이미지를 스케치하고, 밤하늘을 보며 마냥 행복해했던 어린 시절을 떠올려 색종이를 이용하여 생동감 있게 표현함. 100여 장의 사진을 보고 '지금의 나와 미래의 나'를 표현하는 사진을 각각 골라 따라 그림. 고른 이유 쓰기 활동에서 시간에 쫓기는 사진을 골라 학교와 학원에 다니며 바쁜 하루를 보내는 '지금의 나' 자신의 모습을 표현하였다고 함. 자연을 벗 삼아 사랑하는 가족과 시간을 보내는 사진을 골라 좋아하는 일을 하며 가족들과 휴식을 취하는 '미래의 나'를 표현했다고 밝힘.

1 인문계열

2 사회계열

3 자연계열

4 공학계열

5 의약계열

6 예체능계열 · 조소과

7 교육계열

교과 세부능력 및 특기사항

미술

조형 요소와 원리에 대한 관심과 이해도가 높으며 이를 주변 사물에 적용하여 표현하는 능력이 우수함. 작품의 조형적 특징을 분석하는 활동에서 '모빌(알렉산더 칼더)' 작품을 통해 발견할 수 있는 균형의 원리를 알기 쉽게 구조화하여 서술함. 몬드리안의 추상화에 영감을 받아 이를 움직이는 조각으로 재해석하고자 모빌 양식을 만들어냈다는 점을 주장함. 공익광고 포스터 제작 활동에서 코로나-19 예방법을 주제로 스마트 패드를 활용하여 관련 정보를 검색하고 시각적인 자료를 활용하여 뛰어난 발표 자료 만드는 능력을 발휘함. 진로 연계 독서 활동에서 **'청소년을 위한 한국미술사(박차지현)'**을 선정해 그림 속에 숨겨진 작가의 삶과 그림의 시대적 배경을 지루하지 않게 급우들 앞에서 소개함. 조소과 진로를 희망하는 학생으로 미적 감수성이 뛰어나고 상상력과 묘사력이 우수함.

미술창작

라이트 아트의 표현 매체와 표현 방법에 따른 특성을 조형적, 과학기술적 관점에서 분석해봄. 빛의 효과를 활용한 각각의 예술 작품을 조사하여 작가와 함께 소개하고, 모두 화려한 빛과 신비로운 분위기로 새로운 조형미를 가지고 있다고 발표함. 발표자료 준비 과정에서 이해가 잘 안 되는 부분은 과학 교과 선생님들에게 도움을 요청하는 등 적극적인 자세가 돋보임. 내용을 어려워하는 급우들을 위해 다시 한번 천천히 설명해 주는 모습이 인상적이었음. 진로 독서 시간에 **'지식의 미술관(이지현)'**을 선정해 창작 양식이나 기법, 미술사, 역사적 이슈, 작가를 둘러싼 시공간 등 책 속에 등장하는 정보들을 체계적으로 이해하기 쉽게 자료를 만들어 발표함. 조소과 진로를 희망하는 학생으로 조형감각이 뛰어나고 미술적 소양이 풍부하여 발전 가능성이 아주 높음.

행동특성 및 종합의견

미술 감각이 뛰어나서 국어 시간에 문학 작품이나 소설을 읽고 작품 속의 주인공이나 주변 인물들을 캐릭터로 표현하는 데 소질이 있음. 시간이 있을 때마다 스케치북이나 태블릿에 웹툰을 그리는 활동을 즐겨함. 학급 진로발표 활동에서 친구들의 진로를 표현하는 캐릭터나 예쁜 글자를 제작해서 제공하여 친구들이 발표할 때 행복한 시간을 보낼 수 있도록 하는 등 본인의 재능을 타인을 위해 나눌 수 있는 넓은 마음을 가진 학생임. 독서활동에서 **'미술관을 빌려드립니다: 프랑스 편(이창용)'**를 읽고 오르세, 오랑주리, 로댕 미술관 등 프랑스를 대표하는 미술관을 통해서 서양 미술사조의 흐름을 알게 되었고, **'현대공간과 설치미술(정연심)'**을 읽고 자신의 관심분야인 설치미술의 발전과정과 최근의 경향에 대해 알게 되었다고 함. 조소과 진학을 위해 자신의 미술적 소양을 키우고 부단히 노력하고 있는 학생임.

18 ▸▸ 체육학과

1 학과 인재상

한 종목 이상의
특기를 가지고 있는 학생

강인한 체력과
운동신경을
가지고 있는 학생

건전한 육체와
사고와 함께
스포츠맨십을 갖춘 학생

올바른 가치관과
책임감을 갖춘 학생

정확한 판단력, 순발력,
인내심과 자기통제력을
지닌 학생

2 유사학과

- 체육과학부
- 체육학부
- 체육학전공

3 관련직업

- 생활체육지도자
- 스포츠에이전트
- 스포츠해설자
- 레크레이션강사
- 스포츠강사
- 스포츠트레이너

4 개설대학

- 가천대학교
- 강릉원주대학교
- 경기대학교
- 경동대학교
- 경희대학교
- 계명대학교
- 군산대학교
- 대구대학교
- 동덕여자대학교
- 동서대학교
- 동아대학교
- 동의대학교
- 목포대학교
- 상지대학교
- 세종대학교
- 신라대학교
- 안동대학교
- 영남대학교
- 용인대학교
- 우석대학교
- 인천대학교
- 제주대학교
- 조선대학교
- 창원대학교
- 한국체육대학교
- 한림대학교
- 한양대학교 등

5 학과 연계도서

1 인문계열

2 사회계열

3 자연계열

4 공학계열

5 의약계열

6 예체능계열 · 체육학과

7 교육계열

체육 시간에 과학 공부하기
전영석, 홍준의 / 웅진주니어(2011)

이 책은 체육에 숨어 있는 과학 원리를 흥미진진하게 탐구하고 있다. 높이뛰기 선수들은 어떻게 높이 날아오를까? 피겨 스케이팅 선수들은 어떻게 넘어지지 않고 빙글빙글 돌 수 있을까? 골프공은 왜 울퉁불퉁하게 생겼을까? 마라톤이나 스피드 스케이팅 선수들이 결승선을 통과하고도 숨을 고르게 쉴 수 있는 이유는 무엇일까? 스포츠를 보다 보면 생기는 이러한 궁금증들에 대해 과학의 원리를 이용하여 알기 쉽게 해결해준다. 유명 스포츠 스타들의 역동적인 사진은 물론 추상적인 과학 원리를 간단하고 명료하게 구현한 일러스트가 풍부하게 수록되어 있어 어렵게만 느껴지던 과학 원리를 친근하고 쉽게 이해할 수 있다.

스포츠 멘탈 코칭 EFT
김병준, 최인원 / 몸맘얼(2019)

이 책은 선수들을 힘들게 하는 부상, 통증, 재활 및 이와 관련된 스트레스, 각종 컨디션 난조 증상과 스포츠 트라우마 그리고 기타 심리적 문제를 고치고 더 나아가 몰입을 통해 최상의 능력을 발휘하는 방법을 소개하고 있다. 부상, 만성통증, 슬럼프, 심리적 문제 등으로 자신의 실력을 제대로 펼치지 못하고 운동을 포기하는 선수들을 실제로 만나 EFT로 치유하고 있는 저자가 자신이 경험한 다양한 사례를 소개하고 있다. 이 책은 스포츠 선수들뿐만 아니라, 공연 예술 종사자들이 겪는 무대공포, 심리적 불안, 트라우마 해결 및 퍼포먼스 능력 향상에 도움을 준다.

스포츠 코리아 판타지
정희준 / 개마고원(2009)

이 책은 한국사회가 스포츠와 언제부터, 어떻게 서로 영향을 주고받는지를 역사적으로 되짚어보며 그 해답을 유추해간다. 저자는 근대 이전의 숭문 사상에서부터 근대 바로 직후의 상무 정신, 해방 이전의 전시행정과 이후의 박정희 병영사회와 전두환 3S정책, 4.19혁명과 5.18민주화운동까지를 두루 탐색하며 스포츠가 만들어낸 판타지의 세계를 담아냈다. 결국 독자들은 스포츠가 한국사회에서 단순한 오락물이 아닌 정치, 사회와 복잡하게 얽힌 도구로, 한국사회에 '환상'을 공급하는 역할을 하였음을 확인할 수 있다.

아르센 벵거 자서전
아르센 벵거(이성모 역) / 한스미디어(2021)

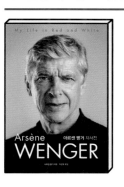

이 책은 프리미어리그 우승 3회, FA컵 우승 7회, 2003-04시즌 무패 우승과 49경기 무패 행진을 이끌어낸 세계적인 명장, 아스널의 아르센 벵거 감독의 자서전이다. 이 책에서 그는 축구계의 아이콘이자 전설적인 감독으로 자리매김하기까지 어떤 환경에서 태어나 자랐고 어떤 경험을 통해 성장하고 발전했으며, 자신만의 독특한 축구 철학은 어떻게 만들어졌는지 축구와 자신의 삶에 대한 생각들을 솔직하게 밝히고 있다. 아스널을 응원하는 거너스는 물론 아르센 벵거의 축구 철학을 사랑하는 축구 팬들에게 그의 축구 인생과 그가 축구계에 미친 영향력을 이해하게 하는 책이다.

스포츠 리터러시
최의창 / 레인보우북스 (2018)

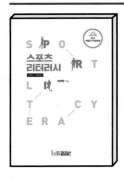

이 책은 운동소양의 개념을 보다 본격적으로 소개하고 있다. 우선 1부에서는 운동소양의 기본 개념들이 소개되고 있다. 스포츠 교육관, 인문적 스포츠교육에 대한 소개, 생활체육과 전문체육과 학교체육의 목적을 다루고 있다. 2부에서는 스포츠 리터러시의 개념이 체육의 여러 영역에 어떻게 관여될 수 있는지를 알려주고 있다. 피지컬 리터러시의 개념, 연구, 활용 등 전반적 현황에 대해 안내하고 체육 분야에서의 전문역량은 스포츠 과학적 기반에 근거하고, 인문적 체육전문성이 절대적으로 필요하며, 그것의 기초자질로서 운동소양의 개념을 담고 있다.

새로 만든 내몸 사용 설명서
마이클 로이젠, 메멧 오즈(유태우 역) / 김영사 (2014)

이 책은 우리 몸이 어떻게 이루어져 있고, 각 구성 요소들이 어떻게 상호작용하며, 각각 어떤 역할을 하며, 어떻게 노화되어 가는가 하는 기본 사실에서부터 출발한다. 우림 몸의 구조와 기능, 노화 과정을 이해하면 어떤 원인으로 각 장기들이 병들어가는지 파악할 수 있다. 이 책에서는 건강까지 고려하여 근육 운동 챕터를 추가하고, 전 세계 독자들이 보내온 궁금증에 답하는 등 100페이지에 달하는 의학 상식을 새롭게 더했다. 몸속 곳곳을 탐험하며 우리가 어떻게 움직이고 노화하는지 그 실체와 진실을 알려주며, 우리 몸에 대한 근원적 질문에 해답을 제시한다.

경기장을 뛰쳐나온 인문학
공규택 / 북트리거 (2019)

이 책에는 우리에게 친숙한 스포츠 이야기로 가득하다. 야구, 축구, 농구, 마라톤, 아이스하키, 피겨스케이팅 등 거의 모든 스포츠의 명장면이 담겨 있다. 1936년 일장기를 가슴에 품고 달린 마라토너 손기정의 사연, 1945년 염소를 끌고 경기장에 들어온 윌리엄 시아니스의 저주, 2018년 평창동계올림픽을 빛냈던 이상화·고다이라 선수의 진정한 스포츠맨십까지 이야기는 시간과 공간을 넘나든다. 역사 속 화제가 되었던 스포츠 명장면과 박진감 넘치는 운동경기 이야기가 흥미롭게 펼쳐지며 독자의 마음을 단숨에 사로잡는다. QR 코드를 통해 곧바로 생생한 경기 영상을 살펴볼 수도 있다.

스포츠미디어란 무엇인가
매튜 니콜슨(조남흥 역) / 이상미디어 (2011)

이 책은 스포츠와 미디어가 어떤 메커니즘으로 서로 관계를 맺고 있는지, 그리고 스포츠 미디어 관련 종사자들이 그 메커니즘 속에서 어떤 지식과 기술로 자신이 원하는 것을 얻을 수 있는지를 담고 있다. 특히 스포츠 미디어를 공부하고 연구하는 학생들이라면 스포츠와 미디어의 개념뿐만 아니라 그 둘 사이의 상호작용을 이해하는 데 도움이 된다. 아울러 스포츠산업 종사자로서 미디어를 관리해야 하는 입장에 있는 사람들에게도 매우 유용한 지식과 기술을 제공하고 있다. 이 책에는 스포츠 미디어 계획과 전략 수립 방법부터 스포츠 스타의 상품화 방법, 미디어 보도자료의 작성과 배포 방법, 기자회견·인터뷰 등에서 효과를 극대화할 수 있는 구체적인 방법까지 소개되어 있다.

병의 90%는 걷기만 해도 낫는다
나가오 가즈히로(이선정 역) / 북라이프(2016)

아 책은 일본을 대표하는 가정 의학 전문의인 나가오 가즈히로 박사가 '걷기'라는 가장 단순한 운동법이야말로 모든 병을 이겨낼 핵심이라는 사실을 안내하는 책으로 총 4장으로 구성돼 있다. 1장에서는 걷기가 생활 습관병, 암, 치매, 우울증, 불면증, 위장질환, 감기 등 각각의 질병을 어떻게 치료하는지 환자들의 사례에 의학적인 분석을 더해 설명한다. 2장에서는 걷기를 장려하는 대신 약물을 맹신하는 사회적 분위기와 제약회사의 이기주의를 지적하고, 3장에서는 바르게 걷는 방법과 자세를 설명해 동일한 거리를 걸어도 걷기 효과를 높일 수 있도록 한다. 마지막 4장에서는 건강뿐만 아니라 인생까지 바꿔주는 놀라운 걷기의 힘에 대해 설명한다.

스포츠 마케터로 산다는 것
라이팅 브로 / 하모니북(2022)

이 책에는 저자가 스포츠 마케터가 되고 나서 느꼈던 고충과 고민 거리들에 대한 이야기가 담겨 있다. 저자는 스포츠 마케터로서 다양한 분야에서 경력을 쌓은 몇 안 되는 사람 중의 하나이다. 프로구단과 스포츠 브랜드에서 스포츠 마케팅 경험을 쌓고 IT 회사에서 스포츠 마케팅을 거쳐 스포츠 관련 창업까지 경험했다. 그래서 한쪽에 편향되지 않고 객관적으로 각 위치에서 스포츠 마케터로 느꼈던 희로애락을 전달할 수 있는 가장 적합한 사람이기도 하다. 저자는 그 누구도 말해주지 않았던 스포츠 마케터가 되었을 때 마주해야 하는 불편하고 어려운 상황들에 대해서 소개한다.

체육학과 독서탐구활동 활용사례

자율활동 특기사항

학생자치회 행사부장으로서 코로나19로 인하여 학교 축제 행사 운영 방식을 온라인과 오프라인 축제 두 가지로 제안하고 전체적인 기획을 책임짐. 동아리별로 온라인과 오프라인으로 구분하여 신청을 받고, 온라인에서는 최근 많은 관심을 끌고 있는 메타버스 환경에서의 진행을 결정하고 추진함. 오전과 오후로 구분하여 오프라인 축제를 진행하고 온라인 가상공간에서의 전시회 및 발표회를 별도의 시간을 할애해 진행함. 학교 축제 추진과정에서 특유의 리더십을 발휘하여 어려움을 해결하고, 성공적인 축제가 될 수 있도록 헌신을 다함. 학급 1인 1역으로 발열 체크 도우미에 자원하여 매일 아침 교사를 도와 친구들의 발열 체크를 도움. 점심시간 시작 전에는 친구들 개개인의 손소독을 돕고 개인 책상을 소독 티슈로 닦는 등 철저한 방역 활동에 솔선수범함. 학급 진로 독서활동에서 **'스포츠 마케터로 산다는 것(라이팅 브로)'**을 읽고 저자의 스포츠마케팅 경험을 접하고 스포츠마케터로서 자신의 진로 희망을 더욱 확고히 하게 된 기회가 되었다고 함.

동아리활동 특기사항

(체대입시반)(34시간) 동아리 반장으로서 차분하고 사려 깊은 언행으로 동아리 활동을 이끄는 모습이 인상적임. 지도교사를 도와 수업이 원활하게 진행되는 데 큰 도움을 줌. 축구, 농구 등 구기 종목에 소질이 있고, 다른 친구들보다 근력이 월등한 학생으로 튼튼한 체력과 건강을 유지하기 위해서 계획을 세워서 꾸준히 운동을 함. 주제 발표 활동에서 '국내와 유럽의 프로 축구 리그 비교 분석'을 주제로 다양한 문헌을 참고하여 발표 자료를 만들고 자신감 있게 발표함. 유럽 프로축구 리그의 우수한 점으로 오랜 역사와 전통을 가지고 있다는 것, 구단의 자본력을 동원해 우수한 선수를 스카웃하여 수준 높은 경기를 펼친다는 것을 소개함. 체육학과 진학을 희망하며 장차 스포츠 에이전트의 꿈을 꾸는 학생으로 장래가 매우 촉망됨. 관심분야 독서활동에서 **'병의 90%는 걷기만 해도 낫는다(나가오 가즈히로)'**를 읽고 '걷기'라는 가장 단순한 운동법이야말로 모든 병을 이겨낼 핵심이라고 소개함. 책을 통해 바르게 걷는 방법과 자세를 알게 되어 일상에서 실천하고자 하는 의지를 표현함.

진로활동 특기사항

직업인과의 만남에서 스포츠 에이전트의 강연을 들음. 스포츠 에이전트가 되기 위해 무엇을 준비해야 하는지, 주로 하는 일이 무엇인지, 힘든 점은 무엇인지, 직업의 전망은 어떤지 등에 대해 알게 되었고 자신의 꿈을 이루기 위해 구체적인 진로 계획을 수립하는 계기가 되었다고 함. '나도 디자인씽커' 프로젝트 활동에서 디자인씽킹의 사고 과정을 배우고 세상을 바꾸는 체인지 메이커에 도전함. 모둠원의 만장일치로 모둠장이 되어 주변에서 문제 발견하기 활동부터 활동 과정 정리 및 다시 도전하기 활동까지 매 차시 적극적으로 모둠원의 활동을 이끌어 가는 리더십을 보임. 대학전공 탐색의 날 행사에서 자신의 관심 분야인 체육학과 전공 탐색에 참여하여 교육과정과 직업 전망에 대한 정보를 수집하여 자기주도적으로 진로 설계를 구체적으로 계획함. '자기 이해하기' 활동 시간에 '나'를 표현하는 키워드로 '축구공'을 선정하여 그 단어가 선택된 이유를 설명함. 자신이 좋아하는 것과 잘하는 것, 자신에게 영향을 준 사건이나 사람을 바탕으로 스토리텔링하여 발표함. 자신에게 영향을 준 도서로 **'스포츠미디어란 무엇인가(매튜 니콜슨)'**를 꼽음. 스포츠 미디어 계획과 전략, 스포츠 스타의 상품화, 미디어 보도자료의 작성 방법에 대해 새로운 시각에서 알게 되었고, 스포츠 에이전트 진로에 많은 영감을 준 책이라고 소개함.

교과 세부능력 및 특기사항

체육

건강 관련 발표 활동에서 생애주기별 운동방법 및 특징을 주제로 발표함. 청소년기에는 건강한 신체를 위해 주 3~4일의 운동이 필요하며, 운동 강도가 너무 강하면 학업에 영향을 끼칠 수 있으므로 중간 강도의 운동이 적절하고, 특히 운동 중에 부상이 있을 수 있기 때문에 안전에 유의해야 한다고 설명함. 또한 운동과 더불어 충분한 영양소 섭취가 청소년기 건강관리에서 중요한 핵심요소라는 점을 강조함. 진로 독서활동에서 '**스포츠 리터러시(최의창)**'를 읽고 스포츠 리터러시의 개념을 알게 되었고 체육 분야에서도 인문적 체육전문성이 절대적으로 필요하다는 감상문을 작성하고 발표함. 체육 관련 전공 진학을 희망하며 미래 헬스트레이너의 꿈을 키우고 있는 학생임. 자신의 진로를 위해 많은 노력을 기울이고 있어 장래가 매우 촉망됨.

운동과 건강

평소 수업시간에 태도가 바르며 수업 시작 전 지도교사를 도와 수업도구를 챙기는 등 성실한 자세를 보임. 운동 능력이 좋아 체육 수업 시 학우들 앞에서 시범동작을 보이는 등 실기능력이 우수한 학생임. 자신의 체력 증진을 위해 학생건강체력평가를 통해 알게 된 자신의 체력 수준을 바탕으로 운동 계획서를 제출함. 계획서에는 유산소 운동, 저항성 운동, 스트레칭 운동으로 구분하였고, 자신의 체력수준을 최대 심박수에 맞추어 목표심박수를 정하고 지속적으로 실천할 수 있도록 자신의 운동 강도, 운동 시간, 운동 빈도, 운동 기간을 포함하여 작성하여 제출함. 그리고 이를 실천하는 영상을 꾸준하게 촬영하고 자신의 변화된 체력 수준을 다른 친구들과 공유하여 많은 학우들의 귀감이 됨. 관심 분야 독서활동에서 '**경기장을 뛰쳐나온 인문학(공규택)**'을 읽고 야구, 축구, 농구, 마라톤, 아이스하키, 피겨스케이팅 등 스포츠 명장면과 함께 담겨 있는 스토리를 통해서 스포츠 에이전트의 진로 꿈을 더욱 확고히 하게 되었다고 함.

행동특성 및 종합의견

다정다감한 성격의 소유자로서 재치 있는 말과 행동으로 주변을 즐겁게 하여 친구들의 호감을 얻음. 학교생활을 긍정적이고 즐겁게 하는 학생임. 밝고 유쾌한 성격으로 유머감각이 있으며 주변에 친구가 많음. 1학기 학급자치회 회장으로서 부드러우면서도 통솔력 있는 리더십으로 단합된 학급을 만드는 데 큰 역할을 함. 학기 초 서먹서먹한 관계를 개선하고자 마니토를 제안하고 진행하여 급우들과 정서적 친밀감 및 공동체 의식을 형성함. 학급 특색 프로그램인 진로 독서 시간에 '**체육 시간에 과학 공부하기(전영석, 홍준의)**'를 읽고 스포츠 속에 다양한 과학적 원리가 스며 있다는 것을 알게 되었음. '**아르센 벵거 자서전 (아르센 벵거)**'을 읽고 세계 최고의 축구 명장 아르센 벵거 감독의 축구 철학과 인생 철학에 대해 알게 되었고, 장차 세계적인 스포츠에이전트가 되고자 하는 의지를 갖게 되었다고 함. 평소 스포츠 관람을 즐기고 특히 프로 야구 관람에 많은 관심을 가지고 있는 학생임. 체육학과 진학을 희망하고 스포츠 에이전트의 꿈을 이루기 위해 최선을 다함.

1 인문계열

2 사회계열

3 자연계열

4 공학계열

5 의약계열

6 예체능계열 · 체육학과

7 교육계열

19 ▶▶ 패션디자인학과

1 학과 인재상

호기심이 많고
세심하게 주의를 관찰하는
능력이 있는 학생

패션에 대해 남다른
흥미가 있는 학생

색채에 대한 감각과
조합 능력이 있는 학생

세상의 흐름을 분석하고 관심을
끌 수 있는 디자인을 만들 수
있는 능력을 지닌 학생

자신만의 미적 감각과 분석력,
창조력, 응용력을 지닌 학생

2 유사학과

- 디자인학부(패션전공)
- 디자인학부 패션디자인전공
- 섬유패션디자인학과
- 패션디자인과
- 패션디자인산업학과
- 패션디자인산업전공
- 패션디자인전공
- 패션뷰티학부
- 패션산업학과

3 관련직업

- 패션디자이너
- 스타일리스트
- 패션에디터
- 무대의상디자이너

4 개설대학

- 강릉원주대학교
- 건국대학교 글로컬캠퍼스
- 경성대학교
- 계명대학교
- 대구대학교
- 동덕여자대학교
- 동명대학교
- 동서대학교
- 동아대학교
- 동의대학교
- 부경대학교
- 상지대학교
- 서울여자대학교
- 세명대학교
- 세종대학교
- 순천대학교
- 영산대학교
- 원광대학교
- 우석대학교
- 인천대학교
- 전주대학교
- 중앙대학교
- 청운대학교
- 호남대학교 등

1 인문계열

2 사회계열

3 자연계열

4 공학계열

5 의약계열

6 예체능계열·패션디자인학과

7 교육계열

5 학과 연계도서

10대에 패션계에서 일하고 싶은 나, 어떻게 할까?

로라 드카루펠(신인수 역) / 오유아이(2017)

이 책은 패션의 세계에서 꿈과 끼를 펼치려는 10대를 위한 입문서이다. 10대를 위한 패션 웹 매거진을 운영하는 저자의 경험에서 우러나오는 현실적이고 톡톡 튀는 꿀팁뿐만 아니라, 패션계 각 분야최고의 전문가들이 들려주는 생생한 에피소드와 조언으로 가득하다. 이 책은 패션계에 관심은 있지만 전문적이고 화려해 보여서 다가가기에 두려움을 느끼는 10대들이 용기를 잃지 않고 자신의 감각을 믿고 나아가도록 돕는다. '패션' 하면 주로 떠올리는 직업인디자이너와 모델뿐만 아니라 스타일리스트, 패션 잡지 기자, 사진작가, 패션 홍보 전문가, 패션 블로거, 쇼윈도 장식가에 이르기까지패션의 세계를 구축하는 여러 직종도 고루 소개한다.

패션의 흑역사

엘리슨 메슈스 데이비드(이상미 역) / 탐나는 책(2022)

이 책은 역사 속에서 발견되는 남녀 모두에게 불편한 패션의 문제를 찾아내어 지속가능하고 건강한 패션을 지향하는 현대인들이꼭 참고해야 할 내용을 전한다. 1장에서는 이가 들끓던 군인들의군복,공장의 병든 노동자가 만들던 의류, 그리고 의사의 넥타이까지 병을 옮기는 옷들을 들여다본다. 2장과 3장에서는 18세기와 19세기 의류 산업에서 가장 널리 사용되었던 독극물 수은과 비소를,4장에서는 합성수지의 원료가 되는 아닐린 염색과 그 부산물을, 5장에서는 이사도라 덩컨의 사망, 호블 스커트 등을 살핀다. 6장에서는 불이 잘 붙는 크리놀린과 플란넬 천 등이 원인이 된 소름 끼치는 패션이야기를 소개하고 있다.

패션을 보면 세계사가 보인다

피오나 맥도널드(김현좌 역) / 내 인생의 책(2011)

이 책은 고대부터 21세기 에코 패션까지, 오늘날 우리가 입고 있는옷들이 얼마나 많은 역사적 사실을 담고 있는지 소개한다. 패션과함께 세계사를 보여주면서 그런 패션이 나오게 된 사회·경제적이유를 설명한다. 산업혁명 이후 여성들이 치마 뒷부분을 불룩하게 하기 위한 '버슬'을 왜 했는지, 여성들이 하이힐에 왜 그토록 열광했는지 등의 예를 들어 역사와 함께 자세히 보여준다. 풍부한 사진 자료와 구어체의 쉬운 설명이 학생들의 이해를 돕는다.

디자이너가 말하는 디자이너

오준식 외 18인 / 부키(2012)

이 책은 현직 19명의 디자이너들이 자신의 일에 대해 솔직하게 털어놓은 오늘의 디자이너 생활 보고서이다. 그래픽 디자인, 제품 디자인, 공간 디자인, 의상 디자인 등 각 분야 디자이너들의 개인적인경험을 통해 디자이너의 일과 생활, 보람과 애환에 대해 살펴볼 수있다. 또 주얼리 디자인, 프로덕션 디자인(영화 미술 디자인), 보도그래픽 디자인 등 잘 알려지지 않은 분야의 디자이너들을 통해서새로운 디자인 분야의 세계를 경험하기도 한다. 디자이너가 되기를 희망하는 청소년들과 진로 지도에 고심하는 학부모 및 교사, 디자이너에 관심 있는 일반인들에게 디자이너 입문서 역할을 한다.

샤넬, 미술관에 가다
김홍기 / 아트북스(2017)

이 책은 패션과 미술에 관한 지식을 재미있고 생생하게 보여준다. 케이프와 스카프, 니트, 숄, 클러치, 안경 등 다양한 패션 아이템의 역사에 대해 기술되어 있다. 시대별 복식의 변천사, 패션 용어의 유래, 역사적인 배경 등을 이해하기 쉽게 설명한 이 책은 패션의 역사를 짚어볼 수 있도록 돕는다. 20세기 초 패션 디자이너 코코 샤넬은 "패션이란 옷 속에만 존재하는 것이 아니라 청명한 하늘과 거리, 우리의 생각과 삶의 방식 등 모든 것에 깃들어 있다"라고 말했다. 이처럼 독자들은 그림에 재현된 패션을 보면서 미에 대한 관념, 삶의 태도, 사고방식 등 패션과 미술에 대한 지식을 얻을 수 있다.

패션 디자이너, 미래가 찬란한 너에게
박민지 / 크루(2022)

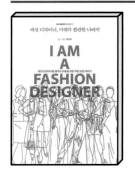

이 책은 무궁무진한 아이디어를 자유롭게 디자인하고 싶은 예비 패션 디자이너들을 위한 도서이다. 패션디자이너 직업 세계의 큰 틀을 이해하는 것은 물론, 현직 패션 디자이너의 디자인 노하우와 함께 앞으로의 패션 트렌드 또한 알 수 있다. 1장에서는 트렌드를 이끄는 패션디자이너의 세계와 자격을 설명한다. 2장에서는 패션 디자이너가 되는 방법, 3장에서는 패션디자이너의 일상, 4장에서는 패션디자이너의 현실과 매력, 미래에 대해 소개하고 있다. 이외에도 국내외 패션 브랜드 종류, 작업지시서 작성 방법 및 예시, 시대별 패션 트렌드, 패션용어 등 알아두면 좋은 패션 꿀팁까지 수록되어 있다.

패턴의 정석
이희춘 / 교문사(2014)

이 책은 패션의 세계에서 꿈과 끼를 펼치려는 10대를 위한 입문서이다. 10대를 위한 패션 웹 매거진을 운영하는 저자의 경험에서 우러나오는 현실적이고 톡톡 튀는 꿀팁뿐만 아니라, 패션계 각 분야 최고의 전문가들이 들려주는 생생한 에피소드와 조언으로 가득하다. 이 책은 패션계에 관심은 있지만 전문적이고 화려해 보여서 다가가기에 두려움을 느끼는 10대들이 용기를 잃지 않고 자신의 감각을 믿고 나아가도록 돕는다. '패션' 하면 주로 떠올리는 직업인 디자이너와 모델뿐만 아니라 스타일리스트, 패션 잡지 기자, 사진 작가, 패션 홍보 전문가, 패션 블로거, 쇼윈도 장식가에 이르기까지 패션의 세계를 구축하는 여러 직종도 고루 소개한다.

우리 기억 속의 색
미셸 파스투로(최정수 역) / 안그라픽스(2011)

이 책은 저자가 1950년대 초반부터 오늘날까지 거의 60년에 걸쳐 색에 관하여 보고 경험하고 느낀 것들을 증언하고, 역사와 변천들을 되새겨 서술한 책이다. 의복과 일상생활, 예술과 문학, 스포츠 분야, 취향과 색 등 다양한 분야에서 저자가 실제로 겪은 경험들을 이야기한다. 어린 시절의 느낌들, 소소한 즐거움, 색에 대해 느낀 반감에 대해서도 이야기한다. 초록색에 대한 공포증을 가지고 있었던 슈베르트의 이야기, 교통신호로 사용하는 삼색 신호등 이야기에 대해 소개하고, 동화 '빨간 두건' 속 빨간색이 내포한 의미를 살펴보는 등 색의 역사를 훑고 환기한다.

한국의 패션 저널리즘
손미영, 이성희 / 지식의 날개(2010)

이 책은 패션과 저널리즘의 관계, 즉 문화와 산업으로서의 패션이 탄생하기까지 전 과정에 끊임없는 영향력을 행사하는 매스미디어의 모습을 비판적 시각으로 조명한다. 특히 패션 시장의 규모는 세계적 수준이면서 패션 저널리즘에 대한 인식과 수준은 턱없이 낮은 국내의 현실을 꼬집으며 이에 대한 관심과 전문 인력 양성을 촉구한다. 이 책은 국내 패션 매체의 변화 및 발전 과정을 보여주는 다수의 시각 자료도 제시한다. 현직 일간지 패션 담당 기자가 신문 패션 저널리즘의 내용을 소개하기도 한다.

패션디자이너 어떻게 되었을까
캠퍼스멘토 / 캠퍼스멘토(2022)

이 책은 패션디자이너 6인이 말하는 패션디자이너 직업의 세계와 해당 직업인의 다양한 커리어패스 정보를 제공하고 그 과정에서 생겨나는 에피소드와 일화들을 소개한다. 1장에서는 패션디자이너 직업의 개념부터 직업 전망과 주요 업무 능력과 자질에 대한 정보를 안내하고, 패션디자이너가 되는 과정과 장단점에 대해 알려주고 있다. 2장에서는 실제 현장에서 활동 중인 패션디자이너 6인의 생생한 경험담이 인터뷰 형식으로 담겨 있다. 3장에서는 관련 학과 정보와 세계적인 패션디자이너, 국내 유명 패션디자이너, 패션디자인 관련 영화 정보들을 소개함으로써 책의 재미를 더해주고 있다.

패션 시장을 지배하라
정인희 / 시공아트(2011)

이 책은 본격적인 패션 마케팅을 이야기하기 전에 '패션'과 '마케팅'이 무엇인지 살펴보는 것으로 시작한다. 패션과 마케팅의 공통점은 정확히 정의 내리기 어렵고 끊임없이 변화하는 것이라고 할 수 있다. 이렇듯 손에 잡을 수 없이 모호한 두 분야의 만남은 다른 산업의 마케팅과 달리 왜 '패션 마케팅'이 특화되어야 하는지를 설명해 준다. 패션 제품이 다른 제품과 다른 점은 계절을 탄다는 것과 다양한 사이즈가 있다는 것, 그리고 무한정한 구매가 가능하다는 것이다. 소비자를 사로잡기만 한다면 얼마든지 판매가 가능한 '패션'은 그만큼 마케팅이 중요하다. 저자는 '패션'과 '마케팅'을 각각 설명하면서 왜 패션 산업에서 마케팅이 필요한지, 패션 마케팅이 무엇인지를 쉽게 이해할 수 있도록 해 준다.

패션디자인학과 독서탐구활동 활용사례

자율활동 특기사항

1학기 학급자치회 회장으로 입후보하여 코로나19를 함께 극복하기 위해 방역과 건강을 모두 지키는 학급을 만들겠다는 공약으로 여러 학생의 지지를 얻어 회장에 당선됨. 공약을 실천하기 위해 교실 환기 및 공용물품 소독 등에 솔선수범하였으며, 마스크 안전하게 착용하기, 제대로 손 씻는 방법에 대한 안내자료를 만들어 교실에 부착함. 2박 3일 진행되는 체육대회용 학급 티셔츠 제작을 맡아 담임선생님과 학급 친구들 모두의 캐릭터를 아기자기하게 디자인함. 졸업 후 홈커밍데이에 입고 오고 싶은 옷으로 선정됨. 실제 사용하는 사람의 용도와 취향을 고려한 사용자 중심의 디자인과 아이디어가 돋보임. 학급 진로 독서활동에서 **패션 시장을 지배하라(정인희)'** 를 읽고 패션과 마케팅의 공통점을 알아보고 왜 패션 산업에서 마케팅이 필요한지, 패션 마케팅이 무엇인지를 쉽게 이해할 수 있었다고 함. 패션디자인학과 진학을 희망하며 장래 우리나라 한복의 아름다움을 전 세계에 알리는 한복 디자이너가 되는 것이 꿈이라고 함.

동아리활동 특기사항

(디자인과학반)(34시간) 의류의 실용성과 친환경성에 관심이 많은 학생으로 특히 인체공학적 디자인과 섬유에 대한 관심이 남다름. 사람들의 각기 다른 신체를 고려하지 않고 디자인에만 치중한 겉모습만 다른 획일적인 속옷에 불만을 갖고, 가격이 저렴하면서도 커스터마이징할 수 있는 방법에 대해 조사하여 발표하였음. 또한 동물 학대를 반대하며 모피를 대체할 만한 섬유에 대해 알아보다가 프리마로프트에 대해 호기심을 갖고 집중 조사함. 이 섬유의 유일한 단점인 불에 취약한 점을 보완할 수 있는 방법을 방화복의 특성과 연계하여 고민함. 이 과정에서 아라미드 섬유와 난연소재를 혼방해 만든 융복합 방적사에 대해 관심을 보임. 방염 성능이 강화된 소방관 방화복을 제작하여 그들의 안전을 지키는 일에 도움을 주고 싶다는 의지를 밝힘. 교과연계 독서활동에서 **'우리 기억 속의 색(미셸 파스투로)'** 을 읽고 초록색에 공포증을 가지고 있었던 슈베르트의 이야기, 교통신호로 사용하는 삼색 신호등 이야기에 대해 급우들에게 소개함.

진로활동 특기사항

홀랜드 진로탐색검사에서 예술형에서 높은 일치 수준을 보였으며, 스스로 무언가를 디자인하거나 아이디어를 구안해 나타내는 것을 즐기는 학생임. 대학 전공 탐색 활동에서 패션디자인학과를 선정해 참여함. 패션디자인학과 교육과정, 취득 자격증, 패션 디자인에 활용되는 디자인 툴, 졸업 후 진출 분야에 대해 다양한 사이트 방문을 통해 자료를 수집해 결과물을 제출함. 진로연계 독서 탐구 활동에서 **'한국의 패션 저널리즘(손미영, 이성희)'** 을 읽고 패션과 저널리즘의 관계, 즉 문화와 산업으로서의 패션이 탄생하기까지 전 과정에 끊임없는 영향력을 행사하는 매스미디어의 모습을 비판적 시각으로 바라보게 된 기회였다고 함. 진로 시간에 배운 디자인 씽킹 수업에 참여하여 디자이너들의 사고방식을 알게 된 후, 의상에 대해 생각할 때 '누가 왜 어떤 용도로 입을지?'처럼 사용자 중심으로 생각하려 노력함. '나의 진로 이야기' 시간에 패션과 사회현상을 연관 지어 설명하고 한국의 전통 복식사에 대한 관심을 드러냄. 최근 세계 최대 동영상 공유 사이트에서 방영된 한국 드라마 '킹덤'으로 인해 한국의 '갓'이 세계적으로 유행하는 현상을 보고 한복의 세계화를 꿈꾸며 서양 문화와 마케팅 분야에 대한 진로 탐색 활동을 실시함. 패션 디자이너의 진로를 꿈꾸는 학생으로 예술적 감각과 디자인 감각, 컴퓨터 그래픽 소프트웨어 활용 능력이 뛰어남.

1 인문계열

2 사회계열

3 자연계열

4 공학계열

5 의약계열

6 예체능계열 · 패션디자인학과

7 교육계열

교과 세부능력 및 특기사항

미술

모둠 토론 활동에서 모둠원들과 주제 선정 협의 중 자원의 재활용에 대한 아이디어를 제시함. 패션업계의 주요 이슈인 환경보호를 위한 업사이클링에 대해 관심을 가짐. 제품을 오래 사용할수록 환경보호에 도움을 줄 수 있다는 것을 깨닫고 폴리우레탄 폼의 성질을 활용하여 센서를 부착한 고기능성 스포츠웨어를 디자인하고 지속 가능한 패션의 중요성에 대해 발표함. 국내의 환경과 패션의 협업 사례를 조사하여 탐구하여 발표함. 국내 의류 브랜드의 자연 친화적 소재를 활용한 제품과 자연을 연상케 하는 색감과 디자인, 페트병을 수거해 만든 에코 소재 의류 등 최근 패션업계의 환경 캠페인 사례를 조사하여 착한 소비를 지향하는 소비문화의 변화에 대해 파워포인트를 제작하여 발표함. 진로연계 독서활동에서 **'패턴의 정석(이희춘)'**을 읽고 디자이너들이 필수로 알아야 하는 패턴의 기본원리와 제도 방법에 대해 알게 되었다고 함. 패션디자인학과 진로를 희망하며 장차 패션디자이너의 꿈을 가지고 있는 학생임.

미술감상과 비평

미술과 역사 융합 프로젝트를 통해 역사 속에서 강력한 왕권을 휘둘렀던 시대와 지역의 미술 양식을 조사하여 탐구보고서를 제작함. 중국 최초의 통일제국 진나라의 진시황릉과 프랑스 루이 14세가 추진한 베르사유 궁전을 비교·분석하여 발표함. 역사적 지식에 해박하고, 미술 문화를 이해하는 능력이 뛰어나며, 관련 자료와 서적을 탐구하는 태도가 매우 우수함. 미적 대상 탐색 활동을 통해 최근 인테리어 트렌드를 분석하여 자신의 생각을 글로 작성함. 집에서 일상을 보내는 시간이 많아지면서 인테리어에 대한 관심이 높아졌다는 점을 언급하며, 각자의 미적 취향에 따라 디자인을 선택할 수 있는 제품들이 등장하고 있다고 분석함. 진로 독서 발표에서 **'패션디자이너 어떻게 되었을까(캠퍼스멘토)'**를 읽고 패션디자이너 직업 소개, 업무 능력과 자질, 되는 과정, 관련학과 정보 등을 시각적인 자료를 활용해 발표함.

행동특성 및 종합의견

상황 파악을 잘하고 학급의 분위기 메이커로 항상 웃는 얼굴로 타인을 대함. 소신 있고 자신의 목표를 실천하려는 의지도 뚜렷함. 교내 메이커스페이스의 전사프린터를 활용한 다양한 제품들을 디자인하고, 학교 홍보물과 캠페인용 굿즈 제작 공모에 참여하여 당선되기도 함. 이러한 능력을 전교생에게 인정받아, 학교 홍보용 디자인과 제작에 참여하게 됨. 학교 단체 점퍼 제작, 졸업앨범 제작, 학교 설명회 선물용 에코백 디자인, 학교 로고 디자인 등의 작업에 참여함. 패션 디자인 이외에 의류 소재에도 관심이 많아 친환경 의류 소재에 대한 자료를 수집하고 패션 잡지를 통해 의류계의 소식을 꾸준히 접하며 뒤처지지 않으려 노력하는 모습이 칭찬할 만함. 학급 독서 프로그램에서 **'샤넬, 미술관에 가다(김홍기)'**를 읽고 패션의 역사와 미술에 대한 지식을 많이 배울 수 있었고, **'패션을 보면 세계사가 보인다(피오나 맥도널드)'**를 통해 패션과 세계사와의 상관성을 통해서 새로운 역사적 사실들을 알게 되었다고 함.

20 ▸▸ 회화과

1 학과 인재상

풍부한 상상력 및 창의력을 갖춘 학생

자신의 미적 표현 능력을 적극적으로 발휘할 수 있는 학생

독창적인 개성과 기본적인 실기능력을 지닌 학생

예술에 대한 끊임없는 탐구 열정을 갖추고 서양화에 관심이 많은 학생

적극적인 창작 욕구와 탐구자세를 가지고 있으며 강한 인내심을 갖춘 학생

2 유사학과

- 회화전공
- 회화학부
- 미술학과 서양화전공
- 서양화
- 서양화과
- 서양화전공
- 회화학과(서양화전공)

3 관련직업

- 큐레이터
- 화가
- 미술평론가
- 디자이너
- 미술잡지사기자
- 미술교사

4 개설대학

- 계명대학교
- 국민대학교
- 단국대학교
- 동국대학교
- 동덕여자대학교
- 부산대학교
- 서울대학교
- 성균관대학교
- 성신여자대학교
- 세종대학교
- 숙명여자대학교
- 영남대학교
- 울산대학교
- 용인대학교
- 이화여자대학교
- 인천대학교
- 전남대학교
- 조선대학교
- 중앙대학교
- 추계예술대학교
- 충남대학교
- 한남대학교
- 한성대학교
- 홍익대학교 등

예술의 정원
루시아 임펠루소(조동범 역) / 알에이치코리아(2022)

이 책은 대중들이 알고 있는 일반적인 의미의 정원부터 당시의 생활양식을 담은 정원, 상징적인 개념을 내포한 정원, 문학 작품과 화가의 화폭 속 정원, 종교적 장소로서의 정원 등 고대부터 19세기까지 서양 미술에 담겨 있는 다채로운 정원의 세계를 다루고 있다. 그림 속에 그려진 정원은 회화의 배경이나 주제를 장식하는 역할 정도로 낮게 평가할 때도 있었지만 시대의 취향과 미학을 반영하는 상징과 의미가 숨어 있다. 책에 수록된 300여 가지가 넘는 서양 미술에 담긴 정원 그림들을 통해 정원에 대한 다채로운 역사와 해석을 배울 수 있다.

조선 시대 회화
윤철규 / 마로니에북스(2018)

이 책은 한국 미술 역사상 회화가 가장 발달한 500년 조선 회화사를 압축적으로 정리한 입문서이다. 뛰어난 도화서의 화원들과 사대부 문인 화가들은 물론 중인 화가와 직업 화가들이 활발히 활동하며 독자적인 화풍을 형성했고 많은 예술 작품을 남긴 조선 회화를 전기, 중기, 후기, 말기 등 시대별로 나누어 살펴보고, 사회적·경제적·사상적 변화를 통해 다양한 양상으로 발전해온 과정을 낱낱이 기록했다. <몽유도원도>로 유명한 안견, 진경산수화를 창안한 겸재 정선, 조선의 천재 화가 단원 김홍도, 시·서·화에 천부적인 재능을 발휘했던 추사 김정희, 조선 화단의 마지막 천재로 불린 오원 장승업 등 시대별로 큰 획을 그은 화가들의 화풍과 특징을 빠짐없이 다루었고, 그들에게 영향을 받은 많은 추종자들까지 다양하게 소개했다.

비즈니스 엘리트를 위한 서양미술사
기무라 다이지(황소연 역) / 소소문화(2020)

이 책은 많은 사람들이 미술사와 친숙해지기를 바라는 저자의 마음을 밑바탕 삼아 약 2,500년 동안의 서양미술사 중 반드시 알아야 할 지식을 담고 있다. 단순하게 미술작품을 설명하는 것이 아니라 작품의 배경이 되는 역사와 사건, 문화, 가치관 등 '교양'으로서 미술사를 배우고 익히도록 구성되어 누구나 쉽게 이해하고 흥미롭게 읽어나갈 수 있다. 미술이 왜 '보는' 것이 아니라 '읽는' 예술인지, 미술관 또는 책에서 보았던 작품이 어떤 메시지를 담고 있는지를 알아가는 즐거움도 만끽할 수 있다.

5일 만에 끝내는 서양미술사
최연욱 / 메이트북스(2019)

이 책은 서양미술의 역사와 대표 명작들에 대한 감상 방법까지 쉽고 유쾌하게, 그러면서도 치밀하고 속속들이 담아내 그동안 어렵게만 느껴지던 서양미술사를 손쉽게 이해할 수 있도록 구성했다. 원시 미술부터 르네상스, 바로크와 로코코, 신고전주의 사실주의, 표현주의 시대를 거쳐 등장한 인류의 사랑을 받는 위대한 미술품 48점에 대한 저자만의 깊이 있는 해설은 이 책의 가치를 더해주고 있다. 특히 다양한 각도와 시각에서 미술품 감상의 즐거움을 선사해주고, 예술적 감성을 발견하는 즐거움을 누릴 수 있게 해준다.

1 인문계열
2 사회계열
3 자연계열
4 공학계열
5 의약계열
6 예체능계열 · 회화과
7 교육계열

디테일로 보는 현대미술
수지 호지(장주미 역) / 마로니에북스(2021)

이 책은 19세기 후반부터 현대까지 세계적으로 유명한 현대미술 75점을 가장 디테일하게 살펴본다. 회화, 판화, 조각, 설치미술, 콜라주까지 다양한 종류의 작품들을 다루고 있다. 반 고흐, 고갱, 피카소, 클림트, 샤갈, 워홀, 허스트 등 유명한 화가들의 작품에서조차 사람들이 놓칠 수 있는 미세한 부분들을 짚어준다. 저자는 작품을 상징이나 비유, 독특한 기법, 작가가 선택하고 사용한 재료, 영감의 원천 등 다양한 측면에서 입체적으로 살펴본다. 이외에도 세계를 뒤흔든 정치적·문화적 사건에서부터 인상주의, 입체주의, 미래주의, 팝아트 같은 획기적인 미술 운동, 그리고 과학적인 이론에 이르기까지 예술 작품을 창조하는 데 영향을 미친 모든 요인들을 살펴본다.

다시, 그림이다
마틴 게이퍼드(주은정 역) / 디자인하우스(2012)

이 책은 1960년대 영국 팝아트를 대표하는 팝 아티스트, 새로운 접근의 포토 콜라주를 시도한 사진가, 일러스트레이터, 판화가, 무대미술가 등 다양한 이름으로 불리는, 현존하는 최고의 화가 데이비드 호크니를 담았다. 저명한 미술 평론가 마틴 게이퍼드가 10여 년에 걸쳐 데이비드 호크니와 만나 대화한 내용을 기록한 책이다. 게이퍼드와 호크니가 나누는 대화 속에는 시각적인 것이 제공하는 즐거움, 그리고 예술과 창조력의 본질에 관해 호크니가 평생 진지하게 사색한 결과물들이 녹아 있다. 컨스터블, 반 고흐, 페르메이르, 카라바조, 모네, 피카소와 같은 미술사의 거장들에 대한 재미있는 이야기, 그와 교류한 앙리 카르티에, 빌리 와일더 같은 재능 있는 예술가들의 이야기 등 예술사 전반을 넘나들며 등장하는 다양한 대화의 소재 또한 이 책의 내용을 더욱 풍부하게 해준다.

영화, 미술의 언어를 꿈꾸다
한창호 / 돌베개(2006)

이 책은 미술 사조를 중심으로 영화와 미술의 관계를 보다 이론적이고 체계적으로 논하고 있다. 저자가 '씨네 21'에서 연재했던 「영화와 미술」 칼럼 중에서 35편을 묶어낸 것이다. 명작 영화의 독특한 미학 뒤에 숨겨진 회화 작품을 발견해내어, 영화 미학의 발달사와 함께 그 속에 스며든 서양미술사의 흐름을 짚어주고 있다. 책 속에서는 르네상스 미술부터 팝아트까지 7개의 주요 미술사조로 각 장을 나누고, 그 미술 양식으로부터 영향을 받은 영화들을 소개함으로써 자연스럽게 미술사조의 미학과 특징을 이해할 수 있도록 하였다. 서양미술사의 대표적인 주제, 모티프, 미술작품의 이미지를 영화 속에 어떻게 인용했는지, 미술의 이미지로 등장인물의 감정과 영화의 줄거리를 얼마나 효과적으로 전달했는지 살펴볼 수 있다.

이것은 미술이 아니다
메리 앤 스타니스제프스키(박이소 역) / 현실문화연구(2022)

이 책은 미술에 대한 오래된 편견과 신화를 뒤집고 있다. 미국의 미술사가 메리 앤 스타니스제프스키가 해박하고 예리한 지식과 통찰을 바탕으로 예술적인 유산을 보는 새로운 시각을 제시한다. 그는 우리가 알고 있는 미술이 제작될 당시에는 근대의 발명품이었으며, 오늘날 문화에 의해 차용되어 미술로 변형된 것이라고 주장한다. 풍부한 시각자료와 파노라마를 통해 그동안 우리가 알지 못했던 미술사와 개개의 작품을 평가하는 새로운 시선을 만날 수 있다.

서양화 자신 있게 보기
이주헌 / 학고재(2017)

이 책은 2002년 EBS에서 방영된 '이주헌의 미술 기행'을 기초로 구성됐다. 우선 역사화, 인물화, 풍경화 등 장르별로 서양 회화를 훑고, 이어서 고전주의, 낭만주의, 사실주의, 인상파 등 유파 혹은 사조별로 서양 회화를 살핀다. 그리고 원근법, 모델, 미술 시장, 조각, 판화 등 미술을 이해하는 데 중요한 내용이나 범주에 따라 관련 내용을 함께 보는 것으로 전개된다. 다만 시대적인 측면에서는 고대와 중세를 제외하고 19세기를 중심으로 르네상스부터 20세기 초까지를 주된 범위로 잡았다. 서양 미술 가운데서도 우리에게 친숙한 미술에 집중하고자 했기 때문이다. 방송에서 소개하지 못한 부분을 더 많은 도판과 정보로 보완했다.

화가들의 정원
재키 베넷(김다은 역) / 샘터사(2020)

이 책에는 르누아르와 세잔, 살바도르 달리, 프리다 칼로를 비롯한 전 세계의 위대한 화가들이 직접 가꾼 정원 이야기가 담겨 있다. 시간의 흐름을 고스란히 담아내는 정원은 정물화의 소재와 달리 매번 새로운 시선과 느낌으로 담아낼 수 있는 소재다. 화가들은 정원이라는 모티프를 반복해서 그리면서 화법을 다듬고 완성해나갔다. 책에 등장하는 장소는 여전히 남아 있으며 누구나 둘러볼 수 있다. 화가들은 꽃과 채소, 과일을 기르는 소박하고 단순한 행위에서 영감을 얻었다. 이들의 손길이 닿은 화단과 텃밭, 올리브나무 숲, 포도밭을 살펴보면 작품을 감상하는 것 이상으로 화가의 삶과 예술 세계를 깊이 이해할 수 있을 것이다.

회화과 독서탐구활동 활용사례

자율활동 특기사항

학교에서 실시한 축제의 준비위원으로 자신의 진로 분야인 미술을 활용하여 축제 홍보 리플릿과 무대 배경을 제작하고 부스의 현수막을 직접 디자인함. 친구들의 의견을 수렴하면서 자신의 장점을 발휘하는 모습이 매우 인상적인 학생임. 한 달 동안 마니토 친구를 세심하게 관찰하여 친구에게 필요한 도움을 주었고, 마니토 발표 시간에 친구 얼굴을 캐리커처로 멋지게 그려 선물로 주어 많은 친구들에게 감동을 줌. 분기별 학급 소식지 만들기에 참여하여 색감과 글씨체 및 전체적인 디자인을 담당함. 디자인이 섬세하며 계절에 어울리는 알맞은 색감을 잘 활용하였고, 매번 새로운 글씨체를 선보여 친구들의 감탄을 자아냄. 학급 진로 독서활동 시간에 **'화가들의 정원(재키 베넷)'**을 읽은 후 전 세계 위대한 화가들이 직접 가꾼 정원 이야기와 정원이라는 모티브를 담아내는 화풍에 대해 알게 되었다는 감상문을 작성함. 화가의 꿈을 꾸고 있는 학생으로 예술적 감성과 그림 재능을 가지고 있어 장래가 유망함.

동아리활동 특기사항

(미술회화반)(34시간) 교실 벽 꾸미기 프로젝트에 참여하여 교실 벽에 도화지를 붙여 작품을 선보임. 교통안전 교육 후속 활동으로 교문 주변에 교통안전주의 표지판을 제작하여 전시함. 체인지 메이킹 활동에 참여하여 학교생활의 불편한 점을 찾아 대안을 제시함. 화장실 문에 아름다운 그림과 글귀가 있으면 좋겠다는 의견을 제시하여 관심이 있는 친구들을 모아 함께 작업함. 선생님의 허락을 받고 화장실 문 곳곳에 다양한 그림과 명언을 붙여 학생들의 정서교육에 도움을 줌. 관심 분야 독서활동에서 **'이것은 미술이 아니다(메리 앤 스타니스제프스)'**를 읽고 그동안 잘 알지 못했던 미술사와 개개의 작품을 평가하는 새로운 시선을 만날 수 있어서 좋았다는 감상문을 작성함. 학급 자치 시간에 주제와 관련된 다양한 아이디어를 자유롭게 표현하며 자신과 다른 의견에도 경청하는 태도를 보임. 미술 분야에 뛰어난 역량을 가지고 있고 리더십과 의사소통능력이 강점인 학생임.

진로활동 특기사항

직업인 초청 특강에서 미술 교사와의 만남의 시간을 통하여 미술 교사가 되기 위해 준비해야 할 점과 미래 전망에 대해 알게 됨. 이 과정에서 전공학과를 탐색하고 대입 전형 준비과정에 대한 경험담을 바탕으로 한 학교생활 및 학업 이수 계획을 세움. 이를 통해 학생들과 함께 지덕체를 함양하고 학생들의 인성과 즐거운 학교생활을 위해 조력자의 역할을 하는 미술 교사가 되고자 하는 포부를 밝힘. 변화하는 미래 사회에 경쟁력을 갖추기 위해 창의력을 기르고 인격을 함양할 것을 다짐함. 진로 미니북 만들기 활동을 통해 자신의 특성을 객관적으로 이해하고 미래의 자신에게 편지를 쓰면서 미래의 모습을 상상하고 자신의 꿈을 응원함. 그림 그리기 등 다양한 예술적 창작 행위에 관심을 보이며 그중에서도 그림 그리기 재능이 뛰어난 학생임. 진로 롤모델 찾기에서 미술 교사에 관해 관심을 가지고 미술 교사가 되기 위해 다양한 자료를 찾아 정리하여 진로 로드맵을 작성함. 미래의 미술 교사의 모습을 그려보고 이를 통해 미술 교사에 대한 꿈을 확고히 하는 계기를 가짐. 진로 독서활동에서 **'서양화 자신 있게 보기(이주헌)'**를 선정해 감상문을 작성하고 발표함. 역사화, 인물화, 풍경화 등 장르별로 그리고 고전주의, 낭만주의, 사실주의, 인상파 등 사조별로 서양 회화에 대해 알 수 있는 기회가 되었다고 함.

교과 세부능력 및 특기사항

미술

다양한 시각으로 미술 작품을 바라보고 판단하여 이를 객관화하여 표현할 줄 아는 비판적 사고능력을 갖춤. 한결같이 성실한 태도로 노력하며 자기주도적 학습 습관을 겸비한 학생임. 역사 뉴스 콘텐츠를 제작하는 모둠 활동에서 고대부터 조선에 이르기까지 시대별 대표 미술 작품들을 세 가지씩 선정하여 다양한 문헌 연구를 통해 뉴스의 기사문을 작성함. 진로 독서활동에서 **'영화 미술의 언어를 꿈꾸다(한창호)'**를 읽고 명작 영화의 독특한 미학 뒤에 숨겨진 회화 작품을 발견해내어, 영화 미학의 발달사와 함께 그 속에 스며든 서양미술사의 흐름을 짚어볼 수 있는 기회가 되었다고 함. 미술 관련 직업 세계 탐구 활동을 통해 '컬러리스트'라는 직업을 소개하고 영상을 활용하여 발표함. 다양한 분야에서 컬러의 중요성이 강조되고 있으며 효과적인 색채 연출을 통해 상품이나 이미지의 가치를 높일 수 있다고 설명함. 특히 개인의 타고난 신체 컬러인 '퍼스널 컬러'에 대한 관심이 높아지고 있어 이와 관련된 사업이 발전하고 있음을 사례를 들어 제시함.

미술감상과 비평

현대 미술 정의하기 활동에서 '인간에 의한 미술'은 인공지능과 같은 기술이나 다른 생물체에 의한 것이 아닌 인간에 의해 만들어진 것을 미술로 보는 관점이라고 설명함. '미술적 과정에 의한 미술'은 미술적 표현 과정을 강조하는 입장으로 대량 생산된 상품은 미술로 볼 수 없다고 주장함. '전시 공간에 의한 미술'은 전시를 위한 공간에 있다면 미술로 결정할 수 있다는 입장이라고 설명함. 이에 대한 사례로 한 소년이 전시장 바닥에 두고 간 평범한 안경을 작품으로 착각했다는 해프닝을 들어 다른 학생들이 박수를 보냄. 진로 독서활동에서 **'디테일로 보는 현대미술(수지호지)'**을 읽고 인상주의, 입체주의, 미래주의, 팝아트 같은 획기적인 미술 운동, 그리고 과학적인 이론에 이르기까지 예술 작품을 창조하는 데 영향을 미친 모든 요인들에 대해 이해하기 쉽게 발표 자료를 만들어 소개함.

행동특성 및 종합의견

수업에 적극적으로 참여하여 교사에게 수업을 함께 만들어 갈 수 있도록 기대감을 주는 학생임. 교사뿐만 아니라 급우들에게도 다정다감한 학생임. 친구들이 준비물 등을 놓치는 모습을 보고 누가 시키지 않았는데도 불구하고 스스로 급우들에게 중요한 안내사항을 반복 안내함. 급우들이 학교 행사 및 전달사항에 꾸준히 관심을 가지고 수업 준비에 최선을 다할 수 있도록 도움. 항상 예의를 갖추고 고운 말을 하는 학생으로 긍정적인 기운을 전파하며 기분 좋은 영향을 줌. 학급 특색 진로 독서 시간에 **'다시, 그림이다(마틴 게이퍼스)'**를 통해 컨스터블, 반 고흐, 모네, 피카소와 같은 미술사의 거장들의 삶과 예술적 정열에 대해 알게 되었고, **'5일 만에 끝내는 서양 미술사(최연욱)'**를 읽고 서양미술의 역사와 대표 명작들에 대한 감상 방법에 대해 알게 되었다고 함. 그동안 어렵게만 느껴졌던 서양미술사에 대해 이해의 폭을 넓힌 계기가 되었다고 함. 미술 교사를 꿈꾸고 있고 교사에게 필요한 의사소통능력, 갈등관리능력, 문제해결력 등을 함양하기 위해 노력하는 학생임.

계열별
진로 독서의 실제

Chapter 7 교육계열

1 ▸▸ 가정교육과

1 학과 인재상

평소에 공작이나 생활 소품과 옷 만들기, 요리 등을 좋아하는 학생

가정생활과 관련된 시사 문제 및 서적에 관심이 많은 학생

합리적 의사소통능력과 문제해결능력의 중요성을 알고 실천하려고 하는 학생

학습자를 비롯한 인간을 보는 시각이 긍정적이고 발전 지향적인 학생

가족을 둘러싼 주변 환경에 관심이 높고, 창의적 재능을 지닌 학생

2 유사학과

- 기술·가정교육과
- 소비자학과
- 아동가정복지학과
- 보육·가정상담학과

3 관련직업

- 교수
- 장학사
- 아동·청소년 및 소비자 관련 상담사
- 공무원
- 식품·영양 관련 강사

4 개설대학

- 강원대학교
- 경남대학교
- 경북대학교
- 고려대학교
- 동국대학교
- 동국대학교 WISE캠퍼스
- 원광대학교
- 전남대학교
- 전주대학교
- 한국교원대학교 등

가정과 수업 방법과 수업 실연
채정현 / 교문사(2019)

이 책은 청소년들이 '가정 생활'과 '기술의 세계'에 대한 지식, 능력, 가치 판단력을 함양하여 건강한 개인 및 가정 생활을 영위하고, 기술에 대한 기본 소양을 습득하여, 현재와 미래 생활을 주도할 수 있는 역량을 두루 갖추게 하는 데 목적이 있다. 또한 그 조력자로서 역할을 다하는 가정과 교사 양성이 목표이다. 가정과의 특성에 맞는 교수·학습 방법에 대한 다양한 예시를 제시하여 예비 및 현직 교사들이 수업에 활용할 수 있도록 구성되었고, 체계적이고 과학적인 교수·학습 연구 방법을 제시하였다.

생애주기영양학
이연숙 / 교문사(2021)

경제성장과 더불어 식생활 개선 및 문화수준 향상에 따라 비만과 그로 인한 건강상의 심각성이 점차 증가하는 현실이 되었다. 특히 국내 아동비만율은 해마다 늘고 있는 추세이다. 식생활의 간편화와 서구화로 인해 전보다 많은 음식을 섭취하지만 운동량은 부족하여 체중이 증가하고 영양상의 불균형은 점차 그 격차가 벌어지고 있는 현실에서 이 책은 우리가 일생 동안 겪게 되는 변화무쌍한 시기의 영양과 그 섭취에 관한 내용을 체계적으로 정리하였다. 출생부터 사망까지 최적의 상태로 생활하는 데 필요한 정보를 얻을 수 있게 해준다. 또한 가정교육과 교육과정 내에서 생애주기 영양학의 기초적이고 전반적인 내용을 학습할 수 있도록 구성되었다.

무엇을 먹을 것인가
콜린 캠벨(유자화 역) / 열린과학(2020)

채식의 바이블이라 불리는 이 책은 건강과 관련해서 수많은 근거 없는 믿음과 잘못된 정보를 거르게 하는 동시에 간결하고 분명하게 개선 가능성의 메시지를 제시한다. 저자는 건강하고 행복한 삶을 꿈꾼다면 먹는 음식을 바꾸라고 조언하고, 동물성 단백질이 초래하는 질병에 대해 경고한다. 자연식물식을 강조하는 저자는 현재 비만과 성인병의 위험에 처한 현대인들에게 어떠한 식습관과 생활이 현명하고 실질적인 해결 방안을 줄 수 있는지 또 다른 시각으로 알려준다.

가족
존 브래드쇼(오제은 역) / 학지사(2006)

이 책은 브래드쇼의 가족이라는 제목으로 방영된 미국텔레비전 시리즈의 내용을 보강하여 출간된 책이다. 주인공의 분노와 고통, 자신의 미해결된 과제와 가족 문제에 초점을 맞춘 이 프로그램은 선풍적인 관심을 모았다. 이 책은 잃어버렸던 나를 찾고, 진정한 나를 재발견할 수 있도록 이끌어 준다. 그동안 나 자신이 문제인 줄로만 알고 있었던 생각에서 벗어나 '가족'이 모든 문제의 핵심이었음을 깨닫게 한다. 이 책은 자존감을 강화하기 위한 새로운 방법뿐만 아니라 잃어버렸던 어린 시절의 자신을 회복할 수 있는 방법을 제공해준다. 또한 가족이 제대로 기능을 해야만 사회의 상처들을 치유할 수 있다는 점을 강조하고 있다.

누가 행복한 소비자인가?
박명희 / 교문사(2011)

행복한 소비란 무엇인가? 만일 우리가 소비하려고 할 때 그 시점을 지연시켜 계획해서 소비할 수 있다면 기다리는 그 시간마저 행복할 수 있다. 소비할 그 순간의 기쁨을 생각하며 말이다. 기다림에 대한 대가가 있기 때문이다. 최근 소비자들의 소비성향은 자기지향적인 소비에서 가치지향적인 소비로 변화하고 있다. 즉, 가격 대비 품질을 따지던 합리적 소비패턴이 환경보호와 사회발전이라는 인류의 공동가치를 추구하는 윤리적 소비로 발전한 것이다. 이 책에서는 윤리적 소비의 특성과 윤리적 소비가 소비생활과 어떻게 관련되어 역할과 기능을 수행하는지를 이해할 수 있게 해준다. 나아가 이를 실천할 수 있도록 도움을 준다.

이상한 정상가족
이희경 / 동아시아(2022)

이 책은 '정상이라는 것은 무엇일까? 객관적인 혹은 주관적인 개념일까? 또 보통 사람들이 생각하는 정상적인 가족은 어떠한 모습일까?' 등 많은 물음을 던지고 있다. 대부분의 사람은 내 가족이 정상이라고 믿고 있을 것이다. 하지만 이 책은 가족이라는 이름으로 묶인되거나 포장된 폭력들을 드러내고 그 기저에 한국의 가족주의가 뿌리내리고 있다고 말한다. 작가는 사회의 가장 기본적인 단위가 '가족'이기 때문에 '개인'은 불완전할 수 있다고 한다. 그리고 그 불완전함을 해결하기 위해 사회와 국가가 울타리가 되어야 한다고 주장하고 있다.

행복한 어른이 되는 돈 사용설명서
미나미노 다다하루(홍성민 역) / 공명(2017)

이 책은 사람이 살아가는 데 필요한 자원을 개인 혼자가 아닌 공동체에서 공유하고 그것을 돈으로 구입하고, 공존을 위해 소비해야 함을 강조하고 있다. 또 돈을 벌기 위해 내가 하는 일에 대해 자신을 돌아보며 일상 속에서 그 일에 대한 정의를 다시금 내려볼 수 있도록 돕는다. 마지막으로 살아간다는 것은 곧 선택의 연속이고 소비도 선택에 의한 것이므로 올바른 선택을 통한 건전한 소비를 강조한다. 입시와 경쟁으로 인해 아이들이 어른이 되어 가는 과정에서 놓치고 지나칠 수 있는 소비와 경제에 대해 올바른 가치관을 형성할 수 있도록 가르침과 도움의 메시지를 주는 책이다.

의류소재
박정희 외 4인 / 교문사(2022)

이 책은 의류소재에 대한 정보와 지식을 원리 위주로 설명하였다. 기존의 의류 소재나 신소재가 가지는 특성에 대해 복합적이고 다양한 과학적 원리를 쉬운 용어로 이해시키고자 했다. 그러나 이 책에서는 그러한 의류 정보를 단편적으로 나열하기보다는 옷감을 구성하고 있는 섬유, 실, 직물이나 편성물의 특성이 어떠한 근거로 생겨났는지를 알기 쉽게 설명해주어 의류소재에 대한 정확한 지식을 전달해준다. 또한 옷감은 섬유 재료에서 직물이 되고 염색이나 가공 과정을 거치면서 단계별로 특성이 변하고 성능이 향상되기 때문에 그 각각의 재료들의 특성을 구별하여 설명하고 있다.

고교학점제, 어떻게 실천할 것인가
김삼향 외 4인 / 맘에드림(2020)

이 책은 공교육의 근본적인 혁신을 도모하는 고교학점제가 우리 고등학교 현장에 제대로 안착하기 위해 갖춰져야 할 제반 조건 및 구체적인 실천 방안을 중심으로 구성되었다. 특히 소통과 협력이 원활한 학교문화 조성, 합리적 규범에 근거한 체계적인 학교운영, 학생들이 주체가 된 과목 선택과 진로교육에 실질적인 도움을 줄 수 있는 다양한 교육과정의 운영 및 편성에 대한 자세한 설명도 추가하였다. 발달적 관점에서의 질적 평가 방안부터 공간의 융통성과 개방성을 높여 학점제에 최적화된 학교 공간혁신에 이르기까지 포괄적으로 아우르는 한편, 실제 사례들과 경험자들의 인터뷰를 풍부하게 담았다. 아울러 마이스터고와 특성화고등학교를 위한 고교학점제 정책 및 교육과정 편성 방향과 실천 사례들도 함께 소개하고 있다.

교사와 학생 사이
하임 G. 기너트(신홍민 역) / 양철북(2003)

이 책은 교사와 학생 모두에게 상대방을 위하는 마음을 전달하기 위해서는 적절한 기술이 필요하다는 것을 알게 해주고, 효과적인 표현의 기술에 대해 생각해 볼 수 있는 계기를 마련해 준다. 거창한 교육론을 다루기보다 교실에서 하루하루 적용하여 학생들과의 만남을 개선시켜 나갈 수 있는 구체적인 기술들을 소개한다. '가르침에는 인격도 필요하지만, 특별한 기술이 필요하다'는 주장은 이 책의 처음부터 끝까지 흐르는 주요 논지다. 이 책은 아이들과의 문제에서, 학부모와의 문제에서, 학교 관리자들과의 문제에서 교사들이 겪는 어려움들을 심도 있게 살피면서 그에 대처하는 방법을 전한다. 교사들이 매일 교실에서 부딪치는 상황들을 인격적으로 처리하고, 심리적인 문제들을 해결하는 방법을 일러준다.

1
인문 계열

2
사회 계열

3
자연 계열

4
공학 계열

5
의약 계열

6
예체능 계열

7
교육계열 · 가정교육과

가정교육과 독서탐구활동 활용사례

자율활동 특기사항

학급 임원 활동에서 급식 및 에너지 활동을 담당함. 단순히 급식 과정을 돕는 것보다 학급 친구들에게 실질적인 도움을 주고자 급식 식단표에 표시된 1일 에너지 섭취량과 일과표를 통해 직접 에너지 소모량을 계산하여 친구들이 에너지 균형을 이루는 것을 도움. **'무엇을 먹을 것인가(콜린 캠벨)'**를 읽고 건강한 먹을거리의 필요성에 대해 카드뉴스를 제작하여 1주일에 한 번씩 학급에 게시하여 학급 친구들에게 '학급 영양사'라는 별명을 얻음. 이외에도 간단한 운동 방법과 식습관 개선방법 및 일상 생활에서의 실천법에 대해 학급에 게시하여 친구들의 건강을 도움. 이 모든 과정이 평소 자신이 관심을 가지고 있는 분야로부터 스스로 학습하고 계산하여 이루어짐. 매번 친구들의 뒷정리를 도와주고 수업이 끝난 뒤 교실의 대기전력을 차단하는 등 에너지를 관리하는 일에도 솔선수범하는 모습을 보임.

동아리활동 특기사항

(의류디자인반)(34시간) 의류의 실용성과 친환경성에 관심이 많은 학생으로 특히 인체공학적 디자인과 섬유에 대한 관심이 남다름. 사람들의 각기 다른 신체를 고려하지 않고 디자인에만 치중한 획일적인 속옷에 불만을 가지고, 가격이 저렴하면서도 커스터마이징할 수 있는 방법에 대해 조사하여 발표함. 이 과정에서 **'의류소재(박정희 외)'**를 읽고, 의류 소재에 대한 정확한 이해를 바탕으로 적절한 소재를 사용해야 함을 주장함. 또한 동물 학대를 반대하며 모피를 대체할 만한 섬유에 대해 알아보다가 프리마로프트에 대해 호기심을 갖고 집중 조사함. 이 섬유의 유일한 단점인 불에 취약한 점을 보완하기 위해 방화복의 특성과 연계할 수 있는 방안에 대해 고민함. 이 과정에서 아리미드 섬유와 난재 소재를 혼방해 만든 융복합 방적사에 대해 관심을 보였으며 이후 생활에서 사용하는 다양한 소재에 대해 탐구할 것을 계획함.

진로활동 특기사항

본교에서 꼬리에 꼬리를 무는 호기심과 배움에 대한 욕망이 가장 큰 학생으로 꼽힘. 국어와 영어 수업 시간에 학습한 의식주 관련 내용에 대해 배경지식을 급우들에게 알려줄 정도로 아는 것이 많은 학생임. 다중지능검사를 실시한 결과 공간지각능력과 대인관계능력이 매우 높은 것으로 나타남. 독서 프로그램을 통해 읽은 **'가족(존 브래드쇼)'**과 진로 특강을 계기로 가족생활 주기별 발달 과업에 대해 관심을 가졌으며, 개인 생애 주기별 발달 과업과 조화로운 삶에 대해 알아보고자 '스마트폰 과의존과 유아·아동기의 발달 과업'을 주제로 발표함. 유아·아동기의 스마트폰 과의존율이 지속적으로 증가하고 있고, 모바일 동영상이나 게임에 익숙해질수록 일상생활의 자극에는 무감각해질 수 있다고 설명함. 어린 시절의 스마트폰 사용은 인지적, 정서적, 사회적 발달에 좋지 않은 영향을 미치고 있다고 소개함. 이런 탐구 결과를 보다 많은 학생들과 공유하기 위해 가정교사에 대한 꿈을 꾸고 있으며, 이를 위해 노력하는 모습을 보임.

교과 세부능력 및 특기사항

통합사회

수업에서 제시하는 기본 개념과 이론을 습득하고 현상을 탐구하는 능력이 우수하며 사회의 다양한 문제를 종합적으로 이해하는 통합적 사고력이 뛰어남. 생활공간과 사회 단원에서 활동형 수업으로 진행된 '학교도서관 공간혁신 제안' 프로젝트에 참여함. 이를 위해 '우리가 몰랐던 세상의 도서관들(조금주)'과 **'누가 행복한 소비자인가?(박명희)'**를 모둠원들과 함께 읽고 적극적으로 토론함. 그 결과 '메이커스페이스'이자 '미디어스페이스'로서의 기능을 가진 미래형 도서관을 제안함. 학생 중심의 공간이면서도 방과 후에는 지역주민들과 함께 공유하는 지역 내 커뮤니티 복합공간의 기능을 겸비하고 있어 윤리적 소비를 이끌어 낼 수 있다고 부연 설명함. 생체인식기술을 접목한 학생들의 심신 건강 체크, 식물테라피를 통한 집중력 향상, 사회적 기업의 야간 활동 공간 제공 등 수많은 자료조사와 고민의 흔적을 확인할 수 있었으며 창의성 및 사회공헌의식 면에서 크게 돋보임.

가정과학

평소 경제와 경영에 많은 관심을 가지고 있고 기업 활동이 사회 발전에 이바지할 수 있어야 한다는 확고한 신념을 가진 학생임. 책임 있는 소비생활 방안을 탐색하는 수업에서 '사회적 기업과 책임 소비'를 주제로 발표함. 이를 위해 **'누가 행복한 소비자인가?(박명희)', '행복한 어른이 되는 돈 사용설명서(미나미노 다다하루)'**를 읽고 내용을 정리하였으며 사회적 기업에 대해 조사하고 쟁점을 파악하여 발전 방안을 제안함. 사회적 기업이란 취약계층에게 일자리를 제공하며 재화 및 서비스의 생산·판매 등 영업활동을 하는 기업을 말한다고 소개함. 소비자들도 더 나은 사회를 만들기 위해 사회적 기업의 제품을 구입하려는 책임 있는 소비를 해야 한다고 주장함. 사회적기업 육성법은 사회적 가치를 추구하는 사회적기업에 실질적인 도움을 주기 위해 마련된 법이지만 기업이 세제와 정부의 보조금 혜택을 악용하는 사례가 있어 비판을 받기도 한다고 설명함.

행동특성 및 종합의견

사람의 건강에 가장 많이 영향을 미치는 요인 중 하나가 음식이라 생각하고 음식으로 사람의 마음을 치유하고 건강을 개선하는 일에 관심이 많음. 음식에 관계된 모든 활동에 관심이 많아 급식 도우미, 잔반 처리, 간식, 야식 문제 개선 등의 교내 활동에 적극 참여하였으며 **'생애주기영양학(이연숙)'**을 읽고 학급 친구들의 식생활 개선을 위해 다양한 정보를 정리하여 학급에 게시함. 이외에도 사회구조 변화와 코로나 19의 명암, 1인 가족, 배달 앱 등의 음식 문화에 대해 조사하여 발표하였으며, 앞으로 변화될 음식 문화의 흐름을 예측하는 일에 관심을 보임. 한국 음식을 세상에 알리고 외국의 음식 문화를 배우기 위해 외국어 능력이 필요하다고 생각하여 영어 공부를 열심히 하고 있고 제2외국어로 불어를 선택함. 의사소통능력이 뛰어나 교우 관계가 좋고 인사성이 바름. 자신만의 요리법을 브이로그 형식으로 제작하여 동영상 사이트에 올리는 등 재능이 넘치는 학생임.

1 인문계열

2 사회계열

3 자연계열

4 공학계열

5 의약계열

6 예체능계열

7 교육계열·가정교육과

2 ▸▸ 교육학과

1 학과 인재상

학생의 발달적 특성과 인성적 특성을 이해할 수 있는 학생

교육 정책을 비롯한 교육 문제와 청소년 문제에 관심을 가지고 있는 학생

사람에 대한 이해와 애정으로, 타인의 가치를 존중하는 자세를 가진 학생

교육을 통하여 사람을 변화시키고자 하는 목표를 가지고 있는 학생

교육 변화에 대처할 수 있는 창의적인 사고력과 정보활용능력을 갖춘 학생

2 유사학과

- 교육공학과
- 교육심리학과
- 청소년교육상담학과
- 평생교육학과

3 관련직업

- 교사
- 학원강사
- 교수
- 사회교육전문가
- 교육 관련 연구원
- 교재개발원 등

4 개설대학

- 강남대학교
- 강원대학교
- 경남대학교
- 경북대학교
- 경상국립대학교
- 계명대학교
- 고려대학교
- 공주대학교
- 국민대학교
- 대구가톨릭대학교
- 동국대학교
- 동아대학교
- 목포대학교
- 부산대학교
- 상명대학교
- 서울대학교
- 서원대학교
- 성균관대학교
- 성신여자대학교
- 세종대학교
- 신라대학교
- 영남대학교
- 원광대학교
- 이화여자대학교
- 인하대학교
- 전남대학교
- 전북대학교
- 조선대학교
- 중앙대학교
- 충남대학교
- 충북대학교
- 한국교원대학교
- 한남대학교
- 한양대학교
- 홍익대학교 등

5 학과 연계도서

행복
서울대학교 행복연구센터 / 주니어 김영사(2018)

이 책은 청소년들의 행복 수업을 위한 책으로, '행복'의 구체적 정의인 '마음이 즐거운 상태'에 대해 느낄 수 있게 하고, 청소년들이 행복하기 위해서 어떤 노력을 해야 하는지 그 방향을 제시한다. 이론을 설명할 뿐만 아니라 실제 사례와 풍부한 실험 및 연구 결과를 안내하고, 청소년들을 직접 만나는 현장의 목소리를 반영하여 교육방법을 전수하고 있다. 이 책은 청소년들이 수업 시간에 행복을 구체적으로 실천하는 방법의 예시를 수록하여 학교 교육 현장에서 교사와 학생 간의 다양한 행복찾기 방법에 대한 길잡이가 될 수 있을 것이다.

하워드 가드너 다중지능
하워드 가드너(문용린 역) / 웅진지식하우스(2007)

이 책은 하워드 가드너의 다중지능이론을 소개한 책이다. 다중지능이론의 핵심 메시지, 다중지능 교육 방법, 창의성과 리더십을 중요시하는 미래 사회에서 다중지능의 역할과 전망을 담고 있다. 획일화된 한국의 교육 현실에서 아이들이 모두 다른 방식으로 발달되어야 한다는 그의 주장은 교육 방향에 대한 새로운 시각을 제공한다. 다중지능이론은 기존의 방식에 익숙한 교사와 학부모에게 자신의 학생과 자녀가 가진 잠재능력과 재능을 이해할 수 있는 해석 체계를 제공해주고 있다. 저자는 최초로 제시한 7가지 지능 외에 새롭게 발견한 지능(자연친화지능, 실존지능)에 대한 내용과 25년간(1981~2006) 검증된 다중지능 교육 프로그램에 대해서 상세하게 설명하고 있다.

미래세대를 위한 인성교육
강선보 / 학지사(2018)

이 책의 저자는 우리의 아동·청소년에게 미래시대를 인간답고 행복하게 살아갈 수 있는 인성을 길러 주기 위해서는 교과수업과 병행하여 인성교육이 지속적으로 추진되어야 한다고 주장하고 있다. 제1부에서는 인성교육에 대한 이론적 기초를 제공하고, 제2부에서는 현장에서 활용할 수 있는 인성교육의 방법 및 실천사례를 제시하였다. 나아가 저자는 우리 아동·청소년의 인성 함양에 관심을 가진 모든 사람에게 도움이 되고자 했으며, 모든 인성교육 관심자와 함께 연대하여 지속적인 노력을 기울임으로써 우리 아동·청소년들 각자가 자기주도적으로 공생(共生)·상생(相生)할 수 있는 인성을 길러 행복한 삶을 살아갈 수 있기를 희망하고 있다.

에밀
장 자크 루소(이환 역) / 돋을새김(2015)

교육학도라면 한 번은 꼭 읽어야 하는 책이라고 말할 수 있는 책이다. 고아 에밀이 현명한 가정교사의 이상적인 지도를 받으며 성장하는 과정을 담고 있는 이 책은 에밀의 성장에 따라 5부로 구성되었다. 그리고 태어나서부터 결혼에 이르기까지 각 성장기에 따른 교육 단계의 형태를 보여준다. 이 책은 아동본위 교육, 자연주의 교육, 체육의 중요성, 감각훈련의 중요성, 실물 교육, 자발성의 원리, 소극 교육, 심리관찰의 필요성 등 근대 교육의 방법 원리가 집약되어 있어 교육적으로 매우 중요한 의미를 지니고 있다. 단순한 교육론이 아니라 인간론이자 문명 비평론이며 소설형식으로 꾸며진 교육학 책이다.

에듀테크
홍정민 / 책밥(2017)

이 책은 에듀테크라는 4차 산업혁명 시대의 교육 패러다임을 설명하고 있다. 기술이 발달하고 직무 분야가 다양해지면서 획일화된 교육보다는 콘텐츠 다양화, 교육 관리 시스템 구축, 온라인 학습 환경 제공 등 에듀테크 활용이 중요해졌다. 주입식 교육보다는 교육 수요자가 원하는 과정을 찾을 수 있도록 다양한 콘텐츠 개발 및 제공, 자발적 교육 참여에 대한 보상, 디지털 환경에 거부감을 지닌 세대가 수용할 수 있는 교육 시스템 마련 등이 필요하다고 강조하고 있다. 이러한 에듀테크의 의미와 함께 인공지능 로봇교사, 소셜 러닝, 전통적 학교의 종말, 교육과정의 변화, 게임 러닝 등을 다루고 있다. 또한 미래의 교육산업의 변화를 예측해보고 에듀테크 시대에 무엇을 어떻게 배우고 가르쳐야 하는지에 대한 고민도 함께 다뤘다.

안녕하십니까, 학교입니다
권재원 / 서유재(2017)

이 책은 공립 중학교 교사이자 교육학자인 저자의 교육에세이다. 이 책은 부모보다 백배는 더 힘들다는 '학부모'가 교육의 주체로서 학부모의 위치에 대한 재고에서 출발한다. 나아가 학교와 공교육을 향한 뿌리 깊은 편견과 오해에 대한 해명이자 진정한 교육 정상화의 길을 보여주고 있다. 책에서는 공교육과 사교육의 구별, 선행학습의 폐해, 공교육개선을 외치는 자들의 위선적인 모습, 부모와 자녀의 바람직한 관계 학습 등의 주제를 다루고 있다. 결론적으로 이 책은 공교육에서 우리가 진정 원하는 것이 무엇인지에 대한 근본적인 질문을 던지고 읽기 편하면서도 생각할 거리들을 제공해준다.

혁신학교란 무엇인가
김성천 / 맘에드림(2011)

저자는 수능시험을 비관하여 자살한 제자의 죽음을 계기로 교실을 넘어 학교를, 학교를 넘어 사회를 바꾸는 교사를 꿈꾸며 교육시민운동을 시작하게 되었고, 시민운동을 통해 학교 밖에서 바라보는 학교교육에 대한 비판적인 시선을 느끼면서 혁신학교 운동에 관심을 기울이기 시작했다고 한다. 이 책은 혁신학교 전반에 대한 이야기를 다루고 있는 책이다. 공교육 안에서 혁신학교가 생기게 된 역사에서부터 혁신학교의 핵심가치, 이론적 토대, 원리와 원칙, 성공적인 혁신학교의 모습을 보이고 있는 단위학교의 모습까지 담아냈다. 혁신학교의 성공모델이라 불리는 서정초등학교, 조현초등학교, 덕양중학교, 장곡중학교, 이우학교의 교장선생님과 선생님들의 진솔한 인터뷰를 실어 지금 우리 교육이 변화하는 생생한 현장의 모습을 간접체험할 수 있다.

교사생활 월령기
경기교육연구소 / 에듀니티(2017)

이 책은 예비 교사와 신규 교사, 경력 교사에 이르기까지 교사라면 누구나 알아두어야 할 교사생활의 모든 것과 현 교육의 주요 현안들을 혁신 교육의 관점에서 포괄적으로 접근해 대안 모색의 실마리를 마련하고자 경기교육연구소 소속 여섯 명의 교사가 쓴 책이다. 특히 예비 교사나 신규 교사에게는 교직을 안내하되 단순한 요령이 아니라 심리적·이론적으로 실질적인 도움을 주는 방식으로 접근했으며, 부족한 경험을 보완할 수 있도록 학교 현장에서 1년을 보내며 겪을 상황을 월별의 주제로 엮었다. 깊이 있는 문제의식으로 주제를 풀어나가는 가운데 근거가 되는 출처를 명확하게 밝히고, 이미지 자료를 충분히 활용하여 이해를 돕고 있다. 학교가 돌아가는 과정을 하나의 흐름으로 파악할 수 있도록 정리한 책으로서, 교육 전문가로 성장해나가는 데 실질적인 도움을 줄 것이다.

고교학점제, 어떻게 실천할 것인가
김삼향 외 4인 / 맘에드림(2020)

공교육의 근본적인 혁신을 도모하는 고교학점제가 우리 고등학교 현장에 제대로 안착하기 위해 갖춰져야 할 제반 조건 및 구체적인 실천 방안을 중심으로 구성된 책이다. 특히 소통과 협력이 원활한 학교문화 만들기, 합리적 규범에 근거한 체계적인 학교운영, 학생들이 주체가 된 과목 선택과 진로교육에 실질적인 도움을 줄 수 있는 다양한 교육과정의 운영 및 편성, 발달적 관점에서의 질적 평가 방안 및 공간의 융통성과 개방성을 높여 학점제에 최적화된 학교 공간혁신에 이르기까지 포괄적으로 아우르는 한편, 실제 사례들과 경험자들의 인터뷰를 풍부하게 담았다. 또한 마이스터고와 특성화고등학교를 위한 고교학점제 정책 및 교육과정 편성 방향과 실천 사례들도 함께 소개하고 있다.

덴마크 행복교육
정석원 / 뜨인돌(2019)

유엔에서 발표한 '세계행복보고서'에 따르면 행복지수가 높은 나라로 덴마크가 손꼽힌다고 한다. 그 이유에 대해 책에서는 교육과 사회구조에 있다고 설명한다. 저자는 자녀를 덴마크에서 교육한 경험을 토대로 무상교육에 가까운 교육정책과 사회적으로 제공되는 구조적 혜택들이 아이들을 행복하게 한다고 강조하고 있다. 생각하는 힘을 기르게 하는, 그래서 스스로 도전할 수 있는 기회를 주는 교육, 다양한 의견을 수렴하고 대학과 스펙보다는 평생의 진로를 국가가 보장해주는 환경 등 덴마크의 행복한 교육 환경을 우리나라의 교육 환경과 비교하여 많은 시사점을 주는 책이다.

교육학과 독서탐구활동 활용사례

자율활동 특기사항

평소 교육제도에 호기심과 관심이 많아 '탈관료제 조직과 혁신학교'라는 자유 탐구 주제를 설정하여 심화 탐구하여 보고서를 제출하고 발표함. '관료주의적 성향이 강한 학교를 어떻게 바꾸어야 할까?'라는 질문에 대한 대안으로 '혁신학교'가 있다고 발표함. **'혁신학교란 무엇인가(김성천)', '행복(서울대학교 행복연구센터)'**이라는 도서를 통해 혁신학교를 '교육 주체들의 협력으로 학교 문화를 새롭게 창출하여 교육과정, 수업, 평가 체제에 의미 있는 변화를 시도하는 학교'로 정의하고, 학생들이 수업시간에 행복한 문화를 만들기 위해 교육자들이 학교를 공동체로 인식하고 교사들의 참여와 소통이 이루어지는 문화가 만들어질 때 학생과 학부모의 참여도 자연스럽게 이루어지게 될 것임을 주장함. 이후 행복한 학교를 만들기 위한 국내외 교육과정 및 교육제도에 대해 탐구하고 이를 비교 분석하여 보고서를 만들 것을 계획함.

동아리활동 특기사항

(교육동아리)(34시간) 교육 동아리에서 **'에밀(장 자크 루소)'**을 읽고 '4차 산업혁명 시대에 교사라는 직업이 꼭 필요한 이유'에 대한 토론을 주도함. 4차 산업혁명에 교사가 지녀야 할 바람직한 태도와 인공지능이 보편화되어도 교사가 사라지지 않는 이유에 대해 에밀의 가정교사의 예를 들어가며 자신의 의견을 명확하게 이야기함. 또한 교사는 학생 고유의 색깔과 특성을 존중하고 학생을 있는 그대로 이해하며 성장을 도와야 한다는 자신의 생각을 발표함. 이러한 교사가 되기 위해 학급 도우미 활동과 멘토링 활동을 기반으로 한 학생 주도 프로젝트 봉사활동을 기획하고 이를 실천함. 이 과정에서 학생들의 생각에 공감하는 것이 생각보다 어렵다는 것을 알게 됨. 공감은 자신의 생각보다 타인의 시각에서 바라보고 이해해야 함을 깨닫고 이러한 역량을 갖춘 교육학자가 되고자 앞으로 더욱 노력할 것을 다짐함.

진로활동 특기사항

교육 분야 전문가라는 진로에 대한 확고한 의식을 가지고 교육 관련 서적, 신문기사 등을 꾸준히 읽고 있으며 각 교과 수업의 주제 발표시간에도 공교육, 현재 한국 입시의 문제점, 한국 교육이 나아가야 할 방향 등을 분석하여 발표함. 특히 **'하워드 가드너 다중지능(하워드 가드너)'**을 읽고 개별성을 존중하는 하워드 가드너의 교육 사상에 감명을 받아 하워드 가드너를 롤 모델로 삼고 그의 연구 자료를 탐구하던 중 교육 심리학이라는 분야를 접하게 되면서 교육학이라는 진로를 구체화하게 됨. 더 나아가 정의로운 교육과 그 역할에 대해 지속적으로 고민하고 답을 찾아갈 것을 다짐함. 교육 분야 진출을 위해 입시 요강들을 구체적으로 분석하고, 전문가들의 인터뷰 영상을 찾아보면서 자신의 진로를 위해 꾸준한 노력을 기울임. 그 외에도 **'고교학점제, 어떻게 실천할 것인가(김삼향 외)'**를 읽고 최근 대두되고 있는 고교학점제에 대해 친구들의 의견을 설문 조사하고 이를 정리함. 수업 이동의 문제와 같은 다양한 의견을 학교에 제출하는 등 자신이 호기심을 가진 내용을 탐구하고 해결하기 위해 노력하는 모습을 보임. 또한 자신이 전공하고자 하는 교육학과의 교육과정을 분석하고 미래 자신이 교육학자가 되어 무엇을 하고 싶은지에 대해 심도 있는 고민을 지속적으로 할 것이라고 다짐함.

교과 세부능력 및 특기사항

영어

새로운 것을 배우는 과정 자체에 즐거움을 느끼며 능동적으로 알고 싶은 것을 찾아 학습하는 학생으로, 언어적 이해력과 문화적 수용력이 탁월함. '나의 인생 비전'을 주제로 한 말하기 활동에서 **'미래세대를 위한 인성교육(강선보)'**을 읽고 미래시대에 인간답고 행복하게 살아갈 수 있는 인성 교육의 필요성과 배움의 행복에 대한 자신의 가치관을 소개한 후 교사가 되어 교육의 본질적 가치를 실현하고 싶다는 포부를 조리 있게 발표함. 이후 진로와 관련된 구체적 활동을 찾고자 노력하는 적극성을 보임. '동화책 번역 프로젝트'에 참여하여 'The boy who lost his face(Louis Sachar)'를 번역하는 재능 나눔을 실천함. 'The Sneetches'를 읽고 그림책에서 말하고자 하는 차별을 청소년의 또래 문화와 비교하여 제시하고 다름을 존중하고 모든 존재가 평화롭게 공존하는 학교 문화가 되어야 함을 호소하는 서평을 작성함.

사회문제탐구

질문을 많이 하기보다는 핵심적이고 탁월한 질문을 할 줄 아는 학생임. 주어진 자료를 분석하여 마치 흡수하듯 이해하는 능력을 지니고 있으며 지적 호기심을 충족하기 위해 **'에듀테크(홍정민)'**와 **'안녕하십니까, 학교입니다(권재원)'** 등의 심층 독서를 통해 그 깊이를 더하는 노력을 기울이기에 사고의 깊이와 지식을 재구성하는 수준이 남다름. '비대면 수업이 고등학생의 학업 성취도에 미치는 영향'이라는 주제로 탐구 프로젝트를 진행하여 사전 계획서, 중간 보고서, 최종 보고서를 작성하고 제출하기까지의 전 과정에서 정해진 일정을 한 번도 어기는 법 없이 정확히 준수하는 성실함을 보임. 이후 우수 보고서로 선정되어 대표로 발표할 때, 자신이 탐구 과정에서 했던 실수나 도표 해석 오류를 발견하고 수정하는 과정 등을 흥미롭게 들려주며 친구들의 관심을 집중시켜 흡입력 있는 발표력으로 프레젠테이션을 완수함으로써 친구들에게 도움이 되는 탐구 사례를 제공하고 학습 동기를 부여하는 데 크게 기여함.

행동특성 및 종합의견

밝은 성격에 넓은 이해심을 지니고 있어 여러 친구들이 스스럼없이 다가갈 수 있는 포용력을 보여 폭넓은 교우 관계를 형성하고 있음. 담임 교사에게도 먼저 마음을 열고 다가와 주어 사소한 상담을 하는 것에도 어려움 없이 이야기를 나누며 신뢰를 형성할 수 있었음. 학급 생활을 하는 데 학생 자치회 부회장의 역할을 하며 학급 내에서도 해야 할 일들을 미루는 법 없이 최선을 다하며 두 역할 사이에서 균형을 유지하는 지혜를 보임. 학교생활 면에서는 정해진 규칙을 준수하면서도 상황에 따라 문제가 되는 부분들을 개선하고 해결하기 위해 노력함. 학교 행사를 진행하는 데도 본인의 의도를 관철시키기 위해서 힘쓰는 것이 아니라 많은 친구들이 함께 참여할 수 있도록 다양한 시각을 반영하기 위해 토의하고 결과를 반영하여 모두가 만족할 수 있는 행사 운영능력을 보여주었음. 자신의 진로를 위해 **'교사생활 월령기(경기교육연구소)'**와 같은 서적을 지속적으로 읽음. 지금과 같이 노력한다면 미래 제자들이 능력을 발휘할 수 있도록 도움을 주는 뛰어난 교육자로 성장할 가능성이 있는 학생임.

3 ▶▶ 국어교육과

1 학과 인재상

우리말과 우리글에 대한
긍지와 애정을 가진 학생

국어교사로서의
기본 자질과
진취적 품성을 갖춘 학생

상대방에 대한
배려와 공감, 이해 능력이
높은 학생

언어를 이해하기 위해
문학, 철학, 예술 등 다양한
분야에도 관심을 갖는 학생

국어에 대한 기초지식과
실제적인 언어 능력을
갖춘 학생

2 유사학과

- 국어국문학과
- 글로벌한국어학과
- 한국어교육과
- 한국언어문학과

3 관련직업

- 교수
- 장학사
- 독서 논술지도사
- 문화예술종사자
- 시인
- 소설가
- 문화 비평가
- 방송 언론인
- 출판·편집인
- 광고·홍보제작자
- 기자
- 평론가 등

4 개설대학

- 가톨릭관동대학교
- 강원대학교
- 경남대학교
- 경북대학교
- 경상국립대학교
- 계명대학교
- 고려대학교
- 공주대학교
- 대구가톨릭대학교
- 동국대학교
- 목원대학교
- 부산대학교
- 상명대학교
- 서울대학교
- 서원대학교
- 순천대학교
- 신라대학교
- 안동대학교
- 영남대학교
- 우석대학교
- 원광대학교
- 이화여자대학교
- 인천대학교
- 인하대학교
- 전남대학교
- 전북대학교
- 전주대학교
- 제주대학교
- 조선대학교
- 청주대학교
- 충남대학교
- 충북대학교
- 한국교원대학교
- 한남대학교
- 한양대학교
- 홍익대학교 등

5 학과 연계도서

국어교육의 이해
최미숙 외 7인 / 사회평론아카데미(2016)

이 책은 교육대학교나 사범대학교, 교육대학원의 국어교육 전공 학생들의 국어교육 입문을 돕기 위한 내용으로 구성된 책이다. 이 책에서는 최근에 논의되고 있는 국어교육의 학문적 쟁점과 과제, 다양하고 구체적인 사례와 실천 방안 등을 다양하게 다룸으로써 국어교육에 대한 정확한 이해를 돕고자 했다. 하지만 전문가들만 읽을 수 있는 책은 아니다. 현재 대학에서 국어교육을 가르치고 있는 저자들이 경험에서 얻은 사례 등을 통해 알기 쉽게 설명하여 현장의 국어교사나 학부모, 전공하고자 하는 학생들처럼 국어교육에 관심을 가진 다양한 사람들이 이 책을 함께 읽을 수 있도록 고려했다.

매천야록
황현(허경진 역) / 서해문집(2006)

《매천야록》은 구한말 3대 문장가 가운데 한 명인 매천 황현이 1864년(고종 1년)부터 1910년(순종 4년)까지 사십칠 년간의 역사를 지식인의 관점에서 비판적으로 서술한 역사책이다. 이 책은 구한말 역사를 한눈에 보여 주기 위해 방대한 원전 가운데서 중요한 부분만 뽑아 엮었으며, 상세한 설명을 곁들인 도판을 넣어 읽기 쉽게 했다. 아울러 구한말 주요 조약, 《매천야록》 깊이 읽기, 주요 사건 연보 같은 보충 자료를 실어 전체적인 맥락을 놓치지 않게 했다. 가능한 한 매천의 분위기를 살리기 위해 한자로 쓴 외국의 지명과 인명은 그대로 살렸으며, '왜'와 '일본'이라는 말도 구별해서 번역했다.

언어 이론과 그 응용
김진우 / 한국문화사(2017)

언어학 분야에서 최우수 서적의 영광과 일간 신문사에서 선정한 최우수 교양서적 등의 명예를 갖고 있는 이 책은 저자인 김진우 교수가 개정 2판을 내고 나서, 일리노이 대학교와 연세대학교에서 가르치면서 얻은 정보와 새로운 학계의 동향을 반영하여 십수 년 만에 수정하고 덧대서 만들었다. 제1부 서론에서는 언어학의 과제와 본질, 기원을 다루고, 제2부 이론에서는 음운론, 형태론, 통사론, 의미론 등 주요 언어이론을 설명했다. 제3부 응용에서는 언어이론으로 실생활과 밀접한 관계에 있는 사회와 심리, 문학, 음악 그리고 두뇌, 컴퓨터, 문자 등 여러 분야에 실제 적용한 내용을 다루어서 언어이론에 쉽게 접근하고 언어이론을 이해할 수 있도록 하였다.

내 문장이 그렇게 이상한가요?
김정선 / 유유(2016)

내가 쓴 글을 세상 밖으로 표현할 수 있는 창구가 과거에 비해 다양하게 늘어나고 있는 것이 현실이다. 그런 글들의 문장을 보면 얼핏 아무 문제도 없고 이상한 점이 없는 것처럼 느껴지나 자세히 들여다보면 다듬어지지 않았거나 어색하거나 원칙이 지켜지지 않은 경우가 많다. 문장의 주인은 문장을 쓰는 사람이 아니라 문장 안에 깃들여 사는 주어와 술어이다. 주어와 술어가 원활할 때가 아니라면 괜한 낱말을 덧붙이는 일은 삼가야 한다. 저자는 20년이 넘도록 단행본 교정 교열 작업을 해온 경험으로 어색한 문장을 훨씬 보기 좋고 우리말다운 문장으로 바꾸는 비결을 소개한다.

1 인문 계열

2 사회 계열

3 자연 계열

4 공학 계열

5 의약 계열

6 예체능 계열

7 교육계열 · 국어교육과

생각, 세 번: 옛 선비들의 지혜가 담긴 고전 명구
권경열 외 6인 / 한국고전번역원(2013)

이 책은 '고전 명구'라는 이름으로 한국고전번역원의 연구원들이 홈페이지에 연재한 글 중에서, 특히 가슴에 새길 만한 글 150편을 뽑아 엮은 책이다. 한두 줄의 명구에 그 구절이 나온 배경을 풀이하고, 그와 관련된 생각이나 느낌을 이야기 나누듯 자유롭게 적었다. 전체 8개의 장으로 구성된 이 책은, 어느 곳을 먼저 펼쳐 읽더라도 상관없다. 이 책을 가까이 두고 손길 가는 대로 아무 곳이나 펴서 마음 가는 구절을 찾는다면, 어느 순간 고민했던 문제의 해답을 찾거나 마음을 바로 잡는 데 도움이 되는 것을 경험할 수 있을지도 모른다. 이 한 권의 책이 독자들에게 든든하고 지혜로운 벗이 될 것이다.

멋진 신세계
올더스 헉슬리(안정효 역) / 소담출판사(2015)

이 책은 문명이 최고도로 발달해 과학이 사회의 모든 부분을 관리하게 된 미래세계를 풍자적으로 그리고 있는 디스토피아적 풍자소설이다. 미래과학문명 아래 인간의 존엄성과 가치를 심도 있게 이야기하며 지극히 사실적인 표현으로 인간에게 경고를 던져주는 책이다. 오로지 최대의 능률과 발전만을 목표로 삼는 현대 과학 문명에 대한 신랄한 비판과 함께 곧 도래할 섬뜩한 미래의 모습을 구체적으로 그려낸다. 600년 후쯤의 미래라고 설정되어 있지만 지금도 충분히 상상이 현실이 될 수 있음을 짐작하고도 남는 여러 가지 책 속의 요소들을 찾아 읽어 내려 가는 재미도 느낄 수 있는 책이다.

뼛속까지 내려가서 써라
나탈리 골드버그(권경희 역) / 한문화(2018)

지금까지 잘못된 글쓰기를 지적하는 글쓰기에 관한 책들은 수백 종이 넘게 쏟아져 나왔다. 그러나 이 책은 '좋은 글쓰기'를 '창조하는 법'에 대해 말하고 있다. 즉 글쓰기에 대해 교육적인 입장을 강조하는 교과서가 아니라 자기 내면에 이미 존재하는 글쓰기의 잠재력과 씨앗을 이끌어내고 키워내는 방법을 보여주고 있다. 쉽게 말해 글을 쓰기 위해 무언가를 우리 안에 마구잡이로 채워 넣을 필요가 없다는 말이다. 대신 글쓰기를 방해하는 요소들을 덜어내고 비워내면 우리는 자연스럽게 창조성과 만나게 된다. 글쓰기를 시도하고 있거나 책을 쓰고 있다면 이 책이 도움이 될 것이다.

떠먹는 국어문법
서울대 국어교육과 페다고지 프로젝트 / 쏠티북스(2023)

영문법보다 오히려 더 어렵게만 느껴지는 국어문법을 누구나 쉽게 이해할 수 있도록 서울대 국어교육과 선배 6명이 뭉쳐 펴낸 국어문법 교재이다. 아무리 읽어 봐도 도대체 무슨 소리를 하는 건지 막막하기만 한 이해불가침 영역의 국어문법 교과서를 최대한 쉽게 풀고 또 풀어 썼다. 수능국어와 국어모의고사, 내신까지 다양한 수준의 개념적용 문제를 수록하였으며, 최신 출제경향을 반영한 실전모의고사를 통해 완벽한 실력을 갖출 수 있도록 하였다. 특히 이번 개정판에서는 달라진 수능에 맞춰 『언어와 매체』 교과서의 '매체' 분야를 더 강화하여 수록하였다. '언어(국어문법)'는 물론 '매체' 분야의 필수 개념과 문제를 통해 실전 감각을 익힐 수 있을 것이다.

에밀
장 자크 루소(이환 역) / 돋을새김(2015)

교육학도라면 한 번은 꼭 읽어야 하는 책이라고 말할 수 있는 책이다. 고아 에밀이 현명한 가정교사의 이상적인 지도를 받으며 성장하는 과정을 담고 있는 이 책은 에밀의 성장에 따라 5부로 구성되었다. 그리고 태어나서부터 결혼에 이르기까지 각 성장기에 따른 교육 단계의 형태를 보여준다. 이 책은 아동본위 교육, 자연주의 교육, 체육의 중요성, 감각훈련의 중요성, 실물 교육, 자발성의 원리, 소극 교육, 심리관찰의 필요성 등 근대 교육의 방법 원리가 집약되어 있어 교육적으로 매우 중요한 위치에 있다. 단순한 교육론이 아니라 인간론이자 문명 비평론이며 소설형식으로 꾸며진 교육학 책이다.

교사 어떻게 되었을까?
한승배 / 캠퍼스멘토(2016)

대한민국 각 분야 교사들이 자신이 교사가 되기 위해 걸어온 길을 청소년들에게 이야기해주기 위해 집필한 책이다. 이 책은 단순히 수필 형식으로 자신의 이야기를 전하기만 하는 것이 아니라 직업을 결정하거나 중요한 선택의 순간에 어떠한 결정을 했으며 왜 지금의 일을 하게 되었는지를 설명하며 학생들에게도 생각해 볼 수 있는 질문들을 던지고 있다. 특히 교사가 되기 위해 필요한 요건과 미래 제자들인 학생들의 미래에 대한 방향성을 제시하기 위해 필요한 역량들에 대해 다루고 있어 예비 교사들에게 필요한 도서이다. 이 책을 통해 학생들은 교사들의 커리어 패스를 조사하고 자신과 얼마나 관련이 있는지 비교해 볼 수 있다.

국어교육과 독서탐구활동 활용사례

자율활동 특기사항

주제 탐구 프로젝트 활동에서 '내 삶의 길잡이 인물'이라는 주제로 진로 탐색활동을 기획하고 국어 선생님을 자신의 삶의 길잡이 인물로 선정하여 인터뷰를 진행함. 이를 위해 **'교사 어떻게 되었을까(한승배)'**와 같은 도서를 읽고 좋은 교사가 무엇인지 알기 위해 평소 궁금했던 궁금증을 중심으로 질문지를 만들고 직접 인터뷰를 함. 좋은 교사란 학생들과 함께 호흡하고 학생들의 생각에 공감할 수 있는 교사라는 것을 깨달음. 또한 자신의 과목에 대한 전문적인 지식을 학생의 눈높이에 맞추어 잘 전달할 수 있는 능력이 필요함을 알게 되어 이러한 역량을 함양하기 위해 노력할 것을 다짐함. 이후 학생들에게 공감하는 다양한 학교 사례를 찾아보기 위한 프로젝트와 협동학습 및 프로젝트 학습과 같은 다양한 교수학습 방법의 필요성과 효율성에 대해 탐구할 것을 계획함.

동아리활동 특기사항

(독서토론반)(34시간) 동아리 반장을 맡아 부원들의 협업을 유도하고 솔선수범하는 태도가 인상적임. 주제 선정 회의에서 부원들을 이끌어 '재해석'이라는 공통 주제를 선정함. '이상한 나라의 앨리스'를 재해석한 영상을 보고 자신의 의견을 논리정연하게 발표하며 창작과 재해석이 무엇인지에 대해 탐색함. '어린왕자의 눈(저우바오쑹)'을 읽고 어린왕자를 철학적 관점에서 재해석한 부분 중 인상 깊었던 구절을 적어보고 감상문을 작성. **'내 문장이 그렇게 이상한가요(김정선)'**를 읽고 문장을 다듬을 때 적용할 수 있는 기술들을 프레젠테이션으로 제작·정리하여 발표함. 창작활동으로 성장이란 무엇인지를 고민하면서 아스팔트 틈에서 핀 민들레를 재해석하여 '꽃봉오리'라는 제목으로 가족 성장 시나리오를 작성하여 동아리 문예집에 실음. 주제 선정부터 한 권의 책을 만들기까지 새로운 경험이었다고 소감을 발표함.

진로활동 특기사항

평소 글쓰기에 관심이 많은 학생으로 **'뼛속까지 내려가서 써라(나탈리 골드버그)'**를 읽고 좋은 글이란 무엇인지에 대한 고민을 끊임없이 하며 지속적으로 자신의 생각을 정리하는 글을 쓰고 이를 학급 및 블로그에 게시하여 평가를 받는 학생임. 글에 대한 주변의 피드백을 수용적으로 받아들이며 수정하면서도 자신의 글쓰기 신념은 굳건하게 지키고 있음. 자신의 진로에 영향을 준 시를 소개하는 활동에서 '흔들리며 피는 꽃'을 선정하여 친구들에게 소개함. 꽃들이 바람과 빗속에서 이리저리 흔들리며 피듯 인간도 시련을 이겨내며 살아가기에, 시련은 회피의 대상이 아니라 수용하고 직면해야 할 대상이라는 생각을 가지게 되었으며, 이 시를 통해 자신을 직면해보는 계기가 되었음을 발표함. 시로 인해 평소 부정적이고 비관적이었던 생각이 조금씩 바뀌어 현재는 성숙의 과정을 겪고 있으며, 내면의 감정을 외면하던 자신의 모습에서 벗어나 내면을 소중히 여기게 되었다고 밝힘. 앞으로 사람들이 자신의 감정을 사랑할 수 있도록 도와주는 언어 관련 교사가 되고 싶다는 꿈을 발표함.

교과 세부능력 및 특기사항

국어

평소 독서 활동을 열심히 하는 학생으로 자신이 흥미롭게 읽은 책을 예고편 형식으로 소개하는 '북 트레일러(book trailer)' 활동을 기획함. 이를 위해 **'멋진 신세계(올더스 헉슬리)'**를 읽고 비판적 사고력이 돋보이는 서평을 작성함. 서사적 구조화를 통해 자신의 진로 분야인 교육 계열과 관련지어 의미를 부여하고 미리보기 영상으로 제작하여 친구들 앞에서 시사회를 진행함. 특히 유전자 재조합 기술로 인해 미래가 결정된 채 살아가야 하는 무기력한 인간의 모습을 극적으로 제시함. 마지막 부분에 자신의 운명을 모를 권리, 행복과 불행을 선택할 권리 등에 대해 생각해 보아야 한다는 메시지를 전하며 강한 여운을 남김. 이를 통해 친구들 사이에서 '멋진 신세계' 읽기 붐을 일으킬 정도로 주변에 긍정적 영향력을 미치는 학생임. 또한 다른 친구들의 발표를 경청하는 모습에서 상대방을 존중하는 태도가 내면에 배어 있음을 확인할 수 있었음. 자신의 장단점을 객관적으로 파악하고 발전시킬 줄 아는 겸손한 배움의 자세 또한 탁월한 학생임.

문학

하나의 문학 텍스트를 읽고 이를 다른 텍스트로 전환하여 표현해 보는 수업에서 **'매천야록(황현)'**을 총 7화의 웹툰 형식으로 바꾸어 표현하면서 텍스트 융합 활동을 성공적으로 수행함. 하나의 텍스트가 다른 장르로 재창조되는 과정을 통해 주체적 감상 능력뿐만 아니라 대중성과 예술성을 겸비한 메이커 역량이 뛰어난 학생임을 확인함. 또한 고려가요 '가시리'와 '정석가'에 대해 발표를 준비하는 과정에서 '가시리', '정석가'와 비슷한 현대의 대중음악과 영상 매체를 활용함. '가시리'는 사랑하는 사람과의 이별에 대한 안타까움을 표현하고 '정석가'는 임과 헤어졌음에도 영원한 사랑을 소망하는 노래임을 자연스럽게 체감할 수 있도록 구성함. 자신의 특기인 매체 활용 능력을 발휘하여 친구들이 시를 다양한 방식으로 감상하도록 도움. 현대 음악과 영상 매체의 융합적 접근을 통해서 고전을 그저 오래된 이야기일 뿐이라고 여기거나 막연히 어렵다고 느끼는 대다수의 사람들이 보다 재미와 친근감을 느낄 수 있으려면 시대변화에 따른 감상 방법의 변화가 필요하다는 의견을 활동 소감으로 발표함.

행동특성 및 종합의견

차분한 성격으로 감정 조절을 잘하며 어떤 말을 하기 전 항상 두 번 이상 생각하고 말하는 사려 깊음이 돋보이는 학생임. 주관이 뚜렷하고 소신 있게 자기 생각을 말하는 능력과 주변 친구들의 의견을 수렴할 수 있는 능력을 두루 갖추고 있음. 평소 꾸준히 독서 활동을 하고 있음. **'언어 이론과 그 응용(김진우)'**을 읽고 호기심이 생긴 부분을 자기주도적으로 해결하는 모습을 보이며 독서 활동 후 자신의 의견을 글로 풀어내는 능력이 출중함. 올바른 학습 태도로 성적이 매우 우수하지만 절대 자만하는 모습을 보이지 않고 꾸준하게 노력함. 학급의 다른 누구보다 뚜렷한 진로 의식을 가지고 있고 교내 활동들이 통일성이 있고 목표와 조화를 이룸. 교육과정에 개설되지 않은 교육학, 심리학을 공부하기 위해 관련 스터디 그룹을 자율적으로 조직하여, 교육 관련 기사를 스크랩하고 동영상 뉴스에 대한 찬반 토론을 진행했으며 교육 관련 학교 행사에 참여하여 경청함. 이러한 과정을 통해 국어교사라는 자신의 진로를 더욱 확고히 하였으며 꿈을 이루기 위해 현재 무엇을 준비해야 하는지 계획하는 모습을 보여줌.

4 ▶▶ 기술교육과

1 학과 인재상

과학, 수학 등의 이공계 기초 과목에 흥미를 가진 학생

공학 및 과학의 기초 지식을 바탕으로 분석력과 창의성을 갖춘 학생

학생의 발달적 특성과 인성적 특성을 이해할 수 있는 학생

첨단기술 및 정보 매체를 활용하여 자기주도적 학습 능력을 가진 학생

교육 변화에 대처할 수 있는 창의적인 사고력과 정보 활용 능력을 갖춘 학생

2 유사학과

- 건설공학교육과
- 기계·재료공학교육과
- 전기·전자·통신공학교육과
- 화학공학교육과

3 관련직업

- 교사
- 교수
- 연구원
- 학원 강사
- 교육교재 개발자
- 컴퓨터 기술자
- 연구원 등

4 개설대학

- 세한대학교
- 충남대학교
- 한국교원대학교 등

스크래치 프로그래밍으로 배우는 창의설계 코딩
박신성 / 광문각(2019)

애플 창업자 스티브 잡스는 "이 나라에 살고 있는 모든 사람은 컴퓨터 프로그래밍을 배워야 한다. 프로그래밍은 생각하는 방법을 가르쳐 주기 때문이다"라고 말하며 코딩 교육의 중요성을 강조하였다. 창의설계 코딩 교육은 단순히 코딩 교육에만 국한되지 않고 다른 과목에서 배우는 내용과 연결하여 스스로 문제를 찾아 해결하는 방법을 찾고, 그 과정과 내용을 공유하고 협업하면서 해결 방법을 스스로 터득하게 해준다. 이 책은 블록코딩 플랫폼의 하나인 스크래치 프로그래밍으로 다양한 장치로 구성된 창의설계 키트를 차례대로 하나씩 제어해 보는 코딩을 해보면서 주어진 문제들을 창의적이고 논리적으로 직접 설계하고 해결해 나가는 체험을 할 수 있도록 구성하였다.

소녀, 적정기술을 탐하다
조승연 / 뜨인돌(2013)

'적정기술'이란 그 기술이 사용되는 사회 공동체의 정치적, 문화적, 환경적 조건을 고려해 해당 지역에서 지속적인 생산과 소비가 가능하도록 만들어진 기술로, 인간의 삶의 질을 궁극적으로 향상시킬 수 있는 기술을 말한다. 이 책은 적정기술 입문서로 적당하다. 적정기술의 정의, 필요성, 주의할 점 등 적정기술 전문서적에서나 볼 수 있는 내용을 책 속의 코너인 '지식충전소'에서 만나 볼 수 있기 때문이다. 어려운 내용을 청소년의 수준에 맞게 풀어썼기 때문에 이해하기 쉽다. '적정이와 승연이의 가상 대화' 등 상상력 넘치는 구성과 활발한 문체는 독자로 하여금 어렵고 딱딱한 정보에 흥미롭게 다가설 수 있게 한다.

공학이란 무엇인가
성풍현 / 살림Friends(2013)

과학은 자연현상을 발견하고 이해하는 학문이고, 공학은 기술적 문제를 발견하고 그에 대한 기술적 해결책을 제시하는 학문이다. 대부분의 일반인들은 공학을 과학의 일부분인 학문이라고 생각한다. 심지어 공과대학에 진학하는 학생들조차도 공학과 과학이 어떻게 다른지 명확하게 알고 진학하지 않는다고 한다. 대한민국의 최첨단 공학을 연구하고 교육하는 카이스트 교수들은 늘 이 점을 아쉬워하며 이 책을 쓰게 되었다고 한다. 이 책은 미래를 책임질 청소년들에게, 나아가서는 일반인에게 공학이 어떤 역사를 가지고 생긴 학문인지, 어떤 역할을 하고 있고, 어떤 미래 비전을 가지고 있는지를 설명하고 있다.

나의 삶과 일
핸리포드(이주명 역) / 필맥(2019)

이 책은 포드 자동차의 '모델 T'의 생산과 판매가 급증하던 시기였던 1922년에 출간된 헨리 포드의 자서전이다. 그는 꿈을 실현한 성공적인 기업가로서 그동안 자신이 살아온 삶과 해온 일을 돌아보고 회사를 설립하고 성장시킨 과정과 자신의 사업철학에 대해 소개했다. 책 속의 포드는 매우 낙관적이고 자신감에 차 있다. 그러다 보니 금융의 기능, 노사관계, 유대인 문제 등 일부 주제에 대해서는 다소 독단적인 태도가 드러나기도 한다. 이 책은 독자 개인의 입장과 관점에 따라 여러 각도에서 읽힐 수 있을 것이다. 또 그 시대의 미국의 여러 경제상황에 대해 알 수 있는 기회도 제공해준다.

1 인문계열
2 사회계열
3 자연계열
4 공학계열
5 의약계열
6 예체능계열
7 교육계열·기술교육과

모두의 알고리즘 with 파이썬
이승찬 / 길벗(2017)

인공지능이 일자리를 대체하는 시대가 되면서, 코딩 교육과 컴퓨팅 사고의 중요성이 나날이 커지고 있다. 그리고 그 중심에는 '알고리즘'이 있다. 이 책은 4차 산업혁명이 가져올 일자리와 삶의 변화, 그 중심에 있는 알고리즘을 초보자와 비전공자가 배울 수 있게 최대한 전문 용어와 복잡한 수학을 사용하지 않고 설명한다. 또한 간단한 문제를 풀면서 기초 알고리즘을 설명한다. 그동안 알고리즘을 배우고 싶었지만 어려워서 주저했던 사람이라면 이 책을 통해 알고리즘이 무엇이며 어디에 어떻게 사용하는 것인지 감을 잡을 수 있을 것이다.

공학의 눈으로 미래를 설계하라
연세대학교 공과대학 / 해냄(2019)

이 책은 공학자들을 호기심 가득한 탐험가이자 더 나은 세상을 만들어가는 문제 해결사, 신념에 가득 찬 웅변가라고 소개한다. 독자들은 공학의 현장에서 어떠한 일들이 일어나고 있는지, 사회의 어느 부분이 어떻게 변해가고 있는지 생생하게 느낄 수 있을 것이다. 하루가 다르게 변해가는 사회에 적응하고, 각종 정보와 기술을 융합해 삶의 가치를 창출하기 위해서는 자신의 삶의 바탕에서 공학을 이해하고 활용할 수 있어야 한다. 이 책은 공학 분야로 진로를 준비하는 학생들뿐만 아니라 세상을 바라보는 안목을 높이고 다층적인 시각으로 자신의 미래를 설계하길 원하는 청년들, 미래 기술이 궁금한 일반인들에게 친절한 안내서가 되어줄 것이다.

교실의 미래 구글 클래스룸
박종필 외 4인 / 프리렉(2019)

이 책은 전 세계 190개국 7,000만 명이 사용하는 구글 클래스룸(G Suite for Education)을 학교와 수업에 처음 도입하는 것부터 체계적인 관리와 운영까지 설명한다. 구글 클래스룸을 활용하면 선생님은 불필요한 시간을 줄여 더욱 알찬 수업을 구성할 수 있고 학습 자료 업데이트와 관리도 매우 쉬워진다. 학생은 직접 댓글을 달고 수업에 자발적으로 참여하게 되어 지루한 수업 분위기가 활기를 띠게 된다. 나아가 이 책은 구글 클래스룸 활용에 최적화된 디지털 디바이스인 '크롬북'에 대해 소개하며, 실제 교육 현장에서 크롬북이 어떻게 활용되며 어떤 이점이 있는지 구체적으로 알려준다.

스타트업 브랜딩의 기술
앤 밀튼버그(이윤정 역) / 유엑스리뷰(2020)

이 책은 스타트업을 꿈꾸는 사람이라면 필수적으로 읽어 봐야 할 실용적인 책이다. 차례에 나와 있듯이 브랜딩의 입문부터 마케팅까지 고민하고 생각해봐야 할 많은 부분들에 대해 상세히 설명해주고 있다. 이 책은 자신만의 브랜드를 구축할 수 있도록 돕는 검증된 도구들과 활동들을 제공하며, 상표 등록부터 디지털 마케팅까지 다양한 분야에 걸쳐 실무적 조언을 알려준다. 그리고 성공적으로 변화를 이끈 브랜드에 대한 다양하고 신선한 사례 연구를 제시하여 독자에게 영감과 용기를 줄 것이다.

에듀테크의 미래
홍정민 / 책밥(2021)

이 책은 코로나19 확산으로 초유의 비대면 온라인 수업이 시작되고 교육과 기술의 결합인 '에듀테크'라는 용어가 일상화된 지금, 우리의 교육과 교육 산업은 앞으로 어떻게 변화해 나가야 할 것인가에 대한 고민의 내용을 담고 있다. 대면 교육이 어려웠던 상황에서 새로운 문물을 접한 이상 예전의 일괄적인 강의식 교수법만으로는 아이들에게 교육적 자극을 주기 힘들게 되었다. 포스트 코로나 시대에 우리의 교육 패러다임은 어떻게 변화할 것인지, 교사의 역할과 미래는 어떠한 모습일지, 교육 내용과 방법에는 어떠한 변화가 필요한지를 사례를 들어 자세히 설명해주고 있다.

교사와 학생 사이
하임 G. 기너트(신홍민 역) / 양철북(2003)

이 책은 교사와 학생 모두에게 상대방을 위하는 마음을 전달하기 위해서는 적절한 기술이 필요하다는 것을 알게 해주고, 효과적인 표현의 기술에 대해 생각해 볼 수 있는 계기를 마련해 준다. 거창한 교육론을 다루기보다 교실에서 하루하루 적용하여 학생들과의 만남을 개선시켜 나갈 수 있는 구체적인 기술들을 소개한다. '가르침에는 인격도 필요하지만, 특별한 기술이 필요하다'는 주장은 이 책의 처음부터 끝까지 흐르는 주요 논지다. 이 책은 아이들과의 문제에서, 학부모와의 문제에서, 학교 관리자들과의 문제에서 교사들이 겪는 어려움들을 심도 있게 살피면서 그에 대처하는 방법을 전한다. 교사들이 매일 교실에서 부딪치는 상황들을 인격적으로 처리하고, 심리적인 문제들을 해결하는 방법을 일러준다.

1 인문계열

2 사회계열

3 자연계열

4 공학계열

5 의약계열

6 예체능계열

7 교육계열 · 기술교육과

기술교육과 독서탐구활동 활용사례

자율활동 특기사항

나를 변화시킨 책, 인물 소개 활동에서 **'나의 삶과 일(헨리 포드)'**을 읽고 자신의 진로 롤모델인 자동차의 시대를 연 헨리 포드에 대해 친구들에게 소개함. 모두가 아는 자동차의 대중화와 대량생산 시스템의 창시자로서의 헨리 포드가 아닌 자동차 바퀴에 사용되는 고무를 생산하기 위해 고무 농장을 만들어 실패한 헨리 포드의 무모했던 경험을 소개함. 이를 통해 자신을 되돌아보는 계기가 되었음을 발표하면서 자신도 실패를 두려워하지 않고 근성을 가지고 원하는 일에 도전할 것을 다짐함. 헨리 포드의 도전 정신 이외에 상품의 대중성을 꿰뚫어 보는 안목과 대량생산 라인을 최초로 만든 과정을 소개하면서 헨리 포드의 혁신적인 삶에 대해 친구들의 호기심을 유발할 수 있는 발표를 하여 호평을 받음. 이후 학급에서 생활하면서 불편함을 해소하기 위해 아이디어를 제시하고 이를 직접 개선하면서 자신의 호기심을 실생활에 적용하기 위해 부단히 노력하는 모습을 보임.

동아리활동 특기사항

(창업반)(34시간) 동아리 차장으로서 동아리 지도교사를 도와 동아리 활동 수업이 원활하게 진행되는 데 많은 도움을 주었고 공학적 아이디어를 제시하는 능력이 매우 뛰어남. 공학 분야 자유주제 발표 활동에서 **'스타트업 브랜딩의 기술(앤 밀튼버그)'**을 읽고 '스타트업 생태계의 현황과 사회적 영향력'을 주제로 선정해 발표함. 스타트업은 1990년 후반 미국의 실리콘 벨리에서 시작되었고, 기업가치에 따라 유니콘(10억 달러 이상)과 데카콘(100억 달러 이상)으로 나뉘고 있다고 소개함. 우리나라 스타트업 현황을 통계 자료를 통해 제시하고 대표적인 소셜커머스 회사 성공 사례와 우리나라 정부의 지원 정책에 대해 알기 쉽게 설명함. 기술과 교육 분야에 관심이 많아 기술교사를 꿈꾸고 있어 이와 관련된 다양한 독서활동과 다수의 관련 자료 탐색을 통해서 수준 높은 지식을 갖추고 있는 학생임. 발표 능력이 매우 뛰어나고 장래가 매우 촉망되는 학생임.

진로활동 특기사항

진로 포트폴리오 탐색활동에서 **'공학이란 무엇인가(성풍현)'**를 통해 알게 된 공학의 정의와 내용 그리고 각종 공학 관련 블로그 및 기관의 내용을 기술 분야를 중심으로 스크랩하고 이를 통해 기술교사라는 직업에 대해 구체적인 직업 정보를 탐색한 후 로드맵을 완성함. 자신이 진학을 희망하는 대학의 기술교육 교육과정과 교수진, 졸업 후 진출분야, 관련 자격증 등의 정보를 상세하게 나타냄. 진로 주제 발표활동에서 평소 가장 관심 있는 분야인 '자율주행 드론의 현재와 미래'를 주제로 선정해 발표함. 최근 미국에서 공개한 실내에서 원격 조작이나 GPS 지원을 받지 않고 목표 지점까지 자동으로 날아갈 수 있게 프로그래밍 된 자율 비행 드론을 소개함. 라이더 센서와 수중 음파 탐지기, 관성 센서와 카메라 등을 모두 갖춰 장애물이 많은 실내에서도 자율 비행을 할 수 있으나 아직까지는 비행 속도가 사람이 실내를 천천히 걷는 정도밖에 내지 못한다는 한계점이 있다고 주장함. 속도의 한계를 극복하기 위해 두 개의 작은 카메라와 두 개의 모바일 쿼드코어 중앙처리장치를 이용하여 작은 장애물도 피할 수 있는 알고리즘을 개발하여 실험 비행에 성공한 사례를 통해서 자율 주행 드론의 미래 전망에 대해 발표함.

교과 세부능력 및 특기사항

수학Ⅱ

4차 산업혁명에 관한 관심과 함께 최근 자율주행 자동차에 관한 관심이 높아짐에 따라 수학 및 과학에 관심이 있는 친구들과 함께 자율주행 자동차의 수학적·과학적 원리에 관해 탐구함. 카메라를 통해 차량의 위치, 진행 방향 등의 기본 운동 변수와 같은 데이터를 토대로 차선을 추정하여 차량의 가속도와 각속도를 적분하고 차량의 속도, 자세 방향각을 계산해야 함을 알게 됨. 이에 정보 시간에 아두이노를 활용한 자율주행 자동차를 만들고 **'스크래치 프로그래밍으로 배우는 창의설계 코딩(박신성)'**을 읽고 직접 코딩하는 데 활용함. 이 과정에서 시야각, 곡률과 같은 개념을 수치로 표현해야 함을 알게 되었으며 다양한 변수에 능동적으로 대처하는 모습이 인상적인 학생임. 또한 문제를 풀어나가는 과정에서 구체적이고 분석적인 질문을 스스로 제기하는 등 비판적 사고력이 성장하는 모습을 보임.

과학탐구실험

최근 개발도상국의 문화적, 정치적, 환경적인 면을 고려하여 삶의 질을 향상시키고 빈곤·기아문제를 해결하기 위해 적용되는 기술인 적정 기술에 대해 호기심을 가지고 **'소녀, 적정기술을 탐하다(조승연)'** 책을 정독하며 적정 기술에 관해 탐구함. 이 중 최근까지 적정 기술의 대표 기술이라고 불렸던 '플레이 펌프'가 마을에 필요한 물의 양과 노동력, 그리고 수리비와 같은 지역의 상황을 고려하지 않아 실패한 사례를 들어 과학이 단순 기술이 아닌 공감을 통한 기술이어야 함을 발표함. 이외에도 최근 사용하고 있는 적정 기술의 사례 중 하나인 '큐 드럼'을 통해 물을 이동시킬 뿐만 아니라 화학적·생물학적 처리로 물을 정화시킬 수도 있다는 아이디어를 제시함. 주제 발표 이후 이에 대해 탐구하려고 계획하는 등 단순 과학적 호기심에 그치지 않고 이를 실행·연구하려고 하는 적극적인 모습을 보임.

행동특성 및 종합의견

1학기 학급자치회 회장으로서 각종 학급 행사에 반짝이는 기획력과 추진력, 리더십을 발휘하고 학교 체육 행사에서 학습 부스를 성공적으로 운영함. 늘 단정한 용모와 올곧고 예의 바른 언행, 겸손함으로 교사나 학생들 사이에 칭송이 자자한 학생임. 학습에 어려움을 겪는 친구들의 멘토가 되어 솔선수범하여 자신의 지식을 나눠주고 논리적이고 차분한 성격을 지니고 있음. 뛰어난 집중력과 빠른 이해력으로 모든 과목에서 높은 성적을 유지하고, 자신의 지적 호기심을 충족시키기 위해 열의를 다하는 학생임. 기술교사를 꿈꾸는 학생으로 다양한 지식과 기술을 융복합하기 위해 노력하고 있으며, **'공학의 눈으로 미래를 설계하라(연세대학교 공과대학)'**, **'모두의 알고리즘 with 파이썬(이승찬)'** 등 기술, 경영, 컴퓨터 분야의 풍부한 독서를 통해 지식을 습득하고 있음. 현재 프로그래밍 언어인 파이썬과 C언어를 독학으로 익혀 간단한 모바일 애플리케이션도 직접 제작할 정도의 수준에 오른 학생임.

5 ▸▸ 물리교육과

1 학과 인재상

과학 대중화 활동을 위한
과학적 소양과
자세를 가진 학생

학생을 가르치는 것에
흥미와 애정을 가진 학생

논리적 사고력 및
수리 능력, 꼼꼼한
관찰력을 가진 학생

21세기 과학 기술 사회에
능동적으로
대처할 수 있는 학생

자연 현상과 원리에 대한
관심과 이를 이해하려는
호기심이 많은 학생

2 유사학과

- 과학교육과
- 화학교육과
- 생물교육과
- 지구과학교육과
- 물리학과
- 물리·천문학부

3 관련직업

- 교사
- 교수
- 연구원
- 과학시험원
- 과학관 큐레이터
- 과학학습지 및 교재 개발자
- 학원강사
- 출판 기획자
- 과학 PD 등

4 개설대학

- 경북대학교
- 경상국립대학교
- 공주대학교
- 대구대학교
- 부산대학교
- 서울대학교
- 순천대학교
- 전남대학교
- 조선대학교
- 충북대학교
- 한국교원대학교 등

5 학과 연계도서

아인슈타인의 청소년을 위한 물리학
위르겐 타이히만(전은경 역) / 비룡소(2013)

저자는 대중에게 과학을 전파해 온 경력을 살려 다양한 사고 실험과 실제 실험으로 물리를 이해할 수 있도록 이 책을 썼다. '피사의 사탑은 왜 쓰러지지 않을까?'라는 질문을 던지며 송신탑, 피라미드, 바퀴 달린 여행용 가방, 줄타기 곡예사 등 우리 주변에서 찾아낸 다양한 사례를 통해 무게 중심의 원리를 알려 주는 것으로 시작해 흥미로운 갖가지 물리 현상을 제시하며 독자의 호기심을 자극한다. 나아가 이러한 현상이 어떠한 원리에 따라 일어나는지를 과학적으로 해설해 주고 있다. 본문에서 독자에게 낸 문제들의 정답은 뒤쪽에 풀이와 함께 실려 있으며, 부록으로 '더 알아보기' 코너를 마련해 물리 키워드를 좀 더 상세하게 설명하고 있다.

최무영 교수의 물리학 강의
최무영 / 책갈피(2019)

2008년 「프레시안」에 연재돼 뜨거운 호응을 얻고 초판이 출간되자마자 자연과학 분야 베스트셀러 1위에 올랐던 책이다. 학생의 질문과 교수의 답변이 오가는 강의식으로 구성돼 있어 마치 강의를 직접 듣는 느낌으로 읽을 수 있다. 철학, 문학, 인문학, 예술 등 여러 분야를 넘나들며 물리학 원리를 설명해주고, 어려운 외국어 용어들을 우리가 일상에서 접하는 단어로 바꿔 쉽고 친근하게 알려준다. 과학의 진정한 의미를 누구나 쉽게 이해할 수 있도록 쓴 교양 물리학 입문서이면서도 고전역학, 양자역학, 상대성이론뿐 아니라 21세기의 최신 주제인 혼돈, 엔트로피, 우주의 탄생과 진화, 생명현상까지 물리학의 모든 주제를 다뤘다.

철학적 질문, 과학적 대답
김희준 / 생각의 힘(2012)

이 책은 고갱의 그림 제목이기도 한 '우리는 어디에서 왔는가, 우리는 누구인가, 우리는 어디로 가는가'라는 인간 존재의 근원에 대한 철학적이고도 종교적인 질문에 현대과학으로 명쾌한 답을 제시하고 있다. 또한 이 책은 서울대 '명품 강의'로 꼽힌 '자연과학의 세계' 강의 내용을 포함하여 과학의 세계를 종교와 철학, 문학, 예술, 경제 등 흥미로운 이야기와 곁들여 소개함으로써 일반 독자들이 과학에 쉽게 다가설 수 있도록 이해를 돕고 있다. 이 책은 어린 시절 밤하늘의 별을 보며 우주의 신비한 매력에 푹 빠졌던 순수한 소년이 어른이 되어 현대과학을 통해 자연의 비밀을 찾아가는, 그리고 그 과정에서 얻은 자신의 감동을 나누는 한 과학자의 산책이라고 할 수 있다.

두 새로운 과학
갈릴레오 갈릴레이(이승준 역) / GS 인터버전(2014)

이 책은 갈릴레오 갈릴레이의 마지막 저서이다. 다른 저서인 두 우주 체계에 대한 대화와 마찬가지로 몇몇 인물들이 서로 말을 주고받는 형태로 구성되어 있다. 이 책은 갈릴레오가 쓴 책 중에 가장 중요한 책으로 물체의 낙하법칙과 고체의 강도에 관한 이론을 두 과학이라 설명하고 있다. 진공이나 낙하속도와 같은 당시에 이야기되던 과학 용어들이 언급되어 있으며, 진동하는 계의 고유주기에 대해 역사상 최초로 언급되기도 하였다. 이 책은 과학혁명을 이끌었으며 뉴턴과 아인슈타인이 후속으로 연구하게 하였고 그들의 이론을 만드는 데 도움을 주었다.

홍성욱의 STS, 과학을 경청하다
홍성욱 / 동아시아(2016)

이 책은 과학기술학(Science and Technology Studies)의 관점으로 보는 인간, 기계, 과학과 그들이 어떻게 복잡하게 얽히는지에 관한 책이다. 이 책에서는 패러다임 개념을 확장·발전시킨 개념으로 '네트워크'를 제시한다. 저자에 따르면 네트워크는 현대 과학을 이해하기 위한 핵심 개념이며, 과학적 이슈의 흐름을 설명하는 키(key)라고 말한다. 네트워크는 지속적으로 확장되고 뻗어나가는 속성을 가지고 있으며, 성장하던 네트워크가 소멸되거나 다른 네트워크로 대체되기도 하고, 여러 네트워크가 하나로 응축되기도 한다. 이 책은 과학기술학의 시각을 널리 알리고 과학기술학의 담론이 가야 할 방향을 제시한다.

파인만의 여섯 가지 물리 이야기
리처드 필립 파인만(박병철 역) / 승산(2003)

이 책은 파인만이 1906년대 학생들을 대상으로 한 강의 중 물리학의 가장 쉽고, 기초적인 원자의 운동, 물리학의 기초, 물리학과 다른 과학의 관계, 에너지, 중력 그리고 양자역학에 대한 내용이 수록되어 있다. 지금까지 우리가 배워온 물리학은 너무 딱딱하게 쓰였거나 설명 방법이 지루해서 많은 사람들이 어려워했었다. 하지만 물리학은 모든 과학 분야 중에서 가장 기본적인 분야며 과학의 발전에 가장 지대한 영향을 끼치는 학문이다. 이 책은 수학 용어나 어려운 전문 용어를 어지럽게 늘어놓지 않고 일상적인 사례들로부터 최첨단의 물리 개념을 이끌어내고 있어 누구나 흥미롭게 읽을 수 있을 것이다.

새로운 물리를 찾아서
바바라 러벳 클라인(차동우 역) / 전파과학사(1993)

양자론에 대한 일반인을 위한 교양서는 많이 출판되었지만, 이 책처럼 누구든지 알아들을 수 있을 뿐만 아니라 처음부터 끝까지 조리 있게 체계적으로 설명한 책은 찾아보기 힘들 것이다. 이 책은 물리학에서 양자론의 징조가 처음 나타난 때부터 양자역학이 완성되기까지 20여 년에 걸친 기간의 이야기를 시간적 흐름에 따라 구성하였다. 천재 과학자들의 이야기와 그들의 심리 상태, 상황 배경을 머릿속에 그려가면서 책을 읽으면 어려워서 엄두도 내지 못한 양자 이야기가 마치 마법처럼 이해될 것이다.

멋진 신세계
올더스 헉슬리(안정효 역) / 소담출판사(2015)

서기 2540년, 세상의 질병이 없어지고, 노화가 더 이상 진행되지 않아 항상 젊음을 유지한다. 수명이 길어져 죽음도 축제가 되고, 근심걱정은 알약 하나로 사라진다. 누구나 풍요롭고 주어진 능력에 따라 일을 하며 여가를 즐기고 가족 부양의 의무도 없다. 이것이 이 책에서 그린 미래의 모습이다. 이 책은 디스토피아 SF 소설로 20세기 문명이 어디로 치닫고 있는가를 회화적으로 묘사하여 그것이 지닌 위험을 경고한다. 미래소설 중 우수한 평가를 받고 있는 작품으로 기계 문명의 극한적인 발달과 인간 스스로가 발명한 과학의 성과 앞에 노예로 전락하여 마침내 모든 인간 가치와 존엄성을 상실하는 지경에 도달하는 비극을 묘사했다.

코스모스 : 가능한 세계들
앤 드루얀(김명남 역) / 사이언스 북스(2020)

칼 세이건의 《코스모스》의 후속작이다. 저자 앤 드루얀은 칼 세이건과 함께 천문학을 탐구한 동료이자 배우자였다. 과학을 삶과 죽음의 현장인 우리의 일상, 그러나 극미와 극대의 우주적 일상으로 우리에게 설명한다. 자신은 '과학자가 아니라 이야기의 수렵 채집인'이라 자처하는 앤 드루얀은 《코스모스》시리즈의 정신과 전통에 따라 총 13장에 걸쳐 우주와 생명의 기원, 자연의 숨겨진 법칙 등을 이해하고자 끝없는 여행에 뛰어든 과학자들, 그리고 그들이 이룬 과학 덕분에 상상할 수 있고, 되살릴 수 있고, 심지어 수십억 킬로미터의 공간과 수백억 년의 시간을 뛰어넘어 방문할 수 있게 된 세계들을 책에서 소개한다.

에듀테크의 미래
홍정민 / 책밥(2021)

이 책은 코로나19 확산으로 초유의 비대면 온라인 수업이 시작되고 교육과 기술의 결합인 '에듀테크'라는 용어가 일상화된 지금, 우리의 교육과 교육 산업은 앞으로 어떻게 변화해 나가야 할 것인가에 대한 고민의 내용을 담고 있다. 대면 교육이 어려웠던 상황에서 새로운 문물을 접한 이상 예전의 일괄적인 강의식 교수법만으로는 아이들에게 교육적 자극을 주기 힘들게 되었다. 포스트 코로나 시대에 우리의 교육 패러다임은 어떻게 변화할 것인지, 교사의 역할과 미래는 어떠한 모습일지, 교육 내용과 방법에는 어떠한 변화가 필요한지를 사례를 들어 자세히 설명해주고 있다.

물리교육과 독서탐구활동 활용사례

자율활동 특기사항

1인 1프로젝트 활동 교과 시간에 특수상대성이론을 배우면서 빛의 속도로 운동하는 물체들 사이에서 기존에 알고 있던 상대 속도 개념과 모순이 생기는 것에 의문을 가지고 이를 해결하기 위해 갈릴레이 변환과 로렌츠 변환에 대해 알아봄. 로렌츠 변환에 관련된 자료를 찾아가며 직접 공식을 유도해 보고 갈릴레이 변환과의 차이를 이해하게 됨. 작은 궁금증도 지나치지 않고 스스로 탐구하고 해결하기 위해 노력하는 자세가 훌륭하며 자신의 탐구 과정을 정리하여 발표하는 과정에서 다른 친구들에게도 과학적 호기심을 불러일으키고 지적 자극이 되어주는 우수한 학생임. 또한, 학급을 운영하면서 담임과 학생들 간에 사소한 오해가 생겼을 때 서로의 이야기를 듣고 선생님과 학생의 입장을 대변하면서 오해를 풀게 하는 등 뛰어난 의사소통능력과 문제해결능력, 리더십을 보임. 물리 교사에 대한 꿈을 가지고 있고, **'멋진 신세계(올더스 헉슬리)'**, **'에듀테크의 미래(홍정민)'** 와 같은 독서도 지속적으로 하고 있어 미래에 제자들의 호기심을 자극하면서 그들의 성장을 이끄는 뛰어난 교사가 될 것이라 확신함.

동아리활동 특기사항

(과학탐구반)(34시간) 과학 동아리에서 과학의 날 행사에 주도적으로 참여하여 행사를 진행함. 자기 브레이크, 정상파, 전반 사 등의 실험 원리를 사전에 조사하여 학습하고 인포그래픽을 제작하여 친구들이 실험 과정과 원리를 이해할 수 있도록 준비하여 설명함. 행사 과정 중 자신이 조사했던 분야에 대한 지식을 실생활과 연계하여 열정적으로 소개하는 모습이 인상적인 학생임. 이외에도 베르누이의 원리를 이용한 자동차·비행기 설계 및 지속가능한 발전을 위한 적정 기술의 원리 등을 살펴보면서 생활에 적용 및 융합할 수 있는 아이디어를 구상하는 등 배움을 실천하기 위해 노력하는 학생임. 진로탐구 독서활동에서는 평소 관심을 가지고 있던 물리 영역의 책인 **'파인만의 여섯 가지 물리이야기(리처드 필립 파인만)'**와 **'새로운 물리를 찾아서(바바라 러벳 클라인)'**를 읽고 이에 대해 토론하는 시간을 가짐. 자신의 궁금증을 책을 통해 해결하고자 하는 모습에서 뛰어난 학업 역량을 확인할 수 있음.

진로활동 특기사항

진로 심화 모둠 프로젝트 활동에서 원자력과 인간건강의 연관성을 주제로 모둠 활동을 진행하여 원자력의 긍정적·부정적 사례를 공신력 있는 포털사이트에서 찾아 모둠원들에게 조리 있게 영어로 알려줌. 이 과정에서 선행연구와 과학적 근거가 있는 지식을 활용하는 방법을 습득함. 탐구 과정을 정리하고 발표하는 과정에서 다른 친구들에게 과학적 호기심을 불러일으키고 지적 자극이 되어주는 우수한 학생임. 이후 과학 현상과 원리에 대한 수업 지문에 관심을 가지고 관련 어휘와 내용을 정리하여 영어 과학용어 사전을 만드는 등 자신의 관심사와 흥밋거리에 몰입하는 능력이 뛰어나고 현재 과학에 관한 관심의 폭을 넓히고 있는 학생임. **'철학적 질문, 과학적 대답(김희준)'**을 읽고 종교와 철학, 문학, 예술, 경제 등을 과학과 연계·융합하고 이를 친구들에게 설명함. 친구들에게 설명하는 활동에 적성과 흥미를 느껴 자신의 진로를 공학자에서 교육자로 변경하고자 관련 학과와 필요한 역량과 자질이 무엇인지 탐색해보고, 지역아동센터 학생들을 대상으로 멘토링을 진행하면서 교육계열의 꿈을 확고하게 굳힘.

교과 세부능력 및 특기사항

물리 I

과학과 나의 진로 연계하기 활동에서 과학교사로서의 꿈을 가지고 과학의 원리를 쉽게 설명하기 위해 높은 곳에서 떨어져도 깨지지 않는 안전한 구조물을 만드는 활동을 통해 충격량, 운동량, 충격력과의 관계를 설명함. 특히 충격량이 똑같은 상황에서 접촉 시간을 어떻게 하느냐에 따라 충격력을 받는 정도가 달라지는 것을 유리판과 스펀지에 떨어지는 상황으로 모델링하여 그래프로 설명하여 친구들의 이해를 도움. 이론과 실험 결과의 차이를 다각도로 분석한 점이 매우 논리적이었음. 그 외에도 수평으로 던진 물체의 운동을 그래프에 나타내고 공이 이동한 모눈종이 칸수의 의미를 분석하여 수평 방향과 수직 방향의 운동 차이를 설명함. 이 운동을 아리스토텔레스와 갈릴레이, 뉴턴의 관점에서 설명하고 물체의 운동에 대한 과학 개념 발전 과정을 **'두 새로운 과학(갈릴레오 갈릴레이)'** 등의 책을 읽고 정리함. 수업 태도가 바르며 과학적 탐구력과 사고력이 우수함. 실험 과정을 이해하는 능력이 탁월하고 실험 수행 능력 또한 뛰어난 학생임.

물리 II

생활 속 불편함을 줄이는 과학이라는 주제로 실시한 모둠 프로젝트에서 집에서 사용하는 청소기의 소음문제와 양말과 같은 물건이 빨려 들어가는 문제점을 해결하고자 정전기 유도 분극 현상을 활용한 청소기를 제작함. 프로젝트 초기 타 교과에서 배운 기업가 정신의 내용을 바탕으로 생활 속의 불편한 점에 대해 사진을 찍고 찍은 사진을 가지고 공동 주제를 선정하는 과정에서 모든 친구의 의견을 수렴하면서 공동 목표를 끌어내는 모습이 인상적이었음. 또한, 다양한 자료를 찾는 과정에서 기존에 연구된 선행연구를 분석하고 선행연구의 내용을 실생활에 사용할 때 더 효율적으로 활용될 수 있는 방법을 학생의 눈높이에서 분석하여 대안을 만들어나가기 위해 노력하는 모습을 보임. 평소 물리 교사가 되고자 **'홍성욱의 STS, 과학을 경청하다(홍성욱)'** 등 다양한 책을 지속적으로 읽으면서 자신의 꿈을 이루기 노력하는 학생임.

행동특성 및 종합의견

끊임없이 '왜?'라는 질문을 하는 학생으로 호기심이 많으며 궁금한 점이 생기면 **'최무영 교수의 물리학 강의(최무영)'** 등과 같은 관련 서적 및 자료를 찾아서라도 궁금증을 해결하는 학생임. 한번은 지역의 역사와 생태적 환경에 대한 호기심을 풀지 못하고 있을 때 지역의 전문가를 찾아가 질문을 하여 해답을 찾아가고 이를 통해 또 다른 지식을 확장해 나가는 모습을 보임. 학업적인 면에서도 시험 위주의 공부보다는 교과서의 '더 생각해 보기', '융합하기'와 같은 내용에 더 관심을 가지고 직접 탐구하거나 자료를 찾아 나의 지식으로 만드는 학생임. 또한 자신이 알고 있는 지식을 친구들에게 전달할 때 단순히 지식을 나열하여 소개하지 않고 자신이 가졌던 질문을 친구들의 눈높이에 맞게 변형하여 퀴즈를 내고 이를 통해 친구들의 호기심을 유발하고 이후에 상세하게 설명함. 친구들에게 '이야기 박사', '지식 박사'라는 별명으로 불릴 만큼 이야기를 재미있게 구성하는 능력이 있음.

6 ▸▸ 미술교육과

1 학과 인재상

새로운 것을 유심히 관찰할 수 있는 능력을 갖춘 학생

미술과 교육에 대한 전문적 지식을 갖춘 학생

개방적인 사고를 가진 학생

가르치는 것에 대한 흥미와 애정, 교사로서의 자질을 갖춘 학생

예술가로서의 창의성과 예술적 감각을 가진 학생

2 유사학과

- 미술과
- 디자인과
- 공예과
- 도예과
- 동양화과
- 서양화학과
- 조소학과
- 한국화학과

3 관련직업

- 미술관 학예사 및 큐레이터
- 박물관 학예사 및 큐레이터
- 방송 및 영상산업미술감독
- 미술심리치료상담사
- 아동미술심리상담사
- 문화예술교육사
- 작가
- 광고홍보사무원
- 광고기획자
- 만화가
- 시각디자이너
- 웹디자이너
- 화가
- 미술품감정사 등

4 개설대학

- 경남대학교
- 경상국립대학교
- 공주대학교
- 목원대학교
- 한국교원대학교
- 한남대학교 등

1 인문계열

2 사회계열

3 자연계열

4 공학계열

5 의약계열

6 예체능계열

7 교육계열 · 미술교육과

에밀
장 자크 루소 (이환 역) / 돋을새김(2015)

교육학도라면 한 번은 꼭 읽어야 하는 책이라고 말할 수 있는 책이다. 고아 에밀이 현명한 가정교사의 이상적인 지도를 받으며 성장하는 과정을 담고 있는 이 책은 에밀의 성장에 따라 5부로 구성되었다. 그리고 태어나서부터 결혼에 이르기까지 각 성장기에 따른 교육 단계의 형태를 보여준다. 이 책은 아동본위 교육, 자연주의 교육, 체육의 중요성, 감각훈련의 중요성, 실물 교육, 자발성의 원리, 소극 교육, 심리관찰의 필요성 등 근대 교육의 방법 원리가 집약되어 있어 교육적으로 매우 중요한 위치에 있다. 단순한 교육론이 아니라 인간론이자 문명 비평론이며 소설형식으로 꾸며진 교육학 책이다.

서양미술사(The Story of Art)
E.H.곰브리치(백승길 역) / 예경(2017)

서양미술의 변화과정을 연대기 순으로 정리한 서양미술사 필독서이다. 단순히 역사적 사실 또는 유파별 특징과 주요 작가의 작품만을 나열한 것이 아니라 선사시대 동굴벽화부터 오늘날의 실험적 예술에 이르기까지 모든 주제를 다루고, 미술의 어마어마한 역사를 보여주기도 한다. 저자는 미술사를 통틀어 위대하고 뛰어난 작품들을 각 시대와 양식, 작품명이나 작가들 이름에 따라 알기 쉽게 정리하였고, 서양미술의 질서 체계를 정립하여 이해하기 쉽게 보여준다. 미술이 우리가 살고 있는 시대와 과거 시대를 이어주는 생생한 연결 고리임을 인식할 수 있게 도와준다.

문학과 예술의 사회사
아르놀트 하우저(반성완 역) / 창비(2016)

이 책은 아르놀트 하우저가 선사시대부터 오늘날 대중영화의 시대까지, 인간과 사회와 예술의 관계를 역동적으로 풀어낸 책이다. 예술이 시대와 사회관계 속에 빚어진 산물이라는 '예술사회학'의 관점을 선구적으로 펼친 이 책은 1951년 영문판으로 첫 출간된 이래 지금까지 20여 개 언어로 번역되며 '새로운 예술사'로서 전 세계 지식인들의 필독서로 자리 잡았다. 이제 막 예술과 사회에 발 디디려 하는 독자들은 물론, 그동안 이 책을 읽으며 예술과 사회를 바라보는 안목을 키워온 오랜 독자들의 기대를 충족하기에 충분한 이 책은 총 500점에 달하는 컬러도판과 새로운 디자인으로 텍스트를 더 쉽고 재미있게 따라갈 수 있도록 구성했다.

현대미술, 보이지 않는 것을 보여주다
프랑크 슐츠(황종민 역) / 미술문화(2010)

현대미술은 이해하기 어렵고 근본을 찾을 수 없는 작품이라는 인식이 많다. 이 책은 현대미술은 나름대로의 의미와 배경을 가진 작품이라는 것을 설명해주려는 의도로 만들어졌다. 현대 작가들은 전쟁이나 소외, 소비 사회 등 현대인의 공통 경험을 예술가의 눈으로 포착하여 이 주제를 더 잘 표현하기 위한 방법을 탐색해왔다. 다양한 시도와 실험을 통해 표현하고자 하는 주제에 좀 더 적합한 매체와 재료, 표현 기법을 찾아가면서 개념 미술, 대지 미술, 행위 미술 등의 다양한 미술 형식이 나올 수 있게 되었던 것이다. 이 책을 통해 작품이 어떤 사회적 맥락에서 이루어졌는지, 그리고 미술가가 의도한 혁신적인 메시지가 무엇인지 파악할 수 있을 것이다.

단숨에 읽는 현대미술사
에이미 뎀프시(조은형 역) / 시그마북스(2019)

이 책은 현대미술을 쉽게 이해할 수 있도록 도와줄 뿐만 아니라, 19세기 인상주의에서부터 21세기 목적지 예술에 이르기까지 미술사에서 가장 역동적이고 흥미로웠던 시기를 소개하는 책이라고 할 수 있다. 우리의 세계관 형성에 근간을 이루는 사상, 인물, 예술품으로 우리를 인도하는 예술 가이드북으로, 눈부신 발전을 거듭해오고 있는 서양의 현대미술을 68개의 대표적인 양식, 유파, 운동으로 구분해 정리해주고 있다. 미술 양식·유파·운동은 구분이 확실하지도 않고 간단히 정의되지도 않는다. 때로는 모순적이고 중복되는 경우도 많으며 항상 복잡하다. 그럼에도 이런 양식·유파·운동의 개념은 여전히 존재하며 그 개념을 이해하는 것은 현대미술을 논하는 데 필수적이기 때문에 이 책은 그에 걸맞는 책이라 하겠다.

미술교육의 기초
한국조형교육학회 / 교육과학사(2016)

이 책에서는 각 단원마다 미술교육의 가장 기본적인 이론과 내용, 방법이 포괄적이면서도 자세하게 제시된다. 제1부 '미술교육이란 무엇인가?'에서는 미술교육의 목적과 연구방법론, 우리나라와 제외국의 역사와 현황, 최근 연구의 동향과 미래의 전망 등 이론적 내용을 거시적 관점에서 다룬다. 제2부 '미술교육의 내용'에서는 아동미술발달부터 주제, 평면과 입체의 제 장르에 이르는 미술활동의 표현과 감상 등 무엇을 가르칠 것인가와 관련된 내용적 측면을, 어떻게 가르칠 것인가와 관련된 방법적 측면과 통합하여 모색한다. 제3부 '수업설계와 실제'에서는 미술수업의 지도안과 모형 등 수업과 평가 및 교사의 제 측면에 이르는, 수업설계와 실제에 관련된 실천적인 측면을 탐구한다.

현대미술교육의 동향
한국초등미술교육학회 / 교육과학사(2018)

현대 사회에서 미술교육의 흐름은 사회적 변화에 따라 함께 하고 있다. 제4차 산업 혁명, 인공 지능, 포스트휴먼 등 새로운 변화의 물결은 우리의 삶에 급격하게 영향을 주고 있다. 미술교육 역시 단순한 기능 중심이 아니라 창의력과 인성을 갖춘 인재를 기르기 위해 그 방향과 방법을 모색해야 할 시점이다. 이 책은 현대미술교육의 흐름을 미술교육 현장에서 전문적으로 연구해온 학자들이 다양한 시각에서 조망하고 있다. 또한 현대미술교육 관련 이론과 실천 방법을 다각도로 제안하고 있다. 미술교육 전문가가 집필에 참여하여 최근 우리나라 미술교육 현장에서 중요한 담론으로 떠오르는 미술교육의 연구와 현장에서 쌓은 전문 지식과 경험을 담고 있다.

점·선·면: 회화적인 요소의 분석을 위하여
바실리 칸딘스키(차봉희) / 열화당(2019)

위대한 예술가이자 사상가인 칸딘스키가 1922년부터 바우하우스에서 강의한 내용을 정리한 책으로, '회화적인 요소의 분석을 위하여'라는 부제에 걸맞게 조형일반의 문제를 형태적 요소의 분석과 구성을 중심으로 폭넓게 해석하고 있다. 무엇보다 여기 표현된 그의 생각은 우리로 하여금 추상화 이전의 점·선·면에 대한 고정관념으로부터 벗어나 추상적인 사고와 세계로 들어서게 한다. 이 책에서 칸딘스키는 매체의 구분에 구애받지 않고 판화-그래픽과 함께 회화, 건축 등 전 분야의 예술을 연구하여 예술이 '예술학'으로서 지닐 수 있는 고유의 속성, 독립성과 객관성을 확보하고자 하였다. 2019년 바우하우스 백 주년을 맞아 새로운 표지로 선보인 이 책은 회화의 세계를 탐구하는 사람들에게 특별한 기쁨을 선사한다.

현대미술교육의 뿌리
메리 앤 스텐키위츠(안혜리 역) / 미진사(2011)

이 책은 근현대 미술교육사를 교육자의 실천적 관점에서 고찰함으로써 현재의 미술교육이 당면한 고민과 문제들을 해결해 보려고 시도한 책이다. 저자는 오늘날 미술교사들이 교육 현장에서 부딪히는 질문들에 대한 답을 찾기 위해 한 세기 전 교사들의 이야기에 기꺼이 귀 기울인다. 그 당시의 미술교사들은 어떤 주제로 어떻게 가르쳤으며, 좋은 교육을 위해 어떤 고민을 했었는지 들어 보고, 그들이 겪어야 했던 경험들과 현대 미술교육자들이 처한 상황을 비교한다. 미술교육 현장의 교사들에게 오늘날 이루어지는 미술교육의 뿌리를 이해할 수 있는 배경 지식을 제공하고 수업과 관련된 실제적인 고민들을 해결하는 데 필요한 통찰력을 제공해 준다.

미래세대를 위한 인성교육
강선보 / 학지사(2018)

이 책의 저자는 우리의 아동·청소년에게 미래시대를 인간답고 행복하게 살아갈 수 있는 인성을 길러 주기 위해서는 교과수업과 병행하여 인성교육이 지속적으로 추진되어야 한다고 주장하고 있다. 제1부에서는 인성교육에 대한 이론적 기초를 제공하고, 제2부에서는 현장에서 활용할 수 있는 인성교육의 방법 및 실천사례를 제시하였다. 나아가 저자는 우리 아동·청소년의 인성 함양에 관심을 가진 모든 사람에게 이 책을 바치고자 하며, 모든 인성교육 관심자가 함께 연대하여 지속적인 노력을 기울임으로써 우리 아동·청소년들 각자가 자기주도적으로 공생(共生)·상생(相生)할 수 있는 인성을 길러 행복한 삶을 살아갈 수 있기를 희망하고 있다.

미술교육과 독서탐구활동 활용사례

자율활동 특기사항

학교에서 실시한 축제 기획단에서 축제에 대한 전반적인 기획 및 프로그램 운영에 참여하여 다양한 아이디어를 제시하고 이를 실현하기 위해 노력하는 모습을 보임. 특히 자신의 진로 분야인 미술을 활용하여 축제 리플릿과 무대 배경을 제작하고, 부스의 현수막을 직접 디자인함. 이 과정에서 친구들의 의견을 수렴하면서 자신의 장점을 발휘하는 모습이 매우 인상적인 학생임. 축제 의상 및 소품에 대해 문의하는 후배들에게 조금이라도 도움을 주고자 없는 시간을 쪼개어 성실하게 답변함. 나아가 다른 팀에게도 도움을 주기 위해 학교 게시판과 SNS을 통해 질문과 답변을 하자는 아이디어를 제시하고, 이후 질문이 올라오면 답변하는 등 성실하고 적극적인 모습을 보임. 이러한 경험을 통하여 자신의 특기인 미술을 통해 주변 사람들에게 도움을 줄 수 있는 일에 대해 관심을 가지게 되었으며 '**미래세대를 위한 인성교육(강선보)**'를 읽고 교사의 꿈을 가지게 되어 이후 다양한 교과 활동에서 미술과 관련된 탐구를 진행함.

동아리활동 특기사항

(미술부)(34시간) 자신의 생각을 시각적으로 표현하는 것을 즐기는 학생으로 동아리 소개 인포그래픽을 제작함. 눈에 띄는 색감을 잘 활용하여 정보를 단순하면서도 명료하게 전달하였음. 연간 계획 세우기 활동에서 다양한 작품 감상, 디자인 연습, 결과물 산출, 전시회 순으로 월별 계획서를 제출하여 부원들의 칭찬을 받음. 독서 심화 탐구활동에서는 '**문학과 예술의 사회사 (아르놀트 하우저)**'를 읽고 인간과 사회 그리고 예술의 관계에 대해 심도 깊은 토론과 고민을 함. 디자인씽킹 프로그램에서 평소 물건을 사용할 때 불편한 점을 메모하였다가 불편함을 개선한 창의적인 디자인을 스케치하여 스크랩북을 제출함. 나무젓가락과 고무줄로 필요한 물건 만들기 활동에서 언제 어디서나 바른 자세로 책을 읽고 싶었던 경험을 떠올려 휴대 가능한 접이식 간이 독서대를 만들어 제출함. 부원들과 서로의 디자인에 대해 객관적으로 피드백하는 과정을 통해 의사소통능력을 기름. 창의적이고 독창적인 아이디어를 고안하기 위해서는 디자인 작품을 많이 감상하고 생활의 불편함을 메모하는 습관을 갖는 것이 중요하다고 발표함.

진로활동 특기사항

글쓰기, 그림 그리기, 만화창작 등 다양한 예술적 창작 행위를 즐기고 그중에서도 시각디자인이나 웹툰과 같은 미술 영역에 관심이 많은 학생임. 월간 디자인 잡지를 구독하여 읽거나 '**현대미술교육의 뿌리(메리 앤 스테키위츠)**', '**현대미술교육의 동향 (한국초등미술교육학회)**' 등의 책을 읽는 등 현대미술의 흐름을 이해하기 위해 노력하였으며, 시간이 날 때마다 독학을 통해 컴퓨터로 그림을 그리는 등 관련 분야에 대한 소질을 계발하기 위해 꾸준히 노력하는 학생임. 진로 롤모델 찾기 활동에서 관심 분야인 미술 및 창작과 관련된 직업을 검색해 봄. 그 중 미술 교육에 관해 관심을 가지고 미술 교사가 되기 위한 다양한 자료를 찾아 정리하여 진로 로드맵을 작성함. 미래의 미술 교사의 모습을 그려보고 이를 통해 미술 교사에 대한 꿈을 확고히 함. 학교에서 실시한 지역사회 봉사 프로젝트에서 학교 벽화 그리기 활동에 적극적으로 참여하였으며, 몸이 불편하거나 비대면 수업으로 온라인 소통에 어려움을 겪는 친구들을 적극적으로 돕는 모습을 통해 미래에 훌륭한 교사가 될 것이라고 판단됨.

교과 세부능력 및 특기사항

언어와 매체

친구들에게 자신의 관심 분야를 설명하는 동영상 만들기 활동에 참여함. 친구들의 관심을 유도하기 위해 쉬운 퀴즈로 내며 시작하였고, 그림이 주는 사회적 풍자와 조소 그리고 표현하지 못하는 언어에 대한 관심을 가지게 되어 미술교사가 되고 싶다는 이유를 밝힘. 미술교사가 되기 위한 방법을 설명하는 내용을 감각적인 색감과 디자인을 활용하여 동영상으로 제작함. 활동 이후 글로만 설명하기보다는 다양한 이미지, 영상을 활용함으로써 더 쉽고 명료하게 자신의 의도를 전달하고 이목을 끌 수 있었다고 발표함. 어떤 내용을 전달하거나 의사소통할 때 글과 그림, 영상을 적재적소에 활용함으로써 표현의 다양성을 확보하고 더욱 쉽게 전달할 수 있다고 설명함. 더불어 사람들의 이목을 끌기 위해서는 디자인적인 요소가 중요하다고 강조함. 이를 위해 '서양미술사(E.H. 곰브리치)' 등과 같은 전공 관련 도서를 읽고 자신의 꿈을 실현하기 위해 노력하겠다는 다짐을 발표함.

통합사회

교과 발표 시간을 통해 예술은 사람의 삶을 더욱 풍성하고 윤택하게 해줌으로써 행복감을 증대시켜 주는 역할을 한다고 주장함. 이러한 주장의 근거를 마련하기 위해 친구들에게 음악을 듣거나 미술 작품을 감상하는 이유와 그때의 감정을 설문조사하여 결과를 그래프와 표로 보기 쉽게 정리하여 제시함. 사람은 누구나 아름다움을 추구하는 본성이 있고, 오감을 만족시키는 다양한 자극에 반응하는 존재이며, 특히 예술작품은 시각과 청각을 자극하여 다양한 감정을 느낄 수 있는 기회를 제공한다고 설명함. '점·선·면: 회화적인 요소의 분석을 위하여(바실리 칸딘스키)'을 읽고 작가의 생각과 감정에 공감함으로써 예술작품을 통해 공간과 시간을 초월한 존재와 소통할 수 있는 것 자체가 예술이 주는 행복이라고 발표함. 좋은 작품을 보면 스트레스가 완화되고 기쁨과 감동을 느껴 자신도 그런 감동과 기쁨을 학생들에게 주고 싶은 마음을 가지게 되어 미술교사의 꿈을 가지게 되었다는 점을 발표함.

행동특성 및 종합의견

시간이 있을 때마다 자리에 앉아서 그림을 구상하고 스케치하며 미술 활동을 즐김. '단숨에 읽는 현대미술사(에이미 뎀프시)'와 같은 책을 읽으며 독서활동을 충실히 하고, 최근에 나온 예술작품을 인터넷을 통해 수시로 검색하여 감상하고 작품의 특징과 제작 기법을 분석함. 그 외에도 미술계열 학과의 대학생들이 발표한 작품을 조사·분석하면서 미술교육을 전공하고 싶은 본인의 진로를 구체화시킴. 본인이 그린 그림을 친구들에게 소개하여 감상평을 들어보고 부족한 부분은 보충해서 그림을 보완함. 작품 제작 과정을 사진 촬영해서 영상으로 편집한 후 고속모드로 제작해서 학급 진로활동 시간에 친구들에게 제작 과정을 설명하여 박수갈채를 받음. 학업 스트레스로 힘들어하는 학급 친구들을 위해서 친구들의 생일이 있을 때마다 축하 선물로 초상화를 그려 주어 친구들에게 행복을 안겨 줌. 친구들이 선물을 받고 행복해하는 모습을 보고 자신도 행복해하는 모습을 통해 본인의 재능을 타인을 위해 나누는 넓은 마음을 지닌 미술 교사가 될 것이라고 확신함.

7 ▶▶ 사회교육과

1 학과 인재상

사회 문제 해결을 위해
적극적으로
참여하는 학생

학생을 가르치는 것에
적성과 흥미가 있는 학생

예비 교사로서 모범을
보일 수 있는
도덕적 품성과
교양 지식을 가진 학생

정치, 경제, 사회, 역사, 문화의
사회 현상 또는 문제에
관심이 많은 학생

사회 문제를 다양한 시선에서
바라볼 수 있는
능력을 가진 학생

2 유사학과

- 일반사회교육과
- 지리교육과
- 역사교육과
- 윤리교육과
- 사회학과
- 인문사회과학부

3 관련직업

- 교사
- 장학사
- 방송기사
- 교재 및 교구개발자
- 연구원
- 사회조사 전문가
- 평론가
- 데이터 분석가
- 평생교육사

4 개설대학

- 서울대학교
- 서원대학교
- 성신여자대학교
- 순천대학교
- 인하대학교
- 제주대학교
- 충북대학교 등

5 학과 연계도서

현대사회학
앤서니 기든스(김미숙 역) / 을유문화사(2018)

이 책은 1989년 초판 출간 이후 30여 년간 시대 상황의 변화와 학문적 성장에 따라 새로운 내용을 꾸준히 소개하면서 사회학 개론서의 고전으로 자리매김하였다. 디지털 미디어의 끊임없는 혁신, 장기적인 기후변화 문제, 최근 가장 주요한 화두이자 세계를 크게 바꾸고 있는 '젠더와 페미니즘' 관련 현상, 세계를 위협하는 국제 분쟁과 테러 등을 새롭게 담았다. 또한 한국 사회에서도 이주자들이 급격히 증가하고, 다문화·다인종 사회로 변해 가고 있기 때문에 국제 분쟁과 테러에 따른 인종과 난민 문제 등을 심도 있게 논의하기 위해 '인종, 종족, 이주'라는 새로운 장을 추가하였다.

시민정부론
존 로크(마도경 역) / 다락원(2009)

이 책은 논술의 답안 작성과 논리정연한 글쓰기를 훈련할 수 있도록 도와주는 논술대비서이다. 이 책은 다양한 풀이과정과 답이 나올 수 있는 논술에 대비해서 창의적이고 통합적인 사고력을 배양할 수 있도록 저자와 작품에 대한 배경지식, 요점정리와 풀어보기로 구성되어 있다. '요점정리' 부분에서는 방대하고 복잡하고 난해한 원저를 간략하게 정리해 그 내용을 명쾌하게 파악할 수 있다. 비판적·분석적 글읽기와 글쓰기의 바탕이 되는 '풀어보기' 부분에는 원저에 담긴 저자의 의도, 철학적 성향, 주제, 용어 등이 설명되어 있다. 그리고 'Review'에는 원저의 이해도를 점검하고 논술작성 연습을 할 수 있는 문제들이 수록되어 있다.

정치학
아리스토텔레스(천병희 역) / 숲(2009)

아리스토텔레스의 『정치학』 원전을 번역한 책이다. 이 책은 국가의 문제를 그 주제로 다루며 국가의 형성, 구조, 바람직한 국가 형태에 관한 고찰과 더불어 정체론, 통치 기술 등에 관해 기술한다. 국가가 개인에 우선한다며 인간의 사회성을 강조한 까닭에 개인주의가 고개를 들기 시작한 르네상스 이후로는 크게 주목받지 못했음에도 꾸준히 읽혔으며, 지금도 대학에서는 정치학의 주요 텍스트 중 하나로 사용되고 있는 책이다. 이 책은 마키아벨리와 홉스 등에게도 간접적으로 영향을 주어 정치학 발전의 초석이 되었고, 사회에서 이상 사회의 모형을 찾으려던 헤겔에게도 영감을 주었다.

공정하다는 착각
마이클 샌델(함규진 역) / 와이즈베리(2020)

이 책은 현대 사회에 팽배한 능력주의의 문제점을 고발하고 있다. 우리가 노력하면 성공할 수 있다고 당연하게 생각해 왔던, 개인의 능력을 최우선으로 보고 그것에 따라 보상해주는 능력주의가 근본적으로 잘못되어 있다고 저자는 말하고 있다. '공정'을 의미하는 '공평하고 올바름'을 어떤 기준에서 이해하고 판단하느냐에 따라 공정이 다른 한편으로는 불공정을 낳을 수 있다고 주장한다. 따라서 세상을 바라볼 때 문제의식을 가지고 사고해야 한다고 경고하고, 숙의를 통한 공동선에 대해서도 설명한다. 소위 엘리트와 학력으로 대변하는 사회계층의 특권의식에서 생겨난 능력주의를 다시금 생각해 볼 수 있는 기회를 준다.

사회적 갈등 해결하기
쿠르트 레빈(정명진 역) / 부글북스(2016)

이 책은 사회적갈등과 해결방법을 다룬 책이다. 사회문제는 자연적으로 해결되는 것이 아니라 교육을 통해서 좌우된다고 저자는 말하고 있다. 저자는 사회를 변화시키는 데 필요한 원칙을 내세웠다. 우선 변화는 개별적인 항목의 변화가 아니라 집단적인 분위기의 변화가 필요하다고 했다. 그리고 집단의 이데올로기를 지배하는 가치체계는 집단 안에서 권력의 다른 측면들과 서로 역동적으로 연결되어 있기 때문에 집단의 문화에 일어난 진정한 변화는 그 집단 내의 권력 배열의 변화와 밀접히 연결되어 있다고 강조한다. 또한 집단의 변화를 가장 빨리 이루는 방법은 리더십에 달려 있다고도 설명한다.

법의 정신
샤를 드 몽테스키외(이명성 역) / 홍신문화사(2006)

이 책은 몽테스키외가 1748년 제네바에서 익명으로 출간한 책으로, 법을 초월적이고 보편적 경험으로 보지 않고 각 국가의 풍토, 종교, 풍속, 국민성 등의 여러 조건과 관련된 필연적 관계에서 구축된 사회 전체를 인식, 유지, 작용하는 정치적 지성이자 국민 정신이라고 보았다. 그러한 '법'의 정신을 살펴서 입법자는 그 사회에 적합하고 개별적인 실정법을 제정해야 한다고 말한다. 몽테스키외는 로크의 행정과 입법의 분립에 사법권을 추가하여 삼권분립을 통한 견제와 균형을 유지하여 시민의 자유확보를 주장하였고, 정치체계를 공화정과 군주정, 그리고 전제정으로 구분하여 각 정체를 움직이는 원리를 각각 정치적 덕성, 명예, 공포로 나누어 설명하고 있다.

국부론
애덤 스미스(김수행 역) / 비봉출판사(2007)

이 책은 정치, 경제, 사회, 법률, 역사, 교육, 종교, 철학, 국방 등 다양한 분야의 문제들을 최초로 종합적으로 분석한 전체 사회과학 분야의 최고의 고전이다. 실제 책은 실로 그 내용이 어마어마하고, 이 책은 그의 요약본이라고 할 수 있다. 이 책은 1700년대에 유행하던 중상주의적 국가개입을 비판하고 경제활동을 경제인에게 자유방임할 것을 주장한 점에서 주류경제학의 사상적 토대를 이루고 있다. 또한 노동가치설을 처음 제시함으로써 마르크스경제학의 탄생에 이론적 기반을 제공하였다. 경제철학과 정치철학을 만날 수 있으며, 역사적 사실까지 접할 수 있는 책이다.

SDGs 교과서
이창언 / 도서출판선인(2022)

2020년 1월 유엔은 2030년까지 지속가능발전목표(SDGs)를 달성하기 위한 행동을 결의하였다. 이 결의안은 지구상 수많은 사람과 나라 그리고 그 나라 안에서 진행되고 있는 불평등에 대해 그 해결방법을 마련하고 나아가 지속가능한 발전방안까지도 논의되어야 한다는 문제의식에서 출발하였다. 그러나 그러한 고민과 실천에는 많은 국가적, 사회적, 제도적, 문화적 제약과 한계가 따르기 마련이다. 발전에 저해가 되는 문제점을 해결하기 위해 가장 기본적으로 뒷받침되어야 하는 것이 '교육'이라고 저자는 책에서 설명하고 있다.

교육사회학
김병성 / 학지사(2017)

이 책에 수록된 내용이 한국 교육사회학의 전체 내용을 포괄한다고 할 수 없으나 저자가 지금까지 연구·개발한 자료에 근거하여 구체적으로 기술하였다. 교육과 사회관계를 체계적으로 '접근-분석-설명'하는 교육사회학의 탐구를 미시·거시적 관점으로 양분하여 구분한다면 이 책은 학교사회, 학급문화의 측면, 즉 미시적 관점에 주안점을 갖고 보다 구체적으로 제시하였다. 그 자체의 이론이나 관점도 중요하겠지만 궁극적으로 교육사회학 탐구의 목적은 학교 교육의 발전, 즉 교실 내 교사-학생의 상호작용이 어떻게 이루어져야 교육효과가 달라질 수 있는지 그 가능성을 제시하여야 그 학문적 존재 가치가 있기 때문이다.

덴마크 행복교육
정석원 / 뜨인돌(2019)

유엔에서 발표한 '세계행복보고서'에 따르면 행복지수가 높은 나라로 덴마크가 손꼽힌다고 한다. 그 이유에 대해 책에서는 교육과 사회구조에 있다고 설명한다. 저자는 자녀를 덴마크에서 교육한 경험을 토대로 무상교육에 가까운 교육정책과 사회적으로 제공되는 구조적 혜택들이 아이들을 행복하게 한다고 강조하고 있다. 생각하는 힘을 기르게 하는 그래서 스스로 도전할 수 있는 기회를 주는 교육, 다양한 의견을 수렴하고 대학과 스펙보다는 평생의 진로를 국가가 보장해주는 환경 등 덴마크의 행복한 교육 환경을 우리나라의 교육 환경과 비교하여 많은 시사점을 주는 책이다.

사회교육과 독서탐구활동 활용사례

자율활동 특기사항

학급 열린 토론 활동에서 청소년 인권 주제 중에 하나인 게임 셧 다운 제도에 대해 친구들과 함께 토론하여 반대 입장에서 주장을 펼침. 그 근거로 게임 셧 다운 제도는 청소년들의 기본권을 침해하는 과도한 법률이고 실효성이 없다는 점, 우리나라 게임 산업 발전을 막는다는 점을 들고 아울러 게임은 여가의 한 수단이라는 점을 강조함. 토론 과정에서 자신의 생각만을 강요하는 것이 아니라 상대방의 의견을 경청하고 이에 대해 반론하는 모습을 보임. 토론 이후 청소년 인권을 생각하는 교사가 되겠다고 다짐하고 학교 안팎에서 청소년 인권이 무시되고 있는 사례에 대해 조사하고 해결책에 대해 탐구할 것을 계획함. 다른 교과에서 **'국부론(애덤 스미스)'**을 읽고 정치, 경제, 사회, 법률, 역사, 교육, 종교, 철학, 국방 등 다양한 분야의 문제에 대해 비판적으로 바라보고 마르크스 경제학에 대해 관심을 가지게 됨. 2학기 학급 자치회장 선거에 참여하여 학교생활 및 학급에 대한 고민이 담긴 정성스러운 공약들을 제시하여 2학기 학급 자치회장으로 당선됨.

동아리활동 특기사항

(지속가능발전탐구부)(34시간) 지속가능발전 동아리에서 지속가능발전 목표 17가지 중 하나의 주제를 정하여 우리 지역의 정책을 제안하는 프로젝트 활동에 참여함. 지속가능발전 누리집의 자료마당과 **'SDGs 교과서(이창언)'**를 읽고 17가지 주제 중 자신의 진로와 연관된 '양질의 교육과 불평등 감소'라는 주제를 선택하여 빈곤 문제를 교육을 통해 해결하고자 노력함. 시청 홈페이지 및 복지 관련 국가기관의 홈페이지를 방문하여 정책 및 제도와 관련된 자료를 비교·분석하고, 지역별 복지 관련 정책을 비교하는 지도를 제작하고, 빈곤 관련 문제를 경제적·사회적 원인 및 영향 측면에서 발표하여 친구들에게 공감을 얻음. 특히 복지 관련 정책의 역사적 변천사에 대해 조사하였으며, 사회적 약자를 보호해야 하는 것이 보편적인 가치임을 설득력 있게 발표하고, 사회적 약자에 대한 복지의 필요성을 모든 사람들에게 교육해야 함을 주장함. 무엇보다 자신이 발표한 내용을 생활에 실천하려는 자세가 돋보임.

진로활동 특기사항

진로 탐색 시간에 나를 성장시킨 도서 소개하기라는 프로그램에서 **'사회적 갈등 해결하기(쿠르트 레빈)'**라는 책을 읽고 사회적 갈등 문제의 발생 배경과 근본적인 원인에 대해 더욱 자세하게 알아보고자 하는 생각을 하게 되었다고 함. 그리고 집단 내 갈등이 발생하기 전에 민주시민 교육을 실시하여 갈등을 예방할 수 있다는 의견을 밝힘. 또한 저출산 현상이 나타나게 된 사회적 원인을 분석하면서 우리나라 교육에 미치는 영향을 설명하고, 기계화되고 자동화되는 산업구조의 변화에도 그것이 대신할 수 없는 것이 교육임을 강조하면서 교육의 질을 높이기 위한 다양한 방법을 제시하는 등 자신의 꿈인 사회교사에 대해 지속적인 호기심을 가지고 스스로 답을 찾아 탐구하는 모습을 보임. 이외에도 대학 학과 및 직업에 대한 정보 습득, 대학 입시 제도의 이해 등 다양한 활동을 하면서 진로 비전 설계의 중요성을 인식하고 고등학교 생활을 위한 학업 이수 계획을 수립하여 마음을 다지는 계기를 가짐. 무엇보다 수업 시간에 적극적으로 참여하며 잘 아는 것도 소홀히 하지 않고 거듭 확인하는 태도와 적극적인 발표 자세로 여러 교과 선생님들에게 예비교사로서 충분한 자질이 있다는 칭찬을 받는 학생임.

교과 세부능력 및 특기사항

사회

학습에 열의가 있으며 지적 호기심이 많은 학생으로 교사의 발문에 적극적으로 답을 찾으려고 노력함. 재치 있고 유머러스하게 자신의 의견을 잘 표현하고 관심과 공감을 유발하는 능력이 뛰어남. 교과 발표 시 기승전결 구조의 스토리텔링 전략을 활용해 흥미와 몰입도를 높여 효과적으로 발표를 진행하여 친구들의 큰 호응을 얻음. 특히 교육 분야를 비롯한 주요 복지정책과 관련하여 이슈가 되는 '기회의 평등'과 '결과의 평등'의 논점을 이해하기 쉽게 전달하였으며, 보다 심도 있는 질문으로 넘어가길 원하는 친구들에게는 능력주의에 대해 비판적으로 접근하고 있는 **공정하다는 착각(마이클 샌델)**을 읽어보도록 추천해 주는 등 교육복지 분야에서도 남다른 수준의 학구적 관심이 드러남. 인권 단원을 학습하면서 청소년 참정권의 시작인 '선거권 연령 하향'을 주제로 외국의 사례를 조사함. 청소년 참정권의 연령 하양을 추진하는 것과 더불어 청소년을 위한 실질적인 참정권 교육이 병행되어야 한다는 주장을 논리적으로 전개함.

사회문제 탐구

학기 초 자신이 가장 관심 있는 교육 관련 주제를 다룬 책으로 **덴마크 행복교육(정석원)**을 선정한 뒤, '한 학기 한 권 읽기 독서 수업'에 매시간 성실히 참여하여 가장 먼저 완독함. 이후 독서를 통해 명확해진 문제의식을 주제로 관련된 선행 연구물과 기타 다양한 자료를 분석하고, 덴마크와 한국의 국가 통계 데이터를 비교·분석하여 한국 교육의 실태 및 문제점을 비판적으로 제시하며 해결방안을 모색하는 탐구보고서를 작성함. 먼저 덴마크는 학생들이 치열하게 입시경쟁을 하지 않으며, 수업료가 무료임에도 불구하고 전체 학생의 40%만이 대학에 진학한다는 것에 놀라움과 의문이 들었다는 탐구 동기를 밝혀 공감과 흥미를 유발함. '덴마크의 애프터스쿨과 시민대학 시스템이 한국 교육에 주는 시사점'을 탐구보고서의 주제로 선정한 이유와 탐구 목적을 설명하면서 교육제도는 국가 경제체제의 구체적 결과물로서 일자리 문제와 소득격차 문제로 연결된다는 점을 언급함. 거시적이고 종합적 관점에서 문제를 바라볼 줄 아는 논리적 정교함이 특히 돋보임.

행동특성 및 종합의견

항상 예의를 갖추고 고운 말을 하는 학생으로 긍정적인 기운을 전파하며 기분 좋은 영향을 주는 학생임. 소외되는 친구를 챙겨 모둠 활동을 함께하는 등 주변을 돌아볼 줄 아는 선하고 바른 인성을 갖춤. 교과 및 교육 분야에 대한 호기심이 많아 궁금한 부분이 생기면 독서나 질문을 통해 자기 주도적으로 문제를 해결하고 이를 정리하는 습관을 지닌 학생임. 교육 분야에 대한 자신의 진로에 확신을 가지고 있고, 실력을 쌓기 위해 학교 활동에 꾸준히 적극적으로 참여함. 학급별 특색사업에서 인권과 교권에 대해 고민하고 이를 퀴즈로 만들어 친구들과 함께 고민하는 시간을 가짐. 이를 계기로 사회문제에 관심을 가지게 되어 **시민정부론(존 로크)**, **정치학(아리스토텔레스)** 책을 읽고 사회교사의 꿈을 확고히 함. 기업가 정신의 일환으로 실시한 만 원의 행복 프로그램에서는 교실 환경을 개선하기 위해 의자에 설치하는 수납 용품을 만들어 판매함. 또한 학생 주도 봉사 프로젝트에서는 교육 분야에 관심을 가진 친구를 모아 다문화 센터에서 멘토링 봉사활동을 진행함.

8 ▶▶ 생물교육과

1 학과 인재상

생명 현상과 원리에 관심이 있고, 이를 이해하려는 호기심이 많은 학생

예비 교사로서 타인에 대한 이해력과 지도력이 뛰어난 학생

논리적 사고 및 수리 능력, 꼼꼼한 관찰력을 가진 학생

과학교육을 통해 학생들이 과학적 소양을 갖추도록 도우려는 자세를 가진 학생

생명과학 학습의 주체적인 설계 능력과 실행 의지 그리고 수행 능력을 가진 학생

2 유사학과

- 과학교육과
- 물리교육과
- 화학교육과
- 지구과학교육과
- 생물학과
- 생물과학과

3 관련직업

- 교사
- 교수
- 연구원
- 과학시험원
- 과학관 큐레이터
- 과학학습지 및 교재 개발자
- 학원강사
- 출판기획자
- 과학PD

4 개설대학

- 경북대학교
- 경상국립대학교
- 공주대학교
- 대구대학교
- 부산대학교
- 서울대학교
- 서원대학교
- 전남대학교
- 조선대학교
- 충북대학교
- 한국교원대학교 등

내 몸 안의 작은 우주 분자생물학
하기와라 기요후미(황소연 역) / 전나무숲(2019)

이 책은 사전 지식이 없는 초보자도 술술 읽을 수 있는 분자생물학 입문서로, 어렵고 골치 아픈 학문이라고 여겨지는 분자생물학을 쉽고 재미있게 배우도록 구성하였다. 일러스트를 활용해 어려운 용어를 재미있게 해설하고 있으며, 일반인의 눈높이에서 이해하기 쉽도록 내용을 풀어내고 있다. 쉽게 이해할 수 있다고 해서 내용 자체를 한정적으로 다룬 것은 아니다. 분자생물학의 가장 기초적인 세포의 구조에서부터 단백질의 활동과 효소의 역할, 세포들 간의 정보 교환방법, DNA의 구조에 대한 심층적인 이해와 복제 시스템, 유전자 해독과 유전자 치료 등 분자생물학에서 다루는 내용들 대부분을 빠짐없이 포괄적으로 다루고 있다.

DNA 유전자 혁명 이야기
제임스 D.왓슨(이한음 역) / 까치(2017)

DNA의 구조를 밝힌 제임스 왓슨이 DNA 연구의 시작부터 DNA의 최신 미래 이야기까지 다룬 책이다. 유전학 초기의 흐름을 개괄하면서 멘델의 완두콩에서부터 우생학까지 설명한다. 저자와 크릭이 발견한 DNA 이중 나선을 설명하고 개인 유전체학과 암 연구에 관련된 내용까지 유전자에 대해 폭넓게 다루고 있다. 유전공학을 놀라울 정도로 일관적으로 서술한 이 책은 대중 과학자로서의 왓슨을 보여주는 결정체이기도 하다. 이 책은 20세기에 펼쳐진 생물학 연구에 대해서 전체적으로 살펴보고 DNA를 연구하는 사람과 기업에 대해서도 설명하고 있다.

나쁜 과학자들
비키 오랜스키 위튼스타인(안희정 역) / 다른(2014)

수많은 사람의 목숨을 앗아가는 전염병 치료법을 찾는다는 이유로 연구자들이 내 몸에 병균을 주입한다면? 기존에 출시된 것보다 효과가 좋은 신약이라고 해서 먹은 약 때문에 각종 부작용을 앓게 된다면? 병을 치료해 주는 줄만 알았던 의사들이 아무런 동의도 구하지 않고 내 세포를 채취해 전 세계에 팔고 있다면? 상상만 해도 끔찍한 이 모든 실험들은 과학이라는 이름 아래, 인류를 위한다는 명분 아래 우리 역사 속에서 실제로 벌어진 일들이다. 이 책은 연구자의 윤리, 특히 임상실험과 관련된 윤리에 대해 다룬다. 이 책은 위대한 발견 뒤에 감춰져 있던 과학의 추하고 부끄러운 민낯을 낱낱이 공개함으로써 그에 대한 토론거리를 제시해준다.

잃어버린 게놈을 찾아서
스반테 페보(김명주 역) / 부키(2015)

저자인 스반테 페보는 어릴 적 이집트 미라에 매료되었다가 박사과정 때 분자생물학 기법을 고고학에 적용할 아이디어를 떠올렸고, 30여 년간 아무도 생각하지 못한 길을 개척한 끝에 '고유전학(paleogenetics)'을 창시하고 네안데르탈인의 게놈 분석에 성공하였다. 네안데르탈인은 13만 년 전 등장해 현생 인류인 호모 사피엔스와 경쟁하다 3만 년 전 사라진 인류의 한 종이다. 그는 1996년 네안데르탈인의 뼛조각에서 DNA를 추출하고 해독했다. 여기서 네안데르탈인이 현생 인류의 조상이 아니라는 사실을 밝혀냈다. 또한 현대 분자생물학 실험 기법이 어떻게 발전해 왔는지도 비교하며 알려준다. 실험전공자라면 격하게 공감할 수 있는 이야기들로 이해를 돕는다.

1 인문 계열

2 사회 계열

3 자연 계열

4 공학 계열

5 의약 계열

6 예체능 계열

7 교육계열 · 생물교육과

과학 공화국 생물 법정 10
정완상 / 자음과 모음(2008)

이 책은 미생물의 정의에서부터 아케아, 미토콘드리아, 바이러스, 헬리코박터와 같이 우리 귀에는 상당히 익숙하지만 잘 알지 못하는 다양한 미생물들에 대해 친절히 설명해주고 있다. 그리고 이 미생물들이 우리의 질병에 미치는 영향, 음식의 부패나 발효 등과 맺고 있는 관계에 대해 알려주면서 미생물에 관한 지식이 우리의 건강과 깊이 관련된 지식임을 알려준다. 또한 홍조현상이 환경문제와 맺고 있는 관련성이나, 포마토, 유전자복제 등 최첨단 생명과학에 이르는 지식까지 안내해 줌으로써 미생물에 대한 우리의 상식을 넓혀준다.

식물에게서 교육을 배우다
이차영 / 살림터(2020)

"네 잎 클로버는 사실 토끼풀이 무성하게 우거져 자라는 비옥하고 안전한 장소보다 길가나 운동장처럼 사람들에게 자주 밟히는 척박하고 위험한 곳에서 많이 나온다. 네 잎 클로버가 생기는 원인 가운데 하나가 생장점에 상처를 입는 것이기 때문이다. 네 잎 클로버에 대한 인간의 통념을 기준으로 해석하자면, 상처를 행운으로 만들어 내는 놀라운 기적의 변신을 몸으로 보여주는 녀석이 바로 네 잎 클로버임을 알 수 있다. 그 시련의 의미를 포착하는 것이 귀하다." 이전에는 흘려보냈던 익숙한 소재들 속에서 교육에 대한 창의적인 아이디어나 감춰진 지혜를 새롭게 발견하는 재미를 이 책을 통해 느낄 수 있을 것이다.

홍성욱의 STS, 과학을 경청하다
홍성욱 / 동아시아(2016)

이 책은 과학기술학(Science and Technology Studies)의 관점으로 보는 인간, 기계, 과학과 그들이 어떻게 복잡하게 얽히는지에 관한 책이다. 이 책에서는 패러다임 개념을 확장·발전시킨 개념으로 '네트워크'를 제시한다. 저자에 따르면 네트워크는 현대 과학을 이해하기 위한 핵심 개념이며, 과학적 이슈의 흐름을 설명하는 키(key)라고 말한다. 네트워크는 지속적으로 확장되고 뻗어나가는 속성을 가지고 있으며, 성장하던 네트워크가 소멸되거나 다른 네트워크로 대체되기도 하고, 여러 네트워크가 하나로 응축되기도 한다. 이 책은 과학기술학의 시각을 널리 알리고 과학기술학의 담론이 가야 할 방향을 제시한다.

GMO 사피엔스의 시대
폴 크뇌플러(김보은 역) / 반니(2016)

인간을 대상으로 한 유전자변형기술이 연구되고 발전해 온 과정, 현재 세계 각국에서 진행되고 있는 연구 분야 및 기술 정도, 예측 가능한 미래까지를 개괄적으로 설명하고 있는 책이다. 이 책은 먼저 유전자변형 인간의 탄생이 왜 최근에 큰 이슈가 되고 있는지, 왜 여기에 관심을 가져야 하는지 이유를 설명한다. 이어서 유전자변형기술의 탄생과 유전학의 역사를 새로 쓴 생물들의 이야기와 인간 복제에 대해서 설명한다. 인간 유전자변형과 GMO사피엔스 생산 등의 시도를 가능하게 한 과거 주요 유전학 연구를 살펴보며 유전자변형 기술을 둘러싼 과학계의 최근 움직임을 다루고 미래 사회의 양상과 올바른 방향에 대해 생각할 기회를 준다.

나는 대한민국의 교사다
조벽 / 해냄(2010)

저자는 이 책에서 대한민국 교육자들의 에너지를 고갈시키는 다섯 가지 '병'으로 절망, 무기력, 불신, 맹목적 신봉, 책임 회피를 꼽는다. 이것들은 교사 개인의 문제로만 그치는 것이 아니라 결국 교육 개혁의 걸림돌로 작용하게 되는 심각한 요소이다. 그에 따른 전략을 다섯 가지로 제시하고 그 구체적인 실천법을 일목요연하게 정리하였다. 무엇보다 이러한 혁신은 소모적인 자아비판과 왜곡된 열등감에서 벗어나 우리 교육의 단점과 장점을 명확히 인식하는 데서부터 비롯된다고 주장한다. 현재의 교육 위기도 시대 변화에 따른 과도기적 현상으로서 이에 대한 지나친 자기비판보다는 좀 더 현실적인 대처가 필요하다고 저자는 주장하고 있다.

인수공통, 모든 전염병의 열쇠
데이비드 콴멘(강병철 역) / 꿈꿀자유(2017)

이 책은 동물의 병원체가 인간에게 건너와 생기는 병, 즉 인수공통감염병에 관한 조사와 취재의 기록이다. 인수공통감염병이 왜 중요한지 그 이유를 밝힌다. 그리고 인류를 멸망으로 몰고 갈 대형사건으로 기후변화와 세계적 유행병을 말한다. 이 세계적 유행병은 틀림없이 인수공통감염병 중 하나가 될 것이라고들 예측하기 때문이다. 조류독감도, 사스도, 에이즈도, 에볼라도 인수공통감염병이다. 이 책은 중국 남부의 박쥐 동굴과 광둥성의 식용동물시장, 콩고 강변의 외딴 마을들, 중앙아프리카의 정글, 방글라데시의 오지, 말레이시아의 열대우림, 그리고 미국과 호주, 네덜란드, 홍콩 등에서의 동물들과 무시무시한 병원체들이 사는 세계를 알려준다.

생물교육과 독서탐구활동 활용사례

자율활동 특기사항

학급의 1인 1역할에서 생물 부장을 맡아 항상 공부할 내용을 미리 잘 준비해오는 성실함을 보임. 친구들에게 생물 관련 질문들을 받고 답변을 해주면서 가르치는 것도 좋은 공부가 된다는 것을 깨닫게 됨. 전공과 진로 연계 발표 활동에서 백신에 대한 호기심을 가지고 '전염병에 대한 탐구와 바이러스 모형 만들기'를 주제로 프로젝트를 진행함. 팀장으로서 모둠원을 모으고 관심 있는 전염병을 선택한 후 조사하여 탐구하는 자세가 훌륭하였으며, 다양한 학습주제에 대해 자신의 생각을 조리 있게 말하고 글로도 잘 표현함. 또한 숙주를 위협하는 바이러스의 구조를 모형을 만들어 친구들에게 소개하는 과정에서 친구들에게 과학적 호기심을 불러일으키는 모습이 인상적인 학생임. 이 활동을 계기로 분자생물학에 관심을 가지게 되어 이후 **'내 몸 안의 작은 우주 분자생물학(하기와라 기요후미)'**을 읽고 단백질의 역할 및 DNA의 구조에 대해 심도 있는 탐구를 진행함.

동아리활동 특기사항

(생명과학부)(34시간) 과학·수학 융합동아리에서 영화 속 진로탐구 활동에 참여하여 '코로나 19의 비밀, 숫자로 풀다'를 시청하고 소감문을 작성함. 이 과정에서 기초감염 재생산지수 RO가 의미하는 바에 관심을 가지고 자료를 조사함. RO의 값은 감염병 수학 모델링을 이용하여 구할 수 있고, 감염병이 더욱 퍼질 것인지 아니면 사라질 것인지를 알려주는 하나의 지표이며, RO의 값에 따라 감염병 예방에 어떻게 효율적으로 대처할 것인지를 판단할 수 있음을 구체적이고 설득력 있게 발표함. 이 발표로 동아리 친구들에게 과학적 호기심을 불러일으키고 지적 자극을 주었으며 친구들로부터 긍정적인 피드백을 받게 됨. 이 활동을 통해 사회 현상을 통계적으로 분석하고 예측하여 유의미한 결론을 도출해 낼 수 있는 자질을 확인함. 수학과 과학의 다양한 분야에 관심을 가지고 심도 있게 탐색하고자 하는 의지를 보임. 그 외에도 생물, 환경에 관심이 있는 친구들에게 **'잃어버린 게놈을 찾아서(스반테 페보)'**, **'SDGs 교과서(이창언)'** 책을 권하고 친구들의 눈높이에 맞춰 정보를 전달하는 모습에서 뛰어난 과학(생물)교사로서의 모습을 확인함.

진로활동 특기사항

전공 관련 심화 체험 프로그램에서 과학원서와 영문과학기사를 꾸준히 읽어가며 기사를 해석하고 분석하여 자신의 생각을 논리적으로 잘 정리하여 발표함. 전공 관련 도서를 읽고 줄기세포를 채취 배양 시 발생할 수 있는 문제에 관심이 생겨 '줄기세포 배양기술을 활용한 자가수분의 가능성'에 대해 호기심을 가지고 자기 주도적으로 탐구하였으며 열성 유전병에 걸릴 확률을 사례를 들어 설명하고 이를 통해 유전적 다양성의 중요성을 강조함. 그 외에도 코로나 19 바이러스와 관련된 해외기사를 읽고 T세포 면역을 이용한 코로나바이러스 백신 개발 연구에 대해 친구들에게 설명함. 코로나바이러스가 T세포에 어떤 영향을 미치고 T세포는 코로나바이러스에 어떤 영향을 주는지 설명하였으며, 항체로 만드는 백신을 T세포 면역을 통해서도 만들 수 있다는 것에 대해 알게 되는 과정에서 자신의 꿈을 위해 탐구하는 즐거움을 알게 됨. 무엇보다 자신의 호기심을 채워나가기 위해 다양한 책을 읽고 있으며 특히 **'나쁜 과학자들(비키 오랜스키 위튼스타인)'**을 읽고 비윤리적인 과학자들의 모습과 문제점을 지적함. 윤리적인 과학자가 되기 위해 필요한 인문학적 소양을 함양하기 위해 노력하는 모습을 보임.

교과 세부능력 및 특기사항

생명과학 Ⅰ

학급 독서시간에 읽은 **'식물에게서 교육을 배우다(이차영)'**를 통해 평소 관심이 있었으나 이름을 알지 못했던 우리 주변의 다양한 식물들의 이름을 애플리케이션과 식물도감을 활용하여 조사하고 식물의 특징과 서식지의 특징을 친구들과 함께 토의함. 조사한 내용을 모둠별로 취합하여 커뮤니티 맵핑을 만드는 작업에 주도적으로 참여하였으며, 학교와 지역의 식생과 생태계의 차이를 설명함. 또한 학교의 생물 다양성을 높이기 위한 다양한 방법을 제안함. 이 활동에서 식물을 관찰한 내용과 친구들의 의견을 꼼꼼하게 메모하는 모습이 돋보였으며, 모둠 활동에 적극적으로 참여하지 않는 친구들에게 이 활동의 필요성을 설득하는 모습을 보임. 발표 이후에도 커뮤니티 맵핑에 사진을 올리는 등 자신이 가진 과학적 호기심을 지속적으로 풀어나가는 모습이 관찰됨. 이후 학교 주변 하천에 서식하는 금개구리, 맹꽁이 등 멸종위기종인 양서류를 조사 및 모니터링을 하고자 하는 포부를 밝힘.

생명과학 Ⅱ

유전자 조작 기술을 다룬 영화를 감상한 후 미래 사회에서 이 기술이 사용될 경우 발생할 수 있는 사회적 혜택과 사회적·윤리적 문제에 대해 자신의 생각을 정리하여 논술함. 이와 관련된 **'GMO 사피엔스의 시대(폴 크뇌플러)'**를 읽고 LMO가 기후와 환경 변화에 따른 미래 식량 수요에 대비할 수 있다는 장점이 있다고 설명함. 하지만 현재의 식량 문제는 '생산량'이 부족한 게 아니라 '제3국에 분배되지 않는 것'에 있다는 점을 듦. LMO는 슈퍼 잡초와 같은 사례처럼 또 다른 환경 문제를 불러일으킬 수 있음을 밝힘. 하지만 LMO는 현재 우리 생활의 일부가 되었고 생명공학계에 하나의 흐름이 된 이상 제대로 된 연구와 확실한 과학적 근거를 바탕으로 사용해야 함을 주장함. 이 과정에서 자기 생각을 뒷받침할 수 있는 다양한 자료를 찾고 이를 정리하는 데 뛰어난 모습을 보였으며 과학발전과 환경보전이 공존 가능한 대안을 마련하고자 노력하는 모습을 보임. 또한 후속 활동으로 우리 주변의 GMO, LMO의 사례를 찾아 정리하는 보고서를 제출함.

행동특성 및 종합의견

공감능력과 배려심이 뛰어나며 어려운 처지의 사람에게 측은지심을 가질 줄 알고 공선사후의 정신을 자주 보여주어 선한 영향력을 끼치는 학생임. 몸이 불편한 친구를 대신하여 청소를 하고, 연극제에서 주연을 맡고 싶어 하는 친구에게 역할을 양보하기도 함. 평소 생명과 환경에 관심이 많고 동식물을 보호하며 궁극적으로 기후변화를 막고 지구 전체의 환경에 긍정적인 영향력을 미치는 교사가 되고자 하는 포부가 큰 학생임. 최근 코로나바이러스로 인한 다양한 현상 중 인종별 감염률, 개인정보 보호 문제, 면역 여권 등에 관심을 보이며 인종별 바이러스 감염률과 사망률을 통계 자료로 제시하여 학급 활동에 참여한 점이 인상적임. 생물교사로서 생명윤리 의식과 인문학적 사고를 갖추기 위해 아침마다 **'나는 대한민국의 교사다(조벽)'** 등의 도서를 읽으며 관련 소양을 갖추려고 노력하는 등 모든 교사가 이구동성으로 칭찬하는 훌륭한 학생임.

9 ▶▶ 수학교육과

1 학과 인재상

논리적인 사고력과 수리력, 꼼꼼한 관찰력을 갖춘 학생

예비 교사로서 수학적 사고와 타인에 대한 이해력이 뛰어난 학생

수학적 사고와 합리적 의사소통능력을 갖춘 학생

학생을 가르치는 것에 흥미와 애정을 가진 학생

하나의 문제를 끈기를 가지고 풀어 나갈 수 있는 학생

2 유사학과

- 수학과
- 수학통계학과
- 수리과학부
- 응용수학과
- 통계학과

3 관련직업

- 교사
- 교수
- 수학교육행정가
- 수학학습지 및 교재개발자
- 연구원
- 학원강사
- 출판기획자
- 방송 PD
- 전산·금융·보험 사무직
- 변리사
- 회계사
- 계리사 등

4 개설대학

- 가톨릭관동대학교
- 강원대학교
- 건국대학교
- 경남대학교
- 경북대학교
- 경상국립대학교
- 고려대학교
- 공주대학교
- 단국대학교
- 대구가톨릭대학교
- 대구대학교
- 동국대학교
- 동국대학교 WISE캠퍼스
- 목원대학교
- 목포대학교
- 부산대학교
- 상명대학교
- 서울대학교
- 서원대학교
- 성균관대학교
- 순천대학교
- 신라대학교
- 안동대학교
- 영남대학교
- 우석대학교
- 원광대학교
- 이화여자대학교
- 인천대학교
- 인하대학교
- 전남대학교
- 전북대학교
- 전주대학교
- 제주대학교
- 조선대학교
- 청주대학교
- 충남대학교
- 충북대학교
- 한국교원대학교
- 한남대학교
- 한양대학교
- 홍익대학교 등

수학이 필요한 순간
김민형 / 인플루엔셜(2018)

수학자 김민형 교수가 일반인들에게 수학적 사고의 중요성을 알려주는 안내서이다. 이 책은 '수학이란 무엇인가'라는 어려운 질문에 대한 실마리를 찾아나가는 여행이라고 할 수 있다. 저자가 인간의 사고 능력과 우주에 대한 탐구를 총 7개의 강의를 통해 풀어냈다. 복잡하고 어려운 수학의 세계를 누구나 이해할 수 있는 상식적인 언어로 설명하고 있다. 이 책을 통해 우리는 인간이 우주를 이해하는 법도, 윤리적인 판단까지도 수학적 사고를 바탕으로 하고 있음을 깨닫게 된다. 또한 수학적 체계를 만들거나 새로운 것을 발명하거나 자연의 법칙을 고안해 낸 위대한 인물들의 지혜로움도 차분히 알려준다.

박경미의 수학콘서트 플러스
박경미 / 동아시아(2013)

이 책은 저자가 동유럽을 여행하면서 음악과 수학의 공통점을 찾아 비교해가며 쓴 글이다. 여러 가지 공식과 원리를 일상생활에서 찾아가면서 숨어 있던 일상 속의 수학에 재미를 느낄 수 있도록 이야기한다. 각기 다른 형태의 서양음악의 갈래를 소개하면서도 뒤에 나올 수학의 연주가 어떤 의미를 담고 있는지를 알게 해준다. 각 단원마다 수학과 연관된 여러 지식들이 나열되고, 콘서트처럼 하나의 수학의 연주가 끝나면 또 다른 연주가 시작되는 형식의 책이다. 딱딱하고 어렵기만 했던 수학이 우리 생활에 얼마나 많은 부분으로 가득 차 있는지를 생각해 볼 수 있게 하는 책이다.

학생들이 즐거운 수학교실
김진호 / 교육과학사(2021)

이 책에서는 나눗셈을 처음 접하는 학생들의 사고과정에서 도출될 수 있는 모든 경우의 수를 접해볼 수 있다. 학생들의 사고과정이 곧 수학수업에서의 '학습 내용'이 되기 때문에, 이 책에서는 교사가 아닌 학생들이 이끌어가는 수업, 모든 학생들의 생각이 존중받는 수업이 진행되어 답을 찾아가는 과정에서의 즐거움을 학생들이 알게 하려는 의도가 담겨 있다. 아울러 수업을 통해 학생들이 각자의 다양한 방법으로 나눗셈을 구성해봄으로써 이를 자신의 것으로 소화하고 만들어내는 과정을 확인할 수 있는 즐거움이 생길 수 있도록 구성하였다.

수학의 역사
지즈강(권수철 역) / 더숲(2011)

이 책은 동서양을 넘나들며 발전해온 각 문화권의 수학의 역사를 밀도 있게 다루고 있다. 각각의 역사 속에서 수학은 과학, 철학, 예술 등과 서로 조화를 이루며 좀 더 풍부한 내용으로 발전해왔다. 유구한 역사와 풍부한 내용을 자랑하는 동양의 수학과 동서양의 문명을 하나로 묶어준 이슬람의 과학 문명은 동서양을 하나로 묶는 '영원한 황금노끈'과도 같은 역할을 했다. 실크로드를 통해 동양의 수학이 아라비아를 거쳐 유럽에 전래되면서 중세 유럽은 수학을 장려했다. 이와 같이 동서양을 아우르는 수학의 흥미진진한 역사는 읽는 이들에게 수학적 지식은 물론, '읽고 이해하는' 수학의 즐거움을 선사한다. 수학의 생성원리에서부터 그 속에 깃든 역사와 문화까지 수학의 모든 것이 탄탄하게 담겨 있다.

페르마의 마지막 정리
사이먼 싱(박병철 역) / 영림카디널(2022)

'페르마의 마지막 정리'를 증명하는 것은 수학 역사상 가장 어려운 과제였지만, '정리' 자체만 놓고 본다면 내용이 너무도 단순하여 초등학생도 풀 수 있을 정도로 간단해 보인다고 말하기도 한다. 하지만 당대 최고의 석학들도 이 '정리' 앞에서는 꼼짝없이 무릎을 꿇어야 했던, 수학 역사상 최대의 수수께끼였고 난제였다. 그러다 영국의 수학자 앤드루 와일즈가 이를 증명하는 데 성공하였다. 이 책은 수학에 친숙하지 못한 독자들에게 페르마의 마지막 정리가 갖고 있는 역사와 명멸해 간 위대한 천재들의 치열한 삶을 흥미로운 서사로 소개한다.

수학비타민 플러스 UP
박경미 / 김영사(2021)

학생부터 일반인에 이르기까지 상당수가 '수학'이라고 하면 싫어하는 기색부터 보이게 된다. 그러나 수학은 우리들의 생활에 지혜를 가져다주는 역할을 한다. 이 책은 수학에 대해 어렵다는 편협한 생각을 가진 사람들의 생각을 바꿔주는 데에서 출발한다. 일상생활 속에서 쉽게 접할 수 있는 수학의 원리를 찾아 소개하면서, 수학이 결코 난해하고 어려운 것이 아니라 항상 주변에서 찾아볼 수 있는 재미있고 쉬운 것임을 알려준다. 역사, 예술, 자연, 과학, 일상생활 등에 숨겨진 신비와 무한, 낭만과 감동으로 가득한 수학 이야기를 살펴볼 수 있다.

수학귀신
한스 마그누스 엔첸스케르거(고영아 역) / 비룡소(2019)

이 책은 전 세계에서 20년 넘게 사랑받은 수학책의 고전이자 '청소년을 위한 최고의 수학 소설'로 손꼽히는 『수학 귀신』의 개정판이다. 이 책은 저자가 열 살배기 딸을 위해 집필한 책으로, 1997년에 독일에서 출간된 이래 '수학 때문에 잠 못 드는 이들을 위한 수학 소설'로서 세계 각지에서 널리 읽혔다. 수학을 싫어하는 한 소년이 꿈에 나타난 수학귀신과 함께 환상적인 여행을 하면서 수학의 원리를 이해하는 과정을 담았다. 알기 쉬운 설명과 그림책을 보는 것 같은 삽화로 누구나 수학의 원리를 자연스럽게 알게 하였다.

어느 수학자의 변명
고드프레이 해럴드 하디(정회성 역) / 세시(2016)

이 책은 20세기 초 영국의 대표적인 수학자로서 수학 개념의 현대적인 엄밀성을 도입하는 데 선도적인 역할을 하며 뛰어난 업적을 남긴 저자가 만년에 저술한 회고록 형식의 책이다. 1부터 29까지 번호가 붙여진 수필 형식의 짧은 글들의 묶음으로 구성되어 있다. 비록 분량은 적지만 깔끔한 수학적 정리를 연상시키듯 군더더기 없이 간결한 용어로 진술되어 있어 매우 강렬한 인상을 주고 있다. 학문에 대한 진지한 태도와 수학에 대한 깊은 애정, 사물에 대한 예리한 분석을 발견할 수 있고, 학자의 삶과 긍지가 무엇인지에 대해 우리로 하여금 곰곰이 생각하게 만드는 책이다.

교사를 위한 교육학강의
이형빈 / 살림터(2020)

교사는 끊임없이 전문성을 신장시키기 위해 노력해야 한다. 그러나 이는 입시의 성과를 내기 위한 전문성도, 사회적 기득권을 유지하기 위한 전문성도 아니다. 동료 교사들과 협력적으로 연대하며 교육을 개선하는 전문성, 공교육의 보편적 이념을 실현하기 위한 전문성이어야 한다. 공교육은 단지 교과의 지식을 전달하는 장이 아니라 자유와 평등, 사회정의, 공공성 등의 사회적 가치가 잉태되는 곳이다. 교사는 시대의 과제에 대해 끊임없이 고민하고 학생들의 아픔에 귀를 기울이며 여기에 응답하는 윤리의식을 지녀야 한다. 우리 사회가 교사의 역할에 기대를 거는 이유가 여기에 있다.

대량살상 수학무기
캐시 오닐(김정혜 역) / 흐름출판(2017)

숫자의 위험성을 경고한 대표적인 책이다. 수학자이자 데이터과학자인 캐시 오닐이 자신이 사랑하며 연구한 수학이 금융기술과 결탁하여 금융위기를 야기하는 것을 경험한 이후 그 위험성을 알리기 위해 쓴 책이다. 저자는 수학과 데이터, 정보통신 기술이 결합해 만들어진 알고리즘을 '대량살상 수학무기(WMD)'라고 부른다. 책에서는 알고리즘이 불평등과 부익부 빈익빈을 심화시키고, 민주주의를 위협하며, 교육·노동·보험·정치 등 모든 영역에서 우리 삶을 파괴한다는 점에서 폭탄 같은 살상무기와 다를 바 없다고 주장한다. 현대는 빅데이터가 적용되지 않는 곳이 없다. 이 책은 이런 시대에 경고를 한다.

수학교육과 독서탐구활동 활용사례

자율활동 특기사항

찾아가는 전공 박물관 활동에 참여하여 수학 교구 체험과 실습·실험을 통해 수학적 원리를 탐구함. 사이클로드 미끄럼틀 만들기, 황금비 키 재기, 타원 당구대 등의 체험활동을 통해 수학의 활용도와 유용성 그리고 재미를 경험하고 이 과정을 친구들에게 설명함. 학급 멘토링 활동에서는 수학에 어려움을 겪고 있는 친구들과 그 문제를 공유함. 이후 친구의 눈높이에 맞춰 문제 풀이과정을 설명했으며, 자신이 공부하면서 어렵다고 느낀 문제의 풀이 과정과 핵심 전략, 그리고 단원별 마인드맵 노트를 친구에게 공유함. 이 과정에서 다양한 매체를 활용하여 내용을 효과적으로 전달하는 자료 제작 능력이 우수하였으며 친구가 수학을 친근하게 느낄 수 있도록 노력함. 항상 유쾌하고 긍정적인 마인드로 다양한 활동을 할 수 있는 유연한 학습 분위기 조성에 이바지하였으며 수학에 부담을 가지고 있는 친구들에게 수학을 싫어하는 소년이 수학을 알게 되는 과정이 담긴 **'수학 귀신 (한스 마그누스 엔첸스케르거)'**을 추천하여 수학의 재미를 알게 하기 위해 노력하는 모습을 보임.

동아리활동 특기사항

(수학탐구부)(34시간) 수학 동아리에서 실시한 지역아동센터 멘토링 활동에서 아이들의 질문에 최선을 다해 성실히 설명하였으며 강의식 문제 풀이에 지친 친구들에게 협력학습을 통해 스스로 문제의 답을 찾을 수 있도록 지도하여 많은 학생들이 주도적으로 참여할 수 있도록 조언하는 모습을 보임. 또한 **'수학비타민 플러스 UP(박경미)'**을 읽고 이를 활용하여 실생활에서 사용되고 있는 수학을 재미나게 구성하여 센터의 아이들에게 알려줌으로써 수학이 왜 필요하며 왜 배워야 하는지 눈높이에 맞춰 설명함. 또한 자율 탐구 프로젝트에서는 교과서에서 언급되었던 피보나치 수열과 황금비에 대한 호기심을 해결하기 위해 이를 조사하고 탐구하는 프로젝트를 수행함. 상수 n의 값이 커질수록 n항에 황금비를 곱하면 n+1항에 점점 가까워진다는 사실에서 연관이 없어 보이는 것에서도 공통점을 찾아낼 수 있음을 이해하고 이후 이를 실생활에 접목시키는 탐구를 진행하려고 계획함.

진로활동 특기사항

홀랜드 직업 흥미검사 결과 탐구심과 지적 호기심이 많고, 논리적·분석적·합리적이며, 과학적·수학적 적성이 높은 탐구형이 가장 높은 점수를 받았음. 관련 직업으로 과학 및 수학 교사가 나옴. 진로 활동을 통해 다양한 경험을 한 후 교육 분야로 진로를 설정하고 자신의 현재 위치를 점검하여 부족한 부분을 보완하기 위해 **'교사를 위한 교육학강의(이형빈)'**를 읽음. 교사가 되기 위해 끊임없이 전문성을 신장시켜야 하며 교사는 단순히 지식을 전달하는 사람이 아니라 학생들을 이해하고 학생들의 입장에 공감하는 사람임을 알게 됨. 이후 **'수학이 필요한 순간(김민형)'** 등과 같은 진로 목표와 관련된 분야의 폭넓은 독서 활동 및 구체적인 인터넷 자료 검색 활동을 진행하고, 선배의 멘토링 활동과 전문가의 교내 강연에 참가함. 진로 시간 및 교과 시간에 진로와 관련된 각종 활동과 행사에 능동적으로 참여하는 등 진로를 위해 남다른 노력을 기울임. 학생들의 자발적인 참여를 유도하는 다양한 학습법을 공부하여 지식 전달과 함께 인성을 가르치는 친구 같은 교사가 되고자 하는 꿈을 가지게 됨.

교과 세부능력 및 특기사항

미적분

미분법 단원에서 공사장의 안전망 설치 각도에 따라 물체가 받는 충격량의 변화를 알아보고자 그래프로 시각화하여 문제를 해결하였으며, 공사장 안전망 설치에 안전한 각도를 미분의 개념으로 풀어 설명함. 이 과정을 통해 미분은 우리 주변에서 자주 활용되는 수학 개념이며 어떠한 상황을 예측하거나 이미 일어난 상황을 좀 더 분석하여 해결책을 찾는 데 도움을 준다는 것을 깨닫게 되었다고 발표함. 이후 미분을 활용하여 코로나19와 같은 사회 현상을 분석하고 이를 통해 사회에 긍정적 보탬이 되는 탐구를 진행해 보고자 하는 포부를 밝힘. 이 외에도 심화 문제 풀이에서 여러 가지 개념을 응용시켜보며 여러 측면에서 접근하고 풀이를 이끌어내는 수학적 역량이 우수한 학생임. 또한, **'어느 수학자의 변명(고드프레이 해럴드 하디)'**을 읽고 알게 된 수학의 아름다움을 친구들에게 설명하기 위해 노력하는 모습이 인상적인 학생임.

기하

수학적 감각이 뛰어나고 기본기가 탄탄하여 응용문제에 강한 면모를 보임. 자기주도적 학습 역량이 뛰어난 학생임. 최근에 광고, 영화 및 시각디자인 분야에서 3D 애니메이션이 많이 활용되고 있는데, 이 3D 애니메이션에 대해 수학적 원리를 바탕으로 호기심을 가지고 탐구함. 3D 애니메이션 제작 시 공간좌표를 이용하면 공간상에서 점과 선의 위치를 좌표로 나타낼 수 있고, 3D 공간상에서 위치를 표현하고 찾는 데 기하를 활용하면 용이하다는 것을 설명하기 위해 모션 캡쳐 캐릭터 제작 과정을 간단한 프로그램을 활용하여 친구들에게 설명함. 이 과정에서 자료를 분석하는 능력과 논리적으로 해석 및 정리하는 능력이 탁월했으며, 한번 학습한 내용을 실생활과 연계하는 능력이 뛰어났음. 또한 음악과 수학의 공통점을 다룬 **'박경미의 수학콘서트 플러스(박경미)'**를 친구들에게 추천하여 수학이 우리 생활과 밀접한 관계가 있음을 알리기 위해 노력하는 모습을 보임.

행동특성 및 종합의견

수학적 사고가 뛰어난 학생으로 내신 성적을 잘 받기 어려운 소인수 과목임에도 불구하고 심화수학 교과목을 선택하여 수학에 대한 열정을 보여줌. 주변에 수학을 어려워하는 친구들을 위해 쉬운 풀이 과정과 설명법을 고민하여 멘토링 활동에 성실히 임하였으며, 친구들 사이에서 제2의 수학 선생님이라 불릴 정도로 신망이 두터운 학생임. 요리과정을 순서에 따라 알고리즘으로 표현하고, 체육대회의 축구 종목에서 전략을 세울 때 축구 포지션을 데카르트 좌표를 이용해 설명하는 등 일상생활에서 수학적으로 사고하는 모습을 보임. 일상생활뿐만 아니라 국어와 경제 등의 인문, 사회 계열 교과 학습을 할 때도 수학적 사고를 발휘하는 경우를 자주 관찰할 수 있었음. 10분 스피치 시간에 **'페르마의 마지막 정리(사이먼 싱)'**를 읽고 수학자들의 세계에 푹 빠지게 된 계기에 대해 진심을 다하여 발표하는 모습에서 수학과 수학을 하는 사람에 대한 이해가 깊음을 확인할 수 있었음.

10 ▸▸ 역사교육과

1 학과 인재상

시사적 논점에 대한 기본 지식은 물론, 해석할 수 있는 능력을 갖춘 학생

역사책이 익숙하고, 역사 공부가 즐거운 학생

한국사와 세계사에 대한 올바른 이해와 역사 교육자로서의 소양을 겸비한 학생

시사 문제를 과거의 역사적인 사건과 비교하여 살펴보는 학생

연대기 파악력, 역사 탐구 능력, 역사적 상상력, 역사적 판단력이 뛰어난 학생

2 유사학과

- 일반사회교육과
- 사회교육과
- 지리교육과
- 윤리교육과
- 사학과
- 국사학과
- 역사학과

3 관련직업

- 교사
- 학원강사
- 방문교사
- 교수
- 교육행정가
- 교재 및 교구개발자
- 박물관 및 지자체 학예직
- 역사·문화콘텐츠 기획 및 제작자
- 큐레이터
- 문화관광해설사
- 기자
- PD 등

4 개설대학

- 가톨릭관동대학교
- 강원대학교
- 경북대학교
- 경상국립대학교
- 고려대학교
- 공주대학교
- 대구가톨릭대학교
- 대구대학교
- 동국대학교
- 부산대학교
- 서울대학교
- 서원대학교
- 신라대학교
- 원광대학교
- 인천대학교
- 전남대학교
- 전북대학교
- 총신대학교
- 충북대학교
- 한국교원대학교
- 한남대학교
- 홍익대학교 등

백범일지

김구 / 돌베개(2002)

이 책은 1947년 국사원에서 최초로 출간된 이후 지금까지 수많은 사람들에게 읽혀져 왔고 지금도 꾸준히 읽히고 있는 전 국민의 필독서이다. 27년간 대한민국임시정부를 이끌어온 민족독립운동가이자 자신의 전 생애를 조국과 민족을 위해 바친 겨레의 큰 스승 백범, 다시 말해 일제의 침략 아래 신음하는 우리 민족의 살길을 열고자 해방된 통일조국 건설에 혼신의 힘을 다하다가 끝내 비명에 간 백범의 생애를 가장 극명하게 드러내 주고 있는 책이기 때문이다. 백범의 파란만장한 생애가 그러했듯이 지고지순한 민족애와 헌신성으로 기록된 이 책은 자신의 치적을 포장하고 허물과 과오를 덮으려는 숱한 인사들의 자서전들과는 비교할 수 없는 가치를 지니며 오늘날에도 빛바래지 않는 감동으로 수많은 사람들에게 읽히고 있다.

한국사의 재조명

고려대학교 한국사연구실 / 고려대학교 출판부(2002)

우리 민족은 대륙과 해양을 잇는 지정학적 위치 때문에 고난의 역사를 지녔지만 이러한 난관을 끊임없이 극복해가면서 오늘에 이르렀고, 보다 미래를 향해 가기 위해 역사를 제대로 아는 것은 중요한 밑거름이 될 수 있다. 이 책은 대학생들이 알아두어야 할 역사적 사실과 학계에서 보편적으로 수용된 내용을 바탕으로 기술되었다. 역사학에서 다룰 수 있는 범위를 가능한 한 넓혀, 세계사의 변화와 한국사가 밀접한 관계를 갖는 개항 이후 시기를 비롯해서 요즈음 대학생들이 관심은 많으나 정확한 지식이 부족한 현대사 부분을 많이 포함시키고 있다. 따라서 고등학교에서 한국사 교육을 통해 일정한 소양을 쌓은 대학생들이 한국사 인식의 수준을 한 단계 높여 다양한 사실과 관점을 습득하는 데 도움이 될 것으로 기대된다.

역사란 무엇인가

에드워드 H. 카(김택현 역) / 까치(2015)

'역사란 무엇인가'란 질문에 카는 '역사란 과거와 현재의 끊임없는 대화이다'라고 대답한다. 과거는 현재의 역사가들이 가지고 있는 현실 사회에 대한 문제의식에 따라 구성되며, 과거의 사실들이 어떠했는가보다는 역사지식을 생산하는 역사가가 현재의 사회와 현실에 대해서 어떤 문제의식과 가치관을 가지고 있는지가 더 중요하다고 말한다. 과거를 돌이켜볼 때 인간은 비록 우여곡절은 있었더라도 더 나은 사회를 향해 발전해왔고, 그러한 진보의 과정 자체가 인간이 합리적 이성을 지닌 존재임을 역사적으로 증명한다.

무엇이 역사인가

린 헌트(박홍경 역) / 프롬북스(2019)

이 책은 단군신화부터 국제 통화 기금(IMF)체제까지 48가지 흥미로운 역사 이야기로 역사를 보는 관점과 새로운 안목을 키워줄 수 있는 책이다. 우리 역사를 고대, 남북국, 고려, 조선, 근대 태동기, 일제 강점기, 현대의 일곱 시기로 나누고, 많은 주제를 다루기보다는 각 시기의 역사상을 함축하여 보여줄 수 있는 주제를 고르고 그를 통하여 역사 이해의 폭을 넓힐 수 있도록 하였다. 우리 역사의 새로운 모습을 보여 주고, 역사의 중요 주제에 대해 독자 스스로 생각해 볼 수 있는 실마리를 제공한다.

총, 균, 쇠
제레드 다이아몬드(김진준 역) / 문학사상사(2013)

이 책은 진화생물학자인 제레드 다이아몬드가 총기와 병균과 금속이 역사에 미친 엄청난 영향에 대해 분석한 책이다. 수렵 채집 단계를 넘어서 농경을 하게 된 사회들은 문자와 기술, 정부, 제도뿐만 아니라 사악한 병원균과 강력한 무기들도 개발할 수 있었다. 그러한 사회들은 질병과 무기의 도움으로 다른 민족들을 희생시키며 자신들의 삶의 터전을 새로운 지역으로 확장했다. 지난 500여 년간 유럽인이 자행한 비유럽인 정복은 이러한 과정을 극적으로 보여주는 예다. 이번에 발간된 개정신판에는 특별히 '일본인은 어디에서 왔는가?'라는 논문을 실어 현대 일본인의 조상이 누구인지를 추적한다. 그는 이 논문에서 규모는 명확하지 않지만 한국인의 이주가 분명 현대 일본인에게 막대한 영향을 미쳤다는 쪽을 강조하고 있어 흥미롭게 읽을 수 있다.

역사의 쓸모
최태성 / 다산초당(2019)

이 책은 저자가 역사공부의 효용성을 알리기 위해 쓴 22가지 칼럼을 하나의 책으로 묶은 것이다. 이 책에서 저자는 우리가 그동안 배워왔던 역사는 단순히 사실의 기록이 아니라고 말한다. 역사는 사람을 만나는 인문학이라고 강조한다. 역사는 나보다 앞서 살았던 사람들의 삶을 들여다보면서 나는 어떻게 살 것인지 고민하고 실천할 수 있도록 도와주는 존재라고 강조하며 학생들이 역사적 사실을 단순히 빨리, 많이 외우는 일에만 집중하지 말고 올바르게 바라보는 것이 중요하다는 메시지를 던져준다. 역사를 배우면서 느꼈던 감정을 가슴에 품고 역사 속 사람에게 집중해 보는 경험도 좋고, 그래서 역사서는 우리가 살아가고 있는 삶의 해설서라고 정의내리는 책이다.

조선시대 사람들은 어떻게 살았을까
한국역사연구회 / 현북스(2022)

이 책은 조선시대에 인구가 얼마쯤이었는지, 돈 한 냥으로 쌀을 얼마나 살 수 있었으며, 하루에 몇 끼를 먹고 어떤 음식을 먹었는지, 여행을 할 땐 어디에 묵고 무엇을 먹으며 어떻게 이동하였는지, 관리들이 몇 시쯤 출근해서 어떻게 근무했는지, 조선의 여인네들과 한양의 멋쟁이들에게도 유행하는 패션이 있었는지 등등 조선 사람들의 삶이 고스란히 담겨 있다. 이 책은 기존의 경직된 역사 텍스트나 고증 없는 흥미 위주의 재담꾼 이야기와는 질적으로 구별된다. 정통 역사가들이 정확한 역사적 자료를 근거로 정치·사회·경제·문화 네 부분을 망라하여 조선시대의 진면목을 속속들이 짚어냈다. 이 책을 접하고 고등학교 교과의 조선 부분을 공부한다면 훨씬 학습에 효과적일 것이다.

왜 역사를 배워야 할까?
샘 와인버그(정종복 역) / 휴머니스트(2019)

이 책은 '우리의 분신과 같은 스마트폰이 항상 손에 쥐여져 있고, 그 안에 모든 것들이 다 담겨있는데 우리는 왜 역사를 배워야 할까?'라는 물음에 대한 저자의 대답이 담겼다. 전 세계적으로 주목받는 역사교육학자 샘 와인버그는 디지털 시대를 살아갈 아이들의 '역사적 사고' 능력을 키울 방법을 오랫동안 고민해왔다. 우리는 역사를 배우면서 역사 자료의 출처를 확인해보고, 역사 자료의 맥락을 살펴보고, 역사 자료를 직접 해석해보는 과정을 거쳐봄으로써 이를 연습할 수 있는 경험을 하게 된다. 과거에 비해 역사라는 과목이 학교에서 그 정체성과 중요성이 희미해지고 있는 현실 앞에서 역사 과목이 학교 안에서 학생들로부터 외면받지 않기 위해서는 역사교육의 목표를 다시 설정할 필요가 있고, 수많은 정보의 옳고 그름을 판단하는 능력이 훌륭한 대안이 될 수 있다고 강조하고 있다.

다시 찾는 우리 역사
한영우 / 경세원(2014)

국내와 해외에서 대표적인 한국통사로 자리를 잡고 있는 이 책은 전국 유명서점에서 역사서 부문 베스트셀러 도서로 선정되어 많은 독자를 보유하고 있는 책이다. 또한 전국종합대학에서 교양과목과 사학과 교재로도 사용되고 있다. 이 책은 우리 역사와 문화에 대한 국민적 관심이 고조되고 있는 이 시점에서 학생뿐만 아니라 역사에 관심이 있는 국민이라면 누구나 쉽게 읽으며 이해할 수 있도록 평이하게 서술하였다는 점이 인상 깊다. 또한 이 책은 문화재와 관련된 지도와 그림을 많이 넣어 한국사능력검정시험의 심화과정을 준비하는 수험생들은 꼭 읽어 보아야 할 필독서라고 해도 과언이 아니다. 임용고사를 준비하는 예비교사들이 필수적으로 참고해야 할 통사이기도 하다.

역사의 역사
유시민 / 돌베개(2018)

이 책은 동서양의 역사가 16인과 그들이 쓴 역사서 18권을 기초로 하고 있다. 역사가란 무엇일까? 또 역사학자란 무엇일까? 역사에 대해 알고는 싶은데 마음먹기 쉽지가 않은 독자들에게 최대한의 성의를 다해서 하나하나 설명해 주는 작가는 잘 쓴 글이란 쉽고 명확해야 한다는 신조로 차분히 고개가 끄덕여지게 표현했다. 역사는 기록하는 자의 것이라고 했던가. 하지만 시간의 흐름 속에서 찰나를 살고 가는 인간으로서는 누군가 남긴 기록을 토대로 이해하고 또 미래를 예측하고 싶은 게 순리이니 과거를, 아니면 다른 나라의 먼 이야기라도 남기는 역사가를 통해 인류의 삶을 알게 된다. 기록하는 자의 시각이 더해져 사실과 멀어지거나 다르게 왜곡될 수밖에 없다는 것은 아쉬운 부분이라고 말한다.

1 인문계열

2 사회계열

3 자연계열

4 공학계열

5 의약계열

6 예체능계열

7 교육계열 · 역사교육과

역사교육과 독서탐구활동 활용사례

자율활동 특기사항

학급 특색사업 중 진로 심화 탐구활동에서 교과서에서는 잘 다루지 않는 백제의 마지막 전투인 백강 전투에 대해 조사 및 정리하여 친구들에게 발표함. 백강 전투에서의 패배를 '왜'와 '백제' 부흥군 사이의 갈등으로 파악하고 이 전투가 한중일 대립 관계의 시작을 알리는 의미 있는 역사라는 점을 친구들에게 알리는 활동을 함. 이 발표를 준비하는 과정에서 역사적 창의력과 상상력이 뛰어나며 기존의 역사적 사실을 다양한 사건과 연계하여 해석하고 역사적 사건마다 우리가 알아야 할 교훈을 이끌어내는 뛰어난 역량이 관찰됨. 가장 감명 깊게 읽은 책을 소개하는 활동에서 **'백범일지(김구)'**를 꼽음. 평생 독립운동을 위해 노력한 김구 선생님의 업적을 소개하면서 역사를 기억하는 일이 왜 중요한지에 대해 생각하게 되었으며 이러한 역사를 많은 친구들과 함께 공유하고자 역사 교사의 꿈을 가지게 되었음을 설명함.

동아리활동 특기사항

(우리역사지킴이부)(34시간) 동아리 회장을 맡아 역사 인물을 조사하여 발표하기, 7월 민주항쟁 캠페인 등의 활동을 이끌면서 팀원의 역할분배 및 일정 조율을 원활하게 수행하였고, 다양한 역사적 인물들을 통해서 부조리한 사회현실을 바꾸고자 한 선인들의 지혜과 도전정신을 배움. 팀원과 함께 **'역사란 무엇인가(에드워드 H. 카)', '무엇이 역사인가(린 헌트)'**를 통독하고 '역사란 무엇인가?'를 주제로 토론하였으며, **'다시 찾는 우리 역사(한영우)'**를 읽고 독후감을 작성함. '조선의 건국은 정당한가?'라는 고민을 통해 역사를 바라보는 비판적 안목을 기르게 됨. 역사 관련 도서 읽기 및 자료 탐색활동을 통해 구체적이고 새로운 역사적 사실을 알게 되면서 역사에 대한 흥미와 역사적 사고력을 향상시키는 계기를 마련함. 특히 자신이 알고 있는 지식을 동아리 친구들에게 알려주거나 카드뉴스로 만들어 SNS 및 학급 게시판에 공유하는 등 학급 및 지역에서 지식의 나눔을 실천하는 학생임.

진로활동 특기사항

'대학 전공 탐색의 날' 행사에서 자신의 관심 분야인 역사교육 전공 탐색에 참여하였으며, 관련 학과의 교육과정과 직업 전망에 대해 정보를 수집하여 자기주도적으로 진로 설계를 구체적으로 계획함. 여름방학 진로 탐색 프로젝트에서 '애국 계몽 운동가의 발자취를 찾아서'라는 주제로 한국사 문화 유적 탐방 계획서를 작성하고 우정총국, 대한매일신보 창간사옥 터, 황성신문사 터, 신문박물관을 코스로 설계하여 탐방함. 도시개발로 인해 원형을 찾아보기 힘든 애국계몽운동의 중심지인 종로 일대를 답사하면서 애국계몽운동의 발자취를 추적해보고 문화 유적지에 대한 사진과 개요를 포함한 체험활동지를 작성함. 역사 현장을 탐방하면서 수업시간에는 느낄 수 없었던 역사에 대한 새로운 인식을 경험하고, **'왜 역사를 배워야 할까?(샘 와인버그)', '역사의 역사(유시민)'**를 읽는 등 역사에 대한 관심을 키우고 있음. 무엇보다 학습한 내용을 구조화하여 자신의 방식으로 정리하여 이해하는 능력이 뛰어남. 수업 중 교사의 발문을 적극적으로 탐구하며 의사소통능력이 뛰어남.

1 인문 계열

2 사회 계열

3 자연 계열

4 공학 계열

5 의약 계열

6 예체능 계열

7 교육계열·역사교육과

교과 세부능력 및 특기사항

한국사

역사적 사실과 인과 관계에 대한 맥락적 이해도가 높음. 단순히 암기하는 것이 아니라 역사적 인물에 대한 공감 능력을 바탕으로 세계사를 비롯한 철학, 과학, 예술 등 다양한 분야의 배경지식을 종합적으로 접목하여 분석할 줄 알기에 또래의 수준을 넘어서는 폭넓은 역사적 지식을 갖춘 학생임. 친구들에게 학습 멘토로서 도움을 주며 봉사하는 등 교육 분야의 진로를 희망하는 학생으로서 훌륭한 자질을 발휘함. 모둠별 역사퀴즈 맞추기 학습활동에서 **'조선시대 사람들은 어떻게 살았을까(한국역사연구회)'**의 내용을 활용함. 다른 모둠과는 달리 퀴즈 문제를 난이도별로 구성하고 난이도가 올라갈 때마다 다음 시대순으로 레벨을 상승하도록 게임 시스템을 구조화하여 '교육용 보드게임'을 제작하는 창의성을 발휘함. 정답을 맞힐 때마다 그 시대의 특징적 유물을 아이템으로 받도록 구성하여 자연스럽게 학습 동기를 유발하며 흥미로운 학생 교육용 게임 프로그램의 시나리오까지 구성한 점이 매우 독보적임.

한국사

역사 독서 외에도 **'총, 균, 쇠(제레드 다이아몬드)'**와 같은 도서를 즐겨 읽는 학생으로, 주체적 역사관이 잘 형성되어 있음. 개항 이후에 조선 정부가 추진한 개화 정책의 방향, 근대 국민 국가 수립을 위해 다양한 계층들이 기울인 노력, 열강의 경제적 침략에 대한 대응 노력을 열정적으로 학습함. '학생 주최 한국사 특강 프로젝트' 활동에서 1일 교사가 되어 '근대 교육 및 언론 기관의 발달'을 주제로 미니특강을 진행함. 근대 교육 제도의 도입에 대해 1880년대, 갑오개혁 이후, 을사조약 전후로 나누어 다양한 사진 자료를 보여주며 학생의 눈높이에 맞춰 이해하기 쉽고 재치 있는 언어로 강연함. 특강에 대한 동료평가에서 안정적인 목소리와 명확한 발음으로 내용에 쉽게 집중할 수 있었고, 자신이 가르칠 내용을 완벽히 숙지한 상태로 사전준비가 철저했으며, 역사의식을 고취하는 데 매우 도움이 되었다는 긍정적 평가를 받아 장래 교육자로서의 자질이 엿보임.

행동특성 및 종합의견

기본적인 학습 습관이 잘 형성되어 있고 학습 내용을 스스로 탐구하는 자기주도성을 보이며, 교내 및 학급 행사에 적극적으로 참여함. 역사에 관심이 많은 학생으로서 1학기에는 또래 멘토링 활동에 참여하여 급우 3명의 한국사 멘토가 되어 멘티의 성적 향상에 도움을 주었음. 2학기에는 지필고사 시험 범위에 해당하는 내용을 시대적 흐름에 따라 정리하여 학급 전체를 대상으로 자료를 공유하고 학습 도우미를 자청하여 아침 조회시간에 복습을 진행함. 급우들에게 추천해주고 싶은 책으로 **'역사의 쓸모(최태성)'**를 선정하여 내용을 요약 및 소개하고 역사로부터 무엇을 배워야 하는지, 역사의 쓸모를 찾는 것보다 역사의 쓸모를 현재의 우리가 잘 만들어가야 한다는 자신의 생각을 발표함. 역사에 왕성한 호기심을 가지고 한국사의 흐름을 큰 시야로 바라보기 위해 관련 도서를 찾아 체계적으로 읽는 모습에서 진실됨을 느낄 수 있는 학생임. 항상 노력하는 자세가 돋보이며 앞으로의 발전이 더 기대됨.

11 ▶▶ 영어교육과

1 학과 인재상

국제어로서의
영어에 대한 지적
탐구심과 학습 능력이
뛰어난 학생

학생에 대한 사랑과
성실하고 원만한 성격 및
풍부한 교양을 갖춘 학생

매사에 종합적으로
분석하는
능력이 있는 학생

팝송, 영어권 드라마, 영화,
원서 등에 관심이 많은 학생

다른 나라의 언어를 과학적으로
탐구할 수 있는
꼼꼼한 성격을 가진 학생

2 유사학과

- 글로벌영어교육과
- 영어과
- 영어영문학과
- 영어학과
- 영어문화학과
- 영어통번역학부

3 관련직업

- 교사
- 교수
- 강사
- 영어 교육 관련 전문저술가
- 영어교재 및 전문출판인
- 방송기사 및 PD
- 영어교재 및 교구 개발자
- 통역사
- 관광통역원 등

4 개설대학

- 가톨릭대학교
- 강원대학교
- 건국대학교
- 경남대학교
- 경북대학교
- 경상국립대학교
- 계명대학교
- 고려대학교
- 공주대학교
- 대구가톨릭대학교
- 대구대학교
- 목포대학교
- 부산대학교
- 상명대학교
- 서울대학교
- 서원대학교
- 순천대학교
- 신라대학교
- 안동대학교
- 영남대학교
- 원광대학교
- 이화여자대학교
- 인천대학교
- 인하대학교
- 전남대학교
- 전북대학교
- 전주대학교
- 제주대학교
- 조선대학교
- 중앙대학교
- 총신대학교
- 충남대학교
- 충북대학교
- 한국교원대학교
- 한국외국어대학교
- 한남대학교
- 한양대학교
- 홍익대학교 등

5 학과 연계도서

1
인문계열

2
사회계열

3
자연계열

4
공학계열

5
의약계열

6
예체능계열

7
교육계열·영어교육과

월든
헨리 데이비드 소로우(강승영 역) / 은행나무(2011)

이 책은 19세기 미국의 위대한 저술가이자 사상가인 헨리 데이빗 소로우의 대표작이다. 소로우는 하버드 대학을 졸업했으나 안정된 직업을 갖지 않고 측량 일이나 목수 일 같은 정직한 육체노동으로 생계를 유지하는 것을 선호했다. 이 책은 1845년 월든 호숫가의 숲속에 들어가 통나무집을 짓고 밭을 일구면서 소박하고 자급자족하는 생활을 2년간에 걸쳐 시도한 내용의 책이다. 대자연의 예찬인 동시에 문명사회에 대한 통렬한 비판이며, 그 어떤 것에 의해서도 구속받지 않으려는 한 자주적 인간의 독립 선언문이기도 하다. 자연과 조화를 이루는 삶, 소박하고 검소한 삶만이 인간에게 진정한 행복을 가져다줄 것이라는 소로우의 사상을 아름다운 문장으로 담아냈다.

에밀
장 자크 루소(이환 역) / 돋을새김(2015)

교육학도라면 한 번은 꼭 읽어야 하는 책이라고 말할 수 있는 책이다. 고아 에밀이 현명한 가정교사의 이상적인 지도를 받으며 성장하는 과정을 담고 있는 이 책은 에밀의 성장에 따라 5부로 구성되었다. 그리고 태어나서부터 결혼에 이르기까지 각 성장기에 따른 교육 단계의 형태를 보여준다. 이 책은 아동본위 교육, 자연주의 교육, 체육의 중요성, 감각훈련의 중요성, 실물 교육, 자발성의 원리, 소극 교육, 심리관찰의 필요성 등 근대 교육의 방법 원리가 집약되어 있어 교육적으로 매우 중요한 위치에 있다. 단순한 교육론이 아니라 인간론이자 문명 비평론이며 소설형식으로 꾸며진 교육학 책이다.

그림책 활용 영어교육의 이론과 실제
김혜리 / 교육과학사(2019)

이 책의 독자는 영어교육을 그림책을 통해서 하려는 교사, 예비교사, 학부모는 물론 기타 영어 교육에 종사하거나 관심이 있는 교육자 및 연구자일 것이므로, 먼저 그림책에 관한 이론적 기반이 갖추어져야 한다. 한 걸음 더 나아가서 이론을 응용할 수 있어야 하므로 실제 활용 가능한 수업도 예시하여 이를 기반으로 영어교육 및 경험을 확장할 수 있도록 지원하였다. 이 책은 그림책을 활용하고 싶었던 중등 영어 교사들에게 도움을 많이 주었으며, 영어 그림책을 즐기려는 어른들도 좋은 책을 어떻게 읽을지에 관한 안내를 받을 수 있어 유익하다는 평가를 받고 있다.

오만과 편견
제인 오스틴(윤지관 역) / 민음사(2003)

이 소설은 영국인들이 가장 사랑하는 작가로 꼽힌 제인 오스틴의 대표작이다. 이 책은 10년에 걸친 기간 동안 철저한 원문 대조를 통해 원래의 의미와 문체를 생생히 살려낸 완역본으로, 원작의 가치와 재미를 그대로 살려내고자 했다. 이 작품은 18세기 유럽의 재벌과 서민의 사랑이야기를 다루고 있지만, 자세히 살펴보면 결혼이 삶에 가장 중요한 결정이 될 수밖에 없는 시대상 상황을 나타내고 있고 인물을 예리하게 묘사하고 있다. 인류의 보편적인 감성을 따르면서도 그 안에 갇히지 않았고, 소설의 묘미를 살리면서 통속적이지 않기에 많은 사람들의 사랑을 받은 작품이다.

교실 이야기를 담은 영어 읽기 지도
이상기 / 한국문화사(2021)

이 책은 1장과 2장은 상대적으로 이론의 비중이 많고, 3장부터는 저자들이 영어교사로서 읽기 지도와 관련하여 현장에서 고민하는 내용을 다룬다. 4장은 창의적 인재 양성이라는 근래의 교육적 화두에 주목하여 학습자들의 창의성을 키워내는 방안으로서 협동 수업 읽기 지도를 제안한다. 5장은 다독 수업을 위한 다양한 활동들을 소개하고, 실제적인 제언을 담았다. 6장은 시나 단편 소설 등의 문학적 재료를 바탕으로 학습자들의 문학적 감수성을 일깨우는 읽기 수업을 제안한다. 7장은 정보 추출을 목적으로 진행하는 읽기 수업의 실제에 대해 다룬다. 8장은 읽기 수업에 있어 목적을 분명히 하여 그에 걸맞은 수업을 진행해야 함을 강조한다. 마지막으로 9장은 거꾸로 학습에 대해 소개한다.

영어교육의 이해
이승복 / 한국문화사(2019)

이 책은 자연주의 이론에 근거하여 학습자 중심 학습, 전후 문맥을 통한 귀납적 문법 학습, 재미있는 활동 학습 등을 강조하는 교수 원리로 구성되어 있다. 우리나라 초·중등학교 영어교육 관련 분야에 종사하는 다양한 계층의 사람들에게 학생들의 영어 습득을 위한 바른 방향과 교육 효과를 극대화시킬 수 있는 매우 효율적이고 실제적인 아이디어를 제공하기 위한 목적으로 집필한 책이다. 이 책은 한국어를 모국어로 사용하는 한국인 초·중등영어 교사의 입장에서 어떻게 하면 영어를 우리나라 학생들에게 효율적으로 가르쳐 이들이 궁극적으로 유창하게 의사소통을 할 수 있도록 도움을 줄 수 있을까에 초점을 맞추면서 내용을 구성하였다.

영어 독해력 교육의 이론과 실제
임병빈 / 박이정출판사(2012)

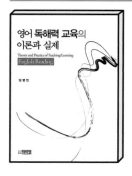

이 책은 의사소통 기능 중의 하나인 영어 독해력 교수 학습에 관한 이론과 실제를 담았다. 저자는 영어 독해력 교수 학습에 관한 다년간의 연구와 교육 경험을 바탕으로 영어 독해력 향상을 위한 이론을 정립하고 그에 따라 실제적으로 효과적인 독해력 교수 학습이 실행될 수 있도록 구성하였다. 각 장마다 주제와 관련된 선행 연구적인 이론을 소개함과 아울러 주요 요소별 교수 학습 방법과 사례들을 제시하였다. 특히 제8장의 '영어 독해력 교실 수업 지도 방안'에서는 중등학교와 대학에서 영어 독해력 교육을 위한 실제적이고 다양한 교실 수업 활동 및 자율 학습 방법을 소개하고 있다.

학교란 무엇인가
EBS 학교란 무엇인가 제작팀 / 중앙북스(2011)

학교교육에 대한 실제나 문제에 관해 다루는 책은 많지만 그 주제가 한두 가지로 내용이 제한적이었다면 이 책은 학교교육의 궁극적 목표를 위한 여러 측면의 주제로 복합적 솔루션을 제공해 주고 있다. 1년 2개월 동안 국내외 교육 현장을 밀착 취재하여 학생 200명의 집중 심리 실험, 국내 최초 현직 교사 혁신 프로그램 도입, 초·중·고를 포함한 4,000명 학생들의 광범위한 영역의 설문 참여 등 다양한 활동으로 대한민국 교육 현장의 고민을 담아내었다. 이 책은 그동안 잘못 알고 있었던 양육방법을 바로잡고 진정한 교육의 의미를 찾아봄으로써 아이들을 위한 교육목표를 다시 세울 수 있도록 도울 것이다.

미국생활과 문화탐방
알리슨 라니에(이승철 역) / 동인(2009)

이 책은 1973년에 처음 출판된 이래 9개국에서 7개 언어로 간행된 스테디셀러다. 제6판을 번역한 이 책은 미국문화에 관심을 가지고 있는 독자에게 여러 가지 정보를 전달한다. 미국이 지향하는 가치와 같은 무형자산뿐만 아니라 법, 사회 제도 등의 유형자산에 대해서도 소개하고 있다. 이 책은 이러한 광범위한 정보를 키워드 위주로 정리해 주고, 책 말미에는 인터넷 자료와 색인을 수록해 독자들이 읽어나가는 데에 있어서 편의를 도모하고 있다. 원래 이 책이 의도한 독자는 미국으로의 이민을 준비하는 사람이지만 단순히 교양을 쌓는 목적으로 읽으려는 사람에게도 충분히 유익한 정보를 제공한다.

안녕하십니까,학교입니다
권재원 / 서유재(2017)

이 책은 공립 중학교 교사이자 교육학자인 저자의 교육에세이다. 이 책은 부모보다 백배는 더 힘들다는 '학부모'가 교육의 주체로서 학부모의 위치에 대한 재고에서 출발한다. 나아가 학교와 공교육을 향한 뿌리 깊은 편견과 오해에 대한 해명이자 진정한 교육 정상화의 길을 보여주고 있다. 책에서는 공교육과 사교육의 구별, 선행학습의 폐해, 공교육개선을 외치는 자들의 위선적인 모습, 부모와 자녀의 바람직한 관계 학습 등의 주제를 다루고 있다. 결론적으로 이 책은 공교육에서 우리가 진정 원하는 것이 무엇인지에 대한 근본적인 질문을 던지고 읽기 편하면서도 생각할 거리들을 제공해 준다.

1 인문계열

2 사회계열

3 자연계열

4 공학계열

5 의약계열

6 예체능계열

7 교육계열 · 영어교육과

영어교육과 독서탐구활동 활용사례

자율활동 특기사항

진로탐구형 심화 프로젝트 활동에서 수업 중 학생의 창의성을 촉진시키는 방법에 대한 영어 지문에 관심을 갖고 관련 배경지식을 탐구함. 창의성에 대한 접근에서부터 시작하여 전통적 교수학습 방법에서 벗어나기 위한 활동 중심의 수업에 대해 탐구하고 그 특징과 문제점에 대해 발표함. **'학교란 무엇인가(EBS 학교란 무엇인가 제작팀)'**를 읽고 수동적인 우리나라 교육의 문제점에 대해 고민하였으며 이를 계기로 바른 교육이 무엇인지에 대해 알아보고자 활동 중심 수업에 대한 자신의 생각을 탐구함. 활동 중심 수업이 불완전한 지식을 전달할 수 있고 학습 결손이 발생할 수 있으나 교사의 적극적인 피드백과 교사 간 협력과 지원이 있다면 보완될 수 있다고 강조함. 이 과정에서 다양한 사례를 취합하고 분석하는 정보처리능력과 분석력을 보임. 이후 창의적 교수학습 방법에 대해 더욱 탐구하고 이를 적용하기 위하여 다양한 교수학습 방법에 대해 모색할 것을 다짐함. 무엇보다 영어 의사소통능력을 함양하기 위한 방법을 탐구할 것을 계획함.

동아리활동 특기사항

(영어강독부)(34시간) 영어로 진행되는 명사들의 강연을 통해 각 분야의 전문 지식을 습득할 뿐만 아니라 영어 실력을 점검하고 학습 동기를 부여하는 활동에 주도적으로 참여함. 온라인 강연에서 시청한 영어 강연 '세계가 지금 해결해야 할 빈곤의 숨겨진 이유'를 듣고 지구촌 빈곤 문제를 토의 주제로 제안하여 부원들과 함께 해결방안을 모색해가는 모습이 인상적임. '새로운 언어를 배워야 하는 4가지 이유'라는 영어 강연을 소개하고, 번역 기술이 매년 발전하고 있음에도 불구하고 우리가 외국어를 배워야 하는 이유에 대해 자신의 생각을 발표함. 이를 위해 **'영어교육의 이해(이승복)', '영어 독해력 교육의 이론과 실제(임병빈)'** 등의 책을 읽고 효율적으로 영어를 배울 수 있는 방법과 실제 교실에서 이루어지고 있는 효율적인 독해 방법을 사례를 들어 설명함. 발표 준비과정에서 감명 깊은 부분의 스크립트를 통째로 암기하면서 자신의 영어 실력을 향상하기 위한 노력을 보임.

진로활동 특기사항

문학에 관심이 많은 학생으로 평소 **'월든(헨리 데이비드 소로우)'**과 **'오만과 편견(제인 오스틴)'**과 같이 원서로 된 소설과 에세이 혹은 영자 신문을 꾸준히 읽음. 책 속에서 사용된 어휘와 문장구조를 따로 익혀 실제 평가에 활용하는 등 자기주도적 학습역량이 뛰어나며 듣기, 쓰기, 독해 등 모든 분야에서 탁월한 실력을 보여주는 학생임. 또한 기본적인 의사소통 능력을 갖추고 있어 대화나 지문을 보고 세부적인 내용을 파악하는 능력이 우수함. 자신이 이해한 내용의 주제나 요지를 정확하게 파악하여 친구들에게 전달하는 능력이 뛰어난 학생임. 이러한 자신의 장점을 잘 알고 있으며 다양한 진로 검사 결과 언어적 능력이 뛰어나고 타인에 대한 배려와 사회성, 리더십이 뛰어난 것으로 나와 언어 관련 교사가 되겠다는 진로 목표를 가지고 학교에서 진행한 멘토링 활동에 적극적으로 참여함. 누군가를 가르치는 것에 대한 적성과 흥미를 확인하여 꿈에 대해 더욱 확고하게 진로 방향을 결정함. 이후 자신의 진로에 대한 정보를 알아보기 위해 선배와의 만남, 직업인 인터뷰 등에 참여할 것을 계획하고 언어 관련 교사가 되기 위한 역량을 함양하고자 지속적으로 노력할 것을 다짐함.

교과 세부능력 및 특기사항

영어회화

항상 성실한 자세로 활발히 소통하고 능동적으로 수업에 참여하여 학습한 내용을 확실히 이해하고 있음. 한번 학습한 표현은 자기 것으로 만들어 쓸 줄 아는 언어적 기량이 뛰어남. 영어로 진행되는 온라인 공개 강연 사이트에서 '악기를 연주하는 것이 당신의 뇌에 어떻게 도움이 되는가?'를 주제로 한 영상을 보고 그 해답을 찾는 활동을 진행함. 악기 연주를 통해 두뇌의 모든 영역에 불꽃이 터지는 것과 같은 현상이 이루어져 시각, 청각, 기억력 등이 모두 활발해지므로 긍정적인 영향을 준다고 답하여 듣고 이해하는 실력이 매우 뛰어난 것을 확인함. 이러한 사실을 알게 되어 장차 교사가 되었을 때 학생들의 교육 효과를 높이기 위해 아침 조회 시간에 다 함께 악기 연주로 학교 일과를 시작하는 방법을 적용해보고 싶다는 희망을 밝히기도 함. 평소 미국 문화에 관심이 많아 **'미국생활과 문화탐방(알리슨 라니에)'**을 통해 미국이 지향하는 문화를 이해하는 등의 활동을 자기 주도적으로 수행함.

영어 I

학습에 대한 몰입도와 태도가 진지하며 모든 형태의 수업에 능동적으로 참여함. '이 또한 지나가리라'라는 영어 지문을 통해 현재 자신이 처해 있는 현실과 비교하여 자신을 반성하고 앞으로 나아갈 부분을 생각해 봄. 국내 여행지 소개 프로젝트에서 '제주도'에 대한 여러 가지 정보 중 인상적인 부분만을 간추려 소개하여 효과적인 발표가 되도록 준비함. '실패와 성공'을 주제로 자신이 직접 실패를 경험하고 깨달은 점을 숨기지 않고 발표하여 학급 친구들에게 큰 울림을 줌. 특히 **'에밀(장 자크 루소)'**을 읽고 교육이 지식 전달의 교육이 아닌 전인적 인간 교육이라는 점을 확인하고, 자신이 경험한 학교 교육의 문제점을 보완하는 제도의 개선 방향을 제시하며 해결방안을 모색하고자 노력함. 영어학습 방법에 있어 문장구조와 행간의 의미를 세밀하게 탐구하고, 의문점에 대해 비판적으로 접근하며, 자신의 생각을 직접 글로 써서 정리하는 등 남다른 노력을 하는 학생임.

행동특성 및 종합의견

1, 2학기 학급의 학습 부장으로서 학기 초에 수능 어휘와 내신 어휘를 섞어서 총 20개의 단어를 선별해 매주 시험문제를 출제함. 여러 영어 문제집을 참고하여 빈출이 높으나 다소 어려울 수 있는 단어와, 단어를 많이 외우지 못한 친구들을 고려하여 쉽지만 필수적으로 알아야 하는 단어를 찾아 적절하게 출제하는 꼼꼼함과 배려심을 보여 줌. 또한 수행평가가 있을 때마다 학급의 SNS에 공지함으로써 친구들이 수행평가를 잊지 않도록 챙겨줌. 학급 친구들로부터 '알림판'으로 통하며 반에서 절대 없어서는 안 되는 존재라는 칭찬을 받음. 영어에 관심이 있는 친구들에게 **'교실 이야기를 담은 영어 읽기 지도(이상기)'**를 추천함. 타인에 대한 존중감과 배려심이 높아 어려운 일을 겪는 친구가 있으면 친구를 이해해 주고 지지해주며 친구가 다시 용기를 얻을 때까지 말벗도 되어주고 식사도 같이 하며 챙겨줌. 상황 판단이 빠르고 친구들과 선생님을 비롯한 주변 사람들에게 두루 칭찬받는 모범생으로 학업성취 의욕이 높고 우수하며 긍정적이고 예의가 바른 학생임.

12 ▶▶ 유아교육과

1 학과 인재상

주변의 환경 및 자연을 활용할 줄 아는 자연 친화력을 갖춘 학생

다양한 교육을 위한 음악, 무용, 미술 등의 능력을 갖춘 학생

어린이를 사랑하고 존중하는 마음가짐을 가진 학생

종이접기, 동화 구연, 인형극 등 아이들이 좋아할 만한 특기를 가진 학생

모든 사물에 대하여 편견을 갖지 않는 열린 사고를 가진 학생

2 유사학과

- 아동보육학과
- 초등교육과
- 특수교육과(유아특수교육)
- 아동·청소년학과

3 관련직업

- 교사
- 원감
- 원장
- 연구원
- 방송작가 및 연출가
- 유아프로그램 개발자
- 아동심리사
- 유아교육프로그램작가
- 인형극 연출가
- 구연동화사
- 놀이치료사
- 미술치료심리사 등

4 개설대학

- 강남대학교
- 강릉원주대학교
- 강원대학교
- 건국대학교 글로컬캠퍼스
- 건양대학교
- 경기대학교
- 경남대학교
- 경동대학교
- 경상국립대학교
- 경성대학교
- 계명대학교
- 고신대학교
- 공주대학교
- 광신대학교
- 광주대학교
- 광주여자대학교
- 김천대학교
- 남부대학교
- 대구가톨릭대학교
- 대구대학교
- 덕성여자대학교
- 동국대학교 WISE캠퍼스
- 동명대학교
- 동의대학교
- 목원대학교
- 목포가톨릭대학교
- 백석대학교
- 배재대학교
- 부경대학교
- 부산대학교
- 삼육대학교
- 서울신학대학교
- 서원대학교
- 성결대학교
- 성신여자대학교
- 세한대학교
- 송원대학교
- 순천향대학교
- 신라대학교
- 신한대학교
- 안양대학교
- 영남대학교
- 우송대학교
- 원광대학교
- 위덕대학교
- 유원대학교
- 이화여자대학교
- 인제대학교
- 인천대학교
- 전남대학교
- 중부대학교
- 중앙대학교
- 창신대학교
- 창원대학교
- 총신대학교
- 한국교원대학교
- 한국국제대학교
- 호서대학교
- 호원대학교 등

5 학과 연계도서

놀이로 자라는 유치원
이정희 외 2인 / 기역(2018)

유아교육 혁신방안으로 놀이 중심 교육과정이 강조되면서 현장에 있는 교사들은 놀이와 교육 사이에서 어떻게 해야 하는지 고민하기 시작했다. 이 책은 이러한 교사들의 '놀이'에 대한 고민을 함께 나누다 나오게 되었다. 이 책은 유아가 아니라 유아에게 놀이를 제시하고 교육활동과 환경을 제공하는 교사를 중심으로 다루고 있다. 현장의 교사들에게 놀이에 필요한 내용들을 쏙쏙 뽑아 쓸 수 있는 놀이방법을 소개하여 유치원 교사들이 유치원 현장에서 놀이수업을 하면서 느꼈던 어려움, 시행착오, 고민 등에 대한 해답을 줄 수 있을 것이다.

스스로 마음을 지키는 아이
송미경, 김학철 / 시공사(2017)

이 책에서는 육아에 재능이 없었다고 고백하는 한 평범한 엄마와 정신과 전문의 아빠가 세 아이를 키우며 직접 부딪히고 깨달은 '심리 육아법'을 소개한다. 다 자라지 못한 아이의 마음을 억누르고 아이에 대한 앞선 욕심 때문에 엄마가 시행착오를 겪게 되는 일상의 크고 작은 에피소드 속에서, 어떻게 하면 아이와 엄마가 모두 마음을 지키고 행복하게 자랄 수 있는지 이야기한다. 이 책은 저자가 정신과 전문의인 남편과 시아버지가 전해준 심리 육아의 지혜를 이웃들과 나누며 큰 공감과 지지를 얻은 블로그 '힐링유의 정신이 건강한 육아'에 공개된 이야기를 엮어 만들었다.

하워드 가드너 다중지능
하워드 가드너(문용린 역) / 웅진지식하우스(2007)

이 책은 하워드 가드너의 다중지능이론을 소개한 책이다. 다중지능이론의 핵심 메시지, 다중지능 교육 방법, 창의성과 리더십을 중요시하는 미래 사회에서 다중지능의 역할과 전망을 담고 있다. 획일화된 한국의 교육 현실에서 아이들이 모두 다른 방식으로 발달되어야 한다는 그의 주장은 교육 방향에 대한 새로운 시각을 제공한다. 다중지능이론은 기존의 방식에 익숙한 교사와 학부모에게 자신의 학생과 자녀가 가진 잠재능력과 재능을 이해할 수 있는 해석 체계를 제공해주고 있다. 저자는 최초로 제시한 7가지 지능 외에 새롭게 발견한 지능(자연친화지능, 실존지능)에 대한 내용과 25년간(1981~2006) 검증된 다중지능 교육 프로그램에 대해서 상세하게 설명하고 있다.

인간의 교육
프리드리히 프뢰벨(정영근 역) / 지만지(2015)

이 책은 유치원 교육학의 아버지이자 '킨더가르텐'이라는 단어의 창시자인 프뢰벨이 교육학적 체계와 근거를 세우고 저술한 유일한 책이다. 어린이의 영혼에 대한 심오한 이해를 바탕으로 인간 교육에 대한 깊은 철학적 해석을 제시하며, 인간 교육의 진정한 의미가 어디에 있는지를 알려 준다. 이 책에서 프뢰벨은 교육과 수업에 관한 포괄적이고 철학적인 해석을 제시한다. 성장 세대로 하여금 인간과 자연이 신성한 전체성에 그 뿌리를 내리고 있다는 사실을 의식하게 해 주는 데 모든 교육의 진정한 의미가 있다고 한다. 진정한 의미의 '교육'이 사라진 오늘날, 이 책으로 프뢰벨이 실천하고자 한 어린이 교육이 무엇이었는지 알아볼 수 있을 것이다.

에밀
장 자크 루소(이환 역) / 돋을새김(2015)

교육학도라면 한 번은 꼭 읽어야 하는 책이라고 말할 수 있는 책이다. 고아 에밀이 현명한 가정교사의 이상적인 지도를 받으며 성장하는 과정을 담고 있는 이 책은 에밀의 성장에 따라 5부로 구성되었다. 그리고 태어나서부터 결혼에 이르기까지 각 성장기에 따른 교육 단계의 형태를 보여준다. 이 책은 아동본위 교육, 자연주의 교육, 체육의 중요성, 감각훈련의 중요성, 실물 교육, 자발성의 원리, 소극 교육, 심리관찰의 필요성 등 근대 교육의 방법 원리가 집약되어 있어 교육적으로 매우 중요한 위치에 있다. 단순한 교육론이 아니라 인간론이자 문명 비평론이며 소설형식으로 꾸며진 교육학 책이다.

신데렐라 천년의 여행
주경철 / 산처럼(2005)

어린 시절 <신데렐라>와 <콩쥐팥쥐>를 읽으며 누구나 한 번쯤 두 이야기의 유사성을 궁금해한 적이 있을 것이다. 저자는 이 책을 통해 독자들의 이러한 궁금증을 풀어준다. 유라시아 대륙 전역에 걸쳐 천여 편이 수집되는 신데렐라 이야기의 기원과 진실을 찾아 다양한 분석을 시도한다. 신데렐라 이야기는 인간의 보편적 정서가 반영된 이야기이면서도 각 시대와 지역의 독특한 환경에 따라 조금씩 다른 형태를 취하고 있다. 1부에서는 우리에게 잘 알려진 프랑스 페로의 <상드리용 혹은 작은 유리구두>와 독일 그림 형제의 <재투성이 소녀> 판본에 담긴 의미와 기능을 살펴보고 있다. 2부에서는 다양한 신데렐라 이야기 중 흥미로운 14편을 소개한다.

생태유아교육 이해
김은영 외 2인 / 수양재(2023)

생태유아교육이란 생태학(ecology)과 유아교육(early childhood education & care)의 합성어로 현대의 자연생태계 위기와 유아교육 현장의 반생태적인 요소의 발견에서부터 출발하였다. 모든 생명가치와 그 실현을 존중하고 주어진 상황에서 다른 생명의 가치와 조화하면서 아이의 자연성을 실현하는 것에 초점을 두는 교육이라고 할 수 있다. 현대 산업문명사회에서 아이들을 살리고 교육을 실천하고 생명을 살리고자 하는 유아교육의 새로운 패러다임이다. 이 책의 저자들은 그 동안 생태유아교육을 공부하고 가르치고 실천하면서 경험한 내용을 묶어 이 책을 썼다.

유아교육철학
이원영 / 학지사(2022)

이 책의 특징은 0~6세 교육에 대한 프뢰벨의 이론만을 중점적으로 다룬 것이다. 그동안 0~6세에 대한 교육을 7~12세와 함께 '아동교육철학'이라고 부르던 것을 0~6세 유아교육만을 위한 이론으로 특화해야 한다는 판단이 서서 '유아교육철학'이라는 이름으로 범주화한 것이다. 1976년 '아동교육철학'이라는 과목 명칭을 처음 만들어 가르치기 시작할 때, 미국에서 배운 듀이의 교육철학이 7~12세 아동만을 위한 교육철학이었음을 몰랐기 때문에 0~6세 유아들을 위한 교육철학으로 다룬 오류가 있었다. 이 책은 이를 뒤늦게나마 정정하여 유아교육철학에 대해 설명하고 있다.

딥스

버지니아 M.엑슬린(이원영 역) / 샘터(2011)

이 책은 유아교육계의 고전으로 자리 잡은 명저이다. 이젠 유아교육계나 심리학계, 정신병리학계 등 전문 분야에 종사하는 사람들은 물론, 아이를 바르게 키우려는 부모와 세상을 당당하게 살아가려는 일반인에게까지 회자되며 널리 사랑받는 책이다. 이 책에는 부모의 섣부른 기대에 가로막혀 자신을 숨겨야만 했던 아이를 온몸으로 자유롭게 표현할 수 있게 이끌어주는 '놀이치료'의 과정이 실화를 통해 생생하고 감동적으로 그려져 있다. 또한 아이를 치료하기 위해선 부모가 먼저 변해야 한다는 종전의 주장과는 달리, 정신적 장애가 있는 어린이를 치료하면 그 부모의 정신 건강도 치료된다는 점을 보여주는 점이 흥미롭다.

에듀테크

홍정민 / 책밥(2017)

이 책은 에듀테크라는 4차 산업혁명 시대의 교육 패러다임을 설명하고 있다. 기술이 발달하고 직무 분야가 다양해지면서 획일화된 교육보다는 콘텐츠 다양화, 교육 관리 시스템 구축, 온라인 학습 환경 제공 등 에듀테크 활용이 중요해졌다. 주입식 교육보다는 교육 수요자가 원하는 과정을 찾을 수 있도록 다양한 콘텐츠 개발 및 제공, 자발적 교육 참여에 대한 보상, 디지털 환경에 거부감을 지닌 세대가 수용할 수 있는 교육 시스템 마련 등이 필요하다고 강조하고 있다. 이러한 에듀테크의 의미와 함께 인공지능 로봇교사, 소셜 러닝, 전통적 학교의 종말, 교육과정의 변화, 게임 러닝 등을 다루고 있다. 또한 미래의 교육산업의 변화를 예측해보고 에듀테크 시대에 무엇을 어떻게 배우고 가르쳐야 하는지에 대한 고민도 함께 다뤘다.

1

인문계열

2

사회계열

3

자연계열

4

공학계열

5

의약계열

6

예체능계열

7

교육계열 · 유아교육과

유아교육과 독서탐구활동 활용사례

자율활동 특기사항

평소 유아교육에 관심이 많은 학생으로 **'유아교육철학(이원영)'**을 읽으며 프뢰벨의 교육 철학에 대해 학습함. 보다 심도 있는 탐구를 위해 **'인간의 교육(프리드리히 프뢰벨)'**을 정독하고 교육에 대한 철학적 해석을 탐구함. 창의 주제 토론회 활동에서 코로나19에 대응하고 있는 유치원 교사들의 노력과 어려움에 대해 탐구하여 발표함. 코로나19 상황에서 교육의 연속성 보장과 교육격차 해소를 위한 국제적 협력을 강조하는 G20 공동선언문 발표를 통해 팬데믹 상황에서 유치원 교사들이 감염병 위기에 대응하는 과정에 대한 주변 인터뷰와 사례를 조사하여 이를 정리함. 그 결과 교육 및 행정업무와 함께 학생 안전, 돌봄의 역할 수행 그리고 놀이 중심의 수업을 진행하기에 어려움이 있음을 알고 이에 대한 대책 마련이 시급함을 발표함. 활동 이후 앞으로 팬데믹 상황에서의 성공적인 유아교육의 사례를 찾아 탐구할 것을 계획함.

동아리활동 특기사항

(청출어람)(34시간) 동아리 활동에서 **'유아교육철학(이원영)', '딥스(버지니아 M.엑슬린)'**를 읽은 후 모둠 구성원과 함께 브레인 라이팅 디스커션 활동에 적극적으로 활동함. '모든 아이에게 균등한 사랑을 주어야 한다'라는 논제에 대해 반대의 입장에서 자신의 의견을 논리적으로 주장하여 공감을 얻음. 어릴 때부터 아이들과 대화하며 함께 하는 것을 좋아하여 유치원 교사라는 진로를 정함. 자신의 꿈을 위해 위클래스 선생님과 함께 상담실 환경을 재정비하고 각종 상담 프로그램의 진행을 돕고, 각종 유아 교육프로그램을 계획하고 이를 실행하고자 노력함. 이를 바탕으로 자신의 진로 포트폴리오를 작성하고 유아교육과의 교육과정, 졸업생 진출 현황 등의 정보를 찾아 정리하고 발표함으로써 자신의 꿈을 더욱 확고히 함. 자신의 진로 목표를 이루기 위해 동아리 활동에 그 누구보다 적극적으로 참여하고 자신의 앎을 실천하는 우수한 학생임.

진로활동 특기사항

진로 발표시간에 중학교 때 수학 멘토링을 해준 친구의 성적이 향상되는 모습을 보면서 성취감을 느낀 경험을 통해 아동 교육에 관심을 가지게 되었고, **'딥스(버지니아 M.엑슬린)', '생태유아교육 이해(김은영 외)'** 등을 읽고 유치원 교사가 되고 싶다는 꿈을 발표함. 특히 '딥스'를 통해 주인공을 치료하는 부모의 마음으로 아이를 바라봐야 함을 강조하면서 교육의 중요성을 친구들에게 설명함. 자신의 꿈인 유치원 교사가 되기 위해 교과 시간에 아동 심리학과 관련하여 미술, 음악 심리 지도와 행동 변화의 상관관계에 관한 탐구를 진행함. 이 과정에서 비판적이고 창의적인 사고력을 바탕으로 음악과 미술이 아이들의 정서 발달에 도움이 되는 다양하고 적절한 사례를 찾아 설득력 있게 발표하여 친구들에게 좋은 평가를 받음. 이 탐구를 통해 아이들의 지적 능력과 함께 심리적 안정 및 성장을 끌어올릴 수 있는 교사가 되겠다고 다짐함. 이외에도 현직 교사 40명의 실제 경험을 담은 교사 관련 서적을 읽고 내용을 탐구하는 등 자신의 진로를 개척하기 위해 노력하는 모습을 보임.

교과 세부능력 및 특기사항

확률과 통계

통계 단원에서 자신의 진로 분야와 관련된 통계 활동에서 문제해결학습(PBL)이 수학 교과의 학업 성취도와 창의력, 자기 주도학습력에 미치는 영향에 관한 프로젝트를 수행함. 이를 위해 문제해결학습 및 학업 성취도와 창의력, 자기주도학습 관련 선행연구를 분석하였으며, 다양한 설문지를 학교 상황에 맞게 변형하여 설문을 시행·분석하여 유의미한 결과를 도출하고 이를 친구들에게 발표함. 이후 **'놀이로 자라는 유치원(이정희 외)'** 등의 도서를 참고하여 학생 참여식 수업을 통해 창의력과 자기주도학습 능력을 함양시키는 교사가 되겠다는 꿈을 구체화함. 이 과정에서 정규분포의 표준화 과정에서 유추하는 신뢰도의 개념과 신뢰구간에 대한 수학적 의미를 바르게 이해함. 확률과 통계를 활용하여 로또복권 및 객관식 문제 찍기 체험 후 복권의 각 당첨 순위에 대한 수학적 확률과 객관식 만점 맞을 확률을 계산하였고 확률이 실생활과 밀접한 연관이 있다는 것을 알게 됨.

생활과 과학

과학 지식의 확장과 과학을 실생활에 접목하기 위한 목적으로 진행된 '과학 글쓰기' 활동에서 '화장품 개발을 위한 동물 실험이 필요한가?'라는 주제로 글쓰기를 함. 인간과 동물의 독성 반응의 상호 연관성은 5~25% 사이로 매우 낮고, 인간과 동물이 공유한 고유 질병은 1.16%도 안 된다며 실험동물과 인간의 유사성에 대한 과학적 검토가 필요하고 화장품 원료만으로도 안전한 화장품을 생산할 수 있다고 주장함. 동물의 생명을 해하지 않고도 화장품의 안정성을 실험할 수 있는 다양한 대체 실험 방안에 대해 본인의 생각을 서술함. 자료를 객관적으로 분석하여 자신의 주장을 제시하는 모습과 동물 실험을 대체할 수 있는 대안을 제시하는 모습이 인상적인 학생임. 글쓰기 활동 후속 활동으로 동물 학대 방지와 복지 증진을 위한 법 개정에 관한 내용을 확인하고 동물 실험 금지법에 관한 내용을 정리하여 학급에 게시함. 이후 **'생태유아교육 이해(김은영 외)'** 을 읽고 유아 프로그램 중 동물과 인간이 조화롭게 살아가는 생태 체험형 프로그램을 통해 어린아이와 함께 공생할 수 있는 사회를 만들 것이라는 자신의 목표를 확고히 함.

행동특성 및 종합의견

이해심이 많고 포용력 있는 자세로 급우들을 챙김. 꼼꼼하고 야무지게 일 처리를 하는 확실한 면모를 보여 주었으며, 책임감 있는 자세로 학급의 모범이 되는 학생임. 특히 다양한 의견을 수렴하여 급우들이 서로 협력할 수 있는 분위기를 조성하였으며, 자율활동 시간에 학교 폭력 예방 교육을 통해 배운 지식을 바탕으로 서로 상대를 이해하고 친구들을 험담하지 않는 것부터 시작하여 폭력을 예방하자고 급우들에게 제안하고 이를 학급에 적용할 수 있도록 꾸준히 노력함. 1년간 다양한 독서활동을 통해 교사는 학생들에게 정확한 지식을 전달해야 할 뿐만 아니라 다양한 경험을 공유하는 사람이어야 한다고 깨달음. 특히 **'신데렐라 천년의 여행(주경철)'** 을 읽고 기존의 스토리를 시대적·지리적 상황에 따라 재해석하는 등 독서를 통해 세상을 바라보는 다양한 시각을 키우기 위해 노력함. 이후 다양한 책을 읽고 학교의 여러 행사에 적극적으로 참여하여 소감문을 작성였으며, 배우고 느낀 점, 그리고 자신의 성장 과정을 노트로 만들어 정리하는 모습을 보임. 이러한 모습으로 볼 때 앞으로 학생들과 함께 소통하고 생활할 수 있는 뛰어난 교사가 될 것이라 기대됨.

1 인문 계열

2 사회 계열

3 자연 계열

4 공학 계열

5 의약 계열

6 예체능 계열

7 교육계열 · 유아교육과

13 ▸▸ 윤리교육과

1 학과 인재상

윤리 교사로서 모범을 보일 수 있는 도덕적 품성과 윤리적 지식을 가진 학생

다각적인 관점에서 고민하는 습관을 가진 학생

동서양의 철학 사상을 실생활에 연결시킬 수 있는 역량을 가진 학생

주변 사람 및 동식물을 배려하는 따뜻한 마음과 이타심을 가진 학생

다양한 사상과 주장들을 종합적으로 판단할 줄 아는 능력을 가진 학생

2 유사학과

- 사회교육과
- 지리교육과
- 역사교육과
- 일반사회교육과
- 철학과
- 유학·동양학과

3 관련직업

- 교사
- 장학사
- 학원 강사
- 교육행정직 공무원
- 대학교수
- 정훈교육담당자
- 방송PD
- 기자
- 교구 및 교재개발자
- 윤리경영기획자
- 인성교육담당자
- 컨설턴트 등

4 개설대학

- 강원대학교
- 경북대학교
- 경상국립대학교
- 경성대학교
- 공주대학교
- 목포대학교
- 부산대학교
- 서울대학교
- 서원대학교
- 성신여자대학교
- 안동대학교
- 인천대학교
- 전남대학교
- 전북대학교
- 제주대학교
- 충북대학교
- 한국교원대학교 등

유덕한 시민을 위한 인성교육론

한국윤리교육학회 / 교육과학사(2020)

인성교육이란 학습자가 '참다운 인생의 성공'을 위해서 갖추어야 할 조건이 무엇인지를 알도록 하는 교육이라고 할 수 있다. 그리고 참다운 성공의 조건을 갖추기 위해 노력하는 과정에서 좋은 인성을 구비하게 되는 까닭이 무엇인지를 제대로 이해하도록 돕고 실천할 수 있도록 이끄는 것이 교육이다. 그러한 인성교육은 민주시민교육의 기반으로서 기능할 수 있고, 나아가 비판적인 시민성뿐만 아니라 건강하고 유덕한 시민성으로까지 성장할 수 있게 할 것이다. 동서양의 풍부한 윤리적 자산을 바탕으로 한 인성교육은 '건강한 시민성', '유덕한 시민성'을 기르는 데 유의미한 기여를 할 것이다.

이렇게 살아가도 괜찮은가

피터 싱어(노승영 역) / 시대의 창(2014)

이 책은 전 세계에 동물 해방 운동의 불꽃을 지핀 피터 싱어의 궁극적인 질문이 담긴 책이다. 이 책에서 피터 싱어는 철학과 종교의 영역에서만 논의하는 듯한 '윤리'의 문제를 구체적인 삶의 실천 영역으로 끌어당긴다. 그는 "내가 생각하는 좋은 삶이란 무엇일까?", "내가 진정으로 바라는 삶은 어떤 삶일까?"라는 질문을 던질 것을 요구한다. 스스로에게 이 질문을 할 때 비로소 우리는 각자 진정한 삶의 가능성을 마주하게 된다. 이 책은 이 질문에 대한 해답을 찾아가는 과정이자 '좋은 삶'이 현실에서 가능함을 보여주는 상식적인 증명이다.

태평천하

채만식 / 민음사(2022)

태평천하는 <탁류>, <레디메이드 인생>, <치숙> 등과 더불어 채만식의 대표작이다. 일제 강점기하의 지주이자 고리대금업자인 윤직원 영감의 역사 의식 부재(不在)와 그 집안이 몰락해 가는 과정을 그리고 있는 이 작품은 판소리 사설을 연상시키는 독특한 문체가 재미를 더해 주고 있는 채만식의 대표적인 장편소설이다. 이 작품의 공간적 배경은 서울이고, 시대는 1937년이다. 이 작품은 단 이틀 동안에 일어난 일을 이야기하고 있다. 판소리 사설체를 차용하고 호남 방언을 풍부하고 맛깔스럽게 활용하는 등 문예 미학적으로도 한국 근대 문학사에서 중요한 자리를 차지하고 있는 책이다.

생명 윤리학

피터 싱어(변순용 역) / 인간사랑(2005)

생명윤리학의 목적은 행동강령이나 교훈을 발전시키거나 고수하는 데에 있는 것이 아니라, 그런 문제에 대한 보다 심도 있는 이해에 있다. 생명윤리학은 생명의 가치, 인간의 의미와 같이 윤리학의 본질에서 보다 심오한 철학적인 질문을 던진다. 생명윤리학은 공공정책의 문제, 과학의 방향과 통제까지도 포함한다. 이런 의미에서 생명윤리학은 새로운 탐구 영역이라고 할 수 있는데, 이 책은 생명윤리학에 정통한 학자들이 주요문제들과 핵심 개념을 일반 독자나 연구자들이 쉽게 이해할 수 있도록 46개의 논문들로 기술하였다. 우리의 삶을 변화시키는 윤리적인 문제들에 관심을 가진 사람들에게 중요한 참고가 될 것이다.

융합 기술 시대의 윤리
추병완 외 2인 / 춘천교육대학교(2018)

융합 기술의 발전은 우리의 삶의 질을 높여주지만, 여러 가지 윤리 문제를 초래할 수도 있다. 우리는 이미 정보 통신 기술이 수반하는 윤리적 문제를 충분히 경험했다. 정보 통신 기술은 우리의 삶을 더욱 편리하게 해 주었지만 사생활 침해와 전자 감시, 해킹과 바이러스, 저작권 침해, 음란·폭력 정보 범람 등과 같은 윤리적인 문제를 더욱 심각하게 만들었다. 융합 기술도 마찬가지가 될 수 있다. 따라서 융합 기술이 우리의 삶의 편리하게 할 것인지 아니면 우리의 삶을 더욱 비참하게 만들 것인지를 융합 기술 자체의 발전 논리에 맡겨둘 수만은 없다. 우리는 융합 기술을 슬기롭고 조심스럽게 그리고 인간의 삶을 향상하고 인간 번영의 기회를 증대하는 방향으로 이용할 수 있도록 해야 한다.

현대사회와 윤리 주제 탐구
문종길 / 책과 나무(2023)

이 책은 《더 좋은 삶을 위한 도덕 주제들》의 개정판으로 실천윤리학, 메타 및 기술윤리학, AI윤리 등의 내용을 추가했다. 이 책은 성, 생명, 사랑, 죽음, 전쟁과 평화, 정의와 불복종, 인간과 동물, 과학기술, 종교와 예술, 국제 원조에 대한 다양한 윤리적 관점을 이야기한 책이다. 총 11가지 주제를 가지고 서로 다른 관점들을 비교함으로써 우리의 생각을 더 깊이 이끌어간다. 교과서 내용에서 크게 벗어나지 않으면서 좀 더 심도 있게 다룸으로써 이해를 돕기에 그 가치가 매우 크다. 또한 우리가 당연하게 여기거나 깊이 고민해 보지 않은 주제들을 다루면서 가치 있고 의미 있는 삶을 위해 음미해 보는 경험을 해 볼 수 있다.

도덕적 인간과 비도덕적 사회
라인홀드 니버(이한우 역) / 문예출판사(2017)

현대 기독교 정치철학을 대표하는 사상가 라인홀드 니버의 대표작인 이 책은 저명한 교육학자이자 철학자이며 권위 있는 진보적 지식인으로 평가받고 있는 코넬 웨스트 교수와 20세기 미국의 대표적인 신학자 중 한 명으로 꼽히며 라인홀드 니버의 지도 아래 종교학 박사학위를 받은 랜든 B. 길키 교수의 서문을 새롭게 번역해 수록했다. 두 서문은 이 책을 처음 접하는 독자들에게 이 책이 갖는 사회적·철학적·정치적·역사적 의미를 명쾌하게 설명해주고 있으며, 더 나아가 이 책이 정치철학과 기독교 사상의 고전으로 평가받게 된 이유를 알려준다. 본론에서는 사회 생활을 위한 개인의 합리적·종교적 원천, 여러 민족의 도덕성, 특권 계급의 윤리적 태도, 개인의 도덕과 사회의 도덕 사이의 갈등 등 다양한 내용을 다루고 있다.

개념과 주제로 본 우리들의 윤리학
박찬구 / 서광사(2014)

이 책은 윤리학적 문제들을 현실감 있게 진단하고, 체계적으로 정리한 책이다. 서론에서는 윤리학이 어떤 학문인지 살펴본다. 이어지는 1부에서는 윤리학의 이론적인 측면을 다룬다. 오늘날 윤리학의 담론에서 가장 흔하게 논란의 대상이 되는 주제 세 가지, 즉 상대주의, 이기주의, 쾌락주의와 또한 가장 주목받고 있는 윤리 이론 세 가지, 즉 공리주의, 칸트 의무론, 덕 윤리를 소개하고 그와 관련된 쟁점들을 논한다. 2부에서는 자유, 평등과 정의, 양심, 도덕감 등의 내용을 다루고 있다. 이 책은 각 장을 시작할 때 대화 형식의 도입문을 제시함으로써 그 장에서 전개될 내용의 핵심 주제를 고민해 보도록 이끄는 한편, 강의 시간에 학생들과 다루었던 다양한 예문들을 적극 활용하여 '해당 주제가 담고 있는 메시지를 좀 더 쉽게 포착하도록' 돕고 있는 것이 특징이다.

왜 칸트인가

김상환 / 21세기북스(2019)

'칸트 철학을 쉽게 설명해주는 대중적 철학서', '괜찮은 칸트 입문서'라고 불리는 이 책은 칸트의 순수이성비판, 실천이성비판, 판단력비판을 요약한 책이다. 우리에게는 어렵게만 다가오는 철학에 대한 내용을 나름 쉽고 가볍게 접근하려는 시도가 엿보인다. 철학이 현재를 살고 있는 우리들에게 가치와 선을 제시하는 용도로 아직도 건재하다는 점을 강조하고 있다. 철학을 우리의 실생활이나 현실에 적용하는 것은 과거의 절대적 철학이라는 점에서 한계가 있는 것은 분명하지만 그 안에서 우리가 취해야 할 가치관과 세상을 바라보는 관점에 대한 통찰은 분명 이 책에서 얻을 수 있는 귀한 가르침이 될 수 있을 것이다.

교사 어떻게 되었을까?

한승배 / 캠퍼스멘토(2016)

대한민국 각 분야 교사들이 자신이 교사가 되기 위해 걸어온 길을 청소년들에게 이야기해주기 위해 집필한 책이다. 이 책은 단순히 수필 형식으로 자신의 이야기를 전하기만 하는 것이 아니라 직업을 결정하거나 중요한 선택의 순간에 어떠한 결정을 했으며 왜 지금의 일을 하게 되었는지를 설명하며 학생들에게도 생각해 볼 수 있는 질문들을 던지고 있다. 특히 교사가 되기 위해 필요한 요건과 미래 제자들인 학생들의 미래에 대한 방향성을 제시하기 위해 필요한 역량들에 대해 다루고 있어 예비 교사들에게 필요한 도서이다. 이 책을 통해 학생들은 교사들의 커리어 패스를 조사하고 자신과 얼마나 관련이 있는지 비교해 볼 수 있다.

윤리교육과 독서탐구활동 활용사례

자율활동 특기사항

학급 토론 활동에서 '동물원이 필요한가?'라는 주제로 학급 친구들과 함께 토론을 진행함. 이를 위해 관련 서적을 읽고 내용을 정리하였으며 그 중 **'생명 윤리학(피터 싱어)'**을 읽고 생명 윤리학에 근거하여 동물의 생명 윤리와 삶의 질 측면에서 동물원이 필요하지 않다고 주장함. 교육적 측면·유전자 보전의 측면에서 동물원의 필요성에 찬성하는 측의 입장을 경청하면서 그들의 주장에 대해서도 필요한 부분을 인정함. 하지만 권력과 부의 상징으로부터 시작한 동물원의 역사와 생명을 경시하는 지금까지의 국내외 동물원의 부정적인 사례와 이를 해결하기 위해 노력하는 해외 사례를 정리하여 근거를 발표함으로써 자신의 주장을 강화하는 모습이 인상적임. 최종적으로 행동 풍부화 프로그램을 제시하고, 동물의 삶의 질을 개선하기 위해 동물원 인식 개선 포스터를 제작했으며, 생명 윤리를 실천할 수 있는 다양한 방법을 인포그래픽으로 게시하는 등 다양한 활동을 통해 생명을 존중하는 학생의 철학을 확인함.

동아리활동 특기사항

(배려·공감실천부)(34시간) 천천히 읽고 생각하기 활동에서 **'도덕적 인간과 비도덕적 사회(라인홀드 니버)'**를 슬로우 리딩으로 읽으면서 자신의 생각을 구체화하여 일지에 기록하고 팀원들과 서로의 의견을 나누며 공감하는 시간을 가짐. 천천히 읽고 기록하는 활동 과정에서 책 읽는 속도나 양의 차이보다는 질의 차이가 중요함을 느꼈고, 생각 나눔 활동 과정에서는 같은 생각과 다른 생각에 대한 색다른 사유를 하게 되어 의미 있었다고 소감을 발표함. 책 속의 다양한 정보를 조사하는 심화 활동에서 '미움받을 용기(기시미 이치로 외)', **'이렇게 살아가도 괜찮은가(피터 싱어)'**, '데미안(헤르만 헤세)', '파우스트(괴테)', '호모데우스 미래의 역사(유발 하라리)'를 친구들과 함께 읽고 활동지에 꼼꼼히 기록하는 모습을 보임. 독서 후 토론 활동에서는 '인간은 어디에서 와서 어디로 갈 것인가?'라는 토론 주제와 함께 생명 윤리, 죽음, 정의, 예술, 종교, 국제관계에 대한 생각할 거리를 준비하여 팀원들의 적극적인 토론 활동을 이끌어 냄.

진로활동 특기사항

전공 체험 활동에서 자유무역협정 관련 기사를 읽고 국내 농업의 피해가 심각함을 이해하고 보호 무역을 강화하고 농가 지원 방안이 필요하다는 논평을 작성함. 이 활동을 수행하며 자유무역협정에 관심을 가지게 되어 자유무역협정의 장단점, 우리나라의 현황, 주요 내용 등을 스스로 조사하고 궁금증을 적극적으로 해결함. 무역의 중요성과 각국의 이해관계에 관해 깊이 탐구하여 결과물을 제출함. 더 나아가 모둠 활동을 통해 공정무역을 주제로 역사, 기본원칙 및 공정무역을 위해 우리가 할 수 있는 일에 대해 알아보고 바람직한 방향을 제시하는 등 윤리적 소비에 대한 견해를 밝힘. 모둠원의 협력을 끌어내기 위해 모둠 원들의 의견을 적극적으로 경청하고 지지해주는 발언을 자주 하였으며, 공동의 목표를 위해 적극적으로 조력하는 리더십을 보임. 이후 사회·경제적 윤리적 쟁점 이외에도 융합과학기술에 대한 윤리문제에 관심을 가지고 **'융합 기술 시대의 윤리(추병완 외)'**를 읽고 정보 통신 기술의 발달로 인해 발생되는 윤리적 문제에 대해 학습함. 해킹, 저작권 침해, 전자 감시 등과 같은 문제에 슬기롭게 대처할 수 있는 방법에 대해 고민하고, 이러한 사회, 경제, 과학적 윤리문제를 해결하기 위해 청소년기 윤리 교육의 필요성을 느끼고 이에 대한 꿈을 가지게 됨.

교과 세부능력 및 특기사항

생활과 윤리

현대 사회의 모든 영역에서 발생하는 윤리적 쟁점들을 다양한 이론적 관점에 비추어 종합적으로 이해하고 있음. 특히 신학자였던 니부어가 '도덕적 인간과 비도덕적 사회'로 제기했던 사회적 문제에 공감하는 의견을 제시함. **'태평천하(채만식)'**을 읽고 모순과 부조리 그리고 도덕과 양심에 대해 고민하게 되었으며 개인의 영달과 기득권을 지키기 위한 이기적인 행동은 공동체에 어떠한 영향을 미치는지에 대해 깊이 있게 학습함. 더 나아가 실천윤리학의 영역 중 다문화 사회의 차별과 불평등 문제점에 주목하여 자신의 진로 분야인 교육자의 관점에서 바라봄. 다양한 특수성을 지닌 모든 학생의 도덕적 권리로부터 소수자 우대 정책이 정당화될 수 있음을 설득력 있게 발표. 탐구 활동의 사전 계획부터 결론 도출까지의 전체 과정을 프레젠테이션 자료로 제작하여 외국인의 국내 거주 비율이 해마다 증가하고 있는 상황에서 다문화 수용도가 인원 증가폭을 따라오지 못하고 있는 실태를 구체적으로 보여줌으로써 친구들의 관심을 집중시킴.

윤리와 사상

동양 윤리 사상과 연계한 '나의 철학자를 소개합니다' 발표 활동에서 유가의 맹자를 탐구 인물로 선정하여 뛰어난 자료 구성력과 표현력을 발휘하며 효과적으로 자신의 주장을 전달함. 유가 사상의 인간 본성에 대한 관점들을 정확히 이해하여 그 특징과 차이점을 명확히 비교할 수 있음. 특히 맹자의 사상을 탐구한 이후 맹자의 성선설과 통치관에 크게 공감하며 인간 본성론에 대한 자신의 생각과 적용 사례를 더하여 종합적으로 체계화하는 구조적 학습능력이 돋보임. 이후 **'왜 칸트인가(김상환)'**을 통해 서양 윤리 사상 중 칸트 철학의 장점과 한계점을 조사함. 칸트 철학의 가치관에 대해 '정당방위를 인정할 수 있는가?'를 주제로 구체화시켜 이해하고, 이를 동양 윤리 사상에서의 인간관과 맥락적으로 연계하여 이해하는 학습 구조화 능력이 탁월함. 교내에서 선생님들이 작은 철학자라고 칭할 정도로 또래보다 사유의 폭이 깊고 따뜻한 인성을 겸비하였으며 타인에 대한 대승적 차원의 인간애가 드러나는 학생임.

행동특성 및 종합의견

수업에 적극적으로 참여하여 교사에게 수업을 함께 만들어 갈 수 있도록 기대하게 해주는 학생임. 교사뿐만 아니라 급우들에게도 다정다감함. 친구들이 준비물과 수행평가를 놓치는 모습을 보고 누가 시키지도 않았는데도 불구하고 스스로 급우들에게 중요한 안내사항을 반복 안내함. 친구들이 학교 행사 및 전달사항에 꾸준히 관심을 갖고 수업 준비에 최선을 다할 수 있도록 도와줌. 또한 개인의 주장과 욕심으로 아무것도 얻지 못하는 'Zero-Sum' 전략보다는 조금은 손해를 보더라도 모두에게 이익이 되는 'Win-Win' 전략이 중요함을 알고 교과 시간에 합리적 의사결정을 위해 이를 적용하는 모습을 보임. 지속적으로 독서 활동을 하고 있으며 **'이렇게 살아가도 괜찮은가(피터 싱어)'**를 읽고 좋은 삶이란 무엇인지, 내가 원하는 삶이 무엇인지에 대해 끊임없이 고민하는 학생임. 학급 체육대회 선수를 정하는 과정에서 몇몇의 주장보다는 모두의 의견을 수렴하여 개개인의 장점을 살리고 모두가 함께 참여할 수 있는 체육대회를 만들기 위해 의견을 조율하는 모습이 인상적이었음.

14 ▶▶ 음악교육과

1 학과 인재상

예술가로서의 창의성과 예술적 감각을 가진 학생

음악을 좋아하는 학생

가르치는 것에 흥미와 애정이 있는 학생

음악 관련 세부 전공 실기 능력을 갖춘 학생

음악 이론과 실기 수업을 소화하기 위한 지적 능력과 성실성을 갖춘 학생

2 유사학과

- 음악과
- 관현악과
- 국악과
- 기악과
- 성악과
- 실용음악과
- 작곡과
- 피아노과

3 관련직업

- 교사
- 장학사
- 교육공무원
- 가수
- 악기수리원 및 조율사
- 연주가
- 음반기획자
- 음악평론가
- 음악 프로듀서
- 작곡가
- 편곡가
- 영화음악전문가
- 공연기획자

4 개설대학

- 건국대학교
- 경남대학교
- 경상국립대학교
- 공주대학교
- 목원대학교
- 서원대학교
- 전남대학교
- 조선대학교
- 한국교원대학교 등

5 학과 연계도서

1 인문 계열

2 사회 계열

3 자연 계열

4 공학 계열

5 의약 계열

6 예체능 계열

7 교육계열 · 음악교육과

내가 사랑하는 클래식

박종호 / 시공사(2004)

신경정신과 전문의인 저자는 소문난 클래식 애호가 중 한 사람이었다. 30여 년 동안 음악과 희로애락을 함께해온 저자는 마침내 천직으로 삼아온 의사에서 클래식 레코드 전문점인 풍월당의 주인으로 인생의 제2막을 맞게 되었다. 그리고 자신의 인생 지도까지 바꾼 음악 사랑을 한 권의 책 속에 담아냈다. 이 책은 명반을 소개하거나 클래식을 듣는 데 필요한 정보만을 담은 교과서적인 입문서가 아니다. 저자만의 감흥으로 읽어낸 음악 이야기가 전주처럼 흐르고 초심자들을 좀 더 음악에 몰입시키기 위한 정보는 쉽게 풀어 썼다. 클래식에 대해서는 잘 모르지만 그 매혹적인 선율에 마음을 빼앗겨본 적이 있는 이들이라면 '무슨 음악을, 누구의 연주로, 어떻게 들어야 하는지'에 대한 강박에서 벗어나 홀가분한 마음으로 음악을 즐길 수 있을 것이다.

열려라, 클래식

이헌석 / 돋을새김(2018)

많은 사람들이 클래식 음악을 듣고 싶어 하지만 정작 어떤 곡부터 들어야 할지 난감해한다. 이 책은 이처럼 클래식 음악을 듣고 싶지만 어디서부터 시작해야 할지 몰라 난감해하는 초보자들을 위한 클래식 입문서이다. 이 책은 2003년 출간된 후 가장 좋은 클래식 입문서라는 독자들의 평가를 받고 지금까지 꾸준히 사랑받으며 클래식 입문서의 스테디셀러로 자리 잡았다. 누구나 알고 있다고 생각하지만 사실 정확히 알지는 못하는 클래식의 기본 용어와 고대부터 현대까지 서양의 음악사를 소개하고, 초보자가 편안하게 들을 수 있는 음반들을 안내하고 그 음악을 어떻게 들어야 하는지 차근차근 친절하게 설명해준다.

영화는 끝나도 음악은 남아있다

고형욱 / 사월의 책(2010)

이 책은 영화음악에 관한 책이다. 영화의 내용은 기억나지 않아도 음악으로 기억되는 영화가 있을 만큼 음악은 아주 중요한 요소이기도 하다. 현대 영화에서 영화음악은 영화를 완성하기 위해 반드시 필요하지만 '영화음악에 대한 책'은 거의 없는 것이 현실이다. 영화와 영화음악이 떼려야 뗄 수 없는 관계에 있다는 것을 이 책에서는 아주 재미있게 보여준다. 영화음악 한 곡 한 곡이 만들어진 배경을 탐색하고 그 곡들이 영화에 쓰인 장면을 묘사하며, 영화음악과 영화가 어떻게 하나가 되는지를 느끼게 해준다. 이 책에서는 고전영화 위주로 50편의 영화를 소개하고 있다. 전반적으로 추억의 명화들을 다시 한번 상기시키고 음악을 통해 감동을 되살려보는 즐거운 경험을 선사한다.

음악 인류

대니얼 J. 레비틴(이진선 역) / 와이즈베리(2022)

인지심리학자이자 신경과학자인 저자는 음악의 정체를 파고들면 파고들수록 기쁨, 두려움, 욕구, 기억, 소통 등 인간의 본질을 더욱 잘 이해하게 될 것이라고 이 책을 통해 이야기한다. 음악을 감성의 영역에서 끄집어내 뇌과학의 시선으로 바라보는데, 신경과학과 심리학의 최신 연구와 MRI, 신경전달물질을 조절하는 약 등 최신 과학을 총동원해 음악과 뇌의 상호 관계를 파헤친다. 음악을 듣는 행위는 식욕을 충족하는 행위와 무엇이 다른지, 마사지를 받거나 아름다운 일몰을 볼 때처럼 우리 뇌의 감각적 쾌락 체계에 영향을 미치는지, 왜 사람들은 나이를 먹으면 음악에 대한 취향이 고정돼 새로운 음악에 도전하지 않는지 등에 대한 질문에 과학적 해답을 제시하고 있다.

다락방 재즈
황덕호 / 그책(2019)

이 책의 제목인 '다락방 재즈'를 영어로 옮기자면 'Loft Jazz'이다. 실제로 재즈에는 '로프트 재즈'라는 용어가 존재하는데 1970년대 뉴욕 맨해튼에서 탄생한 실험적인 재즈가 다락방 작업실에서 만들어졌다고 해서 생긴 용어. 책의 제목과는 다소 의미가 다르지만 '다락방'이라는 아늑한 공간이 주는 울림은 비슷하다. 이 책은 KBS 클래식FM '재즈수첩'을 진행해온 지 20년, 재즈 칼럼을 써온 지 25년, 재즈 음반 매장을 운영한 것이 10여 년이고 다섯 권의 저서와 네 권의 번역서를 출간한 재즈 평론가이자 자칭 '재즈 덕후' 황덕호가 자신의 다락방 작업실에서 써내려간 재즈에 관한 기록들을 모아 펴낸 책이다.

뮤지컬의 이해
이동섭 / 살림(2012)

최근 우리 정서가 묻어나는 한국 뮤지컬이 등장하고 그 가능성과 작품성을 인정받으면서 뮤지컬 시장의 잠재성은 한층 높아진 상태이다. 그러나 급성장의 단계를 거치면서 뮤지컬의 시작과 정체성, 발전의 역사가 갖는 의미 등은 본의 아니게 건너뛰게 되거나 뮤지컬에 대한 기본적인 이해 없이 바로 시장 성장으로만 이어지고 말았다. 이 책은 다른 장르와 구별되는 뮤지컬만의 색깔과 뮤지컬 생성과 발전의 역사를 소개하고 꼭 감상해보면 좋을 뮤지컬을 추천하고 있다. 이 책을 통해 우리는 한국에서 가장 큰 공연산업으로 도약하고 있는 뮤지컬 성장의 힘을 읽을 수 있으며, 그동안 놓쳤던 뮤지컬의 매력을 재발견할 수 있는 기회까지 가질 수 있을 것이다.

하노버에서 온 음악편지
손열음 / 중앙북스(2015)

'뜨거움을 냉정하게 읽어 내는 연주자'라고 평가되는 손열음은 열정적인 연주로 매번 관객의 마음을 쉬이 사로잡는 것처럼 보이지만, 정작 본인은 그 열정에 치우치지 않는 철저한 사전 준비로 본인만의 연주를 끝까지 치열하게 이끌어가는 그런 피아니스트이다. 이 책은 젊은 거장, 천재 피아니스트로 불리지만 언제까지나 한결같은 연주자로 남고 싶다는 손열음이 펴낸 첫 음악 에세이이다. 5년이 넘는 기간 동안 음악 칼럼니스트로 활동하며 기고한 글을 새롭게 다시 쓰고 재구성해 엮은 책이다. 손열음의 음악 칼럼은 그간 음악에 대한 깊은 내공이 느껴지는 해석과 작가로서도 손색이 없는 필력으로, 음악 애호가를 포함한 일반 대중들에게 큰 사랑을 받아 왔다.

보컬 레슨에 나타난 음악교육
이현수 / 한국학술정보(2021)

오늘날 우리 사회는 TV 오디션 프로그램 등의 매체 영향으로 노래나 음악교육에 대한 관심이 높아지고 있다. 전문적인 음악교육 과정에 대한 이해와 관심이 높아지고 있지만, 음악교육은 이러한 추세를 따라가지 못하고 있다. 이 책은 현재 활동하고 있는 보컬리스트와 그에게 노래를 배우는 학생들의 보컬 레슨 현장을 2년 넘게 관찰하며 기록한 것이다. 기록된 자료를 바탕으로 음악적 사건이나 가르치는 방식에 관한 내용을 선생과 학생의 양자적 시각에서 관찰하고 드러내어 교육과 연결하고 있다.

청소년의 미래 클래식 음악교육이 답
이미진 / 리음북스(2021)

클래식 음악은 인간의 본성이며 유일하게 인간의 감정을 다루고 힘든 일상생활에서 여유와 안정을 찾게 해준다는 점에서 없어져서는 안 될 중요한 문화적 자산이다. 이러한 고귀한 문화적 자산이 사람들의 시선에서 점차 잊히고 있다는 생각에 그 중요성을 알리고 싶은 간절한 마음으로 이 책을 쓰게 되었다고 저자는 말한다. 저자는 클래식 음악이 우리의 삶에 깊숙이 스며들기 위해서는 다양한 분야의 도움이 있어야 하고 철학, 교육, 경영의 입장에서 클래식 음악을 바라보아야 한다고 말한다. 음악을 통해 청소년의 현재와 미래교육에 대한 해결책을 함께 찾아볼 수 있는 기회를 제공하는 책이다.

가르칠 수 있는 용기
파커 j. 파머(이종인 역) / 한문화(2013)

저자는 '교사의 가슴'을 들여다보는 작업을 해온 사상가이자 실천가이다. 그의 교육철학은 엄정하면서도 따뜻하고, 정열적이면서도 명확하다. 이 책은 교사의 자아정체성이라는 개인적인 물음에서 시작하여 교육개혁이라는 대규모 프로젝트로까지 시선을 확대하며 다양한 질문을 던진다. '어떻게 하면 가르치고 배우는 능력을 심화할 수 있는가? 어떻게 하면 가르침의 환희와 사랑을 되찾고, 또 키울 수 있는가? 어떻게 하면 진정한 교사로서 성장할 수 있는가? 어떻게 하면 가르침과 배움을 지원하는 커뮤니티를 형성할 수 있는가?' 등 교육자를 희망하는 학생들이 실천적 교육관을 정립하는 데 많은 질문을 던지는 책이다.

음악교육과 독서탐구활동 활용사례

자율활동 특기사항

일 년간 교과도우미를 자청하여 매 수업시간마다 학습 자료 배부 및 학습 활동 공지, 기자재 연결 등을 도와 효율적인 수업 환경의 조성을 위해 한결같은 태도로 봉사함. 학교 합창 발표회에서 평소 음악에 대한 관심과 리더십이 뛰어나 학급의 지휘를 맡아 조화로운 하모니를 만들기 위해 노력함. 곡 선정에서부터 친구들의 의견을 수렴하는 모습이 인상적이었으며, 의견이 조율되지 않을 때에는 각각의 장단점을 분석하고 우리 학급의 장점이 무엇인지를 진단하면서 합리적인 의사소통을 함. 합창 연습 때 합창에서 사용하는 어려운 용어 대신 친구들이 쉽게 이해할 수 있는 용어를 사용하고 직접 시범을 보이고 알려 줘서 급우들로부터 신뢰와 호응을 받고 공동의 목표를 달성함. 평소 노래하는 것에 관심이 많았는데 직접 합창대회를 지휘하면서 음악을 가르치는 일에 흥미를 가지게 되었다고 함. 이후 **'음악인류(대니얼 J. 레비틴)'**, **'보컬 레슨에 나타난 음악교육(이현수)'**의 책을 읽고 전문적인 음악교육 과정에 대해 이해하게 됨.

동아리활동 특기사항

(합창연주부)(34시간) 음악 동아리에서 프로젝트 연주 활동에 참여함. 이 프로젝트 활동에서 조장으로서 친구들의 의견을 잘 듣고 따뜻하게 피드백을 하였으며, 모둠원 간 갈등이 발생하였을 때 잘 중재하여 좋은 결과를 만들어 내는 리더십을 발휘함. 온라인으로 진행되는 기악 합주라 예기치 못한 문제점이 발생했을 때 적극적으로 대처하고 조원들을 격려하는 모습이 인상적임. 연습 여부를 확인하는 역할을 책임감 있게 수행함. 다른 친구들이 악기를 먼저 선택하게 하고 마지막으로 남은 실로폰을 맡아 성실히 반복 연습하여 실력이 향상되는 모습을 보임. 랜선 음악회에서 아름다운 하모니를 완성하였으며, 본인은 플루트 연주를 표현력 있게 선보임. 또한 연주 영상을 편집하여 완성도 있는 합주 영상을 만들어 공개함. 그 외에도 모의고사에 출제된 영화 OST 내용을 참고하여 해당 영화 음악감독의 음악적 의도와 전통악기의 활용 등에 대해 설득력 있게 발표함. 이후 동아리 친구들과 함께 **'청소년의 미래 클래식 음악교육이 답(이미진)'**을 함께 읽고 클래식 음악이 우리 삶에서 다양하게 활용되고 있음을 발견하고 자신의 음악성과 대중성에 대해 고민함.

진로활동 특기사항

학교의 모든 진로 활동에 열심히 참여하였으며, 학교에서 진행한 다양한 진로 검사를 통해 자신에 대해 객관적으로 이해하고 자신의 장점 및 특기, 적성이 무엇인지 파악함. 희망직업인 음악 교사에 대해 심도 있는 조사를 통해 진로 방향을 설정하고 목표대학 진학을 위해 중점적으로 노력하고 준비할 사항이 무엇인지 잘 인식함. 진로 탐색의 날 행사에서 교사 강연에 참석하여 교사에게 필요한 역량과 최근 교수학습 방법에 대해 이해하였으며, 무엇보다 다양한 경험이 이후 교사가 되었을 때 필요함을 알게 되어 음악적·인문학적 소양을 함양하기 위해 **'하노버에서 온 음악 편지(손열음)'**와 같은 독서활동을 꾸준히 진행하며 노력하는 모습을 보임. 이후 교과 및 창체 시간을 통해 자신이 알고 있는 지식을 생활에 실천하기 위해 노력하고 교사에게 필요한 역량을 함양하기 위해 끊임없이 학습하는 모습을 보임. 또한 다양한 경험의 필요성을 느껴 학교생활기록부에 기록되지 않는 여러 외부활동에 참여하여 경험을 쌓는 등 자신의 진로를 위해 진심으로 노력하는 모습을 보임. 이러한 모습으로 볼 때 오늘보다 내일이 더 기대되는 학생임.

교과 세부능력 및 특기사항

영어권문화

우리나라와 외국의 예술 고등학교의 음악과 교육과정을 비교 분석한 보고서를 찾아 읽고 요약함. 그 결과 입학 고사에서 실기 고사뿐만 아니라 인터뷰를 실시하여 음악성과 인성을 평가한다는 공통점을 찾음. 차이점으로는 한국에 비해 미국, 캐나다, 호주, 영국 등 대부분의 외국에서는 클래식뿐만 아니라 재즈, 음악 공학, 전자 음악 등 다양한 교과목을 제공하며, 세분화된 이론 과목을 제공하는 특징이 있었다고 발표함. 우리나라도 음악의 다양성을 어릴 때부터 수용하게 하고 서로 다른 장르의 음악을 편견 없이 접하고 실험적으로 결합할 수 있는 소양을 갖추게 하는 교육을 통해 더욱 창의적이고 세계무대로 진출할 수 있는 음악가를 양성할 수 있다고 주장함. 자신도 **'뮤지컬의 이해(이동섭)'**와 **'다락방 재즈(황덕호)'**를 통해 다양한 음악적 소양을 함양하는 모습을 보임.

여행지리

최근 세계적인 영화제에서 한국 영화가 수상하는 장면을 보고, 영화제의 음악 관련 수상 부분을 조사함. 총 24개의 수상 부분 중 음악 관련 수상에는 음악상, 주제가상, 음향 편집상, 음향 효과상이 있음을 확인함. **'영화는 끝나도 음악은 남아있다(고형욱)'**를 읽고 영화 속 장면들을 섬세하게 묘사한 영화 음악들을 감상하며 영화 속에서의 음악의 역할에 대해 진지하게 고민한 결과를 보고서로 제출함. 초기에는 영화의 영상기 소음을 덮기 위해 음악을 쓰기 시작했지만, 음악이 영화의 정서적 분위기를 강화해 주고 분산된 이미지들을 연결하는 데 도움이 되어 청각적 연속성을 제공한다는 사실을 인식하면서 본격적으로 영화 음악이 사용되기 시작했음을 잘 설명함. 영화에서 음악은 배우나 장면의 표현력을 극대화시키고 관객에게 영화의 분위기를 전달하는 데 매우 효과적이라는 자신의 생각을 정리하여 발표함. 영화 음악의 일부를 들려주고 친구들에게 어떤 분위기의 장면이 떠오르는지 물어보고 실제 영화 장면을 보여주는 등 음악을 다양하게 감상하는 방법을 창의적으로 제시함.

행동특성 및 종합의견

음악적인 재능이 많고 예체능 과목뿐만 아니라 주요 과목에도 다양한 관심을 가지고 있으며 발표나 토론 활동에 적극적으로 참여함. 음악이나 춤 등 예술 분야에 끼와 재능을 지니고 있으며 시간이 있을 때마다 관련 분야의 책을 읽고 영상을 시청하면서 노래를 분석하고 춤 연습을 하면서 본인의 진로를 탐색함. 학교 예술제에 운영진으로 참여하여 학생회 학생들과 프로그램을 함께 기획하고 구상하면서 본인의 시간을 사용하여 협업하는 모습이 기특함. 학교 예술 프로그램에 대해서 학급 친구들에게 자세하게 설명하고 많은 친구들이 참여할 수 있도록 홍보함. 학급에서 진행하는 월간 진로 발표 프로그램을 할 때마다 배경 음악을 준비하고 틀어주어 친구들이 진로에 대해 발표하는 활동이 더 빛날 수 있도록 도움을 주고 친구를 응원함. 자신도 **'가르칠 수 있는 용기(파커 j. 파머)'**를 읽고 진로에 대해 고민함. 학급에서 실시하는 1인 1역에서도 1년 동안 맡은 역할을 성실하게 수행해서 졸업 후에 음악 교사가 되어 자신의 재능을 펼칠 것으로 기대됨.

15 ▸▸ 일어교육과

1 학과 인재상

국제화, 정보화 시대에 대응할 수 있는 유연한 사고를 가진 학생

국제 환경의 급속한 변화에 대처할 수 있는 학생

외국의 문화와 철학 등 다양한 분야에 관심을 가지고 있는 학생

일본어의 듣기, 말하기, 읽기, 쓰기를 잘하고자 하는 학생

교사로서 학생 및 교육에 대한 애정, 정직성, 리더십을 갖추고 있는 학생

2 유사학과

- 일본어과
- 일본어·일본학과
- 일본어융합학부
- 일어일문학전공

3 관련직업

- 교사
- 번역사
- 통역사
- 관광통역안내사
- 항공승무원
- 무역회사 및 일반기업체 사원
- 교육공무원 등

4 개설대학

- 건국대학교
- 경남대학교
- 경상국립대학교
- 신라대학교
- 원광대학교
- 인천대학교 등

1 인문계열

2 사회계열

3 자연계열

4 공학계열

5 의약계열

6 예체능계열

7 교육계열·일어교육과

5 학과 연계도서

베이직 일본어교육
사사키 야스코(한국일어교육학회 역) / 시사일본어사(2010)

일본어 교사가 반드시 알아야 할 기초지식을 한 권으로 끝낸다! 임용고시를 위한 『베이직 일본어교육』은 일본어교육에 대한 지식이 없어도 일본어 교사에게 필요한 기초지식을 효율적으로 습득할 수 있도록 구성된 교재이다. 이 책은 임용고사에 대비할 수 있는 일본어 교육법 교재로 일본어 교사가 알아야 할 기초지식을 정리했다. 일본어 교육에 대한 기초지식이 없어도 쉽게 이해하면서 읽어내려갈 수 있도록 구성하였다. 6부로 구성된 각 장의 내용을 대략적으로 파악할 수 있는 주제와 키워드 그리고 과제가 제시되어 있고, 더 깊은 탐구를 위해 필요한 추천책을 소개하고 있다. 일본어를 잘 가르치기 위한 방법과 방향을 파악할 수 있도록 도움을 주는 책이다.

사진으로 보고 가장 쉽게 읽는 일본문화
김숙자 / 시사일본어사(2016)

일본 이야기를 하면 누구나 한마디쯤은 할 수 있을 정도로 일본 문화에 대한 관심도가 높아지고 여행의 기회도 많아진 지금, 정작 일본을 제대로 알고 있는 사람은 얼마나 될까? 저자는 일본을 보다 쉽게 이해할 수 있도록, 사진으로 최신 일본 문화와 현 일본의 사정을 생생하게 담아내었다. 총 10부로 구성된 이 책은 일본의 일상생활부터 문화에 이르기까지 알아야 할 코드를 다양하게 담고 있으며, 많은 정보와 자료를 수록하여 편협하지 않은 시선으로 일본 문화를 설명하고 있다. 어느 페이지를 펼치더라도 사진으로 설명하는 구성이어서 일반인들도 쉽게 이해할 수 있고 일본문화에 대한 궁금증을 해소할 수 있으며 다양한 시선으로 일본문화를 바라볼 수 있도록 했다.

일본어한자이야기
박상현 / 제이앤씨(2022)

이 책은 일본어한자 및 일본어한자어에 관한 궁금증을 해소할 수 있게 해주는 책이다. 기호와 단어로 언어를 배우는 방법이 아닌 이야기, 곧 에세이를 통해 배울 수 있다는 점도 이 책의 강점이다. 일본어한자와 관련된 일본문화를 이해할 수 있도록 도와주고, 이를 통해 일본문화를 편견 없이 받아들일 수 있도록 구성하였다. 언어 학습 교재이기보다는 문화인문서적에 더 가깝다고 할 수 있다. 일본어와 한자에 대한 부담감을 덜어내고 한 장 한 장 읽다 보면 어느새 일본어한자어에 한층 익숙해진 것을 느낄 수 있을 것이다.

학교에서 배울 수 없는 일본문화
마에다 히로미 / 넥서스(2008)

만약 일본에 가서 살아야 한다면 어떤 책들이 필요할까? 이 책은 일본어뿐만 아니라 일본의 문화를 잘 알려주는 책이다. 이 책은 한국과 일본이 어떻게 다른지 비교하여 설명하고, 일본 사람들은 어떻게 살고 있는지, 일본 사람들의 생활과 성향이 우리나라와는 어떻게 다른지 등을 사례를 통해 이해하기 쉽게 알려준다. 일본 문화와 관련된 용어들이 본문에 일본어로 쉽게 표기되어 있어 일본어를 공부하고자 하는 사람에게 학습적으로도 효과적인 책이다.

국화와 칼
루스 베네딕트(김윤식 역) / 을유문화사(2019)

이 책은 일본을 이해하는 데 가장 도움이 되는 고전 가운데 하나다. 루스 베네딕트가 미 국무성의 위촉으로 2년여 동안 일본 문화를 연구하고 분석한 결과물로, 당시 일본과 전쟁 중이던 미국은 미국인으로서는 도저히 이해할 수 없는 일본인의 행동을 연구하고자 했다. 이 책에서는 일본 문화의 핵심적인 요소들인 계층적 위계질서 의식, 수치와 죄책감의 문화, 은혜에 관한 개념 등을 최초로 명확하게 분석함으로써 차후의 일본 문화 분석에 아주 기본적인 준거가 되었다. 이 책은 일본인의 독특한 행동, 가치관을 그들의 입장에서 올바로 이해했다는 평가를 받고 있으며, 이로써 루스 베네딕트는 인류학에서 중요한 위치를 점하게 되었다.

해양국가 일본, 그리고 사무라이
신종대 / 한국학술정보(2019)

지금까지 많은 연구자들은 일본인들만이 가지고 있는 독특한 사고방식이나 의식구조를 다양한 주제를 가지고 연구해 왔다. 여기에 저자는 일본을 이해할 수 있는 문화코드로 무사계급을 추가하고자 하였다. 프랑스의 사회학자 엠마뉘엘 토드에 의하면 가족제도, 가족관행이 그 민족이 만드는 이른바 조직의 행동 패턴에 영향을 준다고 했다. 700여 년 동안 지배층이 문인이 아니라 칼을 찬 무사였다는 것은 이들에 의해 형성·발전되어 온 전통이나 문화가 일본인들의 일상생활은 물론 행동패턴, 사고방식 속에 숨 쉬고 있음을 의미한다. 따라서 저자는 오늘날 일본사회, 일본인들에게서 볼 수 있는 고유의 특성을 무사들의 생활방식과 정신에서 찾을 수 있다고 말한다.

선을 넘는 한국인 선을 긋는 일본인
한민 / 부키(2022)

문화심리학을 파고들어 온 저자 한민은 지금이야말로 한국인과 일본인을 제대로 알아야 할 때라고 말한다. 이 책은 '먹방'과 '야동'으로 대표되는 두 나라의 문화 비교에서 시작해 한국인과 일본인의 성격적 특성, 다양한 문화콘텐츠에 담긴 숨은 의미와 심층 심리까지 하나하나 짚어 낸다. 또한 각 장 말미에 문화 연구의 기본 원리를 수록해 두 나라 사람들을 더욱 깊이 이해할 수 있게 한다. 비슷한 듯 다르지만 거울처럼 우리를 비추는 일본인의 행동과, 한국인이라 오히려 관심을 두지 못했던 한국인의 행동에 숨은 배경을 살피다 보면 일본인은 물론, 한국인을 더욱 잘 알게 되는 새로운 경험을 하게 될 것이다.

은근 몰랐던 일본 문화사
조재면 / 블랙피쉬(2021)

가까운 거리지만 심리적 거리는 먼 한국와 일본과의 감정 실은 이야기, 역사 외교 문제 등 멀어져만 가는 일본의 문화를 더 자세히 들여다볼 수 있는 책이다. 이 책은 과거로부터 비롯된 편견과 선입견을 접고 최대한 객관적인 시선으로 일본의 정치, 사회, 경제, 문화를 폭넓게 다루고자 했다. 호기심을 불러일으킬 질문과 사건을 중심으로 유튜브보다 더 흥미진진한 현대의 일본 이야기도 들려준다. 그뿐만 아니라 버블경제부터 고령화, 자연재해, 핵과 원자력, 오타쿠 문화 등 30여 개의 핵심 키워드로 책을 구성해 누구든 쉽고 가볍게 이웃 나라 일본을 만나볼 수 있게 했다. 이 책은 한국과 일본, 나아가 세계 속 두 나라를 연결 지어 생각해보게 돕는다.

교사, 수업에서 나를 만나다
김태현 / 좋은교사(2012)

현직 교사이자 수업 코칭 전문가인 저자는, 칭찬과 격려보다는 비판과 지적에 익숙해져 버린 교사들의 지친 내면을 일으켜 세우는 시간, 자신의 수업을 제대로 살펴보는 '성찰'의 시간을 통해 수업의 진짜 모습을 들여다보아야 한다고 말한다. 즉 진정한 수업 개선의 열쇠는 바로 이러한 '수업 성찰'에 있다고 이야기한다. 수업 성찰을 통해 교사는 내면적 치유를 경험하는 동시에 자신의 수업의 진짜 모습을 발견하고 앞으로 나의 수업은 어떠해야 할지에 대해 생각해 볼 수 있게 된다. 결국 수업 성찰의 흐름을 통해 근본적인 수업의 변화까지 이끌어 낼 수 있음을 다양한 사례를 통해 들려준다.

EBS가 선택한 최고의 교사
EBS 최고의 교사 제작팀 / 문학동네(2012)

EBS가 선택한 12인의 교사의 각 과목별 노하우를 담은 책이다. 먼저 제작팀은 각 과목별 교과연구회와 전국교직원노동조합에서 교사 추천을 받고, 에듀넷의 '우수 수업' 동영상으로 수업 내용을 확인한 뒤 선정된 선생님들을 일주일간 따라다니며 취재해 최종 선정을 하였다. 이러한 선정과정을 통해 엄선된 최고의 선생님들의 수업 방식과 내용을 프로그램으로 만들어 방송하였고 뜨거운 반응을 불러일으켰다. 각 과목에서 최고의 선생님들이 그들의 과목별 교수법과 학습 노하우를 다양하게 공개한다. 단순히 지식을 전하는 교사가 아니라, 수업 외적인 측면에서 학생들과 소통하고 교감하는 선생님들의 모습도 보여준다.

일어교육과 독서탐구활동 활용사례

자율활동 특기사항

대면·비대면 수업을 통틀어 매사에 작은 일도 허투루 하는 법이 없고 진중한 모습과 성실함으로 늘 신뢰가 가는 학생임. 유쾌함과 재치를 겸비하여 친화력이 좋고 타인에게 진심을 다하는 모습으로 인해 주변인들로부터 예외 없이 긍정적인 평가를 받는 학생임. 사람 책 활동에서 자신이 평소 좋아하던 일본 애니메이션 작가가 각본, 감독, 원작화까지 담당한 '벼랑 위의 포뇨'에 대해 소개함. 바다 생활을 지루해하는 물고기 주인공이 인간 세계에 와서 겪는 여러 가지 모습을 자연재해나 환경문제에 대한 내용과 함께 친구들에게 설명함. 창의 주제 활동에서는 평소 관심 있는 일본어와 연계하여 생활 일본어를 친구들에게 소개함. **'일본어한자이야기(박상현)'**를 읽고 이를 정리하여 일본의 문화와 언어에 대해 알기 쉽게 발표함. 친구의 눈높이에 맞게 설명하는 모습이 인상적이었으며 앞으로 생활에 필요한 일본어를 학급에 게시할 것을 약속함.

동아리활동 특기사항

(일본문화연구부)(34시간) 동아리를 조직하고 홍보물을 작성하여 일본문화 및 애니메이션에 관심이 있는 팀원을 모집함. 활동내용에 대한 다양한 아이디어를 제시하며, 팀원과 내용 및 일정을 공유함에 있어 배려심이 돋보이는 리더십을 발휘함. 기본적으로 어학 공부에 관심이 많고 일본어 감각이 뛰어나 한자를 배우는 것에 두려움이 없는 학생임. 우리나라와 일본의 문화 차이를 사례를 들어 설명하고 일본 문화의 특징을 조사하여 발표함. 일본 문화 신문 만들기를 제안하여 언어, 역사, 문화, 여행, 애니메이션 등 조사 분야를 나눔. 그중 언어 부분을 맡아 **'베이직 일본어교육(사사키 야스코)'**을 읽고 일본어의 문자 체계와 각 문자의 특징에 대해 알기 쉽게 정리하여 발표하는 등 자신의 진로에 대해 다양한 경험을 하기 위해 노력하고 그 결과를 시각적으로 다각화하려고 부단히 노력함. 제작한 신문은 각 학년 복도 게시판에 게시하여 친구들의 호응을 얻음.

진로활동 특기사항

직업인과의 만남에서 일본어 교사의 강연을 듣고 일본어 교사가 되기 위해 무엇을 준비해야 하는지, 주로 하는 일이 무엇인지, 힘든 점이 무엇인지, 직업의 전망은 어떠한지 등에 대해 알게 되었고, 자신의 꿈을 이루기 위해 구체적인 진로 계획을 수립하는 계기가 됨. 일본어를 좋아하여 수업시간 외에도 혼자 어학 공부를 따로 할 만큼 흥미를 느끼고 있음. 일본어 교사가 되기 위해서는 일본어뿐만 아니라 일본문화를 이해하는 것이 중요하다고 생각하여, 일본에 대한 이해를 높이기 위해 인터넷을 통해 자료조사를 함. 또한 **'은근 몰랐던 일본 문화사(조재면)'** 등과 같은 일본문화와 관련된 도서를 읽고 요약하여 일본문화 미니북을 만들어 교실 사물함 위에 전시함. 나의 꿈 발표 활동에서는 만화, 애니메이션 영역을 넘어 웹툰까지 말풍선 속의 대화를 맛깔나게 번역하여 친구들에게 소개함. 일본어 교사에게는 일본어와 함께 일본문화에 대한 전문 지식이 필요함을 알고, 자신이 알고 있는 내용을 효율적으로 미래 제자들에게 알려주기 위해 교수학습 방법에 대해 학습함. **'교사, 수업에서 나를 만나다(김태현)'** 등의 독서 활동을 통해 교사의 철학에 대해 꾸준히 공부할 것을 다짐함.

교과 세부능력 및 특기사항

한국지리

다문화 공간 이해하기 활동에서 다문화가정의 증가와 이로 인한 사회·공간적 변화를 조사·분석하고, 이를 발표하는 과정에서 다양한 매체 및 자료를 정리, 비교·분석하여 제시하는 능력이 우수함. 평소 다문화가정에 관심이 많아 정부와 지자체가 추진하고 있는 다문화가정 지원 정책에 대해 살펴보고, 지역 특성을 반영한 실질적인 지원을 위해 주변 지역 다문화가정 자녀에 대한 실태조사를 함. 이를 바탕으로 다문화가정 자녀를 위한 대학생 멘토 연계 사업, 찾아가는 다문화 교실, 전문 의료통역 서비스, 다문화가정과 함께하는 다문화 영상여행을 정책적 대안으로 제시하여 친구들에게 많은 호응을 얻음. 이후 시청 홈페이지 정책 제안 게시판에 글을 올려 지속가능한 다문화 공간으로의 사회를 만들어 갈 수 있도록 제안하는 적극적인 태도를 보임. 무엇보다 자신의 관심 분야인 일본을 이해하기 위해 **'학교에서 배울 수 없는 일본문화(미에다 히로미)'**를 읽고 일본문화에 대해 탐구함.

일본어Ⅰ

일본어 구사능력이 우수하고 롤플레이나 회화 발표에서 자신의 의견을 적극적으로 표현하는 등 일본어로 의사소통하는 것을 즐기고, 본인의 생각이나 의견을 알아듣기 쉬운 발음으로 잘 전달하며 수준 높은 회화 능력을 보여줌. 특히 온라인 국제교류 활동에서 '구루메(미식가, 맛집)'를 테마로 떡볶이 맛집을 소개하는 자료를 만들어 발표하면서 국제적 의사소통능력을 함양함. 또한 자매학교에서 소개한 자료를 완벽하게 알아듣고, 이해하지 못하는 친구들을 위해 통역을 자처하는 등 본인의 뛰어난 일본어 실력을 충분히 발휘함. 양국의 발표가 끝난 후 **'사진으로 보고 가장 쉽게 읽는 일본문화(김숙자)'**를 읽고 궁금해했던 내용을 스스럼없이 질문함. 이외에도 일본 학교의 동아리 활동, 좋아하는 한국 가수, 한국 여행의 경험 등을 질문하여 다양한 정보를 얻고 친구들의 질문도 대신해 주는 등 책임감 있게 온라인 교류 활동을 이끌어 나가는 리더십을 발휘함.

행동특성 및 종합의견

자신을 내세우지 않고 자신과 다른 의견을 받아들일 줄 아는 포용력이 있는 학생으로서 교우관계가 매우 좋음. 평소 외국어에 관심이 많아 일본어, 영어 교과의 학업성취도가 높음. 특히 일본의 엔터테인먼트 분야를 좋아하여 다양한 애니메이션을 보면서 일본어 실력이 향상되었다고 함. 처음에는 단순히 일본의 문화와 매체에 흥미가 있었지만, 일본어를 본격적으로 배우면서 일본의 정치적 이슈와 우리나라와의 관계에도 관심을 가지게 되었고, 역동적인 대일 관계에 대처하기 위해서는 일본에 대해 알아야 하기 때문에 일본어와 문화를 가르치는 교사가 되고 싶다는 생각을 밝힘. 주제 발표 시간에 **'국화와 칼(루스 베네딕트)'**을 읽고 '가깝고도 먼 나라'라는 주제로 일본 시장 규모, 미국·중국·한국의 정세 등을 발표함. 우리의 과거와 현재 그리고 미래를 동시에 바라볼 수 있는 일본에 대해 공부하고, 가르치는 일을 통해 일본과의 국제적 관계에 긍정적인 영향을 미치는 사람이 되고 싶다는 포부를 밝힘.

16 ▸▸ 중국어교육과

1 학과 인재상

교사로서 학생 및 교육에 대한 애정, 정직성, 리더십을 갖추고 있는 학생

중국어의 듣기, 말하기, 읽기, 쓰기를 잘하고자 하는 학생

외국의 문화와 철학 등 다양한 분야에 관심을 가지고 있는 학생

국제 환경의 급속한 변화에 대처할 수 있는 학생

국제화·정보화 시대에 대응할 수 있는 유연한 사고를 가진 학생

2 유사학과

- 중국어과
- 중어중문학과
- 중국어문화학과
- 중국어통번역학과

3 관련직업

- 교사
- 번역사
- 통역사
- 관광통역안내사
- 항공승무원
- 무역회사 및 일반기업체 사원
- 교육공무원 등

4 개설대학

- 한국교원대학교

1 인문 계열

2 사회 계열

3 자연 계열

4 공학 계열

5 의약 계열

6 예체능 계열

7 교육계열 · 중국어교육과

5 학과 연계도서

한국인을 위한 중국어 교육법
왕해봉(최우석 역) / 박이정(2012)

이 책은 국내 중국어 교사들에게 아주 필요한 책으로 평가받고 있다. 상권은 '발음', '문법', '어휘', '한자'라고 하는 '언어요소'의 교육을 다루고 있고, 하권에서는 '말하기', '읽기', '듣기', '쓰기'라고 하는 '언어기능' 교육을 다루고 있다. 상하권 모두 교사들이 실제 교실에서 학생들을 가르치면서 발생할 수 있는 각종 상황을 정리·귀납한 것으로 철저한 실례 중심으로 실제 상황에 적용할 수 있게 되어 있다. 교육 현장의 각종 사례를 기반으로 하고 있기 때문에 중국어 교수법에 대해 고민하고 어려움을 겪고 있는 현장의 교사들에게 훌륭한 지침서가 될 것이다.

한비야의 중국견문록
한비야 / 푸른숲(2006)

바람의 딸, 세계오지여행가, 긴급구호팀장 등 한비야 작가의 이름 앞에 붙는 수식어는 참 많다. 여러 분야에 큰 영향력을 미치는 작가 한비야는 2000년 3월 15일 베이징 행 비행기를 탔다. 세계 오지 여행과 국토순례를 마친 그가 이번에는 긴급 구호 활동에 필요한 중국어를 공부하기 위해 중국인의 삶에 도전한 것이다. 이 책에는 40대의 나이에 중국으로 유학을 떠나 일 년이라는 긴 시간 동안 학원과 학교에서 수업을 받고 단어와 문법을 공부하며 고군분투했던 그녀의 열정이 녹아 있다. 봄, 여름, 가을, 겨울 계절별로 만났던 중국 구석구석 사람들의 이야기와 자신의 한계와 가능성에 대한 이야기, 그리고 인생에 대한 따뜻한 시선을 살펴볼 수 있을 것이다.

세상 친절한 중국상식
이벌찬 / 미래의창(2020)

왜 우리는 중국을 이해하기 어려울까? '상식'으로 여겨지는 것이 서로 다르기 때문이다. 우리에게는 민주주의가 선이고, 독재는 악이다. 반면 중국은 사회주의국가이며 1당 독주 체제다. 우리는 국가 간에는 서열이 없다고 믿고, 국제사회의 시시비비는 힘의 논리가 아니라 명분으로 가려야 한다고 배운다. 그러나 중국은 자국을 대국이라 서슴없이 칭하고, 국제사회에서 분쟁이 발생했을 때 자국의 군사력과 경제력을 과시한다. '대체 중국은 무슨 생각으로 저러는 걸까?'라는 궁금증이 생긴 사람, 중국에 대해 알아야 하지만 어디서부터 시작해야 할지 모르는 사람, 머리 아픈 기사와 생소한 용어에 질린 사람, 이 책은 그런 사람들을 위한 가장 쉬운 중국 설명서다.

나는 좁은 길이 아니다.
조슈아 윙(함성준 역) / 프시케의숲(2020)

이 책은 홍콩의 우산혁명의 상징적인 인물인 조슈아 윙이 2014년 중고등학생으로 이루어진 '학민사조'를 이끌며 민주화 운동을 주도한 내용을 소개한다. 그는 당시 홍콩의 최고책임자인 행정장관 선출에 대한 직선제 보통선거를 요구하며, 홍콩의 중심지인 센트럴 지역 등을 점거하고 끈질긴 투쟁을 했다. 2016년에는 학민사조를 해체하고 데모시스토를 창당하여 비서장이 된다. 말 그대로 홍콩 민주화를 대변하는 인물이라고 할 수 있다. 그는 학력이 낮거나 사회 운동에 참여하는 학생을 무시하는 엘리트주의를 비판하고, 중고생에게도 사회 운동을 벌일 수 있는 기획력과 실행력은 얼마든지 있고 폭넓은 정치적 의식을 가질 수 있음을 역설하고 있다.

나의 외국어 학습기
김태완 / 메멘토(2018)

이 책은 경상도 산골에서 자라나 외국어 학습의 방법론이 전무했던 시절을 거쳐 온 한 50대 학자가 어떻게 한계를 뛰어넘어 6개국 언어로 깊이 있는 인문 지식까지 섭렵하게 되었는지를 서술한 에세이이다. 저자는 영어를 비롯한 인도-유럽어를 공부하는 특별한 비법, 동아시아의 라틴어인 고전 한문에 입문하는 길을 소개하고, 중국어와 일본어로 깊이 있는 독해와 번역을 하고 싶은 학습자, 교차 학습·다국어 학습에 관심이 많은 독자를 위해 본인의 학습 노하우를 찬찬히 풀어낸다. 외국어 문외한의 심경을 누구보다 잘 아는 저자는 각 외국어의 구조를 깨치는 순간부터 심화 학습 과정, 모든 외국어에 해당하는 보편적인 공부법을 상세히 기술하는 등 외국어 학습자를 위한 조언을 아끼지 않는다.

중국어와 중국문화, 어떻게 읽고 가르칠 것인가?
김현주 외 / 한국학술정보(2007)

중국의 고전은 마치 유토피아와도 같이 지향해야 할 그 무엇으로 받아들여지기도 하고, 중국의 현재는 위협적 존재로 인식되기도 한다. 중국을 '알아간다'는 일은 물론 두터운 시간의 층을 켜켜이 쌓아야만 가능한 일일 것임은 틀림이 없다. 그럼에도 중국을 공부하는 많은 사람이 공통적으로 주장하는 것은 중국의 언어와 문화에 바탕에 둔 접근 방식이다. 기본 중의 기본은 역시 중국어와 중국 문화에 관한 지속적인 관심이다. 너무 멀지도 그렇다고 너무 가깝지도 않은 자리에서 중국을 읽어낼 수 있는 힘이 거기에서 생겨나리라고 믿는다. 이 책은 중국 연극과 영화 교육, 중국 문화학의 제 면모 등의 내용을 다룬다.

재레드 다이아몬드의 나와 세계
재레드 다이아몬드(강주현 역) / 김영사(2016)

이 책은 '왜 어떤 국가는 부유하고 어떤 국가는 가난한가?'라는 질문을 시작으로, 현재 세계가 직면한 7가지 중대한 문제들을 하나씩 살펴본다. 빠른 속도로 경제 성장을 하고 있지만 환경문제와 인구문제로 심각한 고통을 겪고 있는 중국과 일본, 영국, 독일과 칠레 등 여러 국가의 위기를 비교해 무엇을 배울 수 있는지 알아본다. 전통사회의 생활 방식에서 얻은 교훈을 활용해 건강하게 삶의 질을 유지하며 행복하게 사는 법도 제안한다. 현재 세계가 직면한 가장 중대한 문제인 기후변화, 불평등, 자연자원의 남용 등을 사례 중심으로 풀어가며, 개인적 차원과 국가적 차원에서의 해결 방안을 함께 생각해 볼 수 있도록 하였다.

강의
신영복 / 돌베개(2004)

이 책은 신영복 교수의 《동양고전독법》 강의 내용을 담은 책이다. 이 책은 관계론의 관점에서 고전의 의미를 재조명하고 동양적 삶이 지향하는 궁극적인 가치는 '인성의 고양'이며, 이 인성의 내용이 바로 인간관계라는 점을 강조한다. 결국 인성을 고양한다는 것은 인간관계를 인간적인 것으로 만들어가는 것을 의미한다고 말하고 있다. 저자는 자본주의 체제가 양산하는 물질의 낭비와 인간의 소외, 그리고 인간관계의 황폐화를 보다 근본적인 시각으로 재조명하며 시경, 서경, 초사, 주역, 논어, 맹자, 노자, 장자, 묵자, 순자, 한비자를 관계론의 관점에서 새롭게 읽는다.

차이나 키워드 100
김동하 / 시사중국어사(2019)

이 책은 대학에서 중국을 가르치는 교수들이 전공교재로 사용할 수 있게 중국과 관련된 100가지 대표적인 키워드를 선정하여 설명해 놓은 책이다. 사진 및 도표를 적극 활용하여 가장 중요한 지식을 독자들에게 정확하게 전달하고자 하였으며, 주제별로 관심 있는 분야를 더 깊이 알고 싶은 경우에는 관련 책을 더 찾아보며 공부할 수 있도록 사전의 형식으로 구성되어 있다. 중국의 인문자연지리, 언어와 문자, 역사, 정치와 외교, 경제와 산업, 사회, 생활과 문화 주제뿐만 아니라 ICT와 4차 산업혁명에 대한 내용까지 더해져서 현대중국에 대해서도 알기 쉽게 접근할 수 있다.

대중지성, 홍루몽과 만나다
김희진 / 북드라망(2021)

이 소설은 『삼국연의』 『수호지』 『서유기』와 함께 중국 4대 명저로 꼽히며 '홍학'(紅學)이라는 전문 연구 분야까지 있을 정도로 중국인들에게 엄청난 사랑을 받고 있는 고전이다. 그러나 우리에겐 아직 낯선 고전이다. 우리 사회가 오랫동안 『수호지』나 『삼국지』와 같이 남성 중심적인 영웅서사와 역사 중심의 기록을 중시해왔기 때문이다. 이 책은 가보옥과 임대옥, 설보차라는 세 명의 풋풋한 십대 소년과 소녀의 사랑 이야기가 중심 줄거리인 대하소설인 동시에 '몽'자가 들어간 것에서 알 수 있듯이 현실과 꿈을 넘나드는 판타지 소설이기도 하다.

1 인문계열

2 사회계열

3 자연계열

4 공학계열

5 의약계열

6 예체능계열

7 교육계열 · 중국어교육과

중국어교육과 독서탐구활동 활용사례

자율활동 특기사항

주제 발표 프로젝트 활동에서 중국의 춘절을 세 가지 소주제로 나누어 중국문화에 대해 발표 자료를 구성하고 논리적 안전성과 설득력을 갖춘 내용을 발표해 친구들에게 높은 평가를 받음. 이 발표를 준비하면서 성모, 운모, 성조를 정확하게 발음하기 위해 지속적으로 연습함으로써 발음의 유창성이 뛰어나게 향상됨. 또한 EBS 프로그램 '여성, 당신은 나의 하늘'을 시청하고 중국은 부녀자의 날을 기념하여 여성의 지위를 인정하고 임신한 어머니의 모습을 재현하는 '따뚜즈'라는 놀이를 친구들과 함께 한다는 것을 알게 되었으며 이를 통해 중국 사회에 대한 인식의 변화를 겪었다고 밝힘. 앞으로 중국 문화를 경험하는 다양한 프로그램을 기획하고 친구들과 함께 **'중국어와 중국문화, 어떻게 읽고 가르칠 것인가?(김현주 외)'**를 정독하고 토론할 것을 다짐하는 등 중국어와 중국문화에 대한 관심이 높음. 자신의 진로인 중국어 교사가 되기 위한 준비를 계획적으로 잘하고 있는 학생임.

동아리활동 특기사항

(중국문화탐구부)(34시간) 중국에 대한 관심이 많아 모든 활동에 적극적으로 참여하는 모습을 보임. 동아리 부반장으로 반장을 도와 팀원을 이끌며 함께 읽을 도서로 **'차이나 키워드 100(김동하)', '중국어와 중국문화, 어떻게 읽고 가르칠 것인가?(김현주 외)'**를 선정함. 인문·자연지리, 언어와 문자, 역사, 정치와 외교, 경제 산업, 사회문제, 생활과 문화, ICT와 4차 산업혁명 분야로 역할을 나누어 탐구하고 조사함. '공유경제'라는 키워드로 중국의 공유경제 플랫폼, 규모, 장단점 등 사례를 분석하여 발표함. 분야별 조사와 발표 활동으로 중국의 역사부터 빠르게 변화하고 있는 오늘날의 모습까지 다양한 정보를 학습하게 됨. 전문가를 초청하여 '중국을 알아야 미래가 보인다'라는 특강을 듣고 중국에 대해 다각도로 이해하는 시간을 가짐. 또한 효율적인 어학 공부 방법과 이를 다시 친구들에게 효율적으로 전달하는 교수학습 방법에 대해 알게 됨.

진로활동 특기사항

진로 로드맵을 작성하며 자신의 꿈인 언어 관련 교사에 대해 발표함. 한문 관련 도서를 읽고 논어 구절 '학이시습, 불역열호'의 의미를 자세히 해석함. 이론적으로 내용을 배우는 것에서 그치지 않고 반드시 실천으로 옮겨야 '학문의 즐거움'을 제대로 느낄 수 있다는 것을 깨달았으며 이를 통해 중국어 교사를 준비하는 삶의 태도와 마음가짐을 되돌아보는 계기가 되었음. **'한국인을 위한 중국어 교육법(왕해봉)'**을 읽고 학교 현장에서 활용되고 있는 중국어 교수학습방법 사례를 알게 되었으며 이를 친구들에게 적용하여 중국어를 가르치는 적극적인 모습을 보임. 또한, 고사성어의 유래를 시각화하는 비주얼씽킹 활동에서 내용을 분석하고 종합적으로 표현하는 창의적인 결과물로 친구들에게 긍정적인 피드백을 받음. 자율탐구 프로젝트에서 아시아 언어 심층 분석을 주제로 아시아의 언어들을 군으로 분류하고 각 군의 문법적 특징에 대하여 자료를 조사하고 아시아 언어들의 유사성에 대하여 정리하여 발표함. 교과시간에도 여러 중국 사상가들의 철학적 사유가 함축된 대표적인 명제들에 대해 문장 자체로 음미하는 것을 즐기는 등 최근 보기 드문 언어적·철학적 역량을 지닌 학생임.

교과 세부능력 및 특기사항

고전과윤리

자신의 삶에서 '뜻 세움'의 필요성과 실천 방법을 토론하는 활동에서 도덕적 주체로 살아가기 위해 '뜻 세움'이 중요함을 깨닫고, 자신이 세운 뜻을 실현하기 위한 구체적인 계획을 수립함. 뜻 세움을 실천하기 위한 방법을 제시하는 과정에서 융합적인 사고력을 발휘하여 발표함으로써 친구들의 호응을 받음. 나아가 이이의 '격몽요결'과 **강의(신영복)**를 읽고 세상을 살아가는데 올바른 사람이 되기 위해서 배우고 깨우쳐야 할 덕목을 탐구하여 생활 교육 지침서로 삼고 실천하고자 하는 의지를 밝힘. 이후에 추가 활동으로 보조국사 지눌의 '수심결'을 읽고 돈오점수와 정혜쌍수의 의미를 이해하여 '마음을 찾는 방법'이라는 주제의 수필을 써서 제출함. 마음공부의 의미와 중요성을 깨닫고 자신의 마음 공부법을 제안하는 과정에서 의견을 적극적으로 표현하는 능력이 돋보임.

중국어 I

중국문화 이해하기 활동에서 중국 고유의 방식과 문화를 이해할 수 있는 인정소설인 '홍루몽'을 다룬 책 **대중지성, 홍루몽과 만나다(김희진)**을 읽고, 시대적 배경 및 문학적 의의와 예술적 가치에 대해 조사·정리함. 애정 및 혼인 문제를 당시의 봉건적인 세태와 결부시켜 비판적으로 반영했다는 평가와 인정소설의 전통을 계승하였으되 단층으로 드러내지 않고 심도 있게 묘사함으로써 현실 비판과 이상 추구를 융합시켜 현실주의의 최고봉에 도달했다는 평가를 받고 있다는 사실을 알게 됨. 프레젠테이션으로 발표하는 과정에서 친구들의 많은 질문에도 자신감 있게 답변하는 모습에서 인문학적 소양이 뛰어난 학생임을 알 수 있음. 후속 활동으로 홍루몽에 대한 끊임없는 연구로 이어진 학문인 '홍학'에 대해 조사함. 중국 포털 사이트에 있는 홍학에 대한 중문 소개글을 읽고 의미를 파악한 후 보고서를 작성하여 제출하는 등 적극적인 태도를 보임.

행동특성 및 종합의견

1학기 학급자치회 회장으로서 부드러우면서도 통솔력 있는 리더십을 보임. 학급 행사를 진행할 때 한 사람도 소외되지 않고 모두 참여할 수 있도록 독려하는 모습이 인상적임. 학급 자치 활동으로 소그룹 진로 프로젝트를 제안하여 관심분야가 같은 친구들끼리 모둠을 만든 후 주제 탐구 활동을 진행함. '홍콩 국가보안법'이라는 주제로 온라인 회의를 주도하고 협업 툴을 활용하여 수시로 조사한 내용을 올려 서로 피드백하면서 보고서를 작성함. 홍콩 국가보안법의 개념과 제정 배경을 알아보고, **나는 좁은 길이 아니다(조슈아 웡)**를 읽고 홍콩 민주화 운동을 이끈 조슈아 웡의 입장에서 유럽 지도자들의 지지를 촉구하는 기자회견 발표문을 작성하여 발표함. 비판적 사고와 통찰력을 바탕으로 중국의 문화와 사회에 대한 관심이 큰 학생임. 학업에 열의가 있으며 중국어 교사라는 명확한 진로 목표를 가지고 미래를 설계하여 꾸준히 실천하고 있어 앞으로 더 큰 발전이 기대됨.

17 ▶▶ 지구과학교육과

1 학과 인재상

폭넓은 사고와 통합적 분석력 및 과학적 창의성을 가진 학생

자연 현상과 원리에 관심이 있으며, 이를 이해하려는 호기심이 많은 학생

환경 교육, 에너지 교육, 과학 탐구 및 실험, 발명 등에 관심이 있는 학생

21세기 과학 기술 사회에 능동적으로 대처하며, 지구 환경에 흥미를 가진 학생

예비 교사로서 타인에 대한 이해력과 지도력이 뛰어난 학생

2 유사학과

- 과학교육과
- 물리교육과
- 화학교육과
- 생물교육과
- 지구환경과학과
- 대기환경과학과

3 관련직업

- 교사
- 교수
- 연구원
- 과학시험원
- 과학관 큐레이터
- 과학학습지 및 교재 개발자
- 학원강사
- 출판기획자
- 과학PD

4 개설대학

- 경북대학교
- 공주대학교
- 대구대학교
- 부산대학교
- 서울대학교
- 전남대학교
- 조선대학교
- 충북대학교
- 한국교원대학교 등

5 학과 연계도서

영화로 새로 쓴 지구과학 교과서
최원석 / 이치사이언스(2010)

이 책은 영화 이야기를 이용해 재미있게 지구과학의 개념을 소개했다. 어렵고 멀게만 느껴지는 지구과학은 교과서와 다큐멘터리보다 영화를 통해 살펴보면 더 쉽게 이해할 수 있을 것이다. 무엇보다 영화는 과학이 우리 사회에 어떤 영향을 줄 수 있는지를 궁금해하는 사람들에게 아주 친근하면서도 설득력 있게 전달할 수 있는 도구이다. 이 책의 본문은 교과서 단원과 비슷하게 구성되어 있어 딱딱한 이론 중심 책보다 접근성이 좋다. 또한 각 단원의 학습 내용을 다양한 영화에서 소재를 찾아 적용해 살펴봄으로써 학습자의 이해를 돕는다.

친절한 과학사전 지구과학 편
이영기 / 북카라반(2017)

이 책은 우리 삶의 터전인 지구라는 행성과 관련하여 우리가 꼭 알아야 할 용어와 자연현상에서 일어나는 일을 이해하기 쉽게 설명했다. 초중고 교육과정에서 다루고 있는 기본 용어에 보다 쉽고 재미있게 접근할 수 있도록 용어의 '정의'와 내용 '해설' 그리고 '생각거리'로 구성하였다. 학생들이 용어를 통해 우리 주변에서 일어나는 지구과학적 현상에 자연스럽게 접근하며 귀납적 탐구 방법을 익히고, 나아가 연역적 탐구 방법에도 관심을 가질 수 있도록 돕고 있다. 이 책을 통해 빅뱅부터 지구의 탄생까지 지구에 대하여 알아가면서 즐거움을 느낄 수 있을 것이다.

지금까지 이런 지구과학 수업은 없었다
김도형 / 좋은땅(2020)

이 책은 중학교 과학 교육과정 성취 기준에 있는 지구과학 과목의 내용을 다루었다. 교육과정 과목이라고 해서 무조건 외우는 공부는 한계가 있기 마련이다. 이 책은 그림으로 이해하기 쉽게 설명해 놓았다. 중요한 부분을 무작정 외울 것이 아니라 자연스럽게 접하고 읽고 그림을 보다 보면 이해를 통한 암기가 가능하다는 것이다. '달에서 비행기를 타고 여행을 다닐 수 있을까? 내 몸속에 있는 세균은 내가 어떤 구조로 이루어졌는지 알까?' 등의 질문을 통해 지구과학을 흥미롭게 살펴볼 수 있을 것이다.

세대를 넘어서
손연아 외 6인 / 박영스토리(2023)

지속가능발전교육은 지금까지 해왔던 환경교육에 지속가능발전목표를 더하여 설명하는 방법으로는 한계가 명확하다. 최소한 철학, 윤리학, 정치경제학, 교육학, 사회학, 행정학 등의 다양한 관점에서 접근하여 바라봐야 그 목표가 명확해진다. 지속가능발전교육이 국제사회의 주도로 시행된 지 약 20년이 지난 지금, 과연 지속가능발전교육의 목적, 방법, 내용이 그에 맞게 잘 추진되어 왔는지 되짚어볼 필요가 있다. 이에 사회적·생태적 변화를 촉진하기 위한 다양한 관점에 대해 짚어보고 일선 현장에서 바로 활용 가능한 지속가능발전교육의 참고서를 제공하고자 이 책을 쓰게 되었다.

한 권으로 끝내는 지구과학
패트리샤 반스 외(곽영직 역) / 지브레인(2014)

'쓰나미와 해일이 지구에 미치는 영향은? 가장 깨끗하게 연소되는 화석 연료는? 과학자들은 지구의 긴 역사를 어떻게 추적할까? 해양 암석이나 광물은 누구의 소유일까? 1월 3일이 지구가 태양에 가장 가까운 날이라면 왜 그렇게 추울까?' 등 이 책은 그동안 우리가 궁금해했던 지구과학의 모든 것들이 담겼다. 이 책은 누구나 알아야 할 지구에 관한 지식을 총망라한 책이라고도 할 수 있다. 지금까지 그저 학교에서의 학습과목으로만 여겨졌던 지구과학의 영역이 그 범위를 넘어 생활 속 지구과학으로 자리매김하는 데 도움을 줄 수 있을 것이다.

세상을 바꾼 과학 세트
원정현 / 리베르스쿨(2021)

이 책 시리즈에서는 과학 이론이 변해 온 역사가 자연스럽게 녹아 있어 과학 개념을 쉽고 재미있게 익힐 수 있다. 또한 책에 실린 다양한 시각 자료는 과학 이론을 다양한 방식으로 이해하도록 돕는다. 학교에서 배우는 과학 개념은 많은 과학자가 세상을 이해하는 방식을 두고 서로 논쟁하고 검증해 정리한 것이다. 이 책은 고대부터 현대까지 세상을 설명하는 과학 이론들이 어떻게 변해 왔는지를 다룬다. 오랜 옛날부터 사람들은 세상이 어떤 모습을 하고 있는지, 물체가 어떤 이유로 움직이는지, 물질은 무엇으로 구성되어 있는지, 생명은 어떻게 탄생하는지 고민했다. 이 책을 통해 과학자가 자연을 탐구하면서 기존의 이론을 비판하고, 수용하고, 새로운 이론을 만들어 낸 역사를 살펴볼 수 있을 것이다.

SDGs 교과서
이창언 / 도서출판선인(2022)

2020년 1월 유엔은 2030년까지 지속가능발전목표(SDGs)를 달성하기 위한 행동을 결의하였다. 이 결의안은 지구상 수많은 사람과 나라 그리고 그 나라 안에서 진행되고 있는 불평등에 대해 그 해결방법을 마련하고 나아가 지속가능한 발전방안까지도 논의되어야 한다는 문제의식에서 출발하였다. 그러나 그러한 고민과 실천에는 많은 국가적, 사회적, 제도적, 문화적 제약과 한계가 따르기 마련이다. 발전에 저해가 되는 문제점을 해결하기 위해 가장 기본적으로 뒷받침되어야 하는 것이 '교육'이라고 저자는 책에서 설명하고 있다.

한 세대 안에 기후위기 끝내기
폴 호컨(박우정 역) / 글항아리(2022)

한 세대 안에 기후위기를 끝낸다는 것은 무슨 의미일까? 2050년 이전에 지구의 탄소 배출량을 제로(0)로 만든다는 얘기다. 이를 위해선 2030년까지 배출량을 절반으로 줄이고 2040년까지는 그 절반을 다시 줄여야 한다. 그러나 그 시급함이나 심각함을 제대로 이해하고 있는 이들은 많지 않다. 이런 상황에서 지금 당장 필요로 하는 것부터 다뤄보자고 저자는 이 책에서 제안하고 있다. 또한 저자는 탄소 배출량을 감축하고, 생태계를 보호·복원하며, 공정성을 다루고 생명을 탄생시킬 해결책도 제시한다. 그것들이 전 세계적으로 신속히 해결된다면 2050년까지 이산화탄소 환산량 기준 1천600기가 톤 이상의 배출을 막을 수 있으며, IPCC의 2030년과 2050년의 목표도 달성할 수 있다고 말한다.

스티븐 호킹의 청소년을 위한 시간의 역사
스티븐 호킹(전대호 역) / 웅진지식하우스(2009)

스티븐 호킹의 대표적인 저서인 이 책은 40개국의 언어로 번역되어 1,000만 부 이상이 팔린 20세기 최고의 과학교양서라고 할 수 있다. 이 책에서 저자는 빅뱅과 블랙홀, 일반상대성이론과 양자역학에 이르는 우주물리학의 핵심적인 내용을 쉽고 친절하게, 특유의 유머감각을 곁들이며 설명해냈다. 저자가 하고자 하는 핵심적인 내용은 빠짐없이 들어 있고, 일반인이 이해하기 어려운 양자역학과 불확정성 원리, 시공 이론 등의 내용은 과감히 생략했다. 내용이 조금은 어렵지만 우주 과학에 관심이 많은 청소년과 일반 독자들이 읽을 수 있는 우주교양서라고 할 수 있을 것이다.

쿤의 과학혁명의 구조
박영대, 정철현 / 작은길(2015)

이 책은 과학의 발전과정을 이해하는 방법을 혁명적으로 바꾸어 놓았다. 저자는 이 책을 통해 과학의 발전 과정의 핵심을 짚어내는 놀라운 분석력을 보여 주었다. 이 책은 과학철학자 토머스 쿤의 생애와 그가 평생 숙고한 과학에 대한 철학적 탐색, 그리고 그 철학적 업적의 대표작이 된 과학혁명의 구조를 면밀하게 다루는 교양 만화이다. 고등학생과 대학생에게 필독서로도 많이 읽히는 책으로, 과학철학자, 과학도, 과학책 애독자 등에게 많은 도움이 될 것이다.

1 인문계열

2 사회계열

3 자연계열

4 공학계열

5 의약계열

6 예체능계열

7 교육계열 · 지구과학교육과

지구과학교육과 독서탐구활동 활용사례

자율활동 특기사항

독서 프로그램 활동에서 '인간은 지구의 구조를 태양의 구조보다 모른다'라는 문구를 통해 지구의 신비한 구조에 대해 생각해 보는 계기가 됨. 자신의 호기심을 탐구하는 과정에서 해저 지진에 의한 쓰나미, 외핵의 움직임에 의해 만들어진 지구의 자기장 속에서 살아가고 있는 수많은 생물이 지구라는 행성을 구성하는 요소이며, 그들이 서로 영향을 주고받고 상호작용을 일으키는 유기적인 관계에 있음을 알게 됨. **'스티븐 호킹의 청소년을 위한 시간의 역사(스티븐 호킹)'**를 읽고 46억 년 지구의 역사에 대해 공부하면서 지구의 과거 역사를 통해 앞으로 다가올 미래의 지구 환경에 인간이 어떻게 대처해야 할지를 생각하고, 지구과학이라는 학문이 지구의 시작과 현재뿐만 아니라 미래를 볼 수 있는 흥미로운 과목임을 알게 됨. 이후 지구 환경의 변화에 대해 구체적으로 탐구할 것과 다소 어려운 지구과학 분야의 개념을 쉽게 풀이해 보고자 노력할 것을 다짐함.

동아리활동 특기사항

(과학탐구동아리)(34시간) 과학탐구 동아리에서 친구들에게 소개하고 싶은 과학사 발표를 통해 '퀴리 부인과 제1차 세계대전'을 주제로 다양한 자료를 찾아 퀴리 부인과 그 가족의 과학사적 업적을 정리하여 소개함. 퀴리 부인의 과학적 업적으로 제1차 세계대전에서 상처를 입은 병사들을 구한 점, 방사능 치료 기술의 공유를 통해 질병을 진단하고 치료할 수 있게 한 점을 발표함. 지식의 올바른 공유가 많은 사람에게 긍정적인 영향을 줄 수 있음을 알게 되었고, 자신도 누군가에게 긍정적인 영향을 줄 수 있는 교사가 되어야겠다는 생각을 하게 되었다고 함. 이를 위해 동아리 친구들과 모둠을 만들어 **'친절한 과학사전 지구과학 편(이영기)'**과 같은 서적을 나눠 읽고, 각자 맡은 부분의 내용을 정리하고 관련 내용을 토론하여 전체 내용을 학습하자는 아이디어를 제시하여 짧은 시간에 다양한 내용을 심도 있게 학습함. 개개인이 맡은 부분에서 책의 내용을 발췌했을 뿐만 아니라 기타 참고 자료를 부가적으로 찾는 모습이 인상적이었음.

진로활동 특기사항

전공 체험 프로그램에서 '왜 자석은 서로 밀어내는가?'에 대한 파인만의 대답을 듣고 '왜'라는 질문을 통해 단순한 사실에 의문을 계속 제기할수록 다양한 답변을 얻을 수 있고, 다양한 방면으로 지식을 확장할 수 있음을 깨달음. 앞으로 보편적인 사실을 무작정 받아들이지 않고 의문을 제기해야겠다는 다짐을 하며, 이러한 습관을 통해 학문을 탐구할 뿐만 아니라 자신의 진로 분야인 교사로서 나아가기 위한 자질을 키우겠다고 다짐함. 과학 분야에 호기심이 많고 이를 탐구하는 자세가 훌륭하며 친구들에게 과학적 호기심을 키워주고자 1일 미래의 진로 체험하기 활동에서 도서 **'영화로 새로 쓴 지구과학 교과서(최원석)'**에 나온 '영화 속의 과학 원리'를 친구들에게 친근하면서도 설득력 있게 전달함. 영화라는 주제를 통해 동기를 유발하였으며 과학적 탐구 과정을 이해하기 쉽게 정리하여 발표함. 친구들의 지적 호기심을 유발하는 모습을 보았을 때 교사로서의 자질이 충분하다고 판단됨. 모둠 활동에서도 친구들의 협력을 끌어내기 위해 모둠원들의 의견을 적극적으로 듣고 지지해 주는 발언을 자주 하였으며, 공동의 목표를 위해 적극적으로 조력하는 리더십을 보임.

교과 세부능력 및 특기사항

지구과학 I

최근 기후변화의 원인 물질인 이산화탄소의 농도 변화가 자연적인 현상이라는 국제적 논란에 호기심을 가지고 지구의 역사에 따른 이산화탄소 농도 변화를 알아보기 위한 탐구를 진행함. 선행연구를 확인하여 다양한 자료를 분석하고, 그중에서 남극 싸이플돔을 활용한 연구에 관심을 가지고 심도 있게 탐구함. 빙하 코어 연구는 비교적 연령이 정확하고, 기후에 대한 정보를 잘 보존하고 있으므로 지구의 이산화탄소 농도를 확인하는 데 가장 신뢰할 수 있다고 판단함. 그 결과 빙하기·간빙기 기후변화와 이산화탄소 농도 변화가 밀접하게 연관되어 있음을 알고, 이산화탄소 농도의 변화가 자연적인 현상이라는 주장에 대해 반론함. 기후변화의 원인은 인간의 활동으로 인한 인위적인 이산화탄소의 발생이라고 근거를 들어 자신의 주장을 발표함. 이러한 경험을 바탕으로 지구환경에 대한 관심이 커졌으며 지구환경의 소중함을 학생들과 함께 고민하는 과학교사가 되고자 하는 꿈을 가지게 됨. 이를 위해 **'한 세대 안에 기후위기 끝내기(폴 호컨)'** 를 읽으며 관련 역량을 함양하는 모습을 보임.

지구과학 II

한반도의 지질 단원에서 한국지질자원연구원 홈페이지에 대해 알게 되어 우리 지역의 지질도를 조사하고자 하는 탐구 계획서를 제출함. 이를 위해 기존에 탐구된 다양한 선행 보고서를 찾아보고 이 내용을 우리 지역에 접목하기 위한 계획을 세움. 이 과정에서 친구들이 가진 장점을 살려 역할을 분담하고 준비물을 분배하는 리더십을 보임. 학생으로서 직접 조사하기 어렵기 때문에 지질자원데이터 센터의 자료를 활용하여 우리 지역의 지질도를 확인하는 과정을 거쳐 지각을 이루는 물질의 차이를 확인함. 이를 계기로 지질학에 관한 관심이 높아졌으며 대학교에 입학하여 실제 탐사를 꼭 해보고 싶다는 계획을 발표함. 수업 시간에 배우는 개념을 이해하고자 하는 의지가 높아서 항상 수업이 끝나도 자리에서 일어나지 않고 다시 한번 학습했던 내용을 복습하기 위해 교과서를 반복적으로 읽는 모습이 지속적으로 관찰되는 학생임. 모르는 것이 있으면 언제나 책을 읽고 해답을 찾으려는 학생임. **'세상을 바꾼 과학 세트(원종현)'** 를 통해 과학이론을 학습하고 인터넷 자료를 찾아 접목하는 모습이 인상적임.

행동특성 및 종합의견

2학기 학급 자치회 회장을 맡아 특유의 따뜻한 리더십으로 학급 전체가 참여하는 프로그램에서 소외되는 친구들이 없도록 세심하게 살핌. 교사와 친구들의 편의를 위해 자기 시간을 할애하여 희생하는 모습이 매우 인상적임. 약한 친구들에 대한 관심과 이해심이 많아 몸이 아픈 친구를 앞장서서 도와주고 친구들의 고민을 성심껏 들어주거나 학업에 대한 질문에 친절히 알려주는 등 선행이 많은 학생임. 학급 또래 멘토링 활동에서 과학 과목 멘토를 맡아 자신의 시간을 기꺼이 할애하며 멘티의 과학 실력 향상을 위해 열의를 다하는 등 최선의 노력을 기울임. 단순히 멘티의 성적을 높이는 것이 아니라 멘티가 과학에 흥미를 가질 수 있도록 노력함. **'세상을 바꾼 과학 세트(원종현)'** 을 읽고 독서 활동을 함께 하는 등 친구들의 과학적 호기심을 유발하고 지속적으로 토론하는 모습에서 희망직업인 과학교사가 가져야 할 역량을 충분히 함양한 것을 확인함.

1 인문 계열

2 사회 계열

3 자연 계열

4 공학 계열

5 의약 계열

6 예체능 계열

7 교육계열·지구과학교육과

18 ▷▷ 지리교육과

1 학과 인재상

주변에 관심이 많고, 그 속의 질서와 규칙을 파악하는 데 흥미가 있는 학생

평소 책을 많이 읽어서 비평적 성찰이나 분석에 자신이 있는 학생

여행 중에 주변 자연 환경과 인문 특성을 관찰하는 것에 흥미를 느끼는 학생

지도를 보는 것이 즐거우며, 나의 지식을 지도에 표현하는 것에 기쁨을 느끼는 학생

교육자로서 갖추어야 할 인성과 타인에 대한 이해력, 지도력이 뛰어난 학생

2 유사학과

- 일반사회교육과
- 역사교육과
- 윤리교육과
- 사회교육과
- 지리학과

3 관련직업

- 교사
- 교수
- 공무원
- 장학사
- 학원강사
- 교재 및 교구 개발자
- 방송PD
- 기자
- 출판기획자
- 문화콘텐츠기획자
- 지리연구원
- 지리정보시스템전문가
- 관광 및 여행컨설턴트 등

4 개설대학

- 가톨릭관동대학교
- 강원대학교
- 경북대학교
- 경상국립대학교
- 고려대학교
- 공주대학교
- 대구가톨릭대학교
- 대구대학교
- 동국대학교
- 부산대학교
- 서울대학교
- 전남대학교
- 전북대학교
- 제주대학교
- 충북대학교
- 한국교원대학교 등

글로벌 관점과 지리 교육
알렉스 스탠디시(김다원 역) / 푸른길(2015)

이 책에서 저자는 인간과 자연의 상호 관계 및 현상의 공간적인 관련성을 이해하는 것이 지리의 본질이며, 오늘날의 교육과정도 이를 반영하여 글로벌 상호연계성을 강조하고 있다고 말한다. 저자는 영국과 미국에서 지리 교육을 공부하고, 영국의 초·중·고등학교에서 지리 교사로 재직했던 연구 경험과 현장 경험을 고스란히 이 책에 담았다. 서론과 결론을 포함하여 총 10개의 장으로 구성된 이 책은 대항해 시대부터 최근까지의 지리의 학문적 발달을 살펴보는 것을 시작으로, 영국(잉글랜드/웨일스)과 미국의 지리 교육과정 변화를 살펴보고, 지리 교육과정에서의 글로벌 이슈 교육과 글로벌 시민 교육을 다루고 있다.

지리사상사 강의노트
권정화 / 한울아카데미(2020)

인간이 땅을 밟고 공간을 점유하고 살아간다는 사실이 당연한 것이기에, 그 땅에 대한 철학적 의문을 가지는 것 또한 본능일지도 모른다. 시간이 지나고 문명의 발달과 함께 학문의 분화가 나타나면서, 지리학은 시대별로 다양한 의미를 가지면서 발달해 나갔다. 이것이 바로 지리학의 발달 역사, 즉 지리학사 혹은 지리사상사라고 저자는 이 책에서 말해주고 있다. 이 책은 지리사상사를 중심으로 구조주의와 급진주의까지의 현 사조를 소개한다. 그리고 지리학에 대한 거장들의 견해를 포착해낸다. 이 책은 지리사상사를 추상적인 이론이 아니라 구체적 맥락 속에서 설명하고자 시도한 교재이다.

장소기반 지리교육
조철기 / 경북대학교 출판부(2020)

장소기반 교육(PBE: Place-Based Education)이란 교육에서 학습자 자신의 공동체와 로컬 환경을 수업 교재로 활용하는 것을 일컫는 말로, 그 특성상 지리 교과뿐만 아니라 모든 교과를 대상으로 하는 범교과적 성격을 지닌다. 학습자는 그러한 장소기반 교육을 통해 자신의 개인지리(사적지리)를 풍요롭게 하고, 창의성과 비판적 사고를 발달시킬 수 있다. 이 책은 40가지의 질문/주제를 던지고 그에 답변하는 형식으로 장소기반 교육의 이론과 실제를 풀어냈다. 또한 이 책은 각 주제마다 해당 개념을 적용하여 교수학습 방법을 서술함으로써 실제 교육현장에서 적용할 수 있도록 하였다. 장소기반 지리교육을 보다 폭넓게 이해하고 수업에서의 적용 가능성을 확장하는 데 많은 도움이 될 수 있다.

지리 교사들, 남미와 만나다
지리교육 연구회 / 푸른길(2005)

이 책은 우리나라 스무 명의 지리교사가 1년이 넘는 준비과정과 24일 동안의 답사, 10개월간의 작업을 거쳐서 만들어낸 남미 답사서라고 할 수 있다. 교육현장에서 학생들을 가르치고 있는 저자들은 지구의 반대편인 남미가 어떤 곳인지 직접 가서 눈으로 확인하기 위해 답사를 준비하게 되었다. 답사 과정에서 남미의 다양하고 변화무쌍한 자연환경과 고대 문명의 자취, 사회·정치·역사적인 문제들을 꼼꼼히 살펴보고 사진과 도표 등 다양한 시각 자료를 통해 풍부한 볼거리를 제공하고 있다. 매력적인 남미의 역사와 문화를 편견 없는 시각으로 학생들과 학부모들에게 편안하게 그리고 알기 쉽게 전달하고 있다.

여행하는 인문학자
공원국 / 민음사(2012)

이 책에서는 저자 공원국이 중국의 신강위구르 자치구와 티베트 고원을 여행한 경험을 다루고 있다. 서울대 동양사학과와 같은 대학교 국제대학원에서 중국 지역학을 전공한 저자는 중국 북경에서 유학하던 중 활자에 갇힌 지식에 갑갑함을 느껴, 엘리트로서의 보장된 길을 버리고 역사의 현장을 직접 확인하기 위해 길을 나섰다. 그는 한번 들어가면 나올 수 없다는 사막 타클라마칸을 지나기 위해 모래 위에 노숙하며 3박 4일을 자전거로 달리고, 국경 근처 티무르 봉을 오르려다 스파이로 몰려 경찰에 붙들리는가 하면, 독립 시위가 벌어져 외국인 출입이 금지된 티베트에 중국인인 척 몰래 들어가려다 들통나 쫓겨나는 등 수차례 위험한 순간들을 넘기며 여행한 중국 서부를 생생히 책 안에 그려 냈다.

역사와 문화를 활용한 도시재생 이야기
도시재생사업단 / 한울(2019)

이 책은 열두 개의 도시재생 사례를 설명하고 있다. 고유의 역사적·문화적 자원을 바탕으로 쇠퇴해가던 도시를 되살려내는 데 성공한 세계 주요 도시를 소개하고, 각 도시가 재생에 성공한 비결은 무엇인지 구체적으로 알려준다. 각 사례를 들여다보면 공통적으로 시민들의 참여가 중요한 역할을 하고 있다는 점에 공감할 수 있게 될 것이다. 이 책을 통해 삶의 질이 보장되고 역사와 문화가 잘 보존된 살아 숨 쉬는 삶의 터전을 만들기 위한 도시재생의 새로운 패러다임과 전략을 모색해 볼 수 있을 것이다.

총, 균, 쇠
재레드 다이아몬드(김진준 역) / 문학사상사(2013)

이 책은 진화생물학자인 재레드 다이아몬드가 총기와 병균과 금속이 역사에 미친 엄청난 영향에 대해 분석한 책이다. 수렵 채집 단계를 넘어서 농경을 하게 된 사회들은 문자와 기술, 정부, 제도뿐만 아니라 사악한 병원균과 강력한 무기들도 개발할 수 있었다. 그러한 사회들은 질병과 무기의 도움으로 다른 민족들을 희생시키며 자신들의 삶의 터전을 새로운 지역으로 확장했다. 지난 500여 년간 유럽인이 자행한 비유럽인 정복은 이러한 과정을 극적으로 보여주는 예다. 이번에 발간된 개정신판에는 특별히 '일본인은 어디에서 왔는가?'라는 논문을 실어 현대 일본인의 조상이 누구인지를 추적한다. 그는 이 논문에서 규모는 명확하지 않지만 한국인의 이주가 분명 현대 일본인에게 막대한 영향을 미쳤다는 쪽을 강조하고 있어 흥미롭게 읽을 수 있다.

교사생활 월령기
경기교육연구소 / 에듀니티(2017)

이 책은 예비 교사와 신규 교사, 경력 교사에 이르기까지 교사라면 누구나 알아두어야 할 교사생활의 모든 것과 현 교육의 주요 현안들을 혁신 교육의 관점에서 포괄적으로 접근해 대안 모색의 실마리를 마련하고자 경기교육연구소 소속 여섯 명의 교사가 쓴 책이다. 특히 예비 교사나 신규 교사에게는 교직을 안내하되 단순한 요령이 아니라 심리적·이론적으로 실질적인 도움을 주는 방식으로 접근했으며, 부족한 경험을 보완할 수 있도록 학교 현장에서 1년을 보내며 겪을 상황을 월별 주제로 엮었다. 깊이 있는 문제의식으로 주제를 풀어나가는 가운데 근거가 되는 출처를 명확하게 밝히고, 이미지 자료를 충분히 활용하여 이해를 돕고 있다. 학교가 돌아가는 과정을 하나의 흐름으로 파악할 수 있도록 정리한 책으로서, 교육 전문가로 성장해나가는 데 실질적인 도움을 줄 것이다.

SDGs 교과서
이창언 / 도서출판선인(2022)

2020년 1월 유엔은 2030년까지 지속가능발전목표(SDGs)를 달성하기 위한 행동을 결의하였다. 이 결의안은 지구상 수많은 사람과 나라 그리고 그 나라 안에서 진행되고 있는 불평등에 대해 그 해결방법을 마련하고 나아가 지속가능한 발전방안까지도 논의되어야 한다는 문제의식에서 출발하였다. 그러나 그러한 고민과 실천에는 많은 국가적, 사회적, 제도적, 문화적 제약과 한계가 따르기 마련이다. 발전에 저해가 되는 문제점을 해결하기 위해 가장 기본적으로 뒷받침되어야 하는 것이 '교육'이라고 저자는 책에서 설명하고 있다.

세대를 넘어서
손연아 외 6인 / 박영스토리(2023)

지속가능발전교육은 지금까지 해왔던 환경교육에 지속가능발전목표를 더하여 설명하는 방법으로는 한계가 명확하다. 최소한 철학, 윤리학, 정치경제학, 교육학, 사회학, 행정학 등의 다양한 관점에서 접근하여 바라봐야 그 목표가 명확해진다. 지속가능발전교육이 국제사회의 주도로 시행된 지 약 20년이 지난 지금, 과연 지속가능발전교육의 목적, 방법, 내용이 그에 맞게 잘 추진되어 왔는지 되짚어 볼 필요가 있다. 이에 사회적·생태적 변화를 촉진하기 위한 다양한 관점에 대해 짚어보고 일선 현장에서 바로 활용 가능한 지속가능발전교육의 참고서를 제공하고자 이 책을 쓰게 되었다.

1
인문계열

2
사회계열

3
자연계열

4
공학계열

5
의약계열

6
예체능계열

7
교육계열 · 지리교육과

지리교육과 독서탐구활동 활용사례

자율활동 특기사항

학급 특색활동에서 우리 지역 교과서 만들기를 제안하고 학급 친구들과 함께 지역 교과서를 만듦. 우리가 사는 마을에 대해 소개하고 우리 마을의 자랑거리를 알리기 위한 목적으로 목차를 주도적으로 구성하고 학급 친구들의 특성에 맞게 역할을 분배하는 리더십을 보임. 또한 미래 우리 마을이 나아가야 할 지속가능한 발전 방향에 대한 부분을 직접 원고로 작성하는 등 시공간적 시각을 바탕으로 통합적으로 접근하는 모습이 뛰어난 학생임. 호기심을 채워나가는 과정에서 모르는 부분이 있으면 **'글로벌 관점과 지리교육(알렉스 스탠시)', '세대를 넘어서(손연아 외)'**를 읽으며 궁금증을 해결하는 모습이 매우 인상적이었음. 자신의 지식을 선행연구 또는 인터넷 자료를 찾아 분석하여 확장해가는 모습을 보임. 이후 자신의 꿈인 사회(지리)교사가 되어 지리적 아름다움을 많은 학생들에게 알려주겠다는 목표를 세우고 독서와 함께 다양한 지역활동에 적극 참여하는 등 자신의 꿈을 위해 끊임없이 노력함.

동아리활동 특기사항

(세계지리탐구부)(34시간) 세계 정치와 역사에 관심이 많은 학생으로 지리가 개인의 운명, 세계사, 세계 경제를 좌우한다고 주장함. 세계지도 보기를 좋아하여 각 나라의 지정학적 위치를 살펴보고, 장단점을 파악해 봄. 특히 한국의 위치와 한반도의 지리적 특성 때문에 한국이 강대국들의 경유지 역할을 할 수밖에 없음을 지적하고 안타까워함. 세계 여러 분쟁 지역 가운데 자원을 둘러싼 갈등 지역을 대상으로 갈등의 원인을 분석하여 해결안을 제시하였으며, 난민을 주제로 참여한 토론대회에서 난민 인권 문제를 깊이 있게 다루어 사람들에게 주목을 받음. 주기적으로 동아리 회원들과 함께 신문을 읽고 토론하였으며, 동아리에서 독서 프로그램을 직접 운영함. **'지리사상사 강의 노트(권정화)'**를 읽고 '여행'이라는 소재를 통해 지리학에 대한 심도 있는 내용을 학습하고 주요 내용을 동아리 블로그 및 학급 게시판에 공유하는 모습이 매우 인상적임.

진로활동 특기사항

인문사회캠프에 참여하여 '서울 속 외국인 마을'이라는 주제를 접하며 다문화사회에 대해 생각하는 시간을 가짐. 열악한 환경에 처해 있는 외국인 또한 한국의 사회적 소수자를 알게 되었으며, 조화와 공존 방법에 대해 고민하게 됨. 그리고 도심 지리 답사를 통해 우리가 살고 있는 지역의 지리, 역사, 문화에 대해 통합적으로 바라보게 됨. 진로 독서 활동을 통하여 **'지리사상사 강의노트(권정화)'** 등과 같은 진로 관련 책을 읽고 토론하였으며, 특정 현상을 이해하기 위해서는 거시적이고 복합적인 요소들을 고려해야 한다는 것을 알게 되어 사물과 현상을 넓은 관점에서 다각도로 바라보는 습관을 기르고자 노력할 것을 다짐함. 이러한 다양한 활동을 계기로 폭넓은 지식과 시각을 가지고 학생들의 호기심을 끌어내는 교사가 되겠다고 다짐함. 그리고 도시 및 촌락의 주거환경 및 건축물이 인간의 삶의 질에 미치는 영향은 매우 크기에 도시계획 시 '모든 이의 인간다운 삶'에 도움을 주는 건축물이 필요하며, 정의롭고 조화로운 거주공간을 통해 도시의 어떤 구성원도 소외시키지 않고 포용함으로써 지속가능한 도시를 만들어가야 한다는 성숙한 결론을 도출함.

1
인문계열

2
사회계열

3
자연계열

4
공학계열

5
의약계열

6
예체능계열

7
교육계열·지리교육과

교과 세부능력 및 특기사항

한국지리

'지속 가능한 발전을 목표로 한 우리 지역 도시재생 프로젝트' 활동에서 모둠장을 맡아 팀원들의 동기를 부여하는 등 세심한 리더십을 발휘함. **'SDGs 교과서(이창언)'**을 읽고 '행복한 도시를 위한 도시재생 방안'을 주제로 우리 지역에서 일상적으로 겪고 있는 불편한 점들을 조사하고, 그 원인을 분석하여 바람직한 대안을 제시하는 과정에서 확장된 사고력과 다양한 의견들을 융합한 폭발적인 창의력을 보여줌. **'역사와 문화를 활용한 도시재생 이야기(도시재생사업단)'**의 내용을 바탕으로 지역사회의 안전과 환경, 심미적 기능성을 모두 고려한 다양한 길 조성 사업의 구체적 예로, 나 홀로길, 자전거길, 지압 둘레길, 달리는 길, 슬로우 길 등 테마형 도로를 우리 시 곳곳에 설치하는 지역특화형 도시재생 사업을 구상함. 이를 그림으로 표현하며 흥미롭게 발표해 큰 호응을 얻음. 도시재생 사업에는 감천문화마을, 황리단길과 같은 성공사례도 있지만 젠트리피케이션과 같은 문제점이 나타나는 경우도 있음을 알고 신중하게 탐구해야 한다는 태도를 보임.

여행지리

평소 즐겨 읽었던 **'여행하는 인문학자(공원국)'** 도서의 내용을 응용하여 '다채로운 문화를 찾아가는 인문 여행 프로젝트'를 주제로 세계 각국에서 벌어지는 축제의 사례를 조사하여 축제의 개최 배경, 성공적인 축제의 조건을 지역성에 맞게 제시함. 구체적으로 카니발에서 유래된 브라질의 리우 카니발과 이탈리아의 베네치아 카니발을 비교 분석하여, 다채로운 문화적 배경이 지역의 축제에 큰 영향력을 발휘하는 동시에 지역 경제를 활성화하는 순기능이 있음을 정확히 이해함. 리우 카니발은 전 세계 가톨릭교 국가들을 중심으로 성대하게 펼쳐지는 그리스도교 축제에 아프리카 전통춤이 가미되어 삼바 퍼레이드로 진행되는 매우 화려한 축제임을 영상을 통해 확인함. 그 과정에서 지역주민들이 스스로 행사를 준비하고 즐기는 모습을 보고, 축제를 통해 개인과 공동체가 행복하게 공존하는 모습을 확인함. 지리적 감수성과 문화수용력을 확장시켜 이해하는 모습과 나아가 세계시민의식의 필요성에 대해 도출하는 모습을 확인할 수 있었고 학생의 종합적 성장 과정이 기대됨.

행동특성 및 종합의견

효율적인 학습 시간 관리를 위해 철저히 계획을 세우고 이를 지키고자 노력하며 최선을 다하는 모범적인 학생임. 1년 동안 학급의 재활용분리수거 도우미로서 함께 봉사하던 친구의 전학으로 그 역할을 혼자서 수행하면서도 한 번의 불평 없이 최선을 다함. 분리수거함 근처를 항상 청결하게 관리하였으며 매번 제일 늦게까지 남아 교실을 정리하는 등 책임감이 강한 모습을 보임. 학습 계획서를 꾸준히 작성하고 방학 중에도 학교 도서관을 이용하여 공부한 결과 성적이 지속적으로 상승하는 모습을 보임. 진로가 비슷한 친구 5명과 함께 '우리 마을 조사 탐구활동'을 수행하면서 우리 마을에서 낙후된 곳과 재개발이 시급한 3곳을 선정하여 목적, 필요성, 방향 등을 보고서로 작성하여 그 내용을 교지에 게재하는 등 자기주도성과 협업능력을 보임. 무엇보다 사회(지리)와 교육에 관심이 많은 학생으로 **'지리 교사들, 남미와 만나다(지리교육 연구회)'**, **'여행하는 인문학자(공원국)'**를 읽으며 자신의 진로를 위해 지속적으로 노력하는 모습이 인상적임.

19 ▶▶ 체육교육과

1 학과 인재상

학생들을 사랑하는 마음과 풍부한 교양 지식을 갖추고 있는 학생

결단력과 문제해결력이 뛰어나며, 지도자적 자질이 다분한 학생

스포츠 지식의 습득에 관심을 가지며, 이를 탐구하려는 연구 능력을 갖춘 학생

운동에 관심이 많고, 운동을 통해 심신을 단련하려고 노력하는 학생

교육자로서 갖추어야 할 건전한 인성, 올바른 국가관과 교직관을 가진 학생

2 유사학과

- 체육학과
- 건강스포츠학부
- 경기지도학과
- 무용과
- 사회체육학과
- 생활체육학과

3 관련직업

- 교사
- 특수체육지도자
- 생활체육지도자
- 스포츠과학연구원
- 유아 및 아동체육지도자
- 노인체육지도자
- 여가교육전문가
- 경기지도사
- 선수트레이너
- 스포츠심리상담사
- 에이전트
- 스포츠마케터
- 스포츠기자
- 방송인
- 프로스포츠단체행정전문인 등

4 개설대학

- 가톨릭관동대학교
- 강원대학교
- 건국대학교
- 경남대학교
- 경북대학교
- 경상국립대학교
- 고려대학교
- 공주대학교
- 단국대학교
- 대구가톨릭대학교
- 동국대학교
- 부산대학교
- 서울대학교
- 서원대학교
- 성결대학교
- 숙명여자대학교
- 원광대학교
- 인천대학교
- 인하대학교
- 전남대학교
- 전북대학교
- 제주대학교
- 중앙대학교
- 충남대학교
- 충북대학교
- 한국교원대학교 등

5 학과 연계도서

새로 만든 내몸 사용설명서
마이클 로이젠, 메멧 오즈(유태우 역) / 김영사(2014)

이 책은 건강 나이의 창시자이자 의사인 마이클 로이젠이 나의 몸을 알아야 건강할 수 있다는 점을 강조하며 썼다. 인체기관별로 챕터를 나누어 설명하여 읽어내려가는 데 수월하다. 그리고 의학계가 주목하는 '간과 췌장', 젊음과 건강까지 고려한 '근육 운동' 챕터를 추가하고, 전 세계 독자들이 보내온 질문에 답하는 등 100페이지에 달하는 의학 상식을 새롭게 더했다. 우리 몸에 대해 하나씩 설명함으로써 시간의 흐름에 따라 우리 몸이 어떻게 변화하고 어떤 병에 걸릴 수 있는지 알려준다. 몸속 곳곳을 탐험하며 우리가 어떻게 움직이고 노화하는지 그 실체와 진실에 대한 답 또한 제시되어 있다.

강심장 트레이닝
김병준 / 중앙북스(2014)

이 책은 면접, 프레젠테이션, 바이어 미팅 등 우리가 살면서 겪는 큰일을 앞두고 느끼는 '불안'과 '긴장'을 긍정의 에너지로 전환해 최고의 성과를 내는 방법을 담고 있다. 저자는 이 책을 통해 어떤 상황에서도 당황하지 않고, 불안을 긍정의 에너지로 활용해 기량을 펼치는 기회로 만드는 강심장 트레이닝의 7가지 방법을 소개한다. 내면의 긍정 일깨우기, 성공 장면을 입체적으로 상상하기, 스스로 통제할 수 있는 것 체크하기, 현재에 집중하고 몰입하는 법, 할 수 있다는 생각부터 일깨우기, 단순 연습이 아닌 실전을 위한 트레이닝하기, 성공을 위한 습관 루틴 만들기 등 7단계의 마음훈련을 마치면 비로소 어떤 상황에서도 자신의 기량을 펼칠 수 있는 '강심장'이 될 것이다.

쫌 이상한 체육시간
최진환 / 창비교육(2022)

이 책은 스포츠 분야의 진로를 고민하는 청소년에게 추천하기에 좋다. 이 책은 축구, 야구, 골프 등 인기 스포츠부터 레슬링, 바둑, 비치 핸드볼 같은 다소 생소한 종목까지 두루 알려주고, 퍼스널 트레이너, 스포츠 데이터 분석가, 스포츠 카운슬러 등 다양한 스포츠 관련 직업도 소개해 준다. 또한 스포츠 종목과 대회의 특징, 규칙, 유래뿐만 아니라 역사, 문화, 차별과 공정, 법과 제도 등 다양한 이야깃거리를 함께 다루어 스포츠를 잘 모르는 독자도 쉽고 재미있게 읽을 수 있다. 체육을 교육하는 저자의 경험을 바탕으로 엘리트 체육과 학교 체육의 문제, 프로로 데뷔하지 못한 학생 선수들과 취업을 해야 하는 체육 전공자들이 겪을 수 있는 현실적인 문제들도 풀어냈다.

대학교수의 스포츠 교육 이야기
고문수 / 한국학술정보(2021)

첫째, 체육수업의 방향과 주목할 점 둘째, 대학교수의 체육을 하는 삶과 경험 셋째, 대학교수가 체육에서 관심을 기울인 것 넷째, 체육과 교수가 더 관심을 기울여야 할 것 등을 이책에서 저자는 말하고 있다. 이 책은 체육수업의 방향을 어떻게 설정해야 하는지, 체육수업을 운영함에 있어 어디에 중점을 두어야 하는지 등 체육교육자로서 고민해 봐야 할 내용을 다루고 있다. 학교 현장에서 직접적으로 체육교육을 담당할 교사들을 양성하는 교수로서의 자신의 경험과 고민을 담았고, 교사들이 수업에서 중요시해야 할 것이 무엇인지 차근차근 설명해 주고 있다. 또한 2020년 당시 체육교육학계의 현상에 대해 분석한 논문 자료를 실어 학술적 내용을 추가적으로 다루고 있다.

수업을 살리는 체육 레시피 101
같이교육 / 천재교육(2018)

이 책은 체육 활동을 신나고 재미있게 하기 위한 구체적 실행 정보를 담은 안내서로 활동에 적합한 학년, 활동 시간, 장소, 준비물, 활동 방법 등을 알기 쉽게 제시하였고, 놀이 게임을 하기 위한 방법을 순차적으로 사진과 함께 구성하여 이해를 도왔다. 또한 변형 게임, 응용 놀이, 안전 팁을 자세히 안내하여 시행착오에 대비할 수 있게 했다. 비전공 선생님도 쉽게 체육 수업을 할 수 있도록 계획하였고, 체육 이론에 대한 지식이 없어도 수업할 수 있는 활동들로 구성하여 수업에 대한 부담감을 줄였다. 특별한 준비물이 없어도 되는 활동, 구하기 쉬운 준비물로 할 수 있는 활동까지 같이 제시함으로써 누구나 수업에 자유롭게 참여할 수 있도록 하였다.

스포츠 인권을 만나다
정용철 외 2인 / 나녹(2017)

한국 스포츠는 짧은 시간 많은 성장을 이루었다. 이제는 세계 월등한 나라와 견주어도 손색이 없을 정도이다. 그러나 그 내부에는 엘리트주의로 인한 폭행, 학습권 침해, 성희롱 등의 인권문제가 심각한 것도 사실이다. 이 책은 모든 스포츠 관련인이 인권에 관심을 갖고 스포츠 현장에서 인권을 실천할 수 있도록 한다. 체육인이 인권의 주체가 되어 인권 친화적 스포츠 문화를 조성하는 데 도움을 줄 수 있는 책이다. 스포츠 인권이라는 개념이 낯설거나, 스포츠와 인권의 관계에 대해 생소한 독자를 위해 대중적인 언어로 스포츠 현장 사례를 제시하면서, 스포츠 인권을 자연스럽게 접할 수 있도록 구성하였다.

에밀
장 자크 루소(이환 역) / 돋을새김(2015)

교육학도라면 한 번은 꼭 읽어야 하는 책이라고 말할 수 있는 책이다. 고아 에밀이 현명한 가정교사의 이상적인 지도를 받으며 성장하는 과정을 담고 있는 이 책은 에밀의 성장에 따라 5부로 구성되었다. 그리고 태어나서부터 결혼에 이르기까지 각 성장기에 따른 교육 단계의 형태를 보여준다. 이 책은 아동본위 교육, 자연주의 교육, 체육의 중요성, 감각훈련의 중요성, 실물 교육, 자발성의 원리, 소극 교육, 심리관찰의 필요성 등 근대 교육의 방법 원리가 집약되어 있어 교육적으로 매우 중요한 위치에 있다. 단순한 교육론이 아니라 인간론이자 문명 비평론이며 소설형식으로 꾸며진 교육학 책이다.

교사와 학생 사이
하임 G. 기너트(신홍민 역) / 양철북(2003)

이 책은 교사와 학생 모두 상대방을 위하는 마음을 전달하기 위해서는 적절한 기술이 필요하다는 것을 알게 해주고, 효과적인 표현의 기술에 대해 생각해 볼 수 있는 계기를 마련해 준다. 이 책은 거창한 교육론을 다루기보다, 교실에서 하루하루 적용하여 학생들과의 만남을 개선시켜 나갈 수 있는 구체적인 기술들을 소개한다. '가르침에는 인격도 필요하지만, 특별한 기술이 필요하다'는 주장은 이 책의 처음부터 끝까지 흐르는 주요 논지다. 이 책은 아이들과의 문제에서, 학부모와의 문제에서, 학교 관리자들과의 문제에서 교사들이 겪는 어려움들을 심도 있게 살피면서 그에 대처하는 방법을 알려준다. 교사들이 매일 교실에서 부딪치는 상황들을 인격적으로 처리하고, 심리적인 문제들을 해결하는 방법을 일러준다.

교사생활 월령기

경기교육연구소 / 에듀니티

이 책은 예비 교사와 신규 교사, 경력 교사에 이르기까지 교사라면 누구나 알아두어야 할 교사생활의 모든 것과 현 교육의 주요 현안들을 혁신 교육의 관점에서 포괄적으로 접근해 대안 모색의 실마리를 마련하고자 경기교육연구소 소속 여섯 명의 교사가 쓴 책이다. 특히 예비 교사나 신규 교사에게는 교직을 안내하되 심리적·이론적으로 실질적인 도움을 주는 방식으로 접근했으며, 부족한 경험을 보완할 수 있도록 학교 현장에서 1년을 보내며 겪을 상황을 월별의 주제로 엮었다. 깊이 있는 문제의식으로 주제를 풀어나가는 가운데 근거가 되는 출처를 명확하게 밝히고, 이미지 자료를 충분히 활용하여 이해를 돕고 있다. 학교가 돌아가는 과정을 하나의 흐름으로 파악할 수 있도록 정리한 책으로서, 교육 전문가로 성장해나가는 데 실질적인 도움을 줄 것이다.

교사 어떻게 되었을까?

한승배 / 캠퍼스멘토 (2016)

대한민국 각 분야 교사들이 자신이 교사가 되기 위해 걸어온 길을 청소년들에게 이야기해주기 위해 집필한 책이다. 이 책은 단순히 수필 형식으로 자신의 이야기를 전하기만 하는 것이 아니라 직업을 결정하거나 중요한 선택의 순간에 어떠한 결정을 했으며 왜 지금의 일을 하게 되었는지를 설명하며 학생들에게도 생각해 볼 수 있는 질문들을 던지고 있다. 특히 교사가 되기 위해 필요한 요건과 미래 제자들인 학생들의 미래에 대한 방향성을 제시하기 위해 필요한 역량들에 대해 다루고 있어 예비 교사들에게 필요한 도서이다. 이 책을 통해 학생들은 교사들의 커리어 패스를 조사하고 자신과 얼마나 관련이 있는지 비교해 볼 수 있다.

1 인문계열

2 사회계열

3 자연계열

4 공학계열

5 의약계열

6 예체능계열

7 교육계열 · 체육교육과

체육교육과 독서탐구활동 활용사례

자율활동 특기사항

평소 운동에 관심이 많아 학교 체육행사에서 코로나19로 인해 비대면으로 체육행사 기획단으로 활동함. 비록 운동장에서 다 같이 뛰면서 대회를 할 수 없었지만, 플랭크, 배드민턴 토스, 배구 리시브, 림보게임 등 10개 종목의 영상을 온라인에 올리고, 학생 참여를 유도하는 창의적인 아이디어를 제안하여 평소 운동에 관심이 없던 학생들도 자발적으로 참여할 수 있는 기회를 마련함. 체육행사 당일 직접 심판으로 참여하여 스포츠의 기본인 '페어플레이 정신'을 온라인 대회에서도 적용하기 위해 노력하는 등 체육활동에 진심을 다하는 학생임. 체육대회 이후 학급 친구들과 함께 아침 운동을 기획하여 운동하기를 실천함. 이를 위해 **'새로 만든 내 몸 사용설명서(마이클 로이젠, 메멧 오즈)'**를 읽고 신체기관의 각 기능에 대해 탐구하고 운동을 통해 건강한 몸을 만들기 위한 방법을 찾으려고 노력함.

동아리활동 특기사항

(체력증진부)(34시간) 체력증진 동아리에서 체력 향상을 위해 매일 일정 시간 이상 운동하고 있으며 운동의 효과를 주변에 구체적이고 설득력 있게 설명하여 운동 전도사로서의 역할을 함. '내가 경험하지 못한 스포츠 종목 조사하기 활동'에서 평소 관심이 많았던 수영에 대해 조사하여 발표함. 수영의 개요, 자유형·배영·평영·접영의 방법 및 경기 방법, 수영의 효과에 대해 알아보고, 이를 바탕으로 좋아하는 수영팀의 선수와 기록 등을 분석함. 다수의 수영 경기를 시청하며 수영에 매료되어 수영을 배우고 싶은 마음을 가지게 되었다고 말함. 특히 수영에 적용되는 과학적 원리를 조사하는 등 적극적으로 활동하는 학생임. 이후 스포츠 인권감수성에 관심을 가지고 이에 대한 호기심을 해결하고자 **'스포츠 인권을 만나다(정용철 외)'**를 읽음. 운동을 통한 불안 감소 효과와 운동 효과 증대 방법에 대해 탐구하고 이를 동아리 친구들에게 적용하고자 다양한 시도를 하는 모습을 보임. 나중에 체육 교사가 되어 운동심리학을 바탕으로 효과적으로 수업을 하고 싶다는 자신의 꿈을 발표하고 이를 위해 노력하는 모습을 보임.

진로활동 특기사항

직업인 초청 특강에서 체육 교사와의 만남의 시간을 통하여 체육 교사가 되기 위해 준비해야 할 점과 미래 전망에 대해 파악함. 이후 전공학과를 탐색하고 대입 전형 준비과정에 대한 경험담을 바탕으로 학교생활 및 학업 이수 계획을 세움. 학생들과 함께 지덕체를 함양하고 학생들의 즐거운 학교생활을 위해 조력자의 역할을 하는 교사가 되고자 하는 포부를 밝혔으며, 변화하는 미래 사회에 경쟁력을 갖추기 위해 창의력과 훌륭한 인격을 함양할 것을 다짐함. 이를 위해 **'교사와 학생 사이(하임 G. 기너트)', '교사생활 월령기(경기교육연구소)'**를 읽고 교사와 학생의 마음을 효과적으로 연결하는 방법에 대해 알게 되었으며, 학생의 자신감과 전인적 교육을 향상시키기 위해 체육교육이 중요하다고 발표함. 진로미니북 만들기 활동을 통해 자신의 특성을 객관적으로 이해하고 미래의 자신에게 편지를 쓰면서 미래의 모습을 상상하고 자신의 꿈을 응원함. 타인을 존중하면서 소통하는 법을 잘 알고 있고 사회성이 발달되어 있어 사람들과 잘 어울림. 목표를 향해 협업하는 활동의 가치를 이해하고 있고 계획을 세워 훌륭한 집단지성의 성과를 도출해 내는 모습으로 볼 때 미래가 더 기대되는 학생임.

교과 세부능력 및 특기사항

체육

운동능력이 매우 뛰어나고 다른 학생들보다 신체 조건이 우수함. 체육 수업시간마다 즐거운 자세로 수업에 참여하고 단체 활동에서 리더의 역할을 수행함. 평소 체력 유지를 위해 꾸준히 운동하고 식단을 조절하는 등 건강관리에 관심이 많은 학생임. 건강 관련 발표 활동에서 생애 주기별 운동 방법 및 특징을 주제로 발표함. 청소년기에는 건강한 신체를 위해 주당 3~4일의 운동이 필요하며, 운동 강도가 너무 강하면 학업에 영향을 끼칠 수 있으므로 중간 강도의 운동이 적절하고, 운동 중에 부상이 있을 수 있기 때문에 특히 안전에 유의해야 한다고 설명함. 또한 운동과 더불어 충분한 영양을 섭취하는 것이 청소년기 건강관리에서 중요한 핵심요소라는 점을 강조함. 체육교사 전공을 희망하며 자신의 진로를 위해 **'수업을 살리는 체육 레시피 101(같이교육)'**를 찾아 읽는 등 많은 노력을 기울여 장래가 매우 촉망되는 학생임.

생활과 윤리

과학기술의 사회적 책임에 대해서 조사하는 활동에서 운동 선수들의 약물 복용과 관련된 사회 문제를 조사함. 이를 위해 **'새로 만든 내 몸 사용설명서(마이클 로이젠, 메멧 오즈)'**를 읽고 우리 몸에 대해 탐구함. 또 금지약물이 선수들의 경기력에 미치는 영향과 운동 선수들이 약물을 복용하는 이유에 대해서 관련 자료를 찾아 봄. 추가적으로 운동 선수들의 약물 복용 문제를 해결하기 위해서 국가에서 실시하고 있는 정책과 관련 기관에 대해서 조사하였고, 한국 도핑방지위원회에서 온라인 도핑방지 교육센터를 운영하고 있다는 사실을 발표함. 체육 분야를 희망하는 학생으로 훌륭한 스포츠인이 되기 위해서는 운동 실력뿐만 아니라 사회적인 책임감도 강해야 한다고 주장하여 친구들로부터 호응을 얻음. 무엇보다 자신의 진로에 대한 다양한 경험을 하기 위해 부단히 노력하는 모습을 보임.

행동특성 및 종합의견

평소에 움직이고 운동하는 것을 좋아하며 운동 능력이 부족한 친구가 체력 관리를 체계적으로 할 수 있도록 도움을 줌. 학급 체육부장으로 활동하여 비대면 시대에 학생들의 부족한 활동량을 고려하여 좁은 공간에서 할 수 있는 간단한 기초 체조를 정리하여 학급 자율활동 시간에 소개하여 활기찬 교실 분위기를 만듦. 담임 교사의 조언으로 체육 교사에게 학급 기초 체조를 소개하여 칭찬을 받음. 이후 학교 기초 체조 모범 사례로 채택되어 전교생에게 소개됨. 대학을 졸업한 뒤 따라 하기 쉬운 기본적인 운동 방법을 안내하는 체육 교사가 되고 싶다는 꿈을 가진 학생임. 운동하는 습관을 항상 생활화하면서 **'대학교수의 스포츠 교육 이야기(고문수)'** 등을 읽는 등 노력하는 모습을 보임. 이러한 태도로 볼 때 미래에 뛰어난 체육 교사가 될 것으로 기대됨. 평소 학급에서 친구들과 잘 지내고 친구들이 어려움을 겪고 있으면 도와주는 모습을 보임. 쾌활하고 활달한 성격이고 친구들의 운동 자세를 고쳐주는 등의 모습을 통해 장래 체육 분야에서 훌륭한 일꾼이 될 것으로 기대됨.

20 ▸▸ 초등교육과

국어, 수학, 미술, 사회, 과학 등 다양한 과목에 두루두루 관심이 있는 학생

다양한 교육 방법을 적용하기 위한 창의력이 뛰어난 학생

사람들과 좋은 관계를 유지하며, 협조적인 태도를 갖춘 학생

아이들의 입장을 이해하고 아이들의 눈높이에 맞출 수 있는 학생

아이들에게 솔직하고, 도덕적인 성격을 가진 학생

2 유사학과

- 유아교육과
- 아동학과
- 아동청소년학과

3 관련직업

- 교사
- 아동방송작가 및 연출가
- 프로그램개발자
- 콘텐츠개발자
- 출판기획자
- 아동교재개발자
- 프로그램개발자
- 병원아동생활전문가
- 난독증학습장애지도사
- 아동발달전문가
- 아동상품기획자
- 1인미디어콘텐츠창작자
- 어린이용앱개발자 등

4 개설대학

- 경인교육대학교
- 공주교육대학교
- 광주교육대학교
- 대구교육대학교
- 부산교육대학교
- 서울교육대학교
- 이화여자대학교
- 전주교육대학교
- 제주대학교
- 진주교육대학교
- 청주교육대학교
- 춘천교육대학교
- 한국교원대학교

초등교사를 위한 내공 있는 연극 놀이터
광주초등교육연극연구회 / 아이스크림(2013)

교육연극은 연극적인 놀이를 통해 자신과 주변세계를 탐색할 수 있도록 도와주는 교육방법 중 하나이다. 이 책은 연극놀이와 교육연극 수업을 통해 아이들이 자신의 생각과 감정을 잘 표현하고 타인과 소통할 수 있는 방법을 자연스럽게 익히도록 하며, 조화로운 사회 구성원으로 성장하는 데 도움을 주고자 광주초등교육연극연구회에서 집필한 책이다. 학생들은 교과서 속 딱딱하고 지루한 학습내용을 몸으로 표현하는 과정을 통해 보다 쉽고 재미있게 교과 내용을 습득할 수 있을 것이다. 또한 연극놀이를 통해 타인에 대한 이해와 배려, 협력과 나눔, 공동체 의식 등을 자연스럽게 익히게 되어 학생들의 조화로운 성장을 도울 것이다.

한 학기 한 권 읽기를 위한 다양한 관점으로 세상 읽기
Maureen McLaughlin(이경화 역) / 미래엔(2018)

이 책은 독자가 수동적인 입장에서 벗어나 능동적 역할을 할 수 있도록 돕는다. 다시 말해 독자가 책의 내용을 더 의미 있는 방법으로 읽게 한다. 독자는 저자가 누구인지, 무엇을 믿게 만들려고 하는지, 그리고 어떤 정보를 책에 드러냈거나 숨겼는지 질문할 수 있다. 1부에서는 비판적 읽기·쓰기의 이론적 토대를 제시하고, 2부에서는 초등학교와 중·고등학교에서의 비판적 읽기·쓰기 수업을 보여 준다. 이 책은 독자가 비판적 읽기를 통해 새로운 이해에 도달하도록 돕는다. 이를 통해 독자는 비판적 읽기를 돕는 아이디어와 전략을 탐구하게 될 것이다.

선생님을 위한 두근두근 처음 도서관
황은영 외 3인 / 학교도서관저널(2020)

이 책은 교과서나 커리큘럼 없이 학년별 도서관 교육을 해야 하는 이들에게 직접적인 도움을 주고자 수업에 꼭 필요한 내용을 엄선해 사서교사들이 직접 만든 도서관 교육 안내서라고 할 수 있다. 학년별로 어떤 수업을 하는지, 아이들의 정보 활용 능력과 문제 해결 능력을 키우는 수업에는 어떤 것들이 있는지 살펴보면서 교육과정과 연계한 체계적인 도서관 교육을 제시하고 있다. 또한 재미있는 도서관 활동, 신규 교사가 궁금해하는 질문에 답하는 도서관 교육 Q&A도 함께 소개한다.

돈으로 움직이는 교실 이야기
옥효진 / 책밥(2022)

누적 조회수 2,000만 뷰의 유튜브 채널 '세금 내는 아이들'의 운영자인 초등 교사가 작은 사회라 일컫는 초등학교 교실 안에서 아이들과 함께 꾸려나가는 '학급화폐 활동'의 내용들을 담아 정리한 책이다. 돈과 경제에 문외한이었던 작가가 초등학교 교사가 되고 자신만의 색깔 있는 학급 경영을 고민하면서 앞으로 아이들의 삶에 큰 영향을 미치게 될 경제·금융교육을 시도해보면 좋지 않을까란 생각을 하며 구상하게 된 '학급화폐 활동'과 이를 토대로 교실 안에서 아이들과 함께 꾸려나가는 '다양한 경제와 금융교육 활동'을 담아 정리한 책이다.

1 인문계열

2 사회계열

3 자연계열

4 공학계열

5 의약계열

6 예체능계열

7 교육계열 · 초등교육과

지혜로운 교사는 교실 속 문제를 어떻게 해결하는가
고영규 외 5인 / 테크빌교육(2021)

빠르게 변화하는 교육현장에서 교사들은 학급운영, 학부모 관계, 교사 갈등, 교권침해 등 다양한 문제에 부딪히고 있다. 이때 잊지 말아야 할 것은 모든 문제해결의 시작은 소통이라는 점이다. 지혜로운 교사의 기본이자, 그 정점 역시 소통으로 귀결된다. 이 책은 현직 교사 6명이 실제 학교에서의 문제해결 사례를 바탕으로 지혜로운 교사는 어떻게 문제를 해결하고 소통하는지 진솔하게 내용을 담았다. 학교 현장에서 근무하는 교사와 교사를 지망하는 예비 교사에게 장기적으로 도움이 될 만한 정보를 전달하는 책이다.

요즘 아이들을 위한 요즘 수업
허용진 / 창비교육(2022)

'전국보드게임교사네트워크' 소속 초등학교 교사들이 각자의 교실에서 보드게임을 활용하여 학생들과 함께 만들어 낸 신나는 수업 이야기를 한 권의 책에 담았다. 저자들은 그동안 단순히 놀이로만 여겨졌던 보드게임을 수업에 접목하여 교육적으로 활용하는 다채로운 방법들을 제시한다. 저자들은 보드게임을 활용하여 수업을 꾸리는 방법을 단계적·구체적으로 일목요연하게 정리하는 한편, 그 내용을 사진 및 활동지, 활동 결과물과 함께 제시하여 활용하고자 하는 이들에게 실질적인 도움이 될 수 있게 하였다. 또한 보드게임의 기본 정보와 규칙 등을 안내한 매뉴얼 동영상을 QR 코드를 통해 제공하여 보드게임의 진입 장벽을 낮췄다.

창의성의 즐거움
미하이 칙센트미하이(노혜숙 역) / 북로드(2003)

몰입성과 창의성의 대가인 저자가 각 분야에서 창조적 업적을 남긴 100여 명을 인터뷰한 내용을 바탕으로 서술한 책이다. 이 책은 창의성이 무엇인가에 대한 설명부터 시작하여 창의적인 사람들이 일하는 방식과 환경을 고찰함으로써, 우리에게 보다 나은 삶을 살아갈 수 있는 방법을 제시하고자 했다. 그는 인간의 창의성은 일반적으로 세 가지 구성요소, 즉 영역, 현장, 개인에 의해 형성된다고 보고, 이 책을 통해 개인뿐만 아니라 현장과 영역이 인간의 창의적 사고와 활동에 어떻게 작용하고 어떤 역할을 수행하는지 규명하고자 했다.

소녀, 적정기술을 탐하다
조승연 / 뜨인돌(2013)

'적정기술'이란 그 기술이 사용되는 사회 공동체의 정치적, 문화적, 환경적 조건을 고려해 해당 지역에서 지속적인 생산과 소비가 가능하도록 만들어진 기술로, 인간의 삶의 질을 궁극적으로 향상시킬 수 있는 기술을 말한다. 이 책은 적정기술 입문서로 적당하다. 적정기술의 정의, 필요성, 주의할 점 등 적정기술 전문서적에서나 볼 수 있는 내용을 책 속의 코너인 '지식충전소'에서 만나 볼 수 있기 때문이다. 어려운 내용을 청소년의 수준에 맞게 풀어썼기 때문에 이해하기 쉽다. '적정이와 승연이의 가상 대화' 등 상상력 넘치는 구성과 활발한 문체는 독자로 하여금 어렵고 딱딱한 정보에 흥미롭게 다가설 수 있게 한다.

자유론
존 스튜어트 밀(서병훈) / 책세상(2018)

존 스튜어트 밀은 자유란 최고 권력자가 행사할 수 있는 힘에 제한을 가하는 것이라고 말한다. 따라서 이 자유를 누리기 위해서는 사회가 개인에게 강제하는 통제를 최대한 엄격하게 규정하고, 자신의 행동이 당사자에게만 영향을 미치는 경우에는 사회가 개인을 간섭할 수 없다고 강조한다. 최종적으로 국가의 힘은 결국 국가를 구성하는 구성원 개개인에서 나오므로, 국가가 시민의 내면적 성장과 발전을 중요시해야 한다고 말한다. 또한 시민은 타인의 자유를 침해하지 않는 선에서 최대한 개별성을 갈고 닦기 위해 끊임없이 노력해야 한다고 강조한다.

인구 미래 공존
조영태 / 북스톤(2021)

출산율 최저국가, 인구감소 등의 뉴스 이슈가 빈번해진 요즘 정말로 위기 상황인 것인지, 그에 대한 대책은 무엇인지, 어떠한 것들을 준비해야 하는지 등의 의문에 대답을 줄 수 있는 책이다. 현재 우리나라는 출산율이 급감하고 있지만 여전히 해결책은 요원하다. 태어나는 아이가 점점 줄어들어 일하고 소비하는 사람이 적어지고, 그 와중에 청년의 취업을 가로막는 인구압박은 오히려 심해졌다. 연금이 위태로우니 중장년층의 노후에도 빨간불이 켜졌다. 이 책은 그러한 문제에 대해 인구학자의 본질적이고도 간곡한 제안과 무엇보다도 인구학적 상상력을 통해 어두운 미래를 공존의 미래로 바꿀 지혜를 제시하였다.

초등교육과 독서탐구활동 활용사례

자율활동 특기사항

민주시민 교육 활동을 통해 다양한 개인과 공동체의 조화를 위해 공동체의 의사결정에 적극적으로 참여하는 민주시민으로서의 책임감 있는 자세가 필요하다는 점을 배움. 이 과정에서 향후 자신이 꿈꾸는 초등학교 학급의 모습을 상상하며 학생이 만드는 학교 문화와 학급자치회를 통한 참여 문화 등의 다양한 사례를 조사함. 무엇보다 학생을 이해하기 위하여 **'요즘 아이들을 위한 요즘 수업(허용진)', '창의성의 즐거움(미하이 칙센트미하이)'**을 읽고 보드게임과 같은 다양한 교구 활용 방법에 대해 고민함. 학교 현장에서 창의적인 학급 운영을 위한 여러 가지 방법을 고민하고 초등교사로서 학급 및 학교를 어떻게 민주적으로 운영할 것인지 설계함. 이를 위해 경청과 공감이 중요함을 인지하고 이러한 역량을 함양하고자 노력하는 모습을 보임. 학급 회의시간에는 '온라인 수업을 효과적으로 진행할 수 있는 방안'과 '질 높은 교육 방법'을 찾는 활동을 기획하고 이에 대해 발표함.

동아리활동 특기사항

(리더스)(34시간) 교사 동아리에서 다양한 교육 주제들로 토의·토론에 참여하여 교육 시스템 운영 현황과 문제점 등에 대해 알아보고 서로의 의견을 나누며 다양한 의견을 수렴함으로써 교사로서의 직무 역량에 대해 고민하고 배우는 시간을 가짐. 유아 및 초등교육에 관심 있는 팀원들과 할리갈리 보드게임을 응용해 속담을 배울 수 있는 교구를 만들기 위해 **'요즘 아이들을 위한 요즘 수업(허용진)'**을 참고하여 제작함. 이 과정에서 모둠원들에게 적극적으로 의견을 표현하고 서로 조율해가며 속담의 의미와 그에 어울리는 그림으로 교구를 제작함. 또한 다문화가정 자녀 수 변화 추이와 다문화가정 자녀의 학업 중단 사유 등에 대해 국가 통계 자료를 찾아 분석한 후 다양한 사례들을 비교하여 그 심각성을 깊이 있게 탐구함. 결론적으로 인종, 국적, 종교, 경제력 등과 무관하게 이 세계의 모든 아동은 인간다운 삶을 보장받을 수 있어야 하며, 기본적 교육권이 보장되는 학습 안전망을 사회적 차원에서 구축해야 한다는 대안을 모색함으로써 문제 해결을 위한 실천적 의지와 성숙한 공동체 의식을 보임.

진로활동 특기사항

희망전공 탐색 활동에서 초등학교 교사의 직업적 특성과 업무를 주제로 자신의 의견을 논리적으로 표현하는 스크립트를 제작하여 설명함. 모둠 발표를 준비하면서 동료들의 피드백을 듣고 자료를 수정하였고 잘못된 피드백에 대해서는 근거를 들어 부드럽게 설명해 줌. 이 과정에서 학생의 대인관계능력과 의사소통능력을 확인할 수 있었음. 행복의 의미와 기준에 대해 표현하는 활동에서 친구들의 이해를 돕기 위해 **'초등교사를 위한 내공 있는 연극 놀이터(광주초등교육연극연구회)'**의 도서 내용을 활용하여 종이인형극을 제작하여 발표함. 행복의 의미를 설명하고 사소한 것도 행복이 될 수 있음을 잘 표현하여 친구들과 교사에게 높은 평가를 받음. 진로 활동을 통해서 유아, 초등, 특수교육에 대한 자신의 흥미와 관심을 확인할 수 있었으며 좋은 교사가 되기 위해 필요한 역량을 함양하기 위해 더욱 노력할 것을 다짐함. 또한 자신이 전공하고자 하는 초등교육과 교육과정을 분석하고 미래 자신이 초등교사가 되어 무엇을 하고 싶은지에 대해 깊게 고민함.

교과 세부능력 및 특기사항

독서

대면·비대면이 반복되는 수업 상황에서도 한결같은 모습으로 수업에 적극적으로 참여하며, 양적·질적 측면은 물론 내용의 충실성까지 두루 갖춘 독서기록장을 가장 많이 제출함. 특히 온라인 수업 주간에 오히려 더 많이 독서를 함으로써 상황을 탓하지 않고 주어진 여건을 최대한 활용할 줄 아는 자기관리 역량을 발휘함. 인문, 사회, 과학, 문학, 예술 등 다방면의 책을 읽는 독서 역량을 지녔으며, 수업 시간에 활용되는 다양한 독서 제시문을 비판적으로 읽고 정확하게 해석하는 능력이 매우 뛰어남. 모둠 토론 활동에서는 친구들의 이해를 도우며 주제 및 방향에서 내용이 벗어나지 않게 이끌며 진행하는 모습을 보임. '독서를 통한 자기 성장의 경험 소개하기' 활동에서 **'자유론(존 스튜어트 밀)'**을 읽고 나서 교육복지의 실현에 '개별성의 존중'이 중요한 것을 깨닫게 되었으며, 향후 교사가 되어 입시 위주의 획일적인 교육이 아닌 개개인의 고유성과 창의성을 높이는 교육여건을 만드는 일에 기여하고 싶다고 발표하여 친구들에게 큰 호응을 얻음.

과학탐구실험

최근 **'소녀, 적정기술을 탐하다(조승연)'**를 통해 적정기술에 대해 알게 되었고 이를 생활에 응용하고자 생활 속 과학 탐구 발표에서 우리 주변에 활용되고 있는 생체모방 기술에 대해 발표함. 연꽃잎과 토란이 물방울을 흡수하지 않고 굴려내는 모습을 통해 물이 스며들지 않고 오염되지 않는 방수제품을 만든 사례, 개미 흙탑의 구멍에서 공기 순환이 이루어지는 모습을 통해 건축 인테리어에 적용한 사례 등 다양한 사례를 조사하여 발표함. 또한 태양광 패널이 먼지로 인해 효율이 떨어지는 문제를 연꽃잎의 방수 효과 원리와 관련지어 해결하려고 노력함. 태양광 패널에 방수제품을 발라 먼지가 붙지 않게 하는 창의적인 아이디어를 발표하여 친구들의 호응을 얻음. 생체모방의 사례를 찾는 데 그치지 않고 사례에 적용된 과학적 원리를 이해하기 위해 노력하는 모습과 생활 주변의 불편함을 해결하기 위해 대안을 만드는 모습이 매우 인상적이었음.

행동특성 및 종합의견

1학기 학급 자치회장을 맡아 공정한 자세로 학급 활동에 임하였으며, 학급 회의시간에 급우들을 독려하고 자유롭게 의견을 나눌 수 있도록 이끄는 모습이 돋보임. 사람에 대한 배려심 및 책임감이 강하여 자신이 맡은 일에 최선을 다하고 자기 절제를 하는 모습은 여러 친구의 모범이 됨. 학업 성취도를 높이기 위해 자신에게 맞는 계획표를 작성하여 월별로 점검하고 달성 여부를 확인하는 모습을 볼 수 있어 인상적임. 초등교사가 되고자 하는 본인의 희망 진로를 구체적으로 실현하기 위하여 관련 대학, 관련 학과를 탐색하고 진로상담을 꾸준히 받음. **'선생님을 위한 두근두근 처음 도서관(황은영 외)'**, **'인구 미래 공존(조영태)'** 등의 책을 읽으며 초등교사의 꿈을 확고히 함. 특히 다문화 가정 아이들과 함께 동화책을 보며 소통하는 시간을 많이 가지면서 교사의 꿈을 키움. 자신의 진로에 대한 뚜렷한 비전과 적합한 재능을 가지고 있음. 앞으로 학업 능력 향상을 위해 더욱 노력한다면 보다 많은 발전을 할 수 있을 것으로 기대됨.

1 인문계열

2 사회계열

3 자연계열

4 공학계열

5 의약계열

6 예체능계열

7 교육계열·초등교육과

21 ▶▶ 컴퓨터교육과

1 학과 인재상

기술 및 정보 매체를
활용한 자기 주도적
학습 능력을 가진 학생

소프트웨어 응용을 위한
창의력과 새로운
분야에 대한
호기심이 많은 학생

공학 및 과학의
기초지식을 바탕으로
논리력과 창의성을
갖춘 학생

새로운 분야를 개척하여
인터넷과 멀티미디어 분야의
미래를 이끌고자 하는 학생

컴퓨터 분야에 대한 관심과
활용 및 응용 능력을
겸비한 학생

2 유사학과

- 컴퓨터학과
- 컴퓨터통계학과
- 컴퓨터공학과
- AI소프트웨어학과
- ICT융합학과

3 관련직업

- 교사
- 네트워크관리자
- 데이터베이스개발자
- 변리사
- 시스템소프트웨어개발자
- 웹마스터
- 웹프로그래머
- 응용소프트웨어개발자
- 정보시스템운영자
- 컴퓨터보안전문가
- 디지털포렌식수사관 등

4 개설대학

- 가톨릭관동대학교
- 공주대학교
- 성균관대학교
- 순천대학교
- 신라대학교
- 안동대학교
- 제주대학교
- 한국교원대학교 등

5 학과 연계도서

컴퓨터 교육공학 스타로고
이명근 / 학지사(2016)

이 책은 스타로고가 무엇인지 설명하고, 프로그램 설치 방법 및 기본 인터페이스를 익힐 수 있게 도와주는 역할을 한다. 예를 들어 바다세계 및 바다생물, 토끼가 당근을 먹는 농장 시뮬레이션, 시민들이 도시에서 독감에 걸리는 전염 상황, 플랑크톤과 먹이사슬 등을 제작함으로써 스타로고를 접할 수 있게 해 준다. 각 과정을 따라 하기 쉽게 캡처 화면을 제시하여 설명하고 있으며, 마지막 장에서는 스타로고와 교육공학을 연결하여 실제 교육 현장에서 체계적으로 활용할 수 있도록 구성했다. 이 책은 컴퓨터에 관심이 많고, 교사의 꿈을 가지고 있는 학생들에게 많은 도움이 될 것이다.

딥러닝을 위한 수학
아카이시 마사노리(신상재 역) / 위키북스(2020)

빅데이터, 머신러닝, 딥러닝이 유행하면서 이를 설명한 다양한 책들이 등장했지만 이러한 기술이론들을 학습하기 위해서는 기본적인 수학적 개념의 이해가 필수적이다. 이 책은 수학을 베이스로 하여 딥러닝의 본질을 파악할 수 있도록 구성했다. 단기간 내에 수학을 익힐 수 있도록 개념을 쉽게 설명하고 그림을 넣어 이해를 도왔다. 미분과 적분, 벡터와 행렬 등 머신러닝과 딥러닝을 위한 기초 수학을 쉽게 익힐 수 있도록 도움을 준다. 다양한 머신러닝 모델을 단계별로 살펴보면서 자연스럽게 딥러닝 알고리즘을 이해할 수 있을 것이다.

나는 감이 아니라 데이터로 말한다
신현호 / 한겨레출판사(2019)

빅데이터의 시대에는 데이터를 읽어내는 능력에 미래가 있다고들 한다. 그러나 넘쳐나는 데이터를 마주하다 보면 어디서부터 읽어야 할지 너무 막막하다. 이 책은 우리 주변에서 상식이라 여긴 25가지 명제에 대해 통계와 데이터를 통해 의문을 제기하고 그것을 우리에게 알려준다. 상식에 대한 도전은 의심과 호기심에서 출발한다. 이 책은 그 방법을 우리에게 친절히 설명해주고 우리 주변에서 접할 수 있는 단순한 추측이나 감을 통찰력으로 착각하고 중요한 결정을 그르치는 사례 등을 치밀하게 분석해 널리 퍼져 있는 오류와 편견을 바로잡아 준다. 논리에 바탕을 둔 날카로운 직관력을 기를 수 있도록 도움을 준다.

딥스
버지니아 M.엑슬린(이원영 역) / 샘터(2011)

이 책은 유아교육계의 고전으로 자리 잡은 명저이다. 이젠 유아교육계나 심리학계, 정신병리학계 등 전문 분야에 종사하는 사람들은 물론, 아이를 바르게 키우려는 부모와 세상을 당당하게 살아가려는 일반인에게까지 회자되며 널리 사랑받는 책이다. 이 책에는 부모의 섣부른 기대에 가로막혀 자신을 숨겨야만 했던 아이를 온몸으로 자유롭게 표현할 수 있게 이끌어주는 '놀이치료'의 과정이 실화를 통해 생생하고 감동적으로 그려져 있다. 또한 아이를 치료하기 위해선 부모가 먼저 변해야 한다는 종전의 주장과는 달리, 정신적 장애가 있는 어린이를 치료하면 그 부모의 정신 건강도 치료된다는 점을 보여주는 것이 흥미롭다.

대량살상 수학무기
캐시 오닐(김정혜 역) / 흐름출판(2017)

숫자의 위험성을 경고한 대표적인 책이다. 수학자이자 데이터과학자인 캐시 오닐이 자신이 사랑하며 연구한 수학이 금융기술과 결탁하여 금융위기를 야기하는 것을 경험한 이후 그 위험성을 알리기 위해 쓴 책이다. 저자는 수학과 데이터, 정보통신 기술이 결합해 만들어진 알고리즘을 '대량살상 수학무기(WMD)'라고 부른다. 책에서는 알고리즘이 불평등과 부익부 빈익빈을 심화시키고, 민주주의를 위협하며, 교육·노동·보험·정치 등 모든 영역에서 우리 삶을 파괴한다는 점에서 폭탄 같은 살상무기와 다를 바 없다고 주장한다. 현대는 빅데이터가 적용되지 않는 곳이 없다. 이 책은 이런 시대에 경고를 한다.

한국의 IT천재들
유한준 / 북스타(2021)

이 책은 카카오톡의 김범수, 넥슨의 김정주, 엔씨소프트의 김택진, 네이버의 이해진 대표 등이 이룩한 IT 산업 창업 성공 스토리에 넷마블의 방준혁 의장, 크래프톤의 장병규 의장의 성공 신화를 더하여 엮은 책이다. 우리나라 IT산업의 눈부신 발전을 이룬 이 천재들이 고정관념을 넘어 상식의 선을 깨트린 창의력과 창조력에 대한 이야기들을 조목조목 훑어낸 책이다. 기발하고 새로운 아이디어들을 생각해 내기 위해 이들이 기울인 노력과 집념, 한계에 부딪쳤을 때의 극복 과정을 소개하여 독자로 하여금 이들의 지혜와 용기를 간접적으로 경험하게 하여 미래의 꿈을 키워갈 수 있도록 돕는 책이다.

쿤의 과학혁명의 구조
박영대, 정철현 / 작은길(2015)

이 책은 과학의 발전과정을 이해하는 방법을 혁명적으로 바꾸어 놓았다. 저자는 이 책을 통해 과학의 발전 과정의 핵심을 짚어내는 놀라운 분석력을 보여 주었다. 이 책은 과학철학자 토머스 쿤의 생애와 그가 평생 숙고한 과학에 대한 철학적 탐색, 그리고 그 철학적 업적의 대표작이 된 과학혁명의 구조를 면밀하게 다루는 교양만화이다. 고등학생과 대학생들의 필독서로도 많이 읽히는 책으로, 과학철학자, 과학도, 과학책 애독자 등에게 많은 도움이 될 것이다.

에듀테크의 미래
홍정민 / 책밥(2021)

이 책은 코로나19 확산으로 초유의 비대면 온라인 수업이 시작되고 교육과 기술의 결합인 '에듀테크'라는 용어가 일상화된 지금, 우리의 교육과 교육 산업은 앞으로 어떻게 변화해 나가야 할 것인가에 대한 고민의 내용을 담고 있다. 대면 교육이 어려웠던 상황에서 새로운 문물을 접한 이상 예전의 일괄적인 강의식 교수법만으로는 아이들에게 교육적 자극을 주기 힘들게 되었다. 포스트 코로나 시대에 우리의 교육 패러다임은 어떻게 변화할 것인지, 교사의 역할과 미래는 어떠한 모습일지, 교육 내용과 방법에는 어떠한 변화가 필요한지를 사례를 들어 자세히 설명해주고 있다.

교사생활 월령기
경기교육연구소 / 에듀니티

이 책은 예비 교사와 신규 교사, 경력 교사에 이르기까지 교사라면 누구나 알아두어야 할 교사생활의 모든 것과 현 교육의 주요 현안들을 혁신 교육의 관점에서 포괄적으로 접근해 대안 모색의 실마리를 마련하고자 경기교육연구소 소속 여섯 명의 교사가 쓴 책이다. 특히 예비 교사나 신규 교사에게는 교직을 안내하되 심리적·이론적으로 실질적인 도움을 주는 방식으로 접근했으며, 부족한 경험을 보완할 수 있도록 학교 현장에서 1년을 보내며 겪을 상황을 월별의 주제로 엮었다. 깊이 있는 문제의식으로 주제를 풀어나가는 가운데 근거가 되는 출처를 명확하게 밝히고, 이미지 자료를 충분히 활용하여 이해를 돕고 있다. 학교가 돌아가는 과정을 하나의 흐름으로 파악할 수 있도록 정리한 책으로서, 교육 전문가로 성장해나가는 데 실질적인 도움을 줄 것이다.

클라라와 태양
가즈오 이시구로(홍한별 역) / 민음사(2021)

이 책은 멀지 않은 미래의 미국을 배경으로 하고 있다. AI 제조기술과 유전공학이 발전하고, 사회는 이 과학기술의 발전을 기반으로 계급 시스템을 재구성하여, AF(Artificial Friend)라 불리는 인공지능 로봇을 개발하여 아이들의 친구로 판다. 주인공은 소녀형 AF인 클라라로 AF 매장 쇼윈도에서 자신을 데려갈 아이가 나타나길 기다리고 있다. 인간을 열심히 관찰하고 그들의 감정과 소통방식을 익히는 데 관심이 많은 클라라는 어느 날 조시라는 몸이 불편한 소녀를 만나게 되고 친구가 되기를 희망한다. 누군가를 생각하는 간절한 마음, 희망, 연민, 그리고 사랑, 인간을 인간답게 하는 마음에 대해 오래오래 생각하게 해주는 슬픈 동화이다.

컴퓨터교육과 독서탐구활동 활용사례

자율활동 특기사항

학급별 특색사업 활동에서 학급의 추억을 기록하는 역할을 맡아 1년 동안 학교에서 생활한 친구들의 모습을 사진으로 담고 이를 영상으로 만듦. 학년 말 학급 영화제 프로그램을 주도적으로 기획하여 영상을 상영함. 이 과정에서 베가스 영상 편집 프로그램을 관련 서적 및 동영상 플랫폼을 참고하여 독학하고 전문가 못지않은 실력으로 제작함. 기존 드라마를 패러디하여 BGM과 함께 구현해서 친구들에게 많은 감동을 줌. 완성도를 위해 한 프레임마다 반복적으로 확인하고 수정하는 모습이 인상적이었으며, 무엇보다 영상 프로그램을 이해하고 활용하는 모습이 매우 뛰어남. 이 프로그램뿐만 아니라 다른 영상 프로그램도 공부하여 교사가 되었을 때 더욱 완성도 있는 학급 영상을 만들겠다는 자신의 다짐을 이야기함. 최근에는 **'컴퓨터 교육공학 스타로고(이명근)'**를 읽고 삼차원 가상공간의 세계를 구현하는 프로그램을 공부하고 있으며, 이후 가상공간을 활용한 학급 행사를 기획하고자 하는 계획을 세움.

동아리활동 특기사항

(코딩반)(34시간) 코딩 및 컴퓨터 동아리에서 초음파 센서, 자이로 센서, 칼라 센서를 활용해 자율 주행하는 차량을 구현하기 위한 알고리즘을 구상하고, 그 과정에서 자율주행 자동차의 원리를 이해함. 자신이 구상한 프로그램을 가상 프로그램에서 테스트하면서, 여러 번의 오류와 환경변수를 확인하고 이를 창의적으로 해결하는 모습을 보임. 또한 정보윤리 블로그를 운영하면서 '정보윤리를 침해하는 기사'를 찾고 법률적 위반 범위를 살펴보고 침해 상황을 바로 잡을 수 있는 대안을 찾기 위해 다양한 의견을 교환하는 활동을 진행함. 이를 계기로 학교생활에서 올바른 정보윤리를 실천하고 이를 공유하는 적극적인 모습을 보임. **'딥스(버지니아 M.엑슬린)'**와 **'에듀테크의 미래(홍정민)'**를 통해 학생 중심 교육의 필요성을 인식하여 몸이 불편하거나 학습에 어려움을 겪는 친구들에게 도움을 줌. 컴퓨터 교사가 되어 컴퓨터를 활용한 학습 환경을 조성하겠다는 꿈을 위해 노력함.

진로활동 특기사항

진로 직업 체험의 날 프로그램 중 증강현실 엔지니어 체험활동에 참여해 실생활에 사용되는 증강현실 기술의 종류와 증강현실과 가상현실 기술의 차이점을 알아봄. 세계적으로 인기를 끌었던 증강현실 기술을 활용한 게임의 제작 과정을 조사하면서 자신의 진로에 한 발짝 다가섬. 진로 관련 주제 발표 활동에서 '디지털 가상화폐 거래의 법적 쟁점'을 주제로 다양한 언론 기사를 참고하여 창의적인 발표 자료를 만들고 가상화폐의 역사와 블록체인 기술의 문제점에 대해 설명함. 블록체인 기술은 적절한 규제 수단이 없고 각 나라마다 가상화폐를 바라보는 입장이 달라서 불법자금 거래, 탈세, 소비자 보호 등의 문제가 발생할 가능성이 크다는 점을 강조함. 자신의 생각을 논리적으로 발표하는 능력이 뛰어나고 수학적 능력과 코딩 등의 프로그램 활용 능력을 키우기 위해 열정적으로 노력하는 학생임. 대학 전공 탐색의 날 행사에서 평소에 관심 가졌던 컴퓨터교육과 관련 전공 탐색에 참여하여 교육과정과 직업 전망에 대한 자료를 독집하고 이를 통해 자기주도적으로 진로설계를 구체화함. 또한 **'한국의 IT천재들(유한준)'**을 읽고 마틴 쿠퍼와 빌 게이츠를 자신의 롤모델로 정하고 그들의 삶의 방식을 따르고자 함.

교과 세부능력 및 특기사항

독서

기사문 작성의 원리 및 기본 형식에 대한 학습활동에서 표제와 부제, 리드문에 대해 이해하고, '기사문의 리드문을 보고 표제와 부제 맞추기' 활동에 참여하여 모둠원들과 활발히 의사소통을 함. 표제를 보고 예상한 내용과 전혀 다른 내용으로 구성된 낚시성 기사문을 발견한 후 이에 문제의식을 가지고 자신의 주제탐구 활동을 기획함. '온라인상의 클릭베이트 실태 및 피해사례'에 대해 조사하고, 언론의 자유와 책임을 핵심 쟁점으로 부각하며 수준 높은 사유를 통해 사회의 건전성과 언론의 영향력에 대해 남다른 통찰력을 보여줌. 다양한 예시 자료를 통해 탐구결과를 발표하면서 자신의 발표 주제에 효과적으로 몰입시키는 탁월한 기량을 보여줌. 또한 클릭베이트를 줄이기 위해 정보윤리 교육을 실시하고 언론정화 활동 캠페인이 필요하다고 제안하여 큰 공감을 불러일으킴. 이후 **쿤의 과학혁명의 구조(박영대, 정철현)**를 통해 과학기술의 발전에 대해 학습하였으며 과학혁명 시대에 과학적 지식뿐만 아니라 인문학적 소양도 중요하다는 것을 알게 됨.

인공지능 수학

인공지능 속의 수학 단원에서 인공지능 연구에 사용되는 수학적 원리에 관해 탐구함. 특히 사람의 뇌처럼 사물이나 데이터를 분류할 수 있는 딥러닝 기능에 관해 관심을 가지고, 이에 대한 다양한 자료를 찾아 조사함. 사람의 뇌는 일상에서 직관을 사용하기에 수학 공식을 활용하지 않지만, 인공지능은 직관을 기대하기 어려우므로 행렬과 확률, 미분과 벡터와 같은 수학 법칙을 표현하거나 수학에 근거하여 판단함을 이해함. 따라서 인공지능과 수학은 긴밀한 관계에 있다는 점을 알게 됨. 발표가 끝났음에도 불구하고 **딥러닝을 위한 수학(아카이시 마사노리)** 도서를 읽고 후속 탐구를 진행함. 이 과정에서 해석학에 관심을 가지게 되어 이후 해석학에 관한 공부 계획을 세우는 등 자신의 관심 분야에 대한 호기심을 해결하려고 노력하는 모습이 인상적인 학생임. 수학과 물리학에 대한 풍부한 기초지식과 창의적인 사고력을 갖춘 학생으로 자신의 꿈을 실현하기 위해 끊임없이 노력함.

행동특성 및 종합의견

친구들과 어울리면서 대화하는 것을 즐기고 예의 바르며 준법성이 내면화되어 있어 규칙을 잘 준수하며 정직함과 겸손함을 갖춘 학생임. 교사의 말에 항상 귀 기울이며 배우려는 자세가 돋보이고 자신이 조금 힘들더라도 학급 또는 학교에 도움이 되는 활동에 자발적으로 참여하는 등 따뜻한 마음씨를 가짐. 컴퓨터 및 정보 과학 기술 분야에 흥미가 높고 창의적이고 자기 주도적인 문제해결능력을 갖춘 인재임. 컴퓨터교육과 진학을 꿈꾸고 있으며 이를 위해 **나는 감이 아니라 데이터로 말한다.(신현오)**, **대량살상 수학무기(캐시 오닐)**를 읽음. 책을 통해 데이터와 알고리즘이 유발한 여러 사회적 현상에 대해 알아보았으며, 하드웨어와 소프트웨어의 역사 및 수학이 컴퓨터에 미친 영향에 대해 공부함. 틈틈이 파이썬과 C언어 등 프로그래밍 언어를 독학으로 배워 프로그래밍 실력이 수준급에 도달함. 스마트폰 애플리케이션 제작에도 관심이 많아 알고리즘 동아리에서 친구와 함께 스마트폰을 이용하여 학급 생활에 도움이 되는 간단한 애플리케이션을 개발함.

22 ▸▸ 특수교육과

1 학과 인재상

특수교육 및
교육 현장 전반에 대한
관심과 비판 능력을
갖춘 학생

생각하지 못한 일에도
당황하지 않고
침착하게 행동할 수 있는
능력을 가진 학생

어떠한 상황에서도
침착하게 자기
통제를 하는 능력과
인내심을 가진 학생

봉사 정신과 희생 정신이
투철하고, 교육자적 자질과
사명감을 가진 학생

장애아에 대한 사랑과
투철한 소명 의식을 가진 학생

2 유사학과

- 특수체육교육과
- 유아특수교육과
- 중등특수교육과
- 초등특수교육과

3 관련직업

- 특수교사
- 교육공무원
- 특수교육장학사
- 특수교육 관련 기업종사자
- 사회복지사
- 특수교육교구개발자
- 방송 PD
- 기자 등

4 개설대학

- 가야대학교
- 가톨릭대학교
- 강남대학교
- 건양대학교
- 공주대학교
- 광주여자대학교
- 나사렛대학교
- 남부대학교
- 단국대학교
- 대구대학교
- 대구한의대학교
- 대전대학교
- 백석대학교
- 부산대학교
- 부산장신대학교
- 세한대학교
- 순천향대학교
- 우석대학교
- 원광대학교
- 유원대학교
- 이화여자대학교
- 인제대학교
- 전주대학교
- 조선대학교
- 중부대학교
- 창원대학교
- 한국교원대학교 등

가르칠 수 있는 용기
파커 j. 파머(이종인 역) / 한문화(2013)

저자는 '교사의 가슴'을 들여다보는 작업을 해온 사상가이자 실천가이다. 그의 교육철학은 엄정하면서도 따뜻하고, 정열적이면서도 명확하다. 이 책은 교사의 자아정체성이라는 개인적인 물음에서 시작하여 교육개혁이라는 대규모 프로젝트로까지 시선을 확대하며 다양한 질문을 던진다. '어떻게 하면 가르치고 배우는 능력을 심화할 수 있는가? 어떻게 하면 가르침의 환희와 사랑을 되찾고, 또 키울 수 있는가? 어떻게 하면 진정한 교사로서 성장할 수 있는가? 어떻게 하면 가르침과 배움을 지원하는 커뮤니티를 형성할 수 있는가?' 등 교육자를 희망하는 학생들에게 실천적 교육관을 정립하는 데 많은 질문을 던지는 책이다.

특수교사, 수업을 요리하다! 학급경영 편
정명철 / 교육과학사(2020)

이 책에는 특수교육 학교에서의 다양한 학급경영레시피가 담겨있다. 제1장은 첫 만남, 첫 한 달을 위한 학급경영레시피, 2장은 눈높이와 발걸음을 맞추는 학급경영레시피, 3장은 성장에 양념을 더하는 학급경영레시피로 시기와 여건에 맞게 특수교사들이 활용할 수 있도록 구성되어 있다. 특수교육이라는 교육현장에서 학생과 교사의 행복한 동행을 위해, 아주 사소한 것이라도 놓치지 않기를 바라는 마음으로 소소한 노하우를 담은 책이라고 할 수 있다. 설레는 마음으로 교직에 발을 내딛고, 시행착오를 겪으며 어제보다 더 나은 수업을 위해 고민하는 모든 교사들이 이 책을 통해 좀 더 성장할 수 있게 될 것이다.

특수교사119
원재연 / 에듀니티(2020)

이 책은 특수학급에서 겪을 수 있는 여러 상황에 대한 특수교사들의 질문에 선배교사가 친절하게 답하는 내용으로 구성되어 있다. 저자의 경험을 토대로 특수교육에 대한 기본 개념은 물론 교육과정, 통합교육, 개별화교육, 학급운영, 행정업무 등의 학교 업무내용과 특수교사들이 궁금해하고 어려워하는 부분을 자세히 설명해주고 있다. 장애학생의 부족한 기초학력과 장애·개별적 특성으로 인한 핸디캡을 채워주려고만 하는 기존의 교육을 넘어, 장애학생의 강점과 가능성을 발견하고 길러 교육목표를 달성하기 위한 다양한 수업 사례들을 소개하고 있어 특수교육을 고민하는 이들에게 훌륭한 나침반이 되어줄 것이다.

나는 특수교사다
한경화 / 교육과학사(2020)

"특수교사는 특수교육에 대한 확고한 철학과 독립성을 가지고 특수교육과 관련된 공부를 놓지 않으면서, 이를 기반으로 학생들이 실존하는 '배움'을 얻을 수 있도록 꾸준히 노력하는 전문가라고 믿고 있다"라고 저자는 이 책에서 말하고 있다. 저자는 특수교사로서의 자신에 대한 성찰, 동료 교사·학부모·학생들과 함께했던 순간들에 대해 서술하고 있다. 아울러 특수교육 현장의 다양한 사례를 제시하여 특수교육에 대해 독자들이 친근하게 접근할 수 있도록 하였다. 특수교사를 꿈꾸며 준비하고 있는 이들이 장애 학생을 소중히 여기는 그런 교사가 되기를 바라는 마음에서 저술한 책이다.

교사 통합교육을 말하다
김명희 외 4인 / 새로온봄(2020)

여전히 우리나라에서는 통합학급에 대한 해당 교사의 부담은 크다. 학급에 특수교육 대상 학생이 있으면 학생을 어떻게 가르칠지, 그리고 학급을 어떻게 운영할지 등 부담과 두려움을 느끼기도 한다. 교사 홀로 교실과 반 아이들을 감당하고 책임져야 하기 때문이다. 이 책은 먼저 경험한 선배 교사들의 통합학급 운영 사례를 생생하게 제시하여 더 좋은 교육을 고민하는 교사들에게 용기를 주고 방향을 안내해준다. 이 책은 통합학급에서 맞닥뜨릴 문제는 어떤 것인지, 어떻게 접근하고 풀어갈지, 무엇이 중요하고 어떻게 준비해야 하는지를 시행착오와 성찰을 나누면서 함께 찾아보려 시도한다. 아이들과 어떻게 관계를 맺고, 의사소통하고, 수업을 만들어갈지 특수교사의 자세하면서도 친절한 안내가 담겨 있다.

에밀
장 자크 루소(이환 역) / 돋을새김(2015)

교육학도라면 한 번은 꼭 읽어야 하는 책이라고 말할 수 있는 책이다. 고아 에밀이 현명한 가정교사의 이상적인 지도를 받으며 성장하는 과정을 담고 있는 이 책은 에밀의 성장에 따라 5부로 구성되었다. 그리고 태어나서부터 결혼에 이르기까지 각 성장기에 따른 교육 단계의 형태를 보여준다. 이 책은 아동본위 교육, 자연주의 교육, 체육의 중요성, 감각훈련의 중요성, 실물 교육, 자발성의 원리, 소극 교육, 심리관찰의 필요성 등 근대 교육의 방법 원리가 집약되어 있어 교육적으로 매우 중요한 위치에 있다. 단순한 교육론이 아니라 인간론이자 문명 비평론이며 소설형식으로 꾸며진 교육학 책이다.

아름다운 아이
R.J. 팔라시오(천미나 역) / 책과 콩나무(2012)

영화 <원더>의 원작소설인 이 책은 얼굴이 심각하게 다른 형태로 태어난 열 살짜리 남자아이 어거스트 풀먼에 관한 이야기이다. 여러 번 수술을 받고, 여러 이상한 별명을 가지고, 타인에게 혐오감을 주어 헬멧을 쓰고 다니는 아이를 소개한다. 자신의 고통과 아픔을 처연히 독백으로 풀어내는 형식으로 구성되어 있어 우리에게 지난날을 반성하게 하고 동시에 삶에 감사함을 느끼게 해준다. 가족과 친구의 보살핌과 사랑으로 한 발 한 발 내딛는 소년을 통해 얼굴이나 외모, 장애로 사람을 판단하는 사회에 치열한 토론거리를 던져주는 책이다.

도덕경
노자(소준섭 역) / 현대지성(2019)

도덕경은 노자가 지은 도가의 대표적인 경전으로 주역, 논어와 함께 중국을 비롯한 동아시아의 사상 및 철학 체계에 가장 심대한 영향을 끼친 책 중 하나이다. 도가의 시조인 노자의 어록으로 알려져 있는데 비교적 짧은 5,000여 자의 글로 구성되어 있지만 그 안에는 정치, 철학, 병법, 과학, 그리고 양생지도에 대한 논술까지 포함되어 있어 수많은 지식인들의 애독서이자 영감의 원천이 되어왔다. 총 81장이며, 상편 37장의 내용을 「도경」 하편 44장의 내용을 「덕경」이라고 한다. 노자가 지었다고 하나 한 사람이 쓴 것이라고는 볼 수 없고, 오랜 과정을 거쳐 기원전 4세기경에 지금과 같은 형태로 고정된 것으로 추정된다.

아내를 모자로 착각한 남자
올리버 색스(조석현 역) / 알마(2016)

미국의 신경과 의사이자 작가인 올리버 색스가 지은 책으로 사고나 질병으로 뇌신경이 손상된 여러 사람들의 사례에 관한 에피소드를 모았다. '아내를 모자로 착각한 남자'는 심한 안면인식장애를 앓던 음악선생이 자기 아내의 머리카락을 모자로 착각하고 쓰려고 했다는 에피소드에서 탄생하였다. 대중에게 신경과학에 대해 편안하면서도 쉽게 다가갈 수 있도록 돕는 책이다. 일상생활에 불편을 겪는 경증 환자부터 현실과 완전히 격리될 정도로 중증의 정신질환을 겪는 환자들까지 저자가 엄밀히 관찰하고 애정 어린 시선으로 써낸 이 임상 기록은 인간 뇌에 관한 현대의학의 이해를 문학을 통해 바꾸었다는 평가를 받았다.

하고 싶은 말이 많고요, 구릅니다
김지우 / 휴머니스트(2022)

저자는 대학교에 재학 중인 22세 시민이자 뇌병변장애여성으로 고등학생 때부터 장애 이슈와 관련해 활발히 활동하고 있다. '유튜브와 함께 성장한 크리에이터 50인'에 선정되었고 젊은 세대로서, 여성으로서, 휠체어를 타는 장애인으로서, 학생으로서, 누군가의 딸이자 자매이자 친구로서 여러 역할에서 겪는 일상과 문제상황을 위트 넘치고 사려 깊게 전한다. 장애를 무겁거나 어려운 것으로 다루고 싶지 않았다고 저자는 이야기한다. 장애인으로서 가장 큰 어려운 점은 사람들의 시선이라고 밝히며, 장애여성으로서 정체성에 관한 고민과 연대와 공감에 대한 필요성도 찬찬히 서술하고 있다.

특수교육과 독서탐구활동 활용사례

자율활동 특기사항

장애인식 개선교육을 통해 장애인의 인권과 행동특성 및 능력에 대해 배웠으며 특히 장애인과의 의사소통 방법에 대해 알게 됨. 평소 특수교육에 관심이 많아 장애인과 원활하게 의사소통하기 위해 시각장애 아동들을 위한 점자책을 만드는 활동을 수행함. 이 과정에서 시각 장애 아동의 언어적 특성, 인지적 특성, 학습적 특성을 이해함. 또한 시각 장애 아동의 통합교육을 위해 교사가 어떤 역할을 수행해야 하는지 탐구하고 이를 발표하면서 창의적 사고 및 심미적 감성 역량을 함양함. **'나는 특수교사다(한경화)', '특수교사119(원재연)'** 의 책을 읽고 특수학급의 상황에 대해 이해하고 특수학생을 향한 시선 그리고 특수교사로서의 철학에 대해 진지하게 고민해 보는 시간을 가짐. 학급 회의를 주관하거나 어려운 친구를 돕는 모습에서 인성이 훌륭한 것을 확인할 수 있음. 미래사회에서 인류애적 공존을 위해 노력하는 인재가 될 것으로 기대됨.

동아리활동 특기사항

(사회봉사반)(34시간) 어려운 이웃을 보면 그냥 지나치지 못하는 따뜻한 심성을 가진 학생으로, 봉사동아리 회원들과 꾸준히 봉사활동을 실천하여 주변 사람들로부터 칭찬이 자자함. 특히 사회적 약자들의 어려움을 이해하고 사회적 편견을 없애기 위해 동영상 제작, 캠페인 운동, 해시태그 달기 등 다양한 활동에 주도적으로 참여하여 사람들의 주목을 받음. '송파 세 모녀 사건' 관련 기사를 읽고, 복지 사각지대에 놓인 사람들에게 도움을 줄 수 있는 정책 제안서를 작성하여 제출함. 정기적으로 다문화 가정 아이들과 지역아동센터의 아이들의 학습을 돕는 봉사활동에 참여하는 등 타인을 돕는 과정에서 행복을 느낄 줄 아는 학생으로, 특수교육 대상 학생을 지도하는 특수교사에 관심이 많음. 이를 위해 **교사 통합교육을 말하다(김명희 외)** 등의 책을 읽고 자신의 미래 직업에 대해 끊임없이 호기심을 채워나가고 있으며, 학급 및 지역에서 교육봉사를 실천하고자 노력하는 학생임.

진로활동 특기사항

진로 발표시간에 주변 친구들을 가르치면서 보람을 느꼈던 경험을 들어 아이들의 마음에 '공감'해 주는 교사가 되고 싶다고 자신의 꿈을 발표함. 자신의 진로에 필요한 역량을 키우고자 진로 관련 독서 프로그램에 참여하여 **'에밀(장 자크 루소)', ' 오체는 불만족, 인생은 대만족(오토다케 히로타다)'** 등의 책을 읽으며 지식을 넓히는 노력을 보임. 학과 탐색 활동에서는 교육 관련 학과 및 직업에 대한 정보를 탐색하였으며, 의사소통능력 및 리더십과 같은 역량을 함양하기 위해 노력하는 모습을 보임. 학업 이수 계획서를 작성하며 진학 준비 설계 과정에 적극적으로 참여함. 선택과목과 탐구주제를 선정하고 진로 독서 계획을 세우는 등 고등학교 3년간의 로드맵을 구체적으로 수립함. 이를 위해 기업가 정신 활동에 참여하였으며 주변의 공감을 얻기 위한 방법을 학습하고 프로젝트를 진행함. 여정 지도와 사진 기법을 통해 매점이 없는 학교 상황을 고려하여 간이매점을 만들어 물건을 판매하는 활동을 진행하였으나 기대만큼의 목표를 달성하지 못함. 그러나 포기하지 않고 공감에 대한 의미를 재확인하여 코로나19에 필요한 방역 봉사를 실천하여 칭찬을 받음. 실패를 경험으로 삼아 배움을 얻는 모습이 인상적인 학생임.

교과 세부능력 및 특기사항

기본영어

'학교는 정말 창의성을 죽일까?', '교육의 죽음의 계곡에서 탈출하는 방법', '원본' 등의 영상 강연을 듣고 켄 로빈슨의 교육관에 관심을 갖게 되어 그의 저서 '누가 창의력을 죽이는가'를 읽고 친구들이 문제의식에 공감할 수 있도록 발제문을 작성함. 이후 주제 토론 활동 시간에 '창의력을 키우는 학교 만들기'를 주제로 제안하여 친구들과 토의를 활발하게 진행함. 여행지를 소개하는 영문 광고 제작 프로젝트에서 경주를 소개하기 위해 국보 제32호로 지정된 첨성대를 광고 이미지로 디자인함. 또한 포스터에 넣을 광고 문구를 작성하고 이를 영어로 유창하게 소개함. 독서 활동 시간에 선천적 안면 기형을 가지고 태어난 아이를 주인공으로 한 '**아름다운 아이 (R.J. 팔라시오)**'를 읽고 북 리포트를 작성함. 한 문장으로 표현하는 서평 릴레이에서 '당신이 만나는 모두에게 친절하게 대하는 것은 힘든 일이다'의 표현을 인용하여 자신이 공감한 부분에 대해 감동적으로 잘 표현함.

사회문화

사회 계층과 불평등을 주제로 한 모둠 수업에서 사회복지의 의미를 설명하고 복지 제도의 유형과 역할 및 한계를 분석하여 발표함. 송파 세 모녀 사건을 예로 들어 생활고를 겪고 있지만 법과 규정에 따라 기초생활수급자에 포함되지 못하는 다수의 사람이 있음을 지적하고, 이들에 대한 사회적 관심과 도움이 필요함을 주장함. '**특수교사, 수업을 요리하다! 학급경영 편(정명철)**'를 읽고 사람을 정상과 비정상으로 나누는 획일적인 학교를 개선하고자 특수교사라는 꿈을 가지게 되었다고 설명함. 평소 특수교육 대상 학생 및 사회적 약자에 관심을 가지고, 이들과 관련된 차별을 개선하기 위해 다양한 캠페인 활동 및 봉사활동에 참여하고 있음. 모둠활동에서 자신에게 주어진 역할에 충실히 하고, 발표할 때 목소리의 크기와 속도가 안정적이며 시선 처리가 자연스러워 청중들을 집중하게 만드는 능력을 가진 학생임.

행동특성 및 종합의견

주목받지 않는 상황에서도 자신의 할 일을 해내고 다정다감한 성품으로 친구들에 대한 배려가 몸에 배어 세심하게 주변을 잘 챙기는 편임. 아픈 학생이 있으면 보건실에 함께 가주거나 학급의 힘든 일을 기꺼이 하는 모습을 보여 다수의 학급 친구들로부터 1학기 모범학생으로 추천을 받음. 자신의 부족한 점을 발견했을 때 즉각적으로 개선하고자 노력하는 모습을 보여주는 학생으로, 이러한 노력이 쌓여 계속 성장하는 모습을 보임. 학업적인 측면에서는 묵묵하게 공부를 하고, 부족한 과목의 경우 공부 방법을 고민하며 개선하고자 노력함. 수업 시간에 참여하는 태도가 좋으며 적극적으로 자기 생각을 드러내고 관심 영역을 넓혀가는 모습으로 볼 때 앞으로가 더욱 기대되는 학생임. 또한, 누가 강요하지 않아도 규칙 준수의 중요성을 스스로 인식하여 사소한 규칙이라도 지키려고 노력함. 교사라는 꿈을 가지고 있고 교사의 영향력이 다른 직업과 비교하여 크다는 것을 알고 책임감을 가지려고 노력함. '**가르칠 수 있는 용기(파커 j. 파머)**', '**아내를 모자로 착각한 남자(올리버 색스)**' 등의 책을 읽으며 교사에게 필요한 의사소통능력, 갈등관리능력, 문제해결력 등을 함양하기 위해 노력함.

1 인문계열

2 사회계열

3 자연계열

4 공학계열

5 의약계열

6 예체능계열

7 교육계열 · 특수교육과

23 ▶▶ 한문교육과

1 학과 인재상

각 나라의 문학, 철학, 예술 등 다양한 분야에 관심을 가진 학생

시대 변화에 능동적으로 대응하는 창조적 지성을 갖춘 학생

학생 및 교육에 대한 애정, 정직성, 리더십을 갖추고 있는 학생

한문(고전)에 대한 기초 지식과 실제 언어 능력을 갖춘 학생

중고등학교 교과 범위 내에서의 한문 해독에 흥미를 가지고 있는 학생

2 유사학과

- 한문학과
- 언어학과
- 아시아어문학

3 관련직업

- 교사
- 연구원
- 한문 관련 출판사 종사자
- 언론인
- 학원강사
- 고전번역가
- 서예가
- 동양서전문번역자 등

4 개설대학

- 강원대학교
- 계명대학교
- 공주대학교
- 단국대학교
- 성균관대학교
- 성신여자대학교
- 영남대학교
- 원광대학교
- 전주대학교 등

5 학과 연계도서

강의

신영복 / 돌베개(2004)

이 책은 관계론의 관점에서 고전의 의미를 재조명하고 동양적 삶이 지향하는 궁극적인 가치는 '인성의 고양'이며, 이 인성의 내용이 바로 인간관계라는 점을 강조한다. 결국 인성을 고양한다는 것은 인간관계를 인간적인 것으로 만들어가는 것을 의미한다고 말하고 있다. 저자는 자본주의 체제가 양산하는 물질의 낭비와 인간의 소외, 그리고 인간관계의 황폐화를 보다 근본적인 시각으로 재조명하며 시경, 서경, 초사, 주역, 논어, 맹자, 노자, 장자, 묵자, 순자, 한비자를 관계론의 관점에서 새롭게 읽는다.

이야기 고사성어

영남대학교한문교육과 / 열린시선(2009)

한글세대들이 부담을 갖지 않고 한자성어를 흥미롭고 쉽게 익힐 수 있도록 17개 주제별로 구성한 교재이다. 요즈음에는 한자와 한문을 잘 배우려 하지 않을 뿐만 아니라, 한자성어를 사용하더라도 그 뜻을 정확하게 알지 못하거나 잘못 쓰는 경우가 많다. 이러한 현실을 감안하여 예시를 들어 내용을 구성하였으며, 고사성어에 대해 쉽고 상세한 설명과 풍부한 예문을 수록하였다. 한자나 한자어를 학습하려는 사람들에게 쉽게 다가갈 수 있도록 하고, 우리의 언어생활을 윤택하고 풍요롭게 하기 위한 교재이다.

중용

자사(윤지산 역) / 지식여행(2022)

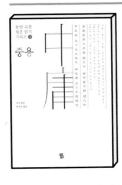

중용은 공자의 손자인 자사가 저술한 책이다. 논어, 맹자, 대학과 더불어 사서에 속하며, 유교의 기초가 되는 책이기도 하다. 중용은 인간관계에 있어서 내가 남에게 베푸는 말과 행동 또는 감정표현에 부족함이 있는지 아니면 지나친 것인지를 살펴서, 상황에 맞는 적절함을 행하는 것을 말한다. 즉 상대방에게 베푸는 말과 행동에서 적절함을 지키라는 뜻으로 해석된다. 남에게 베푸는 말과 행동이 부족하면 상대는 원망하게 되고, 남에게 베푸는 말과 행동이 지나치면 상대는 부담스러워한다. 현대의 모든 인간관계에 있어서도, 옳은 원칙은 지키되 상황에 따라 적절히 나의 생각과 감정을 세련되게 표현해야 한다는 가르침을 확인할 수 있다.

한자를 알면 어휘가 보인다

큰그림 편집부 / 도서출판큰그림(2019)

이 책에서는 200개의 사자성어를 쓰면서 한자 하나하나의 '음'과 '뜻'을 외울 수 있게 편집하였다. 이 책에서 다루는 200개의 사자성어는 수능에 자주 출제되었으면서 중고등학교 교과서에서도 자주 소개되는 것들이다. 그리고 사자성어를 가나다순으로 나열한 것이 아니라 주제에 따라 나누었다. '사람의 마음, 인생, 좋고 나쁘고, 많고 적고, 어리석음과 지혜로움, 말과 행동, 숫자, 속담, 위기상황'처럼 주어진 상황에 맞게 사자성어의 뜻을 분류하여 구성하였다. 문해력이 중요 화두로 떠오르는 요즘, 이 책을 통해 아동과 청소년이 한자와 한자어에 보다 쉽게 접함으로써 그 역량을 높일 수 있을 것이다.

스마트 미디어 시대 디지털 문자와 한자교육콘텐츠
심현주 / 역락(2021)

이 책은 동아시아 한자문명의 상징 도구인 한자가 디지털 기술의 접목으로 스크린 사회를 조성하는 디지털 한자로 변신하고 있는 최근의 추세를 반영하고자 집필되었다. 디지털 한자의 문자적 가치와 교육적 가치가 디지털 스크린에서 어떻게 작동되고 있는지 궁금증을 해소하기 위해 이 책을 구상하게 되었다. 이 책은 3부로 세분화하여 구성되었다. 1부는 '문자와 디지털 문자'로 디지털 문자학 구축에 필요한 학제적 차원의 개념을 소개하고 있다. 2부는 '디지털 한자기호와 해석모델'로 디지털 한자기호의 도상 기억술과 인지기능에 관해 접근하고 있다. 3부는 '한자교육콘텐츠의 기획방법론'으로 중국 온라인 교육 시장에서 유통되는 콘텐츠를 선별하여 분석하였다.

생활 속의 고사성어
생활한자교육회 / 브라운힐(2019)

이 책은 수십 년간 한자를 가르치며 한문 교육을 실천해온 저자들이 전하는 '일상 한자어 모음집'이면서 별다른 지식 없이도 술술 읽으며 한자를 익히는 실용 안내서다. 일상 속 익숙한 표현을 통해 우리가 흔히 주고받는 낱말들의 진짜 의미를 알려준다. 언어의 활용은 정확한 이해에서 시작되고, 오해 없는 소통이 이루어질 때 비로소 그 힘이 부드럽고도 강하게 발휘된다는 사실을, 저자는 시종 편안한 목소리로 말해준다. 이 책을 통해 풍부한 한자 지식을 넓히는 동시에 인문학적 감성을 깨닫게 될 것이다.

공자 평전
쾅야밍(장세후 역) / 연암서가(2022)

공자는 중국과 아시아는 물론 전 세계적으로도 사상적인 측면에서 큰 영향을 끼친 인물이다. 우리나라에서는 공자의 어록인 『논어』는 물론 공자의 학통을 이어받은 저작인 『사서』가 조선 500년의 굳건한 통치 이념이 되기도 하였다. 쾅야밍이 지은 이 책은 공자의 생애와 다방면에 걸친 사상, 업적, 후세에 끼친 영향 등을 폭넓게 다루고 있다. 쾅은 마오쩌둥을 만나 공자에 대해서 토론한 적이 있다. 두 사람 모두 공자에 대한 이해도가 높았고, 실사구시라는 합리적인 태도를 취하였으며, 참 공자와 가짜 공자를 분별해야 한다는 데 공감했다. 이를 계기로 이 책이 나오게 되었다.

한시의 품격
김풍기 / 창비(2014)

이 책은 조선시대 주류 문화인 한시를 본격적으로 다루며, 그 속에서 조선 지식인 사회와 문화를 읽어낸다. 좋은 시작품을 읽는 가운데 자연스레 그 안에 깃든 '옛사람이 시를 보는 눈'을 이해할 수 있도록 함으로써, 그들이 읊은 한시의 세계가 오늘날 우리 삶의 풍경과 다르지 않음을 알게 하려는 의도로 저술했다. 옛것을 인용하는 것을 미덕으로 여기던 문화에서 표절의 경계는 어디까지인지, 자존심을 건 문인들의 싸움이 얼마나 치열하게 전개되었는지, 날 선 비평의 세계에서 한시가 어떻게 살아남아 전해지는지 등 이 책은 조선 지식인 문화의 이면에 숨겨진 이야기를 서슴없이 들춘다.

논어
공자(소준섭 역) / 현대지성 (2018)

우리가 고전을 읽어야 하는 이유는 고전은 우리의 과거이자, 현재이자 미래이기 때문이다. 고전은 인간의 본질을 가장 정확하게 분석하고 인간이 지향하여 나아갈 방향을 가장 근원적으로 가르쳐준다. 혼란스러운 시대일수록 우리의 사상의 토대가 되어준 고전을 통해 시대를 초월하는 지혜를 얻어야 한다. 논어는 지난 2,500년 동안 동양 문화와 사상에 지대한 영향을 끼쳐왔으며, 지금도 우리에게 사람됨의 도리와 이치를 가르쳐주고 있다. 일생에 한 번은 꼭 읽어야 하는 책이지만 읽어나가기는 결코 만만치 않다. 옮긴이 소준섭 박사는 독자들의 어려움을 염두에 두고, 고전의 풍미를 잃지 않으면서도 독자들이 쉽게 읽을 수 있도록 해석하였다.

청소년을 위한 이야기 동양사상
김경일 / 바다출판사 (2017)

쉽고 재미있게 풀어 쓴 동양의 생각 지도라 말할 수 있고, 동양사상이 탄생했던 그때를 생생하게 재현한 책이다. 이 책은 노자, 장자, 공자, 묵자, 맹자, 한비자 등 11인의 사상가들에 대해 구체적이면서도 핵심적인 내용을 정리한 책이다. 제자백가 시대의 상황과 문제점을 분석하고, 그 시대의 사상가들을 비교하여 설명하고 있다. 사상가들에 대한 분석의 근거가 체계적으로 잘 제시되어 있어 현재 시대와도 연결하여 생각해 볼 수 있게 구성하였다. 청소년들의 수행평가 자료로 충분히 활용할 수 있으며, 동양철학을 어렵게만 생각했던 일반인들도 이 한 권으로 동양사상가들을 이해할 수 있을 것이다.

1 인문계열

2 사회계열

3 자연계열

4 공학계열

5 의약계열

6 예체능계열

7 교육계열 · 한문교육과

한문교육과 독서탐구활동 활용사례

자율활동 특기사항

나를 변화시킨 책·인물 소개 활동에서 한문 문장인 '위귀인이, 위호인난'에서 '귀인, 호인'의 개념을 설명하고, 좋은 사람이 되기 위해서는 어떤 목표를 가져야 하는지 고민함. 일을 시작할 때 명예와 경제적 성공보다는 내가 지키고 명심해야 할 사람다움에 대한 가치를 더 중요하게 생각해야 한다고 밝히며 구체적인 예를 들어 친구들에게 논리적으로 발표함. 이후 자신이 한문에 관심을 가지게 되었을 때 읽었던 책 **'생활 속의 고사성어(생활한자교육회)'**를 학급 도서관에 기증하고 일상생활에서 활용될 수 있는 고사성어를 학급 게시판에 공유함. 고사성어를 적절하게 사용하면 일상생활에서 의사소통을 원활하게 할 수 있다는 점을 친구들에게 설명하며 친구들의 한문에 대한 관심을 높이고자 노력함. 이 과정에서 예비 교사로서 학생의 가치를 높이기 위해 무엇을 준비해야 하는지 고민해 보고 이러한 역량을 함양하기 위해 노력할 것을 다짐함.

동아리활동 특기사항

(언어학습반)(34시간) 언어교사 동아리의 '선생님 되어 보기' 활동에서 한·중·일 국제관계와 관련된 사자성어 '순망치한', '어부지리', '경전하사', '당랑거철'의 의미를 정확하게 이해하고 이 사자성어를 이용하여 한·중·일 국제관계에 대해 쉽게 설명하여 친구들에게 극찬을 받음. 특히 **'이야기 고사성어(영남대학교한문교육과)'** 책을 참고하여 친구들의 수준에 맞추어 쉽고 정확하게 설명하여 판단력과 소통 능력이 탁월함을 확인함. 이를 통해 우리의 언어생활을 윤택하고 풍요롭게 하기 위해 한자와 한문이 필요하다는 것을 동아리 친구들이 알게 됨. 이후 친구들이 한자성어의 뜻을 공부하게 하는 데 긍정적인 영향을 줌. 성어의 이해력이 뛰어나고, 선인들의 지혜와 사상 속에서 현재적 가치를 탐색하고자 **'한시의 품격(김풍기)'** 등의 책을 읽어 끊임없이 공부함. 이를 동아리 친구들에게 공유하는 등 바람직한 태도와 자기주도적인 모습을 가지고 있음. 학생이 꿈꾸는 교사가 되었을 때 미래 제자들의 성장에 도움이 될 것이라 기대됨.

진로활동 특기사항

진로 프로그램 중 자신의 전공 관련 활동에서 역사와 연계한 한자성어를 학습함. 온라인 활동이라는 상황적 한계를 극복하고 충실히 한자성어를 정독하였으며, 성어 풀이에 필요한 한자의 쓰임을 익히고 겉뜻과 속뜻 풀이에 적용해 보고자 하는 탐구적인 자세와 끈기가 매우 인상적인 학생임. 다양한 주제의 한자성어 학습 후, 앎이 삶으로 이어지도록 명구들을 구체적인 상황에 적용해 보는 등 직접 실천함. 이를 통해 본인과 주변 사람들의 삶에 긍정적인 영향을 전파하려는 노력을 엿볼 수 있었음. 한자의 조작 원리에 대한 개념 이해력이 뛰어나고 고대 문자인 갑골문자를 해독하는 창의력이 탁월함. 한자의 여러 형성원리를 다른 상황에 적용할 줄 알고 한자의 뜻과 음을 분별하는 능력이 뛰어난 학생임. 무엇보다 친구들이 한자에 대해 흥미를 가지도록 **'스마트 미디어 시대 디지털 문자와 한자교육콘텐츠(심현주)'**를 읽고 한문과 디지털교육에 대해 고민하는 모습이 인상적임. 이후 자신이 전공하고자 하는 한문교육학과의 교육과정을 분석하고, 미래 자신이 한문교사가 되어 무엇을 하고 싶은지에 대해 심도 있는 고민을 지속적으로 할 것이라고 다짐함.

1 인문계열

2 사회계열

3 자연계열

4 공학계열

5 의약계열

6 예체계열

7 교육계열·한문교육과

교과 세부능력 및 특기사항

고전과윤리

고전 읽고 에세이 쓰기 활동에서 **'중용(자사)'**을 읽고 '어떤 순간에도 기울지도 치우치지도 않는, 내 인생의 무게 중심을 잡는 법'이라는 주제로 에세이를 작성함. 이 과정에서 고전 중용의 심성론와 우주론에 대해 탐구하게 됨. 이를 통해 한쪽으로 치우치지 않고 세상을 탐구하는 힘을 길러 세상의 이치를 깨닫고, 성실함으로 배움, 생각, 질문, 분별, 실행을 실천함으로써 자신의 진로를 설계하는 데 많은 도움이 되었다고 발표함. 발표 과정에서 자신의 의견과 감정을 적극적으로 표현하는 능력이 우수함을 확인함. 또한 마음공부의 의미와 중요성을 깨닫고 자신의 마음 공부법을 제안하는 과정에서 의견을 적극적으로 표현하는 등 자신의 앎을 실천하기 위해 노력하는 학생임. 후속활동으로 중용에 대한 서평을 작성하여 보고서를 제출하는 적극적인 태도를 보임.

한문

수업시간에 교사의 설명을 꼼꼼히 기록하는 습관을 갖추고 있으며 자신이 정리한 자료를 친구들에게 공유하는 등 협력적인 태도를 지닌 학생임. **'청소년을 위한 이야기 동양사상(김경일)'**을 통해 알게 된 춘추전국 시대 진나라의 이사가 쓴 '상진황축객서'를 풀이함. 한나라 사람인 정국이 대대적인 수리 시설을 정비하자고 권하며 진나라의 물자와 인력을 소모하게 함으로써 한나라를 공격하지 못하게 하려다 발각되자, 진나라 왕이 주변 국가에서 온 인물들을 추방하는 명령을 내리고 추방 대상에 포함되어 있던 이사가 해당 글을 쓰게 되었다는 배경을 설명함. 글의 내용 중 '태산, 하해'는 비유적인 표현으로, 진나라가 국가의 발전을 위해 포용하고 수용하는 정책을 펼쳐야 함을 주장하는 내용이라며 글의 주제를 잘 설명함. 우리나라도 외국의 인재를 수용하고 국가 발전을 위해 이중 국적을 허용해야 한다고 자신의 생각을 밝힘. 이후 교사가 되었을 때 학급의 인재를 발견하고 다양한 경험을 제공하는 교사가 되겠다고 다짐함.

행동특성 및 종합의견

성적이 우수하고 매사 긍정적이고 의욕적이며 다방면에 관심이 많아 적극적으로 활동하는 팔방미인형 학생임. 친구들과 경쟁하기보다는 함께하며 밝은 에너지로 친구들을 즐겁게 함. 열린 마음을 가지고 소통하는 이해심와 배려심을 가지고 있음. 친구들이 모르는 내용을 물어보면 친절하게 잘 가르쳐주고 친구들의 고민을 살펴보는 등 나눔의 모습을 보여줌. 자기관리도 야무지게 잘하고 추진력과 리더십도 있어 1학기 학급 자치회장으로서 학급 일을 솔선수범하여 잘 수행함. 그 뒤로 선생님과 친구들의 추천을 받아 학생자치회 부회장으로 입후보하여 선출됨. 학생과 함께하는 학생회 프로그램을 계획하고 추진하는 과정에서 주어진 일을 차질 없이 해내는 책임감을 보여줌. 일이 힘들어도 밝게 웃으며 노력하는 태도가 기특함. 학습 면에서도 의지가 강해 꾸준히 학업계획서를 작성하면서 학습 시간과 학습 환경을 스스로 잘 관리함. 인문학적 소양을 위해 **'강의(신영복)'**을 찾아 읽는 등 자기 주도적으로 열심히 학습하고자 하는 모습을 보임. 수업 태도와 집중력이 좋고 열심히 하려는 노력이 돋보이는 학생으로 앞으로 더 큰 발전이 기대됨.

24 ▸▸ 화학교육과

1 학과 인재상

과학적 사고에 대한 이해력과 타인에 대한 지도력을 갖춘 학생

자연 현상과 원리에 대한 관심과 호기심이 많은 학생

화학 및 화학 교수법에 대한 지적 호기심 및 화학 탐구 능력이 뛰어난 학생

자연 현상과 주변 사물의 과학적 탐구를 통하여 과학의 기본 개념을 이해하려고 노력하는 학생

과학이 기술과 사회의 발전에 미치는 영향력을 인식하고 이에 대한 책임감과 윤리 의식을 갖춘 학생

2 유사학과

- 과학교육과
- 물리교육과
- 생물교육과
- 지구과학교육과
- 화학과
- 화학공학과

3 관련직업

- 교사
- 교수
- 연구원
- 과학시험원
- 과학관 큐레이터
- 과학학습지 및 교재 개발자
- 학원강사
- 출판기획자
- 과학PD

4 개설대학

- 경북대학교
- 경상국립대학교
- 공주대학교
- 대구대학교
- 부산대학교
- 서울대학교
- 순천대학교
- 전남대학교
- 조선대학교
- 충북대학교
- 한국교원대학교 등

1 인문계열

2 사회계열

3 자연계열

4 공학계열

5 의약계열

6 예체계열

7 교육계열・화학교육과

화학의 미스터리

김성근 외 9인 / 반니(2019)

현재 10억 분의 1m인 나노 단위까지 볼 수 있지만 그보다 더 작은 단위의 세계가 있지 않을까? 주기율표상의 빈 공간을 채울 또 다른 원소가 있지 않을까? 우주의 95%를 차지하는 암흑물질과 암흑에너지는 대체 무엇일까? 화학을 공부하면서 이러한 의문들이 들기 마련이다. 하지만 미스터리를 푸는 열쇠 또한 화학이 가지고 있다. 이 책은 엔트로피, 주기율표와 분자운동, 분자 관람 그리고 나노, 단백질 구조예측까지 미래를 결정할 화학의 모든 것을 다루고 있다. 미래 에너지, 수소・전기자동차, 양자역학, 빅데이터, 미래의 약품, 인공근육, 첨단소재, 나노, 반도체 등 우리 미래를 판가름할 다양한 것들에 화학이 깊이 연관되어 있음을 이해할 수 있게 될 것이다.

노 임팩트 맨

콜린 베번(이은성 역) / 북하우스(2010)

콜린 가족이 뉴욕 한복판에서 환경을 지키기 위해 실천한 모험담에 대해 소개한 책이다. 갈수록 심각해지는 환경위기로부터 지구를 살리기 위해 환경에 임팩트를 주지 않는 여러 가지 프로젝트에 도전하는 가족의 모습을 우리에게 전달해 준다. 콜린 가족은 플라스틱 사용하지 않기, 유기농 식단 짜기, 자전거 타기, 전기 사용하지 않기 등 어떻게 보면 극단적이기까지 한 이 실천을 해 나간다. 그러면서 한 인간이, 아니 한 가족이 겪는 불편함과 시행착오를 통해 어떻게 사는 것이 나와 내 가족 더 나아가 지구를 위해 좋은 것인지를 고민한다. 환경 위기를 극복하기 위해서는 개인과 사회 그리고 국가가 협력해야 하지만 지금 당장 내가 할 수 있는 실천방법으로는 무엇이 있는지 생각해 볼 수 있는 계기가 될 것이다.

재밌어서 밤새 읽는 화학 이야기

사마키 다케오(김정환 역) / 더숲(2013)

이 책은 일상생활과 실험실에서 접할 수 있는 화학에 대한 다양한 이야기를 들려준다. 우리 주변에 넘쳐나는 사건과 현상을 과학의 눈으로 살펴보면서 다양한 호기심을 해소해주며, 화학이 우리 생활과 밀접한 학문임을 일깨워주고 있다. 가스 폭발이 일어나는 이유, 하루에 마셔야 하는 물의 적정량, 홍차에 레몬을 넣으면 색이 변하는 이유 등을 알기 쉽게 설명해준다. 학교에서 배우지 못한 사실들과 미처 깨닫지 못한 화학공부의 즐거움을 맛볼 수 있는 기회를 마련해준다. 화학의 본질적이고 기본적인 지식을 통해 새로운 세계를 바라볼 수 있는 눈을 가질 수 있도록 도와준다.

화학으로 이루어진 세상

크리스틴 메데페셀헤르만 외(권세훈 역) / 에코리브로(2007)

화학은 물질의 조성과 구조, 물질의 성질 및 변화 등을 연구하는 학문이다. 우리 주위에서 화학이 아닌 것을 찾아보기는 쉽지 않다. 화학의 발전으로 우리의 생활은 많은 변화를 거듭해 왔다. 이 책은 그러한 생활 속의 화학상식을 담아 정리한 교양 화학입문서이다. 이 책은 과학저널리스트인 저자와 실용화학자가 하루 동안 일어나는 화학적 사건을 풀어내며 우리에게 화학적 상식을 제시한다. 미처 우리가 알지 못했던 화학의 위험성, 복잡성, 양면성에 대해 일상생활 속 요소로 풀어 설명해 주어 더 쉽게 다가온다. 화학이 우리 세상에서 차지하는 그 중요성과 미래의 화학까지 언급하여 다시금 진지하게 사고를 넓힐 수 있도록 도움을 준다.

화학, 알아두면 사는 데 도움이 됩니다
씨에지에양(김락준 역) / 지식너머(2019)

많은 소비자들은 화학 제품을 '위험 물질'로 인식하는 한편, 맹목적으로 '천연 유기농'을 추구한다. 또한 일부 식품·화장품 회사들은 상품 광고에 '논케미컬', '실리콘프리', '無파라벤' 등의 문구를 사용해 소비자를 현혹하며, 마치 해당 상품이 건강하고 자연 친화적인 상품이라는 잘못된 암시를 주기도 한다. 화학은 이미 우리 생활 속에 깊이 침투해 응용되고 있다. 설거지할 때 사용하는 세정제, 슈퍼에서 파는 음료수, 매일 같이 사용하는 샴푸와 바디워시, 메이크업 제품, 옷 등 모두 화학과 밀접하게 관련 있다. 하지만 두려워할 필요가 없다고 저자는 말한다. 화학 상식들을 익히고, 화학제품을 제대로 사용한다면 화학 물질은 일상을 편리하게 도와주는 썩 괜찮은 동반자가 될 수 있을 것이기 때문이다.

시끌벅적 화학원소 아파트
원소주기연구회(박재현 역) / 반니(2016)

이 책은 원소주기율표를 7층 높이의 건물과 2층짜리 별관 건물로 이루어진 아파트로 상상하고, 118개의 원소들을 아파트에 사는 주민으로 설정해, 청소년이 흥미롭게 원소에 대해 이해할 수 있도록 만화로 풀어낸 책이다. 원소들은 각각 개성을 지닌 주민들로 묘사되어 있다. 이들의 생활 속 에피소드를 통해 원소가 일상 속에서 어떻게 사용되는지, 각 원소들은 어떤 특징을 지니고 있는지 알 수 있다. 원소가 우리와 동떨어진 세계가 아니라 우리 주변의 친근한 것으로 존재함을 강조하고 있다. 나아가 한눈에 들어오는 원소주기율표와 아기자기하고 재밌는 일러스트, 유쾌한 대사는 흥미와 재미를 더해 준다.

화학에서 인생을 배우다
황영애 / 더숲(2010)

이 책은 40년간 화학을 연구해온 저명한 과학자 황영애의 화학이야기와 화학을 통해 바라본 인생의 깨달음을 담은 책이다. 이 책에는 19가지의 화학적 개념들이 나온다. 하지만 기존의 책들과는 다른 방식으로 원자의 구조부터 시작해서 플라즈마, 동소체, 오존, 촉매, 엔트로피 등 많은 화학적 개념과 현상들을 설명하고 있다. 또한 '촉매'를 통해 치유를 깨닫고, '르샤틀리에 원리'를 통해 평형에 이르는 길에 대해 이야기한다. 저자의 뛰어난 통찰력이 빚어낸 지식과 지혜, 깨달음의 만남 속에서 우리는 화학이 무엇인지를 공부하게 되고, 화학이 우리 삶과 얼마나 비슷한지 깨닫게 된다.

글로벌 환경에너지
김재용 / 화수목(2016)

이 책은 환경에너지의 정의와 에너지에 관한 기초이론부터 지구상에 존재하는 에너지에 대해 일반 독자들이 알기 쉽게 쓴 책이다. 현재 가장 많이 쓰이고 있는 에너지에 대한 문제점을 인식하고, 유한한 에너지와 환경오염을 발생시켜 미래세대에 위협이 되는 에너지 사용을 줄이고, 대안제·대체제가 아닌 미래 필수적 에너지가 필요하다고 고민을 이야기한다. 커패시터, 수소 에너지, 폐기물 에너지 등의 환경에너지의 전망과 세계 각국에서의 동향 및 미래에너지 정책에 대한 통계자료도 실려 있어 미래에너지에 대해 한눈에 알아볼 수 있을 것이다.

역사를 바꾼 17가지 화학이야기

페니 카메론 르 쿠터(곽주영 역) / 사이언스북스(2007)

이 책은 나폴레옹의 이야기로 이야기가 시작된다. 나폴레옹이 화학을 제대로 알았더라면 세계사가 완전히 바뀔 수 있었을 거라고 설명한다. 나폴레옹 군대의 군복 단추에는 주석이 사용되었다. 저온에서 금속성을 잃고 부스러지는 주석 때문에 병사들은 단추가 없어진 옷자락을 추스르느라 무기도 제대로 못 잡고 싸움도 제대로 해 보지 못한 채 후퇴 길에 올랐다고 설명한다. 이후로 향신료, 비타민 C, 포도당 등 다양한 소재로 이야기를 이끌어간다. '역사를 바꾼 17가지 화학 이야기 2'는 아스피린과 항생제, 노르에신드론, 알칼로이드류, 모르핀, 니코틴, 카페인, 올레산, 소금, 프레온, 다이옥신, 클로로포름 등의 화학 물질이 역사적으로 어떤 사건과 관련되어 있는지 흥미진진하게 이야기한다.

교사 어떻게 되었을까?

한승배 / 캠퍼스멘토 (2016)

대한민국 각 분야 교사들이 자신이 교사가 되기 위해 걸어온 길을 청소년들에게 이야기해주기 위해 집필한 책이다. 이 책은 단순히 수필 형식으로 자신의 이야기를 전하기만 하는 것이 아니라 직업을 결정하거나 중요한 선택의 순간에 어떠한 결정을 했으며 왜 지금의 일을 하게 되었는지를 설명하며 학생들에게도 생각해 볼 수 있는 질문들을 던지고 있다. 특히 교사가 되기 위해 필요한 요건과 미래 제자들인 학생들의 미래에 대한 방향성을 제시하기 위해 필요한 역량들에 대해 다루고 있어 예비 교사들에게 필요한 도서이다. 이 책을 통해 학생들은 교사들의 커리어 패스를 조사하고 자신과 얼마나 관련이 있는지 비교해 볼 수 있다.

1
인문 계열

2
사회 계열

3
자연 계열

4
공학 계열

5
의약 계열

6
예체능 계열

7
교육계열 · 화학교육과

화학교육과 독서탐구활동 활용사례

자율활동 특기사항

학급의 사람 책 활동에서 화학 관련 서적을 읽고 보일의 생애와 업적을 탐구하여 발표함. 보일이 발표한 보일의 법칙에 대해 주변 친구들에게 설명하고 보일의 법칙을 확장시킨 개념인 이상기체 상태 방정식에 호기심이 생겨서 사람 책 활동 이후에도 추가로 자료를 조사하여 정리함. 이상기체 상태 방정식의 발달과정과 한계점을 정리하는 모습에서 평소 과학 관련 궁금증이 많고 그 질문을 스스로 해결하려는 적극성을 확인함. 또한 자신이 알고 있는 지식을 친구들의 눈높이에 맞춰 전달하는 데 흥미를 가지고 있는 모습을 보임. 이후 화학에 대한 호기심을 진로와 연계하여 화학교사가 되고자 하는 꿈을 키워감. 이를 위해 **'재밌어서 밤새 읽는 화학이야기(사마키 다케오)'**를 읽고 생활 속 화학이 사용되고 있는 사례를 살펴봄. 직접 실험하거나 참고 자료를 찾아 자신의 지식으로 만들고자 노력하고 무엇보다 자신의 생각을 조리 있게 정리하고 이를 친구들에게 전달하는 능력이 뛰어남. 학급 친구들의 마음에 공감하는 능력이 뛰어나 뛰어난 교사가 될 것이라 기대됨.

동아리활동 특기사항

(과학탐구부)(34시간) 과학 탐구 동아리에서 화학조미료의 긍정적인 면과 부정적인 면을 탐구하는 프로젝트를 진행함. 우선 화학조미료의 정의와 분류, 인체에 미치는 영향 등에 대해 조사함. 화학조미료는 화학적으로 합성한 조미료뿐만 아니라 자연 식품에서 추출한 조미료도 있지만, 인위적으로 합성되었다는 인식이 강해 부정적인 시각으로 바라보는 소비자가 많음을 발표함. 천연이건, 합성이건 인체 내로 섭취하는 물질은 항상 인체에 악영향을 주지 않는 정도로 적당히 섭취하는 것이 좋으며, 정확한 정보를 전달할 수 있도록 화학조미료 표시제도의 정립이 필요하다고 주장함. 이 프로젝트를 통해 과학 지식을 확장하고 과학적 사고력을 증진하였으며, 이후 화학조미료 표시제도에 대해 탐구할 것을 계획함. 이외에도 **'화학, 알아두면 사는 데 도움이 됩니다(씨에지에양)'**를 읽고 우리 생활에서 사용되고 있는 음료수, 옷, 비누 등의 화학제품에 대해 이해하고 올바른 화학제품 사용 방법에 대한 인포그래픽을 만들어 각 학급에 게시함.

진로활동 특기사항

전공 체험 프로그램에서 평소 에너지 분야에 관심이 많아 수소 연료 전지의 발전 원리와 장단점에 대해 알아봄. 단점으로 꼽힌 높은 수소 공급 비용과 저장의 어려움을 해결하기 위해 대체 가능한 촉매 금속과 저장기술에 대해 탐구하고자 함. 주변 직업인과의 인터뷰 활동에서 인근 약국의 약사와 중학교 과학 선생님을 인터뷰하여 화학이 실제 생활에 사용되고 있는 분야와 교사가 갖춰야 할 인성, 직업 전망에 대한 다양한 정보를 얻음. 이외에도 **'화학으로 이루어진 세상(크리스틴 메데페셀헤르만 외)'**이라는 책을 통해 화학의 중요성을 깨닫고 화학이 필요한 분야가 너무나도 많다는 것을 알게 됨. 화학이 친구들 또는 미래 제자들에게 친근하고 긍정적으로 인식되게 하기 위해 자신이 무엇을 준비해야 할지에 대해 생각함. 전공하고자 하는 화학교육과의 교육과정을 분석하고, 미래 자신이 화학교사가 되어 무엇을 하고 싶은지에 대해 심도 있는 고민을 지속적으로 할 것이라고 다짐함. 타인을 존중하면서 소통하는 법을 잘 알고 있고, 목표달성을 위해 친구들과 협업하는 활동의 가치를 이해하고 있음. 친구들에게 과학적 호기심을 유발하는 모습을 볼 때 지금과 같이 학업과 진로를 위해 노력한다면 꿈을 이룰 것이라 확신함.

교과 세부능력 및 특기사항

화학 I

과학 독서 활동에서 **'노 임팩트 맨(콜린 베번)'**을 읽고 이를 정리하여 친구들에게 발표함. 환경에 주는 영향을 최소화하면서 살아가는 한 가족의 생활을 소개하며 화학물질 없이 살아갈 수 없는 현대 사회에서 친환경적인 삶이 무엇인지 그 의미에 대해 친구들과 함께 고민해 보는 시간을 가짐. 주인공인 '콜린 가족'의 에피소드를 중심으로 발표하여 유익한 내용을 친구들에게 재미있고 효과적으로 전달함. 발표 후 '화학 세제 없이 1달 살아가기' 프로젝트를 진행하였으며, 이 과정을 일지로 작성한 포트폴리오를 제출함. 비록 하루도 빠짐없이 화학 세제를 사용하지 않은 것은 아니지만 실패할 때마다 그 이유를 분석하려고 노력하는 모습이 인상적이었음. 이 활동을 통해 친환경적인 실천은 자신이 할 수 있는 작은 일부터 시작하는 것임을 깨닫고 주변 친구들과 함께할 수 있는 2~3가지의 실천 강령을 만들어 학급 게시판에 게시함.

화학 II

화석연료 사용으로 인한 기후변화 문제가 심각해지면서 신재생에너지에 대한 관심이 높아지고 있는 현재의 상황 속에서 태양광, 풍력 이외의 새로운 신재생에너지에 관해 탐구함. **'글로벌 환경에너지(김재용)'**를 읽고 다양한 신재생에너지에 대해 학습하였으며, 이 중 염분 차 발전에 흥미를 가지고 집중적으로 자료를 조사하여 발표함. 염분 차 발전은 바다와 강이 만나는 곳이라면 어디든 환경에 상관없이 매일 전력을 생산할 수 있다는 장점과 해양 생물에게 피해를 주는 제방 시설을 건설할 필요가 없어 친환경적이면서도 경제적인 발전이라는 장점이 있다고 설명함. 농도가 낮은 강물이 농도가 높은 바닷물에 빨려 들어가는 압력으로 전기를 생산하는 염분 차 발전의 원리를 그림으로 그려 친구들에게 설명하여 친구들의 이해를 도움. 강한 지적 호기심을 가지고 하나의 개념이라도 깊이 있게 공부하여 질문들의 수준이 높고, 화학 반응의 양적 관계를 묻는 어려운 문제를 가장 완벽하게 풀어냄.

행동특성 및 종합의견

1학기 학급 부반장으로서 성실하고 책임감 있는 자세를 지님. 친구들에게 4차 산업혁명의 핵심 산업인 인공지능 산업을 소개하고자 '인공지능아 놀자' 학급 신문을 제작함. 방학 중 교내 '신나는 공학 세상 창의융합과정' 프로그램에서 '4차 산업혁명과 화학공학의 융합'을 주제로 발표함. 화학공학에 있어 난제인 환경문제를 4차 산업혁명을 이용해 해결할 수 있다고 주장함. 휴대폰 액정을 생산하는 공정에는 세정 공정이 포함되어 있는데, 이때 염산이 사용되며 염산은 강한 산성을 띠는 물질로 환경에 심각한 피해를 끼친다고 설명함. 따라서 산업 사물인터넷을 활용하여 수요량을 미리 예측하면 그에 따라 발생하는 폐기물의 양을 줄일 수 있음을 예로 들어 설명함. 화학교사의 꿈을 가지고 있어 **'역사를 바꾼 17가지 화학이야기(페니 카메론 르 쿠터)'**와 같은 독서활동을 지속적으로 하고 있으며, 수학 및 과학 교과에 깊은 소양을 보임. 창의적이고 분석적인 사고력을 갖추고 있어 장래가 촉망되는 학생임.

1 인문계열

2 사회계열

3 자연계열

4 공학계열

5 의약계열

6 예체능계열

7 교육계열 · 화학교육과

25 ▸▸ 환경교육과

1 학과 인재상

사회, 경제, 문화 등과
환경의 관계성을
이해하려고
노력하는 학생

기초 과학 지식을
우리 사회의
환경 개선에 적용하고자
노력하는 학생

인간과 자연,
인간과 인간의
배려와 상생을 위해
봉사할 수 있는 학생

삶의 질과 가치를 생각하면서
더 높은 수준의 삶에
관심을 보이는 학생

자연환경에 대한 분석력과
체계적인 사고 능력을
갖춘 학생

2 유사학과

- 환경공학과
- 환경과학과
- 환경생명과학과
- 환경융합학부
- 대기환경과학과

3 관련직업

- 교사
- 환경부 및 지방 환경청 공무원
- 일반기업체 대기·수질·폐수처리·소음진동분야
  환경관리인
- 엔지니어
- 연구원 등

4 개설대학

- 공주대학교
- 목포대학교
- 순천대학교
- 한국교원대학교 등

5 학과 연계도서

청소년을 위한 환경 교과서
클라우스 퇴퍼, 프리데리커 바우어(이수영 역) / 사계절(2009)

이 책은 독일 환경부 장관, 유엔환경계획 사무총장을 지낸 세계적 환경 지도자 클라우스 퇴퍼와 정치학을 전공한 언론인 프리데리케 바우어가 함께 쓴 청소년을 위한 종합 환경 교양서이다. 빈부 문제, 물, 에너지, 바다, 생물종 다양성, 쓰레기, 자원, 세계화 문제 등에 관한 이야기를 담고 있다. 전 지구적으로 환경 위기가 고조되는 상황에서 미래 환경을 삶의 터전으로 삼아야 할 청소년들이야말로 환경 문제에 대해 관심을 가지고 정보를 알아야 한다고 주장한다. 이 책은 입시와 취업 문제에 묻혀 근시안적으로 세상을 살아가는 한국의 젊은 세대들이 좀 더 넓은 시각으로 환경문제를 바라보고 문제의식을 공유하여 환경을 보전하고 의식 있는 세계 시민으로 성장하도록 도움을 준다.

지구를 위한다는 착각
마이클 셸런버거(노정태 역) / 부키(2021)

이 책은 '얼음이 녹아 북극곰이 굶어 죽어 가고 있다', '아마존이 곧 불타 사라질 위기에 처해 있다', '그린피스가 고래를 구했다'와 같은 익숙한 통념과 정반대되는 과학적 근거와 사실을 보여준다. 또 '공장이 떠나면 숲이 위험해진다', '자연을 구하려면 인공을 받아들여야 한다'라는 우리의 직관에 반하는 역설을 이해하게 한다. 나아가 '원자력은 지극히 위험하고 비싸다', '태양광과 풍력 등 신재생 에너지가 유일한 길이다'라는 주장에서 무엇이 진실이고 거짓인지 분명히 깨닫게 한다. 이 책을 통해 우리는 환경 문제에서 허구와 사실을 또렷이 구분하고, 기후위기 대응에서 우리가 가진 긍정적 잠재력을 발견할 것이다. 그리하여 자연과 인간 모두에게 번영을 가져다주는 진정한 해결책에 새로운 눈을 뜨게 될 것이다.

세대를 넘어서
손연아 외 6인 / 박영스토리(2023)

지속가능발전교육은 지금까지 해왔던 환경교육에 지속가능발전목표를 더하여 설명하는 방법으로는 한계가 명확하다. 최소한 철학, 윤리학, 정치경제학, 교육학, 사회학, 행정학 등의 다양한 관점에서 접근하여 바라봐야 그 목표가 명확해진다. 지속가능발전교육이 국제사회의 주도로 시행된 지 약 20년이 지난 지금, 과연 지속가능발전교육의 목적, 방법, 내용이 그에 맞게 잘 추진되어 왔는지 되짚어 볼 필요가 있다. 이에 사회적·생태적 변화를 촉진하기 위한 다양한 관점에 대해 짚어보고 일선 현장에서 바로 활용 가능한 지속가능발전교육의 참고서를 제공하고자 이 책을 쓰게 되었다.

그레타 툰베리의 금요일
그레타 툰베리(고영아 역) / 책담(2019)

금요일에는 환경운동 1인 시위를 해야 해서 학교에 갈 수 없다는 그레타 툰베리의 이야기를 다룬 책이다. 이 책은 스웨덴의 유명한 오페라 가수인 엄마와 연극배우인 아빠, 큰딸 그레타와 작은딸 베아타가 적극적으로 환경 운동에 앞장서게 되기까지의 힘들고 가슴 아프지만, 감동적인 경험담을 소개하고 있다. 가족의 질병에 기인하여 환경문제의 심각성을 그들만의 방식으로 전 세계에 역설하고 있다. 우리가 지금 당장 습관을 바꾸지 않으면 미래에 희망은 없다고 강조하며, 지속가능한 사회를 위한 우리의 과제가 무엇인지 생각해 보게 하는 책이다.

희망의 자연
제인 구달 외 2인(김지선 역) / 사이언스북스(2010)

세계적인 환경 운동가이자 침팬지들의 대모이며 생태계의 희망과 아이들의 희망찬 미래를 노래하는 제인 구달 박사가 희망의 메시지를 전하는 책이다. 이 책은 전 세계 곳곳에서 멸종 위기에 놓인 동식물들을 되살리려고 혼신의 노력을 다하는 아름다운 사람들의 이야기를 담고 있다. 그 희망의 한 가운데서 저자는 '자연의 회복력과 불굴의 인간 정신이 있으니 아직 희망은 있다'라는 낙관적인 미래를 이야기한다. 전 세계 곳곳에서 멸종의 가파른 비탈에 서 있는 동식물들을 살리기 위해, 지구의 상처를 치료하기 위해 고군분투하고 있는 사람들을 직접 만나고 전화와 이메일을 통해 그들과 나눈 이야기를 전한다.

왜요, 기후가 어떤데요?
최원형 / 동녘(2021)

이 책은 기후변화 문제에 대한 입문서로 기후변화에 대해 청소년의 눈높이에서 전달하는 책이다. 일상에서 접하는 기후변화와 관련한 다양한 사례부터 탄소 중립 실천법까지 쉽고도 간결하게 기후변화 문제의 핵심을 짚었다. 세계적으로 기후변화 교육이 강조되고 있는 지금, 청소년들이 기후위기의 현실을 정확히 알고 구체적인 행동을 실천하도록 실용적인 방법을 이 책에 담았다. 무심코 하는 행동을 기후 문제와 연결한 상황 일러스트와 함께 각 장 뒤에 정리된 토론 주제를 통해 청소년들이 스스로 생각하고 서로 토론해볼 수 있게 구성했다.

대한민국 탄소중립 2050
한경연구원 / 크레파스북(2021)

탄소중립의 배경과 전략을 비롯해 에너지·산업·수송·건물 등 각 분야별 탄소배출의 특성과 쟁점, 그리고 정부·기업·시민 등 각 경제주체가 해야 할 역할을 함께 제시하면서 기후위기 시대를 살아가는 모든 사람들을 위한 내용을 소개한 책이다. '탄소중립'이란 탄소배출량과 탄소흡수량의 균형을 의미하고, 이산화탄소 순배출량을 '0(제로)'로 만드는 것을 말한다. 이를 실천하기 위해서는 화석연료의 사용을 줄이고, 에너지를 사용하는 모든 시스템을 바꿔야 한다. 2020년에 정부는 2050년까지 탄소중립을 실현하겠다고 선언했고, '2050 탄소중립 시나리오'도 발표하였다. 심각한 기후변화 속에서 탄소중립은 반드시 실천해야 하는 목표이고, 이 책을 통해서 구체적인 실천 방법을 찾을 수 있다.

그린 멘토 미래의 나를 만나다
에코주니어 / 뜨인돌(2014)

오래전부터 유망 분야로 꼽혀 왔음에도 불구하고 정작 '환경'을 미래의 진로로 생각하는 청소년은 드물다. 관련 학과가 많지 않고 선택할 수 있는 직종도 제한적이기 때문이다. 환경 분야 대신 청소년들이 꿈꾸는 직업은 변호사, 의사, 교수, 사업가, 정치인, 작가, 영화감독이다. 그러나 그 직업들 앞에 환경전문 변호사, 리사이클링 사회적기업가, 생태주의 작가, 환경다큐 감독 등 수식어를 하나씩 붙이면 느낌이 달라진다. 이처럼 이 책은 환경 분야의 진로는 협소한 게 아니라 오히려 무궁무진하다는 점을 밝히고 있다. '한국환경교사모임'에서 선정한 50명의 멘토들을 전국의 청소년들이 직접 만나 인터뷰하고, 글을 쓰고, 그림을 그렸다. 여러 번의 추가 인터뷰와 서면 문답, 자체 정리 및 토론을 거쳐 완성된 멘티들의 글은 배움과 깨달음과 감동, 그리고 다짐의 연속이다.

기후위기 시대의 환경교육: 세 학교 이야기
남미자 외 6인 / 학이시습(2021)

전면화된 기후위기 앞에서 어떤 존재의 자유와 평등이 훼손되고 있는지, 어디서부터 그러한 문제가 생겨났는지, 그 문제와 기존의 사회 질서는 어떻게 연결되는지, 모두의 좋은 삶을 위한 상상력을 어떻게 발휘할 수 있을지 등의 주제에 대해 세 학교의 사례를 보여 주는 책이다. 기후위기와 삶과 교육의 전환에 대한 이론적 논의와 함께 이 책에서는 국가, 시·도교육청, 단위학교 수준의 기후위기 대응 사례가 담겨 있다. 저자들은 교육의 생태적 전환을 선도적으로 실천하고 있는 세 학교를 직접 찾아 그곳의 학생, 학부모, 교사, 마을 활동가의 이야기를 듣는다. 기후위기 시대를 살아 내고 있는 이들의 미시적인, 그러나 결코 사소하지 않은 이야기를 조명하는 것은 큰 의미가 있다. 그리고 거기서부터 공존의 가능성과 희망을 말할 수 있을 것이다.

침묵의 봄
레이첼 카슨(김은령 역) / 에코리브로(2011)

환경학의 기본서이자 고전인 《침묵의 봄》의 50주년 기념 개정판이다. 저자는 '새 봄이 찾아와도 새 소리를 들을 수 없다면 그것을 봄이라 할 수 있을까?'라는 의문을 바탕으로 무분별한 살충제 사용으로 인해 파괴된 자연 생태계와 인간에게 다가올 재앙을 경고한다. 농약과 살충제가 얼마나 무지막지한 제품인지 설명하고, 균을 죽이는 독을 사람에게 직접 호흡기로 마시게 한 잘못된 연구를 고발하며, 농약을 살포했을 때 일어날 수 있는 위험성에 대해 설명한다. 이러한 작가의 주장은 1962년 그 당시에는 그다지 파급력이 크지 않았을 것이다. 하지만 자연이 침묵하기 시작하면 이를 회복하는 데에는 수많은 시간과 노력이 필요하다. 어쩌면 되돌리거나 회복하는 게 불가능한 일이 될지도 모른다. 환경 문제가 심각한 지금, 카슨의 연구를 통해 우리가 무엇을 해야 하는지 생각해보게 하는 책이다.

환경교육과 독서탐구활동 활용사례

자율활동 특기사항

학교 환경교육을 통해 환경문제의 심각성과 이를 해결하기 위한 개개인의 실천의 필요성을 알게 됨. 나와 학급에서 실천할 수 있는 'Me first' 프로젝트를 기획하고, 우리가 평소 많이 사용하는 플라스틱 빨대가 바다거북의 생태에 치명적인 손상을 입히는 현상을 소개하고 문제를 제기함. 이 문제를 해결하기 위해 캠페인 활동을 계획해서 학교에 홍보하는 것이 좋겠다는 의견을 제시하고 지속적으로 실천하며 유의미한 결과를 만들어 냄. 이후 이 캠페인 결과를 학교 신문에 투고함. 환경을 보호하려면 당장의 편의를 위해 사용하는 플라스틱 사용을 줄여야 하고, 환경 생태계 파괴는 결국 인류에게 몇 배의 악영향으로 돌아온다는 사실을 명심하자는 글을 작성함. 자신이 읽었던 책 중 **'왜요, 기후가 어떤데요?(최원형)'**, **'침묵의 봄(레이첼 카슨)'**을 학급 친구들에게 추천하고 싶어 학급 도서관에 기증함. 친구들에게 환경 보전의 필요성과 실천방법에 대해 공감을 이끌어 내는 등 자신의 지식을 실천으로 행하기 위해 노력하는 학생임.

동아리활동 특기사항

(환경탐사부)(34시간) 환경탐사 동아리에서 '우리 지역의 미세먼지 현황과 해결 방안'이라는 주제로 환경 프로젝트를 진행함. 우선 미세먼지의 유해성을 다룬 다양한 보고서와 선행연구를 찾아보고 우리 지역의 미세먼지 수치를 정확히 측정하는 것이 중요함을 알게 됨. 이후 코딩을 활용하여 미세먼지 측정기를 제작하고 우리 학교 및 인근 지역에 설치하여 시간대별로 측정하였으며, 지역마다 측정값에 차이가 나는 원인을 분석함. 이 활동을 확장하여 전국 단위로 측정기를 설치하는 프로젝트를 기획하였으며, 커뮤니티 맵핑을 통해 다양한 지역의 미세먼지 수치를 한눈에 확인할 수 있도록 함. 평소 기후변화 문제에 관심이 많아 **'대한민국 탄소중립 2050(한경연구원)'**을 읽음. 탄소 중립을 위해 노력해야 하지만 현재 자국의 경제적 이익으로 인해 자발적인 참여를 이끌어내는 데는 어려움이 있으며, 이를 죄수의 딜레마와 같은 사회이론을 통해 급우들에게 쉽게 설명하여 큰 호응을 얻음.

진로활동 특기사항

'희망의 자연(제인 구달 외)'을 읽고 제인 구달을 자신의 롤모델로 정하고 환경 보전에 관심을 가지게 됨. 진로 희망 프로젝트에서 '목표에 대한 단결력'을 주제로 티셔츠를 제작하고 캠페인 활동을 기획함. 환경, 평화, 자원 등의 문제를 해결하기 위해 연대 의식이 필요하다는 메시지를 담은 티셔츠를 제작한 후 주제와 의도를 발표하여 공감을 얻음. 정책 제안 프로젝트에서 교통 문제의 심각성을 직접 조사한 사진 자료를 통해 제시하고, 차도와 인도의 구분, 인도 확장, 육교 건설 등의 해결방법을 제안함. 또한 지역 사회와 우리 생활의 연계성을 인식하고 지역 사회 문제에 관심을 가지게 됨. 이후 교통이 취약한 지역을 조사하여 커뮤니티 맵핑을 만들 계획을 세우고, 이러한 자료를 주변 사람들과 함께 공유할 수 있는 애플리케이션을 제작하겠다는 포부를 발표함. 이를 통해 민주 시민 및 세계 시민 의식을 생각하는 계기가 되었으며, 사회의 불편함을 개선하는 교사가 되겠다고 다짐함. 평소에 사회, 국제 그리고 환경 분야에 관심을 가지고 신문 및 뉴스를 틈틈이 챙겨보고 가족 및 친구들과 함께 의견을 나누는 학생임. 국가적 차원의 환경 쟁점 관련 수업에서 최근 쟁점이 되는 기후변화협약의 갈등에 대해 그 원인과 대안을 발표함.

교과 세부능력 및 특기사항

통합사회

최근 파리협정에서 온실가스 감축을 위해 국가 간 합의 과정에서 보여준 갈등을 국가별 입장에서 입체적으로 표현함. 특히 공공재인 환경에 대해 국가 간의 구속력 있는 약속이 얼마나 힘든 과정인지 보여줌. 이에 대한 대안으로 탄소세와 같은 경제적 유인책과 함께 국제협약의 규제와 지원과 같은 외교적 측면에서의 협력이 필요함을 강조함. 그리고 국가 간 신뢰와 법률적 합의를 통해 기후변화 문제를 해결해야 한다고 주장함. 이후 국가적 갈등을 이해하기 위해 학급 모의 유엔 총회를 제안하였으며 2학기에 직접 유엔 총회를 주최하여 국가별 기후변화를 바라보는 입장의 차이와 이를 해결하기 위한 방안에 대해 학급 친구들과 함께 생각해 볼 기회를 제공. **'그레타 툰베리의 금요일(그레타 툰베리)'**을 읽고 우리가 비록 학생이지만 미래 세대의 주인인 만큼, 그레타 툰베리처럼 환경에 관심을 가지고 공동의 목소리를 낼 필요성이 있다고 주장함. 환경 및 국제적 갈등을 해결하기 위해 끊임없이 노력하는 자세가 타의 모범이 됨.

환경

학업 역량이 뛰어난 학생으로 지적 탐구심이 강해 적극적으로 질문하고, 의문을 해결하기 위해 관련 서적, 인터넷 등을 활용하여 주도적으로 학습함. 지속가능한 사회를 위한 진로 탐색 수업에서 **'그린 멘토 미래의 나를 만나다(에코주니어)'**와 '그린 잡(박경화)'이라는 책을 읽고 그동안 환경 관련 직업이 하나의 분야에만 국한되는 줄 알았으나 내가 원하는 진로에서도 환경과 관련하여 일을 할 수 있다는 점을 깨닫게 되었다고 발표함. 이후 자신의 분야에서 환경을 위해 노력한 롤 모델을 선정하고, 롤 모델이 어떤 과정을 거쳐 지금의 위치에 오르게 되었는지 소개한 다양한 인터뷰 자료와 관련 대학의 교육과정 그리고 연구물을 분석하여 자신의 진로 및 학업 계획서를 작성함. 단순히 롤 모델과 동일한 직업을 가지겠다는 목적이 아닌, 사회 및 환경적으로 긍정적인 영향을 줄 수 있는 진로 목표를 선정하여 친구들에게 발표하는 모습이 매우 인상적인 학생임.

행동특성 및 종합의견

자기관리 능력이 매우 뛰어나고 매일 아침 학습 플래너에 학습 계획을 기록함. 자기주도적인 학습 분위기를 만들어 학업에 열의를 다하는 모습을 보임. 진로 탐색 과정에서 교사의 지도와 조언을 경청하고 자신의 진로를 환경교사로 결정함. 환경문제에 관심을 가지면서 **'청소년을 위한 환경교과서(클라우스 퇴퍼, 프리데리커 바우어)'** 등과 같은 환경문제를 다룬 다양한 책들을 자기 주도적으로 읽고 미디어 기사들을 스크랩하는 등 지속적으로 자신의 진로를 탐색하는 모습을 보임. 환경교사가 되어 지구 환경문제를 개선하는 데 기여하고자 하는 목표와 의지가 있고 주어진 일에 대한 책임감을 겸비하여 장래가 매우 촉망되는 학생임. 지구의 날을 맞아 우리의 행동이 우리가 살고 있는 도시와 지역사회, 모두의 삶에 변화를 가져온다는 점을 주장하며 지구 환경 개선을 위해 일상생활에서 실천해야 할 10가지 수칙을 포스터로 만듦. 급우들의 눈에 잘 보이는 곳에 전시하여 급우들이 지구 환경 문제에 관심을 가지기를 촉구함.

학과연계
독서탐구 바이블

1판 1쇄 찍음 2023년 8월 14일
1판 3쇄 펴냄 2024년 2월 26일

출판	(주)캠퍼스멘토
저자	한승배·고재현·권오형·김강석·서수환·안병선·유홍규·이남설·허정욱

책임편집	박예슬
커머스	이동준·신숙진·민하늘·김지수·김연정·강덕우·박지원
연구·기획	오승훈·이경태·이사라·박민아·국희진·윤혜원·㈜모야컴퍼니
디자인	(주)엔투디
교육운영	문태준·이동훈·박홍수·조용근·정훈모·송정민·변혜민
관리	김동욱·지재우·윤영재·임철규·최영혜·이석기·송지원
발행인	안광배

주소	서울시 서초구 강남대로 557(잠원동, 성한빌딩) 9층 (주)캠퍼스멘토
출판등록	제 2012-000207
구입문의	(02) 333-5966
팩스	(02) 3785-0901
홈페이지	http://www.campusmentor.org

ISBN 979-11-92382-26-5(43000)